형사소송법

변종필 · 나기업 지음

박영사

머 리 말

형사소송법은 일반 기본법의 하나일 뿐 아니라 대체로 변호사시험 등 여러 국가고시에서 시험과목으로 채택되어 있다. 또한, 형사소송법은 단순히 실체형법을 실현하기 위한 절차를 규율하는 차원을 넘어, 진실규명을 위한 독자적 규범원리와 규칙을 바탕으로 광범위한 실체형성적·사법형성적 효력을 발휘하는 법이다. 그렇기에 가르치는 자에게든 배우는 자에게든, 또한 사건처리자에게든 그 밖의 절차참여자에게든, 단지 무미건조하거나 지루한 절차의 나열만을 경험하게 하지는 않는다. 물론 그런 경험을 전혀 안기지 않는다고 하면 거짓말이겠으나, 다른 한편 그 어떤 법분야보다도 (헌)법적 가치와 정신에 대한 탐색을 자극하는 신선함과 풍미를 제공한다. 더욱이, 관심 어린 눈으로 보면 역설적으로 형사소송법에 내재한 규범원리가 사건의 결말을 좌우하는 현상도 빈번하게 목도할 수 있다. 간단해 보이면서도 복잡미묘하고, 지루한 듯하면서도 매우 역동적인 과목이 바로 형사소송법이다.

그런데 이런 형사소송법을 어떻게 공부할 것인가를 물으면 대답은 쉽지 않다. 다른 법과목에서와 마찬가지로 형사소송법의 공부에도 특별한 왕도가 있는 건 아니기 때문이다. 기본 텍스트를 정해 정독하면서 내용을 체계적으로 숙지하는 것은 누구나 해야 할 기초에 해당할 터이고, 실무의 산물인 판례를 중요도별로 가급적 많이 익히는 것도 반드시 해야 할 일에 속한다. 종래 같으면 이에서 더 나아가 다른 참고교재(교과서나 논문 등)의 보충적 활용도 추가되었을 것이다. 하지만 법조인 양성 교육제도 및 그에 따른 법조인 선발시험 제도가 바뀌는 등 교육 및 시험 환경이 변함에 따라 이런 식의 공부방법에 상당한 변화가 초래된 지 오래이다. 판례 위주의 교육 및 시험공부 방식은 이제 전혀 낯설지 않게 되었다. 안타깝게도, 학문적 연구나 학술적 논의는 퇴조하고 대학이나 법전원의 교육 현장에서도 판례의 태도나 경향만을 중시하는 풍조가 만연해 있는 듯하다.

　　업무수행상 형사법이 필요한 직역이라면 그 명칭에 상관없이 장래에 성
공적인 직업수행을 위해 형사소송법의 이론적 기초를 튼튼히 해두는 일이 필
요하고 중요하다. 특히 법조인이 되고자 하는 사람에게는 더욱 그렇다. 그러
나 각종 국가시험의 출제경향을 보면 (시험의 종류에 따라 다소간의 차이가 있긴
하나) 기초이론이나 법원칙보다는 판례 관련 내용이 대다수 혹은 압도적 비
중을 차지하고 있다. 이는 판례가 중요하다는 인식을 보여주는 것이기도 하
지만, 반드시 그 이유만 작용한 건 아니다. 객관식 문제영역에서 출제된 문항
에 대한 이의제기를 줄이거나 없애고자 하는 방향성도 근원적으로 큰 몫을
했기 때문이다. 그러다 보니 설도 많고 시각 차이도 적지 않은 법도그마틱이
나 이론의 영역은 점차 출제대상에서 멀어지게 되고 어떤 법영역에서든 판례
가 법학 교육과 실무의 중심에 자리 잡는 어처구니없는 상황이 연출되었다.

　　판례는 반드시 학습하여 알아야 하는 법의 중요한 소재이자 변경 전까
지는 현실적 기속력을 가진다는 점에서 실천적 의의가 있다. 하지만, 그것에
편향된 법학은 온전한 법학이라 할 수 없다. 가령 도무지 납득할 수 없는 희
귀한 법논리를 들먹이며 내린 판결이나 정치적 이해관계에 쏠려 중요한 법률
규정을 아전인수 격으로 해석·적용하여 내린 판결이라면 그것이 최고법원의
판단이라 하여 선례로 존중되어야 할 이유를 찾기는 어려울 것이다. 법실무
에서도 이론이 중요하기는 마찬가지다. 실무가 판례를 창조할 수 있는 토대
와 동력은 법률과 그에 관한 이론적·체계적 배움과 성찰에서 나온다. 만일
판례로 판례를 양산하기만 하는 사법체계라면, 그러한 폐쇄적 체계에서는 결
코 창의적이고 생산적인 판결을 기대할 수 없을 것이다.

　　그렇기에, 형사소송법 공부에서도 판례를 충실히 익히되, 그것에 매몰되
지 않고 더 나은 판단을 할 수 있기 위해서는 그 근원이 되는 법률과 법체계
에 관한 전체적 조망을 가능하게 해주는 도그마틱과 이론을 튼실히 배워 알
아야 한다. 단순히 변호사시험(또는 특정 국가시험)의 합격에 만족하지 않고
이를 넘어 장래에 영향력 있는 훌륭한 법률가가 되기를 꿈꾸는 사람이라면
더더욱 기초를 튼튼히 쌓아야 할 것이다. 당장에 시험합격만을 목표로 공부
하는 것은 (향후 아쉬움을 수반할) 단견일 공산이 크다. 지금의 실무가들도 이
전에는 모두 법도그마틱과 이론을 충실히 공부하였고 그러한 노력의 결과로
현재의 판사, 검사, 변호사가 되었다. 그런데도 세월에 익숙해진 나머지 판례

만을 강조하고 이론이 불필요하다거나 그 중요성을 부정한다면, 이는 망각의 늪에 빠져 자신의 과거를 부정하는 것과 다를 바 없다.

　이론과 실무는 각 영역에 부여된 사회적 역할에 주목하면서 서로 건강하게 소통하며 조화를 꾀하는 게 중요하다. 공부는 특정 분야에 관한 더 나은 앎을 위해 해야 하고 단지 시험만을 위한 공부가 되어서는 곤란하다. 그렇다고 해서 공부가 실천적으로 이를 통해 추구하는 개인들의 현실적 목표에 눈을 감아서도 안 될 것이다. 이 책은 이 두 가지 측면이 최대한 조화를 이룰 수 있도록 하는 데 초점을 두어 저술되었다. 즉, 이론과 실천(또는 실무)의 조화를 염두에 두었다. 이 책의 특징적인 점은 다음과 같다.

　첫째, 이 책은 조문과 조문 간, 원칙과 원칙 간, 또는 조문과 원칙 간의 관계 및 상호작용에 대한 상세한 설명을 제공한다. 단순히 법규정의 내용을 제시하고 그 의의와 요건, 절차만을 무미건조하게 서술하는 방식은 지양하였다. 가령 공판기일 전의 증거조사(제273조)를 다룰 때에는, 그와 밀접한 관련이 있는 공판기일의 증거조사, 불출석으로 인한 기일연기, 서증조사방법, 증인신문절차, 증거보전제도 등에 관해 언급하고 각각의 부분에 해당하는 문단번호를 표시하였다. 또한 전문법칙의 예외규정인 제311조 내지 제316조에 관해 설명할 때에는, 항상 증거동의(제318조)와의 관계를 언급하는 것은 물론, 애초에 제318조를 그보다 앞서 다룸으로써 독자들이 증거동의에 관해 충분히 숙지한 후 비로소 제311조 이하 규정들에 관해 접하도록 하였다.

　둘째, 이 책의 편제는 전통적 방식(조문순서에 따른 서술 혹은 주제별 접근)이 아니라 형사절차의 논리적 체계와 시간적 흐름에 따라 짜여 있다. 다른 교과서를 접했던 학생이나 법률가라면 이 책의 차례구성이 통상의 편장체계와는 다른 부분이 많다는 사실을 쉽게 알 수 있을 것이다. 이는 파편화된 지식들을 유기적으로 엮어 전달함으로써 독자들이 형사소송의 이론적 기초와 실무현실을 좀 더 효율적으로 습득하게 하기 위함이다. 서두에서 그 모두를 일일이 밝히는 건 적절치 않다고 보이기에, 아래에서는 저자들이 특별히 강조하고 싶은 부분만을 몇 가지 언급한다.

　〈ⅰ〉 여느 법분야와 마찬가지로 형사소송법 또한 크게 총론과 각론으로 나뉜다. 형사절차 전반에 걸쳐 공통으로 적용되는 내용은 총론에, 그리고 개별 절차단락(수사·공소·공판)에 특유한 내용은 각론에 해당한다. 기존의 교과

서들은 실질적으로 전자에 해당하는 내용을 책의 뒷부분에 가서야 비로소 언급하는 경우가 많았으나, 이 책에서는 그것들을 한데 모아 제1편(형사소송법 총론)에서 다룬다. 가령 소송조건의 흠결은 종국판결인 면소나 공소기각 등을 선고할 사유가 되지만, 그 이전에 경찰수사에서 불송치결정, 검찰수사에서 불기소처분, 약식절차에서 공판회부결정의 사유가 되며, 실제로 면소·공소기각 사유가 있는 사건의 대부분은 불송치결정 또는 불기소처분을 통해 수사절차에서 종결된다. 이에 관한 깊이 있는 지식은 법원뿐 아니라 수사기관에게도 필수적 요목이고, 법학도로서도 이에 관해 잘 알지 못하는 상태에서 수사절차의 학습에 돌입하는 건 사상누각(沙上樓閣)이라 할 수 있다. 이에, 이 책에서는 소송조건의 흠결(형식재판 사유)에 관해 제1편에서 집약적으로 설명하였다.

〈ii〉 같은 이유에서 법원의 재판에 관한 일반론을 제1편에서 제시하였다. 형사절차에서 재판은 크게 종국재판과 종국전재판으로 나뉘는바, 그중 대다수는 후자가 차지한다. 공판절차의 최종결론인 종국재판에 관해서는 뒤에서 다루더라도, 최소한 재판의 의의·종류 및 종국전재판과 그에 대한 (준)항고에 관해서는 총론에서 전체 개요를 다루는 것이 논리적이고 효율적이다.

〈iii〉 위법수집증거배제법칙, 자백배제법칙과 진술의 임의성에 관한 개론적 설명을 수사절차 총론부에 제시하였다. 이 증거법칙들은 위법수사 통제 방안으로서 중요한 의미를 갖기 때문이다. 구체적으로 어떤 경우에 증거능력이 부인되는지(또는 형량을 통해 증거능력이 인정되는지)는 개별 수사방법을 다루는 기회에 제시하였다. 제2편 제1장(수사)은 그 전체가 위법수집증거배제법칙을 다루고 있다고 보아도 좋을 것이다. 마찬가지로, 수사상 준항고에 관한 일반론을 수사편 총론에서 설명하고, 어떤 경우에 준항고를 제기할 수 있는지를 개별 수사방법을 다루는 기회에 언급하였다. 수사기관으로서는 절차규정을 위반할 경우에 준항고 인용으로 수사처분이 취소될 수 있음을 상시 유념하기 마련이고, 또 그래야만 하기 때문이다.

〈iv〉 수사기관의 강제처분을 다루는 기회에 법원의 강제처분을 부차적으로 설명하는 예가 많으나, 이 책에서는 법원의 강제처분에 관해 독립된 장을 할애하여 상세히 소개하였다. 법원의 강제처분과 수사기관의 강제처분은 그 성격이나 양상이 판이하기 때문이다. 특히 증거확보절차인 수사기관의 검

증과 공판정의 증거조사방법인 수소법원의 검증을 동시에 다루거나, 피의자
구속을 다루는 기회에 수소법원의 구인·구금을 함께 언급하는 것은 오해와
혼란을 초래할 수 있어 적절하지 않다. 형사소송법이 비록 수사기관의 강제
처분에 관해 법원의 강제처분에 관한 규정을 준용하는 방식을 취하고 있긴
하나, 이론적으로 보든 실제적으로 보든 양자는 별개의 편장에서 따로 규율
되어야 할 성질의 것이다.

〈ⅴ〉약식절차와 즉결심판절차의 설명에 상당한 비중을 두고 이를 제1
심 공판절차를 설명하기 전에 그 앞부분에서 다루었다. 두 절차형식은 '특별
절차'라는 표제하에 대체로 교과서의 말미에서 간략히 다뤄지지만, 현실에서
이들은 공판을 대체하거나 공판에 선행하는 절차로서 형사사법체계상 매우
중요한 역할을 담당하기 때문이다. 자질구레한 범죄들은 대부분 공판절차 없
이 즉결심판이나 약식명령으로 종결되는바, 이들 절차로 처리되는 사건은 공
판절차로 심리되는 사건보다 2배 이상 많다. 따라서 이에 대한 상세한 서술
은 불가피하며, 이를 제1심 공판절차 설명 전에 다루는 것이 흐름상 자연스
럽다.

〈ⅵ〉개별심급의 절차를 기술할 때에는 '공판기일의 절차 → 공판진행상
특수문제 → 종국재판'의 목차순서를 일관되게 유지하였다. '공판기일의 절
차' 부분에서는 공판에서 최소한의 기본요소가 되는 절차를, '공판진행상 특
수문제' 부분에서는 다양한 변수와 문제상황을 다루었다. 공판절차에 관한
지식의 축적은 전자를 씨줄로, 후자를 날줄로 하여 매듭을 엮어가는 과정이
라 할 수 있다. 통상의 공판절차는 물론, 국민참여재판의 공판절차, 항소심
공판절차, 재심 공판절차 역시 같은 골격에 따라 설명하였다.

〈ⅶ〉상소이유 및 직권파기사유는 구조적 특성상 이를 사례형 국가시험
에 큰 배점으로 출제하기에는 다소 까다로울 수 있으나, 현실에서 그 중요성
은 아무리 강조해도 지나치지 않다. 대법원판례의 법리는 대부분 상소이유를
인용 또는 배척하거나 원판결을 직권으로 파기하면서 축적된 것들이기 때문
이다. 제1심판결 이후 검사와 변호인은 상소이유를 설득력 있게 개진해 파기
판결을 끌어내려고 총력을 기울이고, 상소법원은 상소이유의 면밀한 판단 및
검사·변호인이 주장하지 않은 직권파기사유의 탐지를 위해 촉각을 곤두세운
다. 실체형법 저용의 오류와 절차법규 위반은 궁극적으로 그것이 파기판결의

사유가 되는지의 문제로 귀결된다. 이에 이 책에서는 상소이유와 직권파기사유에 관해 큰 비중을 할애하고 관련 판례도 풍부하게 소개하였다.

셋째, 통상의 교과서에서 잘 거론되지 않는 주제들 가운데 이론적·실무적으로 논란이 되고 있거나 될 만한 것을 추려 작은 글씨로 서술하였다. 반면, 학설사적 의미만 있거나 실천적으로 크게 소용되지 않는 학설은 거의 언급하지 않았다. 교과서에서 다뤄지기는 하나 논의의 실익이 적고 국가시험에도 출제되지 않는 쟁점(가령 면소판결의 본질론, 공소시효의 본질론, 기판력과 일사부재리효력의 관계 등)은 아예 소개 자체를 생략한 것도 적지 않다. 이런 측면에서 이 책은 담고 있는 내용에 비해 상대적으로 그 분량이 간소하다고 볼 수 있다.

넷째, 이 책은 현재까지 출간된 그 어느 교과서나 실무서적보다 하급심 판례를 많이 소개하고 있다. 이렇게 한 데는 다음과 같은 두 가지 이유가 작용했다.

〈ⅰ〉 법조문이나 대법원판례는 정제된 사실관계를 전제로 추상적·일반적 지침만을 제시하기에, 다양한 개별사안에서 이를 적용했을 때의 결론을 예상하기가 쉽지 않은바, 그런 때에는 지방법원 또는 고등법원의 판결례가 의미 있는 참조가 될 수 있기 때문이다. 가령 위법하게 수집한 증거임에도 형량을 통해 증거능력을 인정할 수 있는 경우는 언제인지, 압수·수색·검증에 수반되는 '필요한 처분'이란 무엇을 뜻하며 그 실제 모습은 어떠한지, 현실에서 긴급 압수·수색 요건의 구비 여부를 어떻게 판단하는지, DNA 등 과학적 증거로 인해 공소시효가 연장되는 경우란 어떤 경우인지 등의 쟁점에서 법현실은 상당 부분 하급심판례에 의해 형성되고 있다. 물론 추후 대법원에서 그와 다른 견해를 제시할 가능성도 있으나, 그 이전까지는 실천적으로 또 실질상 하급심판결례가 선례로서의 기능을 수행한다고 할 수 있다.

〈ⅱ〉 사정에 따라서는 대법원판례만을 접한다면 실무를 오해할 수도 있기 때문이다. 일례로, 긴급체포된 자에 대한 압수·수색·검증(제217조 제1항)에 관해 야간집행을 허용하는 규정이 없음에도 대법원이 이를 문제삼지 않은 바 있어(대법원 2017. 9. 12. 선고 2017도10309 판결) 자칫 판례가 위와 같은 야간집행을 널리 허용한다고 생각할 수 있으나, 실제로 일선 법원에서는 그러한 야간집행은 위법하다고 판단하고 있고(가령 수원지방법원 2023. 1. 11. 선고

2021노8996 판결), 또 그것이 법해석상 지극히 당연하기도 하다.

이에 이 책에서는 대법원판례가 없거나, 있더라도 추상적·일반적 기준만을 제공하는 쟁점에 관해서는 참조가 될 만한 유용한 하급심법원 판결을 엄선하여 소개함으로 법현실을 생생하게 전달하고자 하였다. 이는 대법원판례를 정확하게 이해하는 데에도 적잖은 도움이 될 것으로 짐작된다.

다섯째, 수험생들의 편익을 위해 역대 변호사시험(모의시험 포함)의 사례형 및 기록형에 출제된 대법원판례 및 법학전문대학원 협의회에서 선정한 표준판례를 모두 수록하였다. 또한, 나머지 주요 판례는 2023년까지 나온 것들을 소개하였다.

이상에서 제시한 이러한 특징들에도 불구하고 책에 대한 평가는 독자 개인의 몫으로 개인적 선호 등에 따라 다를 수 있을 것이다. 이런저런 측면을 고민하며 많은 사람에게 꼭 필요한 책을 내보려는 생각에서 나름의 수고와 노력을 기울이긴 했으나, 솔직히 여러모로 부족한 저자들로서는 독자들의 필요를 얼마나 채워줄 수 있을지 적잖이 걱정이 앞선다. 어떤 이유나 계기에서든 이 책의 독자가 된 모든 분에게 이 책이 그 필요와 목표를 달성하는 데 조금이나마 기여할 수 있기를 바라는 마음 간절하다.

끝으로, 이 책을 출간하기까지 우리의 옆에서 함께 하며 격려와 지원을 아끼지 않은 가족들에게 진심으로 감사의 마음을 전한다. 이들의 배려와 응원이 없었더라면 책의 출간은 더 늦추어졌을 것이다. 또한, 출간 요청을 흔쾌히 수락해주신 박영사 안종만 회장님과 출판과정에서 여러 수고를 감당하며 좋은 책으로 단장해주신 직원분들께도 깊이 감사드린다.

2024년 1월 30일
지은이 변종필·나기업

차   례

제1편 형사소송법 총론

제1장 형사소송법의 기초

제 3 장 소송행위와 소송조건

제 2 편 수사와 공소

제 1 장 수   사

제 2 장 공   소

제 3 편 공 판

제 1 장 공판절차 총론

제 2 장   제 1심의 절차

제 3 장 상소심의 절차

제 4 장 부대절차와 부수적 재판

제4편　판결확정 후의 절차

제1장　형집행과 재판의 변경

제 2 장   비상구제절차와 형사보상

인용문헌(단행본)

강동욱/황문규/이성기/최병호, 형사소송법강의(제5판), 2021   [강동욱 외 3인]

김인회, 형사소송법(제2판), 2019   [김인회]

김정한, 실무 형사소송법(제2판), 2022   [김정한]

배종대/이상돈, 형사소송법(제7판), 2006   [배종대/이상돈]

배종대/홍영기, 형사소송법(제3판), 2022   [배종대/홍영기]

백형구, 형사소송법, 2012   [백형구]

손동권/신이철, 형사소송법(제5판), 2022   [손동권/신이철]

신동운, 신형사소송법(제5판), 2014   [신동운]

신양균/조기영, 형사소송법(제1판), 2020   [신양균/조기영]

신현주, 형사소송법(전정2판), 2002   [신현주]

이상돈, 형사소송원론, 1998   [이상돈]

이은모/김정환, 형사소송법(제8판), 2021   [이은모/김정환]

이완규, 형사소송법연구 Ⅰ·Ⅱ, 2011   [이완규]

이재상/조균석/이창온, 형사소송법(제14판), 2022   [이재상 외 2인]

이주원, 형사소송법(제1판), 2019   [이주원]

이창현, 형사소송법(제8판), 2022   [이창현]

임동규, 형사소송법(제16판), 2022   [임동규]

정승환, 형사소송법(제1판), 2018   [정승환]

정웅석/최창호/김한균, 신형사소송법(제2판), 2023   [정웅석 외 2인]

정웅석, 국가 형사사법체계 및 수사구조 연구, 2022   [정웅석]

차용석/최용성, 형사소송법(제4판), 2013   [차용석/최용성]

법원행정처, 법원실무제요 형사 Ⅰ~Ⅲ(제5판), 2022   [제요(Ⅰ~Ⅲ)]

한국사법행정학회, 주석 형사소송법 Ⅰ~Ⅳ(제6판), 2022   [주석(Ⅰ~Ⅳ)]

*인용논문 목록은 책 말미 색인 참조

법령약어

법률

가폭법	가정폭력범죄의 처벌 등에 관한 특례법
경직법	경찰관 직무집행법
공무원몰수법	공무원범죄에 관한 몰수 특례법
공수처법	고위공직자범죄수사처 설치 및 운영에 관한 법률
교원지위법	교원의 지위 향상 및 교육활동 보호를 위한 특별법
교특법	교통사고처리 특례법
국참법	국민의 형사재판 참여에 관한 법률
금융실명법	금융실명거래 및 비밀보장에 관한 법률
노조법	노동조합 및 노동관계조정법
독점규제법	독점규제 및 공정거래에 관한 법률
디엔에이법	디엔에이신원확인정보의 이용 및 보호에 관한 법률
마약거래방지법	마약류 불법거래 방지에 관한 특례법
마약류관리법	마약류 관리에 관한 법률
범죄수익규제법	범죄수익은닉의 규제 및 처벌 등에 관한 법률
범죄신고자법	특정범죄신고자 등 보호법
법원설치법	각급 법원의 설치와 관할구역에 관한 법률
보호관찰법	보호관찰 등에 관한 법률
부수법	부정수표 단속법
사법경찰직무법	사법경찰관리의 직무를 행할 자와 그 직무범위에 관한 법률
선관위법	선거관리위원회법
성매매처벌법	성매매알선 등 행위의 처벌에 관한 법률
성폭법	성폭력범죄의 처벌 등에 관한 특례법
소촉법	소송촉진 등에 관한 특례법
아청법	아동·청소년의 성보호에 관한 법률
아학법	아동학대범죄의 처벌 등에 관한 특례법

약물치료법	성폭력범죄자의 성충동 약물치료에 관한 법률
전자장치법	전자장치 부착 등에 관한 법률
정치자금몰수법	불법정치자금 등의 몰수에 관한 특례법
정통망법	정보통신망 이용촉진 및 정보보호 등에 관한 법률
즉심법	즉결심판에 관한 절차법
증언감정법	국회에서의 증언·감정 등에 관한 법률
치료감호법	치료감호 등에 관한 법률
통비법	통신비밀보호법
특가법	특정범죄 가중처벌 등에 관한 법률
특강법	특정강력범죄의 처벌에 관한 특례법
특검법	특별검사의 임명 등에 관한 법률
특경법	특정경제범죄 가중처벌 등에 관한 법률
폭처법	폭력행위 등 처벌에 관한 법률
헌정범죄법	헌정질서 파괴범죄의 공소시효 등에 관한 특례법
형사보상법	형사보상 및 명예회복에 관한 법률
형사비용법	형사소송비용 등에 관한 법률
형실효법	형의 실효 등에 관한 법률
형집행법	형의 집행 및 수용자의 처우에 관한 법률

대법원규칙·대통령령·부령

검사규	검찰사건사무규칙
국참규칙	국민의 형사재판 참여에 관한 규칙
방청규칙	법정 방청 및 촬영 등에 관한 규칙
변론규칙	대법원에서의 변론에 관한 규칙
복사규칙	재판기록 열람·복사 규칙
소촉규칙	소송촉진 등에 관한 특례규칙
수사개시규정	검사의 수사개시 범죄 범위에 관한 규정
수사규칙	경찰수사규칙
수사준칙	검사와 사법경찰관의 상호협력과 일반적 수사준칙에 관한 규정
수사지휘규칙	특별사법경찰관리에 대한 검사의 수사지휘 및 특별사법경찰관리의 수사준칙에 관한 규칙
좌석규칙	법정 좌석에 관한 규칙
즉결취소규칙	즉결심판청구 취소절차에 관한 규칙

통신제한규칙   통신제한조치허가 등 규칙

대법원예규

감정예규   감정인등 선정과 감정료 산정기준 등에 관한 예규
공판조서예규   형사공판조서 등의 작성에 관한 예규
구속예규   인신구속사무의 처리에 관한 예규
국선예규   국선변호에 관한 예규
국참예규   국민참여재판의 접수 및 처리 예규
배당예규   법관등의 사무분담 및 사건배당에 관한 예규
배상예규   배상신청에 관한 예규
보석예규   보석·구속집행정지 및 적부심 등 사건의 처리에 관한 예규
약식예규   약식명령 및 정식재판청구사건 등의 처리에 관한 예규
죄명예규   공소장 및 불기소장에 기재할 죄명에 관한 예규
증거목록예규   형사공판조서 중 증거조사부분의 목록화에 관한 예규
통역예규   통역·번역 및 외국인 사건 처리 예규

형 · 사 · 소 · 송 · 법

제1편
형사소송법 총론

제1장 형사소송법의 기초

제1절 형사소송법의 의의

제1관 형사절차와 형사소송법

제1 형사절차의 개념 §1

　형사절차란 범죄혐의 있는 사건에 대해 i) 사실관계를 확인하고 ii) 형벌 **1**
권의 존부 및 그 범위를 결정하며 iii) 확정된 형을 집행하기 위한 절차를 말
한다. 이는 범죄수사, 공소제기, 피고사건의 심리와 재판, 형집행 순으로 이
어지는 일련의 절차와 그로부터 파생되는 각종 부수절차를 모두 포함한다.

　형사절차는 혐의자를 찾아내 신병을 확보하고, 범행사실을 조사하면서 **2**
증거를 수집·보전하는 것으로 시작된다. 이를 수사라 하며, 이 단계에서 혐
의자를 피의자라 한다. 수사 결과 혐의를 증명할 만한 증거가 어느 정도 축
적되었다고 판단되면 검사는 피의자와 피의사건에 대해 형사실체법을 적용
해 판결해 줄 것을 법원에 요구하게 되는데, 이를 공소제기라 한다. 공소제기
로 수사는 종결되고 이때부터 피의자는 피고인으로 불린다.

　공소제기에 따라 법원이 공개된 법정에서 피고사건을 심판하는 절차를 **3**
공판절차라 한다. 여기서는 수사절차에서 수집된 증거들의 가치를 평가하며,
법원과 검사, 피고인·변호인, 증인·감정인 등 참여자들 간의 의사소통을 통
해 사실관계를 확정하고 그에 대한 법적 판단이 이루어진다. 공판절차는 피
고인에 대한 형사실체법의 적용 여부를 결정하는 종국재판이 확정됨으로써
종결되는바, 유죄판결·무죄판결·공소기각판결 등은 바로 이 종국재판에 해
당한다. 특히 유죄판결이 확정되는 경우에는 이를 기점으로 피고인은 범죄인
(그것이 형을 선고하는 판결인 때에는 수형자)이 된다.

　확정된 형을 집행함으로써 형사절차는 종료된다. **4**

§2 제 2 형사소송법의 개념

1 「형사소송법」은 형사절차 전반을 규율하는 일반법이다. '형사소송'이라는 말은 i) 좁은 의미로는 법원에 의한 피고사건의 심판절차(공판절차, 약식절차, 즉결심판절차)만을 뜻하나(협의의 형사소송), ii) 넓은 의미로는 형사절차 전체를 포괄하는바(광의의 형사소송), 「형사소송법」은 사실상 '형사절차법'이라 할 수 있다.

2 형사절차와 관련된 내용을 규율하는 법률은 「형사소송법」 외에도 「법원조직법」, 「검찰청법」, 「변호사법」, 「경찰관 직무집행법」, 「국민의 형사재판 참여에 관한 법률」, 「소송촉진 등에 관한 특례법」, 「소년법」, 「즉결심판에 관한 절차법」 등 다양하다. 강학상 「형사소송법」을 '좁은(혹은 형식적) 의미의 형사소송법'이라 하고, 위와 같은 법률들까지 모두 포함하여 '넓은(혹은 실질적) 의미의 형사소송법'이라 한다.

3 현실의 범죄사실과 관련해 국가형벌권은 반드시 헌법과 법률이 정한 절차를 거쳐 실현되어야 한다. 즉, 범죄혐의를 받는 일반시민이 법질서의 측면에서 규범적으로 '범죄자'로 최종 확정되는 것은 이러한 일련의 절차를 거친 후에야 가능하다. 이는 「피고인은 유죄의 판결이 확정될 때까지는 무죄로 추정된다」는, 헌법과 형사소송법의 규범적 요청에서 도출되는 당연한 귀결이다(제275조의2, 헌법 제27조 제4항; 무죄추정원칙). 유죄판결 확정 전까지 국가는 어떤 경우에도 피고인을 범죄인으로 취급해서는 안 되며, 헌법상 적법절차원칙과 법률의 규정을 준수하고 피고인의 인권을 존중·보장하면서 형사절차를 진행해야 한다. 이에 형사소송법의 제1차적 수범자는 국가이며, 이로써 형법과 마찬가지로 형사소송법 또한 헌법의 규정과 정신에 따라 '범죄인의 마그나 카르타'로서의 역할을 충실히 수행할 것을 요구받는다. 다만 형사절차의 진행과 함께 범죄혐의자의 혐의정도가 깊어지면서, 그에 상응해 소송법상 그의 지위와 취급이 달라지는 것은 불가피하다.

[절차진행에 따른 범죄혐의자의 지위 변화]

범죄학적·추상적 범죄혐의	구체적 범죄혐의	공소제기	유죄판결 확정
일반인	용의자	피의자	피고인	범죄인

제2관　형사소송법과 형법·헌법의 관계

제1　형법과 형사소송법의 관계 §3

Ⅰ. 목적–수단설과 상호의존설

　　형법과 형사소송법은 형사법을 구성하는 핵심영역으로서 형사사법정의 1
구현에 불가결한 분과이다. 전자는 법률요건으로서의 범죄와 법률효과로서
의 형사제재(형별과)를 규율하는 실체법이며, 후자는 그러한 형법을 실현하기
위한 법적 절차를 규율하는 절차법이다. 양자의 관계에 관해서는 i) 형법을
목적, 형사소송법을 수단으로 이해하면서 전자는 정적·윤리적 색채를 띤 규
범이고 후자는 동적·기술적 성격을 지닌 규범이라고 보는 견해(목적·)가 있는
가 하면,[1] ii) 형사소송법이 형법과는 별개로 진실규명을 위한 독자적 규범원
리와 규칙을 보유하고 있을 뿐 아니라 형사절차의 실무현실에 따라 실체형법
의 실현가능성이 좌우된다는 점을 강조하면서 양자를 상호의존적 관계로 파
악하는 관점(상호의)도 있다.[2]

Ⅱ. 절차의 실체형성적 효력

　　목적–수단설은 형사소송법이 형법과 그 실현에 봉사하는 기능만을 지 2
닌다고 한다. 그러나 뒤집어 생각하면 절차법인 형사소송법이 없으면 실체법
인 형법은 무의미하다고 할 수도 있다. 형사실체법은 시민을 대상으로 한 금
지행위(범죄)에 관해 일반규범의 형태로 규정하고 있을 뿐, 그에 해당한다고
볼 만한 구체적 범죄사실의 존부는 형사소송법에 따른 절차를 통하지 않으면
확정될 수 없기 때문이다. 형벌법규가 전제하는 범죄사실(혹은)은 동적이고 시
간의존적이며 맥락과 상호작용에 제약받는 일련의 절차(proceedings)의 결과
로서 도출되는바, 절차(법)의 관점에서 보면 오히려 형사실체법이 국가형벌
권 실현을 위한 논증의 방법이자 수단인 셈이다.[3]

1　최근 이러한 경향이 다소 완화된 듯하나, 양자 간 상반되는 특징은 여전히 강조되고 있
　다. 이재상 외 2인 5–6쪽 참조.
2　배종대/이상돈 5쪽; 이은모/김정환 4쪽.
3　변종필, "형사소송법에서 유추금지원칙의 적용과 범위", 비교법연구 제21권 제2호(2021), 156쪽.

3   나아가, 형사실체법이 국가형벌권의 발동요건 및 근거를 설정하고 있는 이상 절차법인 형사소송법이 이에 의존할 수밖에 없음은 분명하나, 거꾸로 다음과 같은 측면에서 형사실체법 또한 형사소송법에 크게 의존한다. i) 적법한 절차에 위반하여 수집한 자료($\substack{제308 \\ 조의2}$)[$\substack{§64 \\ 참조}$], 고문·폭행·협박 등 법치국가적으로 허용되지 않는 수단을 통해 획득한 진술($\substack{제309조, \\ 제317조}$)[$\substack{§§65- \\ 66\ 참조}$], 여타 증거에 의해 뒷받침되지 못하는 자백($\substack{제310 \\ 조}$)[$\substack{§120 \\ 참조}$] 등은 원칙적으로 유죄의 증거로 사용할 수 없다. 이 규정들은 형사실체법에 봉사하기를 거부하고 오히려 형벌규정 적용의 전제가 되는 요건사실을 적극적으로 삭제, 변경 또는 축소시킨다. ii) 본래 포괄일죄의 관계에 있는 두 개의 행위 사이에 법원의 확정판결이 끼어드는 경우에는 그 판결을 전후로 두 개의 죄로 분리되어 더는 포괄일죄가 아니게 되는데,[1] 이는 형사절차가 실체법상 죄수관계 결정의 기준으로 작용하는 예이다[$\substack{§53/32 \\ 참조}$]. iii) 법원이 사건을 잘못 판단해 무죄판결을 하여 확정된 후에는 피고인을 다시 재판에 회부해 유죄판결을 할 수 없다($\substack{제326조 \\ 제1호}$). 이는 오판에도 법적 구속력을 부여해 형벌권의 행사를 차단하는 것인바, 여기서는 절차법에 의해 실체법의 적용이 완전히 저지된다[$\substack{§53/1 \\ 참조}$]. iv) 죄수관계에 관한 형사실체법적 법리는 형사절차법에서 이를 뒷받침해 주지 않으면 무용지물이 된다. 가령 여러 개의 죄를 포괄일죄나 상상적경합으로 다루더라도, 형사절차에서 이들을 한 개의 사건으로 취급하지 않고 여러 개의 사건으로 다뤄 피고인이 수차례의 형사절차를 감내하도록 한다면 그러한 법리는 무의미하게 된다[$\substack{§53/13 \\ 참조}$]. 증거능력, 기판력, 사건개념, 소송조건 등 형사소송법의 핵심영역으로 다루어지는 이러한 제도들은 실질적으로 실체형법과 맞먹거나 그에 앞서는 광범위한 사법형성적·실체형성적 효력을 지닌다.

Ⅲ. 절차를 통한 형사정책적 효과달성

4   형사정책적 목적달성을 위해 형사절차법적 규율을 택하기도 하는데, 특히 경미범죄의 비범죄화는 절차법적 해결모델을 통해서도 추구할 수 있다. 가령 50만원 이하의 벌금, 구류, 과료에 해당하는 사건에서는 피고인이 주거가 없는 경우를 제외하고는 구속할 수 없고($\substack{제70조 \\ 제3항}$) 현행범체포 역시 주거가

---

1 대법원 2000. 3. 10. 선고 99도2744 판결.

불분명한 경우에만 가능한바($\substack{제214\\조}$), 이는 장난전화나 구걸, 노상방뇨 등 경범 죄사건을 국가형벌권의 주된 관심영역에서 멀어지게 하는 기능을 수행한다.

Ⅳ. 결　　어

절차법이라는 이유로 형사소송법을 형법에 예속된 도구적 규범으로만   5
보는 것은 부적절하다. 형벌권은 형법 자체만으로 실현되는 것이 아니라 형법과 형사소송법의 상호 유기적 관련 하에서 실현되며, 양자는 상호보완적 관계에 놓인 규범으로서 국가형벌권이라는 칼의 양날에 해당한다. 목적 − 수단설과 같이 형사절차법을 단지 형사실체법의 실현에 봉사하는, 즉 목적합리성만을 지향하는 규칙들의 총체로 파악한다면, 형사절차법은 독자적인 가치와 그에 따른 평가를 결하게 되어 결국 상황논리나 정치적 의사결정과 같은 우발적인 힘의 지배 아래 놓이게 될 것이다.

제 2　헌법과 형사소송법의 관계   §4

형사절차는 국가공권력작용의 일환으로서 부득불 관련자들($\substack{특히 피의자\\또는 피고인}$)   1
의 기본권에 대한 일정한 제한을 수반한다. 국가에 의한 기본권제한은 법치국가적 이념과 요청에 따라 반드시 법률에 근거해야 하는바($\substack{헌법 제37조 제2\\항; 법률유보원칙}$), 이에 헌법은 「누구든지 법률에 의하지 아니하고는 체포·구속·압수·수색 또는 심문을 받지 아니하며, 법률과 적법한 절차에 의하지 아니하고는 처벌·보안처분 또는 강제노역을 받지 아니한다」고 규정하고 있다($\substack{헌법 제12\\조 제1항}$). 이처럼 형사절차는 반드시 법률이 정한 절차·방식에 따라 행해져야 한다는 요청을 형사절차법정원칙, '법률적 형사소송(법)'이라 일컫는다.

한편, 형사절차는 단순히 법률로 정해지는 차원에 그쳐서는 안 되며, 그   2
내용이 헌법의 이념 및 내용과 합치할 것을 요한다. 이는 곧 형사소송법의 내용과 해석·적용 역시 헌법과 일치해야 함을 뜻하는 것으로, 위의 법률적 형사소송과 대비해 '헌법적 형사소송'이라 한다. 이러한 요청은 하위규범인 법률은 최고규범인 헌법에 합치해야 한다는 법체계상 논리에서 비롯되는 당연한 귀결이며, 이 점에서 형사소송법은 헌법의 응용규범이라 할 수 있다.

3　　　　'헌법적 형사소송'이라는 표제어는 1980년대 들어 학계에 등장해 활발히 논의됐다. 이는 주로 영미의 '법의 적정절차(due process of law)'에 영향을 받은 학자들에 의해 이루어졌으며, 1987년 개헌으로 적법절차원칙이 명문으로 선언되면서 더욱 고 조되었다. 당시 헌법 제12조 제1항, 제3항에 관해서는 이를 법의 적정절차에 관한 원론조항으로서 형사절차상 인권보장에 관한 개별규정들을 포괄하는 총괄규정으로 이해하는 시각, 피의자·피고인의 자유보장 관점에서 형사절차의 헌법적 보장을 꾀 하는 규정으로 파악하는 시각 등이 제시되었다.[1] 이는 형사절차를 단순히 법률적 차원에서가 아니라 헌법상의 적법절차조항과 연계해 파악하려 한 법체계적 해석관 점이라 할 수 있다. 이에 관해 모든 법률은 헌법의 하위법이므로 굳이 헌법적 형사 소송이라는 개념을 사용할 필요가 없다는 견해,[2] 헌법상 형사절차 관련규정들이 형 사소송의 재판규범을 이룬다는 의미에서 그러한 개념의 독자성을 인정할 수 있다는 견해[3] 등이 있으나, 대체로 그 내용과 역할에 대해서는 큰 이의가 없는 듯하다.

제3관　형사소송법의 법원과 적용범위

§5　## 제1　형사소송법의 법원

I. 헌　　법

1　　　형사절차법정원칙에 의할 때, 형사절차의 일차적 법원(法源)은 국회가 만든 법률이다. 다만, 형사절차에서 기본권과 밀접한 관련이 있는 중요한 부 분들에 관해서는 헌법에서 직접 명문의 규정을 두고 있기도 하다. 이들은 대 부분 법률의 규정에 의해 재확인 또는 구체화되기는 하나, 그 자체로도 형사 사법체계의 법규범으로 기능한다. 구체적 예로는 i) 형사절차법정원칙과 적 법절차원칙(제12조 제1항), ii) 고문금지·진술거부권(제12조 제2항), iii) 영장주의(제12조 제3항, 제16조 제2문), iv) 변호인의 조력을 받을 권리(제12조 제4항), v) 구속적부심사청구권(제12조 제6항), vi) 임의 성에 의심이 가거나 유일한 증거인 자백의 배제(제12조 제7항), vii) 이중처벌금지원칙

1　차용석, "헌법적 형사소송론", 월간고시 제15권 제5호(1988); 김일수, "헌법적 형사소송", 고시계 제33권 제11호(1988).

2　백형구 6쪽.

3　신동운 6쪽; 이은모/김정환 6쪽.

$\left(\begin{smallmatrix}제13조\\제1항\end{smallmatrix}\right)$, viii) 신속한 재판을 받을 권리$\left(\begin{smallmatrix}제27조 제3\\항 제1문\end{smallmatrix}\right)$, ix) 공개재판을 받을 권리 $\left(\begin{smallmatrix}제27조 제\\3항 제2문\end{smallmatrix}\right)$, x) 무죄추정원칙$\left(\begin{smallmatrix}제27조\\제4항\end{smallmatrix}\right)$, xi) 형사피해자의 법정진술권$\left(\begin{smallmatrix}제27조\\제5항\end{smallmatrix}\right)$, xii) 형사보상청구권$\left(\begin{smallmatrix}제28\\조\end{smallmatrix}\right)$, xiii) 법원의 조직과 권한$\left(\begin{smallmatrix}제101조 내지\\제108조\end{smallmatrix}\right)$ 등이 있다.

Ⅱ. 법　　률

2

형사절차법의 법원이 되는 법률 가운데 가장 중요한 것은 좁은 의미의 형사소송법, 즉 1954. 9. 23. 법률 제341호로 제정된 「형사소송법」이다. 그 외에 「법원조직법」, 「검찰청법」, 「고위공직자범죄수사처 설치 및 운영에 관한 법률」, 「각급법원의 설치와 관할구역에 관한 법률」, 「경찰관 직무집행법」, 「소년법」, 「즉결심판에 관한 절차법」, 「군사법원법」, 「치료감호 등에 관한 법률」, 「소송촉진 등에 관한 특례법」, 「형사소송비용 등에 관한 법률」, 「형의 집행 및 수용자의 처우에 관한 법률」, 「형의 실효 등에 관한 법률」, 「국가보안법」, 「사면법」 등의 형사절차 관련 조항들 또한 형사소송법의 법원이다.

Ⅲ. 대법원규칙

3

대법원은 법률에 저촉되지 않는 범위에서 소송에 관한 절차적 사항을 규칙으로 제정할 수 있다$\left(\begin{smallmatrix}헌법\\제108조\end{smallmatrix}\right)$. 이를 대법원규칙이라 하며, 그 성질은 법률의 구체적 위임을 받아 제정된 대통령령·총리령·부령$\left(\begin{smallmatrix}헌법 제75조·\\제95조\end{smallmatrix}\right)$과 마찬가지로 법규명령이다. 형사절차에 관해서도 여러 대법원규칙이 법률을 보충하는 법원으로서 기능하고 있는바, 그중 가장 중요한 것은 1982. 12. 31. 대법원규칙 제828호로 제정된 「형사소송규칙」이다. 그 밖에도 「법원재판사무 처리규칙」, 「국민의 형사재판 참여에 관한 규칙」, 「공무원범죄의 몰수보전 등에 관한 규칙」, 「통신제한조치허가 등 규칙」, 「소년심판규칙」, 「소송촉진 등에 관한 특례규칙」, 「법정 좌석에 관한 규칙」 등이 있다.

대법원규칙과 구별해야 할 것으로 대법원예규가 있다. 법규성이 인정되는 대법원규칙과 달리 대법원예규는 법원 내부의 업무처리지침에 불과해 소송관계인의 권리·의무에 직접적 영향을 미치지 않는다. 그 예로는 「보석·구속집행정지 및 적부심 등 사건의 처리에 관한 예규」, 「형사공판조서 등의 작성에 관한 예규」, 「인신구속사무의 처리에 관한 예규」, 「국선변호에 관한 예규」, 「각종 영장 발부에 관한 사무처리지침」, 「특정형사사건의 재배당에 관한 예규」, 「약식명령 및 정식재판청구사건 등

4

의 처리에 관한 예규」등이 있다. 대법원예규는 형사절차법의 직접적 법원은 아니나, 각종 재판서의 양식을 마련하거나 중요한 실무지침을 제시하는 등으로 형사절차 현실의 형성에 상당한 역할을 담당한다.

5   사법권 독립($\substack{헌법 \ 제101 \\ 조 \ 제1항}$)의 원칙상 대통령령이나 부령으로는 재판절차를 규율할 수 없으며, 설령 법률에서 위임하더라도 그러한 명령은 위헌으로 효력이 없다. 다만 그 주체가 ($\substack{행정부에 \\ 속하는}$) 검사나 사법경찰관리인 수사·형집행의 영역에서는 명령을 제정할 수 있다. 이에 관해 i) 대통령령으로는「검사와 사법경찰관의 상호협력과 일반적 수사준칙에 관한 규정」,「검사의 수사개시 범죄범위에 관한 규정」,「형의 집행 및 수용자의 처우에 관한 법률 시행령」등이, ii) 법무부령으로는「특별사법경찰관리에 대한 검사의 수사지휘 및 특별사법경찰관리의 수사준칙에 관한 규칙」,「검찰사건사무규칙」,「검찰압수물사무규칙」,「자유형등에 관한 검찰집행사무규칙」등이 있다.

§6   제 2   형사소송법의 적용범위

Ⅰ. 장소적 적용범위

1   형사소송법은 대한민국 영역 내에서 발생한 모든 형사사건에 적용된다. 대한민국 영역 외인 경우에도 대한민국의 영사재판권이 미치는 지역($\substack{대사 \\ 관}$)에는 형사소송법이 적용된다.

Ⅱ. 시간적 적용범위

2   형사소송법은 시행시부터 폐지시까지 효력이 있다. 형사소송법의 적용대상은 형사절차이지 범죄사건 자체가 아니므로, 개정 전 발생한 범죄에 대해서도 개정 후의 조항에 따라 소송절차가 진행된다. 형법과 달리 형사소송법에는 원칙상 소급효금지원칙이 적용되지 않으며, 개정이 있는 경우 신법과 구법 중 무엇을 적용할 것인지는 입법정책의 문제이다. 대개는 신법 시행 당시 법원에 계속중인 사건에 관해서는 신법을 적용하고 구법에 의한 소송행위는 유효한 것으로 한다는 내용의 경과규정을 부칙에 두고 있다.

Ⅲ. 인적 적용범위

　　형사소송법은 대한민국 영역 내에 있는 모든 사람에게 적용된다. 다만, 　3
외국의 국가원수 및 그 가족과 대한민국 국민이 아닌 수행자, 신임받은 외국
의 사절과 그 직원·가족, 승인받고 대한민국 영역 내에 주둔하는 외국 군인
에 대해서는 형사소송법이 적용되지 않는다(「외교관계에 관한 비엔나협약」,「영사관계에 관한 비엔나협약」).

제2절　형사소송의 목적과 기본원칙

제1관　형사소송의 목적

제1　기존의 논의 　　　　　　　　　　　　　　　　　　　　　§7

　　형사소송(법)이 궁극적으로 추구하는 목적이 무엇인지에 관해서는 일반 　1
적으로 i) 실체적 진실 발견, ii) 적법절차 보장(적법절차원칙) 및 iii) 신속한 재판 보
장(신속한 재판 원칙)의 세 가지가 거론된다. 셋 중 무엇에 중점을 둘 것인지 또는 이들
사이의 관계를 어떻게 설정할 것인지에 따라 형사소송의 본질과 소송구조가
달리 파악됨은 물론, 구체적 소송법규정의 해석에도 현저한 차이가 발생한
다. 특히 두 개 이상의 소송목적이 서로 대립·갈등을 빚는 상황에서는 이들
중 어느 것에 우위를 두는지에 따라 종국판결의 결론이 크게 달라질 수 있
다. 일반적으로는 셋을 조합해 'i) 적법절차에 따른 ii) 신속한 iii) 실체적 진
실 발견'을 형사소송(법)의 궁극목적으로 제시하는바,[1] 이에 따르면 형사소
송의 주된 목적은 실체적 진실 발견이고, 적법절차원칙과 신속한 재판 원칙
은 이를 통제하는 부차적 의미를 갖는다.

　　먼저, 실체적 진실 발견(materielle Wahrheitsfindung)이란 과거에 일어난 　2
범죄사건의 객관적 진실(범죄사실 및 범인)을 있는 그대로 발견함을 뜻한다. 형사소송에

1　신양균/조기영 15쪽; 이은모/김정환 16－17쪽; 이재상 외 2인 22쪽; 이창현 20쪽; 대법원
　　2017. 5. 30. 선고 2017도4578 판결. 수사절차에서는 적법절차원칙, 공판에서는 실체적
　　진실 발견이 보다 강조되어야 한다는 견해로 정웅석 외 2인 58쪽.

서 이것을 추구하는 이념적 태도를 일반적으로 '실체적 진실주의'라 하는데, 이는 인식론상 진리대응이론에 기초한 것으로서 역사적으로 일정한 시간과 공간에서 일어난 $\left(\begin{smallmatrix}형법적으로\ 의\\미\ 있는\ 일정한\end{smallmatrix}\right)$ 사태를 과거의 모습 그대로 발견하거나 재현하려는 데 중점을 두는 사고방식이라 할 수 있다. 이는 다시 적극적 실체진실주의와 소극적 실체진실주의로 나뉘는바, 전자는 일단 범죄가 발생한 이상 국가는 반드시 이를 발견해 처벌해야 한다는 범인필벌주의로, 후자는 열 사람의 범인을 놓치는 한이 있더라도 한 사람의 무고한 자를 처벌해서는 안 된다는 법언으로 각각 표방된다.

3   진실발견을 형사소송의 주된 목적으로 보는 견해는 대체로 실체적 진실주의를 소극적 의미로 파악하는 듯하다.[1] 그러나 소극적 실체진실주의는 근본적으로 피의자·피고인의 인권보호에 충실을 기하고자 하는, 즉 적법절차를 중시하는 태도로 귀결되는바, 이는 그 명칭에도 불구하고 적법절차원칙의 다른 표현에 불과하다. 따라서 실체적 진실주의의 고유한 의의는 범인필벌주의로 식별되는 적극적 실체진실주의에 있다고 봄이 적절하다.[2] 이것을 소극적 실체적 진실주의와 조화시키는 것은 사물의 논리상 애당초 불가능한데, 양자는 조화의 문제가 아니라 선택의 문제이기 때문이다.[3] 적극적 실체진실주의가 극단적으로 나타난 사례는 $\left(\begin{smallmatrix}형사절차는\\아니지만\end{smallmatrix}\right)$ 1937년 소련의 대테러사업에서 발견할 수 있는바, 당시 스탈린의 대숙청을 주도한 니콜라이 예조프(Николай Иванович Ежов)가 한 말이 바로 그것이다. 「한 명의 스파이를 놓치는 것보다 무고한 사람 10명이 고생하는 게 낫다. 나무들을 베다 보면 나무 조각이 튀기 마련이다.」

4   다음으로, 적법절차원칙(principle of due process of law)이란 국가형벌권 실현은 헌법과 그 취지를 구현한 법률에 근거한 절차에 따라 이뤄져야 한다는 원칙을 말한다. 이는 미국 수정헌법 제5조 및 제14조에서 유래하는 법원리로서 우리 헌법에는 제12조 제1항에 규정되어 있으며, 학계에서는 그 내용으로 통상 피고인보호원칙, 공정한 재판 원칙 및 비례성원칙을 언급한다.

5   끝으로, 신속한 재판 원칙(Grundsatz der Beschleunigung)은 말 그대로 피고사건의 심리를 지연 없이 신속하게 진행해야 한다는 규범적 요청으로, 통상 '재판의 지연은 재판의 거부'라는 법언으로 표현된다.

---

1 백형구 20쪽; 손동권/신이철 15쪽; 신동운 4쪽; 이은모/김정환 21쪽; 정승환 16쪽.
2 변종필, "형사소송의 목적과 '실체적 진실' 원칙", 안암법학 제4권(1996), 14-15쪽.
3 상세히는 심재우, "당사자주의와 직권주의", 고시계 제22권 제1호(1977), 14-15쪽.

제 2　논의에 대한 평가와 재구성　　　　　　　§ 8

Ⅰ. 신속한 재판 원칙의 비독자성

　　신속한 재판 원칙은 널리 적법절차원칙의 한 내용을 구성하는 하위원리　　1
일 뿐, 적법절차원칙과 대등한 위상을 갖는 독자적 소송목적으로 보기는 어
렵다.[1] 헌법 제27조 제3항이 이를 기본권의 형태로 규정한 데서도 알 수 있
듯, 이 원칙은 근본적으로 피고인의 인권보장, 즉 피고인의 법적 지위를 장시
간 불안정한 상태에 놓이지 않게 하려는 데 그 취지가 있기 때문이다.

　　견해에 따라서는 신속한 재판 보장의 취지를 실체적 진실 발견, 소송경　　2
제, 재판에 대한 국민의 신뢰 제고 등 측면에서 이해하기도 하나,[2] 주로 그
와 같은 기능적 합리성을 위해 추구되는 신속한 재판은 필연적으로 피고인의
방어권을 희생시키게 되는바(피고인 입장에서는 재판의 빠른 진행이 무조건 유리한 것만은 아니다), 이는 헌법이 신속한 재
판 보장을 피고인의 기본권으로 규정한 취지에 어긋난다. 물론 신속한 재판
을 통해 피고인 또는 증인의 기억상실, 소송관계인의 사망, 증거물의 멸실 등
진실을 밝히는 데 장애가 되는 요인을 피할 수 있기는 하지만, 이는 부수적
효과에 불과하다. 신속한 재판 보장은 언제나 피의자·피고인에게 이익이 되
는 방향으로 해석·행사되어야 한다. 이에 본서에서는 이를 별도의 소송목적
으로 보지 않고 적법절차원칙의 한 요소로 설명한다.

Ⅱ. '실체적 진실' 개념의 문제점

　　'실체적 진실'이란 특정한 시간과 공간에서 일어났던 역사적 사건으로서　　3
인간의 인식활동 이전에 객관세계에 존재하는 실체를 가리키는 개념으로,[3]
'형법상 범죄가 되는, (과거 발생한) 있었던 그대로의 존재 또는 현실'을 의미한다.
그런데 이러한 '실체'의 '발견'을 형사소송의 목적으로 보는 시각(실체진 실주의)은 기
본적으로 절차 밖에서 일어난 역사적 사실을 '있었던 그대로' 인식하는 것이
가능하다는 생각을 전제한 것으로 인식론적 측면에서 문제가 있다. 인간의
인식은 인식주체의 삶의 경험, 사안에 대한 이해관계, 교육이나 학습의 정도,

1　배종대/이상돈 21쪽.

2　이재상 외 2인 32쪽; 손동권/신이철 22쪽; 임동규 12쪽.

3　이상돈, "법관의 말행위와 올바른 법", 저스티스 제25권 제2호(1994), 157쪽.

언어적 감수성 등 선이해(先理解)와 인식관심에 좌우된다. 특히 범죄사실에 대한 인식은 정보(증거)에 의존하는바, 그 정보의 수집과 활용 자체부터가 인식주체(법원, 수사기관, 피의 자·피고인, 변호인 등)의 선이해에 따라 선별적으로 이뤄진다.

4 실제로 형사소송의 진실은 적나라한 역사적 사실로 곧장 인식되거나 발견되는 것이 아니라, 일정한 범죄혐의를 전제로 절차의 단계를 거듭하면서 점차 윤곽이 잡혀가는, 즉 '구성'되는 것일 수밖에 없다. 즉, 형사소송은 실체적 진실을 발견하려는 절차가 아니라, 범죄와 형벌의 귀속에 관한 소송주체 및 관련자들의 참여적 대화와 의사소통을 통해 변증론적으로 진실을 규명하려는 절차이다.[1] 범죄행위와 형벌은 처음부터 확정되어 있는 것이 아니라, 오히려 절차참여자들의 대화를 통한 상호적 의사소통절차 내에서 법관의 인식과 이해활동에 의해 해석학적으로 재구성될 따름이다[§104/1, 2 참조].

5 형사절차의 시발점이 이른바 '실체'와 관련된 모종의 범죄혐의에 있음은 부인할 수 없다. 그러나 형사소송에서의 진실은 객관세계에 존재했던 실체를 인식·발견하는 방식으로 밝혀지는 것이 아니라, 주어진 법적·제도적 틀 안에서 절차참여자들의 상호작용(참여와 대화)을 거쳐 법관의 확신을 통해 '형성'되는 것이며, 이로써 의사소통적 조건에 의존하는 구성적·절차적 진실이라 할 수 있다. 관건은 그것이 (객관적 실체에 부 합하는지가 아니라) 과연 정당한 규범체계 아래에서 합리적 절차에 따라 이뤄졌는지이다.[2] 따라서 형사소송에서 사실관계의 올바른 확정은 이를 '실체적 진실 발견'이 아닌 '진실규명'이라 표현함이 바람직하다.

Ⅲ. 형사소송의 목적

6 논리적 측면에서 볼 때 형사절차에서 제기되는 핵심쟁점은 크게 i) 사실확정의 문제와 ii) 법적 판단의 문제(법률의 해석· 적용 문제)로 양분된다. 형사소송의 목적

---

1 김일수, "피고인의 소송법상 지위", 고시연구 제11권 제7호(1984), 153쪽.

2 청주지방법원 2017. 5. 19. 선고 2017노237 판결:「법관은 신(神)이 아니다. 법관의 판단이 모든 경우에 실체적 진실을 찾아내어 이루어진 것이라고 단언할 수 없다. 법관의 판단은 유한한 능력만을 가지고 있는 인간이, 나름 고도의 훈련과 노력을 통하여 그와 같은 사안에서 진실을 규명한 경험이 많은 상태임을 전제로 내린 '최선의 결과'일 뿐이다. 이러한 상황을 다르게 표현하자면, '유죄라는 법관의 판단이 있었다고 하더라도 실제로는 그 피고인은 무죄일 수도 있다'는 위험이 상존하고 있다는 말이기도 하다. 또는 그것이 사실이건 아니건 마지막까지 무죄를 주장한 피고인은 '나는 무고함에도 피해자의 정교한 또는 완벽한 거짓말에 속은 판사가 오판을 하였다'라는 말을 할 수도 있음을 의미하는 것이기도 하다.」

은 양자를 모두 포괄해야 한다. 실체적 진실주의($^{진실}_{발전}$)를 둘러싼 논의가 사실확정의 문제에 국한된 것인지 아니면 법적 판단의 문제까지 포함하는 것인지는 분명치 않으나, '진실'이라는 말의 개념적 속성을 고려할 때 사실확정 문제에 국한된 것으로 보인다. 결국 '실체적 진실 발견'에 방점을 두는 종래의 지배적 서술은, 앞서 지적하였듯 형사소송에서의 진실이 역동적이고 시간·맥락에 의존적이며 참여자들의 상호작용에 제약받는다는 점을 비중 있게 고려하지 못할 뿐만 아니라, 형사소송의 핵심쟁점의 하나인 법적 판단에 관한 부분을 의미 있게 다루지도 않는다는 점에서 미흡하다.

형사소송에서 사실확정과 법적 판단은 실천적으로 모두 논증의 문제와   7
결부되어 있다. i) 사안확정에서 첨예한 견해대립이 있는 경우에는 ($^{증거에}_{기초한}$) 우월한 또는 더 나은 논증으로 뒷받침되는 주장이 진실로 확정되고, ii) 법적 판단에서도 법문언과 입법목적에 좀 더 정밀하게 부합하는 결론이 더욱 공정한 판단으로 여겨진다. 그런데 그러한 논증에 과정의 합리성과 결론의 정당성을 부여할 수 있는 것은 오직 법치국가적 요청에 따라 정형화된 절차뿐이다.[1] 즉, 적법절차원칙은 법관의 진실탐구를 통제하거나 제약하는 요소가 아니며, 오히려 헌법과 형사소송법 기타 법규에서 정한 절차를 충실히 경유해 획득한 결론만이 비로소 형사소송에서의 진실 또는 정당한 법적 판단으로 승인될 수 있다.[2] 결론적으로, 형사소송의 목적은 '적법절차에 따른 신속한 실체적 진실의 발견'에 있다기보다 '적법절차에 따른, 적확한 사안 확정($^{사실}_{문제}$)과 공정한 판결의 획득($^{규범적}_{문제}$)'에 있다고 이해함이 타당하다.

이상의 내용을 토대로 아래에서는 형사소송(법)의 기본원리로서 진실규   8
명원칙과 적법절차원칙에 관해 살펴본다.

---

1 청주지방법원 2018. 3. 23. 선고 2017노1218 판결:「판결이 모든 경우에서 '진실'을 반영할 것이라는 보장은 그 어디에도 없다. 우리 사법체계도 이를 전제로 수립되어 있지 않고, 그럴 수 있을 것이라는 허황된 희망을 위안으로 삼아 운용되고 있지도 않다. 그럼에도 그와 같이 오판의 가능성이 있는 법원의 판단이 존중되고 수용되는 것은 우리 국가와 사회의 존속을 위하여 매우 중요한 문제이다. 그러한 국민의 수용·복종이 가능하려면, 그 판단이 모든 경우에 진실을 반영할 수는 없다고 하더라도, 압도적으로 많은 경우에서 그러하여야 하고, 기본적으로 헌법과 법률이 선언하고 채택한 기본원칙만큼은 온전히 지켜져야 한다. 사실은 여기에서 기본원칙의 준수가 결론의 타당성을 압도하는 중요성을 가지는 것[이다].」
2 변종필, "형사소송에서의 진실개념과 형사소송구조", 형사정책연구 제7권 제3호(1996), 209－224쪽; 이상돈 31－36쪽.

제2관　진실규명원칙

§9　제 1　진실규명원칙의 의의

1　　　진실규명원칙이란, 법원은 최대한의 증거판단을 통해 사안을 적확하게 확정해야 한다는 요청이다. 이는 i) 소송주체를 비롯한 모든 소송관계인이 적극적으로 절차에 참여해 자신의 주장을 피력하고 이를 뒷받침할 증거자료를 제시할 기회를 적정히 보장함으로써 최대한의 증거자료를 확보할 것과, ii) 그에 대한 남김없는 증거판단을 통해 진실을 규명할 것을 요구한다.

2　　　종래 학계와 실무는 형사소송의 목적을 실체적 진실 발견에 두고 이를 추구하는 태도를 '실체적 진실주의'라 명명하면서 그 법적 근거에 관해서는 별다른 언급을 하지 않아 왔는데, 이는 진실추구를 단지 사실적 목적인 것처럼 보이게 하는 측면이 있다. 그러나 형사소송에서 진실추구는 순수한 사실적 목적이 아니라 헌법상 법치국가원리와 책임원칙에서 비롯되는 규범적 목적,[1] 즉 원칙(legal principle)으로 이해될 성질의 것인바,[2] 이를 떠나 형사소송(법)의 이념·목적을 논하는 것은 부적절하다. 그렇기에 형사소송에서 진실은 규명돼야 한다는 요청(당위)은 '진실규명원칙'으로 표현함이 타당하다.[3]

§10　제 2　진실규명원칙의 내용

1　　　진실규명원칙과 밀접한 관련성을 지닌 것으로는 직권증거조사(제295조), 증거재판주의(제307조), 자유심증주의(제308조), 자백배제법칙(제309조), 유일한 증거인 자백의 배제(제310조), 전문증거의 증거능력 제한(제310조의2), 상소·재심제도 등이 주로 거론된다(이들은 동시에 적법절차원칙의 실천요소이기도 하다). 다만, 앞서 본 바와 같이 형사소송에서의 진실이 갖는 절차적 성격, 즉 실체는 결국 절차와 그에 속한 제반 절차규범을 통해 구성되는 것이라는 점에 무게를 둔다면, 소송참여자들의 절차적 권리를

1　BVerfGE 77, 65, 77(참된 사태가 확인되지 않으면 실체법상의 책임원칙은 실현될 수 없으며, 이로써 진실규명은 형사소송의 핵심적 관심사라고 한다).
2　변종필, "형사소송구조 논의의 실천적 함의", 강원법학 제51권(2017), 593쪽.
3　변종필, "형사소송의 목적과 '실체적 진실'원칙", 안암법학 제4권(1996), 10－11쪽.

보장하고 있는 일련의 규정 전체가 널리 실체관련성을 지닌다고 볼 수 있다. 즉, 규범적 측면에서 그러한 조항들 역시 진실규명에 기여한다.

개별사안에서 진실규명원칙은 형사소송의 또 다른 기본원칙인 적법절차 **2** 원칙과 대립하거나 충돌할 수 있다. 이 경우에 구체적 관련규정($^{법규}_{칙}$)이 없다면, 법원은 두 원리를 형량해 어느 하나에 우선순위를 부여하고 그에 따라 결론을 내려야 한다[$^{§64/7}_{참조}$].

제3관   적법절차원칙

제 1   적법절차원칙의 의의   §11

적법절차원칙이란, 국가형벌권 실현은 헌법과 그 정신 및 취지를 구현한 **1** 법률에 정한 적법한 절차에 따라 이뤄져야 한다는 요청이다. 적법절차는 의미론적 개방성(開放性)을 특징으로 하기에, 그 구체적 내용($^{진실규명을 위한}_{합리적 절차조건}$)이 무엇인지는 각 시대의 사회현실에 따라 다를 수 있다.[1] 다만, 역사적 경험과 정치적 투쟁을 통해 현행법에 자리잡은 적법절차의 내용은 처분 불가능하다고 할 것인바, 이를테면 고문금지와 진술거부권($^{헌법 제12}_{조 제2항}$)[$^{§41/2}_{참조}$], 변호인의 접견교통권($^{헌법}_{제34조}$)[$^{§75/2}_{참조}$], 일사부재리원칙($^{헌법 제13}_{조 제1항}$)[$^{§53/1}_{참조}$] 등은 법치국가적 형사소송법의 핵심을 이루므로 입법자라도 그 내용을 임의로 삭제·변경할 수 없다. 이들은 법공동체 구성원 사이에 지속적으로 공유되어 법의식의 근저에 자리잡은 기본가치를 실현한 것이라는 가치결단적 의미를 담고 있기 때문이다.

헌법의 적법절차 조항($^{헌법 제12}_{조 제1항}$)은 중요한 실천적 역할을 담당한다. 이는 **2** i) 적법절차 실현을 위한 구체적 법규가 없는 사안에서 재판규범으로 원용될 수 있고($^{보충적}_{재판규범}$), ii) 법률해석·적용에 방향을 제시하며($^{해석방향}_{설정}$), iii) 해석론만으로는 적법절차를 실현할 수 없는 영역에서 입법의 지침이 된다($^{입법}_{지침}$).[2]

이하에서는 적법절차원칙의 하위원리로서 i) 공정한 재판 원칙, ii) 비례 **3** 성원칙, iii) 법적 청문 원칙, iv) 신속한 재판 원칙에 관해 차례로 다룬다.

---

1 배종대/이상돈 18쪽.
2 배종대/이상돈 19-20쪽.

§12 제2 공정한 재판 원칙

1   공정한 재판 원칙이란 형사절차가 인간의 존엄과 기본권을 존중하고 정의와 공평의 이념을 실현하는 방향으로 행해져야 한다는 원리이다. 이를 구체화한 형사소송법상의 제도로는 i) 공평한 법원구성을 위한 제척·기피·회피($^{제17조 내}_{지 제24조}$)[$^{§29/1}_{참조}$], ii) 방어권보장을 위한 공판정출석권($^{제276}_{조}$)[$^{§142/3}_{참조}$], 제1회 공판기일 유예기간($^{제269}_{조}$)[$^{§138/1,}_{§151/15 참조}$], 모두진술권($^{제286}_{조}$)[$^{§143/7}_{참조}$], 진술거부권($^{제283}_{조의2}$)[$^{§41/4}_{참조}$], 증거신청권($^{제294}_{조}$)[$^{§143/16}_{참조}$], 증거보전제도($^{제184}_{조}$)[$^{§82/1}_{참조}$] 등, iii) 무기평등 실현을 위한 변호인선임권($^{제30}_{조}$)[$^{§41/8}_{참조}$] 및 국선변호인제도($^{제33}_{조}$)[$^{§43/5}_{참조}$], iv) 예단배제를 위한 공소장일본주의($^{규칙}_{제118조}$)[$^{§95/29}_{참조}$] 등이 있다.

2   형사소송법상 명문의 규정은 없으나, 검사는 공익의 대표자이자 국민 전체에 대한 봉사자로서의 지위상 단순히 피의자·피고인의 반대편에 서서 공격만을 해서는 안 되고 정의와 진실의 원칙에 따라 객관적 시각에서 검찰권을 행사할 의무를 부담하는바($^{객관}_{의무}$), 이 또한 공정한 재판의 보장을 위한 중요한 장치이다($^{검찰청법 제4조}_{제1항 본문, 제3항}$). 그 내용으로는 피의자·피고인에게 유리한 사실을 발견한 경우 이를 반영해 사건처리를 하거나 공판에서 피고인을 위해 이를 적극적으로 주장할 의무, 판결의 내용이 피고인에게 부당하게 불이익하다고 사료할 경우 피고인의 이익을 위해 상소할 의무 등이 거론된다[$^{§35/4}_{참조}$].

§13 제3 비례성원칙

1   어떠한 목적을 위해 투입되는 수단은 그 목적의 실현에 적합하고 필요하며 균형을 이루어야 한다는 요청을 비례성원칙이라 한다. 이는 법치국가의 모든 공권력작용에 보편적으로 적용되는 법원리로, 그 목적이 정당하다는 전제하에 i) 방법의 적정성, ii) 침해의 최소성, iii) 법익의 균형성을 요구한다.

2   형사절차에서 비례성원칙은 국가형벌권 실현을 위한 수단이 소송목적을 달성하는 데 적합한 방법이며 또 반드시 필요한지 여부, 그러한 수단으로 얻는 이익(공익)이 그로 인해 침해되는 피의자·피고인 등의 이익보다 더 크다고 볼 수 있는지 여부를 논의영역으로 한다. 특히 강제처분($^{신체구속, 압수·}_{수색·검증 등}$)의 법적 허용한계를 규정하는 역할을 담당한다[$^{§62/7}_{참조}$].

제 4   법적 청문 원칙

Ⅰ. 의   의

법적 청문의 요청이란, 절차의 주재자가 경청하는 가운데 절차참여자에 **1**
게 사실상·법률상의 문제에 대해 의견을 개진할 기회를 보장해야 함을 말한
다. 이는 i) 주관적 측면에서 인간의 존엄성 및 그에 뿌리박고 있는 실질적
법치국가원칙에서 비롯되는, 근원적인 절차적 기본권인 '법적 청문권'으로 나
타난다(경우에 따라서는 피고인·피의자 외에/다른 절차참여자도 이를 향유할 수 있다). 또한, ii) 객관적 측면에서, 절차참여자들
의 공정한 논쟁을 제도적으로 규율하고 보호해야 한다는 절차규범, 즉 '법적
청문 원칙(Grundsatz des rechtlichen Gehörs)'으로 표현된다.[1]

청문원칙은 인간의 인격에 대한 '존중의 기본원칙'으로서 법치국가적 형 **2**
사소송의 핵심요소이므로, 청문기회 보장 여부는 입법자의 전적 재량에 맡겨
진 사항이 아니다. 그리고 청문이 가장 핵심적 의의를 갖는 단락은 공판이지
만, 공판절차에서 청문권보장이 실효성을 지니려면 수사절차를 포함한 형사
절차의 전체 단락에서 청문원칙이 충실히 구현되어야 한다.

법적 청문은 i) 법원이 사안에 관한 절차참여자들의 개별적 인식이 담긴 **3**
진술·주장을 폭넓게 수집할 수 있도록 하여 사안을 적확하게 확정하는 데
이바지하며(사안확정/기능), ii) 절차참여자들(특히/피고인)을 소송주체로 승인함으로써 이들
을 소송절차로 통합하는 계기로 작용한다(소송절차로의/통합 기능). 아울러 iii) 피고인에게
자신의 이야기를 충실히 할 수 있는 기회를 보장함으로써, 그가 법원의 최종
적 판단을 좀 더 수월히 받아들이고 절차종결 후 사회로 재통합될 수 있도록
한다(재통합/기능). 이는 예방적 측면에서도 유익하게 작용할 수 있다.

Ⅱ. 내   용

1. 진술권보장

⑴ 의   의   청문원칙은 (단지 판결 전에 입장을 밝힐/수 있게 해주는 것을 넘어) 절차 전반에 참여해 의견 **4**
을 진술할 권리를 적극적으로 부여할 것을 요구한다. 이에 청문원칙 구현의
가장 기본적 형태는 의견진술권의 충실한 보장이라 할 수 있다. 진술권 보장

---

1 변종필, "형사소송과 법적 청문", 인권과정의 제245호(1997), 93-94쪽.

의무로부터 i) 제출된 증거 및 주장을 진지하게 고려할 의무 및 그에 따른 논증·회답의무, ii) 진술내용을 조서 등에 충실히 남길 기록의무, iii) 언어능력 부족 등 장애가 있는 사람에 대한 보호·배려의무 등이 파생된다.

(2) 수사단계에서의 진술권보장

5　　(개) 피의자신문　　검사나 사법경찰관이 피의자를 신문하는 경우에는 피의자에게 이익되는 사실을 진술할 기회를 주어야 한다($\frac{제242}{조}$). 신문에 참여한 변호인은 신문 후 의견을 진술할 수 있고, 신문중이라도 부당한 신문방법에 대해 이의를 제기하거나 검사·사법경찰관의 승인을 얻어 의견을 진술할 수 있다($\frac{제243조의}{2\ 제3항}$)[$\frac{\S71/21}{참조}$]. 피의자와 변호인의 진술은 피의자신문조서에 기록한 후($\frac{같은\ 조\ 제4항,}{제244조\ 제1항}$) 피의자에게 보여주어야 하고, 피의자가 그 내용에 대해 이의를 제기하거나 의견을 진술한 경우 그 또한 조서에 기재해야 한다($\frac{제244조}{제2항}$)[$\frac{\S71/31}{참조}$].

　　(나) 각종 심문절차

6　　(a) 구속전피의자심문　　피의자에 대해 구속영장이 청구된 경우 법원은 지체없이 그를 심문해야 한다($\frac{제201}{조의2}$). 이때 피의자는 이익되는 사실을 진술할 수 있으며($\frac{규칙\ 제96조}{의16\ 제1항}$), 피의자의 법정대리인, 가족, 동거인, 고용주 또한 법원의 허가를 얻어 의견을 진술할 수 있다($\frac{같은\ 조}{제5항}$)[$\frac{\S74/38}{참조}$].

7　　신문(訊問)은 사실관계 확인 등을 목적으로 '캐어묻는(訊)' 것이고($\frac{피의자신문,}{증인신문\ 등}$), 심문(審問)은 피의자·피고인에게 적극적 의견진술의 기회를 부여해 그 내용을 '살피는(審)' 것이다($\frac{구속전피의자심문,}{구속적부심사\ 등}$). 사안규명을 위한 조사절차로서의 본질을 지니는 전자와 달리, 후자는 의견진술권 보장을 위한 청문절차로서의 성격을 강하게 띤다. 다만, 신문절차에서도 가급적 청문권을 보장해야 하며, 심문절차라 해서 사안규명과 전혀 무관하지 않음은 물론이다.

8　　(b) 체포·구속적부심사　　체포·구속된 피의자 또는 그 변호인 등은 체포·구속적부심사를 청구할 수 있다. 이 경우 법원은 48시간 이내에 피의자를 심문해 석방 여부를 결정해야 한다($\frac{제214조의2\ 제4}{항,\ 규칙\ 제105조}$)[$\frac{\S75/17}{참조}$].

9　　(c) 유치장감찰　　지방검찰청검사장 또는 지청장은 불법체포·구속의 유무를 조사하기 위해 검사에게 매월 1회 이상 관하(管下) 수사관서의 체포·구속장소를 감찰하도록 해야 한다. 감찰하는 검사는 체포·구속된 자를 심문하고 관련서류를 조사해야 한다($\frac{제198조의2}{제1항}$)[$\frac{\S86/21}{참조}$].

⑶ 공판단계에서의 진술권보장

⑺ 출석권　　피고인은 공판정에 출석할 권리가 있으며, 피고인이 불출　　10
석한 경우 특별한 규정(제277조, 제277 조의2 제1항 등)이 없으면 개정하지 못한다(제276 조)[§142/4 참조].

⑻ 의견진술　　검사가 공소장에 의해 공소사실·죄명 및 적용법조를 낭　　11
독하거나 공소사실의 요지를 진술함에 대해 피고인·변호인은 그에 대한 인
정 여부 및 이익되는 사실을 진술할 권리가 있다(제286 조)[§143/7 참조]. 증거조사에서
피고인·변호인은 증인신문에 참여해 증인을 신문할 권리가 있고(제161 조의2) 증인
신문에 참여하지 않는 경우에도 자신에게 필요한 사항의 신문을 법원에 청구
할 수 있다(제164조 제1항). 증거조사 종료 뒤 검사가 사실과 법률적용에 관해 의견을
진술한 후에 피고인과 변호인은 최후진술을 할 수 있다(제303 조)[§143/51 참조].

⑼ 진술의 기록　　공판기일의 소송절차에 관해 피고인·증인·감정인·　　12
통역인·번역인이 한 진술과 피고인·변호인의 최후진술은 공판조서에 기재
해야 하고(제48조 제2항 제1호, 제51 조 제2항 제8호, 제13호), 검사·피고인·변호인이 그 기재에 대해 변경을
청구하거나 이의를 제기한 경우에는 그 취지 및 그에 대한 재판장의 의견을
기재한 조서를 당해 공판조서에 첨부해야 한다(제54조 제3항, 제4항)[§145/6 참조].

⑷ 기　타　　i) 피고인 등의 보석청구가 있는 경우 법원은 지체없이 심　　13
문기일을 지정해 피고인을 심문해야 한다(규칙 제 54조의2)[§127/50 참조]. ii) 재심청구에 대해
결정을 함에는 재심청구자와 상대방의 의견을 들어야 한다(제432 조)[§230/3 참조].

2. 각종 고지의무

의견진술권의 충실한 보장을 위해서는 그 전제로서 절차참여자, 특히 피　　14
의자·피고인이 자신과 관련된 사실관계나 법적 쟁점에 관한 사항을 충분히
숙지할 수 있도록 해야 한다. 이러한 요청은 다시 수사기관·법원의 일정한
고지의무를 형성하는바, 그 예로는 i) 체포시 피의사실 고지의무(제200 조의5)[§73/15 참조],
ii) 구속영장 발부 전 구속사유 고지의무(제72 조)[§127/8 참조], iii) 구속 후 공소사실 요
지 고지의무(제88 조)[§127/18 참조], iv) 공소장부본 송달의무(제266 조)[§138/1 참조], v) 진술거부권
등 고지의무(제266조의8 제6항, 제283 조의2 제2항, 제244조의3)[§143/2 참조], vi) 증거조사결과에 대한 의견요청의무
및 증거조사신청권 고지의무(제293 조)[§143/37 참조], vii) 피고인 퇴정중 이루어진 증언의
요지 고지의무(제297조 제2항)[§122/37 참조], viii) 공소장변경허가신청사실 고지의무(제298조 제3항)
[§147/31 참조], ix) 상소기간 고지의무(제324 조)[§143/54 참조] 등이 있다.

Ⅲ. 한   계

15   법적 청문의 요청은 절차참여자에게 자신의 관점을 국가에 제출할 수
있는 기회를 보장함을 본질적 요소로 한다. 그러나 언제나 무한정의 의견진
술을 할 수 있는 것은 아니며, 일정한 제약이 따른다.

16   먼저, 형사절차의 구조 자체, 특히 피의자·피고인(변호인)과 국가 사이에 존
재하는 힘의 불균형과 역할의 현저한 차이에서 비롯되는 근원적 제약이 있
다. 형사절차는 일정한 범죄사실에 관해 피의자·피고인이 그 행위주체일 수
도 있다는 가정하에 진행되기에, 그의 입장을 '살피는(審問)' 과정만큼이나
사건에 관해 '캐묻는(訊問)' 과정이 현실적으로 중요한 비중을 차지할 수밖에
없다. 이익되는 사실을 진술할 기회가 보장된다고는 해도, 일차적으로 사안
확정을 위해 어떠한 질문을 어떤 방식으로 할지는 수사기관이나 법관이 결정
할 문제이며, 질문의 종류·방향·취지를 피의자·피고인(변호인)이 선택하거나 유
도하기는 어렵다. 또 애초에 쟁점이 되는 범죄사실 및 적용법조를 특정하는
단계에서도 피의자·피고인 등이 관여할 수 있는 범위는 상당히 한정되어 있
다. 요컨대, 법적 청문(권)을 보장한다는 것이 반드시 절차참여자가 자신이
원하는 진술을 자신이 원하는 맥락이나 쟁점에서 할 수 있음을 의미하지는
않는다.

17   다음으로, 일정한 법률상 요건이 갖춰진 때에는 구체적 청문 자체가 생
략·제한되는 경우가 있다. 가령, i) 경미사건에서는 피고인이 출석하지 않아
도 공판을 개정할 수 있고($\substack{제277 \\ 조}$), ii) 구속사건에서 법원은 피고인이 정당한 사
유 없이 출석을 거부하고 인치가 현저히 곤란한 경우에 피고인 출석 없이 공
판절차를 진행할 수 있다($\substack{제277조의 \\ 2 제1항}$)[$\substack{§151/9 \\ 참조}$]. 그리고 iii) 재판장은 소송관계인의
진술 또는 신문이 중복된 사항이거나 소송과 무관한 사항인 때에는 소송관계
인의 본질적 권리를 해하지 않는 한도에서 이를 제한할 수 있다($\substack{제299 \\ 조}$)[$\substack{§143/51 \\ 참조}$].
또한, iv) 피고인이 진술하지 아니하거나, 재판장의 허가 없이 퇴정하거나,
질서유지를 위한 퇴정명령을 받은 경우 법원은 피고인의 진술 없이 판결할
수 있다($\substack{제330 \\ 조}$)[$\substack{§151/16 \\ 참조}$].

Ⅳ. 위반의 효과

1. 절차의 위법

법적 청문 원칙을 구현하는 규정을 위반한 경우에는 그와 관련된 소송
행위나 증거조사 또는 재판이 위법하게 되는바, 몇 가지 예를 들면 다음과
같다. i) 수소법원이 제72조의 규정을 위반해 피고인에게 범죄사실의 요지,
구속의 이유 및 변호인선임권을 고지하지 않거나 변명할 기회를 주지 않고서
한 구속영장 발부결정은 위법하여 항고법원에 의한 취소대상이 된다($\binom{제414조}{제2항}$)
[$\binom{§127/14}{참조}$]. ii) 피고인·변호인에게 최후진술기회를 주지 않은 채 심리를 마치고
선고한 판결은 위법하다[$\binom{§143/51}{참조}$].[1] iii) 공판에서 피고인이 미리 증인신문에 참
여할 의사를 밝혔음에도($\binom{제163조}{제1항}$) 참여기회를 보장하지 않은 경우 그 증인신문
은 위법하며,[2] 이는 그 증인신문에 변호인이 참여했더라도 마찬가지다.

2. 책 문 권

법원·법관 기타 소송관계인의 소송행위가 위법·부당하다고 사료되는
경우에 그에 대한 이의를 제기해 당해 소송행위 또는 그 이후 진행된 소송절
차의 효력을 다툴 소송상 권리를 책문권(責問權)이라 한다. 이는 민사소송의
절차이의권(節次異議權)에 대응된다. 민사소송법상 절차이의권이 명문화되어
있는 것과 달리($\binom{민사소송법}{제151조}$) 형사소송법상 책문권에 관한 일반적 근거조항은 없
으나, 그러한 규정이 없더라도 절차진행의 위법·부당을 이유로 그 효력을 다
투거나 법원에 일정한 조치를 요구할 권리는 법치국가적 형사소송의 본질적
요소에 속한다. 특히 공판절차에 관해서는 증거조사에 대한 이의신청권($\binom{제296}{조}$)
및 재판장의 처분에 대한 이의신청권($\binom{제304}{조}$)이 명문으로 규정되어 있는바, 피
고인이 이를 행사해 특정 소송행위 또는 그 후속절차의 무효를 주장하는 경
우 법원은 반드시 그 당부를 판단해야 한다($\binom{제296조\ 제2항,}{제304조\ 제2항}$).

대법원은 일정한 경우 책문권이 지체없이 행사되지 않으면 그 절차적
위법이 치유된다는 입장이다($\binom{이른바\ 책문권}{상실\ 이론}$)[$\binom{§122/32,}{37\ 참조}$].[3] 가령 증인신문의 일시·장

1　대법원 1975. 11. 11. 선고 75도1010 판결.

2　대법원 1969. 7. 25. 선고 68도1481 판결.

3　대법원 1962. 5. 10. 선고 4294형상127 판결; 1974. 1. 15. 선고 73도2967 판결; 2010. 1. 14.
　　선고 2009도9344 판결; 2022. 3. 17. 선고 2016도17054 판결.

18

19

20

소를 미리 피고인과 변호인에게 통지하지 않아 참여권을 보장하지 않았더라도, 그 후 공판정에서 피고인과 변호인이 증거조사에 관해 별 의견이 없다고 진술한 때에는 그러한 위법이 '책문권 포기'로 치유된다고 한다.[1] 그러나 민사소송법이 절차이의권 상실 제도를 두고 있는 것과 달리($^{민사소송법}_{제151조}$) 형사소송법은 책문권 상실을 인정하지 않고 있고, 설령 이를 인정하더라도 그로써 법적 청문 원칙을 위반한 위법까지 치유된다고 해석할 수는 없다고 본다.

§15　제 5　신속한 재판 원칙

Ⅰ. 의　　의

1　　법적 청문과 마찬가지로, 신속한 재판의 요청 또한 i) 지연 없는 재판을 받을 주관적 공권이자 ii) 피고인이 부당하게 지연된 재판을 받아서는 안 된다는 객관적 절차규범이다. 전자는 헌법상 기본권인 '신속한 재판을 받을 권리'이고, 후자는 적법절차원칙의 구성원리인 '신속한 재판 원칙'이다.

2　　신속한 재판 원칙은 진실규명과 소송경제, 재판의 신뢰성 제고, 형벌목적 달성 등과 같은 이익에도 기여하는 측면이 있으나 그 본래적 취지는 절차지연으로부터 피의자·피고인을 보호하는 데 있다. 따라서 피의자·피고인의 권리보호 약화를 불러오는 신속한 절차는 이 원칙으로부터 도출되지 않는다. 예를 들어 i) 경미사건에 관한 즉결심판($^{즉심법}_{제2조}$) 자체는 신속한 재판의 이념이 반영된 제도라고 볼 수 있지만, 즉결심판절차를 무성의한 증거조사로 졸속 진행함은 신속한 재판 원칙에 기댄 결과라고 할 수 없다.[2] ii) 중복된 진술·신문을 제한하는 재판장의 소송지휘권($^{제299}_{조}$)은 신속한 재판 원칙의 구현을 위해 필요할 수 있지만, 이를 피고인의 최후변론을 생략하거나 제한하는 방향으로 활용해 변론을 종결함은 신속한 재판 원칙과는 무관하다. iii) 절차상 위법이 발견된 경우에 단지 피고인과 변호인이 이의를 제기하지 않았다는 이유만으로 하자가 치유된다고 보아 그 이후의 소송절차를 유효한 것으로 인정하는

1　대법원 1980. 5. 20. 선고 80도306 (全)판결: 「법정외에서 증인신문을 실시함에 있어서 피고인에 대하여 통지하지 아니하여 참여기회를 주지 않은 잘못이 있다고 하더라도, 그 후 속개된 공판기일에서 피고인과 변호인이 그 증인신문에 대하여 별 의견이 없다고 진술하였다면, 그 잘못은 책문권의 포기로 치유된다.」

2　변종필, "간이절차와 유죄협상", 비교형사법연구 제12권 제2호(2010), 210－211쪽.

책문권 상실 이론도, 단지 기능적 효율성[§16/1 참조]이 강조된 결과물일 뿐 신속한 재판 원칙과는 관계가 없다. 이와 같은 신속성은 오히려 국민의 원망과 불신을 증폭시켜 사법신뢰의 근간을 위협할 우려가 있다.

Ⅱ. 내　　용

1. 공판단계

공판에서 신속한 재판 원칙과 관련 있는 규범으로는 다음과 같은 것들을 들 수 있다. i) 피고인이 공소사실에 대해 자백한 경우 법원은 사건을 간이공판절차로 진행할 수 있다(제286조의2). 간이공판절차에서는 법정 증거조사방식에 따르지 않고 법원이 상당하다고 인정하는 방법으로 증거조사를 할 수 있고(제297조의2), 검사·피고인·변호인의 이의가 없는 이상 전문증거에 관해 증거동의가 간주된다(제318조의3)[§143/9 참조]. ii) 판결선고는 변론을 종결한 기일에 함이 원칙이다(제318조의4 제1항 본문). 다만 특별한 사정이 있는 때에는 변론종결 후 14일 이내로 선고기일을 지정해 선고할 수 있다(제318조의4 제1항 단서; 훈시규정)[§143/53 참조]. iii) 판결선고는 제1심에서는 공소가 제기된 날부터 6개월 내에, 항소·상고심에서는 원심법원으로부터 기록을 송부받은 날로부터 4개월 이내에 해야 한다(소촉법 제21조; 훈시규정). iv) 공판절차 진행중 공소기각·면소·무죄판결을 할 사유가 드러나는 경우 검사는 판결을 기다리지 않고 공소를 취소할 수 있으며(제255조), 이 경우 법원은 지체없이 공소기각결정으로 절차를 종결한다(제328조 제1항 제1호)[§99/2 참조].

3

2. 수사단계

수사절차라 해서 신속한 재판 원칙과 무관하지 않다. 신속한 재판을 위해서는 가장 먼저 재판의 신속한 개시가 요구되는바, 이는 수사가 (공정성을 전제로) 신속히 종결되지 않고서는 불가능하기 때문이다. 가령 수사상 구속기간은 29일을 초과하지 못하고(제202조; 제203조), 검사가 고소·고발에 의해 범죄를 수사할 때에는 그 고소·고발의 수리일로부터 3월 내에 수사종결처분을 해야 한다(제257조).

4

Ⅲ. 위반의 효과

신속한 재판을 받을 권리가 침해되었다고 여겨지더라도, 피고인이 이를 직접적 근거로 해서 구제를 요구할 수는 없다. 그러한 권리를 실현하려면 구

5

체적 입법형성이 필요하다.[1] 다만 지연된 재판을 받은 사정을 양형에 참작할 수는 있을 것이다.

제4관   법치국가적 형사소송의 지향가치

§16   **제 1   절차의 사법정형성과 형사사법의 기능적 효율성**

1   형사절차는 범죄사건의 진실규명, 범인의 처벌·퇴치, 범죄의 예방·통제라는 산출(output)을 내놓는 기능을 발휘한다. 입법자나 법원이 그러한 산출기능의 신속·극대화, 이른바 형사사법의 기능적 효율성(Funktionstüchtigkeit der Strafrechtspflege) 추구에 방점을 둘 경우 형사실무는 엄벌주의 또는 자원투입 대비 사건처리량 증가를 꾀하는 경향을 띠게 되는바,[2] 그 대표적 결과로는 i) 증거능력 인정범위 확대, ii) 궐석재판[§151/1 참조]의 요건 완화, iii) 소송조건[§51/1 참조]의 축소를 통한 실체재판 확대, iv) 강제처분 확대 및 요건 완화, v) 불구속재판의 축소, vi) 증거조사절차 간이화, vii) 각종 청문절차 또는 의견진술권의 축소·삭제, viii) 재판에 대한 불복기회 축소, ix) 처벌 위주의 신속한 재판종결, x) 법정형 또는 권고형량의 상향 등을 들 수 있다.[3]

2   기능적 효율성 사고의 근저에는 실체적 진실개념에 입각한 범죄투쟁적 사유와, 사법자원 부족에서 비롯되는 비용편익분석 사고가 자리한다. 먼저, i) 형사소송의 목적을 (적극적) 실체진실주의에 두는 관점은 형사절차를 범죄통제의 기술적 효율성과 합리성의 측면에서 정당화하려고 한다. 즉, 형사소송(법)을 통해 적대적 범죄투쟁의 형사정책을 전개하고자 하며, 그 결과 신속하고 강경한 사건처리를 유도해 형사절차가 속결재판과 중형선고 위주로 운영

---

1 헌법재판소 1999. 9. 16. 선고 98헌마75 (全)결정:「신속한 재판을 위해서 적정한 판결선고기일을 정하는 것은 법률상 쟁점의 난이도, 개별사건의 특수상황, 접수된 사건량 등 여러 가지 요소를 복합적으로 고려하여 결정되어야 할 사항인데, 이때 관할법원에게는 광범위한 재량권이 부여된다. 따라서 법률에 의한 구체적 형성 없이는 신속한 재판을 위한 어떤 직접적이고 구체적인 청구권이 발생하지 아니한다.」

2 변종필, "형사소송법 개정의 역사와 전망", 형사법연구 제19권 제3호(2007), 84-85쪽; 이상돈, "형사소송법개정과 법치국가의 침윤", 법학논집 제32권(1996), 55쪽 이하 참조.

3 나기업, "약식절차를 둘러싼 몇 가지 쟁점", 법조 제71권 제6호(2022), 266쪽.

되게 한다. 다음으로, ii) 사회구조의 복잡다변화 및 위험사회화[1]로 인한 형
사실체법의 비대화와 그에 따른 범죄사건의 증가는 필연적으로 법원과 수사
기관의 업무부담을 가중해 비용절감 사고를 낳는바, 이에 입법자와 법원은
$\binom{\text{불필요한 범죄구성요건을 축출하}}{\text{거나 사법자원을 늘리기보다는}}$ 기존의 정형화된 절차를 축소·삭감해 더욱 많은 사
건을 좀 더 절감된 비용으로 처리하려 한다.

　　설명에 따라서는 기능적 효율성을 형사소송(법)의 지향점으로 인식하고　　　3
더욱이 법원칙으로 인정하거나[2] 신속한 재판 원칙 또는 소송경제 등 개념과
혼용하기도 한다. 그러나 신속한 재판 원칙이 적법절차원칙의 하부원리로서
어디까지나 피고인을 보호하기 위한 규범이고, 소송경제가 정형화된 절차와
절차참여자들의 권리를 보장하는 전제 하에 불필요한 낭비를 줄이고자 하는
개념인 데 반해, 기능적 효율성은 $\binom{\text{증가되는 위험인자에 한정된}}{\text{사법자원으로 대응하고자}}$ 더 많은 사건을 더 빨
리 처리하고자 종래의 절차원칙들과 피고인에 대한 보호적 형식(schützende
Form)[3]을 포기·축소함을 의미한다.

　　다른 한편, 법치국가적 형사소송은 입법자에게는 각종 절차의 요건과 방　　　4
식을 법률로 상세히 규정할 것을, 법원을 비롯한 사건처리자에게는 그와 같
이 법정된 사항을 철저히 준수함으로써 절차를 최대한 정형화할 것을 요구한
다. 이러한 형식적 확실성의 요청은 절차의 사법정형성(Justizförmigkeit des
Verfahrens)[4]이라는 표현으로 요약될 수 있다. 이를 지향하는 사고방식에서는
적대적 범죄투쟁보다는 절차조항의 규범력 강화와 예견가능성 보장을 주된
관심사로 삼는다. 그 결과 i) 개별사안에서는 법원이 증거신청기각결정이나
형식재판을 할 확률이 높아지며, ii) 거시적으로는, 정해진 틀을 지키지 못한
흠결을 탓해 각종 중간재판의 효력을 다투는 절차를 폭넓게 마련하고, 특정
소송행위의 존재를 간주하거나 본안심리절차를 간이화하는 제도를 축소·지
양하는 경향이 나타난다.

　　그런데, 법치국가적 헌법을 정점으로 하는 법체계가 서로 다른 사회체계　　　5

1　변종필, "위험사회, 위험 그리고 형법의 대응", 비교형사법연구 제14권 제2호(2012), 531쪽 이하.
2　BVerfGE 33, 367, 383; 38, 105, 115.
3　군나 두트케(김성은 역), "형사절차에서 보호적 형식: 하나의 낡은 모델?", 형사정책연구 제20
　　권 제4호(2009), 5쪽 이하.
4　변종필, "형사소송이념과 범죄투쟁, 그리고 인권", 비교형사법연구 제5권 제2호(2003), 938-
　　945쪽; L. Zender & C. Stuckenberg, "Due Process", *Core Concepts in Criminal Law and
　　Criminal Justice Vol. 1*, Cambridge University Press, 2019, pp. 326-331.

에서 연유된 두 가지 목적, 즉 개인의 자유의 확실한 보장과 기술적 합리성 (어떤 수단이 목적달성에 효과적인지 여부만을 고려하는 도구적 합리성)을 동시에 추구한다는 것은 그 자체 모순이다.[1] 범죄통제의 실효성과 사법기능의 효율성을 지향하는 사고는 대체로 형사절차를 범죄투쟁의 장으로 보아 피의자·피고인의 방어권 등 제반 절차적 권리를 제한하는 근거로 작용하는 데 반해, 법치국가 형사절차의 엄격한 형식성을 지향하는 사고는 법치국가적 정형화 프로그램에 따라 절차참여자들의 자유와 권리를 보장하는 데 중점을 두기 때문이다.

§17 제 2 사법형식성의 강화

1   법치국가적 형사소송은 신중함과 원칙에 대한 신뢰를 바탕으로 한다. 그것은 형사정책의 '연장된 팔'[2]이 아니라 '뛰어넘을 수 없는 한계'이며, 형사소추의 효율성(특히 범죄투쟁의 수단)이라는 기능가치로 환원될 수 없다. 형사사법절차와 관련된 규범들과 그에 기초한 제반 수단은 단순히 범죄에 대한 투쟁방법이나 기술적·부수적인 무언가가 아니라 '자유를 위한 보호형식'으로서 처분불가능한 것이며, 판결의 정당성을 보증해 주는 합리적 대화의 절차적 조건에 해당한다. 형사절차에서 효율성 고려의 필요 자체를 부인할 수는 없으나, 그것은 어디까지나 절차의 정형성을 저해하지 않는 한도에서 피의자·피고인의 부담 경감과 공정한 법적 판단의 획득을 위해서만 고려돼야 한다. 사법자원의 부족은 관련자들의 권리보장을 강화하기 위해 인적·물적 자원을 새롭게 확충하는 방향으로 기존 제도나 법규를 보완·개선해야 할 동인(動因)일 뿐, 법치국가적 보장을 이탈하는 낯선 제도를 설계하거나 이로써 관련자들의 권리를 약화·방치할 근거는 될 수 없다.

2   현재의 형사사법에는, 겉으로는 절차참여자들의 인권보장을 표방하면서 실제로는 사법자원의 효율적 활용을 거론하며 '선택과 집중의 원리'를 좇는 것을 당연시하는 경향이 팽배해 있다. 이는 이를테면 (실체적) 정의와 진실발견에 시선을 집중함으로써 절차적 정당성에 구애받지 않고 신속히 재판을 종결

---

1 I. Müller, *Rechtsstaat und Strafverfahren*, Europäische Verlagsanstalt, 1980, S. 198.

2 W. Hassemer, Menschenrechte im Strafprozeß, *Die Zukunft der Aufklärung*, Suhrkamp, 1988, S. 197.

하려는 태도로 나타나기도 하는데, 그러한 '정의'는 전통적 법이념으로서의
정의라기보다 형사소추로 얻는 국가의 이익을 뜻할 뿐이며, '신속' 역시 피의
자·피고인의 권리보장과 동떨어진 처벌 위주의 신속일 가능성이 크다. 범죄
투쟁의 형사정책은 범죄를 유발하는 사회적 요인들을 근원적으로 줄이거나
제거하는 데 중점을 둬야 하고, 형사사법절차의 본래적 목표는 범죄혐의자를
포함한 시민의 권리보호를 위한 법치국가적 보호형식을 견지하면서 과학적
수사방법과 합리적 절차를 통해 공정한 재판을 이끌어내는 데 맞춰져야 한다.

제2장 형사소송의 주체

제1절 총   설

제1관 소송주체의 의의

§18 **제1 소송주체의 개념**

1   소송의 성립과 전개에 필요한 가장 핵심적인 지위와 역할을 지닌 기관 또는 사람을 소송주체라 한다. 형사소송에서 소송주체는 재판권의 주체인 법원, 공소권의 주체인 검사, 그리고 방어권의 주체인 피고인이다. 변호인은 원칙상 소송주체는 아니고 피고인을 조력하는 보조자(Beistand)이나, 소송절차에서 수행하는 역할에 비추어 사실상의$\binom{실질}{적인}$ 소송주체라 할 수 있다. 특히 필요적 변호사건$\binom{제33조}{제1항}$, 국선변호인이 선정된 사건$\binom{제33조 제2}{항, 제3항}$, 재심공판$\binom{제438조 제1}{항, 제2항}$ 등 변호인 없이는 개정하지 못하는 사건$\binom{제282조, 제438}{조 제3항, 제4항}$에서는 형식적으로도 소송주체가 된다$\binom{다만 이하에서 소송주체라고 할}{때는 변호인은 포함하지 않는다}$.

2   피해자나 증인·감정인 등은 비록 형사절차에서 중요한 역할을 수행하기는 하지만, 소송의 성립 및 전개에 불가결한 존재는 아니므로 소송주체에 해당하지 않는다. 국민참여재판[$\substack{§164/2 \\ 참조}$]에서 배심원 또한, 그 평결이 권고적 효력만을 지닐 뿐 법률적 기속력을 갖지 못하는 이상 소송주체로 볼 수 없다. 이들은 다만 소송주체와 함께 널리 '절차참여자'로 총칭하면 족할 것이다.

§19 **제2 피고인의 소송주체성**

1   피고인의 소송주체성 유무는 형사소송의 구조와 밀접히 관련된 문제이다. 형사절차 개시주체가 직접 심리·판결하는 소송구조를 규문주의(糾問主義), 수사·소추주체와 재판주체가 분리돼 있는 소송구조를 탄핵주의(彈劾主義)라 하는바, 피고인은 후자의 절차에서만 소송주체의 지위를 갖는다.

독일의 형사절차는 중세까지만 해도 피해자 또는 재정관(裁定官; Fiskal)   2
의 의사표시로 개시되는 탄핵적 구조였으나, 근세 들어 왕권강화 및 사법관
료제 확립을 위해 이탈리아의 규문절차를 받아들였고, 그 비중이 점차 확대
되어 17세기에는 법관이 직권으로 절차를 개시해 심리·판결하는 규문적 구
조로 일원화되었다. 법관은 피해자나 목격자의 고소·고발은 물론 풍문
(publica fama)에 기초해서도 형사절차를 개시할 수 있었는데, 재판주체가 직
접 혐의자를 지목해 심리·판결하는 특성상 유죄추정을 기본전제로 할 수밖
에 없었고, 피고인은 단지 조사와 재판의 객체일 뿐 소송주체가 아니었다. 재
판은 조서 중심으로(서면주의) 비공개로 이루어졌고(밀행주의) 자백을 얻기 위한 고문도
허용되었다.[1] 이는 같은 시기 프랑스에서도 마찬가지였으며, 유럽대륙에서
규문절차는 1789년 혁명 이전까지 형사사법절차의 주류를 이루었다.

한편, 영국의 형사절차는 피해자의 소추로 개시되는 구조(사인소추주의)에서 출   3
발하여, 중세 들어 일정한 수의 배심원단이 소추를 담당하기 시작하고(대배심),
유무죄 판단 또한 배심원단(소배심)이 하게 되면서 유럽대륙과는 완전히 다른 방
향으로 발전했다. 소추주체와 재판주체가 분리되고 피고인이 소송주체로서
능동적으로 재판에 참여하는 영국의 형사사법제도는 필연적으로, 공개된 법
정에서(공개주의)[§105 참조] 증거가 직접 현출되고(직접주의)[§108 참조] 배심원단 앞에서 구술에 의한
공방이 오가는 형태(구술주의)[§106/2 참조]를 채용했다. 또한 배심원의 자의적 판단을 방
지하고자 판사에게 배심원에게 보여줄 증거와 보여주지 않을 증거를 가려내
는 작업[§114/10 참조]을 맡겼다.

1789년 혁명 당시 프랑스에서는 영국의 형사사법구조를 차용하자는 의   4
견이 널리 공감대를 얻었다. 이에 1791년 프랑스 헌법제정회의는 규문절차를
폐기하고 기소배심(대배심)과 배심제(소배심)를 도입하는 법률을 제정했고, 1808년에
는 배심제도는 유지하되 기소배심을 공소관 제도로 대체하는 치죄법(Code
d'instruction criminelle)이 제정되었다. 독일 또한 영국의 형사사법제도와 프랑
스의 치죄법을 바탕으로 1840년대 들어 규문절차의 개혁을 시작해 탄핵주의
로 전환하여 오늘에 이르고 있다. 요컨대 대륙법계에서 피고인이 소송주체로
서 공판절차에 참여할 수 있게 된 것은 비교적 최근의 일이다.

---

1 상세히는 대법원, 바람직한 형사사법시스템의 모색 결과보고서(Ⅱ), 법원행정처(2004), 23쪽
   이하.

5   현대에 들어 탄핵주의는 단순한 제도적 경향이나 흐름을 넘어 '소추기관
과 재판기관은 분리되어야 한다'는 보편적 법원칙으로서의 위상을 갖는다.
불고불리원칙(不告不理原則; Nemo iudex sine actore), 즉 법원은 오직 i) 소추기
관이 소추한 사건에 관해($^{객관적\cdot}_{물적\ 측면}$) ii) 소추된 사람만을 대상으로($^{주관적\cdot}_{인적\ 측면}$) 심판
할 수 있다는 규범적 요청은 탄핵주의를 불가결한 전제로 한다[$^{§98}_{참조}$].

제2관   소송주체의 역할분배

§20   제 1   직권주의와 당사자주의

1   탄핵주의 형사절차에서는 필연적으로 법원과 검사 그리고 피고인의 소
송상 지위·역할을 어떻게 설정할 것인지의 문제가 발생한다. 이에 관해서는
i) 법원에게 주도적 역할을 부여해 직권탐지·직권심리에 큰 비중을 두는 형
태가 있는가 하면, ii) 법원에게는 주로 심판자로서의 역할을 맡기고, 이른바
당사자(當事者)로 지칭되는 검사와 피고인($^{변호}_{인}$)에게 소송의 주도권을 주는 형
태가 있다. 전자는 유럽대륙에서 유래한 직권주의이고, 후자는 영미에서 탄
핵주의와 함께 발전한 당사자주의이다.

2   발전사적으로 독일법에 직권주의적 색채가 짙은 데는 법관 혼자서 형사절차 전반을
주도하던 규문절차의 영향이 크다. 다만 이론적으로 규문주의와 직권주의 간에 논
리필연성[1]이 있는 것은 아니다. 규문주의는 법관이 혐의를 인지하고 수사를 하여
유죄추정 하에 재판까지 진행하는 소송구조인 반면, 직권주의는 어디까지나 탄핵주
의를 전제로 법관이 적극적으로 직권을 행사하게 하는 소송구조이다. 후자는 무기
평등을 위해 피고인에게 필요한 방향으로 소송을 지휘하거나 증거조사를 하는 방식
으로 쓰일 수 있으며, 실제로도 그런 예가 많다.

3   이론상으로만 보면 양자는 첨예하게 대립하나 형사소송은 다양한 제도
와 절차규정들의 총합이므로 직권주의적 요소와 당사자주의적 요소가 혼합
될 수 있는바, 실제로 순수한 형태의 직권주의나 당사자주의를 추구하는 예
는 찾아보기 힘들고 대부분 국가에서 양자를 혼합한 소송구조를 취하고 있

---

1 이를테면 신현주 39-43쪽.

다. 특정 소송구조를 순수한 형태로 추구하는 것 그 자체가 궁극적 지향점이 될 수는 없으며, 결국 관건은 어떠한 소송구조를 취해야 형사소송(법) 본연의 목적(진실규명과 공정한 재판의 보장)을 잘 달성할 수 있는지인데, 현실적으로 이는 양극단을 취해서는 불가능하고 당면한 법현실에 맞추어 양자 간에 적절한 분배가 이루어질 때만 가능하다. 직권주의를 강조해 법원의 직권탐지·직권심리가 차지하는 비중을 확대할지 아니면 당사자주의 요소를 강화해 검사와 피고인·변호인 간 공격방어가 갖는 비중을 늘릴지는 국가마다, 시대마다, 그리고 개별 절차영역마다 다르게 설정될 수 있다. 영미의 경우 직권주의적 요소를 많이 받아들이기는 했지만 당사자주의의 본산인 만큼 검사와 피고인 간의 공격방어가 차지하는 비중이 현저히 큰 반면, 독일은 비록 당사자주의적 색채를 흡수했다고 하더라도 법관의 직권행사가 갖는 비중이 더 크다.

　학계에서는 당사자주의라는 용어를 본래적 의미의 당사자주의(당사자처분주의)가 아닌, 미국법의 영향 아래 도입된 각종 인권보장규정과 증거법 및 방어적 참여권의 확대를 꾀하는 제도들을 가리킬 때에 사용하는 경우가 많다. 즉, 당사자주의를 공정한 재판이나 인권보장의 이념에 지향된 각종 규정 및 제도의 규합개념으로 이해하는 것이다.[1] 이와 대비해 직권주의는 재판의 공정성이나 인권보장을 저해하는 소송구조로 이해되곤 한다. 그러나 적법절차원칙을 비롯한 각종 인권보장 규범들은 법치국가적 헌법에 기초한 요청일 뿐, 당사자주의와 불가결한 관련이 있는 것은 아니다.[2] 오히려 사안에 따라서는 방어적 참여권 보장이나 공정한 재판 원칙으로부터 법관의 직권발동이 절실히 요구될 수도 있다. 가령 당사자주의는 검사와 피고인의 공격방어를 형사소송의 핵심요소로 설정하고, 그 결과 공정한 재판을 위해 무기대등을 추구하지만, 그렇다고 해서 무기대등이 당사자주의에만 고유한 것은 아니다. 현실적으로 피고인과 검사 간 공격방어능력에 현저한 차이가 있는 상황에서 무기대등을 실현하자면 (변호인의 권한을 강화하는 것 외에) 법관의 직권탐지나 직권조사가 필요한 경우가 매우 많기 때문이다. 다른 한편, 변호인의 조력을 받을 권리가 당사자주의의 핵심적 가치라고 보는 시각이 있지만, 이는 근본적으로 모든 국민에게 보장된 기본권으로서 직권주의하에서도 중요한 절차요소이다.

4

1　대표적 예로 신현주 45쪽 이하; 차용석/최용성 44−46쪽.

2　배종대/이상돈 27쪽.

§21   **제 2   형사소송법의 태도**

1   우리나라는 2007년 형사소송법 개정을 통해 당사자주의적 요소를 대폭 받아들였고, 그 후로 대법원은 「현행 형사소송법은 당사자주의 … 를 그 기본원칙으로 하고 있다」고 하면서,[1] 「당사자주의·직접주의를 지향하는 현행 형사소송법의 소송구조」라는 표현[2]을 사용하고 있다. 그러나 우리 형사사법체계에서 당사자주의적 요소가 직권주의적 요소에 비해 비중이 크다고 단언할 수는 없다. 물론, i) 증거보전제도$\left(\substack{\text{제}184\\\text{조}}\right)\left[\substack{\S82/1\\\text{참조}}\right]$, 첨부·인용금지$\left(\substack{\text{규칙 제}118\\\text{조 제}2\text{항}}\right)$ $\left[\substack{\S95/29\\\text{참조}}\right]$, 증거개시제도$\left(\substack{\text{제}266\text{조의}3,\\\text{제}266\text{조의}11}\right)\left[\substack{\S140/1\\\text{참조}}\right]$, 공소장변경제도$\left(\substack{\text{제}298\\\text{조}}\right)\left[\substack{\S147/3\\\text{참조}}\right]$, 검사와 피고인의 증거신청권$\left(\substack{\text{제}294\\\text{조}}\right)\left[\substack{\S143/17\\\text{참조}}\right]$, 교호신문제도$\left(\substack{\text{제}161\\\text{조의}2}\right)\left[\substack{\S122/27\\\text{참조}}\right]$ 등 당사자주의적 요소의 비중이 상당하지만, ii) 공소장변경요구제도$\left(\substack{\text{제}298\text{조}\\\text{제}2\text{항}}\right)\left[\substack{\S147/28\\\text{참조}}\right]$, 법원에 의한 피고인신문$\left(\substack{\text{제}296\\\text{조의}2}\right)\left[\substack{\S143/46\\\text{참조}}\right]$, 직권증거조사$\left(\substack{\text{제}295\\\text{조}}\right)\left[\substack{\S143/36\\\text{참조}}\right]$, 직권사실조회$\left(\substack{\text{제}272\text{조}\\\text{제}1\text{항}}\right)$ $\left[\substack{\S144/7\\\text{참조}}\right]$ 등 직권주의적 요소가 차지하는 지분 역시 그에 못지않기 때문이다. 관점에 따라서는 오히려 독일보다 더 직권적이라고 볼 여지도 있다.[3]

2   그런데 당사자주의적 요소를 인정함과 별개로, 소송주체 중 검사와 피고인을 묶어서 '당사자'라 함$\left(\substack{\text{규칙 제}25\\\text{조 제}1\text{항}}\right)$[4]은 바람직하지 않다. 민사소송에서의 원고(plaintiff)와 달리 형사소송의 검사는 단순히 피고인의 대립당사자가 아니며, 형사법원 또한 검사와 피고인의 주장·입증만으로 적확한 심증형성이 어려운 때에는 능동적으로 사실을 조사하고 증거를 탐지한다. 처분권주의·변론주의가 지배하고 형식적 진실에 만족하는 민사소송과 달리, 형사소송은 소송주체를 포함한 절차참여자들의 대화와 의사소통을 통해 범죄와 형벌의 귀속을 밝히는 변증론적 진실규명 절차이며, 이에 따라 규명되는 진실 역시 절차적·구성적 성격을 강하게 띤다. 검사와 피고인은 물론 법원도 그러한 대화

---

1 대법원 2015. 12. 10. 선고 2015도11696 판결.
   부산고등법원 2021. 6. 16. 선고 2021노138 판결(대법원 2021. 11. 25. 선고 2021도8595 판결로 확정):「형사소송법이 채택하고 있는 당사자주의 원칙은 자기에게 유리한 주장이나 증거는 각자가 자신의 책임 하에 변론에 현출하여야 한다는 것이므로, 법원이 변론종결 이후 피고인 측이 제기한 새로운 주장에 대해 검사에게 별도로 의견제출 기회를 주지 아니한 채 판결을 선고하였다고 하더라도, 그러한 사정만으로 당사자주의 원칙을 위배한 잘못이 있다고 볼 수 없다.」
2 대법원 2011. 4. 28. 선고 2009도10412 판결.
3 이완규(Ⅱ) 457쪽. 상세히는 이완규, "독일 형사소송상 직권주의의 재조명", 형사소송 이론과 실무 창간호(2009), 55−98쪽.
4 대법원 1976. 3. 23. 선고 76도437 판결.

적 소송절차에서 하나의 주체로 참여해 각자 자신의 임무와 역할 수행을 위
한 일정한 권리와 의무를 지닌다(이로써 형사소송은 당사자 간의 스포츠게임도, 법관 의 독백을 진실로 승화시키는 권력의 장도 아니다). 이런 점
에서 민사소송에서와 같이 검사와 피고인을 '당사자'로 칭하기보다, 법원·검
사·피고인을 각기 '소송주체'로 칭함이 적절하리라 본다.

제2절 법   원

제1관   법원·법관의 의의

제 1   법원과 재판권   §22

Ⅰ. 법   원

현행법상 법원(法院)은 i) 행정부·국회와 대별되는 사법행정권의 주체를   1
가리키는 한편(헌법 제101조 제1항, 제103조), ii) 구체적 사건에 관해 실제 재판을 하는 주체를
뜻하기도 한다. 전자는 헌법과 법원조직법상의 용례로서 '국법상 의미의 법
원'이라 하고, 후자는 일반적으로 형사소송법을 비롯한 각종 절차법규정에
등장하는 용례로서 '소송법상 의미의 법원'이라 한다. 법문언상 양자를 구별
하지 않고 '법원'이라고만 하고 있으므로 맥락에 따라 그 의미를 파악해야
한다. 형사소송법에 등장하는 '법원'은 대부분 소송법상 의미이나, 국법상 의
미인 것들도 있다(제16조 제2항, 제214조의 2, 제218조의2 제2항 등). 일상적으로는 국법상 의미의 것을 '법
원', 소송법상 의미의 것을 '재판부'라고 부르는 경우가 많다.

소송법상 의미의 법원은 단독제 또는 합의제로 구성되는바, 법관 1명으   2
로 구성된 법원을 단독판사(單獨判事)라 하고, 3명 이상으로 구성된 법원을
합의부(合議部)라 한다. 소송법상 의미의 법원 중 검사의 공소제기나 경찰서
장의 즉결심판청구에 따라 구체적 피고사건을 재판하게 된 재판부를 특히 수
소법원(受訴法院)이라 한다(제101조 제5항, 제107 조, 제230조, 제313조). 가령 영장청구사건이나 증거보전
청구사건의 담당재판부는 소송법상 의미의 법원이지만 수소법원은 아니다.

Ⅱ. 재 판 권

3　　　형사사건에 관해 우리나라의 법원이 심리 및 재판을 할 수 있는 일반적·추상적 권한을 형사재판권이라 한다. 형사재판권의 범위는 원칙적으로 형사실체법의 적용범위와 일치하나(형법 제2조 내지 제6조 참조), 예외적으로 조약과 국제법에 의해 재판권이 배제될 수 있다. 가령 i) 미합중국 군당국이 전속적·제1차적 재판권을 갖는 사안 또는 법무부장관이 대한민국의 제1차적 재판권을 포기하는 결정을 한 사안(「대한민국과 아메리카합중국 간의 상호방위조약 제4조에 의한 시설과 구역 및 대한민국에서의 합중국 군대의 지위에 관한 협정」 제22조) 및 ii) 외국의 외교관(「외교관계에 관한 비엔나협약」 제31조)에 관해서는 우리나라의 형사재판권이 배제된다.

4　　　재판권 없는 사안에서 법원은 공소기각판결을 해야 한다(제327조 제1호)[§56/3 참조].

§23　제 2　국법상 의미의 법원·법관

Ⅰ. 국법상 의미의 법원(지방법원·고등법원·대법원)

1. 지방법원

1　　　지방법원은 통상의 형사절차에서 가장 먼저 등장하는 법원으로, 각종 영장의 발부와 공소장의 접수, 제1심 공판 및 약식절차, 항소심 공판 등을 담당한다. 지방법원은 대도시에 설치된 본원과 그 주변에 설치된 지원으로 구성되어 있는데, 보통 지방법원이라고 할 때는 본원만을 가리킨다.

2　　　(1) 지방법원 본원　　　본원은 지방법원장인 판사와 그 밖의 판사들로 구성된다(법원조직법 제5조 제2항, 제3항, 제29조). 지방법원장은 본원 및 소속 지원의 사법행정사무를 관장하고 소속 공무원을 지휘·감독한다(같은 법 제29조 제3항). 본원에는 법관 3인 또는 1인으로 구성된 부(部)를 두고, 부에 부장판사를 둔다. 부장판사는 그 부가 재판부인 절차에서 재판장을 맡고, 지방법원장의 지휘에 따라 해당 부의 사무를 감독한다(같은 법 제30조 제2항, 제27조 제1항 내지 제3항).

3　　　(2) 지방법원 지원　　　지방법원 지원은 지원장인 판사와 그 외의 판사들로 구성된다(법원조직법 제5조 제2항, 제3항, 제31조 제1항, 제2항). 지원장은 그 소속 지방법원장의 지휘를 받아 그 지원과 관할구역 내 시·군법원의 사법행정사무를 관장하며 소속 공무원을 지휘·감독한다(같은 법 제31조 제3항). 지원에도 부를 둘 수 있다(같은 조 제5항, 제6항, 제30조 제2항).

2. 고등법원

형사절차에서 고등법원은 항소심 공판과 재정신청사건을 담당한다. 현 **4**
재 고등법원은 총 6개가 설치되어 있다(서울, 수원, 대전, 대구, 부산, 광주).

고등법원은 고등법원장인 판사와 그 밖의 판사들로 구성된다(법원조직법 제5조 제2항, **5**
제3항, 제26조 제1항, 제2항). 고등법원장은 그 법원의 사법행정사무를 관장하며 소속 공무
원을 지휘·감독한다(같은 법 제26조 제3항). 고등법원에는 법관 3인으로 구성된 부를 둔
다(같은 법 제27조 제1항). 구성원 중 1인이 그 부가 재판부인 절차에서 재판장을 맡으며,
고등법원장의 지휘에 따라 해당 부의 사무를 감독한다(같은 조 제3항).

재판업무 수행상 필요한 경우 대법원규칙이 정하는 바에 따라 고등법원 **6**
의 부를 그 관할구역의 지방법원 소재지에 설치할 수 있는데, 이를 '원외재판
부'라 한다(같은 조 제4항). 창원지방법원 청사의 부산고등법원 창원재판부, 제주지방
법원 청사의 광주고등법원 제주재판부 등이 이에 해당한다.

3. 대 법 원

대법원은 항소심판결에 대한 상고사건, 항고법원·고등법원 또는 항소법 **7**
원의 결정·명령에 대한 재항고사건을 종심(終審)으로 심판한다(같은 법 제14조).

대법원에는 대법원장을 포함한 대법관을 둔다(같은 법 제4조, 제13조 제1항). 대법원장은 **8**
대법원의 일반사무를 관장하며, 사법행정사무의 총괄주체로서 대법원의 직
원과 각급 법원 및 그 소속 기관의 사법행정사무에 관해 관계 공무원을 지
휘·감독한다(같은 법 제9조, 제13조 제2항).

대법원에는 대법관 3명 이상으로 구성된 부를 둔다. 부가 소송법상 의미 **9**
의 법원으로 심리하는 사건에서는 원칙적으로 그 구성 대법관의 만장일치로
심판해야 한다(같은 법 제7조 제1항 각호 외의 부분).

Ⅱ. 국법상 의미의 법관(대법원장·대법관·판사)

국가조직법상 법관(法官)이란 대법원장·대법관·판사를 총칭하는 개념 **10**
이다(법원조직법 제5조 제1항). 법관은 헌법과 법률에 의해 그 양심에 따라 독립하여 심판
한다(헌법 제103조). 법관은 탄핵결정 또는 금고 이상의 형의 선고에 의하지 않고는
파면되지 않으며, 법관징계위원회의 징계처분 없이는 정직·감봉 기타 불리
한 처분을 받지 않는다(헌법 제106조 제1항, 법원조직법 제46조 제1항).

11 　　판사는 변호사의 자격이 있는 자 가운데서 대법관회의의 동의를 얻어 대법원장이 임명하며(^{헌법 제104조 제3항, 법}), 판사 중 법원장은 10년 이상 판사·검사·변호사의 직에 있었던 자 중에서 보한다(^{법원조직법}). 대법원장과 대법관은 i) 15년 이상 판사·검사·변호사의 직에 있던 자, ii) 변호사의 자격이 있는 자로서 국가기관, 국·공영기업체, 정부투자기관 기타 법인에서 15년 이상 법률사무에 종사한 자, iii) 변호사의 자격이 있는 40세 이상의 자로서 공인된 대학의 법률학 조교수 이상의 직을 수행한 자 가운데서 국회의 동의를 얻어 대통령이 임명한다(^{같은 법 제}). 다만, 대법관의 경우 대법원장의 제청이 있어야 한다(^{헌법 제}).

12 　　법관의 임기는 대법원장·대법관은 6년, 판사는 10년이다. 대법원장은 연임이 불가능하나 대법관과 판사는 연임할 수 있다(^{법원조직법 제45}). 대법원장과 대법관은 70세, 판사는 65세로 정년에 이른다(^{같은 조}).

§24 　**제3 　소송법상 의미의 법원·법관**

Ⅰ. 소송법상 의미의 법원(단독판사·합의부)

　　1. 유 　형

1 　　(1) 단독판사 　　단독판사는 비교적 간단하고 절차의 신속한 진행이 중요시되는 사건을 담당하는 재판부로, 지방법원에서는 소송법상 의미의 법원의 기본형태다(^{법원조직법}). 형사소송법은 체포·구속영장 발부를 결정하는 주체를 가리킬 때 '지방법원판사', '판사'라는 말을 사용하고(^{제200조의2 내지}), 즉심법 또한 즉결심판청구의 수소법원을 기본적으로 '판사'라 하는데(^{즉심법 제3조}), 여기서의 '판사'는 법관인 판사 개인이 아니라 소송법적 의미의 법원, 즉 단독판사를 의미한다.[1] 즉, 소송주체가 되는 것은 법원으로서의 '단독판사'이지 법관으로서의 판사가 아니다.

2 　　(2) 합의부 　　합의부는 비교적 신중하고 심층적인 심리가 요구되는 사건을 심판한다. 고등법원과 대법원의 재판부는 언제나 합의부로만 편성되는

---

[1] 박병규, "영장재판에 대한 항고", 법조 제615호(2007), 365–374쪽; 이완규, "개정 형사소송법상 영장항고", 형사법의 신동향 제9호(2007), 53쪽; 정준섭, "영장항고제도 도입의 필요성과 정당성", 법학연구 제49권 제2호(2009), 13쪽.

데($^{법원조직법\ 제7조}_{제1항,\ 제3항}$), 그 구성인원은 지방법원·고등법원에서는 3명이고($^{같은\ 조\ 제}_{3항,\ 제5항}$) 대법원에서는 4명이다. 다만 대법원의 경우 i) 부에서 의견이 일치되지 못한 때, ii) 명령이나 규칙이 헌법이나 법률에 위반된다고 인정하는 때, iii) 종전 대법원의 법해석을 변경할 필요가 있다고 인정되는 때, iv) 기타 부에서 재판함이 적당하지 아니하다고 인정하는 때에는 대법관 전원의 3분의 2 이상으로 구성된 합의체에서 심판해야 하는바, 이를 전원합의체(全員合議體; en banc)라 한다. 전원합의체의 재판장은 대법원장이다($^{같은\ 조}_{제1항}$).

2. 절차별 구성

⑴ 수소법원(본안사건)

㈎ 공판사건　　피고인을 공개법정으로 소환해 공개심리와 구두변론을 3 거쳐 종국재판을 선고하는 소송절차를 공판절차라 한다. 이는 심급에 따라 제1심, 항소심, 상고심으로 나뉘는데, 제1심법원은 단독제와 합의제 중 어느 하나로 구성되는 반면, 제2심과 제3심은 예외 없이 합의부가 심판한다. 합의부에서 판결문의 작성을 맡은 법관을 주심(主審)이라 한다.

㈏ 약식사건　　공개재판 없이 검사가 제출한 공소장 및 증거자료만을 4 검토해 피고인에게 벌금, 과료 또는 몰수를 과하는 제1심 소송절차를 약식절차(略式命令)라 한다. 실무상 약식절차의 법원은 단독판사이며, 합의부는 편성되지 않는다[$^{§131/2}_{참조}$].

㈐ 즉결심판사건　　20만원 이하의 벌금, 구류 또는 과료($^{2천원\ 이상}_{5만원\ 미만}$)에 해당 5 하는 사건에 대해 관할경찰서장의 소추로 간이·신속하게 재판하는 소송절차를 즉결심판이라 한다($^{즉심법}_{제2조}$). 즉결심판의 법원은 단독판사이다[$^{§134/2}_{참조}$].

⑵ 수소법원 아닌 법원(본안 외 사건)

㈎ 증거보전청구사건　　수소법원의 증거조사 전에 증거가 멸실·훼손· 6 변형될 우려가 있는 경우에 검사나 피고인 등의 청구에 의해 미리 압수·수색·검증·증인신문 등을 실시해 그 결과를 보존하는 것을 증거보전이라 한다. 증거보전절차를 주재하는 법원은 언제나 단독판사이다($^{제184조}_{제1항}$)[$^{§83/5}_{참조}$].

㈏ 재정신청사건　　검사가 불기소처분을 한 경우에 고소권자 등의 불복 7 ($^{재정}_{신청}$)을 받아 법원이 그 사건에 관한 공소제기 여부를 결정하는 절차를 재정심리절차($^{또는\ 기소}_{강제절차}$)라 한다. 재정심리절차에 관해서는 고등법원이 전속적 관할

권을 갖는바, 고등법원에서 단독제는 인정되지 않으므로($^{법원조직법}_{제7조 제3항}$) 재정신청 사건을 심판하는 법원은 언제나 합의부이다.

8   ㈐ 영장청구사건·구속적부심   수사기관이 체포·구속, 압수·수색·검증, 감정처분, 통신제한조치 등 수사상 강제처분을 하는 경우에는 원칙적으로 검사가 청구해 법원이 발부한 영장에 의해야 한다. 영장청구사건은 단독판사가, 구속적부심은 합의부가 담당하고 있다($^{보석예규}_{제21조}$).

3. 사건의 배당

9   법원이 사건을 접수한 경우에 이를 심판할 재판부를 정하는 것을 사건배당이라 한다. 사건배당은 각급 법원장 또는 지원장이 주관하고 그 법원의 직원이 보조한다($^{배당예규 제9조}_{제1항 제1문}$). 다만 각급 법원장은 수석부장판사에게, 지원장은 다른 부장판사 또는 수석단독판사에게 사건배당사무를 위임할 수 있다($^{같은 항}_{제2문}$). 예외적으로 약식사건이나 정식재판청구사건은 사무국장 또는 사무과장에게 사건배당사무를 위임할 수 있다($^{같은 조}_{제2항}$).

Ⅱ. 소송법상 의미의 법관(재판장·수명법관·수탁판사)

10   소송절차를 주재하는 법원의 권한을 소송지휘권이라 하고, 소송법상 의미의 법원의 구성원들 가운데서 소송지휘권을 현실적으로 행사하는 주체를 재판장이라 하며($^{제279}_{조}$), 나머지 구성원을 합의부원이라 한다. 그리고 합의부원 중에서 특정한 소송행위($^{현장검증, 증인신문, 감정,}_{공판준비기일의 진행 등}$)를 하도록 명받은 법관을 수명법관(受命法官)이라 한다($^{제72조의2, 제136조, 제167조, 제}_{175조, 제266조의7, 제279조의6 등}$).

11   단독판사에는 합의부원이 없으므로 수명법관이 있을 수 없고, 그 담당법관이 재판장으로서 소송지휘권 및 법정경찰권을 구체적으로 행사한다. 이에 형사소송법은 합의부의 장[1]과 단독판사의 담당법관을 아울러 재판장이라 통

---

1 서울중앙지방법원 2020. 2. 14. 선고 2019고합189 판결: 「합의부 내에서 부장판사는 재판장으로서 그 부의 사무를 감독하고, 기일을 결정하고, 소송을 지휘할 권한을 가진다. … 그러나 법원조직법 제66조 제1항은 합의심판은 헌법 및 법률에 다른 규정이 없으면 과반수로 결정한다고 규정하여, 재판업무에 관하여 부장판사와 배석판사가 동등한 표결권한을 갖는다. 부장판사가 재판업무에 관하여 배석판사의 상관은 아니며, 합의부의 모든 구성원은 구체적 사건의 결론도출에 동일한 임무와 책임을 갖는다. 통상 배석판사는 부장판사와 사건에 대한 합의를 통해 판결문초고를 작성하고, 판결문초고를 수정하는 것 또한 부장판사와 배석판사 사이에 합의를 통해서만 가능한 것일 뿐, 부장판사가 판결문초고를 배석판사와 합의 없이 독단적으로 변경하는 것은 배석판사의 독립성을 침해하는 것이다.」

칭한다(제32조의2 제2항, 제35조, 제43조, 제84조, 제97조, 제157조,
제158조, 제416조 제1항 제1호, 법원조직법 제58조 내지 제60조). 가령 수소법원이 단독판사인데 증인을 과태료에 처하는 재판을 한 경우, 그것은 제416조 제1항 제4호에서 정하는 '재판장이 증인에 대하여 과태료를 명한 재판'에 해당하므로 준항고로 불복할 수 있다[§27/24
참조]. 기피신청에 대해 단독판사인 법관이 직접 한 간이기각재판(제20조
제1항) 역시 제416조 제1항 제1호에서 정하는 '재판장이 기피신청을 기각한 재판'으로서 준항고대상이다[§31/10
참조].

　　한편, 다른 법원으로부터 일정한 소송행위(증인신문·
검증 등)를 해줄 것을 촉탁받아 이를 행하는 법관을 수탁판사(受託判事)라 한다.　　　　　12

Ⅲ. 법원사무관 등

　　재판부마다 그 사법행정사무를 처리하는 법원공무원(법원서기관·법원사무관·
법원주사·법원주사보)이　　13 있다. 형사소송법은 이들을 '법원사무관 등'이라 표현한다(제17조, 규
칙 제28조). 법원사무관 등은 조서작성(제48조, 제51조, 제
201조의2 제6항 등), 영장집행(제81조 제2항, 제116조
제1항, 제151조 제4항), 송달사무(제61
조), 증거조사에 필요한 사실행위(제292조 제4항, 제
292조의2 제3항) 등 중요한 사법행정사무를 처리한다. 특히, 공판절차에서 법원사무관 등의 출석은 개정요건이다(제275조
제2항)[§142/3
참조].

제2관　법원·법관의 재판

제 1　재판의 의의

§25

Ⅰ. 개　　　념

　　소송법상 의미의 법원·법관이 구체적 사건을 해결하기 위해 하는 의사　　1 표시로서 일정한 소송법적 효과가 부여되는 것을 재판이라 한다. 유·무죄의 선고, 영장의 발부·기각, 공판기일 지정, 각종 신청에 대한 인용·거절 등의 의사표시는 모두 소송법적 의미의 재판에 해당한다. 반면 증인신문이나 감정인신문에서 단순히 증인·감정인과 문답을 주고받는 것은 심증을 형성하는 의미는 있을지언정 그 자체로 어떠한 소송법적 효과를 발생시키지는 않으므로 재판이 아니다. 재판장이 소송지휘권을 행사하거나 소송주체 또는 변호인에게 의견·자료의 제출을 촉구하는 것 역시 소송법적 의미의 재판은 아니다.

II. 분　　류

1. 판결·결정·명령

2　　재판에는 법원이 그 주체가 되어 하는 것과, 법관 개인이 재판장·수명 법관 등의 자격으로 하는 것이 있는바, 이 중 후자를 명령이라 한다. 전자는 다시 둘로 나뉘는데, 일단 외부적으로 성립하고 나면 법원 스스로가 그 내용을 취소·변경할 수 없는 효력, 즉 자기구속력이 부여되는 것을 판결이라 하고, 그렇지 않은 것을 결정이라 한다. 명령과 결정은 자기구속력이 없다는 점에서는 같으나, 그 주체가 법관인지 법원인지에 따라 구별된다.[1]

주 체		자기구속력
법 원	판 결	○
	결 정	×
법 관	명 령	

2. 종국재판과 종국전재판

3　　재판은 심급(審級)을 종결시키는 효력이 있는지에 따라 종국재판(終局裁判)과 종국전재판(終局前裁判)으로 나뉜다. 대개 종국재판은 판결이고 종국전재판은 결정·명령이지만, 종국재판인 결정도 있다(공소기각결정, 항소기각결정 등). 즉, 모든 판결은 종국재판이지만 종국재판이 다 판결인 것은 아니며, 법원의 종국전재판은 모두 결정이지만[§27/4 참조] 결정이 무조건 종국전재판인 것은 아니다.

III. 성립과 확정

1. 성　　립

4　　재판이 선고(공판정에서 주문 낭독) 또는 고지(구술에 의한 통지 또는 서면의 송달)의 방법으로 외부에 공표되는 것을 재판의 성립(成立)이라 한다. 성립한 재판에 대해 소송주체 등은 형사소송법이 허용하는 범위에서 불복을 신청할 수 있는데, 특히 상급법원의 판단을 구하는 취지로 불복하는 것을 상소(Rechtsmittel)라 한다[§168/1 참조].

1　나기업, "약식절차를 둘러싼 몇 가지 쟁점", 법조 제71권 제6호(2022), 281 – 283쪽.

2. 확　　정

성립한 재판이 i) 더는 상소로 불복될 수 없음은 물론, ii) 법원 스스로도　　5
그 내용을 취소·변경할 수 없는 상태에 이르는 것을 확정(確定)이라 한다. 재
판은 원칙상 확정된 후에만 집행할 수 있다($^{제459}_{조}$). 확정된 재판에 대해서는
그 내용이 실제 진실과 불일치함이 추후 드러나더라도 ($^{재심 등 아주 특별한}_{방법에 의하지 않고는}$) 더는
그 당부를 따질 수 없다.

불복기간이 정해진 재판($^{제343조, 제358조, 제374}_{조, 제405조, 제453조 등}$)은 그 기간의 경과로 확정되고,　　6
불복이 허용되지 않는 재판은 그 고지·선고와 동시에 확정된다. 가령 법원의
관할 또는 판결전 소송절차에 관한 결정으로서 즉시항고를 허용하는 규정이
없는 것($^{제403}_{조}$)[$^{§27/8}_{참조}$]은 그 고지와 동시에 확정된다. 대법원의 결정·판결 역시
불복이 불가능한 재판으로서 고지·선고와 동시에 확정된다.[1]

제 2　종국재판과 종국전재판　　　　　　　　　　　　　　　§26

Ⅰ. 종국재판

공소제기된 피고사건에 관해 소송을 그 심급에서 종결하는 재판을 종국　　1
재판이라 한다. 피고인에게 유죄, 무죄, 관할위반, 공소기각, 면소의 판단을
하는 재판은 모두 종국재판이다. 종국재판의 주체는 소송법상 의미의 법원에
한정되므로 법관($^{재판장·}_{합의부원}$)은 종국재판을 할 수 없다. 단독판사의 종국재판 역
시 그 구성원인 판사가 재판장 자격으로 하는 소송행위가 아니라 단독제 재
판부로서 하는 소송행위이다. 민사소송의 경우와 달리($^{민사소송법}_{제201조}$) 형사소송에는
중간판결 제도가 없으므로 형사절차에서의 판결은 모두 종국재판이다.

종국재판 중 피고인의 유·무죄 여부를 판단하는 것을 실체재판이라 하　　2
고, 소송조건 흠결을 이유로 유·무죄 판단 없이 피고인을 당해 절차에서 해
방시키는 것을 형식재판($^{면소, 관할위반,}_{공소기각의 재판}$)이라 한다.

1　대법원 1979. 9. 11. 선고 79초54 판결: 「제400조에 규정된 판결정정제도는, 상고법원의 판결
　은 최종적 재판으로 선고와 동시에 확정되고 법률이 특별히 허용하는 재심, 비상상고의 방법
　에 의하지 아니하고는 일반적으로 불복을 할 수 없기 때문에 상고법원의 판결내용에 오류가
　있는 것을 발견한 때에 직권 또는 신청에 의하여 정정할 수 있도록 한 취지임이 분명하다.」

Ⅱ. 종국전재판

3   종국재판 아닌 재판 일체를 종국전재판이라 한다. 종국재판에 이르기 전
에 법원이나 법관이 하는 재판은 모두 종국전재판이다. 종국전재판은 모두
결정이거나 명령이다.

4   종국전재판은 소송주체의 일정한 신청(Antrag)에 대한 응답$\left(\substack{\text{인용} \cdot \\ \text{기각}}\right)$으로 하
거나, 법원 또는 법관이 스스로의 판단하에 직권으로 한다. i) 신청에 따라
하건 직권으로 하건 상관없는 것이 있는가 하면[$\substack{\S 127/40 \\ \text{참조}}$], ii) 신청이 있는 경우
에만 할 수 있는 것도 있고[$\substack{\S 140/5 \\ \text{참조}}$], iii) 직권으로만 하는 것도 있다[$\substack{\S 127/68 \\ \text{참조}}$]. 예
를 들어 구속영장 발부는 수사단계에서는 신청사항이지만, 공판단계에서는
직권사항이다($\substack{\text{제70조 제1항,} \\ \text{제201조 제1항}}$).

5   간혹 직권사항에 속하는 종국전재판에 관해 신청의 의사표시를 하는 경
우가 있는데, 이것은 엄밀히는 '신청'이 아니라 '직권발동 촉구'에 해당한다.
실무상 이 경우에도 신청이라는 표현을 쓰고 그 서면에 '~신청서($\substack{\text{이를테면} \\ \text{검증신청서}}$)'라
는 제목을 붙이므로 외관만 봐서는 잘 구별되지 않으나 양자 간 분명한 차이
점이 존재한다. i) 신청사항의 경우, 만약 법원이나 법관이 소송주체의 신청
을 받아들이지 않기로 결심한 때에도 최소한 신청에 대한 응답으로서 '기각
한다'는 취지의 재판을 해야 한다. ii) 반면, 직권발동 촉구를 거부하는 때에
는 그와 같은 응답을 해 줄 필요가 없다. 전화통화 등을 통해 불허의 취지를
전해주거나 굳이 기각한다는 재판서를 써서 보내줄 수도 있지만, 그러한 행
위에 소송법적 의미는 없다.

6   법이 일정한 종국전재판을 신청사항의 형식으로 규정하면서도 그 신청을 기각하는
재판의 대외적 표시를 금하는 경우가 있다. 이 경우 그것은 외관상 신청사항이나 실
질상 직권사항이다. 가령 제270조 제2항은 「공판기일 변경신청을 기각한 명령은 송
달하지 아니한다」고 규정하고 있는바, 송달하지 않는다는 것은 곧 그 재판($\substack{\text{기각} \\ \text{명령}}$)이
외부에 표시되지 못하여 신청자가 아무런 응답을 받지 못한다는 의미로서 결과적
으로 직권발동 촉구를 무시하는 양태와 같아진다. 이처럼 공판기일의 변경은 직권사
항의 실질을 갖기에, 기일변경신청($\substack{\text{직권발동} \\ \text{촉구}}$)에 대한 기각명령은 외부적으로 성립하지
않는 재판으로서 개념적으로 불복의 대상이 될 수 없음은 물론, 재판서($\substack{\text{공판기일변경신} \\ \text{청기각명령서}}$)
조차 작성되지 않는 경우가 많다.

제3　판결·결정·명령 §27

Ⅰ. 판　　결

1. 의　　의

종국재판은 해당 심급의 절차를 마무리하는 중요한 의미를 갖는 만큼, 1
법원으로서는 그 내용을 정함에 극도로 신중을 기해야 함은 물론, 그 최종결
론에는 법원 스스로 그 내용을 번복할 수 없는 효력, 즉 자기구속력을 부여
해야 한다. 그러므로 종국재판의 원칙적 형식은 판결이다(유죄·무죄·면소·공소기각 판결). 약식
명령·즉결심판은 그 재판서의 표제상 '판결'이라는 기재는 없으나 성질상 당
연히 판결이다. 그 밖에 종국재판을 결정의 형식으로 하기도 하지만, 이는 오
로지 형식적·절차적 사항만을 이유로 하는 경우에 국한된다(공소기각결정,항소기각결정 등).

판결을 '구두변론을 거쳐 하는 재판'이라고 정의하는 경우가 많으나, 구 2
두변론 유무는 판결의 개념요소에 포함되지 않는다. 형사절차에서는 구두변
론 없이 하는 판결도 적지 않은데, 그 예로 약식명령(제448조제1항)[§132/1 참조], 즉결심판
절차에서의 불개정·불출석심판[§134/4 참조], 상고심판결(제390조)[§196/1 참조] 등이 있다.

2. 항소·상고

제1심판결에 불복해 제2심법원의 판결을 구하는 신청을 항소(제357조이하), 제1 3
심 또는 제2심 판결에 불복해 대법원의 판결을 구하는 신청을 상고(제371조이하)라
한다. 후자의 경우 불복대상이 제2심판결이면 통상의 상고, 제1심판결이면
비약적 상고라 한다. 이들에 관해서는 제3편에서 자세히 설명한다.

Ⅱ. 결　　정

1. 의　　의

법원의 재판으로서 자기구속력이 부여되지 않는 것을 결정이라 한다. 법 4
원이 하는 종국전재판은 모두 결정의 형식이다. 가령 영장청구를 기각하는
재판, 보석을 허가하는 재판, 국선변호인 선정의 재판 등은 모두 결정에 속한
다. 법원은 결정을 함에 필요하면 직접 또는 합의부원을 통해 사실을 조사할
수 있고(제37조제3항) 다른 지방법원판사에게 사실조사를 촉탁할 수도 있다(같은 조제4항).

2. 항   고

5   (1) 의   의   결정에 대한 상소를 항고(抗告)라 한다($\substack{제402\\조}$). 여기에는 i) 결정일로부터 7일 이내에 해야 하는 즉시항고와 ii) 기간의 제한이 없는 보통항고가 있다. 결정별 항고 가부 및 유형은 각론에서 구체적 절차단락을 다루는 기회에 설명하고, 이하에서는 일반적 내용을 다룬다.

6   (2) 관   할   항고사건을 심판하는 법원을 항고법원이라 한다. i) 지방법원 또는 지원 단독판사의 결정에 대한 항고사건에서는 지방법원 본원 합의부가($\substack{법원조직법 제32조 제2항; 춘천지방법원 강\\릉지원 합의부도 항고법원이 될 수 있다}$), ii) 지방법원 제1심 합의부의 결정에 대한 항고사건에서는 고등법원이($\substack{같은 법 제\\28조 제1호}$), iii) 지방법원항소부 또는 고등법원의 결정에 대한 항고사건에서는 대법원이($\substack{같은 법 제\\14조 제2호}$) 항고법원이 된다.

(3) 유   형

7   (개) 보통항고   기간제한이 없는 항고, 즉 보통항고($\substack{제404\\조}$)는 결정에 대한 불복의 기본형태이다. 원칙상 모든 결정은 보통항고의 대상이다. 다만 i) 법률상 항고가 금지되는 결정($\substack{제402조\\단서}$), ii) 대법원의 결정과 같이[1] 성질상 항고가 허용되지 않는 결정, iii) 취소할 실익이 없는 결정($\substack{제404조\\단서}$), iv) 즉시항고가 허용되는 결정에 대해서는 보통항고를 할 수 없다. 가령 본래 소년부송치결정에 대해서는 항고가 가능하나,[2] 보호처분까지 이루어진 단계에서는 당초의 소년부송치결정은 '취소할 실익이 없게 된 결정'으로서 항고대상이 되지 못한다.[3] 보통항고에는 집행정지효력이 없으나, 원심법원 또는 항고법원은 결정으로 항고에 대한 결정시까지 집행을 정지할 수 있다($\substack{제409\\조}$).

8   법원의 관할 또는 판결 전 소송절차에 관한 결정에 대해서는 특히 즉시항고를 할 수 있는 경우 외에는 항고하지 못한다($\substack{제403조\\제1항}$). 다만 구금, 보석, 압수($\substack{압수물환\\부 포함}$), 감정유치에 관한 결정에는 보통항고로 불복할 수 있다($\substack{같은 조\\제2항}$).

9   (내) 즉시항고   결정일로부터 7일 이내에 해야 하는 즉시항고는 형사소송법에 명문의 규정이 있는 때에만 할 수 있다($\substack{제405\\조}$). 현행법상 그 대상은 공소기각결정($\substack{제328조\\제2항}$), 상소기각결정($\substack{제360조 제2항, 제362조\\제2항, 제376조 제2항}$), 기피신청기각결정($\substack{제23\\조}$), 구

---

1 대법원 1967. 12. 27.자 67모23 결정; 1983. 6. 30.자 83모34 결정.
2 대법원 1986. 2. 12.자 86트1 결정.
3 대법원 1966. 9. 15.자 66모61 결정.

속의 취소와 집행정지결정($^{제97조 제4항,}_{제101조 제3항}$), 소송비용부담결정($^{제192}_{조}$) 등이다. 즉시 항고는 원칙적으로 원결정의 집행을 정지하는 효력이 있으나($^{제410}_{조}$), 그렇지 않은 경우도 있다($^{가령 제23}_{조 제2항}$)$\left[^{§31/12, §127/64,}_{§128/12 참조}\right]$.

지방법원 항소부,[1] 고등법원 또는 항고법원의 결정은 모두 즉시항고의　　10 대상인바, 이를 특별히 재항고(再抗告)라 한다. 재항고는 결정에 영향을 미친 헌법·법률·명령 또는 규칙의 위반이 있음을 이유로 하는 때에 한해 대법원 에 할 수 있다($^{제415}_{조}$).

⑷ 절　차

⑺ 항고권자　　검사·피고인은 당연히 항고권자이며($^{제338조}_{제1항}$), 피고인의 법　　11 정대리인도 피고인을 위해 항고할 수 있다($^{제340}_{조}$). 피고인의 배우자, 직계친족, 형제자매, 변호인은 피고인의 명시한 의사에 반하지 않는 한 피고인을 위해 항고할 수 있다($^{제341}_{조}$). 그 외의 사람도 자신에 관한 결정에 대해 항고할 수 있 는바($^{제339}_{조}$), 과태료 결정을 받은 증인 또는 감정인($^{제151조, 제161}_{조, 제177조}$), 소송비용부담 재판을 받은 사람($^{제190}_{조}$)이 그에 해당한다.

⑷ 항고의 제기

ⓐ 항고의 기간·방식　　보통항고는 항고의 이익이 있는 한 언제든지　　12 할 수 있으나($^{제404}_{조}$), 즉시항고는 결정이 고지된 날로부터 7일 이내에 해야 한 다($^{제405조, 제}_{343조 제1항}$). 변호인의 항고권은 고유권이 아니라 대리권이므로, 피고인에 대 한 결정고지일과 변호인에 대한 결정고지일이 다른 경우에는 전자를 기준으 로 즉시항고기간을 기산한다.[2] 일정한 사유가 있으면 즉시항고기간이 연장 될 수 있는바, 이에 관해서는 후술한다$\left[^{§47/9}_{참조}\right]$.

항고는 해당 결정을 한 법원, 즉 원심법원에 항고장을 제출하는 방식으　　13 로 해야 한다($^{제406}_{조}$). 다만, 교도소·구치소에 있는 피고인이 항고제기기간 내 에 항고장을 교도소장·구치소장 또는 그 직무대리자에게 제출한 때에는 기 간 내 항고한 것으로 간주한다($^{제344조}_{제1항}$). 피고인이 항고장을 작성할 수 없을 때 에는 교도소장 등은 소속공무원이 대서하게 해야 한다($^{같은 조}_{제2항}$).

---

1 대법원 2008. 4. 14.자 2007모726 결정:「제415조에서는 "항고법원 또는 고등법원의 결정에 대 하여는 재판에 영향을 미친 헌법·법률·명령 또는 규칙의 위반이 있음을 이유로 하는 때에 한 하여 대법원에 즉시항고를 할 수 있다"고 규정하고 있는바, 항소법원의 결정에 대하여도 대법 원에 재항고하는 방법으로 다투어야만 할 것이다.」

2 대법원 1960. 12. 20.자 4293형항52 결정.

14   (b) 즉시항고권회복청구   자기 또는 대리인이 책임질 수 없는 사유로 기간 내에 항고하지 못한 경우($^{가령\ 교도소장·구치소장이\ 결정정본을\ 송달받고\ 즉시항고}_{기간이\ 지난\ 후\ 그\ 사실을\ 피고인에게\ 알려준\ 경우\ 등}$)[1]에는 즉시항고권회복청구를 할 수 있다($^{제345}_{조}$). 회복청구는 그러한 사유가 해소된 날로부터 즉시항고기간에 해당하는 기간 내에 서면으로 원심법원에 해야 하며, 그와 동시에 즉시항고를 해야 한다($^{제346}_{조}$). 회복청구를 받은 법원은 청구의 허부에 관해 결정해야 하며, 이 결정에는 즉시항고할 수 있다($^{제347}_{조}$).

(다) 원심법원의 절차

15   (a) 원심법원의 항고기각결정   항고제기가 법률상 방식을 위반했거나 항고권 소멸 후에 이루어진 경우, 원심법원은 결정으로 항고를 기각해야 한다($^{제407조}_{제1항}$). 이에 대해서는 즉시항고를 할 수 있다($^{제407조}_{제2항}$).

16   (b) 원심법원의 갱신결정   항고가 적법하고 이유 있다고 인정되는 경우, 원심법원은 결정을 직접 경정(更正)해야 한다($^{제408조}_{제1항}$).

17   (c) 의견서 송부   항고의 전부 또는 일부가 이유 없다고 인정되는 경우, 원심법원은 항고장을 받은 날로부터 3일 이내에 의견서를 첨부해 항고법원에 송부해야 한다($^{같은\ 조}_{제2항}$).

(라) 항고법원의 절차

18   (a) 소송기록 등의 송부   원심법원은 필요하다고 인정한 때에는 소송기록과 증거물을 항고법원에 송부해야 하며($^{제411조}_{제1항}$), 항고법원은 위와 같은 송부를 요구할 수 있다($^{같은\ 조}_{제2항}$). 항고법원이 기록을 송부받은 때에는 그로부터 5일 이내에 검사·피고인 혹은 당사자에게 그 사유를 통지해야 한다($^{같은\ 조}_{제3항}$).

19   (b) 심 리   항고법원은 사실과 법률을 모두 심사할 수 있으며, 심사범위는 항고이유에 한정되지 않는다. 다만, 고등법원의 결정에 대한 항고사건에서는 재판에 영향을 미친 헌법·법률·명령·규칙의 위반이 있는지 여부만을 심사할 수 있다($^{제415}_{조}$). 검사는 항고사건에 대해 의견을 진술할 수 있다($^{제412}_{조}$).

20   (c) 결 정   항고제기가 부적법함에도 원심법원이 이를 간과하였거나 항고가 이유 없다고 인정되는 경우, 항고법원은 결정으로 항고를 기각해야 한다($^{제413조,\ 제}_{414조\ 제1항}$). 항고가 이유 있다고 인정되는 경우, 항고법원은 원심결정을 취소하고, 필요한 경우 항고사건에 대해 직접 재판(결정)해야 한다($^{제414조}_{제2항}$).

---

1 대법원 1991. 5. 6.자 91모32 결정.

㈕ 재항고　　항고법원의 결정에 대해서는 헌법·법률·명령 또는 규칙의 　21
위반이 있음을 이유로 하는 때에 한해 대법원에 재항고할 수 있다($^{제415}_{조}$). 항
고법원이 대법원인 경우에는 재항고가 불가능하므로($^{대법원의\ 결정에는}_{불복할\ 수\ 없다}$), 고등법원
이나 지방법원항소부의 결정에 대한 항고사건에서는 재항고할 수 없다.

Ⅲ. 명　　령

1. 의　　의

명령은 법원이 아닌 법관 개인이 재판장 또는 수명법관의 자격으로 하 　22
는 재판이다. 앞서 본 공판기일변경명령이 그 예이다[$^{§26/6}_{참조}$]. 법문 또는 재판서
상 표제가 '명령'이라고 해서 무조건 여기서 말하는 명령에 해당하지는 않는
바, 가령 약식명령[$^{§132/1}_{참조}$]은 판결이고, 출석명령·동행명령[$^{§128/2}_{참조}$]과 간수명령
[$^{§123/16}_{참조}$]은 결정이다. 그런가 하면 법관기피신청에 대한 간이기각($^{제20조}_{제1항}$)은 법
문상으로는 '결정'이나, 성질상 명령인 경우가 있다[$^{§31/7}_{참조}$].

2. 준 항 고

⑴ 의　의　　명령에 대해서는 제416조 제1항이 정하는 바에 따라 그 법 　23
관이 소속한 법원에 준항고를 제기하는 방법으로만 불복할 수 있다. 준항고
란 법관의 명령($^{제416조의}_{준항고}$) 또는 수사기관의 처분($^{제417조의}_{준항고}$)에 대해 관할법원에 그
취소나 변경을 구하는 소송행위로, 여기서 설명하는 것은 법관의 명령에 대
한 준항고이다. 수사절차상 준항고에 관해서는 제2편에서 설명한다[$^{§68/1}_{참조}$].

⑵ 대　상　　제416조의 준항고는 재판장 또는 수명법관의 i) 기피신청 　24
기각명령, ii) 구속·압수영장 발부, iii) 감정유치장 발부, iv) 증인·감정인·통
역인·번역인에 대한 과태료부과·비용배상의 명령에 대해 할 수 있다.

⑶ 절　차　　명령에 대한 준항고는 그 취지를 적은 서면을 해당 법관이 　25
소속한 법원($^{국법상}_{의미}$)에 제출하는 방식으로 한다($^{제418}_{조}$). 준항고 제기기간은 명령
이 고지된 날로부터 7일 이내이다($^{제416조}_{제3항}$). 준항고에 대한 재판형식은 결정이
며, 담당재판부는 그 법관이 소속한 법원의 합의부이다($^{같은\ 조\ 제}_{1항,\ 제2항}$). 준항고의 절
차에 관해서는 집행정지에 관한 제409조, 항고기각·인용에 관한 제413조 및
제414조의 규정이 준용된다($^{제419}_{조}$). 준항고에 대한 법원의 결정에 대해서는 대
법원에 재항고할 수 있다($^{제419조,}_{제415조}$).

§28   **제4   재판의 구성과 방식**

Ⅰ. 구   성

1   재판은 주문($\substack{\text{「피고인을 징역 1년에 처한다」,} \\ \text{「보석을 허가한다」,}}$ $\substack{\text{「피고인에 대한」} \\ \text{「이 사건 신청을 기각한다」 등}}$)과 이유로 구성된다($\substack{\text{제39} \\ \text{조}}$). 이유의 기재 정도는 재판의 성격에 따라 차이가 있다.[1]

Ⅱ. 방   식

1. 유   형

2   ⑴ 재판서   재판은 원칙상 법관이 작성한 재판서에 의한다($\substack{\text{제38조} \\ \text{본문}}$).

3   ㈎ 기재사항   법률에 다른 규정이 없는 한, 재판서에는 재판을 받는 자가 자연인인 때에는 그 성명·연령·직업·주거를($\substack{\text{제40조} \\ \text{제1항}}$), 법인인 때에는 그 명칭·사무소를 기재해야 한다($\substack{\text{같은 조} \\ \text{제2항}}$). 특히 판결서의 경우 기소한 검사와 공판에 관여한 검사의 관직·성명과 변호인의 성명을 기재해야 한다($\substack{\text{같은 조} \\ \text{제3항}}$).

4   ㈏ 서명날인   재판서에는 재판한 법관이 서명날인해야 한다($\substack{\text{제41조} \\ \text{제1항}}$). 재판장이 서명날인할 수 없는 때에는 다른 법관이, 다른 법관이 서명날인할 수 없는 때에는 재판장이 그 사유를 부기하고 서명날인해야 한다($\substack{\text{같은 조} \\ \text{제2항}}$)[$\substack{\text{§174/22} \\ \text{참조}}$].[2] 다만, 판결서와 각종 영장($\substack{\text{감정유치장·감정처} \\ \text{분허가장 등 포함}}$)을 제외한 재판서에 대해서는 서명날인을 갈음해 기명날인할 수 있다($\substack{\text{같은 조 제3항,} \\ \text{규칙 제25조의2}}$).

5   ㈐ 경 정   재판서에 잘못된 계산이나 기재, 그 밖에 이와 비슷한 잘못이 있음이 분명한 경우, 법원은 직권 또는 당사자의 신청에 의해 경정결정을 할 수 있다($\substack{\text{규칙 제25} \\ \text{조 제1항}}$)[$\substack{\text{§143/58} \\ \text{참조}}$]. 경정결정은 재판서의 원본과 등본에 덧붙여 적되, 등본에 덧붙여 적을 수 없을 때에는 경정결정의 등본을 작성해 재판서등본을 송달받은 자에게 송달해야 한다($\substack{\text{같은 조} \\ \text{제2항}}$). 재판에 대해 적법한 상소가 있는 경우를 제외하면 경정결정에는 즉시항고할 수 있다($\substack{\text{같은 조} \\ \text{제3항}}$).

---

1   대법원 1996. 11. 14.자 96모94 결정:「증거조사신청의 기각결정 등 판결 전의 소송절차에 관한 재판에는 … 신청의 당부에 대한 이유를 다만 '신청의 이유가 있다' 또는 '이유가 없다'고 간단히 밝히면 된다.」

2   대법원 2021. 4. 15. 선고 2021도1650 판결:「제1심법원은 제12회 공판기일에 판결서에 의하여 제1심판결을 선고하였으나 제1심판결서에 재판한 법관의 서명날인이 누락되어 있고 원심은 이를 간과한 채 피고인의 항소를 기각하는 판결을 선고한 사실을 알 수 있다. 원심판결에는 판결에 영향을 미친 법률의 위반이 있어 이를 그대로 유지할 수 없다.」

(2) 조　서　　법원·법관이 주재하는 기일($\binom{\text{공판기일, 공판준비기일,}}{\text{구속전피의자심문기일 등}}$)에서는, 어떠한 소송절차가 행해졌는가를 명확히 하고자 법원사무관 등이 조서를 작성하는바($\binom{\text{제48조}}{\text{이하}}$), 공판기일에 결정이나 명령을 고지하는 경우에는 그 취지를 조서($\binom{\text{공판조서, 공판준비기일조서·}}{\text{구속전피의자심문조서 등}}$)에만 기재함으로 재판서 작성을 갈음할 수 있다($\binom{\text{제38}}{\text{조}}$). 공판정의 종국전재판은 이처럼 조서에만 기재해서 하는 경우가 대부분이다.

2. 등·초본의 작성과 교부청구 등

(1) 등·초본의 작성·송부　　재판서 또는 재판을 기재한 조서의 등본이나 초본은 원본에 기초해 작성해야 하나, 부득이한 경우에는 등본에 의해 작성할 수 있다($\binom{\text{제46}}{\text{조}}$). 등본 또는 초본을 작성함에는 담당 법원사무관 등이 등본 또는 초본이라는 취지를 기재하고 기명날인해야 한다($\binom{\text{규칙}}{\text{제28조}}$).

검사의 집행지휘를 요하는 재판은 재판서 또는 재판을 기재한 조서의 등본이나 초본을, 재판을 선고 또는 고지한 때로부터 10일 이내에 검사에게 송부해야 한다. 단, 법률에 다른 규정이 있으면 예외로 한다($\binom{\text{제44}}{\text{조}}$).

(2) 교부청구　　피고인 기타 소송관계인($\binom{\text{검사, 변호인, 보조인, 법인인 피고인의 대}}{\text{표자, 제28조에 의한 특별대리인, 상소권자}}$)은 비용을 납입하고 재판서 또는 재판을 기재한 조서의 등본이나 초본의 교부를 청구할 수 있다($\binom{\text{제45조, 규칙}}{\text{제26조 제1항}}$). 고소인·고발인·피해자도 이를 할 수 있으나, 청구사유를 소명해야 한다($\binom{\text{규칙 제26조}}{\text{제2항}}$).

제3관　제척·기피·회피

제 1　제척·기피·회피제도의 의의

형사소송법은 공정한 재판 원칙[$\binom{\text{§12/1}}{\text{참조}}$]에 근거해 사건과 일정한 관계가 있는 법관을 법원의 구성에서 배제하기 위한 제척·기피·회피제도를 두고 있다($\binom{\text{제17조 내지}}{\text{제25조}}$). i) 제척(除斥)이란 법률이 규정한 일정한 사유에 해당하는 경우에 법관이 그 사건의 직무집행에서 당연히 배제되는 것을, ii) 기피(忌避)란 불공정한 재판을 할 염려가 있는 법관을 신청($\binom{\text{기피}}{\text{신청}}$)을 통해 해당 사건의 직무집행에서 배제하는 것을, iii) 회피(回避)란 법관이 스스로 기피사유가 있다고 판단해 자발적으로 그 사건의 직무집행에서 탈퇴하는 것을 말한다.

2   제척·기피·회피제도는 민사소송을 비롯해 법원이 주재하는 모든 소송
절차에서 공통적으로 인정된다(민사소송법 제41조 내지 제50조,
행정소송법 제8조, 가사소송법 제4조). 다만, 형사소송은
형식적 진실 개념을 전제로 처분권주의와 변론주의를 채택하는 민사소송에
비해 법관의 자유심증에 의한 증거판단이 사실심리절차에서 갖는 비중이 큰
만큼, 예단배제와 공정한 재판을 위한 이들 제도의 중요성이 특히 높다.

§30 제 2 제   척

Ⅰ. 사   유

1. 사건 또는 사건관계인과 일정한 관계가 있는 경우

1   법관이 당해 사건에 관해 i) 피해자인 때, ii) 피고인 또는 피해자의 친족
또는 친족관계가 있었던 자인 때,[1] iii) 피고인 또는 피해자의 법정대리인, 후
견감독인인 때, iv) 증인·감정인 또는 피해자의 대리인(제336조, 제264
조 제1항 등)으로 된 때
[§122/9
참조], v) 피고인의 대리인(법인인 경
우 대표자)·변호인·보조인으로 된 때, vi) 검사 또는
사법경찰관의 직무를 행한 적이 있는 때, vi) 피고인의 변호인 또는 피고인·피
해자의 대리인인 법무법인·법무법인(유한)·법무조합·법률사무소·합작법무
법인에서 퇴직한 날로부터 2년이 지나지 아니한 때, vii) 피고인 법인·기
관·단체에서 임직원으로 퇴직한 날로부터 2년이 지나지 아니한 때에는 제척
된다(제17조 제1호
내지 제9호).

2. 전심재판 또는 그 기초되는 조사·심리에 관여한 경우

2   법관이 사건에 관해 전심재판 또는 그 기초되는 조사·심리에 관여한 때
에는 제척된다(제17조
제7호). 사건에 대한 예단(豫斷)이 있을 수 있기 때문이다.

3   ⑴ 전심재판에 관여한 때   제17조 제7호의 '전심재판'이란 상소에 의해
불복이 신청된 재판을 말한다. 항소심에서는 제1심이 전심재판이고, 상고심
에서는 제1심과 항소심이 전심재판이다. 따라서 동일한 심급의 절차에 관여
한 경우는 전심관여가 아니며, 신청사건에 있어 본안사건에 관여한 것 또한
전심관여가 아니다.

---

1 대법원 2011. 4. 14. 선고 2010도13583 판결: 「사실혼관계에 있는 사람은 민법 소정의
   친족이라고 할 수 없어 제17조 제2호에서 말하는 친족에 해당하지 않[는다].」

전심관여에 해당하지 않는 예를 몇 가지 들면 다음과 같다. i) 약식절차   **4**
와 즉결심판절차는 제1심의 심판절차이고, 약식명령이나 즉결심판에 대한 정
식재판청구로 개시되는 공판절차 역시 제1심의 절차이므로, 약식절차에 관여
한 법관은 그 사건의 항소심 공판절차에서는 전심관여법관이 되지만,[1] 제1
심 공판절차에서는 전심관여법관이 아니다[$\frac{§133/12}{참조}$].[2] ii) 사건이 대법원에서
파기환송된 경우, 환송전 제2심재판에 관여한 법관은 환송후의 제2심재판에
관여할 수 있다[$\frac{§202/1}{참조}$].[3] iii) 재심대상판결(본안사건)에 관여한 법관은 재심청구사
건(신청사건)의 심리에 관여할 수 있다[$\frac{§230/1}{참조}$].[4]

(2) 전심재판의 기초되는 조사·심리에 관여한 때   전심재판의 '기초되는   **5**
조사·심리에 관여한 때'란 전심재판의 내용형성에 영향을 미치는 절차에 관
여한 때를 가리킨다. 가령 제1심 공판절차에서 피고인에 대한 유죄의 증거로
사용된 증거를 조사한 법관은 항소심 공판절차에서 제척된다. 반면, 구속영
장신청사건,[5] 구속적부심사,[6] 보석청구사건 등에 관여한 경우는 이에 해당
하지 않는다. 제1회 공판기일 전 증거보전절차(제184조)에 관여한 판사는 제1심
에서는 전심관여법관이 아니지만,[7] 항소심에서는 전심관여법관이다.

사실심리절차에 관여하지 않고 선고·고지에만 관여한 법관은 전심관여법   **6**
관이 아니라는 견해가 있으나, 수용하기 어려운 해석이다. '기초되는 조사·심
리에 관여한 때'에는 해당하지 않지만, '전심재판에 관여한 때'에는 해당하기
때문이다. 선고에만 관여한 법관도 당연히 전심관여법관이라고 보아야 한다.

Ⅱ. 효   과

제17조가 정한 사유에 해당하는 법관은 그 사실 자체만으로 (특별한 절차 없이) 당   **7**
해 사건의 직무집행에서 당연히 배제된다. 제척사유 있는 법관이 소속한 재
판부에는 그 사건을 배당하지 않도록 해야 하고(배당예규 제10조의3 제1항 제1호), 이미 배당이 된

---

1 대법원 2011. 4. 28. 선고 2011도17 판결.
2 대법원 2002. 4. 12. 선고 2002도944 판결.
3 대법원 1971. 12. 28. 선고 71도1208 판결.
4 대법원 1982. 11. 15.자 82모11 결정.
5 대법원 1969. 7. 22. 선고 68도817 판결.
6 대법원 2004. 10. 28. 선고 2004도5710 판결.
7 대법원 1971. 7. 6. 선고 71도974 판결.

경우 그 법관은 스스로 회피($^{제24}_{조}$)해야 하며, 검사나 피고인은 해당 법관에 대한 기피($^{제18}_{조}$)를 신청할 수 있다[$^{§31/1}_{참조}$].

8   제척사유 있는 법관이 재판에 관여한 경우 그 재판은 위법하며, 상소이유($^{제361조의5\ 제7호,}_{제383조\ 제1호}$)가 된다[$^{§174/27}_{참조}$].[1] 제척사유 있는 법관이 공판에 관여중인 사실이 발견된 때에는 그 즉시 경질해야 하고, 해당 법관의 관여하에 진행된 심리 부분은 처음부터 다시 해야 한다.

Ⅲ. 법원사무관 등의 제척

9   제척에 관한 규정은 통역인과 전문심리위원 및 법원사무관 등에게 준용된다($^{제25조\ 제1항,}_{제279조의5}$). 특히 법원사무관 등은 배타적 증명력을 보유한 공판조서[$^{§145/7}_{참조}$]의 작성을 비롯해 중요한 재판사무를 담당하기에[$^{§24/13}_{참조}$] 제척제도의 적용 필요성이 크다고 할 수 있다. 다만 제17조 제7호의 제척사유($^{전심}_{관여}$)는 통역인과 법원사무관 등에게는 준용되지 않으므로, 제1심에 참여했던 법원사무관 등은 항소심절차에 참여할 수 있다($^{제25조}_{제1항}$).

§31 제3 기피와 회피

Ⅰ. 사   유

1. 제척사유에 해당하는 때

1   법관이 제척사유에 해당하는 때에는 기피·회피신청을 할 수 있다($^{제18조}_{제1항}$ $^{제1호,\ 제}_{24조\ 제1항}$). 제척의 효과는 제17조에 의해 당연히 발생하나, 현실적으로 제척사유가 분명히 드러나 있지 않은 경우가 많다. 따라서 제척사유의 존부를 심리해 해당 법관을 교체해달라는 취지의 신청을 할 수 있게 한 것이다.

---

1 대법원 1999. 10. 22. 선고 99도3534 판결: 「상고이유에서 지적하는 판사는 당초 이 사건 제1심 제1회 공판기일에서 피고인에 대한 이 사건 공소사실의 증거로 제출된 동인에 대한 피의자신문조서, ○○, ●●, ◎◎, ◇◇에 대한 진술조서 등에 대하여 증거조사를 하였고, 이후 위 증거들은 모두 이 사건 제1심판결에서 피고인에 대한 유죄의 증거로 사용되었음을 알 수 있다 (판결은 이후 경질된 다른 판사가 선고하였다). 사정이 그러하다면 동 판사는 제17조 제7호 소정의 전심재판의 기초가 되는 조사, 심리에 관여하였다 할 것이고, 그와 같이 전심재판의 기초가 되는 조사, 심리에 관여한 판사는 직무집행에서 제척되어 이 사건의 항소심 재판에 관여할 수는 없다 할 것이다. 그러함에도 동 판사는 이 사건 항소심의 재판장으로 관여하여 원심판결을 선고하였으니 이는 위법하다.」

2. 불공평한 재판을 할 염려가 있을 때

제척사유에는 해당하지 않더라도 법관이 불공평한 재판을 할 염려가 있   2
는 때에는 기피·회피의 대상이 된다(제18조 제1항 제2호, 제24조 제1항). '불공평한 재판을 할 염려
가 있는 때'란 불공평한 재판이 될지도 모른다고 추측할 만한 주관적 사정이
있는 때가 아닌, 통상인의 판단으로서 법관과 사건과의 관계상 불공평한 재
판을 할 것이라는 의혹을 갖는 것이 합리적이라고 인정할 만한 객관적 사정
이 있는 때를 말한다.[1] 심리중 유·무죄를 예단하는 말을 한 경우,[2] 증명되
지 않은 사실을 언론을 통해 발표한 경우, 진술을 강요하거나 모욕적 발언을
하는 경우가 이에 해당한다.

단지 증거신청을 채택하지 않았다거나,[3] 이미 한 증거결정을 취소했다   3
거나,[4] 피고인의 증인에 대한 신문을 제지했다거나,[5] 공소장변경 불허결정
을 했다는[6] 이유만으로는 불공평한 재판을 할 우려가 있다고 할 수 없다.

Ⅱ. 절   차

1. 기   피

⑴ 기피신청

㈎ 신청권자   신청권자는 검사와 피고인이다(제18조 제1항). 변호인은 피고인의   4
명시한 의사에 반하지 않는 한 기피신청을 할 수 있다(같은 조 제2항). 법문상 피고인
이라고 되어 있으나 피의자도 신청권자가 될 수 있다. 가령 구속적부심·증거
보전절차·재정심리절차[7]에서 피의자는 기피신청을 할 수 있다.

㈏ 신청대상   기피신청의 대상은 불공평한 재판을 할 염려가 있다고   5
사료되는 법관이다. 따라서 재판부 자체에 대한 기피를 신청할 수는 없다. 다
만 합의부의 경우에 구성원 전원에 대해 기피신청을 하는 것은 가능하다.

---

1 대법원 1985. 7. 8.자 85초29 결정; 1987. 3. 30.자 87모20 결정; 1991. 12. 7.자 91모79 결정;
   2001. 3. 21.자 2001모2 결정.
2 대법원 1974. 10. 16.자 74모68 결정.
3 대법원 1990. 11. 2.자 90모44 결정.
4 대법원 1995. 4. 3.자 95모10 결정.
5 대법원 1995. 4. 3.자 95모10 결정.
6 대법원 2001. 3. 21.자 2001모2 결정.
7 대법원 1990. 11. 2.자 90모44 결정.

6   (다) 신청방법   기피신청은 서면 또는 구술로 할 수 있으며($_{176조}^{규칙\ 제}$), 그 시기에는 제한이 없다. 합의부의 구성법관에 대한 기피는 그 재판부에 신청하고, 수명법관 또는 단독판사에 대한 기피는 당해 법관에게 신청한다($_{제1항}^{제19조}$). 기피신청시에는 기피원인이 되는 사실을 구체적으로 명시해야 한다($_{조\ 제1항}^{규칙\ 제9}$). 신청서에 기피사유를 적시하지 않았거나 구술로 기피신청한 경우에는 신청한 날로부터 3일 이내에 기피사유를 소명해야 한다[$_{참조}^{§114/6}$].

7   (2) 간이기각결정   기피신청이 소송지연을 목적으로 함이 명백하거나 부적법한 경우에 신청을 받은 법원($_{대한\ 기피신청}^{합의부원에}$) 또는 법관($_{명법관에\ 대한\ 기피신청}^{단독판사,\ 수탁판사,\ 수}$)은 직접 이를 기각하는 재판을 해야 한다($_{제1항}^{제20조}$). 이를 간이기각결정(簡易棄却決定)이라 한다. 법문상 결정이라고 표현하고 있으나, 합의부가 하는 것만 결정이고 법관이 하는 것은 성질상 명령이다[$_{참조}^{§27/22}$].

        (가) 사 유

8   (a) 기피신청이 소송지연을 목적으로 함이 명백한 경우   기피신청이 소송지연만을 목적으로 함이 명백한지 여부는 기피신청인이 제출한 소명자료로만 판단할 것은 아니고, 당해 법원에 현저한 사실이나 당해 사건기록에 나타나 있는 제반 사정을 종합해 판단할 수 있다.[1]

9   (b) 기피신청이 제19조의 규정에 위배된 경우   기피신청이 제19조의 규정에 위배된 경우란 가령 i) 3일 이내에 기피사유를 서면으로 소명하지 않았거나, ii) 수명법관에 대한 기피신청을 그 법관이 소속한 재판부에 대해 한 경우를 말한다. 반면, 신청권자 아닌 자가 기피신청서를 제출한 경우에는 기피신청 자체가 존재하지 않으므로, 간이기각결정을 해서는 안 된다[$_{참조}^{§50/2}$].

        (나) 불 복

10   (a) 준항고   수명법관 또는 단독판사인 법관의 간이기각결정($_{명령}^{성질상}$)에 대해서는 그 법관이 소속한 법원에 그 취소를 구하는 준항고를 할 수 있다($_{제1호,\ 제3항}^{제416조\ 제1항}$). 이 경우 합의부에서 결정을 해야 한다($_{제2항}^{같은\ 조}$).

11   제416조 제1항 본문의 규정상 준항고대상인 명령의 주체는 '재판장 또는 수명법관'이다. 그런데 합의부 구성원을 대상으로 하는 기피신청에 대한 간이기각결정은 재판장이 명령으로 하지 않고 합의부($_{미의\ 법원}^{소송법상\ 의}$)가 결정으로 하므로, 합의부의 재판장

---

1 대법원 2001. 3. 21.자 2001모2 결정.

이 간이기각의 재판을 하는 경우는 있을 수 없다. 따라서 제416조 제1항 제1호에서 말하는 기피신청 기각의 재판을 한 재판장이란 단독판사인 법관을 가리킨다$\left[\begin{smallmatrix}§24/11\\참조\end{smallmatrix}\right]$.[1]

(b) 즉시항고　　합의부 구성원을 대상으로 하는 기피신청에 대한 합의부 **12**
의 간이기각결정에 대해서는 즉시항고할 수 있다$\left(\begin{smallmatrix}제23조\\제1항\end{smallmatrix}\right)$. 이 즉시항고는 재판
의 집행을 정지하는 효력이 없다$\left(\begin{smallmatrix}같은 조\\제2항\end{smallmatrix}\right)\left[\begin{smallmatrix}§27/9\\참조\end{smallmatrix}\right]$.

(3) 소송절차 정지

(가) 원　칙　　간이기각결정을 하지 않는 때에는 기피신청사건에 대한 결 **13**
정이 있기까지 소송의 진행을 정지해야 한다$\left(\begin{smallmatrix}제22조\\본문\end{smallmatrix}\right)\left[\begin{smallmatrix}§27/9\\참조\end{smallmatrix}\right]$. 정지해야 할 소송절
차란 실체재판에의 도달을 직접 목적으로 하는 본안의 소송절차를 뜻하며,
이를테면 구속기간 갱신$\left[\begin{smallmatrix}§127/26\\참조\end{smallmatrix}\right]$[2]이나 판결선고$\left[\begin{smallmatrix}§143/53\\참조\end{smallmatrix}\right]$[3]는 이에 포함되지 않
는다. 구속피고인의 경우 기피신청으로 소송진행이 정지된 기간은 구속기간
에 산입되지 않으나$\left(\begin{smallmatrix}제92조\\제3항\end{smallmatrix}\right)\left[\begin{smallmatrix}§127/24\\참조\end{smallmatrix}\right]$, 미결구금일수에는 산입된다$\left(\begin{smallmatrix}형법\\제57조\end{smallmatrix}\right)$.

(나) 예　외　　급속을 요하는 경우 절차를 정지하지 않을 수 있다$\left(\begin{smallmatrix}제22조\\단서\end{smallmatrix}\right)$. **14**
당장 조사하지 않으면 멸실·훼손될 증거가 있는 경우가 그에 해당한다.

(4) 의견서 제출　　기피신청의 대상이 된 법관은 간이기각결정을 하는 **15**
경우를 제외하고는 지체없이 기피신청에 대한 의견서를 제출해야 한다$\left(\begin{smallmatrix}제20조\\제2항\end{smallmatrix}\right)$.
어디에 제출해야 하는지에 관해서는 규정이 없는데$\left(\begin{smallmatrix}민사소송법 제45\\조 제2항도 같다\end{smallmatrix}\right)$, 실무상 추후
기피신청사건을 담당할 재판부가 확인할 수 있도록 소송기록에 의견서를 편
철하고 있다. 의견서가 기피신청이 이유 있음을 인정하는 내용인 때에는 그
제출시점$\left(\begin{smallmatrix}작성\\일자\end{smallmatrix}\right)$에 기피결정이 있는 것으로 간주된다$\left(\begin{smallmatrix}같은 조\\제3항\end{smallmatrix}\right)$.

(5) 결　정

(가) 재판부　　기피신청사건에 대한 결정은 기피신청의 대상이 된 법관이 **16**
소속한 법원의 합의부가 하며, 기피당한 법관 자신은 이에 관여하지 못한다
$\left(\begin{smallmatrix}제21조 제1항, 제2항; 법원\\조직법 제32조 제1항 제5호\end{smallmatrix}\right)$. 다만, 그 법관을 제외한 나머지만으로 합의부 구성이 불
가능한 때에는 바로 위 상급법원의 재판부가 결정해야 한다$\left(\begin{smallmatrix}제21조\\제3항\end{smallmatrix}\right)$.

1　이견으로 임동규 828쪽.
2　대법원 1987. 2. 3.자 86모57 결정.
3　대법원 1987. 5. 28.자 87모10 결정; 2002. 11. 13. 선고 2002도4893 판결.

(내) 결정유형

17 (ⓐ) 기 각 기피신청이 이유 없다고 인정하는 때에는 이를 기각하는 결정을 해야 한다. 기각결정에 대해서는 즉시항고할 수 있다($\frac{제23조}{제1항}$).

18 (ⓑ) 인 용 기피신청이 이유 있다고 인정하는 때에는 그 법관을 소송절차에서 배제하는 결정을 해야 한다. 이 결정에는 항고할 수 없다($\frac{제403}{조}$).

2. 회 피

19 (1) 회피신청 회피하고자 하는 법관은 소속 법원에 서면으로 신청해야 한다($\frac{제24조}{제2항}$). 민사소송에서의 회피가 별도의 재판을 요하지 않는 것과 달리, 형사소송에서의 회피는 법관의 신청이 인용되어야 비로소 효력이 있다.

20 (2) 결 정 회피신청에 대한 재판은 그 법관이 소속한 법원의 합의부가 결정으로 한다($\frac{제21조\ 제1항;}{제24조\ 제3항}$), 회피신청한 법관은 그 결정에 관여하지 못하며, 해당 법관을 제외한 나머지 법관만으로 합의부를 구성하지 못하는 때에는 바로 위의 상급법원에서 결정한다($\frac{제21조\ 제2항,\ 제3}{항,\ 제24조\ 제3항}$)[$\frac{§154/3}{참조}$].

Ⅲ. 효 과

21 i) 법관 스스로 기피신청이 이유 있음을 인정한 경우($\frac{제20조}{제3항}$), ii) 재판부가 기피·회피신청을 인용하는 결정을 한 경우($\frac{제21조\ 제1항;}{제24조\ 제3항}$), 해당 법관은 당해 사건의 직무집행에서 배제된다. 이후 그 법관이 재판에 관여하면 절대적 항소이유($\frac{제361조의}{5\ 제7호}$) 및 상고이유($\frac{제383조}{제1호}$)가 된다. 직무집행 배제의 효과는 기피의 원인이 제척사유인 때($\frac{제18조\ 제}{1항\ 제1호}$)에는 그 사유가 생긴 시점으로 소급해 발생하고, 불공평한 재판을 할 염려인 때($\frac{같은\ 항}{제2호}$)에는 결정시부터 발생한다.

Ⅳ. 법원사무관 등의 기피·회피

22 제척과 마찬가지로, 기피·회피에 관한 규정 역시 통역인과 법원사무관 등에게 준용된다($\frac{제25조}{제1항}$). 기피신청의 경우 간이기각재판은 그 법원사무관 등이 소속한 재판부의 법관이 하고($\frac{같은\ 조\ 제2항}{단서;\ 명령}$), 정식결정은 그 법원사무관 등이나 통역인이 소속한 법원의 재판부가 한다($\frac{같은\ 항}{본문;\ 결정}$). 후자의 경우에 만약 지방법원이라면 그 재판부는 원칙적으로 단독판사이다($\frac{법원조직법}{제7조\ 제4항}$)[$\frac{§33/3}{참조}$].

23 기피에 관한 규정은 전문심리위원에게도 준용된다($\frac{제279}{조의5}$)[$\frac{§157/13}{참조}$].

제4관　법원의 관할

제 1　관할의 의의

Ⅰ. 관할의 개념

특정 법원이 특정 사건에 관해 구체적으로 심판할 수 있는 권한을 관할 (권) 또는 심판권이라 한다(법원조직법 제7조 제1항). 법원은 관할권의 존부를 직권으로 조사해야 한다(제1조). **1**

Ⅱ. 관할의 분류

1. 사건관할과 직무관할

공소가 제기된 사건, 즉 피고사건을 어느 법원의 어떤 재판부에서 심판해야 하는가에 관한 기준을 사건관할이라 하고, 특정한 유형의 소송절차(피고사건, 재심사건, 재정신청사건 등)를 어떤 법원에서 담당하는가에 관한 기준을 직무관할이라 한다. 예를 들어 '수원시에 거주하는 피고인이 수원시에서 저지른 절도사건의 제1심은 수원지방법원 단독판사의 관할에 속한다'고 할 때의 '관할'은 사건관할 개념이다. 반면, '검사의 불기소처분에 대한 재정신청사건은 고등법원 관할에 속한다'고 할 때의 '관할'은 직무관할 개념이다. **2**

2. 법정관할과 재정관할

관할은 법률의 규정에 의해 정해지는 법정관할(法定管轄)과 법원이 재판을 통해 정하는 재정관할(裁定管轄)로 분류된다. **3**

⑴ 법정관할　　법정관할에는 i) 사건의 속성 자체로 정해지는 고유관할과, ii) 여러 피고사건 간에 일정한 관계가 있음을 이유로 인정되는 관련사건 관할이 있다. 고유관할은 다시 심급관할·토지관할·사물관할로 나뉜다. **4**

⑵ 재정관할　　재정관할에는 i) 법정관할이 없거나 불명확한 경우에 상급법원의 재판으로 심판할 법원을 정하는 관할지정(제14조), ii) 천재지변 등으로 관할법원에서의 심판이 현실적으로 어려운 경우에 상급법원이 관할권 없는 법원에 심판권을 부여하는 관할이전(제15조)이 있다. 다만 이하에서는 법정관할 만을 설명하고, 재정관할에 관해서는 제3편에서 상세히 다룬다[§154 참조]. **5**

§33　**제 2　고유관할**

Ⅰ. 사물관할

1. 의　　의

1　　사물관할은 사건의 성격과 경중에 따른, 단독판사와 합의부 간의 심판권 분배기준이다. 법원조직법은 지방법원의 심판권을 기본적으로 단독판사에게 맡기고 있으므로(법원조직법 제7조 제4항) 법률이 단순히 지방법원의 관할에 속한다고 규정하는 경우에는 원칙적으로 단독판사가 심판하고, 별도의 규정이 있는 때에만 합의부가 심판한다.

2. 분배기준

2　　⑴ 수소법원　　피고사건 중 사형, 무기 또는 1년 이상의 징역·금고에 해당하는 사건 및 이와 동시에 심판할 공범사건은 원칙적으로 합의부 관할이다(법원조직법 제32조 제1항 제3호 본문 및 제4호). 다만, i) 특수상해·특수공갈·(상습)특수절도, ii) 장물죄의 상습범, iii) 폭처법위반(공동(존속폭행, 체포, 감금, 존속협박, 강요, 상해), 존속상해, 존속체포, 존속감금, 공갈), 직무유기), iv) 병역법위반, v) 특가법위반(도주(치사, 치상), 절도, 장물, 위험운전(치사, 치상)), vi) 보건범죄단속에관한특별조치법위반(부정의료업자), vii) 부수법 제5조의 죄, viii) 도로교통법위반(음주운전, 음주측정거부) 사건은 단독판사 관할이다(같은 항 제3호 단서). 한편, 공직선거법·국민투표법위반 및 그 공범사건은 법정형과 상관없이 합의부 관할이다(공직선거법 제269조).

3　　⑵ 수소법원 아닌 법원　　피고사건 아닌 사건(신청사건 등)의 경우 그것이 지방법원의 절차라면 단독판사가, 고등법원의 절차라면 합의부가 심판한다.[1]

3. 재정합의결정

4　　합의부는 단독판사의 관할에 속하는 사건을 합의부에서 심판하게 할 수 있다. 이를 재정합의결정이라 하며, 재정합의결정을 하는 합의부를 재정결정부라 한다(배당예규 제4조 제2항 제6호). 재정합의결정의 대상은 i) 선례나 판례가 없는 사건 또

---

[1]　대법원 2002. 5. 17.자 2001모53 결정:「제103조 … 에 의한 보증금몰수사건은 그 성질상 당해 형사본안사건의 기록이 존재하는 법원 또는 그 기록을 보관하는 검찰청에 대응하는 법원의 토지관할에 속하고, 그 법원이 지방법원인 경우에 있어서 사물관할은 법원조직법 제7조 제4항의 규정에 따라 지방법원 단독판사에게 속하는 것이지 소송절차 계속중에 보석허가결정 또는 그 취소결정 등을 본안관할법원인 제1심 합의부 또는 항소심인 합의부에서 한 바 있었다고 하여 그러한 법원이 사물관할을 갖게 되는 것은 아니다.」

는 선례나 판례가 서로 엇갈리는 사건, ii) 사실관계나 쟁점이 복잡한 사건, iii) 사회에 미치는 영향이 중대한 사건, iv) 동일 유형의 사건이 여러 재판부에 흩어져 통일적·시범적 처리가 필요한 사건, v) 전문지식이 필요한 사건, vi) 그 밖에 사건의 성격상 합의체로 심판함이 적절한 사건이다($\binom{\text{배당예규 제}}{\text{12조 제1항}}$). 민사·행정소송에는 합의부 관할인 사건을 단독판사가 심판하게 하는 재정단독결정 제도가 있으나($\binom{\text{민사 및 가사소송의 사물관}}{\text{할에 관한 규칙 제2조 제4호}}$), 형사소송에는 그러한 제도가 없다.

재정합의결정의 기준과 절차는 위와 같이 배당예규에 규정돼있지만, 이는 그 성질 및 중요성에 비추어 법률 또는 대법원규칙으로 정함이 타당하다. 재정합의결정은 단독판사와 합의부 간의 심판권 분배에 관한 원칙에 대한 예외를 인정하는 제도로서 개별사안에서 구체적 타당성을 위해 관할의 획일성을 깨뜨리는 의미가 있으므로, 단순한 사법행정상의 합리성이나 편의 문제가 아니기 때문이다.   5

재정합의결정은 사건배당 전에는 물론, 심리중에도 할 수 있다. 단독판사는 자신이 심판하는 사건이 재정합의결정 대상사건에 해당한다고 사료할 경우 재정결정부에 기록을 회부할 수 있으며, 재정합의결정에 따라 그 사건을 심판할 합의부가 정해지는 경우 단독판사는 기록을 그 합의부로 송부해야한다($\binom{\text{배당예규 제13조 제4항}}{\text{제1호, 제6항 제2호}}$). 단독판사 관할사건을 재정합의결정 없이 합의부가 심판함은 관할위반으로 항소이유가 된다($\binom{\text{제361조의}}{\text{5 제3호}}$)$\left[\begin{smallmatrix}\text{§174/25}\\\text{참조}\end{smallmatrix}\right]$.[1]   6

Ⅱ. 심급관할

제1심, 제2심($\binom{\text{항소}}{\text{심}}$), 제3심($\binom{\text{상고}}{\text{심}}$) 간의 심판권 분배기준을 심급관할이라 한다. 제1심 사건은 지방법원 본원·지원의 재판부에서 심판함을 앞서 보았으므로, 여기서는 상급심의 관할분배만 언급한다.   7

i) 지방법원 단독판사의 제1심판결에 대한 항소심은 지방법원 본원 합의부가($\binom{\text{법원조직법}}{\text{제32조 제2항}}$), 지방법원 합의부의 제1심판결에 대한 항소심은 고등법원이 심판한다($\binom{\text{같은 법}}{\text{제28조}}$). 따라서 지방법원 지원 합의부가 한 제1심판결에 대한 항소사건을 지방법원 본원 합의부가 심판하거나, 지방법원 단독판사가 한 제1심판결에 대한 항소사건을 고등법원이 심판함은 위법하다$\left[\begin{smallmatrix}\text{§174/26}\\\text{참조}\end{smallmatrix}\right]$.[2] 단독판사   8

---

1 서울고등법원 2020. 4. 28. 선고 2019노2663 판결.
2 대법원 1997. 4. 8. 선고 96도2789 판결.

관할에 속하는 제1심사건은 재정합의결정을 통해 합의부가 심판할 수 있으
나, 지방법원 합의부 관할에 속하는 제2심사건은 고등법원이 심판할 수 없
다. ii) 상고심 사건은 대법원이 전속적으로 심판한다(같은 법 제14조).

Ⅲ. 토지관할

1. 의   의

9
　사건과 일정한 관련이 있는 장소(행위가 일어난 장소, 행위자가 있는 장소 등)가 속한 행정구역을 재
판적(裁判籍)이라 하고, 재판적에 기초한 심판권 분배기준을 토지관할(또는 지역관할)
이라 한다. 형사소송법은 i) 범죄지, ii) 피고인의 주소·거소, iii) 피고인의 현
재지를 재판적으로 정하고 있으므로(제4조 제1항) 토지관할은 이들이 속한 행정구역
에 설치된 지방법원에 있다.

10
　재판적에 따른 토지관할의 분배는 법원설치법 제4조의 규정에 따른다.
제1심 형사사건에 관해 지방법원 본원과 지원은 대등관계에 있고, 양자 간
관할권 분배 역시 토지관할의 문제이므로, 지원에 제1심 토지관할이 인정된
다고 해서 당연히 본원에까지 제1심 토지관할이 인정되는 것은 아니다.[1]

2. 재 판 적

11
　(1) 범죄지   구성요건해당사실의 전부 또는 일부가 발생한 장소를 범죄
지라 한다. i) 실행에 착수한 지역, 실행중의 지역, 결과가 발생한 지역이 각
다른 경우, 세 지역 모두 범죄지이다. ii) 부작위범의 경우, 부작위를 한 장소,
작위의무를 이행해야 할 장소, 결과발생 장소가 모두 범죄지에 해당한다. iii)
공범(공동정범, 교사범, 종범, 간접정범)의 경우, 교사·방조·공모 등을 포함해 범죄사실의 전부 또
는 일부가 발생한 장소가 모든 공범에 대해 범죄지이다.

12
　(2) 피고인의 주소·거소   생활의 근거가 되는 장소를 주소라 하고, 상당
한 기간 계속적으로 거주하는 장소를 거소라 한다(민법 제18조, 제19조). 공소제기 당시의

---

1 대법원 2015. 10. 15. 선고 2015도1803 판결:「제1심 형사사건에 관하여 지방법원본원과 지방
　법원지원은 소송법상 별개의 법원이자 각각 일정한 토지관할구역을 나누어 가지는 대등한 관
　계에 있으므로, 지방법원본원과 지방법원지원 사이의 관할의 분배도 지방법원 내부의 사법행
　정사무로서 행해진 지방법원본원과 그 지원 사이의 단순한 사무분배에 그치는 것이 아니라 소
　송법상 토지관할의 분배에 해당한다고 할 것이다. 그러므로 제4조에 의하여 지방법원본원에
　제1심 토지관할이 인정된다고 볼 특별한 사정이 없는 한, 지방법원지원에 제1심 토지관할이 인
　정된다는 사정만으로 당연히 지방법원본원에도 제1심 토지관할이 인정된다고 볼 수는 없다.」

주소와 거소만 재판적으로 인정되며, 공소제기 이후에 주소·거소를 옮기더라도 토지관할이 바뀌지는 않는다.

　　(3) 현재지　　피고인이 공소제기 당시 현실적으로 존재하는 장소를 현재　　13
지라 한다. 임의에 의한 현재지는 물론 적법한 강제연행에 의한 현재지도 이에 포함되나, 위법한 강제연행에 의해 체류하는 장소는 포함되지 않는다.[1]
공소제기 후에 거취를 변경하더라도 토지관할에는 영향이 없다.

　　(4) 선박·항공기 내 범죄의 특칙　　국외에 있는 대한민국 선박 내에서 범　　14
한 죄에 관해서는 선적지 또는 범죄 후의 선착지도 재판적이다($\binom{제4조}{제2항}$). 국외에
있는 항공기 내에서 범한 죄에 관해서도 같다($\binom{같은 조}{제3항}$).

　　3. 적용범위

　　재판적에 관한 제4조 제1항의 규정은 '피고인'이라는 표현을 사용하고　　15
있어 수소법원의 관할권을 염두에 둔 것처럼 보이나 수소법원 아닌 법원의
관할에도 당연히 적용된다. 형사소송법은 사실발견을 위해 필요하거나 긴급
을 요하는 경우 관할구역 외에서 직무를 행하거나 사실조사에 필요한 처분을
할 수 있다고 규정하고 있는데($\binom{제3조}{제1항}$), 이는 관할권 있는 사건을 처리할 때 관
할구역 밖에서 각종의 증거조사나 강제처분을 할 수 있다는 의미이고, 관할
권 없는 사건을 심판할 수 있다는 의미는 아니다.

Ⅳ. 특별검사·수사처검사 사건의 전속관할

　　1. 특별검사가 기소하는 사건

　　특별검사[$\binom{§36/10}{참조}$]가 기소하는 사건의 제1심 관할법원은 언제나 서울중앙지　　16
방법원 합의부이다($\binom{특검법}{제18조}$). 피고사건의 수소법원만 그러하고, 수사단계 중 각
종 신청사건($\binom{구속영장, 압수·수색}{영장, 증거보전 등}$)의 경우 토지관할은 형사소송법상 재판적을 기준
으로 정해지며 사물관할 역시 원칙적으로 단독판사에 속한다.

1　대법원 2011. 11. 22. 선고 2011도12927 판결:「청해부대 소속 군인들이 피고인들을 현행범인
　으로 체포한 것은 검사 등이 아닌 이에 의한 현행범인체포에 해당하고, 피고인들 체포 이후 국
　내로 이송하는 데에 약 9일이 소요된 것은 공간적·물리적 제약상 불가피한 것으로 정당한 이
　유 없이 인도를 지연하거나 체포를 계속한 경우로 볼 수 없다. … 경찰관들이 피고인들의 신병
　을 인수한 2011. 1. 30. 04:30경부터 … 48시간 이내에 청구되어 발부된 구속영장에 의하여 피
　고인들이 구속되었으므로, 피고인들은 적법한 체포, 즉시 인도 및 적법한 구속에 의하여 공소
　제기 당시 부산구치소에 구금되어 있다 할 것이어서 제1심법원에 토지관할이 있다.」

2. 수사처검사가 기소하는 사건

17   수사처검사[$^{§36/16}_{참조}$]가 기소하는 사건의 제1심 관할법원은 원칙적으로 서울
중앙지방법원이다. 다만 범죄지, 증거의 소재지, 피고인의 특별한 사정 등을
고려해 형사소송법에 따른 관할법원에 공소를 제기할 수 있다($^{공수처법}_{제31조}$). 특별
검사 수사사건과 달리 사물관할이 정해져 있지 않으므로, 사물관할은 법원조
직법 제32조의 규정에 따른다.

§34   제 3   관련사건관할

1   여러 사건 간에 밀접한 인적·물적 관련성이 존재함에도 토지관할이나
사물관할이 일치하지 않는 경우가 있는데, 이때 여러 법원이 각자 심판하게
된다면 절차가 불필요하게 중복될 뿐 아니라 재판의 모순·저촉이 발생할
우려도 있다. 이에 형사소송법은 그러한 사건들을 이른바 '관련사건'이라 하
여($^{제11}_{조}$), 그중 일부에 대해 관할권 있는 법원이 나머지에 대해서도 심판할 수
있도록 하고 있다($^{제5조,}_{제9조}$). 이렇게 발생하는 심판권을 관련사건관할이라 한다.

2   관련사건은 i) 1인이 범한 수죄($^{경합}_{범}$), ii) 수인이 공동으로 범한 죄($^{공동정범,}_{교사범,}$
$^{종범,}_{요적공범}$), iii) 수인이 동시에 동일장소에서 범한 죄($^{동시}_{범}$), iv) 범인은닉·증거인
멸·위증·허위감정통역·장물에 관한 죄와 그 본범의 죄이다($^{제11}_{조}$).

3   검사는 관련사건을 하나의 법원에 1개의 공소장으로 한꺼번에 기소할
수 있다($^{병합}_{기소}$)[$^{§96}_{참조}$]. 또한, 관련사건들이 따로따로 기소되어 각기 다른 법원에
계속된 경우, 일정한 요건이 구비되면 한 법원이 다른 법원의 사건을 가져와
서 함께 재판할 수 있다($^{병합심리,}_{변론병합}$)[$^{§146}_{참조}$].[1]

---

1 대법원 2008. 6. 12. 선고 2006도8568 판결:「제5조에 정한 관련사건의 관할은, 이른바 고유관
   할사건 및 그 관련사건이 반드시 병합기소되거나 병합되어 심리될 것을 전제요건으로 하는 것
   은 아니고, 고유관할사건 계속중 고유관할법원에 관련사건이 계속된 이상, 그 후 양 사건이 병
   합되어 심리되지 아니한 채 고유사건에 대한 심리가 먼저 종결되었다 하더라도 관련사건에 대
   한 관할권은 여전히 유지된다.」

제3절 검사와 사법경찰관리

제1관 검   사

제1 검사의 의의   §35

Ⅰ. 개   념

범죄를 수사하고 공소를 제기·수행하는 기관을 검사라 한다. 검사는 형   1
사절차상 광범위한 권한을 보유하며 법관에 준하는 신분보장을 받는 단독제
행정관청으로서 변호사 자격을 가진 사람 가운데서 임용한다($\binom{검찰청법}{제29조}$). 검사가
수행하는 직무는 사법권과 불가분의 관계에 있기에 사법권독립의 정신은 검
사에게도 요구되는바, 이러한 점에서 검사는 준사법기관이라 할 수 있다.

Ⅱ. 형사절차에서 검사의 지위

1. 수사기관

검사는 i) 일정 범죄에 대한 수사개시·종결권, ii) 일반사법경찰관이 송   2
치한 사건에 대한 수사종결권, iii) 특별사법경찰관리에 대한 수사지휘권, v)
강제처분에 관한 영장청구권을 보유하는 수사기관이다.

2. 공소권자

피의사건에 관해 법원에 유·무죄의 실체판결을 구하는 검사의 의사표시   3
를 공소(公訴)라 한다. i) 공소의 취지 및 내용을 구체적으로 적은 서류(공소
장)을 법원에 제출하는 행위를 공소제기 또는 기소(起訴)라 하고, ii) 공소제기
상태를 유지하면서 재판에 임하는 것을 공소유지라 하며, iii) 공소제기를 철
회해 형사소추를 해제하는 소송행위를 공소취소$\left[\substack{§99/1 \\ 참조}\right]$라 한다. 현행법상 공소
를 제기·유지·철회할 권한은 검사에게만 있으며($\binom{제246조;}{기소독점주의}$)$\left[\substack{§93/2 \\ 참조}\right]$, 그 행사 여
부는 형사정책적 고려에 따른 재량에 맡겨져 있다($\binom{제247조;}{기소편의주의}$)$\left[\substack{§94/1 \\ 참조}\right]$. 다만, 검사
의 기소권에 대한 예외로 즉결심판제도$\left[\substack{§101/1 \\ 참조}\right]$가 있고, 소추재량에 대한 주된
통제장치로 재정신청제도$\left[\substack{§88/11 \\ 참조}\right]$가 있다.

3. 소송주체

4   검사는 피고인과 대립하는 소송주체로서 형사소송에 참여한다. 다만 국
가기관이자 인권옹호기관으로서의 객관적 태도를 견지해야 하며, 피고인에게
유리한 증거를 확보했다면 이를 법원에 제출할 의무가 있다($^{이른바}_{객관의무}$). 이러한
의무의 위반에 대한 구체적 제재규정은 없으나, 검사가 무죄를 입증할 결정
적 증거를 획득하고도 법원에 제출하지 않음으로 인해 부당히 유죄판결을 받
았거나[1] 받을 위험에 처했던[2] 사람의 국가배상청구를 인용한 판례가 있다.

4. 재판집행주체

5   재판집행의 지휘·감독권은 원칙상 검사에게 속한다($^{제460}_{조}$). 다만, 예외적
으로 재판장 등의 지휘로 법원사무관 등이 집행하는 경우가 있다($^{제81조,}_{제115조}$).

§36   ## 제 2   검사의 종류와 직무

Ⅰ. 검찰청 검사

1. 검 찰 청

1   검찰사무를 일반적으로 총괄하는 관서를 검찰청이라 한다. 검찰청의 조
직구성은 법원의 그것에 대응하며, 이에 i) 대검찰청은 대법원에, ii) 고등검
찰청은 고등법원에, iii) 지방검찰청은 지방법원에, iv) 지방검찰청 지청은 지
방법원 지원에 각 인접해 설치되어 있다($^{검찰청법 제2조}_{제2항, 제3조}$). 대검찰청은 검찰총장인
검사와 그 밖의 검사들로($^{같은 법}_{제12조}$), 지방검찰청과 고등검찰청은 검사장인 검사
와 그 밖의 검사들로($^{같은 법 제17조 제1항, 제18조, 제18}_{조의2, 제19조, 제21조 제1항, 제25조}$), 지방검찰청 지청은 지청장인
검사와 그 밖의 검사들로 구성된다($^{같은 법}_{제22조}$). 검사 각각이 독립관청이므로, 검
찰청은 관서(官署)로서의 성격만 지니고 그 자체 관청(官廳)은 아니다.

---

1   대법원 2002. 2. 22. 선고 2001다23447 판결.

2   대법원 2022. 9. 16. 선고 2021다295165 판결: 「시료에서 원고(피고인)의 정액이나 유전자가
    검출되지 않았다는 취지의 국립과학수사연구원의 유전자감정서는 형사피고사건에 대한 원고
    의 자백이나 부인, 소송수행방향의 결정 또는 방어권행사에 결정적 영향을 미치는 자료로 볼
    수 있는데, 검사가 원고에 대한 공소제기 당시 위 유전자감정서를 증거목록에서 누락하였다가
    원고 측 증거신청으로 법원에 그 존재와 내용이 드러난 이후에야 증거로 제출한 것은 검사가
    직무를 집행하면서 과실로 증거제출의무를 위반한 것에 해당하므로, 피고(대한민국)는 원고에
    게 이로 인한 손해를 배상하여야 한다.」

2. 임명 및 직급체계

검사의 직급은 검찰총장과 그 밖의 검사로 구분된다(검찰청법 제6조). 검사는 변호사 자격 있는 사람 중에서(같은 법 제29조), 검찰총장은 법조경력 15년 이상의 법조인 중에서 임명한다(같은 법 제27조). 검찰청의 검사는 특정직공무원이다(같은 법 제36조 제1항).

검찰총장 외의 검사는 직급체계상 i) 일반검사, ii) 고등검찰청 검사급 검사(고등검찰청 부장검사·검사, 지방검찰청 차장검사·), iii) 대검찰청 검사급 검사(고등검찰청 검사장, 대검찰청 차장검사·검사, 지방검찰청 검사장, 고등검찰청 차장검사 등)로 나뉜다(「검사인사규정」 제11조 제1항, 「대검찰청 검사」급 이상 검사의 보직범위에 관한 규정」 제2조). 검사의 임명과 보직은 법무부장관의 제청으로 대통령이 하며, 검찰총장의 경우 국회의 인사청문을 거쳐야 한다(검찰청법 제34조). 법무부에는 검찰총장 후보자의 추천을 위해 검찰총장후보추천위원회를(같은 법 제34조의2 제1항), 검사의 임용, 전보, 그 밖의 인사에 관한 중요사항을 심의하기 위해 검찰인사위원회(같은 법 제35조 제1항)를 둔다.

3. 직 무

(1) 직무범위　검사가 수행하는 직무는 i) 중요사건 수사의 개시·진행·종결, ii) 일반사법경찰관리의 수사에 대한 통제·감독(보완수사요구·시정조치요구 등·) 및 송치사건에 대한 보강수사·수사종결, iii) 특별사법경찰관에 대한 수사지휘, iv) 공소의 제기·유지·취소, v) 재판집행의 지휘·감독, vi) 국가소송 등의 수행 또는 지휘·감독 등이다(제197조의2, 제197조의3, 제245조의8, 검찰청법 제4조 제1항 등).

제척·기피제도[§29/1 참조]는 검사에게 유추적용되지 않는다. 다만, 검사는 i) 피의자나 피해자인 경우, ii) 피의자·피해자의 친족 또는 이에 준하는 관계에 있거나 있었던 사람인 경우, iii) 피의자·피해자의 법정대리인·후견감독인 또는 이에 준하는 관계에 있거나 있었던 사람인 경우, iv) 그 밖에 수사 또는 공소유지의 공정성을 의심받을 염려가 있는 객관적·구체적 사유가 있는 경우에는 소속 검찰청의 장의 허가를 받아 그 수사 및 공소유지 업무를 회피해야 한다(검사규 제30조).

(2) 직무수행상 지휘·감독　자신의 양심에 따라 독립해 심판하는 법관과 달리 검사는 상명하복의 조직체계에 따라 움직인다. 즉, 검사는 검찰사무에 관해 소속 상급자의 지휘·감독에 따르고(검찰청법 제7조 제1항), 검찰총장은 검찰사무를 총괄하며 검찰청의 모든 공무원을 지휘·감독한다(같은 법 제12조 제2항). 다만, 검사는 구체적 사건과 관련된 상급자의 지휘·감독의 적법성 또는 정당성에 대해 이견이 있을 때에는 이의를 제기할 수 있다(같은 법 제7조 제2항).

7　　　　(3) 검사동일체　　　검사는 그 전체가 동일체로, 검사 개개인에 따른 고유성·차별성은 존재하지 않는다. 검사가 그 주체로 규정되어 있는 행위는 어떤 검사든지 이를 할 수 있는바, 가령 상급자의 직무에 속하는 행위를 하급자가 하더라도 이는 검사의 행위로서 효력이 있다. 검찰총장과 각급 검찰청의 검사장 및 지청장은 i) 소속검사의 직무를 자신이 직접 처리하거나($\substack{직무\\승계}$), ii) 다른 검사에게 처리하게 할 수 있고($\substack{직무\\이전}$), iii) 자신의 권한에 속하는 직무를 소속 검사가 처리하게($\substack{직무\\대리}$) 할 수도 있다($\substack{같은 법 제7\\조의2 제1항}$). 반대로, 상급자의 결재를 받지 않은 검사의 소송행위도 유효하며, 상급자가 기소한 사건을 하급자가 공소취소한 경우 상급자가 이를 번복할 수도 없다.

8　　　　(4) 법무부장관의 지휘·감독권　　　법무부장관은 검찰사무의 최고감독자로서 일반적으로 검사를 지휘·감독하고 구체적 사건에 대해서는 검찰총장만을 지휘·감독한다($\substack{검찰청법\\제8조}$). 검사에 대한 일반적 지휘·감독($\substack{같은 조\\전단}$)은 검찰권행사의 전국적 평준화를 꾀하고 검찰활동의 통일성을 확보하기 위한 목적에서 행해지는 것으로, 검찰사무 처리에 관한 일반적 방침·기준을 시달하거나 법령을 해석해 회람하게 하는 등의 조치가 이에 해당한다. 한편, 구체적 사건($\substack{검찰사무로서 개개의 검\\사가 취급중인 특정사건}$)에 대해서는 검찰총장만을 지휘·감독하도록 한 것($\substack{같은 조\\후단}$)은 검찰권행사의 독립성과 중립성을 보장하기 위한 조치이다.

9　　　　검찰청법 제8조 후단의 규정만으로는 정치의 영향을 강하게 받는 장관으로부터 검찰권행사의 독립성과 중립성을 지켜내기 어렵다. 개개 검사에게 지시하지는 못하더라도, 검찰총장이 검사에 대해 갖는 구체적 지휘·감독권을 매개로 해서 우회적으로 수사 및 사건처리에 개입할 수 있기 때문이다($\substack{이 점은 경험을 통해\\익히 드러난 바 있다}$).[1] 이 규정의 후단부를 삭제하고, 구체적 사건에 관해 법무부장관은 검사든 검찰총장이든 지휘·감독할 수 없다는 법문을 신설할 필요가 있다.

10　　　　(5) 검사직무대리　　　검찰총장은 검찰수사서기관·검찰사무관·수사사무관·마약수사사무관이 지방검찰청 또는 지청 검사의 직무를 대리하게 할 수 있다. 검사직무대리는 단독판사 관할사건에 한해 수사 및 공소 업무를 담당한다($\substack{같은 법\\제32조}$). 구체적 직무범위에 관해서는 대통령령인 「검사직무대리 운영규정」 제5조에서 정하고 있다.

1　상세히는 신상현, "법무부장관의 구체적 사건에 대한 지휘권 폐지론", 외법논집 제44권 제2호 (2020), 16쪽 이하.

Ⅱ. 특별검사·특별검사보

1. 개   념

특정사건에 한정해 범죄수사와 공소제기 등의 직무를 독립적 지위에서   11
수행하는 검사를 특별검사라 하고, 특별검사의 지휘·감독을 받아 수사 및 공
소유지를 하는 검사를 특별검사보라 한다. 특별검사의 수사대상은 i) 국회가
정치적 중립성과 공정성 등을 이유로 특별검사의 수사가 필요하다고 본회의
에서 의결한 사건, ii) 법무부장관이 이해관계 충돌이나 공정성 등을 이유로
특별검사의 수사가 필요하다고 판단한 사건이다($\substack{특검법 제 \\ 2조 제1항}$).

2. 임   명

⑴ 특별검사   특별검사 후보자의 추천을 위해 7명의 위원($\substack{위원장 1 \\ 명 포함}$)으로   12
구성된 특별검사후보추천위원회를 국회에 둔다. 위원은 i) 법무부차관, ii) 법
원행정처 차장, iii) 대한변호사협회장, iv) 그 밖에 학식과 덕망이 있고 각계
전문분야에서 경험이 풍부한 사람으로서 국회에서 추천한 4명으로 하며, 국
회의장이 임명 또는 위촉한다. 추천위원회는 위원장이 소집하고 재적위원 과
반수의 찬성으로 의결한다($\substack{특검법 \\ 제4조}$).

국회 또는 법무부장관이 특별검사의 수사를 결정한 경우, 대통령은 위원   13
회에 지체없이 2명의 특별검사 후보자를 추천할 것을 의뢰해야 한다. 위원회
는 위 의뢰를 받은 날부터 5일 내에 법조경력 15년 이상, 나이 45세 이상인
후보자 2명을 서면으로 대통령에게 추천해야 하며, 대통령은 3일 내에 그중
1명을 특별검사로 임명해야 한다($\substack{특검법 \\ 제3조}$). 특별검사의 보수와 예우는 고등검찰
청검사장의 예에 준한다($\substack{특검법 제 \\ 13조 제1항}$).

⑵ 특별검사보   특별검사는 법조경력 7년 이상인 변호사 중 4명의 후   14
보자를 선정해 대통령에게 특별검사보의 임명을 요청할 수 있다. 이 경우 대
통령은 그로부터 3일 내에 그 후보자들 중 2명을 특별검사보로 임명해야 한
다($\substack{특검법 제8 \\ 조 제1항}$). 특별검사보의 보수와 예우는 검사장의 예에 준한다($\substack{특검법 제 \\ 13조 제2항}$).

3. 직   무

특별검사는 i) 특별검사 임명추천서에 기재된 사건을 수사하고 그에 대   15
해 공소를 제기·유지하며, ii) 특별검사보, 특별수사관 및 파견공무원을 지

휘·감독한다($\substack{특검법 제 \\ 7조 제1항}$). 형사소송법·검찰청법상 검사의 권한에 관한 규정은 특
검법에 반하지 않는 한 특별검사의 직무에 준용된다($\substack{같은 조 \\ 제7항}$).

16   특별검사보는 특별검사의 지휘·감독에 따라 i) 담당사건의 수사 및 공소
유지를 담당하고, ii) 특별수사관 및 파견공무원을 지휘·감독한다($\substack{특검법 제 \\ 8조 제2항}$).

Ⅲ. 수사처검사

1. 개 념

17   공수처법에 따라 일정 범위의 고위공직자 또는 그 가족이 범한 특정범
죄만을 대상으로 하는 수사 및 공소제기 사무를 총괄하는 관서를 고위공직자
범죄수사처라 하고, 그에 소속된 검사를 수사처검사라 한다.

2. 임 명

18   고위공직자범죄수사처는 처장, 차장을 비롯한 25명 이내의 수사처검사
로 구성된다($\substack{공수처법 제8조, 제17조, \\ 제5항, 제18조 제2항}$). 수사처검사는 특정직공무원이다($\substack{같은 법 \\ 제4조}$).

19   (1) 처장과 차장   i) 처장은 법조경력 15년 이상의 법조인 중 2명을 국
회에 설치된 고위공직자범죄수사처장후보추천위원회($\substack{같은 법 \\ 제6조}$)에서 추천하고,
대통령이 그중 1명을 지명해 인사청문회를 거쳐 임명한다($\substack{같은 법 제 \\ 5조 제1항}$). 임기는 3
년이고 연임할 수 없다($\substack{같은조 \\ 제2항}$). ii) 차장은 법조경력 10년 이상의 법조인 중
처장의 제청으로 대통령이 임명한다. 임기는 3년이고 연임할 수 없다($\substack{같은 법 \\ 제7조}$).

20   (2) 수사처검사   그 외의 수사처검사는 법조경력 7년 이상의 변호사 중
고위공직자범죄수사처에 설치된 인사위원회($\substack{같은 법 \\ 제9조}$)의 추천을 거쳐 대통령이
임명한다. 임기는 3년이고 최대 3회 연임할 수 있다($\substack{같은 법 \\ 제8조}$).

3. 직 무

21   수사처검사는 고위공직자범죄 등의 수사와 소추에 필요한 행위를 하고
수사처수사관을 지휘·감독한다($\substack{같은 법 제20조 \\ 제1항, 제2항}$). 처장은 수사처의 사무를 통할하
며, 수사처검사 등 소속직원을 지휘·감독한다($\substack{같은 법 제17조 제 \\ 1항, 제20조 제2항}$). 차장은 처장을
보좌하며, 처장이 부득이한 사유로 직무를 수행할 수 없는 경우 그 직무를
대행한다($\substack{같은 법 제 \\ 18조 제1항}$). 검찰청 검사의 직무·권한에 관한 형사소송법·검찰청법의
규정은 수사·공소사무의 범위에서 수사처검사에게 준용된다($\substack{같은 법 제19조, \\ 제20조, 제47조}$).

제2관   사법경찰관리

제1   사법경찰관리의 의의   §37

검사 이외의 자로서 수사를 개시·진행할 권한을 가진 자를 사법경찰관   1
이라 한다($\frac{제196조}{제2항}$). 수사단계에서 검사와 사법경찰관을 아울러 수사기관이라
한다. 경찰관이 아니라 사법경찰관이라고 하는 것은, 경찰작용 중 범죄수사
는 국가형벌권의 적정한 행사를 위한 '사법경찰작용'으로서 공공의 안녕과
질서를 유지하는 '행정경찰작용'과 구별되기 때문이다.

검사 또는 사법경찰관의 지휘를 받아 수사를 보조하는 자를 사법경찰리   2
라 한다. 사법경찰리는 독자적으로 수사할 권한은 없으나 현실에서는 사법경
찰관의 감독하에 직접 수사를 하거나 각종 조서를 작성하고 있으며($\frac{수사규칙}{제39조}$),
대법원 또한 그러한 조서의 유효성을 인정한다.[1]

편의상 본장에서 다루기는 하나, 검사가 공판에서 소송주체인 것과 달리 사법경찰   3
관리는 소송주체가 아니다[$\frac{§18/1}{참조}$]. 사법경찰관리는 수사단계에서만 등장하고, 간혹
공판정에 증인으로 출석해 진술하는 경우가 있을 뿐이다($\frac{제312조}{제6항 등}$)[$\frac{§119/133}{참조}$].

제2   사법경찰관리의 종류   §38

Ⅰ. 일반사법경찰관리

1. 개   념

일반사법경찰관리란 그 담당하는 범죄수사의 대상에 원칙상 제한이 없   1
는 사법경찰관리를 말한다.

(1) 일반사법경찰관   경찰공무원 중 경무관·총경·경정·경감·경위로서   2
범죄수사에 종사하는 자($\frac{제197조}{제1항}$), 검찰공무원 중 검찰주사(보)·마약수사주사
(보)로서 검찰총장이나 검사장의 지정을 받은 자($\frac{제245조의9 \ 제1항, \ 검찰}{청법 \ 제47조 \ 제1항 \ 제1호}$)는 일반사
법경찰관이다.

---

1 대법원 1999. 10. 22. 선고 99도3273 판결.

3		(2) 일반사법경찰리	경찰공무원 중 경사·경장·순경으로서 수사를 보
조하는 자($\frac{제197조}{제2항}$), 검찰공무원 중 검찰서기(보)·마약수사서기(보)로서 검찰총
장이나 검사장의 지정을 받은 자($\frac{제245조의9 \ 제1항, \ 검찰}{청법 \ 제47조 \ 제1항 \ 제2호}$)는 일반사법경찰리이다.

	2. 검사와의 관계

4		(1) 경찰공무원	경찰공무원인 일반사법경찰관리는 검사의 직접적 수사
지휘는 받지 않는다($\frac{제195조}{제1항}$). 다만, 검사는 경찰수사과정에서 법령위반, 인권
침해 또는 현저한 수사권남용이 의심되는 사실의 신고가 있거나 그러한 사
실을 인식하게 된 경우 해당 사법경찰관에게 사건기록 등본의 송부를 요구
할 수 있으며($\frac{제197조의}{3 \ 제1항}$), 이후 검사가 경찰수사에 문제가 있다고 판단해 시정조
치를 요구할 경우($\frac{같은 \ 조}{제3항}$) 사법경찰관은 정당한 이유가 없는 한 지체없이 이를
이행하고 그 결과를 검사에게 통보할 의무가 있다($\frac{같은 \ 조}{제4항}$).

5		경찰공무원인 사법경찰관이 수사를 한 경우에는 사건을 검사에게 송치
또는 불송치하는바, 두 경우 모두 검찰청에 사건기록을 송부한다. 이에 따라
검사는 해당 사건을 검토해 보강수사를 하거나, 공소를 제기하거나, 사법경
찰관에게 재수사·보완수사를 요구하는 등의 조치를 한다[$\frac{§86/12}{참조}$]. 예외적으로
20만원 이하의 벌금, 구류 또는 과료에 해당하는 사건은 경찰서장이나 해양
경찰서장이 형사소추를 해 수사를 종결할 수 있고($\frac{즉심법}{제2조}$), 나중에 정식재판청
구가 이뤄지지 않는 이상 검사에게 기록이 송부되지 않는다[$\frac{§101/1}{참조}$].

6		(2) 검찰수사관	검찰청 직원인 사법경찰관리는 그 소속 검사의 지휘를
받아 수사한다($\frac{제245조의9 \ 제2항, \ 제3항, \ 검찰}{청법 \ 제46조 \ 제1항 \ 내지 \ 제3항}$).

Ⅱ. 특별사법경찰관리

7		전문분야나 특수지역에 관한 범죄의 경우 일반사법경찰관리는 효과적
수사를 하기 어려울 가능성이 크기에, 현행법은 일정한 전문분야 또는 특수
지역의 업무에 종사하는 공무원들에게 그 분야 또는 지역에 한정해 수사권을
부여하는 특별사법경찰관리 제도를 두고 있다($\frac{제197}{조}$). 이들에 관해서는 사법경
찰직무법을 비롯한 각종 특별법에서 별도의 규정을 두고 있다. 특별사법경
찰관리는 모든 수사에 관해 검사의 지휘·감독을 받는다($\frac{제245조의10}{제1항, \ 제3항}$).

제4절　피의자·피고인과 변호인

제1관　피의자와 피고인

제 1　피의자·피고인의 의의 　　　　　　　　　　　　　　　 §39

1. 피 고 인

　피고인이란 형사소추된 사람, 즉 검사에 의해 기소되거나 경찰서장에 의   1
해 즉결심판이 청구된 사람을 말한다. 특히 동일한 소송절차에서 2명 이상의
피고인이 재판을 받는 경우에 한 피고인에 대한 관계에서 다른 피고인을 공
동피고인이라 한다.

　형사소송에서 피고인은 검사와 대등한 위치에서 소송주체로서의 지위   2
를 갖는바[$\frac{\S19/1}{참조}$], 이는 i) 공격·방어를 수행하고 의견을 진술하는 적극적 지
위($\frac{권리의}{측면}$)와, ii) 법원의 적법한 강제처분 또는 증거조사의 대상이 되는 소극적
지위($\frac{의무의}{측면}$)로 나뉜다.[1] 공판정에 출석해 각종 참여권·의견진술권·신청권 등
을 행사하여 소송절차 형성에 관여하는 때에는 전자의 지위에, 본인의 임의
진술 또는 신체감정결과가 법원의 심증형성을 위한 자료($\frac{증거}{방법}$)로 사용되는 때
에는 후자의 지위에 각각 서게 된다. 다만, 후자의 경우에도 피고인은 법적
청문권이나 인격권에서 비롯되는 각종의 진술권·불복신청권을 향유한다는
점에서 약하게나마 적극적 지위를 누린다고 할 수 있다.[2]

2. 피 의 자

　피의자란 범죄혐의로 인해 수사대상이 되어 있으나 형사소추는 되지 않   3
은 사람을 말한다. 이와 구별되는 개념으로 피내사자(被內査者)가 있는데, 이
에 관해서는 후술한다[$\frac{\S69/14}{참조}$].

1　김일수, "피고인의 소송법상 지위", 고시연구 제124호(1984), 155쪽 이하; 변종필, "형사소송에
　서 법관의 지위와 역할", 형사정책연구 제13권 제4호(2002), 146쪽.
2　상세히는 배종대/이상돈 98−103쪽.

§40　제 2　소송주체능력

1　　형사재판에서 소송주체가 될 수 있는 일반적·추상적 능력을 소송주체능력이라 한다. 소송주체 중 법원·검사는 국가기관이므로, 소송주체능력은 사실상 '피고인'이 될 수 있는 일반적·추상적 능력이라 할 수 있다. 소송주체능력 없는 자에 대해 공소가 제기되었거나 기소 후 피고인이 소송주체능력을 상실한 경우, 법원은 공소기각의 재판을 해야 한다(제328조 제 1항 제2호)[§57/3, §58/6 참조].

2　　학계와 실무는 이를 통상 '당사자능력'이라 표현하나,[1] 법원의 능동적 진실규명 의무를 비롯한 직권주의적 요소에 비추어[§21/2 참조] 피고인을 민사소송에서와 같이 '당사자'라 함은 적절치 않다. 여기서는 '소송주체능력'이라는 표현을 사용한다.

3　　자연인은 생존중에는 연령이나 책임능력 유무와 무관하게 항상 소송주체능력을 지닌다. 사망자는 원칙상 소송주체능력이 없으나, 예외적으로 재심공판절차에서는 피고인의 생존 여부를 불문한다(제424조 제4호, 제 438조 제2항 제1호)[§231/4 참조]. 한편, 법인은 처벌규정 유무와 무관하게 존속중에는 언제나 소송주체능력이 있으며, 존속하지 않게 된 시점(합병등기경료시; 청산절차종결시)에 소송주체능력이 소멸한다.[2]

§41　제 3　방 어 권

Ⅰ. 의 　 의

1　　자신에게 이익되는 사실을 적극적으로 주장하고 기본권의 제한을 최소화해 줄 것을 요구할 수 있는, 피고인의 각종 소송절차상 권리를 방어권이라 한다. 소송주체의 지위를 갖는 피고인과 달리 수사절차에서의 피의자는 수사의 객체로서 성격을 강하게 띠나, 공판에서의 방어권 보장이 실효성을 가지려면 수사단계에서부터 그에 준하는 권리를 보장해야 하므로, 피고인의 방어

1　배종대/이상돈 92쪽; 손동권/신이철 73쪽; 신동운 797쪽; 이은모/김정환 80쪽; 이재상 외 2인 19-25쪽; 임동규 68쪽; 대법원 2021. 6. 30. 선고 2018도14261 판결.

2　대법원 2021. 6. 30. 선고 2018도14261 판결:「청산종결등기 이전에 업무나 재산에 관한 위반행위가 있는 경우에는 청산종결등기가 된 이후 위반행위에 대한 수사가 개시되거나 공소가 제기되더라도 그에 따른 수사나 재판을 받는 일은 법인의 청산사무에 포함되므로, 그 사건이 종결될 때까지 법인의 청산사무는 종료되지 않고 형사소송법상 당사자능력도 그대로 존속한다.」

권은 성질상 적용 가능한 범위에서 피의자에게도 적용된다. 방어권의 세부적 유형과 내용은 개별 절차면을 다루는 기회에 자세히 설명하고, 이하에서는 형사절차의 모든 단면에서 등장하는 방어권인 진술거부권, 진술권, 참여권, 변호인의 조력을 받을 권리에 관해 개괄적으로만 살펴본다.

Ⅱ. 진술거부권

1. 의　　의

수사·재판과정에서 수사기관이나 법원의 질문에 대해 대답을 거부할 수 있는 권리를 진술거부권 또는 묵비권(right to remain silent)이라 한다. 헌법 제12조 제2항이 「모든 국민은 형사상 자기에게 불리한 진술을 강요당하지 아니한다」고 규정함에 따라 형사소송법은 제244조의3에서 피의자의 진술거부권을, 제283조의2에서 피고인의 진술거부권을 규정하고 있다. 진술거부권은 헌법상 기본권이므로 수사기관이나 법원이 제한할 수 없으며, 피의자·피고인 또한 구체적 상황에서 진술거부를 하지 않을 수는 있어도 진술거부권 자체를 포기할 수는 없다. 이에 제244조의3 제1항 제3호의 '진술을 거부할 권리를 포기'라는 말도 진술거부권의 단순한 불행사를 의미한다.

2

2. 수사단계에서의 진술거부권

검사 또는 사법경찰관이 피의자를 신문하는 경우에는 먼저 피의자에게 i) 일체의 진술을 하지 않거나 개개의 질문에 대해 진술을 하지 않을 수 있다는 것, ii) 진술하지 않더라도 불이익을 받지 않는다는 것, iii) 진술거부권을 행사하지 않고 한 진술은 법정에서 유죄의 증거로 사용될 수 있다는 것, iv) 변호인의 조력을 받을 수 있다는 것을 고지해야 한다($\binom{\text{제244조의}}{\text{3 제1항}}$). 고지를 누락하고 신문한 경우, 그 내용을 기재한 조서는 추후 유죄의 증거로 사용할 수 없다($\binom{\text{제308}}{\text{조의2}}$)$\left[\begin{smallmatrix}\text{§71/15}\\\text{참조}\end{smallmatrix}\right]$.

3

3. 소송단계에서의 진술거부권

공판이나 즉결심판절차에서 재판장은 인정신문에 앞서 피고인에게 i) 일체의 진술을 하지 않거나 개개의 질문에 대해 진술을 거부할 수 있으며 ii) 이익되는 사실을 진술할 수 있음을 고지해야 한다($\binom{\text{제283조의2,}}{\text{규칙 제127조}}$)$\left[\begin{smallmatrix}\text{§143/2}\\\text{참조}\end{smallmatrix}\right]$. 판례는 피고인이 진술을 거부하거나 거짓진술을 하는 것 자체를 인격적 비난요소로

4

보아 불리한 양형자료로 사용함은 자백강요에 해당하므로 허용되지 않고, 그러한 태도나 행위가 객관적이고 명백한 증거가 있음에도 진실을 적극적으로 숨기거나 법원을 오도하려는 시도에 기인한 경우에 비로소 가중적 양형조건이 될 수 있다고 한다(그러나 실무상 부인 또는 진술거부는 대부분의 경우 실질적으로 불리한 양형자료가 되고 있다).[1]

Ⅲ. 진 술 권

5 법적 청문의 원칙상 피의자·피고인은 자신과 관련된 절차에서 스스로에게 이익이 되는 사실을 적극적으로 진술할 권리가 있다($\frac{제286조}{제2항}$ 등). 진술권의 충실한 보장을 위한 절차적 규율을 몇 가지 들면 다음과 같다.

6 i) 피고인은 공판정에 출석할 권리가 있으며, 공판기일로 지정된 일시에 피고인이 출석하지 않은 경우 재판장은 원칙적으로 개정(開廷)을 선언할 수 없다($\frac{제276}{조}$)[$\frac{§142/2}{참조}$]. ii) 검사에게 공소사실의 특정을 요구하고($\frac{제254}{조}$)[$\frac{§95/12}{참조}$] 그 변경에 일정한 제한을 가하고 있다($\frac{제298조}{제1항}$)[$\frac{§147/2}{참조}$]. 심판의 대상이 된 범죄사실이 특정되지 않고서는 적정한 의견진술이 불가능하기 때문이다. iii) 법원은 공소장이 접수된 경우 피고인에게 그 부본을 송달해야 하며($\frac{제266}{조}$), 피고인에 대한 소환장송달과 제1회 공판기일 사이에 최소 5일 이상의 유예기간을 두어야 한다($\frac{제269}{조}$)[$\frac{§138/1}{참조}$]. 이익되는 사실의 진술을 준비할 충분한 시간을 보장해야 하기 때문이다. iv) 공판정에서 검사의 좌석과 피고인의 좌석은 대등한 높이로 마주보고 위치하며, 피고인은 변호인 옆에 앉는다($\frac{제275조}{제3항}$)[$\frac{§142/9}{참조}$]. 심리적 위축은 적극적 의견개진에 방해요소가 되는 까닭이다.

Ⅳ. 참 여 권

7 소송절차의 형성에 참여해 절차진행상황을 습득하고 의견을 개진할 각종의 권리를 참여권이라 한다. 피고인이 갖는 참여권의 대표적 예로 공판정의 증거조사에 관한 증거신청권($\frac{제294조}{제1항}$)[$\frac{§143/16}{참조}$]·의견진술권($\frac{제293}{조}$)[$\frac{§143/23}{참조}$]·이의신청권($\frac{제296}{조}$)[$\frac{§143/39}{참조}$], 증인신문권($\frac{제161}{조의2}$)[$\frac{§122/27}{참조}$], 압수·수색참여권($\frac{제121}{조}$)[$\frac{§129/10}{참조}$] 등이 있다. 한편 피의자에게도 원칙적으로 참여권이 인정되나, 수사절차의 특성상 불가피하게 많은 제한이 가해진다[$\frac{§76/50}{참조}$].

---

1 대법원 2001. 3. 9. 선고 2001도192 판결.

V. 변호인의 조력을 받을 권리

헌법상 기본권인 변호인의 조력을 받을 권리(right to counsel)의 실질적 보장을 위해, 형사소송법은 국선변호인제도($\frac{제33}{조}$)와 필요적 변호제도($\frac{제282조,}{제283조}$)를 두고 있다. 피의자·피고인은 변호인선임권 및 선임의뢰권($\frac{제30조,}{제90조}$)을 가지며, 체포·구금된 경우 변호인과 자유롭게 접견교통할 권리($\frac{제34조,}{제89조}$)가 있다. 이 접견교통권은 국가안전보장·질서유지·공공복리 등 어떠한 명분으로도 제한될 수 없고[1] 스스로 포기할 수도 없는 절대적 권리이다. 피고인이 원해 변호인과 접견하는 경우 그 교통내용에 비밀이 보장되어야 하고 부당한 간섭이 없어야 한다.

8

제2관　변 호 인

제 1　변호인의 의의

§42

변호인은 피의자·피고인이 방어권을 원활하게 행사할 수 있도록 조력하는 보조자이다. i) 피의자·피고인 또는 그와 일정한 관계에 있는 사인이 선임한 변호인을 사선변호인, ii) 법원이 선정한 변호인을 국선변호인이라 한다.

1

검사·피고인과 달리 변호인은 소송주체는 아니나, 국가기관이 강력한 강제처분권과 광범위한 정보망을 등에 업고 피의자·피고인의 기본권을 부당히 침해하는 일이 없도록 감시하고, 피의자·피고인에게 형사실체법과 소송절차에 관한 지식을 알려주고 적정한 권리행사를 위한 조언을 제공하며, 적정절차의 실현과 공정한 재판을 위해 수사기관 또는 법원에 의견을 제출하는 등 매우 중요한 역할을 수행한다. 그리고 앞서 설명한 바와 같이 변호인 없이는 소송절차를 진행할 수 없는 사건, 즉 필요적 변호사건($\frac{제33조\ 제1}{항,\ 제282조}$)에서는 변호인도 사실상 소송주체가 된다[$\frac{§18/1}{참조}$].

2

---

1 헌법재판소 1992. 1. 28. 선고 91헌마111 (全)결정.

§43 제 2 변호인의 종류

Ⅰ. 사선변호인

1. 선 임

1   (1) 선임의 방식과 절차   형사절차에서 사선변호인의 지위는 변호인
이 되려는 자와 선임권자가 연명날인한 변호인선임서를 제출함으로써 발생
한다($\substack{제32조 \\ 제1항}$). 수사단계에서 선임하는 경우 사법경찰관 또는 검사에게 제출해
야 하고, 기소 후 선임하는 경우 법원에 제출해야 한다. 변호인은 원칙적으
로 변호사 중에서 선임해야 하나($\substack{제31조 \\ 본문}$), 대법원 외의 법원은 특별한 사정이
있으면 변호사 아닌 자를 변호인으로 선임함을 허가할 수 있다($\substack{같은 조 \\ 단서}$). 법정
대리인·배우자·직계친족·형제자매는 독립하여($\substack{피의자·피고인의 명시적· \\ 묵시적 의사에 반해서도}$) 변호인을
선임할 수 있다($\substack{제30조 \\ 제2항}$).

2   (2) 선임의 효력범위   수사단계에서의 변호인선임은 제1심에서도 효력
이 있다($\substack{제32조 \\ 제2항}$). 제1심 변호인의 지위는 항소시까지 유지되고, 제2심 변호인의
지위는 상고시까지 유지된다($\substack{같은 조 \\ 제1항}$). 따라서 판결선고 이후에도 변호인은 보
석의 청구, 서류 및 증거물의 열람·등사, 항소장 제출 등 각종의 소송행위를
할 수 있다. 그리고 사건이 상소심에서 파기환송·이송된 경우에는 원심판결
의 선고가 없는 것과 같은 상태가 되므로 원심 변호인선임의 효력이 당연히
부활한다($\substack{규칙 제 \\ 158조}$).

3   하나의 사건에 관해 한 변호인선임은 동일법원의 동일피고인에 대해 병
합된 다른 사건에 관해서도 그 효력이 있다. 다만, 피고인 또는 변호인이 그
와 다른 의사표시를 한 때에는 그렇지 않다($\substack{규칙 \\ 제13조}$).

2. 대표변호인의 지정

4   i) 공판에서 한 명의 피고인을 위해 수인의 변호인이 선임된 경우, 재판
장은 직권으로 또는 피고인·변호인의 신청을 받아 3명을 초과하지 않는 범
위에서 대표변호인을 지정 또는 변경할 수 있다($\substack{제32조의2 \\ 제1항, 제2항}$). 이 경우 대표변호
인에 대한 통지나 송달은 변호인 전원에 대해 효력이 있다($\substack{같은 조 \\ 제4항}$). ii) 수사단
계에서 한 명의 피의자를 위해 수인의 변호인이 선임된 경우 검사는 3명을
초과하지 않는 범위에서 대표변호인을 지정할 수 있다($\substack{같은 조 제5항, 규칙 제 \\ 13조의2 내지 제13조의4}$).

Ⅱ. 국선변호인

1. 선　　정

　　가령 i) 필요적 변호사건의 피고인($\scriptsize\substack{\text{제33조, 제282조, 헌법}\\\text{제12조 제4항 단서}}$), ii) 구속전피의자심   **5**
문 또는 체포·구속적부심의 피의자($\scriptsize\substack{\text{제201조의2 제8항,}\\\text{제214조의2 제10항}}$), iii) 재심사건의 재심청구
자($\scriptsize\substack{\text{제438}\\\text{조}}$)에게 변호인이 없는 경우, 법원은 직권으로 변호인을 선정해야 한다.
구체적 선정사유는 제2편·제3편에서 개별적으로 다루고, 여기서는 변호인선
정에 관한 총론적 내용만 설명한다.

　　(1) 선정의 주체　　　형사소송법상 변호인선정의 주체는 예외 없이 '판사'   **6**
또는 '법원'으로 되어 있는데($\scriptsize\substack{\text{제33조, 제201조의2 제8}\\\text{항, 제214조의2 제10항}}$), 여기서 '판사'가 소송법상 의
미의 법원인 단독판사를 가리킴은 앞서 본 바와 같다[$\scriptsize\substack{\S24/1\\\text{참조}}$]. 이에 변호인을 선
정하는 재판은 법원의 결정이고 재판장의 명령이 아니다.[1]

　　(2) 선정의 단위　　　변호인은 피의자·피고인마다 1인을 선정함이 원칙이   **7**
나, 필요하다고 인정할 경우에는 i) 1명의 피의자·피고인에게 여러 명의 변
호인을 선정하거나($\scriptsize\substack{\text{규칙 제15}\\\text{조 제1항}}$), ii) 여러 명의 피의자·피고인을 위해 1인의 변호
인을 선정할 수도 있다($\scriptsize\substack{\text{같은 조}\\\text{제2항}}$). 다만, ii)의 경우 그 피의자·피고인들 간에 이
해가 상반되지 않아야 한다[$\scriptsize\substack{\S139/7,\\\S174/22\ \text{참조}}$].[2]

　　(3) 국선변호인예정자명부　　　지방법원 또는 지원은 국선변호를 담당할   **8**
것으로 예정한 변호사를 일괄 등재한 국선변호인예정자명부를 작성할 수 있
다($\scriptsize\substack{\text{규칙 제16조}\\\text{의2 제1항}}$). 지방법원 또는 지원의 장은 위 명부의 작성에 관해 관할구역 또
는 인접법원의 관할구역 안에 있는 지방변호사회장에게 협조를 요청할 수 있
다($\scriptsize\substack{\text{같은 조}\\\text{제2항}}$). 지방법원 또는 지원은 위 명부를 작성한 후 지체없이 국선변호인
예정자에게 서면·구술·전화·모사전송·전자우편·휴대전화 문자전송 그 밖
에 적당한 방법으로 그 내용을 고지해야 한다($\scriptsize\substack{\text{같은 조}\\\text{제3항}}$). 명부에 기재된 국선변
호인 예정자는 위 고지를 받은 후 3일 이내에 명부의 변경을 요청할 수 있
다($\scriptsize\substack{\text{같은 조}\\\text{제4항}}$). 특별한 사정이 없는 한, 법원은 위 명부의 기재에 따라 국선변호인
을 선정해야 한다($\scriptsize\substack{\text{같은 조}\\\text{제5항}}$).

---

1 대법원 2000. 11. 28.자 2000모66 결정; 2006. 11. 24. 선고 2006도3213 판결.
2 대법원 2015. 12. 23. 선고 2015도9951 판결.

2. 선정취소 및 재선정

9　　　(1) 필요적 취소　　법원은 i) 피의자·피고인이 사선변호인을 선임했거나, ii) 국선변호인이 피선정자격을 상실했거나, iii) 국선변호인의 사임을 허가한 경우에는 선정취소결정을 해야 한다($^{규칙 제18}_{조 제1항}$). 사임은 질병·장기여행으로 직무수행이 곤란한 때, 피의자·피고인의 폭행·모욕·협박으로 인해 신뢰관계를 지속할 수 없을 때, 피의자·피고인으로부터 부정한 행위를 할 것을 종용받았을 때, 기타 국선변호인으로서의 직무를 수행할 수 없다고 인정할 만한 상당한 이유가 있을 때에만 할 수 있다($^{규칙}_{제20조}$). 선정취소결정시에는 그 취지를 국선변호인과 피고인·피의자에게 통지해야 하며($^{제18조}_{제3항}$), 사선변호인이 선임된 경우가 아닌 이상 지체없이 새로운 국선변호인을 선정해야 한다.[1]

10　　　(2) 임의적 취소　　국선변호인이 기일에 출석하지 않거나 퇴정한 경우에 부득이한 때에는 피고인 또는 피의자의 의견을 들어 재정중인 변호사 등을 국선변호인으로 선정할 수 있고($^{규칙 제14조,}_{제19조 제1항}$), 이미 선정된 국선변호인에 대해 그 선정을 취소할 수 있다($^{규칙 제19}_{조 제2항}$).

§44　제3　변호인의 권한과 의무

Ⅰ. 변호인의 권한

1. 고 유 권

1　　　피의자·피고인의 대리인으로서가 아니라 변호인 자신이 본인으로서 행사하는 권리를 고유권(固有權)이라 한다($^{제36조}_{본문}$). 압수·수색·검증 참여권($^{제121조,}_{제145조}$), 감정참여권($^{제176조}_{제1항}$), 증인신문참여권($^{제163조 제1항, 제}_{161조의2 제1항}$), 증거제출권 및 증인신문신청권($^{제294}_{조}$), 기록열람·등사권($^{제35조,}_{266조의3 제}$), 최후변론권($^{제303}_{조}$), 피의자·피고인과의 접견교통권($^{제34}_{조}$), 피고인신문권($^{제296조의}_{2 제1항}$)은 모두 고유권이다.

1　대법원 2006. 11. 24. 선고 2006도3213 판결:「원심으로서는 국선변호인의 사임허가신청을 받아들여 그 선정결정을 취소한 이상, 특별한 사정이 없는 한 새로운 국선변호인의 선정결정을 하거나 피고인이 신청한 특별변호인의 선임사유가 있다고 인정하는 경우에는 그 선임을 허가하는 등 적법한 조치를 취했어야 함에도 불구하고 … 아무런 결정도 하지 아니한 채 변호인 없이 공판절차를 계속 진행하여 심리를 마친 것은 피고인의 방어권행사에 실질적인 불이익을 초래하여 재판에 영향을 미친 위법이 있다.」

2. 대 리 권

변호인은 피의자·피고인이 할 수 있는 소송행위 중 성질상 대리가 허용   2
되지 않는 것을 제외한 나머지에 관해 포괄적 대리권을 갖는다($\binom{\text{제36조}}{\text{단서}}$). 변호인
의 대리권에는 i) 피의자·피고인 본인의 의사에 구속되는 종속대리권과, ii)
본인의 의사에 반해서도 행사할 수 있는 독립대리권이 있다. i)의 예로는 관할
위반신청권($\binom{\text{제320조}}{\text{제1항}}$), 증거동의권($\binom{\text{제318조}}{\text{제1항}}$), 상소취하권($\binom{\text{제349}}{\text{조}}$), 정식재판청구권($\binom{\text{제453조}}{\text{제1항}}$)
등이 있고, ii)의 예로는 구속취소청구권($\binom{\text{제93}}{\text{조}}$), 보석청구권($\binom{\text{제94}}{\text{조}}$), 증거보전청
구권($\binom{\text{제184조}}{\text{제1항}}$), 공판기일변경신청권($\binom{\text{제270조}}{\text{제1항}}$), 증거조사에 대한 이의신청권($\binom{\text{제296조}}{\text{제1항}}$)
등이 있다.

Ⅱ. 변호인의 의무와 책임

피의자·피고인을 보호하고 방어권행사를 돕는 것은 변호인의 권한이자   3
의무이다. 피의자·피고인의 이익을 위한다는 명분으로 위증·증거인멸·도주
등을 권유하거나 허위증거를 작출하는 것은 허용되지 않으나, 진술거부권·
증언거부권 등 법률이 인정하는 권리의 행사를 권고하는 것은 위와 같은 의
무의 이행으로서 당연히 허용된다.[1]

변호인은 진실규명을 부당히 방해하거나 사실의 왜곡에 가담해서는 안   4
되지만, 피고인에게 불리한 사안확정에 적극 협력할 의무도 없다. 객관적으
로 유죄의 증거가 충분함에도 피고인이 무리하게 범죄사실을 부인하는 경우
변호인으로서는 일단 범행을 인정하고 선처를 구하는 것이 좋다고 설득해야
하나, 피고인이 뜻을 바꾸지 않는다면 입증의 부족이나 가벌성의 조각 등 가
능한 모든 논리를 동원해 무죄의 변론을 해야 한다.

피고사건에 대한 유죄의 증거를 찾아내는 것은 수사기관의 역할이고, 그   5

---

1 대법원 2007. 1. 31.자 2006모656 결정:「변호인이 신체구속을 당한 사람에게 법률적 조언을
   하는 것은 그 권리이자 의무이므로 변호인이 적극적으로 피고인 또는 피의자로 하여금 허위진
   술을 하도록 하는 것이 아니라 단순히 헌법상 권리인 진술거부권이 있음을 알려 주고 그 행사
   를 권고하는 것을 가리켜 변호사로서의 진실의무에 위배되는 것이라고는 할 수 없다. 나아가,
   신체구속을 당한 피의자 또는 피고인이 범한 것으로 의심받고 있는 범죄행위에 해당 변호인이
   관련되어 있다는 등의 사유에 기하여 그 변호인의 변호활동을 광범위하게 규제하는 변호인의
   제척과 같은 제도를 두고 있지 아니한 우리 법제 아래에서는, 변호인의 접견교통의 상대방인
   신체구속을 당한 사람이 그 변호인을 자신의 범죄행위에 공범으로 가담시키려고 하였다는 등
   의 사정만으로 그 변호인의 신체구속을 당한 사람과의 접견교통을 금지하는 것이 정당화될 수
   는 없다.」

진위를 파악해 사안을 올바르게 확정하는 것은 법원의 책임이므로, 피고인이
자신이 한 범행이 맞다고 은밀히 실토하더라도 변호인이 이를 수사기관이
나 법원 등에 누설해서는 안 된다. 그러한 범행시인사실을 외부에 알리는
것은 형법상 업무상비밀누설죄를 구성함은 물론$\left(\substack{\text{형법 제}\\317조}\right)$, 변호사 징계사유가
된다$\left(\substack{\text{변호사법 제26조,}\\\text{제91조 제2항 제1호}}\right)$.

제3장 소송행위와 소송조건

제1절 소송행위

제1관 소송행위의 의의와 종류

제1 소송행위의 의의

§45

소송행위란 수사의 개시로부터 형집행에 이르는 절차($^{광의의}_{형사절차}$)를 조성하는 행위로서 소송법상 일정한 효과가 부여되는 행위를 말한다. 법원·법관의 재판, 영장의 청구와 발부, 공소의 제기와 취소, 각종 증거조사와 강제처분 등이 모두 소송행위에 해당한다. 형사소송법은 바로 이 소송행위에 관한 규율을 내놓는 법이라고도 할 수 있는데, 몇몇을 제외하고는 대부분의 조항이 소송행위의 절차·방식·요건·효과 따위를 규정하고 있기 때문이다. 이는 대부분의 절차법이 가진 속성이기도 하다.

1

소송주체($^{법원, 검사,}_{피고인}$)만 소송행위를 할 수 있는 것은 아니다. 때에 따라서는 사법경찰관·증인·감정인·고소인·고발인 등 절차참여자들도 일정한 소송행위의 주체가 될 수 있다. 그러나 형사소송에서 핵심적 소송행위는 대체로 소송주체와 변호인에 의해 이루어진다.

2

제2 소송행위의 종류

§46

I. 분류기준

소송행위를 구별하는 기준에는 여러 가지가 있다. i) 성질을 기준으로 법률행위적 소송행위와 사실행위적 소송행위로 나누기도 하고, ii) 주체가 누구인지에 따라 법원의 소송행위, 그 외 소송주체의 소송행위, 제3자의 소송행위로 분류하기도 한다. 그러나 소송행위의 종류는 대단히 많고 그 효력도 다양하기에, 이와 같이 유형화하는 것에 큰 의미는 없다. 형사소송법에 규정되

1

어 있는 행위는 모두 소송행위라고 보아도 무방하다. 소송법상 일정한 효과
가 인정되는 행위들, 이를테면 법원·법관에게 사실을 보고하거나 사실·법령
적용에 관해 견해를 제시하는 행위($^{모두진술,\ 최후}_{변론,\ 구형\ 등}$), 수사기관에게 일정한 요구를
하는 행위($^{고소,\ 고발,\ 압수}_{물환부신청\ 등}$), 증인신문이나 감정인신문절차에서 질문을 하는 행위
등도 모두 소송행위에 해당한다.

Ⅱ. 법원·법관의 소송행위

2   소송행위 중 가장 핵심적인 것은 수사에서 형집행까지 형사절차의 전
단락에 걸쳐 등장하는 재판($^{제37조\ 내지}_{제46조}$)이라 할 수 있는바, 이에 관한 개략적 내
용은 앞서 설명하였다[$^{§25/1}_{참조}$]. 재판 외에도 법원·법관이 하는 각종 증거조사방
법과 강제처분은 그 자체로 소송행위이다. 조서작성과 같은 법원사무관의 소
송행위도 널리 법원·법관의 소송행위로 본다.

Ⅲ. 그 외 절차참여자들의 소송행위

1. 신   청

3   법원·법관이 주체가 아닌 소송행위 중에서 가장 중요한 것은 법령의 규
정을 근거로 법원·법관에게 일정한 재판을 구하는 것, 즉 신청(Antrag)이다.
대개의 신청은 그 명칭에 '신청'이라는 단어가 들어가나($^{관할지정신청,}_{기피신청\ 등}$) 법문에 따
라서는 '청구'라는 표현을 쓰기도 한다($^{국선변호인선정청구,\ 영장청구,\ 약식}_{명령청구,\ 즉결심판청구,\ 보석청구\ 등}$). 공소제기나
상소제기 역시 수소법원의 재판을 구하는 소송행위로서 신청에 해당한다.

4   법이 어떠한 재판의 신청권을 규정하고 있다는 것은, 그에 대해 법원·
법관이 가부간의 답을 주는 재판을 해야 한다는 의미이다. 즉, 신청을 받아들
이는 경우에는 인용의 재판을, 거부하는 경우에는 기각의 재판을 해야 하며,
이는 법문상 인용재판만 규정돼있고 기각재판에 관해서는 명문의 규정이 없
는 때에도 마찬가지다. 이를테면 i) 보석청구가 있는 경우에 형사소송법은
보석허가결정($^{제95조\ 내지}_{제98조}$)만을 규정하고 있고 따로 청구기각결정은 규정하지 않
고 있으나, 보석청구를 받아들이지 아니할 경우 법원은 반드시 청구기각결정
을 해야 한다. 또 가령, ii) 수사단계에서의 법원에 대한 압수물환부·가환부
청구($^{제218조}_{의2\ 제2항}$)에 관해 법은 인용결정만을 명문으로 두고 있으나($^{같은\ 조}_{제3항}$), 인용하
지 아니할 경우 침묵해서는 안 되고 기각결정으로 답을 해주어야 한다. 마찬

가지로 iii) 법원에 대한 열람·등사신청의 경우에도 법문은 인용결정만을 규정하고 있지만($^{제266조의}_{4\ 제2항}$), 신청이 이유 없다고 인정되는 경우에 법원은 기각결정을 할 수 있고 또 하지 않으면 안 된다.

　　한편, 신청과 그 외양은 비슷하지만 본질적으로 성격이 다른 '직권발동촉구'는 소송행위가 아니며, 그에 대해 기각한다는 취지의 재판을 하는 것 역시 소송행위가 아니다$[^{\ \S26/6,}_{\S46/5\ 참조}]$.　　　　5

2. 철　　회

　　철회(Widerruf)란 앞서 한 소송행위의 효력을 장래를 향해 소멸시키는 소송행위를 말한다. 소송행위에 관해서는 취소($^{소급적}_{실효}$)는 인정되지 않고 절차형성행위에 한해 철회만 가능하다. 이는 법문상 '취소'나 '취하'라고 표현돼 있는 경우가 많은데, 공소취소($^{제255}_{조}$)$[^{\S99/1}_{참조}]$, 고소취소($^{제232}_{조}$)$[^{\S58/1}_{참조}]$, 재정신청취소($^{제264조}_{제2항}$)$[^{\S88/18}_{참조}]$, 상소취하($^{제349}_{조}$)$[^{\S179/1}_{참조}]$ 등이 그러하다.　　6

　　철회는 이를 금지하는 규정이 없는 한 언제나 허용된다. 철회된 신청에 대해서는 법원이 답할 필요가 없으며, 답하더라도 소송법상 의미가 없다.　　7

제2관　소송행위의 형식과 절차

제 1　소송행위의 방식과 기간　　　　　　　　　　　§47

Ⅰ. 소송행위의 방식

　　소송행위에는 구술로 하는 것과 서면으로 하는 것이 있다. 증인신문이나 판결선고를 비롯해 공판정에서의 소송행위는 원칙상 구술로 해야 하는 반면, 공소제기·영장청구·상소제기는 서면으로만 할 수 있다. 고소, 공소취소, 상소취하는 구술과 서면 어느 방법으로도 할 수 있다.　　1

　　구술에 의한 소송행위는 법원사무관 등의 면전에서 해야 하며, 이 경우 법원사무관 등은 조서를 작성하고 기명날인해야 한다($^{규칙\ 제176조}_{제2항,\ 제3항}$). 교도소장·구치소장 또는 그 직무대리자는 교도소·구치소에 있는 피고인·피의자가 법원·법관에게 제출할 서면을 작성하고자 할 때에는 그 편의를 도모해야 하고,　　2

특히 피고인·피의자가 그 서면을 작성할 수 없을 때에는 소속공무원이 대서하게 하거나 그에 준하는 조치를 취해야 한다($\frac{규칙 제}{177조}$).

Ⅱ. 소송행위의 대리

3   본인 이외의 제3자가 본인을 위해 소송행위를 하고 그 법률상 효과가 본인에게 직접 발생하는 것을 소송행위의 대리라 한다. 그 예는 다음과 같다. i) 피고인·피의자에게 의사능력이 없는 때에는 그 법정대리인이 소송행위를 대리한다($\frac{제26}{조}$). ii) 피고인·피의자가 법인인 때에는 그 대표자가 소송행위를 대표한다($\frac{제27조}{제1항}$). 수인이 공동대표자인 경우에도 소송행위에 관해서는 각자가 대표한다($\frac{같은 조}{제2항}$). iii) 제26조·제27조의 규정에 의해 피고인을 대리·대표할 자가 없는 경우 법원은 직권 또는 검사의 청구에 의해 특별대리인을 선임해야 한다($\frac{제28조 제}{1항 전단}$). 피의자를 대리·대표할 자가 없는 경우 법원은 검사 또는 이해관계인의 청구에 의해 특별대리인을 선임해야 한다($\frac{같은 항}{후단}$). 특별대리인은 피고인·피의자를 대리해 소송행위를 할 자가 있을 때까지 그 임무를 행한다($\frac{같은 조}{제2항}$). iv) 변호인은 법률에 다른 규정이 없는 한 독립하여 피의자·피고인을 위해 소송행위를 할 수 있다($\frac{제36}{조}$). v) 피고인·피의자의 법정대리인·배우자·직계친족·형제자매는 보조인으로서 법률에 다른 규정이 없는 한 피고인·피의자의 명시한 의사에 반하지 않는 소송행위를 할 수 있다($\frac{제29조 제}{1항, 제4항}$). 보조인이 될 수 있는 자가 없거나 장애 등 사유로 그 역할을 할 수 없는 때에는 피고인·피의자와 신뢰관계 있는 자가 보조인이 될 수 있다($\frac{같은 조}{제2항}$).

Ⅲ. 소송행위의 기간

1. 의   의

4   소송행위 중에는 이를 할 수 있는 기간을 법으로 정해 놓은 것이 있다. 예를 들어 i) 결정에 대한 즉시항고는 그 고지일로부터 7일($\frac{제405}{조}$)[$\frac{§27/9}{참조}$], ii) 약식명령에 대한 정식재판청구는 그 고지일로부터 7일($\frac{제453}{조}$)[$\frac{§133/5}{참조}$], iii) 판결에 대한 상소기간은 그 선고일로부터 7일($\frac{제343조, 제358}{조, 제374조}$)[$\frac{§171/5}{참조}$], 상소이유서 제출기간은 소송기록접수통지 송달일로부터 20일($\frac{제361조의3 제1항,}{제379조 제1항}$)[$\frac{§187/7}{참조}$]이다. 이러한 기간을 법정기간이라 한다.

2. 기간의 계산

⑴ 시로 계산하는 기간　　기간을 시(時)로 계산하는 것은 즉시(卽時)부터 [5] 기산한다(제66조 제1항 본문). 가령 체포된 피의자에 대해 구속영장을 청구할 수 있는 기간은 체포된 즉시로부터 48시간이다(제200조의2 제5항)[§73/51 참조].

⑵ 일 · 월 · 연으로 계산하는 기간

㈎ 기산점과 말일　　기간을 일(日), 월(月) 또는 연(年)으로 계산하는 것 [6] 은 초일을 산입하지 아니하며(제66조 제1항 본문), 기간의 마지막 날이 공휴일이거나 토요일인 경우에는 그 다음날이 말일이 된다(같은 조 제3항). 예를 들어 판결선고가 2024. 12. 18. 이루어졌다면, 7일의 상소기간은 2024. 12. 19.부터 진행하며 (초일 불산입), 상소할 수 있는 마지막 날은 2024. 12. 26.이다(공휴일 불산입).

예외적으로, 시효(공소시효, 형의 시효 등)와 구속기간의 경우에는 그 초일을 산입해 시 [7] 간계산 없이 1일로 산정하고(같은 조 제1항 단서), 마지막 날이 공휴일이거나 토요일이더라도 그날을 말일로 본다(같은 조 제3항 단서). 예컨대 검사가 피고인을 2024. 12. 19. 구속하였고 구속기간이 7일이라면, 구금 가능한 기간은 2024. 12. 19.부터 2024. 12. 25.까지다[§74/53 참조].

㈏ 기　간　　연 · 월로 정한 기간은 역서(曆書)에 따라 계산한다(같은 조 제2항). [8] 가령 친고죄에서 범인을 알게 된 날이 2024. 1. 6.이라고 할 때, 6개월의 고소기간(제230조 제1항)은 2024. 1. 7.부터 진행해(초일 불산입) 2024. 7. 8.이 지남으로써 만료된다(공휴일 불산입)[§57/20 참조].

3. 기간의 연장

법정기간은 소송행위를 할 자의 주거 · 사무소 소재지와 법원 · 검찰청 소 [9] 재지 간의 거리 및 교통통신의 불편정도에 따라 연장될 수 있다(제67조). 먼저, i) 소송행위를 할 자가 국내에 있는 경우, 주거 또는 사무소의 소재지와 법원 · 검찰청 소재지 간의 거리에 따라 해로는 100km, 육로는 200km마다 각 1일을 부가한다. 그 거리의 전부 또는 잔여가 기준에 미달할지라도 50km이상이면 1일을 부가한다(규칙 제44조 제1항 본문). 다음으로, ii) 소송행위를 할 자가 외국에 있는 경우, 그곳이 아시아 · 오세아니아주면 15일, 북아메리카 · 유럽주면 20일, 중남아메리카 · 아프리카주면 30일을 부가한다(같은 조 제2항). 끝으로, iii) 법원은 홍수, 천재지변 등 불가피한 사정이 있거나 교통 · 통신의 불편정도를 고려해 법정기간을 연장할 수 있다($\binom{\text{제66조 단서, 규칙}}{\text{제44조 제1항 단서}}$). 즉, 항소·상고기간$\left[\substack{\S171/5\\\text{참조}}\right]$, 상소이유서 제출기간$\left[\substack{\S187/7\\\text{참조}}\right]$, 즉시항고기간$\left[\substack{\S27/9\\\text{참조}}\right]$ 등을 결정으로 연장할 수 있다.[1]

Ⅳ. 소송절차의 정지

10   법령상 일정한 사유가 발생한 경우에는 그 사유가 해소될 때까지 절차진행을 중지해야 하고 소송행위를 해서는 안 되는바, 이를 소송절차의 정지라 한다. 가령 i) 기피신청이 있는 때에는 간이기각결정($\binom{\text{제20조}}{\text{제1항}}$)이 있거나 급속을 요하는 경우가 아닌 이상 그에 대한 법원의 결정시까지($\binom{\text{제22}}{\text{조}}$)$\left[\substack{\S31/13\\\text{참조}}\right]$, ii) 토지관할 병합심리신청($\binom{\text{제6}}{\text{조}}$), 관할지정·이전신청($\binom{\text{제14조,}}{\text{제15조}}$)이 있는 때에는 급속을 요하는 경우가 아닌 이상 그 신청에 대한 결정시까지($\binom{\text{규칙}}{\text{제7조}}$)$\left[\substack{\S146/10,\\\S154/5\ \text{참조}}\right]$, iii) 위헌법률심판제청신청이 있는 때에는 그에 대한 헌법재판소의 위헌 여부 결정시까지($\binom{\text{헌법재판소}}{\text{법 제42조}}$)$\left[\substack{\S150/7\\\text{참조}}\right]$ 소송절차를 정지해야 한다. 소송절차 정지중에 한 소송행위는 효력이 없다$\left[\substack{\S49/1\\\text{참조}}\right]$.

§48 제 2 소송서류와 송달

Ⅰ. 소송서류

1   특정한 소송과 관련해 작성 또는 제출된 서류 일체를 소송서류라 한다. 소송행위를 서면으로 하는 경우에 그 서면은 당연히 소송서류이다. 소송서류 중 일정한 절차나 사실을 인증하고자 작성된 공권적 문서를 조서(調書)라 하는바, 그 예로는 피의자신문조서·진술조서·공판조서·압수조서·검증조서 등이 있다. 소송서류를 절차진행 순서대로 편철한 것을 소송기록이라 한다.

2   i) 형사사건에 관해 공무원이 작성하는 서류에는 작성연월일과 소속공무소를 기재하고 기명날인 또는 서명해야 하며, 간인 또는 그에 준하는 조치를 해야 한다($\binom{\text{제57조}}{\text{제2항}}$). 서류작성시에 문자를 변개해서는 안 되고($\binom{\text{제58조}}{\text{제1항}}$), 삽입·삭제·난외기재를 하는 때에는 그곳에 날인한 다음 삽입·삭제·난외기재된 글자의 수를 적어야 한다($\binom{\text{같은 조 제}}{\text{2항 본문}}$). 삭제시에는 어떤 부분이 삭제되었는지 알아

---

1 대법원 1976. 9. 26.자 76모56 결정(상고기간); 1983. 1. 22.자 82모52 결정(즉시항고기간); 1985. 11. 27.자 85모47 결정(항소이유서 제출기간); 1964. 5. 21.자 64모47 결정(상고이유서 제출기간) 등.

볼 수 있도록 취소선 등의 방법을 사용해야 한다($\substack{같은 항 \\ 단서}$). ii) 형사사건에 관해
공무원 아닌 자가 작성하는 서류($\substack{가령 \\ 진술서}$)에는 연월일을 기재하고 기명날인 또
는 서명해야 하며, 이때 인장이 없으면 지장으로 한다($\substack{제59 \\ 조}$).

　소송서류는 공판의 개정 전에는 공익상 필요 기타 상당한 이유가 없으   3
면 공개하지 못한다($\substack{제47 \\ 조}$). 이는 소송관계인의 명예가 훼손되거나 재판에 부당
한 영향이 야기되는 것을 방지하기 위함이다. 판결확정 후에는 일정한 요건
하에 소송기록 또는 소송서류의 열람·등사가 허용된다($\substack{제59조의2, \\ 제59조의3}$).

Ⅱ. 송　　달

1. 의　　　의

⑴ 개　념　　　법원 또는 법관이 소송관계인에게 재판서 등 소송서류를   4
보내어 전하는 행위를 송달(送達)이라 한다. 현행법상 소송절차의 종류를
막론하고 송달에 관한 일반적 준거법은 민사소송법 제174조 내지 제197조
($\substack{제1편 제4 \\ 장 제4절}$)이며, 형사소송 역시 마찬가지다($\substack{제65 \\ 조}$). 다만 형사절차의 특성상 민사
소송에서의 송달과 규율을 달리하는 부분이 존재한다.

⑵ 송달사무의 주체　　　송달에 관한 사무의 처리주체는 법원사무관 등이   5
고($\substack{민사소송법 제 \\ 175조 제1항}$), 송달은 우편 또는 집행관($\substack{우편송달의 경 \\ 우 우편집배원}$)에 의하거나 그 밖에 민사
소송규칙이 정하는 방법에 따라서 하며($\substack{같은 법 제176조, \\ 제1항, 제2항}$), 필요한 때에는 경찰공무
원에게 원조를 요청할 수 있다($\substack{같은 조 \\ 제3항}$).

⑶ 송달이 필요한 서류

㈎ 재판서　　　법원·법관이 재판의 내용을 소송관계인에게 알리는 기본   6
적 방식은 i) 공판정 안에서는 재판서의 낭독이고, ii) 공판정 아닌 곳에서는
재판서 등본의 송달이다($\substack{제42조 \\ 본문}$). 결정·명령의 경우 송달 외에 전화통화나 문
자전송 등 다른 적당한 방법으로 그 내용을 고지할 수도 있다($\substack{제42 \\ 조}$). 다만 피
고인에 대한 소환장과 같이($\substack{제76조 \\ 제1항}$) 반드시 송달의 방법으로 고지해야 하는 재
판서도 있다[$\substack{§128/4 \\ 참조}$].

㈏ 재판서 외 소송서류　　　한쪽 소송주체가 법원에 일정한 신청이나 의견   7
을 제출하는 경우에는 일반적으로 그 서면의 부본(복사본)을 반대쪽 소송주체에
게 송달하게 되어 있다. 대표적 예로 i) 공소장·공소장변경허가신청서 부본

의 송달($\substack{제266조, 규칙 \\ 제142조 제3항}$), ii) 공판준비서면 부본의 송달($\substack{제266조의 \\ 6 제3항}$), iii) 항소이유서·항소이유답변서 부본의 송달($\substack{제361조의3 \\ 제2항, 제4항}$), iv) 상고이유서·상고이유답변서 부본의 송달($\substack{제379조 제3 \\ 항, 제5항}$), v) 병합심리신청서 부본의 송달($\substack{규칙 제2 \\ 조 제3항}$), vi) 관할지정·관할이전신청서 부본의 송달($\substack{규칙 제5 \\ 조 제2항}$) 등을 들 수 있다.

(4) 송달의 유형

8　　(가) 방법에 따른 분류　　송달은 그 방법에 따라 교부송달·유치송달·우편송달·공시송달로 나누어진다. i) 서류의 등본이나 부본, 초본을 직접 건네주는 것을 교부송달, ii) 특정한 장소에 서류를 놓아두는 것을 유치송달, iii) 우편집배원에 의한 등기우편으로 송달하는 것을 우편송달, iv) 법원사무관 등이 송달할 서류를 보관하고 그 사유를 게시하는 것을 공시송달이라 한다. 이 중 교부송달이 최우선적·원칙적 방법이며, 공시송달은 최후의 수단이다.

9　　(나) 상대방에 따른 분류　　송달은 그 상대방이 누구인지에 따라 본인송달과 보충송달로 나누어진다. i) 송달받을 사람 본인에게 하는 송달을 본인송달이라 하고, ii) 송달장소에 갔으나 송달받을 사람을 만나지 못한 경우에 그 장소에 있는 다른 사람에게 하는 송달을 보충송달이라 한다. 본인송달의 경우 교부송달, 유치송달, 우편송달이 모두 여의치 않아 공시송달까지 가는 경우가 흔히 있다. 반면 보충송달은 송달사무 처리자가 교부송달을 위해 방문할 것을 당연히 전제하기 때문에 교부송달과 유치송달까지만 상정할 수 있으며, 우편송달이나 공시송달과는 관련이 없다.

2. 교부송달·유치송달

(1) 본인송달

10　　(가) 교부송달　　송달은 원칙상 송달받을 사람 본인($\substack{법인의 경 \\ 우 대표자}$)에게 서류의 등본·부본이나 초본을 직접 건네주는 방식으로 해야 한다($\substack{민사소송법 제178 \\ 조; 교부송달원칙}$). 다만, 검사에 대한 송달은 서류를 해당 검찰청에 송부하는 방식으로 하고($\substack{제62 \\ 조}$), 교도소·구치소 또는 유치장에 억류·구금된 사람에 대한 송달은 해당 기관의 장($\substack{교도소장, 구치 \\ 소장, 경찰서장}$)에게 한다($\substack{민사소송법 \\ 제182조}$). 그리고 변호인에 대한 송달은 전화·팩시밀리·전자우편이나 휴대전화 문자전송으로 할 수 있다($\substack{같은 법 제176조 제1항, 민 \\ 사소송규칙 제46조 제1항}$). 따라서 이하의 설명은 그러한 때에 해당하지 않는 경우, 특히 불구속피고인에 대한 송달을 전제로 한다.

(a) 송달의 장소　　　송달장소는 그 사람의 주소·거소·영업소 또는 사무 　11
소($_{183조\ 제1항}^{민사소송법\ 제}$‧$_{주소등}^{이하}$)여야 한다. 이를 알지 못하거나 그 장소에서 송달할 수
없는 때에는 송달받을 사람이 고용·위임 그 밖에 법률상 행위로 취업하고
있는 다른 사람의 주소등($_{근무장소}^{이하}$)에서 교부할 수 있다($_{제2항}^{같은\ 조}$). 주소등·근무장
소가 국내에 없거나 아예 파악되지 않는 때에는 그를 만나는 장소에서 교부
할 수 있는데($_{제3항}^{같은\ 조}$), 이를 조우송달(遭遇送達)이라고도 한다. 한편 법정에 출
석해 있는 자에 대한 송달은 법원사무관 등이 그 자리에서 직접 교부하고 영
수증을 받는 방법으로 할 수 있다($_{제177조}^{같은\ 법}$).

(b) 송달영수인　　　피고인이나 그 대리인·대표자가 법원 소재지에 서류 　12
의 송달을 받을 수 있는 주소 또는 사무소를 두지 않은 때에는 법원 소재지
에 주거나 사무소가 있는 자를 송달영수인으로 선임해 연명한 서면으로 신고
해야 한다($_{제1항}^{제60조}$). 그렇지 않으면 법원으로서는 송달해야 할 장소가 어디인지
알 수 없기 때문이다. 송달영수인으로 선임된 자는 송달에 관해 본인으로
간주되고, 그 주거나 사무소 역시 본인의 주거 또는 사무소로 간주되므로
($_{제2항}^{같은\ 조}$), 송달영수인이 있는 때에는 그에게 교부하는 방법으로 송달한다. 송달
영수인의 선임은 같은 지역에 있는 각 심급법원에 대해 효력이 있다($_{제3항}^{같은\ 조}$).
신체구속을 당한 자는 송달영수인 선임신고를 할 의무가 없다($_{제4항}^{같은\ 조}$).

(나) 유치송달　　　주소등 또는 근무장소를 방문하여 송달받을 사람을 만나 　13
기는 하였으나 그가 정당한 사유 없이 교부받기를 거부하는 경우, 그 장소에
서류를 놓아두는 방법으로 송달할 수 있다($_{제186조\ 제3항}^{민사소송법}$).

(2) 보충송달

(가) 근무장소 외 장소

(a) 교부송달　　　근무장소 외 장소에서 송달받을 사람을 만나지 못한 때 　14
에는 그 사무원, 피용자 또는 동거인으로서 사리를 분별할 지능이 있는 사람
에게 서류를 교부할 수 있다($_{제1항}^{같은\ 조}$).

(b) 유치송달　　　위 경우 그가 정당한 이유 없이 교부받기를 거부하는 　15
때에는 그 장소에 서류를 놓아둘 수 있다($_{제3항}^{같은\ 조}$).

(나) 근무장소

(a) 교부송달　　　근무장소를 방문하였으나 송달받을 사람을 만나지 못한 　16
때에는 고용·위임 그 밖에 법률상 행위로 취업하고 있는 다른 사람 또는 그

법정대리인이나 피용자 그 밖의 종업원으로서 사리를 분별할 지능이 있는 사람에게 교부해 송달할 수 있다(같은 조 제2항). 사리를 분별할 지능이 있다는 것은 송달의 취지를 이해하고 영수한 서류를 송달받을 사람에게 전해줄 것을 기대할 수 있는 정도의 능력이 있음을 의미한다. 사법제도나 소송행위의 효력을 이해할 능력까지 요하지는 않는다.[1] 초등학생이거나 문맹이라는 이유만으로 사리를 분별할 지능이 없다고 평가해서는 안 된다.[2]

17　　(b) 유치송달 불가　　근무장소에서의 보충송달은 교부송달만 허용된다. 따라서 위 법정대리인이나 피용자, 종업원 등이 송달받기를 거부하더라도 유치송달은 할 수 없다(민사소송법 제186조 제3항).

3. 우편송달

18　　교부송달·유치송달을 모두 할 수 없거나[3] 주거·사무소 또는 송달영수인의 선임을 신고해야 할 자가 그 신고를 하지 아니하는 때에는 우편집배원에 의한 등기우편으로 송달할 수 있으며, 이 경우 도달된 때에 송달된 것으로 간주한다(제61조, 민사소송법 제187조, 민사소송규칙 제51조).

4. 공시송달

19　　(1) 요 건　　공시송달은 i) 피고인의 주거·사무소와 현재지를 전혀 확인할 수 없거나 ii) 피고인이 재판권이 미치지 않는 장소에 있고 다른 방법으로 송달할 수 없는 때에 한해, 대법원규칙이 정하는 사유가 있는 경우에만 할 수 있다(제63조, 제64조 제1항). 구체적인 것은 후술한다[§151/12 참조].

20　　(2) 절 차　　민사소송에서는 공시송달처분을 법원사무관 등이나 재판장이 하는 데 반해(민사소송법 제194조 제3항), 형사소송에서 공시송달은 법원의 결정으로 개시한다(제64조 제1항). 공시송달은 법원사무관 등이 송달할 서류를 보관하고 그 사유를 법원게시장에 게시하는 방법으로 하며(같은 조 제2항), 법원은 공시송달의 사유를 관보나 신문지상에 공고할 것을 명할 수 있다(같은 조 제3항). 첫 공시송달은 실시한 날부터 2주가 지나야 송달의 효력이 생긴다(같은 조 제4항 본문). 민사소송과 달리 제2회 이후의 공시송달은 5일을 경과해야 효력이 있다(같은 항 단서; 민사소송법 제196조 제1항).

1　대법원 1995. 8. 16.자 95모20 결정; 2000. 2. 14.자 99모225 결정.
2　대법원 1995. 8. 16.자 95모20 결정; 2000. 2. 14.자 99모225 결정.
3　대법원 2007. 5. 11.자 2004마801 결정.

제3관   소송행위의 불성립과 무효

제 1   소송행위의 무효   §49

소송행위가 그 내용이나 절차에서 법률을 위반한 경우$\binom{\text{소송절차 정지중에}}{\text{한 소송행위 포함}}$, 그 것은 소송행위로서 성립은 하되 그에 상응하는 효력을 갖지 못한다. 이를 소송행위의 무효라 한다. 법원이 특정 소송행위가 무효라는 사실을 알게 된 때에는 이를 없는 것으로 취급해 절차를 진행하면 되나, 예외적으로 몇몇 중요한 경우에 관해서는 법률에서 특별히 일정한 조치$\binom{\text{그것이 무효임을 선언}}{\text{하는 별도의 소송행위}}$를 정하고 있다. 공소제기가 무효인 경우에는 공소기각판결을$\binom{\text{제327조}}{\text{제2호}}$, 항소권자가 항소 기간을 도과해 항소장을 제출한 때에는 항소기각결정을 해야 하는 것이 그 예이다. 또한 무효인 소송행위라도 일정한 절차적 효력을 발생시킬 수 있는데, 이를테면 공소제기가 무효이더라도 공소시효정지의 효력은 있다$\binom{\text{제253조}}{\text{제1항}}$.

강박에 의한 소송행위는 무효이다. 착오에 의한 소송행위의 경우, i) 통상인의 판단을 기준으로 하여 만약 착오가 없었다면 그러한 소송행위를 하지 않았으리라고 인정되는 중요한 점$\binom{\text{동기}}{\text{포함}}$에 관해 착오가 있고, ii) 착오가 행위자 또는 대리인이 책임질 수 없는 사유로 인해 발생했으며, iii) 그 행위를 유효로 취급함이 현저히 정의에 반한다고 인정되는 때에 무효로 된다는 것이 대법원의 입장이다$\left[\begin{smallmatrix}\text{§180/2}\\\text{참조}\end{smallmatrix}\right]$.[1]

1

2

제 2   소송행위의 불성립(부존재)   §50

I. 의   의

특정한 소송행위를 할 것을 의도하고 어떠한 행위를 하였더라도, 그것이 그 소송행위로서 갖춰야 할 본질적 개념요소를 결여한 경우에는 아예 소송행위로 성립조차 하지 않는다. 앞서 본 바와 같이 무효인 소송행위에 관해서는 그것이 무효임을 선언하는 재판이 필요한 경우가 종종 있으나, 불성립한 소

1

---

1 대법원 1992. 3. 13.자 92모1 결정.

송행위에 대해서는 그러한 재판조차 필요치 않으며 오히려 이를 요구하는 것이 모순이다. 존재하지 않는 것을 겨냥하는 재판이 되기 때문이다. 물론 특정한 소송행위의 불성립($\substack{부존\\재}$) 여부가 쟁점이 될 때, 판결이나 결정의 이유에서 그에 대한 법원의 견해가 피력되기도 한다.

Ⅱ. 소송행위적격의 결여

2   소송행위는 대개 이를 할 수 있는 권한이 일정한 사람에게 전속되어 있는데, 이러한 권한 귀속을 소송행위적격이라 한다. 가령 고소는 고소권자만 할 수 있고[$\substack{§57/10\\참조}$], 공소제기는 검사만 할 수 있으며[$\substack{§93/1\\참조}$], 재판은 법원·법관만 할 수 있다[$\substack{§25/1\\참조}$]. 이러한 소송행위는 애초 개념정의에 그 주체가 누구인지가 포함되어 있는바, 가령 재판은 '일정한 소송법상의 효과가 인정되는 법원·법관의 의사표시'로, 공소제기는 '피의사건에 대한 실체판결을 구하는 검사의 의사표시'로 정의된다[$\substack{§91/5\\참조}$].

3   소송행위적격 없는 자는 해당 소송행위를 할 수 없으며, 그러한 행위를 하더라도 해당 소송행위로서는 불성립($\substack{부존\\재}$)한다. 가령 검사 아닌 자가 공소장을 법원에 제출한 경우에는 공소제기가 무효인 것이 아니라 처음부터 공소제기가 없는 것이며, 항소권자 아닌 자가 항소장을 제출하더라도 항소제기는 존재하지 않는다. 그러한 문건은 당초 법원공무원이 접수조차 않겠으나, 설령 접수되더라도 재판부로서는 이를 무시해야 하고 그러한 공소나 항소를 기각한다는 내용의 결정문을 작성해 송달해서는 안 된다.

Ⅲ. 구술주의·서면주의 위반

4   구술로 해야 하는 소송행위를 서면으로 하거나 서면으로 해야 하는 소송행위를 구술로 하는 경우에 그 소송행위가 무효라고 설명하는 예가 많으나, 이 역시 소송행위로서 성립조차 하지 않는 것으로 보아야 한다. 예컨대 i) 판결선고는 재판장이 판결주문을 낭독하는 방식으로만 할 수 있는 소송행위인바($\substack{제43\\조}$), 판결서를 송달했더라도 공판정에서 주문을 낭독하지 않았다면 판결은 아직 존재하지 않는다. 또한, ii) 공판절차 진행중 피고인의 여죄가 드러나자 공판검사가 그것을 추가로 공소제기한다는 취지의 말을 하는 경우, 이는 공소제기가 무효인 상황이 아니라 아예 그 여죄에 대한 공소제기 자체

가 존재하지 않는 상황이므로, 법원은 검사의 발언을 제지하고 추가기소를 하라고 짧게 언급하면 족할 뿐, 공소제기의 절차가 무효라고 하여 공소기각 판결(제327조 제2호)[§57/1 참조]을 할 일이 아니다.

제2절　소송조건

제1관　소송조건의 의의

제1　소송조건의 개념과 분류
§51

I. 소송조건의 개념

한계가 없는 권능은 존재할 수 없으며, 법원의 실체재판 또한 예외일 수　**1** 없다. 모든 사건에 관해 형사법원이 유·무죄판결을 무한정 내릴 수 있다는 가정은 허황된 것일 뿐 아니라 시민의 생활터전을 붕괴시킬 수도 있는 위험한 관점이다. 이에 형사소송법은 일정한 조건이 모두 구비된 경우에 한정해 유·무죄 판단이 가능하게 함으로써 법원의 실체재판권능에 테두리를 짓고 있는바, 그러한 조건들을 가리켜 소송조건(Prozeßvoraussetzung)이라 한다.

공판에서 수소법원은 검사 또는 피고인이 주장하지 않더라도 소송조건　**2** 의 존부를 직권으로 조사·판단해야 한다[§176/3 참조].[1] 소송조건의 흠결이 발견되면 형식재판, 즉 면소·공소기각·관할위반의 재판으로 절차를 종결해야 한다. 이에 소송조건은 기본적으로 '실체재판(유·무 죄판결)의 전제조건'이라 할 수 있다. 다만, 수사중인 사건에서 소송조건 흠결이 확인되면 사법경찰관은 불송치결정[§84/17 참조]을, 검사는 공소권없음 처분[§87/19 참조]을 해야 한다는 점에서 소송조건은 현실적으로 '전체 형사절차의 진행조건'으로서의 의미도 지닌다.[2]

1　대법원 2001. 4. 24. 선고 2000도3172 판결: 「고발이 있어야 공소를 제기할 수 있는 범죄에서 그 고발은 적극적 소송조건으로서 직권조사사항에 해당하므로 당사자가 항소이유로 주장하지 않았다고 하더라도 원심은 이를 직권으로 조사·판단하여야 한다.」
2　배종대/이상돈 167쪽.

Ⅱ. 소송조건의 분류

3　　　형사소송법은 소송조건을 적극적으로 규정하지 않고 그 흠결의 유형, 즉 형식재판 사유($^{제319조, \ 제326조, \ 제}_{327조, \ 제328조 \ 제1항}$)를 열거하는 방식을 통해 소극적으로 규정하고 있다. 바꿔 말하면, 형식재판 사유를 정한 조항들은 소송조건을 뒤집어서 표현하고 있는 것이다.[1]

형식재판	사 유	소송조건
면소 (제326조)	• 동일사건에 관해 확정판결이 있는 경우 • 사면이 있는 경우 • 공소시효가 완성된 경우 • 범죄 후 법령개폐로 형이 폐지된 경우	• 동일사건에 관해 확정판결이 없을 것 • 일반사면이 없을 것 • 공소시효가 완성되지 않았을 것 • 형벌규정이 존속할 것
관할위반 (제319조)	• 수소법원에 관할이 없는 경우	• 수소법원에 관할이 있을 것
공소기각 (제327조, 제328조)	• 공소취소가 있는 경우 • 피고인에게 소송주체능력이 없는 경우 • 다른 수소법원에 우선권이 있는 경우 • 공소사실에 구성요건해당성이 없는 경우 • 피고인에 대해 재판권이 없는 경우 • 공소제기의 절차가 위법무효인 경우 • 중복된 공소제기인 경우 • 공소제기가 재기소제한을 위반한 경우 • 기소 후 처벌불원의사가 표시된 경우 　(친고죄, 반의사불벌죄)	• 공소가 유지되고 있을 것 • 피고인에게 소송주체능력이 있을 것 • 우선권을 갖는 다른 법원이 없을 것 • 공소사실이 구성요건에 해당할 것 • 국내 법원에 재판권이 있을 것 • 공소제기의 절차가 적법할 것 • 중복된 공소제기가 아닐 것 • 재기소제한을 위반한 기소가 아닐 것 • 기소 후 처벌불원의사표시가 없을 것 　(친고죄, 반의사불벌죄)

4　　　위 표에서 앞의 네 개는 사건의 실체적 측면에 관한 것으로서 '실체적 소송조건'이라 하고, 나머지는 주로 절차적·형식적 측면에 관한 것으로서 '형식적 소송조건'이라 한다. 법원은 공소제기된 사건에 관해 실체적 소송조건이 흠결된 경우에는 면소판결을, 형식적 소송조건이 흠결된 경우에는 공소기각·관할위반의 재판을 해야 한다.

1　조기영, "소송조건에 관한 연구", 서울대학교 박사학위논문(2006), 97쪽.

제 2　소송조건의 흠결과 형식재판　　　　　　　　　§52

Ⅰ. 실체적 소송조건과 면소

　　제326조는 공소제기된 사건에 관해 확정판결이 존재하지 않을 것($\frac{제1}{호}$), 　1
사면이 없을 것($\frac{제2}{호}$), 공소시효가 완성되지 않았을 것($\frac{제3}{호}$), 형벌규정이 존속하
고 있을 것($\frac{제4}{호}$)을 실체적 소송조건으로 정하고, 이들 중 어느 하나를 결한 경
우 면소(免訴)의 판결을 하도록 규정하고 있다. 즉, 공소사실에 대해 i) 사법
부가 이미 판결을 하여 확정된 바가 있거나, ii) 행정부 수반인 대통령의 일
반사면이 있거나, iii) 입법부에 의해 적용법조 자체가 폐지됐거나, iv) 형사소
송법에서 직접 정하는 소추기한이 도과된 때에는, 그 진실 여부를 묻지 않고
피고인에 대한 유·무죄의 판단(訴)을 면하도록(免) 하고 있다.

　　면소판결에는 본래 존재하였던 실체재판의 가능성이 사후적으로 소멸됐　2
다는 함의가 있다. 애초 유·무죄의 판단이 가능했으나, 일정한 사정($\frac{확정판결,일반사면,}{적용법조폐지,공소시효완성}$)이 발생함에 따라 더는 그러한 가능성이 없다는 선언이 바로 면소
판결이다. 이는 실체에 대한 평가 없이 피고인을 형사절차에서 해방시킨다는
점에서 형식재판에 속하지만,[1] 같은 형식재판인 관할위반·공소기각 재판과
는 달리 기판력($\frac{일사부재}{리효력}$)을 갖는다[$\frac{§53/5}{참조}$].

Ⅱ. 형식적 소송조건과 관할위반·공소기각

　　형식적 소송조건 중 관할권이 결여된 경우에는 관할위반판결을 해야 한　3
다($\frac{제319}{조}$)[$\frac{§158}{참조}$]. 현행법상 관할위반이 형식재판사유인 것은 형사소송뿐이다. 민
사·행정소송에서 관할위반은 이송($\frac{민사소송법}{제34조 제1항}$)의 사유가 된다.

　　형식적 소송조건 중 관할 외의 흠결이 있는 때에는 공소기각의 재판을　4
한다. 그 원칙적 형태는 공소기각판결이나($\frac{제327}{조}$)[$\frac{§159/5}{참조}$], 형식적 소송조건 중
절차적으로 극히 중대하고 기초적인 것이 흠결된 경우에는 공소기각결정으
로 사건을 종결한다($\frac{제328조}{제1항}$)[$\frac{§159/1}{참조}$].

1　김정한 764쪽; 배종대/홍영기 425쪽; 손동권/신이철 739쪽; 신동운 1458쪽; 신현주 716쪽; 이
　재상 외 2인 793쪽; 이주원 505쪽; 이창현 1105쪽; 정승환 691쪽; 대법원 1964. 3. 31. 선고 64
　도64 판결.

Ⅲ. 소송조건 흠결과 무죄

5   실체심리가 상당히 진행되어 무죄심증이 형성된 사건에서 소송조건 흠결이 발견됐다면 원칙상 무죄판결이 아니라 형식재판을 해야 하나(이른바 형식 재판우선설), 무죄판결을 하더라도 위법하지는 않다는 것이 판례의 입장이다.[1] 그러나 이러한 경우 피고인의 이익을 위해 언제나 무죄판결을 해야 한다고 본다.

제2관   면소사유

§53   **제1 확정판결의 기판력**

Ⅰ. 의   의

1   과거의 사건에 관해 그 발생부터 종료까지의 모든 정보와 그에 따른 실체를 남김없이 채집·파악하는 것은 사실상 거의 불가능하다. 수사기관은 혐의 관련 중요한 흔적과 파편만을 추출·종합해 사건(피의사실)을 (재)구성하고, 법원 또한 그러한 사실(공소사실)을 토대로 심리해 형벌권 행사 여부를 판단한다. 이렇게 (재)구성된 사건은 과거의 역사적 사건을 대표하는바, 이를테면 과거의 사건 A를 a1의 형태로 구성하든 a2, a3 … a(n)의 형태로 구성하든 그것은 A를 표상하는 것이다. 수사기관이 a1으로 구성해 소추한다면 이는 곧 A에 관해 판단해 달라는 의미이므로, 법원의 심판범위에는 a2, a3 등도 포함된다 [§147/1 참조]. 그리하여 법원이 a1이라는 사실에 대해 판결하여 확정되었다면 이는 곧 A 전체에 대한 확정판결이므로, 이후 다시 a2나 a3 등을 문제삼아 소추 또는 심판할 수 있게 해서는 안 된다. 이를 허용한다면 무소불위의 국가권력으로 시민의 생활세계가 붕괴할 것이기 때문이다. 이에 헌법은 「모든 국민은

---

1 대법원 2015. 5. 14. 선고 2012도11431 판결:「교특법 제3조 제1항, 제2항 단서 … 를 적용하여 공소가 제기된 사건에서, 심리 결과 교특법 제3조 제2항 단서에서 정한 사유가 없고 교특법 제3조 제2항 본문이나 제4조 제1항 본문의 사유로 공소를 제기할 수 없는 경우에 해당하면 공소기각의 판결을 하는 것이 원칙이다. 그런데 사건의 실체에 관한 심리가 이미 완료되어 교특법 제3조 제2항 단서에서 정한 사유가 없는 것으로 판명되고 달리 피고인이 제3조 제1항의 죄를 범하였다고 인정되지 않는 경우, 설령 제3조 제2항 본문이나 제4조 제1항 본문의 사유가 있더라도, 사실심법원이 피고인의 이익을 위하여 교특법위반의 공소사실에 대하여 무죄의 실체판결을 선고하였다면, 이를 위법이라고 볼 수는 없다.」

동일한 범죄에 대하여 거듭 처벌을 받지 아니한다」고 규정해 이중처벌금지
(Prohibition against double jeopardy) 원칙을 선언하고 있으며(헌법 제13
조 제3항), 그에 따
라 제326조 제1호는 이미 법원의 확정판결이 존재하는 사건이 기소된 경우
면소판결을 하도록 규정하고 있다. 이처럼 동일한 범죄사실에 관해 향후 실체
재판을 금지시키는 확정판결의 힘을 일사부재리효력 또는 기판력(res judicata)
이라 한다.

2

> 기판력과 일사부재리효력은 별개라는 견해(구별설),[1] 일사부재리효력은 기판력의 부분
> 집합이라는 견해(포함설)[2]도 있으나 여기서 자세한 설명은 생략한다. 이 책에서는 기
> 판력과 일사부재리효력을 동일한 개념으로 본다(일치설).[3]

검사가 甲에 대해 '乙의 돈을 보관하고 있던 중 임의로 모두 소비하였다'
는 횡령의 범죄사실로 공소를 제기했고, 법원이 甲에게 보관자 지위를 인정
할 증거가 없음을 들어 무죄판결을 선고했는데, 그 판결확정 후 甲이 계주로
서 계원인 乙에게 계금을 지급하지 않고 자신이 임의로 소비한 사실이 드러
남에 따라 검사가 다시금 배임의 범죄사실로 甲을 기소한 예를 들어 보자.[4]
과거에 甲이 乙 몫의 돈을 임의소비한 사실은 불명료한 과거지사인 A이다.
앞의 공소는 이것을 '甲이 乙의 금전을 보관하는 자임에도 불구하고 모두 임
의로 소비하였다'는 사실(a1)로 구성한 것이고, 뒤의 공소는 '甲이 계주로서
지급받은 계금을 지정된 계원인 乙에게 지급하지 않고 임의로 소비함으로써
乙에게 손해를 입혔다'는 배임의 범죄사실(a2)로 구성한 결과물이다. 법원은
앞의 a1에 관해 심판을 하였는데 이는 곧 A에 관한 재판으로서의 의미를 가
지며, 무죄의 확정판결 또한 A라는 사건 전체에 관해 내려진 것이다. 그러므
로 위 사례에서 법원은 a2, 즉 배임의 공소사실에 관해 제326조 제1호에 따
라 면소판결을 선고해야 하며, 유·무죄의 판결을 선고한다면 이는 기판력에
저촉되어 위법하다. 요컨대 제326조 제1호는 '공소사실에 관해 기판력 있는
확정판결이 존재하지 않을 것'을 소송조건으로 규정하고 있다.

3

---

1 이은모/김정환 784쪽; 신현주 707쪽; 임동규 727-728쪽; 차용석/최용성 750쪽.
2 배종대/이상돈 752쪽; 신양균/조기영 1024쪽; 이재상 외 2인 804-805쪽. 이주원 523쪽; 정승
   환 707쪽. 다소 다른 설명으로 손동권/신이철 744쪽.
3 배종대/홍영기 434쪽; 신동운 1497-1498쪽; 정웅석 외 2인 787쪽.
4 대법원 1982. 11. 9. 선고 82도2093 판결.

Ⅱ. 확정판결의 범위

1. 실체재판

4   제326조 제1호에서 말하는 '확정판결'이란 사건에 대한 대한민국법원의 기판력 있는 재판[1]으로서 상소로 불복할 수 없는 것을 말한다. 확정된 유죄판결과 무죄판결이 이에 해당한다. 여기의 유죄판결에는 공판절차에서 선고된 형면제판결이나 선고유예판결은 물론 약식명령·즉결심판도 포함된다.

2. 면소판결

5   관할위반이나 공소기각의 재판은 형식적 소송조건의 흠결만을 이유로 하는 형식재판으로서 기판력을 지니지 않으므로, 제326조 제1호에서 말하는 확정판결이 아니다. 그러나 면소판결의 경우 실체판결과 마찬가지로 기판력이 인정되어 여기의 확정판결에 해당된다. 이를테면 기소절차상 위법성이 없음에도 법원이 위법한 공소제기라고 잘못 판단한 결과 공소기각판결(제327조 제2호)을 하여 확정된 사건을 검사가 다시 기소하는 경우 법원은 이에 대해 실체판결을 선고할 수 있다. 반면, 완성되지 않은 공소시효를 완성되었다고 잘못 판단해 면소판결(제326조 제3호)을 선고해 확정된 사건에서는 실체재판을 할 수 없다.

6   공소기각판결과 면소판결은 형식재판이라는 점에서는 같으나 기판력 유무에 본질적 차이가 있다. 어느 것을 공소기각사유로 하고 어느 것을 면소사유로 할지는 입법정책의 문제인바, 대체로 공소기각사유에 비해 면소사유가 사건의 실체와 좀 더 밀접한 관련이 있다고 설명되나, 현실적으로 양자 간 구별은 상대적인 면이 있다. 별다른 실체심리 없이 면소사유를 확인할 수 있는 사안이 있는가 하면, 오랜 실체심리 끝에 비로소 공소기각사유가 드러나는 사안도 있다.

3. 범칙금통고처분

7   도로교통법 제164조 제3항과 경범죄처벌법 제8조 제3항은 범칙금통고처분을 받은 자가 범칙금납부를 완료한 경우 기판력에 준하는 효력을 인정한다.[2] 과태료부과처분에는 그러한 효력이 인정되지 않는다.[3]

---

1 대법원 1983. 10. 25. 선고 83도2366 판결.

2 대법원 1986. 2. 25. 선고 85도2664 판결:「범칙자가 통고처분을 받고 범칙금을 납부한 경우에는 그 범칙행위에 대하여 다시 벌받지 아니한다고 규정하고 있음은 위 범칙금의 납부에 확정재

Ⅲ. 기판력의 효력범위(사건의 동일성)

1. 문 제 점

i) 확정판결의 기판력은 피고인이었던 자에게만 미치며, 기소되지 않은 **8**
공범 등에게는 미치지 않는다. 이를 기판력의 주관적 범위라 한다. 다음으로,
ii) 확정판결의 기판력은 동일한 범죄(헌법 제13 조 제3항), 즉 그것이 확정한 사실관계와
동일성이 인정되는 사건에 미치는바, 이를 기판력의 객관적 범위라 한다.

현실에서 주로 쟁점이 되는 것은 후자, 즉 객관적 범위의 설정 문제이 **9**
다. 이는 어떤 경우에 종전 확정판결의 범죄사실과 새로 공소제기된 범죄사
실 사이에 동일성이 인정되는가의 문제이다.

사건의 동일성은 공소의 효력범위와 법원의 심판범위 등을 정하는 기준이기도 **10**
하다. i) a1에 관해 공소가 제기된 경우, a2도 법원의 잠재적 심판대상에 포함된
다(제248조; 법원 의 심판범위)[§147/1 참조]. ii) a1에 관해 공소가 제기되어 있는 상태에서는 a2로 기소할
수 없다(제327조 제3호; 이중기소 제한범위)[§97/4 참조]. iii) a1에 관해 공소를 제기하는 경우 a2에 관해서도
공소시효가 정지된다(제253조; 공소 시효 정지범위)[§54/26 참조]. iv) a1에 관해 공소를 제기한 경우 a2로
공소장변경을 할 수 있다(제298조 제1항; 공소 장변경의 한계범위)[§147/2 참조]. v) a1에 관한 공소취소로 공소기
각결정이 확정된 후에는, 다른 중요한 증거가 발견된 때가 아닌 이상 a2로 기소하
지 못한다(제329조; 공소취소 후 재기소 제한범위)[§100/2 참조]. 이처럼 법원의 심판범위, 중복기소 제한범위, 공
소시효 정지범위, 공소장변경의 한계범위, 공소취소 후 재기소 제한범위, 기판력의
객관적 범위는 모두 일치한다.

2. 판단기준

(1) 원 칙   이에 관해서는 두 범죄사실이 일시·장소·방법 등을 서로 **11**
달리하더라도, 순전히 사회적·전법률적 관점에서 볼 때 그 기초가 되는 사회
적 사실관계(factual basis)가 기본적인 점에서 같다면, 양자 사이에 동일성이
인정된다고 보는 것이 일반적이다(기본적사 실동일설). 여기서 기초적인 사회적 사실관계
가 기본적인 점에서 같다는 것은, 두 사건이 실체법상 일죄 또는 상상적경합
관계에 있음을 뜻한다.

판의 효력에 준하는 효력을 인정하는 취지로 해석할 것이므로 이에 위반하여 공소가 제기된 경
우에는 면소의 판결을 하여야 할 것이다.」

3 대법원 1992. 2. 11. 선고 91도2536 판결.

㈎ 일   죄

12   ⓐ 단일한 구성요건   형사절차는 형사실체법의 규정을 법치국가원리에
부합하게 운용해 국가형벌권의 적정한 실현을 도모하는 데 그 목적이 있으므
로, 형사절차에서 과거의 사태는 형사실체법의 구성요건에 맞추어 언어적으
로 재구성된다. 따라서 형사실체법이 여러 개의 사태를 묶어 하나의 죄로 규
율한다면, 그 사태들은 형사절차에서도 하나의 사건으로 취급되어야 한다.
즉, 서로 독립된 것처럼 보이는 수개의 행위도 형법각칙 또는 특별형법의 규
정에 따라 단일한 구성요건으로 묶여 있거나(단순)일죄) 그와 같이 평가할 수 있는
경우(포괄)일죄)에는 소송법상 하나의 사건을 이룬다.

13   실체법상 여러 개의 행위를 묶어 일죄로 평가하는 법리는 각 행위 사이
에 소송법상 동일성이 인정되어 그중 하나에 대한 기판력이 전체에 대해 미
칠 때에만 비로소 실질적 의미를 갖는다. 그렇지 않고 만약 각 행위가 소송
법상 별개의 사건으로 취급된다면 포괄일죄나 법조경합에 관한 형사실체법
의 규정 및 그 해석론은 무용한 것이 되고 만다. 예를 들어 甲이 乙의 집 출
입문 자물쇠를 절단기로 따고 들어가 안방에서 乙의 지갑을 훔치고, 건넌방
에서 乙의 배우자인 丙의 목걸이를 훔친 경우, 甲의 행위를 주거침입행위·손
괴행위·지갑절취행위·목걸이절취행위의 넷으로 쪼개고 이들을 각기 별개의
사건으로 보아 주거침입죄, 손괴죄, 乙에 대한 절도죄, 丙에 대한 절도죄로
네 차례의 실체판결을 선고한다면, 특수절도죄에 관한 형법 제331조 제1항은
의미 없는 규정으로 전락하고, 단일한 범의로 동일인의 점유 또는 공동점유
에 속하는 여러 개의 재물을 절취한 경우에는 각 소유자가 다르더라도 일죄
가 성립한다는 법리[1] 역시 쓸모가 없게 된다.

14   ⓑ 양립불가능의 관계   두 사실 간에 구성요건사실이 서로 다르더라도,
어느 한쪽이 성립하면 다른 한쪽이 성립할 수 없을 정도로 밀접한 관계, 이른
바 비양립관계(非兩立關係)가 존재하는 경우 둘은 동일한 사건으로 보아야 한
다.[2] 하나의 죄만 성립할 수 있기 때문이다. 이를테면 장물범으로 유죄의 확정
판결을 받은 자가 나중에 본범으로 밝혀지거나, 본범으로 유죄의 확정판결을
받은 자가 추후 장물범이었음이 드러나는 경우가 그러하다. 장물범은 본범의

---

1 대법원 1970. 7. 21. 선고 70도1133 판결.
2 대법원 1982. 12. 28. 선고 82도2156 판결.

범죄에 대한 사후적 비호·가공이라는 본질을 갖고 있어 같은 인물이 본범인 동시에 장물범이 되는 것은 불가능해 무조건 둘 중 하나만 성립할 수 있으므로, 이러한 때에는 새로 밝혀진 사실에 근거해 다시 실체재판을 할 수 없다.[1]

　　㈏ 상상적경합　　상상적경합이란 1개의 자연적 행위로 2개 이상의 범죄구성요건이 충족되는 경우를 말한다(형법 제40조). 여러 개의 죄가 상상적경합관계에 있는 경우에는 모두 동일한 사건이 되고 어느 하나에 대한 기판력은 전체에 미친다. 만일 이 경우 구성요건별로 별개의 사건이 된다고 보면 형법 제40조는 실천적으로 의미가 없어진다. 예컨대 아파트 입주자대표회의 회장이 주민 100명의 명의가 연명으로 된 1개의 문서를 위조한 경우, 판례에 따르면 총 100개의 사문서위조죄가 성립하고 이들은 상상적경합관계에 놓이게 되는데,[2] 이때 명의인별로 별개의 사건이 성립한다고 하면 100차례의 형사소송이 진행될 수 있다는 해괴한 결론에 이르게 된다. 　　　15

　　㈐ 경합범　　실체적경합관계에 있는 죄들 간에는 원칙적으로 소송법상 동일성이 인정되지 않는다. 따라서 어느 하나의 행위에 관한 확정판결의 기판력은 다른 행위에 미치지 않는다. 　　　16

　　⑵ 예　외

　　㈎ '규범적 요소' 개념　　판례는 기본적으로 '(과형상) 일죄=1개 사건' 공식을 따르면서도, 두 사실 간에 피해법익이나 죄질 등 이른바 '규범적 요소'의 차이가 있는 때에는 동일성을 부인하는 태도를 취한다. 판결이 확정된 선행사건과 새로 기소된 후행사건이 일죄(비양립 관계)·상상적경합의 관계에 있더라도, 양자 간 죄질 차이가 크다면 법원은 후행사건에 대해 실체판결을 할 수 있다는 것이다. 가령 검사가 甲에 대해 '乙이 강취한 신용카드를 장물인 점을 알면서도 받았다'는 장물취득의 범죄사실로 공소를 제기하였고 법원이 이를 그대로 인정해 유죄를 선고하였는데, 그 판결이 확정된 후 甲이 乙과 함께 신용카드를 강취하는 과정에서 피해자인 丙에게 상해를 입힌 사실이 드러남에 따라 검사가 甲을 다시 강도상해죄로 기소한 사안에서, 대법원은 甲에 대한 유죄판결이 가능하다고 하였다.[3] 　　　17

1　대법원 1994. 3. 8. 선고 93도2950 판결.

2　대법원 1987. 7. 21. 선고 87도564 판결.

3　대법원 1994. 3. 22. 선고 93도2080 (全)판결의 다수의견: 「규범적 요소도 기본적 사실관계 동

18   (ㄴ) 비 판   판례와 같이 피해법익·죄질 등을 고려해 동일성을 부인하는 예외를 인정할 경우, 이를테면 특수절도와 장물취득 간, 공갈과 장물취득 간, 강도와 장물취득 간에 각 동일성 여부를 어떻게 판단할 것인지 예측할 수 없어 기판력제도가 마땅히 가져야 할 형식적 확실성을 해치게 된다. 위 강도상해사례에서 법원이 유죄판결을 할 수 있다고 한 것은 일반적 응보의식에는 부합할 수 있으나, 그것이 법적 안정성과 예측가능성이라는 기판력의 정신을 포기해가면서까지 달성해야 할 가치는 되지 못한다.[1] 또한 甲이 장물취득의 점으로만 유죄의 확정판결을 받은 것은 애당초 증거수집 및 사안구성을 완벽하게 하지 못한 수사기관의 책임인데, 판례의 태도는 그 책임을 이중위험의 형태로 甲에게 떠넘기는 꼴이다.[2]

19   다만, 실제로 죄질의 차이를 이유로 동일성이 부인되는 경우는 그리 흔치 않다. 특수한 경우[3]가 아닌 이상 사건의 동일성은 일죄 또는 상상적경합 관계에서는 인정되고 경합범(실체적 경합)에서는 부인되고 있다.[4] 이하에서는 실체법상 죄수관계를 기준으로 하여 (판례에 입각한) 몇 가지 예시를 들기로 한다.

일성의 실질적 내용의 일부를 이루는 것이라고 보는 것이 상당하다. … 유죄로 확정된 장물취득죄와 원심이 유죄로 인정한 이 사건 강도상해죄는 범행일시가 근접하고 위 장물취득죄의 장물이 이 사건 강도상해죄의 목적물 중 일부이기는 하나, 그 범행의 일시, 장소가 서로 다르고, 강도상해죄는 피해자를 폭행하여 상해를 입히고 재물을 강취하였다는 것인데 반하여 위 장물취득죄는 위와 같은 강도상해의 범행이 완료된 이후에 강도상해죄의 범인이 아닌 피고인이 다른 장소에서 그 장물을 교부받았음을 내용으로 하는 것으로서 그 수단, 방법, 상대방 등 범죄사실의 내용이나 행위가 별개이고, 행위의 태양이나 피해법익도 다르고 죄질에도 현저한 차이가 있어, 위 장물취득죄와 이 사건 강도상해죄 사이에는 동일성이 있다고 보기 어렵[다].」

1 김형준, "공소사실 동일성 판단기준으로서의 규범적 요소", 중앙법학 제14집 제3호(2012), 218-219, 237-238쪽; 이상돈, "일사부재리의 효력범위와 적대적 범죄투쟁", 판례연구 제7권(1995), 215쪽 이하; 임상규, "공소사실의 동일성에 관한 대법원의 규범논리", 저스티스 제98호(2007), 169쪽 이하; 홍승희, "공소사실 동일성판단에서 규범적 요소의 의미", 형사법연구 제26호(2006), 799-803쪽.

2 대법원 1994. 3. 22. 선고 93도2080 (순)판결의 반대의견: 「생활의 한 단면 내의 어느 한 행위(장물죄)에 대하여 재판절차를 마친 이상 피고인에게는 그 단면 내의 모든 행위에 대하여 소추·재판의 위험이 따랐다고 하여야 할 것인데, 실제로 소추·재판된 행위가 같은 단면 내의 다른 행위(강도죄)와 비교하여 피해법익에 있어서 완전히 겹쳐지지 않는 부분이 있다는 이유만으로 그 다른 행위에 대해 다시 논할 수 있다는 것은 방대한 조직과 법률지식을 갖춘 국가기관이 형사소추를 거듭 행함으로써 무용의 절차를 되풀이하면서 국민에 대해 정신적, 물질적 고통을 주게 하는 것이며, 한편으로는 수사기관으로 하여금 사건을 1회에 완전히 해결하려 하지 않게 함과 아울러 이를 악용하게 할 소지마저 있다.」

3 가령 대법원 2009. 1. 30. 선고 2008도9207 판결.

4 (과형상) 일죄인 사실에 대해 죄질차가 크다는 이유로 동일성을 부인하는 경우는 있으나, 경합범인 사실에 대해 죄질차가 적다는 이유로 동일성을 인정하는 경우는 찾기 어렵다.

⑶ 유 형

㈎ 폭행·상해   폭행·상해를 구성요건의 일부로 삼는 범죄가 성립하는   20
경우 폭행·상해는 이에 흡수되어 별죄를 구성하지 않고, 폭행·상해를 구성
요소로 하지 않는 범죄가 폭행·상해를 통해 이루어진 경우 해당 범죄와 폭
행·상해는 상상적경합관계에 놓이는바, 어느 쪽이든 소송법상 1개의 사건만
이 존재한다. 甲이 도로변에서 공무를 집행하는 乙을 폭행하고, 丙이 운영하
는 사업장으로 들어가 丙을 폭행하며 한참 행패를 부리고, 밖으로 나와 자신
을 체포하려는 경찰관 丁에게 주먹을 휘둘러 상해를 가하고, 도주중인 자신
을 체포하려는 경찰관 戊에게 깨진 유리병을 휘둘러 상해를 가하였다고 할
때, 甲의 행위는 i) 乙에 대한 공무집행방해죄, ii) 戊에 대한 특수공무집행방
해치상죄,[1] iii) 丁에 대한 공무집행방해죄 및 상해죄의 상상적경합, iv) 丙에
대한 업무방해죄 및 폭행죄의 상상적경합을 각 구성하며,[2] 이로써 소송법상
乙·丙·丁·戊에 관해 각 1개의 사건($^{총\ 4개}_{사건}$)이 존재한다. 甲에 대해 戊에 대한
공무집행방해의 범죄사실로만 유죄판결이 선고되어 확정되었다면, 이후 戊
에 대한 특수폭행이나 특수상해, 특수공무집행방해치상 등으로 재차 甲에 대
해 공소가 제기되더라도 법원은 면소판결을 선고해야 한다($^{제326조}_{제1호}$).

㈏ 강 도   강도죄에서는 침탈되는 점유가 1개의 공동점유인지 아니면   21
수개의 개별적 점유인지에 따라 사건의 수가 달라진다. 가정집에 침입한 강
도범이 시간적으로 접착된 상황에서 가족 구성원들에게 폭행 또는 협박을 가
해 수인의 재물을 탈취하는 행위는 가족의 공동점유($^{1개의}_{점유}$)를 침탈하는 것으로
서 1개의 강도죄만을 구성하므로[3] 소송법상으로도 하나의 사건이 존재한다.
반면, 사무실과 같은 공간에서 수인으로부터 각자 점유중인 재물을 탈취하는
경우에는 각 별개의 강도죄가 실체적경합관계에 놓이므로 여러 개의 사건이
존재한다. 다만 수개의 개별적 점유를 침탈하더라도 그 과정에서 특정인에
대해 상해를 입혀 포괄하여 1개의 강도상해죄가 성립하는 경우에는[4] 각 강
취행위 간에 소송법상 사건의 동일성이 인정된다.

---

1 대법원 2008. 11. 27. 선고 2008도7311 판결.
2 대법원 2012. 10. 11. 선고 2012도1895 판결.
3 대법원 1996. 7. 30. 선고 96도1285 판결.
4 대법원 2001. 8. 21. 선고 2001도3447 판결.

22 　　절도범이 체포를 면탈할 목적으로 공무집행중인 경찰관에게 폭행·협박을 하면 준강도죄와 공무집행방해죄가 성립하고 양자는 상상적경합관계에 있으므로[1] 소송법상 1개의 사건만 존재한다. 반면, 강도범이 체포를 면탈할 목적으로 경찰관에게 폭행·협박을 한 경우에는 강도죄와 공무집행방해죄의 경합범이 되므로,[2] 강도범행과 경찰관에 대한 폭행·협박은 별개의 사건이다. 나아가 강도범이 경찰관에게 상해를 가하였다면 경찰관에 대한 강도상해죄와 공무집행방해죄의 상상적경합이 되고,[3] 앞의 강도범행은 별죄를 구성하지 않으므로, 소송법상 1개의 사건만 존재한다.

23 　　(다) 사기·배임·횡령　　사기 또는 (업무상)배임·횡령죄는 원칙상 피해자별로 그리고 행위별로 성립하며, 각 죄는 실체적경합관계에 있어 서로 별개의 사건을 이룬다. 대법원은 동일한 피해자에 대해 처음에는 경매보증금을 마련해 시간을 벌어주면 경매목적물을 처분해 갚겠다고 거짓말하여 금전을 편취하고, 2개월 뒤에는 한 번만 더 시간을 벌어주면 위 부동산이 처분될 수 있다고 거짓말하여 금전을 편취하고, 다시 2개월 뒤에는 또 돈을 빌려주지 않으면 앞선 돈을 갚을 수 없다고 거짓말하여 편취한 사안에서 범의의 단일성과 계속성을 부정해 3개 사기죄의 경합범을 인정한 바 있는데,[4] 이 경우 각 편취행위는 소송법상 별개의 사건이다.

24 　　반면, 단일한 범의를 가지고 계속적으로 같은 피해자에 대해 수회에 걸쳐 범행한 경우에는 예외적으로 각 행위 모두가 포괄해 일죄이므로[5] 각 범행 간에 소송법상 동일성이 인정된다. 카드사용으로 인한 대금결제의 의사와 능력이 없으면서도 있는 것처럼 카드회사를 기망하고 이에 착오를 일으킨 카드회사로부터 카드를 발급받아 이를 이용해 수차례에 걸쳐 물품을 구입하거나 현금서비스 등을 받은 경우, 이들 행위는 포괄하여 카드회사에 대한 하나의 사기죄만을 구성하므로,[6] 최초의 기망행위와 카드를 발급받는 행위, 가맹점에서 결제를 하는 행위는 모두 하나의 사건에 속한다.

---

1 대법원 1992. 7. 28. 선고 92도917 판결.
2 대법원 1992. 7. 28. 선고 92도917 판결.
3 서울고등법원 1986. 1. 15. 선고 85노2427 판결.
4 대법원 1989. 11. 28. 선고 89도1309 판결.
5 대법원 1988. 9. 6. 선고 87도1166 판결.
6 대법원 1996. 4. 9. 선고 95도2466 판결.

가령 지급거절을 예견하고 수표를 발행해 주면서 할인금 명목으로 금원 [25]
을 편취하였다면 부수법 제2조 제2항의 죄와 사기죄가 모두 성립하고, 양자
는 경합범으로서 소송법상 별개의 사건이다.[1]

부동산에 피해자 명의의 근저당권을 설정해 줄 의사가 없음에도 피해자 [26]
를 속이고 근저당권설정을 약정해 돈을 편취한 경우, 해당 약정 자체는 따로
사기 등을 이유로 취소되지 않는 이상 유효하여 피해자 명의로 근저당권설정
등기를 해줄 임무가 실제로 발생하므로, 그 임무에 위배해 해당 부동산에 관
해 제3자 명의로 근저당권설정등기를 마치는 행위는 별도로 배임죄를 구성
한다. 이 경우 사기죄와 배임죄의 경합범이 되며,[2] 금전편취행위와 근저당권
설정행위는 소송법상 별개의 사건이다.

자기가 점유하는 재물을 영득한 경우에는 횡령만 성립하고, 타인이 점유 [27]
하는 물건을 영득한 경우 사기는 문제될 수 있어도 횡령은 성립하지 못하므
로, 하나의 영득행위가 횡령이면서 사기일 수는 없다. 양자는 비양립관계에
있어 둘 중 어느 하나의 죄만 성립할 수 있다.[3] 따라서 어느 하나의 영득사
실에 대한 무죄판결이 확정된 후에 다른 하나의 영득사실로 공소가 제기되면
법원은 면소판결을 선고해야 한다.

타인의 사무를 처리하는 자가 그 사무처리상 임무에 위배해 본인을 기 [28]
망하고 착오에 빠진 본인으로부터 재물을 교부받은 경우에는 사기죄와 배임
죄의 상상적경합이 되므로,[4] 기망행위에서 이득행위에 이르는 전과정이 소
송법상 하나의 사건이다.

㈐ 뇌물수수　　뇌물수수죄는 공여자별로 그리고 수수행위별로 성립함이 [29]
원칙이나, 단일하고 계속적인 범의하에 장기간 수차례에 걸쳐 뇌물을 받은

---

1 대법원 1992. 3. 31. 선고 91도2828 판결:「이 사건 사기의 공소사실은 원심판시와 같이 단순
히 피고인이 피해자에게 가계수표를 발행교부하여 그 할인금 명목으로 금원을 차용하였다는
것만이 아니라, 피고인이 마치 타인에 대하여 전세보증금채권을 가지고 있어 변제자력이 있는
것처럼 피해자를 기망하여 금원을 편취하였다는 것이며 원심 거시증거도 위 공소사실을 뒷
받침하고 있으므로, 피고인이 피해자로부터 위 금원을 교부받음에 있어 피해자에게 가계수
표 7매를 발행 교부하였다고 하더라도 이 사건 사기의 공소사실과 확정판결이 있은 위 부수법
위반의 범죄사실 중 원심판시의 가계수표 6매에 관한 부분의 사실은 사회적 사실관계가 그 기
본적인 점에서 동일하다고 볼 수 없는 것이다.」
2 대법원 2008. 3. 27. 선고 2007도9328 판결.
3 대법원 1980. 12. 9. 선고 80도1177 판결.
4 대법원 2002. 7. 18. 선고 2002도669 (全)판결.

경우에는 그 장소와 시간이 다르더라도 포괄일죄가 된다.[1] 가령 공무원이 동일인으로부터 동일직무와 관련해 동일명목으로 수차례 돈을 받은 경우에는 1개의 뇌물수수죄만 성립하고, 각 수뢰행위는 1개의 사건을 이룬다.

30   ㈜ 교통사고   운전중의 과실로 교통사고를 발생시킨 결과 여러 사람이 다치거나 자동차들이 파손된 경우 피해자 수만큼의 교특법위반(치상) 및 도로교통법위반의 죄(도로교통법 제151조)가 성립하고, 이들은 모두 상상적경합관계에 있어 소송법상 1개의 사건을 이룬다. 따라서 운전자가 1명의 피해자에 대한 교특법위반(치상)으로 기소되어 유죄판결을 받아 확정된 후에 다른 피해자에 대한 도로교통법위반으로 기소된 경우, 법원은 면소판결을 해야 한다.

31   운전중 도로에서 차량을 들이받아 그 탑승자를 다치게 한 후 도주한 때에는 특가법위반(도주치상)죄가 성립하는바(특가법 제5조의3 제1항), 교특법위반(치상)의 점과 사상(死傷) 후 미조치에 기한 도로교통법위반(사고후미조치)의 점(도로교통법 제54조 및 제148조)은 이에 흡수되므로 별개사건을 이루지 않는다. 손괴 후 미조치의 점이 따로 도로교통법위반(사고후미조치)죄를 구성하나(같은 법 제54조 및 제148조), 위 도주치상과 상상적경합관계에 있어 역시 동일사건이다. 다만 안전운전의무(같은 법 제48조 제1항) 위반을 이유로 하는 도로교통법 제156조 제1호의 죄는 위의 죄들과 경합범관계에 있으므로 별개의 사건이다.[2]

3. 포괄일죄와 관련된 문제

(1) 포괄일죄의 분단

32   ㈎ 원 칙   대법원은 포괄일죄를 이룰 수 있는 일련의 사건들의 중간에 확정판결이 끼어드는 경우에는 그 판결확정을 기점으로 죄가 분리되며, 이에 따라 판결확정 전의 사건과 판결확정 후의 사건은 소송법상 별개의 사건이 된다고 한다.[3] 가령 절도습벽이 있는 甲이 ① 2023. 1. 야간에 乙의 집에 침입해 지갑을 훔치고, ② 2023. 4. 공범과 함께 丙의 가방을 훔쳤는데, 그

---

1 대법원 1995. 12. 26. 선고 95도2376 판결.

2 대법원 1993. 5. 11. 선고 93도49 판결.

3 대법원 2014. 1. 16. 선고 2013도11649 판결: 「포괄일죄의 관계에 있는 범행 일부에 대하여 판결이 확정된 경우에는 사실심판결선고시를 기준으로 그 이전에 이루어진 범행에 대하여는 확정판결의 기판력이 미쳐 면소의 판결을 선고하여야 하고, 이러한 법리는 영리를 목적으로 무면허 의료행위를 업으로 하는 자의 여러 개의 무면허 의료행위가 포괄일죄의 관계에 있고 그 중 일부에 대하여 판결이 확정된 경우에도 마찬가지로 적용[된다].」

중 후자에 대해서만 2023. 6. 상습절도죄로 기소되어 2023. 9. 항소심에서 유
죄판결을 받은 후 상고기간 도과로 확정된 뒤, ③ 2024. 1. 戊의 목걸이를 훔
친 경우를 보자. 세 범행은 모두 동일한 절도습벽에 기인한 것으로서 본래
형사실체법상 하나의 상습절도죄, 즉 소송법상 1개의 사건을 이룰 수 있는
관계에 있었다. 그러나 ③범행 이전인 2023. 9. ②범행을 상습절도죄로 의율
한 확정판결이 끼어들었으므로, 甲의 절도범행은 이제 ①·②범행과 ③범행으
로 분리되어 소송법상 별개의 사건을 이룬다. 이후 ①·③범행이 발각되어 기
소되는 경우, 법원은 기존의 ②범행에 관한 확정판결의 기판력 범위 내에 있
는 ①범행에 대해서는 면소판결을 해야 하는 반면, 그렇지 않은 ③범행에 대
해서는 실체판결을 할 수 있다.

    판례가 이처럼 확정판결을 기준으로 삼아 그 후에 이루어진 범행을 그   33
전의 범행과 동일성이 없는 별개의 사건으로 규율하는 것은, 포괄일죄를 구
성하는 동일한 습벽에 기한 범행들을 무조건 하나의 사건으로만 취급할 경우
한 번의 확정판결이 있은 후의 모든 상습범행이 기판력에 의해 실체재판의
대상에서 벗어나기 때문이다.[1] 이처럼 본래 전체적으로 하나의 범죄를 구성
하는 일련의 사건들이 확정판결을 기점으로 별개의 죄, 별개의 사건으로 분
리되는 것을 가리켜 포괄일죄의 분단(分斷)이라 한다.[2]

    분단의 기준시점은 그 확정판결의 사실심판결선고시이다. 따라서 재판   34
이 제1심에서 끝난 경우에는 제1심판결선고시[$\left[\begin{smallmatrix}\S143/57\\참조\end{smallmatrix}\right]$] 또는 약식명령 발령시
[$\left[\begin{smallmatrix}\S132/6\\참조\end{smallmatrix}\right]$]이고,[3] 상소심에서 끝난 경우에는 항소심판결선고시이다[$\left[\begin{smallmatrix}\S188/15\\참조\end{smallmatrix}\right]$]. 위 사
례에서 甲이 ②범행에 관해 상고하여 2023. 2. 상고기각판결이 선고되더라도,
상고심은 사실심이 아니므로[$\left[\begin{smallmatrix}\S168/2\\참조\end{smallmatrix}\right]$] 분단의 기준시점은 여전히 ②범행에 대한
사실심판결선고시인 2022. 9.이므로 ②범행과 ③범행 간에 사건의 동일성이
없다는 결론에는 차이가 없다.

    ㈏ 예 외   대법원은 포괄일죄 중 상습범에 관해서는 다음과 같은 예   35
외를 인정한다. 즉, 확정판결을 받은 자가 그 사실심판결선고 이전에 같은 습

---

1 대법원 2007. 3. 29. 선고 2005도7032 판결; 2011. 3. 10. 선고 2010도9317 판결.
2 상세히는 양종모, "포괄일죄 법리의 문제점과 개선방안", 저스티스 제125호(2011), 125쪽
   이하.
3 대법원 1994. 8. 9. 선고 94도1318 판결.

벽으로 동종범죄를 저지른 것이 드러나 기소된 경우, 기존의 확정판결에서
적용된 죄가 상습범이라면 법원은 사건의 동일성을 인정해 면소를 선고해야
하지만, 상습범이 아닌 기본구성요건이라면 법원은 동일성을 부인해 실체재
판을 할 수 있다고 한다.[1] 앞의 사례에 적용할 경우, ②범행에 관한 확정판
결에서 인정된 죄가 상습절도죄($^{상습}_{법}$)가 아니라 특수절도죄($^{비상}_{습범}$)였다면 ①범행
과 ②범행 간에 사건의 동일성은 부인되며, 추후 검사가 ①범행($^{야간주거}_{침입절도}$)을 기
소한다면 법원은 실체판결을 할 수 있다는 결론이 도출된다.

36   그러나 사건의 동일성 여부는 오로지 (과형상) 일죄인지 아니면 경합범
인지를 기준으로 판단할 문제이다. 확정판결의 기판력이 그 죄명이나 적용법
조에 따라 달라진다는 것은 소송법상 사건개념과 맞지 않고 기판력의 본질에
도 어긋난다.[2] 대법원의 위와 같은 기준은 ($^{이른바 '규범적 요소 고}_{려' 판결과 마찬가지로}$) 오로지 범인처
벌만을 위해 형사절차의 근간인 기판력제도의 체계를 흔드는 견해로서 찬성
하기 어렵다.[3]

37   한편, 애초 상습범 자체를 실체법상 수죄로 파악하는 전제에서, 개별 상
습범행이 소송법상 별개의 사건이라고 보는 견해도 있다.[4]

---

1 대법원 2004. 9. 16. 선고 2001도3206 (全)판결의 다수의견:「상습범으로서 포괄적 일죄의 관
   계에 있는 여러 개의 범죄사실 중 일부에 대하여 유죄판결이 확정된 경우에, 그 확정판결의 사
   실심판결선고 전에 저질러진 나머지 범죄에 대하여 새로이 공소가 제기되었다면 그 새로운 공
   소는 확정판결이 있었던 사건과 동일한 사건에 대하여 다시 제기된 데 해당하므로 이에 대하
   여는 판결로써 면소의 선고를 하여야 하는 것인바, 다만 이러한 법리가 적용되기 위해서는 전
   의 확정판결에서 당해 피고인이 상습범으로 기소되어 처단되었을 것을 필요로 하는 것이고,
   상습범 아닌 기본구성요건의 범죄로 처단되는 데 그친 경우에는, 가사 뒤에 기소된 사건에서
   비로소 드러났거나 새로 저질러진 범죄사실과 전의 판결에서 이미 유죄로 확정된 범죄사실 등
   을 종합하여 비로소 그 모두가 상습범으로서의 포괄적 일죄에 해당하는 것으로 판단된다 하더
   라도 뒤늦게 앞서의 확정판결을 상습범의 일부에 대한 확정판결이라고 보아 그 기판력이 그
   사실심판결선고 전의 나머지 범죄에 미친다고 보아서는 아니 된다.」
2 대법원 2004. 9. 16. 선고 2001도3206 (全)판결의 반대의견:「공소제기의 효력은 포괄일죄 전
   부에 대하여 미치므로, 단일한 하나의 범죄를 분할하여 각기 달리 심판하는 것은 허용될 수 없
   다. … 후에 공소제기된 사건에 관하여 확정판결이 있었는지 여부는 그 사건의 공소사실의 전
   부 또는 일부에 대하여 이미 판결이 있었는지 여부의 문제이고, 이는 전의 확정판결의 죄명이
   나 판단내용에 의하여 좌우되는 것이 아니므로, 이론상으로도 전의 확정판결에서 단순사기죄
   로 판단한 것의 구속력을 인정할 여지는 없고, 단순사기죄의 확정판결에 그와 같은 내용적 확
   정력을 인정할 법령상의 근거 역시 찾아볼 수 없다.」
3 김정한/김현조, "포괄일죄의 일부에 대한 확정판결의 기판력과 죄수 문제", 형사소송의 이론과
   실무 제8권 제2호(2016), 169쪽 이하.
4 대법원 2004. 9. 16. 선고 2001도3206 (全)판결의 별개의견:「원래 '상습성'이란 '행위자의 속
   성'이라는 점에는 학설·판례상 이론이 없고 다수의견도 이를 받아들이고 있는바, 이는 곧 단
   한번 저질러진 범행이라도 그것이 상습성의 발현에 의한 것이라면 상습범이 된다는 것이다.

(2) 포괄일죄의 일부와 상상적경합관계에 있는 사실　　포괄일죄관계　38
에 있는 여러 범행들 중 일부에 대한 확정판결의 기판력은, 그 사실심판결선
고 전에 이루어진 개별범행은 물론, 그와 상상적경합관계에 있는 다른 죄에
도 미친다.[1] 가령 피해자 A에 대해 단일하고 계속된 범의하에 동일한 방법
으로 이루어진 수회의 모욕행위를 포괄하여 1개의 모욕죄로 처단한 유죄판
결이 확정되었는데, 그 후 동일기간 내 동일한 기회에 같은 범의와 방법으로
A와 B를 동시에 모욕한 행위가 발각되어 기소된 경우, 앞선 확정판결의 기
판력은 A에 대한 모욕죄는 물론 그와 상상적경합관계에 있는 B에 대한 모욕
죄에도 미치므로, 법원은 공소사실 전체에 관해 면소판결을 해야 한다.[2]

따라서 상습범이 성립하기 위하여는 반드시 수개의 범행이 반복될 것을 그 구성건요소로 하
거나 예정하고 있는 것은 아니다. 그러므로 상습성이 발현된 수개의 범행이 있는 경우에 각개
의 범행 상호간에 보호법익이나 행위의 태양과 방법, 의사의 단일 또는 갱신 여부, 시간적·장
소적 근접성 등 일반의 포괄일죄 인정의 기준이 되는 요소들을 전혀 고려함이 없이 오로지 '상
습성'이라는 하나의 표지만으로 곧 모든 범행을 하나로 묶어 포괄하여 일죄라고 할 수는 없는
것이다. 상습범 가중처벌규정의 입법취지는 상습성 있는 자의 범행은 위험성과 해악성이 더
크므로 이를 더 무겁게 처벌하려는 데에 있을 뿐이지 이에 더하여 '포괄하여 하나의 죄로' 처
벌하려고 하는 데에 있는 것이 아니고, 이를 더 무겁게 처벌하기 위하여는 수죄로 보아 경합범
가중까지 할 수 있어야 하는 것이다. … 이상과 같은 이유로 수개의 상습사기 범행은 원칙으로
수개의 죄로 보아야 [한다].」 상세히는 김성돈, "상습범의 죄수", 법조 제51권 제2호(2002),
137쪽 이하; 장윤순, "상습범의 상습성 인정기준과 죄수판단에 대한 연구", 강원법학 제38권
(2013), 529쪽 이하.

1 대법원 2023. 6. 29. 선고 2020도3705 판결:「포괄일죄관계인 범행의 일부에 대하여 판결이 확
   정되거나 약식명령이 확정되었는데 그 사실심판결선고시 또는 약식명령발령시를 기준으로 그
   이전에 이루어진 범행이 포괄일죄의 일부에 해당할 뿐만 아니라 그와 상상적경합관계에 있는
   다른 죄에도 해당하는 경우에는 확정된 판결 내지 약식명령의 기판력은 위와 같이 상상적경합
   관계에 있는 다른 죄에 대하여도 미친다.」

2 서울서부지방법원 2020. 2. 13. 선고 2019노1640 판결(위 대법원 2020도3705 판결의 원심):「피
   고인은 A에 대한 모욕죄 등으로 2018. 6. 22. 약식명령을 발령받아 2018. 8. 8. 약식명령이 확
   정되었다. 위 약식명령 중 모욕죄 범죄사실은 '피고인이 2017. 10. 26.부터 2017. 12. 9.까지 총
   8회에 걸쳐 자신의 집에서 스마트폰으로 인스타그램에 접속한 후 댓글을 게재하여 A를 모욕하
   였다'는 것이다. 위 A에 대한 모욕죄는 동일 죄명에 해당하는 여러 개의 행위를 단일하고 계속
   된 범의 아래 일정기간 계속하여 행하고 그 피해법익도 동일한 경우이므로 각 행위를 통틀어
   포괄일죄가 된다. 한편, 이 사건 모욕의 점 중 별지 범죄일람표 3 연번 1 내지 4 기재 각 공소
   사실은 2017. 12. 23.부터 2017. 12. 25.까지 동일한 기회에 A와 피해자 B에 대한 글을 게재하
   여 모욕한 것으로, 위 행위는 사회관념상 1개의 행위로 평가되므로 A와 피해자 B에 대한 각
   모욕죄는 상상적경합관계에 있다. 위 각 공소사실 중 A에 대한 모욕죄는 피고인이 A에게 집착
   하여 단일하고 계속된 범의 아래 동일한 방법으로 계속하여 행하고 피해법익이 동일하므로 위
   와 같이 약식명령이 확정된 죄와 포괄일죄관계에 있다. 그렇다면 위와 같이 A에 대한 범죄행
   위에 관하여 확정된 약식명령의 기판력은 이 사건 모욕의 점 중 위 약식명령의 발령시인
   2018. 6. 22. 이전에 범한 포괄일죄관계에 있는 별지 범죄일람표 3 연번 1 내지 4 기재 피해자
   B에 대한 각 공소사실에 미친다.」

§54   **제 2 공소시효의 완성**

I. 의   의

1   형사소송법은 범죄가 종료된 때로부터 일정한 기간이 경과한 사건은 실
체재판의 관심영역에서 이탈시켜 유·무죄의 선고를 할 수 없도록 하고 있는
데, 이 기간을 가리켜 공소시효라 한다($\frac{\text{제249}}{\text{조}}$). 공소시효가 경과해 더 이상 소
추를 할 수 없게 되는 것을 공소시효의 완성이라 한다($\frac{\text{같은 조}}{\text{제1항}}$). 공소시효가 완
성된 경우 i) 사법경찰관은 불송치결정$\left[\substack{§84/17 \\ \text{참조}}\right]$, ii) 검사는 불기소처분$\left[\substack{§87/20 \\ \text{참조}}\right]$,
iii) 수소법원은 면소판결$\left[\substack{§160/1 \\ \text{참조}}\right]$을 해야 한다($\frac{\text{제326조}}{\text{제3호}}$). 환언하면 공소시효의 미
완성은 곧 소송조건이다.

II. 공소시효의 기간

1. 법정형 기준

2   제249조는 개별 구성요건에 따른 법정형을 기준으로 구간을 나누어 공
소시효기간을 정하고 있다. i) 사형에 해당하는 범죄는 25년, ii) 무기징역 또
는 무기금고에 해당하는 범죄는 15년, iii) 장기 10년 이상의 징역 또는 금고
에 해당하는 범죄는 10년, iv) 장기 10년 미만의 징역 또는 금고에 해당하는
범죄는 7년, v) 장기 5년 미만의 징역 또는 금고, 장기 10년 이상의 자격정지
또는 벌금에 해당하는 범죄는 5년, vi) 장기 5년 이상의 자격정지에 해당하는
범죄는 3년, vii) 장기 5년 미만의 자격정지, 구류, 과료 또는 몰수에 해당하
는 범죄는 1년이다. 법정형이 2개 이상인 경우에는 가장 중한 것이 기준이
된다($\frac{\text{제250}}{\text{조}}$).

3   교사범·종범의 경우 정범의 법정형이 기준이 되고, 필요적공범의 경우
개별 행위자별로 공소시효가 정해진다. 행위자와 사업주($\substack{\text{법인} \\ \text{포함}}$)를 모두 벌하는
양벌규정의 경우에도 행위자와 사업주는 각자의 법정형에 따른 공소시효기
간을 적용받는다.

4   공소장변경$\left[\substack{§147/1 \\ \text{참조}}\right]$이 있는 경우, 공소시효기간은 변경된 공소사실을 기준
으로 한다.[1]

---

1 대법원 2002. 10. 11. 선고 2002도2939 판결: 「공소시효의 완성 여부는 당초의 공소제기가 있

2. 가중적구성요건

공소시효기간의 기준이 되는 것은 법정형이고 처단형이 아니다. 따라서 누범가중, 중지미수감경, 경합범가중과 같은 형법총칙상의 가중·감경요소는 공소시효기간에 영향을 주지 않는다($^{제251}_{조}$). 그러나 형법각칙이나 특별형법의 가중적구성요건 규정의 형은 그 자체 독립된 법정형으로서 공소시효기간을 정하는 기준이 된다($^{제250}_{조}$).[1]

(1) 형법각칙　　형법각칙상 가중적구성요건으로 공소시효기간이 늘어나는 예는 다음과 같다. i) 단순절도는 공소시효기간이 7년인 반면, 야간주거침입절도나 특수절도는 10년이다($^{형법 제329조}_{내지 제331조}$). ii) 강도는 10년인 데 반해, 특수강도나 강도상해는 15년이다($^{형법 제333조}_{내지 제337조}$). iii) 단순협박은 5년, 특수협박이나 강요는 7년, 공갈은 10년이다($^{형법 제283조 제1항, 제}_{284조, 제324조, 제350조}$). iv) 명예훼손·출판물에의한명예훼손·사자명예훼손·모욕은 모두 5년인 데 비해, 허위사실적시 명예훼손은 7년이다($^{형법 제307조 내지 제309}_{조, 정통망법 제70조 제2항}$). v) 단순횡령·배임은 7년, 업무상횡령·배임은 10년이다($^{형법 제355}_{조, 제356조}$).

(2) 형사특별법

(가) 재산범죄에서 이득액이 5억원 이상인 경우　　　특경법 제3조는 사기·컴퓨터등사용사기·(특수)공갈·(업무상)횡령·(업무상)배임의 법정형을 i) 이득액이 5억원 이상인 경우 3년 이상의 징역, ii) 이득액이 50억원 이상인 경우 무기 또는 5년 이상의 징역으로 정하고 있다. 가령 형법상 법정형이 5년 이하의 징역인 횡령죄·배임죄의 공소시효기간은 이득액이 5억원 미만이면 7년($^{형법}_{제355조}$), 5억원 이상이면 10년($^{특경법 제3조}_{제1항 제2호}$), 50억원 이상이면 15년($^{같은 항}_{제1호}$)이다. 사기·컴퓨터등사용사기·(특수)공갈·업무상횡령·업무상배임의 경우 기본적으로 형법상 법정형이 10년 이하의 징역이므로 공소시효기간은 기본적으로 10년이고, 이득액이 50억원 이상이면 15년($^{같은 항}_{제1호}$)이다.

었던 시점을 기준으로 판단할 것이고 공소장변경시를 기준으로 삼을 것은 아니고, 공소장변경 절차에 의하여 공소사실이 변경됨에 따라 그 법정형에 차이가 있는 경우에는 변경된 공소사실에 대한 법정형이 공소시효기간의 기준이 된다.」

1　대법원 1979. 4. 24. 선고 77도2752 판결:「특가법 제8조는 연간 포탈세액이 일정액 이상이라는 가중사유를 구성요건화해서 조세범처벌법 제3조 제1항의 행위와 합쳐서 하나의 범죄유형으로 하고 그에 대한 법정형을 규정한 것이라고 할 것이므로 위 특가법 제8조 위반죄의 공소시효기간은 동법조항의 법정형에 따라야 할 것[이다].」

5

6

7

8   (a) 죄수관계와 이득액   경합범의 경우 이익금액이 가장 높은 죄를 기준으로 이득액을 산정해야 하고, 합산해서는 안 된다.[1] 가령 동일인으로부터 동일범의·동종수법으로 단기간에 3회에 걸쳐 각 2억원씩 총 6억원을 횡령한 행위는 1개의 특경법위반(횡령)죄를 구성하여 공소시효기간이 10년인 반면, 3명의 피해자에 대해 각 2억원씩 총 6억원을 횡령하였다면 형법 제355조의 횡령죄가 3개 성립할 뿐이므로 공소시효기간은 각 행위별로 7년이다.

9   (b) 공제금액   범행 당시 대가가 지급된 경우에도 이득액은 대가를 공제한 차액이 아니라 교부받은 이익 전부이다.[2] 그러나 근저당권설정등기가 되어 있는 부동산을 편취한 경우, 그 이득액은 원칙적으로 부동산의 시가상당액에서 근저당권의 채권최고액 범위 내에서의 피담보채권액, 압류에 걸린 집행채권액, 가압류에 걸린 청구금액 범위 내에서의 피보전채권액 등을 뺀 실제의 교환가치를 기준으로 산정해야 한다.[3] 예컨대 시가 60억원의 부동산을 편취했더라도, 담보금액을 제외한 나머지가 50억원 미만이라면 특경법 제3조 제1항 제2호가 적용되므로 공소시효기간은 15년이 아니라 10년이다.

10   유가증권 편취의 이득액은 유가증권 액면가액이지만, 은행을 기망해 유가증권을 할인받는 편취행위에서 이득액은 액면가액이 아니라 실수령 현금액이다.[4] 즉, 수표의 액면가액이 50억원이 넘어도 할인받아 실제 편취한 금액이 50억원에 미치지 않는다면 공소시효기간은 15년이 아니라 10년이다.

11   (나) 뇌물범죄에서 수뢰액이 3천만원 이상인 경우   형법 제129조, 제130조, 제132조의 뇌물죄는 수뢰액이 3천만원 미만이면 공소시효기간이 7년이다. 반면, 수뢰액이 3천만원 이상이면 특가법 제2조 제1항의 법정형이 적용되는 바, 그에 따른 공소시효기간은 i) 3천만원 이상 1억원 미만이면 10년, ii) 1억원 이상이면 15년이다.

---

1 대법원 2011. 2. 24. 선고 2010도13801 판결.
2 대법원 2000. 7. 7. 선고 2000도1899 판결.
3 대법원 2007. 4. 19. 선고 2005도7288 (全)판결:「부동산에 아무런 부담이 없는 때에는 그 부동산의 시가상당액이 곧 그 가액이라고 볼 것이지만, 그 부동산에 근저당권설정등기가 경료되어 있거나 압류 또는 가압류 등이 이루어져 있는 때에는 특별한 사정이 없는 한 아무런 부담이 없는 상태에서의 그 부동산의 시가상당액에서 근저당권의 채권최고액 범위 내에서의 피담보채권액, 압류에 걸린 집행채권액, 가압류에 걸린 청구금액 범위 내에서의 피보전채권액 등을 뺀 실제의 교환가치를 그 부동산의 가액으로 보아야 할 것이다.」
4 대법원 2009. 7. 23. 선고 2009도2384 판결.

(a) 합　산　　　수회에 걸친 뇌물수수가 포괄일죄로 되는 경우에는 합산액　　12
을 기준으로 수뢰액을 산정한다. 또한, 수수한 금품에 직무행위와 대가관계
가 있는 부분과 그렇지 않은 부분이 불가분적으로 결합되어 있는 경우 금품
전액을 수뢰액으로 본다.[1] 뇌물수수 후 일부를 상납하거나 자신의 편의에
따라 그중 일부를 타인에게 교부하거나 액수가 예상한 것보다 너무 많아 후
일 이를 반환하더라도 최초에 받은 전액이 수뢰액이다.

　　　수인이 공동으로 뇌물을 수수한 경우에는 공범자 전원이 받은 것을 합　　13
친 금액이 수뢰액이다.[2] 뇌물수수자가 제3자를 초대해 함께 접대를 받았다
면 특별한 사정이 없는 한 그 제3자의 접대에 들인 비용도 뇌물수수자의 접
대에 들인 비용에 포함된다.[3]

(b) 공제금액　　　금전 무상대여의 경우 수뢰액은 금융이익 상당, 즉 통상　　14
이율이나 법정이율 상당 금액이고 해당 대여금액 전체가 아니다.[4] 향응을
받은 경우 뇌물가액에서 향응제공자가 소비한 비용액은 제외해야 하며, 각자
에 들인 비용액이 불명인 경우에는 이를 평등하게 분할해 계산한다.

3. 공소시효기간의 변동

(1) 법령개폐　　　형사실체법 개정으로 법정형이 변경된 경우, 공소시효기　　15
간은 구법과 신법 중 가벼운 법정형에 따른다($\substack{형법 \\ 제1조}$).[5] 형사절차법의 개정으로
공소시효기간이 달라진 경우에도 원칙상 개정 전후를 비교해 더 짧은 것을
적용하며, 예외적으로 이를 배제한다는 취지의 경과규정이 있는 때에만 더
긴 것이 적용된다. 입법자가 그러한 경과규정을 누락한 경우에 이를 입법의
불비로 보아 더 긴 공소시효기간을 적용하는 것은 피고인에게 불이익한 유추
로서 허용되지 않는다.[6]

1　대법원 2009. 8. 20. 선고 2009도4391 판결.
2　대법원 1999. 8. 20. 선고 99도1557 판결.
3　대법원 2001. 10. 12. 선고 99도5294 판결.
4　대법원 2014. 5. 16. 선고 2014도1547 판결.
5　광주고등법원(제주) 2014. 8. 20. 선고 2014노53 판결(대법원 2016. 8. 30. 선고 2014도11635
　　판결로 확정):「피고인의 입장에서는 공소시효에 따라 형벌의 유무가 달라지는 결과를 가져오
　　고 공소시효가 배제·연장됨에 따라 실질적인 불이익을 입는 점과 헌법상 죄형법정주의의 파
　　생원칙인 형사법의 엄격해석의 원칙을 고려하면, 형법 제1조를 유추적용하여 개정 전후를 비
　　교하여 가장 짧은 공소시효기간에 따라야 한다고 보는 것이 옳다.」
6　광주고등법원(제주) 2015. 1. 7. 선고 2014노99, 2014전노19 판결(대법원 2015. 5. 28. 선고

16   (2) 시효연장   일부 성폭력범죄(성폭법 제2조 제3호, 제4호 및 / 제3조 내지 제9조, 아청법 제7조)는, DNA증거 등 그 죄를 증명할 수 있는 과학적 증거가 있는 때에는 공소시효가 10년 연장된다(성폭법 제21조 제2항, / 아청법 제20조 제2항). 여기서 'DNA증거 등 그 죄를 증명할 수 있는 과학적 증거가 있는 때'란 DNA 감정 결과, 사진 또는 문서의 복원, CCTV 등 영상자료의 확보, 성문 분석의 결과, 지문 또는 족적의 확보 등 오랜 시간이 지나도 그 증명력과 신빙성이 떨어지지 않는 과학적 증거의 획득으로 진실규명이 가능하게 된 경우를 말한다.[1] 다만 그것을 통해 범인까지 곧바로 특정이 가능할 것을 요하지는 않는다.[2]

17   DNA 등 과학적 증거는 기본 공소시효기간이 만료되기 전에 발견되어야 한다. 공소시효가 일단 만료된 후에 이를 연장한다는 것은 개념상 불가능하므로, 기본 공소시효기간이 만료된 후 DNA 등 과학적 증거가 발견되었다고 해서 소급하여 연장효가 생기지는 않는다.

4. 선거·조세사건 특례

18   (1) 선거사범   공직선거법위반죄의 공소시효는 당해 선거일 후 6개월(선거일 후 행해진 범죄는 그 / 행위가 있은 날로부터 6개월)의 경과로 완성된다(공직선거법 제268 / 조 제1항 본문). 다만, i) 범인이 도피했거나 공범·참고인을 도피시킨 경우에는 선거일 후 3년, ii) 선상투표와 관련해 선박에서 범해진 공직선거법위반죄의 경우에는 범인이 국내에 들어온 날로부터 6개월, iii) 공무원(같은 법 제60조 제1항 제4호 단서에 따 / 라 선거운동을 할 수 있는 사람은 제외)이 그 직무와 관련하여 또는 지위를 이용하여 범한 공직선거법위반죄의 경우에는 해당 선거일 후 10년(선거일 후에 행해진 범죄는 / 그 행위가 있는 날부터 10년)의 경과로 공소시효가 완성된다(같은 법 제268조 제1 / 항 단서 내지 제3항).

19   (2) 조세사건   조세범처벌법 제3조 내지 제14조에 규정된 죄의 공소시효기간은 7년(법인은 경우에 / 따라 10년)이다(조세범처벌 / 법 제22조).

---

1 서울고등법원 2020. 4. 24. 선고 2019노2316 판결(대법원 2020. 7. 29. 선고 2020도5323 판결로 확정): 「DNA증거 등 그 죄를 증명할 수 있는 과학적인 증거」라 함은, DNA 감정 결과 등 오랜 시간이 지나도 그 증명력과 신빙성이 떨어지지 않아 성폭력범죄의 범죄행위자의 신원을 입증할 수 있는 증거라는 취지이므로, 피해자의 진술증거 등과 더불어 피고인이 범한 성폭력범죄임을 증명할 수 있으면 된다. 그러므로 강간범행을 입증하기 위해서 반드시 성폭력피해자의 질내에서 채취된 정액의 DNA만이 위 규정 소정의 '그 죄를 증명할 수 있는 과학적인 증거'에 해당한다고 볼 수 없고, 정액 DNA 자체만으로 범죄행위자의 폭행·협박까지 증명된다고 볼 수도 없다.」

2 광주지방법원 해남지원 2020. 3. 18. 선고 2018고합38 판결(광주고등법원 2020. 6. 18. 선고 2020노126 판결로 확정).

Ⅲ. 공소시효의 기산점

1. 범죄행위 종료일

공소시효는 범죄행위가 종료된 때로부터 진행한다(제252조 제1항). 본래 기간계산은 초일불산입이 원칙이나 공소시효의 경우 초일을 산입하므로(제66조 제1항 단서), 범죄행위가 종료된 그날이 바로 공소시효기간의 기산점이다. 구성요건해당행위를 한 시점과 결과발생시점이 다른 때에는 후자가 기산점이 되는바,[1] 가령 교통사고의 피해자가 병원에 입원했다가 며칠 후 사망한 경우 교특법위반(치사)의 공소시효는 사고일이 아니라 사망일로부터 진행한다.[2]   20

포괄일죄의 경우 최종범죄 종료시,[3] 미수범의 경우 실행행위 종료시[4]부터 공소시효기간이 진행하며, 공범의 경우 최종행위 종료시로부터 공범 전체에 대한 공소시효기간이 진행한다(제252조 제2항). 목적범의 경우 목적이 달성된 시점을 기준으로 해야 한다는 견해가 있으나, 목적범에서 목적은 범죄결과 발생과 무관한 요소이므로 해당 범죄의 성격(결과범·거동범 여부)을 고려해 판단해야 한다.   21

결과적가중범의 공소시효는 기본행위 종료시가 아니라 중한 결과의 발생시부터 진행한다.[5] 다만, 그때가 언제인지 불분명한 때(가령 강간으로 인해 외상 후 스트레스 장애가 발생했는데 그 발병시점이 불분명한 경우)에는 피고인에게 유리하게 판단해야 한다[§112/1 참조].[6]   22

2. 미성년자 대상 범죄에 대한 특례

아동학대범죄, 미성년자에 대한 성폭력범죄의 공소시효는 제252조 제1항에도 불구하고 해당 성폭력범죄로 피해를 당한 미성년자가 성년에 도달한 날로부터 진행한다(성폭법 제21조 제1항, 아청법 제20조 제1항, 아학법 제34조 제1항).   23

---

1 대법원 1997. 11. 28. 선고 97도1740 판결; 2003. 9. 26. 선고 2002도3924 판결.

2 대법원 1994. 3. 22. 선고 94도35 판결; 1996. 8. 23. 선고 96도1231 판결.

3 대법원 2021. 3. 11. 선고 2020도12583 판결.

4 대법원 2000. 2. 11. 선고 99도4459 판결:「법원을 기망하여 유리한 판결을 얻어내고 이에 터잡아 상대방으로부터 재물이나 재산상 이익을 취득하려고 소송을 제기하였다가 법원으로부터 패소의 종국판결을 선고받고 그 판결이 확정되는 등 법원으로부터 유리한 판결을 받지 못하고 소송이 종료됨으로써 미수에 그친 경우에, 그러한 소송사기미수죄에 있어서 범죄행위의 종료시기는 위와 같이 소송이 종료된 때라고 할 것이[다].」

5 의정부지방법원 2019. 11. 7. 선고 2018나214488 판결(대법원 2021. 8. 19. 선고 2019다297137 판결로 확정).

6 서울중앙지방법원 2019. 11. 15. 선고 2019고합469 판결.

Ⅳ. 공소시효의 완성

24   공소시효는 그 기간의 마지막 날이 지남으로써 완성된다. 기간의 말일이 공휴일이나 토요일인 경우 그 익일로 만료한다는 일반원칙(민법제161조)은 공소시효에는 적용되지 않으므로(제66조 제3항 단서), 공소시효기간의 마지막날이 휴일이라도 그 이튿날 오전 0시로 공소시효가 완성된다[§47/7 참조]. 법원은 심리결과 최종적으로 인정된 사실을 기준으로 공소시효 완성 여부를 판단해야 한다. 예를 들어 사건발생 후 8년이 지나 업무상횡령죄로 공소제기된 사건에서 심리 결과 횡령죄만 인정된다면 법원은 면소판결을 선고해야 한다.

Ⅴ. 공소시효의 정지

1. 개   념

25   일반적으로 법률상의 각종 시효기간은 일정한 사유가 발생하는 경우에 그 진행이 멈추게 되어 있는바, i) 그 사유가 해소될 경우 잔여기간이 다시 진행할 것을 예정하고서 멈추는 것을 시효의 정지라 하고, ii) 그 사유가 없어질 경우 시효기간이 처음부터 다시 진행할 것을 예정하고서 멈추는 것을 시효의 중단이라 한다. 민사상 소멸시효와 취득시효는 물론 형의 시효에서도 중단·정지가 모두 존재하는 반면, 공소시효에서는 정지만 인정된다.

2. 사   유

26   (1) 공소의 제기   공소시효는 검사의 공소제기(또는 경찰서장의 즉결심판청구)로 그 진행이 정지된다. 공소제기는 공소장이 법원에 도달한 때 그 효력이 발생하고, 통상 법원직원이 공소장에 접수인을 찍은 날짜가 공소제기일로 추정되므로,[1] 바로 이 날에 공소시효가 정지된다고 볼 수 있다. 공소제기가 반드시 유효하거나 적법한 것일 필요는 없다.

27   공소제기 후 공판에서 공소기각·관할위반의 재판이 선고된 경우, 그 재판이 확정된 때로부터 남은 시효기간이 계속 진행된다(제253조제1항). 반면, 실체판결이나 면소판결이 확정된 때에는 공소시효의 재진행이 문제될 여지가 없다.

28   공소제기로 인한 공소시효정지는 공소가 제기된 피고인에 대해서만 효

---

1 대법원 2002. 4. 12. 선고 2002도690 판결.

력이 있다. 그러므로 범인 아닌 자에 대해 공소가 제기되더라도 진범에 대한 공소시효는 계속 진행된다. 그리고 공범 중 1인에 대한 공소시효정지는 다른 공범자에게도 효력이 미치고($\frac{제253조}{제2항}$), 해당 사건의 재판이 확정된 때로부터 다시 진행한다. 여기서 공범이란 공동정범($\frac{합동범}{포함}$), 교사범, 종범을 뜻하며, 대향범을 비롯한 필요적공범은 이에 포함되지 않는다.[1]

(2) 범인의 국외도피   공소시효는 범인이 형사처벌을 면할 목적으로 국외에 도피한 기간 동안 정지된다($\frac{제253조}{제3항}$). 형사처분을 면할 목적이 반드시 국외체류의 유일한 목적일 필요는 없고, 여러 국외체류 목적 중에 포함되어 있으면 족하다.[2] 다만 당해 사건에 관해 알지 못하는 상태에서 다른 사건과 관련한 형사처분을 면할 목적으로 국외에 있었던 경우에는 '형사처분을 면할 목적'이 있다고 할 수 없다.[3]

29

대법원은, 범인이 별개 범죄로 외국의 수감시설에 수감된 경우, 그 범행에 대한 법정형이 당해 범죄의 법정형보다 월등하게 높고 실제 그 범죄로 인한 수감기간이 당해 범죄의 공소시효기간보다 현저하게 길어서 범인이 수감기간중에 생활근거지가 있는 우리나라로 돌아오려고 했을 것으로 넉넉잡아 인정할 수 있는 사정이 있다면, 그 수감기간에는 '형사처분을 면할 목적'이 유지되지 않았다고 볼 여지가 있다고 한다.[4]

30

---

1 대법원 2015. 2. 12. 선고 2012도4842 판결: 「위 조항은 공소제기 효력의 인적 범위를 확장하는 예외를 마련하여 놓은 것이므로 원칙적으로 엄격하게 해석하여야 하고 피고인에게 불리한 방향으로 확장하여 해석해서는 아니 된다. … 이른바 대향범 관계에 있는 자는 강학상으로는 필요적공범이라고 불리고 있으나, 서로 대향된 행위의 존재를 필요로 할 뿐 각자 자신의 구성요건을 실현하고 별도의 형벌규정에 따라 처벌되는 것이어서, 2인 이상이 가공하여 공동의 구성요건을 실현하는 공범관계에 있는 자와는 본질적으로 다르며, 대향범 관계에 있는 자 사이에서는 각자 상대방의 범행에 대하여 형법총칙의 공범규정이 적용되지 아니한다. 이러한 점들에 비추어 보면 제253조 제2항에서 말하는 '공범'에는 뇌물공여죄와 뇌물수수죄 사이와 같은 대향범 관계에 있는 자는 포함되지 않는다.」

2 대법원 2015. 6. 24. 선고 2015도5916 판결: 「'형사처분을 면할 목적'은 국외체류의 유일한 목적으로 되는 것에 한정되지 않고 범인이 가지는 여러 국외체류목적 중에 포함되어 있으면 충분하다. 범인이 국외에 있는 것이 형사처분을 면하기 위한 방편이었다면 '형사처분을 면할 목적'이 있었다고 볼 수 있고, '형사처분을 면할 목적'과 양립할 수 없는 범인의 주관적 의사가 명백히 드러나는 객관적 사정이 존재하지 않는 한 국외체류기간 동안 '형사처분을 면할 목적'은 계속 유지된다.」

3 대법원 2014. 4. 24. 선고 2013도9162 판결: 「피고인이 당해 사건으로 처벌받을 가능성이 있음을 인지하였다고 보기 어려운 경우라면 피고인이 다른 고소사건과 관련하여 형사처분을 면할 목적으로 국외에 있은 경우라고 하더라도 당해 사건의 형사처분을 면할 목적으로 국외에 있었다고 볼 수 없다.」

4 대법원 2008. 12. 11. 선고 2008도4101 판결.

31   ⑶ 기 타   그 밖에, i) 미성년자에 대한 성폭력범죄의 공소시효는 그 피해를 당한 미성년자가 성년이 되는 날까지 정지되고($\genfrac{}{}{0pt}{}{\text{성폭법 제}}{\text{21조 제1항}}$), ii) 불기소처분에 대한 재정신청이 있는 경우 고등법원의 재정결정이 있을 때까지 공소시효의 진행이 정지되며($\genfrac{}{}{0pt}{}{\text{제262}}{\text{조의4}}$), iii) 특별법상의 일정한 보호사건에 대해 판사의 심리개시결정이 있는 경우에는 그 시점으로부터 그 사건에 대한 보호처분결정이 확정될 때까지 공소시효의 진행이 정지된다($\genfrac{}{}{0pt}{}{\text{가폭법 제17조 제1항, 아학}}{\text{법 제34조, 소년법 제54조}}$). iv) 대통령이 범한 죄의 경우, 내란·외환의 죄가 아닌 한 그 재직기간 동안 공소시효의 진행이 정지된다($\genfrac{}{}{0pt}{}{\text{헌법}}{\text{제84조}}$).[1]

Ⅵ. 공소시효의 배제

32   i) 사람을 살해한 범죄로 사형에 해당하는 범죄($\genfrac{}{}{0pt}{}{\text{살인·강도살인}}{\text{·강간살인 등}}$)에 대해서는 공소시효가 배제된다($\genfrac{}{}{0pt}{}{\text{제253조의2;}}{\text{종범 제외}}$). 그 밖에, ii) 내란·외환($\genfrac{}{}{0pt}{}{\text{형법 제2편}}{\text{제1장, 제2장}}$)과 반란·이적($\genfrac{}{}{0pt}{}{\text{군형법 제2편}}{\text{제1장, 제2장}}$)의 죄($\genfrac{}{}{0pt}{}{\text{헌정범죄시효법}}{\text{제3조 제1호}}$), iii) 「집단살해죄의 방지와 처벌에 관한 협약 (Convention on the Prevention and Punishment of the Crime of Genocide)」에 규정된 집단살해에 해당하는 범죄($\genfrac{}{}{0pt}{}{\text{같은 조}}{\text{제2호}}$), iv) 13세 미만의 사람 및 신체적 또는 정신적 장애가 있는 사람에 대한 일정한 성폭력범죄($\genfrac{}{}{0pt}{}{\text{성폭법 제21조 제3항,}}{\text{아청법 제20조 제3항}}$)에 대해서도 공소시효의 적용이 배제된다.

Ⅶ. 재판시효

33   공소제기된 사건에 관해 판결확정 없이 25년이 경과된 때에는 공소시효가 완성된 것으로 간주한다($\genfrac{}{}{0pt}{}{\text{제249조}}{\text{제2항}}$). 이는 피고인의 소재불명 등으로 인한 영구미제사건을 종결하기 위해 마련된 제도로서 재판시효 또는 의제공소시효라 한다[$\genfrac{}{}{0pt}{}{\S171/18}{\text{참조}}$].

---

1 헌법재판소 1995. 1. 20. 선고 94헌마246 (全)결정: 「비록 헌법 제84조에는 "대통령은 내란 또는 외환의 죄를 범한 경우를 제외하고는 재직중 형사상의 소추를 받지 아니한다."라고만 규정되어 있을 뿐 헌법이나 형사소송법 등의 법률에 대통령의 재직중 공소시효의 진행이 정지된다고 명백히 규정되어 있지는 않다고 하더라도, 위 헌법규정의 근본취지를 대통령의 재직중 형사상의 소추를 할 수 없는 범죄에 대한 공소시효의 진행은 정지되는 것으로 해석하는 것이 원칙일 것이다. 즉, 위 헌법규정은 바로 공소시효진행의 소극적 사유가 되는 국가의 소추권행사의 법률상 장애사유에 해당하므로, 대통령의 재직중에는 공소시효의 진행이 당연히 정지되는 것으로 보아야 한다.」

제 3 사면과 형의 폐지

Ⅰ. 사   면

피고사건에 관해 사면이 있는 때에는 면소판결을 선고해야 한다(제326조 제2호). 여기서 사면이란 일정한 종류의 범죄에 대해 일반적으로 이루어지는 사면, 즉 일반사면을 말한다.[1] 형의 선고를 받은 자에게 그 집행을 면제하는 특별 사면은 면소사유가 아니다.[2]

1

형선고 후에 일반사면이 있는 경우 그 선고는 효력을 잃는다(사면법 제5조 제1항 제1호).

2

Ⅱ. 형의 폐지

법원이 실체재판을 선고하려면 해당 형벌조항이 존속해야 한다. 범죄 후 법령개폐로 형벌조항이 없어진 경우에는 면소판결을 선고해야 한다(제326조 제4호). '범죄 후'란 범죄의 완료 즉 결과발생 이후를 말하고, '법령개폐'란 법령의 개 정 또는 폐지를 뜻한다. 스스로 유효기간을 구체적 일자나 기간으로 특정하여 효력의 상실을 예정하고 있던 법령이 그 유효기간을 경과함으로써 더 이상 효력을 갖지 않게 된 경우는 여기서 말하는 '법령개폐'에 해당하지 않는다.[3]

3

개정·폐지의 이유는 불문한다.[4] 다만, 형벌법령이 위헌무효임을 이유로 폐지된 경우 면소가 아니라 무죄를 선고해야 한다는 것이 판례의 입장이다.[5]

4

---

1 대법원 2000. 2. 11. 선고 99도2983 판결.

2 대법원 2015. 5. 21. 선고 2011도1932 (全)판결.

3 대법원 2022. 12. 22. 선고 2020도16420 (全)판결.

4 대법원 2022. 12. 22. 선고 2020도16420 (全)판결:「범죄의 성립과 처벌에 관하여 규정한 형벌 법규 자체 또는 그로부터 수권 내지 위임을 받은 법령의 변경에 따라 범죄를 구성하지 아니하 게 되거나 형이 가벼워진 경우에는, 종전 법령이 범죄로 정하여 처벌한 것이 부당하였다거나 과형이 과중하였다는 반성적 고려에 따라 변경된 것인지 여부를 따지지 않고 … 제326조 제4 호가 적용된다.」

5 대법원 2013. 4. 18.자 2011초기689 (全)결정:「형벌에 관한 법령이 헌법재판소의 위헌결정으 로 인하여 소급하여 효력을 상실하였거나 법원에서 위헌·무효로 선언된 경우, 법원은 당해 법 령을 적용하여 공소가 제기된 피고사건에 대하여 제325조에 따라 무죄를 선고하여야 한다. 나 아가 형벌에 관한 법령이 폐지되었다 하더라도 그 '폐지'가 당초부터 헌법에 위반되어 효력이 없는 법령에 대한 것이었다면 그 피고사건은 제325조 전단이 규정하는 '범죄로 되지 아니한 때'의 무죄사유에 해당하는 것이지, 제326조 제4호 소정의 면소사유에 해당한다고 할 수 없다.」

제3관　관할위반·공소기각사유

§56 **제 1　재판권·관할권의 흠결**

Ⅰ. 관 할 권

1　　법원은 관할권의 존부를 직권으로 조사해야 하며($^{제1}_{조}$), 관할권 없음이 확인되는 경우 관할위반판결을 해야 한다. 다만, 토지관할 위반을 이유로 하는 관할위반판결은 피고인의 신청이 있는 때에만 할 수 있는바($^{제320조}_{제1항}$)[$^{§158/2}_{참조}$], 이러한 점에서 토지관할을 상대적 소송조건이라고도 한다.

2　　심급관할을 위반한 공소제기($^{가령\ 공소장을\ 대법}_{원에\ 제출하는\ 경우}$)는 상상하기 어렵고, 사물관할 위반은 실무상 재배당[$^{§137/2}_{참조}$]으로 시정되거나 상급심의 파기이송판결에서 지적된다[$^{§191/7}_{참조}$].[1] 따라서 현실적으로 관할위반판결은 주로 토지관할 위반을 이유로 한다. 다만, i) 피고인의 현재지가 재판적으로 인정되고[$^{§33/13}_{참조}$], ii) 소속검찰청에 대응하는 법원에 관할권이 없는 경우 검사는 관할권 있는 법원에 대응하는 검찰청으로 사건을 송치해야 하며($^{제256조,\ 검찰청}_{법\ 제3조\ 제4항}$), iii) 토지관할을 각 달리하는 사건들이 관련사건인 경우 병합기소[$^{§96/1}_{참조}$] 및 병합심리[$^{§146/5}_{참조}$]가 인정되므로, 토지관할 위반을 이유로 하는 관할위반판결도 흔하지는 않다.

Ⅱ. 재 판 권

3　　재판권 없는 사건이 기소된 경우[$^{§22/3}_{참조}$] 법원은 공소기각판결을 선고해야 한다($^{제327조}_{제1호}$). 관할은 재판권의 존재를 전제로 하므로, 재판권 흠결은 관할위반보다 중대한 하자이다.

1　대법원 2017. 6. 29. 선고 2016도18194 판결: 「이 사건 공소사실은 피고인이 상습특수상해죄 등을 저질렀다는 것이고, 이에 대하여 광주지방법원 순천지원 단독판사가 제1심으로 심판하였으며, 그 항소사건을 원심인 광주지방법원 합의부가 실체에 들어가 심판하였음을 알 수 있다. 그런데 형법 제264조, 제258조의2 제1항에 의하면 상습특수상해죄는 법정형의 단기가 1년 이상의 유기징역에 해당하는 범죄이고, 법원조직법 제32조 제1항 제3호 본문에 의하면 단기 1년 이상의 징역에 해당하는 사건에 대한 제1심 관할법원은 지방법원과 그 지원의 합의부이다. 법원설치법 제4조에 따른 [별표 3]에 의하면 이 사건의 경우 광주지방법원 순천지원 합의부가 제1심의 심판권을 가지고, 그 항소사건은 광주고등법원에서 심판권을 가진다. … 그러므로 원심판결과 제1심판결을 파기하고, 사건을 관할권이 있는 광주지방법원 순천지원 합의부에 이송[한다].」

제2 기소절차상 위법

§57

I. 의 의

형사소송이 정당하게 성립하려면 공소제기의 절차가 적법·유효해야 한다. 절차상 위법이 있어 공소제기가 무효인 경우 법원은 공소기각판결을 선고해야 한다(제327조 제2호). 처음부터 적법한 기소를 할 수 없는 사건이라면 사법경찰관은 불송치결정[§84/17 참조]을, 검사는 불기소처분[§87/21 참조]을 해야 한다.

1

여기서의 '법률의 규정'에 헌법이나 법규명령·대법원규칙의 규정은 포함되지 않는다. 다만 대법원규칙의 규정이라도 헌법상 적법절차원칙의 구현을 위한 것이라면, 그 위반은 곧 공소제기시 적법절차 준수를 요구하는 검찰청법 제4조 제3항의 위반이라 할 수 있으므로, 해당 기소는 위법하여 무효이다. 대법원도 규칙 제118조 제2항(첨부·인 용금지)을 위반한 공소제기에 대해 제327조 제2호에 따른 공소기각판결을 할 수 있다는 입장이다.[1] 후술한다[§95/31 참조].

2

II. 소송주체능력이 없는 경우

피고인은 공소제기 당시 소송주체능력이 있어야 한다. 소송주체능력은 자연인의 경우 생존한 동안, 법인의 경우 존속하는 동안(합병등기 경료 전 또는 청산절차 종결 전)에 인정된다. 기소 전 피고인이 이미 사망하였거나(자연인) 해산·청산한 경우(법인), 법원은 제327조 제2호에 따라 공소기각판결을 선고해야 한다.[2]

3

III. 친고죄사건에서 고소가 없는 경우

1. 친고죄의 의의

(1) 개 념   피해자 등이 수사기관에 일정한 범죄사실을 신고해 범인의 소추를 구하는 의사표시를 고소라 한다. 형사실체법은 일정한 범죄에 관해서는 고소권자의 고소를 공소제기의 조건으로 설정하고 있는바, 이를 친고죄라 한다. 친고죄는 신분관계를 묻지 않고 성립하는 절대적 친고죄와, 일정한 신분관계가 있는 사람 사이에서만 성립하는 상대적 친고죄로 나누어진다.

4

---

1 대법원 1994. 3. 11. 선고 93도3145 판결.
2 광주지방법원 2022. 6. 15. 선고 2022고단1259 판결; 울산지방법원 2022. 6. 9. 선고 2022고단1124 판결; 창원지방법원 2021. 10. 21. 선고 2021고단2292 판결 등.

5   (2) 절대적 친고죄   절대적 친고죄의 예로는 모욕죄, 사자명예훼손죄,
비밀침해죄, 업무상비밀누설죄를 들 수 있다(형법 제308조, 제311조, 제312조
제1항, 제316조 내지 제318조).

6   (3) 상대적 친고죄   상대적 친고죄의 예로는 친족상도례(親族相盜例)가
있는 권리행사방해죄, 절도의 죄, 사기와 공갈의 죄, 횡령과 배임의 죄를 들
수 있다(형법 제323조, 제328조 제2항, 제329조
내지 제332조, 제344조, 제39장, 제40장). 이들 재산범죄에서 범인과 피해자 및 소
유자 사이에 직계혈족, 배우자, 동거친족, 동거가족 또는 그 배우자가 아닌
친족관계가 존재하는 경우에는 피해자의 고소가 있어야 공소를 제기할 수 있
다(직계혈족, 배우자, 동거친족, 동거가족 또는 그 배우자 간의
범죄인 경우에는 친고죄가 아니라 필요적 형면제사유가 된다). 친족관계 없는 공범에 대해 친
족상도례 규정이 적용되지 않음은 물론이다. 그리고 가중적구성요건인 특가
법위반(사기,
임, 횡령)이나 폭처법위반(공동
공갈)에도 친족상도례 규정이 적용된다.[1]

7   친족상도례 규정이 적용되기 위해서는 친족관계가 '범행 당시'에 존재해
야 한다. 다만, 범행 이후에 피해자가 범인을 인지(민법
제855조)하는 경우에는 소급
효에 관한 민법 제860조에 따라 범행 당시에 친족관계가 있었던 것으로 인정
되어 친족상도례가 적용된다.[2]

8   권한 없이 제3자의 계좌에서 현금을 인출하는 컴퓨터등사용사기 범행의
피해자는 해당 금융기관이므로 친족상도례가 적용될 여지가 없다.[3] 반면, 법
원을 기망해 승소판결을 받는 소송사기 범행의 피해자는 법원이 아니라 그로
인해 재산권을 침해당하는 제3자이므로 행위자가 그 제3자와 친족관계에 있
으면 친족상도례가 적용된다.[4]

---

1 대법원 2013. 9. 13. 선고 2013도7754 판결:「횡령죄의 성질은 특정법 제3조 제1항에 의해 가
중처벌되는 경우에도 그대로 유지되고, 특정법에 친족상도례에 관한 형법 제361조, 제328조의
적용을 배제한다는 명시적인 규정이 없으므로, 형법 제361조는 특정법 제3조 제1항 위반죄에
도 그대로 적용된다.」

2 대법원 1997. 1. 24. 선고 96도1731 판결.

3 대법원 2007. 3. 15. 선고 2006도2704 판결:「친척 소유 예금통장을 절취한 피고인이 그 친척
거래 금융기관에 설치된 현금자동지급기에 예금통장을 넣고 조작하는 방법으로 친척 명의 계
좌의 예금잔고를 피고인이 거래하는 다른 금융기관에 개설된 피고인 명의 계좌로 이체한 경
우, 그 범행으로 인한 피해자는 이체된 예금 상당액의 채무를 이중으로 지급해야 할 위험에 처
하게 되는 그 친척 거래 금융기관이라 할 것이고, 거래약관의 면책 조항이나 채권의 준점유자
에 대한 법리 적용 등에 의하여 위와 같은 범행으로 인한 피해가 최종적으로는 예금명의인인
친척에게 전가될 수 있다고 하여, 자금이체 거래의 직접적인 당사자이자 이중지급위험의 원칙
적인 부담자인 거래 금융기관을 위와 같은 컴퓨터등사용사기 범행의 피해자에 해당하지 않는
다고 볼 수는 없다. 따라서 위와 같은 경우에는 친족 사이의 범행을 전제로 하는 친족상도례를
적용할 수 없는 것이다.」

4 대법원 2014. 9. 26. 선고 2014도8076 판결.

2. 유효한 고소의 요건

고소는 i) 고소권자에 의해(제223조 내지 제228조) ii) 적법한 방식으로(제237조) iii) 고소기   9
간 내에(제230조) 이뤄져야 유효하다. 친고죄사건에서 공소제기가 적법·유효하
려면 이처럼 고소가 유효해야 한다.

⑴ 고소권자

㈎ 피해자

⒜ 개 념   피해자는 당연히 적법한 고소권자이다(제223조). 여기서의 피   10
해자란 범죄로 인해 침해된 법익의 직접적 귀속주체를 말하며, 단지 간접적
피해만을 입은 자는 이에 해당하지 않는다.

⒝ 고소능력   피해자라 하더라도, 스스로 피해를 받은 사실을 이해하   11
고 고소에 따른 사회생활상의 이해관계를 알아차릴 수 있는 사실상의 의사능
력, 즉 고소능력[1]이 없는 경우에는 유효한 고소를 할 수 없다. 고소는 의사
표시이므로 고소능력의 존재는 고소가 유효하기 위한 당연한 조건이다. 고소
능력 없는 자의 고소에 기반해 검사가 공소를 제기하는 경우, 법원은 제327
조 제2호에 따라 공소기각판결을 해야 한다.

㈏ 피해자의 법정대리인

⒜ 개 념   제225조 제1항은 「피해자의 법정대리인은 독립하여 고소할   12
수 있다」고 규정하고 있다. 여기서의 법정대리인은 친권자나 후견인, 즉 민
법상 제한능력자인 미성년자·피성년후견인·피한정후견인의 법정대리인을
말한다. 제한능력제도와 무관한 법정대리인, 가령 재산관리인·파산관재인이
나 법인의 대표자는 이에 해당하지 않는다. 법정대리인의 지위는 고소시점에
만 있으면 족하므로, 범죄 당시 법정대리인이 아니었거나 고소 이후 법정대
리인의 지위를 상실했더라도 고소의 효력에는 영향이 없다.

⒝ 고유권   법정대리인의 고소권은 대리권이 아니라 고유권이므로,[2]   13
법정대리인은 피해자 본인의 명시적·묵시적 의사에 반해 고소할 수 있으며,

---

1 대법원 2011. 6. 24. 선고 2011도4451, 2011전도76 판결:「고소능력은 피해를 받은 사실을 이
   해하고 고소에 따른 사회생활상의 이해관계를 알아차릴 수 있는 사실상의 의사능력으로 충분
   하므로, 민법상의 행위능력이 없는 사람이라도 위와 같은 능력을 갖춘 사람이면 고소능력이
   인정된다.」
2 대법원 1984. 9. 11. 선고 84도1579 판결; 1987. 6. 9. 선고 87도857 판결.

피해자 본인이 법정대리인의 고소를 취소한다는 의사를 표하더라도 이는 효력이 없다. 또한 법정대리인의 고소기간은 피해자의 고소기간과 무관하게 법정대리인이 범인을 알게 된 날부터 진행하므로, 법정대리인은 자신의 고소기간 내에서 피해자 본인의 고소권이 소멸한 후에도 고소할 수 있다.

14   (다) 피해자의 배우자·친족   피해자의 배우자나 친족은 원칙적으로 고소권자가 아니나, 다음의 경우에는 예외적으로 고소권을 갖는다. i) 피해자의 법정대리인 또는 그 법정대리인의 친족이 피의자인 경우, 피해자의 친족은 독립해 고소할 수 있다($\frac{제226}{조}$). ii) 피해자가 사망한 경우 그 배우자·직계친족 또는 형제자매는 고소권을 가지나, 피해자의 생전의 의사에 반해 고소할 수는 없다($\frac{제225조}{제2항}$). iii) 형법 제308조의 사자명예훼손죄에 관해서는 그 친족이나 자손은 고소할 수 있다($\frac{제227}{조}$). 이들 모두 고유권이다.

15   (라) 지정고소권자   친고죄에서 고소할 자가 없는 경우에 이해관계인의 신청이 있으면 검사는 10일 이내에 고소권자를 지정해야 한다($\frac{제228}{조}$). '고소할 자가 없는 경우'란 고소권자가 i) 처음부터 존재하지 않거나 ii) 행방불명되는 등으로 고소가 불가능한 경우를 말한다. 따라서 원래의 고소권자가 고소권을 상실하거나 고소하지 않을 의사를 밝히고 사망했다면 고소권자를 지정할 수 없다. '이해관계인'에는 사실상 이해관계를 가진 자도 포함된다.

          (2) 고소의 방식

16   (가) 수사기관에 대한 의사표시   고소는 검사 또는 사법경찰관에게 해야 한다($\frac{제237조}{제1항}$). 수사단계에서 검사나 사법경찰관 이외의 자, 예컨대 법원에 대해 범인의 처벌을 구하는 진정서를 내거나 증언을 하는 것은 유효한 고소에 해당하지 않는다.[1] 통상 고소장제출의 방식에 의하나 구술로 해도 무방하며, 구술의 경우 검사나 사법경찰관은 그 내용을 기록으로 남겨야 한다($\frac{제237조}{제2항}$). 참고인조사에서 피해자가 처벌을 원한다는 의사표시를 하여 그것이 진술조서[$\frac{§74/2}{참조}$]에 기재되는 경우도 이에 포함된다.[2]

17   (나) 범죄사실의 특정   고소는 범죄사실을 특정해서 해야 한다. 어떤 범죄사실로 처벌을 구하고 있는지를 식별할 수 있을 정도로 특정하면 되고, 범인의 이름이나 범행의 일시·장소·방법에 다소 틀린 부분이 있더라도 그 효

---

1 대법원 1984. 6. 26. 선고 84도709 판결.
2 대법원 1985. 3. 12. 선고 85도190 판결.

력에는 영향이 없다.[1] 다만, 상대적 친고죄에서는 신분관계가 있는 범인을 분명히 특정해야 한다.

 ㈐ 처벌을 구하는 취지 유효한 고소로 인정되기 위해서는 범인의 처벌   18 을 구하는 취지가 확정적으로 명백히 드러나야 한다. 단순히 범죄사실을 신고하는 데 그치거나 조사를 촉구하는 정도만으로는 유효한 고소가 될 수 없다.[2] 처벌희망의사표시를 조건부로 하는 것 또한 형사절차의 확실성을 해치므로 허용되지 않는다.

 ㈑ 대리고소 처벌을 구하는 의사표시는 대리인을 통해 할 수도 있다   19 ($\frac{제236}{조}$). 이는 의사표시 자체만을 대리하는 것이므로 고소 여부에 대한 결정권까지 대리할 수 있는 것은 아니다. 법인이나 비법인사단·재단도 피해자로서 고소할 수 있고 그 의사표시는 대표자가 하게 되는데, 이는 대리인을 통한 고소가 아니라 그 단체가 직접 고소하는 것이다.

 ⑶ 고소기간

 ㈎ 기산점 고소기간은 '범인을 알게 된 날'로부터 진행한다. '범인'에   20 는 정범과 공범이 모두 포함되며, '알게 된 날'이란 그들 중 어느 한 명이라도 알게 된 날을 말한다. 범인의 주소·성명 등 구체적 인적사항까지 알 필요는 없으나, 상대적 친고죄에서는 신분관계 있는 범인을 안 날로부터 고소기간이 진행한다. 예컨대 친족과 비친족이 공동으로 절도범행을 한 경우 고소기간은 그중 친족관계 있는 자의 존재를 안 날로부터 진행된다.

 피해자가 범행 당시 고소능력이 없었던 경우, 고소기간은 고소능력이 생   21 긴 때로부터 진행한다.[3] 즉, 고소능력이 생긴 날과 범인을 알게 된 날 중 더 나중의 날이 고소기간 기산점이다.

 ㈏ 기 간 친고죄에서 고소는 소추조건이므로, 그 효력 존속 여부를   22 개인의 의사에 무한정 맡겨두면 형사절차의 불확실성을 지나치게 키울 수 있다. 이에 형사소송법은 친고죄에서 고소를 할 수 있는 기간을 범인을 알게 된 날로부터 '6월'로 정하고 있다($\frac{제230조}{제1항}$). 고소권자가 수인인 경우에 1인의 기간해태는 타인의 고소에 영향이 없다($\frac{제231}{조}$).

---

 1 대법원 1999. 3. 26. 선고 97도1769 판결.
 2 대법원 2012. 2. 23. 선고 2010도9524 판결.
 3 대법원 2007. 10. 11. 선고 2007도4962 판결.

23　　　고소할 수 없는 불가항력의 사유가 있으면 고소기간의 진행이 정지되고, 그 사유가 없어진 날부터 다시 진행한다($\frac{제230조\ 제}{1항\ 단서}$). 여기서 '불가항력의 사유' 란 천재지변 등 객관적 사유를 말하며, 주관적 사유는 이에 포함되지 않는다. 가령 피해자가 나이가 너무 어려 고소능력이 없는 경우에는 불가항력의 사유가 인정되는 반면,[1] 직장에서 해고될 것이 두려워 고소하지 못한 경우에는 불가항력의 사유가 있다고 할 수 없다.[2]

(4) 고소의 제한

24　　　(개) 직계존속에 대한 고소　　자기 또는 배우자의 직계존속에 대해서는 고소할 수 없다. 즉, 고소하더라도 효력이 없다($\frac{제224}{조}$). 그러나 성폭력범죄나 가정폭력범죄의 경우에는 예외적으로 자기 또는 배우자의 직계존속을 고소할 수 있다($\frac{성폭법\ 제18조,\ 가}{폭법\ 제6조\ 제2항}$).

25　　　(내) 고소권의 포기 가부　　고소권은 공법상 권리로서 사적 처분이 불가능하다. 따라서 고소기간 내에 미리 장차 고소권을 행사하지 않겠다는 의사표시를 하더라도 이는 효력이 없고 여전히 유효한 고소를 할 수 있다.[3]

3. 고소의 취소

26　　　(1) 의　의　　친고죄에서 고소가 취소된 경우에는 공소를 제기할 수 없다. 고소취소 후에는 동일사건에 관해 다시 고소하지 못한다($\frac{제232조}{제2항}$).

27　　　(2) 주　체　　고소취소는 피해자 본인만이 할 수 있으나, 고소와 마찬가지로 고소취소의 의미 및 효과를 이해할 수 있는 의사능력을 갖춘 상태에서 해야 유효하다. 법정대리인은 독립해 고소할 수는 있어도 본인의 고소를 취소할 권한은 없다.[4]

28　　　(3) 방　식　　수사중인 사건에 대한 고소취소는 고소와 마찬가지로 수사기관에 대해 서면 또는 구술로 한다($\frac{제239조,}{제237조}$). 범인과 피해자 사이에 합의서가

1　대법원 1987. 9. 22. 선고 87도1707 판결.
2　대법원 1985. 9. 10. 선고 85도1273 판결.
3　대법원 1967. 5. 23. 선고 67도471 판결:「피해자의 고소권은 형사소송법상 부여된 권리로서, 친고죄에 있어서는 고소의 존재는 공소의 제기를 유효하게 하는 것이며 공법상의 권리라고 할 것이므로 그 권리의 성질상 법이 특히 명문으로 인정하는 경우를 제외하고는 자유처분을 할 수 없다고 함이 상당할 것이다. 그런데 제232조에 의하면, 일단 한 고소는 취소할 수 있도록 규정하였으나, 고소권의 포기에 관하여는 아무런 규정이 없으므로, 고소 전에 고소권을 포기할 수는 없다.」
4　대법원 1969. 4. 29. 선고 69도376 판결.

작성된 사정만으로는 고소취소가 있다고 볼 수 없으며, 그 합의서가 수사기
관에 제출되어야 비로소 고소취소의 효력이 생긴다.[1] 단순히 관대하게 처리
해 달라는 취지로는 부족하고, 처벌을 원하지 않는다는 분명한 의사표시가
있어야 한다.[2]

4. 고소불가분원칙

⑴ 주관적 불가분 원칙   친고죄의 공범 중 1인 또는 수인에 대한 고소   **29**
또는 그 취소는 다른 공범자에 대해서도 효력이 미친다($^{제233}_{조}$). 이를 고소의
주관적 불가분 원칙이라 한다.

친족상도례가 적용되는 재산범죄에서 수인의 친족이 공범관계에 있는   **30**
경우, 친족 1인에 대한 고소 또는 그 취소는 공범인 다른 친족들에게도 그
효력이 미친다. 반면 비신분자에 대한 고소나 그 취소는 신분자에게 효력이
없으며, 신분자에 대한 고소나 그 취소 또한 비신분자에게 효력이 없다.[3] 비
신분자와의 관계에서는 처음부터 친고죄가 아니기 때문이다. 예를 들어 형제
지간인 甲·乙이 친구인 丙과 함께 자신들의 큰아버지인 丁의 집 출입문 자
물쇠를 절단기로 제거하고 침입해 현금을 절취한 사안에서 丁이 甲·乙·丙을
수사기관에 고소했다가($^{형법\ 제344}_{조,\ 제328조}$) 얼마 후 乙에 대해서만 고소를 취소하자 검
사가 乙에게는 공소권없음 처분을 하고 甲·丙은 형법 제331조 제1항($^{또는}_{제2항}$)의
특수절도죄로 기소한 경우, 丁의 乙에 대한 고소취소는 비신분자인 丙에게는
효력이 없으나 甲에게는 효력이 있다. 따라서 법원은 丙에게는 실체판결을,
甲에게는 공소기각판결($^{제327조}_{제2호}$)을 해야 한다.

⑵ 객관적 불가분 원칙   범죄사실의 일부에 대한 고소나 그 취소는   **31**
($^{그것과\ 동일성}_{이\ 인정되는}$) 범죄사실 전부에 대해 그 효력이 미친다. 이는 단순일죄와 포괄
일죄에서는 예외 없이 적용된다. 과형상 일죄($^{상상적}_{경합}$)에서도 각 죄의 피해자가
동일하면 그대로 적용되지만, 각 피해자가 다른 경우 1인의 고소의 효력은
다른 피해자의 범죄사실에는 미치지 않는다. 그리고 과형상 일죄의 일부만
친고죄인 경우, 비친고죄에 대한 고소는 친고죄에 대해 효력이 없고, 친고죄
에 대한 고소취소는 비친고죄에 대해 효력이 없다.

---

1 대법원 2002. 7. 12. 선고 2001도6777 판결.
2 대법원 1981. 1. 31. 선고 80도2210 판결.
3 대법원 1964. 12. 15. 선고 64도481 판결.

5. 공소제기 후 고소의 추완

32   일단 공소제기가 위법하여 무효인 경우에는 사후적 치유가 허용되지 않는다. 따라서 친고죄에서 고소 없이 공소가 제기된 경우에는 그 후 비로소 고소가 있더라도 해당 공소제기가 소급해 유효한 것으로 되지 않으며, 법원은 (공소취소가 없는 이상) 제327조 제2호에 따라 공소기각판결을 해야 한다.[1]

Ⅳ. 전속고발범죄사건에서 행정기관의 고발이 없는 경우

33   고소권자와 범인 이외의 제3자가 수사기관에 범죄사실을 신고하여 범인의 소추를 구하는 의사표시를 고발(제234조)이라 하고, 특정 행정기관의 고발이 있어야 공소를 제기할 수 있는 범죄를 전속고발범죄라 한다. 그 예로는 i) 관세청장·세관장의 고발을 요하는 관세법위반죄(관세법 제284조 제1항), ii) 국세청장·지방국세청장·세무서장의 고발을 요하는 조세범처벌법위반죄(조세범처벌법 제21조), iii) 공정거래위원회의 고발을 요하는 독점규제법위반죄(독점규제법 제129조) 등이 있다. 전속고발범죄사건에서 고발이 없음에도 공소가 제기된 경우 법원은 공소기각판결을 선고해야 하며(제327조 제2호), 기소 후 고발의 추완은 허용되지 않는다.[2]

34   전속고발범죄사건에서 한 개의 범칙사실의 일부에 대한 고발은 그 전부에 대해 효력이 미치나(객관적 불가분 원칙),[3] 공범 중 일부에 대한 고발의 효력은 다른 공범자에게 미치지 않는다.[4] 즉, 고소의 주관적 불가분 원칙에 관한 제233조는 전속고발범죄사건에 유추적용되지 않는다.[5]

---

1 대법원 1981. 10. 13. 선고 81도2133 판결.

2 대법원 1970. 7. 28. 선고 70도942 판결:「세무공무원의 고발없이 조세범칙사건의 공소가 제기된 후에 세무공무원이 그 고발을 하였다 하여도 그 공소절차의 무효가 치유된다고는 볼 수 없다.」

3 대법원 2014. 10. 15. 선고 2013도5650 판결:「조세범 처벌절차법에 따라 범칙사건에 대한 고발이 있는 경우 그 고발의 효력은 범칙사건에 관련된 범칙사실의 전부에 미치고 한 개의 범칙사실의 일부에 대한 고발은 그 전부에 대하여 효력이 생긴다. 그러나 수개의 범칙사실 중 일부만을 범칙사건으로 하는 고발이 있는 경우 고발장에 기재된 범칙사실과 동일성이 인정되지 않는 다른 범칙사실에 대해서까지 그 고발의 효력이 미칠 수는 없다.」

4 대법원 1971. 11. 23. 선고 71도1106 판결.

5 대법원 2010. 9. 30. 선고 2008도4762 판결:「친고죄에 관한 고소의 주관적 불가분 원칙을 규정하고 있는 제233조가 공정거래위원회의 고발에도 유추적용된다고 해석한다면 이는 공정거래위원회의 고발이 없는 행위자에 대해서까지 형사처벌의 범위를 확장하는 것으로서, 결국 피고인에게 불리하게 형벌법규의 문언을 유추해석한 경우에 해당하므로 죄형법정주의에 반하여 허용될 수 없다.」

Ⅴ. 반의사불벌죄사건에서 처벌불원의사표시가 있는 경우

1. 반의사불벌죄의 의의

피해자의 명시한 의사에 반해 공소를 제기할 수 없는 범죄를 반의사불 **35**
벌죄라 한다. 친고죄에서는 처벌을 희망하는 의사표시의 존재가 공소제기의
조건인 반면, 반의사불벌죄에서는 처벌을 원치 않는다는 의사표시(처벌불원의사표시)의
부존재가 공소제기의 조건이다. 반의사불벌죄사건에서 처벌불원의사표시가
있음에도 공소가 제기된 경우 법원은 공소기각판결을 선고해야 한다(제327조 제2호).
반의사불벌죄의 예로는 폭행·과실치상·협박·명예훼손·출판물에의한명예
훼손(형법 제260조, 제266조, 제283조, 307조, 제309조), 교특법위반(교특법 제3조 제2항, 제4조 제1항), 부도수표로 인한 부수법위
반(부수법 제2조 제2항, 제4항) 등을 들 수 있다.

2. 처벌불원의사표시

(1) 의　의　　　반의사불벌죄에서 처벌불원의사표시는 i) 피해자에 의해 **36**
이루어져야 하고, ii) 적법한 방식을 갖추어야 한다. 고소의 경우와 달리, 기
간의 제한은 없다. 처음부터 처벌을 원치 않는다는 의사를 표명하는 것이나
당초 하였던 고소를 철회하는 것 모두 처벌불원의사표시로 취급된다.

(2) 주　체　　　처벌불원의사표시는 피해자만 할 수 있다.[1] 피해자의 진 **37**
정한 의사에 의한 것이어야 하므로, 고소 또는 그 취소에 관해 고소능력이
필요한 것과 마찬가지로 처벌불원의사표시에 관한 사회적 이해관계 및 그 의
사표시의 결과를 이해할 수 있는 능력이 필요하다. 제한능력자라도 그와 같
은 의사능력만 있으면 홀로 유효하게 처벌불원의사표시를 할 수 있고, 친권
자나 성년후견인 등 법정대리인의 동의는 필요치 않다.[2]

---

1 대법원 2023. 7. 17. 선고 2021도11126 (全)판결:「교특법은 물론 형법·형사소송법에도 반의
　사불벌죄에서 피해자의 처벌불원의사에 관하여 대리가 가능하다거나 법정대리인의 대리권에
　피해자의 처벌불원의사표시가 포함된다는 규정을 두고 있지 않다. 따라서 반의사불벌죄의 처
　벌불원의사는 원칙적으로 대리가 허용되지 않는다.」

2 대법원 2009. 11. 19. 선고 2009도6058 (全)판결:「처벌을 희망하지 않는다는 의사표시 또는
　처벌희망의사표시의 철회는 이른바 소극적 소송조건에 해당하고, 소송조건에는 죄형법정주의
　의 파생원칙인 유추해석금지의 원칙이 적용된다고 할 것인데, 명문의 근거 없이 그 의사표시
　에 법정대리인의 동의가 필요하다고 보는 것은 유추해석에 의하여 소극적 소송조건의 요건을
　제한하고 피고인 또는 피의자에 대한 처벌가능성의 범위를 확대하는 결과가 되어 죄형법정주
　의 내지 거기에서 파생된 유추해석금지의 원칙에도 반한다.」

38　　　　처벌불원의사표시를 할 권한은 피해자의 일신전속적 권리이므로 상속·
양도의 대상이 될 수 없다. 따라서 피해자가 범인의 처벌에 관해 아무런 의
사표시를 하지 않고 사망하더라도 처벌불원의사표시를 할 권한은 상속인에
게 승계되지 않으며, 이 경우 상속인이 처벌불원의사표시를 해도 공소기각판
결을 할 수 없다. 다만, 차의 운전자가 과실로 교통사고를 내어 타인의 물건
을 파손시킨 때에 성립하는 도로교통법 제151조의 죄에서는 물건소유자의
상속인이 처벌불원의사표시를 할 수 있는데(교특법 제\n3조 제2항), 그 물건을 상속받음으
로써 피해자의 지위가 승계되기 때문이다.

39　　　　(3) 방 식　　처벌불원의사표시는 처벌을 원하지 않는 취지가 명백히 드
러나는 방법으로 해야 한다. 따라서 고소취소의 경우와 마찬가지로 합의서를
수사기관에 정식으로 제출해야 유효한 처벌불원의사표시가 되며, 단순히 작
성만 한 상태에서는 처벌불원의사표시로 인정되지 않는다.

40　　　　(4) 기 한　　당초 처벌을 희망하는 의사표시를 하였다가 처벌불원의사
표시를 하는 것은 제1심판결 선고 전까지만 허용된다(제232조 제\n3항, 제1항). 이 경우 다시
처벌희망의사표시를 할 수 없다(같은 조 제\n3항, 제2항).

3. 주관적 불가분 원칙의 유추적용 가부

41　　　　고소의 주관적 불가분 원칙에 관한 제233조의 규정은 반의사불벌죄에
유추적용되지 않는다. 친고죄와 반의사불벌죄는 그 성격이 다를 뿐 아니라
친족상도례 같은 특수한 경우가 아닌 이상 친고죄보다 반의사불벌죄의 죄질
이 좀더 무겁다고 할 수 있으므로, 범죄인을 특정해 처벌불원의사표시를 할
수 있도록 함이 적절하기 때문이다.[1]

4. 부수법 제2조 제2항 위반의 죄

42　　　　(1) 의 의　　부수법 제2조 제2항 위반의 죄는 수표를 발행하거나 작성
한 자가 수표를 발행한 후에 예금부족, 거래정지처분이나 수표계약의 해제

1　대법원 1990. 4. 26. 선고 93도1689 판결:「형사소송법이 고소와 고소취소에 관한 규정을 하면
　서 제232조 제1, 2항에서 고소취소의 시한과 재고소의 금지를 규정하고 제3항에서는 반의사불
　벌죄에 위 제1, 2항의 규정을 준용하는 규정을 두면서도, 제233조에서 고소와 고소취소의 불
　가분에 관한 규정을 함에 있어서는 반의사불벌죄에 이를 준용하는 규정을 두지 아니한 것은
　처벌을 희망하지 아니하는 의사표시나 처벌을 희망하는 의사표시의 철회에 관해서는 친고죄와
　는 달리 그 공범자간에 불가분의 원칙을 적용하지 아니하고자 함에 있다고 볼 것이지, 입법의
　불비로 볼 것은 아니다.」

또는 해지로 인해 제시기일에 지급되지 아니하게 한 경우에 성립하는 범죄
로, 그 지급거절을 당한 수표소지인이 처벌불원의사표시를 하거나 수표가 회
수된 경우에는 공소를 제기할 수 없다(부수법 제2조 제4항).

⑵ 구성요건

㈎ 수표발행   수표의 발행이란 수표용지에 수표의 기본요건을 작성해 상   43
대방에게 교부하는 행위를 말한다. 이미 발행된 수표의 발행일자를 사후적으
로 정정하거나 백지수표의 보충권을 행사하는 행위는 발행에 해당하지 않으
며,[1] 발행지가 기재되어 있지 않은 수표나 한도액을 초과한 가계수표라 하
더라도 수표로서의 효력에는 아무런 지장이 없으므로 본죄가 성립할 수 있
다. 본죄의 성립시점은 지급거절된 시점이 아니라 수표가 발행된 시점이며,[2]
공소시효 또한 수표의 실제 발행일로부터 진행한다.[3]

㈏ 제시기일   제시기일이란 수표법 제29조 제1항 소정의 지급제시기간   44
내의 날짜, 즉 발행일로부터 10일 이내의 날을 말한다. 제시기일 산정시 초
일은 불산입하며, 적법하게 발행일자를 정정한 경우에는 그 정정된 발행일자
를 기준으로 지급제시기간을 산정한다. 발행일이 기재되어 있지 않은 수표의
경우에는 제시기일을 파악하는 것이 불가능하므로, 지급거절이 되더라도 본
죄가 성립할 수 없다.[4]

㈐ 지급되지 아니하게 한 경우   ‘지급되지 아니하게 한 경우’란 i) 수표   45
소지인이 제시기일 내에 수표를 지급인, 인수인 또는 지급담당자 등에게 제
시해 금원의 지급을 요구하였음에도 불구하고(지급제시), ii) 예금부족, 거래정지처
분이나 수표계약 해제·해지로 인해 지급이 이루어지지 않았으며(지급거절),[5] iii)
발행 당시 발행인에게 미필적으로나마 그와 같은 사태에 대한 예견이 있었던
경우(미필적예견)를 가리킨다.[6] ‘예금부족, 거래정지처분이나 수표계약의 해제 또
는 해지’는 열거적 지급거절사유이므로 그 밖의 사유로 지급거절이 된 때에
는 이 죄가 성립하지 않는다. 가령 발행인이 허위로 사고신고서를 제출하고

1 대법원 2000. 9. 5. 선고 2000도2840 판결; 1981. 9. 8. 선고 81도1495 판결.
2 대법원 1996. 3. 8. 선고 95도2114 판결.
3 대법원 2003. 9. 26. 선고 2003도3394 판결.
4 대법원 1983. 5. 10. 선고 83도340 (全)판결.
5 대법원 2008. 1. 31. 선고 2007도727 판결.
6 대법원 1992. 9. 22. 선고 92도1207 판결.

지급정지를 의뢰해 수표가 지급거절되었다면 부수법 제4조의 죄가 성립할 수는 있어도 본죄는 성립하지 않는다.[1] 그리고 일반적으로 수표금액에 상당한 예금이나 수표금 지급을 위한 명확한 당좌예금 확보책도 없이 수표를 발행한 경우 지급거절에 대한 미필적 예견이 있는 것으로 보나,[2] 채권만족에 충분한 담보를 제공한 채무자가 채권자의 요청에 따라 추가로 담보조로만 수표를 발행해 주었는데, 채무가 모두 변제된 이후 채권자가 약속을 깨고 수표를 지급제시한 때에는 그 지급이 거절되더라도 본죄가 성립하지 않는다.[3]

(3) 반의사불벌죄

46　　　　(가) 처벌불원의사표시　　　수표소지인의 처벌불원의사표시가 있는 때에는 본죄로 공소를 제기할 수 없다(부수법 제2조 제4항 전단). 여기서 소지인이란 처벌불원의사를 표시할 당시의 소지인을 말하는 것으로, 통상 지급제시를 한 장본인을 가리킨다. 다만 지급거절 후에 그 수표가 i) 직전 소지인에게 환수된 때에는 그 직전 소지인이,[4] ii) 적법하게 양도된 때에는 그 양수인이,[5] iii) 분실된 때에는 그 분실 당시 이를 소지하고 있던 사람이 '소지인'이다.

47　　　　(나) 수표의 회수　　　수표발행인이 소지인에게 액면금 상당의 돈을 지불하는 등의 사정으로 수표를 회수한 경우에는 처벌불원의사표시가 있는 것과 마찬가지로 본죄로 공소를 제기할 수 없다(같은 항 후단). 수표의 회수가 이루어진 이후에 소지인이었던 자가 명시적으로 처벌희망의사를 표시하더라도 마찬가지다.

48　　　　일반적으로 반의사불벌죄에 대해서는 고소의 주관적 불가분에 관한 제233조가 적용되지 않는 것과 달리, 본죄에서 공범 1인의 수표회수는 공범 전원에게 그 효력이 있다. 통상의 처벌불원의사표시는 여러 명의 피의자에 대해 동시에 또는 차례로 하는 것이 가능하지만, 수표는 일단 1인에 의해 회수되고 나면 이제 소지인이 존재하지 않게 되어 더는 처벌불원의사표시나 수표회수가 이루어질 수 없으므로, 공범 중 실제로 회수한 자에 대해서만 그 효력을 인정함은 형평에 반하기 때문이다.[6]

1　대법원 2006. 10. 26. 선고 2006도5147 판결.
2　대법원 1988. 3. 8. 선고 85도1518 판결.
3　대법원 1992. 9. 22. 선고 92도1207 판결.
4　대법원 2000. 5. 16. 선고 2000도123 판결.
5　대법원 1999. 1. 26. 선고 98도3013 판결.
6　대법원 1999. 5. 14. 선고 99도900 판결.

발행인이 수표액면금 상당의 돈을 소지인 앞으로 변제공탁해 소지인이　49
이를 수령하였다거나[1] 수표에 대해 제권판결이 이루어졌다고 해서[2] 처벌불
원의사표시나 수표회수가 있는 것과 같게 취급할 수는 없다. 이러한 경우 공
소를 제기하는 데 지장이 없다.

본죄는 부도수표의 개수만큼 성립하며, 이는 피해자가 동일하더라도 마　50
찬가지다. 따라서 부도수표 중 일부에 대한 처벌불원의사표시나 수표회수는
나머지에 대해서는 효력이 없다.

5. 교통사고

⑴ 의　의　　차의 운전자가 업무상 필요한 주의를 게을리한 과실로 교통　51
사고를 낸 경우, 그로 인해 사람이 다쳤으면 교특법위반(치상)죄$\left(\substack{\text{교특법 제3}\\\text{조 제1항}}\right)$, 차
량·건조물 등이 파손됐으면 도로교통법위반죄$\left(\substack{\text{도로교통법}\\\text{제151조}}\right)$가 각 성립한다.

⑵ 반의사불벌죄

㈎ 원　칙　　i) 피해자의 처벌불원의사표시가 있거나, ii) 운전자가 교통　52
사고로 인한 손해배상금 전액을 보상하는 보험 또는 공제에 가입되어 있는
때에는 위 각 죄에 대해 공소를 제기할 수 없다$\left(\substack{\text{교특법 제3조 제2항, 제}\\\text{4조 제1항 제1호, 제2항}}\right)$.

㈏ 예　외

ⓐ 중상해　　교통사고에 따른 상해로 인해 피해자의 생명에 대한 위험　53
이 발생하거나, 불구가 되거나 불치 또는 난치의 질병이 생긴 경우에는 피해
자의 명시적 처벌불원의사표시가 있는 때에만 공소제기가 금지된다. 즉, 처
벌불원의사표시가 없다면 보험·공제에 가입되어 있다고 하더라도 공소를 제
기할 수 있다$\left(\substack{\text{교특법 제4조}\\\text{제1항 제2호}}\right)$.

ⓑ 도주·음주측정불응　　사고 후에 i) 피해자를 구호하는 등 도로교통법　54
제54조 제1항에 따른 조치를 하지 않고 도주하거나 피해자를 사고장소로부
터 옮겨 유기하고 도주한 경우, ii) 같은 법 제44조 제2항에 따른 경찰관
의 음주측정요구에 응하지 아니한 경우$\left(\substack{\text{운전자가 채혈측정을 요청}\\\text{하거나 동의한 경우는 제외}}\right)$에는 피해자의
처벌불원의사표시 또는 보험·공제 가입에도 불구하고 공소를 제기할 수 있
다$\left(\substack{\text{교특법 제3조}\\\text{제2항 단서}}\right)$.

1　대법원 1994. 10. 21. 선고 94도789 판결.
2　대법원 1996. 1. 26. 선고 95도1971 판결.

55   ⓒ 12대 중과실   교특법 제3조 제2항 단서 각호의 사유, 즉 i) 신호위
반, ii) 중앙선침범, iii) 속도위반, iv) 앞지르기 규정 위반, v) 철길건널목
통과방법 위반, vi) 횡단보도 보행자보호의무 위반, vii) 무면허운전, viii) 음
주운전, ix) 보도침범, x) 승객추락방지의무 위반, xi) 어린이보호구역 내 안
전운전의무 위반, xii) 화물고정조치 위반 중 어느 하나에 해당하는 경우에는
피해자의 처벌불원의사표시 또는 보험·공제의 가입에도 불구하고 공소를 제
기할 수 있다.

56   12대 중과실은 구체적 위반행위가 교통사고 발생의 직접적 원인이 된
경우에 인정된다. 예를 들어 신호위반($^{교특법\ 제3조}_{제2항\ 제1호}$)이 인정되기 위해서는 사고발
생장소가 꼭 신호등에 근접한 곳일 필요는 없으나,[1] 신호등의 빨간불에 따
라 정지선 앞에서 정지하였더라면 교통사고가 발생하지 않았을 것임이 분명
한 경우여야 한다.[2] 또한, 중앙선침범($^{같은\ 항}_{제2호}$)이 인정되기 위해서는 반드시 사
고장소가 중앙선을 넘어선 반대차선이거나 피해차량이 마주오던 차량일 필
요는 없지만, 그 사고가 도로의 중앙선을 침범해 운전한 행위로 인해 발생한
경우여야 한다.[3] 가령 자동차 운전자가 수십미터 전방의 자전거를 피해가고
자 반대차로를 확인하거나 경적을 울리면서 중앙선을 침범해 주행하던 중 자
전거가 갑자기 좌회전해 도로 중앙부로 꺾어 들어와 자동차와 부딪힌 경우에
는 중앙선을 넘은 것이 사고의 직접적 원인이 되었다고 할 수 없다.[4]

57   보행자보호의무 위반($^{같은\ 항}_{제6호}$)이란 보행자가 통행중인 횡단보도 앞에서 일
시정지할 의무($^{도로교통법}_{제27조\ 제1항}$)를 위반해 사고를 발생시킨 경우를 말한다. '보행자'
란 도로를 건너가고 있는 사람을 의미하므로, 차량진행신호가 켜져 있는 와
중에 중앙선 부근에 서 있는 사람이나 횡단보도 위에 엎드려 있는 사람은 이
에 해당하지 않는다.[5] 횡단보도가 교차로에 인접해 설치되어 있고 그 교차
로의 차량신호등이 차량진행신호였다거나 횡단보도의 보행자신호가 적색신
호로 바뀌었다는 사정만으로는 보행자보호의무가 사라지지 않는다.[6]

---

1 대법원 2011. 7. 28. 선고 2009도8222 판결.
2 대법원 2012. 3. 15. 선고 2011도17117 판결.
3 대법원 1990. 9. 25. 선고 90도536 판결.
4 대법원 1990. 4. 10. 선고 89도2218 판결.
5 대법원 1983. 12. 13. 선고 83도2676 판결; 1993. 8. 13. 선고 93도1118 판결.
6 대법원 2003. 10. 23. 선고 2003도3529 판결; 1986. 5. 27. 선고 86도549 판결.

6. 공소제기 후 처벌불원의사표시의 번복

반의사불벌죄에서 피해자의 처벌불원의사표시가 있음에도 공소가 제기
된 경우 이는 무효이며, 추후 피해자가 이를 번복해 처벌희망의사를 표시하
더라도 하자가 치유되지 않는다.

58

Ⅵ. 면책특권이 적용되는 경우

국회의원은 국회에서 직무상 행한 발언과 표결에 관해 국회 외에서 책
임을 지지 않는다($\genfrac{}{}{0pt}{}{\text{헌법 제45조:}}{\text{면책특권}}$). 검사가 그러한 발언·표결을 공소사실로 삼아 기
소하는 경우, 법원은 제327조 제2호에 따라 공소기각판결을 해야 한다.[1]

59

Ⅶ. 보호처분이 있는 경우

법원에 의해 보호처분이 확정된 자에게는 그 사건에 관해 공소를 제기
할 수 없다($\genfrac{}{}{0pt}{}{\text{소년법 제53조, 가폭법 제16조, 아학법}}{\text{제33조, 성매매특별법 제17조 제1항}}$). 검사가 이에 위반해 기소하는 경우, 법
원은 제327조 제2호에 따라 공소기각판결을 선고해야 한다.[2]

60

Ⅷ. 그 외의 하자

이하의 사유들은 사건 자체에 관한 것이라기보다는 공소제기의 절차와
관련된 하자로서 기술적 성격이 강하므로, 여기서는 간략히 소개만 하고 상
세히는 제2편에서 다루기로 한다.

61

1. 공소권남용

공소제기가 형식적으로는 적법해 보이나 실질적으로는 소추재량권의 범
위를 현저히 일탈한 경우에는 이른바 공소권의 남용으로서 위법하여 무효이
다.[3] 자세한 것은 기소편의주의의 한계를 설명하는 기회에 다룬다[$\genfrac{}{}{0pt}{}{\text{§94/3}}{\text{참조}}$].

62

1　대법원 1992. 9. 22. 선고 91도3317 판결.

2　대법원 2017. 8. 23. 선고 2016도5423 판결:「보호처분은 확정판결이 아니고 따라서 기판력도
　　없으므로, 보호처분을 받은 사건과 동일한 사건에 대하여 다시 공소제기가 되었다면 이에 대
　　해서는 면소판결을 할 것이 아니라 공소제기의 절차가 법률의 규정에 위배하여 무효인 때에
　　해당한 경우이므로 제327조 제2호의 규정에 의하여 공소기각의 판결을 하여야 한다.」

3　대법원 2017. 12. 13. 선고 2017도16223 판결.

2. 공소장일본주의 위반

63　　　검사가 공소를 제기하는 경우에는 ($_{경우가 아닌 이상}^{약식명령을 청구하는}$) 공소장 하나만을 제출해야 한다. 공소장에 i) 사건에 관해 법원이 예단을 갖게 할 수 있는 서류 기타 물건을 첨부하거나 그 내용을 인용해서는 안 되며($_{조 제2항}^{규칙 제118}$), ii) 법령이 요구하는 사항 외에 법원이 예단을 갖게 할 만한 사실을 쓰는 것($_{여사기재}^{이른바}$)도 허용되지 않는다. 규칙 제118조 제2항에 위반한 공소제기는 위법하여 무효이다.[1] 이에 관해서는 공소장의 첨부서류에 관해 설명하는 부분에서 상론한다 [$_{참조}^{§95/29}$].

3. 공소사실의 불특정·범죄불구성

64　　　i) 공소장에는 소추의 대상이 되는 피고인의 범죄사실, 즉 공소사실을 특정해야 한다($_{제3호, 제4항}^{제254조 제3항}$). 법원의 심판범위를 획정하고 피고인이 방어할 대상을 명확히 해야 하기 때문이다. 공소장의 기재만으로 공소사실이 특정되지 않는다면 법원은 제254조 제4항 위반을 이유로 제327조 제2호에 따라 공소기각판결을 해야 한다.[2] 한편, ii) 공소장에 기재된 범죄사실은 형사실체법 규정의 구성요건에 부합해야 한다. 공소장 기재사실 자체만으로 실체형법상 범죄가 되지 않음이 분명한 경우, 법원은 제328조 제1항 제4호에 따라 공소기각결정을 해야 한다.[3] 공소사실의 불특정과 범죄불구성에 관해서는 공소장의 기재사항을 설명할 때 다룬다[$_{참조}^{§95/14}$].

4. 중복된 공소제기

65　　　공소가 제기되어 소송계속이 발생한 상태에서는 동일사건에 관해 재차 공소를 제기할 수 없다. 동일사건에 관해 i) 같은 지방법원에 중복해 공소가 제기되면 법원은 뒤의 공소에 대해 공소기각판결을 해야 하고($_{제3호}^{제327조}$), ii) 다른 지방법원에 이중으로 기소되는 경우에는 일정한 기준에 따라 어느 한 법원이 공소기각결정을 해야 한다($_{제12조, 제13조}^{제328조 제3호,}$). 앞의 경우를 이중기소, 뒤의 경우를 관할경합이라 한다. 제3편에서 상세히 설명한다[$_{참조}^{§155}$].

1　대법원 1994. 3. 11. 선고 93도3145 판결.
2　대법원 2022. 11. 17. 선고 2022도8257 판결.
3　대법원 1973. 12. 11. 선고 73도2173 판결.

5. 범의유발형 함정수사

수사기관이 범죄의사 없는 사람에게 책략을 사용해 범의를 유발시켜 범 **66**
죄행위를 하게 한 후 체포나 압수·수색 등을 하는 것을 범의유발형 함정수
사라 하는바, 이에 터잡은 공소제기는 위법하여 무효이다.[1] 수사비례원칙을
설명하는 부분에서 다룬다[$\substack{\$62/3\\ 참조}$].

제3   기소 후 소추조건 소멸   §58

Ⅰ. 공소제기 후 처벌불원의사표시

1. 친 고 죄

친고죄에서 유효한 고소가 존재하는 상태는 공소제기 후 제1심판결 선 **1**
고 전까지 계속 유지돼야 한다. 기소 후 고소가 취소된 경우 법원은 공소기
각판결을 선고해야 한다($\substack{제327조\\ 제5호}$). 고소취소의 주체나 방식 등은 앞서 본 수사
절차상 고소취소의 경우와 같다. 차이점이 있다면, 기소 후 고소취소는 법원
에 해야 하고 수사기관에 하면 효력이 없다는 것이다.[2]

제1심판결이 선고된 후에는 고소를 취소할 수 없다($\substack{제232조\\ 제1항}$). 기간제한을 **2**
둔 이유는 사인의 의사에 국가형벌권 행사를 무한정 의존시키는 것은 공형벌
실현의 이념에 맞지 않기 때문이다. 특히 공범 중 1인에 대해 판결이 선고되
어 고소를 취소할 수 없게 되었다면, 아직 판결이 선고되지 않은 공범에 대
해서도 고소를 취소할 수 없다. 이는 필요적공범 사건에서도 마찬가지다.[3]

항소심에서의 공소장변경으로 인해 공소사실이 비로소 친고죄로 된 경 **3**
우에는, 고소취소가 있어도 공소기각판결을 할 수 없고 단지 양형참작사유가
된다. 이미 제1심판결이 선고된 후이기 때문이다[$\substack{\$189/8\\ 참조}$].[4] 그러나 항소심에서
제1심판결을 파기하고 사건을 원심법원으로 환송함에 따라 다시 제1심 공판

---

1 대법원 2006. 9. 28. 선고 2006도3464 판결.
2 대법원 2012. 2. 23. 선고 2011도17264 판결.
3 대법원 1985. 11. 12. 선고 85도1940 판결.
4 대법원 1999. 4. 15. 선고 96도1922 (全)판결: 「항소심에서 공소장의 변경에 의하여 또는 공소
   장변경절차를 거치지 아니하고 법원 직권에 의하여 친고죄가 아닌 범죄를 친고죄로 인정하였
   더라도, 항소심을 제1심이라 할 수는 없는 것이므로, 항소심에 이르러 비로소 고소인이 고소를
   취소하였다면 이는 친고죄에 대한 고소취소로서의 효력은 없다.」

절차가 진행되는 경우에는 그 판결선고 전까지 고소를 취소할 수 있는바, 종
전의 제1심판결은 파기되어 효력을 상실했으므로 아직 제1심판결 선고가 없
는 상태이기 때문이다[§193/3참조].¹

2. 반의사불벌죄

4   반의사불벌죄에서 처벌불원의사표시가 없는 상태 또한 공소제기 이후
판결선고 전까지 계속 유지돼야 한다. 기소 후 처벌불원의사표시가 제출되는
경우, 공소취소[§99참조]가 없는 한, 법원은 제327조 제6호에 의해 공소기각판결
을 선고해야 한다. 파기환송·이송에 따른 제1심에서도 마찬가지다[§193/3참조].

5   공소제기 후의 처벌불원의사표시는 법원에 해야 하며, 수사기관에 하면
효력이 없다. 제1심판결 선고 전까지만 허용되므로(제232조 제3항, 제1항), 항소심에서 할
경우 양형참작사유가 될 뿐이다. 부수법 제2조 제2항의 죄에서 발행인의 수
표회수[§57/47참조] 역시 제1심판결 선고 전까지 해야 효력이 있다.²

6   항소심에서의 공소장변경으로 인해 공소사실이 비로소 반의사불벌죄로
된 후에는 처벌불원의사표시가 있더라도 공소기각판결을 할 수 없다[§189/8참조].

Ⅱ. 소송주체능력의 소멸

7   공소제기 후 피고인이 소송주체능력을 상실하는 경우(사망 또는 합병·청산) 수소법원
은 공소기각결정을 해야 한다(제328조 제1항 제2호). 이와 달리 공소제기 전에 소송주체능
력이 소멸된 때에는 제327조 제2호에 따라 공소기각판결을 해야 함은 앞서
설명했다[§57/3참조].

Ⅲ. 공소취소와 재기소금지

8   형사소송은 검사가 공소를 유지하고 있는 동안에만 유효하게 존속하므
로, 검사가 공소제기를 철회하는 경우 법원은 공소기각결정을 선고해 절차를
종결해야 한다(제328조 제1항 제1호). 이처럼 공소제기를 철회하는 소송행위를 공소취소라
한다. 공소취소에 따라 공소기각결정이 이루어진 후에는 그 범죄사실에 대한
다른 중요한 증거를 발견한 경우가 아닌 이상 동일사건에 대해 다시 공소를

---

1 대법원 2011. 8. 25. 선고 2009도9112 판결.
2 대법원 1994. 5. 10. 선고 94도475 판결.

제기할 수 없으며($^{제329}_{조}$), 이에 위반해 새로이 공소가 제기되는 경우 법원은 공소기각판결을 선고해야 한다($^{제327조}_{제4호}$). 공소취소와 재기소제한에 관해서는 제2편에서 상세히 다룬다[$^{§99/1}_{참조}$].

제2편
수사와 공소

제1장 수 사

제1절 수사의 의의와 일반원칙

제1관 수사의 의의

제 1 수사의 개념

§59

1

공소의 제기·유지를 위해 범죄사실을 조사하고 범인과 증거를 발견·수집·보전하는 일련의 활동을 수사(搜査)라 한다. 이는 i) 공소제기 전에는 사건의 진상파악과 공소제기 여부의 결정 및 공소제기에 필요한 준비를, ii) 공소제기 후에는 공소의 유지를 위한 자료수집을 주된 목적으로 한다.

2

수사를 하는 주체를 수사기관이라 한다. 현행법상 수사기관은 검사와 사법경찰관이다($^{제196조,\ 제}_{197조\ 제1항}$)[$^{§37/1}_{참조}$]. 엄밀히 사법경찰리는 수사의 보조자일 뿐 그 자체 수사기관은 아니나($^{제197조}_{제2항}$), 현실적으로 수사절차에서 상당한 역할을 담당한다. 대법원 역시 사법경찰리가 수사과정에서 작성한 각종 조서의 효력을 인정하고 있다.[1]

제 2 수사구조론

§60

1

수사절차를 전체 형사절차에 어떻게 위치시키고 그 참여자들($^{검사·사법}_{경찰관리·}$ $^{법원·}_{피의자}$)의 상호관계를 어떻게 정립할 것인지에 대한 논의를 수사구조론이라 한다. 이에 관한 견해로는, i) 수사절차는 수사기관의 독자적 판단 아래 진행되는 절차로서 법원은 이에 개입하지 않고, 피의자는 단지 조사의 객체에 불과하다는 관점($^{규문적}_{수사관}$), ii) 수사는 공판을 준비하는 활동이므로 법원의 개입이 인정되며, 피의자는 수사기관과 함께 재판을 준비하는 준당사자로서의 지위를

---

1 대법원 1981. 6. 9. 선고 81도1357 판결. 이에 대한 비판으로 강구욱, "사법경찰관리에 관한 소고", 외법논집 제37권 제3호(2013), 203쪽 이하 참조.

갖는다는 관점(탈핵적/수사관),[1] iii) 수사절차는 사법경찰관리와 피의자가 서로 대립 당사자로서 공방을 벌이고 검사가 심판자로서 결론을 내리는 소송적 절차라는 관점(소송적/수사관)[2]이 있다.

2   탄핵적 수사관이나 소송적 수사관은 수사절차의 구조를 공판의 연장 또는 소송유사절차로 파악할 경우 피의자의 인권보장에 좀 더 유리할 것이라는 관점을 전제하는 듯하다.[3] 그러나 수사절차는 그 자체 본질적으로 (강하게든/약하게든) 규문적 성격을 띨 수밖에 없는 것이 현실이고, 이상적 관념 아래 이를 소송에 유사한 구조로 파악한다고 해서 사안규명이나 인권보호에 더 충실한 결과가 나오지는 않는다. 피의자의 방어권은 헌법상 적법절차원칙에서 유래하는 것이지 수사의 구조적 특성에서 비롯되는 것이 아니기 때문이다. 한편 규문적 수사관은 사전영장제도·증거보전 등 수사단계에서 법원의 개입을 설명할 수 없을 뿐 아니라 피의자를 단순히 수사의 객체로만 파악한다는 점에서 문제가 있다. 수사절차에서 이루어지는 모든 행위는 수사기관의 자의적 권한 아래에서 진행되는 것이 아니라 헌법과 법률에 규정된 형식의 보호막 아래에서 진행되는바, 비록 공판절차에 비해 훨씬 제약된 형태이기는 하지만, 수사절차 또한 모든 절차참여자가 법정된 보호형식(schützende Form) 아래에서 상호작용을 전개하는 제한적 의사소통과정으로 볼 수 있다.[4]

3   어느 견해에 의하더라도 헌법과 형사소송법에 기초해 규율되는 수사절차의 구조를 통일적으로 설명할 수는 없고, 근본적으로 수사구조론 자체에 실천적 의미가 있다고 보기도 어렵다.[5] 특정 수사관(捜査觀)의 이론적 타당성을 논하기보다는, 각론적으로 적법절차원칙을 충실히 구현하여 사건관계인의 인권을 최대한 보호하면서 수사의 효율성을 꾀할 수 있는 구체적 수사방법을 찾는 데 집중할 필요가 있다.[6]

---

1 강동욱 외 3인 197쪽; 김인회 64쪽; 이은모/김정환 166 – 167쪽; 차용석/최용성 157쪽. 임의수사의 구조는 규문적 수사관, 강제수사의 구조는 탄핵적 수사관에 따라야 한다는 견해로는 신동운 158쪽.
2 강구진, 형사소송법원론, 학연사(1982), 149쪽.
3 이은모/김정환 166쪽.
4 변종필, 형사소송의 진실개념, 세종출판사(1999), 254쪽.
5 손동권/신이철 166쪽; 신양균/조기영 34쪽.
6 배종대/이상돈 177쪽; 정승환 37 – 38쪽; 정웅석 외 2인 73쪽.

제2관   수사의 일반원칙

제 1   강제처분법정원칙   §61

I. 의   의

강제처분법정원칙이란, 강제처분(Zwangsmaßnahme)은 그 유형과 요건 및
절차에 관해 법률이 정한 바에 따라서만 할 수 있다는 원칙을 뜻한다(헌법 제12조,제1항 제2문).
제199조 제1항 단서는 「강제처분은 이 법률에 특별한 규정이 있는 경우에 한
하며, 필요한 최소한도의 범위 안에서만 하여야 한다」고 규정하여 특히 수사
절차에 관해 이 원칙을 명문화하고 있다(강제수사법정원칙).   **1**

여기서 '강제처분'이 무엇을 뜻하는지에 관해, i) 물리적 강제력을 행사
하는 처분 또는 사인에게 일정한 의무를 부담시키는 처분이라는 견해(강제설),
ii) 상대방의 의사에 반해 실질적으로 그의 법익을 침해하는 처분이라는 견해
(의사·법익침해 결합설),[1] iii) 의사에 반해 법익을 침해하거나 사인에게 일정한 의무를 부
담시키는 행위라는 견해(절충설),[2] iv) 헌법상 적법절차원칙이 적용되어야 하는
처분이라는 견해(적법절차기준설),[3] v) 기본권의 효력영역을 침범하는 처분이라는 견
해(기본권기준설),[4] v) 상대방의 자발적 동의가 없고 이를 추정할 수도 없는 처분이라
는 견해(동의기준설)[5] 등이 있다. 제199조 제1항 단서는 국가활동이 국민의 기본권
을 제한하는 경우 법률에 근거가 있어야 한다는 헌법 제37조 제2항을 구체화
한 것이라 할 수 있으므로 이론상 기본권기준설이 가장 적절하다고 본다. 기
본권기준설은 각종의 비유형적 강제처분을 광범위하게 포착할 수 있으면서
도 설명이 간명하다는 장점이 있다.   **2**

적법절차기준설을 취할 경우 어떤 처분이 적법절차원칙이 적용되어야 하는 처분인
지에 관한 추가 설명이 요구된다는 문제가 있다. 이에 관해 '법공동체가 공유하는   **3**

---

1 백형구 69–70쪽; 이재상 외 2인 132쪽; 임동규 167쪽.

2 이완규(Ⅱ) 150쪽.

3 신동운 224쪽.

4 배종대/이상돈 218–219쪽; 신양균/조기영 94쪽.

5 배종대/홍영기 112쪽.

최저한의 기본적 인권을 침해할 우려가 있는지 여부'를 기준으로 해야 한다는 관점이 있으나,[1] 이는 기본권기준설과 실천적으로 크게 다르지 않다. 한편, 동의기준설은 언제 동의를 추정할 수 있는지에 관해 별다른 설명을 내놓지 않고 있는데, 결국 기본권침해 여부가 기준이 될 수밖에 없다고 본다.

4   강제처분법정원칙은 적법절차원칙[§11/1 참조]에서 논리필연적으로 파생하는 규범원리로, 수사절차뿐만 아니라 형사절차 전체, 나아가 공권력작용 전반을 그 규율대상으로 한다. 즉, 이 원칙은 i) 수사기관이 하는 수사활동은 물론, ii) 법원이 하는 구속·압수·수색·감정유치·감정처분 등, iii) 유죄판결의 집행으로 이루어지는 형벌과 보안처분, iv) 대집행을 비롯한 행정청의 권력적 사실행위 등에 모두 적용된다. 물론, 실천적으로 이 원칙이 가장 중요한 의의를 갖고 또 많이 쟁점화되는 영역은 수사절차라 할 수 있다.

Ⅱ. 내   용

5   수사활동이 강제처분의 성격을 띠면 강제수사, 그렇지 않으면 임의수사라 한다. 임의수사는 법률상 근거 없이도 할 수 있으나 강제수사는 반드시 법률에 근거해야 하며, 법률상 근거 없는 강제수사로 취득한 자료는 유죄의 증거로 할 수 없다(제308조의2). 여기서의 '법률'에는 각종 형사특별법도 포함되는 바, 특별법상 강제수사방법으로는 금융실명법 제4조 제1항 제1호의 계좌추적[§76/36 참조], 통비법 제5조 이하의 통신제한조치(우편물 검열, 전기통신 감청)[§79/1 참조] 등이 있다.

6   형사특별법이 강제수사에 관해 규정하는 것은 그리 바람직한 모습이 아니다. 제199조 제1항 단서는 '강제처분은 이 법률에 특별한 규정이 있는 경우에 한하며'라고 규정함으로써 강제수사의 유형과 요건·절차를 「형사소송법」, 즉 형식적 의미의 형사소송법이 배타적으로 마련할 것을 요구하는바, 이를 반대해석하면 형사특별법에는 강제수사에 관한 규정을 둘 수 없다는 의미가 되기 때문이다. 실제로 형사특별법은 합리적이지 못한 여론과 그에 부합하여 정치적 기반을 확보하려는 정치세력이 상징적 입법(symbolische Gesetzgebung)의 일환으로 제정하는 경우가 많기에,[2] 이를 통해 강제처분의 법적 허용범위를 확대하는 것은 경계해야 한다.

---

1 신동운 224쪽(나아가 기본권기준설은 적법절차기준설의 한 유형이라고도 한다).
2 배종대/이상돈 214쪽. 변종필, "위험사회, 위험 그리고 형법의 대응", 비교형사법연구 제14권 제2호(한국비교형사법학회, 2012. 12.), 544-545쪽.

　　법문상 검사와 사법경찰관이 그 주체로 특정되어 있는 강제수사에 대해   7
사법경찰리는 보조만 할 수 있고, 직접 이를 할 수는 없다. 가령 사법경찰리
는 단독으로 긴급체포를 할 수 없다$\left(\substack{제200조의\\3\ 제1항}\right)\left[\substack{§73/29\\참조}\right].$[1]

제2　수사비례원칙   §62

Ⅰ. 의　　의

　　수사는 비례성원칙(Grundsatz der Verhältnismäßigkeit)에 합치해야 한다.   1
즉, 모든 수사는 i) 목적달성에 유효·적절한 수단으로 이뤄져야 하고($\substack{적합\\성}$), ii)
그중에서도 기본권제한을 가장 적게 수반하는 방법을 채택해야 하며($\substack{필요\\성}$), iii)
그로써 달성되는 공익이 침해되는 사익보다 우월해야 한다($\substack{상당\\성}$). 이러한 요청
을 특별히 수사비례원칙(搜査比例原則)이라고도 한다. 비례성을 상실한 수사
는 성문법규 위반이 없더라도 위법하고, 이에 터잡아 획득된 증거는 위법수
집증거에 해당한다($\substack{제308\\조의2}$).

　　비례성원칙이 적법절차원칙의 파생원리임은 앞서 설명하였다$\left[\substack{§13/2\\참조}\right].$ 2

Ⅱ. 내　　용

1. 적 합 성

　　(1) 방법의 적정성　　　　적합성원칙에 따라, 수사는 목적달성에 효과적이   3
고 적절한 수단으로 이루어져야 한다.[2] 목적달성에 기여하는 수단이면 족하
고, 그것이 목적달성에 기여하는 여러 수단 중 가장 효과적인 것일 필요는
없다.[3] 목적달성에 전혀 영향을 주지 않거나 그 자체로(per se) 완전히 부적
합한 수단인 경우에는 적합성을 인정할 수 없다.[4]

1　의정부지방법원 2021. 11. 26. 선고 2020고단7000 판결.
2　헌법재판소 1989. 12. 22. 선고 88헌가13 (全)결정.
3　헌법재판소 2002. 4. 25. 선고 2001헌마614 (全)결정:「어떠한 목적을 달성함에 있어서는 어떠
　　한 조치나 수단 하나만으로서 가능하다고 판단할 경우도 있고 다른 여러 가지의 조치나 수단
　　을 병과하여야 가능하다고 판단하는 경우도 있을 수 있으므로 목적달성에 필요한 유일의 수단
　　선택을 요건으로 하는 것이라고 할 수는 없다. 그러나 그렇다고 하더라도, 기본권을 제한하는
　　방법은 최소한 그 목적의 달성을 위하여 효과적이고 적절하여야 한다.」
4　황치연, "과잉금지원칙의 내용", 공법연구 제24집 제3호(1996), 281쪽.

4   (2) 함정수사의 문제   적합성원칙은 그 목적과 수단이 공히 헌법적으로
정당해야 한다는 것을 당연히 전제한다. 목적과 수단 중 어느 하나라도 헌법
적 테두리 밖에 있는 때에는 그 자체로 부적합한 것이 되는바, 이와 관련해
서 함정수사의 적법성이 문제된다.

5   함정수사(陷穽捜査)란 수사기관이 범인을 잡거나 증거를 획득할 목적하
에 사인에게 범죄를 교사하거나 범죄기회를 제공하고 그에 따라 발생한 범죄
에 대해 수사를 진행하는 것을 말한다. 여기에는 i) 범의를 가진 자에게 단순
히 범죄의 기회를 제공한 후 그 결과로 범죄가 발생할 시 구체적 수사로 나
아가는 '기회제공형'과, ii) 범죄의사 없는 사람에게 책략을 사용해 범의를 유
발시켜 범죄행위를 하게 만든 후 체포나 압수·수색 등을 하는 '범의유발형'
이 있다. 전자는 적합성이 있는 수사기법으로서 허용되는 반면[§81/1 참조], 후자는
범죄를 방지해야 할 국가가 교사범이 되어 오히려 범죄발생에 적극적으로 관
여하는 것이므로 적합성이 없다.[1] 범의유발형 함정수사를 한 때에는 후속
수사절차 전체가 헌법적 정당성을 결여해 위법하게 되며, 이를 통해 획득한
증거는 공판에서 유죄의 증거로 사용할 수 없다(제308 조의2)[§64/2 참조].

6   함정수사가 범의유발형인지 기회제공형인지는 해당 범죄의 종류·성질,
유인자의 지위·역할, 유인의 경위·방법, 유인에 따른 피유인자의 반응, 피유
인자의 처벌전력 및 유인행위 자체의 위법성 등을 종합해 판단해야 한다.[2]

7   범의유발형 함정수사에 기초해 공소가 제기된 경우, 법원은 제327조 제2
호에 따라 공소기각판결을 선고해야 한다는 것이 판례의 입장이다.[3] 이에
대해 i) 결국 피의자 본인의 의사결정이라는 점에 주목해 국가의 범의유발행

---

1 대법원 2013. 3. 28. 선고 2013도1473 판결.

2 대법원 2020. 1. 30. 선고 2019도15987 판결: 「수사기관과 직접 관련이 있는 유인자가 피유인
자와의 개인적인 친밀관계를 이용하여 피유인자의 동정심이나 감정에 호소하거나, 금전적·심
리적 압박이나 위험 등을 가하거나, 거절하기 힘든 유혹을 하거나, 또는 범행방법을 구체적으
로 제시하고 범행에 사용될 금전까지 제공하는 등으로 과도하게 개입함으로써 피유인자로 하
여금 범의를 일으키게 하는 것은, 위법한 함정수사에 해당하여 허용되지 않는다. 그렇지만 유
인자가 수사기관과 직접적인 관련을 맺지 않은 상태에서 피유인자를 상대로 단순히 수차례 반
복적으로 범행을 부탁하였을 뿐, 수사기관이 사술이나 계략 등을 사용하였다고 볼 수 없는 경
우에는 설령 그로 인하여 피유인자의 범의가 유발되었다 하더라도 위법한 함정수사에 해당하
지 않는다.」

3 대법원 2005. 10. 28. 선고 2005도1247 판결: 「본래 범의를 가지지 아니한 자에 대하여 수사기
관이 사술이나 계략 등을 써서 범의를 유발케 하여 범죄인을 검거하는 함정수사는 위법함을
면할 수 없고, 이러한 함정수사에 기한 공소제기는 그 절차가 법률의 규정에 위반하여 무효인
때에 해당한다.」

위는 양형단계에서만 고려해야 한다는 견해(유죄판결설),[1] ii) 모든 증거가 위법수집증거인 이상 무죄판결을 해야 한다는 견해(무죄판결설)[2]도 있으나, 범의유발형 함정수사에 터잡은 기소는 그 자체로 적법절차원칙에 반하는 공소권행사라고 할 수 있으므로(검찰청법 제4조 제3항) 공소기각판결을 함이 타당하다.

2. 필 요 성

필요성원칙이란, 수사는 합리적 평균인의 관점에서 볼 때 목적달성을 위해 불가피한 수단, 즉 기본권제한을 최소화하는 방법으로 해야 한다는 요청이다. 임의수사로 목적을 달성할 수 있는 경우 강제처분을 활용할 수 없고(임의수사원칙), 부득불 강제수사를 하더라도 그 강도·범위를 최소한으로 설정해야 한다(제199조 제1항). 이를 구체화해 제198조 제1항은 「피의자에 대한 수사는 불구속 상태에서 함을 원칙으로 한다」고 규정해 불구속수사원칙을 선언하고 있다.   8

필요성의 요청은 각종 강제처분의 요건과 절차에 관한 효력규정에 반영돼있는 경우가 많으나, 명문의 규정이 없더라도 모든 수사방법에 당연히 적용된다. 수사준칙 제10조 제1항 역시 「수사대상자의 자유로운 의사에 따른 임의수사를 원칙으로 해야 하고, 강제수사는 법률에서 정한 바에 따라 필요한 경우에만 최소한의 범위에서 하되, 수사대상자의 권익침해의 정도가 더 적은 절차와 방법을 선택해야 한다」고 규정해 이를 분명히 하고 있다.   9

3. 상 당 성

(1) 법익의 균형성   수사로 달성되는 공익은 그로 인해 침해되는 사익보다 우월해야 한다. 이를 상당성원칙(또는 협의의 비례성원칙)이라 한다.   10

상당성은 영장발부 여부를 판단하거나 이미 실행된 강제처분의 적법성을 평가함에 있어 법원이 반드시 고려해야 할 사항이다. 이는 효력규정의 법문에 직접 반영되기도 하는데, 대표적으로 경미사건 피의자에 대한 체포·구속 제한(제200조의2 제1항 단서, 제201조 제1항 단서, 제214조)을 들 수 있다[§73/5, §74/18 참조].   11

(2) 소송조건 불비 문제   인신구속이나 압수·수색과 같은 개별 수사방법은 물론, 전체로서의 수사절차 그 자체도 상당성을 갖춰야 한다. 이와 관련해 소송조건이 불비된 상황에서의 수사가 적법한지 여부가 문제된다.   12

---

1 클라우스 폴크, 독일형사소송법(김환수/문성도/박노섭 譯), 박영사(2009), 193쪽.
2 신동운 179쪽.

13   이를테면 친고죄사건에서 고소권자의 고소권이 이미 소멸하였다면 추후
기소하더라도 법원이 공소기각판결($^{제327조}_{제2호}$)을 할 수밖에 없으나, 그 경우에도
만약 공범의 존재나 여죄의 의심이 제기된다면 전말을 명확히 밝히기 위해
수사를 계속할 수 있고 또 그래야 한다. 또한 가령 대규모 부패의 실마리를
잡은 사건에서 피의자가 돌연 자살한 경우, 그 피의자에 대해서는 당연히 공
소권없음 처분 또는 공소기각결정($^{제328조\ 제}_{1항\ 제2호}$)이 예정돼 있지만, 아직 누가 어떻
게 연루되었는지를 정확히 알지 못하는 이상 계속 수사를 진행하는 것이 결
코 잘못이라 할 수 없고 오히려 수사를 종결하는 것이 직무유기에 해당한다.

14   소송조건 흠결 여부가 단지 불명확한 상황에서는 더더욱 수사의 상당성
을 부정하기 어렵다. 가령 친고죄사건에서 피해자의 의사가 아직 확인되지
않은 경우가 이에 해당한다.[1]

15   학계에서는 통상 i) '수사의 조건'으로 '수사의 필요성'과 '수사의 상당성'을 제시하
고, ii) 수사의 필요성에 관해서는 소송조건 흠결시 수사가 가능한지의 문제를, 수사
의 상당성에 관해서는 '수사의 신의칙'과 수사비례원칙($^{적합성 \cdot 필요성 \cdot}_{상당성\ 원칙}$)을 차례로 언급
하며, iii) 함정수사의 적법성은 그중 수사의 신의칙 문제로 다루고 있다.[2] 이를 도
해하면 아래의 표와 같다.

수사의 조건		
수사의 필요성	수사의 상당성	
	수사의 신의칙	수사비례원칙 (적합성 · 필요성 · 상당성 원칙)
소송조건 불비의 문제	함정수사의 문제	

그러나 위와 같은 인식방법에는 다음과 같은 문제가 있다.

---

1   대법원 2011. 3. 10. 선고 2008도7724 판결:「고소나 고발이 있어야 논할 수 있는 죄에 있어서
고소 또는 고발은 이른바 소추조건에 불과하고 당해 범죄의 성립요건이나 수사의 조건은 아니
므로, 위와 같은 범죄에 관하여 고소나 고발이 있기 전에 수사를 하였다고 하더라도, 그 수사
가 장차 고소나 고발이 있을 가능성이 없는 상태하에서 행해졌다는 등의 특단의 사정이 없는
한, 고소나 고발이 있기 전에 수사를 하였다는 이유만으로 그 수사가 위법하게 되는 것은 아니
다.」

2   배종대/이상돈 181－187쪽; 손동권/신이철 166－174쪽; 신동운 168－179쪽; 신양균/조기영
49－55쪽; 이은모/김정환 175－181쪽; 이재상 외 2인 102－109쪽; 이주원 91－93쪽; 이창현
216－218쪽; 임동규 132－135쪽; 정웅석 외 2인 74－79쪽.

i) '수사의 조건'이라는 개념을 제시하면서 그 구성요소로 '수사의 필요성'과 '수사의 상당성'을 드는 것은 불필요한 이론구성이다. 필요성과 상당성이 있어야 한다는 요청은 법치국가의 공권력작용에 일반적으로 적용되는 명제이므로 유독 수사절차에서 이를 '조건'이라는 이름으로 강조할 필요가 없으며, 그렇게 한다고 해서 국민에게 실질적으로 어떠한 이익이 되지도 않기 때문이다. 엄밀히는 수사절차에 관해 실정법률과 법원리(수사비례원칙 포함)가 요구하는 사항들 전체가 널리 '수사의 조건'이 된다고 함이 정확하겠으나, 그러한 의미에서의 '수사의 조건' 개념에는 아무런 실천적 함의도 없다.

ii) '수사의 필요성'과 '수사의 상당성'을 병렬적으로 언급하면서 후자의 요소로 '수사비례원칙(적합성, 필요성, 상당성)'을 제시하는 것도 좀처럼 이해하기 어려운 설명이다. '수사의 필요성'과 수사비례원칙의 내용인 '필요성원칙'이 서로 별개인 것처럼 소개하는 방식이든, '수사의 상당성' 아래에 수사비례원칙을 놓고 다시 그 아래에 '상당성원칙'을 놓는 방식이든, 정합적이지 못하고 체계상 혼란만 초래한다. 수사절차의 지배원리인 수사비례원칙은 적합성·필요성(최소침해성)·상당성(법익균형성) 원칙으로 구성되는바, 그와 구별되는 별개의 필요성·상당성 개념은 인정할 필요도 없고 인정해서도 안 된다.

iii) '수사의 신의칙'이라는 출처불명의 개념을 제시하면서 이를 수사비례원칙과 병렬적으로 소개하는 것 또한 문제이다. 수사의 방법이나 강도를 합리적이고 적절하게 설정해야 한다는 요청은 수사비례원칙(특히 적합성·필요성 원칙)으로부터 연역되는 결론이지, 수사비례원칙과 구별되는 독자적 규범원리는 아니다.

이상의 이유로 이 책에서는 '수사의 조건', '수사의 신의칙'과 같은 용어는 사용하지 않으며, 수사비례원칙과 구별되는 상위의 필요성·상당성 개념도 채용하지 않는다. 이들이 말하고자 하는 것은 모두 수사비례원칙 하나로 설명이 가능하다. 특히, i) 범의유발형 함정수사는 국가 스스로 범죄를 유발하는 반법치국가적 공권력작용이라는 점에서 적합성원칙에 반한다고 평가할 수 있고, ii) 소송조건 불비시 수사가 가능한지 여부는 장차 형벌권 행사가능성이 없는 사건을 수사하는 것이 적절한지의 문제로서 결국 상당성원칙의 문제라 할 수 있다. 본문의 설명은 이러한 체계에 입각해 구성한 것으로, 도해하면 아래의 표와 같다.

수사비례원칙		
적합성원칙	필요성원칙	상당성원칙
함정수사의 문제		소송조건 불비의 문제

§63   **제 3 영장주의와 그 예외**

I. 의   의

1   헌법 제12조 제3항 본문은 「체포·구속·압수 또는 수색을 할 때에는 적
법한 절차에 따라 검사의 신청에 의하여 법관이 발부한 영장을 제시하여야
한다」고 규정하여, 사전에 법원이 발부한 적법한 영장을 제시하지 않고는 체
포·구속·압수·수색을 할 수 없도록 하고 있다. 또한, 헌법 제16조 제2문은
「주거에 대한 압수나 수색을 할 때에는 검사의 신청에 의하여 법관이 발부한
영장을 제시하여야 한다」고 함으로써 주거의 자유 보장과 관련해 이를 재차
강조하고 있다. 이를 일반적으로 영장주의(令狀主義)라고 칭한다. 주장이나
이론이 아니라 헌법상의 법원칙(legal principle)이므로 그 실질은 '영장제시
원칙'[1]이라고 할 수 있다.

2   한편, 헌법 제12조 제3항 단서는 「다만, 현행범인인 경우와 장기 3년 이
상의 형에 해당하는 죄를 범하고 도피 또는 증거인멸의 염려가 있을 때에는
사후에 영장을 청구할 수 있다」고 하여, 선집행 후 영장을 발부받을 수 있는
예외를 규정하고 있다.

II. 내   용

1. 영장주의

3   (1) 법관에 의한 영장발부   체포·구속·압수·수색 영장은 법원이 발부
한 것이어야 한다. 소송법상 영장발부 주체는 법관이 아니라 법원(단독판사)이며,
영장은 그 자체 재판서이고 영장발부행위는 성질상 결정이다[$\binom{\S27/4}{참조}$]. 영장청구
를 기각하는 재판 또한 결정에 속한다.

4   (2) 검사의 청구   헌법상 영장청구($\binom{헌법상 표현은 '신청'이나, 형사소송}{법은 '청구'라는 표현을 사용한다}$) 주체는 검
사에 한정된다($\binom{헌법 제12}{조 제3항}$). 사법경찰관은 영장청구를 할 수 없고 다만 검사에게
이를 신청할 수 있다. 법률에 사법경찰관의 영장청구권을 규정하더라도 이는
위헌무효이다.

---

1 민영성, "압수수색영장의 집행에 있어서 '필요한 처분'과 영장사전제시 원칙의 예외", 인권과정
   의 제357호(2006), 96쪽.

헌법 규정상 압수·수색·체포·구속영장의 발부에는 검사의 청구가 필요 **5**
한 것처럼 되어 있으나 이는 수사단계를 전제한 것이고, 공판단계에서는 검
사의 청구 없이도 법원이 직권으로 압수·수색·구속영장을 발부할 수 있다.[1]

(3) 사전제시 및 사본교부　　영장을 집행함에는 반드시 상대방(처분을 받는 자)에게 **6**
그 정본을 제시해야 한다(사본만 제시함은 허용되지 않는다).[2] 특히 피의자·피고인에 대해 구속영
장 또는 압수·수색영장을 집행하는 때에는 원칙적으로 그 사본을 교부해야
한다(제85조 제1항·제4항, 제118조, 제209조, 제219조)[§76/53 참조].

2. 예　　외

급박한 경우에는 선집행 후 영장청구를 할 수 있다(헌법 제12조 제3항). 이에 관해 **7**
형사소송법은 i) 무영장체포로서 현행범체포(제212조)와 긴급체포(제200조의3)[§73/21 참조], ii)
체포·구속 및 범죄현장에서의 영장 없는 압수·수색(제216조)과 긴급체포된 자가
소유·소지·보관하는 물건에 대한 영장 없는 압수·수색(제217조)[§76/68 참조] 제도를
규정하고 있다.

Ⅲ. 확　　장

헌법 제12조 제3항은 문언상 체포·구속·압수·수색의 4가지 경우만을 **8**
특정하고 있으나, 현행법은 그에 준하는 기본권침해를 수반하는 강제처분에
관해서도 영장주의와 그 예외를 규정하고 있다. 우선, i) 수사상 검증이나 통
신수사에 관해서는 영장주의(제215조, 통비법 제6조)와 그 예외(제216조 제1항 제2호 및 제3항, 제217조, 통비법 제8조)가 모두
규정되어 있다[§76/6, §79/4, §80/3 참조]. 다음으로, ii) 감정처분·감정유치, DNA감식시료 채
취의 경우 영장주의는 규정되어 있으나(제221조의3, 제221조의4, 디엔에이법 제8조), 그 예외에 관한 조
항은 없다[§77/2, §78/11 참조].

---

1 대법원 1996. 8. 12.자 96모46 결정: 「헌법 제12조 제3항은 … 헌법 제12조 제1항과 함께 이른
바 적법절차의 원칙을 규정한 것으로서 범죄수사를 위하여 구속 등의 강제처분을 함에 있어서
는 법관이 발부한 영장이 필요하다는 것과 수사기관 중 검사만 법관에게 영장을 신청할 수 있
다는 데에 그 의의가 있다 할 것이고, 형사재판을 주재하는 법원이 피고인에 대하여 구속영장
을 발부하는 경우에도 검사의 신청이 있어야 한다는 것이 위 규정의 취지라고 볼 수는 없다.」
2 서울지방법원 1996. 8. 8. 선고 95나54753 판결(대법원 1997. 1. 24. 선고 96다40547 판결로
확정).

제3관   위법수사의 규제

§64   **제 1   위법수집증거배제법칙**

I. 의   의

1   위법수사에 대한 규제책으로, i) 형사절차 내적으로는 체포·구속적부심사($\frac{제214}{조의2}$)[$\frac{§75/9}{참조}$], 유치장감찰($\frac{제198}{조의2}$)[$\frac{§86/21}{참조}$], 수사절차상 준항고($\frac{제417}{조}$)[$\frac{§68/1}{참조}$] 등을, ii) 형사절차 외적으로는 해당 공무원 개인에 대한 형사처벌($\frac{형법 제124조, 제125}{조, 경직법 제12조 등}$) 및 파면 등 행정상 징계처분($\frac{국가공무원법}{제78조, 제79조}$) 등을 들 수 있다. 그러나 이는 어디까지나 사후적·간접적 방편이고, 가장 유효한 규제는 그와 같은 수사로 획득한 자료를 재판에서 유죄의 증거로 사용할 수 없도록 하는 것이다.

2   어떠한 증거가 형사재판에서 피고인에게 불이익한 사실을 인정하는 자료로 사용되기 위한 법률상의 자격을 증거능력(證據能力)이라 한다[$\frac{§114/10}{참조}$]. 형사소송법은 적법절차원칙을 위반해 수집한 자료의 증거능력을 원칙적으로 부인하는 규범원리로 위법수집증거배제법칙(Exclusionary rule)을 선언하고($\frac{제308}{조의2}$), 이를 구체화해 진술증거에 관해 특별히 자백배제법칙($\frac{제309}{조}$)[$\frac{§65/1}{참조}$]과 임의성 없는 진술의 배제($\frac{제317}{조}$)[$\frac{§66/1}{참조}$]를 규정하고 있다. 이들은 공판의 증거조사절차에서 비로소 적용되는 규범이지만, 기본적으로 수사기관의 활동에 적법절차에 따른 통제를 가하는 것을 목적으로 하고, 실제로도 수사절차상 위법의 존부 및 그 정도를 둘러싸고 쟁점화되는 경우가 대부분이기에, 수사에 관해 설명하는 자리에서 함께 언급함이 적절하고 효율적이다. 이에 위법수집증거배제법칙과 그 관련규정들($\frac{제309조, 제317}{조, 통비법 제4조}$)에 관해 본장에서 상세히 다루기로 한다. 이하에서는 총론적 내용을 소개하고, 구체적 증거배제사례는 제2절에서 개별 수사방법유형을 설명하는 기회에 제시한다.

3   드물게 법원·법관의 절차위반으로 위법수집증거가 되는 예도 있다. 가령 제척사유 있는 통역인이 통역한 증인의 증언 및 증인신문조서[$\frac{§157/2}{참조}$], 증인적격 없는 자를 신문하여 획득한 증언 및 증인신문조서[$\frac{§122/3}{참조}$], 야간집행제한규정을 위반하여 행해진 검증의 결과 및 검증조서[$\frac{§124/7}{참조}$] 등이 그러하다.

II. 내   용

1. 절차조항을 위반하여 수집한 증거

적법한 절차에 따르지 아니하고 수집한 증거는 증거로 할 수 없다($\binom{제308}{조의2}$).   **4**
여기서 '적법한 절차'란 헌법상의 적법절차($\binom{헌법 제12조 제}{1항 및 제3항}$), 즉 실체적 합리성과 정
당성을 모두 갖춘, 법률($\binom{특히 형사소송법 제}{2편 제1장의 규정들}$)에 근거한 절차를 의미한다$\left[\substack{§11/1\\참조}\right]$.[1] 제
308조의2에 의해 증거능력이 부인되는 자료는 피고인의 동의($\binom{제318조}{제1항}$)$\left[\substack{§119/36\\참조}\right]$가 있
더라도 증거로 채택할 수 없다.[2]

「검찰사건사무규칙」이나 「검찰압수물사무규칙」 등은 피의자나 변호인이 관심을 가   **5**
질 만한 절차규정들을 많이 두고 있으나, 이들은 성질상 행정규칙에 불과하므로 이
를 위반하여 수집한 증거라 해서 곧 위법수집증거가 되지는 않는다.[3]

2. 2차적 증거

어떠한 증거가 위법수집증거에 해당하는 경우 그에 기초해 획득한 2차   **6**
적 증거 또한 증거능력을 갖지 못하는데, 이를 독수독과(毒樹毒果; Fruit of the
poisonous tree) 이론이라 한다.[4] 예컨대 진술거부권을 고지하지 않고 자백을
얻어낸 다음 그 자백의 내용을 바탕으로 압수·수색을 실시해 증거를 확보한
경우, 그 압수물 등은 해당 압수·수색 절차 자체에 위법이 없더라도 증거능
력이 부인된다.[5]

III. 적용배제

1. 형   량

위법수집증거에 해당하는 경우라도, i) 절차위반행위가 적법절차의 실질   **7**
적 내용을 침해하지 않고, ii) 증거능력을 부인할 때의 진실이익 희생 정도가

---

1 헌법재판소 1992. 12. 24, 선고 92헌가8 (全)결정.

2 대법원 2009. 12. 24. 선고 2009도11401 판결; 2010. 1. 28. 2009도10092 판결; 2010. 7. 22.
   선고 2009도14376 판결.

3 헌법재판소 1991. 7. 8. 선고 91헌마42 (全)결정; 2008. 7. 22. 선고 2008헌마496 결정; 대법원
   1985. 7. 15.자 84모22 결정; 2004. 9. 23. 선고 2003두1370 판결 등. 다만, 실무상 법원은 그러
   한 규칙에 위반한 영장청구를 기각하고 있다.

4 Nardone v. U.S., 308 U.S. 338(1939).

5 대법원 2009. 3. 12. 선고 2008도11437 판결

현저한 때에는 진실규명원칙[^{§9/1}_{참조}]을 고려해 제308조의2의 적용을 배제할 수 있다. 즉, 위법수집증거배제법칙의 적용범위는 적법절차원칙과 진실규명원칙 간의 형량을 통해 정해진다.[1] 이에 따라 하급심에서는 가령 압수목록을 늦게 교부하거나[2] 그 기재를 일부 누락한 경우[^{§76/96}_{참조}],[3] 수사과정확인서에 지엽적 누락이 있는 경우[^{§72/21}_{참조}][4]에 그 압수물의 증거능력을 인정한 예가 있다.

2. 인과관계의 희석·단절

8   문제의 증거가 2차적 증거인 경우, 1차적 증거 수집과정에서 발생한 절차위반행위와 2차적 증거 수집과정에서 발생한 사정들을 모두 고려한 결과 앞의 절차위반행위와 2차적 증거 수집 간에 인과관계가 희석·단절되었다고 볼 수 있는 때(가령 위법하게 압수한 증거물을 피압수자 등에게 환부한 후 시간이 지나 이를 임의제출받아 다시 압수한 경우)[5]에는, 그 증거능력을 인정할 수 있다는 것이 판례의 입장이다.[6]

---

1   대법원 2007. 11. 15. 선고 2007도3061 (순)판결:「절차조항의 취지와 그 위반의 내용 및 정도, 구체적인 위반경위와 회피가능성, 절차조항이 보호하고자 하는 권리 또는 법익의 성질과 침해 정도 및 피고인과의 관련성, 절차위반행위와 증거수집 사이의 인과관계 등 관련성의 정도, 수사기관의 인식과 의도 등을 전체적·종합적으로 살펴볼 때, 수사기관의 절차위반행위가 적법절차의 실질적인 내용을 침해하는 경우에 해당하지 아니하고, 오히려 그 증거의 증거능력을 배제하는 것이 헌법과 형사소송법이 형사소송에 관한 절차조항을 마련하여 적법절차의 원칙과 실체적 진실규명의 조화를 도모하고 이를 통하여 형사사법 정의를 실현하려 한 취지에 반하는 결과를 초래하는 것으로 평가되는 예외적인 경우라면, 법원은 그 증거를 유죄인정의 증거로 사용할 수 있다.」

2   인천지방법원 2018. 10. 10. 선고 2018노1842 판결(대법원 2020. 5. 14. 선고 2018도16740 판결로 확정).

3   부산고등법원(창원) 2019. 12. 17. 선고 2019노298 판결(대법원 2020. 7. 23. 선고 2020도5251 판결로 확정).

4   대전고등법원 2016. 5. 13. 선고 2016노27 판결(대법원 2016. 7. 27. 선고 2016도7902 판결로 확정).

5   대법원 2016. 3. 10. 선고 2013도11233 판결:「증거를 피압수자 등에게 환부하고 후에 이를 임의제출받아 다시 압수하였다면 그 증거를 압수한 최초의 절차 위반행위와 최종적인 증거수집 사이의 인과관계가 단절되었다고 평가할 수 있는 사정이 될 수 있으나, 환부 후 다시 제출하는 과정에서 수사기관의 우월적 지위에 의하여 임의제출의 명목으로 실질적으로 강제적인 압수가 행하여질 수 있으므로, 그 제출에 임의성이 있다는 점에 관하여는 검사가 합리적 의심을 배제할 수 있을 정도로 증명하여야 [한다].」

6   대법원 2009. 3. 12. 선고 2008도11437 판결:「법원이 2차적 증거의 증거능력 인정 여부를 최종적으로 판단할 때에는 먼저 절차에 따르지 아니한 1차적 증거 수집과 관련된 모든 사정들, 즉 절차 조항의 취지와 그 위반의 내용 및 정도, 구체적인 위반경위와 회피가능성, 절차 조항이 보호하고자 하는 권리 또는 법익의 성질과 침해 정도 및 피고인과의 관련성, 절차위반행위와 증거수집 사이의 인과관계 등 관련성의 정도, 수사기관의 인식과 의도 등을 살피는 것은 물론, 나아가 1차적 증거를 기초로 하여 다시 2차적 증거를 수집하는 과정에서 추가로 발생한 모든 사정들까지 구체적인 사안에 따라 주로 인과관계 희석 또는 단절 여부를 중심으로 전체적·종합적으로 고려하여야 한다.」

　　대법원은, 수사기관이 진술거부권을 고지하지 않은 상태에서 임의로 이　　**9**
루어진 피의자의 자백을 기초로 수집한 2차적 증거(예컨대 반복된 자백, 물적
증거나 증인의 증언 등)에 관
해, i) 진술거부권을 고지하지 않은 것이 단지 수사기관의 실수일 뿐 피의자
의 자백을 이끌어내기 위한 의도적·기술적 증거확보의 방법으로 이용되지
않았고, 그 이후 이루어진 신문에서는 진술거부권을 고지하여 잘못이 시정되
는 등 수사절차가 적법하게 진행되었다거나, ii) 최초 자백 이후 구금되었던
피고인이 석방되거나 변호인으로부터 충분한 조력을 받은 가운데 상당한 시
간이 경과하였음에도 다시 자발적으로 계속해 동일한 내용의 자백을 하였
다거나, iii) 최초 자백 외에 다른 독립된 제3자의 행위나 자료 등도 물적 증
거나 증인의 증언 등 2차적 증거 수집의 기초가 되었다거나, iv) 증인이 그
의 독립적 판단에 의해 형사소송법이 정한 절차에 따라 소환을 받고 임의
로 출석하여 증언하였다는 사정 등이 있으면 그 증거능력을 인정할 수 있다
고 한 바 있다.[1]

제 2　자백배제법칙　　　　　　　　　　　　　　　　　　　　　　§65

Ⅰ. 의　　　의

　　자백(confession)이란 범죄사실의 전부 또는 일부를 인정하는 일체의 진　　**1**
술을 말한다. 사적 상황에서 일기장에 기록하거나 타인과 대화 중에 한 진술,
수사 중 피의자 신분에서 한 진술, 정식으로 피의자가 되기 이전에 참고인
(또는 관련 공판사건의 증인)의 지위에서 한 진술, 공판정에서 피고인으로서 하
는 진술 모두 자백이 될 수 있다.[2] 자백은 증거의 왕이라는 별명을 갖고 있
을 만큼 대단히 중요하고 강력한 증거이기에 과거에는 자백을 받아내기 위한
고문과 강요가 빈번히 이루어졌으나, 오늘날의 법은 그러한 수사를 허용하지
않음은 물론, 그와 같은 방법으로 이끌어낸 자백의 증거능력 또한 인정하지
않는다. 즉, 헌법 제12조 제7항은 「피고인의 자백이 고문·폭행·협박·구속의
부당한 장기화 또는 기망 기타의 방법에 의하여 자의로 진술한 것이 아니라

1　대법원 2009. 3. 12. 선고 2008도11437 판결.
2　대법원 1996. 10. 17. 선고 94도2865 (全)판결의 반대의견.

고 인정될 때에는 유죄의 증거로 삼을 수 없다」고 규정하고, 이에 따라 형사
소송법 제309조는 「피고인의 자백이 고문, 폭행, 협박, 신체구속의 부당한 장
기화 또는 기망 기타의 방법으로 임의(任意)로 진술한 것이 아니라고 의심할
만한 이유가 있는 때에는 이를 유죄의 증거로 하지 못한다」고 규정하고 있
다. 이처럼 위법한 방법으로 획득되어 그 임의성에 의심이 가는 자백의 증거
능력을 부인하는 법리를 자백배제법칙(Confession rule)이라 한다.

Ⅱ. 내 용

1. 임의성 요건의 의미

2   제309조의 '임의로 진술한 것이 아니라고 의심할 만한 이유가 있는 때'
가 무엇을 의미하는지에 관해서는 i) 허위의 위험성이 있는 때를 의미한다는
허위배제설, ii) 의사결정권·진술거부권 등 인권이 침해된 상태를 의미한다
는 인권옹호설, iii) 허위의 위험성이 있거나 진술거부권 등이 침해된 상태를
의미한다는 결합설,[1] iv) 자백획득과정에서 위법이 있는 경우를 의미한다는
위법배제설,[2] v) 허위의 위험성이 있거나, 진술거부권이 침해되었거나, 자백
획득과정에서 위법이 있는 경우를 모두 의미한다는 종합설이 있다.[3] 대법원
은 위법배제설의 입장이다.[4]

3   결합설(또는 허위배제설
이나 인권옹호설)에 따르면, 자백이 피의자 본인의 진정한 의사에 따
른 것으로서 그 내용이 진실하다는 점이 증명될 경우 설령 그 획득과정에서
위법수사가 있었다 하더라도 증거능력이 부인되지 않는다. 반면 위법배제설
에 의하면, 자백을 이끌어내는 과정에서 위법수사가 이루어진 경우 그 자체

---

1 백형구 407쪽; 신양균/조기영 784–785쪽; 정웅석 외 2인 600쪽.

2 강동욱 외 3인 574쪽; 배종대/이상돈 584–585쪽; 손동권/신이철 584쪽; 신현주 582쪽; 이은
   모/김정환 635쪽; 이재상 외 2인 631–633쪽; 이창현 872–873쪽; 차용석/최용성 535쪽.

3 배종대/홍영기 330–331쪽; 신동운 1365–1367쪽; 이주원 371쪽; 정승환 556쪽.

4 대법원 2000. 1. 21. 선고 99도4940 판결: 「임의성 없는 자백의 증거능력을 부정하는 취지는
   허위진술을 유발 또는 강요할 위험성이 있는 상태하에서 행하여진 자백은 그 자체가 실체적
   진실에 부합하지 아니할 소지가 있으므로 그 증거능력을 부정함으로써 오판의 소지를 없애려
   고 하는 데에 있을 뿐만 아니라, 그 진위 여부를 떠나서 임의성 없는 자백의 증거능력을 부정
   함으로써 자백을 얻기 위하여 피의자의 기본적 인권을 침해하는 위법·부당한 압박이 가하여
   지는 것을 사전에 막기 위한 것이므로, 그 임의성에 다툼이 있을 때에는 피고인이 그 임의성을
   의심할 만한 합리적인 이유가 되는 구체적인 사실을 입증할 것이 아니고, 검사가 그 임의성에
   대한 의문점을 해소하는 입증을 하여야 한다.」 이 판례가 종합설의 입장이라거나[정승환 556
   쪽; 제요(Ⅰ) 526쪽] 결합설의 입장이라는 설명(백형구 407쪽; 이재상 외 2인 631쪽)도 있다.

로 '임의로 진술한 것이 아니라고 의심할 만한 이유가 있는 때'에 해당하기 때문에, 해당 자백은 진위·자의 여부와 상관없이 당연히 증거능력이 없다. '위법'이라는 명료한 기준을 제시하면서도 증거배제효의 범위를 가장 넓게 설정한다는 점에서 위법배제설이 타당하다. 그리고 결합설에 의하면 증거능력이 부인되는데 위법배제설에 의하면 증거능력이 인정되는 경우는 없으므로, 종합설은 사족(蛇足)이라고 본다.

2. 임의성이 의심되는 자백의 유형

(1) 고문·폭행·협박에 의한 자백　　i) 고문이란 사람의 정신 또는 신체에 대해 비인도적·비정상적 위해를 가하는 행위를, ii) 폭행이란 신체에 대한 일체의 불법적 유형력행사를, iii) 협박이란 공포심을 일으키기 위한 해악의 고지를 뜻한다. 경찰단계에서 고문을 이기지 못해 자백하고 그 후 검찰단계에 이르러서도 임의성 없는 심리상태가 계속되어 동일한 내용의 자백을 한 경우, 비록 검사 앞에서 조사받을 당시에 고문 등 자백을 강요받은 바가 없었다고 해도 그 검찰 자백은 증거능력이 없다.[1]　　　　　　　　**4**

(2) 기망에 의한 자백　　기망이란 적극적 속임수를 사용해 피의자를 착오에 빠뜨리는 행위를 말한다. 공범자가 이미 자백하였다는 거짓말, 물증이 발견되었다는 거짓말, 설령 자백을 하더라도 그 진술이 공판절차에서 증거로 사용될 수 없다는 거짓말 등이 제309조의 '기망'에 해당한다. 지키지 않을 약속을 내걸어 자백을 유도하는 것도 기망의 일종인바, 예컨대 감호청구를 하지 않겠다는 각서를 작성해 주는 조건으로 자백을 받아낸 후에 약속을 깨고 감호청구를 한 경우 그 자백은 증거능력이 없다.[2] 사실관계나 증거상황에 관한 단순한 침묵은 여기서의 '기망'에 해당하지 않으며, 피의자의 착오나 논리모순을 이용하는 것 또한 통상의 신문방법으로 허용된다.　　**5**

(3) 기타의 방법에 의한 자백　　'기타의 방법'은 약물투여, 최면 등 다종다양하다.[3] 판례 중에는 피의자에 대해 약 30시간 동안 잠을 재우지 않고 검사 2명이 교대로 신문해 받아낸 자백의 증거능력을 부정한 예가 있다.[4] 다만　　**6**

1　대법원 1981. 10. 13. 선고 81도2160; 1992. 3. 10. 선고 91도1 판결.
2　대법원 1985. 12. 10. 선고 85도1282 판결.
3　대법원 1985. 2. 26. 선고 82도2413 판결.
4　대법원 1997. 6. 27. 선고 95도1964 판결.

수사에 협조해 주면 최대한 선처를 해주겠다고 약속해 자백을 받아내는 것은 통상적 수사기법으로서 '기타의 방법'에 포함되지 않는다. 혐의가 상당히 인정되는 경우에도 검사는 공소를 제기하지 않을 수 있고, 공소를 제기하더라도 구형을 약하게 할 수도 있기 때문이다.[1]

3. 위법수집증거배제법칙과의 관계

7   제308조의2는 헌법상 적법절차를 위반해 수집한 증거는 증거능력이 없다는 일반적 법원리(legal principle)를 선언한 규정으로, 구체적 사안에서 진실규명원리와의 형량 결과 그 적용이 배제되는 경우가 있음은 앞서 설명하였다[§64/7 참조].[2] 반면, 제309조는 각종 위법사유를 예시하면서 임의성이 의심되는 자백의 증거능력을 무조건적으로 탈락시키는 법규칙(legal rule)의 형태를 띠고 있으므로, 그러한 형량은 인정되지 않는다.[3] 임의성이 의심되는 사정이 드러날 경우 그 자백은 확정적으로 증거능력이 없다.[4] 제309조에 따라 증거능력이 배제될 자백에 대해, 제308조의2의 적용만을 검토하면서 형량을 통해 증거능력을 인정하는 것도 허용되지 않는다.

8   피의자에 대한 신문방법 자체에는 별다른 문제가 없고 그 이외의 영역에서 위법이 존재하는 경우에는 제309조가 적용되지 않는다. 예컨대 체포·구속이 위법하거나, 진술거부권을 고지하지 않았거나, 변호인의 접견교통권을 침해한 경우가 이에 해당한다. 그러한 신문과정에서 취득한 자백은 제309조가 아니라 제308조의2에 의해 증거능력이 부인된다.[5] 이는 적법절차의 실질적 내용을 침해하는 정도의 위법이므로, 설령 형량을 하더라도 증거능력이 인정될 여지는 없을 것이다.

---

1   대법원 1983. 9. 13. 선고 83도712 판결:「일정한 증거가 발견되면 피의자가 자백하겠다고 한 약속이 검사의 강요나 위계에 의하여 이루어졌다든가 불기소나 경한 죄의 소추 등 이익과 교환조건으로 된 것으로 인정되지 않는다면, 위와 같은 자백의 약속 하에 된 자백이라 하여 곧 임의성 없는 자백이라고 단정할 수는 없다.」

2   대법원 2009. 3. 12. 선고 2008도763 판결.

3   나기업, "위법수집증거배제법칙과 형량", 형사정책연구 제33권 제1호(2022), 128쪽. 법원리와 법규칙의 구별에 관해 상세히는 변종필, "법규칙과 법원리 구별의 유용성과 한계", 강원법학 제34권(2011), 295쪽 이하 참조.

4   대법원 2006. 11. 23. 선고 2004도7900 판결.

5   대법원 2011. 11. 10. 선고 2010도8294 판결.

제 3   임의성 없는 진술의 배제   §66

제317조 제1항은 「피고인 또는 피고인 아닌 자의 진술이 임의로 된 것   1
이 아닌 것은 증거로 할 수 없다」고 규정하고 있다. '피고인'의 '자백'만을 규
율대상으로 하는 제309조와 달리, 제317조는 '피고인 또는 피고인 아닌 자'
의 '진술'을 그 대상으로 한다. 즉, 제317조는 수사단계에서 피의자가 한 비
자백진술이나 참고인의 진술에도 적용되는 규정이다. 임의성 없는 진술은 피
고인의 동의($\binom{제318조}{제1항}$) 유무를 묻지 않고 절대적으로 증거능력이 없다.

제309조가 고문 등 임의성을 의심할 만한 사유의 존재 자체만으로 증거   2
능력배제의 효과를 발생시키는 구조인 반면, 제317조는 '임의로 된 것이 아
닌 것'이라고 하여 진술자가 실제로 자유의사에 의하지 않은 진술을 한 경우
에 비로소 증거능력을 배제하는 구조로 되어 있으나, 대법원은 양자의 임의
성 요건을 구별하지 않는 입장이다.[1] 실제로 다음과 같은 점에서 제309조와
제317조의 임의성 요건은 다르지 않다고 볼 수 있다. i) 진술에 임의성이 있
는지 여부는 결국 그 획득과정에 위법행위가 개입되었는지 여부를 관찰해 간
접적으로 판단할 수밖에 없다. 제309조와 비교하여 제317조는 '임의성을 의
심할 만한 이유'가 있는 정도를 넘어 실제로 임의성이 없으리라고 추단할 만
큼 강한 위법행위를 문제삼는다고 할 수 있는데, 현실적으로 제309조가 임
의성을 의심할 만한 사유로 규정하고 있는 고문·폭행·협박 등보다 더 강한
위법을 상정하는 것은 불가능하다. ii) 진술이 임의로 된 것이 아닐 수도 있
다는 합리적 의심이 드는 경우, 법원은 in dubio pro reo 원칙 및 거증책임
의 법리에 따라 어차피 임의성이 없는 것으로 판단할 수밖에 없다[$\binom{\S112/1}{참조}$].

제 4   사생활영역에 관계된 자료의 증거배제   §67

Ⅰ. 불법검열·감청 등으로 취득한 증거

통비법 제3조 제1항은 「누구든지 이 법과 형사소송법 또는 군사법원법   1
의 규정에 의하지 아니하고는 우편물의 검열·전기통신의 감청 또는 통신사

---

1 대법원 1983. 9. 13. 선고 83도712 판결; 1985. 12. 10. 선고 85도1282 판결; 2006. 11. 23. 선
   고 2004도7900 판결.

실확인자료의 제공을 하거나 공개되지 아니한 타인간의 대화를 녹음 또는 청취하지 못한다」고 규정하고 있다. 같은 법 제16조 제1항 제1호는 이에 위반하는 행위를 범죄로 규정하고 있고, 제4조는 「제3조의 규정에 위반하여 불법검열에 의하여 취득한 우편물이나 그 내용 및 불법감청에 의하여 지득 또는 채록된 전기통신의 내용은 재판 또는 징계절차에서 증거로 사용할 수 없다」고 규정하고 있다. 이에 따라, 법령이 정한 요건과 절차에 따르지 않은 우편물의 검열이나 전기통신의 감청으로 취득한 자료는 ($\binom{취득주체가\ 수사기}{관이든\ 사인이든}$) 절대적으로 증거능력이 없다[$\substack{\S79/3 \\ 참조}$].[1] 형량[$\substack{\S64/7 \\ 참조}$]을 통해 증거능력을 인정할 수도 없다.

2   한편, 통비법 제14조는 「누구든지 공개되지 아니한 타인간의 대화를 녹음하거나 전자장치 또는 기계적 수단을 이용하여 청취할 수 없다」고 규정하면서 위 제4조를 준용하고 있다. 따라서 공개되지 않은 대화에 참여하고 있지 않은 사람이 그 대화를 실시간으로 녹음하는 것 역시 위법하며, 그러한 녹음매체 또는 녹취록 등도 증거능력이 없다.[2] 그러한 대화를 녹음·기록한 매체를 수사기관이 사인으로부터 임의로 제출받았더라도($\substack{제218 \\ 조}$) 이는 증거능력이 없고, 그에 터잡아 작성된 녹취록·수사보고서·검증조서 등 2차적 증거 역시 증거로 사용할 수 없다.

3   여기서 '대화'란 당사자들 간에 말을 주고받는 의사소통행위를 가리키는 것으로서 현재성·일회성·휘발성을 전제로 하므로, 이미 녹음된 타인간의 대화내용을 사후에 청취하거나 다시 녹음하는 것은 통비법 제3조가 금지하는 대상이 아니다.[3]

---

1 대법원 2010. 10. 14. 선고 2010도9016 판결:「전기통신의 감청은 제3자가 전기통신의 당사자인 송신인과 수신인의 동의를 받지 아니하고 전기통신내용을 녹음하는 등의 행위를 하는 것만을 말한다고 풀이함이 상당하다고 할 것이므로, 전기통신에 해당하는 전화통화 당사자의 일방이 상대방 모르게 통화내용을 녹음하는 것은 여기의 감청에 해당하지 아니하지만, 제3자의 경우는 설령 전화통화 당사자 일방의 동의를 받고 그 통화내용을 녹음하였다 하더라도 그 상대방의 동의가 없었던 이상, 이는 여기의 감청에 해당하여 통비법 제3조 제1항 위반이 되고, 이와 같이 통비법 제3조 제1항에 위반한 불법감청에 의하여 녹음된 전화통화의 내용은 통비법 제4조에 의하여 증거능력이 없다. … 피고인이나 변호인이 이를 증거로 함에 동의하였다고 하더라도 달리 볼 것은 아니다.」

2 대법원 2006. 10. 12. 선고 2006도4981 판결:「3인 간의 대화에 있어서 그중 한 사람이 그 대화를 녹음하는 경우에 다른 두 사람의 발언은 그 녹음자에 대한 관계에서 '타인 간의 대화'라고 할 수 없으므로, 이와 같은 녹음행위가 통비법 제3조 제1항에 위배된다고 볼 수는 없다.」

3 대법원 2012. 10. 25. 선고 2012도4644 판결.

Ⅱ. 기타 사생활영역에 관계된 증거

통비법 제4조의 적용대상에 속하지 않더라도, 사생활영역에 관계된 증 **4**
거는 일정한 경우 증거능력이 부인될 수 있다. 대법원은 진실규명의 공익과
개인의 인격적 이익을 형량해 그 증거능력을 판단해야 한다는 입장이다.[1]

공판정에서 피고인이 해당 증거가 사생활영역에 관한 것임을 들어 증거 **5**
능력이 없다고 다투는 경우, 법원은 우선 i) 그 증거가 개인의 사생활영역에
속하는 것인지 여부를 규명해야 한다. 가령 일기장이나 비망록은 사생활영역
에 속하는 증거에 해당하나, 계약서 위조범행을 위해 연습한 흔적물은 사생
활영역과 관계된 자유로운 인격권의 발현물이라 볼 수 없다.[2] 사생활영역에
속하는 것으로 판단되는 때에는, ii) 형량을 통해 증거능력 인정 여부를 판단
해야 한다. 대법원은 형량에 참작해야 할 제반 사정 중의 하나로 피고인의
증거동의[§119/20 참조]를 들고 있는데,[3] 이는 말 그대로 증거능력 인정 여부를 결
정함에 피고인의 동의 여부까지 아울러 고려한다는 의미이며, 증거동의가 있
으면 곧바로 증거능력이 인정된다는 취지는 아니다.

제 5 수사기관의 처분에 대한 준항고 §68

Ⅰ. 의 의

검사 또는 사법경찰관의 구금, 압수 또는 압수물의 환부에 관한 처분과 **1**
피의자신문시 변호인의 참여 등에 관한 처분에 대해 불복이 있는 경우에는
그 직무집행지의 관할법원 또는 검사의 소속검찰청에 대응한 법원에 그 처분
의 취소 또는 변경을 청구할 수 있다(제417조). 이를 수사절차상 준항고라 한다.

---

1 대법원 2013. 11. 28. 선고 2010도12244 판결: 「법원이 그 비교형량을 함에 있어서는 증거수집
절차와 관련된 모든 사정 즉, 사생활 내지 인격적 이익을 보호하여야 할 필요성 여부 및 그 정
도, 증거수집과정에서 사생활 기타 인격적 이익을 침해하게 된 경위와 그 침해의 내용 및 정
도, 형사소추의 대상이 되는 범죄의 경중 및 성격, 피고인의 증거동의 여부 등을 전체적·종합
적으로 고려하여야 하고, 단지 형사소추에 필요한 증거라는 사정만을 들어 곧바로 형사소송에
서의 진실발견이라는 공익이 개인의 인격적 이익 등의 보호이익보다 우월한 것으로 섣불리 단
정하여서는 아니 된다.」
2 대법원 2008. 6. 26. 선고 2008도1584 판결.
3 대법원 2013. 11. 28. 선고 2010도12244 판결.

위법한 수사행위를 통제하기 위한 여러 장치들이 형사소송법에 마련돼 있으나, 당해 수사조치가 이루어진 단계에서 그 처분 자체의 위법성을 다투어 이를 취소시킬 수 있는 불복방법으로는 제417조의 준항고가 유일하다.[1]

Ⅱ. 요　　건

1. 대상처분

2　　　수사절차상 준항고의 대상은 검사 또는 사법경찰관의 i) 구금에 관한 처분, ii) 압수 또는 압수물환부에 관한 처분, iii) 피의자신문시 변호인의 참여 등에 관한 처분이다. '구금에 관한 처분'은 구속영장의 집행과 관련된 처분으로서 작위·부작위를 불문하며, 집행과정상의 처분($^{가령\ 접견교}_{통권\ 제한}$)[2]은 물론 구속상태의 해제와 관련된 처분($^{가령}_{집행정지}$)도 이에 포함된다. '압수 또는 압수물환부에 관한 처분'에는 압수영장 집행 또는 긴급압수나 그에 필요한 처분($^{제219조,}_{제120조}$), 환부·가환부에 관한 처분 일체가 포함되나, 압수영장을 청구하지 않은 부작위는 포함되지 않는다.[3]

2. 준항고적격

3　　　준항고는 처분에 대해 법률상 이해관계를 가진 자가 제기할 수 있다.[4] 다만 사법경찰관은 검사의 수사상 처분($^{이를테면\ 사법경찰관이}_{신청한\ 영장을\ 기각한\ 경우}$)에 대해 준항고를 제기할 수 없다.[5] 그리고 법무법인이 변호인인 경우, 피의자신문참여권을 제한하는 처분에 대한 준항고는 당해 법무법인만이 제기할 수 있고, 그 소속변호사는 준항고적격이 없다는 것이 대법원의 입장이다.[6]

1　신상현, "수사절차에서 준항고를 통한 피의자의 법적 보호", 외법논집 제43권 제3호(2019), 95쪽.

2　대법원 2020. 3. 17.자 2015모2357 결정: 「구금된 피의자는 형집행법 제97조 제1항 각호에 규정된 사유에 해당하지 않는 이상 보호장비 착용을 강제당하지 않을 권리를 가진다. … 구금된 피의자를 신문할 때 피의자 또는 변호인으로부터 보호장비를 해제해 달라는 요구를 받고도 거부한 조치는 제417조에서 정한 '구금에 관한 처분'에 해당한다.」

3　대법원 2007. 5. 25.자 2007모82 결정: 「고소인 또는 고발인, 그 밖의 일반국민이 … 검사가 압수·수색영장의 청구 등 강제처분을 위한 조치를 취하지 아니한 것 그 자체를 제417조 소정의 '압수에 관한 처분'으로 보아 이에 대해 준항고로써 불복할 수는 없다.」

4　주석(Ⅳ) 548쪽(이현복).

5　서울북부지방법원 2007. 1. 16.자 2006보1 결정.

6　대법원 2010. 1. 7.자 2009모796 결정.

3. 법률상 이익

준항고사건은 일종의 행정소송(항고소송)이다. 따라서 통상의 항고소송에서와 **4** 마찬가지로 수사처분의 취소나 변경을 구할 이익이 존재해야 한다(행정소송법 제12조). 소송계속중 준항고로 달성하려는 목적이 이루어졌거나 시일경과 그 밖의 사정으로 인해 그러한 이익이 상실된 경우, 준항고는 부적법한 것이 된다.[1]

Ⅲ. 절　　　차

준항고는 처분이 행해진 곳을 관할하는 법원 또는 검사의 소속검찰청에 **5** 대응한 법원에 서면(준항고장)으로 한다(제418조). 법관의 명령에 대한 준항고와 달리 사물관할에 대한 규정이 없으므로, 수사기관의 처분에 대한 준항고사건은 단독판사가 심판한다(법원조직법 제7조 제4항)[§33/3 참조].

법원은 준항고가 이유 없는 때에는 기각결정을, 이유 있는 때에는 그 대 **6** 상이 되는 처분을 취소하는 결정을 해야 한다(제419조, 제414조 제1항). 준항고장에 그 대상 처분이 다소 불명확하거나 포괄적으로 기재된 경우에도, 준항고인이 불복의 대상이 되는 압수 등에 관한 처분을 구체적으로 특정하기 어려운 사정이 인정되는 때에는 법원은 석명권 행사 등을 통해 그 처분을 특정할 수 있는 기회를 부여해야 하고, 곧바로 기각결정을 해서는 안 된다.[2]

기각결정 또는 취소결정에 대해서는 헌법·법률·명령·규칙의 위반이 있 **7** 음을 이유로 하는 때에 한해 7일 내에 대법원에 재항고할 수 있다(제419조, 제415조, 제405조).

---

[1] 대법원 2022. 7. 14.자 2019모2584 결정.

[2] 대법원 2023. 1. 12.자 2022모1566 결정:「준항고인이 참여의 기회를 보장받지 못하였다는 이유로 압수·수색처분에 불복하는 경우, 준항고인으로서는 불복하는 압수·수색처분을 특정하는 데 한계가 있을 수밖에 없다. 특히나 제3자가 보관하고 있는 전자정보에 대하여 압수·수색을 실시하면서 그 전자정보의 내용에 관하여 사생활의 비밀과 자유 등의 법익 귀속주체로서 해당 전자정보에 관한 전속적인 생성·이용 등의 권한을 보유·행사하는 실질적 피압수자이자 피의자인 준항고인에게 통지조차 이루어지지 않은 경우에는 더욱 그러하다. 사정이 그와 같다면, … 준항고취지에 압수·수색처분의 주체로 기재된 수사기관뿐만 아니라 준항고취지에 기재된 기간에 실제로 압수·수색처분을 집행한 것으로 확인되거나 추정되는 수사기관, 사건을 이첩받는 등으로 압수·수색의 결과물을 보유하고 있는 수사기관 등의 압수·수색처분에 대하여도 준항고인에게 석명권을 행사하는 등의 방식으로 불복하는 압수·수색처분을 개별적, 구체적으로 특정할 수 있는 기회를 부여하여야 한다. 나아가 특정된 각 압수·수색처분을 한 수사기관과 준항고취지에 기재된 수사기관이 일치하지 않는 경우에는 준항고인에게 준항고취지의 보정을 요구하는 등 절차를 거쳐 이를 일치시키는 방식으로 준항고취지를 보다 명확히 한 다음, 해당 압수·수색처분이 위법한지 여부를 충실하게 심리, 판단하여야 한다.」

제2절 수사의 절차

제1관 범죄인지와 입건

§69 ## 제1 수사의 단서

I. 개 념

1 수사는 「범죄의 혐의가 있다고 사료하는 때」에 할 수 있다(제196조 제1항, 제197조 제1항). 즉, 수사를 개시하려면 구체적 사실에 기반한 범죄혐의를 인식해야 하는바, 이처럼 혐의를 인지하게 되는 원인을 수사의 단서(端緒)라 한다.

II. 유 형

1. 현행범의 발견

2 현행범(flagrant offender)이란 범죄의 실행중이거나 실행 즉후인 자를 말한다(제211조 제1항). 현행범체포[§73/35 참조]는 그 자체로 수사개시에 해당한다.

2. 변사자검시(사법검시)

3 노화나 질병이 아닌, 범죄로 인한 사망이 의심되는 자를 변사자(變死者; unnaturally dead person)라 하고, 변사자의 시체를 변사체라 한다. 변사체가 발견된 경우, 그 소재지를 관할하는 지방검찰청 검사는 직접 검시하거나(제222조 제1항) 사법경찰관에게 검시를 명할 수 있다(같은 조 제3항). 검시 결과 범죄의 혐의가 발견된 경우 수사가 개시된다[§76/92 참조].

3. 불심검문

4 (1) 의 의 불심검문(不審檢問; stop and question)이란 경찰관이 i) 수상한 행동이나 그 밖의 주위 사정을 합리적으로 판단했을 때 어떠한 죄를 범하였거나 범하려 하고 있다고 의심할 만한 상당한 이유가 있는 사람, ii) 이미 행해진 범죄나 행해지려고 하는 범죄행위에 관한 사실을 안다고 인정되는 사람을 마주친 경우에, 그자를 정지시켜 질문하거나(직무질문) 흉기 소지 여부를 조사하는 것을 말한다.[1] 불심검문은 아직 범죄가 특정되지 않은 상황에서 범

인을 발견하거나 향후의 범죄를 예방·진압할 목적으로 이루어지는 행정경찰 작용이므로,[1] 그 대상자에게 체포·구속에 필요한 정도의 혐의가 있을 필요 는 없다.[2] 불심검문 결과 범죄혐의가 인지된 때에는 수사가 개시된다.

  (2) 방 법   경찰관이 불심검문을 하는 때에는 자신의 신분을 표시하는 증표를 제시하면서 소속과 성명을 밝히고 검문의 목적과 이유를 설명해야 한 다($\binom{경직법\ 제3조}{제2항,\ 제4항}$).[3] 불심검문 과정에서 상대방을 붙들거나 무력을 동원할 수는 없으나($\binom{경직법\ 제}{1조\ 제2항}$), i) 일시적으로 상대방의 길을 막거나, ii) 떠나려 하는 상대방 을 따라가거나, iii) 상대방의 몸에 약하게 손을 대는 정도의 실력행사는 허용 된다고 본다.

  (가) 동행요구   대상자를 정지시킨 곳에서 질문하는 것이 그에게 불리하 거나 교통에 방해가 된다고 인정될 때에는 경찰관서로의 동행을 요구할 수 있다($\binom{경직법\ 제}{3조\ 제2항}$). 동행을 거절한다는 이유만으로 경찰관서로 인치할 수는 없으 며($\binom{같은\ 조}{제7항}$), 동행에 응한 경우에도 언제든 퇴거할 자유가 있다. 임의동행한 경 우 당해인을 6시간을 초과해 경찰관서에 머물게 할 수 없는데($\binom{같은\ 조}{제6항}$), 이는 6 시간 인치가 가능하다는 의미가 아니라 당해인의 승낙이 있더라도 6시간이 지나면 퇴거시켜야 한다는 뜻이다.[4]

5

6

---

1 대법원 2014. 2. 27. 선고 2011도13999 판결.

1 대법원 2006. 7. 6. 선고 2005도6810 판결.

2 대법원 2014. 2. 27. 선고 2011도13999 판결.

3 대법원 2014. 12. 11. 선고 2014도7976 판결:「불심검문을 하게 된 경위, 불심검문 당시의 현 장상황과 검문을 하는 경찰관들의 복장, 피고인이 공무원증 제시나 신분확인을 요구하였는지 여부 등을 종합적으로 고려하여, 검문하는 사람이 경찰관이고 검문하는 이유가 범죄행위에 관 한 것임을 피고인이 충분히 알고 있었다고 보이는 경우에는 신분증을 제시하지 않았다고 하여 그 불심검문이 위법한 공무집행이라고 할 수 없다. … 공소외 1, 2는 경찰 정복차림이었고, 피 고인이 위 경찰관들에게 신분증 제시 등을 요구한 적도 없으며, 욕설을 하며 바깥으로 나가려 고 하다가 제지하는 위 경찰관들을 폭행한 사실을 알 수 있는바, 이러한 사정을 앞서 본 법리 에 비추어 보면, 당시 피고인은 위 공소외 1 등이 경찰관이고 검문하는 이유가 자신에 관한 범 죄행위 때문임을 모두 알고 있었다고 보이므로, 이러한 상황에서 위 경찰관들이 피고인에게 신분증을 제시하거나 그 소속 등을 밝히지 않았다고 하여 그 불심검문이 위법한 공무집행이라 고 볼 수 없다. 따라서 위 경찰관들의 행위가 위법한 공무집행으로서 불법체포·감금에 해당함 을 전제로 피고인이 피해자들을 폭행하여 상해를 가한 행위가 정당행위라거나 사회상규에 반 하지 않는다는 피고인의 주장은 모두 받아들일 수 없다.」

4 대법원 1997. 8. 22. 선고 97도1240 판결:「경찰관으로부터 임의동행요구를 받은 경우 상대방 은 이를 거절할 수 있을 뿐만 아니라 임의동행 후 언제든지 경찰관서에서 퇴거할 자유가 있다 할 것이고, 경직법 제3조 제6항이 임의동행한 경우 당해인을 6시간을 초과하여 경찰관서에 머 물게 할 수 없다고 규정하고 있다고 하여 그 규정이 임의동행한 자를 6시간 동안 경찰관서에 구금하는 것을 허용하는 것은 아니라고 할 것이다.」

7   임의동행 후 진술을 듣는 과정에서 범죄혐의가 특정되어 긴급체포하는
경우가 아닌 이상[$\substack{\S 73/25 \\ 참조}$], 귀가하려는 자를 가로막거나 제지함은 위법하다. 대
법원은 그러한 행위에 저항하는 과정에서 경찰관에게 폭행을 가하더라도 공
무집행방해죄가 성립하지 않는다고 한다.[1]

8   (내) 흉기조사   불심검문시에는 상대방의 의복 또는 휴대품의 외부를 가
볍게 손으로 더듬었을 때 흉기라고 짐작할 만한 합리적 의심이 드는 촉감이
있고, 상대방이 그 내용물을 보여주는 데 임의로 동의한 때에 한해 해당 물
건을 꺼내 확인할 수 있다.[2] 옷 속 또는 주머니에 손을 넣거나 흉기라고 볼
만한 합리적 이유가 없는 물건($\substack{\text{가령 마약이나 장물} \\ \text{로 의심되는 물건}}$)의 개시를 요구함은 불심검문의
한계를 넘어선 행위로서 허용되지 않는다. 다만 불심검문 과정에서 현행범
체포나 긴급체포의 요건이 구비되어 체포한 경우에는 그 자리에서 압수·수
색·검증을 할 수 있다($\substack{\text{제216조 제} \\ \text{1항 제2호}}$)[$\substack{\S 76/68 \\ 참조}$].

4. 음주측정

9   경찰공무원이 도로를 차단하고 불특정 다수인을 상대로 실시하는 음주
단속 목적의 호흡측정은 교통안전과 위험방지를 위한 행정경찰작용이다. 운
전자의 임의에 의한 호흡측정 결과 음주사실이 확인되면 경찰관은 음주운전
죄의 혐의를 인정해 수사에 착수할 수 있다. 운전자가 거부할 경우 경찰관
에게 호흡측정을 강요할 권한은 없으나, 그 거부행위 자체가 도로교통법위
반($\substack{\text{음주측} \\ \text{정거부}}$)죄를 구성하므로($\substack{\text{도로교통법 제148조의2 제} \\ \text{1항 제2호, 제44조 제2항}}$) 역시 수사가 개시된다.

5. 고소·고발

10   범인에 대한 처벌을 구하는 의사표시가 i) 범죄피해자 또는 그와 일정한
관계에 있는 특정인($\substack{\text{제225조 내지 제} \\ \text{227조; 고소권자}}$)에 의해 이루어지면 고소, ii) 그 이외의 제3
자($\substack{\text{제234조} \\ \text{제1항}}$)에 의해 이루어지면 고발이라 한다. 고소·고발은 대개 수사의 단서
에 불과하나, 전술하였듯 일정한 사건에서는 소추조건이 된다. 즉 i) 친고죄

---

1 대법원 1997. 8. 22. 선고 97도1240 판결.
2 대법원 2012. 9. 13. 선고 2010도6203 판결: 「경찰관은 경직법 제3조 제1항에 규정된 대상자에
   게 질문을 하기 위하여 범행의 경중, 범행과의 관련성, 상황의 긴박성, 혐의의 정도, 질문의 필
   요성 등에 비추어 그 목적달성에 필요한 최소한의 범위 내에서 사회통념상 용인될 수 있는 상
   당한 방법으로 그 대상자를 정지시킬 수 있고 질문에 수반하여 흉기의 소지 여부도 조사할 수
   있다.」

사건에서 고소가 없거나[$^{§57/32}_{참조}$], ii) 전속고발범죄사건에서 세무공무원 등의 고발이 없는 경우[$^{§57/33}_{참조}$]에는 공소를 제기할 수 없다.

　고소·고발은 서면·구술로 검사 또는 사법경찰관에게 해야 한다($^{제237조}_{제1항}$). **11** 고소는 대리인을 통해 할 수 있으나, 고발은 대리가 허용되지 않는다($^{제236}_{조}$). 검사·사법경찰관은 구술에 의한 고소·고발을 받은 때에는 조서를 작성해야 한다($^{제237조}_{제2항}$). 자기 또는 배우자의 직계존속은 고소·고발할 수 없다($^{제224조;}_{제235조}$). 공무원은 그 직무를 행함에 있어 범죄가 있다고 사료하는 때에는 고발해야 한다($^{제234조}_{제2항}$).

6. 신고·자수

　i) 수사기관에 범죄의 발생을 알려 수사개시를 촉구하는 것을 신고(申 **12** 告)라 한다. 범인의 소추를 구하는 의사표시를 개념요소로 하지 않는다는 점에서 고소·고발과 다르나, 현실에서 그 구별이 언제나 용이한 것은 아니다. ii) 범인이 스스로 자신의 범행을 신고하는 행위를 자수($^{제240조, 형법}_{제52조 제1항}$)라 한다.

7. 여죄 발견

　어떠한 범죄를 수사하던 중에 다른 범죄의 흔적이 발견되기도 한다. 예 **13** 컨대 살인사건 현장 인근 CCTV 화면에서 강도범행의 장면이 포착되는 경우, 회사 내부의 재산범죄를 수사하다가 찾은 비밀장부에서 뇌물공여의 내역이 발견되는 경우가 이에 해당한다.

8. 내사를 통한 혐의발견

　범죄에 관한 익명의 신고, 탄원서, 투서, 언론보도, 소문, 의심 등이 있는 **14** 경우에, 실제로 해당 범죄혐의가 존재하는지를 확인하기 위해 실시하는 조사를 내사(內査)라 하고($^{수사규칙 제}_{19조 제1항}$), 내사의 대상이 되는 사람을 피내사자라 한다. 수사가 범죄혐의가 있음을 발견한 상태에서 구체적 범죄사실을 조사하는 활동이라면, 내사는 그 이전에 범죄혐의 유무 자체를 확인하기 위한 활동이다. 간단한 현장탐지나 주변인 탐문, 사실조회, 미행, 잠복 등이 내사활동에 해당한다. 내사 결과 혐의가 발견되면 수사가 개시되며, 이때부터 피내사자는 피의자로 된다.

§70 **제2 입   건**

1   검사 또는 사법경찰관이 수사를 개시하는 형식적 절차를 입건(立件)이라
한다. 형사소송법의 수사절차 관련 규정들은 일반적으로 입건시점부터 적용
된다. 그러나 입건 전이라도 범죄혐의를 포착해 구체적 사실조사활동을 한
때에는 실질적으로 수사개시가 있는 것이므로(^{실질})[1] 그 시점부터 수사절차
관련 규정들이 적용된다. 가령 변사체를 검시해 범죄혐의를 포착해 부검을
개시하거나, 범인으로 추정되는 자의 인적사항을 파악하기 위해 공무소에 사
실조회를 하거나, 피내사자에 대해 지명수배·출석요구·체포영장청구 등을
하는 것은 모두 실질적 수사개시에 해당하므로($^{수사준칙\ 제}_{16조\ 제1항}$), 그 후에 수사절차
관련 법규를 준수하지 않고 수집한 자료는 위법수집증거로서 증거능력이 없
다[$^{§64/2}_{참조}$]. 이와 같이 보는 이유는 수사기관이 입건 전 조사의 명목으로 수사절
차 관련 규정들을 우회해 증거를 수집하는 것을 막기 위함이다.

2   범죄인지서 작성 등 형식적 입건절차를 거치지 않고 수집한 자료라 해
서 언제나 위법수집증거가 되는 것은 아니다.[2]

제2관 진술조사

§71 **제 1 피의자신문**

I. 의   의

1   수사기관이 피의자에게 범죄사실 및 정상에 관한 사실을 묻고 이에 대
한 대답을 듣는 것을 피의자신문(被疑者訊問)이라 한다. 범죄사실에 관해 누

---

1 대법원 2010. 6. 24. 선고 2008도12127 판결.

2 대법원 2001. 10. 26. 선고 2000도2968 판결:「혐의가 있다고 보아 수사를 개시하는 행위를 한
   때에는 이 때에 범죄를 인지한 것으로 보아야 하고, 그 뒤 범죄인지서를 작성하여 사건수리절
   차를 밟은 때에 비로소 범죄를 인지하였다고 볼 것이 아니며, 이러한 인지절차를 밟기 전에 수
   사를 하였다고 하더라도, 그 수사가 장차 인지의 가능성이 전혀 없는 상태하에서 행해졌다는
   등의 특별한 사정이 없는 한, 인지절차가 이루어지기 전에 수사를 하였다는 이유만으로 그 수
   사가 위법하다고 볼 수는 없고, 따라서 그 수사과정에서 작성된 피의자신문조서나 진술조서
   등의 증거능력도 이를 부인할 수 없다.」

구보다 잘 알고 있을 가능성이 큰 피의자의 진술은 수사방향의 설정과 사안의 구성에 큰 도움을 주기 마련이고, 형사절차에서 가장 큰 부담을 지게 될 피의자에게 자신의 의견을 밝힐 기회를 부여함이 법적 청문원칙상 바람직하므로,[1] 특별한 사정이 없는 한 피의자신문은 당연히 해야 한다. 경우에 따라서는 피의자와 다른 피의자 또는 참고인을 대질시켜 신문하기도 한다($\binom{제245}{조}$). 피의자신문의 내용을 기재한 조서를 피의자신문조서라 한다($\binom{제244}{조}$).

수사기관 또는 피의자 자신의 요청에 따라, 피의자신문과는 별개로 피의자 스스로가 자술서(自述書)를 작성해 제출하기도 한다. 피의자가 미리 작성해온 자술서를 수사기관에 제출만 하는 때에는 형사소송법의 절차규정이 적용될 여지가 없으나, 출석한 피의자에게 신문에 갈음해 자술서를 작성하도록 하여 제출받는 경우에는 피의자신문에 관한 절차규정들 중 성질상 적용될 수 있는 것들($\binom{진술거부권\ 고지,}{수사과정기록\ 등}$)이 모두 적용된다.

위법수집증거($\binom{제308}{조의2}$)가 아니라는 전제 하에[$\binom{§64/2}{참조}$] 피의자신문조서는 공판정에서 피고인이 이를 증거로 함에 동의하거나($\binom{제318조}{제1항}$) 그 내용을 인정해야 증거능력이 있다($\binom{제312조\ 제}{1항,\ 제3항}$). 피의자 자신에 대한 조서는 물론, 공범에 대한 피의자신문조서의 경우에도 마찬가지다[$\binom{§119/51}{참조}$].[2] 반면, 공범 아닌 제3자에 대한 피의자신문조서의 증거능력은 그와는 다른 기준으로 판단한다[$\binom{§119/82}{참조}$].

Ⅱ. 절   차

1. 피의자의 출석

(1) 출석요구   불구속상태의 피의자를 신문하기 위해서는 출석을 요구해야 한다($\binom{제200}{조}$). 출석요구는 서면에 의함이 원칙이지만($\binom{출석}{요구서}$), 신속한 출석이 필요한 경우 등 부득이한 사정이 있는 때에는 전화, 문자메시지, 그 밖의 상당한 방법으로도 할 수 있다($\binom{같은\ 조}{제3항}$). 피의자에게 출석요구에 응할 법적 의무가 있는 것은 아니나, 정당한 이유 없이 출석요구에 응하지 않는 것은 체포영장청구의 사유가 될 수 있다($\binom{제200조의}{2\ 제1항}$)[$\binom{§73/4}{참조}$].

(2) 수사상 임의동행   피의자를 수사관서 밖에서 만난 경우에는 피의자

---

1 피의자신문을 생략하고 공소를 제기하는 경우 법적 청문권을 침해한 기습기소로서 위법하다는 견해도 있다. 임철희, "기습기소와 법적 청문권", 저스티스 제175호(2019), 209쪽 이하 참조.

2 제요(Ⅰ) 475쪽.

의 동의를 얻어 수사관서까지 동행하게 할 수 있다($\binom{제199조}{제1항}$). 이는 이미 혐의가 존재하는 상황에서 구체적 범죄사실의 조사 및 진술증거 확보를 위해 피의자를 수사관서로 데려가는 데 그 목적이 있다는 점에서 수사단서 발견을 목적으로 하는 경직법상의 임의동행$[\substack{\S69/6 \\ 참조}]$과 다르다. 그러나 현실에서 양자가 언제나 분명히 구별되는 것은 아니다.

6　　　검사 또는 사법경찰관은 임의동행을 요구하는 경우, 상대방에게 동행을 거부할 수 있다는 것과 동행하는 경우에도 언제든지 자유롭게 동행과정에서 이탈하거나 동행장소에서 퇴거할 수 있다는 점을 알려야 한다.[1] 임의성 없는 동행은 위법한 체포이며, 그러한 상태에서 작성된 피의자신문조서는 증거능력이 없다($\binom{제308}{조의2}$)$[\substack{\S64/2 \\ 참조}]$.

7　　　(3) 신체구속　　　피의자가 체포·구속되어 있는 때에는 별도의 출석요구 절차 없이 인신구속의 효력에 따라 신문장소로 데려올 수 있다. 체포·구속이 위법한 경우 그에 뒤따른 피의자신문도 위법하며, 해당 피의자신문조서는 증거능력이 없다($\binom{제308}{조의2}$)$[\substack{\S64/2 \\ 참조}]$.

2. 변호인 등의 참여

8　　　(1) 검찰수사관·사법경찰관리　　　검사가 피의자를 신문할 때에는 검찰수사관을, 사법경찰관이 피의자를 신문할 때에는 다른 사법경찰관이나 사법경찰리를 참여하게 해야 한다($\binom{제243}{조}$).

9　　　(2) 변호인　　　수사기관은 피의자 또는 그 변호인·법정대리인·배우자·

1　대법원 2006. 7. 6. 선고 2005도6810 판결: 「당사자의 동의를 받는 형식으로 피의자를 수사관서 등에 동행하는 것은, 상대방의 신체의 자유가 현실적으로 제한되어 실질적으로 체포와 유사한 상태에 놓이게 됨에도, 영장에 의하지 아니하고 그 밖에 강제성을 띤 동행을 억제할 방법도 없어서 제도적으로는 물론 현실적으로도 임의성이 보장되지 않을 뿐만 아니라, 아직 정식의 체포·구속단계 이전이라는 이유로 상대방에게 헌법 및 형사소송법이 체포·구속된 피의자에게 부여하는 각종의 권리보장장치가 제공되지 않는 등 형사소송법의 원리에 반하는 결과를 초래할 가능성이 크므로, 수사관이 동행에 앞서 피의자에게 동행을 거부할 수 있음을 알려 주었거나 동행한 피의자가 언제든지 자유로이 동행과정에서 이탈 또는 동행장소로부터 퇴거할 수 있었음이 인정되는 등 오로지 피의자의 자발적인 의사에 의하여 수사관서 등에의 동행이 이루어졌음이 객관적인 사정에 의하여 명백하게 입증된 경우에 한하여 그 적법성이 인정되는 것으로 봄이 상당하다. 제200조 제1항에 의하여 검사 또는 사법경찰관이 피의자에 대하여 임의적 출석을 요구할 수는 있겠으나, 그 경우에도 수사관이 단순히 출석을 요구함에 그치지 않고 일정장소로의 동행을 요구하여 실행한다면 위에서 본 법리가 적용되어야 할 것이고, 한편 행정경찰 목적의 경찰활동으로 행하여지는 경직법 제3조 제2항 소정의 질문을 위한 동행요구도 형사소송법의 규율을 받는 수사로 이어지는 경우에는 역시 위에서 본 법리가 적용되어야 할 것이다.」

직계친족·형제자매의 신청이 있는 경우에는 정당한 사유가 없는 한 피의자신문에 변호인을 참여하게 해야 한다($\substack{제243조의\\2\ 제1항}$). 신문에 참여하고자 하는 변호인이 2인 이상인 때에는 피의자가 신문에 참여할 변호인 1인을 지정하며, 지정이 없는 경우 수사기관이 직접 지정할 수 있다($\substack{같은\ 조\\제2항}$).

　　변호인의 참여권에 관한 제243조의2는 헌법상 변호인의 조력을 받을 　　**10** 권리에 근거한 규정으로서 진술거부권에 관한 제244조의3과 마찬가지로 중요한 효력규정에 해당하므로, 이를 침해한 경우 그 피의자신문에서 작성된 조서는 위법수집증거로서 증거능력이 없다($\substack{제308\\조의2}$). 또한, 참여권을 제한하는 수사기관의 처분에는 준항고로 불복할 수 있다($\substack{제417\\조}$)[$\substack{§68/1\\참조}$].

　　(3) 신뢰관계자　　i) 피의자가 신체적·정신적 장애로 사물변별능력·의 　　**11** 사결정능력이 미약하거나, ii) 피의자의 연령·성별·국적 등의 사정을 고려할 때 그 심리적 안정 도모와 원활한 의사소통을 위해 필요하다고 인정되는 경우, 검사 또는 사법경찰관은 직권 또는 피의자·법정대리인의 신청에 따라 피의자와 신뢰관계에 있는 자를 동석하게 할 수 있다($\substack{제244\\조의5}$). '신뢰관계에 있는 자'란 피의자의 직계친족, 형제자매, 배우자, 가족, 동거인, 보호시설 또는 교육시설의 보호담당자 또는 교육담당자 등 피의자의 심리적 안정과 원활한 의사소통에 도움을 줄 수 있는 사람을 말한다($\substack{검사규\ 제\\37조\ 제1항}$). 동석자는 피의자를 대신해 진술할 수 없으며, 진술하더라도 이는 참고인진술로 취급된다[$\substack{§119/83\\참조}$].

　　(4) 통역인　　피의자가 수화(手話)를 쓰는 사람이거나 외국인인 경우, 수 　　**12** 사기관은 통역을 위촉해 조사과정에 통역인을 참여시킬 수 있다($\substack{제221조\\제2항}$). 통역인 참여 하에 신문하더라도 피의자신문조서는 국어로 작성한다.

3. 인정신문

　　피의자를 신문할 때에는 먼저 성명·연령·등록기준지·주거·직업을 물 　　**13** 어 본인임을 확인해야 한다($\substack{제241\\조}$). 이를 인정신문(人定訊問)이라 한다.

4. 진술거부권 등의 고지

　　(1) 진술거부권 및 변호인의 조력을 받을 권리의 고지　　검사 또는 사법경 　　**14** 찰관은 신문하기 전에 먼저 피의자에게 피의사실의 요지를 설명한 후 i) 일체의 진술을 하지 아니하거나 개개의 질문에 대해 진술을 하지 않을 수 있다는 점, ii) 진술을 하지 않더라도 불이익을 받지 않는다는 점, iii) 진술을 거부

할 권리를 포기하고 한 진술은 법정에서 유죄의 증거로 쓰일 수 있다는 점, iv) 신문을 받을 때에는 변호인의 조력을 받을 수 있다는 점을 고지해야 한다($\binom{제244조의}{3 \ 제1항}$). 또한 피의자에게 위와 같은 권리를 행사할 것인지 여부를 질문하여 그에 대한 답변을 조서에 기재해야 한다. 답변은 피의자가 자필로 직접 기재하거나, 답변이 기재된 부분에 기명날인 또는 서명하게 한다($\binom{같은 조}{제2항}$).

15   ㈎ 진술거부권 불고지의 효과   진술거부권 등을 고지하지 않은 때에는 그 이후의 신문 전체가 위법한 수사로 된다. 해당 피의자신문조서는 임의성 유무를 불문하고 위법수집증거배제법칙에 의해 증거능력이 부인되며,[1] 그 진술에 근거해 찾아낸 물적 증거 또한 위법한 2차적 증거로서 증거능력이 없다($\binom{제308}{조의2}$). 다만 최초에 진술거부권을 고지하지 않고 진술을 획득하였더라도 이후에 제대로 진술거부권을 고지하는 등 수사절차가 적법하게 진행되었고, 한참의 시간이 흐른 시점에서도 피의자가 변호인의 충분한 조력에도 불구하고 자발적으로 앞의 진술과 동일한 내용의 진술을 하였다면, 뒤의 진술에 증거능력을 인정할 수 있다($\binom{인과관계의}{희석·단절}$)[$\binom{§64/9}{참조}$].

16   1963년 미국 애리조나주 피닉스 경찰은 18세 소녀를 납치해 강간했다는 피의사실로 에르네스토 미란다(Ernesto Miranda)를 체포했다. 주법원은 미란다의 자백에 근거해 납치와 강간 모두를 유죄로 인정해 징역형을 선고했으나, 1966년 연방대법원은 변호인의 조력을 받을 권리 및 진술거부권을 고지받지 못한 상태에서 이루어진 자백은 증거로 사용할 수 없다고 하여 이를 파기환송했다.[2] 체포·구속이나 피의자신문에 앞서 진술거부권 등 권리를 고지해야 한다는 요청인 미란다 원칙(Miranda Rule)은 여기서 유래했다(파기환송심에서 미란다는 다른 증거에 기반해 다시 징역형을 선고받았고, 가석방으로 석방된 지 4년만인 1976년, 술집에서 자신이 바로 그 유명한 미란다라며 자랑하던 중 시비가 붙어 칼에 맞아 사망했다).
대법원은 '미란다 원칙의 고지'라는 표현을 사용하나[3] 이는 어법상 이상하고 '원칙'이라는 말의 용례에도 맞지 않는다. 미국에서와 마찬가지로 i) 진술거부권 등 권리는 '미란다 권리(Miranda Rights)', ii) 그 권리의 고지는 '미란다 고지(Miranda Warning)', iii) 수사기관이 피의자신문 등에 앞서 미란다 고지를 해야 한다는 규범적 요청은 '미란다 원칙(Miranda Rule)'으로 칭함이 적절하다.

1 대법원 1992. 6. 23. 선고 92도682 판결.
2 Miranda v. Arizona, 384 U.S. 436(1966).
3 대법원 2007. 11. 29. 선고 2007도7961 판결.

(나) **진술거부권 행사의 효과**　　진술거부는 개별 질문 또는 모든 질문에 　17
대해 할 수 있다. 피의자가 진술거부권을 행사하면 해당 질문 또는 신문 자
체를 즉시 중단해야 하며, 계속 진술을 요구해서는 안 된다. 피의자의 악성
(惡性)을 증명할 의도로 진술거부 장면을 촬영하더라도 그 영상녹화물은 위
법수집증거로서 증거능력이 없다($\binom{\text{제308}}{\text{조의2}}$).[1] 진술거부권은 헌법상 권리이며, 이
를 행사하였다고 해서 죄책을 인정하거나 방어권을 포기한 것으로 볼 수는
없으므로, 수사절차에서 진술을 거부했다거나 거짓말을 했다는 이유로 공판
에서 불이익을 주어서는 안 된다($\binom{\text{제244조의3}}{\text{제1항 제2호}}$).[2]

(2) **구제신청권의 고지**　　사법경찰관이 피의자를 신문하는 때에는, 수사 　18
과정에서 법령위반, 인권침해 또는 현저한 수사권남용이 있을 경우 검사에게
구제($\binom{\text{시정조치}}{\text{요구 등}}$)를 신청할 수 있음을 고지해야 한다($\binom{\text{제197조의}}{\text{3 제8항}}$)$\left[\substack{\text{§86/16}\\\text{참조}}\right]$.

5. 신　　문

(1) **신문사항**

(가) **범죄사실과 정상관계사실**　　진술거부권 등을 고지한 후에는 범죄사실 　19
과 정상에 관한 필요사항을 신문한다($\binom{\text{제242}}{\text{조}}$). 필요한 경우 다른 피의자 또는
참고인과 대질하게 할 수 있다($\binom{\text{제245}}{\text{조}}$). i) '범죄사실'이란 범행의 일시·장소·동
기·수단·방법·객체·결과, 공범관계, 범행 후의 행동($\substack{\text{장물처분,}\\\text{증거인멸 등}}$), 피의자와 피
해자 간의 관계, 위법성·책임조각사유의 유무, 소추조건 등과 관련된 사실을
말한다. ii) '정상에 관한 필요사항'이란 형($\substack{\text{집행유예 및}\\\text{선고유예 포함}}$)·보호처분·기소유예처
분 등을 받은 사실, 피의자의 학력·경력·가족상황·재산을 비롯한 생활환경
과 관련된 사실 등을 말한다.

(나) **피의자에게 유리한 사실**　　피의자에게 이익되는 사실을 진술할 기회 　20
를 제공해야 한다($\binom{\text{제242}}{\text{조}}$). 사법경찰관이 체포·구속한 피의자를 검사가 신문하
는 경우에는 체포·구속과정에서의 적법절차 준수 여부를 확인해야 한다.

(2) **변호인의 의견진술**

(가) **의견진술 및 조언제공**　　신문에 참여한 변호인은 신문중 언제든 피의 　21
자에게 조언할 수 있고, 검사 또는 사법경찰관의 승인을 받아 의견을 진술할

1 창원지방법원 2008. 2. 12. 선고 2007노1311 판결(대법원 2010. 8. 19. 선고 2008도2158 판결
　로 확정).

2 대법원 2006. 12. 22. 선고 2004도7232 판결.

수 있다. 다만, 부당한 신문방법에 대한 이의제기 또는 의견진술은 승인 없이
곧바로 할 수 있다($^{제243조의}_{2\ 제3항}$). 수사기관은 변호인이 진술한 의견을 피의자신문
조서에 기재해야 하고($^{같은\ 조}_{제5항}$), 변호인이 자료를 제출하는 때에는 이를 수사기
록에 편철해야 한다($^{수사준칙\ 제}_{25조\ 제1항}$).

22   (나) 수사기관에 의한 제한 허용 여부   제243조의2 제1항은 정당한 사유가
있는 경우 변호인의 참여를 제한할 수 있다고 규정하고 있다. 여기서의 '정당
한 사유'는 입회한 변호인이 피의자신문을 방해하거나 수사기밀을 누설할 염
려가 있음이 객관적으로 명백한 경우를 뜻한다. 따라서 대부분의 경우 변호
인의 조언에 대한 간섭은 허용되지 않는다. 가령 입회한 변호인에게 피의자
와 거리를 두고[1] 또는 피의자 뒤에 앉으라고[2] 지시하거나 이에 불응한다는
이유로 퇴실을 요구함은 이유를 불문하고 위법한 수사처분이며, 그와 같이
참여권이 침해된 상태하의 신문에서 작성된 피의자신문조서는 위법수집증거
로서 증거능력이 없다[$^{§65/8}_{참조}$].[3]

23   (3) 심리생리검사   진술하는 자의 호흡, 혈압, 맥박, 땀, 피부전기반사
등 생리적 변화를 검사지에 기록하는 장치를 폴리그라프(polygraph; 거짓말탐
지기)라 하고, 진술조사에 동반되는 폴리그라프 검사를 심리생리검사라 한다.
수사기관은 피의자의 동의가 있는 경우에 한해 신문과정에 심리생리검사를
병행할 수 있다. 피의자의 동의 없이 심리생리검사를 병행해 피의자신문을
할 경우 해당 피의자신문조서와 검사지는 증거능력이 없다[$^{§65/6}_{참조}$].

24   심리생리검사는 명확한 물증이 부족하고 정황증거만 있거나 사건관계인
들 간 진술내용이 모순되는 경우에 효과적으로 쓰일 수 있으나, 사람의 심리
를 기계의 검사대상으로 삼는다는 점에서 인격권의 제한을 필연적으로 동반
한다. 이에 대법원은 폴리그라프 검사지의 증거능력 인정요건으로서 i) 진술

---

1 대법원 2008. 9. 12.자 2008모793 결정.

2 헌법재판소 2017. 11. 30. 선고 2016헌마503 (全)결정: 「피의자가 수사기관에서 조사받을 때에
   변호인이 피의자의 옆에서 조력하는 것은 피의자에 대한 변호인의 충분한 조력을 위해서 보장
   되어야 하므로 변호인의 피의자신문참여에 관한 권리의 주요부분이 된다. 따라서 수사기관이
   변호인에 대하여 피의자신문시 후방착석을 요구하는 행위는 변호인의 피의자신문참여를 제한
   함으로써 헌법상 기본권인 변호인의 변호권을 제한할 수 있다. … 이러한 행위를 정당화하는
   사유는 막연하게 변호인의 수사방해나 수사기밀의 유출에 대한 우려가 있다는 추상적인 가능
   성만으로는 부족하고 그러한 우려가 현실화될 구체적 가능성이 있어야 한다.」

3 대법원 2013. 3. 28. 선고 2010도3359 판결.

자의 동의가 있을 것, ii) 폴리그라프로 진술내용의 진위를 정확히 판정할 수 있을 것, iii) 질문사항의 작성과 검사의 기술 및 방법이 합리적일 것, iv) 검사자가 검사지를 정확하게 판독할 수 있는 능력을 갖출 것을 요구하며,[1] 위 각 요건이 모두 충족되는 경우에도 그 검사지는 진술의 신빙성을 판단하는 정황증거에 그친다고 본다.[2]

⑷ 영상녹화

㈎ 녹화의 고지　　피의자신문은 영상녹화할 수 있다. 녹화 전에 피의자나 변호인의 동의를 구할 필요는 없으나, 영상녹화를 한다는 사실을 신문 개시 전에 알려야 한다($\frac{제244조의}{2 \ 제1항}$). 　25

㈏ 신문 전과정의 녹화　　영상녹화시에는 신문의 개시부터 종료까지의 전과정과 객관적 정황을 녹화해야 한다($\frac{제244조의}{2 \ 제1항}$). 신문과정의 일부만을 선별해 녹화해서는 안 되고($\frac{규칙 \ 제134}{조의2 \ 제3항}$), 조사실 전체가 화면에 담겨야 함은 물론, 피의자의 얼굴이 식별될 수 있어야 하며($\frac{같은 \ 조}{제4항}$), 재생화면에 녹화일시가 실시간으로 표시되어야 한다($\frac{같은 \ 조}{제5항}$). 　26

같은 날 수차례 신문을 할 경우에는 각 신문별로 전과정을 녹화하면 족하고, 첫신문 개시시점부터 마지막신문 종료시점까지의 전과정을 녹화할 필요는 없다.[3] 　27

---

1 대법원 2005. 5. 26. 선고 2005도130 판결:「거짓말탐지기의 검사결과에 대하여 사실적 관련성을 가진 증거로서 증거능력을 인정할 수 있으려면, 첫째로 i) 거짓말을 하면 반드시 일정한 심리상태의 변동이 일어나고, 둘째로 ii) 그 심리상태의 변동은 반드시 일정한 생리적 반응을 일으키며, 셋째로 iii) 그 생리적 반응에 의하여 피검사자의 말이 거짓인지 아닌가가 정확히 판정될 수 있다는 세 가지 전제요건이 충족되어야 할 것이며, 특히 마지막 생리적 반응에 대한 거짓 여부 판정은 거짓말탐지기가 검사에 동의한 피검사자의 생리적 반응을 정확히 측정할 수 있는 장치이어야 하고, 질문사항의 작성과 검사의 기술 및 방법이 합리적이어야 하며, 검사자가 탐지기의 측정내용을 객관성 있고 정확하게 판독할 능력을 갖춘 경우라야만 그 정확성을 확보할 수 있는 것이므로, 이상과 같은 여러 가지 요건이 충족되지 않는 한 거짓말탐지기 검사결과에 대하여 증거능력을 부여할 수는 없다.」

2 대법원 1984. 2. 14. 선고 83도3146 판결.

3 대법원 2022. 7. 14. 선고 2020도13957 판결:「조사가 개시된 시점부터 조사가 종료되어 조서에 기명날인 또는 서명을 마치는 시점까지 조사 전과정이 영상녹화되는 것을 요구하는 취지는 진술과정에서 연출이나 조작을 방지하고자 하는 데 있다. 여기서 조사가 개시된 시점부터 조사가 종료되어 조서에 기명날인 또는 서명을 마치는 시점까지라 함은 기명날인 또는 서명의 대상인 조서가 작성된 개별 조사에서의 시점을 의미하므로, 수회의 조사가 이루어진 경우에도 최초의 조사부터 모든 조사과정을 빠짐없이 영상녹화하여야 한다고 볼 수 없고, 같은 날 이루어진 수회의 조사라 하더라도 특별한 사정이 없는 한 조사과정 전부를 영상녹화하여야 하는 것도 아니다.」

28   (다) 영상녹화물의 용도   위 녹화물은 공소사실을 직접 증명하는 증거로
는 쓰일 수 없다$\left[\begin{smallmatrix} \S119/62 \\ \text{참조} \end{smallmatrix}\right]$.[1]

29   (5) 수사과정기록   수사기관은 i) 피의자가 조사장소에 도착한 시각, ii)
피의자신문의 시작 및 종료 시각, iii) 피의자가 도착한 시각과 신문을 시작한
시각에 상당한 시간적 차이가 있는 경우에는 그 이유, iv) 조사가 중단되었다
가 재개된 때에는 그 이유 및 중단시각·재개시각을 피의자신문조서에 기록
하거나 별도의 서면에 기록해 조서와 함께 간인한 후 수사기록에 편철해야
한다$\left(\begin{smallmatrix} \text{제244조의4 제1항, 수사} \\ \text{준칙 제26조 제2항 제1호} \end{smallmatrix}\right)$.

30   수사과정기록은 철야조사나 휴식 없는 조사 등의 위법한 신문$\left[\begin{smallmatrix} \S65/2 \\ \text{참조} \end{smallmatrix}\right]$을 방
지하기 위한 장치로서 적법절차원칙의 표현이므로, 이것이 누락된 경우 그
피의자신문조서는 위법수집증거로서 증거능력이 없다$\left[\begin{smallmatrix} \S64/2 \\ \text{참조} \end{smallmatrix}\right]$.

6. 열람·서명

31   (1) 피의자신문조서   피의자신문조서는 피의자에게 열람하게 하거나 읽
어 들려주어야 하고, 진술한 대로 기재되지 아니하였거나 사실과 다른 부분
이 있는지 물어야 한다. 피의자가 증감 또는 변경의 청구 등 이의를 제기하
거나 의견을 진술할 경우 이를 조서에 추가로 기재해야 하며, 이 경우 피의
자가 이의를 제기하였던 부분은 읽을 수 있도록 남겨두어야 한다$\left(\begin{smallmatrix} \text{제244조} \\ \text{제2항} \end{smallmatrix}\right)$.

32   이의나 의견이 없을 경우, 피의자에게 그 취지를 자필로 기재하게 하고
조서에 간인한 후 기명날인 또는 서명하게 한다$\left(\begin{smallmatrix} \text{같은 조} \\ \text{제3항} \end{smallmatrix}\right)$. 변호인이 피의자신문
에 참여해 의견을 진술하였다면 해당 조서를 변호인이 열람하게 한 후 그 조
서에 기명날인 또는 서명하게 해야 한다$\left(\begin{smallmatrix} \text{제243조의} \\ \text{2 제4항} \end{smallmatrix}\right)$.

33   (2) 수사과정기록   피의자신문조서의 열람·이의제기·서명 등에 관한
제244조 제2항 및 제3항은 수사과정기록에 준용된다$\left(\begin{smallmatrix} \text{제244조의} \\ \text{4 제2항} \end{smallmatrix}\right)$.

34   (3) 영상녹화물   영상녹화를 병행한 때에는 신문 종료 후 피의자·변호
인 앞에서 지체없이 그 녹화물의 원본을 봉인하고 피의자에게 기명날인 또는
서명하게 해야 한다$\left(\begin{smallmatrix} \text{제244조의} \\ \text{2 제2항} \end{smallmatrix}\right)$. 피의자 또는 변호인의 요구가 있는 때에는 영상
녹화물을 재생해 시청하게 해야 한다. 이 경우 그 내용에 대해 이의를 진술
하는 때에는 그 취지를 기재한 서면을 첨부해야 한다$\left(\begin{smallmatrix} \text{같은 조} \\ \text{제3항} \end{smallmatrix}\right)$.

---

1 대법원 2014. 7. 10. 선고 2012도5041 판결.

제 2 　참고인조사

Ⅰ. 의 　 의

피의자 아닌 사건관계인(고소·고발인, 목격자, 피해자 등)을 널리 참고인이라 하고, 수사기관 **1**
이 참고인에 대한 문답을 통해 그의 진술을 획득하는 수사방법을 참고인조사
라 한다($\frac{제221}{조}$). 참고인조사의 내용을 기록한 서류를 진술조서라 한다.

진술조서는 공판정에서 피고인의 동의가 있으면 증거능력이 인정된다($\frac{제318조}{제1항}$). 동 **2**
의가 없는 때에도, i) 해당 참고인이 공판정에 증인으로 출석해 자신이 진술한 내
용과 조서기재내용이 동일하다고 인정하는 진술을 하고 그에 대한 피고인의 반대
신문권이 보장된 경우($\frac{제312조}{제4항}$) 또는 ii) 해당 참고인의 사망·질병·외국거주·소재불
명 등 진술불능상태가 인정되고 그 진술이 특히 신빙할 수 있는 상태하에서 행해졌
음이 증명된 경우($\frac{제314}{조}$)에는 증거능력이 있다[$\frac{§119/56}{참조}$].

참고인의 진술은 진실규명에 기여하는 바가 크고, 사안에 따라서는 피의 **3**
자의 자백을 이끌어내는 효과도 있으므로, 현실적으로 참고인조사가 이루어
지지 않는 사건은 드물다. 다만 반드시 문답식 조사를 거칠 필요가 없는 때
에는 참고인에게 진술서를 작성해 제출하도록 함으로써 참고인조사를 갈음
하기도 한다. 수사기관에 출석한 참고인으로부터 진술서를 제출받는 때에는
참고인조사에 관한 절차규정 중 성질상 적용될 수 있는 것들이 모두 적용되
며, 증거법상 그 진술서는 진술조서에 준하는 취급을 받는다($\frac{제312조}{제5항}$)[$\frac{§119/84}{참조}$].

Ⅱ. 절 　 차

1. 참고인의 출석

참고인에게 출석을 요구한다. 참고인은 이에 응할 의무는 없으며, 불출 **4**
석에 따른 불이익 또한 없다. 다만, 국가보안법위반사건의 참고인으로 출석
을 요구받은 자가 정당한 이유 없이 2회 이상 출석요구에 불응한 때에는 검
사의 청구로 법원이 발부한 영장에 의해 구인할 수 있고[$\frac{§128/1}{5\ 참조}$], 이 경우 그를
인근 경찰서 기타 적당한 장소에 임시로 유치할 수 있다($\frac{국가보안법}{제19조\ 제1항}$).

임의동행 방식으로 참고인을 수사관서로 데려와 조사하는 것도 가능하 **5**
나, 이 경우 동행이 실질적으로 체포에 해당하지 않아야 한다[$\frac{§71/5}{참조}$].[1]

2. 신뢰관계자 등의 참여

(1) 신뢰관계자

6   (개) 임의적 동석   검사 또는 사법경찰관은 범죄로 인한 피해자에 대해 참고인조사를 하는 경우 그의 연령, 심신의 상태, 그 밖의 사정을 고려해 참고인이 현저하게 불안 또는 긴장을 느낄 우려가 있다고 인정하는 때에는 직권 또는 참고인·법정대리인의 신청에 따라 그 참고인과 신뢰관계에 있는 자를 동석하게 할 수 있다(제221조 제3항, 제163조의2 제1항).

7   (내) 필요적 동석   조사대상 피해자가 13세 미만이거나 신체적·정신적 장애로 사물변별능력 또는 의사결정능력이 미약한 때에는, 수사에 지장을 초래할 우려가 있는 등 부득이한 경우가 아닌 한 반드시 신뢰관계자를 동석하게 해야 한다(제221조 제3항, 제163조의2 제2항).

8   (2) 진술조력인   정신건강의학·심리학·사회복지학·교육학 등 아동·장애인의 심리나 의사소통 관련 전문지식을 가진 자로서 성폭력범죄피해자에게 형사사법절차상 조력을 제공하는 사람을 진술조력인이라 한다(성폭법 제35조). 검사 또는 사법경찰관은 성폭력범죄피해자로서 13세 미만의 아동이거나 신체적·정신적 장애로 의사표현·소통에 어려움이 있는 사람을 참고인으로 조사하는 때에는 직권 또는 피해자나 그 법정대리인·변호사의 신청에 따라 진술조력인을 참여시켜 의사소통을 중개·보조하게 할 수 있다(성폭법 제36조 제1항).

---

1 청주지방법원 2009. 1. 15. 선고 2008고정712 판결(대법원 2011. 6. 30. 선고 2009도6717 판결로 확정):「i) 경찰관들은 '동행을 거부할 수도 있다'고 고지하면서 그에 부가하여 '동행을 거부하더라도 강제로 연행할 수 있다'고 하였던 점, ii) 당초 경찰은 공소외 1과 공소외 2를 성매매로 현행범체포하려 하였던 것이나 그 증거가 부족하자 현행범체포를 하지 못하고 임의동행 형식으로 지구대로 데려온 것으로 보이는 점, iii) 공소외 1과 공소외 2는 여관방 침대에 옷을 벗은 채로 이불 속에 누워 있다가 갑자기 여관방 문을 열고 들이닥친 경찰관 4명으로부터 성매매 여부를 추궁당하다가 임의동행을 요구받았고 '동행을 거부하더라도 강제로 연행할 수 있다'는 말까지 들었던바, 그러한 상황에서 임의동행을 거부하기는 어려웠을 것이라 보이는 점, iv) 실제 공소외 2는 이 법정에서 '동행을 거부하더라도 강제로 연행할 수 있다고 하여 경찰을 따라나설 수밖에 없었다'고 진술한 점, v) 그 과정에서 공소외 2가 화장실에 가자 여자경찰관이 공소외 2를 따라가 감시하기도 한 점 등에 비추어 보면, 비록 사법경찰관이 공소외 1과 공소외 2를 동행할 당시에 '동행을 거부할 수도 있다'고 고지하고, 물리력을 행사한 바도 없으며, 공소외 1, 2가 명시적으로 거부의사를 표명한 적이 없다고 하더라도, 사법경찰관이 공소외 1, 2를 수사관서까지 동행한 것은 앞서 본 적법요건이 갖추어지지 아니한 채 사법경찰관의 동행요구를 거절할 수 없는 심리적 압박 아래 행하여진 사실상의 강제연행에 해당한다고 보아야 할 것이다. 따라서 적법하지 아니한 임의동행을 통하여 수집한 위 각 증거들(공소외 1, 2 작성의 각 자술서 및 공소외 1, 2에 대한 각 제1회 경찰 진술조서)은 위법수집증거로서 증거능력이 없다.」

(3) 변호사　　참고인은 변호사를 선임할 수 있으며, 이 경우 수사기관은 　9
피의자신문시 변호인 참여의 경우에 준하여 그 변호사에게 참고인조사 참여
및 의견진술 등 기회를 보장해야 한다(검사규 제22조 제11
항, 수사규칙 제12조).

변호사의 참고인조사 참여권은 법무부령인 검사규와 행정안전부령인 수사규칙이 　10
규정하는 것으로, 형사소송법에는 이에 관한 별도의 조항이 없다. 다만, 성폭력범
죄(성폭법
제2조), 아동·청소년대상 성범죄(아청법 제
2조 제2호) 및 아동학대범죄(아학법 제
2조 제4호)의 경우에는
성폭법·아청법·아학법에서 피해자의 변호사선임권을 인정하고 검사에 의한 피해자
국선변호사 선정제도를 두는 한편, 피해자변호사가 참고인조사에 참여해 의견을 진
술할 수 있음을 명문으로 규정하고 있다(성폭법 제27조, 아청법
제30조, 아학법 제16조).

(4) 통역인　　참고인이 수화를 쓰거나 외국인인 경우 수사기관은 통역을 　11
위촉해 조사과정에 통역인을 참여시킬 수 있다(제221조
제2항).

3. 조　　사

(1) 진술거부권의 문제　　참고인에 대해서는 조사 전 진술거부권 등을 고 　12
지할 의무가 없다. 그러나 앞서 설명하였듯 피의자의 지위는 입건 여부와 무
관하게 실질적 관점에서 판단되는바[§70/1
참조], 외형상 참고인조사의 형태를 취하
더라도 구체적 범죄혐의를 인정해 그 참고인에 대한 사실상의 피의자신문을
하려는 경우에는 진술거부권을 고지해야 한다.[1] 이 경우 해당 진술조서는
피의자신문조서의 성격을 갖는다.[2] 조사대상자의 진술내용이 단순히 제3자
의 범죄에 관한 것이 아니라 자신과 제3자에게 공동으로 관련된 범죄에 관한
것이거나 제3자의 피의사실뿐 아니라 자신의 피의사실에 관한 것이기도 한
경우가 이에 해당한다.[3]

　다만, 추후 피의자가 될 가능성이 있는 참고인을 조사하는 경우라도, 수 　13
사기관이 그에 대해 적극적으로 혐의를 인지해 수사를 개시한 바가 없고 그

1　대법원 2014. 4. 10. 선고 2014도1779 판결.
2　대법원 2011. 11. 10. 선고 2010도8294 판결.
3　대법원 2015. 10. 29. 선고 2014도5939 판결:「피의자의 지위는 수사기관이 범죄인지서를 작성
　하는 등의 형식적인 사건수리절차를 거치기 전이라도 조사대상자에 대하여 범죄의 혐의가 있
　다고 보아 실질적으로 수사를 개시하는 행위를 한 때에 인정되는 것으로 봄이 상당하다. 특히
　조사대상자의 진술내용이 단순히 제3자의 범죄에 관한 경우가 아니라 자신과 제3자에게 공동
　으로 관련된 범죄에 관한 것이거나 제3자의 피의사실뿐만 아니라 자신의 피의사실에 관한 것
　이기도 하여 그 실질이 피의자신문조서의 성격을 가지는 경우에 수사기관은 그 진술을 듣기
　전에 미리 진술거부권을 고지하여야 한다.」

진술조사가 참고인의 범죄사실을 조사하기 위해서가 아니라 공범 등 다른 사람의 범죄사실을 증명하기 위해 이루어진 때에는, 진술거부권을 고지하지 않았다고 해서 그 진술조서가 당연히 위법수집증거로 되지는 않는다.[1]

14   (2) 조사사항   참고인조사에서는 통상 피의자 등 사건관계인과의 관계, 범죄사실과 관련해 알고 있는 내용 및 알게 된 경위 등을 묻는다. 참고인이 피해자인 경우 피해를 입게 된 경위, 피해의 정도 및 회복 여부, 처벌 희망 여부 등을 조사한다. 경우에 따라서는 피해자 또는 목격자인 참고인에게 용의자들을 보여준 다음 누가 범인인지 지목할 것을 요청하기도 하는데, 이를 범인식별절차[$\S^{125/10}_{참조}$]라 한다.

15   (3) 심리생리검사   피의자신문에서와 마찬가지로, 참고인의 동의가 있는 경우에 한해 폴리그라프 검사를 병행할 수 있다[$\S^{71/23}_{참조}$].

          (4) 영상녹화

16   (가) 임의적 녹화   참고인이 동의하는 경우에 한해 조사과정을 영상녹화할 수 있다($^{제221조}_{제1항}$). 피의자신문 영상녹화와 마찬가지로, 조사가 개시된 시점부터 조사가 종료되어 참고인이 조서에 기명날인 또는 서명을 마치는 시점까지의 전과정이 영상녹화되어야 한다($^{규칙\ 제134조의3\ 제3}_{항,\ 제134조의2\ 제3항}$).[2] 조사실 전체가 화면에 담겨야 함은 물론, 참고인의 얼굴이 식별될 수 있어야 하며, 재생화면에 녹화 일시가 실시간으로 표시되어야 한다($^{규칙\ 제134조의3\ 제3항,}_{제134조의2\ 제4항,\ 제5항}$).

17   이 영상녹화물은 나중에 공판정에서 진술조서의 진정성립을 증명하거나 ($^{제312조}_{제4항}$)[$\S^{119/65}_{참조}$] 증인의 기억을 환기하는($^{제318조의}_{2\ 제2항}$) 용도로 활용된다[$\S^{119/145}_{참조}$]. 동의 없이 영상녹화하는 때에는 그 영상을 위와 같은 용도로 사용할 수 없음은 물론, 해당 진술조서 또한 위법수집증거로서 증거능력이 없다[$\S^{64/2}_{참조}$].

18   (나) 필요적 녹화   성폭력범죄사건에서 19세 미만이거나 신체적·정신적 장애로 사물변별·의사결정 능력이 미약한 참고인을 조사하는 경우에는

---

1 대법원 2011. 11. 10. 선고 2011도8125 판결:「피고인들이 … 필로폰이 중국으로부터 수입되는 것인지 몰랐다는 취지로 변소하였기 때문에 피고인들의 수입에 관한 범의를 명백하게 하기 위하여 검사가 이 사건 필로폰이 은닉된 곡물포대를 받아 피고인들에게 전달한 ㅇㅇㅇ을 참고인으로 조사한 것이라면, ㅇㅇㅇ이 수사기관에 의해 범죄혐의를 인정받아 수사가 개시된 피의자의 지위에 있었다고 할 수 없고, ㅇㅇㅇ이 피의자로서의 지위가 아닌 참고인으로서 조사를 받으면서 수사기관으로부터 진술거부권을 고지받지 않았다 하더라도 그 이유만으로 그 진술조서가 위법수집증거로서 증거능력이 없다고 할 수 없다.」

2 대법원 2022. 6. 16. 선고 2022도364 판결.

그 참고인 또는 법정대리인이 반대가 없는 한 조사과정을 영상녹화해야 한
다($\binom{성폭법}{제30조}$).

   (5) 수사과정기록   피의자신문의 경우와 마찬가지로 i) 참고인이 조사장   19
소에 도착한 시각, ii) 조사시작·종료시각, iii) 그 밖에 조사과정의 진행경과
를 확인하기 위해 필요한 사항을 서면에 기록해야 한다($\binom{제244조의4}{제3항, 제1항}$).[1] 피의자
신문조서의 열람·이의제기·서명 등에 관한 제244조 제2항 및 제3항$\left[\substack{§71/31 \\ 참조}\right]$은
참고인조사시의 수사과정기록에 준용된다($\binom{같은 조 제}{2항, 제3항}$).

   수사과정기록이 누락되었거나 조사시작·종료시간의 기재를 빠뜨린 경   20
우, 그 진술조서는 위법수집증거로서 증거능력이 없다($\binom{제308}{조의2}$).

Ⅲ. 참고인에 대한 증인신문

   범죄수사에 없어서는 안 될 사실을 안다고 명백히 인정되는 자가 참고   21
인조사를 위한 출석 또는 진술을 거부할 경우, 검사는 제1회 공판기일 전에
한해 법원에 그에 대한 증인신문을 청구할 수 있다($\binom{제221조의}{2 제1항}$). 구체적 절차에
관해서는 제221조의2 및 규칙 제111조, 제112조에서 정하고 있다.

   i) 참고인조사에서는 거짓말을 하더라도 불이익을 받지 않는 반면, 증인신문에서는   22
선서 후 거짓말을 할 경우 위증죄로 처벌되고, ii) 임의수사인 참고인조사와 달리
증인신문의 경우 소환불응에 대해 각종 제재수단($\binom{구인, 소송비용부}{담, 과태료, 감치}$)이 마련되어 있다
$\left[\substack{§128/9 \\ 참조}\right]$. 따라서 이 제도의 의의는 수사에 비협조적인 참고인에 대한 진술조사를 증
인신문의 형식으로 강행할 수 있게 한다는 데서 찾을 수 있다. 그러나 피의자와 변
호인에게 참여권이 보장된다는 점에서($\binom{규칙 제}{112조}$)[2] 수사의 밀행성(密行性)을 유지하기
어렵게 되므로 현실에서 거의 활용되지 않는다.[3]

---

1 대법원 2015. 4. 23. 선고 2013도3790 판결: 「조사과정을 기록하도록 한 취지는 수사기관이 조
    사과정에서 피조사자로부터 진술증거를 취득하는 과정을 투명하게 함으로써 그 과정에서의 절
    차적 적법성을 제도적으로 보장하려는 데 있다. 따라서 수사기관이 수사에 필요하여 피의자가
    아닌 자를 조사하는 과정에서 그 진술을 청취하여 증거로 남기는 방법으로 진술조서가 아닌 진
    술서를 작성·제출받는 경우에도 그 절차는 준수되어야 할 것이다.」

2 헌법재판소 1996. 12. 26. 선고 94헌바1 (全)결정 참조.

3 이 제도에 관해 상세히는 김정한, "제1회 공판기일 전 증인신문제도에 대한 실무적 고찰", 법
    학논고 제47집(2014), 284－309쪽.

제3관   체포·구속

§73   **제 1 체   포**

I. 의   의

1   체포는 수사의 목적을 달성하기 위해 피의자를 단기간($\substack{최대 \\ 48시간}$) 억류하는 강제처분이다. 이는 사전에 법원으로부터 영장을 발부받아 집행하는 방식으로 함이 원칙이나($\substack{제200조의2 제1항, 헌법 제 \\ 12조 제3항 본문; 통상체포}$), 예외적으로 i) 중범죄의 피의자가 도주하거나 증거를 인멸할 염려가 있는 상황에서 체포영장의 발부를 기다릴 시간적 여유가 없는 경우($\substack{제200조의3 제 \\ 1항; 긴급체포}$) 또는 ii) 현행범이나 그에 준하는 자를 발견한 경우($\substack{제212조; \\ 현행범체포}$)에는 영장 없이 체포할 수 있다.

II. 사전영장에 의한 체포

1. 요   건

2   피의자가 i) 범죄를 저질렀다고 의심할 만한 상당한 이유가 있고 ii) 정당한 사유 없이 수사기관의 출석요구에 불응하였거나 불응할 우려가 있는 때에는, 법원이 발부한 영장을 제시하고 체포할 수 있다($\substack{제200조의2 제1항, 헌 \\ 법 제12조 제3항 본문}$).

3   (1) 상당한 범죄혐의   피의자가 죄를 범하였다고 의심할 만한 상당한 이유가 있어야 한다($\substack{제200조의 \\ 2 제1항}$). 유죄판결을 받을 고도의 개연성이 있을 필요까지는 없으나, 적어도 범죄혐의를 두는 것이 합리적이라고 볼 정도의 증거는 필요하다. 수사기관의 주관적 의심만으로는 부족하고 구체적 자료에 입각한 객관적 혐의가 존재해야 한다.

4   (2) 체포사유   피의자가 정당한 이유 없이 수사기관의 출석요구에 불응했거나 불응할 우려가 있어야 한다($\substack{제200조의 \\ 2 제1항}$). 피의자가 일정한 주거가 없거나, 도망하였거나, 지명수배중에 있는 때에는 이 요건이 충족된다고 볼 수 있다. 그러나 피의자가 단지 수사기관이 출석을 요구한 당일에 출석하지 않았다는 사정만으로는 체포사유를 인정할 수 없다.

5   50만원 이하의 벌금, 구류 또는 과료에 해당하는 사건의 경우에는 피의자에게 주거가 없거나 피의자가 정당한 이유 없이 출석요구에 응하지 않고

있음이 소명된 경우에 한해 영장을 발부할 수 있다(제200조의2 제1항 단서). 수사의 상당성 요청[§62/10 참조]을 반영한 제한이다.

(3) **체포의 필요성**　　범죄혐의 및 체포사유가 인정된다고 하더라도, 피 **6** 의자의 연령과 경력, 가족관계나 교우관계, 범죄의 경중 및 태양 기타 제반 사정에 비추어 피의자가 도망할 염려가 없고 증거를 인멸할 염려가 없는 등 명백히 체포의 필요가 없다고 인정되는 때에는 영장을 발부할 수 없다(제200조의2 제2항 단서, 규칙 제96조의2)[§62/7 참조]. 도망·증거인멸의 우려가 없음이 명백한 때에만 영장발 부가 제한되는 것이므로, 그러한 우려가 조금이라도 든다면 영장을 발부할 수 있다(소극적 요건).

(4) **재체포 제한**　　체포·구속되었다가 적부심에서 석방된 피의자에 대 **7** 해 동일사건으로 다시 체포영장을 발부하는 데는 일정한 제한이 따른다. 즉, i) 단순 석방결정으로 풀려난 때에는 피의자가 실제로 도망하였거나 증거를 인멸한 경우에만(제214조의 3 제1항), ii) 보증금납입조건부 석방결정으로 풀려난 때에는 제214조의3 제2항의 사유(도망한 때, 도망·증거인멸의 염려를 인정할 충분한 이유가 있는 때, 출석 요구를 받고 정당한 이유 없이 불출석한 때, 법원이 정한 조건을 위반한 때) 가 있는 경우에만 체포영장을 발부할 수 있다(같은 조 제2항). 후술한다[§75/28, 31 참조].

2. 절　　차

(1) **영장청구**　　체포영장의 청구권자는 검사이다. 사법경찰관은 직접 영 **8** 장을 청구할 수 없고 검사에게 영장청구를 신청할 수 있다(제200조의 2 제1항).

영장청구는 체포영장청구서를 관할지방법원에 제출하는 방법으로 한다. **9** 체포영장청구서에는 i) 피의자의 성명·주민등록번호·직업·주거, ii) 피의자 에게 변호인이 있는 경우 그 성명, iii) 죄명 및 범죄사실의 요지, iv) 7일을 넘는 유효기간을 필요로 하는 때에는 그 취지와 사유, v) 여러 통의 영장을 청구하는 때에는 그 취지 및 사유, vi) 인치할 장소, vii) 체포사유를 기재하 고 증거자료를 첨부해야 한다(규칙 제95조, 제96조 제1항, 제99조 제3항). 피의자에 대해 종래 동일사건 으로 체포영장을 청구한 바 있는 때(체포영장을 청구했으나 기각된 경우, 발부받고도 집행하지 못한 경우, 체포 후 구속영장청구기각으로 석방된 경우 등) 에는 재청구하는 이유까지 기재해야 한다(제200조의 2 제4항).

(2) **결　정**　　체포영장의 청구를 받은 법원은 체포사유와 체포의 필요성 **10** 을 엄밀히 심사해 영장을 발부하거나 기각하는 재판을 해야 한다. 영장청구 사건은 단독판사 관할이다[§21/1 참조].

11   ㈎ 기 각   i) 형식적 기재사항의 흠결이 있음에도 적절한 보정이 이루어지지 않은 경우, ii) 객관적 범죄혐의가 인정되지 않는 경우, iii) 체포사유에 대한 소명이 부족한 경우, iv) 명백히 체포의 필요성이 인정되지 않는 경우, v) 피의자가 이미 위법한 억류상태에 있다고 인정되는 경우[1]에는 영장청구를 기각하고 그 취지를 검사에게 알려야 한다(제200조의 2 제3항).

12   ㈏ 발 부   기각사유가 없으면 체포영장을 발부한다(같은 조 제2항). 영장에는 i) 피의자의 성명·주거, ii) 죄명 및 범죄사실 요지, iii) 인치·억류할 장소, iv) 발부연월일, v) 유효기간 및 그 기간을 경과하면 집행하지 못하고 영장을 반환해야 한다는 취지를 기재하고 법관이 서명날인해야 한다(제200조의6, 제75조 제1항). 체포영장의 유효기간은 원칙적으로 발부일로부터 7일이나, 법원이 상당하다고 인정하는 때에는 7일을 넘는 기간을 정할 수 있다(규칙 제178조).

        (3) 영장의 집행

13   ㈎ 집행주체   발부된 체포영장은 검사의 지휘로 사법경찰관리가 집행한다(제200조의6, 제81조 제1항, 제3항). 사법경찰관리는 관할구역 외에서 체포영장을 집행하거나 관할구역의 사법경찰관리에게 집행을 촉탁할 수 있다(제200조의6, 제83조 제2항).

14   ㈏ 집행제한   교원에 대한 체포영장은 소속 학교장의 동의 없이는 학원 내에서 집행하지 못한다(교원지위 법 제4조).

15   ㈐ 영장제시 및 미란다 고지   집행시에는 피의자에게 체포영장을 제시하고 그 사본을 교부해야 한다(제200조의6, 제85조 제1항). 당장 체포영장을 소지하고 있지 않은 상태에서 급속을 요하는 상황이 발생한 경우에는 일단 범죄사실의 요지와 영장이 발부된 사실을 알리고 연행한 뒤 제시·교부할 수 있다(제200조의6, 제81조 제3항).

16   체포하는 때에는 i) 피의사실의 요지 및 체포의 이유, ii) 변호인선임권, iii) 체포적부심사청구권, iv) 진술거부권(일체의 진술을 하지 않거나 개개의 질문에 대해 진술하지 않을 수 있다는 것, 진술하지 않더라도 불이익이 없다는 것, 진술이 법정에서 유죄의 증거로 사용될 수 있다는 것)을 고지한 후 변명의 기회를 주어야 한다(제200조의5, 제214조의2 제2항 수사준칙 제32조 제1항, 제2항). 영장제시 또는 미란다 고지 전에 피의자가 반항하거나 도주를 시도하는 때에는 그를 붙들거나 제압한 후 지체없이 제시·고지해야 한다.[2]

17   집행시 체포영장을 보여주지 않았거나(제200조의 6, 제85조) 피의사실의 요지, 체포의 이유, 변호인선임권 등을 정확히 고지하지 않은 경우 그 체포는 위법하며, 그

---

1 제요(Ⅲ) 52쪽.
2 대법원 2004. 8. 30. 선고 2004도3212 판결.

와 같은 연행에 터잡은 인신구속상태에서 작성된 피의자신문조서는 위법수
집증거로서 증거능력이 없다($\substack{\text{제308} \\ \text{조의2}}$)[$\substack{\text{§64/2} \\ \text{참조}}$].

　　㈃ 체포현장에서의 압수·수색·검증　　수사기관은 필요한 때에는 체포한   18
현장에서 영장 없이 압수·수색·검증을 할 수 있다($\substack{\text{제216조 제} \\ \text{1항 제2호}}$)[$\substack{\text{§76/68} \\ \text{참조}}$].

　　㈄ 인　치　　체포 후에는 피의자를 즉시 영장에 기재된 장소로 호송해   19
인치한다($\substack{\text{제200조의6,} \\ \text{제85조 제1항}}$). 영장기재 인치장소는 법원의 결정으로만 변경할 수 있
다. 수사기관이 임의로 장소를 변경해 억류하는 것은 방어권이나 접견교통권
의 행사에 중대한 장애를 초래하는 위법한 인신구속이며,[1] 그러한 상태 하
에서 작성된 피의자신문조서는 증거능력이 없다($\substack{\text{제308} \\ \text{조의2}}$).[2]

　　⑷ 미집행　　수사기관은 체포영장의 유효기간 내에 영장의 집행에 착수   20
하지 못했거나, 그 밖의 사유로 영장의 집행이 불가능하거나 불필요하게 되
었을 때에는 즉시 해당 영장을 법원에 반환해야 한다. 체포영장이 여러 통
발부된 경우에는 모두 반환해야 한다($\substack{\text{제200조의6,} \\ \text{제75조 제1항}}$). 이 경우 사법경찰관은 체포
영장을 청구한 검사에게 반환하고, 검사는 이를 법원에 반환한다($\substack{\text{수사준칙} \\ \text{제35조}}$).

Ⅲ. 영장주의의 예외

1. 긴급체포

　　⑴ 의　의　　긴급체포란 중대한 사건에서 긴급을 요하여 미리 체포영장   21
을 발부받을 수 없는 경우에 수사기관이 영장 없이 피의자를 체포하는 것을
말한다. 이는 영장주의의 예외를 이루는 제도로서 「장기 3년 이상의 형에 해
당하는 죄를 범하고 도피 또는 증거인멸의 염려가 있을 때에는 사후에 영장
을 청구할 수 있다」고 규정한 헌법 제12조 제3항에 근거한다. 그런데 위 헌
법규정은 우선 체포를 하고 사후에 체포영장을 청구해 발부받을 수 있다는
취지인바, 현행법은 긴급체포한 피의자를 구속하고자 하는 때에는 '구속영
장'을 청구해 발부받도록 하고 있을 뿐, 별도의 사후 체포영장제도는 마련하
고 있지 않다[$\substack{\text{§73/51} \\ \text{참조}}$]. 위헌 의문이 있다.

1　대법원 1996. 5. 15.자 95모94 결정.

2　대법원 1996. 5. 14. 선고 96도561 판결: 「불법구금, 구금장소의 임의적 변경 등의 위법사유가
　　있다고 하더라도 그 위법한 절차에 의하여 수집된 증거를 배제할 이유는 될지언정 공소제기의
　　절차 자체가 위법하여 무효인 경우에 해당한다고 볼 수 없[다].」

22   (2) 요 건   긴급체포는 피의자가 i) 사형, 무기 또는 장기 3년 이상의
징역이나 금고에 해당하는 죄를 범하였다고 의심할 만한 상당한 이유가 있
고, ii) 도망하였거나 도망 또는 증거인멸을 할 염려가 있는 경우에, iii) 체포
영장을 발부받을 시간적 여유가 없는 때에 한해 할 수 있다($\binom{제200조의}{3 \ 제1항}$). 구체적
상황에서 긴급체포의 요건이 충족되었는지 여부는 수사기관이 어느 정도 재
량을 발휘해 판단할 문제이나, 체포 당시의 상황에 비추어서도 경험칙상 현
저히 합리성을 결여한 판단에 기한 긴급체포는 위법하다.[1] 그러한 긴급체포
에 저항하는 행위는 공무집행방해죄를 구성하지 않고, 그 과정에서 경찰관에
게 다소 상해를 입혔더라도 정당방위에 해당하며,[2] 그 체포에 기초한 억류
상태에서 작성된 피의자신문조서나 임의제출된 압수물은 위법수집증거로서
증거능력이 없다[$\binom{§64/2}{참조}$].[3]

      (개) 범죄의 중대성

23   (a) 장기 3년 이상의 유기형   피의자가 사형, 무기 또는 장기 3년 이상
의 징역이나 금고에 해당하는 죄를 범하였다고 의심할 만한 상당한 이유가
있어야 한다($\binom{제200조의}{3 \ 제1항}$). 예컨대 출판물에 의한 명예훼손이나 허위사실적시 명예
훼손의 혐의로 긴급체포를 할 수는 있어도, 사실적시 명예훼손이나 사자명예
훼손·모욕의 혐의로 긴급체포를 할 수는 없다($\binom{형법 \ 제307}{조, \ 제309조}$). 그리고 특수폭행이
나 존속폭행의 혐의로 긴급체포를 하는 것은 가능하나 단순폭행의 혐의로는
불가하다($\binom{형법 \ 제260}{조, \ 제261조}$). 그 밖에 형법각칙상 긴급체포의 대상이 될 수 없는 죄로
는 영아유기죄, 사문서부정행사죄, 과실치사상죄, 점유이탈물횡령죄 등이 있
다. 여기서 '장기 3년'은 예상되는 처단형이 아니라 법정형을 가리키는 것이
므로, 법정형이 장기 3년 미만인 범죄들이 경합범관계에 놓이는 사안에서는
긴급체포를 할 수 없다.

---

1 대법원 2002. 6. 11. 선고 2000도5701 판결: 「긴급체포의 요건을 갖추었는지 여부는 사후에 밝
    혀진 사정을 기초로 판단하는 것이 아니라 체포 당시의 상황을 기초로 판단하여야 하고, 이에
    관한 검사나 사법경찰관 등 수사주체의 판단에는 상당한 재량의 여지가 있다고 할 것이나, 긴
    급체포 당시의 상황으로 보아서도 그 요건의 충족 여부에 관한 검사나 사법경찰관의 판단이
    경험칙에 비추어 현저히 합리성을 잃은 경우에는 그 체포는 위법한 체포라 할 것이고, 이러한
    위법은 영장주의에 위배되는 중대한 것이니 그 체포에 의한 유치중에 작성된 피의자신문조서
    는 위법하게 수집된 증거로서 특별한 사정이 없는 한 이를 유죄의 증거로 할 수 없는 것이다.」
2 대법원 2006. 9. 8. 선고 2006도148 판결.
3 대법원 2002. 6. 11. 선고 2000도5701 판결.

(b) 상당한 범죄혐의   영장에 의한 체포에서와 마찬가지로, 유죄판결을   24
받을 개연성까지는 아니더라도 범죄혐의를 두는 것이 객관적·합리적이라고
볼 만큼의 증거자료가 뒷받침돼야 한다.

(나) 필요성   피의자가 도망하였거나 도망 또는 증거인멸을 할 염려가   25
있어야 한다. 이를 필요성 요건이라 한다. 수사관서에 자진출석한 자의 경우
에도 진술조사가 진행됨에 따라 ($\binom{중한\ 죄가\ 드러나거나\ 분위기}{가\ 불리하게\ 흐르는\ 등으로}$) 도망의 가능성이 제기
될 수 있다. 그러나 자진출석한 자가 단순히 범행을 부인하고 나가려고 한다
거나 본격적 조사가 이루어지기 전에 퇴거를 요구하는 등의 사정만으로는 필
요성 요건이 충족된다고 할 수 없다.

대법원은 위증교사죄로 기소된 피고인에게 제1심법원이 무죄를 선고하   26
자 검사가 항소 후 보강수사를 한다는 명목으로 그 피고인의 사무실 직원에
게 참고인조사를 위한 출석을 요구하고, 이에 응해 출석한 직원을 상대로 곧
바로 위증 등 혐의로 피의자신문을 개시하자 직원이 반발하여 퇴거의사를 표
명하고 나가려 하는 순간 긴급체포한 사안에서, i) 그 긴급체포는 위법한 체
포에 해당하고, ii) 그 직원이 체포에 저항하던 중 검사에게 상해를 입혔더라
도 공무집행방해죄나 상해죄는 성립하지 않는다고 판시한 바 있다.[1]

(다) 긴급성   법원으로부터 체포영장을 발부받을 시간적 여유가 없어야   27
한다($\binom{제200조의}{3\ 제1항}$).[2] 이를 긴급성 요건이라 한다. 제200조의3 제1항은 이에 관해
「피의자를 우연히 발견한 경우 등과 같이 체포영장을 받을 시간적 여유가 없
는 때를 말한다」고 부연하고 있으나 적절한 예시는 아니다.

(라) 재긴급체포 금지   피의자가 동일사건으로 이미 긴급체포되었다가   28

---

1 대법원 2006. 9. 8. 선고 2006도148 판결.
2 대법원 2016. 10. 13. 선고 2016도5814 판결:「피고인이 필로폰을 투약하고 동네를 활보하고
  다닌다는 제보를 받은 경찰관이 실제 제보된 주거지에 피고인이 살고 있는지 등 제보의 정확
  성을 사전에 확인한 후에 제보자를 불러 조사하기 위하여 피고인의 주거지를 방문하였다가,
  현관에서 담배를 피우고 있는 피고인을 발견하고 사진을 찍어 제보자에게 전송하여 그 사진에
  있는 사람이 제보한 대상자가 맞는다는 확인을 한 후, 가지고 있던 피고인의 전화번호로 전화
  를 하여 차량접촉사고가 났으니 나오라고 하였으나 나오지 않고, 또한 경찰관임을 밝히고 만
  나자고 하는데도 현재 집에 있지 않다는 취지로 거짓말을 하자 원심판시와 같이 피고인의 집
  문을 강제로 열고 들어가 피고인을 긴급체포한 사실을 알 수 있다. … 설령 피고인이 마약에
  관한 죄를 범하였다고 의심할 만한 상당한 이유가 있었다고 하더라도, 경찰관이 이미 피고인
  의 신원과 주거지 및 전화번호 등을 모두 파악하고 있었고, 당시 마약투약의 범죄 증거가 급속
  하게 소멸될 상황도 아니었다고 보이는 점 등의 사정을 감안하면 … 피고인에 대한 긴급체포
  는 미리 체포영장을 받을 시간적 여유가 없었던 경우에 해당하지 아니한다.」

석방된 적이 없어야 한다($^{제200조의}_{4 \ 제3항}$). 즉 동일한 범죄사실로 긴급체포된 바 있는 피의자에 대해서는 단지 사전영장에 의한 체포·구속만 가능하고,[1] 같은 사건으로 다시 긴급체포하는 것은 허용되지 않는다.

(3) 절 차

29   (가) 체포주체   긴급체포의 주체는 검사 또는 사법경찰관이다($^{제200조의}_{3 \ 제1항}$). 사법경찰리는 사법경찰관의 긴급체포를 보조할 수는 있어도 독자적으로 긴급체포를 할 수 없다[$^{§61/7}_{참조}$].

30   (나) 피의자 발견을 위한 수색   검사 또는 사법경찰관은 피의자를 긴급체포하는 경우 필요한 때에는 피의자 발견을 위해 타인의 주거나 타인이 간수하는 가옥, 건조물, 항공기, 선차 등을 수색할 수 있다($^{제216조 \ 제}_{1항 \ 제1호}$)[$^{§76/66}_{참조}$].

31   (다) 체 포   영장에 의한 체포와 마찬가지로 피의자에게 범죄사실의 요지, 변호인선임권, 체포적부심사청구권 등을 고지해야 하며($^{제200조의5, \ 제}_{214조의2 \ 제2항}$), 사전에 영장을 받을 수 없었던 사유를 알려주어야 한다($^{제200조의}_{3 \ 제1항}$). 상대방이 도주를 시도하거나 반항하는 경우에는 붙들거나 제압한 후 지체없이 위와 같은 고지를 해야 한다.[2] 다만 붙들거나 제압하기에 앞서, 피의자 본인이 맞는지 미리 확인할 필요가 있다.[3]

32   경찰관은 필요하다고 인정되는 상당한 이유가 있으면 수갑이나 경찰봉 등을 활용할 수 있고($^{경직법 \ 제}_{10조의2}$), 필요한 한도 내에서 다른 무기를 사용할 수도 있다($^{경직법 \ 제}_{10조의4}$).

33   (라) 긴급체포서 작성   체포 후에는 지체없이 긴급체포서를 작성해야 한다($^{제200조의}_{3 \ 제3항}$). 긴급체포서에는 i) 범죄사실의 요지, ii) 긴급체포의 사유 등, iii) 긴급체포한 일시·장소, iv) 인치한 장소, v) 체포자의 관직·성명을 기재해야 한다($^{같은 \ 조 \ 제4항, \ 규}_{칙 \ 제95조 \ 제2항}$).

34   (마) 검사의 승인   사법경찰관이 긴급체포한 경우에는 즉시 검사의 승인

---

1 대법원 2001. 9. 28. 선고 2001도4291 판결.

2 대법원 2010. 6. 24. 선고 2008도11226 판결: 「체포하는 경우에는 반드시 범죄사실의 요지, 체포의 이유와 변호인을 선임할 수 있음을 말하고 변명할 기회를 주어야 하며, … 이와 같은 고지는 체포를 위한 실력행사에 들어가기 전에 미리 하여야 하는 것이 원칙이나, 달아나는 피의자를 쫓아가 붙들거나 폭력으로 대항하는 피의자를 실력으로 제압하는 경우에는 붙들거나 제압하는 과정에서 하거나, 그것이 여의치 않은 경우에는 일단 붙들거나 제압한 후에 지체없이 하여야 한다.」

3 대법원 2007. 11. 29. 선고 2007도7961 판결.

을 얻어야 한다($^{제200조의}_{3\ 제2항}$). 승인요청은 원칙적으로 긴급체포시로부터 12시간 이내에 해야 한다($^{수사준칙 \ 제27}_{조 \ 제1항, \ 제2항}$). 검사는 위 승인요청이 이유 있다고 인정하는 경우에는 긴급체포승인서를 사법경찰관에게 송부하고, 그 반대의 경우에는 불승인 통보를 한다. 후자의 경우 사법경찰관은 긴급체포된 피의자를 즉시 석방한 후 이를 검사에게 통보해야 한다($^{같은 조 \ 제}_{3항, \ 제4항}$).

2. 현행범체포

(1) 의 의   현행범체포는 현행범인을 사전영장 없이 곧바로 체포하는 제도이다. 긴급체포와 마찬가지로, 「현행범인인 경우 … 사후에 영장을 청구할 수 있다」고 규정한 헌법 제12조 제3항에 근거한다. 현행범체포의 경우에도 현행법은 체포한 피의자를 구속하고자 하는 때에는 '구속영장'을 청구해 발부받도록 하고 있을 뿐, 별도의 사후 체포영장제도는 마련하고 있지 않아 위헌 의문이 있다[$^{§73/51}_{참조}$].   **35**

(2) 요 건   현행범체포를 하기 위해서는 i) 피의자가 현행범인($^{제211조}_{제1항}$) 또는 준현행범인($^{제211조}_{제2항}$)에 해당해야 하고, ii) 도망하거나 증거를 인멸할 우려가 있어야 하며, iii) 죄의 경중에 비추어 체포의 비례성이 인정되어야 한다[$^{§62/10}_{참조}$]. 구체적 상황에서 현행범체포의 요건이 충족되었는지 여부는 수사기관이 어느 정도 재량을 발휘해 판단할 문제이나, 체포 당시의 상황에 비추어서도 경험칙상 현저히 합리성을 결여한 판단에 기한 현행범체포는 위법하다.[1] 요건을 갖추지 못한 현행범체포는 적법한 공무집행이라 할 수 없으므로 그에 대한 저항은 공무집행방해죄를 구성하지 않으며, 저항과정에서 경찰관이 어느 정도 상해를 입었더라도 정당방위로서 위법성이 조각되어 상해죄가 성립하지 않는다.[2]   **36**

---

1 대법원 2011. 5. 26. 선고 2011도3682 판결: 「현행범인으로 체포하기 위하여는 행위의 가벌성, 범죄의 현행성·시간적 접착성, 범인·범죄의 명백성 이외에 체포의 필요성, 즉 도망 또는 증거인멸의 염려가 있어야 하고, 이러한 요건을 갖추지 못한 현행범인 체포는 법적 근거에 의하지 아니한 영장 없는 체포로서 위법한 체포에 해당한다. 여기서 현행범인 체포의 요건을 갖추었는지 여부는 체포 당시의 상황을 기초로 판단하여야 하고, 이에 관한 검사나 사법경찰관 등 수사주체의 판단에는 상당한 재량의 여지가 있다고 할 것이나, 체포 당시의 상황으로 보아서도 그 요건의 충족 여부에 관한 검사나 사법경찰관 등의 판단이 경험칙에 비추어 현저히 합리성을 잃은 경우에는 그 체포는 위법하다.」

2 대법원 2000. 7. 4. 선고 99도4341 판결; 2002. 5. 10. 선고 2001도300 판결.

㈎ 현행범인·준현행범인

37　　　ⓐ 현행범인　　현행범인이란 범죄의 실행중이거나 실행 즉후인 자를 말한다($\frac{제211조}{제1항}$). i) '범죄'란 구성요건해당성이 있으면서 위법성조각사유와 책임조각사유가 없음이 명백한 행위를 말하는바($\frac{행위의}{가별성}$), 가령 형사미성년자는 현행범체포의 대상이 될 수 없다. ii) '실행중'이란 실행에 착수해 종료하지 못한 상태를 말하고, '실행 즉후'란 시간적·장소적으로 보아 방금 범죄를 실행하였다는 죄증이 명백한 경우를 말한다($\frac{범죄의\ 현행}{성·명백성}$).[1]

38　　　대법원은, i) 교사인 피의자가 교장실에 들어가 약 5분간 식칼을 휘두르며 소란을 피운 뒤 40여 분이 지나 경찰관들이 도착해 교장실이 아닌 서무실에 앉아 있던 피의자를 현행범으로 체포한 사안에서, 피의자가 방금 범죄를 실행한 범인이라는 죄증이 경찰관들에게 명백히 인식될 만한 상황이었다고 단정할 수 없으므로 그를 현행범인으로 볼 수 없다고 하였다.[2] 또한, ii) 피의자가 음주운전을 종료한 후 40분 이상이 지난 시점에서 길가에 차를 세우고 앉아 있던 중에 경찰관이 그에게서 술냄새가 난다는 점만을 근거로 음주운전의 현행범으로 체포한 사안에서, 피고인이 방금 음주운전을 실행한 범인이라는 점에 관한 죄증이 명백하다고 할 수 없으므로 그 현행범체포는 위법하다고 보면서 그 후에 획득된 음주측정결과 및 피의자신문조서 등 증거 역시 위법수집증거로 보아 증명부족을 이유로 무죄판결을 선고하였다.[3]

39　　　ⓑ 준현행범인　　범죄의 실행중이거나 실행 즉후가 아니더라도, i) 범인으로 불리며 쫓기고 있는 자, ii) 장물이나 범죄에 사용되었다고 인정할 만한 흉기 기타 물건을 소지하고 있는 자, iii) 신체 또는 의복류에 현저한 증적이 있는 자, iv) 누구인지 묻자 도망하려는 자는 현행범인으로 간주된다($\frac{제211조}{제2항}$). 이를 준현행범인이라 한다.

40　　　대법원은 순찰중이던 경찰관이 교통사고를 낸 차량이 도주하였다는 무전연락을 받고 주변을 수색하다가 범퍼 등의 파손상태로 보아 사고차량으로 인정되는 차량에서 내리는 사람을 발견하고 현행범으로 체포한 사안에서, '장물이나 범죄에 사용되었다고 인정함에 충분한 흉기 기타의 물건을 소지하

1　대법원 1991. 9. 24. 선고 91도1314 판결.
2　대법원 1991. 9. 24. 선고 91도1314 판결.
3　대법원 2007. 4. 13. 선고 2007도1249 판결.

고 있는 때'에 해당하는 준현행범인이므로 적법하게 현행범체포를 할 수 있다고 판시한 바 있다.[1]

　　(나) 필요성　　　명문의 규정은 없으나, 긴급체포의 경우와 마찬가지로 도망이나 증거인멸의 염려가 필요한지 여부가 문제된다. 이에 관해서는 도망의 염려든 증거인멸의 염려든 필요치 않다는 견해가 있으나,[2] 그러한 위험이 없다면 사전영장에 의해 체포함이 타당하므로 현행범체포에서도 도망 또는 증거인멸의 염려가 필요하다고 해석함이 타당하다.[3] 판례 역시 필요설의 관점이다.[4] 다만 현실적으로는 현행범인 또는 준현행범인에 해당할 경우 대부분 도망이나 증거인멸의 염려가 인정될 것이다. **41**

　　(다) 비례성　　　수사비례원칙상, 현행범체포는 인신구속으로 인한 신체의 자유 제한을 감수해야 할 만큼의 가벌성이 인정되는 사건에서만 허용된다고 본다($^{제199조}_{제1항}$). 따라서 일시적·우발적 모욕범행과 같이 사안이 경미하고 피의자를 즉시 체포해야 할 급박한 사정이 없는 경우에는 현행범체포가 허용되지 않는다.[5] **42**

　　50만원 이하의 벌금, 구류 또는 과료에 해당하는 죄의 (준)현행범인은 그 주거가 분명하지 않은 경우에만 현행범체포의 대상이 된다($^{제214}_{조}$). 이는 수사의 상당성 요청을 반영한 규정이다[$^{§62/10}_{참조}$]. **43**

---

1 대법원 2000. 7. 4. 선고 99도4341 판결.

2 김정한 251쪽; 이은모/김정환 253−254쪽(다만, 도망·증거인멸의 염려가 없음이 명백한 경우에는 체포할 수 없다고 한다); 이재상 외 2인 172쪽; 이창현 337쪽; 정웅석 외 2인 192쪽.

3 배종대/홍영기 132쪽; 백형구 81쪽; 신동운 325쪽; 이창현 337쪽; 임동규 196쪽. 증거인멸의 염려는 현행범체포사유가 될 수 없다는 견해로 배종대/이상돈 266쪽.

4 대법원 2011. 5. 26. 선고 2011도3682 판결.

5 대법원 2011. 5. 26. 선고 2011도3682 판결:「공소외 ○○○이 피고인을 현행인으로 체포할 당시 피고인이 이 사건 모욕범행을 실행중이거나 실행행위를 종료한 직후에 있었다고 하더라도, 피고인은 공소외 ○○○, ◎◎◎의 불심검문에 응하여 이미 운전면허증을 교부한 상태이고, 공소외 ○○○뿐 아니라 인근주민도 피고인의 욕설을 직접 들었으므로, 피고인이 도망하거나 증거를 인멸할 염려가 있다고 보기는 어려울 것이다. 또한 피고인의 이 사건 모욕범행은 불심검문에 항의하는 과정에서 저지른 일시적, 우발적인 행위로서 사안 자체가 경미할 뿐 아니라, 고소를 통하여 검사 등 수사주체의 객관적 판단을 받지도 아니한 채 피해자인 경찰관이 범행현장에서 즉시 범인을 체포할 급박한 사정이 있다고 보기도 어렵다. 따라서 공소외 ○○○이 피고인을 체포한 행위는 현행범인체포의 요건을 갖추지 못하여 적법한 공무집행이라고 볼 수 없으므로 공무집행방해죄의 구성요건을 충족하지 아니하고, 피고인이 그 체포를 면하려고 반항하는 과정에서 공소외 ○○○에게 상해를 가한 것은 불법체포로 인한 신체에 대한 현재의 부당한 침해에서 벗어나기 위한 행위로서 정당방위에 해당하여 위법성이 조각된다.」

44	(3) 절 차	현행범인은 누구든지 체포할 수 있다($\binom{제212}{조}$). 그러나 구체적 절차는 체포주체가 수사기관인 경우와 사인인 경우 간에 차이가 있다.

45	⑺ 수사기관이 체포하는 경우	검사 또는 사법경찰관리가 현행범을 체포할 때에는 범죄사실의 요지, 현행범체포의 이유, 변호인선임권, 체포적부심사청구권 등을 고지해야 한다($\binom{제200조의5, \ 제213조의}{2, \ 제214조의2 \ 제2항}$). 고지는 체포 전에 하는 것이 원칙이나, 여의치 않은 경우 제압 직후에라도 해야 한다.[1] 적시에 고지하지 않는 경우 위법한 현행범체포가 되고, 그러한 체포상태 하에서 작성된 피의자신문조서는 증거능력이 없다($\binom{제308}{조의2}$). 피의자를 발견하기 위해 필요한 때에는 타인의 주거나 타인이 간수하는 가옥, 건조물, 항공기, 선박, 자동차 등 내를 영장 없이 수색할 수 있고($\binom{제216조 \ 제}{1항 \ 제1호}$), 사법경찰관의 경우 불가피하면 필요 최소한의 범위에서 무기를 사용할 수 있다($\binom{경직법, \ 제}{10조의4}$).

46	⑼ 사인이 체포하는 경우	사인이 현행범체포에 성공한 경우 수사기관이 도착할 때까지 피의자를 붙들어 두거나, 체포 즉시 검사 또는 사법경찰관리에게 인도해야 한다($\binom{제213조}{제1항}$). '즉시 인도'한다는 것은 정당한 이유 없이 인도를 지연하거나 불필요하게 체포상태를 계속하지 않는다는 뜻으로, 반드시 시간적으로 체포에 밀착된 시점에서 인도해야 하는 것은 아니다. 예컨대 공해상 선박에서 현행범인을 체포·억류해 수일이 지나 국내로 이송한 경우에는 공간적·물리적 제약상 시간지체가 불가피하므로 정당한 이유 없이 인도를 지연하거나 체포를 계속한 경우로 볼 수 없다.[2]

47	사법경찰관리가 사인이 체포한 현행범인을 인도받은 때에는 체포자의 성명·주거·체포사유를 묻고, 필요하다면 체포자에게 경찰관서에 동행할 것을 요구할 수 있다($\binom{같은 조}{제2항}$). 이때에도 사법경찰관리는 피체포자에게 지체없이 미란다 고지를 해야 한다($\binom{제213조의2,}{제200조의5}$).

Ⅳ. 체포 이후의 조치

1. 통 지

48	피의자를 체포한 경우, 변호인이 있으면 그 변호인에게, 변호인이 없으면 피의자의 법정대리인·배우자·직계친족과 형제자매 중 피의자가 지정한

1	대법원 2000. 7. 4. 선고 99도4341 판결.
2	대법원 2011. 12. 22. 선고 2011도12927 판결.

자에게 피의사건명, 체포일시·장소, 범죄사실의 요지, 체포의 이유와 변호인을 선임할 수 있다는 취지를 체포한 때로부터 24시간 이내에 서면으로 통지해야 한다(제200조의6, 제213조의2, 제87조 제1항, 제2항).

검사 또는 사법경찰관은 변호인·법정대리인·배우자·직계친족·형제자   **49**
매·가족·동거인·고용주 중 피의자가 지정하는 사람에게 체포적부심사를 청구할 수 있음을 알려야 한다(제214조 제2항).

2. 수   사

체포된 사람에 대해서는 (출석요구 없이) 체포의 효력에 근거해 피의자신문을 할   **50**
수 있다[§71/7 참조]. 또한, 그가 임의로 제출하는 물건을 압수할 수 있다[§76/24 참조].

3. 구속영장청구와 석방

체포된 피의자를 구속하고자 할 때에는 체포시로부터 48시간 이내에 구   **51**
속영장을 청구해야 한다. 사인에 의한 현행범체포의 경우, 위 48시간은 체포시가 아니라 범인을 수사기관에 인도한 시점부터 기산한다.[1] 위 기간 이내에 구속영장을 청구하지 않았거나 영장청구가 기각된 경우에는 피의자를 즉시 석방해야 한다(제200조의2 제5항, 제200조의4 제2항, 제213조의2). 영장에 의해 체포된 피의자를 석방한 경우, 검사는 그 사실을 법원에 서면으로 통지해야 한다(제204조).

긴급체포된 피의자를 구속영장 청구 없이 석방한 경우, 검사는 석방한   **52**
날로부터 30일 이내에 서면으로 그 피의자의 인적사항, 긴급체포의 일시·장소와 긴급체포하게 된 구체적 이유, 석방의 일시·장소 및 사유, 체포 및 석방한 검사 또는 사법경찰관의 성명을 법원에 통지해야 한다(제200조의4 제4항). 석방 이후 동일사건에 관해서는 다시 긴급체포를 할 수 없다(같은 조 제3항)[§73/28 참조].

제2 피의자 구속   §74

I. 의   의

구속(拘束)은 형사절차를 관철하기 위해 피의자·피고인을 비교적 장기   **1**
간 억류하는 강제처분이다.

---

1 대법원 2011. 12. 22. 선고 2011도12927 판결.

2 　제69조는 「본법에서 구속이라 함은 구인과 구금을 포함한다」고 규정하고 있다. i) 구인(拘引)이란 특정 기일(공판기일, 심문기일, 증인신문기일 등)에의 출석을 강제할 목적으로 특정인을 법원청사 등에 일시(최대 24시간) 인치하는 처분이고, ii) 구금(拘禁)은 피의자·피고인을 비교적 장기간 억류하는 처분이다. 그런데 통상 '구속'이라 할 때는 구금만을 가리키고, 영장 또한 구금을 위한 것은 '구속영장', 구인을 위한 것은 '구인영장'이라 칭해진다. 그리고 수사단계에서 구인의 대상은 구속영장이 청구된 미체포 피의자[§74/31 참조]나 국가보안법위반사건에서 출석요구에 2회 이상 불응한 참고인[§72/4 참조]에 한정된다. 그러므로 여기서 '구속'은 '구금'을 가리키는 의미로 사용하고, 구인에 관해서는 제3편에서 따로 다루기로 한다[§128/15 참조].

3 　구속은 수사기관이 하는 피의자구속과 법원이 하는 피고인구속으로 나뉘는바, 여기에서 설명하는 것은 전자 즉 수사상의 구속이다. 수사상 구속은 구금기간이 최장 29일에 달하고(제202조, 제203조, 제205조 제1항,)[§74/51 참조], 석방 없이 공소를 제기할 경우 기본 구금기간이 2개월인 수소법원의 구속[§127/1 참조]으로 전환된다는 점에서 인신의 자유를 매우 강력하게 제한하는 강제수사방법이다. 따라서 그 요건은 체포의 그것보다 더욱 엄격하며, 영장주의의 예외는 인정되지 않는다. 현행 형사소송법은 체포를 구속의 선행요건으로(이른바 체 포전치주의) 규정하고 있지는 않으므로 체포를 거치지 않고 처음부터 구속영장을 청구할 수도 있다.

Ⅱ. 요　건

1. 상당한 범죄혐의

4 　수사단계에서 구속영장을 발부하기 위해서는 「피의자가 죄를 범하였다고 의심할 만한 상당한 이유」가 있어야 한다(제201조 제 1항 본문). 여기서의 「상당한 이유」는 피의자가 유죄판결을 받을 고도의 개연성을 뜻하는 개념으로, 체포에 관한 제200조의2 제1항 및 제200조의3 제1항의 '상당한 이유'와는 다르다. 위법성·책임조각사유가 있거나 소송조건의 종국적 흠결이 관찰되는 경우에는 유죄판결을 할 수 없음이 자명하므로 구속영장을 발부할 수 없다.

5 　특정한 지위에 있는 자들의 경우, 일정한 범죄와 관련해 법률상 체포·구속이 제한된다. i) 쟁의기간중의 근로자는 현행범이 아닌 한 노조법위반을 이유로 구속할 수 없다(노조법 제39조). ii) 각급 선거관리위원회 위원은 선거인명부작성일 또는 국민투표안 공고일로부터 개표종료시까지는 내란·외환·국교·폭발물·방화·마약·통화·유가증

권·우표·인장·살인·폭행·체포·감금·절도·강도·국가보안법위반의 범죄에 해당하는 경우를 제외하고는 현행범이 아닌 한 체포·구속할 수 없다(선관위법 제13조), iii) 대통령선거 후보자는 후보자등록이 끝난 때로부터 개표종료시까지는 사형, 무기 또는 장기 7년 이상의 징역·금고에 해당하는 죄를 범한 경우를 제외하고는 현행범이 아니면 체포·구속할 수 없다(공직선거법 제11조 제1항). iv) 국회의원선거·지방선거 후보자는 후보자등록이 끝난 때로부터 개표종료시까지는 사형, 무기 또는 장기 7년 이상의 징역·금고에 해당하는 죄 또는 공직선거법위반죄를 범한 경우를 제외하고는 현행범이 아니면 체포·구속할 수 없다(같은 조 제2항). v) 선거사무장, 선거연락소장, 선거사무원, 회계책임자, 투·개표참관인은 해당 신분을 취득한 때로부터 개표종료시까지 사형, 무기 또는 장기 3년 이상의 징역·금고에 해당하는 죄를 범하였거나 공직선거법 제230조 내지 제235조, 제237조 내지 제259조의 죄를 범한 경우를 제외하고는 현행범이 아니면 체포·구속할 수 없다(같은 조 제3항). 이러한 제한은 수소법원의 구속에도 적용된다[§127/5 참조].

2. 구속사유

구속영장은 피의자가 i) 도망하거나 도망할 염려가 있는 때(제70조 제1항 제3호), ii) 증거를 인멸할 염려가 있는 때(같은 항 제2호), iii) 일정한 주거가 없는 때(같은 항 제1호) 중 어느 하나에 해당하는 경우에 발부할 수 있다(제201조 제1항).　6

⑴ 도망하거나 도망할 염려가 있는 때　　도망이란 잠적·도피하는 것을 가리킨다. 피의자가 정당한 사유 없이 주거를 이탈해 연락이 닿지 않거나 형사절차를 회피할 목적으로 국외에 있는 경우는 도망한 때에 속한다.　7

도망할 염려의 유무는 i) 범죄의 경중·태양·동기·횟수·수법·규모·결과 등, ii) 자수 여부, iii) 직업이 쉽게 포기할 수 있는 것인지 여부, iv) 경력·범죄경력, 생계수단의 변천(범죄에 의존하지 않고도 생계를 유지했는지 여부 등), v) 약물복용·음주 경력, 도망을 억제할 만한 치료 중인 질병이 있는지 또는 출산을 앞두고 있는지 여부, vi) 다른 곳(특히 외국)과의 연결점이 있는지 여부, 여권 소지 여부 및 여행빈도, vii) 가족간의 결속력, viii) 가족중 보호자가 있는지 여부, ix) 배우자 또는 나이가 어리거나 학생인 자녀가 있는지 여부, x) 연로한 부모와 함께 거주하거나 부모를 부양하고 있는지 여부, xi) 피의자에 대한 가족들의 의존 정도, xii) 가족들에게 피의자를 선행으로 이끌만한 능력과 의사가 있는지 여부, xiii) 피의자의 지역사회에서의 거주기간 및 정착 정도, xiv) 피의자 가족의 지역사회와의 유대 정도, xv) 교우 등 지원자가 있는지 여부를 종합적으로 고려해 판단한다(구속예규 제49조).　8

9   (2) 증거를 인멸할 염려가 있는 때   증거인멸의 범주에는 증거방법 그
자체를 위조·변조·은닉·파괴하는 것은 물론, 공범이나 참고인 등 타인에게
허위진술을 부탁하는 것도 포함된다. 피의사실을 다투거나 자백을 거부한다
고 해서 증거인멸의 염려가 추단되는 것은 아니며, 이미 증거가 충분히 확보
되었다면 증거인멸의 염려를 인정할 수 없다. 피의자는 그 자신이 증거방법
$\left[\begin{smallmatrix}\S114/4 \\ 참조\end{smallmatrix}\right]$이기도 하므로, 자살할 염려 또한 증거인멸의 염려로 볼 수 있다.

10   증거인멸 염려의 유무는 i) 인멸의 대상이 되는 증거가 존재하는지 여부, ii) 그 증
거가 범죄사실의 입증에 결정적 영향을 주는지 여부, iii) 피의자 측에 의해 그 증거
를 인멸하는 것이 물리적·사회적으로 가능한지 여부, iv) 피의자 측이 피해자 등에
대해 어느 정도의 압력이나 영향력을 행사할 수 있는지 여부 등 요소를 종합적으로
고려해 판단해야 한다($\begin{smallmatrix}구속예규 \\ 제48조\end{smallmatrix}$).

11   (3) 일정한 주거가 없는 때   제70조 제1항 제1호는 주거부정(住居不定)도
구속사유로 들고 있다. 그러나 일정한 주거가 없다는 사정은 도망염려 판단
의 고려요소에 불과하고 그 자체 독립적 구속사유는 아니라고 보아야 한다.
가령 상시 연락가능한 수단이 있고 수사에 협조적인 피의자를 주거부정의 사
유만으로 구속할 수는 없다.

12   예외적으로, 50만원 이하의 벌금, 구류 또는 과료에 해당하는 범죄에 관
해서는 주거부정이 구속의 필요조건이다($\begin{smallmatrix}제201조 제 \\ 1항 단서\end{smallmatrix}$). 따라서 이 경우 피의자에
게 일정한 주거가 있으면 설령 도망·증거인멸의 염려가 있더라도 구속영장
을 발부할 수 없다. 이는 수소법원의 구속에서도 마찬가지다($\begin{smallmatrix}제70조 \\ 제3항\end{smallmatrix}$)$\left[\begin{smallmatrix}\S127/3 \\ 참조\end{smallmatrix}\right]$.

3. 재구속 제한

13   동일사건에 관해 과거 구속됐다가 석방된 자를 다시 구속하는 것을 재
구속이라 한다. 재구속은 종전 구속 이후 '다른 중요한 증거'가 발견된 경우
에만 할 수 있다($\begin{smallmatrix}제208조 \\ 제1항\end{smallmatrix}$). 여기서 '다른 중요한 증거'란 유무죄의 판단에 영향
을 줄 만한 증거를 가리키며, 양형에 관한 자료는 이에 포함되지 않는다.

14   동일사건 개념에 대해서는 제1편에서 설명했다$\left[\begin{smallmatrix}\S53/11 \\ 참조\end{smallmatrix}\right]$. 즉, 종전 구속의
원인이 된 범죄사실과 재구속의 원인이 되는 범죄사실이 일죄($\begin{smallmatrix}또는 비 \\ 양립관계\end{smallmatrix}$)·상상
적경합 관계에 있는 경우, 양자는 동일사건이다. 그런데 이에 더해 제208조
제2항은 「1개의 목적을 위하여 동시 또는 수단결과의 관계에서 행하여진 행

위는 동일한 범죄사실로 간주한다」고 규정하고 있다($^{제208조}_{제2항}$). 가령 보험금을 타기 위해 건물에 방화한 경우, 보험사기죄($^{「보험사기방지」}_{특별법」~제8조}$)와 방화죄는 소송법상 별개의 사건($^{경합}_{범}$)이지만, 재구속 제한에서는 동일한 범죄사실로 간주된다.

> 1개의 목적을 위해 동시 또는 수단결과의 관계에서 행해진 행위들 간에는 애초 사건의 동일성이 인정된다는 견해도 있으나,[1] 수단이 되는 행위와 결과에 해당하는 행위가 일반적으로 동일사건이 된다고 하기는 어렵고, 재구속 제한의 영역에서만 적용되는 특수한 규율이라고 봄이 타당하다. '간주한다'는 것은 결국, 본래는 동일성이 없지만 1개의 사건으로 취급하겠다는 의미이기 때문이다.   15

재구속의 경우에도 제70조 제1항의 구속사유가 당연히 요구된다. 단, 피의자가 ($^{구속기간~만}_{료가~아닌}$) 구속적부심에서의 단순 석방결정으로 풀려난 때에는 실제로 도망하거나 범죄의 증거를 인멸한 때에만 다시 구속할 수 있다($^{제214조의}_{3~제1항}$). 즉, 이 경우 증거인멸의 우려가 있다는 사정만으로는 구속하지 못한다.   16

4. 구속의 비례성

사건의 경중, 예상되는 형벌, 피의자의 개인적 사정($^{건강상태,~가족의~생계,}_{직업,~부도의~위험~등}$), 수사의 상황 기타 제반 사정에 비추어, 구속으로 인해 달성되는 공익과 침해되는 기본권 간에는 비례관계가 있어야 한다($^{제199조~제}_{1항~단서}$)[$^{§62/10}_{참조}$].   17

가령 소년에 대한 구속영장은 부득이한 경우가 아니면 발부하지 못한다($^{소년법~제}_{55조~제1항}$). 또한 50만원 이하의 벌금, 구류 또는 과료에 해당하는 범죄의 피의자를 주거부정을 이유로 구속하는 것($^{제201조~제}_{1항~단서}$)은, 예컨대 경범죄처벌법상 범칙행위($^{경범죄처벌법~제3}_{조,~제6조~제1항}$)를 상습적으로 하여 적지 않은 피해를 발생시킨 경우처럼 특별히 구금할 필요가 있는 때에만 예외적으로 허용될 수 있다고 본다.   18

5. 별건구속과 이중구속의 문제

⑴ **별건구속**   구속영장의 효력은 원칙상 그에 기재된 범죄사실 및 이와 동일성이 인정되는 사건에만 미친다($^{사건}_{단위설}$). 따라서 구속의 요건이 충족되지 않은 사건(본건)의 수사를 목적으로 구속요건이 충족된 별개의 사건(별건)을 이유로 피의자를 구속하는 것, 이른바 별건구속(別件拘束)은 위법하다는 것이 통상의 견해이다.   19

---

1 이상돈, "일사부재리의 효력범위와 적대적 범죄투쟁", 판례연구 제7권(1995), 235쪽.

20   다만, 현실에서 별건구속은 자주 활용되고 있다. i) 법원이 구속요건 심
사중에 별건구속 의도를 간파하는 것은 사실상 어렵고, ii) 구속영장 기재 범
죄사실을 조사하던 중 자연스럽게 발견된 사건이나 피의자가 자백한 별개의
사건에 대한 수사(이른바 여죄조사)는 일반적으로 허용된다고 보는데, 이는 별건구속수
사와 외관상 잘 구별되지 않으며, iii) 수사범위를 영장기재 범죄사실에 한정
하도록 하는 규정도 없다는 이유에서다.

21   (2) 이중구속   이미 구속되어 있는 피의자에 대해 별개사건의 피의사실
로 추가 구속영장을 발부해 집행하는 것을 이중구속이라 한다. 이중구속은
주로 구속기간 만료가 임박한 때에 구속수사기간을 사실상 연장하기 위해 이
루어지는데, 대법원은 그 적법성을 긍정하는 입장이다[§127/27 참조].[1]

Ⅲ. 절   차

1. 영장의 청구

22   (1) 청구권자   수사절차에서 구속영장은 검사가 청구한다. 사법경찰관
은 검사에게 영장청구를 신청할 수 있다(제201조 제1항, 제200조의2 제5항, 제200조의4 제1항, 제213조의2).

23   (2) 청구방법   영장청구는 구속영장청구서를 관할지방법원에 제출하는
방법으로 한다.

24   ㈎ 구속영장청구서의 기재사항   구속영장청구서에는 i) 피의자의 이름
(분명하지 않은 때에는 인상, 체격 그 밖에 피의자를 특정할 수 있는 사항)·주민등록번호·직업·주거, ii) 피의자에게 변호인
이 있는 때에는 그 성명,[2] iii) 죄명 및 범죄사실 요지, iv) 청구하는 구속기

---

1 대법원 2000. 11. 10.자 2000모134 결정.

2 서울고등법원 2018. 11. 27. 선고 2018노1617 판결(대법원 2019. 1. 31. 선고 2018도19612 판
결로 확정): 「체포된 피의자에 대한 변호인조력권이 실질적으로 보장되기 위하여 실무적으로
는, 구속영장청구서에 피의자가 선임한 변호인의 존재가 나타나야 한다. 이를 위해 마련된 규
칙 제93조 제1항, 제95조의2 제1호, 제95조 제2호의 규정은, 반드시 서면에 의하여 구속영장이
청구되어야 하고, 그와 같은 구속영장청구서에 '피의자에게 변호인이 있는 때에는 그 성명'을
'기재하여야 한다'라는 법적 의무를 부과하는 형식으로 구성되어 있다. 나아가 위와 같은 변호
인조력권의 헌법적 지위나 그 보장의 필요성, 피의자심문절차의 중요성과 그 의미 등에 비추
어 볼 때, 피의자 스스로 선임한 변호인이 있을 경우 그 변호인의 성명은 단지 구속영장청구서
가 공문서로서의 형식을 갖추기 위해 기재되어야 하는 임의적·무익적 기재사항에 불과하다고
볼 수 없으며, 이는 간과되어서는 안 될 필요적 기재사항으로 해석함이 타당하다. 구속영장청
구를 받은 판사는 피의자의 변호인에게 심문기일과 장소를 통지하거나(제201조의2 제3항), '변
호인이 없는 때'에는 직권으로 변호인을 선정(제201조의2 제8항)해야 하는데, 이때 구속영장청
구서에 사선변호인의 성명이 기재되어 있는지 여부는, 해당 피의자가 '변호인이 없는 때'에 해
당하는지 여부, 이에 따라 해당 피의자의 사선변호인에게 심문기일을 통지할지 아니면 직권으

간이 7일을 초과하는 경우 그 취지 및 사유, v) 여러 통의 영장을 청구하는
경우 그 취지 및 사유, vi) 인치·구금할 장소, vii) 제70조 제1항 소정의 구속
사유, viii) 피의자의 체포 여부 및 체포의 형식, ix) 체포사실을 고지받은 사
람의 이름과 연락처를 기재하고 검사가 서명날인해야 한다(규칙 제95조의2). 동일사건
[§53/11 참조]에 관해 그 피의자에 대해 전에 구속영장을 청구했거나 발부받았던 사
실이 있는 경우에는 재청구의 취지 및 이유도 기재해야 한다(제201조 제5항).

　　⑷ 첨부서류　　　영장청구서에는 구속의 필요를 인정할 수 있는 소명자　　**25**
료를 첨부해야 한다(제201조 제2항). i) 피의자가 체포영장에 의해 체포되어 있는 때
에는 체포영장을, ii) (준)현행범으로 체포되어 있는 때에는 현행범체포서 또
는 현행범인인수서를, iii) 긴급체포되어 있는 때에는 긴급체포서를 첨부해
야 한다(규칙 제96조 제2항, 수사준칙 제29조 제2항).

　　⑶ 청구기간　　　체포상태의 피의자를 구속하려는 때에는 체포한 때로부　　**26**
터 48시간 이내에 영장을 청구해야 한다(제200조의2 제5항, 제200조의4 제1항, 제213조의2). 긴급체포된 피의
자의 경우 위 48시간은 긴급체포서에 적힌 체포일시로부터 기산한다.

　　2. 구속전피의자심문(영장실질심사)

　　⑴ 의　의　　　구속영장청구를 받은 법원(단독판사)은 영장청구서의 기재사항에　　**27**
흠결이 있는 경우에는 전화 기타 신속한 방법으로 영장을 청구한 검사에게
그 보정을 요구하고(규칙 제96조 제4항), 문제가 없는 경우에는 지체없이 피의자를 심문
(審問)해 구속영장 발부 여부를 판단해야 한다(제201조의2 제1항 제1문). 법원이 피의자를 대
면하고 의견을 들어 영장발부 여부를 실질적으로 검토하는 절차라는 의미에
서 영장실질심사라고도 한다. 이미 체포된 피의자에 대해 구속영장이 청구된
경우에는 구속전피의자심문에서 체포의 적법성도 함께 심사한다.

　　국회의원은 현행범인 경우를 제외하고는 회기중 국회의 동의 없이 체포·구금할 수　　**28**
　　없다(헌법 제44조 제1항). 따라서 의원에 대한 구속영장이 청구된 경우 법원은 체포동의요구서
　　를 정부에 제출해야 하며, 정부는 이를 수리한 후 지체없이 국회에 체포동의를 요청
　　해야 한다(국회법 제26조). 이와 달리, 현행범체포된 국회의원에 대해 구속영장이 청구된 때
　　에는 바로 구속전피의자심문의 절차를 진행할 수 있다.

―――――――――――

　　로 국선변호인을 선정할 것인지 여부 등을 판단하는 바로미터의 역할을 하기 때문이다.」

(2) 절   차

29   (개) 국선변호인 선정   법원은 피의자에게 변호인이 없는 경우에는 직권으로 국선변호인을 선정한 후(원래 있던 변호인이 사임·선정취소된 때에도 같다), 그 사실을 피의자와 변호인에게 서면 또는 구술·전화·모사전송·전자우편·휴대전화 문자전송 그 밖에 적당한 방법으로 고지해야 한다(규칙 제16조 제1항). 이 경우 국선변호인에게 피의사실의 요지 및 피의자의 연락처 등을 함께 고지할 수 있다(같은 조 제2항). 이 변호인선정은 피의자에 대한 구속영장청구가 기각되어 효력이 소멸한 경우를 제외하고는 제1심까지 효력이 있다(제201조의2 제8항, 제9항).

30   피의자에게 사선변호인이 선임되어 있음에도 구속영장청구서에 그 이름이 누락됨으로써 법원이 피의자에게 변호인이 없는 것으로 오인해 국선변호인선정결정을 하여 그 국선변호인이 참여한 가운데 영장실질심사가 이루어진 경우, 피의자는 자신이 선임한 변호인으로부터 법적 조력을 받을 권리의 핵심적·본질적 부분을 침해당한 것이 된다. 그러한 피의자심문에 기한 구속은 위법하며, 해당 구속상태에 터잡아 수집된 자료는 위법수집증거로서 증거능력이 없다[§64/2 참조].[1]

(내) 심문일시·장소의 지정 및 통지

31   (a) 심문일시·장소의 지정   법원은 심문일시·장소를 지정해야 한다. 심문장소는 원칙적으로 법원청사 내로 정해야 하나, 피의자가 출석을 거부하거나 질병 기타 부득이한 사유로 출석할 수 없는 때에는 경찰서나 구치소 기

---

1 서울고등법원 2018. 11. 27. 선고 2018노1617 판결(대법원 2019. 1. 31. 선고 2018도19612 판결로 확정):「헌법이 정하는 변호인조력권의 본령(本領)은 피의자(피고인) 본인이 자신의 의사에 기하여 선임한 변호인으로부터 법적 조력을 받을 권리, 즉 사선변호인의 조력을 받을 권리라고 봄이 타당하다. 그러므로 체포된 피의자가 스스로 선임한 변호인이 있음에도 불구하고 그 변호인으로부터 법적 조력을 받을 권리를 행사할 수 없게 되었다면, 이는 특별한 사정이 없는 한 헌법이 보장하는 변호인의 조력을 받을 권리를 침해하는 것이 된다. … 체포상태에서 구속영장이 청구된 피의자에게는, 통상 여러 단계로 이루어지는 각종 형사사법절차 중 다른 어떤 절차에 비하더라도(경우에 따라서는 오히려 공소의 제기 이후 이루어지는 공판절차보다도), 위와 같은 피의자심문 단계가 변호인의 법적 조력이 가장 절실하고 긴요한 때라고 보아야 한다. … 그러므로 피의자가 수사과정에서 선임한 변호인이 설령 구속영장의 청구 이전에 여러 변호활동을 펼쳤다 하더라도(예컨대 수사기관에 피의자를 위한 의견서를 제출하거나, 수사기관의 피의자신문에 참여하는 활동 등이 이에 해당할 것이다), 정작 체포된 피의자의 구금 여부가 결정되는 피의자심문 기일의 일시·장소 등을 통지받지 못해 판사가 진행하는 심문절차에서 변호활동을 할 기회를 원천적으로 봉쇄당한 채 국선변호인의 참여 하에 피의자심문이 이루어졌다면, 피의자는 자신이 선임한 변호인으로부터 법적 조력을 받을 권리 중에서도 핵심적·본질적 부분을 침해당한 것으로 볼 수밖에 없다.」

타 적당한 곳을 심문장소로 지정할 수 있다$\binom{규칙\ 제}{96조의15}$. 피의자가 체포되어 있는 때에는 영장청구일의 다음날까지로 심문기일을 지정해야 하며$\binom{제201조의}{2\ 제1항}$, 피의자가 미체포상태인 때에는 구인영장을 발부해 피의자를 법원에 인치한 후 최대한 빠른 시점으로 심문기일을 지정해야 한다$\binom{제201조의2\ 제3항,\ 규}{칙\ 제96조의12\ 제2항}\left[\begin{smallmatrix}§128/18\\ 참조\end{smallmatrix}\right]$.

(b) 통 지   지정된 심문일시 및 장소는 검사·피의자 및 변호인에게 적   32
당한 방법$\binom{서면·구술·전화·모사전송}{·전자우편·문자메시지\ 등}$으로 신속히 통지해야 한다$\binom{제201조의2\ 제3항,\ 규}{칙\ 제96조의12\ 제3항}$.

(다) 열람 및 접견   변호인은 심문 시작 전에 피의자와 접견할 수 있고   33
$\binom{규칙\ 제}{96조의20}$, 구속영장청구서 및 그에 첨부된 고소·고발장, 피의자의 진술을 기재한 서류와 피의자가 제출한 서류를 열람할 수 있다$\binom{규칙\ 제96조}{의21\ 제1항}$. 열람으로 인해 증거가 인멸되거나 공범이 도주하는 등 수사에 방해가 초래될 염려가 있다고 생각되는 경우, 검사는 법원에 구속영장청구서를 제외한 나머지 서류의 열람제한에 관한 의견을 제출할 수 있다. 의견이 상당하다고 인정될 경우 법원은 그 전부 또는 일부의 열람을 제한할 수 있다$\binom{같은\ 조}{제2항}$.

(라) 심문기일의 절차

(a) 피의자의 출석   지정된 심문일시·장소에 피의자가 출석한 경우 심   34
문을 개시한다. 피의자가 출석하기를 거부하거나 질병 등의 사유로 출석할 수 없는 경우에는 예외적으로 피의자 없이 심문을 개시할 수 있다$\binom{규칙\ 제96조}{의13\ 제1항}$.

변호인의 출석은 심문개시요건이 아니다$\binom{제201조의}{2\ 제4항}$. 다만, 변호인이 출석하   35
지 않은 경우 피의자의 의견을 들어 국선변호인을 선정할 수 있다$\binom{규칙}{제19조}$.

(b) 비공개   심문절차는 비공개로 함이 원칙이나, 상당하다고 인정하는   36
경우 법원은 피의자의 친족이나 피해자 등 이해관계인의 방청을 허가할 수 있다$\binom{규칙\ 제}{96조의14}$. 다수의 피의자를 함께 심문할 필요가 있는 경우 외에는 심문장소에 공범 기타 다른 피의자가 재정하게 해서는 안 되고, 공범의 분리심문이나 그 밖에 수사상의 비밀보호를 위해 필요한 조치를 해야 한다$\binom{제201조의}{2\ 제5항}$.

(c) 진술거부권의 고지   심문 시작에 앞서 법원은 피의자에게 구속영장   37
청구서에 기재된 범죄사실의 요지를 고지하고, 피의자에게 일체의 진술을 하지 아니하거나 개개의 질문에 대해 진술을 거부할 수 있으며 이익되는 사실을 진술할 수 있음을 알려주어야 한다$\binom{규칙\ 제96조}{의16\ 제1항}$.

(d) 심 문   심문은 i) 인정신문, ii) 구속영장청구서에 기재된 범죄사실   38
및 구속사유의 고지, iii) 판사의 피의자 및 제3자에 대한 심문, iv) 검사 및 변호인의 의견진술, v) 피의자의 의견진술 순으로 진행하되, 신속하고 간결하게 해야 한다(규칙 제96조의16 제2항). 필요한 경우 법원은 재정해 있는 제3자를 심문할 수 있다(같은 조 제5항, 제6항). 부득이 피의자 없이 심문을 하는 경우에는(규칙 제96조의13 제1항) 출석한 검사 및 변호인의 의견을 듣고, 수사기록 그 밖에 적당하다고 인정하는 방법으로 조사한다(같은 조 제3항). 심문이 진행되는 동안 법원사무관 등은 심문의 요지 등을 조서로 작성해야 한다(제201조의2 제6항; 구속전피의자심문조서).

39　　심문이 종료된 때에는 구속영장 발부 여부가 결정될 때까지 피의자를 교도소·구치소 또는 경찰서유치장에 유치할 수 있다(제201조의2 제10항, 제71조의2). 구인된 피의자에 대해 심문 후 24시간이 지나도록 영장이 발부되지 않은 경우에는 즉시 피의자를 석방해야 한다(제201조의2 제10항; 제71조, 제71조의2).

3. 결　정

40　　⑴ 기 각　　i) 체포가 위법하거나, ii) 체포된 피의자에 대한 영장청구 시한이 도과했거나, iii) 범죄혐의 소명이 부족하거나, iv) 제70조 제1항의 구속사유가 없거나, v) 구속의 비례성이 인정되지 않거나, vi) 재구속 제한에 위배되는 때에는 법원은 영장청구를 기각해야 한다. 이 경우 구속영장청구서에 그 취지 및 이유를 기재하고 서명날인한 후 영장을 청구한 검사에게 교부한다(제201조 제4항 제2문).

41　　⑵ 발 부　　심문 결과 피의자를 구금함이 상당하다고 인정되는 때에는 구속영장을 발부한다(같은 항 제1문). 영장에는 i) 피의자의 이름·주거, ii) 죄명 및 피의사실 요지, iii) 인치·구금할 장소, iv) 발부년월일, v) 유효기간, vi) 유효기간 도과시 집행에 착수하지 못하고 영장을 반환해야 한다는 취지를 기재하고 판사가 서명날인해야 한다(제209조, 제75조 제1항). 영장의 유효기간은 원칙적으로 발부일로부터 7일이나, 법원이 상당하다고 인정하는 때에는 7일을 넘는 기간을 정할 수 있다(규칙 제178조). 발부한 구속영장의 원본은 집행을 위해 검사에게 송부해야 한다(규칙 제48조).

42　　⑶ 불복 불가　　대법원은 영장청구기각 또는 영장발부는 결정이 아니므로 이에 대해 항고할 수 없다고 한다.[1] 이에 따라, i) 영장청구가 기각된 경

1　대법원 2006. 12. 18.자 2006모646 결정:「형사소송법은 제37조에서 재판의 종류를 '판결', '결정', '명령'으로 나누어서 규정하는 한편, 재판의 종류와 성질에 따라 이를 담당할 주체를 '법원', '법원합의부', '단독판사', '재판장', '수명법관', '수탁판사', '판사 또는 지방법원판사', '법관'

우 검사는 소명자료를 보완해 재청구하고, ii) 영장이 발부된 경우 피의자는
구속적부심사[$\frac{§75/9}{참조}$]를 청구하는 방법으로 간접적 불복을 할 수밖에 없다.[1]

그러나 현행법상 재판의 주체는 법원($\frac{합의부}{단독판사}$)과 법관($\frac{재판장,}{합의부원}$)으로 양분되   **43**
고[$\frac{§25/2}{참조}$], 법문상 영장재판의 주체인 '지방법원판사'는 소송법상 의미의 법원
인 단독판사를 가리키는 용어이며[$\frac{§24/1}{참조}$], 형사소송법이 인정하는 재판의 종류
는 판결·결정($\frac{법원의}{재판}$)과 명령($\frac{법관의}{재판}$)의 세 가지에 한정되므로, 소송법상 의미의
법원이 하는 재판으로서 종국재판을 제외하고는 결정이 아닌 것은 있을 수
없다. 따라서 영장청구를 기각하거나 구속영장을 발부하는 재판 역시 결정으
로서[2] 당연히 항고의 대상이 된다고 봄이 옳다[$\frac{§27/4}{참조}$].[3]

대법원이 영장재판에 대한 항고를 허용하지 않는 배경에는 한정된 사법자원을 종국   **44**
전재판에 대한 불복·청문보다는 피고사건의 본안심리절차에 집중적으로 투하해야
한다는 효율성사고가 놓여 있는 것으로 추정된다[$\frac{§16/2}{참조}$]. 물론 사법자원 부족은 현실
적으로 외면할 수 없는 문제이기는 하나, i) 재판의 주체 및 형식에 관한 형사소송
법의 체계를 무시할 수 없다는 점, ii) 영장재판의 공정성에 대한 시시비비를 근원
적으로 차단하고($\frac{일반인에 대한 영장은 쉽게 발부하면서 고관대작에 대}{한 영장심사는 까다롭게 한다는 유서깊은 비판이 있다}$) 구속재판에 대한 결정
례의 축적을 통해 구속에 대한 객관적 기준을 확립할 필요가 있다는 점에 비추어
항고를 허용함이 타당하다.[4]

4. 구속영장의 집행

(1) 집행의 주체   발부된 구속영장은 검사의 지휘로 사법경찰관리가 집   **45**
행한다($\frac{제209조, 제}{81조 제1항}$). 사법경찰관리는 관할구역 외에서 구속영장을 집행하거나
관할구역의 사법경찰관리에게 집행을 촉탁할 수 있다($\frac{제209조,}{제83조}$).

등으로 엄격히 구분하여 규정하면서, 앞에서 적시한 바와 같이, 검사의 체포영장 또는 구속영
장의 청구에 대하여는 '지방법원판사'가 그 발부 여부에 대한 재판을 하도록 규정하고 있다. 검
사의 체포영장 또는 구속영장 청구에 대한 지방법원판사의 재판은 제402조의 규정에 의하여
항고의 대상이 되는 '법원의 결정'에 해당되지 아니하고, 제416조 제1항의 규정에 의하여 준항
고의 대상이 되는 '재판장 또는 수명법관의 구금 등에 관한 재판'에도 해당되지 아니함이 분명
하다.」

1 대법원의 입장에 찬성하는 견해로 김인회 134쪽; 신동운 357쪽; 이은모/김정환 268쪽; 이주원
124쪽; 이창현 358쪽; 임동규 207쪽.
2 이재상 외 2인 180, 186쪽.
3 이완규(Ⅰ) 480－483쪽; 정웅석 외 2인 197－198쪽.
4 변종필, "구속제도의 이론과 실제", 형사정책연구 제21권 제2호(2010), 68쪽; 이완규, "개정 형
사소송법상 영장항고", 형사법의 신동향 제9호(2007), 46쪽.

46   (2) **집행제한**   교원에 대한 구속영장은 소속 학교장의 동의 없이는 학원 내에서 집행하지 못한다(교원지위 법 제4조).

47   (3) **영장제시 및 미란다 고지**   집행시에는 피의자에게 구속영장을 제시하고 그 사본을 교부해야 한다(제209조, 제 85조 제1항). 당장 구속영장을 소지하고 있지 않은 상태에서 급속을 요하는 상황이 발생한 경우에는 일단 범죄사실의 요지와 영장이 발부된 사실을 알리고 연행한 후 제시·교부할 수 있다(제209조, 제 81조 제3항).

48   영장을 집행하는 때에는 피의자에게 i) 피의사실의 요지 및 구속이유, ii) 변호인선임권, iii) 구속적부심사청구권, iv) 진술거부권 등(일체의 진술을 하지 않거나 개개의 질문 에 대해 진술을 하지 않을 수 있다는 것, 진술을 하지 않더라도 불이익이 없다는 것, 진술이 법정에서 유죄의 증거로 사용될 수 있다는 것)을 고지한 후 변명의 기회를 주어야 한다(제209조, 제214조의2 제2항, 수사준칙 제32조 제1항, 제2항). 고지 직후에는 피의자로부터 권리고지확인서를 받아 사건기록에 편철한다(수사준칙 제 32조 제3항).

49   집행시 구속영장을 제시·교부하지 않았거나(제209조, 제85조), 피의사실의 요지, 구속의 이유, 변호인선임권, 진술거부권 등을 정확히 고지하지 않은 경우 그 구속은 위법하며, 그러한 구속상태에서 작성된 피의자신문조서는 위법수집증거로서 증거능력이 없다(제308 조의2).

50   (4) **집행현장에서의 압수·수색**   수사기관은 구속영장 집행현장에서 필요한 때에는 영장 없이 압수·수색·검증을 할 수 있다(제216조 제 1항 제2호)[§76/68 참조].

5. 구속기간

51   (1) **기 간**   사법경찰관이 피의자를 구속한 때에는 10일 이내에 피의자를 검사에게 인치하지 않으면 석방해야 한다(제202 조). 검사가 피의자를 구속한 때 또는 사법경찰관으로부터 인치받은 때에는 10일 이내에 공소를 제기하지 않으면 석방해야 한다(제203 조). 다만 검사는 수사를 계속함에 상당한 이유가 있다고 인정하는 경우 10일을 초과하지 않는 한도에서 법원의 허가를 받아 구속기간을 한 차례 연장할 수 있다(제205 조). 사법경찰관이 구속사건을 송치하는 경우 사법경찰관의 구속기간 말일과 검사의 구속기간 초일은 필연적으로 겹치므로, 결과적으로 수사단계의 구속기간은 최장 29일이다. 다만, 전술한 이중구속[§74/21 참조]에 의해 구속기간이 사실상 더 늘어날 수는 있다.

52   구속기간의 만료로 구속영장의 효력은 당연히 상실된다. 그 이후의 구금 상태에서 작성된 피의자신문조서는 위법수집증거로서 증거능력이 없다[§64/2 참조].

(2) 기산점　　구속기간은 피의자를 체포 또는 구인한 날로부터 기산한다 **53**
($_{조의2}^{제203}$). 구속기간의 초일은 시·분과 무관하게 1일로 산정하며($_{제1항}^{제66조}$), 공휴일이
나 토요일도 말일이 될 수 있다($_{제3항}^{같은 조}$). 다만 구속전피의자심문을 위해 법원
이 기록을 접수한 날부터 영장발부결정 후 검찰청에 반환한 날까지의 기간은
구속기간에 포함되지 않는다($_{2 제7항}^{제201조의}$). 예를 들어 2024. 1. 31. 체포된 피의자
에 대해 경찰단계에서 2024. 2. 1. 13:00 구속영장이 청구되었고, 2024. 2. 2.
오전 영장실질심사를 거쳐 오후에 구속영장이 발부되어 기록이 검찰청에 반
환된 경우, 경찰 구속기간은 체포일인 2024. 1. 31.부터 진행하며, 구속영장
청구서 및 수사관계서류 등이 법원에 접수된 2024. 2. 1.부터 검찰청에 반환
된 2024. 2. 2.까지의 이틀이 불산입되므로 그 말일은 2024. 2. 11.이다. 송치
후 검찰 구속기간 말일은 2024. 2. 20.이며, 법원의 허가를 받아 최대한 연장
할 경우 말일은 2024. 3. 1.이다.

6. 미 집 행

수사단계의 구속영장은 명령장이 아니라 허가장이므로, 이후 사정변경 **54**
이 발생한 경우 검사는 이를 집행하지 않을 수 있다($_{조}^{제204}$). 구속영장의 유효
기간 내에 집행에 착수하지 못했거나 그 밖의 사유로 영장집행이 불가능 또
는 불필요하게 된 경우, 검사는 영장을 발부한 법원에 그 사유를 서면으로
통지하고($_{조}^{제204}$) 영장을 반환해야 한다($_{75조 제1항}^{제209조, 제}$).

Ⅳ. 구속 이후의 조치

1. 통　　지

피의자를 구속한 경우, i) 변호인이 있으면 그 변호인에게, 변호인이 없 **55**
으면 피의자의 법정대리인·배우자·직계친족과 형제자매 중 피의자가 지정
한 자에게 피의사건명, 구속의 일시·장소, 범죄사실의 요지, 구속의 이유와
변호인을 선임할 수 있다는 취지를 구속한 때로부터 24시간 이내에 서면으
로 통지해야 한다($_{제1항, 제2항}^{제209조, 제87조}$). 또한, ii) 변호인·법정대리인·배우자·직계친
족·형제자매·가족·동거인·고용주 중 피의자가 지정하는 사람에게 구속적
부심사를 청구할 수 있음을 알려야 한다($_{제2항}^{제214조}$).

2. 수   사

56   구속의 기초가 된 범죄사실이 i) 디엔에이법 제5조 제1항 각호의 어느 하나에 해당하는 죄(이를테면 형법 제2편 제13장, 제24장, 25장, 제
29장 내지 제32장, 제36장 내지 제39장, 제42장) 또는 ii) 이와 경합된 죄에 해당하는 때에는 피의자로부터 혈액, 타액, 모발, 구강점막 등 DNA감식시료를 채취할 수 있다(디엔에이법
제6조 본문). 이에 관해서는 후술한다[§77/1
참조].

57   구속된 피의자에 대해서는 별도의 출석요구절차 없이 구속의 효력에 근거해 조사실로 데려와 신문할 수 있다[§71/7
참조].[1]

3. 구속집행정지

58   상당한 이유가 있는 경우, 검사는 구속된 피의자를 친족, 보호단체 기타 적당한 자에게 부탁하거나 피의자의 주거를 제한하는 조건으로 구속의 집행을 정지할 수 있다(제209조, 제
101조 제1항).

4. 구속취소

59   구속사유가 없거나 소멸한 경우, 검사는 피의자에 대한 구속을 취소하는 처분을 해야 한다(제209조,
제93조)[§95/23
참조].

§75   제 3   체포·구속된 피의자의 권리

Ⅰ. 접견교통권

1. 변호인과의 접견교통권

(1) 의   의

1   (가) 피의자의 접견교통권   피의자는 자신이 원하는 때에 비밀이 보장된 상태에서 부당한 간섭을 받지 않고 변호인과 자유롭게 접견·교통할 권리가 있다. 이는 헌법상 기본권인 변호인의 조력을 받을 권리(헌법 제12
조 제4항)의 가장 중요

---

1 대법원 2013. 7. 1.자 2013모160 결정:「구속영장은 기본적으로 장차 공판정에의 출석이나 형의 집행을 담보하기 위한 것이지만, 이와 함께 제202조, 제203조에서 정하는 구속기간의 범위 내에서 수사기관이 제200조, 제241조 내지 제244조의5에 규정된 피의자신문의 방식으로 구속된 피의자를 조사하는 등 적정한 방법으로 범죄를 수사하는 것도 예정하고 있다고 할 것이다. 따라서 구속영장 발부에 의하여 적법하게 구금된 피의자가 피의자신문을 위한 출석요구에 응하지 아니하면서 수사기관 조사실에의 출석을 거부한다면 수사기관은 그 구속영장의 효력에 의하여 피의자를 조사실로 구인할 수 있다.」

한 내용이므로 국가안전보장·질서유지·공공복리 등 어떠한 명분으로도 제
한할 수 없다[§41/8 참조].¹ 피의자는 수사기관, 교도소장·구치소장 또는 그 대리자
에게 변호사를 지정해 변호인선임을 의뢰할 수 있으며, 이 경우 수사기관 등
은 해당 변호사에게 지체없이 그 취지를 통지해야 한다(제200조의6, 제209조, 제213조의2, 제90조).

　　(나) 변호인의 접견교통권　　변호인 또는 변호인이 되려는 자 역시 자신이 **2**
원하는 때에 구금시설을 방문해 피의자와 접견하고 서류·물건을 수수할 수
있으며 의사의 진료를 받게 할 수 있다. 이는 헌법상 변호인의 조력을 받을
권리에서 직접 파생되는 권리는 아니고 제34조에 의해 비로소 보장되는 권리
로서 피의자 자신의 접견교통권과는 성질을 달리한다. 그러나 이 역시 피의
자의 인권보장과 방어준비를 위해 필수불가결한 권리이므로,² 수사기관의
처분으로는 제한할 수 없고 법령으로만 제한할 수 있다.³

　　(2) 내　용　　변호인 또는 변호인이 되려는 자의 접견신청이 있는 경우 **3**
구속시설 또는 수사기관은 반드시 협조해야 한다. 교도관·경찰관 등은 보이
는 거리에서 접견중인 피의자를 감시할 수는 있어도 대화내용을 청취·녹음
할 수는 없으며, 쌍방 모두의 승낙 없이는 접견과정을 촬영할 수 없다. 변호
인 또는 변호인이 되려는 자와 주고받은 서류·물건을 임의로 열람할 수도
없다.⁴ 대법원은 접견과정에서 변호인이 미결수용자의 개인적 업무를 조력
또는 수행하거나 사건과 무관한 서류·물건을 건네받더라도 (교도관들에 대한) 위계공
무집행방해죄의 구성요건에 해당하지 않는다고 한다.⁵

1 헌법재판소 1992. 1. 28. 선고 91헌마111 (全)결정.
2 헌법재판소 2019. 2. 28. 선고 2015헌마1204 (全)결정:「피의자 등이 변호인을 선임하기 위해
　서는 피의자 등과 '변호인이 되려는 자' 사이에 신뢰관계가 형성되어야 하고, 이를 위해서는
　'변호인이 되려는 자'와의 접견교통을 통하여 충분한 상담이 이루어져야 한다. 이와 같이 '변호
　인이 되려는 자'의 접견교통권은 피의자 등이 변호인을 선임하여 그로부터 조력을 받을 권리
　를 공고히 하기 위한 것으로서, 그것이 보장되지 않으면 피의자 등이 변호인 선임을 통하여
　변호인으로부터 충분한 조력을 받는다는 것이 유명무실하게 될 수밖에 없다. 따라서 '변호인
　이 되려는 자'의 접견교통권은 피의자 등을 조력하기 위한 핵심적인 부분으로서, 피의자 등이
　가지는 헌법상의 기본권인 '변호인이 되려는 자'와의 접견교통권과 표리의 관계에 있다고 할
　것이다.」
3 대법원 2002. 5. 6.자 2000모112 결정.
4 헌법재판소 1995. 7. 21. 선고 92헌마144 (全)결정.
5 대법원 2022. 6. 30. 선고 2021도244 판결:「미결수용자와 변호인 간의 서신은 교정시설에서
　상대방이 변호인임을 확인할 수 없는 경우를 제외하고는 검열할 수 없는바, … 변호인이 접견
　에서 미결수용자와 어떤 내용의 서류를 주고받는지는 교도관의 심사대상에 속하지 않는다. …
　접견변호사들이 피고인과 소송서류 이외의 서류를 주고받은 것이 교도관들에 대한 위계에 해당
　한다거나 그로 인해 교도관의 직무집행이 방해되었다고 할 수 없다.」

4　　　　수사기관은 구금장소의 질서유지를 위해 휴일이나 업무시간 종료 후의 접견을 일반적으로 제한할 수는 있어도, 개별 접견행위를 구체적으로 제한할 수는 없다. 접견 자체를 금지하는 것은 물론 접견의 일시·장소를 특정해 강요하거나, 정당한 사유 없이 접견교통을 지연 또는 중단시키거나,[1] 접견과정에서의 비밀을 침해하는 것 모두 위법한 수사처분이며, 이는 신체구속을 당한 피의자가 그의 변호인을 자신의 범죄행위에 공범으로 가담시키려고 하였다는 등의 사정이 있더라도 마찬가지다.[2]

5　　　　접견교통권을 제한하는 구체적 처분에 대해 변호인은 준항고를 제기할 수 있고($\binom{제417}{조}$)$\left[\substack{\S68/1\\참조}\right]$,[3] 헌법소원으로 위헌확인을 구할 수 있다. 접견교통권이 제한된 가운데 이루어진 피의자신문에서 작성된 피의자신문조서, 접견중인 피의자와 변호인 간의 대화를 녹음한 녹음테이프 또는 그 녹취록, 접견내용을 엿들은 자의 증언, 허락 없이 접견과정을 촬영한 사진 등 접견교통권 침해로 획득한 증거는 위법수집증거로서 증거능력이 없다($\binom{제308}{조의2}$).

2. 비변호인과의 접견교통권

6　　　　체포·구속된 피의자는 법률($\substack{제91조, 형집행법\\제37조, 제43조 등}$)이 정하는 범위에서 타인과 접견하고 서류·물건을 수수하며 의사의 진료를 받을 수 있다($\substack{제200조의6, 제209조,\\제213조의2, 제89조 등}$). 이는 인간으로서의 기본적 생활관계가 인신구속으로 완전히 단절되는 것을 방지하고 방어권을 원활히 행사할 수 있게 하기 위한 헌법상 기본권이다.[4]

7　　　　법원은 도망하거나 죄증을 인멸할 염려가 있다고 인정할 만한 상당한 이유가 있는 때에는 직권 또는 검사의 청구에 의해 결정으로 체포·구속된 피의자와 ($\substack{변호인\\아닌}$) 타인 간의 접견을 금지할 수 있고, ($\substack{의류·양식·의\\료품을 제외한}$) 물건이나 서류의 수수에 대해 검열하거나 수수금지 또는 압수를 할 수 있다($\substack{제200조의6, 제\\209조, 제91조}$). 접견금지 등 결정은 이후 피의자가 석방되거나 공소가 제기되면 당연히 효력을 상실하며, 공소제기 후에도 접견금지 등이 필요한 경우에는 공소제기와 동시에 법원에 청구해 새로 결정을 받아야 한다. 접견금지 등 청구를 기각하는 결정에 대한 검사의 불복방법은 보통항고이다($\substack{제403조\\제2항}$)$\left[\substack{\S27/7\\참조}\right]$.

1　대법원 1990. 2. 13.자 89모37 결정.

2　대법원 2007. 1. 31.자 2006모656 결정.

3　대법원 1990. 2. 13.자 89모37 결정; 1991. 3. 28.자 91모24 결정.

4　헌법재판소 2003. 11. 27. 선고 2002헌마193 (全)결정.

II. 등본교부청구권

구속영장이 청구되거나 체포·구속된 피의자 또는 그 변호인·법정대리 **8**
인·배우자·직계친족·형제자매·동거인·고용주는 긴급체포서, 현행범인체포
서, 체포영장, 구속영장 또는 그 청구서를 보관하고 있는 검사, 사법경찰관
또는 법원사무관 등에게 그 등본의 교부를 청구할 수 있다($\binom{규칙\ 제101조,}{수사준칙\ 제34조}$).

III. 체포·구속의 적부심사

1. 의   의

체포·구속적부심사는 부당하게 신체구속을 당했다고 여기는 피의자 등 **9**
의 청구가 있는 경우에 법원이 청구인의 의견을 들어 신체구속의 적정성 여
부를 심사하는 절차이다($\binom{제214}{조의2}$). 체포·구속적부심사를 청구할 권리는 법적 청
문권의 일종으로[$\binom{§14/8}{참조}$], 그 자체 헌법상 기본권이다($\binom{헌법\ 제12}{조\ 제6항}$).

체포된 피의자가 구속영장청구 없이 석방되는 경우 체포적부심사를 청 **10**
구할 실익이 적고, 구속영장이 청구되는 경우 구속전피의자심문에서 체포의
적정성 여부까지 심사하기에 별도로 체포적부심사를 청구할 필요가 없으므
로[$\binom{§74/27}{참조}$], 체포적부심을 청구하는 예는 드물다. 제214조의2에 따른 적부심의
대다수는 구속에 관한 것이므로, 이하에서는 구속적부심을 전제로 설명한다.

2. 절   차

(1) 청   구   구속적부심사 청구권자는 구속피의자 또는 그 변호인·법 **11**
정대리인·배우자·직계친족·형제자매·가족·동거인·고용주이다($\binom{제214조의2}{제1항,\ 제2항}$).
적부심청구는 i) 구속피의자의 성명·주민등록번호 등과 주거, ii) 구속일자,
iii) 청구의 취지 및 이유, iv) 청구인의 성명 및 피의자와의 관계를 기재한 구
속적부심사청구서를 관할지방법원에 제출하는 방법으로 한다($\binom{제214조의2\ 제1}{항,\ 규칙\ 제102조}$).

(2) 관할법원   통상 적부심사건은 재정합의결정을 거쳐 합의부가 담당 **12**
한다[$\binom{§33/4}{참조}$]. 다만, 구속영장을 발부한 법관은 원칙적으로 적부심에 관여하지
못하는바($\binom{제214조의}{2\ 제12항}$), 해당 법관을 제외하면 합의부를 구성할 수 없는 때에는 다
른 법관이 단독판사로 심판하고($\binom{보석예규\ 제}{21조\ 제1항}$), 다른 법관들 모두에게 제척사유
[$\binom{§30/1}{참조}$]가 있다면 영장을 발부했던 법관이 단독판사로 심판한다($\binom{제214조의}{2\ 제12항}$).

13   (3) 형식적 심사   법원은 i) 청구권자 아닌 자의 청구인지, ii) 해당 구속
에 관해 종래 적부심이 청구된 바 있는지, iii) 공범이나 공동피의자가 수사방
해의 목적하에 순차로 적부심을 청구했음이 명백한지를 검토하여, 이 중 어
느 하나에 해당한다고 인정될 경우 결정으로 청구를 기각한다($\binom{\text{제214조의}}{\text{2 제3항}}$).

14   (4) 심문일시·장소의 통지   위와 같은 경우에 해당하지 않는 이상, 법
원은 지체없이 심문기일 및 장소를 지정해 청구인·변호인·검사 및 구금시
설($\binom{\text{경찰서유치장, 교}}{\text{도소, 구치소 등}}$)의 장에게 전화·모사전송·전자우편·문자메시지 등 적당한
방법으로 통지해야 한다($\binom{\text{같은 조 제4항, 규칙 제104조}}{\text{제1항, 제3항, 제54조의2 제3항}}$). 구금시설의 장은 위 심문기일
에 피의자가 출석할 수 있도록 해야 한다($\binom{\text{규칙 제104}}{\text{조 제2항}}$).

15   (5) 국선변호인 선정   피의자에게 변호인이 없는 경우($\binom{\text{사임하거나 선정}}{\text{취소된 경우 포함}}$) 법
원은 국선변호인을 선정하고($\binom{\text{제214조의2 제10항,}}{\text{규칙 제16조 제4항}}$), 그 사실을 피의자와 변호인에게
서면 또는 구술·전화·모사전송·전자우편·휴대전화 문자전송 그 밖에 적당
한 방법으로 고지해야 한다($\binom{\text{규칙 제16}}{\text{조 제1항}}$). 이 경우 국선변호인에게 피의사실의 요
지 및 피의자의 연락처 등을 함께 고지할 수 있다($\binom{\text{같은 조}}{\text{제2항}}$).

16   (6) 기록송부   사건을 수사중인 검사 또는 사법경찰관은 위 심문기일까
지 수사관계서류와 증거물을 법원에 제출해야 한다($\binom{\text{규칙 제104}}{\text{조 제2항}}$).

17   (7) 심문기일의 절차   법원은 결정으로 합의부원에게 심문을 명할 수
있다($\binom{\text{규칙 제105}}{\text{조 제3항}}$). 실무상 수명법관이 심문을 주재하는 경우가 많다. 심문은 구속
적부심사청구서가 접수된 때부터 48시간 이내에 종료한다($\binom{\text{제214조의}}{\text{2 제4항}}$).

          ㈎ 심문사항

18   ⓐ 구속의 적법성   구속적부심사에서는 체포의 적법성 및 구속의 구체
적 요건 구비 여부를 심사해야 한다. 구속이 위법해 석방결정을 해야 하는
예로는 i) 구속에 선행하는 체포가 위법한 경우, ii) 체포된 자에 대한 구속영
장청구가 체포시로부터 48시간을 도과해 이루어진 경우, iii) 동일사건에 대
한 재구속·이중구속의 사실이 드러난 경우, iv) 범죄혐의 소명이 부족한 경
우, v) 구속사유($\binom{\text{제70조}}{\text{제1항}}$)가 없는 경우, vi) 구속이 비례성을 상실한 경우, vii) 구
속에 이르는 절차($\binom{\text{영장실질}}{\text{심사 포함}}$)에 위법이 있는 경우를 들 수 있다.

19   ⓑ 구속의 적정성   구속상태를 계속하는 것이 적정한지 여부 또한 심
사해야 한다. 영장집행 후 손해배상이나 고소취소 등 사정변경으로 인해 구
속을 지속할 필요성이 사라진 경우에는 석방결정을 해야 하기 때문이다.

(나) 의견진술　　피의자는 심문 도중에도 변호인에게 조력을 구할 수 있 　20
다($\substack{규칙 제105\\조 제2항}$). 검사·변호인·청구인은 피의자에게 유리한 자료를 제출할 수 있
고($\substack{같은 조\\제3항}$), 심문종료 후 의견을 진술할 수 있으며, 심문중에도 판사의 허가를
얻어 의견을 진술할 수 있다($\substack{같은 조\\제1항}$).

(다) 조서의 작성　　심문이 진행되는 동안 법원사무관 등은 심문의 요지 　21
등을 조서로 작성해야 한다($\substack{제214조의2 제14항, 제201조의\\2 제6항; 구속적부심문조서}$). 이 조서는 이후 공판정에서
당연히 증거능력을 인정받는다($\substack{제315조\\제3호}$)[$\substack{§119/121\\참조}$].[1]

(8) 결 정　　심문종료 후 24시간 이내에 피의자의 석방을 명하거나 청 　22
구를 기각하는 결정을 해야 한다($\substack{제214조의2 제4\\항, 규칙 제106조}$). 제214조의2는 일관되게 '피의
자'라는 표현을 사용하나, 도중에 검사가 공소를 제기해 피고인 신분으로 전
환되더라도 법원의 결정의무에는 영향이 없다($\substack{제214조의2\\제4항 제2문}$).

(가) 청구기각결정　　피의자가 도주하거나, 증거를 인멸하거나, 중요 참고 　23
인의 생명·신체나 재산에 해를 가할 염려가 있는 경우에는 기각결정을 해야
한다($\substack{제214조의\\2 제5항}$). 피의자는 기각결정에 불복할 수 없다($\substack{같은 조\\제8항}$).

(나) 보증금납입조건부 석방결정　　보증금납입조건부 석방결정은 이후의 　24
형사절차에서 피의자의 출석을 보증할 만한 금원의 납입을 조건으로 피의자
의 석방을 명하는 재판이다. 피고인에 대한 보석(保釋)[$\substack{§127/40\\참조}$]과 비교해 피의
자보석 또는 기소전 보석이라고도 하는데($\substack{보석예규\\제27조}$), 이는 구속적부심사에서만
가능하고 체포적부심사에서는 할 수 없다.[2] 보증금납입조건부 석방결정에는
검사·피의자 모두 보통항고로 불복할 수 있다.[3]

보증금은 범죄의 성질과 죄상, 증거의 증명력, 피의자의 전과·성격·환 　25
경과 자산, 피해자에 대한 배상 등 범행 후의 정황 등을 고려해 적절한 금액
으로 정해야 하며, 피의자가 감당할 수 없는 금액은 정할 수 없다($\substack{제214조의2\\제7항, 제99조}$).
보증금납입과는 별개로, 주거를 제한하거나 법원 또는 검사가 지정하는 일
시·장소에 출석할 의무를 부과하는 등 적당한 조건을 붙일 수 있다($\substack{제214조의2\\제5항, 제6항}$).

(다) 단순 석방결정　　단순 석방결정은 보증금납입 등 조건을 부가하지 　26
않고 석방을 명하는 재판이다. 단순 석방결정에는 불복할 수 없다($\substack{제214조의\\2 제8항}$).

1　대법원 2004. 1. 16. 선고 2003도5693 판결.
2　대법원 1997. 8. 27.자 97모21 결정.
3　대법원 1997. 8. 27.자 97모21 결정.

⑼ 석방의 집행

⑺ 보증금납입조건부 석방결정

27 ⒜ 석 방 피의자 석방의 집행절차에 관해서는 보석에 관한 규정이 준용된다($^{제214조의}_{2\ 제7항}$). 따라서 보증금을 납입한 후가 아니면 석방결정을 집행하지 못한다($^{제100조}_{제1항}$)[$^{§127/59}_{참조}$]. 법원은 구속적부심사 청구권자가 아닌 자에 의한 보증금납입을 허가할 수 있고($^{같은\ 조}_{제2항}$), 유가증권 또는 피의자 외의 자가 제출한 보증서로써 보증금을 갈음함을 허가할 수 있다($^{같은\ 조}_{제3항}$). 이 보증서에는 보증금액을 언제든지 납입할 것을 기재해야 한다($^{같은\ 조}_{제4항}$).

28 ⒝ 재체포·재구속 제한 보증금납입을 조건으로 석방된 자는 i) 도망하였거나, ii) 도망 또는 증거인멸을 할 염려가 있다고 믿을 만한 충분한 이유가 있거나, iii) 출석요구를 받고 정당한 이유 없이 출석하지 아니하거나, iv) 주거의 제한 기타 법원이 정한 조건을 위반한 때를 제외하고는 동일한 범죄사실에 관해 재차 체포·구속하지 못한다($^{제214조의}_{3\ 제2항}$)[$^{§73/7}_{참조}$].

29 ⒞ 보증금의 몰취 위와 같은 사유가 발생해 피의자를 재차 구속한 경우에는 납입된 보증금의 전부 또는 일부를 몰취할 수 있다($^{제214조의4\ 제1}_{항;\ 임의적\ 몰취}$). 보증금납입을 조건으로 석방된 피의자가 동일사건에 관해 형의 선고를 받아 그 판결이 확정된 이후 형집행을 위한 소환에 정당한 이유 없이 불응하거나 도망한 경우, 법원은 직권 또는 검사의 청구에 의해 결정으로 보증금의 전부 또는 일부를 몰취해야 한다($^{같은\ 조\ 제2항;}_{필요적\ 몰취}$).

30 ⒟ 보증금의 환부 불기소처분이나 구속취소 또는 구속기간만료 등으로 구속영장의 효력이 소멸된 경우, 법원은 몰취하지 않은 보증금을 보증금납입자가 청구한 날로부터 7일 이내에 환부해야 한다($^{제104조의}_{유추적용}$)[$^{§127/63,}_{74,\ 76\ 참조}$].

31 ⒩ 단순 석방결정 단순 석방결정이 있는 때에는 즉시 피의자를 석방해야 한다. 석방결정서는 명령장의 성질을 갖는다. 단순 석방결정으로 석방된 피의자는 도망하거나 증거를 인멸한 경우가 아닌 이상 동일한 범죄사실로 재차 체포·구속할 수 없다($^{제214조의}_{3\ 제1항}$)[$^{§73/7}_{참조}$].

제4관　수사상 압수·수색·검증과 감정

제1　수사상 압수·수색·검증　　　　　　　　　　　§76

I. 의　　의

1. 압수·수색·검증

⑴ 개　념

㈎ 정　의　　　i) 증거나 몰수물이 될 것으로 사료되는 서류·물건·정보 **1**
등의 점유를 취득하는 행위를 압수(押收), ii) 압수할 대상을 찾고자 사람의
신체·물건·장소·서버 등을 뒤지는 행위를 수색(搜索), iii) 그 결과를 증거로
남길 목적하에 오관(五官)으로 사물을 인식하는 작용을 검증(檢證)이라 한다.
압수·수색·검증에는 수사기관이 하는 것과 법원이 하는 것이 있는데, 여기
서 설명하는 것은 전자이다. 형사소송법은 제215조 내지 제218조 및 제220조
에서 수사상 압수·수색·검증에 관한 고유의 규정을 두는 한편, 제219조를
통해 법원의 압수·수색과 검증에 관한 규정 중 일부를 준용하고 있다.

　　압수·수색·검증을 통상 '대물적 강제처분'이라 한다. 그런데 압수는 언 **2**
제나 강제처분이지만[§76/22 참조], 검증의 경우 강제처분이 아닌 형태가 상당히 많
고(실황조 사 등),[1] 수색의 경우에도 동의에 의한 수색이 강제처분인지에 관해 견해
대립이 있다. 따라서 전술한 바와 같이 기본권의 효력영역을 침범하는 때에
한해[§61/2 참조] 대물적 강제처분이라 칭함이 타당할 것이다. 한편, 그러한 처분이
만약 사람을 대상으로 행해진다면 대인적 강제처분의 성격을 겸하게 된다.

　　㈏ 수색과 검증의 구별　　　똑같이 특정한 장소를 둘러보는 행위라도, 그 **3**
것이 어떠한 물건을 찾으려는 목적 하에 탐색적으로 이루어지면 수색이고,
그 장소의 특징이나 형상에 대한 인식 자체를 증거(검증조서, 사 진, 동영상 등)로 남길 목적에
서 주의깊게 관찰·기록하는 방식으로 행해지면 검증이다. 단순 압수목적 수
색은 현장을 주의깊게 오관의 작용으로 인식하는 과정을 당연히 포함하지만,
그 인식한 결과 자체를 증거로 전환하고자 하는 목적이 없기 때문에 검증의
성격을 겸하지는 않는다. 반면, 통상적인 검증의 절차와 형식을 취하지 않더

1　이완규(Ⅱ) 208-212쪽.

라도 오관의 작용으로 인식한 바를 증거로 남기는 활동이라면 이는 검증에 해당한다.[1] 가령 압수한 물건의 품종 및 외형상 특징과 수량을 관찰해서 이를 압수조서에 기록하는 것은 일종의 검증이라고 볼 수 있는바, 실제로 공판에서 그러한 조서는 검증조서와 동일한 취급을 받는다[§119/89 참조].[2]

4 오스트리아 형사소송법 제149조 제1항 제1호는 '검증(Augenschein)'을 '감각에 의한 직접적 인식행위와 녹음 또는 사진 등에 의한 그 인식의 기록행위'로 정의하나, 우리 형사소송법의 해석론에서 이처럼 기록행위까지를 검증에 포함시키는 정의는 채용하기 어렵다. 조서작성 등 기록행위가 수사활동 또는 증거조사방법 그 자체와는 별개임을 전제하는 듯한 규정들이 많고, 실제로 기록이 현장에서 인식행위와 동시에 이뤄질 수도 있겠지만 한참 나중에 사무실에서 이뤄질 수도 있기 때문이다.

⑵ 유 형

5 ㈎ 영장을 요하지 않는 압수·수색·검증 이를테면 거주자의 동의를 받고 집 안을 수색하는 경우나 사인이 임의로 수사기관에 제출한 물건을 압수하는 경우와 같이 상대방의 자발적 협조에 따라 압수·수색·검증을 하는 때에는 영장이 필요 없다. 다만 동의에 의한 수색은 임의수사에 해당하는 반면, 임의제출물의 압수(제218조)는 환부·가환부 등 사유가 없는 이상 수사기관이 이를 돌려줄 의무가 없다는 점에서 강제수사의 성격을 갖는다[§61/2 참조].

6 ㈏ 영장주의와 그 예외 강제력을 수반하는 압수·수색·검증은 대물적 강제처분에 관한 영장주의에 따라 법원으로부터 영장을 발부받아 집행하는 방법으로 해야 한다(제215조). 다만 일정한 경우에는 먼저 압수·수색·검증을 시행하고 사후에 영장을 청구하는 예외가 인정되기도 하는바(제216조; 제217조), 이를 긴급 압수·수색·검증이라 한다[§76/68 참조].

2. 필요한 처분

7 ⑴ 개 념 압수·수색·검증의 목적을 원활히 달성하기 위해 시행되는 필요최소한도의 부수적 처분을 '필요한 처분'이라 한다.[3] 예컨대 피의자의 주거지에서 증거물 등을 탐색하는 것은 수색이고, 주거지에 들어가기 위해

---

1 나기업, "형사절차에서 검증, 감정 및 '필요한 처분'의 개념", 사법 제58호(2021), 340쪽.
2 대법원 1995. 1. 24. 선고 94도1476 판결.
3 부산지방법원 2018. 4. 13. 선고 2017노4648 판결.

절단기로 자물쇠를 따는 것은 '수색($\substack{\text{영장의}\\\text{집행}}$)에 필요한 처분'이라 할 수 있다.

　　구체적 사안에서 어떠한 강제처분이 '필요한 처분'에 해당하려면, 그 처　　8
분이 i) 주처분인 압수·수색·검증의 시행을 원활히 하기 위한 것이어야 하
고($\substack{\text{부수처}\\\text{분성}}$), ii) 그 목적을 달성할 수 있는 수단들 중 기본권을 가장 덜 침해하
는 것이어야 한다($\substack{\text{최소침}\\\text{해성}}$). 다만, 최소침해성까지 갖추어 '필요한 처분'으로 인
정되더라도, 법익균형성을 결여해[$\substack{\text{§62/10}\\\text{참조}}$] 위법하게 되는 경우가 있다.

　　(2) 유　형　　　형사소송법은 압수·수색에 필요한 처분으로 자물쇠를 열　　9
거나 봉인을 해제하는 행위를($\substack{\text{제219조,}\\\text{제120조}}$), 검증에 필요한 처분으로 신체의 검사,
사체의 해부, 분묘의 발굴, 물건의 파괴를($\substack{\text{제219조,}\\\text{제140조}}$) 예시하고 있으나, 그 밖에
'기타 필요한 처분'도 허용하고 있다.

　　(가) 신체의 검사　　　제140조는 '신체의 검사'를 검증에 필요한 처분의 한　　10
유형으로 언급하고 있는 반면에 학계에서는 이를 검증 그 자체라고 설명하는
것이 일반적이어서[1] 혼란이 있다. 생각건대 '검사(檢査)'라는 말에는 i) 현재
존재하는 사항에 대한 인식작용(examination)이라는 뜻과, ii) 어떠한 현상이
나 물질을 검출·측정·생성하기 위해 물리적 혹은 화학적 방법을 사용하는
행위(test)라는 뜻이 있는바,[2] i)은 검증이고, ii)는 검증에 필요한 처분이 될
수 있는 행위라고 봄이 적절하다.[3] 즉, 수사기관·법관이 ($\substack{\text{그 결과를 증}\\\text{거로 남기고자}}$) 대상자
의 신체를 오관으로 인식하는 행위는 '검증'인 반면, 일정한 신체반응을 유도
하기 위해 대상자의 신체에 무언가를 투여하는 것은 '검증에 필요한 처분'이
라 할 수 있다. 가령 총을 맞은 피해자의 몸속에 탄환이 아직 남아 있다고 하
기에 사법경찰관이 병원을 방문하여 의료인에게 부탁해 엑스레이촬영을 시
행토록 한 경우, i) 경찰관이 그 화면을 유심히 관찰(examination)하면서 사진
을 찍고 조서를 작성하는 행위는 검증이고, ii) 이를 위해 의료인이 엑스레이
검사(test)를 시행하는 것은 검증에 필요한 처분이다.

　　(나) 물건의 파괴　　　'물건의 파괴'란 '대상물을 비가역적으로 못 쓰게 만　　11
드는 행위' 정도로 정의될 수 있다. 파괴에는 손괴가 당연히 포함된다.

1　배종대/홍영기 179쪽; 신동운 1001쪽; 신양균/조기영 248, 665쪽; 이은모/김정환 332쪽; 이재상
　　외 2인 253쪽; 이주원 167, 300쪽; 이창현 469–470쪽; 임동규 248쪽; 정웅석 외 2인 259쪽.
2　지제근, "진찰과 검사", 의협신문(2004. 7. 22.), 21면.
3　나기업, "형사절차에서 검증, 감정 및 '필요한 처분'의 개념", 사법 제58호(2021), 351쪽.

12	　법원이 여기서의 '파괴'의 의미를 구체적으로 설시한 예는 찾기 어렵다. 다만 범죄구성요건으로서의 '파괴'의 의미에 관해, i) 공용건조물파괴죄에서의 '파괴'란 '건조물 등의 실질을 해하여 그 본래의 용법에 따른 사용을 전면적 또는 부분적으로 불가능하게 하는 것'이라고 한 판결,[1] ii) 선박파괴죄에서의 '파괴'란 '전복, 매몰, 추락과 동등한 수준으로 인정될 만큼 교통기관으로서의 기능·용법을 불가능하게 할 정도의 파손'이라고 한 판결[2]이 있다.

13	　(다) 사체의 해부　　제140조의 '사체의 해부'란 사인조사 등을 위해 사체의 일부나 전부를 갈라 조사하는 처분을 말한다. 이에 관해서는 「시체 해부 및 보존 등에 관한 법률」에서 규율하고 있다.

14	　(라) 기타 필요한 처분　　그 외에 '기타 필요한 처분'으로 논의되는 예는 다음과 같다.

15	　(a) 사진촬영　　수사기관이 기록을 남길 목적하에 피사체를 주시하며 관찰하는 것은 검증이고, 그에 수반해 사진이나 동영상을 촬영하는 것은 검증에 필요한 처분에 해당한다.[3]

16	　수사기관의 사진촬영이 그 자체 검증에 해당한다고 설명하는 예도 있으나 찬성하기 어렵다. 수사기관이 하는 촬영이란 결국 '시각으로 인식한 바를 증거로 남기는 행위'로서 사실 검증조서를 작성하는 행위와 그 본질이 비슷하다. 가령 사건해결에 단서가 될 만한 사물을 발견하였을 때 그 모습을 관찰해 하나하나 글로 상세히 기록해 문서로 남길 수도 있지만, 사진을 찍어서 이를 대체할 수도 있고, 글과 사진을 전부 활용할 수도 있다. 그런데 검증조서의 작성이 검증 그 자체는 아니듯, 사진이나 영상을 촬영하는 것이 그 자체 오관의 작용에 의한 인식행위, 즉 검증이 된다고는 할 수 없다.[4]

17	　수사기관이 직접 촬영하는 경우와는 달리, 무인카메라나 CCTV에 의한 촬영은 '검증에 필요한 처분'으로 볼 수 없다. 그 촬영은 기계가 알아서 작동

1　대전고등법원 2015. 4. 17. 선고 2014노628 판결.

2　대법원 2009. 4. 23. 선고 2008도11921 판결.

3　서울중앙지방법원 2016. 12. 15. 선고 2016고합538, 558 판결(서울고등법원 2017. 6. 13. 선고 2017노23 판결; 대법원 2017. 11. 29. 선고 2017도9747 판결): 「제219조, 제120조 제1항에 의하여 압수·수색 집행에 있어서 압수·수색 영장의 목적을 달성하기 위하여 필요한 최소한도에서 사회통념상 상당하다고 인정되는 방법으로 필요한 처분을 할 수 있는바, 수사기관이 압수·수색을 하면서 그 상황을 촬영하는 것은 위 필요한 처분에 해당[한다].」

4　이완규(Ⅱ) 214-215쪽.

한 결과일 뿐이고, 애초에 수사기관의 인식작용 즉 검증 자체가 존재하지 않으며, 이로써 검증에 부수하는 '필요한 처분'의 개념을 상정할 수 없기 때문이다. 무인카메라나 과속단속 촬영은 검증에 필요한 처분이 아니라 형사소송법에서 따로 규정하지 않은 임의수사($^{제199조}_{본문}$)의 한 유형이다.

(b) 연하물의 강제배출　가령 피의자가 자신이 절취한 다이아몬드를 수사기관의 눈앞에서 삼켜 버렸을 때 그 다이아몬드를 압수하고자 구토제나 하제를 투여하는 행위는 일응 압수라는 목적을 달성하는 데 기여하는 처분이라 할 수 있다. 그러나 기본권을 더 적게 침해하는 다른 방법($^{자연적\ 배설을}_{기다리는\ 것}$)이 존재하는 이상 최소침해성을 결여하여 '필요한 처분'으로 인정될 수 없다.   18

(c) 정보통신망 침입　전자정보의 압수·수색을 위해 사전에 적법하게 알아낸 아이디 및 비밀번호를 입력해 피압수자의 이메일에 접속하는 것은 '필요한 처분'에 해당한다.[1]   19

(d) 강제채혈·강제채뇨　혈중알콜농도 측정을 위해 주사기로 피의자의 혈액을 채취하거나 마약 검출을 위해 도뇨관(catheter)으로 피의자의 소변을 뽑아내는 행위는 수사상 감정[$^{§78/9}_{참조}$] 목적의 강제처분으로서($^{혈액이나\ 소변\ 그\ 자체}_{는\ 아무런\ 가치가\ 없다}$) 원칙상 감정수탁자에 의한 감정처분[$^{§78/11}_{참조}$]으로 행해져야 한다. 다만, 대법원은 ($^{압수·수색영장의\ 적}_{법한\ 발부를\ 전제로}$) 수사기관이 주체가 되어 이를 시행할 수도 있고 이 경우 혈액·소변의 취득은 수사상 압수의 성격을 띠며, 이를 위해 주사기[2]나 도뇨관[3]을 활용하는 행위는 '압수에 필요한 처분'으로서 적법하다고 한다.   20

1　서울중앙지방법원 2016. 12. 15. 선고 2016고합538, 558 판결(서울고등법원 2017. 6. 13. 선고 2017노23 판결; 대법원 2017. 11. 29. 선고 2017도9747 판결).

2　대법원 2012. 11. 15. 선고 2011도15258 판결: 「혈액의 취득을 위하여 피의자의 신체로부터 혈액을 채취하는 행위는 그 혈액의 압수를 위한 것으로서 제219조, 제120조 제1항에 정한 '압수영장의 집행에 있어 필요한 처분'에 해당한다.」

3　대법원 2018. 7. 12. 선고 2018도6219 판결: 「수사기관이 범죄 증거를 수집할 목적으로 피의자의 동의 없이 피의자의 소변을 채취하는 것은 법원으로부터 감정허가장을 받아 제221조의4 제1항, 제173조 제1항에서 정한 '감정에 필요한 처분'으로 할 수 있지만, 제219조, 제106조 제1항, 제109조에 따른 압수·수색의 방법으로도 할 수 있다. 이러한 압수·수색의 경우에도 수사기관은 원칙적으로 제215조에 따라 판사로부터 압수·수색영장을 적법하게 발부받아 집행해야 한다. 압수·수색의 방법으로 소변을 채취하는 경우 압수대상물인 피의자의 소변을 확보하기 위한 수사기관의 노력에도 불구하고, 피의자가 인근병원 응급실 등 소변채취에 적합한 장소로 이동하는 것에 동의하지 않거나 저항하는 등 임의동행을 기대할 수 없는 사정이 있는 때에는 수사기관으로서는 소변채취에 적합한 장소로 피의자를 데려가기 위해서 필요최소한의 유형력을 행사하는 것이 허용된다. 이는 제219조, 제120조 제1항에서 정한 '압수·수색영장의 집행에 필요한 처분'에 해당한다고 보아야 한다. 그렇지 않으면 피의자의 신체와 건강을 해칠 위험이 적고 피의자의 굴욕감을 최소화하기 위하여 마련된 절차에 따른 강제채뇨가 불가능하여 압수

21   그런데 강제채뇨(강제력을 사용해 피의자의 요도에 도뇨)의 경우, 성질상 감정처분 또
관을 삽입하여 소변을 배출시키는 행위
는 압수에 필요한 처분에 해당하는 것과는 별개로, 언제나 상당성[$\substack{\S62/10 \\ 참조}$]을 결
여해 수사비례원칙에 위반된다고 본다. 마약범죄에서 강제채뇨가 허용되지
않을 경우 피의자가 소변제출을 끝까지 거부하는 때에 이를 강제할 방법이
마땅히 없는 것이 사실이나, 이는 가령 음주측정불응죄의 입법례를 참고해
해결할 수도 있는 문제이다.

Ⅱ. 영장을 요하지 않는 압수 · 수색 · 검증

1. 유류물 · 임의제출물의 압수

22   검사 또는 사법경찰관[1]은 피의자 기타인의 유류한 물건이나 소유자 · 소
지자 또는 보관자가 임의로 제출한 물건을 영장 없이 압수할 수 있다($\substack{제218 \\ 조}$).
이처럼 강제력 없이 물건 등의 점유를 취득해 유지하는 것을 영치(領置)라 한
다. 자발적 제출에 의하므로 법원의 영장을 요하지 않으나, 영치 후에는 영장
에 의한 압수와 동일한 효력이 생겨 제출자가 해당 물건을 임의로 돌려받지
못하므로 강제처분의 성격을 갖는다[$\substack{\S61/2 \\ 참조}$].

23   ⑴ 피의자 기타인의 유류한 물건   유류한 물건(遺留)이란 점유를 이탈한
물건 또는 버려진 물건을 의미한다.

24   ⑵ 소유자 · 소지자 또는 보관자가 임의로 제출한 물건   임의로 제출한다
는 것은 수사기관의 강압이나 속임수에 의하지 않고 자발적으로 건네준다는
의미이다.[2] 적법한 임의제출의 주체는 소유자 · 소지자 · 보관자에 한정된다.
i) 소유자란 민법상 소유권자를 의미하고, ii) 소지자란 소유자 아닌 자로서

영장의 목적을 달성할 방법이 없기 때문이다.」

1 인천지방법원 2020. 1. 31. 선고 2019노54 판결: 「영장주의의 예외는 엄격하게 인정되어야 한
다는 점에서 압수권한을 가진 자는 검사와 사법경찰관에 한정된다고 봄이 상당하다. … 이 사
건 CCTV의 경우 사법경찰리인 경사 H에 의하여 압수가 이루어졌고, 그 과정에서 사법경찰관
의 개입이 있었다는 정황은 확인되지 않는다. 따라서 권한 없는 자에 의하여 압수된 위 CCTV
영상은 증거능력이 없고, 영상을 캡쳐한 사진, 영상을 분석한 내사보고 내지 수사보고 및 영상
을 제시하고 받아낸 피고인의 수사기관에서의 진술부분 역시 증거능력이 없다.」

2 대법원 2010. 7. 22. 선고 2009도14376 판결: 「경찰이 피고인의 집에서 20m 떨어진 곳에서 피
고인을 체포하여 수갑을 채운 후 피고인의 집으로 가서 집안을 수색하여 칼과 합의서를 압수
하였을 뿐만 아니라 적법한 시간 내에 압수 · 수색영장을 청구하여 발부받지도 않았음을 알 수
있는바, 이를 위 법리에 비추어 보면 위 칼과 합의서는 임의제출물이 아니라 영장없이 위법하
게 압수된 것으로서 증거능력이 없고, 따라서 이를 기초로 한 2차 증거인 임의제출동의서, 압
수조서 및 목록, 압수품 사진 역시 증거능력이 없다.」

해당 동산을 자신의 신체로 점유하고 있는 자를 말하며, iii) 보관자란 그 밖의 형태로 자신의 지배 하에 두고 있는 자를 뜻한다. 음주측정절차에서 피의자가 채혈에 동의해 채취한 혈액을 자발적으로 넘겨주는 것은 소유자에 의한 임의제출에 해당한다(혈액은 체내에 있을 때에는 물건이 아니지만,
주사기로 뽑아 신체에서 분리되면 물건이다).

예컨대 피의자의 주거지에서 증거물을 우연히 발견한 수사기관이 근처에 있는 제3자를 시켜 그것을 가져오게 하여 제출받는 것은 소유자·소지자·보관자가 임의제출한 물건의 압수로 볼 수 없다. 이는 위법한 압수이며, 해당 물건은 위법수집증거로서 증거능력이 없다[§64/2
참조].[1]　　　25

㈎ 위법한 인신구속상태에서의 임의제출　　위법하게 체포·구속을 당한 자가 임의로 제출한 물건은 위법수집증거이다(제308
조의2).[2] 이를테면 호흡측정식 음주단속과정에서 요건을 갖춘 임의동행 또는 현행범체포의 방법에 의하지 않고 음주운전 피의자를 강제연행하는 것은 위법한 체포에 해당하고, 그 후 피의자가 호흡측정결과를 탄핵하기 위해 자발적으로 혈액채취에 의한 측정을 요구함에 따라 채혈이 행해지고 감정을 위해 제공된 경우 그 혈액 및 감정서는 증거능력이 없다.[3]　　　26

㈏ 의사·간호사에 의한 혈액제출

ⓐ 이미 채혈되어 있던 혈액을 제출하는 경우　　대법원은, 경찰관이 간호사로부터 진료목적으로 이미 채혈되어 있던 피의자의 혈액 중 일부를 주취운전 여부에 대한 감정을 목적으로 임의제출받아 이를 압수한 사안에서, 간호　　　27

1　대법원 2010. 1. 28. 선고 2009도10092 판결:「금산경찰서 소속 경사 공소외 1은 피고인 소유의 쇠파이프를 피고인의 주거지 앞 마당에서 발견하였으면서도 그 소유자, 소지자 또는 보관자가 아닌 피해자 공소외 2로부터 임의로 제출받는 형식으로 위 쇠파이프를 압수하였고, 그 후 압수물의 사진을 찍은 사실, 공판조서의 일부인 제1심 증거목록상 피고인이 위 사진을 증거로 하는 데 동의한 것으로 기재되어 있는 사실을 알 수 있는바, 앞서 본 법리에 비추어 보면, 이 사건 압수물과 그 사진은 형사소송법상 영장주의 원칙을 위반하여 수집하거나 그에 기초한 증거로서 그 절차 위반행위가 적법절차의 실질적인 내용을 침해하는 정도에 해당한다.」

2　대법원 2013. 3. 14. 선고 2012도13611 판결.

3　대법원 2013. 3. 14. 선고 2010도2094 판결:「위법한 강제연행상태에서 호흡측정의 방법에 의한 음주측정을 한 다음 그 강제연행상태로부터 시간적·장소적으로 단절되었다고 볼 수도 없고 피의자의 심적 상태 또한 강제연행상태로부터 완전히 벗어났다고 볼 수 없는 상황에서 피의자가 호흡측정결과에 대한 탄핵을 하기 위하여 스스로 혈액채취방법에 의한 측정을 할 것을 요구하여 혈액채취가 이루어졌다고 하더라도, 그 사이에 위법한 체포 상태에 의한 영향이 완전하게 배제되고 피의자의 의사결정의 자유가 확실하게 보장되었다고 볼 만한 다른 사정이 개입되지 않은 이상 불법체포와 증거수집 사이의 인과관계가 단절된 것으로 볼 수는 없다. 따라서 그러한 혈액채취에 의한 측정결과 역시 유죄 인정의 증거로 쓸 수 없다.」

사가 위 혈액의 소지자 겸 보관자인 병원 또는 담당의사를 대리해 혈액을 경
찰관에게 임의로 제출할 수 있는 권한이 없었다고 볼 특별한 사정이 없는
한, 그 압수가 피고인이나 그 가족의 동의 및 영장 없이 행해졌더라도 적법
절차를 위반한 위법은 아니라고 하였다.[1] 그러나 당초 진료목적으로 채취한
혈액을 피의자의 동의나 영장 없이 수사목적으로 건네받는 것은 혈액에 관한
피의자의 자기지배권($^{정보사용에\ 관}_{한\ 자기결정권}$)을 침해하여 위법하다고 봄이 타당하다.

28   (b) 수사기관의 요구로 채혈해 제출하는 경우   의사나 간호사가 수사기
관의 요구에 따라 병원 응급실에서 의식을 잃고 누워 있는 환자의 혈액을 채
취해 제출하는 것은 소유자·소지자·보관자의 제출이라고 볼 수 없으며, 이
는 가족의 동의가 있더라도 마찬가지다. 체내 혈액에 관한 권리는 전적으로
환자 본인에게 있고, 그 환자가 의식이 없다고 해서 의사나 가족 등을 해당
환자의 혈액에 대한 소유자·소지자·보관자로 볼 수 없기 때문이다. 대법원
또한 이러한 압수가 적법하기 위해서는 법원이 발부한 영장이 있거나($^{제215}_{조}$)
긴급압수 후 사후영장을 받아야 한다($^{제216조.}_{제217조}$)는 입장이다[$^{§76/68}_{참조}$].[2]

29   (다) 범위를 특정한 임의제출   가령 피의자가 휴대폰 등 정보저장매체
를 제출하면서 그 안의 전자정보 중 특정 범위의 것만을 임의제출한다는 의
사를 표시한 경우, 그 범위에 속하는 전자정보만이 임의제출물에 해당하며,
그 밖의 정보를 영장 없이 압수함은 위법하다. 범위를 한정해 임의제출하려

---

1 대법원 1999. 9. 3. 선고 98도968 판결: 「의료인이 진료목적으로 채혈한 환자의 혈액을 수사기
   관에 임의로 제출하였다면 그 혈액의 증거사용에 대하여도 환자의 사생활의 비밀 기타 인격적
   법익이 침해되는 등의 특별한 사정이 없는 한 반드시 그 환자의 동의를 받아야 하는 것이 아
   니다.」

2 대법원 2011. 4. 28. 선고 2009도2109 판결: 「법원으로부터 영장 또는 감정처분허가장을 발부
   받지 아니한 채 피의자의 동의 없이 피의자의 신체로부터 혈액을 채취하고 더구나 사후적으로
   도 지체 없이 이에 대한 영장을 발부받지도 아니하고서 그 강제채혈한 피의자의 혈액 중 알콜
   농도에 관한 감정이 이루어졌다면, 이러한 감정결과보고서 등은 형사소송법상 영장주의 원칙
   을 위반하여 수집되거나 그에 기초한 증거로서 그 절차 위반행위가 적법절차의 실질적인 내용
   을 침해하는 정도에 해당하고, 이러한 증거는 피고인이나 변호인의 증거동의가 있다고 하더라
   도 유죄의 증거로 사용할 수 없다. … 이 사건 채혈은 법관으로부터 영장을 발부받지 않은 상
   태에서 이루어졌고 사후에 영장을 발부받지도 아니하였으므로 피고인의 혈중알콜농도에 대한
   국립과학수사연구소 감정서 및 이에 기초한 주취운전자적발보고서는 위법수집증거로서 증거
   능력이 없고 … 음주운전자에 대한 채혈에 관하여 영장주의를 요구할 경우 증거가치가 없게
   될 위험성이 있다거나 음주운전 중 교통사고를 야기하고 의식불명상태에 빠져 병원에 후송된
   자에 대해 수사기관이 수사의 목적으로 의료진에게 요청하여 혈액을 채취한 사정이 있다고 하
   더라도 이러한 증거의 증거능력을 배제하는 것이 형사사법정의를 실현하려고 한 취지에 반하
   는 결과를 초래하는 것으로 평가되는 예외적인 경우에 해당한다고 볼 수 없다.」

는 의사가 있었는지 여부는 임의제출 당시를 기준으로 판단해야 하는바,[1] 일단 그 범위를 벗어난 압수가 이루어진 때에는 나중에 수사기관에 그러한 압수에 동의하는 의사를 표시하더라도 해당 전자정보는 위법수집증거가 된다.[2] 한편, 제3자가 피의자의 소유·관리에 속하는 정보저장매체를 임의제출한 경우에는 실질적 피압수자인 피의자가 수사기관으로 하여금 그 전자정보 전부를 무제한 탐색하는 데 동의한 것으로 보기 어려우므로, 피의자에게 참여권을 보장하고 압수한 전자정보 목록을 교부하는 등 피의자의 절차적 권리를 보장하기 위한 적절한 조치를 취해야 한다$\left(\begin{smallmatrix} \text{제219조, 제121} \\ \text{조, 제129조} \end{smallmatrix}\right)\left[\begin{smallmatrix} \text{§76/60} \\ \text{참조} \end{smallmatrix}\right]$.[3] 다만 대법원은 증거은닉범이 본범으로부터 증거은닉을 교사받아 소지·보관하고 있던 본범 소유·관리의 정보저장매체를 피의자의 지위에서 수사기관에 임의

---

1 대법원 2023. 6. 1. 선고 2020도2550 판결:「수사기관이 전자정보를 담은 매체를 피의자로부터 임의제출받아 압수하면서 거기에 담긴 정보 중 무엇을 제출하는지 명확히 확인하지 않은 경우, 임의제출의 동기가 된 범죄혐의사실과 관련되고 이를 증명할 수 있는 최소한의 가치가 있는 정보여야 압수의 대상이 되는데, 범행 동기와 경위, 수단과 방법, 시간과 장소 등에 관한 간접증거나 정황증거로 사용될 수 있는 정보도 그에 포함될 수 있다. 한편 카메라의 기능과 정보저장매체의 기능을 함께 갖춘 휴대전화기인 스마트폰을 이용한 불법촬영 범죄와 같이 범죄의 속성상 해당 범행의 상습성이 의심되거나 성적 기호 내지 경향성의 발현에 따른 일련의 범행의 일환으로 이루어진 것으로 의심되고, 범행의 직접증거가 스마트폰 안에 이미 파일이나 동영상 파일의 형태로 남아 있을 개연성이 있는 경우에는 그 안에 저장되어 있는 같은 유형의 전자정보에서 그와 관련한 유력한 간접증거나 정황증거가 발견될 가능성이 높다는 점에서 이러한 간접증거나 정황증거는 범죄혐의사실과 구체적·개별적 연관관계를 인정할 수 있다.」

2 대전고등법원 2018. 2. 21. 선고 2017노282 판결.

3 대법원 2022. 1. 27. 선고 2021도11170 판결:「제3자가 피의자의 소유·관리에 속하는 정보저장매체를 영장에 의하지 않고 임의제출한 경우에는 실질적 피압수자인 피의자가 수사기관으로 하여금 그 전자정보 전부를 무제한 탐색하는 데 동의한 것으로 보기 어려울 뿐만 아니라 피의자 스스로 임의제출한 경우 피의자의 참여권 등이 보장되어야 하는 것과 견주어 보더라도 특별한 사정이 없는 한 제219조, 제121조, 제129조에 따라 피의자에게 참여권을 보장하고 압수한 전자정보 목록을 교부하는 등 피의자의 절차적 권리를 보장하기 위한 적절한 조치가 이루어져야 한다. 이와 같이 정보저장매체를 임의제출한 피압수자에 더하여 임의제출자 아닌 피의자에게도 참여권이 보장되어야 하는 '피의자의 소유·관리에 속하는 정보저장매체'라 함은, 피의자가 압수·수색 당시 또는 이와 시간적으로 근접한 시기까지 해당 정보저장매체를 현실적으로 지배·관리하면서 그 정보저장매체 내 전자정보 전반에 관한 전속적인 관리처분권을 보유·행사하고, 달리 이를 자신의 의사에 따라 제3자에게 양도하거나 포기하지 아니한 경우로서, 피의자를 그 정보저장매체에 저장된 전자정보에 대하여 실질적인 압수·수색 당사자로 평가할 수 있는 경우를 말하는 것이다. 이에 해당하는지 여부는 민사법상 권리의 귀속에 따른 법률적·사후적 판단이 아니라 압수·수색 당시 외형적·객관적으로 인식가능한 사실상의 상태를 기준으로 판단하여야 한다. 이러한 정보저장매체의 외형적·객관적 지배·관리 등 상태와 별도로 단지 피의자나 그 밖의 제3자가 과거 그 정보저장매체의 이용 내지 개별 전자정보의 생성·이용 등에 관여한 사실이 있다거나 그 과정에서 생성된 전자정보에 의해 식별되는 정보주체에 해당한다는 사정만으로 그들을 실질적으로 압수·수색을 받는 당사자로 취급하여야 하는 것은 아니다.」

제출한 경우, 본범에게는 참여권을 보장할 필요가 없다고 한다.[1]

2. 동의에 의한 수색

30   압수의 경우와 같이 구체적인 명문의 규정은 없으나, 동의권자의 동의가 있는 때에는 수사기관은 그 동의의 범위 내에서 영장 없이 수색할 수 있다고 본다.[2] 동의권자에는 일반적으로 공동소유자, 공동거주자, 부부, 동거인 등이 포함되나, 건물주는 임차인의 방 수색에 대한 동의권이 없고, 숙박업소의 직원 또한 객실 수색에 대한 동의권이 없다. 동의권자는 수색중 언제라도 동의를 철회할 수 있고, 이 경우 수사기관은 즉시 수색을 중지해야 하며 계속 수색하기 위해서는 영장을 발부받아야 한다. 속임수나 강압과 같은 수단으로 동의를 받아 하는 수색은 실질적으로 영장 없는 강제수색에 해당하며, 그와 같은 수색의 결과로 찾아낸 물건을 임의제출의 형태로 넘겨받더라도 이는 위법한 압수물로서 증거능력이 없다($\genfrac{}{}{0pt}{}{제308}{조의2}$).

3. 실황조사와 사진촬영

31   ⑴ 실황조사   수사기관이 범죄현장 또는 기타 장소에서 상황을 조사하는 활동을 실황조사(實況調査)라 한다($\genfrac{}{}{0pt}{}{검사규}{제51조}$). 실황조사는 사고현장 등의 상태를 기록($\genfrac{}{}{0pt}{}{실황조사서·}{실황조서}$)으로 남기기 위해 오관의 작용으로 인식하는 행위이므로 성질상 검증에 해당한다. 기본권침해를 수반하는 실황조사는 강제처분으로서 사전에 영장을 받은 경우($\genfrac{}{}{0pt}{}{제215}{조}$) 또는 영장주의의 예외요건($\genfrac{}{}{0pt}{}{제216조}{제3항 등}$)을 구비한

---

1 대법원 2023. 9. 18. 선고 2022도7453 (슢)판결:「다음과 같은 사정들을 종합하면, 증거은닉범행의 피의자로서 이 사건 하드디스크를 임의제출한 공소외 3에 더하여 임의제출자가 아닌 공소외 1 등에게도 참여권이 보장되어야 한다고 볼 수 없다. … 공소외 1은 임의제출의 원인된 범죄혐의사실인 증거은닉범행의 피의자 아닐 뿐만 아니라 이 사건 하드디스크의 존재 자체를 은폐할 목적으로 막연히 '자신에 대한 수사가 끝날 때까지' 은닉할 것을 부탁하며 이 사건 하드디스크를 공소외 3에게 교부하였다. 이는 자신과 이 사건 하드디스크 및 그에 저장된 전자정보 사이의 외형적 연관성을 은폐·단절하겠다는 목적하에 그 목적달성에 필요하다면 '수사종료'라는 불확정기한까지 이 사건 하드디스크에 관한 전속적인 지배·관리권을 포기하거나 공소외 3에게 전적으로 양도한다는 의사를 표명한 것으로 볼 수 있다. 이로써 결과적으로 공소외 3은 이 사건 하드디스크에 대한 현실적·사실적 지배 및 그에 저장된 전자정보 전반에 관한 전속적인 관리처분권을 사실상 보유·행사할 수 있는 상태가 되었고, 자신이 임의로 선택한 장소에 이 사건 하드디스크를 은닉하였다가 이후 이를 수사기관에 임의제출함으로써 그 권한을 실제로 행사하였다.」

2 안성수, "당사자의 동의에 의한 압수수색", 비교형사법연구 제10권 제1호(2008), 327쪽; 허준, "제3자 동의에 의한 디지털증거 압수·수색의 한계", 비교형사법연구 제20권 제4호(2019), 50 ‑ 52쪽.

경우에만 가능하나,[1] 화재현장, 교통사고현장, 국·공유지 등에서 하는 실황
조사는 통상 임의수사에 해당하므로 영장 없이 할 수 있다.

　　(2) 사진촬영　　앞서 설명하였듯 수사기관이 기록을 남길 목적하에 피사
체를 주시하며 관찰하는 것은 검증이고, 그에 수반해 사진이나 동영상을 촬
영하는 것은 검증에 필요한 처분에 해당한다[§76/15 참조]. 법원은 그러한 행위가 공
개된 장소에서 이루어지는 때에는 임의수사로서 영장을 요하지 않는다는 태
도를 취하고 있다.[2]

Ⅲ. 영장에 의한 압수·수색·검증

1. 영장발부요건

　　(1) 범죄의 정황　　압수·수색·검증영장을 발부하려면 피의자가 죄를 범
하였다고 의심할 만한 정황(情況)이 있어야 한다(제215조 제1항). 압수·수색·검증은
대개 신체구속 이전의 단계에서 범죄혐의 확정 및 증거수집을 위해 이루어지
는 것이므로, 혐의의 상당성을 요하는 신체구속과는 달리 범죄를 의심할 정
황만 있으면 족하다. 다만 제3자의 진술이나 익명의 제보 등에만 기초해 영
장이 청구된 때에는 범죄의 정황 유무를 신중히 판단해야 하며, 구체적 범죄
혐의 없이 단순히 수사단서를 탐색하기 위한 목적만 있거나 수사기관의 주관
적 의견·추측만 존재하는 단계에서는 영장을 발부할 수 없다. 그리고 장래에
범죄가 실행될 것으로 예상되는 장소(마약 투약장소· 도박장소 등)에 대한 사전 압수·수색은
허용되지 않으나, 예비·음모를 처벌하는 규정이 있는 경우에 그 예비·음모
죄의 수사를 위한 압수·수색은 가능하다.[3]

　　(2) 필요성　　압수·수색·검증은 수사를 위해 필요한 것이어야 한다
(제215조 제1항). 여기서의 필요성이란 i) 압수·수색·검증을 통해 해당 사건에 관한

32

33

34

1　대법원 1989. 3. 14. 선고 88도1399 판결.

2　서울남부지방법원 2019. 10. 10. 선고 2019노533 판결(대법원 2019. 12. 27. 선고 2019도15669
　판결로 확정).
　대법원 2013. 7. 26. 선고 2013도2511 판결:「누구든지 자기의 얼굴이나 모습을 함부로 촬영
　당하지 않을 자유를 가지나, 이러한 자유도 무제한으로 보장되는 것은 아니고 국가의 안전보
　장·질서유지·공공복리를 위하여 필요한 경우에는 그 범위 내에서 상당한 제한이 있을 수 있
　으며, i) 수사기관이 범죄를 수사함에 있어 현재 범행이 행하여지고 있거나 행하여진 직후이
　고, ii) 증거보전의 필요성 및 긴급성이 있으며, iii) 일반적으로 허용되는 상당한 방법으로 촬영
　한 경우라면, 위 촬영이 영장 없이 이루어졌다 하여 이를 위법하다고 단정할 수 없다.」

3　제요(Ⅲ) 196-197쪽.

물적 증거를 찾을 수 있으리라는 개연성이 있고[§62/2 참조], ii) 압수·수색·검증에 의하지 않고서는 해당 사건에서 증거가 될 만한 물건을 충분히 확보할 수 없으리라는 불가피성이 있음을 뜻한다[§62/7 참조]. 이를 '관련성' 요건으로 설명하기도 하나,[1] 이 책에서 관련성은 영장발부요건이 아니라 영장집행의 적법성 문제로 다룬다.[2] 후술한다[§76/59 참조].

35 　(개) 휴대전화·SNS·이메일에 대한 압수·수색　휴대전화나 사회관계망서비스(SNS)의 경우 피압수자와 제3자들의 사생활에 관한 많은 정보가 집적되어 있으므로, 이에 대한 압수·수색의 필요성은 특히 엄격히 심사돼야 한다. 또한 이메일에 대한 압수·수색은 피의자와 관련자가 혐의사실과 관련한 이메일을 주고받았다는 소명이 있는 때에만 가능하다.

36 　(내) 계좌추적　금융거래정보 등의 압수·수색(계좌추적)은 계좌별로 해야 하며, i) 피의자가 개설한 예금계좌 일체(포괄계좌) 또는 ii) 특정 예금계좌와 연결된 다른 계좌(연결계좌)에 대한 압수·수색은 신속한 자금흐름 추적을 위해 불가피하거나(특히 부패범죄나 금융범죄의 경우) 부득이한 사정이 있는 때(가령 행방불명된 피해자를 찾기 위한 경우)에 한해 허용된다.

37 　(3) 비례성　범죄의 경중에 비추어 압수·수색·검증으로 달성되는 공익과 그로 인해 침해되는 기본권 간에 비례관계가 있어야 한다(제199조 제1항). 예컨대 즉결심판[§134 참조] 대상사건의 증거를 수집하고자 피의자의 주거지에 대한 압수·수색영장을 발부할 수는 없다[§62/10 참조].

2. 절　차

38 　(1) 영장청구　영장은 검사가 청구한다. 사법경찰관은 직접 영장을 청구할 수 없고 검사에게 이를 신청할 수 있다(제215조).

39 　압수·수색·검증영장의 청구는 영장청구서를 관할지방법원에 제출하는 방식으로 한다. 영장청구서에는 i) 피의자의 성명·주민등록번호 등과 주거, ii) 피의자에게 변호인이 있는 때에는 그 성명, iii) 죄명 및 범죄사실의 요지, iv) 7일을 넘는 유효기간을 필요로 하는 때에는 그 취지 및 사유, v) 여러 통의 영장을 청구하는 때에는 그 취지 및 사유, vi) 압수할 물건, 수색할 장소, 검증할 신체·물건, vii) 압수·수색·검증의 사유를 기재하고(규칙 제107조 제1항), 피의자

1　신양균/조기영 222-223쪽; 이재상 외 2인 214쪽; 이주원 141쪽.
2　배종대/홍영기 163쪽; 이창현 432쪽; 임동규 230쪽. 거꾸로 설명하는 예로 신동운 417쪽.

의 범죄혐의와 압수·수색·검증의 필요성 및 해당 사건과의 관련성을 인정할 수 있는 자료를 첨부해야 한다(규칙 제108조 제1항).

(2) 심　사　　　영장청구사건을 담당하는 법원(단독판사)은 청구서의 형식적 기 **40** 재사항을 검토해 결함이 있는 경우 검사에게 보정을 명하고, 형식에 문제가 없으면 범죄의 정황, 필요성·비례성을 심사해야 한다. i) 검사가 보정명령에 불응하거나, ii) 범죄의 정황이 소명되지 않았거나, iii) 영장발부의 필요성이 없거나, iv) 비례성이 인정되지 않는 경우에는 영장청구를 기각한다.

(3) 발　부　　　요건이 충족됐다고 인정하면 영장을 발부한다. 영장에는 **41** i) 피의자의 성명(성명이 불분명한 경우에는 인상·체격, 기타 피의자를 특정할 수 있는 사항), ii) 죄명, iii) 압수할 물건이나 수 색·검증할 장소·신체·물건, iv) 압수·수색대상이 전기통신에 관한 것인 경 우에는 그 송·수신기간, v) 발부년월일, vi) 유효기간 및 그 기간이 경과하면 집행에 착수하지 못하며 영장을 반환해야 한다는 취지, vii) 압수·수색·검증 의 사유를 기재하고 법관이 서명날인해야 한다(제219조, 제114조, 제75조 제1항). 압수·수색·검 증의 사유는 추후 영장의 사본을 교부받게 될 피압수자 등(제219조, 제118조)이 범죄혐 의가 무엇인지를 알 수 있도록 구체적으로 적어야 한다.[1]

대상이 되는 장소·신체·물건의 범위를 합리적으로 한정해 개별적·구체 **42** 적으로 특정해야 한다. 미리 정확히 특정하기 어려운 때에는 어느 정도 개괄 적·추상적 기재(가령 '현금출납장, 매출·매입장, 대차 대조표 등 회계 관련 서류 또는 장부')가 예외적으로 허용되나, 이 경우 에도 '압수할 물건이 은닉·보관되어 있을 것으로 의심되는 장소', '피의자가 관리하거나 근무하고 있는 사무실 및 창고 일체', '혐의사실 입증에 필요한 서류를 은닉한 장소', '혐의사실과 관련된 모든 문서 및 물건' 등과 같은 지 나치게 포괄적인 기재는 위법하다(일반영 장 금지).[2] 금융거래정보 압수·수색영장을 발부하는 때에도 원칙적으로 대상자·대상계좌·거래기간·거래정보를 구체적 으로 특정해야 하며, 부득이 포괄계좌나 연결계좌에 대해 영장을 발부하더라 도 대상금융기관을 가능한 한 제한하고 거래기간을 적절히 특정해야 한다.

전자정보에 대한 압수·수색영장을 발부하는 경우에는, 혐의사실과 관련 **43** 있는 정보의 탐색·복제·출력이 완료된 때에는 지체없이 i) 압수된 정보의 상세목록을 피의자 등에게 교부할 것과, ii) 혐의사실과 관련없는 나머지 전

1　제요(Ⅲ)　236－237쪽.

2　제요(Ⅲ)　184－186쪽.

자정보를 삭제·폐기·반환할 것을 정할 수 있다.[1]

44		스마트폰에 대한 압수·수색영장을 발부하는 경우에는 범행과 관련 있는 특정기간에 사용한 휴대전화로 한정하거나, 문자메시지·SNS·전화통화내역·전화번호부 등 여러 정보 중 압수할 정보의 종류를 제한하거나, 정보의 저장 또는 송·수신이 이루어진 기간을 한정하거나, 대화나 정보교환 상대방을 한정하는 등으로 기본권침해의 최소화를 위한 제한을 가할 필요가 있다.[2] 또한 이메일에 대한 압수·수색영장을 발부하는 경우에는 송·수신기간 및 압수할 이메일의 내용을 범죄혐의와 관련된 범위로 제한하고, 송·수신 상대방을 가능한 한 특정해야 한다.[3]

45		법관의 서명만 있고 날인이 없는 영장은 부적법하다. 대법원은 그러한 영장에 기초해 압수한 자료에 대해 형량을 통해 증거능력을 인정한 바 있으나[§64/7 참조], 다소 의문이다.[4]

	(4) 영장의 집행

46		(가) 집행의 주체		발부된 영장은 검사의 지휘로 사법경찰관리가 집행한다(제219조, 제115조 제1항).

	(나) 집행의 제한

47		(a) 군사상·공무상 비밀		i) 군사상 비밀을 요하는 장소에 있는 물건은 그 책임자의 승낙을 받지 않는 이상 압수·수색할 수 없다(제219조, 제110조). ii) 공무원 또는 공무원이었던 자가 소지·보관하는 물건의 경우 본인 또는 그 당해 공

---

1 대법원 2022. 1. 14.자 2021모1586 결정.

2 제요(Ⅲ) 291쪽.

3 제요(Ⅲ) 302-303쪽.

4 대법원 2019. 7. 11. 선고 2018도20504 판결:「이 사건 영장은 법관의 서명날인란에 서명만 있고 날인이 없으므로, 형사소송법이 정한 요건을 갖추지 못하여 적법하게 발부되었다고 볼 수 없다. … 이 사건 영장에는 야간집행을 허가하는 판사의 수기와 날인, 그 아래 서명날인란에 판사 서명, 영장 앞면과 별지 사이에 판사의 간인이 있으므로, 판사의 의사에 기초하여 진정하게 영장이 발부되었다는 점은 외관상 분명하다. 당시 수사기관으로서는 영장이 적법하게 발부되었다고 신뢰할 만한 합리적인 근거가 있었고, 의도적으로 적법절차의 실질적인 내용을 침해한다거나 영장주의를 회피할 의도를 가지고 이 사건 영장에 따른 압수·수색을 하였다고 보기 어렵다. … 위와 같은 결함은 피고인 1의 기본적 인권보장 등 법익침해 방지와 관련성이 적다. 이 사건 파일 출력물의 취득과정에서 절차조항 위반의 내용과 정도가 중대하지 않고 절차조항이 보호하고자 하는 권리나 법익을 본질적으로 침해하였다고 볼 수 없다. 오히려 이러한 경우에까지 공소사실과 관련성이 높은 이 사건 파일 출력물의 증거능력을 배제하는 것은 적법절차의 원칙과 실체적 진실규명의 조화를 도모하고 이를 통하여 형사사법 정의를 실현하려는 취지에 반하는 결과를 초래할 수 있다.」

무소가 직무상의 비밀에 관한 것임을 신고한 때에는 그 소속 공무서 또는 당해 감독관공서의 승낙이 있어야 압수·수색할 수 있다($\binom{제219조,}{제111조}$). 군사시설, 공무서, 감독관공서 등의 책임자는 국가의 중대한 이익을 해할 염려가 있음을 이유로 승낙을 거부할 수 있으며($\binom{제110조,}{제111조}$), 이 경우 집행에 착수하지 못한다.

　　(b) 업무상 비밀　　변호사·변리사·공증인·공인회계사·세무사·대서업자·의사·한의사·치과의사·약사·약종상·조산사·간호사·종교의 직에 있는 자 또는 이러한 직에 있던 자가 그 업무상 위탁을 받아 소지 또는 보관하는 물건으로서 타인의 비밀에 관한 것은 압수를 거부할 수 있다. 예외적으로 그 타인의 승낙이 있거나 중대한 공익상 필요가 있는 때에는 집행할 수 있다($\binom{제219조,}{제112조}$). 다만, 중대한 공익상 필요를 이유로 집행을 강행하는 경우 추후 공판에서 법원의 정당성 심사에 따라 위법수집증거로 판정될 수 있다.　**48**

　　(c) 야간집행의 제한　　일출전 일몰후에는 영장에 야간집행을 할 수 있다는 기재가 없는 한 타인의 주거, 간수자 있는 가옥, 건조물, 항공기, 선차 내에 들어가지 못한다($\binom{제219조,}{제125조}$). 예외적으로 i) 도박 기타 풍속을 해하는 행위에 상용되는 것으로 인정되는 장소의 경우, ii) 여관·음식점 기타 야간에 공중이 출입할 수 있는 장소로서 공개된 시간 내의 경우에는 야간에도 집행할 수 있다($\binom{제219조, \ 제126}{조, \ 제125조}$).　**49**

　　(d) 사전통지 및 참여의 확인　　i) 영장을 집행함에는 사전에 피의자와 변호인에게 통지해야 한다. 단, 미리 불참할 의사를 명시했거나 급속을 요하는 때에는 통지하지 않을 수 있다($\binom{제219조,}{제122조}$). '급속을 요하는 때'란 영장집행을 미리 알려주면 증거물을 은닉할 염려 등이 있어 압수·수색의 실효를 거두기 어려운 때를 의미하는바,[1] 현실적으로는 이를 근거로 통지를 생략하는 경우가 대부분이다. ii) 압수·수색·검증할 장소가 공무소, 군사용의 항공기나 선박 또는 자동차 내인 경우, 미리 그 책임자에게 참여할 것을 통지하지 않으면 집행에 착수할 수 없다($\binom{제219조, \ 제}{123조 \ 제1항}$).　**50**

　　타인의 주거, 간수자 있는 가옥, 건조물, 항공기 또는 선차 내에서 영장을 집행할 때에는 주거주, 간수자 또는 이에 준하는 자를 참여시켜야 하며, 불가능한 경우 인근 거주자나 지방공공단체의 직원을 참여하게 해야 한　**51**

1　대법원 2012. 10. 11. 선고 2012도7455 판결.

다(제219조, 제123
조 제2항, 제3항). 하급심에서는 주거주 등의 참여 없이 단지 민간 포렌식전문가 및 다른 경찰공무원의 참여하에 압수·수색을 한 사안에서, 그러한 절차위반이 의도적인 것이 아니었을 뿐 아니라 영장집행의 적정성을 담보하기 위한 상당한 조치를 취한 사정이 있음을 들어 증거능력을 인정한 예가 있다.[1]

52   수색·검증의 대상이 여자의 신체인 때에는 성년의 여자를 참여하게 해야 한다(제219조,
제124조).

53   ㈐ 영장제시 및 사본교부   영장은 압수·수색·검증의 상대방에게 원본을 제시해야 하고, 그가 피의자인 경우에는 사본교부도 해야 한다. 다만, 처분을 받는 자가 현장에 없는 등으로 영장의 제시나 그 사본의 교부가 현실적으로 불가능한 경우 또는 처분을 받는 자가 영장제시나 사본교부를 거부한 때에는 예외로 한다(제219조,
제118조). 영장제시 및 사본교부는 영장주의를 절차적으로 보장하고 준항고 등 불복신청기회를 실질적으로 보장하려는 데 그 취지가 있다.[2] 대법원은 영장의 사본을 팩스나 이메일 등으로 송신하는 것만으로는 원본제시를 갈음할 수 없다고 한다.[3]

54   현장에서 압수·수색을 당하는 사람이 여러 명일 경우에는 그 사람들 모두에게 개별적으로 영장을 제시해야 한다. 수색장소의 관리책임자에게 영장을 제시하였다고 하더라도, 물건을 소지하고 있는 다른 사람으로부터 이를 압수하면서 그에게 따로 영장을 제시하지 않았다면 그 압수물은 위법수집증거로서 증거능력이 없다(제308조
조의2).[4]

55   ㈑ 집 행   집행중에는 타인의 출입을 금지할 수 있으며, 종료시까지 간수자를 둘 수 있다(제219조,
제119조). 집행시 잠금해제, 사진·비디오 촬영 등 압수·

---

1 서울고등법원 2014. 8. 11. 선고 2014노762 판결(대법원 2015. 1. 22. 선고 2014도 10978 (全)판결로 확정).

2 대법원 2017. 9. 21. 선고 2015도12400 판결.

3 대법원 2017. 9. 7. 선고 2015도10648 판결: 「수사기관이 2010. 1. 11. 공소외 1 주식회사에서 압수·수색영장을 집행하여 피고인이 공소외 2에게 발송한 이메일을 압수한 후 이를 증거로 제출하였으나, 수사기관은 위 압수·수색영장을 집행할 당시 공소외 1 주식회사에 팩스로 영장사본을 송신한 사실은 있으나 영장원본을 제시하지 않았고 또한 압수조서와 압수목록을 작성하여 이를 피압수·수색 당사자에게 교부하였다고 볼 수도 없다. … 위 각 이메일은 헌법과 제219조, 제118조, 제129조가 정한 절차를 위반하여 수집한 위법수집증거로 원칙적으로 유죄의 증거로 삼을 수 없고, 이러한 절차위반은 헌법과 형사소송법이 보장하는 적법절차원칙의 실질적인 내용을 침해하는 경우에 해당하고 위법수집증거의 증거능력을 인정할 수 있는 예외적인 경우에 해당한다고 볼 수도 없어 증거능력이 없다.」

4 대법원 2009. 3. 12. 선고 2008도763 판결.

수색·검증에 '필요한 처분'을 할 수 있다($^{제219조, \ 제120조}_{제1항, \ 제140조}$)[$^{§76/7}_{참조}$]. 피압수자 또는 그 변호인은 영장집행에 참여할 권리가 있다($^{제219조,}_{제121조}$).

　　휴대전화에 대한 압수·수색영장을 집행하는 과정에서 수사기관이 잠금해 　　**56**
제($^{비밀번호}_{또는 \ 패턴}$)를 요구하더라도, 피압수자가 이에 협조할 의무를 지지는 않는다.

　　(a) 확장해석 금지　　집행시에는 영장기재 문언을 최대한 엄격히 해석 　　**57**
해야 하며, 피압수자에게 불리한 방향으로 유추·확장해석함은 허용되지 않 는다. 가령 '압수장소에 보관중인 물건'이라는 기재를 '압수장소에 현존하는 물건'으로 해석해, 압수장소에 일시적으로 들어온 사람의 소지품을 압수할 수는 없다.[1] 또한 압수할 물건이 '컴퓨터 등 정보처리장치 저장 전자정보'라 고만 기재된 경우, 압수한 휴대전화로 피압수자의 이메일이나 원격지 서버 에 접속해 전자정보를 압수함은 허용되지 않는다.[2]

　　영장기재 문언의 내용이 불명확하거나 다의적이면 피압수자 등에게 유리 　　**58**
하게 해석한다. 예컨대 영장에 압수·수색대상이 '피의자, 직원 및 가족 명의 의 입출금거래내역 및 통장'이라고 기재되어 있는 경우, '가족'은 '피의자의 가족'만을 뜻한다고 보아야 하며, 직원의 가족으로부터는 압수할 수 없다.[3]

　　(b) 관련성　　집행의 대상은 영장기재 범죄사실과 객관적·인적 관련성 　　**59**
이 있는 것이어야 한다($^{제215조}_{제1항}$).[4] 압수물이 혐의사실과 기본적 사실관계의 동

1　대법원 2009. 3. 12. 선고 2008도763 판결.

2　대법원 2022. 6. 30. 선고 2022도1452 판결:「수사기관이 압수·수색영장에 적힌 '수색할 장소' 에 있는 컴퓨터 등 정보처리장치에 저장된 전자정보 외에 원격지 서버에 저장된 전자정보를 압수·수색하기 위해서는 압수·수색영장에 적힌 '압수할 물건'에 별도로 원격지 서버 저장 전 자정보가 특정되어 있어야 한다. 압수·수색영장에 적힌 '압수할 물건'에 컴퓨터 등 정보처리장 치 저장 전자정보만 기재되어 있다면, 컴퓨터 등 정보처리장치를 이용하여 원격지 서버 저장 전자정보를 압수할 수는 없다.」
　　대법원 2020. 11. 26. 선고 2020도10729 판결:「이 사건 압수·수색영장에 적힌 '압수할 물건' 에는 '여성의 신체를 몰래 촬영한 것으로 판단되는 사진, 동영상 파일이 저장된 컴퓨터 하드 디스크 및 외부저장매체'가, '수색할 장소'에는 피고인의 주거지가 기재되어 있다. 이 사건 압 수·수색영장에 적힌 '압수할 물건'에 원격지 서버 저장 전자정보가 기재되어 있지 않은 이상 이 사건 압수·수색영장에 적힌 '압수할 물건'은 피고인의 주거지에 있는 컴퓨터 하드디스크 및 외부저장매체에 저장된 전자정보에 한정된다. 그럼에도 경찰은 이 사건 휴대전화가 구글계정 에 로그인되어 있는 상태를 이용하여 원격지 서버에 해당하는 구글클라우드에 접속하여 구글 클라우드에서 발견한 불법촬영물을 압수하였다. 결국 경찰의 압수는 이 사건 압수·수색영장에 서 허용한 압수의 범위를 넘어선 것으로 적법절차 및 영장주의의 원칙에 반하여 위법하다.」

3　서울고등법원 2019. 1. 31. 선고 2018노885 판결(대법원 2020. 7. 9. 선고 2019도2834 판결로 확정).

4　대법원 2021. 8. 26. 선고 2021도2205 판결:「혐의사실과의 객관적 관련성은 압수·수색영장에 기재된 혐의사실 자체 또는 그와 기본적 사실관계가 동일한 범행과 직접 관련되어 있는 경우는

일성이 인정되는 범죄 또는 그 공범($\binom{\text{공동정범, 교사범·종범,}}{\text{간접정범, 필요적공범}}$)에 해당하는 범죄에 관한 증거($\binom{\text{간접증거, 정}}{\text{황증거 포함}}$)로 쓰일 수 있는 자료인 때에는 관련성을 인정할 수 있다.[1] 영장기재 범죄사실과 관련성이 없는 자료에 대한 압수는 위법하다.

60   정보저장매체 내 전자정보를 압수·수색하는 때에는 개인정보나 영업비밀 등 관련성 없는 정보가 복제·출력될 염려가 있다. 따라서 수사기관은 압수·수색의 전체과정에서 피압수자 등과 변호인의 참여권을 보장해야 한다.[2] 혐의사실과 관련된 전자정보를 탐색하던 중 별도의 범죄혐의와 관련된 전자정보가 우연히 발견된 경우, 수사기관으로서는 더 이상의 추가탐색을 중단해야 하며, 그 별도의 범죄혐의에 대한 영장을 발부받은 경우에 한해 그러한 정보에 대해 적법하게 압수·수색할 수 있다.[3]

61   전자정보를 압수·수색하는 때에는 원칙상 i) 영장발부의 사유가 된 혐의사실과 관련성이 있는 파일만을 현장에서 출력 또는 복제하는 방식을 취해야 한다($\binom{\text{수사준칙 제}}{\text{41조 제1항}}$). 다만, ii) 현장에서 압수대상인 전자정보의 범위를 특정하기 불가능하거나 피압수자가 협조하지 않는 등으로 출력·복제를 하기 곤란한 때에는 정보저장매체 등에 들어 있는 전자정보 전부를 하드카피·이미징 등으로 복제해 그 소재지 외 장소로 반출할 수 있고($\binom{\text{같은 조}}{\text{제2항}}$), 그조차 현저히 곤란한 때에는 iii) 피압수자 등이 참여한 상태에서 정보저장매체등의 원본을 봉인해 반출할 수 있다($\binom{\text{같은 조}}{\text{제3항}}$).[4] 단, 영장에 복제본 또는 원본을 반출하는 방식

물론 범행 동기와 경위, 범행 수단과 방법, 범행 시간과 장소 등을 증명하기 위한 간접증거나 정황증거 등으로 사용될 수 있는 경우에도 인정될 수 있다. 이러한 객관적 관련성은 압수·수색영장 기재 혐의사실의 내용과 수사의 대상, 수사경위 등을 종합하여 구체적·개별적 연관관계가 있는 경우에만 인정된다.」

1 대법원 2017. 12. 5. 선고 2017도13458 판결.

2 대법원 2020. 11. 26. 선고 2020도10729 판결:「제219조, 제121조가 규정한 변호인의 참여권은 피압수자의 보호를 위하여 변호인에게 주어진 고유권이다. 따라서 설령 피압수자가 수사기관에 압수·수색영장의 집행에 참여하지 않는다는 의사를 명시하였다고 하더라도, 특별한 사정이 없는 한 그 변호인에게는 제219조, 제122조에 따라 미리 집행의 일시와 장소를 통지하는 등으로 압수·수색영장의 집행에 참여할 기회를 별도로 보장하여야 한다.」

3 대법원 2015. 7. 16.자 2011모1839 (全)결정.

4 대법원 2023. 6. 1. 선고 2018도19782 판결:「저장매체 자체를 직접 반출하거나 그 저장매체에 들어 있는 전자파일 전부를 하드카피나 이미징 등 형태로 수사기관 사무실 등 외부에 반출하는 방식으로 압수·수색하는 것은 현장의 사정이나 전자정보의 대량성으로 인하여 관련정보 획득에 긴 시간이 소요되거나 전문인력에 의한 기술적 조치가 필요한 경우 등 범위를 정하여 출력 또는 복제하는 방법이 불가능하거나 압수의 목적을 달성하기에 현저히 곤란하다고 인정되는 때에 한하여 예외적으로 허용될 수 있을 뿐이다.」

의 압수를 허용한다는 취지가 기재되어 있는 경우에 한한다($\substack{제219조, 제\\106조 제3항}$).[1]

　　복제하거나 복제본을 취득하는 때에는 해시값($\substack{파일의 고유값으로서\\일종의 전자지문이다}$)을 확인하　　62
거나 압수·수색의 과정을 촬영하는 등으로, 전자적 증거의 동일성과 무결성
$\left[\substack{§117/5\\참조}\right]$을 담보하고 혐의사실과 관련성 없는 정보의 임의적 복제를 막기 위한
적절한 조치를 취해야 한다.[2]

　　ⓒ 비례성　　　　영장집행시에는 범죄의 형태나 경중, 압수물의 증거가치　　63
및 중요성, 증거인멸의 우려 유무, 피압수자가 받을 불이익의 정도 등 여러
가지 사정을 종합적으로 고려해 수사상의 필요와 침해되는 기본권 간에 비례
관계가 유지되도록 해야 한다$\left[\substack{§62/10\\참조}\right]$.[3]

　　㈁ 집행 후 영장의 효력　　　　집행에 착수해 압수·수색·검증을 실시하고　　64
종료하는 경우 영장은 목적을 달성하여 효력을 상실한다. 집행이 끝난 후 동
일한 장소·목적물에 대해 다시 압수·수색·검증을 하려면 법원으로부터 새
로운 영장을 발부받아야 한다. 앞서 발부받은 영장의 유효기간이 남아있다고
해서 이를 제시하고 다시 집행할 수는 없으며, 그러한 재집행으로 취득된 압
수물 및 그 2차적 증거는 증거능력이 없다($\substack{제308\\조의2}$).[4]

　　㈂ 준항고　　　　압수·수색·검증의 절차에 위법이 있는 경우, 피압수자 등　　65
은 준항고를 제기해 그 전부 또는 일부의 취소를 구할 수 있다$\left[\substack{§68/1\\참조}\right]$.[5]

1　대법원 2012. 3. 29. 선고 2011도10508 판결.

2　대법원 2015. 7. 16.자 2011모1839 (全)결정:「저장매체에 대한 압수·수색과정에서 범위를 정
　　하여 출력 또는 복제하는 방법이 불가능하거나 압수의 목적을 달성하기에 현저히 곤란한 예외
　　적인 사정이 인정되어 전자정보가 담긴 저장매체 또는 복제본을 수사기관 사무실 등으로 옮겨
　　이를 복제·탐색·출력하는 경우에도, 그와 같은 일련의 과정에서 제219조, 제121조에서 규정
　　하는 피압수·수색 당사자나 그 변호인에게 참여의 기회를 보장하고 혐의사실과 무관한 전자
　　정보의 임의적인 복제 등을 막기 위한 적절한 조치를 취하는 등 영장주의 원칙과 적법절차를
　　준수하여야 한다. 만약 그러한 조치가 취해지지 않았다면 피압수자 측이 참여하지 아니한다는
　　의사를 명시적으로 표시하였거나 절차위반행위가 이루어진 과정의 성질과 내용 등에 비추어
　　피압수자 측에 절차 참여를 보장한 취지가 실질적으로 침해되었다고 볼 수 없을 정도에 해당
　　한다는 등의 특별한 사정이 없는 이상 압수·수색이 적법하다고 평가할 수 없고, 비록 수사기
　　관이 저장매체 또는 복제본에서 혐의사실과 관련된 전자정보만을 복제·출력하였다 하더라도
　　달리 볼 것은 아니다.」

3　대법원 2004. 3. 23.자 2003모126 결정.

4　대법원 1999. 12. 1.자 99모161 결정.

5　대법원 2015. 10. 15. 자 2013모1969 결정:「전자정보에 대한 압수·수색과정에서 이루어진
　　현장에서의 저장매체 압수·이미징·탐색·복제 및 출력행위 등 수사기관의 처분은 하나의 영
　　장에 의한 압수·수색과정에서 이루어지는 것이고, … 준항고인이 전체 압수·수색과정을 단
　　계적·개별적으로 구분하여 각 단계의 개별처분의 취소를 구하더라도 준항고법원으로서는 특
　　별한 사정이 없는 한 … 당해 압수·수색과정 전체를 하나의 절차로 파악하여 그 과정에서 나

Ⅳ. 영장주의의 예외

1. 체포·구속할 피의자를 발견하기 위한 수색

66　　　검사 또는 사법경찰관은 피의자를 체포 또는 구속하는 경우에 필요한 때에는 영장 없이 타인의 주거나 타인이 간수하는 가옥, 건조물, 항공기, 선차 내에 들어가 피의자의 발견을 위한 수색을 할 수 있다($^{제216조 제}_{1항 제1호}$).[1]

67　　　현행범체포·긴급체포시의 피의자수색과 달리($^{같은 항}_{본문}$), 영장에 의한 체포·구속시의 피의자수색은 미리 수색영장을 발부받기 어려운 긴급한 사정이 있는 때에만 할 수 있다($^{같은 항}_{단서}$). 여기서 '필요한 때'란 피의자가 소재할 개연성이 있는 때를 말하며,[2] '타인의 주거'에는 피의자의 주거뿐 아니라 제3자의 주거도 포함된다. 다만, 제3자의 주거에 대한 수색은 범죄수사학적 경험에 기초한 개연성을 넘어 구체적 사실($^{가령 목격자}_{의 정보제공}$)에 근거한 개연성을 요한다.

2. 체포현장에서의 압수·수색·검증

68　　　(1) 의 의　　검사 또는 사법경찰관은 피의자를 체포·구속하는 경우에 필요한 때에는 체포현장에서 영장 없이 압수·수색·검증을 할 수 있다($^{제216조 제}_{1항 제2호}$). 이 규정을 둔 취지에 관해서는 i) 체포·구속이 적법한 이상 그보다 기본권침해 정도가 낮은 압수·수색·검증에는 ($^{'대는 소를 겸한다'}_{는 명제에 따라}$) 굳이 별도의 영장이 필요치 않기 때문이라는 견해($^{부수처분설 또는}_{대소포함명제설}$)[3] 및 ii) 체포현장에는 증거가 존재할 개연성이 높으므로 합리적 증거수집을 위해 인정되는 제도라는 견해($^{합리}_{성설}$)[4]가 있으나, iii) 신체구속현장에서는 수사기관, 피의자 또는 제3자의 생명·신체에 위험이 발생하거나 증거가 멸실·훼손될 우려가 있으므로 이를 방

　　타난 위법이 압수·수색 절차 전체를 위법하게 할 정도로 중대한지 여부에 따라 전체적으로 그 압수·수색 처분을 취소할 것인지를 가려야 한다.」

1　의정부지방법원 2021. 11. 26. 선고 2020고단7000 판결: 「영장주의의 예외는 이를 엄격하게 인정하여야 한다는 점에서 위 수색권한을 가진 주체는 위 규정에 따라 검사와 사법경찰관에 한정된다고 봄이 타당하다. 그러나 경사 甲, 순경 乙은 '사법경찰리'로서, 위 형사소송법 규정에 의하여 긴급체포, 현행범인 체포를 위하여 영장 없이 피의자를 수색할 권한이 없고, 위 수색과정에서 사법경찰관의 개입이 있었다는 정황도 확인되지 않는다. 따라서 경사 甲, 순경 乙의 이 사건 수색은 위법하다.」

2　헌법재판소 2018. 4. 26. 선고 2015헌바370, 2016헌가7(병합) (全)결정.

3　배종대/홍영기 170쪽; 신동운 430쪽.

4　이은모/김정환 338쪽.

지하기 위한 긴급행위를 인정한 것으로 봄이 타당하다($^{긴급}_{행위설}$).[1]

　⑵ 요　건

　㈎ 체포에 성공한 현장일 것　　　제216조 제1항 제2호의 '체포현장'이란　69
체포에 성공한 바로 그 현장을 가리키는 개념이며, 몸싸움이나 추격만 이루
어진 장소, 피의자가 도주해 이탈하고 난 장소 등은 이에 포함되지 않는
다.[2] 체포를 위한 행위에 착수만 하면 족하므로 피의자의 도주 등으로 검거
에 실패한 현장도 체포현장에 해당한다는 견해가 있으나, 제216조 제1항 본
문의 '체포 또는 구속하는 경우'에 '체포 또는 구속하지 못한 경우'까지 포
함된다고 할 수는 없으므로 동의하기 어렵다. 체포의 성공을 요구할 경우
압수·수색·검증의 적법성이 피의자의 체포라는 우연한 사정에 좌우되어 부
당하다는 비판이 있지만,[3] 체포 실현 여부에는 수사기관의 숙련도와 역량
또한 큰 영향을 미치므로 단순히 우연이라고만 볼 것은 아닐뿐더러,[4] 강제
처분의 적법성이 각종 우연한 사정에 좌우되는 것은 자연스러운 일이다.

　　체포는 적법해야 한다. 체포가 위법한 때에는 체포현장에서의 압수·수　70
색·검증도 위법하며, 그 압수물이나 검증조서는 증거능력이 없다($^{제308}_{조의2}$).

　㈏ 시간적 접착성, 장소적 동일성이 있을 것　　　체포현장이 인정되는 시간　71
적 범위는 체포된 시점으로부터 압수·수색·검증에 소요되는 필요최소한의
시간, 즉 시간적 접착성(接着性)이 있는 촉박한 범위로 한정된다. 장소적 범위
역시 검거가 실현된 곳과 장소적 동일성이 인정되는 공간으로 제한된다. 이
범위를 넘어서는 시간 또는 장소는 체포현장이 아니며, 그러한 시간·장소에
서 영장 없이 수색해 발견한 물건은 추후 임의제출 형식으로 제출받더라도
위법수집증거로서 증거능력이 없다.[5]

1　김정한 322쪽; 손동권/신이철 343쪽; 신양균/조기영 265쪽; 이재상 외 2인 227쪽; 임동규 257
　쪽; 정승환 186쪽; 차용석/최용성 255쪽. 압수는 긴급처분설, 수색은 부수처분설에 따라 설명
　해야 한다는 견해로 정웅석 외 2인 272쪽.
2　나기업, "형사소송법 제216조 제1항 제2호의 '체포현장' 요건 해석 고찰", 외법논집 제44권 제2
　호(2021), 61쪽.
3　손동권/신이철 344쪽; 신동운 433쪽; 신양균/조기영 267쪽; 이은모·김정환 339쪽; 이재상 외
　2인 228쪽; 임동규 257쪽; 차용석/최용성 255쪽.
4　변종필, "체포현장에서의 영장 없는 압수수색과 그에 기한 압수물 및 파생증거의 증거능력",
　고시연구 제376호(2005), 63쪽.
5　대법원 2015. 5. 28. 선고 2015도364 판결:「수사관들이 피고인의 주거지에 대한 수색에 착수
　할 당시에는 이미 위 피고인에 대한 체포가 완료된 상황이었을 뿐만 아니라, 위 피고인이 체포

72　시간적 접착성과 장소적 동일성에 관해, 하급심에서는 i) 피의자를 아파트 밖에서 체포한 후 30분이 지나 그로부터 약 20m 떨어져 있는 아파트 6층에 위치한 피의자의 주거지를 수색한 것은 '체포현장에서의 수색'에 해당하지 않으므로 그 수색을 통해 발견한 물건을 임의제출받은 것은 위법한 압수에 해당한다고 본 사례,[1] ii) 사법경찰관들이 피의자를 오피스텔 건물 내 복도에서 체포한 후 피의자와 함께 있던 동거인에게 요청해 그로부터 약 10m 거리에 위치한 오피스텔 문을 열도록 한 다음 안으로 들어가 필로폰을 압수한 사안에서 「오피스텔에서 나오거나 들어가기 위하여 문을 열어놓은 상태였다면 몰라도 오피스텔의 문이 잠긴 상태였다면 피고인을 체포한 복도와 필로폰이 들어있는 비닐봉지를 압수한 오피스텔 내부는 공간적으로 분리되어 있으므로 장소적 동일성이 있다고 보기 어렵다」고 하여 해당 필로폰을 위법수집증거로 본 사례,[2] iii) 피의자가 성매매알선업을 운영하던 마사지업소 내에서 현행범으로 체포되고, 그 직후 경찰관들이 업소 밖 상가 집합건물의 공용부분 소화전에서 알루미늄 호일에 싸인 콘돔 등을 압수한 사안에서, 콘돔이 있던 업소 밖 소화전은 현행범 체포현장이라 할 수 없다고 하여 위 콘돔을 위법수집증거로 본 사례[3] 등이 있다.

73　㈜ 피의자의 현존 요부　　체포된 자가 압수·수색 당시 그 자리에 현존해야 한다는 견해가 있다.[4] 하급심에서도 같은 입장을 표한 예가 있다.[5]

74　그러나, 어차피 체포를 위한 실행행위가 이루어지지 않은 곳으로 피의자의 거취를 옮겨 거기서 압수 등을 하는 것은 장소적 동일성의 요청상 허용되지 않고, 검거가 실현된 현장에서의 압수·수색·검증도 촉박한 시간 범위 내에서만 가능한 이상, 굳이 압수 등을 마칠 때까지 피의자를 그 자리에 체류

　　된 장소와 위 피고인의 주거지가 2킬로미터 정도 떨어져 있었다는 사정을 감안하면 위 피고인의 주거지를 '체포장소'라고 보기는 어렵다. 따라서 위 피고인의 주거지에 대한 압수·수색이 제216조 제1항 제2호에 따른 적법한 압수·수색이라 볼 수 없다.」

1　수원지방법원 2018. 2. 2. 선고 2017노6341 판결(대법원 2017. 4. 12. 선고 2016도8150 판결로 확정).

2　서울고등법원 2014. 7. 24. 선고 2014노827 판결(대법원 2016. 5. 26. 선고 2014도10189 판결로 확정).

3　의정부지방법원 2019. 4. 25. 선고 2018노2799 판결(대법원 2019. 8. 14. 선고 2019도6214 판결로 확정).

4　백형구 93쪽; 정승환 187쪽.

5　서울중앙지방법원 2006. 10. 31. 선고 2006노2113 판결(대법원 2007. 4. 12. 선고 2006도8150 판결로 확정):「현행범 체포행위에 선행하는 압수·수색은 허용되지 아니하고, 현행범으로 체포된 자가 압수·수색의 현장에 있음을 요하며, … 피고인을 지구대에 남겨두고 다시 피고인의 집으로 가서 피고인의 집과 차량을 수색한 것을 체포현장에서의 수색이라고 할 수 없[다].」

시킬 필요까지는 없다고 본다.

　㈃ 관련성　　제216조 제1항 제2호에 의한 강제처분의 대상은 사전영장 **75**
에 의한 압수·수색·검증의 경우와 마찬가지로 피의사실과 관련성이 있는 것
에 한정된다. 예컨대 일제단속식 음주운전 측정과정에서 운전자에게 주취운
전혐의를 인정해 현행범으로 체포하는 경우, 조수석에 놓여 있던 술병을 압
수하는 것은 가능하나, 트렁크를 수색하거나 뒷좌석의 현금다발을 압수하는
것은 음주운전사실과의 관련성이 전혀 없는 처분으로서 위법하다.

　⑶ 절　차

　㈎ 요급처분　　체포현장에서 압수·수색·검증을 할 경우 급속을 요하는 **76**
때에는 주거자나 간수자 등을 참여시킬 필요가 없으며, 야간집행도 가능하다
($\binom{제220}{조}$). 이를 요급처분(要急處分)이라 한다. '급속을 요하는 때'란 시간이 지나
면 증거를 확보할 수 없거나 증거가 멸실될 우려가 있는 경우를 말한다.

　㈏ 사후영장　　제216조 제1항 제2호에 따라 압수한 물건에 대한 압수상 **77**
태를 지속시킬 필요가 있는 경우에는 체포한 때로부터($\binom{압수한 때로부}{터가 아니다}$) 48시간 이
내에 압수·수색영장을 청구해야 한다($\binom{제217조}{제2항}$). i) 체포가 부적법하거나, ii) 체
포의 사유가 된 피의사실과 관련성 없는 물건을 압수하였거나, iii) 체포 후
48시간을 도과해 영장이 청구된 경우, 법원은 청구를 기각해야 한다. 영장을
발부받지 못한 때에는 압수한 물건을 즉시 반환해야 하며($\binom{제217조}{제3항}$), 영장 없이
압수상태를 지속하면 체포한 때로부터 48시간을 도과한 시점부터 위법한 압
수물이 된다($\binom{제308}{조의2}$).[1]

　　대법원은 체포현장에서도 피의자가 임의로 제출하는 물건을 제218조에 **78**
의해 영장 없이 압수할 수 있으며[$\binom{§76/22}{참조}$], 이에 대해 사후영장은 필요치 않다
고 한다.[2] 그러나 체포($\binom{특히 현행범체}{포나 긴급체포}$)를 당하는 자에게 임의제출의 의사가 있다
고 할 수 있는지 의문이다. 위와 같은 해석은 수사기관이 체포현장에서 우월
적 지위에 기해 임의제출동의서를 받아 압수한 후 사후영장을 생략하는 탈법
적 실무를 허용하는 결과를 낳는다.[3]

1　대법원 2009. 5. 14. 선고 2008도10914 판결.
2　대법원 2016. 2. 18. 선고 2015도13726 판결; 2019. 11. 14. 선고 2019도13290 판결.
3　서울고등법원 2015. 8. 28. 선고 2015노1515 판결(위 대법원 2015도13726 판결의 원심); 의정
　부지방법원 2019. 8. 22. 선고 2018노2757 판결(위 대법원 2019도13290 판결의 원심).

3. 범행중 또는 범행 직후 범죄장소에서의 압수·수색·검증

79　　(1) 의 의　　범행중 또는 범행 직후의 범죄장소에서 긴급을 요하여 영장을 발부받을 수 없는 때에는 영장 없이 압수·수색·검증을 할 수 있다. 다만, 사후에 지체없이 영장을 받아야 한다($\substack{제216조 \\ 제3항}$). 이는 현행범체포가 이루어지지 않은 상황에서 발생하는 긴급한 사정에 대처하기 위한 예외규정이다.

　　(2) 요 건

80　　㈎ 긴급성　　'긴급을 요하여 영장을 발부받을 수 없는 때'란 영장발부에 소요되는 시간 동안 증거가 멸실·훼손될 가능성이 높은 경우를 말한다.

81　　㈏ 범행중 또는 범행 직후의 범죄장소　　i) '범행중 또는 범행 직후'의 개념은 현행범체포($\substack{제211조 \\ 제1항}$)에서의 그것과 동일하다. ii) 범죄장소란 구성요건해당행위가 발생한 장소를 말하며, 반드시 체포·구속이 이루어진 곳일 필요는 없다. 가령 경찰관이 음주운전차량을 적발한 직후에 향후의 주취운전을 막기 위해 그 자리에서 차량열쇠를 빼앗아 일시 보관하는 것은 범행 직후 범죄장소에서의 압수에 해당한다.[1] 사행성 게임장을 단속하였으나 이미 직원들은 도주하고 게임기만 작동되고 있는 경우 그 게임기 등을 압수하는 것 역시 제216조 제3항의 압수이다.[2]

82　　대법원은 음주교통사고의 준현행범인이 의식을 잃은 상태에서 곧바로 응급실로 호송되었고 그 호송된 시점이 사회통념상 사고발생 직후라고 볼 수 있는 시간 내인 경우에는, 그 응급실을 범죄장소에 준하는 곳으로 보아 사전영장 없이 의사나 간호사를 통해 채혈할 수 있다고 한다.[3] 이에 대해서는 음

1　대법원 1998. 5. 8. 선고 97다54482 판결.

2　제요(Ⅲ) 238-239쪽.

3　대법원 2012. 11. 15. 선고 2011도15258 판결:「음주운전중 교통사고를 야기한 후 피의자가 의식불명 상태에 빠져 있는 등으로 도로교통법이 음주운전의 제1차적 수사방법으로 규정한 호흡조사에 의한 음주측정이 불가능하고 혈액채취에 대한 동의를 받을 수도 없을 뿐만 아니라 법원으로부터 혈액채취에 대한 감정처분허가장이나 사전 압수영장을 발부받을 시간적 여유도 없는 긴급한 상황이 생길 수 있다. … 피의자의 신체 내지 의복류에 주취로 인한 냄새가 강하게 나는 등 제211조 제2항 제3호가 정하는 범죄의 증적이 현저한 준현행범인으로서의 요건이 갖추어져 있고, 교통사고발생시각으로부터 사회통념상 범행 직후라고 볼 수 있는 시간 내라면, 피의자의 생명·신체를 구조하기 위하여 사고현장으로부터 곧바로 후송된 병원응급실 등의 장소는 제216조 제3항의 범죄장소에 준한다 할 것이므로, 검사 또는 사법경찰관은 피의자의 혈중알코올농도 등 증거의 수집을 위하여 의료법상 의료인의 자격이 있는 자로 하여금 의료용 기구로 의학적인 방법에 따라 필요최소한의 한도 내에서 피의자의 혈액을 채취하게 한 후 그 혈액을 영장 없이 압수할 수 있다.」

주운전사안의 특수성에 비추어 어느 정도 부득이한 측면이 있다는 평가가
많은데, 체내 혈액에 관해서는 본인 이외의 그 누구도 소유자·소지자·보관
자($^{제218}_{조}$)의 지위를 갖지 않으므로[$^{§76/28}_{참조}$] 의식불명 환자의 체내에 있는 혈액을
의사나 간호사의 손을 빌려 적법하게 취득할 근거가 마땅히 없기 때문이다.
그러나 이는 피고인에게 불리한 유추로서 강제처분법정원칙[$^{§61/1}_{참조}$]에 어긋나
며, 사실상 법원에 의한 입법이라는 점에서 권력분립원칙에 반한다.

   (3) 절   차

   ㈎ 요급처분   제216조 제3항에 따른 압수·수색·검증을 하는 경우에   83
급속을 요하는 때에는 주거자나 간수자를 참여시킬 필요가 없고, 야간집행의
제한 또한 적용되지 않는다($^{제220}_{조}$).

   ㈏ 사후영장   제216조 제3항에 따른 압수·수색·검증을 한 경우에는   84
사후에 지체없이 영장을 발부받아야 하며($^{제216조 제}_{3항 단서}$), 영장을 청구하지 않거나
발부받지 못한 때에는 압수물 등을 즉시 반환해야 한다. '지체없이'의 의미
는 명확하지 않으나, 제216조 제1항 제2호 및 제217조 제1항의 긴급 압수·
수색·검증의 경우를 고려할 때 늦어도 48시간 이내에는 영장을 청구해야 한
다고 본다. 그리고 사후영장을 적시에 청구해 발부받더라도 애초 제216조 제
3항 본문의 요건을 구비하지 못한 위법성까지 치유되는 것은 아니다.[1]

   4. 긴급체포된 자에 대한 압수·수색·검증   85

   (1) 의   의   검사 또는 사법경찰관은 긴급체포된 자가 소유·소지 또는   86
보관하는 물건에 대해 긴급히 압수할 필요가 있는 경우에는 체포한 때부터
24시간 이내에 영장 없이 압수·수색·검증을 할 수 있다($^{제217조}_{제1항}$). 이는 수사기
관이 피의자를 긴급체포한 상황에서 피의자가 체포되었다는 사실이 공범이
나 관련자들에게 알려짐으로써 관련자들이 증거를 없애거나 은닉하는 것을
방지하고 범죄사실과 관련된 증거물을 신속히 확보할 수 있도록 하기 위한
것이다. 긴급체포를 실현한 현장에서의 압수·수색·검증은 제216조 제1항 제
2호에 의해서도 할 수 있으므로, 제217조 제1항은 긴급체포시에 그 체포현장
이외의 곳에서 압수 등을 할 수 있게 함에 주된 의의가 있다.[2]

---

1 대법원 2017. 11. 19. 선고 2014도16080 판결.
2 대법원 2017. 9. 12. 선고 2017도10309 판결.

(2) 요 건

87   (가) **긴급체포시로부터 24시간**   압수·수색·검증은 긴급체포에 성공한 때로부터 24시간 이내에 해야 하며, 그 후에 압수한 물건 및 그 2차적 증거는 위법수집증거로서 증거능력이 없다($^{제308}_{조의2}$).

88   (나) **피의자가 소유·소지·보관하는 물건**   압수의 대상은 긴급체포된 피의자가 소유·소지·보관하는 물건이어야 한다. 소유·소지·보관의 의미는 제218조의 그것과 같다[$^{§76/24}_{참조}$]. 긴급체포된 자의 소유물에 해당하기만 하면 제3자가 소지·보관하고 있는 때에도 압수할 수 있다.

89   (다) **긴급히 압수할 필요**   긴급히 압수할 필요가 있는 물건이어야 한다. 즉, i) 긴급체포의 사유가 된 범죄사실과 관련된 증거물 또는 몰수할 것으로 사료되는 물건이어야 하고($^{관련}_{성}$)[$^{§76/59}_{참조}$], ii) 이를 압수하는 것이 수사에 필요한 최소한의 조치에 해당하는 경우여야 한다($^{필요}_{성}$)[$^{§62/7}_{참조}$]. 대법원은 이러한 관련성 및 필요성의 존부는 범죄사실의 구체적 내용과 성질, 압수하려는 물건의 형상·성질 및 당해 범죄사실과의 관련정도와 증거가치, 증거인멸 우려, 압수로 인해 발생하는 불이익 정도 등 압수 당시의 여러 사정($^{사후적으로\ 밝혀}_{진\ 사정이\ 아니다}$)을 종합적으로 고려해 객관적으로 판단해야 한다고 한다.[1]

(3) 절 차

90   (가) **요급처분 불가**   법문상 제217조 제1항에 의한 압수·수색·검증에는 요급처분에 관한 제220조가 적용되지 않으므로, 주거주나 간수자 등의 참여($^{제123조}_{제2항}$), 야간집행제한($^{제125}_{조}$) 규정이 적용된다. 긴급체포한 현장에서는 제216조 제1항 제2호를 근거로 야간압수가 가능하지만, 피의자가 원격지에 보관하고 있는 물건에 대해서는 제217조 제1항을 근거로 해서만 압수가 가능하므로 일출을 기다리는 수밖에 없다. 대법원판결 중에는 야간집행을 문제삼지 않은 것이 있으나,[2] 근래 하급심에서 야간집행이 위법함을 이유로 그에 기초한 강제수사로 획득한 자료의 증거능력을 부인한 사례가 있다.[3]

---

1 대법원 2008. 7. 10. 선고 2008도2245 판결:「이 사건 중 제1호 내지 제4호는 피고인이 보관하던 다른 사람의 주민등록증, 운전면허증 및 그것이 들어있던 지갑으로서, 피고인이 이른바 전화사기죄의 범행을 저질렀다는 범죄사실 등으로 긴급체포된 직후 압수되었는바, 그 압수 당시 위 범죄사실의 수사에 필요한 범위 내의 것으로서 전화사기범행과 관련된다고 의심할 만한 상당한 이유가 있었다고 보이므로 적법하게 압수되었다고 할 것이다. … 이를 증거로 삼아 점유이탈물횡령죄의 공소사실을 유죄로 인정한 제1심판결을 유지한 조치는 정당하[다].」

2 대법원 2017. 9. 12. 선고 2017도10309 판결.

⑷ 사후영장   제217조 제1항에 따라 압수한 물건을 계속 압수할 필요   **91**
가 있으면 체포한 때로부터 48시간 이내에 영장을 청구해야 하며, 영장을 청
구하지 않거나 청구된 영장이 발부되지 않은 경우에는 압수한 물건을 즉시
반환해야 한다(제217조 제2항, 제3항). 제216조 제3항에 따른 압수·수색·검증과 달리, 압
수한 물건 자체를 곧바로 환부·가환부하였거나 수색·검증만을 시행한 때에
는 사후영장을 청구할 필요가 없다.

5. 변사자에 대한 검증

변사자에 대한 검시(제222조 제1항) 결과 범죄혐의가 인정되고 긴급을 요할 때에   **92**
는 검사는 영장 없이 그 사체를 검증하거나 사법경찰관에게 이를 명할 수 있
으며(변사자검시가 혐의발견을 위한 수사전처분이라면, 변사자검증은 범죄인지 후에 행하는 수사처분이다), 이 경우 별도의 사후영장은 요하지
않는다(같은 조 제2항, 제3항). 변사자검시에서와 달리[§69/3 참조], 변사자검증에서는 사체해부·
절단 등 필요한 처분을 할 수 있다(제219조, 제140조).

V. 압수·수색·검증 이후의 조치

1. 압수조서·목록 등의 작성

⑴ 압수조서 등   수사기관이 압수·수색·검증을 한 다음에는 그 연월   **93**
일시와 장소를 기재한 조서를 작성해 기명날인 또는 서명한다. 압수조서에
는 압수물의 품종·외형상의 특징과 수량 등을, 검증조서에는 검증의 일시·
장소·목적 및 내용을 기재해야 한다(수사준칙 제40조, 제43조). 검증조서 중 실황조사를 한
때에 작성하는 것을 특히 실황조사서라 한다(검사규 제51조). 압수·수색·검증으로 획
득한 증거가 위법수집증거인 경우에는 해당 압수·수색·검증조서 역시 위법
한 2차적 증거로서 증거능력이 없다(제308조의2).[1]

---

3 수원지방법원 2021. 12. 15. 선고 2021고단3041 판결(수원지방법원 2023. 1. 11. 선고 2021노
   8996 판결):「甲이 거주하는 오피스텔에 대한 압수·수색은 체포현장을 벗어난 것이므로 제
   216조 제1항 제2호의 체포현장에서의 압수·수색이 아닌 제217조 제1항에 의한 긴급압수·수
   색에 해당하고, 2021. 3. 9. 일몰시각은 18:35경으로 위 오피스텔에 대한 압수·수색은 야간집
   행에 해당한다. 제216조 제1항 제2호에 의한 압수·수색의 경우 제220조에서 급속을 요하는 경
   우 제125조에 의한 야간집행의 제한 규정을 배제할 수 있다고 규정하고 있지만, 제217조 제1
   항 긴급압수·수색의 경우 위와 같은 예외규정을 두고 있지 않다. 따라서 경찰이 일몰 후 甲의
   주거지를 압수·수색한 것은 제219조, 제125조에 의한 적법절차를 준수하지 않은 것으로 위법
   하고, 이와 같이 수사기관이 위법한 압수·수색을 통해 확보한 자료를 토대로 행한 피고인에
   대한 긴급체포도 위법하며, 피고인에 대한 긴급체포 시 압수된 증 제1호증 내지 제23호증 및
   이에 관한 압수조서·압수목록 등도 위법하게 수집된 증거로서 증거능력이 없[다].」

94		(2) 압수목록	압수한 경우에는 목록을 작성하여 소유자·소지자·보관자 기타 이에 준할 자에게 교부해야 한다(제219조, 제129조). 이는 추후 압수처분에 대한 준항고 등 권리행사절차를 밟기 위한 가장 기초적인 자료이므로, 수사기관은 그러한 권리행사에 지장이 없도록 압수 직후 현장에서 압수목록을 작성해 교부해야 하며, 원칙적으로 압수물이 분명히 특정되어 있어야 한다.[1] 압수목록이 현장에서 지체없이 교부되지 않은 경우 그 압수물은 위법수집증거가 된다. 압수목록에 구체적으로 특정되지 않은 압수물도 마찬가지다.

95		전자정보를 압수한 경우에는 압수목록에 정보의 파일명세가 특정되어야 한다. 수사기관은 이를 전자파일형태로 복사해 주거나 이메일을 전송하는 등의 방식으로 교부할 수도 있다(수사규칙 제64조 제2항). 파일명세를 특정해 상세목록을 작성하지 않고 '….zip'과 같이 그 내용을 파악할 수 없는 포괄적인 압축파일만을 기재하여 교부함은 위법하다[§68/2 참조].[2]

96		하급심에서는 수사기관이 압수목록 교부 또는 기재를 누락한 사안에서 피압수자의 권리행사절차에 지장이 초래되지 않았고 사안이 중대하다는 이유로(형량) 그 압수물의 증거능력을 인정한 예들이 있다[§64/7 참조].[3] 가령 i) 압수 직후 압수조서 표지만 교부하고 압수목록은 뒤늦게 작성해 교부한 사안에서, 절차위반행위에 고의성이 없고 피고인의 권리행사에 지장이 초래되지 않았다는 점을 들어 증거능력을 인정한 사례,[4] ii) 압수목록에 구체적으로 특정되지 않은 압수물의 증거능력이 문제된 사안

1	대법원 2009. 5. 14. 선고 2008도10914 판결.

1	대법원 2018. 2. 8. 선고 2017도13263 판결.

2	대법원 2022. 1. 14.자 2021모1586 결정:「수사기관이 압수·수색영장에 기재된 범죄혐의사실과의 관련성에 대한 구분 없이 임의로 전체의 전자정보를 복제·출력하여 이를 보관하여 두고, 그와 같이 선별되지 않은 전자정보에 대해 구체적인 개별 파일명세를 특정하여 상세목록을 작성하지 않고 '….zip'과 같이 그 내용을 파악할 수 없도록 되어 있는 포괄적인 압축파일만을 기재한 후 이를 전자정보 상세목록이라고 하면서 피압수자 등에게 교부함으로써 범죄혐의사실과 관련성 없는 정보에 대한 삭제·폐기·반환 등의 조치도 취하지 않았다면, 이는 결국 수사기관이 압수·수색영장에 기재된 범죄혐의사실과 관련된 정보 외에 범죄혐의사실과 관련이 없어 압수의 대상이 아닌 정보까지 영장 없이 취득하는 것일 뿐만 아니라, 범죄혐의와 관련 있는 압수정보에 대한 상세목록 작성·교부의무와 범죄혐의와 관련 없는 정보에 대한 삭제·폐기·반환의무를 사실상 형해화하는 결과가 되는 것이어서 영장주의와 적법절차의 원칙을 중대하게 위반한 것으로 봄이 상당하다. 따라서 이와 같은 경우에는 영장기재 범죄혐의사실과의 관련성 유무와 상관없이 수사기관이 임의로 전자정보를 복제·출력하여 취득한 정보 전체에 대해 그 압수는 위법한 것으로 취소되어야 한다.」

3	대전지방법원 2020. 11. 25. 선고 2020노1778 판결.

4	인천지방법원 2018. 10. 10. 선고 2018노1842 판결(대법원 2020. 5. 14. 선고 2018도16740 판결로 확정).

에서, 피고인이 방어권행사에 지장을 받은 것으로 보이지 않는 반면, 그 압수물은 약 150억 원 상당의 재산상 피해를 입힌 배임행위의 입증에 필요한 증거라는 점을 들어 증거능력을 인정한 사례,[1] iii) 수사기관이 전자정보 압수 후 각 파일별로 해시값이 기재된 전자정보 상세목록을 교부해야 함에도 그렇게 하지 않은 사안에서, 절차적 하자가 경미한 데 비해 죄질이 중하다고 하여 증거능력을 인정한 사례[2] 등이 그러하다.

2. 압수물의 보관·처분·폐기

(1) 보 관   압수물은 수사기관이 스스로 보관함이 원칙이나($^{제219조,}_{제131조}$), 보관이 불편한 물건인 경우 간수자를 두거나 소유자 또는 적당한 자의 승낙을 얻어 보관하게 할 수 있다($^{제219조, 제}_{130조 제1항}$). 어디에 보관하든 압수물의 상실·파손 등을 방지하기 위해 상당한 조치를 해야 한다($^{제219조,}_{제131조}$).   **97**

(2) 처 분   몰수의 대상이 될 압수물이 멸실·파손·부패 또는 현저한 가치감소의 염려가 있거나 계속 보관하기 어렵다고 인정되는 경우에는 매각 후 대가를 보관할 수 있다($^{제219조, 제}_{132조 제1항}$). 이 경우 피해자, 피의자 또는 변호인에게 미리 통지해야 한다($^{제219조,}_{제135조}$). 대가보관물은 압수물과 동일성이 인정되므로, 후일 법원은 대가를 추징하지 않고 대가보관물을 몰수할 수 있다.[3]   **98**

(3) 폐 기   i) 폭발물 등 위험발생의 염려가 있는 압수물은 폐기할 수 있다($^{제219조, 제}_{130조 제2항}$). ii) 법령상 생산·제조·소지·소유·유통이 금지된 압수물로서 부패의 염려가 있거나 보관하기 어려운 것($^{예컨대 유사석유제품, 지적재산권을 침해하는 물}_{건, 검역 결과 불합격처분을 받은 농·축산물 등}$)은 소유자 등 권한 있는 자의 동의를 받아야 폐기할 수 있다($^{제219조, 제}_{130조 제3항}$). iii) 전자정보를 압수한 경우, 피압수자 등에게 교부한 압수목록에 포함되지 않은 전자정보는 지체없이 삭제 또는 폐기하거나 반환해야 한다.[4]   **99**

---

1 부산고등법원(창원) 2019. 12. 17. 선고 2019노298 판결(대법원 2020. 7. 23. 선고 2020도5251 판결로 확정).

2 서울고등법원 2021. 6. 1. 선고 2020노2178 판결.

3 대법원 1996. 11. 12. 선고 96도2477 판결.

4 대법원 2023. 6. 1. 선고 2018도19782 판결:「수사기관은 저장매체 복제본에 담긴 전자정보를 탐색하여 혐의사실과 관련된 정보(유관정보)를 선별하여 출력하거나 다른 저장매체에 저장하는 등으로 압수를 완료하면 혐의사실과 관련 없는 전자정보(무관정보)를 삭제·폐기하여야 한다. 수사기관이 새로운 범죄혐의의 수사를 위하여 무관정보가 남아있는 복제본을 열람하는 것은 압수·수색영장으로 압수되지 않은 전자정보를 영장 없이 수색하는 것과 다르지 않다. 따라서 복제본은 더 이상 수사기관의 탐색, 복제 또는 출력 대상이 될 수 없으며, 수사기관은 새로운 범죄혐의의 수사를 위하여 필요한 경우에도 유관정보만을 출력하거나 복제한 기존 압수·

100   요건을 갖추지 못한 폐기처분은 위법하며,[1] 추후 무죄판결이 확정될 경우 손해배상청구권이 발생한다(유죄판결의 경우에는 제130조 제2항에 따라 몰수되므로 피압수자에게 손해가 발생하지 않는다). 그 손해배상청구권의 장기소멸시효(5년)는 (폐기처분시가 아니라) 무죄판결 확정시부터 진행한다.[2]

3. 압수물의 환부 · 가환부

101   (1) 의 의   압수물은 종국판결시 몰수의 선고가 없으면 압수상태에서 벗어나게 된다(제332조). 그러나 압수는 재산권에 대한 강한 제약을 수반하는 강제수사이고, 강제수사는 필요 최소한도에 그쳐야 하므로(제199조 제1항), 굳이 수사기관이 물건을 계속 점유하고 있을 필요가 없는 경우에는 판결 전이라도 압수를 해제하거나 잠정적으로라도 이를 돌려줌이 바람직하다. 이에 형사소송법은 환부 · 가환부 제도를 두고 있다. i) 환부란 증거물 · 몰수대상물 아닌 물건으로서 향후 압수상태를 유지할 필요가 없다고 인정되는 것을 그 소유자 · 소지자 · 보관자 · 제출인에게 종국적으로 반환하는 처분을 말한다. ii) 가환부란 증거로 사용할 물건으로서 압수상태를 일시 해제해도 무방한 것을 그 소유자 · 소지자 · 보관자 · 제출인에게 잠정적으로 돌려주는 처분을 말한다.

102   (2) 요 건   i) 환부의 대상은 사본을 확보한 경우 등과 같이 압수상태를 유지할 필요가 없다고 인정되는 압수물이다. 긴급압수(제216조 제1항 제2호, 제3항, 제217조 제1항)로 영장 없이 압수한 물건도 법원으로부터 사후영장을 발부받지 못한 때(제217조 제3항)에는 즉시 반환해야 한다. ii) 가환부의 대상은 증거로 사용할 압수물로서 압수상태를 일시적으로 해제해도 무방한 물건이다(제133조 제1항).

      (3) 절 차

103   (가) 청 구   환부 · 가환부를 청구할 수 있는 자는 소유자, 소지자, 보관

수색의 결과물을 열람할 수 있을 뿐이다.」

1 헌법재판소 2012. 12. 27. 선고 2011헌마351 (全)결정:「제130조 제2항에서 규정하고 있는 '위험발생의 염려가 있는 압수물'이란 폭발물, 유독물질 등 사람의 생명, 신체, 건강, 재산에 위해를 줄 수 있는 물건으로서 보관 자체가 대단히 위험하여 종국판결이 선고될 때까지 보관하기 매우 곤란한 압수물을 의미하는 것으로 해석하여야 한다. 따라서 형법상 가중적 구성요건요소의 하나인 흉기나 위험한 물건이라도 보관 자체에 위험이 없다면 여기에서 말하는 위험발생의 염려가 있는 압수물이라 할 수 없다.」

2 대법원 2022. 1. 14. 선고 2019다282197 판결:「위법한 폐기처분으로 인한 피압수자의 손해는 형사재판 결과가 확정되기 전까지는 관념적이고 부동적인 상태에서 잠재적으로만 존재하고 있을 뿐 아직 현실화되었다고 볼 수 없으므로, 수사기관의 위법한 폐기처분으로 인한 손해배상청구권에 관한 장기소멸시효의 기산점은 위법한 폐기처분이 이루어진 시점이 아니라 무죄의 형사판결이 확정되었을 때로 봄이 상당하다.」

자 또는 제출인이다($^{제218조의}_{2\ 제1항}$). 환부·가환부청구권은 절차법상 공권으로서 법률에 특별한 규정($^{이를테면\ 제486조,\ 관세법\ 제215조,}_{제229조,\ 국가보안법\ 제15조\ 제2항}$)이 없는 한 포기할 수 없으며, 포기의 의사표시를 하더라도 청구권자로서의 지위에 영향이 없다.[1]

환부청구권자의 소재불명 기타 사유로 인해 환부가 불가능한 경우, 검사는 그 사유를 관보에 공고해야 하고, 공고 후 3월 이내에 환부의 청구가 없는 때에는 그 물건은 국고에 귀속된다. 이 기간 내에도 가치 없는 물건은 폐기할 수 있고, 관리가 곤란한 물건은 공매해 대가를 보관할 수 있다($^{제219조,}_{제486조}$). **104**

(나) 처 분 환부·가환부 청구가 이유 있는 경우, 검사는 직접, 사법경찰관은 검사의 지휘를 받아($^{제218조의}_{2\ 제4항}$) 환부·가환부처분을 한다. 이 경우 미리 피해자, 피의자 또는 변호인에게 통지해야 한다($^{제219조,}_{제135조}$). **105**

검사가 환부·가환부를 거부한 경우에는 해당 검찰청에 대응한 법원에 환부·가환부결정을 청구할 수 있다. 법원이 이를 인용하면 검사는 압수물을 환부·가환부해야 한다($^{제218조의2}_{제2항,\ 제3항}$). 결정에 앞서 법원은 검사, 피해자, 피의자 또는 변호인에게 통지해 의견진술기회를 주어야 한다($^{제219조,}_{제135조}$). **106**

가환부청구가 있는 경우 검사는 원칙적으로 이에 응해야 하나, 특별한 사정이 있는 때에는 거부할 수 있다. 그러한 특별한 사정이 있는지 여부는 범죄의 태양·경중, 압수물의 증거로서의 가치, 압수물이 은닉·인멸·손괴될 위험, 수사나 공판진행상의 지장 유무, 압수에 의해 받는 피압수자의 불이익 정도 등 여러 사정을 종합해 판단해야 한다.[2] **107**

(다) 불 복 수사기관의 압수물환부에 관한 처분에 불복하는 자는 그 직무집행지의 관할법원 또는 검사의 소속검찰청에 대응한 법원에 준항고를 제기해 그 처분의 취소·변경을 구할 수 있다($^{제417}_{조}$)[$^{§68/1}_{참조}$]. 준항고가 인용된 예로는 i) 환부·가환부 또는 거부처분 전 통지를 누락해 의견진술권이 침해된 경우,[3] ii) 특별한 사정도 없이 가환부를 거부한 경우[4] 등이 있다. **108**

(4) 효 력

(가) 환 부 환부에 의해 압수는 그 효력을 상실한다. 다만 환부는 압수 **109**

---

1 대법원 1996. 8. 16.자 94모51 (全)결정.

2 대법원 1992. 9. 18.자 92모22 결정.

3 대법원 1980. 2. 5.자 80모3 결정.

4 대법원 2017. 9. 29.자 2017모236 결정.

상태를 해제하는 효력만 있을 뿐이고, 환부로 인해 상대방에게 그 목적물에 대한 소유권 기타 실체법상의 권리가 부여되는 것은 아니다. 즉, 훔친 물건을 임의로 제출한 자에게 압수물을 환부했다고 해서 그자에게 소유권이 생기는 것은 아니며, 이해관계인은 추후 민사소송절차로 권리를 주장할 수 있다($^{제333조}_{제4항}$). 수사단계에서 환부된 물건이라도 추후 판결로 몰수될 수 있다.

110 　　위법하게 압수한 증거물이라도 수사기관이 이를 피압수자 등에게 환부하고 후에 임의제출받아 다시 압수한 경우에는($^{제218}_{조}$) 인과관계 희석·단절을 인정할 사유가 될 수 있다[$^{§64/7}_{참조}$]. 다만, 환부 및 임의제출의 외관을 빌려 실질적으로 수사기관의 우월적 지위에 기초한 강제적 압수가 이루어질 가능성을 배제할 수 없는바, 추후 공판에서 이에 관해 다툼이 있을 경우 검사가 그 제출의 임의성을 합리적 의심을 배제할 수 있을 정도로 증명해야 한다[$^{§112/1}_{참조}$].[1]

111 　　(내) 가환부　　가환부는 압수 자체를 해제하는 효력은 없다. 가환부를 받은 자는 해당 물건을 보관할 의무를 지며, 법원 또는 수사기관의 요구가 있으면 지체없이 제출해야 한다.

4. 피해자환부·교부

112 　　(1) 피해자환부　　압수물이 장물로서 피해자에게 돌려주어야 할 이유가 명백한 경우에는 제출인 등이 아니라 피해자에게 곧바로 환부할 수 있다($^{제219조,}_{제134조}$). 피해자환부는 민사법상 피해자가 그 압수물의 인도를 청구할 수 있는 권리가 있음이 명백한 경우에만 할 수 있고, 그 권리에 관해 사실상·법률상 다소라도 의문이 있는 때에는 할 수 없다.[2]

113 　　(2) 피해자교부　　압수물이 장물 자체가 아니라 범인이 장물을 매각해 그 대가로 취득한 물건($^{현금}_{등}$)인 경우, 검사는 이를 피해자에게 교부하는 처분을 해야 한다($^{제219조, 제}_{333조 제2항}$). 대법원은 ($^{범인이}_{아닌}$) 수사기관이 장물을 매각해 그 대가로 취득한 물건은 피해자교부가 아니라 피해자환부의 대상이라고 한다.[3]

---

1 대법원 2016. 3. 10. 선고 2013도11233 판결.

2 대법원 1984. 7. 16.자 84모38 결정.

3 대법원 1965. 8. 24. 선고 65도493 판결; 수원지방법원 2020. 8. 12. 선고 2020노2459 판결; 서울고등법원(춘천) 2018. 4. 17. 선고 2017노159 판결.

제2　DNA감식시료 채취

Ⅰ. 의　　의

검사 또는 사법경찰관은 법률이 정하는 바에 따라 피의자의 혈액, 타액, 모발, 구강점막 등 DNA감식시료를 채취할 수 있다. 시료에서 추출한 DNA 를 감식해 취득한 DNA신원확인정보는 수사기관의 데이터베이스에 등록되어 관리된다(디엔에이법 제3조, 제4조 등). 이는 강력범죄 발생시 신속히 범인을 특정·검거하고, 무고한 용의자를 수사선상에서 조기에 배제하며, DNA신원확인정보가 등록 된 사람의 재범을 방지하는 데 목적이 있다.

1

시료채취는 성질상 특수한 형태의 압수에 해당하나 특별법인 디엔에이 법에서 별도로 규율하고 있다. 이는 법원으로부터 영장을 발부받아 함이 원 칙인바, 법문상 이 영장의 명칭은 '디엔에이감식시료채취영장'이다(디엔에이법 제6조 제4항).

2

Ⅱ. 영장 없이 하는 채취

1. 범죄현장 등으로부터의 채취

검사 또는 사법경찰관은 i) 범죄현장에서 발견된 것, ii) 범죄피해자 신체 의 내·외부에서 발견된 것, iii) 범죄피해자가 피해 당시 착용하거나 소지하 고 있던 물건에서 발견된 것, iv) 범죄실행과 관련된 사람의 신체나 물건의 내·외부 또는 범죄실행과 관련한 장소에서 발견된 것으로부터 DNA감식시 료를 채취할 수 있다(같은 법 제7조 제1항).

3

2. 동의에 의한 채취

검사 또는 사법경찰관은 구속피의자가 동의하는 때에는 영장 없이 시료 를 채취할 수 있다. 이 경우 미리 피의자에게 채취를 거부할 수 있음을 고지 하고 서면으로 동의를 받아야 한다(같은 법 제8조 제3항).

4

Ⅲ. 사전영장에 의한 채취

1. 요　　건

구속피의자에 대해 디엔에이감식시료채취영장을 발부하기 위해서는 그 구속의 기초가 된 범죄사실이 i) 디엔에이법 제5조 제1항 각호의 어느 하나

5

에 해당하는 죄($^{주요\ 살인\cdot성폭력\cdot강도\cdot절도\cdot마}_{약\cdot폭력\cdot공갈\cdot방화\cdot손괴\ 범죄}$) 또는 ii) 이와 경합된 죄에 해당해야 한다($^{같은\ 법\ 제}_{6조\ 본문}$).

2. 절   차

6   (1) 영장청구   영장은 검사가 청구하며, 사법경찰관은 검사에게 영장청구를 신청할 수 있다($^{같은\ 법\ 제}_{8조\ 제2항}$). 영장청구서에는 피의자의 성명, 주소, 청구이유, 채취할 시료의 종류·방법, 채취할 장소 등을 기재하고 소명자료 및 피의자의 의견서를 첨부해야 한다. 피의자의 의견서를 제출하기 곤란한 사정이 있는 때에는 그에 대한 소명자료를 함께 제출해야 한다($^{같은\ 조}_{제4항}$).

7   (2) 심   사   법원($^{단독}_{판사}$)은 채취대상자에게 서면에 의한 의견진술기회를 주어야 한다. 다만, 이미 의견서가 제출된 때에는 의견진술기회를 부여한 것으로 본다($^{같은\ 조}_{제5항}$).

8   (3) 발   부   영장에는 대상자의 성명, 주소, 채취할 시료의 종류 및 방법, 채취할 장소, 유효기간과 그 기간을 경과하면 집행에 착수하지 못하며 영장을 반환해야 한다는 취지를 적고 법관이 서명날인해야 한다($^{같은\ 조}_{제6항}$).

9   (4) 집   행   영장은 검사의 지휘로 사법경찰관리가 집행한다. 다만, 수용중인 사람에 대해서는 검사의 지휘로 수용기관 소속공무원이 집행할 수 있다($^{같은\ 조}_{제7항}$). 검사는 필요에 따라 관할구역 밖에서 영장의 집행을 직접 지휘하거나 해당 관할구역의 검사에게 집행지휘를 촉탁할 수 있다($^{같은\ 조}_{제8항}$).

10   시료를 채취할 때에는 피의자에게 영장을 제시하고 그 사본을 교부해야 하며($^{같은\ 조}_{제10항}$), 채취 이유, 채취할 시료의 종류 및 방법을 고지해야 한다($^{같은\ 조}_{제9항}$). 가급적 구강점막에서의 채취 등 채취대상자의 신체나 명예에 대한 침해를 최소화하는 방법을 사용해야 한다($^{같은\ 법}_{제9조}$). 구체적 집행절차에 관해서는 디엔에이법시행령 제8조 내지 제10조에서 정하고 있다.

11   (5) 준항고   시료가 채취된 대상자는 채취에 관한 처분에 불복이 있으면 채취가 이루어진 날부터 7일 이내에 그 직무집행지의 관할법원 또는 검사의 소속검찰청에 대응한 법원에 그 처분의 취소를 청구할 수 있다($^{같은\ 법\ 제8}_{조의2\ 제1항}$). 취소청구는 서면으로 하며, 그 심리 및 결정에 관해서는 제409조, 제413조, 제414조 및 제415조의 규정이 준용된다($^{같은\ 조\ 제}_{2항,\ 제3항}$).

제3 수사상 감정   §78

Ⅰ. 의   의

제3자가 법원·법관 또는 수사기관의 요구를 받아 자신의 전문적 지식이   **1**
나 경험을 적용하여 사람이나 사물 등에 대해 판단하는 것을 감정(鑑定)이라
한다. 감정의 대상이 특정인의 정신 또는 신체인 경우에 그를 병원 등에 유
치하는 것을 '감정유치'라 하고, 감정을 시행하는 자가 감정을 위해 타인의
주거, 간수자 있는 가옥, 건조물, 항공기, 선차 내에 들어가거나 신체의 검사,
사체의 해부, 분묘의 발굴, 물건의 파괴를 하는 것을 '감정처분'이라 한다. 감
정·감정유치·감정처분은 공판절차에서 하는 것$\binom{\text{제169조 내지}}{\text{제179조의2}}$[$\substack{§123/1 \\ \text{참조}}$]과 수사절차
상 하는 것$\binom{\text{제221조의3,}}{\text{제221조의4}}$으로 나뉘는데, 여기서 설명하는 것은 후자이다.

Ⅱ. 절   차

1. 감정의 위촉과 감정유치

⑴ 감정의 위촉   수사기관이 전문가에게 감정을 의뢰하는 것을 감정의   **2**
위촉이라 하며($\substack{\text{제221조} \\ \text{제2항}}$), 수사단계에서 감정의 위촉을 받은 사람을 감정수탁자
라 한다. 감정위촉은 기본권침해를 동반하지 않으므로 임의수사에 해당한다.
감정수탁자는 대개 대검찰청·국립과학수사연구원·대학병원 등 기관이지만,
경우에 따라서는 개인일 수도 있다. 감정의뢰대상은 DNA, 마약, 식품, 오염
물질, 사람의 심리·행동·음성, 문서, 영상, 사체 등 다양하다.

⑵ 감정유치   검사가 피의자의 정신·신체의 감정을 위촉하는 경우에   **3**
계속적 유치와 관찰이 필요하다고 인정하는 때에는 법원에 피의자에 대한 감
정유치를 청구할 수 있다($\substack{\text{제221조의} \\ \text{3 제1항}}$). 사법경찰관은 검사에게 감정유치청구를 요
청할 수 있다($\substack{\text{수사규칙 제} \\ \text{73조 제1항}}$). 감정유치는 대인적 강제처분이다.

㈎ 감정유치청구   감정유치청구서에는 i) 피의자의 성명·주민등록번호   **4**
등, ii) 변호인이 있는 때에는 그 성명, iii) 죄명 및 범죄사실 요지, iv) 7일을
넘는 유효기간을 필요로 하는 때에는 그 취지 및 사유, v) 여러 통의 감정유
치장을 청구하는 때에는 그 취지 및 사유, vi) 유치할 장소·기간, vi) 감정의
목적·이유, vii) 감정수탁자의 성명·직업을 기재해야 한다($\substack{\text{규칙 제} \\ \text{113조}}$).

5   (나) 감정유치장 발부   법원은 검사의 청구가 상당하다고 인정되면 감정
유치장을 발부한다(제221조의3 제2항, 제172조 제4항). 감정유치장에는 i) 피의자의 성명·주민등록
번호·직업·주거, ii) 죄명 및 범죄사실 요지, iii) 유치할 장소·기간, iv) 감정
의 목적, v) 유효기간 및 그 기간이 경과하면 집행에 착수하지 못하고 영장
을 반환해야 한다는 취지를 기재해 서명날인해야 한다(규칙 제115조, 제85조 제1항).

6   (다) 집 행   감정유치장은 검사의 지휘로 사법경찰관리가 집행하며,
집행에는 구속영장집행에 관한 규정이 준용된다(제221조의3 제2항, 제172조 제7항, 제81조).

7   구속중인 자에 대해 감정유치장이 집행된 때에는 감정유치기간 동안 구
속의 집행이 정지된다(제221조의3 제2항, 제172조의2 제1항). 감정유치기간은 미결구금일수 산입시에
구속기간으로 간주된다(제221조의3 제2항, 제172조 제8항).

8   (라) 해 제   감정유치는 감정의 완료 또는 유치기간 만료로 해제된다.
유치기간 내에 감정이 완료된 경우 검사는 즉시 감정유치를 취소해야 한다.
유치기간이 만료되면 연장이 없는 한 감정유치는 당연히 해제되므로, 기간을
연장하려면 검사는 판사에게 청구해 연장결정을 받아야 한다(제221조의3 제2항, 제172조 제6항).
구속된 자에 대한 감정유치가 취소되거나 유치기간이 만료된 경우에는 구속
집행정지가 취소된 것으로 간주되어 구속기간이 재진행한다(제221조의3 제2항, 제172조의2 제2항).

2. 감정의 시행

9   (1) 감 정   감정수탁자는 자신의 전문지식과 경험에 기해 자유롭게 감
정한다. 법원의 감정인과 달리[§123/6 참조], 수사절차상 감정수탁자에게는 선서의
무가 없다.

10   감정수탁자가 감정의 일시·장소·경위·결과를 기재한 서류는 추후 공판
정에서 i) 검사·피고인의 동의가 있거나(제318조 제1항)[§119/20 참조] ii) 그 작성자인 감정인
이 공판정에 출석해 그 성립의 진정을 인정하는 진술을 하면 증거능력이
인정된다(제313조 제3항)[§119/114 참조].

11   (2) 감정처분   감정처분이란 감정수탁자가 감정목적 달성을 위해 시행
하는 강제처분을 말한다. 형사소송법상 감정처분으로 허용되는 행위는 공간
침입(타인의 주거, 감수자 있는 가옥, 건조물, 항공기, 선차), 신체의 검사, 사체의 해부, 분묘의 발굴, 물건의 파
괴[§76/9 참조]이며, 감정유치와 마찬가지로 영장 즉 감정처분허가장이 발부된 경우
에만 할 수 있다(제221조의4 제1항, 제173조 제1항, 규칙 제89조). 영장주의의 예외는 인정되지 않는다.

감정처분허가장의 청구는 검사만 할 수 있으며($^{제221조의}_{4\ 제2항}$), 사법경찰관은 **12**
검사에게 허가장 청구를 신청할 수 있다($^{수사규칙\ 제}_{73조\ 제2항}$). 청구서에는 i) 피의자의
성명 등, ii) 죄명 및 피의사실 요지, iii) 들어갈 장소·검사할 신체·해부할
사체·발굴할 분묘·파괴할 물건, iv) 감정인의 성명, v) 유효기간, vi) 7일이
넘는 유효기간을 필요로 하는 때에는 그 취지 및 사유, vii) 여러 통의 허가
장을 청구하는 때에는 그 취지 및 사유, viii) 감정처분의 사유를 기재해야
한다($^{제221조의4\ 제4항,\ 제173조}_{제2항,\ 규칙\ 제114조,\ 제95조}$).

법원은 청구가 상당하다고 인정할 때에는 허가장을 발부해야 하며, 그 **13**
기재사항은 위 i) 내지 v)와 같다($^{제221조의}_{4\ 제4항}$). 감정수탁자는 감정처분을 받는 자
에게 허가장을 제시해야 한다($^{제221조의4\ 제4항,}_{제173조\ 제3항}$.) 감정처분에 관해서는 신체검사에
관한 주의($^{제141}_{조}$), 야간집행제한($^{제143}_{조}$) 등 규정이 준용된다($^{제221조의4\ 제4항,}_{제173조\ 제5항}$).

제5관 통신수사·신분위장수사

제 1 통신제한조치   §79

Ⅰ. 의   의

통비법은 수사상 압수·수색·검증의 특수한 형태로 우편물 검열 및 전기 **1**
통신 감청, 이른바 통신제한조치에 관해 규정하고 있다. i) 우편물의 검열이
란 당사자의 동의 없이 그 우편물의 점유를 취득하는 행위 및 개봉 기타의
방법으로 우편물의 내용을 열람·기록하는 행위를 말하며($^{통비법\ 제}_{2조\ 제6호}$), ii) 전기통
신의 감청이란 당사자의 동의 없이 전자장치나 기계장치 등을 사용해 전기통
신의 음향·부호·문언·영상을 몰래 시청·기록하거나 그 송·수신을 방해하
는 행위를 가리킨다($^{같은\ 조}_{제7호}$). 전기통신의 송·수신을 실시간으로 엿듣거나 엿
보는 행위만 감청에 해당하고($^{동시성·}_{현재성}$), 이미 송·수신이 완료된 전기통신의 내
용을 지득하는 행위는 감청에 해당하지 않는다.[1] 그러한 전기통신은 통상적
인 압수·수색의 대상에 속한다($^{제107조,\ 통비}_{법\ 제9조의3}$). 그리고 우편물·전기통신의 내용

---

1 대법원 2016. 10. 13. 선고 2016도8137 판결.

을 확인하는 것이 아니라 그 존재 여부와 내역만을 확인하는 것은 후술하는 통신사실확인자료 제공요청의 대상이다[§80/1 참조].[1]

2　　　수사기관이 공개되지 아니한 타인간 대화를 녹음하거나 전자장치 또는 기계적 수단을 이용해 청취하는 것은 통신제한조치에 준하는 성격을 지니므로, 통신제한조치에 관한 규정이 이에 준용된다(통비법 제14조 제2항).

3　　　통신제한조치는 수사기관만 할 수 있다. 사인은 어떠한 경우에도 전기통신 감청이나 우편물 검열을 할 수 없으며, 하더라도 그 우편물이나 전기통신의 내용은 증거능력이 없다(통비법 제3조 제1항, 제4조)[§67/1 참조]. 가령, 전화통화 당사자의 일방이 상대방 모르게 통화내용을 녹음하는 것은 '감청'이 아니므로 허용되는 반면, 제3자가 전화통화 당사자 쌍방의 동의 없이 통화내용을 녹음하는 것은 '감청'에 해당하여(제3자가 직접 녹음하는 경우는 물론, 당사자 일방에게 시켜 몰래 녹음하게 한 경우에도 마찬가지다) 그 녹음파일이나 이를 기초로 작성된 녹취서 등은 증거능력이 없다.[2] 또한, 비공개조치를 하지 않은 인터넷개인방송을 시청·녹화하는 것은 '감청'이 아니지만, 비공개조치를 한 인터넷개인방송에 비정상적 방법으로 접근해 시청·녹화하는 것은 방송자가 이를 승낙·용인하였다는 사정이 없는 한 '감청'에 해당하므로 그 녹화파일 등은 증거능력이 없다.[3]

4　　　통신제한조치는 사전에 법원으로부터 영장(통신제한조치허가서)를 발부받아 함이 원칙이나, 일정한 경우에는 선집행 후 사후영장을 받을 수 있다.

1　제요(Ⅲ) 362쪽.

2　대법원 2010. 10. 14. 선고 2010도9016 판결.

3　대법원 2022. 10. 27. 선고 2022도9877 판결:「인터넷개인방송의 방송자가 비밀번호를 설정하는 등 그 수신범위를 한정하는 비공개조치를 취하지 않고 방송을 송출하는 경우, 누구든지 시청하는 것을 포괄적으로 허용하는 의사라고 볼 수 있으므로, 그 시청자는 인터넷개인방송의 당사자인 수신인에 해당하고, 이러한 시청자가 방송내용을 지득·채록하는 것은 통비법에서 정한 감청에 해당하지 않는다. 그러나 인터넷개인방송의 방송자가 비밀번호를 설정하는 등으로 비공개조치를 취한 후 방송을 송출하는 경우에는, 방송자로부터 허가를 받지 못한 사람은 당해 인터넷개인방송의 당사자가 아닌 '제3자'에 해당하고, 이러한 제3자가 비공개조치가 된 인터넷개인방송을 비정상적인 방법으로 시청·녹화하는 것은 통비법상의 감청에 해당할 수 있다. 다만, 방송자가 이와 같은 제3자의 시청·녹화사실을 알았거나 알 수 있었음에도 방송을 중단하거나 그 제3자를 배제하지 않은 채 방송을 계속 진행하는 등 허가받지 아니한 제3자의 시청·녹화를 사실상 승낙·용인한 것으로 볼 수 있는 경우에는 불특정인 혹은 다수인을 직·간접적인 대상으로 하는 인터넷개인방송의 일반적 특성상 그 제3자 역시 인터넷개인방송의 당사자에 포함될 수 있으므로, 이러한 제3자가 방송내용을 지득·채록하는 것은 통비법에서 정한 감청에 해당하지 않는다.」

Ⅱ. 사전영장에 의한 통신제한조치

1. 요　　건

통신제한조치허가서는 i) 통비법 제5조 제1항 각호의 죄(형법상 대부분의 범죄와 그 가중적구성요건에 해당하는 특별법상 범죄)를 계획·실행하고 있거나 실행하였다고 의심할 만한 충분한 이유가 있고, ii) 다른 방법으로는 그 범죄실행을 저지하거나 범인체포 또는 증거수집이 어려운 사정이 있는 때(보충성)에 발부할 수 있다(통비법 제5조 제1항).　　5

보충성 요건의 충족 여부는 범죄유형과 경중, 범인체포나 증거수집의 난이도, 범행저지의 필요성과 긴급성, 다른 대체수단의 유무 등을 종합해 판단한다. 가령 국가안보를 위협하는 범죄나 조직화된 집단범죄에서 통상의 수사방법으로는 증거수집이 곤란하거나 추가피해 방지를 위한 신속한 수사진행이 필요하다는 등의 사정에 대해 충분한 소명이 있어야 한다.[1]　　6

2. 절　　차

(1) 허가청구　　검사는 법원에 대해 통신제한조치허가서의 발부를 청구할 수 있고, 사법경찰관은 검사에게 이를 신청할 수 있다(통비법 제6조 제1항, 제2항). 청구서에는 필요한 통신제한조치의 종류·목적·대상·범위·기간·집행장소·방법·사유를 기재하고 소명자료를 첨부해야 한다. 동일한 범죄사실에 관해 그 피의자에 대해 통신제한조치허가를 청구하였거나 허가받은 사실이 있는 때에는 재청구하는 취지 및 이유도 기재해야 한다(같은 조 제4항).　　7

관할법원은 통신제한조치를 받을 통신당사자 쌍방 또는 일방의 주소지·소재지, 범죄지 또는 통신당사자와 공범관계에 있는 자의 주소지·소재지를 관할하는 지방법원 또는 지원이다(같은 조 제3항).　　8

(2) 결　　정

(가) 기　각　　허가청구를 기각하는 경우 청구서에 그 취지·이유를 기재하고 법관이 서명날인한 후 검찰청(또는 수사처) 담당직원에게 인계한다(통신제한규칙 제5조, 제7조).　　9

(나) 발　부　　통비법 제5조 제1항의 요건이 충족되는 경우 법원은 각 피의자별로 통신제한조치허가서를 발부해 검찰청(또는 수사처) 담당직원에게 인계한다(통비법 제6조 제5항, 통신제한규칙 제7조). 허가청구 중 일부만을 인용하는 때에도 같다(같은 규칙 제7조의2). 허가서　　10

---

[1] 제요(Ⅲ) 364쪽.

에는 통신제한조치의 종류·목적·대상·범위·기간($^{2개월}_{이내}$)·집행장소·방법을 특정하여 기재해야 한다($^{통비법 제}_{6조 제6항}$).

11 　(3) 집 행　검열·감청은 허가서에 기재된 범위에서만 할 수 있다. 이를 벗어나 집행한 경우, 해당 우편물·녹취록·녹음테이프 등은 증거능력이 없다($^{통비법 제3조}_{제1항, 제4조}$).

12 　수사기관은 통신기관 등에 허가서 사본을 교부하고 그 집행을 위탁할 수 있으며, 이 경우 집행에 필요한 설비를 제공해야 한다($^{통비법 제9조 제1항, 제2항,}_{통비법시행령 제21조 제3항}$). 위탁을 받은 통신기관 등은 수사기관이 직접 집행할 경우와 마찬가지로 허가서 기재 집행방법을 준수해야 한다. 가령 허가된 통신제한조치가 전기통신감청인 경우에는 통비법이 정한 감청의 방식으로 집행해야 하는바, 만약 집행에 필요한 설비가 없다면 수사기관에 요청해 그 설비를 제공받아야 하고, 임의로 다른 방식으로 집행할 경우 그에 따라 취득된 자료는 증거능력이 없다.[1]

13 　(4) 종료·기간연장　통신제한조치의 기간은 2개월을 초과하지 못하며, 그 기간중이라도 목적이 달성된 때에는 즉시 종료해야 한다. 다만 허가요건이 존속하는 경우, 검사는 소명자료를 첨부하여 2개월의 범위에서 법원에 통신제한조치기간의 연장을 청구할 수 있고, 사법경찰관은 검사에게 연장청구를 신청할 수 있다($^{통비법 제}_{6조 제7항}$). 법원은 청구가 이유 있다고 인정한 때에는 연장결정을 하며, 이 경우 원허가의 대상·범위를 초과하는 처분은 허용할 수 없다($^{가령 원허가의 대상이 감청인 경우,}_{연장결정에서 검열을 추가할 수 없다}$).[2] 총 연장기간은 1년을 초과할 수 없으나, 내란·외환 등 중대 안보범죄의 경우 3년까지 연장할 수 있다($^{같은 조}_{제8항}$).

---

1 대법원 2016. 10. 13. 선고 2016도8137 판결:「이 사건 통신제한조치허가서에 기재된 통신제한조치의 종류는 전기통신의 '감청'이므로, 수사기관으로부터 집행위탁을 받은 카카오는 통신비밀보호법이 정한 감청의 방식, 즉 전자장치 등을 사용하여 실시간으로 이 사건 대상자들이 카카오톡에서 송·수신하는 음향·문언·부호·영상을 청취·공독하여 그 내용을 지득 또는 채록하는 방식으로 통신제한조치를 집행하여야 하고 임의로 선택한 다른 방식으로 집행하여서는 안 된다고 할 것이다. 그런데도 카카오는 이 사건 통신제한조치허가서에 기재된 기간 동안, 이미 수신이 완료되어 전자정보의 형태로 서버에 저장되어 있던 것을 3~7일마다 정기적으로 추출하여 수사기관에 제공하는 방식으로 통신제한조치를 집행하였다. 이러한 카카오의 집행은 동시성 또는 현재성 요건을 충족하지 못해 통신비밀보호법이 정한 감청이라고 볼 수 없으므로 이 사건 통신제한조치허가서에 기재된 방식을 따르지 않은 것으로서 위법하다고 할 것이다. 따라서 이 사건 카카오톡 대화내용은 적법절차의 실질적 내용을 침해하는 것으로 위법하게 수집된 증거라 할 것이므로 유죄 인정의 증거로 삼을 수 없다.」

2 대법원 1999. 9. 3. 선고 99도2317 판결.

Ⅲ. 영장주의의 예외

수사기관은 i) 국가안보를 위협하는 음모행위, 직접적 사망이나 심각한   14
상해의 위험을 야기할 수 있는 범죄 또는 조직범죄 등 중대한 범죄의 계획·
실행 등 긴박한 상황에서, ii) 통신제한조치 요건을 구비한 자에 대해 허가서
발부절차를 거칠 수 없는 긴급한 사유가 있는 때에는, 법원의 허가서 없이
통신제한조치를 할 수 있다($^{통비법\ 제}_{8조\ 제1항}$). 긴급통신제한조치는 반드시 긴급검열서
또는 긴급감청서에 의해야 한다($^{같은\ 조}_{제4항}$). 체신관서 기타 관련기관 등에 집행을
위탁할 수 있음은 사전허가서에 의한 통신제한조치의 경우와 같다($^{통비법\ 제}_{9조\ 제2항}$).

사법경찰관이 긴급통신제한조치를 할 경우에는 미리 검사의 지휘를 받   15
아야 한다. 다만 급속을 요하여 미리 지휘를 받을 수 없는 사유가 있는 때에
는 집행착수 후 지체없이 검사의 승인을 얻어야 한다($^{통비법\ 제}_{8조\ 제3항}$).

수사기관이 긴급통신제한조치의 집행에 착수한 때에는 지체없이 법원에   16
허가청구를 해야 한다($^{같은\ 조}_{제2항}$). 허가청구서에는 i) 통비법 제6조 제4항의 기재
사항($^{통신제한조치의\ 종류·목적·대상·범위·기간·집행장소·방법\ 및\ 당해}_{통신제한조치가\ 통비법\ 제5조\ 제1항의\ 허가요건을\ 충족한다는\ 사실}$) 외에도 ii) 미리 허가를
받을 수 없었던 긴급한 사유, iii) 긴급통신제한조치를 한 일시와 장소, iv)
집행자의 관직·성명을 기재해야 한다($^{통신제한규}_{칙\ 제3조의2}$).

집행착수시점으로부터 36시간 이내에 사후허가서를 발부받지 못한 때에   17
는 즉시 통신제한조치를 중단하고 그 취득한 자료를 폐기해야 한다($^{통비법\ 제}_{8조\ 제5항}$).

Ⅳ. 통신제한 이후의 조치

1. 사용·보관

검사가 인터넷 회선으로 송·수신하는 전기통신을 대상으로 통신제한조   18
치를 집행한 경우에 그 전기통신을 증거로 사용하거나 보관하고자 하는 때
에는, 집행종료일부터 14일 이내에 통신제한조치허가서를 발부한 법원에 사
용·보관의 승인을 청구해야 한다($^{통비법\ 제12}_{조의2\ 제1항}$). 사법경찰관은 집행종료일로부터
14일 이내에 검사에게 위 승인청구를 신청할 수 있으며, 검사는 그 신청을
받은 날로부터 7일 이내에 승인청구를 할 수 있다($^{같은\ 조}_{제2항}$).

승인청구는 통신제한조치의 집행경위, 취득한 결과의 요지, 사용·보관   19

이 필요한 이유를 기재한 서면($_{청구서}^{승인}$)으로 한다. 여기에는 i) 청구이유에 대한 소명자료, ii) 사용·보관이 필요한 전기통신의 목록, iii) 사용·보관이 필요한 전기통신이 저장·봉인된 정보저장매체를 첨부해야 한다($_{제3조}^{같은 조}$).

20   법원은 청구가 이유 있다고 인정하는 경우에는 사용·보관을 승인하고 이를 증명하는 서류($_{서}^{승인}$)를 발부하며, 이유 없다고 인정하는 경우에는 청구를 기각하고 이를 검사에게 통지한다($_{제4항}^{같은 조}$).

2. 폐 기

21   i) 승인청구($_{사}^{검}$)나 그 신청($_{찰관}^{사법경}$)을 하지 않는 때에는 집행종료일로부터 14일($_{기각한 때에는 그날로부터 7일}^{검사가 사법경찰관의 신청을}$) 이내에, ii) 승인청구를 한 경우($_{청구한 경우 포함}^{일부에 대해서만}$)에는 승인서를 발부받거나 청구기각의 통지를 받을 날로부터 7일 이내에 그 전기통신을 폐기해야 한다($_{제5항}^{같은 조}$). 검사 또는 사법경찰관은 폐기의 이유·범위·일시 등을 기재한 폐기결과보고서를 작성해 사건기록에 첨부하고, 폐기일부터 7일 이내에 통신제한조치를 허가한 법원에 송부해야 한다($_{제6항}^{같은 조}$).

V. 자료사용제한

22   통신제한조치로 취득한 자료는 i) 검열·감청의 목적이 된 범죄나 이와 관련되는 범죄의 수사·소추·예방, ii) 해당 범죄로 인한 징계절차, iii) 통신의 당사자가 제기하는 손해배상소송, iv) 기타 법률의 규정에서 정한 목적을 위해서만 사용할 수 있다($_{제14조 제2항}^{통비법 제12조,}$).

§80   제 2   통신사실확인자료 제공요청

I. 의   의

1   검사 또는 사법경찰관은 수사를 위해 필요한 경우 관할법원의 허가를 얻어 전기통신사업법에 의한 전기통신사업자에게 통신사실확인자료의 열람이나 제출을 요청할 수 있다($_{조 내지 제3항}^{통비법 제13}$). 통신사실확인자료란 i) 가입자의 전기통신일시, ii) 전기통신개시·종료시간, iii) 발·착신 통신번호 등 상대방의 가입자번호, iv) 사용도수, v) 컴퓨터통신 또는 인터넷의 사용자가 전기통신역무를 이용한 사실에 관한 로그기록자료, vi) 정보통신망에 접속된 정보통

신기기의 위치를 확인할 수 있는 발신기지국의 위치추적자료, vii) 컴퓨터통신 또는 인터넷의 사용자가 정보통신망에 접속하기 위해 사용하는 정보통신기기의 위치를 확인할 수 있는 접속지의 추적자료를 말한다(통비법 제2조 제11호).

통신사실확인자료 제공요청에 따라 취득하는 자료로는 통화내역, 신용카드·인터넷뱅킹 등 이용내역, 실시간 위치정보, IP주소, 인터넷 로그기록자료 등이 있다.

2

수사기관이 전기통신사업자로부터 통신사실확인자료를 제공받는 행위는 프라이버시권 침해를 동반하는 강제수사[§61/2 참조]인바, 통비법은 원칙적으로 법원이 발부한 영장에 의해서만 이를 할 수 있도록 규정하고 있다. 법문상 이 영장의 이름은 '통신사실확인자료 제공요청 허가서'이다(통비법시행령 제37조 제5항).

3

Ⅱ. 사전영장에 의한 통신사실확인자료 제공요청

1. 요 건

통신사실확인자료 제공요청은 전술한 통신제한조치보다는 기본권침해의 정도가 상대적으로 경미하므로, 그 대상범죄에 제한이 없다.

4

발신기지국 또는 접속지의 실시간 추적자료와 특정한 기지국에 대한 통신사실확인자료 제공요청 허가서는 i) 원칙적으로 통비법 제5조 제1항 각호의 어느 하나에 해당하는 범죄(형법각칙에 규정된 대부분의 범죄들, 그 가중적구성요건에 해당하는 특별법상 범죄들, 공안범죄, 마약범죄 등) 또는 전기통신을 수단으로 하는 범죄의 수사를 위해 필요한 때에만 발부할 수 있다. 하지만, ii) 예외적으로 다른 방법으로는 범죄의 실행을 저지하기 어렵거나 범인의 발견·확보 또는 증거의 수집·보전이 어렵다고 인정되는 때에는 그 밖의 다른 범죄의 수사를 위해서도 발부할 수 있다(통비법 제13조 제2항).

5

2. 절 차

⑴ 영장의 청구·발부 허가서 청구는 검사만 할 수 있고, 사법경찰관은 검사에게 이를 신청할 수 있다(같은 조 제9항, 제6조 제1항, 제2항). 허가청구서에는 요청사유, 해당 가입자와의 연관성 및 필요한 자료의 범위를 기재해야 한다(통비법 제13조 제3항). 허가청구사건의 관할법원은 범죄지 또는 피의자·가입자의 주소지·소재지를 관할하는 지방법원 또는 지원의 단독판사이다(통비법시행령 제37조 제1항). 법원은 검사의 청구가 이유 있는 경우 허가서를 발부한다(통비법 제13조 제9항, 제6조 제9항).

6

7   (2) 집 행   검사 또는 사법경찰관이 전기통신사업자에게 통신사실확인자료의 제공을 요청할 때에는 위 허가서의 사본을 발급하고 자신의 신분을 표시할 수 있는 증표를 제시해야 하는데, 이는 모사전송의 방법으로 할 수도 있다(통비법시행령 제12조, 제37조 제3항, 제5항). 전기통신사업자는 위 요청에 응해야 한다(통비법 제15조의2).

Ⅲ. 영장주의의 예외

8   법원의 허가서를 받을 수 없는 긴급한 사유가 있는 때에는 통신사실확인자료 제공을 요청한 후 지체없이 허가서를 받아 전기통신사업자에게 송부해야 한다(통비법 제13조 제3항). 이 경우 허가를 받지 못한 때에는 그 제공받은 통신사실확인자료를 지체없이 폐기해야 한다(같은 조 제4항).

Ⅳ. 자료사용제한

9   통신사실확인자료는 i) 그 제공요청의 목적이 된 범죄나 이와 관련되는 범죄의 수사·소추·예방, ii) 해당 범죄로 인한 징계절차, iii) 통신의 당사자가 제기하는 손해배상소송, iv) 기타 법률의 규정에서 정한 목적을 위해서만 사용할 수 있다(통비법 제12조, 제13조의5).

§81 제 3 신분비공개·위장수사

Ⅰ. 의 의

1   아청법은 아동·청소년 대상 디지털성범죄를 사전에 예방하고 증거를 확보하기 위해, 사법경찰관리가 신분을 비공개하거나 위장하고 수사할 수 있는 특례를 규정하고 있다(아청법 제25조의2 내지 제25조의5). 특히 신분위장수사의 경우 수사기관이 부득이 범죄구성요건에 해당하는 행위를 할 것을 예정하고 있으므로 반드시 법원의 허가를 받게 되어 있다. 신분위장수사에서 이루어지는 성착취물의 광고·판매 등은 기회제공형 함정수사[§62/4 참조]의 일종이며(다만, 범의를 유발하는 측면이 있다는 지적도 있다),[1] 신분위장수사의 일환으로 사법경찰관리가 행한 문서위조나 영상물 소지 등은 법령에 의한 행위로서 위법성이 조각된다(형법 제20조).

---

1 제요(Ⅲ) 440쪽.

Ⅱ. 신분비공개수사

　　아동·청소년에 대한 디지털성범죄(아청법 제11조 및 제15조의2의 죄, 성폭법 제14조 제2항, 제3항의 죄)에 대해, 사법경찰관리는 신분을 비공개하고 범죄현장(정보통신망 포함) 또는 범인으로 추정되는 자들에게 접근해 증거나 자료 등을 수집할 수 있다(아청법 제25조의2 제1항). '신분을 비공개'한다는 것은 경찰관임을 밝히지 않거나 부인하는 것을 말하고, '접근'한다는 것은 대화에 참여하거나 촬영물 등을 제공받는 것을 말한다(아청법시행령 제5조의3). 신분비공개수사를 하려는 때에는 사전에 상급 경찰관서 수사부서장의 승인을 받아야 하며, 그 수사기간은 3개월을 초과할 수 없다(아청법 제25조의3 제1항). **2**

Ⅲ. 신분위장수사

1. 사전허가에 의한 신분위장수사

　⑴ 요　건　　아청법 제25조의2 제1항의 디지털성범죄를 계획·실행하고 있거나 실행했다고 의심할 만한 충분한 이유가 있고, 다른 방법으로는 그 범죄의 실행을 저지하거나 범인체포 또는 증거수집이 어려운 상황에서 수사목적 달성을 위해 부득이한 경우, 사법경찰관리는 검사의 청구로 법원의 허가를 얻어 i) 신분위장을 위한 문서·도화·전자기록 등의 작성·변경·행사, ii) 위장신분을 사용한 계약·거래, iii) 아동·청소년성착취물이나 성폭법 제14조 제2항의 촬영물 또는 복제물을 소지·판매·광고할 수 있다(아청법 제25조의2 제2항). **3**

　⑵ 절　차

　㈎ 허가의 신청·청구　　사법경찰관리가 신분위장수사를 하려는 경우에는 검사에게 그에 대한 허가를 신청하고, 검사는 법원에 그 허가를 청구한다(아청법 제25조의3 제3항). 허가청구는 필요한 신분위장수사의 종류·목적·대상·범위·기간·장소·방법 및 아청법 제25조의2 제2항의 요건에 해당하는 사유 등을 기재한 서면으로 하며, 이에 대한 소명자료를 첨부해야 한다(같은 조 제4항). **4**

　㈏ 허　가　　법원은 청구가 이유 있다고 인정하는 경우에는 신분위장수사 허가서를 발부한다(같은 조 제5항). 허가서에는 신분위장수사의 종류·목적·대상·범위·기간·장소·방법 등을 특정하여 기재해야 한다(같은 조 제6항). **5**

　㈐ 수　사　　신분위장수사를 하는 경우에도 본래 범의를 가지지 않은 자에게 범의를 유발하는 행위를 할 수 없음은 물론이다. 또한 신분위장수사 **6**

의 기간은 3개월을 초과할 수 없으며, 그 수사기간중 수사의 목적이 달성된 경우에는 즉시 종료해야 한다(^{같은 조.}_{제7항}).

7   ㈃ 기간연장   제25조의2 제2항의 요건이 존속하여 그 수사기간을 연장할 필요가 있는 경우, 사법경찰관리는 소명자료를 첨부해 3개월의 범위에서 수사기간을 연장해줄 것을 검사에게 신청하고, 검사는 법원에 그 연장을 청구한다. 수회 연장하더라도 총기간은 1년을 초과할 수 없다(^{같은 조.}_{제8항}).

2. 긴급신분위장수사

8   제25조의2 제2항의 요건은 충족되나 제25조의3 제3항 이하의 절차를 거칠 수 없을 만큼 긴급을 요하는 경우, 사법경찰관리는 법원의 허가 없이 신분위장수사를 개시할 수 있다(^{아청법 제25}_{조의4 제1항}). 개시 후에는 지체없이 검사에게 허가를 신청해야 하며, 48시간 이내에 법원의 허가를 받지 못한 때에는 신분위장수사를 즉시 중지해야 한다(^{같은 조.}_{제2항}).

Ⅳ. 자료사용제한

9   신분비공개수사 또는 신분위장수사로 수집한 증거 및 자료는 i) 그 목적이 된 디지털성범죄 또는 그 관련범죄의 수사·소추·예방, ii) 해당 범죄로 인한 징계절차, iii) 증거 및 자료 수집의 대상자가 제기하는 손해배상소송, iv) 기타 다른 법률에서 정한 목적을 위해서만 사용할 수 있다(^{아청법 제.}_{25조의5}).

제6관   증거보전제도

§82   제 1   증거보전의 의의

1   수사기관은 광범위한 정보망과 사실조회요구권(^{제199조}_{제2항}) 및 각종 강제처분권을 통해 증거를 수집할 수 있는 반면, 피의자 등은 자신에게 유리한 증거를 원활히 확보하기 어렵다. 공판에서 증거신청을 하거나 수소법원의 직권증거조사 또는 압수·수색을 촉구하는 방법이 있기는 하나, 이는 그전에 증거가 멸실(^{CCTV의 보관기간 만료, 중요 사.}_{건관계인의 출국·사망 임박 등})될 경우 아무 소용이 없다. 이에 제184조 제1항은 「검사, 피고인, 피의자 또는 변호인은 미리 증거를 보전하지 아니하면 그 증

거를 사용하기 곤란한 사정이 있는 때에는 제1회 공판기일 전이라도 판사에
게 압수, 수색, 검증, 증인신문 또는 감정을 청구할 수 있다」고 규정하여, 피
의자·피고인·변호인이 법원의 힘을 빌려 증거를 미리 보전함으로써 그 멸실
또는 사용곤란의 우려를 방지할 수 있도록 하고 있다.

검사도 증거보전청구권자로 규정돼 있으나, 검사는 수사단계에서는 직　　**2**
접 강제처분을 할 수 있으므로 증거보전청구를 할 이유가 없고, 공소제기 이
후에도 참여권보장 규정[§14/11 참조] 때문에 이를 잘 활용하지 않는다. 따라서 현실
적으로 증거보전제도는 수사단계의 피의자 또는 제1회 공판기일 전의 피고
인을 위한 제도라고 할 수 있다.

제2　증거보전의 요건과 절차　　　　　　　§83

I. 요　　건

1. 제1회 공판기일 전

검사, 피의자·피고인 또는 변호인은 「제1회 공판기일 전」까지 증거보전　　**1**
청구를 할 수 있다(제184조). 대법원은 여기서의 '제1회 공판기일'을 '제1심의 제
1회 공판기일'로 축소하여 해석하나,[1] 제184조는 형사소송법 총칙편에 규정
되어 있고 법문상 심급을 제한하는 내용이 없으므로, 항소 후 제1회 공판기
일 전에도 증거보전을 청구할 수 있다고 봄이 타당하다.

2. 미리 증거를 보전하지 않으면 그 증거를 사용하기 곤란한 사정

제184조는 증거보전의 실체적 요건으로 「미리 증거를 보전하지 아니하　　**2**
면 그 증거를 사용하기 곤란한 사정」을 요구하는바, 이는 i) 공판기일에서의
증거조사 자체가 곤란하게 되거나 ii) 본래의 증명력에 변화가 초래될 가능
성이 있는 때에 인정된다. 압수·수색이나 감정의 경우에는 증거물 또는 감정
대상이 멸실·분산·은닉될 염려가 있어야 한다. 증인신문의 경우 증인이 될
자의 장기출국·사망 임박, 기억소실 염려 등 사정이 있어야 하며, 단지 진술
을 번복할 우려가 있다는 점만으로는 증거보전 청구사유가 되지 못한다.

1　대법원 1984. 3. 29.자 84모15 결정.

Ⅱ. 절   차

1. 청   구

3   증거보전청구는 i) 사건의 개요, ii) 증명할 사실, iii) 증거 및 보전의 방법($\substack{압수 \cdot 수색, \ 검증, \\ 감정, \ 증인신문}$), iv) 증거보전을 필요로 하는 사유를 기재한 서면을 법원에 제출하는 방법으로 한다($\substack{제184조 \ 제3항, \ 규 \\ 칙 \ 제92조 \ 제1항}$). 피의자·피고인에 대한 신문은 청구할 수 없으나($\substack{신문하더라도 \ 그 \ 조서 \\ 는 \ 증거능력이 \ 없다}$),[1] 공범자에 대한 증인신문청구는 가능하다.[2]

4   성폭력범죄 또는 아동·청소년 대상 성범죄의 피해자나 그 법정대리인 또는 경찰은, 피해자가 공판기일에 출석해 증언하는 것에 현저히 곤란한 사정이 있을 때에는 그 사유를 소명하여 진술조사 영상녹화물 또는 그 밖의 다른 증거에 대해 해당 사건을 수사하는 검사에게 증거보전청구를 할 것을 요청할 수 있다($\substack{성폭법 \ 제41조, \ 제27조 \\ 제5항, \ 아청법 \ 제27조}$).

5   증거보전청구사건의 관할은 i) 압수의 경우 압수할 물건의 소재지, ii) 검증의 경우 그 장소·신체 또는 물건의 소재지, iii) 증인신문의 경우 증인의 주거지 또는 현재지, iv) 감정의 경우 감정대상의 소재지·현재지 또는 감정함에 편리한 장소를 관할하는 지방법원의 단독판사에 속한다($\substack{규칙 \ 제 \\ 91조}$). 공소제기 후 제1회 공판기일 전이더라도 수소법원이 관할법원이 되지는 않는다.

2. 법원의 조치

6   (1) 청구기각결정   증거보전청구사건의 재판부는 청구가 부적법하거나 ($\substack{청구권자가 \ 아닌 \ 때, \ 제1회 \ 공판기일 \\ 후의 \ 청구인 \ 때, \ 관할을 \ 위반한 \ 때 \ 등}$) 이유 없다고 인정되는 때($\substack{증거보전의 \ 필요성에 \\ 대한 \ 소명이 \ 부족한 \ 때}$)에는 청구기각결정을 한다. 이에 대해서는 즉시항고할 수 있는데, 통상의 즉시항고와 달리 그 제기기간은 3일이다($\substack{제184조 \\ 제4항}$).

7   과거 제405조는 즉시항고 제기기간을 3일로 규정했으나, 헌법재판소가 3일은 지나치게 짧다는 취지로 헌법불합치결정을 함에 따라[3] 2019. 12. 31.자 개정을 통해 지금과 같이 7일로 변경되었다. 그런데 당시 제184조 제4항이 개정대상에 포함되지 않았기에, 증거보전청구기각결정에 대한 즉시항고기간은 여전히 3일로 남아있다. 조속히 7일로 개정할 필요가 있다고 본다.

---

1 대법원 1972. 11. 28. 선고 72도2104 판결.

2 대법원 1988. 11. 8. 선고 86도1646 판결.

3 헌법재판소 2018. 12. 27. 선고 2015헌바77, 2015헌마832(병합) (全)결정.

(2) 증거보전의 실시　　청구가 이유 있다고 인정되는 때에는 별도의 인 　8
용결정 없이 곧바로 해당 처분($^{압수·수색, 검증,}_{감정, 증인신문}$)을 한다($^{제106조 내지}_{제179조의2}$). 검사와 피의자
등은 법원의 허가를 얻어 그 처분에 따른 압수물이나 증인신문조서·검증조
서 등을 열람 또는 등사할 수 있다($^{제185}_{조}$). 이를 추후 공판에서 이용하려면 별
도의 증거신청을 해야 한다($^{제294}_{조}$)[$^{§143/17}_{참조}$]. 증거보전을 한 재판부가 소속된 법
원과 수소법원이 소속된 법원($^{국법상}_{의미}$)이 다른 경우, 수소법원은 증거보전을 한
법원에서 기록과 증거물을 송부받아 증거조사를 해야 한다. 증거보전절차에
서 작성된 조서는 당연히 증거능력이 있다($^{제311}_{조}$)[$^{§119/127}_{참조}$].

증거보전절차에서 증인신문을 주재한 법관은 제1심 공판절차에서 전심 　9
관여법관($^{제17조}_{제7호}$)이 아니다[$^{§30/5}_{참조}$].[1]

제3절　수사와 사건처리

제1관　사법경찰관의 수사

제1　경찰공무원인 사법경찰관의 수사　　　　　　§84

I.　수　　사

1. 독자적 수사권

현행법상 경찰공무원인 사법경찰관리는 검사의 구체적 지휘를 받지 않 　1
고 독자적으로 수사하며, 그 수사개시 범위에 제한이 없다. 다만 일정한 사항
에 관해서는 검사에게 보고할 의무가 있다. 먼저, i) 폭처법위반죄를 인지한
때에는 그 사실을 관할지방검찰청 검사장에게 보고해야 한다($^{폭처법 제}_{10조 제1항}$). 다음
으로, ii) 관할구역 외에서 수사하거나 관할구역 밖 사법경찰관리의 촉탁을
받아 수사하는 때에는 사전에 관할지방검찰청 검사장 또는 지청장에게 보고
해야 한다($^{제210조}_{본문}$). 다만 긴급체포($^{제200}_{조의3}$), 현행범체포($^{제212조·}_{제214조}$), 긴급 압수·수색·
검증($^{제216조·}_{제217조}$)을 하는 때에는 사후에 보고할 수 있다($^{제210조}_{단서}$).

---

1 대법원 1971. 7. 6. 선고 71도974 판결.

2. 검사의 지휘·승인 등

2　　다음의 경우에는 검사의 지휘를 받거나 승인을 얻어야 한다.

3　　(1) 영장집행·압수물 관련 처분의 지휘　　i) 사법경찰관이 체포·구속영장 ($\binom{\text{제209조, 제200조의6,}}{\text{제81조 제1항 본문}}$)이나 압수·수색·검증영장($\binom{\text{제219조, 제115}}{\text{조 제1항 본문}}$) 등을 집행하는 경우에는 검사의 지휘를 받아야 한다[$\binom{\text{§73/13, §74/45,}}{\text{§76/46, §77/9 참조}}$]. ii) 사법경찰관이 긴급통신제한조치를 하려는 때에는 미리 검사의 지휘를 받아야 한다. 다만, 급속을 요하여 미리 지휘를 받기 어려운 경우에는 선집행할 수 있다($\binom{\text{통비법 제}}{\text{8조 제3항}}$)[$\binom{\text{§79/14}}{\text{참조}}$]. iii) 사법경찰관이 압수물의 환부·가환부·피해자환부·폐기·대가보관을 하려는 때에는 검사의 지휘를 받아야 한다($\binom{\text{제218조의2 제4항,}}{\text{제219조 단서}}$)[$\binom{\text{§76/105}}{\text{참조}}$].

4　　(2) 승 인　　i) 사법경찰관이 긴급체포를 한 때에는 즉시 검사의 승인을 얻어야 한다($\binom{\text{제200조의}}{\text{3 제2항}}$)[$\binom{\text{§73/34}}{\text{참조}}$]. ii) 급속을 요하여 미리 지휘를 받지 않고 긴급통신제한조치에 착수한 때에도 같다($\binom{\text{통비법 제8조}}{\text{제3항 단서}}$)[$\binom{\text{§79/15}}{\text{참조}}$].

3. 영장청구심의신청권

5　　사법경찰관은 독자적으로 영장을 청구할 수 없고 검사에게 신청만 할 수 있는바[$\binom{\text{§63/4}}{\text{참조}}$], 신청에도 불구하고 검사가 정당한 이유 없이 영장을 청구하지 않았다고 사료할 경우 그 검사 소속검찰청 소재지를 관할하는 고등검찰청 검사장에게 영장청구 여부에 대한 심의를 신청할 수 있다($\binom{\text{제221조의}}{\text{5 제1항}}$). 심의는 각 고등검찰청에 설치된 영장심의위원회에서 담당하며($\binom{\text{같은 조}}{\text{제2항}}$), 그 절차는 법무부령인 「영장심의위원회 규칙」에서 규정하고 있다($\binom{\text{같은 조}}{\text{제5항}}$).

Ⅱ. 사건처리

1. 수사중지와 이송

6　　(1) 수사중지　　경찰공무원인 사법경찰관은 일정한 경우에는 그 사유가 해소될 때까지 수사중지 결정을 할 수 있다($\binom{\text{수사준칙 제51}}{\text{조 제1항 제4호}}$).

　　(개) 유 형

7　　(a) 피의자중지　　i) 피의자가 소재불명인 경우, ii) 2개월 이상 해외체류, 중병 등의 사유로 상당한 기간 동안 피의자나 참고인에 대한 조사가 불가능하여 수사를 종결할 수 없는 경우, iii) 의료사고·교통사고·특허침해 등 사건의 수사종결을 위해 전문가의 감정이 필요하나 그 감정에 상당한 시일이

소요되는 경우, iv) 다른 기관의 결정이나 법원의 재판결과가 수사종결을 위해 필요하나 그 결정이나 재판에 상당한 시일이 소요되는 경우, v) 수사종결을 위해 필요한 중요 증거가 외국에 소재하고 있어 이를 확보하는 데 상당한 시일이 소요되는 경우에 그러하다($\frac{\text{수사규칙 제98}}{\text{조 제1항 제1호}}$). 이를 피의자중지라 한다.

(b) 참고인중지   참고인($\frac{\text{고소인, 고발인,}}{\text{피해자 등 포함}}$)의 소재불명으로 수사를 종결할 수 없는 경우에 그러하다($\frac{\text{같은 항}}{\text{제2호}}$). 이를 참고인중지라 한다.   8

⑴ 불 복   고소인·고발인·피의자 등은 수사중지 결정에 대해 이의제기를 할 수 있으며, 그 절차는 수사규칙 제101조에 규정돼 있다.   9

㈐ 수사재개   중지사유가 해소된 때에는 지체없이 수사를 재개해야 한다($\frac{\text{수사규칙}}{\text{제102조}}$).   10

⑵ 이   송

㈎ 필요적 이송   경찰공무원인 사법경찰관은 i) 사건이 다른 기관의 소관사항에 관한 것이거나 ii) 법령에서 다른 기관으로의 이송의무를 부여한 경우에는 그 사건을 다른 경찰관서 또는 기관에 이송해야 한다($\frac{\text{수사규칙 제}}{\text{96조 제1항}}$).   11

㈏ 임의적 이송   경찰공무원인 사법경찰관은 i) 다른 사건과 병합해 처리할 필요가 있는 등 다른 경찰관서 또는 기관에서 수사하는 것이 적절하다고 판단하는 경우, ii) 해당 경찰관서에서 수사하는 것이 부적당한 경우에는 해당 사건을 다른 경찰관서 또는 기관에 이송할 수 있다($\frac{\text{수사규칙 제}}{\text{96조 제2항}}$).   12

2. 송치·즉결심판청구

⑴ 송   치   피의사실에 관해 혐의가 인정되는 경우, 경찰공무원인 사법경찰관은 지체없이 관할 지방검찰청 또는 지청의 검사에게 사건을 송치하고, 관계서류와 증거물을 송부해야 한다($\frac{\text{제245조의5 제1호;}}{\text{제238조, 제240조}}$). '혐의가 인정되는 경우'란 소송조건이 모두 구비되어 있고 구성요건해당성이 있으며 위법성·책임조각사유가 없는 경우를 말한다. 종전에는 경찰공무원인 사법경찰관이 수사를 한 경우 혐의의 인정 여부를 불문하고 검찰청의 검사에게 사건을 송치하게 되어 있었으나, 최근 형사소송법 개정으로 이처럼 혐의가 인정된다고 판단될 때에만 송치를 하고, 그렇지 않은 경우($\frac{\text{소송조건이 불비되었거나 혐}}{\text{의가 없다고 판단되는 경우}}$)에는 불송치 [$\frac{\text{§84/17}}{\text{참조}}$]를 하는 것으로 바뀌었다.   13

⑵ 소년부송치   피의자가 형벌법령에 저촉되는 행위를 한 10세 이상   14

14세 미만의 소년인 경우(촉법소년), 경찰서장은 해당 사건을 관할 가정법원 또는 지방법원에 설치된 소년부에 송치해야 한다. 피의자가 향후 형벌법령에 저촉되는 행위를 할 우려가 있는 10세 이상의 소년으로서 i) 집단적으로 몰려다니며 주위 사람들에게 불안감을 조성하는 성벽(性癖)이 있거나, ii) 정당한 이유 없이 가출하거나, iii) 술을 마시고 소란을 피우거나 유해환경에 접하는 성벽이 있다고 판단되는 경우(우범소년)에도 같다(소년법 제4조 제2항).

15 법문에서 송치(送致)라는 말은 다양하게 사용되는바, 대개는 i) 사건의 조사와 종국적 처리권한을 다른 관청에 넘기는 의사표시적 행위 또는 ii) 특정인을 특정 장소에 보내 억류하는 행위(제78조 제2항, 소년법 제32조 제1항 제8호 내지 제10호)의 의미로 사용된다. 가령 고위공직자범죄수사처장이 다른 수사기관에 사건을 넘기는 것은 이첩(移牒)이라 하고(공수처법 제27조)[§89/10 참조], 특별검사가 관할지방검찰청 검사장에게 사건을 보내는 것은 인계(引繼)라 하지만(특검법 제10조 제5항)[§90/14 참조], 그 실질은 모두 사건의 송치이다.

16 (3) 즉결심판청구 20만원 이하의 벌금, 구류 또는 과료에 처할 사건에서 혐의가 인정된다고 판단하는 경우에는 사건을 검사에게 송치하지 않고 법원에 즉결심판을 청구해 수사를 종결할 수 있다. 이는 경찰서장이 행하는 형사소추로서 공소제기의 특수유형에 해당하므로 제2장에서 다룬다[§101/1 참조].

3. 불 송 치

17 (1) 의 의 피의사실에 관해 소송조건이 불비되었거나 혐의가 인정되지 않는다고 판단해, 더 이상의 수사를 중단하고 사건을 검사에게 송치하지 않기로 하는 처분을 불송치라 한다. 불송치결정은 종국적 수사종결처분은 아니나, 현실적으로 구체적 수사행위가 계속되지는 않으므로 피의자가 사건에서 잠정적으로 해방되는 효과가 생긴다.

18 형사특별법에서 송치의무를 규정하고 있는 때에는 혐의가 인정되지 않는다고 판단한 경우라도 불송치결정을 할 수 없다. 가령 아동학대·가정폭력 범죄(아동 또는 가정구성원에 대한 상해·폭행의 죄, 유기·학대의 죄, 체포·감금의 죄, 협박의 죄, 강간·추행의 죄, 손괴의 죄 등)를 수사한 때에는 혐의의 인정 유무와 상관없이 사건을 검사에게 송치해야 하는바(아학법 제2조 제4호 및 제24조, 가폭법 제2조 제3호 및 제7조), 보호사건송치 여부를 검사가 최종적으로 결정해야 하기 때문이다[§87/7 참조].

19 (2) 절 차 사건을 불송치하는 경우에는 그 이유를 명시한 서면과 함께 관계서류·증거물을 지체없이 검사에게 송부하고(제245조의5 제2호 제1문), 송부한 날로부터

7일 이내에 서면으로 고소인·고발인·피해자 또는 그 법정대리인(피해자가 사망한 경우 그 배우자·직계친족·형제자매 포함)에게 불송치 사실 및 그 이유를 통지해야 한다(제245조의6). 기록을 송부받은 검사는 불송치에 동의할 경우 기록도달일로부터 90일 이내에 기록을 사법경찰관에게 반환한다(제245조의5 제2호 제2문).

구속피의자가 불송치결정을 받은 때에는 일정한 요건 하에 피의자보상 을 청구할 수 있다(형사보상법 제27조 내지 제29조).　　　　　　　　　　　　　　　20

(3) 수사재개　　　　다음의 경우에는 수사가 재개된다.　　　　　　　　21

(가) 검사의 재수사요구 등　　　불송치한 사건에 대해 검사의 재수사요청[§86/15 참조] 또는 송치요구[§86/18 참조]가 있는 때에는 수사가 재개된다.　　　22

(나) 고소인의 이의신청　　　불송치결정에 대해 고소인의 이의신청이 있는 23 경우, 사법경찰관은 사건을 검사에게 송치해야 한다(제245조의7 제1항, 제2항), 제245조의8 제2항에 따라 재수사중인 사건에서도 고소인의 이의신청이 있으면 사법경찰관은 즉시 재수사를 중단하고 사건을 검사에게 송치해야 한다(수사준칙 제65조).

종전에는 고발인도 이의신청할 수 있었으나, 2022. 5. 9.자 형사소송법 개정으로 고 24 발인의 이의신청권이 폐지되었다. 이로써 피해자가 직접 고소하기 어려운 사건 또 는 피해자 특정이 어려운 사건에서는 (검사의 수사개시 범죄에 해당하지 않는 이상) 경찰이 부실수사하여 불송 치하더라도 시정할 방법이 없게 되었다. 조속한 복원이 요구된다.

제 2 특별사법경찰관의 수사　　　　　　　　　　　　　　　　　　　§85

I. 수　　사

특별사법경찰관은 삼림·해사·전매·세무 등 특수영역의 범죄를 수사하 1 며, 그 수사범위는 사법경찰직무법 제6조에 규정되어 있다. 특별사법경찰관 은 모든 수사에 관해 검사의 지휘를 받는바(제245조의10 제1항, 제3항, 검찰청법 제4조 제1항 제2호)[§86/24 참조], 그에 관한 구체적 사항은 법무부령인 수사지휘규칙에서 정하고 있다(제245조의10 제4항).

일반사법경찰관과 특별사법경찰관은 서로 대등한 수사기관으로서 협조 2 관계에 있으나, 하나의 사건에 관해 양자의 수사권이 공존하는 경우에는 특 별사법경찰관에게 수사의 1차적 권한과 책임이 있다. 다만 효율적 수사를 위 해 합동단속반을 꾸리거나 상호 역할분담을 할 수 있다.

Ⅱ. 사건처리

3   특별사법경찰관이 수사를 한 때에는 사건을 검사에게 송치해야 한다. 불송치 및 재수사요청($^{제245조의5 \, 내}_{지 \, 제245조의8}$)에 관한 규정은 특별사법경찰관의 사건처리에 적용되지 않는다($^{제245조의}_{10 \, 제6항}$).

제2관   검찰청 검사의 수사

§86   ## 제 1   검사의 수사

Ⅰ. 의   의

1   검사는 i) 사법경찰관이 송치한 사건과 검찰청법 제4조 제1항 제1호 각목에서 정하는 사건을 직접 또는 검찰수사관을 지휘해 수사하고($^{수사}_{권}$), ii) 경찰공무원인 사법경찰관의 수사를 통제하며($^{보완수사요구권·시정조치요구}_{권·송치요구권·재수사요구권}$), iii) 특별사법경찰관의 수사를 일반적·구체적으로 지휘한다($^{수사}_{지휘권}$).

2   구체적 사건에서 수사권 등을 행사하는 주체는 대검찰청에서는 검찰총장, 고등검찰청에서는 고등검찰청검사장, 지방검찰청에서는 지방검찰청검사장, 지청에서는 지청장이다($^{검찰청법 제12조 제2항, 제17조 제}_{2항, 제21조 제2항, 제22조 제2항}$).[1] 다만 개별사건에서 검찰총장·검사장·지청장은 사건배당을 통해 그 소속 검사에게 수사를 위임하는바, 그 위임에 따라 수사를 행하는 검사를 주임검사라 한다. 검찰총장·검사장·지청장은 물론 그 휘하 검사 개개인도 독립관청이므로, 기관장이 주임검사에게 수사를 위임하는 것은 관청과 관청 간 위임이라 할 수 있다. 물론 위임 이후에도 검사장 등은 여전히 지휘·감독권을 갖는바, 이러한 지휘·감독권은 직접 행사할 수도 있고, 차장검사나 부장검사를 통해 행사할 수도 있으며, 주임검사가 전권으로 처리하게 할 수도 있다[$^{§36/7}_{참조}$].[2]

---

1 정웅석 725쪽.
2 정웅석 726쪽.

Ⅱ. 수　　사

1. 수사의 실행과 범위

⑴ 송치사건　　검사는 사법경찰관이 송치한 사건을 직접($\substack{\text{제196조}\\\text{제2항}}$) 또는 검찰수사관을 지휘해($\substack{\text{제245조의}\\\text{9 제2항}}$) 수사한다. 이에 더해, i) 일반사법경찰관이 송치한 사건에서는 보완수사요구를[$\substack{\text{§86/12}\\\text{참조}}$], ii) 특별사법경찰관이 송치한 사건에서는 수사지휘를[$\substack{\text{§86/24}\\\text{참조}}$] 할 수 있다.

⑵ 수사개시한 사건　　검사는 검찰청법 제4조 제1항 제1호 각 목에서 정하는 중요 범죄에 관해서는 사법경찰관의 송치 없이 직접 혐의를 인지해 수사할 수 있다. 고소 또는 고발에 의해 수사할 때에는 이를 수리한 날로부터 3월 이내에 수사를 완료해 공소제기 여부를 결정해야 한다($\substack{\text{제257}\\\text{조}}$).

㈎ 대통령령으로 정하는 중요범죄　　검사는 부패범죄, 경제범죄 등 대통령령으로 정하는 중요범죄에 관해 수사를 개시할 수 있다. 이에 따라 수사개시규정 제2조는 검사가 수사를 개시할 수 있는 범죄를 열거하고 있다. 형법 각칙상 범죄 중에서는 i) 도박과 복표에 관한 죄($\substack{\text{형법 제247조}\\\text{및 제248조}}$), ii) 신용·업무와 경매에 관한 죄($\substack{\text{형법 제313조}\\\text{내지 제315조}}$), iii) 권리행사를 방해하는 죄($\substack{\text{형법 제323조, 제}\\\text{324조, 제327조}}$), iv) 사기와 공갈의 죄($\substack{\text{형법 제347조 내}\\\text{지 제350조의2}}$), v) 횡령과 배임의 죄($\substack{\text{형법 제355조 내지}\\\text{제357조, 제359조}}$), vi) 공무원의 직무에 관한 죄($\substack{\text{형법 제129조}\\\text{내지 제133조}}$), vii) 도주와 범인은닉의 죄($\substack{\text{형법 제145조}\\\text{내지 제151조}}$), viii) 위증과 증거인멸의 죄($\substack{\text{형법 제152조, 제}\\\text{154조, 제155조}}$), ix) 무고의 죄($\substack{\text{형법 제}\\\text{156조}}$) 등이 이에 해당한다. 미수범이나 특별법상 가중적구성요건도 포함된다($\substack{\text{수사개시규정 [별표 2] 제13}\\\text{호 이하, [별표 3] 제4호 이하}}$).

구법에서는 검사가 수사를 개시할 수 있는 범위에 제한이 없었으나, 2020. 2. 4.자 검찰청법 개정으로 검사의 수사개시권이 '부패범죄, 경제범죄, 공직자범죄, 선거범죄, 방위사업범죄, 대형참사범죄 등 대통령령으로 정하는 중요범죄'에 한정되었고, 이후 2022. 5. 9.자로 검찰청법이 재차 개정되면서 '부패범죄, 경제범죄 등 대통령령으로 정하는 중요범죄'로 축소되었다($\substack{\text{검찰청법 제4조}\\\text{제1항 제1호 가목}}$). 본래는 검사의 수사개시권 자체를 폐지하려 했으나($\substack{\text{검찰 수사권 완전 박}\\\text{탈, 이른바 '검수완박'}}$), 국민들과 야당의 반발로 지금의 모습에 머무르게 되었다. 최근 수사개시규정이 개정되어 검사 수사권의 공백이 어느 정도 해소되었으나 이는 임시방편에 불과하고, 궁극적으로는 입법을 통해 2020. 2. 4.자 개정 이전으로 돌려놓는 것이 필요하다.

7   (나) 경찰공무원이 범한 범죄   검사는 경찰공무원이 범한 범죄에 관해 수사를 개시할 수 있다($\binom{검찰청법 제4조}{제1항 제1호 나목}$).

8   (다) 관련성 있는 인지사건   검사는 위 범죄사건($\binom{대통령령으로 정하는 중요범}{죄, 경찰공무원이 범한 범죄}$) 또는 사법경찰관이 송치한 사건과 직접 관련성이 있는 범죄를 인지해 수사할 수 있다($\binom{같은 호}{다목}$).

2. 변론기회 보장

9   검사는 변호인이나 참고인의 변호사가 변론($\binom{면담}{등}$)을 요청하는 경우 특별한 사정이 없으면 일정·시간·방식 등을 협의해 그에게 변론할 기회를 보장해야 한다($\binom{검사규}{제23조}$).

3. 전문수사자문위원제도

10   검사는 필요한 경우 직권이나 피의자·변호인의 신청에 의해 전문수사자문위원을 지정해 수사에 참여하게 하고 자문을 들을 수 있다($\binom{제245조의2 제1항}{제245조의3 제1항}$). 피의자·변호인은 검사의 전문수사자문위원 지정에 대해 관할 고등검찰청검사장에게 이의를 제기할 수 있다($\binom{제245조의}{2 제3항}$). 전문수사자문위원 지정 및 그 취소와 이의제기 등에 관해서는 법무부령인 「전문수사자문위원 운영규칙」에서 정하고 있다($\binom{제245조의}{3 제5항}$). 공판의 전문심리위원에 관한 제279조의7($\binom{비밀누}{설죄}$) 및 제279조의8($\binom{뇌물범죄에서}{공무원의제}$)은 검사의 전문수사자문위원에게 준용된다($\binom{제245}{조의4}$)[$\binom{§157/15}{참조}$].

11   전문수사자문위원은 전문적 지식에 의한 설명 또는 의견을 진술하거나 이를 기재한 서면을 제출할 수 있다($\binom{제245조의}{2 제2항}$). 검사는 전문수사자문위원의 진술이나 의견서에 관해 피의자 또는 변호인에게 구술이나 서면에 의한 의견진술기회를 주어야 한다($\binom{같은 조}{제3항}$)[$\binom{§109/3}{참조}$].

III. 보완수사요구·재수사요청

1. 보완수사요구

12   검사는 i) 경찰공무원인 사법경찰관이 송치한 사건에서 공소제기 여부의 결정 또는 공소유지를 위해 필요하거나, ii) 사법경찰관이 신청한 영장의 청구 여부 결정에 관해 필요한 경우, 사법경찰관에게 보완수사를 요구할 수 있다($\binom{제197조의}{2 제1항}$).

2020. 2. 4.자로 개정되기 전의 제195조, 제196조는 수사의 주재자를 검사로, 사법   13
경찰관을 그 보조자로 규정했다. 검사는 사법경찰관리에 대해 일반적·구체적 지휘
권을 보유하였고, 범죄수사에서 검사가 직무상 발한 명령에 대해 사법경찰관리의
복종의무가 규정되어 있었다($^{구\ 검찰청}_{법\ 제53조}$). 수사지휘제도는 막강한 인력과 정보력을 갖
춘 경찰에게 법치국가적 통제를 가하여 사건관계인의 자유와 인권을 보호하고, 난
해한 재산범죄사건에서 정확한 사건처리로 국민의 권익을 보장하는 역할을 하였다.
그러나 2020. 2. 4.자 형사소송법 개정에서 검찰의 직접수사범위가 대폭 축소됨과
동시에 경찰공무원인 사법경찰관에 대한 검사의 수사지휘권이 폐지되었고, 그 대체
제로 신설된 것이 바로 보완수사요구권이다. 사건처리의 전반적 방향을 지도하고
수사의 전체과정에 대한 통제수단으로서의 역할을 하는 수사지휘권과 달리, 보완수
사요구권은 경찰이 자체적으로 수사를 종료하고 내린 결론에 사후적 보강만을 가능
케 하는 것으로서 그 역할과 기능은 지극히 제한적이다.[1] 이는 중국 인민검찰원의
보충수사요구권($^{중국\ 형사소}_{송법\ 제175조}$)과 유사한 것으로, 선진국에서는 유례를 찾기 어렵다.

사법경찰관은 보완수사요구를 받은 날로부터 3개월 이내에 보완수사를   14
마친 후 그 결과를 검사에게 통보해야 한다($^{제197조의2\ 제2항,\ 수}_{사준칙\ 제60조\ 제3항}$). 사법경찰관이 보
완수사요구에 따르지 않는 경우 검찰총장이나 검사장은 권한 있는 사람에게
해당 사법경찰관의 직무배제 또는 징계를 요구할 수 있으며, 그 징계절차는
「공무원 징계령」 또는 「경찰공무원 징계령」에 따른다($^{제197조의}_{2\ 제3항}$).

2. 재수사요청

경찰공무원인 사법경찰관의 불송치가 위법 또는 부당하다고 판단한 경   15
우, 검사는 그 이유를 기재한 문서로 사법경찰관에게 재수사를 요청할 수 있
다($^{제245조의}_{8\ 제1항}$). 사법경찰관은 재수사요청을 받은 날로부터 3개월 이내에 재수사
를 마쳐야 한다($^{같은\ 조\ 제2항;\ 수사}_{준칙\ 제63조\ 제4항}$). 재수사한 결과 i) 혐의가 인정되는 때에는 사
건을 송치하고($^{수사준칙\ 제64}_{조\ 제1항\ 제1호}$), ii) 기존의 불송치결정을 유지하는 때에는 재수사
결과서에 그 내용과 이유를 구체적으로 적어 검사에게 통보해야 한다($^{같은\ 항}_{제2호}$).
ii)의 경우 검사는 재차 재수사요청을 할 수는 없으나, 일정한 경우 사건송치
를 요구할 수 있다($^{같은\ 조\ 제}_{2항,\ 제4항}$). 후술한다[$^{§86/19}_{참조}$].

---

1 정웅석 766-770쪽.

IV. 시정조치 및 사건송치요구

1. 시정조치요구

16		경찰공무원인 사법경찰관리의 수사과정에서 법령위반, 인권침해 또는 현저한 수사권남용이 의심되는 사실의 신고가 있거나 그러한 사실을 인식하게 된 경우, 검사는 사법경찰관에게 사건기록등본의 송부를 요구할 수 있고($^{제197조의}_{3\ 제1항}$), 이에 따라 해당 사법경찰관은 지체없이 검사에게 사건기록등본을 송부해야 한다($^{같은\ 조}_{제2항}$). 송부를 받은 검사는 사법경찰관에게 시정조치를 요구할 수 있다($^{같은\ 조}_{제3항}$). 여기서의 시정조치에는 i) 위법·부당한 상태를 해소하기 위한 조치, ii) 재발방지 또는 위법·부당한 상태의 파급효과를 차단하기 위한 조치, iii) 그러한 조치들의 이행을 담보하기 위한 부수적 조치가 모두 포함된다.[1] 그 예로는 불법체포·구금 피의자에 대한 석방, 위법수집증거의 반환, 출국금지사유가 해소된 경우의 출국금지해제, 사건관계인에게 폭언·폭행 등을 한 공무원의 직무배제 등을 들 수 있다.[2]

17		사법경찰관은 정당한 이유가 없는 한 지체없이 시정조치를 이행한 뒤 그 결과를 검사에게 통보해야 한다($^{같은\ 조}_{제4항}$).

2. 사건송치요구

18		(1) 시정조치 불이행에 기한 송치요구		시정조치요구($^{제197조의}_{3\ 제3항}$)가 정당한 이유 없이 이행되지 않았다고 인정되는 경우, 검사는 사법경찰관에게 사건송치를 요구할 수 있다($^{같은\ 조\ 제}_{5항,\ 제6항}$). 사법경찰관은 송치요구를 받은 날로부터 7일 이내에 사건을 검사에게 송치하고, 관계서류와 증거물을 송부해야 한다($^{수사준칙\ 제}_{45조\ 제6항}$). 다만 공소시효 만료 임박 등 특별한 사정이 있는 때에는 검사는 별도의 송치기한을 정할 수 있으며, 이 경우 사법경찰관은 정당한 사유가 없는 한 해당 기한까지 사건을 송치해야 한다($^{같은\ 조}_{제7항}$).

19		(2) 재수사사건에 대한 송치요구		재수사요청($^{제245}_{조의8}$)에도 불구하고 불송치결정이 유지된 경우($^{수사준칙\ 제64}_{조\ 제1항\ 제2호}$), i) 사법경찰관의 판단이 관련 법령·법리에 반하거나, ii) 재수사요청사항이 이행되지 않았거나, iii) 관계서류·증거물과

---

1 정웅석 777쪽.
2 정웅석 777쪽.

재수사결과만으로도 범죄혐의가 명백히 인정되거나, iv) 소송조건 판단에 오류가 있는 때에는, 검사는 재수사결과통보를 받은 날로부터 30일 이내에 사건송치를 요구할 수 있다($\binom{같은 조}{제4항}$).

⑶ 수사권경합에 따른 송치요구   경찰공무원인 사법경찰관이 수사중인 사건에 관해 검사가 검찰청법 제4조 제1항 제1호 단서에 따라 수사를 개시 $\left[\begin{smallmatrix}§86/4\\참조\end{smallmatrix}\right]$한 때에는 사건의 송치를 요구할 수 있다($\binom{제197조의}{4\ 제1항}$). 이 경우 사법경찰관은 지체없이 사건을 송치해야 한다($\binom{같은 조 제}{2항 본문}$). 다만, 검사가 영장을 청구하기 전에 동일한 범죄사실에 관해 사법경찰관이 영장을 신청한 때에는 해당 영장에 기재된 범죄사실을 계속 수사할 수 있다($\binom{같은 항}{단서}$). 20

⑷ 유치장감찰에 따른 송치요구   지방검찰청검사장 또는 지청장은 불법체포·구속의 유무를 조사하기 위해, 검사로 하여금 매월 1회 이상 관하(管下) 수사관서의 체포·구속장소를 감찰하게 해야 하며, 감찰하는 검사는 체포·구속된 자를 심문하고 관련서류를 조사해야 한다($\binom{제198조의}{2\ 제1항}$). 검사는 적법한 절차에 의하지 아니하고 체포·구속된 것이라고 의심할 만한 상당한 이유가 있는 경우에는 즉시 체포·구속된 자를 석방하거나 사건을 검찰에 송치할 것을 명해야 한다($\binom{같은 조}{제2항}$). 21

V. 교체임용 등 요구

서장이 아닌 경정 이하의 사법경찰관리가 직무집행과 관련해 부당한 행위를 하는 경우, 지방검찰청검사장은 해당 사건의 수사중지를 명하고 임용권자에게 그 사법경찰관리의 교체임용을 요구할 수 있다($\binom{검찰청법 제}{54조 제1항}$). 요구를 받은 임용권자는 정당한 사유가 없는 한 그에 응해야 한다($\binom{같은 조}{제2항}$). 22

관할지방검찰청 검사장은 i) 폭처법위반의 죄를 인지한 사실을 보고하지 않거나$\left[\begin{smallmatrix}§84/1\\참조\end{smallmatrix}\right]$ ii) 수사태만 또는 수사능력부족 등 이유로 사법경찰관리로서 부적당하다고 인정되는 사람에 대해, 그 임명권자에게 징계·해임·교체임용을 요구할 수 있다($\binom{폭처법 제}{10조 제1항}$). 임명권자는 2주일 이내에 해당 사법경찰관리에 대해 행정처분을 한 후 그 사실을 관할지방검찰청 검사장에게 통보해야 한다($\binom{같은 조}{제2항}$). 23

VI. 수사지휘

1. 특별사법경찰관에 대한 수사지휘

24   검사는 사법경찰직무법 제6조에서 정한 사건과 관련하여 특별사법경찰관리의 수사를 지휘할 수 있다[§85/1 참조].

2. 검찰수사관에 대한 수사지휘

25   검사는 검찰수사관인 사법경찰관을 지휘해 수사할 수 있다(검찰청법 제46조)[§38/6 참조]. 검찰수사관은 현실적으로 검사의 수족으로서 움직이므로 이들의 수사는 넓은 의미에서 검사의 직접수사에 포함되나, 개념상으로는 수사지휘에 속한다.

§87 제 2 검사의 사건처리

I. 수사중지와 이송

1. 기소중지·참고인중지

1   사건관계인의 소재불명·질병·장기출장 등 사유로 수사가 더 이상 진척되지 못하는 경우, 검사는 그 사유가 해소될 때까지 수사를 잠정적으로 정지하는 처분을 할 수 있다. 피의자의 소재불명 등 사유로 수사를 중지하는 처분을 '기소중지'라 하고, 참고인 또는 당해 사건의 다른 피의자의 소재불명 등 사유로 수사를 중지하는 처분을 '참고인중지'라 한다(수사준칙 제52조 제3호, 제4호). 기소중지·참고인중지는 형사절차를 막연히 불안정한 상태에 두는 것이므로 반드시 필요한 경우에만 해야 하고, 중지사유가 해소된 경우에는 지체없이 사건을 재기(再起)해 수사를 속행해야 한다.

2. 이   송

2   (1) 타관송치   각급 검찰청의 검사가 처리하는 사무의 지역적 범위는 그 검찰청에 대응하는 법원의 관할구역과 일치하나(검찰청법 제3조 제4항), 그 지방법원 또는 지원에 해당 사건의 토지관할이 없는 경우 검사는 관할권 있는 법원에 대응하는 지방검찰청 또는 지청의 검사에게 사건을 송치해야 한다(제256조). 이처럼 한 검찰청에서 다른 검찰청으로 사건을 옮기는 것을 '타관송치'라 한다.

(2) **군검찰관송치** 군사법원에서 재판할 사건인 경우($^{군사법원법}_{제2조 제1항}$) 검사는 3
사건을 국방부 검찰단으로 송치해야 한다($^{제256}_{조의2}$).

(3) **경찰 이송** 검사는 i) 검찰청법 제4조 제1항 제1호 각 목에 해당하 4
지 않는 범죄에 대한 고소·고발·진정 등이 접수되었거나, ii) 수사개시규정
제2조 각호의 범죄에 해당하는 사건을 수사하던 중 혐의사실이 검찰청법 제4
조 제1항 제1호 각 목의 범죄에 해당하지 않는다고 판단되는 때에는 사건을
다른 수사기관(경찰 등)에 이송해야 한다($^{수사준칙 제18}_{조 제1항 본문}$).

(4) **수사처 이첩** i) 검찰 수사와 수사처의 범죄수사가 중복되는 경우 5
에 수사처장의 요구가 있는 때에는 사건을 수사처로 이첩(移牒)해야 한다
($^{공수처법 제}_{24조 제1항}$). ii) 수사 도중 검사의 고위공직자범죄 혐의를 발견한 경우, 지방검
찰청검사장 또는 지청장은 사건을 수사처로 이첩해야 한다($^{같은 법 제}_{25조 제2항}$).

Ⅱ. 공소제기

법원에 대해 특정한 형사사건의 심판을 구하는 검사의 소송행위를 공소 6
제기 또는 기소라 한다. 공소제기로 수사는 종결되고 법원에 소송계속이 발
생한다. 이에 관해서는 제2장에서 다룬다[$^{§91/1}_{참조}$].

Ⅲ. 보호사건송치

1. 의 의

특별법상 보호처분($^{접근·연락의 제한, 친권·후견의 제한, 사회봉사·수강명령 등}_{보호관찰, 감호위탁·치료위탁·상담위탁, 소년원 수용 등}$)의 사유가 존 7
재하는 경우, 검사는 공소제기를 하지 않고 사건을 관할 가정법원이나 ($^{가정법원이}_{없는 경우}$)
지방법원에 송치할 수 있다. 이를 보호사건송치라 한다. 보호사건송치에는 i)
수사기관이 수사종결처분으로 하는 것과 ii) 피고사건의 수소법원이 종국재
판으로 하는 것($^{송치}_{결정}$)이 있는데[$^{§163/1}_{참조}$], 여기서 설명하는 것은 전자이다.

2. 유 형

보호사건송치는 소년부송치, 아동보호사건송치, 가정보호사건송치, 성매 8
매보호사건송치의 4가지로 나뉘는바, 이 중 소년부송치는 경찰서장도 할 수
있음을 앞서 보았다[$^{§84/14}_{참조}$]. 수사단계에서 나머지는 검사만 할 수 있다.

(1) **소년부송치** 검사는 피의자가 소년인 사건에서 소년법 제32조 제1 9

항 각호의 보호처분사유가 있다고 인정되는 경우 사건을 관할 가정법원 또는 지방법원 소년부에 송치해야 한다(소년법 제49조 제1항). 소년부송치 여부의 결정에 필요한 때에는 피의자의 주거지 또는 검찰청 소재지를 관할하는 보호관찰소·소년분류심사원·소년원의 장에게 피의자의 품행, 경력, 생활환경이나 그 밖에 필요한 조사를 요구할 수 있다(소년법 제49조의2 제1항).

10   소년부는 검사가 송치한 사건을 조사 또는 심리한 결과 그 동기와 죄질에 비추어 금고 이상의 형사처분을 할 필요가 있다고 인정하는 때에는 결정으로 해당 검찰청 검사에게 송치할 수 있는데, 이 경우 해당 사건은 다시 소년부에 송치할 수 없다(소년법 제49조 제2항, 제3항).

11   (2) 가정보호사건송치   검사는 가정폭력범죄(가정구성원 사이의 신체적, 정신적 또는 재산상 피해를 수반하는 범죄)로서 사건의 성질·동기·결과, 가정폭력행위자의 성행(性行) 등을 고려해 가폭법 제40조 제1항 각호의 보호처분을 하는 것이 적절하다고 인정하는 경우에는 공소제기를 하지 않고 사건을 관할 가정법원 또는 지방법원에 보호사건으로 송치할 수 있다(가폭법 제9조 제1항, 제11조 제1항). 경합범 중 가정폭력범죄사건만을 분리해 보호사건송치할 수도 있다(가폭법 제11조 제2항).

12   친고죄인 가정폭력범죄에서 고소가 없거나 취소된 경우, 반의사불벌죄인 가정폭력범죄에서 피해자가 처벌불원의사표시를 하였거나 당초의 처벌희망의사표시를 철회한 경우에는 공소권없음 처분[§87/21 참조]을 하지 않고 가정보호사건송치를 할 수도 있다(가폭법 제9조 제2항).

13   (3) 아동보호사건송치   검사는 아동학대범죄로서 사건의 성질·동기·결과, 행위자와 피해아동의 관계, 행위자의 성행 및 개선가능성, 원가정보호의 필요성, 피해아동 또는 그 법정대리인의 의사를 고려할 때 아학법 제36조 제1항 각호의 보호처분을 함이 적절하다고 인정하는 경우에는 사건을 관할 가정법원이나 지방법원에 보호사건으로 송치할 수 있다(아학법 제18조, 제27조 제1항, 제28조 제1항). 경합범 중 아동학대사건만을 분리해 보호사건송치할 수도 있다(가폭법 제28조 제2항).

14   친고죄인 아동학대범죄에서 고소가 없거나 취소된 경우, 반의사불벌죄인 아동학대범죄에서 피해자가 처벌불원의사표시를 하였거나 당초의 처벌희망의사표시를 철회한 경우에는 공소권없음 처분[§87/21 참조]을 하지 않고 아동보호사건송치를 할 수도 있다(가폭법 제27조 제2항).

15   (4) 성매매보호사건송치   검사는 성매매를 한 사람에 대해 사건의 성

격·동기, 행위자의 성행 등에 비추어 성매매처벌법 제14조 제1항 각호의 보
호처분을 함이 적절하다고 인정할 때에는 특별한 사정이 없으면 사건을 관할
가정법원 또는 지방법원에 보호사건으로 송치해야 한다(성매매처벌법 제12조 제1항, 제13조 제1항).

Ⅳ. 불기소처분

1. 의   의

불기소처분(Einstellung)은 수사결과 소송조건에 흠이 있거나, 가벌성이   16
존재하지 않거나, 소추의 필요성이 없다고 판단되어 피의자를 절차에서 해방
시키는 검사의 수사종결처분이다(제258조 내지 제260조). 법원이 가진 인력과 자원으로 수
사기관이 조사한 모든 사건에 관해 일일이 소송조건 구비 여부와 유·무죄를
판단하는 것은 불가능하고, 형사재판은 결론이 어떻게 나든 그 자체로 피고
인과 그 주변인의 생활세계에 큰 충격을 주는 경우가 많으므로, 유죄판결의
개연성이나 필요성이 높지 않은 사건을 걸러내는 불기소처분은 우리 형사사
법체계에서 매우 중요한 의의를 갖는다.

검사규 제98조 제2호는 불기소처분의 유형으로 i) 애초 수사를 개시·진   17
행할 필요성이 없다고 인정되는 경우에 하는 '각하', ii) 소송조건이 흠결되었
거나[§52/1 참조] 형의 필요적 면제사유가 있는 경우에 하는 '공소권없음', iii) 피의
자의 행위 자체에 구성요건해당성이 없거나, 피의자의 행위가 구성요건에 해
당함을 뒷받침할 증거가 부족한 경우에 하는 혐의없음(범죄인정안됨·증거불충분), iv) 위법성
조각사유나 책임조각사유가 존재하는 경우에 하는 '죄가안됨', v) 소송조건과
가벌성 모두 존재하지만 형법 제51조의 양형사유를 참작해 공소를 제기하
지 않기로 하는 '기소유예'를 규정하고 있다.

위 처분들을 '협의의 불기소처분'이라 하고, 여기에 전술한 기소중지·참고인중지   18
[§87/1 참조]를 더해 '광의의 불기소처분'이라 한다. 협의의 불기소처분만큼은 아니지만 기
소중지·참고인중지 또한 사건관계인의 이해관계에 중요한 영향을 미치기에, 이유통
지의무 및 불복수단 등에 관해 협의의 불기소처분에 준하는 취급을 받는다. 다만 이
하에서 불기소처분이라고 할 때에는 협의의 것만을 가리킨다.

2. 유   형

⑴ 공소권없음   공소권없음 처분은 형사소송법상 면소·공소기각사유,   19

형사실체법상 필요적 형면제사유가 발견되는 경우에 한다($\binom{검사규 \ 제115조}{제3항 \ 제4호}$). 구체적으로 보면 다음과 같다.

20   (가) 면소사유   i) 확정판결이 있는 경우, ii) 통고처분이 이행된 경우, iii) 사면이 있는 경우, iv) 공소시효가 완성된 경우, v) 범죄 후 법령개폐로 형이 폐지된 경우에는 공소권없음 처분을 해야 한다[$\substack{\S52/1 \\ 참조}$].

21   (나) 공소기각사유   i) 동일사건에 관해 이미 가정법원 또는 지방법원의 보호처분이 확정된 경우, ii) 재판권이 없는 경우, iii) 동일사건에 관해 이미 공소가 제기된 경우, iv) 친고죄사건이나 전속고발사건에서 고소·고발이 없거나 효력이 없는($\substack{무효 \\ 취소}$) 경우, v) 반의사불벌죄사건에서 처벌불원의사표시($\substack{처벌희망의사표 \\ 시의 \ 철회 \ 포함}$)가 있는 경우, vi) 피의자가 사망하거나 피의자인 법인이 존속하지 아니하게 된 경우에는 공소권없음 처분을 해야 한다[$\substack{\S57/3 \\ 참조}$]. '동일사건'의 의미는 제1편에서 설명하였다[$\substack{\S53/11 \\ 참조}$].

22   앞서 설명하였듯 친고죄·반의사불벌죄 사건이 가정폭력이나 아동학대에 해당하는 경우에는 피해자의 처벌불원의사표시가 있어도 공소권없음 처분이 아닌 보호사건송치를 할 수 있다[$\substack{\S87/12 \\ 참조}$].

23   (다) 필요적 형면제사유   법률상 필요적 형면제사유가 있는 경우에도 공소권없음 처분을 해야 한다. 형면제란 범죄성립조건이 모두 갖춰졌으나 형벌만 면제되는 것을 가리키는바, 이에 관한 형사실체법의 규율유형으로는 i) 필요적 면제와 ii) 필요적·임의적 감면($\substack{감경 \ 또 \\ 는 \ 면제}$)이 있는데, 여기서 말하는 것은 전자이다.

24   형법각칙상 형의 필요적 면제사유는 권리행사방해·절도·사기·공갈·횡령·배임·장물의 죄가 직계혈족, 배우자, 동거친족, 동거가족 또는 그 배우자 간에 발생한 경우에 한해 인정된다($\substack{형법 \ 제328조 \ 제1항, \ 제344조, \ 제 \\ 354조, \ 제361조, \ 제365조 \ 제1항}$). 여기에 속하지 않는 친족관계인 경우에는 형면제사유가 되지 않고, 대신 제1편에서 언급한 바와 같이 친고죄가 된다($\substack{형법 \ 제328 \\ 조 \ 제2항}$). 한편 필요적 감면사유($\substack{형법 \ 제26조, \ 제153조, \\ 제157조, \ 제365조 \ 제2항}$)나 임의적 감면사유($\substack{형법 \ 제21조 \ 제2항, \ 제22조 \ 제3항, \\ 제23조 \ 제2항, \ 제27조 \ 단서, \ 제52조}$)는 공소권없음 처분의 사유는 아니지만, 후술하는 기소유예처분[$\substack{\S87/29 \\ 참조}$]의 이유는 될 수 있다.

          (2) 혐의없음

25   (가) 범죄인정안됨   범죄인정안됨 처분은 제325조 전단의 무죄판결에 상응하는 불기소처분으로[$\substack{\S161/1 \\ 참조}$], 피의자의 행위 자체가 범죄구성요건을 충족하

지 못하는 경우에 한다. 예컨대 불가벌적 사후행위에 해당하는 경우, 행위와 결과 사이에 인과관계가 없는 경우, 헌법재판소의 위헌결정으로 처벌규정 자체가 소급해 효력을 상실한 경우가 이에 해당한다.

(나) 증거불충분   증거불충분 처분은 제325조 후단의 무죄판결에 대응하는 불기소처분으로[$\frac{\S161/1}{참조}$], 구성요건해당사실을 뒷받침할 만한 증거가 없거나 부족하다고 판단되는 경우에 한다. 가령 피의자가 자백은 하였으나 자백 이외에 다른 증거가 없는 경우[$\frac{\S120/1}{참조}$], 구성요건해당사실을 증명할 증거가 모두 위법수집증거인 경우[$\frac{\S64/2}{참조}$], 직접증거는 없고 석연찮은 정황증거만 있는 경우[$\frac{\S126/2}{참조}$], 고소·고발인의 주장과 피의자의 주장이 서로 첨예하게 배치되는 상황에서 어느 쪽이 맞는지 판단할 객관적 자료가 없는 경우[$\frac{\S111/2}{참조}$]가 이에 해당한다. 혐의없음 처분의 대부분이 이 유형이다.

(3) 죄가안됨   죄가안됨 처분은 피의사건에 관해 소송조건이 구비돼 있고 구성요건해당성도 충족하지만 위법성 또는 책임을 조각하는 사유가 있는 경우에 한다. 죄가안됨 처분을 해야 할 사건을 기소한 경우, 법원은 공소사실이 범죄로 되지 않음을 이유로 무죄판결을 선고해야 한다($\frac{제325조}{전단}$).

(4) 각 하   각하는 i) 고소·고발의 내용 자체로 혐의없음·죄가안됨·공소권없음의 사유에 해당함이 명백한 경우, ii) 고소나 고발 자체가 부적법한 경우($\frac{가령 친고죄사건에서 고소권자 아닌 자가}{고소하였거나 고소기간을 넘겨 고소한 경우}$), iii) 동일사건에 관해 이미 불기소처분이 있고, 새로 중요한 증거가 발견되지도 않은 경우, iv) 고소·고발인의 진술을 들을 수 없는 경우($\frac{예컨대 고소·고발장 제출 후 고소·고발인}{이 출석요구에 불응하거나 행방불명된 경우}$), v) 고발사실에 관해 수사할 만한 구체적 사유나 정황이 충분치 않은 경우, vi) 수사 또는 소추에 관한 공공의 이익이 없거나 극히 적은 경우, vii) 수사를 개시할 만한 구체적 사유나 정황이 충분하지 않은 경우에 하는 불기소처분이다($\frac{검사규 제3항}{제115조 제5호}$).

(5) 기소유예   기소유예란 소송조건과 범죄성립요건이 모두 구비되어 있음에도 피의자의 연령 등 제반 사정을 두루 참작해 소추를 하지 않기로 하는 처분으로($\frac{제247조, 형}{법 제51조}$), 기소편의주의[$\frac{\S94/1}{참조}$]의 핵심적 표현이다.

(가) 사 유   기소유예 여부는 피의자의 연령·성행·지능·환경, 범행의 동기·수단·결과, 범행 후의 정황 등을 종합적으로 고려해 결정한다. 형사정책적 차원에서 기소와 불기소 중 과연 어느 쪽이 피의자의 사회복귀 및 사회질서 유지에 더 도움이 될지를 신중히 판단해야 하며, 이때 법정형의 경중,

26

27

28

29

30

범행에 대한 사회적 평가, 범행 후의 시간적 경과, 법령개폐 등의 사정도 아울러 고려할 수 있다.[1]

31   (나) 보충성   기소유예는 다른 불기소처분의 사유를 모두 검토한 이후에만 할 수 있다. 기소유예는 기소시 유죄판결이 예상됨을 전제하는 불기소처분이기에, 다른 처분의 사유와 기소유예의 사유가 공존하는 경우는 있을 수 없다. 형식재판이 예상된다면 공소권없음 처분을, 무죄판결이 예상된다면 혐의없음·죄가안됨 처분을 해야 하고 기소유예처분을 해서는 안 된다.[2] 다른 불기소처분을 해야 함이 명백한 사안임에도 기소유예처분을 한 경우, 피의자는 헌법소원으로 다툴 수 있다[§88/31 참조].

      (다) 특수유형

32   (a) 조건부 기소유예   기소유예는 조건부로 할 수 있다. 가령, 피의자가 소년이면 일정기간 동안 범죄예방자원봉사위원의 선도보호를 받을 것을 조건으로(소년법 제 49조의3), 성인이면 일정기간 동안 보호관찰관의 선도를 받거나 가정폭력상담소·보호관찰소의 교육을 받을 것을 조건으로(보호관찰법 제15조 제3 호, 가폭법 제9조의2) 기소유예처분을 할 수 있다. 이후 피의자가 선도에 따르지 않거나 교육을 받지 않을 경우 검사는 사건을 재기해 공소제기를 할 수 있다[§87/38 참조].

33   (b) 공소보류   기소유예의 특수한 변형태로 공소보류가 있다(검사규 제 98조 제6호). 이는 국가보안법위반사건의 피의자에 대해 형법 제51조의 양형사유를 참작해 검찰총장의 승인을 받아 공소제기를 보류하는 불기소처분이다(국가보안법 제20조 제1항). 양형사유를 고려한 끝에 공소를 제기하지 않기로 하는 처분이라는 점에서는 기소유예와 유사하나, 처분 후 2년이 경과하면 소추할 수 없게 된다는 점에서(같은 조 제2항) 일반적 기소유예와 차이가 있다. 공소보류 처분시로부터 2년이 경과한 후에 공소가 제기되는 경우, 법원은 국가보안법 제20조 제2항 위반을 이유로 제327조 제2호에 따라 공소기각판결을 해야 한다.

      3. 불기소처분 이후의 조치

34   (1) 사건관계인에 대한 통지   검사가 불기소처분을 한 때에는 피의자에게 즉시 그 취지를 통지해야 한다(제258조 제2항). 고소·고발사건의 경우 불기소처분

---

1 헌법재판소 1995. 1. 20. 선고 94헌마246 (全)결정.
2 대법원 1985. 7. 29.자 85모16 결정.

을 한 날로부터 7일 이내에 서면으로 고소인 또는 고발인에게 그 취지를 통지해야 하며($\binom{같은 조}{제1항}$), 고소인·고발인의 청구가 있으면 그로부터 7일 이내에 불기소처분의 이유를 서면으로 설명해야 한다($\frac{제259}{조}$). 범죄피해자나 그 법정대리인($\binom{피해자가 사망한 경우에는 그 배}{우자·직계친족·형제자매 포함}$)의 신청이 있는 때에는 그에게도 불기소처분 사실 등을 신속히 통지해야 한다($\frac{제259}{조의2}$).

(2) 압수물 환부 등　불기소처분을 하는 때에는 수사절차에서 압수하였던 물건을 환부해야 하며, 이미 가환부를 한 경우에는 종국적으로 환부하는 처분을 해야 한다. 다만 범죄에 이용될 염려가 있거나 선량한 풍속을 해할 우려가 있는 압수물, 법령상 생산·제조 또는 유통이 금지된 압수물, 경제적 가치로 보아 환부의 실익이 없는 압수물, 그 밖의 사유로 환부하는 것이 부적절하다고 인정되는 압수물에 관해서는 소유권포기서를 받은 후 폐기 또는 국고귀속의 처분을 명해야 한다($\binom{제219조,}{제130조}$)[$\binom{§76/98}{참조}$]. **35**

(3) 석　방　불기소처분을 하는 때에는 구속피의자를 석방해야 한다[$\binom{§74/59}{참조}$]. 기소유예의 경우를 제외하고, 피의자는 형사보상법 제27조 내지 제29조의 규정에 따라 구금에 대한 보상을 청구할 수 있다. **36**

4. 사건의 재기

불기소처분에는 일사부재리효력이 없으므로 불기소처분된 사건을 다시 수사해 공소를 제기할 수도 있다. 이처럼 수사를 재개하는 처분을 사건의 재기(再起)라 한다. 여기에는 임의적 재기와 필요적 재기($\binom{불복에}{의한 재기}$)가 있다. **37**

(1) 임의적 재기　불기소처분($\binom{기소중지, 참고}{인중지 포함}$)을 하였으나 그 결론을 더는 유지할 수 없다고 판단되는 경우, 검사는 지체없이 사건을 재기해 사안에 합당한 수사종결처분을 해야 한다. 가령 i) 소송조건이 구비되었음에도 착오로 공소권없음 처분을 했거나, ii) 유죄를 인정할 만한 중요한 증거가 새로 발견되었거나, iii) 공소권없음 처분 이후 소송조건이 구비되었거나, iv) 기소중지 또는 참고인중지된 사건에서 그 사유가 소멸했거나, v) 조건부 기소유예를 한 사건에서 피의자가 의무를 불이행한 경우가 이에 해당한다. **38**

(2) 필요적 재기　i) 고소·고발인은 불기소처분에 대해 검찰항고·재정신청을 할 수 있고, ii) 피의자는 기소유예·기소중지처분에 대해 헌법소원을 제기할 수 있다. 이러한 불복신청이 인용된 경우에는 사건을 재기해야 한다. **39**

항을 바꾸어 설명한다.

§88 제 3 불기소처분에 대한 불복

Ⅰ. 검찰항고

1. 의   의

1   고소·고발인이 검사의 불기소처분에 대해 불복이 있는 경우 상급청 검
사에게 그 시정을 구하는 것을 '검찰항고'라 한다. 이는 검찰청법 제10조에
근거하며, 그 대상이 되는 불기소처분에는 협의의 불기소처분뿐만 아니라 기
소중지처분도 포함된다(검사규 제{147조 제1항}).

2. 절   차

2   ⑴ 검찰항고   검사의 불기소처분에 불복하는 고소인이나 고발인은 그
검사가 속한 지방검찰청 또는 지청을 거쳐 서면으로 관할고등검찰청 검사장
에게 항고할 수 있다(검찰청법 제10조{제1항 전단, 제4항}).

3   ㈎ 항고장의 제출   '지방검찰청 또는 지청을 거쳐 서면으로 관할고등검
찰청 검사장에게 항고'한다는 것은 i) 고등검찰청검사장을 상대방으로 기재
한 항고장을 ii) 지방검찰청 또는 지청에 제출한다는 의미이다. 제출기한은
검사의 불기소처분 통지를 받은 날부터 30일 이내이나(같은 조{제4항}), 이를 지키지
못한 데 귀책사유 없음이 소명된 경우 위 기간은 불기소처분 통지시점이 아
니라 그 사유가 해소된 때부터 기산한다(같은 조{제6항}). 중요한 증거가 새로 발견된
경우에는 기간제한이 적용되지 않는다(같은 조{제7항}).

4   ㈏ 지방검찰청검사장 또는 지청장의 처분   항고장이 접수된 지방검찰청
또는 지청의 검사는 항고가 이유 있다고 인정할 경우 해당 처분을 경정해야
한다(같은 조 제{1항 제2문}). 이유 없다고 판단할 경우, 지방검찰청검사장 또는 지청장은 항
고장을 수리한 날로부터 20일 이내에 항고장, 사건기록, 항고에 대한 의견서
를 고등검찰청검사장에게 송부해야 한다(검사규 제{147조 제1항}).

5   ㈐ 고등검찰청검사장의 처분   항고장 및 사건기록을 접수한 고등검찰청
검사장은 항고기간이 도과되었거나(중요한 증거가 새로 발견되{었음이 소명된 경우는 제외}) 항고가 이유 없다고
인정하는 때에는 항고를 기각한다(검사규 제148조{제1항 제6호}). 이유 있다고 인정하는 때에는

i) 지방검찰청 또는 지청에 재기수사명령($\substack{\text{다시 수사하} \\ \text{라는 명령}}$)·공소제기명령·주문변경 명령($\substack{\text{불기소처분 유형을} \\ \text{변경하라는 명령}}$)을 하거나($\substack{\text{같은 항} \\ \text{제5호}}$), ii) 소속 검사가 그 불기소처분을 직접 경정하게 할 수 있다($\substack{\text{같은 항 제2호} \\ \text{내지 제4호}}$). 후자의 경우 그 고등검찰청검사는 지방검찰청 또는 지청의 검사로서 직무를 수행하는 것으로 본다($\substack{\text{검찰청법 제} \\ \text{10조 제2항}}$).

　　㈜ **불 복** 　　 항고가 기각되거나 항고에 대한 처분이 이루어지지 않는 　 **6** 경우, i) 고소인 또는 형법 제123조 내지 제126조의 죄에 대한 고발인은 고등법원에 재정신청을 할 수 있고($\substack{\text{제260} \\ \text{조}}$)[$\substack{\text{§88/12} \\ \text{참조}}$], ii) 그 외의 고발인은 검찰재항고로 불복할 수 있다.

　　⑵ **검찰재항고** 　　 형법 제123조 내지 제126조의 죄 이외의 죄에 대한 고 　 **7** 발인은 i) 검찰항고를 기각하는 처분에 대해 불복하거나 ii) 검찰항고에 대한 처분이 이루어지지 않고 3개월이 경과한 경우, 그 검사가 속한 고등검찰청을 거쳐 서면으로 검찰총장에게 재항고할 수 있다($\substack{\text{검찰청법 제} \\ \text{10조 제3항}}$).

　　㈎ **재항고장의 제출** 　　 '고등검찰청을 거쳐 서면으로 검찰총장에게 재항 　 **8** 고'한다는 것은 i) 검찰총장을 상대방으로 기재한 재항고장을 ii) 항고사건을 담당한 검사가 속한 고등검찰청에 제출한다는 의미이다. 재항고장은 항고기각결정을 통지받은 날 또는 항고 후 그에 대한 처분이 이루어지지 않고 3개월이 지난 날로부터 30일 이내에 제출해야 하나($\substack{\text{같은 조} \\ \text{제5항}}$), 기간을 지키지 못한데 귀책사유 없음이 소명된 경우 위 기간은 그 사유가 해소된 시점부터 기산된다($\substack{\text{같은 조} \\ \text{제6항}}$). 한편, 중요한 증거가 새로 발견된 경우에는 기간제한이 적용되지 않는다($\substack{\text{같은 조} \\ \text{제7항}}$).

　　㈏ **고등검찰청검사의 처분** 　　 고등검찰청의 검사는 재항고가 이유 있다고 　 **9** 인정할 경우 그 처분을 경정해야 한다($\substack{\text{같은 조 제} \\ \text{3항 제2문}}$). 이유 없다고 판단할 경우 고등검찰청검사장은 재항고장을 수리한 날로부터 20일 이내에 재항고장, 사건기록, 재항고에 대한 의견서를 검찰총장에게 송부해야 한다($\substack{\text{검사규 제} \\ \text{147조 제2항}}$).

　　㈐ **검찰총장의 처분** 　　 재항고장을 접수한 검찰총장은 재항고기간이 도 　 **10** 과됐거나($\substack{\text{중요한 증거가 새로 발견되} \\ \text{었음이 소명된 경우는 제외}}$) 재항고가 이유 없는 때에는 재항고를 기각하고 ($\substack{\text{검찰청법 제} \\ \text{10조 제7항}}$), 재항고가 이유 있는 때에는 적절한 처분을 해야 한다($\substack{\text{검사규 제} \\ \text{148조 제2항}}$).

Ⅱ. 재정신청

1. 의   의

11   불기소처분에 대해 검찰항고를 하였으나 목적을 이루지 못한 고소인 등
이 그 지방검찰청 소재지를 관할하는 고등법원에 당해 불기소처분의 당부에
대한 심판을 구하는 소송행위를 '재정신청'이라 하고, 이에 따라 고등법원에
서 그에 대해 심리하여 공소제기 여부를 결정하는 절차를 재정심리절차 또는
기소강제절차라 한다. 이는 기소편의주의[§94/1 참조]에 대한 통제기능을 담당한다.

2. 절   차

(1) 재정신청

12   (개) 재정신청권자   재정신청권자는 i) 고소인과 ii) 형법 제123조 내지
제126조의 죄의 고발인이다(제264조 제1항)[§69/10 참조].

13   과거에는 직권남용죄와 불법체포·감금죄, 독직폭행·가혹행위죄의 고소·고발인만
재정신청을 할 수 있었으나(당시 불기소처분에 대해 고소인은 헌법소원심판을 청구해 그 당부를 다툴 수 있었으나, 청구인용시 기소강제수단은 없었다.), 2007
년 형사소송법 개정으로 재정신청권자의 범위가 대폭 확대되어 지금과 같은 모습이
되었다. 개정과정에서 고발인에게도 제한 없이 재정신청을 허용하는 안이 논의되었
지만 재정신청권 남용으로 인한 폐단을 우려해 채택되지 않았다. 현재는 i) 기소재
량 통제의 필요성 등 측면에서 고발인에게도 재정신청권을 전면적으로 인정하자는
견해[1]와 ii) 탄핵주의의 취지 및 민중소송·민사분쟁화 방지 필요성을 고려할 때 현
상태를 유지해야 한다는 견해[2]가 대립하고 있다.[3]

14   (나) 검찰항고전치주의   재정신청은 검찰항고 기각의 통지를 받은 경우
(제260조 제2항 본문)에 할 수 있다. 다만, 다음과 같은 예외가 인정된다. 먼저, i) 검찰항
고 후 3개월 넘게 아무런 처분이 이루어지지 않은 경우(같은 항 제2호)에는 항고기각
결정을 기다리지 않고 재정신청을 할 수 있다. 그리고 ii) 검찰항고 인용에

---

1   김태명, "개정형사소송법상 재정신청제도에 대한 비판적 검토", 형사법연구 제19권 제4호(2007),
    85-86쪽; 박기석, "개정 형사소송법의 재정신청제도", 비교형사법연구 제9권 제2호(2007),
    205쪽.
2   임상규, "재정신청제도의 문제점과 개선방안", 법학논고 제30집(2009), 434쪽; 전승수, "개정
    형사소송법상 재정신청제도", 형사법의 신동향 제14호(2008), 67-68쪽.
3   이완규(Ⅰ) 574-580쪽. 상세히는 이완규, "개정법상 재정신청제도의 몇 가지 쟁점", 법조 제
    57권 제2호(2008), 143쪽 이하 참조.

따른 재기수사에도 불구하고 다시 불기소처분이 이루어졌거나($\frac{같은 항}{제1호}$), iii) 검
사가 공소시효 만료일 30일 전까지 공소를 제기하지 않는 경우($\frac{같은 항}{제3호}$)에는 검
찰항고 없이도 재정신청을 할 수 있다.

　　(다) 신청방식　　　재정신청서에는 관할법원, 즉 불기소처분을 한 검사가　　15
소속된 지방검찰청 소재지를 관할하는 고등법원을 기재해야 한다. 다만 신청
서의 제출 자체는 불기소처분을 한 검사가 소속한 지방검찰청검사장 또는 지
청장에게 해야 한다($\frac{제260조}{제1항}$). 재정신청서에는 재정신청 대상사건의 범죄사실
및 증거 등 재정신청을 이유 있게 하는 사유를 기재해야 한다($\frac{같은 조}{제4항}$). 검찰항
고의 경우 항고장에 항고이유를 기재하지 않고 추후 항고이유서를 낼 수 있
으나, 재정신청의 경우 신청서에 이유를 기재하지 않으면 법률상 방식 위반
으로서 기각사유가 된다.

　　(라) 신청기간　　　재정신청서는 검찰항고 기각결정을 통지받은 날 또는 제　16
260조 제2항 각호의 사유가 발생한 날부터 10일 이내에 제출해야 한다. 다
만, 제3호의 경우에는 공소시효 완성일 전날까지 제출할 수 있다($\frac{같은 조}{제3항}$). 재정
신청기간에 재소자특칙($\frac{제344}{조}$)은 유추적용되지 않는다$\left[\substack{§171/7 \\ 참조}\right]$.[1]

　　(마) 신청의 효력　　　재정신청이 있는 경우 i) 고등법원의 심리·결정의　17
무가 발생하고, ii) 그 결정이 확정될 때까지 공소시효의 진행이 정지된다
($\frac{제262조의}{4 제1항}$). 정지의 효력발생시점은 재정신청서 제출시이고, 추후 고등법원에
재정신청서가 송부되는 때가 아니다. 불기소처분에 관해 재정신청권자가 여
러 명인 경우, 1인의 재정신청은 전원에게 효력이 있다($\frac{제264조}{제1항}$).

　　(바) 신청의 취소　　　재정신청은 그에 대한 결정이 있을 때까지 취소할 수　18
있다($\frac{제264조 제2}{항 제1문}$). 취소는 관할고등법원에 서면으로 해야 하나, 기록이 고등법원
에 송부되기 전에는 그 기록이 있는 검찰청의 검사장 또는 지청장에게 해야
한다($\frac{규칙 제121}{조 제1항}$). 신청을 취소한 자는 다시 재정신청할 수 없다($\frac{제264조 제}{2항 제2문}$). 여러
명이 재정신청을 하였다가 1명이 취소한 경우, 그 취소의 효력은 다른 신청
자에게는 미치지 않는다($\frac{같은 조}{제3항}$).

　　(2) 지방검찰청검사장 등의 처리　　　　　지방검찰청검사장 또는 지청장은　19

1 대법원 1998. 12. 14.자 98모127 결정:「구금중인 고소인이 재정신청서를 그 기간 안에 교도소장
　또는 그 직무를 대리하는 사람에게 제출하였다 하더라도 재정신청서가 위의 기간 안에 불기소처
　분을 한 검사가 소속한 지방검찰청의 검사장 또는 지청장에게 도달하지 아니한 이상 이를 적법한
　재정신청서의 제출이라고 할 수 없다.」

재정신청서를 접수한 날로부터 7일 이내에 재정신청서·의견서·수사기록 및 증거물을 관할고등검찰청을 경유해 관할고등법원에 송부해야 한다($\frac{제261조}{본문}$). 다만 검찰항고전치주의의 예외($\frac{제260조 제}{2항 각호}$)에 해당하는 경우, i) 재정신청이 이유 있는 것으로 인정하는 때에는 즉시 공소를 제기하고 그 취지를 관할고등법원과 재정신청인에게 통지하며, ii) 이유 없다고 인정하는 때에는 30일 이내에 위 재정신청서 등을 관할고등법원에 송부한다($\frac{제261조}{단서}$).

20   (3) 심 리   고등법원은 재정신청서 등을 송부받은 날로부터 3개월 이내에 항고의 절차에 준해 심리·결정해야 한다($\frac{제262조}{제2항}$). 필요한 경우 증인신문, 검증, 감정 등 증거조사를 하거나($\frac{제262조 제2항, 규칙}{제122조의2 제1호}$) 피의자를 심문할 수 있으며 [$\frac{§14/13}{참조}$], 특별한 사정이 없는 한 심리는 비공개로 한다($\frac{제262조}{제3항}$).

21   심리중에는 관련서류 및 증거물을 열람·등사할 수 없다($\frac{제262조}{의2 본문}$). 이는 기소되지 않은 사건의 수사기록이 외부에 공개되는 경우에 발생할 폐단을 막기 위함이다. 다만, 법원은 증거조사($\frac{제262조 제}{2항 제2문}$) 과정에서 작성된 서류의 전부 또는 일부의 열람·등사를 허가할 수 있다($\frac{제262조}{의2 단서}$).

   (4) 결 정

22   (개) 기각결정   재정신청이 i) 법률상의 방식에 위배되거나 ii) 이유 없는 때에는 결정으로 이를 기각한다($\frac{제262조 제}{2항 제1호}$).

23   (a) 사 유   신청이 법률상의 방식에 위배된 경우란 i) 신청인이 재정신청권자가 아닌 경우,[1] ii) 재정신청 대상사건이 아닌 경우, iii) 신청서 기재요건이 흠결된 경우($\frac{가령 재정신청을 이유 있게 하}{는 사유를 기재하지 않은 경우}$),[2] iv) 신청기간 경과 후에 신청이 이루어진 경우, v) 신청을 취소한 자가 다시 신청한 경우 등을 말한다.

24   재정신청이 이유 없는 경우란 불기소처분이 정당한 경우를 말한다. 이유 유무는 결정시를 기준으로 판단하며, 불기소처분 후 발견된 증거도 판단자료로 삼을 수 있다. 대법원은 검사가 혐의없음 처분을 한 사건에 대한 재정심리결과 범죄의 객관적 혐의는 인정되나 기소유예처분을 할 만한 사건이라고 판단되는 경우 재정신청을 기각할 수 있다고 한다[$\frac{§227/7}{참조}$].[3]

25   (b) 비용부담   기각결정을 하거나 심리중 재정신청이 취소된 경우, 법

---

1 대법원 1997. 4. 22.자 97모30 결정.
2 대법원 2002. 2. 23.자 2000모216 결정.
3 대법원 1997. 2. 26.자 96모123 결정.

원은 결정으로 재정신청절차에 의해 발생한 비용의 전부 또는 일부를 재정신청인에게 부담하게 할 수 있다($^{제262조의}_{3\ 제1항}$). 또한 직권 또는 피의자의 신청에 따라, 피의자가 재정신청절차에서 부담했거나 부담할 변호인선임료 등 비용의 전부 또는 일부의 지급을 재정신청인에게 명할 수 있다($^{같은\ 조}_{제2항}$). 비용지급의 범위·절차에 관해서는 규칙 제122조의2 내지 제122조의5에서 정하고 있다.

(c) 불　복　　　재정신청 기각결정에는 제415조에 따라 7일 내에 재항고(즉시항고)할 수 있다($^{제262조\ 제}_{4항\ 전문}$). 대법원은 이 재항고에는 재소자특칙($^{제344}_{조}$)[$^{§171/7}_{참조}$]이 유추적용되지 않는다고 한다.[1]

(d) 확정 및 기소금지　　　재정신청 기각결정은 재항고기간 도과 또는 재항고기각으로 확정된다. 이후 그 사건에 관해서는 다른 중요한 증거를 발견한 경우를 제외하고는 소추할 수 없으며($^{같은\ 항}_{후문}$), 공소를 제기할 경우 제327조 제2호의 공소기각사유가 된다. '다른 중요한 증거를 발견한 경우'란 기각결정 당시 제출된 증거에 새로 발견된 증거를 추가하면 충분히 유죄의 확신이 들 정도인 경우를 말하며, 단지 기각결정의 정당성에 의문이 제기되거나 피해자의 권리를 보호하기 위해 형사재판절차를 진행할 필요가 있는 정도의 증거가 있는 경우는 이에 해당하지 않는다.[2] 그리고 관련 민사판결에서의 사실인정 및 판단은 그 자체로 새로 발견된 증거라고 할 수 없다.[3]

제262조 제4항 후문의 기소금지효는 재정신청사건을 담당하는 법원에서 심리·판단된 사건에만 미친다. 고소인의 고소내용에 포함되어 있었던 사건이라도 재정법원에 의해 현실적으로 심리되지 않은 사건에 대해서는 다른 중요한 증거가 발견되지 않은 경우에도 공소제기가 가능하다.[4]

(나) 공소제기결정　　　신청이 적법하고 이유 있는 때에는 사건에 대한 공소제기를 결정한다($^{제262조\ 제}_{2항\ 제2호}$). 이 경우 결정서에 죄명과 공소사실이 특정될 수 있도록 이유를 명시해야 한다($^{규칙\ 제}_{122조}$). 이에 따라 검사는 공소를 제기해야 하며($^{제262조}_{제6항}$), 추후 공소제기결정의 취지에 반해 공소취소를 할 수 없다($^{제264}_{조의2}$). 공소제기결정에는 불복할 수 없다.[5]

26

27

28

29

1　대법원 2015. 7. 16.자 2013모2347 (全)결정.
2　대법원 2018. 12. 28. 선고 2014도17182 판결.
3　대법원 2018. 12. 28. 선고 2014도17182 판결.
4　대법원 2015. 9. 10. 선고 2012도14755 판결.
5　대법원 2012. 10. 29.자 2012모1090 결정.

30   대법원은 법률상 방식에 위배된 재정신청을 인용한 공소제기결정에 기
초한 기소의 효력을 인정한다.[1] 그러나 이는 공소제기의 절차가 법률의 규
정에 위반하여 무효인 때($\frac{제327조}{제2호}$)[$\frac{\S 57/1}{참조}$]에 해당한다고 봄이 타당하다.[2]

Ⅲ. 헌법소원

31   헌법재판소는 범죄가 성립하지 않는 사건에서 혐의없음·죄가안됨 처분
이 아닌 기소유예($\frac{또는 공}{소보류}$) 또는 기소중지 처분을 함은 평등권·행복추구권을 침
해하는 공권력행사에 해당한다고 보아 그에 대한 피의자의 헌법소원심판청구
를 인정한다.[3] 자기사건에 대한 기소유예처분의 효력을 다투는 것이므로 자
기관련성이 인정되고, 법령상 피의자가 기소유예처분의 효력을 다툴 수 있는
절차가 마련돼 있지 않다는 점에서 보충성 요건도 충족한다고 볼 수 있다.

32   피의자는 기소유예처분이 있음을 안 날로부터 90일 이내, 그리고 기소
유예처분이 있은 날로부터 1년 이내에 헌법소원심판을 청구해 그 취소를 구
할 수 있다($\frac{헌법재판소법}{제69조 제1항}$). 헌법재판소가 평등권·행복추구권 침해 등을 이유로
불기소처분 취소결정[4]을 한 경우, 해당 검찰청의 장은 지체없이 해당 사건
을 재기수사해야 한다($\frac{검사규 제}{249조 제2항}$). 불기소처분 취소결정이 그 자체로 검사의 공
소제기 또는 고등법원의 공소제기명령과 같은 효력이 있는 것은 아니다.

33   피의자가 헌법소원심판의 대상으로 삼을 수 있는 것은 기소유예처분과
수사중지처분이다.[5] 혐의없음, 죄가안됨, 증거불충분, 각하는 피의자가 추후
유죄판결을 받을 수 없다는 취지의 종국처분으로서 기본권침해를 구성하지
않으므로 헌법소원의 대상적격이 없다.

34   한편, 고소·고발인은 불기소처분에 대해 헌법소원심판청구를 할 수 없다.
헌법재판소법 제68조 제1항 단서는 헌법소원을 제기하기 전에 우선 다른 법

---

1   대법원 2017. 11. 14. 선고 2017도13465 판결: 「법원이 재정신청 대상사건이 아닌 공직선거법
    제251조의 후보자비방죄에 관한 재정신청임을 간과한 채 공소제기결정을 한 관계로 그에 따른
    공소가 제기되어 본안사건의 절차가 개시된 이상, 다른 특별한 사정이 없는 한 그 본안사건에
    서 위와 같은 잘못을 다툴 수 없다.」
2   상세히는 김재중/이훈, "재정신청 대상 아닌 사건에 대한 재정결정의 효력", 법학연구 제26권
    제4호(2018), 121쪽 이하 참조.
3   헌법재판소 1996. 10. 4. 선고 95헌마318 (全)결정; 2010. 10. 28. 선고 2008헌마629 (全)결정.
4   헌법재판소 2010. 10. 28. 선고 2008헌마629 (全)결정.
5   헌법재판소 2009. 9. 24. 선고 2008헌마210 (全)결정.

률에 정해진 구제절차를 모두 경유할 것을 요구하므로, 고소인 또는 형법 제
123조 내지 제126조의 죄의 고발인은 재정신청까지, 그 외의 고발인은 검찰
재항고까지 거쳐야 하는데, i) 고등법원의 재정결정은 헌법재판소법 제68조
제1항 본문의 '법원의 재판'에 해당하여 헌법소원의 대상적격이 없고,[1] ii)
고발인의 경우 자신이 피해자가 아니어서 자기관련성이 없기 때문이다.[2]

제3관   고위공직자범죄수사처 검사·특별검사의 수사

제1   고위공직자범죄수사처 검사의 수사   §89

Ⅰ. 수   사

1. 수사개시의 범위

    고위공직자범죄수사처 검사($\substack{\text{수사처} \\ \text{검사}}$)의 수사개시 범위는 공수처법 제2조 제   1
5호에서 정한 '고위공직자범죄등'으로 한정되며, 그 밖의 사건에 관해서는
수사를 개시하지 못한다($\substack{\text{공수처법} \\ \text{제3조 제1호}}$). 여기서 '고위공직자범죄등'이란 고위공직
자범죄와 그 관련범죄를 말한다($\substack{\text{같은 조 제3호} \\ \text{내지 제5호}}$).

    ⑴ 고위공직자범죄   '고위공직자범죄'란 i) 고위공직자로 재직중 ii) 본   2
인 또는 가족이 범한 iii) 공수처법 제2조 제3호 각 목의 죄를 말한다.

    ㈎ 고위공직자로 재직중에 범한 죄   '고위공직자'란 i) 대통령, ii) 국회의   3
장·국회의원, iii) 대법원장·대법관, iv) 헌법재판소장·헌법재판관, v) 국무
총리와 국무총리비서실 소속 정무직공무원, vi) 중앙선거관리위원회의 정무
직공무원, vii) 공공감사에 관한 법률 제2조 제2호에 따른 중앙행정기관의 정
무직공무원, viii) 대통령비서실·국가안보실·대통령경호처·국가정보원 소속
의 3급 이상 공무원, ix) 국회사무처·국회도서관·국회예산정책처·국회입법
조사처의 정무직공무원, x) 대법원장비서실·사법정책연구원·법원공무원교
육원·헌법재판소사무처의 정무직공무원, xi) 검찰총장, xii) 광역자치단체장·
교육감, xiii) 판사·검사, xiv) 경무관 이상 경찰공무원, xv) 장성급 장교, xvi)

---

1 헌법재판소 2014. 12. 30. 선고 2014헌마1111 결정.
2 헌법재판소 1989. 12. 22. 선고 89헌마145 (숲)결정.

금융감독원 원장·부원장·감사, xvii) 감사원·국세청·공정거래위원회·금융위원회 소속의 3급 이상 공무원의 직에 재직중인 사람 또는 그 직에서 퇴직한 사람(장성급 장교는 현역을 면한 이후도 포함)을 말한다(공수처법 제2조 제1호). 위와 같은 직에 '재직중' 범한 죄만 고위공직자범죄가 된다.

4　　(나) 본인 또는 가족의 범죄　　'가족'이란 고위공직자의 배우자 및 직계존비속(대통령의 경우 배우자 및 4촌 이내의 친족)을 말한다(공수처법 제2조 제2호).

5　　(다) 공수처법 제2조 제3호 각 목의 죄　　'고위공직자범죄'란 고위공직자로 재직중 본인 또는 그 가족이 범한 i) 형법 제122조 내지 제133조의 죄(특별법상 가중적 구성요건 포함), ii) 직무와 관련된 형법 제141조(공용서류무효, 공용물파괴 등)·제225조(공문서위 ·변조 등), 제227조(허위공문 서작성 등)·제227조의2(공전자기록 위·변작)·제229조(형법 제225조·제227조·제227 조의2의 죄에 기초한 행사)의 죄, iii) 제355조(횡령; 배임)·제356조(업무상횡 령·배임)·제357조(배임수증재)의 죄(특별법상 가중적 구성요건 포함) 및 각 미수범, iv) 특가법 제3조(알선뇌물수수 ·요구·약속)의 죄, v) 정치자금법 제45조(정치자금 부정수수)의 죄, vi) 변호사법 제111조(공무관련 청탁·알선명목 금 품·향응의 수수·공여·약속)의 죄, vii) 국가정보원법 제21조(정치 관여) 및 제22조(직권 남용)의 죄, viii) 증언감정법 제14조 제1항(위증·허 위감정)의 죄, ix) 위 범죄행위로 인한 범죄수익등과 관련된 범죄수익규제법 제3조(범죄수익등의 은닉·가장) 및 제4조(범죄수익 등의 수수)의 죄를 말한다. 다만, 가족의 경우에는 고위공직자의 직무와 관련해 범한 죄에 한정한다(공수처법 제2조 제3호).

6　　(2) 관련범죄　　'관련범죄'란 i) 고위공직자범죄의 공동정범·교사범·종범, ii) 고위공직자를 대상으로 하는 형법 제133조(뇌물공여·약속· 공여의사표시)및 제357조 제2항(배임 증재)의 죄, iii) 고위공직자범죄와 관련된 형법 제151조 제1항(범인 은닉), 제152조(위증·모; 해위증), 제154조(허위감정· 통역·번역), 제155조·제156조(무고·증 거인멸 등)의 죄 및 증언감정법 제14조 제1항(위증·허 위감정)의 죄, iv) 고위공직자범죄 수사과정에서 인지한 그 고위공직자범죄와 직접 관련성이 있는 죄로서 해당 고위공직자가 범한 죄를 말한다(공수처법 제2조 제4호).

2. 수사의 실행

7　　검찰청 검사의 수사에 관한 형사소송법·검찰청법의 규정은 공수처법에 반하지 않는 범위에서 수사처검사의 수사에도 적용된다(같은 법 제47조). 수사처검사가 경찰공무원인 사법경찰관에게 재수사·보완수사를 요구하거나 특별사법경찰관의 수사를 지휘할 수는 없으므로, 수사처검사의 수사절차는 검찰청 검사가

$\binom{\text{스스로 범죄를 인지}}{\text{하거나 이송을 받아}}$ 직접 수사하는 경우와 유사한 모습을 띠게 된다.

　　다른 수사기관의 수사가 수사처의 수사와 중복되는 경우, 처장은 수사진　　8
행정도 및 공정성 등에 비추어 수사처에서 수사함이 적절하다고 판단되는 때
에는 이첩을 요청할 수 있다. 해당 수사기관은 이에 응해야 한다$\binom{\text{같은 법 제}}{\text{24조 제1항}}$.

Ⅱ. 사건처리

1. 수사중지 및 이송

　　⑴ 기소중지·참고인중지　　　　검찰청 검사의 기소중지·참고인중지와 동일　　9
하다$\binom{\text{고위공직자범죄수사처사건사}}{\text{무규칙 제27조 제1항 제4호}}$.

　　⑵ 이　첩　　　　피의자, 피해자, 사건의 내용과 규모 등에 비추어 다른 수　　10
사기관이 고위공직자범죄등을 수사하는 것이 적절하다고 판단될 때에는 해
당 수사기관에 사건을 이첩(移牒)할 수 있다$\binom{\text{공수처법 제}}{\text{24조 제3항}}$. 실질적으로 사건의 송
치에 해당한다.

2. 공소제기요구·불기소결정(기소권 없는 사건)

　　⑴ 결　정　　　　수사처검사가 법관$\binom{\text{대법원장·}}{\text{대법관·판사}}$, 검사$\binom{\text{검찰총장}}{\text{·검사}}$, 경무관 이상 경　　11
찰공무원 중 어느 하나에 해당하지 않는 자의 고위공직자범죄등 사건을 수사
한 경우에는 i) 불기소결정을 하거나 ii) 검찰청 검사에게 공소제기를 요구한
다. 불기소결정 또는 공소제기요구를 하는 때에는 관계서류·증거물 일체를
서울중앙지방검찰청 소속 검사에게 송부해야 한다$\binom{\text{공수처법 제}}{\text{26조 제1항}}$. 직접 기소할 수
는 없다$\binom{\text{같은 법 제3조}}{\text{제1항 제1호}}$.

　　㈎ 불기소결정　　　　수사처검사의 불기소결정에는 공소권없음, 혐의없음　　12
$\binom{\text{범죄인정안됨,}}{\text{증거불충분}}$, 죄가안됨, 각하, 기소유예가 있다$\binom{\text{고위공직자범죄수사처사}}{\text{건사무규칙 제27조 제1항}}$. 검찰청 검사
가 하는 그것과 동일하다.

　　㈏ 공소제기요구　　　　수사결과 혐의가 인정되어 기소함이 상당하다고 판　　13
단하는 때에는 검찰청 검사에게 공소제기를 요구한다$\binom{\text{같은 규칙 제}}{\text{28조 제1항}}$.

　　⑵ 검찰청 검사의 사건처리　　　　관계서류·증거물을 송부받아 사건을 처리　　14
하는 서울중앙지방검찰청 검사는 공소제기 여부를 수사처장에게 신속히 통
보해야 한다$\binom{\text{공수처법 제}}{\text{26조 제2항}}$. 공소제기요구된 사건에 관해 불기소처분을 할 수도 있
고, 수사처검사가 불기소결정한 사건에 관해 보강수사를 하여 공소제기를 할

수도 있다. 사건에 관한 종국처분을 검찰청 검사가 한다는 점에서 수사처검
사의 불기소결정은 잠정처분이라 할 수 있다.

3. 공소제기 · 불기소결정(기소권 있는 사건)

15   수사처검사가 법관 · 검사 또는 경무관 이상 경찰공무원의 고위공직자범
죄등 사건을 수사한 경우에는 공소제기 또는 불기소결정으로 수사를 종결한
다(같은 법 제3조 제1항 제2호). 불기소결정을 하는 때에는 해당 범죄의 수사과정에서 알게 된
(고위공직자범 죄등이 아닌) 관련범죄사건을 대검찰청에 이첩해야 한다(같은 법 제27조).

Ⅲ. 불기소처분에 대한 불복

1. 의   의

16   고소 · 고발인은 수사처검사로부터 불기소결정통지를 받은 때에는 수사
처장을 경유해 서울고등법원에 재정신청을 할 수 있다(같은 법 제 29조 제1항). 검찰청 검사
에 의한 불기소처분의 경우와 달리[§88/14 참조] 별도의 전치절차는 없다.

2. 절   차

17   (1) 신 청   재정신청은 불기소통지를 받은 날부터 30일 이내에 재정신
청서를 제출하는 방법으로 한다(같은 법 제 29조 제2항). 재정신청서에는 재정신청 대상사
건의 범죄사실 및 증거 등 재정신청을 이유 있게 하는 사유를 기재해야 한다
(같은 조 제3항). 재정신청서에 기재되는 상대방은 서울고등법원이나, 신청서 제출 자
체는 수사처장에게 해야 한다(같은 조 제2항).

18   (2) 수사처장의 처리   처장은 재정신청서를 제출받은 날부터 7일 이내
에 재정신청서, 의견서, 수사관계서류 및 증거물을 서울고등법원에 송부해야
한다. 다만, 신청이 이유 있다고 인정하는 때에는 즉시 공소를 제기하고 그
취지를 서울고등법원과 재정신청인에게 통지한다(같은 법 제 29조 제4항).

19   (3) 고등법원의 심리 · 결정   재정심리절차에 관해서는 제262조 및 제262
조의2 내지 제262조의4가 준용된다(같은 법 제 29조 제5항)[§88/20 참조].

제2　특별검사의 수사

Ⅰ. 수　　사

1. 수사주체

특별검사는 직접 또는 특별검사보·특별수사관을 지휘하여 수사한다 $\binom{\text{특검법 제7조 제}}{\text{1항 제1호, 제2호}}$. 형사소송법, 검찰청법, 군사법원법과 그 외의 법령 중 검사와 군검찰관의 권한에 관한 규정은 특검법의 규정에 반하지 않는 한 특별검사와 특별검사보의 직무에 준용된다$\binom{\text{같은 조}}{\text{제7항}}$.

1

2. 수사준비

특별검사는 임명된 날부터 20일 동안 수사에 필요한 시설의 확보, 특별검사보의 임명 요청 등 직무수행에 필요한 준비를 할 수 있다. 준비기간중에는 수사할 수 없다$\binom{\text{특검법 제}}{\text{10조 제1항}}$.

2

3. 수사의 실행

⑴ 수사기간과 연장　　특별검사는 위 준비기간이 만료된 날의 다음날부터 60일 이내에 담당사건에 대한 수사를 완료하고 공소제기 여부를 결정해야 한다$\binom{\text{특검법 제}}{\text{10조 제2항}}$. 위 기간 내에 수사를 완료하지 못하거나 공소제기 여부를 결정하기 어려운 경우에는 대통령에게 그 사유를 보고하고 대통령의 승인을 받아 1회에 한해 수사기간을 30일까지 연장할 수 있다$\binom{\text{같은 조}}{\text{제3항}}$. 위 보고 및 승인 요청은 수사기간 만료 3일 전에 해야 하고, 대통령은 수사기간 만료 전에 승인 여부를 특별검사에게 통지해야 한다$\binom{\text{같은 조}}{\text{제4항}}$.

3

⑵ 수사의 범위　　특별검사는 특별검사 임명추천서에 기재된 사건에 관해서만 수사할 수 있으며, 그 범위를 이탈하여 담당사건과 관련되지 않은 자를 소환·조사할 수 없다$\binom{\text{특검법 제7조 제}}{\text{1항 제1호, 제2호}}$.

4

⑶ 수사협조·파견요청

㈎ 수사협조요청　　특별검사는 직무수행을 위해 필요한 때에는 대검찰청, 경찰청 등 관계기관의 장에게 담당사건과 관련된 사건의 수사기록·증거 등 자료제출이나 수사활동지원 등 수사협조를 요청할 수 있다$\binom{\text{특검법 제}}{\text{7조 제3항}}$. '관련된 사건'이란 ⅰ) 담당사건과 공동정범관계에 있는 사건, ⅱ) 담당사건에 관한

5

범인은닉죄·증거인멸죄·위증죄·허위감정통역죄 사건, iii) 담당사건과 기본적 사실관계가 동일한 사건, iv) 담당사건의 범행수단이 되는 죄의 사건을 말한다($\binom{특검법시행령}{제4조\ 제3항}$).

6　　　　(나) 파견요청　　특별검사는 위 관계기관의 장에게 소속공무원의 파견($\binom{검사는\ 5명\ 이내,\ 그\ 밖}{의\ 공무원은\ 30명\ 이내}$) 및 이에 관련되는 지원을 요청할 수 있다($\binom{특검법\ 제}{7조\ 제4항}$). 특정 검사 및 공무원의 파견을 요청하는 경우 사전에 관계기관의 장과 협의해야 한다($\binom{같은\ 조}{제5항}$).

7　　　　(다) 협조의무　　수사협조요청 또는 파견요청을 받은 관계기관의 장은 정당한 사유가 없으면 그에 따라야 하며, 정당한 사유 없이 불응할 경우 특별검사는 징계의결요구권자에게 관계기관의 장에 대한 징계절차 개시를 요청할 수 있다($\binom{같은\ 조}{제6항}$).

4. 이의신청제도

8　　　(1) 이의신청　　담당사건의 수사대상이 된 자 또는 그 배우자·직계존비속·동거인·변호인은 특별검사가 그 직무범위를 이탈하였다고 사료하는 경우 특별검사를 경유해 서울고등법원에 이의신청을 할 수 있다($\binom{특검법\ 제20조}{제1항,\ 제2항}$).

9　　　이의신청 자체로는 특별검사의 수사활동이 정지되지 않는다($\binom{같은\ 조}{제7항}$). 이의신청인은 이의신청과 동시에 또는 그와 별도로 이유를 소명한 서면으로 서울고등법원에 해당처분($\binom{직무범위를}{이탈한\ 처분}$) 등의 효력이나 그 집행 또는 절차속행의 전부 또는 일부 정지를 신청할 수 있다. 법원은 이에 대해 지체없이 결정을 한 후($\binom{같은\ 조}{제8항}$), 이의신청인과 특별검사에게 서면으로 통지해야 한다($\binom{같은\ 조}{제9항}$).

10　　　(2) 특별검사의 처리　　이의신청서를 접수한 특별검사는 i) 신청이 이유 있다고 인정한 때에는 신청내용에 따라 즉시 시정하고, ii) 이유 없다고 인정한 때에는 신청서 접수시로부터 24시간 이내에 신청서에 의견서를 첨부해 서울고등법원에 송부해야 한다($\binom{같은\ 조}{제3항}$).

11　　　(3) 결 정　　서울고등법원은 위 신청서 등을 접수한 때로부터 48시간 이내에 기각결정 또는 인용결정을 한 후($\binom{같은\ 조}{제4항}$) 이의신청인과 특별검사에게 서면으로 통지해야 한다($\binom{같은\ 조}{제9항}$). 결정에 대해서는 불복이 허용되지 않는다($\binom{같은\ 조}{제6항}$). 인용결정이 있는 경우 특별검사는 해당 결정의 취지에 반하는 수사활동을 해서는 안 된다($\binom{같은\ 조}{제5항}$).

Ⅱ. 사건처리

1. 공소제기·불기소

특별검사는 공소제기 또는 불기소처분으로 수사를 종결한다. 수사종결 **12** 처분을 한 경우 그로부터 10일 이내에 대통령과 국회에 서면으로 보고하고 법무부장관에게 서면으로 통지해야 한다(특검법 제12조). 혐의사실 중 일부에 관해 공소를 제기하는 경우, 불기소한 부분의 수사결과를 외부에 발표할 수 있다(특검법 제9조 제3항, 특 검법시행령 제5조 제2호).

불기소처분을 한 때에는 그로부터 10일 이내에 비용지출 및 활동내역 **13** 등에 관한 사항을 대통령에게 서면으로 보고하고, 보관하고 있는 업무 관련 서류 등을 검찰총장에게 인계해야 한다(특검법 제17조). 인계 전에 압수물 환부 등 조치를 취해야 한다(특검법시행령 제7조 제3항).

2. 인 계

수사기간[§90/3 참조] 내에 수사를 완료하지 못하거나 공소제기 여부를 결정하 **14** 지 못한 경우, 수사기간 만료일로부터 3일 이내에 사건을 관할지방검찰청 검사장에게 인계해야 한다(특검법 제 10조 제5항). 실질적으로 사건의 송치에 해당한다.

제2장 공 소

제1절 공소의 의의와 일반원칙

제1관 공소의 의의

§91 ## 제1 공소의 개념과 본질

I. 공소의 제기·유지·철회

1. 공소제기

1 　　특정 형사사건에 관해 법원에 유·무죄의 실체판결을 구하는 소송행위를 공소라 한다. 수사의 결과 소송조건이 갖춰져 있고 혐의가 인정되며 처벌의 필요성도 있다고 판단되는 경우 검사는 공소를 제기하게 되는데, 이를 기소(起訴)라 약칭하기도 한다. 공소의 제기로 피의자는 피고인, 피의사건은 피고사건이 되고, 해당 사건이 법원의 심리·재판의 대상으로 되어 있는 상태, 즉 소송계속(訴訟繫屬)이 발생한다[§97/1 참조].

2 　　검사의 기소로 법원이 피고사건을 심판하는 소송절차는 크게 공판절차와 약식절차의 둘로 나뉜다. i) 공판절차는 피고인을 공개법정으로 소환해 구두변론에 의한 사실심리를 거쳐 종국판결을 선고하는 절차이고, ii) 약식절차는 법정에서의 공개재판 없이 검사가 제출한 공소장과 증거자료만을 검토해 벌금, 과료 또는 몰수의 재판(약식명령)을 하는 절차이다(제448조 제1항). 본래 공소제기는 전자, 즉 공판절차에 의한 판결만을 구하는 신청이므로(공판청구), 약식절차에 의한 심판을 구하려면 별도로 그러한 취지의 신청, 즉 약식명령청구(제449조)를 해야 한다. 실무상 공소제기와 약식명령청구는 하나의 서면(약식명령 공소장)으로 하고 있는데(검사규 제109조), 이처럼 공소를 제기해 약식명령을 청구하는 소송행위를 구약식(求略式)이라 한다. 반면에 약식명령청구 없는 공소제기는 구공판(求公判)이라 한다.

2. 공소유지

소송계속이 발생한 사건에 관해, 공소제기된 상태를 유지하면서(즉, 공소 취소 없이)   3
재판에 임하는 것을 공소의 수행(제246조) 또는 유지(검찰청법 제4조 제1항 제1호)라 한다. 공판정
출석(제275조 제2항), 피고인신문(제296조의2 제1항), 증거신청(제294조), 증인신문(제161조의2 제1항), 공소장변
경(제298조 제1항), 최후변론(제302조), 상소제기(제338조) 등은 모두 공소유지 활동이다. 공소
의 제기와 유지를 아울러 소추(訴追)라 한다.

3. 공소취소

공소제기를 철회하는 검사의 소송행위를 공소취소(제255조 제1항)라 한다. 공소   4
취소가 있는 경우 법원은 공소기각결정으로 절차를 종결한다(제328조 제1항 제2호)[§99/1 참조].

Ⅱ. 공소의 본질

공소제기가 실체판결을 구하는 소송행위인지, 아니면 유죄판결을 신청   5
하는 소송행위인지에 대한 논의가 있다. 다수설은 후자의 관점인데,[1] 그 근
거로는 주로 i) 역사적으로 공소제기의 원형은 고소·고발(처벌희망 의사표시)이라는 점,
ii) 현실에서 검사는 유죄판결을 구하고자 기소하는 것이며, 만약 유죄의 근
거가 없다면 불기소처분을 해야 한다는 점 등을 든다.

그러나 고등법원의 공소제기결정[§88/29 참조]으로 기소된 사건이나 재심공판사   6
건[§231/1 참조], 공판진행중 무죄의 증거가 드러난 사건에서는 검사가 (구형 없이) 단지 정
당한 법적용을 구한다는 취지로만 논고하는 수도 있으므로, 현실에서 검사가
언제나 유죄판결을 구한다고 전제할 수는 없다. 또한 다수설의 입장대로라면
검사가 최후변론에서 피고인의 무죄를 논고하는 행위(이른바 무죄구형)는 곧 공소취소
[§99/1 참조]가 된다는 이상한 결론에 이르게 된다.[2]

공소제기는 본질상 실체판결을 신청하는 소송행위라고 함이 타당하다.[3]   7
하급심에서도 범죄의 증명이 부족하고 검사가 피고인의 무죄를 논고한 사안
에서 이를 공소취소로 취급하지 않고 무죄를 선고한 예가 있다.[4]

---

1 신동운 548－549쪽; 신양균/조기영 361쪽; 이은모/김정환 377쪽; 임동규 301쪽 등.
2 이 점에서 본질론 논의가 형사소송법의 실제문제에 별다른 의미를 가져오지 않는다는 설명(배
   종대/이상돈 350쪽; 이주원 202쪽)에 찬성하지 않는다.
3 이재상 외 2인 291쪽; 정웅석 외 2인 368－369쪽.
4 서울중앙지방법원 2012. 12. 28. 선고 2011재고합39 판결.

§92   **제 2   공 소 권**

Ⅰ. 공소권의 의의

1   공소를 제기하고 유지할 수 있는 검사의 소송법상 권한, 즉 기소권과 공
소유지권을 아울러 공소권 또는 소추권이라 한다. 앞서 보았듯 공소제기는
실체판결의 신청이므로, 공소권은 곧 실체판결신청권이라 할 수 있다.[1]

2   전술하였듯 검사규 제115조 제3항 제4호는 면소·공소기각 또는 필요적 형면제의
사유가 있는 경우에 공소권없음 처분을 하라고 규정하고 있는바[§87/19 참조], 이는 공소
권의 개념을 '형선고가 가능한 사건에 관해 법원에 유·무죄의 실체판결을 청구할
수 있는 권한'으로 정의하는 셈이다. 즉, 검사규의 '공소권'은 소송조건이 구비되어
있고 형선고 또한 가능하리라는 상황적 조건을 뜻하는 용어라고 할 수 있다. 그러나
실제로 공소권을 이렇게 정의하는 견해는 없다.

3   무언가를 할 권한이 있다는 것은 곧 그것을 하지 않을 권한도 있음을 의
미한다. 즉, 공소를 제기할 수 있는 권한에는 이를 제기하지 아니할 권한까지
포함되는바, 그리하여 기소권은 그 개념상 불기소결정권과 표리일체의 관계
에 있다.[2] 마찬가지로 공소를 유지할 수 있는 권한에는 공소를 유지하지 않
을 권한(공소제기를 철회할 권한)까지 포함되며, 이러한 의미에서 공소유지권은 공소취소권
과 불가분의 관계에 있다. 요컨대 공소권에는 공소제기권, 불기소결정권, 공
소유지권, 공소취소권이 당연히 포함돼 있다.

4   다만, 근래 정치상황의 잦은 변동에 따른 무분별하고 비정합적인 형사입
법으로 인해 위와 같은 전통적 정의로 설명하기 어려운 경우가 생겨났다. 가
령, i) 수사처검사는 일부 사건을 제외하면 불기소결정권만 있고 공소제기권
은 없다[§89/11 참조]. 또한, ii) 특검사건에서 특별검사보는 공소유지는 할 수 있으
나 기소는 할 수 없다[§36/16 참조]. 그리고, iii) 검찰청 검사는 자신이 수사개시한
사건에 관해 공소유지만 할 수 있고 기소는 할 수 없다(검찰청법 제4조 제2항)[§95/3 참조].

---

1   이재상 외 2인 291 − 292쪽; 정웅석 외 2인 369쪽.
2   상세히는 정웅석 1266 − 1269쪽.

Ⅱ. 수사권과의 관계

기소·불기소 여부의 결정은 곧 수사의 결론이다. 공소권의 적확한 행사   5
는 정밀한 수사에 바탕하지 않고서는 불가능하며, 쟁점판단에 필요·적절한
수사는 공소권자만 할 수 있다. 특히 검사가 초동단계에서부터 수사에 직접
관여하는 경우에는 기록만으로 사건을 파악하는 경우에 비해 사건의 실체에
더 가까이 접근할 수 있고, 그 결과 공소권의 행사 또한 더욱 적절히 이루어
질 수 있다.[1] 따라서 수사권은 공소권의 불가결한 논리적 전제가 되며, 이에
근대 이후 대다수 선진국에서는 검사에게 수사권 및 경찰수사지휘권을 부여
해 왔고 최근 전세계적으로 이를 강화해 나가는 추세에 있다.[2] 근래 수사와
기소를 분리해 검사는 기소만 전담하고 수사는 경찰이 전담해야 한다는 주장
이 있으나[3] 이는 개념상 불가능하며, OECD국가 중 형사사법체계를 그렇게
운영하는 나라는 없다.[4]

최근 형사소송법 개정에서 검사의 수사권을 대폭 축소하고 경찰수사지휘권을 폐지   6
하였는데, 이는 공소권의 적정하고 합리적인 행사를 크게 저해하는 요인이 된다. 실
제로 이로 인해 수사가 장기간 지연되거나 사건이 적정하게 처리되지 않는 경우가
크게 늘어났고, 특히 경제범죄와 마약범죄에 대한 국가의 사정역량은 제헌 이래 유
례가 없을 만큼 급전직하했다. 조속히 불송치제도를 폐지하고 합리적 논의를 통해
수사권 및 수사지휘권을 재조정할 필요가 있다.[5] 공판에서의 사실인정을 위한 기초
는 수사절차에서 광범위하게 형성되고, 수사단계의 오류를 공판에서 시정하는 것은
현실적으로 쉽지 않기에, 법치국가에서 검사로부터 완전히 자유로운 수사영역을 광
범위하게 인정함은 부적절하다.[6]

---

1 안성수, "인권보호와 검사의 수사지휘권", 법조 제55권 제6호(2006), 21쪽.

2 정웅석, "대륙법과 영미법의 형사법체계", 형사소송 이론과 실무 제13권 제4호(2021), 38, 46,
   64쪽.

3 김인회 188쪽.

4 신태훈, "이른바 '수사와 기소 분리론'에 대한 비교법적 분석과 비판", 형사법의 신동향 제57호
   (2017), 107쪽.

5 한석훈/곽량신, "검사의 수사권 제한 입법의 평가", 성균관법학 제34권 제2호(2022), 385쪽.

6 정웅석 236쪽.

제2관   공소의 일반원칙

§93   **제 1   국가소추주의 · 기소독점주의**

1   i) 공소권은 국가에 전속한다는 원칙을 국가소추주의, ii) 국가기관 가운
데에서도 검사만이 공소권을 행사할 수 있다는 원칙을 기소독점주의라 한다.
제246조는 「공소는 검사가 제기하여 수행한다」고 규정해 양자를 동시에 선
언하고 있다. 이는 공정하고 통일적인 공소권행사를 목적으로 한다.

2   국가소추주의를 채택하는 이상, 사인의 고소 · 고발로는 형사절차가 개시
되지 않는다. 독일에서는 일부 경미범죄에 한해 사인소추(私人訴追)가 인정되
나 우리나라에는 그러한 제도가 없다. 그리고 기소독점주의에 따라, 검사 이
외의 행정관청(정부기관의 장,/지방자치단체장)은 행정조사를 통해 인지한 범죄사실을 수사기관에
고발할 수는 있어도 직접 공소를 제기할 수는 없다. 다만 경미사건의 경우
경찰서장이 직접 사건을 소추할 수 있는 예외가 인정된다[§101/1/참조].

3   기소독점주의에 대해서는 i) 관료제와 결합해 자의적이고 독선적인 공소권행사를 야
기할 위험이 있고, ii) 공소권이 정치권력에 의해 영향을 받을 수 있다는 비판이 제
기되나, 이는 다음과 같은 점에서 적절하다고 볼 수 없다.
             첫 번째 비판은 관료제(bureaucracy)의 정의와 특성을 잘못 파악하고 있다. 관료제
는 문서화된 규칙에 기반한 분업화와 계층적 조직구조를 본질로 하는바, 그 단점으
로는 통상 (자의성이/아니라) 경직성과 무사안일성 등이 주로 지적되며, 이는 독립관청인 검
사보다는 대규모의 피라미드형 계층조직을 거느리는 일반 행정관청에서 더 강하게
나타난다. 오히려 공소권을 다른 행정청에 맡기지 않고 1인 단독관청인 검사에게
전속시킴으로써 관료제의 폐단을 줄일 수 있다는 것이 기소독점주의의 장점이라 할
수 있다. 물론 자의적 공소권행사의 위험이 존재한다는 것은 사실이나, 이것은 단독
관청인 검사의 독립성과 후술하는 기소편의주의[§94/1/참조]가 결합함에 따라 발생하는 문
제로, 기소독점주의의 폐단은 아니다.
             두 번째 비판은 엄밀히는 기소독점주의가 아니라 국가소추주의에 대한 비판에 해당
한다. 모든 공권력작용은 태생적으로 정치권력의 간섭을 받을 위험에 놓여 있기 때
문이다. 오히려 기소독점주의는 언제든 퇴직하고 변호사로 활동할 수 있는 검사에
게 소추권을 전속시킴으로써 국가소추주의 하에서 공소권자가 정치적 압력에 저항
할 수 있는 환경을 조성하는 데 기여한다. 다만, 이는 공정한 공소권행사에 필요한
최소한의 조건일 뿐, 충분조건이라 할 수 없음은 물론이다.

제 2 기소편의주의   §94

I. 내   용

공소제기 여부 및 그 시점·방법의 결정과 기소된 사건의 공소유지 여부   1
판단은 검사의 재량에 속한다. 즉, 검사는 소송조건이 갖춰져 있고 범죄성립
이 인정되는 경우에도 불기소처분을 해 사건을 종결할 수 있고($\frac{제247}{조}$), 이미
소송계속이 발생한 사건에 관해 제1심판결 선고 전까지 공소를 취소할 수 있
다($\frac{제255조}{제1항}$). 용어로는 '기소재량원칙'이 좀 더 적절하다.

기소편의주의의 핵심은 기소유예처분에 있다. 즉, 검사는 혐의가 인정되기   2
는 하지만 특별히 참작할 사정이 있는 사건($\frac{깊이 뉘우치고 있는 경우, 사건 자체가 경}{미한 경우, 피해가 충분히 회복된 경우 등}$)에서
기소유예처분을 해 피의자를 형사절차로부터 해방시킬 수 있다. 이로써 개별
사안에서 구체적 타당성 있는 해결을 꾀하고 형사절차로 인한 시민의 고통을
최소화할 수 있다. 기소유예는 경미범죄에 대해 절차법적 차원의 비범죄화를
실현하고 법원이 공판절차에서 중범죄에 집중할 수 있는 여력을 제공해 사법
자원의 효율적 활용에 기여하는 제도로서 세계 각국에서 널리 활용된다.[1]

II. 한   계

1. 의   의

모든 공권력작용이 그렇듯($\frac{행정기본법}{제21조 참조}$) 검사의 소추재량 또한 무한정의 것   3
이 아님에는 이견이 없다. 제247조에서 규정하는 기소재량은 자유재량이 아
닌 기속재량으로서 내재적 한계가 있으며,[2] 검찰청법 제4조 제3항 역시 「검
사는 그 직무를 수행할 때 … 주어진 권한을 남용하여서는 아니 된다」고 규
정하고 있다. 따라서 외관상 적법해 보이더라도 실질적으로 소추재량권을 현
저히 일탈한 공소제기는 위법한바, 그와 같은 위법한 형태의 공소권행사를
공소권남용이라 한다. 피고사건의 공소제기가 공소권남용에 해당하는 경우,
법원은 제327조 제2호에 따라 공소기각판결을 선고하여 조기에 절차를 종결
해야 한다.

---

1 조상제, "불기소처분 및 기소유예제도에 관한 연구", 동아법학 제44호(2009), 596쪽.
2 대법원 2017. 8. 23. 선고 2016도5423 판결.

4   공소권남용이 될 수 있는 사례로는 i) 여러 피의자 중 일부만을 공소제
기하고 나머지는 기소유예하는 경우(선별기소), ii) 한꺼번에 기소할 수 있는 사건
중 일부만을 먼저 기소하고 판결확정 후 다른 일부를 기소하는 경우(이시추가기소),
iii) 별다른 사정변경이 없음에도 종전의 기소유예처분을 번복해 공소를 제
기하는 경우(번복기소) 등이 있다. 단, 그러한 공소권행사가 단순히 직무상 과실에
의한 것이 아니라 미필적으로나마 피고인에게 실질적 불이익을 주려는 의도
에서 비롯된 것이어야 한다.[1]

2. 선별기소

5   혐의가 인정되는 수인의 피의자 중 일부만을 기소하고 나머지에 대해서
는 기소유예처분을 하는 것을 선별기소라 한다. 기소편의주의상 선별기소는
허용되며, 법원은 기소된 피고인에게만 실체판결을 할 수 있다.

6   예외적으로, 그러한 기소가 현저히 자의적이고 형평성을 해쳐 헌법상 평
등원칙 위반(이로써 형법 제247조 및 검찰청법 제4조 제3항 위반)이라고 평가될 수 있는 때에는 공소권남용으로
서 제327조 제2호에 따른 공소기각판결의 대상이 될 수 있다. 이러한 경우에
해당하려면 평등권을 침해하는 구체적 사유가 인정되어야 하는바, 가령 단순
특수절도사건에서 수사에 협조적이고 반성하는 공범을 기소유예하고 그렇지
않은 공범만 기소함은 정당한 공소권행사이나,[2] 범죄단체 조직원들 중 죄질
이 중한 간부를 의도적으로 배제하고 말단직원만을 기소함은 소추재량권 남
용으로서 위법하다고 볼 여지가 있다.

3. 이시추가기소(누락사건기소)

7   피고인은 자신이 저지른 일련의 범죄행위에 대해 동시에 재판을 받을
정당한 이익이 있다. 따라서 검사가 고의로 그중 일부에 대해서만 공소를 제
기하고 그에 대한 유죄판결이 확정된 후 나머지에 대한 공소를 제기함으로
그러한 이익을 침해하는 것은 공소권남용으로서 위법할 수 있다.[3]

---

1 대법원 1999. 12. 10. 선고 99도577 판결.
2 대법원 2005. 5. 26. 선고 2003도5519 판결:「자신의 행위가 범죄구성요건에 해당된다는 이유
   로 공소가 제기된 사람은 단순히 범죄구성요건에 해당하는 행위를 하였음에도 불구하고 동일
   하게 기소되지 아니한 다른 사람이 있다는 사유만으로 그 공소권행사가 공익의 대표자인 검사
   의 불공정한 기소로서 법령에 위반되어 무효라고 주장할 수는 없다.」
3 대법원 2001. 9. 7. 선고 2001도3026 판결.

4. 번복기소

기소유예처분 후 상당한 시간이 경과한 시점에서 별다른 사정변경이 없 　　8
음에도 사건을 재기해 기소함은 자의적 공소권행사로서 위법할 수 있다.[1]

제2절　공소의 제기

제1관　공소제기의 절차

제1　공 소 장 　　　　　　　　　　　　　　　　　　　　§95

I. 의　　의

공소제기는 공소장을 관할법원에 제출하는 방식으로 한다($\substack{제254조\\제1항}$). 공소　　1
장제출은 공소제기라는 소송행위가 성립하기 위한 본질적 요소이다. 가령 공
소장 없이 기록만 법원에 송부된 경우, 공소제기의 절차가 법률의 규정에 위
반해 무효인 것이 아니라 형사소송 자체가 성립하지 않고[$\substack{§50/4\\참조}$], 추후 검사가
공소장을 제출하면 그 시점에 공소제기가 있는 것으로 본다.[2]

1 　서울고등법원 2016. 9. 1. 선고 2015노2312 판결(대법원 2021. 10. 14. 선고 2016도14772 판결
　　로 확정).

2 　대법원 2003. 11. 14. 선고 2003도2735 판결:「검사에 의한 공소장의 제출은 공소제기라는 소
　　송행위가 성립하기 위한 본질적 요소라고 보아야 할 것이므로, 이러한 공소장의 제출이 없는
　　경우에는 소송행위로서의 공소제기가 성립되었다고 할 수 없다. 이 사건의 경우와 같은 즉결
　　심판청구기각의 결정이 있어 경찰서장이 관할 지방검찰청 또는 지청의 장에게 송치한 사건의
　　경우에는 검사만이 공소를 제기할 수 있고, 공소를 제기할 경우에는 검사는 제254조에 따른
　　공소장을 작성하여 법원에 제출하여야 할 것임에도, 검사가 이를 즉결심판에 대한 피고인의
　　정식재판청구가 있는 사건으로 오인하여 그 사건기록을 법원에 송부한 경우에는 이러한 검사
　　의 사건기록 송부행위는 외관상 즉결심판에 대한 피고인의 정식재판청구가 있는 사건의 사건
　　기록 송부행위와 차이가 없다고 할지라도, 공소제기의 본질적 요소라고 할 수 있는 검사에 의
　　한 공소장의 제출이 없는 이상 기록을 법원에 송부한 사실만으로 공소제기가 성립되었다고 볼
　　수 없다 할 것이고, 따라서 이러한 경우에는 소송행위로서의 공소제기가 있었으나 공소제기의
　　절차가 법률의 규정에 위반하여 무효인 경우에 해당한다고 할 수 없다. 그리고 이와 같이 소송
　　행위로서 요구되는 본질적인 개념요소가 결여되어 소송행위로 성립되지 아니한 경우에는 소송
　　행위가 성립되었으나 무효인 경우와는 달리 하자의 치유 문제는 발생하지 않으나, 추후 당해
　　소송행위가 적법하게 이루어진 경우에는 그때부터 위 소송행위가 성립된 것으로 볼 수 있다.」

Ⅱ. 작성방식

1. 서   류

2   공소장은 검사가 기명날인 또는 서명한 서류의 형태로만 작성할 수 있으며, 저장매체나 전자적 형태로 공소장을 작성하는 것은 허용되지 않는다. 공소사실의 일부(가령 법 죄일람표)를 저장매체에 담아 공소장에 첨부해 제출하더라도 그 부분에 관해서는 공소제기가 있는 것으로 볼 수 없다.[1] 전자문서나 저장매체로 제출된 공소사실에 대해 법원은 (제327조 제2호에 따라 공소 기각판결을 할 것이 아니라) 공소제기가 없는 것으로 취급하여, 그 부분을 제외하고 서면인 공소장에 기재된 부분만을 대상으로 심판해야 한다.[2]

2. 작 성 자

3   검사는 자신이 수사개시한 범죄에 대해서는 공소를 제기할 수 없고, 공소유지만 할 수 있다(검찰청법 제4 조 제2항 본문). 따라서 수사개시 검사는 공소장의 작성명의자가 될 수 없다. 실무상 각급 검찰청별로 검사 수사개시 범죄에 대한 공소제기 검사를 지정하고 있다.

4   i) 피혐의자의 수사기관 출석조사, ii) 피의자신문조서의 작성, iii) 긴급체포, iv) 체포·구속영장의 청구, v) 사람의 신체, 주거, 관리하는 건조물, 자동차, 선박, 항공기 또는 점유하는 방실에 대한 압수·수색·검증영장의 청구를 한 검사는 수사개시 검사로 본다(수사준칙 제 16조 제1항).

3. 기명날인·서명과 간인 등

5   공소장은 공무원이 작성하는 서류(제57조 제1항)에 해당하므로, 작성연월일과 소속검찰청을 기재한 후 검사가 기명날인 또는 서명해야 하며, 간인 또는 이에 준하는 조치(천공 등)를 취해야 한다(제57 조).

---

1 대법원 2016. 12. 15. 선고 2015도3682 판결.

2 대법원 2017. 2. 15. 선고 2016도19027 판결: 「검사가 공소사실의 일부인 범죄일람표를 컴퓨터 프로그램을 통하여 열어보거나 출력할 수 있는 전자적 형태의 문서로 작성한 다음 종이문서로 출력하지 않은 채 저장매체 자체를 서면인 공소장에 첨부하여 제출한 경우에는, 서면에 기재된 부분에 한하여 적법하게 공소가 제기된 것으로 보아야 한다. … 법원은 저장매체에 저장된 전자문서 부분을 제외하고 서면인 공소장에 기재된 부분만으로 공소사실을 판단하여야 한다. 만일 그 기재 내용만으로는 공소사실이 특정되지 않은 부분이 있다면 검사에게 특정을 요구하여야 하고, 그런데도 검사가 특정하지 않는다면 그 부분에 대해서는 공소를 기각할 수밖에 없다.」

기명날인 또는 서명이 누락된 공소장이 제출된 경우 그 공소제기는 원 　6
칙적으로 무효이나, 추후 검사가 기명날인 또는 서명을 보완할 경우 공소제
기가 유효하게 된다는 것이 대법원의 입장이다.[1] 그러나 기명날인·서명이
없는 공소장은 검사가 작성하였다는 사실을 인증할 표식이 없는 서류이므로,
이를 제출하더라도 공소제기는 성립조차 하지 않는다고 봄이 타당하다[$\begin{smallmatrix}§50/1\\참조\end{smallmatrix}$].
뒤늦게 기명날인 또는 서명을 보완할 경우 당초의 공소제기가 소급해 유효하
게 되는 것이 아니라 서명한 시점에 비로소 공소제기가 있다고 보아야 한다.

종래 하급심판결 중에는 위와 같은 보완은 제1심에서만 가능하다고 본 것이 있으 　7
나,[2] 근래 대법원은 항소심에서도 할 수 있다는 입장을 취하였다.[3]

한편, 대법원은 공소장에 간인 또는 이에 준하는 조치가 되어 있지 않더 　8
라도, 그 공소장의 형식과 내용이 연속된 것으로 일체성이 인정되고 동일한
검사가 작성하였다고 인정되는 한 공소제기의 효력에 영향이 없다고 한다.[4]

Ⅲ. 기재사항

1. 수 신 자

공소장에는 수신자($\begin{smallmatrix}제출\\처\end{smallmatrix}$), 즉 관할지방법원($\begin{smallmatrix}본원\\지원\end{smallmatrix}$)을 기재해야 한다($\begin{smallmatrix}제254조\\제1항\end{smallmatrix}$) 　9
[$\begin{smallmatrix}§33/9\\참조\end{smallmatrix}$]. 특별검사 또는 수사처검사가 기소하는 경우 공소장의 수신자는 재판
적과 상관없이 서울중앙지방법원이다($\begin{smallmatrix}특검법 제18조, 공\\수처법 제31조 본문\end{smallmatrix}$)[$\begin{smallmatrix}§33/16\\참조\end{smallmatrix}$]. 다만, 수사처검사
는 범죄지, 증거의 소재지, 피고인의 특별한 사정 등을 고려해 형사소송법에
따른 관할법원에 공소를 제기할 수 있다($\begin{smallmatrix}공수처법\\제31조 단서\end{smallmatrix}$)[$\begin{smallmatrix}§33/17\\참조\end{smallmatrix}$].

2. 피고인의 인적사항

공소제기의 효력은 검사가 피고인으로 지정한 자에게만 미친다($\begin{smallmatrix}제248조\\제1항\end{smallmatrix}$). 　10
따라서 공소장에는 피고인의 인적사항을 명확하게 특정해야 한다($\begin{smallmatrix}제254조 제\\3항 제1호\end{smallmatrix}$).
자연인의 경우 성명·주민등록번호·연령·직업·주거·등록기준지를 기재해
야 하고, 법인의 경우 명칭·소재지·법인등록번호·대표자성명을 기재해야

---

1 대법원 2012. 9. 27. 선고 2010도17052 판결.
2 의정부지방법원 2019. 10. 31. 선고 2019노2065 판결.
3 대법원 2021. 12. 16. 선고 2019도17150 판결.
4 대법원 2021. 12. 30. 선고 2019도16259 판결.

하며($^{규칙\ 제117}_{조\ 제1항}$), 부득이한 사유로 이 사항들 중 일부를 정확히 기재할 수 없는 때에는 그 취지를 적어야 한다($^{같은조}_{제2항}$). 이들 기재사항에 관해 일부 오류가 있더라도 나머지 기재에 의해 피고인의 특정이 가능하면 공소제기는 유효하다.

11 수사단계에서 피의자가 타인의 성명을 모용해 그 피모용자의 인적사항이 공소장에 기재되는 경우가 있다. 이에 관해서는 후술한다[$^{§149}_{참조}$].

3. 공소사실, 죄명 및 적용법조

(1) 공소사실 특정

12 (개) 의 의 공소장에는 피고인의 범죄사실, 즉 공소사실을 명확히 특정해야 한다($^{제254조\ 제3항}_{제3호,\ 제4항}$). 위법성과 책임은 구성요건해당성이 있으면 추정되는 것이므로, 공소사실은 곧 구성요건해당사실, 즉 범행의 i) 주체, ii) 방법, iii) 행위·결과, iv) 일시, v) 장소, vi) 객체·피해자를 기본으로 한다. 그 외 필요한 경우에는 vii) 범행의 동기·원인, viii) 공범관계도 기재해야 한다.

13 (a) 공소사실의 불특정 공소사실을 특정하는 것은 법원의 심판범위를 획정해 피고인이 방어할 대상을 분명히 하기 위함이다. 따라서 공소장의 기재만으로는 공소사실이 특정되지 않는 경우 법원은 제254조 제4항 위반을 이유로 공소기각판결을 해야 한다($^{제327조}_{제2호}$). 다만 실무는 ($^{곧바로\ 공소를}_{기각하지\ 않고}$) 우선 검사에게 석명을 구해 특정을 요구하고, 그럼에도 적절한 조치가 이루어지지 않으면 공소기각판결을 하는 식으로 운영되고 있는데,[1] 이는 결과적으로 기소절차상 하자의 치유를 인정하는 꼴이기에 적절치 않다고 본다. 한편, 일부 사항이 다소 불명확하더라도 그와 함께 적시된 다른 사항들에 의해 공소사실을 특정할 수 있고, 그리하여 피고인의 방어권행사에 지장이 없다면, 그 공소제기는 유효하다는 것이 대법원의 입장이다.[2]

14 (b) 공소사실의 범죄불구성 공소사실은 형사실체법이 정한 구성요건에 부합하게 기재되어야 한다. 공소사실 자체만으로도 범죄가 되지 않는 경우 법원은 제328조 제1항 제4호에 따라 공소기각결정을 해야 한다[$^{§159/2}_{참조}$].[3]

---

1 대법원 1996. 2. 13. 선고 95도2121 판결; 2010. 12. 23. 선고 2008도2182 판결.
2 대법원 2001. 10. 26. 선고 2000도2968 판결.
3 대법원 1973. 12. 11. 선고 73도2173 판결:「이 사건 공소사실 중 수표번호 348180호, 348189호, 2431458호, 128788호의 수표에 대하여는 이것들이 각기 그 제시기일에 제시되지 아니한 사실이 공소사실 자체에 의하여 명백하므로, 공소사실에 범죄가 될만한 사실이 포함되지 아니하는 때에 해당한다.」

반면, 공소사실 자체는 구성요건에 맞게 기재되었으나 공판심리중 피고인의 행위가 구성요건해당성이 없음이 드러난 경우에는 제325조에 따라 무죄판결을 해야 한다[§161/1 참조].

(내) **범행의 일시·장소·방법**　　공소장 기재 자체로 구성요건해당사실을 15 특정할 수 있도록, 범행의 일시·장소 및 방법은 최대한 구체적이고 명료하게 적시해야 한다. 범행일시는 적용법조를 결정하고 책임능력 유무 및 공소시효 완성 여부를 판단하는 기준이 되며, 범행장소는 국내범 여부 및 토지관할 유무를 판단하는 기준이 된다.

공소장에 범행의 방법에 관한 기재가 없어서 범죄사실을 뚜렷이 특정할 16 수 없을 경우 법원은 공소기각판결을 해야 한다(제327조 제2호).[1] 다만, 문서의 위조 여부가 문제되는 사건에서 그 위조된 문서가 압수되어 현존하고 있는 이상, 그 범죄 일시와 장소·방법 등은 범죄의 동일성 인정과 이중기소의 방지, 시효저촉 여부 등을 가늠할 수 있는 범위에서 문서의 위조사실을 뒷받침할 수 있는 정도로만 기재되어 있으면 충분하다.[2]

(다) **범행의 동기·목적**　　범행의 동기나 원인은 공소장에 기재하지 않음 17 이 원칙이나, 이들이 그 자체로 구성요건요소인 때에는 구체적으로 기재해야 한다. 목적범에서의 목적도 마찬가지다.

(라) **공　범**　　공범이 있는 때에는 공범관계 또한 기재해야 한다. 공동정 18 범의 경우 원칙적으로 각 행위자별 역할분담의 내용 및 구체적 행동방식만 기재해도 충분하나,[3] 실제 행위로 나아가지 않은 공모공동정범을 함께 기소 하는 경우에는 의사연락의 일시·장소·내용까지 구체적으로 기재해야 한다. 공범의 성립은 정범에 종속되므로(공범종 속성설), 교사범과 방조범의 경우 먼저 정범 의 범죄사실을 구체적으로 기재해야 한다.[4]

(2) **죄명 및 적용법조**　　공소장에는 공소사실에 부합하는 죄명을 기재하 19 고 그에 따른 적용법조를 적어야 한다(제254조 제3항 제2호, 제4호). 죄명 기재시 고소장이나 경찰의견서에 기재된 죄명은 고려대상이 아니다. 예컨대 야간에 타인의 주거

1　대법원 1980. 7. 22. 선고 79도2246 판결; 1995. 3. 24. 선고 95도22 판결; 1997. 8. 22. 선고 95도984 판결; 1999. 4. 23. 선고 99도82; 1999. 6. 25. 선고 99도1900 판결.
2　대법원 2008. 3. 27. 선고 2007도11000 판결; 2009. 1. 30. 선고 2008도6950 판결.
3　대법원 1989. 6. 27. 선고 88도2381 판결; 1996. 3. 8. 선고 95도2930 판결.
4　대법원 1981. 11. 24. 선고 81도2422 판결; 2000. 2. 25. 선고 99도1252 판결.

에 침입해 재물을 절취하였다는 범죄사실에 관해 사법경찰관이 주거침입과 단순절도의 경합범으로 의율해 송치했더라도 검사는 공소장에 죄명을 야간 주거침입절도로 기재해야 한다. 비신분자도 신분범의 공범으로 처벌될 수 있으므로($^{형법 제33}_{조 본문}$), 비신분자로서 신분범에 가공하였다는 범죄사실로 공소를 제기하는 경우에는 신분범의 죄명을 기재해야 한다.

20   법령의 정당한 적용을 청구하는 것은 검사 본연의 직무이므로($^{검찰청법}_{제4조 제1항}$) 적용법조 및 죄명을 누락 없이 정확히 기재할 것이 상식적으로 당연히 요구되지만, 기재에 누락이나 흠이 있더라도 공소제기의 효력에는 영향이 없으며, 법원은 직권으로 이를 바로잡을 수 있다.[1]

21   (3) 예비적·택일적 기재   공소장에는 수개의 범죄사실과 적용법조를 예비적 또는 택일적으로 기재할 수 있다($^{제254조}_{제5항}$). i) 예비적 기재란 공소장에 수개의 범죄사실·적용법조를 순위를 매겨 나열하면서, 선순위의 공소사실·적용법조에 유죄가 인정되는 것을 해제조건으로 후순위의 것에 유죄판단을 해달라는 취지의 기재를 말한다. 선순위의 것을 주위적 공소사실, 후순위의 것을 예비적 공소사실이라 한다. ii) 택일적 기재란 공소장에 수개의 범죄사실·적용법조를 순위 없이 나열하면서, 그중 하나에 대해 유죄판단을 해달라는 취지의 기재를 말한다.

22   강학상 예비적·택일적 기재는 사건의 법률적 구성에 관해 단 하나의 확실한 답을 도출하기 어려운 때에 활용될 수 있다고 설명되나 실제로는 거의 활용되지 않는다. 공소제기단계에서는 통상 하나의 공소사실만을 기재하고, 공판심리의 진행에 따라 공소장변경을 통한 예비적·택일적 추가($^{제298조}_{제1항}$)의 방법을 활용하는 경우가 대부분이다. 따라서 상세한 것은 공소장변경에 관해 다루는 기회에 설명한다[$^{§147/6}_{참조}$].

4. 추가적 기재사항

23   (1) 구공판하는 경우   구공판공소장에는 피고인의 구속 여부를 기재해야 한다($^{규칙 제117}_{조 제1항}$). 이와 달리 약식명령공소장에는 피고인의 신병상태를 기재하지 않는데, 구속상태인 피의자에 대해 약식명령을 청구하는 경우에는 구속을 취소해 석방하기 때문이다($^{검사규 제}_{109조 제3항}$)[$^{§74/59}_{참조}$].

---

1   대법원 1976. 11. 23. 선고 75도363 판결.

(2) 구약식하는 경우   약식명령공소장에는 벌금·과료·추징금의 액수를   24
특정해 구형량을 기재한다($\substack{검사규\ 별지\\ 제174호\ 서식}$). 약식절차는 서면으로 진행되기에 검사
가 구형의견을 진술하지 않기 때문이다. 이와 달리 공판절차에서는 증거조사
종료 후 검사가 직접 구형의견을 진술하므로, 구공판공소장에는 따로 구형량
이 기재되지 않는다.

IV. 첨부서류

1. 변호인선임서 등

공소장에는 피고인에게 변호인이 있는 경우 그 선임서를, 보조인의 신고   25
가 있는 경우 그 신고서를, 특별대리인이 선임된 경우 그 선임결정등본을 첨
부해야 한다($\substack{규칙\ 제118\\ 조\ 제1항}$).

2. 신병 관련 서류

피고인이 현재 구금되어 있거나 구금 후 석방된 사실이 있는 경우에는   26
그에 관한 서류($\substack{체포영장,\ 긴급체포서,\ 현행범인체포서,\\ 구속영장,\ 구속기간연장허가결정서\ 등}$) 또한 첨부해야 한다($\substack{규칙\ 제118\\ 조\ 제1항}$).

3. 추가적 첨부서류

(1) 구공판하는 경우

(가) 부본 등   구공판공소장에는 피고인의 수에 상응한 부본($^{복사}_{본}$)을 첨부   27
해야 한다($\substack{제254조\\ 제2항}$). 법원은 추후 그 부본을 피고인에게 송달한다($^{제266}_{조}$). 다만,
부본 없이 제출하더라도 제327조 제2호의 공소기각사유가 되지는 않는다.

관할지정결정($^{제14}_{조}$)을 받아 공소를 제기하는 경우에는 그 결정서등본을   28
공소장에 첨부해야 한다($\substack{규칙\ 제6\\ 조\ 제1항}$)$\left[\substack{§154/7\\ 참조}\right]$.

(나) 첨부·인용의 금지   구공판공소장에는 위 각 서류들 외에 법원이 사   29
건에 관한 예단을 갖게 할 수 있는 서류·물건을 첨부하거나 그 내용을 인용
할 수 없다($\substack{규칙\ 제118\\ 조\ 제2항}$). 즉, 수사서류 등 증거를 첨부하거나 공소사실과 무관한
내용을 기재하는 등 법관에게 예단을 갖게 할 수 있는 행위는 허용되지 않는
바, 이를 공소장일본주의(公訴狀一本主義)라 한다.

구공판공소장에는 증거서류나 증거물을 첨부하거나 그 내용을 인용할   30
수 없다. 법관이 사건에 대한 예단을 갖게 되어 공정한 재판이 불가능해지기
때문이다. 공소장에 법령이 요구하는 사항 이외의 사실로서 법원이 예단을

갖게 할 수 있는 사유를 나열하는 것도 금지된다($^{여사기재}_{금지}$).[1] 다만, 대법원은 i)
범죄전력, ii) 범행동기, iii) ($^{범행동기·경위를}_{명확히 하기 위한}$) 모두사실의 기재는 규칙 제118조
제2항에 위반되지 않는다고 한다.[2]

31   규칙 제118조 제2항은 비록 법률의 규정은 아니지만, 공정한 재판 및 공
평한 법원이라는 헌법이념의 실현과 직접적으로 관련되어 있는 효력규정이
다. 따라서 이에 위반해 공소장에 법관의 심증형성에 영향을 줄 만한 자료를
첨부하거나 그 내용을 인용한 때에는 기소절차가 위법·무효인 경우에 해당
해 공소기각사유가 된다($^{제327조}_{제2호}$).

32   대법원은 위와 같은 위법에 대해 피고인이 아무런 이의를 제기하지 않
고 그에 따라 증거조사절차가 종료된 경우에는 규칙 제118조 제2항 위반을
문제삼아 공소기각판결을 할 수 없다는 입장을 취하고 있다.[3] 그러나 규칙

---

1 대법원 2015. 1. 29. 선고 2012도2957 판결:「이 사건 공소장의 모두사실에 ['○○역전식구' 세
   력화 이전 ○○지역 폭력배의 이합집산], ['○○역전식구'의 세력화 배경], [운영자금 조달],
   [조직적 지휘, 통솔체계 확립 시도], [조직의 단합과 결속 도모] 등을 장황하게 기재하고 있다.
   이러한 공소사실 기재는 … 피고인이 충분히 그 기소된 범죄들을 저지를 수 있는 자라는 강한
   유죄의 심증을 불러일으키게 한다. … 피고인의 변호인이 제1심 제1회 공판기일 전에 제출한
   의견서에서 이 사건 공소장이 공소장일본주의에 위배된다고 기재하였고 제1심 제1회 공판기일
   에서 공소사실 낭독 후에 그 의견서를 진술하여 공소장 기재 방식에 대하여 이의를 한 이상,
   공소장일본주의 위배 여부는 공소장에 기재된 사실이 법관에게 예단을 생기게 하여 법관이 범
   죄사실의 실체를 파악하는 데 장애가 될 수 있는지 여부를 기준으로 판단하여야 하며, 비록 제
   1심법원이 공판절차 초기 쟁점정리 과정에서 이 사건 공소장 중 모두사실은 범죄의 구성요건
   과 상관이 없어 심리하지 않겠다고 고지하고 증거조사 등의 공판절차를 진행하였다 하더라도
   공소장 기재 방식의 하자가 치유된다고 볼 수 없다. 이 부분 공소사실은 법관에게 예단을 생기
   게 하여 법관이 범죄사실의 실체를 파악하는 데 장애가 될 수 있도록 기재되어 있어 공소장일
   본주의에 위배된다.」
2 대법원 2009. 10. 22. 선고 2009도7436 (全)판결:「i) 공소장의 공소사실 첫머리에 소년부송치
   처분 등 범죄전력을 기재하였다 하더라도 이는 피고인의 특정에 관한 사항으로서 그와 같은
   내용의 기재가 있다 하여 공소제기의 절차가 법률의 규정에 위반된 것이라고 할 수 없고, …
   ii) 첫머리 사실이 공소사실의 범의나 공모관계, 공소범행에 이르게 된 동기나 경위 등을 명확
   히 나타내기 위하여 적시한 것으로 보이는 때에는 공소제기의 방식이 공소장일본주의에 위배
   되어 위법하다고 할 수 없으며, iii) 설사 범죄의 직접적인 동기가 아닌 경우에도 동기의 기재
   는 공소장의 효력에 영향을 미치지 아니한다.」
3 대법원 2009. 10. 22. 선고 2009도7436 (全)판결의 다수의견:「공소장 기재의 방식에 관하여
   피고인 측으로부터 아무런 이의가 제기되지 아니하였고 법원 역시 범죄사실의 실체를 파악하
   는 데 지장이 없다고 판단하여 그대로 공판절차를 진행한 결과 증거조사절차가 마무리되어 법
   관의 심증형성이 이루어진 단계에서는 소송절차의 동적 안정성 및 소송경제의 이념 등에 비추
   어 볼 때 이제는 더 이상 공소장일본주의 위배를 주장하여 이미 진행된 소송절차의 효력을 다
   툴 수는 없다.」
   대법원 2015. 1. 29. 선고 2012도2957 판결:「피고인 측으로부터 이의가 유효하게 제기되어 있
   는 이상, 공판절차가 진행되어 법관의 심증형성의 단계에 이르렀다고 하여 공소장일본주의 위
   배의 하자가 치유된다고 볼 수 없다.」

제118조 제2항은 예단을 발생시키는 첨부·인용·기재를 예외 없이 확정적으
로 금지하는 형식을 취하고 있고,[1] 형사소송법은 민사재판에서와 같은 절차
이의권 포기·상실의 법리를 두지 않고 있으므로, 제반 사정을 형량해 효력을
결정하거나 이의를 하지 않았다는 이유로 흠결의 치유를 인정하는 식의 해석
론은 타당하지 않다고 본다.[2]

　　(2) 구약식하는 경우　　약식절차에서는 피고인에게 공소장부본을 송달　　**33**
하지 않으므로, 약식명령공소장에는 부본을 첨부하지 않는다(규칙 제172
조 제2항). 그리
고 서면심리로 진행되는 약식절차의 특성상, 공소장에 증거서류를 첨부해
야 한다(규칙 제170조, 검사
규 제109조 제1항). 이로써 구약식의 경우에는 규칙 제118조 제2항이 적
용되지 않는다.[3]

제 2 병합기소   §96

　　형사소송법은 i) 1인이 범한 수죄(경합
범), ii) 수인이 공동으로 범한 죄(공동
정범,　　**1**
교사범, 종범,
필요적공범.), iii) 수인이 동시에 동일장소에서 범한 죄(동시
범), iv) 범인은닉·증거
인멸·위증·허위감정통역·장물에 관한 죄와 그 본범의 죄를 '관련사건'으로
정하고 있다(제11
조)[§34
참조]. 관련사건들이 사물관할을 달리하는 경우 합의부가 병
합관할하고(제9
조), 토지관할을 달리하는 경우 어느 한 사건에 대해 관할권을
갖는 법원이 다른 사건까지 관할할 수 있다(제5
조). 따라서 검사는 그러한 사건
들을 하나의 공소장으로 (어느 한 사건에 대해 토지
관할이 있는 지방법원에) 한꺼번에 기소할 수 있다.

　　관련사건이 따로따로 기소되더라도 추후 공판단계에서 사건이 병합될　　**2**
수 있다(병합심리·
변론병합)[§146
참조].

1　변종필, "공소장일본주의 위반과 하자의 치유", 비교형사법연구 제18권 제3호(2016), 79쪽.

2　대법원 2009. 10. 22. 선고 2009도7436 (全)판결의 반대의견:「일단 예단의 위험성에 노출된
　법관이나 배심원들이 그 예단에서 벗어나서 그 이전의 백지상태로 돌아가 재판을 진행하는 것
　은 불가능한 일이고, 그와 같은 경우 이를 시정하는 길은 부득이 그 법관이나 배심원들을 그
　사건에서 물러나게 한 다음 다른 법관이나 배심원들로 하여금 다시 재판하게 하는 방법밖에
　없다. 그렇게 하기 위해서는 공소기각의 판결을 하여 일단 사건을 종결시킨 후 다시 제대로 된
　공소장에 의하여 공판절차를 새로이 진행하는 수밖에 없다. … 법관이 예단을 가진 채로 불공
　정한 공판절차를 진행하게 된다는 심각하고도 치유될 수 없는 흠을 초래하게 되는 공소장일본
　주의 위반은 그 자체로 이미 중대한 위법상태에 해당하는 것으로서, 그 위반의 정도나 경중을
　가릴 것 없이 모두 위법한 공소제기라고 보는 것이 타당하다.」

3　대법원 2007. 7. 26. 선고 2007도3906 판결.

제2관   공소제기의 효과

공소의 제기로, 공소장에 특정된 피고인($_{효력범위}^{인적}$) 및 공소사실과 동일성이 인정되는 범위의 사건($_{효력범위}^{물적}$)에 관해 i) 소송계속 발생, ii) 이중기소 금지, iii) 공소시효 정지, iv) 강제수사 금지의 효력이 발생한다.

§97   **제 1   효력의 내용**

Ⅰ. 소송계속의 발생

1
공소가 제기됨으로써 검사의 피의사건은 법원의 피고사건이 되고, 피의자는 피고인이 된다. 이에 따라 법원은 공소사실 및 그와 동일성이 인정되는 사건에 관해 심리·재판해야 할 권리·의무를, 검사·피고인은 소송주체로서 절차에 참여하고 법원의 재판을 받을 권리·의무를 갖게 된다. 이처럼 사건이 특정 법원의 심판대상으로 되어 있는 상태를 소송계속(訴訟繫屬)이라 한다.

Ⅱ. 강제수사 금지

2
공소제기 후에는 강제처분에 관한 모든 권한이 수소법원에 전속하며, 급박한 경우에도 증거보전절차를 통한 강제처분이 가능할 뿐이다. 따라서 공소제기 후 수사기관은 동일사건에 관해서는 피고인에 대한 구속영장이나 압수·수색·검증영장을 청구할 수 없고, 그러한 영장을 집행해 취득한 증거는 위법수집증거로서 증거능력이 없다($_{조의2}^{제308}$). 기소 후 물적 증거를 확보할 필요가 있는 경우, 검사는 i) 제1회 공판기일 전에는 증거보전절차($_{조}^{제184}$)를, ii) 제1회 공판기일 후에는 법원에 압수·수색을 촉구하거나($_{이하}^{제106조}$)[$_{참조}^{§129}$] 사실조회·문서제출명령을 신청하는 방법을 활용해야 한다($_{조}^{제272}$)[$_{참조}^{§144/7}$].[1]

3
임의수사는 기소 이후에도 허용된다. 가령 임의제출물을 압수하거나, 기본권침해를 수반하지 않는 검증을 하거나, 참고인의 진술을 들을 수 있다.[2] 다만, 공판정에서 피고인에게 유리한 증언을 한 증인에 대해 법정 밖에서 참

---

1 대법원 2011. 4. 28. 선고 2009도10412 판결.
2 대법원 1982. 6. 8. 선고 82도754 판결; 1984. 9. 25. 선고 84도1646 판결.

고인조사를 실시해 공판정에서의 진술을 번복하게 한 경우, 그 진술조서는 피고인의 동의가 없는 한($\frac{제318}{조}$) 증거능력이 없다.[1] 후술한다[$\frac{§119/61}{참조}$].

Ⅲ. 중복기소 금지

공소가 제기되어 소송계속이 발생한 상태에서는 동일사건으로 재차 공소제기할 수 없다. 동일사건[$\frac{§53/11}{참조}$]에 관해, i) 같은 지방법원 또는 지원에 중복기소되면 법원은 뒤의 공소에 대해 공소기각판결을 해야 하고, ii) 서로 다른 지방법원 또는 지원에 중복기소되면 일정한 기준에 따라 어느 한 법원이 공소기각결정을 해야 한다($\frac{제328조 \; 제3호,}{제12조, \; 제13조}$). i)의 경우를 이중기소, ii)의 경우를 관할경합이라 한다. 후술한다[$\frac{§155}{참조}$].

4

Ⅳ. 공소시효 정지

공소가 제기된 사건에 관해서는 공소시효의 진행이 정지되며, 공소기각 또는 관할위반의 재판이 확정된 때로부터 다시 진행한다($\frac{제253조}{제1항}$). 공소제기가 법률의 규정에 위반해 무효인 경우에도 공소시효는 정지된다. 공소시효정지의 효력은 원칙적으로 당해 피고인에게만 미치나, 예외적으로 공범 중 1인에 대한 공소시효정지는 다른 공범자에게도 효력이 미친다($\frac{제253조}{제2항}$)[$\frac{§54/28}{참조}$].

5

제 2 효력의 범위

Ⅰ. 공소제기의 인적 효력범위

공소는 검사가 피고인으로 지정한 자에 대해서만 효력이 있으며($\frac{제248조}{제1항}$), 수소법원의 인적 심판대상 역시 그와 같이 '지정'된 자에 한정된다. 공소가 제기된 후 진범이 발견되더라도 별도의 공소제기가 없는 이상 그 진범은 피고인이 될 수 없고, 법원이 그에 대해 직권으로 공판절차를 개시해 심판하는 것 또한 허용되지 않는다. 그리고 공범 중 일부를 기소한다고 해서 나머지 공범자까지 당연히 피고인이 되는 것은 아닌바, 이 점에서 주관적 불가분 원칙이 인정되는 고소와는 다르다.

1

---

1 대법원 2000. 6. 15. 선고 99도1108 (全)판결.

Ⅱ. 공소제기의 물적 효력범위

2   공소제기의 효력은 공소장에 기재된 범죄사실($^{공소}_{사실}$)과 동일성이 인정되는 사건 전체에 미친다($^{제248조 제2항,}_{제298조 제1항}$). 이는 곧 수소법원의 심판대상 범위이자 추후 확정판결의 기판력 범위이다($^{공소제기의 물적 효력범위=법원의}_{심판범위=기판력의 객관적 범위}$)[$^{§53/11}_{참조}$]. 가령 포괄일죄나 상상적경합관계에 있는 범죄사실 중 일부에 대해 공소를 제기하더라도 심판의 대상이 되는 것은 그 범죄사실 전체이다($^{공소불가}_{분원칙}$).

3   일죄의 일부에 대한 기소 가부와 관련하여 이를 허용해서는 안 된다는 견해도 있으나, 제248조 제2항은 일죄의 일부에 대한 기소가 가능함을 전제한 규정일 뿐 아니라, 기소편의주의 하에서 일부기소를 금지함은 이론상 무리라고 본다.

제3관 공소제기의 철회

§99 ## 제 1 공소취소

Ⅰ. 의 의

1   형사소송은 검사가 공소를 유지하는 동안만 유효하게 존속한다. 공판진행중 검사가 공소제기를 철회하는 경우 법원은 공소기각결정을 선고해 절차를 종결해야 하는바($^{제328조 제}_{1항 제1호}$), 이처럼 공소유지상태를 해제하는 검사의 의사표시를 공소취소라 한다. 법문상 '취소'라는 표현을 사용하고 있으나 그 실질은 공소제기의 철회(widerruf)에 해당한다.

2   공소취소는 일반적인 소송행위의 철회와는 법률상 취급에서 다소 차이가 있다. 대체로 신청이 철회된 경우 법원은 그에 대한 답을 할 필요가 없고, 하더라도 소송법상 의미가 없는 반면[$^{§46/7}_{참조}$], 공소취소가 있는 경우에는 공소기각결정으로 소송계속을 해소해야 한다. 그러나 공소취소가 있는 순간 그 사건에 관해 더는 '소추'가 존재하지 않게 되므로, 공소기각결정 전이라도 공소취소 이후의 각종 소송행위나 증거조사는 소추가 존재하지 않는 상황에서의 심리활동으로서 불고불리원칙에 반한다고 보아야 한다.

II. 절   차

공소취소는 서면(공소취소장)으로 함이 원칙이지만, 공판정에서는 구술로도 할   3
수 있다(제255조제2항). 공소취소가 가능한 시점은 제1심판결 선고 전까지로 제한되
는바(같은 조제1항), 검사의 처분에 의해 재판의 효력이 좌우되어서는 안 되기 때문
이다. 따라서 항소심, 파기환송·이송심, 재심절차에서는 공소취소를 할 수
없다.[1] 그리고 재정법원의 공소제기결정[§88/29참조]에 따라 기소한 때에는 제1심
에서도 공소취소를 할 수 없다(제264조의2).

약식사건에서 약식명령 발령 전에 공소취소가 있는 때에는 (공소제기에 논리적으로 의존하는)   4
약식명령청구까지 당연히 철회된 것으로 본다. 약식명령 발령 후에는 공소취
소가 불가능하나, 정식재판청구로 인해 개시된 공판사건에서는 제1심판결 선
고 전까지 공소취소를 할 수 있다.

제 2   재기소 제한   §100

검사의 공소취소로 법원이 공소기각결정을 한 때에는 그 범죄사실에 대   1
한 다른 중요한 증거를 발견한 경우가 아닌 이상 다시 공소를 제기할 수 없
다(제329조). 이를 위반해 새로이 공소가 제기되는 경우, 법원은 공소기각판결을
선고해야 한다(제327조제4호). 여기서 '다른 중요한 증거'란 동일사건에 관해 기존의
증거와 합쳐졌을 때 새롭게 유죄의 확신을 갖게 할 만한 증거를 말한다.[2]

재기소제한효는 공소취소된 범죄사실과 동일성이 인정되는 범위 전체   2
에 미친다. 따라서 종전 범죄사실 그대로 재기소하는 경우는 물론, 범행의
태양·수단·피해정도 등 범죄사실의 내용을 달리하여 재기소하려는 때에도
'다른 중요한 증거'가 필요하다.[3]

---

1 대법원 1976. 12. 28. 선고 76도3203 판결.
2 대법원 1977. 12. 27. 선고 77도1308 판결.
3 대법원 2009. 8. 20. 선고 2008도9634 판결:「제329조는 … 단순일죄인 범죄사실에 대하여 공
   소가 제기되었다가 공소취소에 의한 공소기각결정이 확정된 후 다시 종전 범죄사실 그대로 재
   기소하는 경우는 물론, 범죄의 태양, 수단, 피해의 정도, 범죄로 얻은 이익 등 범죄사실의 내용
   을 추가 변경하여 재기소하는 경우에도 마찬가지로 적용된다고 할 것이다. 따라서 단순일죄인
   범죄사실에 대하여 공소취소로 인한 공소기각결정이 확정된 후에 종전의 범죄사실을 변경하여
   재기소하기 위하여는 변경된 범죄사실에 대한 다른 중요한 증거가 발견되어야 할 것이다.」

3   제329조는 공소장변경 중 공소사실철회에 유추적용되지 않는다[$\substack{\S147/9 \\ 참조}$].
따라서 포괄일죄로 기소된 공소사실 중 일부를 공소장변경을 통해 철회하더
라도, 그 철회된 부분에 재기소금지효가 발생하지 않는다.[1] 그러나 경합범으
로 기소된 수죄 중 일부를 철회하는 공소장변경은 공소취소의 실질을 가지므
로, 그 철회된 공소사실에 재기소금지효가 발생한다[$\substack{\S147/10 \\ 참조}$].[2]

제4관   즉결심판청구

§101   제 1   즉결심판의 의의

1   일정한 경미사건에 관해 (해양)경찰서장의 소추로 피고인에게 20만원 이
하의 벌금, 구류 또는 과료의 형을 선고하는 소송절차를 즉결심판절차라 하
고, 즉결심판절차에 의한 판결을 신청하는 (해양)경찰서장의 소송행위를 즉결
심판청구라 한다. 즉결심판제도는 혐의가 인정되는 때에도 검사에게 송치하
지 않고 경찰서장이 직접 수사종결 및 소추를 한다는 점에서 기소독점주의
[$\substack{\S93/1 \\ 참조}$]의 중대한 예외에 해당한다. 즉결심판절차에 관해서는 즉심법에서 1차
적으로 규율하며, 동법에 명문의 규정이 없는 사항에 관해서는 형사소송법의
규정이 준용된다($\substack{즉심법 \\ 제19조}$).

2   이하에서는 공소제기의 특수한 형식으로서 즉결심판청구에 관해 설명하
고, 청구 후의 심리절차에 관해서는 제3편에서 다룬다[$\substack{\S134 \\ 참조}$].

§102   제 2   즉결심판청구의 절차와 효력

Ⅰ. 즉결심판청구의 절차

1   즉결심판청구는 관할경찰서장이 i) 피고인, ii) 범죄사실, iii) 적용법조
가 특정된 즉결심판청구서에 증거서류와 증거물을 첨부해 관할법원에 제출
하는 방식으로 한다($\substack{즉심법 제3 \\ 조, 제4조}$). 즉결심판의 관할법원은 해당 경찰서장이 소속

---

1 대법원 2004. 9. 23. 선고 2004도3203 판결.
2 대법원 1988. 3. 22. 선고 88도67 판결.

된 경찰서가 있는 지역을 관할하는 지방법원, 지원 또는 시·군법원이다. 다만 소속 지방법원 또는 지원의 판사는 소속 지방법원장의 명령을 받아 토지관할과 무관하게 사건을 심판할 수 있다($\binom{즉심법}{제3조의2}$).

Ⅱ. 즉결심판청구의 효력

즉결심판청구가 있는 경우에는 공소제기와 마찬가지로 사건의 동일성 범위 내에서 경찰서장이 지정한 즉결피고인에 대해$\left[\begin{smallmatrix}§98\\참조\end{smallmatrix}\right]$ i) 소송계속 발생($\binom{즉결심}{판절차}$), ii) 이중소추 금지, iii) 공소시효 정지의 효력이 생긴다$\left[\begin{smallmatrix}§97\\참조\end{smallmatrix}\right]$.   2

Ⅲ. 즉결심판청구의 취소

범칙금미납을 이유로 즉결심판이 청구된 피고인이 범칙금액과 가산금을 사후에 납부한 때에는 즉결심판청구를 취소해야 한다($\binom{도로교통법\ 제165조\ 제2항,}{경범죄처벌법\ 제9조\ 제2항}$). 통상공판절차에서 검사의 공소취소가 있는 경우에는 법원이 공소기각결정을 함으로써 비로소 사건이 종료되는 반면$\left[\begin{smallmatrix}§99/1\\참조\end{smallmatrix}\right]$, 즉결심판절차에서는 경찰서장이 즉결심판청구를 취소함과 동시에 절차가 종료되며($\binom{즉결취소규}{칙\ 제3조}$), 이로써 그 범칙행위에 관해 기판력이 발생한다($\binom{도로교통법\ 제165조\ 제3항,}{경범죄처벌법\ 제9조\ 제3항}$).   3

형·사·소·송·법

제3편

공 판

제1장   공판절차 총론

제1절   공판절차의 의의와 기본원칙

제1관   공판절차의 의의

제1   공판절차의 개념과 구조

§103

Ⅰ. 공판절차의 개념

공판절차(公判節次)란 형사절차의 핵심을 이루는 절차로서 형사절차의
꽃이라 할 수 있다. 이는 광의로는 공소가 제기되어 사건이 수소법원에 계속
(係屬)된 이후부터 소송절차가 종료될 때까지의 절차를 말하며, 협의로는 공
판기일(公判期日)에 이루어지는 절차를 지칭한다. 통상 '공판'이라는 말도 많
이 사용되나, 엄밀히 말해 '공판(Hauptverhandlung)'이란 법원이 공개법정에서
의 증거조사 등을 통해 피고사건에 대해 심증을 형성하는 활동을, '공판절차'
란 이러한 공판이 진행되는 형사절차의 한 단면을 뜻한다.

1

Ⅱ. 공판절차의 의사소통구조

공판절차는 전체 형사절차에서 단순한 일부분에 불과한 것이 아니라 그
핵심과정이다. 종래의 지배적 견해에 의하면 이러한 절차의 궁극적 목적은
이른바 실체적 진실[§7/2 참조]을 발견해 내는 데 있는바, 이는 역사적·이론사적 측
면에서 진리대응이론이라는 실체 존재론적 엄격주의가 지배한 결과였다고
할 수 있다. 그런데 거기서는 형사소송에서의 사실확정과 법적 평가가 역동
적이고 시간과 맥락 의존적이며 절차참여자들의 상호작용을 통해 제약받고
규정된다는 점을 소홀히 하거나 그다지 중요하게 다루지 않았다[§8/4 참조]. 실제로
(범죄행위로 의심받는) 누군가의 행위는 처음부터 확정돼있는 것이 아니라, 수사절차에서
출발하여 공판절차에 이르기까지 점차 높은 정형화를 갖춘 단계적 절차에 따

2

라, 즉 절차관련자들의 참여와 대화에 기초한 의사소통과정을 통해 범죄행위
로 확정된다. 따라서 공판절차에서는 피고인 기타 소송참여자들의 의사소통
적 교류($\binom{쟁점사항에\ 대한\ 공박,\ 증거조사에\ 관}{한\ 의견진술,\ 증인에\ 대한\ 반대신문\ 등}$)와 이를 통한 이해를 형성하는 것이 결정
적으로 중요하다.[1] 공판절차는 피고인을 법관의 독백에 벙어리처럼 복종하
도록 하려는 지배절차가 아니라, 고유한 자기정체성을 유지하는 소송주체들
간의 상호 교류와 승인이라는 토대 위에서 수행되는 의사소통적 절차이다.[2]
형사소송에서 피고인이 소송주체로서의 지위를 갖는 것도 근원적으로 공판
의 이러한 구조와 성격에서 비롯된다.

Ⅲ. 약식절차·즉결심판절차와 공판절차

3   공판절차의 개시에서 종국재판의 확정에 이르기까지는 부득불 오랜 시
간과 많은 인적·물적 자원이 소요된다. 이에 현행법은 경미사건에 관해 공판
을 생략하고 간이하게 증거를 검토해 신속히 재판을 종결하는 소송형식으로
약식절차와 즉결심판절차를 두고 있다. i) 약식절차는 공개된 법정에서의 심
리 없이 법관이 검사가 제출한 증거만을 바탕으로 피고인에게 벌금 등을 과
하는 절차이고$\left[\substack{§131\\참조}\right]$, ii) 즉결심판절차는 경찰이 수사한 경미사건에 관해 송치
없이 간소한 공개재판을 통해 판결을 선고하는 절차이다$\left[\substack{§134\\참조}\right]$. 전자는 검사의
약식명령청구$\left[\substack{§91/2\\참조}\right]$, 후자는 경찰서장의 즉결심판청구$\left[\substack{§102\\참조}\right]$로 개시된다.

4   약식절차($\substack{제448\\조}$)의 경우 형사소송법의 조문순서상 공판절차($\substack{제267\\조}$) 뒤에 등
장하고, 즉결심판절차는 애초 형사소송법에 없는 절차유형으로서 즉심법이
라는 독립된 법률에 근거한다. 그러나 이들 절차로 심리되는 사건의 수가 공
판사건보다 많고, 약식명령·즉결심판에 대한 적법한 불복($\substack{정식재\\판청구}$)이 있는 경우
에는 통상의 공판절차가 개시되므로, 위 둘은 현실적으로 경미사건에 관해
공판에 선행하거나 공판을 갈음하는 절차로서 우리 형사사법체계에서 매우
중요한 역할을 담당한다. 증거법칙($\substack{특히\ 제308조의2\\내지\ 제310조}$)을 비롯해 공판절차를 규율하
는 각종의 법리들은 제한적 범위에서 이들 절차에도 적용된다.

---

1 변종필, "형사소송에서의 진실개념과 형사소송구조", 형사정책연구 제7권 제3호(1996), 225쪽
   이하.
2 변종필, "형사소송에서 법관의 지위와 역할", 형사정책연구 제13권 제4호(2002), 143쪽.

제2 공판절차의 규범적 지향점 §104

Ⅰ. 공판의 전제로서 장면적 이해

형사소송에서 사실관계의 구성은 단순히 피의자신문조서, 진술조서 등 1
텍스트를 읽고 해석하는 작업이 아니라, 소송참여자들 사이의 복잡한 의사소
통(^{언어적인 것과 표정·태도 등}_{비언어적인 것을 포함한다})과 공판정에 현출되는 무수히 많은 정보들의 연속체,
즉 장면(場面; Szene)을 인식하고 이해하는 작업이다. 이처럼 소송상 등장하는
다양한 정보들을 토대로 소송참여자들 간의 상호작용을 통해 과거의 범죄행위
를 재구성하는 활동을 '장면적 이해'(szenisches Verstehen)[1]라 한다. 공판절차에
서의 사안확정은 (^{객관세계에 존재하는 실체}_{를 인식하는 작업이 아니라}) 법치국가원리, 특히 적법절차원칙에 기
반한 정형화된 절차 내에서 획득된 장면적 이해를 종합한 결과라 할 수 있다.[2]

장면적 이해는 동적·역사적 성격을 띤다.[3] i) 공판의 사안확정 및 법적 2
판단은 법률로부터의 연역적 추론이나 귀납적 방법만으로는 달성될 수 없으
며, (^{과거에 대한 회상과 미래}_{에 대한 전망에 기초한}) 언어적·비언어적 소송행위를 교차·축적시켜 종합한
결과로서만 가능하다. 법률의 의미지평과 개별사안의 의미지평은 소송참여
자들의 활발한 상호작용 하에서만 비로소 합쳐질 수 있는바, 이는 법논리, 해
석기법, 수사학적 설득력 등으로 대체할 수 없는 역동적·발전적 성격을 지닌
작업이다(_{성격}^{동적}). 그 결과, ii) 소송절차에서는 순간순간 전개되는 참여자들의 대
화적·변증론적 대응이 특별한 중요성을 지닌다. 즉, 소송행위 또는 의견진술
은 그것이 이루어지는 바로 그 순간에 (^{언어적으로든}_{비언어적으로든}) 최대한의 의의를 가진다.
그 의의는 시간이 흐르고 후속 소송행위가 퇴적됨에 따라 점진적으로 퇴색되
며, 후일 공판조서로 이를 온전히 복원해 내는 것은 불가능하다(_{성격}^{역사적}).

---

1 이 개념에 관해 상세히는 W. Hassemer, Einführung in die Grundlagen des Strafrechts, C. H. Beck, 1990, S. 122 이하. '마당적 이해'라고도 한다[이상돈, "사실인정에서 인식, 이론, 현실 그리고 정책: 형사소송을 중심으로", 법실천의 제문제(동천 김인섭 변호사 화갑기념논문집), 법문사(1996), 431쪽 이하].

2 변종필/나기업, "공판중심주의와 직접주의·전문법칙의 관계", 법조 제71권 제3호(2022), 76-80쪽.

3 C. Papacharalambous, Strafprozessuale Szene und Entscheidung, Rechtstheorie 24, 1993, S. 357-358.

Ⅱ. 공판중심주의

3   공판의 장면적 이해는 소송절차상 의사소통 또는 상호작용이 실천적으로 활성화될 때 비로소 적절히 이루어질 수 있다. 물론, 절차참여자들 간의 (^{자유}_{로운}) 의사소통을 무한정 추구하는 것은 한정된 사법자원을 비롯한 현실적 제약요인들 및 형사소송 자체의 특성에 비추어 보더라도 한계가 있을 수밖에 없다. 그러나 절차참여자들 간의 의사소통을 충분히 보장하는 것이 그렇지 않은 경우와 비교해 진실규명에 더 적정하고, 더욱이 그러한 의사소통을 가급적 극대화할 경우 사안확정이 더 적확하게 이루어질 수 있음을 전제한다면, 그러한 소통의 장을 최대한 활성화(^{최적}_화)하라는 요청은 공판절차의 불가결한 핵심이 된다. 즉, 사법자원의 한정과 소송경제에 따른 현실적 제약 등 효율성 측면을 이유로 공판절차에서 의사소통을 축약하거나 희생하는 것은 가급적 지양되어야 하며, 수소법원은 소송참여자들 간의 의사소통을 가장 활발히 촉진하는 방향으로 절차를 운영해야 한다. 이처럼 공판의 의사소통구조를 최대한 활성화하라는 요청을 공판중심주의(公判中心主義)라 한다.[1] 이는 진실규명원칙의 소송절차상 표현형태라고 할 수 있다.[2]

4   다음에서 설명할 공판절차의 기본원칙들(^{공개주의, 구두변론주의,}_{직접주의, 집중심리주의 등})은 공판절차의 의사소통구조 활성화에 결정적 영향을 미치는 규범적 기제이다. 이들은 법치국가원리에 근거한 소송절차의 불가결한 구조원칙으로서 법치국가 형사소송의 근저를 이룬다.[3] 공판절차에서 이들 원칙이 활성화되면 될수록 공판절차는 그만큼 더 의사소통적 구조를 띠게 되고, 그에 따라 종국적 사안확정 역시 좀 더 적절하게 이루어질 수 있다. 공판중심주의는 그 자체로 공판절차의 독자적 규범원리(^{법원}_칙)는 아니지만, 이러한 원칙들을 모두 아우르는 포괄적 형식이자 틀로서 공판절차가 어떤 방식으로 운영되어야 하는지를 지시하는 지향점으로서의 의의를 지닌다고 할 수 있다.

---

1 이 개념의 유래에 관해서는 이완규(Ⅰ) 80쪽 이하; 이완규, "공판중심주의를 둘러싼 개념상의 혼돈과 해결방향", 법조 제54권 제6호(2005), 25쪽 이하 참조.
2 변종필/나기업, "공판중심주의와 직접주의·전문법칙의 관계", 법조 제71권 제3호(2022), 77쪽.
3 R. Hoffmann, Verfahrensgerechtigkeit, F. Schöningh, 1992, S. 122-123.

제2관   공판절차의 기본원칙

제 1   공개주의

Ⅰ. 의   의

공개주의(Öffentlichkeitsprinzip)란 법원의 재판은 일반 국민에게 공개하   1
여 재판과정에 대한 방청을 허용해야 한다는 원칙을 말한다. 재판을 공개
해야 한다는 규범적 요청은 i) 개인의 주관적 공권이자(공개재판을 받을 권리; 헌법 제27조 제3항), ii)
법원이 준수해야 할 객관적 절차규범이다(공개재판원칙; 헌법 제109조). 이는 중세의 비밀소송
과 규문절차에 대한 불신 및 그에 기초한 역사적·정치적 투쟁의 산물로 확
립된 것으로, 절차 내적으로는 재판의 투명성 등 공정한 절차를 보장하는 데
봉사하고, 절차 외적으로는 형사사법에 대한 일반인의 신뢰를 형성하며 재판
에 대한 외부세력과 외부상황의 영향을 차단하는 데 이바지한다.[1]

과거 공개주의는 국가권력을 통제하고 그 자의(恣意)로부터 시민을 보호   2
하는 역할만을 하였으나, 오늘날에는 일반인의 정보이익을 보장하는 역할 또
한 수행한다.[2] 즉, 현대의 공개주의는 일반시민을 사안확정과 법실현 과정에
참여시키려는 시도의 표현이라 할 수 있으며,[3] 이러한 기능은 후술하는 구
두변론주의[§106 참조]와의 결합을 통해 비로소 원활히 작동하게 된다.

Ⅱ. 내   용

1. 일반공개주의

공개주의는 누구든지 방청인으로서 공판절차에 참여할 수 있는 일반적   3
가능성을 보장하는 것, 즉 직접공개(unmittelbare Öffentlichkeit)를 요구한다.
이러한 의미의 공개주의가 실천적 의의를 지니려면 일반인이 공판기일의 일
시·장소를 알 가능성(정보화 가능성) 및 공판정에 자유롭게 출입할 가능성이 보장돼야
한다. 따라서 (이를테면 심리방해를 방지하기 위해) 방청석 수를 임의로 줄여 방청인을 축소하거나,

---

1 변종필, "공개주의와 공판의 의사소통구조", 형사정책연구 제9권 제4호(1998), 109쪽.
2 W. Beulke, Strafprozeßrecht, Heidelberg 1996, S. 161.
3 H. Kühne, Strafprozeßlehre, 4.Aufl., Heidelberg 1993, S. 239.

재판이 진행되는 동안 법정 출입문을 폐쇄함은 허용되지 않는다.[1] 또한, 법정 외에서 심리하는 때에는 사전에 게시를 통해 알려야 한다.

4   일반인의 방청가능성을 보장하는 것만으로는 공정한 절차형성을 위한 실질적인 비판적 기능을 기대하기 어렵다(방청객 없이 빈 법정에서 재판이 진행되는 경우에는 더더욱 그러하다). 공개주의를 통해 일반인의 형사사법에 대한 감시·통제역할이 적절히 수행되려면 추가적 보완조치가 필요한 바, 그 실천적 방안으로는 법정모니터링요원이나 사법감시단을 활용하는 방법을 들 수 있다. 나아가 법적 판단에 대한 전문가의 비판을 활성화하는 일도 간접적 통제방안으로서 중요한 의미가 있다.

2. 매체공개의 배제

5   (1) 원칙적 배제   현대사회에서 여론을 선도하는 지배적 역할을 담당하는 대중매체는 애당초 형사사건에 대한 접근방법을 달리한다. 그들은 사건을 상품화하려는 특유의 논리에 따라 움직이며, 독자의 기대나 시장의 요구, 전래의 관행 등에 부합하려는 경향으로 인해 때때로 사건의 진상을 호도·왜곡하는 치명적 오류를 저지르기도 한다. 그 결과, 매스컴공개는 피고인이나 증인 등의 행동에 영향을 줄 뿐만 아니라, 편향·왜곡된 여론을 통해 법원의 심리와 재판에 그릇된 영향을 미칠 수 있고, 피고인의 인격에 중대한 침해를 입혀 그의 사회복귀에 지장을 초래할 수도 있다. 따라서 대중매체를 통해 재판을 공개하는 이른바 매체공개(Medienöffentlichkeit)는 원칙적으로 배제된다. 즉, 누구든지 법정 안에서는 재판장의 허가 없이 녹화, 촬영, 중계방송 등의 행위를 하지 못한다(법원조직법 제59조).

6   한편, 심리와 재판의 결과를 구두로 발표하거나 서면으로 공개하는 것은 허용된다. 이로써 공판기일의 진행모습을 공개하는 것은 아니기 때문이다. 다만 피고인이 소년인 경우, 성명·연령·직업·용모 등에 비추어 그가 당해 사건의 피고인이라고 미루어 짐작할 수 있는 정도의 사실이나 사진을 신문 기타 출판물에 싣거나 방송할 수 없다(소년법 제68조 제1항). 성인과 달리 소년은 그 존재가 공개로 알려질 경우 재사회화에 중대한 지장이 초래됨은 물론, 장래의 삶 자체를 포기할 수 있는 등 그 피해가 훨씬 더 클 수 있기 때문이다. 이를 위반하는 행위는 범죄를 구성하며(같은 조 제2항) 민사상 손해배상청구의 원인이 된다.

---

[1] BGHSt 24, 72, 73f.

⑵ 예외적 허용

㈎ 개정 전 또는 판결선고시의 촬영 등   재판장의 허가가 있는 사건에   7
관해서는 예외적으로 촬영 등 행위가 가능하나, 이는 개정$\left[\begin{smallmatrix}\S142/1\\참조\end{smallmatrix}\right]$ 전 또는 판
결선고시에 국한된다. 따라서 공판기일에 이루어지는 소송절차를 촬영하는
것은 허용되지 않는다$\left(\begin{smallmatrix}방청규칙 제5조\\제1항 제1호\end{smallmatrix}\right)$.

촬영 등 행위에 대한 허가를 받으려면 재판기일 전날까지 허가신청서를   8
제출해야 하며, 재판장은 피고인의 동의가 있는 경우에 한해 허가할 수 있다
$\left(\begin{smallmatrix}방청규칙 제4\\조 제2항 본문\end{smallmatrix}\right)$. 다만 동의가 있다고 해서 반드시 허가해야 하는 것은 아니며, 동
의가 없더라도 공익상 상당하다고 인정되는 때에는 허가할 수 있다$\left(\begin{smallmatrix}같은 항\\단서\end{smallmatrix}\right)$.
피고인이 소년인 사건에서 촬영 등을 허가하는 때에는 성명·연령·직업·용
모 등에 의해 당해 본인임을 알아볼 수 있을 정도로 촬영 등 행위를 해서는
안 된다는 제한을 붙여야 한다$\left(\begin{smallmatrix}방청규칙 제5조\\제1항 제5호\end{smallmatrix}\right)$.

㈏ 소송관계인에 대한 중계목적의 촬영 등   i) 소송관계인의 수가 재판이   9
진행되는 법정의 수용인원보다 현저히 많은 관계로 법정질서 유지에 필요한
경우, 재판장은 공판기일에 진행되는 절차의 전부 또는 일부를 중계할 목적
으로 녹음·녹화 또는 촬영을 명할 수 있다. ii) 재난 또는 이에 준하는 사유
로 다수의 인명피해가 발생한 사건에서 피고인이나 피해자 또는 그 법정대리
인$\left(\begin{smallmatrix}피해자가 사망한 경우에는 배\\우자·직계친족·형제자매 포함\end{smallmatrix}\right)$ 중 상당수가 원격지에 거주하여 출정이 어려운 관계
로 중계장치가 갖춰진 원격지의 법원에서 재판진행을 시청할 수 있게 함이
참여보장을 위해 상당하다고 인정되는 때에도 같다$\left(\begin{smallmatrix}방청규칙\\제6조 제1항\end{smallmatrix}\right)$. i)의 경우에는
소속 고등법원장 또는 지방법원장의 승인을 받아 소속 법원 내의 시설에서
중계하게 하고, ii)의 경우에는 법원행정처장의 승인을 받아 원격지 법원 내
시설에서 중계하게 한다$\left(\begin{smallmatrix}같은 조 제2\\항 및 제3항\end{smallmatrix}\right)$. 이는 직권사항이다$\left[\begin{smallmatrix}\S26/2\\참조\end{smallmatrix}\right]$.

Ⅲ. 한   계

1. 공개제한의 필요성과 기준

⑴ 제한의 필요성   공판의 무제한적 공개는 피고인과 소송참여자들의   10
프라이버시를 침해할 위험성이 있고, 그 결과 특히 피고인의 사회화에 중대
한 악영향을 미칠 수 있다. 또한, 소송참여자들이 진실탐구에 열중하지 못하
도록 하거나 법원에 과도한 심리적 부담을 안김으로써 재판의 공정성에 지장

을 초래할 수 있다. 이러한 부정적 효과를 고려할 때 공개주의는 무제한 관철될 수 없고 일정 범위 내로 제한할 필요가 있다. 이러한 제한의 범위는 공판절차의 공개에 따른 일반인의 이익(공익)과 개인($^{특히}_{피고인}$)의 보호가치 있는 이익을 형량해 정해져야 한다.

11   (2) 제한기준   비례성원칙에 따른 공개제한 기준은 크게 세 가지로 세분화할 수 있다. 먼저, i) 사생활의 본질적 영역과 관련된 이익은 원칙상 공개제한사유가 될 수 없으며, 그런 이익에 속하는 정보($^{가령\ 고해성사나}_{일기장의\ 내용\ 등}$)는 비공개로 심리를 진행하더라도 애당초 증거조사의 대상이 될 수 없다. 다음으로, ii) 사생활의 본질적 영역에 속하지 않는 이익 또는 중대한 국익과 관련된 때에는 비례성원칙에 따라 제한 여부를 판단해야 한다. 즉, 이 경우 공개를 하려면 적합성·필요성·균형성 요건을 충족해야 한다. 끝으로, iii) 그 밖의 이익과 관련된 때에는 공개제한을 인정하지 않음이 타당하다.

2. 특정인에 대한 공개주의의 제한

12   (1) 법정경찰권 행사에 따른 제한   재판장은 법정의 존엄과 질서를 해칠 우려가 있는 자의 입정(入廷)금지 또는 퇴정을 명할 수 있고, 그 밖에 법정의 질서유지에 필요한 명령을 할 수 있다($^{제281조\ 제2항,\ 법원}_{조직법\ 제58조\ 제2항}$). 이처럼 법정질서를 유지하기 위해 공판심리의 방해를 예방·차단하거나 소란자를 제재하는 재판장의 권한을 법정경찰권(Sitzungspolizei)이라 한다.

13   (가) 방청제한   i) 재판장은 방청석 수만큼의 방청권을 발행해 그 소지자만이 방청하게 할 수 있다($^{방청규칙\ 제2조}_{제1호,\ 제3호}$).[1] 이는 장소적 제약($^{법정의}_{수용능력}$)이 존재하는 상황에서 방청인의 쇄도로 인한 법정의 혼란을 방지하고 재판을 원활하게 진행하기 위해 불가피한 조치이다. ii) 재판장은 법원경위에게 방청인의 의복 또는 소지품을 검사케 하거나, 위험물 기타 법정에서 소지함이 부적당하다고 인정되는 물품을 가진 자의 법정출입을 금지할 수 있다($^{같은\ 조}_{제2호}$). iii) 재판장은 보호자 동행 없는 12세 미만의 아동, 단정한 의복을 착용하지 아니한 자, 법원·법관의 직무집행을 방해하거나 부당한 행동을 할 염려가 있다고 믿을만한 현저한 사정이 인정되는 자의 입정을 금할 수 있다($^{같은\ 조}_{제3호}$). 그런데 '단정한 의복'이 뜻하는 바가 무엇인지는 분명치 않다.

---

1 대법원 1990. 6. 8. 선고 90도646 판결.

(나) 방해배제·퇴정명령   재판장은 i) 허가 없이 녹음·녹화·촬영·중계   14
방송 등을 하는 행위, ii) 음식을 먹거나 흡연을 하는 행위, iii) 법정에서 떠들
거나 소란을 피우는 등 재판에 지장을 주는 행위를 제지하거나 그 행위자에
게 퇴정을 명할 수 있다($\substack{방청규칙 \\ 제3조}$). 방청인은 물론, 피고인·검사·변호인 기타
소송관계인 또한 질서유지를 위해 그러한 퇴정을 당할 수 있다($\substack{제330 \\ 조}$).

변호인이 퇴정명령을 받을 경우 피고인이 변호인의 조력을 받을 권리를 제약받게   15
됨은 물론($\substack{\text{재정해 있는 공동변호인 중 일부} \\ \text{만 퇴정당한 경우에도 마찬가지다}}$), 사법부에 대한 국민의 불신이 초래될 염려가
있다. 따라서 변호인에 대한 퇴정명령은 다른 소송참여자들에 대한 퇴정명령보
다 더욱 엄격한 잣대로 이뤄져야 한다. 이를테면 정치적·사회적 관심을 받는 사건의
공판기일에 변호인이 방청객을 대상으로 한 연설에 가까운 변론을 하고 방청객이 그
에 호응해 환호성을 지르거나 박수를 치는 경우, 재판장의 경고에도 그러한 상황이
계속 반복된다면 재판장은 우선 그 방청객들부터 퇴정시켜야 하며($\substack{\text{관객이 없으면 연극} \\ \text{도 없기 때문이다}}$),
변호인의 퇴정은 최후수단으로 고려해야 한다.

(2) 증인 등 보호를 위한 제한   특정인에 대한 공개제한은 다른 목적, 가   16
령 증인 등 보호를 위해 허용되기도 한다. 증인·감정인이 피고인이나 다른
재정인 앞에서 또는 피고인이 다른 피고인 앞에서 충분한 진술을 할 수 없다
고 인정되는 경우, 재판장은 재정인 등을 퇴정하게 할 수 있다($\substack{제297조 \\ 제1항}$)$\left[\substack{§122/3 \\ 7 \text{ 참조}}\right]$.

3. 특정사건의 비공개
공개재판원칙은 피고사건의 성질에 따라 제한될 수 있다.   17

(1) 국가안전보장·질서유지 등을 위한 비공개   피고사건의 심리가 국가   18
의 안전보장 또는 안녕질서를 방해하거나 선량한 풍속을 해할 염려가 있을
때 법원은 결정으로 심리를 공개하지 않을 수 있다($\substack{헌법 제109 \\ 조 단서}$). 비공개결정은
이유를 밝혀 선고해야 한다($\substack{법원조직법 \\ 제57조 제2항}$). 즉, 왜 비공개하는지를 공판정에서 구
술로 밝혀야 한다.

독일 판례는 피고인 또는 증인이 진실한 진술을 함으로써 본인 또는 근친의 생명·   19
신체에 대한 위험이 수반되거나[1] 경찰정보원의 정체가 폭로될 위험성이 있는 경
우[2]에 공공질서의 위태화 염려를 인정한 바 있다. 반면, i) 단순히 공개를 배제할

---

1 BGHSt 3, 344; 9, 284.
2 BGH NStZ 84, 522.

때에만 피고인이 진실을 말하리라고 기대되는 경우,[1] ii) 증인이 공개된 법정에서는 증언거부권을 행사하겠다고 선언한 경우,[2] iii) 증인이 극도로 흥분하여 그의 건강의 침해가 예상되는 경우[3]에는 그러한 염려를 인정하지 않았다.

20   (2) 피해자보호를 위한 비공개   피해자를 증인으로 신문하는 경우, $\binom{당해\ 피해자·법정대리인·}{검사의\ 신청이\ 있으면}$ 피해자의 사생활비밀이나 신변 보호를 위해 필요한 때에는 결정으로 심리를 공개하지 않을 수 있다$\binom{제294조의}{3\ 제1항}$. 이 결정은 고지하면 족하고 선고할 필요는 없다$\left[\substack{§122/35 \\ 참조}\right]$. 또한, 성폭력범죄에 대한 심리는 피해자의 사생활보호를 위해 비공개로 진행할 수 있으며, 이 경우 필요하다면 피해자에 대한 증인신문을 법원청사 밖에서 진행할 수 있다$\binom{성폭법\ 제31조}{제1항,\ 제3항}$.

Ⅳ. 위반의 효과

21   재판공개에 관한 규정의 위반은 상소이유가 된다$\binom{제361조의5\ 제9호,}{제383조\ 제1호}$. 그 예로는 i) 비공개사유가 없음에도 비공개결정을 한 경우, ii) 비공개를 하면서 별도의 결정을 하지 않은 경우$\binom{법원조직법\ 제57조}{제1항\ 단서\ 위반}$, iii) 국가안전보장 등을 이유로 비공개결정을 하면서 이를 선고하지 않고 단지 고지만 한 경우$\binom{같은\ 조\ 제}{2항\ 위반}$를 들 수 있다$\left[\substack{§174/28 \\ 참조}\right]$.

§106 제 2 구두변론주의

1   구두변론주의란 공판정에서의 심리는 소송주체와 소송참여자들의 말에 의한 변론$\binom{주장·}{입증}$을 통해 진행해야 하며, 판결은 그러한 구술변론의 결과에 기초해야 한다는 원칙을 말한다. 이는 제275조의3$\left(\substack{「공판정에서의\ 변론은」 \\ 구두로\ 하여야\ 한다}\right)$ 및 제37조 제1항$\left(\substack{「판결은\ 법률에\ 다른\ 규정이\ 없으면」 \\ 구두변론을\ 거쳐서\ 하여야\ 한다}\right)$에 규정되어 있다. 구두변론주의는 구두주의와 변론주의를 그 내용으로 한다.

2   먼저, 구두주의(Mündlichkeitsprinzip)는 구술(口述)을 통해 제공된 소송자료를 기초로 재판해야 한다는 원칙이다. 이는 규문소송의 극단적 서면주의 관행에 대한 오랜 투쟁의 결실로 얻어진 소송원칙으로, 뒤에서 설명하는 직

---

1 BGHSt 9, 280.

2 BGHSt 30, 193.

3 BGH NStZ 87, 86.

접주의와 밀접히 연계돼 있을 뿐 아니라 공개주의가 실질적으로 그 의미를 갖기 위한 기본전제에 해당한다. 이에 따르면 원칙적으로 공판절차에서 구술로 제시되고 청문을 거친 자료만이 정당한 판결을 위한 자료로 평가될 수 있다.

구두주의를 취한다고 해서 공판절차에서 서면의 사용이 완전히 배제되는 것은 **3** 아니다. 형사소송법은 일정한 신청$\left(\substack{\text{기피신청, 증거조사신}\\\text{청, 관할위반신청 등}}\right)\left[\substack{\S46/3\\\text{참조}}\right]$에 관해서는 대체로 서면 사용을 허용하는데, 적확한 재판을 위해서는 신청의 취지·근거를 분명히 특정함이 바람직하기 때문이다$\left(\substack{\text{경우에 따라서는 직권사항에 속하는 것에 관해}\\\text{신청서 등 서면의 제출을 촉구하기도 한다}}\right)$. 그리고 상소심에서는 심리절차 자체를 서면으로 진행하는 예외가 인정되는바, 즉 i) 항소심에서는 항소이유 없음이 명백한 경우 서면심리로 판결할 수 있고$\left(\substack{\text{제364조}\\\text{제5항}}\right)\left[\substack{\S190/9\\\text{참조}}\right]$, ii) 상고심에서는 서면심리에 의한 판결이 원칙으로 되어 있다$\left(\substack{\text{제390조}\\\text{제1항}}\right)\left[\substack{\S196/1\\\text{참조}}\right]$.

다음으로, 변론주의(Verhandlungsmaxime)는 소송주체의 변론$\left(\substack{\text{주장·}\\\text{입증}}\right)$을 토 **4** 대로 재판해야 한다는 원칙이다. 변론주의를 실현하는 제도로는 검사·피고인의 출석권$\left(\substack{\text{제275조 제2}\\\text{항, 제276조}}\right)$, 국선변호제도와 필요적 변호$\left(\substack{\text{제33}\\\text{조}}\right)$, 피고인·변호인의 이익사실진술권$\left(\substack{\text{제286조}\\\text{제2항}}\right)$, 검사·피고인·변호인의 증거신청권$\left(\substack{\text{제294조}\\\text{제1항}}\right)$, 증인 교호신문$\left(\substack{\text{제161}\\\text{조의2}}\right)$, 피고인·변호인의 최후진술권$\left(\substack{\text{제303}\\\text{조}}\right)$ 등이 있다.

민사소송에서 변론주의는 증거와 사실인정에 관한 원칙으로서, 당사자 **5** 가 수집·제출한 소송자료만을 재판의 기초로 삼아야 한다는 것을 그 내용으로 한다. 이에 따르면 당사자가 주장하지 않은 주요사실을 판결의 기초로 삼아서는 안 되고, 당사자가 신청한 증거만을 조사해야 하며 직권증거조사는 보충적·예외적으로만 허용된다$\left(\substack{\text{이처럼 당사자의 주장·입증에만 의존해 사안을 확정}\\\text{하기에, 민사소송에서의 진실은 '형식적 진실'이다}}\right)$. 반면, 형사소송에서 변론주의는 주장·증명에 관한 원칙이 아니라 수소법원의 절차운영에 관한 원칙이다. 이는 변론에 나타난 사항만 가지고 진실을 규명하라는 의미가 아니라, 진실규명을 위해서는 변론을 촉진해야 한다는, 즉 소송주체의 주장과 증거제출을 널리 허용해 공판의 의사소통$\left[\substack{\S104/3\\\text{참조}}\right]$을 활성화시켜야 한다는 의미를 갖는다. 따라서 변론에 나타난 사항만으로 진실규명에 불충분하다고 판단될 경우 법원은 직권으로 증거를 수집·조사해$\left(\substack{\text{제295조,}\\\text{제161조의2}}\right)$ 판결의 기초로 삼을 수 있고$\left[\substack{\S143/36\\\text{참조}}\right]$, 때에 따라서는 검사에게 공소장변경을 요구할 수도 있다$\left(\substack{\text{제298조}\\\text{제2항}}\right)\left[\substack{\S147/28\\\text{참조}}\right]$.

§107 **제 3 집중심리주의**

1 집중심리주의(Konzentrationsmaxime)란 법원이 공판기일에 하나의 사건을 집중적으로 심리하고, 공판기일을 연장하더라도 중간에 시간적 간격을 두지 않고 연일 계속해 심리해야 한다는 원칙을 말한다(제267조의2 제1항, 특강법 제10조, 성폭법 제22조). 심리가 장기간 중단되면 기억 휘발로 심증형성의 연속성이 약화될 수 있고, 그 결과 법관은 조서 또는 메모내용 등에 의존하게 될 수 있는바, 집중심리주의는 이를 방지하고자 하는 데 그 취지가 있다.

2 법원은 심리에 2일 이상이 필요한 경우에는 부득이한 사정이 없는 한 매일 계속 개정해야 하며(같은 조 제2항), 부득이한 사정으로 그것이 불가능한 경우에도 특별한 사정이 없는 한 전회 공판기일로부터 14일 이내로 다음 공판기일을 지정해야 한다(같은 조 제4항). 다만 이러한 조항들을 준수하지 않았다고 해서 그 자체로 상소이유가 되는 것은 아니다. 필요한 경우 재판장은 검사, 피고인 또는 변호인의 의견을 들어 여러 공판기일을 일괄지정할 수 있다(제267조의2 제3항, 규칙 제124조의2).

3 집중심리주의는 공판기일 간의 간격이 심증형성의 연속성을 깨뜨릴 정도로, 즉 적확한 사안확정을 방해할 만큼 멀어져서는 안 된다는 원칙이지, 공판기일 간의 간격이 짧으면 짧을수록 좋다는 원칙은 아니다. 복잡하고 방대한 사건에서는 자료(검사가 제출하는 본증이든 피고인이 제출하는 탄핵증거이든) 제출의 충분한 말미가 주어지지 못하면 중요한 사실관계를 누락하는 결과가 발생할 수 있으므로(그 보완책으로 증거개시나 공판준비절차 등 제도가 마련되어 있으나, 현실적으로 충분하다고 볼 수는 없다) 공판기일 간에 상당한 간극을 두는 것이 필요하고 또 요구된다. 그리고 법정부족의 문제, 재판의 신속성을 추구하는 경향[§16/2 참조]에 따른 졸속재판은 집중심리주의와는 무관하다[§15/2 참조].

§108 **제 4 직접주의**

I. 의 의

1 직접주의(Unmittelbarkeitsprinzip)란 법원은 공판기일에 공판정에서 직접 조사한 증거만을 기초로 사안을 확정해야 한다는 원칙을 말한다. 여기에는 i) 수소법원이 직접 증거조사를 해야 하고 다른 법관 등에게 위임해서는 안

된다는 형식적 측면($_{직접주의}^{형식적}$)과, ii) 요증사실에 더 근접한 증거방법을 그보다 멀리 떨어진 증거방법보다 선호해야 한다는, 즉 가급적 원본증거를 조사하고 대체증거(Beweissurrogate)는 멀리해야 한다는 실질적 측면($_{직접주의}^{실질적}$)이 있다.

II. 내　　용

1. 형식적 직접주의

수소법원이 증거조사의 주체임을 전제로 한 규정들은 그 자체 형식적 직접주의의 표현이다($_{조, 제295조, 제296조 등}^{제290조, 제291조의2, 제293}$). 그 밖에 공판개정 후 법관경질이 있을 때의 공판절차갱신($_{조}^{제301}$), 공판정 내 피고인·증인에 대한 직접신문($_{161조의2}^{제287조,}$) 또한 형식적 직접주의를 구체화한 제도이다. 한편, 수소법원이 직접 증거조사하지 않고 수명법관이나 수탁판사를 통해 증거조사하는 것($_{조}^{제167}$)은 형식적 직접주의에 대한 예외라고 할 수 있다.

2. 실질적 직접주의

실질적 의미의 직접주의란 수소법원은 가급적 원본증거를 조사해야 하며 대체증거의 사용은 자제해야 한다는 원칙이다. 이는 원본증거 아닌 자료에 대한 증거조사는 소송주체가 개진할 수 있는 의견의 폭을 극적으로 제한하고, 그리하여 법관이 절차참여자들로부터 받을 수 있는 피드백의 양과 질에 제약을 가한다는, 즉 대체증거는 근본적으로 공판에서의 의사소통을 통한 변증론적 진실규명에 지장을 초래한다는 평가에 기초한다.[1] 형사소송법은 진술증거의 영역에서 이를 구체화하여 진술증거와 전문증언에 대해서는 원칙적으로 증거능력을 부인하고($_{조의2}^{제310}$), 일정한 예외요건이 갖춰진 경우에 한해($_{제318조, 제318조의3 등}^{제311조 내지 제316조,}$) 증거능력을 인정하고 있다[$_{참조}^{§119}$].

구두주의와 공개재판주의는 이미 그 상당부분이 절차규정 및 실무에 녹아들어 어느 정도 정형화돼있다. 형식적 직접주의 또한, 개별 사안에서 수소

1　대법원 2006. 11. 24 선고 2006도4994 판결: 「형사소송법은 형사사건의 실체에 대한 유죄·무죄의 심증형성은 법정에서의 심리에 의하여야 한다는 공판중심주의의 한 요소로서, 법관의 면전에서 직접 조사한 증거만을 재판의 기초로 삼을 수 있고 증명대상이 되는 사실과 가장 가까운 원본증거를 재판의 기초로 삼아야 하며 원본증거의 대체물 사용은 원칙적으로 허용되어서는 안 된다는 실질적 직접심리주의를 채택하고 있는바, 이는 법관이 법정에서 직접 원본증거를 조사하는 방법을 통하여 사건에 대한 신선하고 정확한 심증을 형성할 수 있고 피고인에게 원본증거에 관한 직접적인 의견진술의 기회를 부여함으로써 실체적 진실을 발견하고 공정한 재판을 실현할 수 있기 때문이다.」

법원이 이를 진지하게 고려하고 참작해야 하는 재판규범이라기보다는 '수소법원이 직접 증거조사를 하도록 제도를 구성하라'라는 입법자에 대한 요청에 가까운바, 그 내용은 공판의 증거조사주체가 수소법원에 한정됨을 전제로 하는 다수의 절차규정을 통해 상당부분 명문화되어 있다. 반면, 실질적 직접주의는 i) 그 자체 재판규범으로서의 성격이 강할 뿐만 아니라, ii) 개별사안에서 이를 어느 정도로 실현할 것인지의 판단이 수소법원에게 상당부분 맡겨져 있다는 점에서 공판절차의 다른 기본원칙들과는 구별되는 특수한 성격을 지닌다. 가령 1심에서 진술조서에 대해 증거동의 또는 동의간주[§119/20 참조]로 조사를 마친 경우라도 항소심법원은 가급적 원본증거에 따른 심증형성을 위해 증인을 공판정으로 부르는 것이 바람직하겠으나, 반드시 그래야만 하는 것은 아니다. 또한, 어떠한 장소의 현황이 쟁점화된 경우 수사상 검증조서의 조사보다는 현장검증[§124 참조]의 방법을 택하는 것이 대체증거 배제의 요청에 좀 더 부합하겠으나, 무조건 그래야만 한다고 지시하는 법규칙이 있지는 않다. 요컨대 실질적 직접주의의 구현 정도는 (법실무의 변화 및 법관의 의지 등에 따라) 유동적·가변적이다. 그러한 까닭에 공판절차의 기본원칙에 관한 학계와 실무의 논의는 주로 실질적 직접주의를 중심으로 이루어져 왔으며, 공판중심주의의 발전·강화 정도를 가늠하는 데 가장 중요한 척도가 되는 것 역시 이 원칙이라 할 수 있다.

§109　제 5　법적 청문 원칙

1　　법적 청문(rechtliches Gehör)이란, 소송절차에서 일정한 법적 결정으로 영향을 받게 될 이해관계인(피고인 등)을 비롯한 절차참여자들에게 사실문제 및 법률문제에 관해 법관 등이 들을 수 있도록 의견을 진술할 수 있는 기회를 제공함을 말한다. 형사소송에서 법적 청문의 요청은 i) 절차참여자 개인의 주관적 공권(법적 청문권)이자 ii) 객관적 절차규범(법적 청문 원칙)이다.

2　　앞서 청문원칙을 적법절차원칙의 하부원칙, 즉 형사절차 전반에 걸쳐 적용되는 기본원리로 소개한 바 있다[§14 참조]. 그럼에도 여기서 이를 공판절차의 기본원칙으로 다시 언급·강조하는 것은, 공판단계에서 피고인에 대한 청문보장은 실천적으로 그를 소송주체로 승인하고 존중한다는 중요한 의의를 갖기 때문이다.

　　수소법원은 법적 청문이 적절히 보장될 수 있도록 노력해야 한다. 현행　3
법상 공판절차에서 법적 청문과 관련된 대표적 예로는 피고인의 이익사실진
술권(제286조 제2항), 증거조사절차에서의 의견진술권(규칙 제134조 제1항), 피고인과 변호인의 최
후진술권(제303조) 등을 들 수 있다[§143/51 참조]. 그러나 개별적으로 피고인·변호인의
의견을 들어야 한다는 취지의 규정이 없더라도, 절차진행에 있어 중요한 결
정이나 명령을 하기 전에는 가급적 피고인·변호인의 의견을 충분히 경청하는
것이 바람직하다. 그 의견의 수용 여부와 상관없이, 그러한 청문기회 부여 자
체가 피고인의 절차로의 통합 및 절차종결 이후 사회적 통합을 촉진하는 데
기여하기 때문이다. 청문권 보장을 위한 각종 고지의무[§14/2 참조]의 위반은 상소
이유(제361조의5 제1호, 제383조 제1호)가 될 수 있다[§174/21 참조].

제3관　무죄추정원칙

제1　무죄추정원칙의 의의 　　　　　　　　　　　　　　　　　　　§110

　　무죄추정원칙(Unschuldvermutungsprinzip)이란 피고인은 유죄판결이 확정　1
될 때까지 무죄로 추정된다는 원칙을 말한다. 이는 법치국가헌법의 기본원리
로서(헌법 제27조 제4항, 「시민적 및 정치적 권리에 관한 국제규약」 제14조 제2항), 형사소송법에도 규정돼 있다(제275조의2). 앞서 설
명한 여러 절차원칙들과 마찬가지로 무죄추정의 요청 역시 피고인의 주관적
권리(무죄추정권)인 동시에 객관적 절차규범의 성격을 지니는바, 무죄추정원칙이라
고 할 때에는 그중 후자를 가리킨다. 이를 적법절차원칙의 하위원리로 소개
하기도 하나,[1] 목적 면에서나 규율영역 면에서나 적법절차원칙과는 구별되
는 독자적 규범원리로 보아야 할 것이다.

　　증거법상 추정(Vermutung)이란 어떠한 사실(전제사실)이 존재하는 경우에 그로　2
부터 다른 사실(추정되는 사실)이 추인되는 것을 뜻하는 용어이나, 무죄추정원칙에서
말하는 '무죄추정'은 i) 무죄의 법률상 추정(gesetzliche Vermutung)이라는 증
거법상 요청과 ii) 유죄를 전제로 한 불이익처분의 금지라는 소송절차상 요청
을 모두 포함하는 광의의 개념이다.

1　김인회 10쪽; 배종대/홍영기 12쪽; 손동권/신이철 19쪽; 신양균/조기영 17쪽; 정승환 22쪽.

3   무죄추정원칙의 '추정'이 증거법상의 법률상 추정에 국한되지 않는다는 것은 제275
조의2 및 헌법 제27조 제4항의 문언에서도 알 수 있다. 무죄추정이 계속되는 시점
은 유죄판결의 선고시까지가 아니라 확정시까지인데, 선고 후 확정 전의 시점은 증
거법이나 사실인정론과 관련이 없는 영역이기 때문이다.

4   무죄추정원칙에서는 다음과 같은 요청들이 도출된다. 먼저, i) 유죄판결
에 도달하는 데 필요한 일체의 사실, 즉 피고인에게 불이익한 사실은 합리적
의심을 배제할 정도의 확신이 있어야 인정할 수 있고, 그러한 의심이 조금이
라도 든다면 피고인에게 유리하게 판단해야 한다$\binom{\text{in dubio pro}}{\text{reo 원칙}}$$\left[\substack{\S111 \\ 참조}\right]$. 다음으로,
ii) 피고인에게 불이익한 사실은 검사가 증명해야 하며, 피고인에게 그 부존
재를 증명하게 함은 허용되지 않는다$\binom{\text{거증책임의}}{\text{검사 귀속}}$$\left[\substack{\S112 \\ 참조}\right]$. 끝으로, iii) 국가는 유죄
판결 확정 전까지는 피고인에게 유죄를 전제한 처분이나 대우를 해서는 안
된다$\binom{\text{불이익처분}}{\text{금지원칙}}$$\left[\substack{\S113 \\ 참조}\right]$. 무죄추정원칙은 헌법이 직접 규정하고 있는 중요한 법원
칙이므로, 이러한 파생원리들에 대해 법률로써 예외를 규정함은 위헌이다.

§111 제2 in dubio pro reo 원칙

1   증거에 의해 법관이 어떠한 사실의 존재에 관해 확신을 얻게 된 상태를
증명(proof)이라 한다. 무죄추정은 강한 추정이므로, 형사소송에서 피고인에게
불이익한 사실을 증명함에는 합리적 의심의 여지가 없는 정도의 확신(proof
beyond a reasonable doubt)이 요구된다$\binom{\text{제307조}}{\text{제2항}}$.

2   소송에서 증명을 필요로 하는 사실을 요증사실(要證事實)이라 하는바, 형
사소송에서는 피고인에게 불이익한 사실$\binom{\text{소송조건 및 절차의 적법성에 관한 사실, 범죄성}}{\substack{\text{립요건에 관한 사실, 부수처분·처단형의 도출에} \\ \text{필요한 사실, 선고형의} \\ \text{결정에 고려할 사실 등}}}$이 모두 이에 해당한다$\left[\substack{\S115/5 \\ 참조}\right]$. 요증사실의 존재에 관해 합리
적 의심을 배제할 정도의 확신이 없다면, 법원은 그것이 존재하지 않는다고
판단해야 한다.[1] 그 부존재가 확실히 드러난 경우는 물론, 그 존재를 단정하
기 어려운 경우$\binom{\text{즉, 진위불명(non liquet)}}{\text{판정이 이루어진 경우}}$에도 마찬가지다. 이처럼 요증사실의 존부
에 관해 조금이라도 합리적 의심이 든다면 피고인에게 유리하게 판단하라는
요청을 in dubio pro reo$\binom{\text{「의심스러운 때에는}}{\text{피고인의 이익으로」}}$ 원칙이라 한다.

---

1 대법원 1987. 3. 24. 선고 86도2783 판결.

　　민사소송에서의 증명은 요건사실이 존재할 가능성이 부존재할 가능성보　　3
다 우월하다는 정도의 확신으로 족하고, 자백한 사실에 관해서는 별도의 증
명이 불필요하다(민사소송법 제88조). 반면 형사소송에서는 피고인에게 불이익한 사실의
증명은 그 사실이 존재한다는 고도의 개연성(distinct probability)을 요하며,[1]
피고인이 자백하더라도 그가 범인이라는 합리적 의심이 없는 정도의 확신이
들지 않는 한 범죄사실의 증명은 인정되지 않는다.

제 3　거증책임　　　　　　　　　　　　　　　　　　　　　　　　　§112

I. 의　　의

　　법관에게 요증사실에 관한 확신을 주어야 하는 소송절차상 부담을 거증　　1
책임이라 한다.[2] 앞서 본 바와 같이 형사소송에서 피고인에게 불이익한 사실
을 인정함에는 합리적 의심 없는 정도의 증명이 요구되고, 확신에 도달하지
못한 경우 법원은 피고인에게 유리한 방향으로 판단해야 한다. 따라서 변론
주의를 전제로 요건사실에 따라 배분되는 민사소송에서의 증명책임과 달리,
형사소송에서의 거증책임은 전적으로 검사(즉결심판절차에서는 경찰서장)에게 귀속된다.[3]

II. 내　　용

　　객관적·주관적 구성요건해당사실[4]은 물론, 피고인이 현장부재(알리바이)를 주　　2
장하고 그 사실에 대한 진위가 불분명하게 된 경우 그 알리바이가 존재하지
않는다는 점에 대해서도 검사가 거증책임을 진다.[5] 그리고 구성요건해당성
이 증명되면 위법성과 책임은 추정되나, 만약 피고인이 위법성조각사유나 책
임조각사유의 존재를 주장한 결과로 위법성·책임의 존부가 불분명하게 되었
다면 검사가 그러한 사유의 부존재에 관해 다시 거증책임을 부담한다.

1　대법원 1991. 8. 13. 선고 91도1385 판결.
2　배종대/홍영기 305쪽.
3　대법원 1997. 10. 10. 선고 97도1720 판결; 2006. 11. 23. 선고 2004도7900 판결.
4　대법원 2010. 10. 28. 선고 2009도4949 판결(고의); 2010. 7. 23. 선고 2010도1189 (수)판결(목적); 2010. 6. 24. 선고 2007도5899 판결(불법영득의사).
5　대법원 1985. 11. 26. 선고 85도2109 판결.

3		형법 제310조는 명예훼손죄에 관해 그 사실적시행위가 「진실한 사실로
서 오로지 공공의 이익에 관한 때에는 처벌하지 아니한다」고 규정하여 i) 사
실의 진실성과 ii) 공익성이라는 두 가지 조건이 충족되는 경우에 위법성조각
을 인정하고 있는데, 이로써 피고인이 위 두 사실에 대해 거증책임을 지는
것은 아니다. 피고인은 단지 법관에게 위법성조각사유가 존재할 수도 있다는
합리적 의심만 주는 것으로 족하며,[1] 이에 따라 검사가 위법성조각사유의
부존재에 대해 거증책임을 진다.

4		진술의 임의성에 다툼이 있는 경우, 그 임의성을 의심할 만한 구체적
사실을 피고인이 증명할 것이 아니라 검사가 그 임의성의 의문점을 없애는
증명을 해야 한다[$\begin{smallmatrix}§66/2\\참조\end{smallmatrix}$].[2]

Ⅲ. 거증책임의 전환

5		형법 제19조는 「독립행위가 경합한 경우에 그 결과발생의 원인된 행위
가 판명되지 아니한 때에는 각 행위를 미수범으로 처벌한다」고 규정하고 있으
므로, 피고인의 행위로 결과가 발생했다는 사실($\begin{smallmatrix}즉, 동시범이 아닌 정범으로서 기수범\\으로 처벌해야 할 근거가 되는 사실\end{smallmatrix}$)에
대한 거증책임은 검사에게 있음이 원칙이다. 그런데 형법 제263조는 「독립행
위가 경합하여 상해의 결과를 발생하게 한 경우에 원인된 행위가 판명되지
아니한 때에는 공동정범의 예에 의한다」고 규정하여, 상해죄($\begin{smallmatrix}폭행치사상 및\\상해치사 포함\end{smallmatrix}$)[3]의
동시범에 한해 모든 행위자를 발생사실의 기수범으로 보는 예외를 인정함으
로써 원인행위 불명시의 불이익을 피고인에게 지우고 있다. 이에 따라 상해
죄의 동시범에서는 거증책임이 전환되어, 상해결과가 자신의 행위로 인한 것
이 아니라는 점에 대해 피고인이 거증책임을 부담한다($\begin{smallmatrix}다수설·\\판례\end{smallmatrix}$).[4] 그러나 이는
무죄추정원칙에 대한 법률상 예외로서 위헌이라고 본다[$\begin{smallmatrix}§110/4\\참조\end{smallmatrix}$].

1	대법원 1996. 10. 25. 선고 95도1473 판결.
2	대법원 2006. 11. 23. 선고 2004도7900 판결.
3	대법원 1985. 5. 14. 선고 84도2118 판결; 2000. 7. 28. 선고 2000도2466 판결.
4	부산고등법원(창원) 2015. 3. 18. 선고 2014노335 판결(대법원 2015. 5. 29. 선고 2015도4534
	판결로 확정).
	부산고등법원 2018. 11. 7. 선고 2018노508 판결: 「동시범의 특례가 적용되는 경우 피고인은
	자기의 행위로 상해의 결과가 발생하지 않았음을 증명하여야 한다. 다만 이때 피고인에게 요
	구되는 증명책임이라는 것은 … 법관이 합리적 의심을 할 여지가 없을 정도로 확신을 하게 하
	는 엄격한 증명과 같은 수준이 아니라 자기의 행위로 인하여 상해의 결과가 야기된 것이 아니
	라는 정도의 증명으로 충분하다.」

제 4   불이익처분금지원칙

Ⅰ. 의   의

형사피고인은 유죄의 확정판결이 있을 때까지 무죄로 추정된다. 따라서 국가는 그 이전에는 피고인에게 형벌 또는 형벌에 준하는 사회윤리적 반가치 판단이 담겨진 불이익처분을 해서는 안 된다.[1] 헌법재판소는 여기서의 불이익처분을 「유죄판결에서 비롯되는 사회윤리적 비난을 수반하는 불이익」 또는 「유죄를 근거로 하는 부정적 의미의 기본권제한」으로 정의한다.[2]

1

Ⅱ. 내   용

1. 공판절차에서의 불이익처분금지

미결수용자에 대해 수형자에게 적용되는 규정을 준용하거나,[3] 구속피고인이 공판정에 출석할 때 죄수복을 착용하게 함[4]은 불이익처분금지원칙에 반한다. 이에 현행 형집행법은 미결수용자는 수사 · 공판과정에서 사복을 착용할 수 있으며 그 머리카락과 수염은 본인의 의사에 반해 짧게 깎지 못한다고 규정하고 있다(형집행법 제 82조, 제83조).

2

벌금형 등이 확정되기도 전에 이를 집행할 수 있게 하는 가납명령제도(제334 조)는 불이익처분금지원칙에 대한 법률상 예외로서 위헌이라고 본다. 재산형집행이 곤란할 우려가 있다면 추징보전의 경우와 같이[§130 참조] 보전처분의 방식을 취하게 함이 입법론상 타당하다. 대법원은 가납명령이 위헌이 아니라고 한 바 있고[5] 문헌에서도 가납명령은 무죄추정원칙에 반하지 않는다는 견해가 있으나,[6] 수긍하기 어렵다.

3

---

1 신동운 813쪽.

2 헌법재판소 2005. 5. 26. 선고 2002헌마699 (全)결정.

3 헌법재판소 1992. 1. 28. 선고 91헌마111 (全)결정.

4 헌법재판소 1999. 5. 27. 선고 97헌마137 (全)결정.

5 대법원 2014. 2. 13. 선고 2013도15456 판결: 「가납판결은 벌금, 과료 또는 추징 그 자체의 확정 전의 집행을 명하는 것이 아니고 벌금, 과료 또는 추징에 상당한 금액의 납부를 명하는 것이므로 헌법상 재산권에 관한 규정 또는 죄형법정주의에 관한 규정 등에 위배된다고 볼 수 없다.」 '집행'을 명하는 것이 아니라 '상당한 금액의 납부'를 명하는 것이므로 위헌이 아니라는 설명은 말장난에 지나지 않는다.

6 조광훈, "가납판결 집행에 관한 연구", 법조 제55권 제9호(2006), 290 – 291쪽.

2. 공판절차 밖에서의 불이익처분금지

4 　　거증책임의 검사귀속과 in dubio pro reo 원칙이 공판의 사실심리절차에 관한 것인 반면, 불이익처분금지원칙은 공권력작용 전반에 적용되는 원칙으로서 피의자는 물론 수사대상으로 되어 있지 않은 사람에게도 적용된다. 피고인에게 유죄를 전제로 한 불이익처분을 과하는 것이 금지된다면, 그보다 낮은 단계의 혐의를 받는 피의자나, 범죄혐의를 받고 있지 않은 자에 대해서도 그러한 불이익처분을 과할 수 없음은 당연하기 때문이다. 다만 기소유예처분은 법원의 유죄판결과 같이 범죄사실을 확정적으로 인정하는 것이 아니라 잠정적·가설적으로 인정하면서 소송경제 내지 특별예방의 효과를 위해 행해지는 처분이므로, 불이익처분금지원칙에 저촉되지 않는다.[1]

5 　　제재적 행정처분이 행정청 나름의 사실판단에 따라서 이뤄진 것이라면, 각종 행정상 법원칙(행정기본법 제8조 내지 제13조)에 저촉될 수는 있어도 무죄추정원칙에 반하지는 않는다. 그러나 단지 피의자·피고인이 된 사실 또는 형을 선고받았다는 사실(약식명령의 청구·발령사실 포함) 그 자체를 일정한 제재처분의 사유로 삼는 것은, 수사·소추된 사실과 유죄의 확정판결을 받은 사실을 동일하게 취급하는 것으로서 무죄추정원칙에 반한다. 이에 헌법재판소는 i) 고발만 이루어진 단계에서 공정거래위원회가 법위반사실 공표명령을 발할 수 있게 한 독점규제법 규정,[2] ii) 공소제기된 사실만을 이유로 변호사에 대해 업무정지를 명할 수 있게 한 변호사법 규정,[3] iii) 공소제기된 사실만을 이유로 교원·공무원에게 직위해제처분을 할 수 있게 한 사립학교법·국가공무원법의 각 규정,[4] iv) 금고 이상의 형을 선고받았다는 사실만으로 지방자치단체장의 직무를 정지시키는 지방자치법 규정[5] 등이 무죄추정원칙에 반한다고 판시한 바 있다. 대법원도 기소된 사실 자체를 제재처분의 근거로 삼는 것은 허용될 수 없다고 한다.[6]

---

1 신동운, "무죄추정의 원칙과 검사의 기소유예처분", 법학 제31권 제3호(1990), 161쪽.

2 헌법재판소 2002. 1. 31. 선고 2001헌바43 (全)결정.

3 헌법재판소 1990. 11. 19. 선고 90헌가48 (全)결정.

4 헌법재판소 1994. 7. 29. 선고 93헌가3 (全)결정; 1998. 5. 28. 선고 96헌가12 (全)결정.

5 헌법재판소 2010. 9. 2. 선고 2010헌마418 (全)결정.

6 대법원 2018. 4. 26. 선고 2016두64371 판결:「피고인은 유죄판결이 확정될 때까지는 무죄로 추정되는 것이 헌법의 대원칙이므로, 기소된 사실만으로 제재적 처분의 근거로 삼는 것은 쉽사리 받아들일 수 없다.」

학계에서는 무죄추정원칙 또는 불이익처분금지원칙의 내용으로서 통상 i) 진술거부 6
권 및 고문금지,[1] ii) 불구속수사원칙과 보석·구속적부심사제도,[2] iii) 미결구금일
수 산입 및 형사보상제도,[3] iv) 피의사실공표죄[4] 등을 들고 있다. 그러나 다음과
같은 점에서 이는 적절하다고 볼 수 없다.

i) 진술거부권[§41/2 참조]과 고문금지는 피의자·피고인의 권리이기에 앞서 인간으로서의
권리이다. 이들은 그 자체 독립된 헌법상 기본권이지(헌법 제12 조 제2항) 무죄추정권의 파생권
리가 아니다. 유죄의 확정판결을 받은 사람이라 하더라도 고문이나 진술강요를 당
할 이유는 없기 때문이다.

ii) 신체구속은 형사절차의 확보(증거인멸 및 도주의 방지)를 위해 부득이 행하는 처분일 뿐 형벌과
같은 사회윤리적 반가치판단을 내재한 처분이 아니므로,[5] 불이익처분금지원칙의
적용대상에 속하지 않는다(체포·구속이 형벌과 같은 의미라면, 구속은 언제나 무죄 추정원칙에 반하므로 '절대적으로' 금지된다고 해야 한다).[6] 불구속수
사원칙이나 임의수사원칙은 적법절차원칙(특히 비 례성원칙)에서 도출되며[§62/8 참조], 보석·구속적
부심 역시 적법절차 구현을 위한 제도이다. 헌법재판소는 무죄추정원칙과 비례성원
칙을 동일시하거나[7] 불구속수사원칙을 무죄추정원칙의 내용으로 파악하는 견지에
서[8] 보석허가결정에 대한 검사의 즉시항고를 허용하는 형사소송법 규정이 무죄추
정원칙에 반한다고 한 바 있다.[9] 하지만 적법절차원칙은 공권력행사의 절차가 형식
적·내용적으로 정당해야 한다는 원칙이고, 무죄추정원칙은 유죄를 전제한 공권력행
사는 어떤 절차에 의해서든 불가하다는 원칙이라는 점에서 둘은 엄연히 각자 고유
한 규범영역을 보유한다. 불구속수사원칙은 전자의 하부원리인 비례성원칙에서 도
출되는 것이고 무죄추정원칙에서 도출되는 것이 아니다.

iii) 형사보상[§237/1 참조] 및 미결구금일수 산입 제도를 불이익처분금지원칙의 내용으로

---

1 백형구 18-19쪽; 손동권/신이철 19쪽; 신양균/조기영 21쪽; 이재상 외 2인 91쪽; 임동규
   14쪽; 정웅석 외 2인 346쪽.
2 김인회 330쪽; 백형구 18쪽; 신동운 815쪽; 신양균/조기영 21쪽; 이은모/김정환 90쪽; 이재상
   외 2인 91쪽; 이창현 110쪽; 이주원 35쪽; 임동규 14쪽; 정승환 23쪽.
3 신동운 816-817쪽; 이은모/김정환 90쪽.
4 김재윤, "피의사실공표죄 관련 법적 쟁점 고찰", 언론중재 제116호(2010), 95쪽; 조기영, "피의
   사실공표죄의 구성요건요소 해석: '피의사실'과 '공표'의 의미를 중심으로", 형사법연구 제24권
   제2호(2012), 14-15쪽.
5 Bell. v. Wolfsh, 441. U.S. 520(1979); Schall v. Martin, 467 U.S. 253(1984); U.S. v. Salerno,
   481. U.S. 739(1987).
6 신현주 137-138쪽; 이진국/도중진, 무죄추정원칙에 관한 연구, 한국형사정책연구원(2006),
   111쪽.
7 헌법재판소 1990. 11. 19. 선고 90헌가48 (全)결정.
8 헌법재판소 2009. 6. 25. 선고 2007헌바25 (全)결정.
9 헌법재판소 1993. 12. 23. 선고 93헌가2 (全)결정.

보는 관점은, 이러한 제도들이 무죄추정을 받던 자를 구속하였다는 점에 대한 국가의 반성적 고려에서 나온 것이라는 시각에 기초하고 있는 듯하다. 헌법재판소 또한 미결구금일수의 형기불산입을 허용하는 형법조항,[1] 상소제기 후 취하시까지의 미결구금일수를 형기에 산입하지 않도록 하는 형사소송법조항[2]에 대해 위헌을 선언하면서 무죄추정원칙(및 평등원칙·
적법절차원칙) 위반을 그 이유로 들었다. 그러나 앞서 설명하였듯 구속 자체는 유죄를 전제한 처분이 아닐뿐더러, 형사보상은 헌법에서 직접 규정하는 기본권이자 공법상 손실보상제도이고, 미결구금일수의 본형산입은 불구속피고인과 구속피고인 간에 공평을 기하려는 제도로서(평등
원칙)[3] 무죄추정원칙과의 사이에 논리적 연결고리가 있다고 보기 어렵다.

iv) 피의사실공표죄는 피의사실 자체의 공표를 금지하는 것이지, 피의사실이 '확정적'이라는 취지의 공표를 금지하는 것은 아니므로 무죄추정원칙의 표현으로 볼 수 없다. 이는 무죄추정권이 아니라 인격권에 근거하는 것이다.

요컨대, 다른 법규범들과 무죄추정원칙 간에 때로는 중첩(교집
합)이 존재할 수도 있으나, 여타의 법원칙들을 언급해야 할 자리에서 만연히 무죄추정원칙을 거론함은 바람직하지 않다. 실천적으로 국민에게 어떠한 이익을 가져다주는 것도 아닐뿐더러, 이론적으로 다른 법원칙들과의 구별기준과 그 적용영역을 모호하게 만들어 무죄추정원칙의 독자성과 규범력을 오히려 약화시킬 우려가 있다.

---

1   헌법재판소 2009. 6. 25. 선고 2007헌바25 (全)결정:「헌법상 무죄추정의 원칙에 따라, 유죄판결이 확정되기 전에 피의자 또는 피고인을 죄 있는 자에 준하여 취급함으로써 법률적·사실적 측면에서 유형·무형의 불이익을 주어서는 아니 된다. 특히 미결구금은 신체의 자유를 침해받는 피의자 또는 피고인의 입장에서 보면 실질적으로 자유형의 집행과 다를 바 없으므로, 인권보호 및 공평의 원칙상 형기에 전부 산입되어야 한다. 그러나 형법 제57조 제1항 중 "또는 일부" 부분은 미결구금의 이러한 본질을 충실히 고려하지 못하고 법관으로 하여금 미결구금일수 중 일부를 형기에 산입하지 않을 수 있게 허용하였는바, 이는 헌법상 무죄추정의 원칙 및 적법절차의 원칙 등을 위배하여 합리성과 정당성 없이 신체의 자유를 지나치게 제한함으로써 헌법에 위반된다.」

2   헌법재판소 2009. 12. 29. 선고 2008헌가13 (全)결정:「구속피고인이 고의로 재판을 지연하거나 부당한 소송행위를 하였다고 판단되는 경우에도 이를 이유로 미결구금기간 중 일부를 형기에 산입하지 않는다면 이는 처벌되지 않아야 할 소송상의 행위에 대하여 형벌적 제재를 가하는 것으로서 적법절차원칙 및 무죄추정의 원칙에 반하여 부당하다고 할 것인바, 이에 비하여 상소취하의 경우에는 상소기각판결까지 이르기 전에 신속하게 법률관계를 확정시켜 법적안정성에 기여하고 또한 법원의 재판부담도 경감시키게 된다는 점에서 미결구금일수 불산입의 부당성이 더욱 명백하다 할 것이다. … 이 사건 법률조항들이 상소제기 후 상소취하시까지의 미결구금일수를 본형에 산입하도록 규정하지 아니한 것은 헌법에 위반된다.」

3   김정한, "무죄추정원칙의 적용범위에 관한 소고", 형사정책연구 제16권 제1호(2006), 351-352쪽; 헌법재판소 2009. 6. 25. 선고 2007헌바25 (全)결정.

제2절 증 거 법

제1관 증거법의 의의와 기본원칙

제 1 증거법의 의의   §114

I. 증거와 증거법

소송에서 사실인정의 근거가 되는 자료를 증거(evidence)라 한다. 형사   1
소송법은 제2편 제3장 제2절에서 '증거'라는 표제하에 이에 관한 별도의 규
정($\binom{제307조\ 내지}{제318조의3}$)을 두고 있지만, 그 밖에 제139조 내지 제185조($\binom{제1편\ 제11장}{내지\ 제15장}$), 제
290조 내지 제297조, 규칙 제64조 내지 제92조, 제132조 내지 제140조의3 역
시 증거에 관한 규정들이다. 넓은 의미의 형사절차법까지로 확대하면 통비법
제4조, 즉심법 제10조, 아청법 제26조 내지 제28조, 성폭법 제30조 내지 제41
조, 국참법 제44조 등도 형사소송에서의 증거에 관한 규정들이다. 미국의 경
우 증거만을 별도로 규율하는 연방증거규칙(Federal Rules of Evidence)이 존재
하나, 우리의 경우 증거에 관한 규정들이 이처럼 형사소송법과 그 밖의 법령
들에 산재해 있다.

증거에 관해서는 i) 어떠한 증거를 채택하여 조사하는 것이 가능한   2
지($\binom{증거능력}{의\ 문제}$), ii) 조사방법으로 무엇을 택할 것인지($\binom{증거조사방}{법의\ 문제}$), iii) 그렇게 조사해
서 얻은 결과가 범죄사실을 인정하기에 충분한지($\binom{증명력}{의\ 문제}$)가 쟁점화된다. 이들
은 피고인에게 실천적으로 매우 중차대한 문제로, 변호인과 검사의 주장이
첨예하게 대립함에 따라 해마다 수많은 판례가 축적되는 영역이다. 특히 형
사소송(법)의 목적에서 비롯되는 두 가지 기본원칙인 진실규명원칙과 적법절
차원칙의 대립구도[$\binom{§10/2}{참조}$]는 주로 증거의 채택 여부를 둘러싸고 발생하며,[1] 공
판절차의 기본원칙들 중 직접주의[$\binom{§108}{참조}$]는 위 세 가지 쟁점 모두와 밀접하게
관련돼있다. 그러한 까닭에 종래 형사사법체계에 관한 이론적·비교법적 연
구는 주로 증거법에 관련된 부분을 중심으로 이뤄져 왔다.

---

1 이를테면 2007. 11. 15. 선고 2007도3061 (숲)판결.

Ⅱ. 증거법의 주요개념

1. 증거와 증명

3　　(1) 증　거　　증거란 사실인정을 위한 자료를 말한다. i) 증거의 물리적 실체 자체를 증거방법(Beweismittel)이라 하고, ii) 증거방법을 인식하여 지득된 내용(증언의 내용, 증거서류의 기재내용, 증거물의 성질 등)을 증거자료라 하는바, '증거'라는 말의 의미에는 양자가 모두 포함된다.

4　　(가) 증거방법　　증거방법은 그 형태에 따라 인증, 물증, 서증과 그 밖의 증거로 나뉜다. i) 인증(人證)이란 피고인 또는 증인·감정인과 같이 법관 면전에서 자신의 체험이나 지식을 보고하는 자로서 그 진술의 내용이 증거자료가 되는 증거방법을 말한다. ii) 물증(物證)이란 범행도구나 장물과 같이 그 존재 및 상태 자체가 증거자료로 되는 증거방법을 말하며, 증거물이라고도 한다. iii) 서증(書證)이란 그 기재내용이 증거자료가 되는 증거방법이다. iv) 서증 중에서도 물증의 성격을 겸유하는 것, 예를 들어 문서나 유가증권 위조범죄에서 위조된 문서·유가증권, 무고죄에서 고소장, 협박죄에서 협박문서 등과 같이 그 존재 및 기재내용 모두가 증거로 되는 서류는 특별히 '증거물인 서면'이라 한다.[1]

5　　(나) 증거조사　　법관이 증거를 인식해 심증을 형성하는 절차, 즉 증거방법에서 증거자료를 추출해 내는 과정을 증거조사라 한다. 형사소송법은 증거방법의 유형별로 증거조사방법을 정하고 있다. 이를테면, i) 인증에 대한 증거조사는 제12장, 제13장에서 정하는 방식에 따라 해당 증인·피고인·감정인 등을 신문해 대답을 청취하는 방식으로 하고(제294조 제1항), ii) 물증은 제시하는 방식으로(제292조의2), iii) 서증은 낭독하거나 서류 자체를 제시하여 열람하게 하는 방식으로 조사한다(제292조)[§121 참조]. iv) 증거물인 서면은 제시·열람과 낭독·청취의 방법을 모두 사용해 조사한다.[2]

6　　(2) 증　명　　증거조사의 결과로 법관이 어떠한 사실의 존재에 관해 확신을 얻게 된 상태를 증명(proof)이라 한다. 이것과 구별할 개념으로 소명(疏明)이 있는데, 이는 확신까지는 아니더라도 어느 정도 합리적인 믿음을 갖게

1　대법원 2015. 4. 23. 선고 2015도2275 판결.
2　대법원 2015. 4. 26. 선고 2015도2275 판결.

된 상태를 가리키는 개념이다. 가령 피고인에게 유죄를 선고하려면 공소사실
의 증명이 필요한 반면, 피의자에 대한 구속영장을 발부하려면 범죄사실의
소명으로 족하고 증명까지는 필요치 않다. 다만 현실에서 양자의 구별이 언
제나 분명하지는 않다.

⑺ 증명의 대상   증명의 대상이 되는 사실(또는 증명을 필요로 하는 사실)을 요증사실이라   7
한다. 형사재판에서 요증사실은 i) 구성요건해당사실, ii) 위법성·책임조각사
유의 부존재사실, iii) 처벌조건의 존재사실, iv) 법률상 형의 가중·감면에 관
한 사실, v) 부수처분의 전제가 되는 사실, vi) 정상관계사실, vii) 소송법적
사실이다[§115/5 참조].

증거는 그것이 요증사실과 어떤 관계를 맺고 있느냐에 따라 직접증거와   8
간접증거로 나누어진다. 직접증거(direct evidence)란 범행장면이 담긴 영상이
나 피고인의 자백과 같이 사건을 직접 증명하는 증거를 말하며, 간접증거 또는
정황증거(circumstantial evidence)란 범행도구, 장물, 지문 등 사건의 존재를
간접적으로 추인케 하는 증거를 의미한다. 제3자의 진술은 그것이 사건에 대
한 경험자 시점의 진술이라면 직접증거이고, 사건을 경험한 자로부터 전해
들은 말을 옮기는 취지의 진술, 즉 전문진술[§119/11 참조]인 경우에는 간접증거이
다. 가령 피해자나 목격자의 진술은 직접증거인 반면, 사건관계인의 진술을
조사한 수사기관의 진술은 간접증거에 해당한다.

⑻ 증명의 정도   요증사실을 증명함에는 합리적 의심의 여지가 없는   9
정도의 확신이 요구된다. 조금이라도 합리적 의심이 남는다면 법원은 in
dubio pro reo 원칙에 따라 피고인에게 유리한 방향으로 판단해야 한다. 이
에 관해서는 전술하였다[§111 참조].

2. 증거능력과 증명력

⑴ 증거능력   어떠한 증거가 피고인에게 불이익한 증명[1]에 쓰일 수   10
있는 법률상의 자격을 증거능력이라 한다. 구성요건해당사실, 위법성·책임
조각사유의 부존재사실, 처벌조건의 존재사실 등을 증거능력 없는 자료에
터잡아 인정하는 것은 위법하며, 공판에서 검사가 유죄입증을 위해 제출한
증거가 모두 증거능력이 없는 경우 법원은 범죄의 증명이 없음을 이유로 무

---

1 배종대/홍영기 308쪽.

죄판결을 선고해야 한다($\frac{제325조}{후단}$). 제308조의2 내지 제318조의2는 공통적으로
'증거로 할 수 있다/없다' 또는 '유죄의 증거로 하지 못한다'라는 표현을 사
용하는데, 모두 증거능력의 유무를 밝히는 어법이다[$\frac{§120/3}{참조}$].

11   (2) 증명력   증거능력이 있음을 전제로, 요증사실의 증명에 도달하는
데 필요한 증거의 실질적 가치를 증명력이라 한다. 이는 i) 신빙성(信憑性),
즉 증거의 내용이 믿을 만한 것인지 여부[$\frac{§125}{참조}$]와, ii) 추인력(推認力), 즉 증거
의 내용이 요증사실의 증명에 충분한지 여부[$\frac{§126}{참조}$]의 두 요소로 구성된다.

3. 본증과 반증

12   거증책임[$\frac{§112}{참조}$]을 지는 소송주체가 자신이 주장하는 요증사실의 존재를
증명하고자 제출하는 증거를 본증(本證)이라 하고, 그 사실을 부정하기 위해
반대편 소송주체가 제출하는 증거를 반증(反證)이라 한다. 본증은 법관이 요
증사실이 존재한다는 확신을 갖도록 해야 성공한 것이 되는 반면, 반증은 그
확신을 흔들어 요증사실의 존재에 관해 의문을 품게만 하면 성공한 것이 되
고, 반드시 그 사실이 부존재한다는 확신을 일으킬 필요까지는 없다.

13   전술하였듯 형사재판에서 거증책임은 검사에게 있으므로 검사가 제출하
는 증거가 곧 본증이며, 이러한 의미에서 본증을 죄증(罪證)이라 부르기도 한
다. 다만 상해죄 동시범의 경우, 상해의 결과가 자신의 행위로 인한 것이 아
니라는 사실에 관해 피고인이 거증책임을 진다고 보게 되면[$\frac{§112/5}{참조}$] 그에 따라
피고인이 제출하는 증거가 본증이 된다.

4. 탄핵증거와 보강증거

14   (1) 탄핵증거   상대방 소송주체가 제출한 증거($\frac{본증이든}{반증이든}$) 자체의 증명력을
감쇄시킬 목적으로 제출되는 증거를 탄핵증거(impeachment evidence)라 한
다.[1] 검사가 제출한 본증에 대항해 피고인·변호인이 제출하는 증거는 모두
탄핵증거이며,[2] 만약 그것이 본증의 신빙성을 탄핵하는 수준을 넘어 요증사
실의 부존재를 직접 뒷받침할 정도에 이른다면 반증의 성격까지 갖게 된다.
가령 검사가 신청한 증인 甲이 '피고인이 범행하는 장면을 보았다'는 증언을
하였는데, 이에 대항해 변호인이 甲이 공상허언증(pathological lying) 환자라

---

1 문영식, "탄핵증거에 관한 형사판례 분석", 형사법의 신동향 제50호(2016), 108쪽.
2 신용석, "피고인 제출증거의 증거능력과 증거조사", 형사판례연구 제16권(2008), 462쪽.

는 진단서를 제출하는 경우, 그 진단서는 甲이 한 증언의 신빙성에 의문을
품게 한다는 점에서 탄핵증거이기는 하나, 범죄사실을 직접 부인하는 효과는
없기 때문에 반증은 아니다.[1] 반면, 변호인이 신청한 증인 乙이 공판정에 출
석해 '피고인은 그 시각에 다른 곳에서 나와 함께 있었다'는 증언을 한 경우,
그 증언은 甲의 증언에 대한 관계에서 탄핵증거인 동시에 현장부재증명(알리
바이)으로서 반증이기도 하다. 따라서 모든 반증은 탄핵증거지만, 탄핵증거가 모
두 반증인 것은 아니다.

　　본증의 신빙성을 타격하는 증거는 물론, 반증이나 다른 탄핵증거의 신빙   15
성을 손상시키는 증거도 탄핵증거에 속한다. 피고인이 제출하는 탄핵증거가
반증일 수 있듯이 검사가 제출하는 탄핵증거 또한 본증일 수 있다. 위 사례
에서 검사가 이번에는 피고인이 범행을 하는 장면이 녹화된 영상파일을 증거
로 제출하였다면, 그것은 乙의 증언에 대한 탄핵증거인 동시에 요증사실을
직접 뒷받침하는 증거로서 본증이기도 하다. 반면, 검사가 乙이 참고인조사
에서는 공판정 증언과 완전히 배치되는 말을 하였다고 주장하면서 乙에 대한
진술조서를 제출하였을 경우, 그 진술조서는 본증은 아니고 단지 乙의 공판
정 증언을 탄핵하는 증거에 불과하다. 형사소송법은 검사가 제출하는 탄핵증
거 중 피고인 또는 증인의 공판정 진술을 탄핵하는 것에 관해서는 특별한 규
정을 두고 있다[§119/139 참조].

　　⑵ 보강증거　　　탄핵증거와 반대로, 증거 자체의 증명력을 증강시키는   16
증거를 보강증거라 한다. 단지 다른 증거의 신빙성을 증강시키는 데 그치지
않고 그 자체로 요증사실을 뒷받침할 정도에 이르는 보강증거는 본증의 성격
을 동시에 갖는다.

1　청주지방법원 2018. 3. 23. 선고 2017노1218 판결:「형사소송에서는 검사가 구성요건사실에
　대한 전적인 입증책임을 지고 피고인은 그저 그러한 검사의 본증에 대한 탄핵을 할 책임을 부
　담하고 있을 뿐이므로, 이러한 탄핵증거의 제시 실패는 본증에 의하여 형성되는 법관의 심증
　을 흔들어 놓지 못하게 되는 데에서 그쳐야 한다. 여기에서 더 나아가 위와 같은 적극적인 입
　증, 즉 본증으로서 피고인이 주장하는 사실에 대한 입증의 실패를 이유로, 피고인의 주장이 믿
　을 수 없는 것으로 평가하여서는 아니 된다. 재삼 환언컨대, 탄핵의 실패가 본증의 성공으로
　이어져서는 아니 될 것이니, … 그것은 그저 탄핵증거로서 의미를 잃을 뿐 여기에서 더 나아가
　탄핵증거 제출자인 피고인의 주장을 더 믿기 어렵게 만드는 불리한 사정 혹은 역설적인 사실
　로 기능하여서는 아니 될 것이다.」

§115 **제 2 증거재판주의**

I. 의   의

1   증거재판주의란, 형사재판에서 피고인에게 불이익한 사실은 i) 증거능력
있는 증거방법을 대상으로 ii) 법률이 정하는 방법에 따른 증거조사절차를
거쳐 획득한 증거자료로만 증명할 수 있다는 원칙을 말한다. 제307조 제1항
은 「사실의 인정은 증거에 의하여야 한다」고 규정하고 있는데, 여기에서 '증
거'란 증거능력을 갖춘 증거로서 법정된 증거조사방식을 거친 것을 뜻하고,
'사실'이란 형벌권의 존부와 그 범위에 관한 사실로서 피고인에게 불이익한
것을 가리킨다. 형사소송에서 범죄사실에 대한 인식은 결국 법관이 어떤 종
류의 정보(증거)를 얼마만큼 수집하고, 그 수집된 증거를 어떻게 조사하며,
그리하여 최종적으로 사실관계를 어떻게 (재)구성하는지의 문제인바, 증거능
력과 증거조사에 관한 형사소송법의 규정들은 그러한 정보(증거)의 수집·조
사·사용에 관한 법관의 (대화적) 행동방식을 규정하는 규범들이며, 이를 지킨 경
우에만 법관의 사실인식은 올바른 것으로 인정될 수 있다는 것[1]이 바로 증
거재판주의의 취지라 할 수 있다.

2   대법원은 종종 '적법한 증거조사를 거치지 않은 증거는 증거능력이 없다'는 표현을
사용한다.[2] 그러나 증거능력 없는 증거는 애초 증거조사의 대상 자체가 될 수 없거
나, 법정된 방식에 따른 증거조사를 거치더라도 피고인에게 불이익한 용도로 사용
할 수 없으므로[§143/45 참조], 이러한 어법은 적절하지 않다.[3]

II. 내   용

1. 증거조사의 대상

3   증거재판주의에 비추어, 피고인에게 불이익한 자료는 제308조의2 내지
제318조에서 정하는 바에 따라 증거능력을 구비하지 않고는 공판정에서 조
사될 수 없다. 즉, 증거재판주의는 증거조사의 대상을 '증거능력 있는 증거'
에 한정시키는바, 이는 시민에 대한 보호형식으로 작용함과 동시에 적절한

---

1 이상돈, "형사소송에서 항소심과 상고심의 공판형태", 안암법학 제1권(1993), 343쪽.
2 대법원 1983. 7. 26. 선고 83도1448 판결; 2010. 5. 27. 선고 2008도2344 판결.
3 오기두, "상소심법원의 원심 증거조사과정 평가방법", 형사판례연구 제18권(2010), 502쪽.

사안확정을 유도하는 기능을 수행한다. 가령 i) 위법수집증거의 증거능력을 부인함으로($\substack{제308조\\의2}$), 수사기관은 자신이 수집·보전하는 자료가 추후 공판에서 배제되는 결과를 피하기 위해 수사활동에 수반되는 시민의 기본권제한을 비례성원칙에 부합하는 범위로 국한시키게 된다. 또한, ii) 진실규명을 방해할 가능성이 있는 자료의 증거능력을 제약함으로($\substack{가령 제\\310조의2}$), 그러한 자료가 공판에 현출됨으로써 발생하는 불합리한 사실인정의 위험을 사전에 방지할 수 있다.

2. 증거조사의 방법

증거능력 있는 증거방법이라도, 법에서 정하는 방식에 따라 조사하지 않 　4 은 경우에는 그로부터 획득한 증거자료를 피고인에게 불이익한 사실을 인정하는 근거로 사용할 수 없다. 즉, 증거재판주의는 증거조사의 방식을 정형화함으로써($\substack{§16/1\\참조}$) 증거방법으로부터 최대한의 증거자료를 추출해 내는 데 그 목적이 있다. 즉, 서증의 내용을 일일이 낭독하고, 물증을 굳이 소송관계인 앞에 제시하고, 증인신문시 일방적 신문이 아니라 교호신문($\substack{제161\\조의2}$)의 방식에 의하게 하는 이유는 증거의 단편적 부분만을 보지 않고 그 증거가 지닌 최대한의 정보를 이끌어내기 위함이다. 이는 사안확정의 적정성을 확보함과 동시에, 증거의 모든 면을 충분히 현출시켜 절차참여자들에게 논박의 기회를 최대한 제공함으로써 사실인정결과를 수용할 수 있도록 유도하는 기능을 한다.

Ⅲ. 적용범위

1. 엄격한 증명의 대상

요증사실($\substack{§114/7\\참조}$) 중 증거재판주의가 직접 적용되는 것, 즉 증거능력 있는 　5 증거방법을 대상으로 적법한 증거조사를 거쳐 획득한 증거자료에 의하지 않고서는 증명할 수 없는 것을 '엄격한 증명(Strengbeweis)의 대상'이라 한다.

⑴ 구성요건해당사실　　범행의 주체·객체, 일시($\substack{야간주거침입절도죄의 경우\\에는 일출·일몰시각 포함}$)·장 　6 소, 방법, 결과, 인과관계 등에 관한 사실, 교사범에서 교사행위사실,[1] 상습범에서 범행습벽의 존재사실,[2] 피고인이 현장부재(alibi)를 주장하는 경우 그 알리바이의 부존재사실 등 객관적 구성요건에 관한 사실은 모두 엄격한 증명

1　대법원 2000. 2. 25. 선고 99도1252 판결.
2　대법원 1981. 6. 9. 선고 81도1353 판결.

의 대상이다. 고의 · 과실, 목적범에서 목적, 재산범죄에서 불법영득(이득)의
사, 공모공동정범에서 공모[1] 등 주관적 구성요건사실 또한 같다.

7   (2) 위법성과 책임에 관한 사실   구성요건해당성이 증명되면 위법성과
책임은 추정되나, 피고인이 위법성조각사유나 책임조각사유를 주장하여 법
관이 그에 대한 합리적 의심을 갖게 된 경우, 그러한 조각사유가 존재하지
않는다는 사실 역시 엄격한 증명의 대상이다.

8   (3) 법률상 형의 가중사유에 관한 사실   누범전과와 같이 법률상 가중사
유(형법 제34조 제2항, 제35조 등)가 되는 사실은 엄격한 증명의 대상이다.[2] 피고인이 중지미수
나 심신장애 등 법률상 형의 감면사유(형법 제10조 제2항, 제11조, 제26조 등)를 주장하여 법관이 그에
관해 합리적 의심을 갖게 된 경우, 그러한 감면사유가 존재하지 않음을 증명
하기 위해 검사가 제출하는 자료에도 증거능력이 요구된다.[3]

2. 자유로운 증명의 대상

9   증거재판주의가 직접 적용되지 않는 사실, 즉 증거능력 없는 증거나 법
정 증거조사방식을 거치지 않은 증거에 의해서도 인정할 수 있는 사실을 '자
유로운 증명(Freibeweis)의 대상'이라 한다.

10   판례상 자유로운 증명의 대상으로 취급되는 것으로는 i) 피고인의 경력,
성격, 환경, 범죄 후의 정황과 같이 선고유예 · 집행유예 · 작량감경 및 양형의
조건이 되는 일반적 정상관계사실,[4] ii) 몰수 · 추징의 대상이 되는지 여부 및
추징금의 액수에 관한 사실,[5] iii) 예컨대 친고죄에서 고소 또는 그 취소의
유무나[6] 반의사불벌죄에서 처벌불원의사표시의 존부,[7] 진술의 임의성에 관
한 사실,[8] 특신상태의 존부[9] 등 순수한 소송법적 사실을 들 수 있다.

11   그러나 피고인에게 불이익한 양형사실과 부수처분에 관계되는 사실은 엄

---

1 대법원 2000. 3. 14. 선고 99도4923 판결; 2003. 1. 24. 선고 2002도6103 판결.
2 대법원 1979. 8. 21. 선고 79도1528 판결.
3 대법원 1996. 5. 10. 선고 96도638 판결; 1998. 3. 13. 선고 98도159 판결.
4 대법원 2010. 4. 29. 선고 2010도750 판결.
5 대법원 1982. 2. 9. 선고 81도3040 판결(몰수); 1993. 6. 22. 선고 91도3346 판결(추징).
6 대법원 1999. 2. 9. 선고 98도2074 판결.
7 대법원 2010. 10. 14. 선고 2010도5610 판결.
8 대법원 1997. 10. 10. 선고 97도1720 판결; 2012. 11. 29. 선고 2010도3029 판결.
9 대법원 2001. 9. 4. 선고 2000도1743 판결; 2012. 7. 26. 선고 2012도2937 판결.

격한 증명의 대상이라고 봄이 타당하며, 소송법적 사실 역시 증거능력 있는 증거로만 증명하도록 해야 한다. i) 정상관계사실의 경우 (^{무죄주장}_{없이}) 양형관련 주장만 이뤄지는 대다수의 사안에서 현실적으로 형벌권의 존재를 뒷받침하는 사실보다 훨씬 더 큰 관심사가 되고, ii) 부수처분은 (^{특히 추징}_{의 경우}) 피고인의 생활세계에 형벌 이상으로 큰 타격을 입힐 수 있으며, iii) 소송법적 사실의 경우 개별 증거의 증거능력을 결정짓거나 소송조건의 존부를 확정짓는 데 영향을 준다는 점에서 피고인에게 (^{형사실체법적 사실만큼}_{이나, 또는 그 이상으로}) 중요한 의미를 갖기 때문이다.

엄격한 증명의 대상과 자유로운 증명의 대상을 구별하는 방법론은 상당히 오래된 것이나, 법문상 근거를 둔 것은 아니다. 향후 자유로운 증명 개념은 폐기함이 바람직하며,[1] 그렇게 하더라도 실천적으로 큰 문제는 없을 것으로 보인다.

  12

제3 자유심증주의

§116

Ⅰ. 의　　의

제308조는 「증거의 증명력은 법관의 자유판단에 의한다」고 하여 자유심증주의(Grundsatz der freien Beweiswürdigung)를 규정하고 있다. 즉, 법률상 그 인정요건이 구체적으로 정해져 있는 증거능력과 달리, 증명력은 법관이 그 양심에 따라 자유롭게 평가한다. 자유심증주의는 1808년 프랑스 치죄법에서 채택된 이후 오늘날 여러 나라에서 인정되는 제도로, 증거의 증명력을 법률로 정하여 일정한 증거가 있으면 반드시 일정한 사실의 존재를 인정하도록 하는 법정증거주의와 대비되는 개념이다.[2]

  1

1　상세히는 김정한 568–569쪽; 신현주 559쪽.

2　헌법재판소 2009. 11. 26. 선고 2008헌바25 (全)결정: 「법정증거주의란 증거의 증명력 평가에 법률적 제약을 가하여 일정한 증거가 존재하면 반드시 유죄로 인정하게 하거나(적극적 법정증거주의), 일정한 증거가 없으면 유죄로 할 수 없도록(소극적 법정증거주의) 법률로 규정하는 것이다. 법정증거주의는 중세 유럽의 규문절차에서 법관의 자의를 배제함으로써 법적 안정성을 보장하려는 것이었다. 그러나 천차만별한 증거의 증명력을 획일적으로 규정하는 것은 구체적 사건에 있어서 실체적 진실을 발견하는데 부당한 결과를 초래하였을 뿐만 아니라, 자백을 얻기 위한 고문이 성행하게 되었다. 그래서 프랑스혁명 이후 형사절차의 개혁과정에서 법정증거주의가 폐지되고 자유심증주의가 수립되기에 이르러 … 1808년 프랑스 치죄법에 최초로 명시된 후 독일 형사소송법을 비롯한 대륙법계 형사소송법에 계수되고, 일본과 우리나라에도 형사소송법의 기본원칙으로 수용되었다. 자유심증주의는 법관으로 하여금 증명력판단에 있어서 형식적 법률의 구속을 받지 않고 논리법칙과 경험법칙에 따라 합리적인 사실인정을 가능하게 함으로써 법정증거주의의 획일성을 극복하고 사실인정의 구체적 타당성을 도모할 수 있게 하며 형사소송이 지향하는 이념인

Ⅱ. 내   용

2   법관은 누가 정해 놓은 틀에 종속되지 않고 오직 스스로의 합리적 이성
에 터잡아 증거의 신빙성과 추인력을 판단한다. 법관은 증거의 취사선택을
할 수 있고, 모순되는 증거가 있는 경우에는 그중 어느 것을 믿을지를 자유
롭게 결정할 수 있으며, 동일 증거의 일부만을 믿거나 여러 증거를 종합한
결과물에 의해 사실을 인정할 수 있다. 간접증거를 취해 직접증거를 배척할
수도 있고, 간접증거만을 종합해 사실을 인정할 수도 있다.

3   법관도 사람인 이상 그 인식능력의 한계와 인격적 편향, 직업적 타성 등
으로 인해 증명력 평가 단계에서 적절치 못한 판단을 할 위험이 없지 않다.
그러나 세상에 사실관계와 증거관계가 완벽하게 정합적인 사건은 있을 수 없
기에, (가령 개연성 정도를 수치화하는 등으로) 획일화된 증명력 평가기준을 수립하는 것은 애초에 가
능하지 않을 뿐 아니라 적정하다고 보기도 어렵다.

Ⅲ. 한   계

1. 의   의

4   법관이 증명력을 자유롭게 판단할 수 있다는 것이 불합리하고 자의적인
사실인정까지 허용된다는 의미는 아니다. 합리성과 객관성을 가진 판단을 담
보하기 위해 자유심증에도 일정한 내재적 한계가 인정된다. 즉, 법관은 심증
형성에 있어 i) 증거를 최대한으로 활용·고려해야 하고, ii) 논리법칙과 경험
법칙을 벗어나서는 안 된다.

2. 최대한의 증거판단

5   법관은 주어진 증거방법을 최대한 활용하고 그에 따른 증거자료를 빠짐
없이 고려해 최대한의 증거판단을 해야 하며, 증거 중 일부만을 검토해 편파
적으로 심증을 형성해서는 안 된다. i) 증거를 채택하는 경우에는 그 증거와
모순·반대·경합관계에 있는 다른 증거의 존재를, ii) 증거로부터 일정한 사
실을 추론해내는 때에는 다른 관점에서의 해석가능성을 충분히 고려해야 한

실체적 진실발견에 가장 적합한 방책이 되는 것이다. 이는 인간 이성에 대한 신뢰를 기초로 하여
전문법관의 자유로운 판단에 맡기는 것이 증거의 가치판단에 있어서 잘못을 최소화할 수 있다고
본 것이다.」

다. 이와 같은 요청을 위반해 결론을 내리는 위법을 심리미진(審理未盡)이라
한다. 심리미진은 상소이유가 된다(제361조의5 제1호,)[§174/24]. 1
                                 제383조 제1호   [참조   ]

　　최대한의 증거판단을 위해서는 가능한 많은 증거방법을 조사하고, 증거   6
자료가 가질 수 있는 모든 의미가능성에 대해 충분히 검토하는 것이 필요하
다. 따라서 법원은 소송주체를 비롯한 모든 소송관련자들이 적극적으로 절차
에 참여해 사실판단에 관한 주장을 피력하고 증거를 제출할 수 있는 기회를
최대한으로 보장해야 한다. 이러한 요청은 진실규명원칙의 본질적 내용이기
도 하다.2

3. 논리법칙과 경험법칙에 의한 제한

　　민사소송법 제202조는 「법원은 … 논리와 경험의 법칙에 따라 사실주장이   7
진실한지 아닌지를 판단한다」고 규정하고 있는데, 형사소송에 관해서는 그와
같은 규정이 없다. 그러나 형사소송에서도 법관의 자유심증에 논리법칙·경험
법칙에 의한 제한이 이루어진다는 점에는 의문의 여지가 없다. 논리법칙이나
경험법칙을 벗어난 심증형성은 채증법칙위반으로서 위법하여 상소이유가 된
다(제361조의5 제1호,). 3
   제383조 제1호

　　⑴ 논리법칙　　　논리법칙이란 선험적으로 자명한 사유법칙(Denkgesetz)   8
을 말한다. 논리규칙이나 수학적 공리 등이 그 예에 해당한다. 증거로부터 일
정한 판단을 도출하고 이를 전제로 다시 다른 판단에 도달하는 사유과정이
일관되지 않거나 모순을 포함하는 경우, 그 사실인정은 논리법칙에 반한다.
논리법칙위반의 예로는 i) 있을 수 있는 분명한 가능성들을 다루지 않은 경
우(가령 어떤 증거평가와 관련해 몇 개의 추론을 할 수 있음에도), ii) 개연성추정에 불과한 것을
   하나의 추론만을 하여 다른 추론의 가능성을 무시하는 경우
필연적이라 추론하는 경우, iii) 판단과정에 제거될 수 없는 모순이 들어 있는
경우 , iv) 개념혼동, 형식적 오류(가령 선언지 긍정의 오류, 전건부정 또는), 순환논법, 논
                              후건긍정의 오류, 매개념부주연의 오류 등
리비약 등을 범한 경우, v) 계산착오 등을 들 수 있다.

　　⑵ 경험법칙　　　경험법칙이란 일상생활의 경험이나 개별적 생활현상에   9
대한 관찰 및 그것의 귀납적 일반화를 통해 얻어진, 규칙성을 띤 일체의 지
식을 말한다. 이는 법원에 대한 구속력 유무를 기준으로 필연적 경험법칙과

---

1 대법원 2010. 7. 22. 선고 2010도6960 판결.
2 변종필, "자유심증주의와 그 내재적 한계", 사법행정 제38권 제10호(1997), 12 – 13쪽.
3 대법원 1989. 3. 14. 선고 87도2423 판결.

개연적 경험법칙으로 나뉜다. i) 필연적 경험법칙이란 반대증거를 배척할 만큼 법관의 심증형성을 구속하는 과학적 인식을 말하며, 이를테면 자연법칙, 혈액감정에 의한 음주운전 판단, 계기에 의한 속도측정 등이 이에 해당한다. ii) 개연적 경험법칙이란 규칙성은 있으나 예외가 발생할 수 있는 법칙으로서 법관의 심증형성을 구속하지는 않는 것을 말한다. 사회생활상의 경험법칙, 사회심리학적·의학적 법칙 등이 이에 해당한다.

10   여기서의 경험법칙은 해당 전공분야에서 일반적 승인을 얻은 것, 즉「승인된 경험법칙」에 국한된다. 논란이 되는 과학적 가설에 대해 법관은 입장을 취해서는 안 된다. 자연과학의 영역에 관련된 언급은 일반적으로 승인을 얻었을 때에만 확신의 기초로 삼을 수 있으며, 법관이 일반 전공분야를 대신해 스스로 인식을 정립함은 허용되지 않는다. 가령 어떤 쟁점에 관해 연구자들 간 견해가 첨예하게 대립하는 경우, 다른 증거자료에 의해 확신을 얻을 수 없다면 법원은 피고인에게 유리하게 판단해야 한다.[1]

11   경험법칙위반의 예로는 i) 존재하는 경험을 고려하지 않거나 오해한 경우, ii) 존재하지 않는 경험을 존재하는 것으로 전제한 경우, iii) 현실적으로 불가능한 추론을 한 경우 등이 있다.

제2관 증거능력

§117 제1 증거의 진정성

I. 의   의

1   어떠한 증거가 제출자가 주장하는 바로 그 자료로서 위·변조나 변형이 가해진 바가 없다는 보장을 진정성(authenticity)이라 한다. 증거는 진정한 것이어야 하는바, 이는 진실규명원칙에서 비롯되는 당연한 요청으로서 제318조 제1항에 규정돼있다. 검사가 제출한 증거의 진정성은 기본적으로 추정되나, 피고인이 이를 다투어 법관이 합리적 의심을 갖게 된 경우에는 검사가

---

1 변종필, "자유심증주의와 그 내재적 한계", 사법행정 제38권 제10호(1997), 16쪽.

진정성에 대한 거증책임$\left[\begin{smallmatrix} §112/4 \\ 참조 \end{smallmatrix}\right]$을 진다.

Ⅱ. 내 용

1. 서 류

⑴ 복사문서   어떠한 서류의 복사본이 증거로 제출된 때에 피고인이   2
그 진정성을 다투는 경우, 검사는 i) 원본(original document)이 존재하거나 존
재하였던 사실, ii) 원본 제출이 곤란한 사정이 있는 사실, iii) 해당 복사본이
원본을 정확하게 전사(轉寫)하고 있다는 사실을 증명해야 한다. 소송법적 사
실이므로 자유로운 증명으로 족하다$\left[\begin{smallmatrix} §115/10 \\ 참조 \end{smallmatrix}\right]$.

⑵ 저장매체로부터 출력한 문서

㈎ 저장매체 원본으로부터 출력한 문서

ⓐ 현장에서 출력한 경우   압수·수색한 현장에서 컴퓨터용디스크 등   3
디지털 저장매체로부터 출력된 문건$\left[\begin{smallmatrix} §76/61 \\ 참조 \end{smallmatrix}\right]$에 진정성을 인정하기 위해서는 원
본 데이터와 출력한 문건 사이의 동일성(identity)이 증명되어야 한다.[1]

ⓑ 수사관서에서 출력한 경우   저장매체 자체를 수사관서로 압수해   4
온 다음 그로부터 출력한 문건$\left[\begin{smallmatrix} §76/61 \\ 참조 \end{smallmatrix}\right]$의 경우에는 i) 저장매체 내 데이터와 출
력본 사이의 동일성은 물론, ii) 압수시점과 출력시점 사이에 그 저장매체 원
본의 데이터가 변경된 바 없다는 사실, 즉 무결성(integrity)까지 증명되어야
한다. 이 경우 동일성과 무결성은 압수·수색과정에 참여한 수사관으로부터
정보저장매체 원본이 최초 압수시부터 밀봉되어 증거제출시까지 전혀 변경
되지 않았다는 취지의 증언을 획득하거나, 법원이 직접 그 원본에 저장된 자
료와 증거로 제출된 출력문건을 대조하는 방식으로 검증을 시행하는 등의 방
법으로 증명할 수 있으며, 반드시 압수·수색과정을 촬영한 영상녹화물의 재
생 등 과학적·기계적 방법으로 증명할 필요는 없다.[2]

㈏ 저장매체 복사본으로부터 출력한 문서   저장매체를 하드카피나 이미   5
징 등의 방법으로 복사하여 수사관서로 가져온 다음 문건을 출력하는 경우에
는 i) 원본매체 데이터–복사매체 데이터–출력물 기재 간의 동일성, ii) 출력
시까지 원본 데이터가 변경된 바 없다는 무결성, iii) 복사에서 출력에 이르

---

1 대법원 2013. 7. 26. 선고 2013도2511 판결.
2 대법원 2013. 7. 26. 선고 2013도2511 판결.

는 전과정에서 사용된 컴퓨터의 기계적 정확성, 프로그램의 신뢰성, 입력·
처리·출력의 각 단계에서 조작자의 전문적 기술능력 및 정확성이 담보된 사
실, 즉 신뢰성(reliability)이 증명되어야 한다.[1]

6   이 경우 동일성과 무결성은 정보저장매체 원본과 하드카피·이미징한 매
체의 해시값(hash value)이 동일하다는 취지로 피압수자가 서명한 확인서면
을 검사가 교부받아 법원에 제출하는 방법으로 증명함이 원칙이다. 다만 그
와 같은 방법에 의한 증명이 불가능하거나 현저히 곤란한 경우에는, i) 정보
저장매체 원본에 대한 압수, 봉인, 봉인해제, 하드카피·이미징 등 일련의 절
차에 참여한 수사관·전문가 등으로부터 정보저장매체 원본과 하드카피 또는
이미징한 매체 사이의 해시값이 동일하다거나 정보저장매체 원본이 최초 압
수시부터 밀봉되어 증거제출 시까지 전혀 변경되지 않았다는 취지의 증언을
획득하거나, ii) 법원이 직접 검증을 시행하여 그 원본에 저장된 자료와 증거
로 제출된 출력문건을 대조하는 방법으로 증명할 수 있다.[2]

2. 녹음 또는 영상녹화물

7   녹음파일·녹음테이프는 그 성질상 작성자나 진술자의 서명 혹은 날인이
없을 뿐만 아니라, 녹음자의 의도나 특정한 기술에 의해 그 내용이 편집·조
작될 위험성이 있다. 따라서 i) 원본이나, ii) 편집 등 인위적 개작 없이 원본
의 내용 그대로 복사한 사실이 입증된 사본에 한정해 그 증거능력을 인정할
수 있다.[3] 영상녹화물도 마찬가지다.

---

1 대법원 2007. 12. 13. 선고 2007도7257 판결.

2 대법원 2013. 7. 26. 선고 2013도2511 판결.

3 대법원 2005. 12. 23. 선고 2005도2945 판결: 「기록에 의하면, 제1심이 검증을 실시한 판시 녹
   음테이프는 피해자가 피고인과의 대화내용을 디지털녹음기에 녹음해 두었다가 그 녹음내용을
   카세트테이프에 재녹음한 복제본이고, 피고인은 수사기관 이래 원심에 이르기까지 위 복제된
   녹음테이프나 이를 풀어 쓴 녹취록이 편집 혹은 조작되었다고 주장하면서 그 증거능력을 일관
   되게 부정하여 왔음을 알 수 있는바, 그렇다면 원본의 녹음내용을 옮겨 복제한 녹음테이프에
   수록된 대화내용이 녹취록의 기재와 일치함을 확인한 것에 불과한 제1심의 검증결과만으로는
   피고인이 그 진정성립을 다투고 있는 녹음의 원본, 즉 디지털녹음기에 수록된 피고인의 진술
   내용이 녹취록의 기재와 일치한다고 단정할 수는 없다. … 원심이 위 검증조서를 증거로 채택
   하기 위해서는 피해자가 소지중이라고 하는 위 녹음 원본이 수록된 디지털녹음기를 제출받아
   이를 검증한 다음 작성자인 피해자의 진술 혹은 녹음상태 감정 등의 증거조사를 거쳐 그 채택
   여부를 결정하였어야 [했다].」

제2 위법수집증거 등 배제   §118

Ⅰ. 의   의

위법수집증거배제법칙($^{제308조}_{의2}$)과 자백배제법칙($^{제309}_{조}$), 임의성 없는 진술의   1
배제($^{제317}_{조}$), 사생활 관련 증거의 배제($^{통비법 제4조,}_{제14조 등}$)에 관해서는 앞서 상세히 다루
었다[$^{§§64-67}_{참조}$]. 이하에서는 주요 증거방법별로 이들 규정에 따라 증거능력이 부
인되는 예를 되짚어 본다.

Ⅱ. 내   용

1. 피의자신문조서

⑴ 신체구속의 위법   위법한 체포·구속상태에서 실시한 피의자신문   2
에서 작성된 피의자신문조서는 제308조의2의 '적법한 절차에 따르지 아니하
고 수집한 증거'에 해당한다. 신체구속이 위법하게 되는 예로는 i) 요건이 갖
춰지지 않았음에도 긴급체포한 경우($^{제200조의3}_{제1항}$),[1] ii) 과거 긴급체포되었다가 석
방된 자를 동일사건으로 다시 긴급체포한 경우($^{제200조의4}_{제3항}$), iii) 사유를 알리지
않고 긴급체포한 경우($^{제200조의3}_{제1항}$), iv) 현행범인도 준현행범인도 아닌 자를 현행
범체포한 경우($^{제211조,}_{제212조}$), v) 50만원 이하의 벌금, 구류, 과료에 해당하는 사건
에서 주거가 분명한 자를 현행범체포한 경우($^{제214}_{조}$), vi) 적법한 현행범체포·
긴급체포에 의하지 않고 영장 없이 관서로 인치한 경우($^{제200조}_{의2}$),[2] vii) 영장에
의해 체포하면서 영장제시의무를 위반한 경우($^{제200조의6,}_{제85조 제1항}$), viii) 위법한 체포에
기초해 구속한 경우, ix) 체포시로부터 48시간을 넘겨 청구된 구속영장으로
구속한 경우($^{제200조의2 제5항, 제200}_{조의4 제1항, 제213조의2}$), x) 재구속 제한을 위반한 경우($^{제208}_{조}$), xi) 구속
기간이 도과되었음에도 계속 구금하는 경우($^{제202조,}_{제203조}$), xii) 영장에 기재되지 않
은 장소에 법원의 허가 없이 구금하는 경우($^{제200조의6,}_{제85조 제1항}$), xiii) 인신구속시 미란
다 고지를 적시에 하지 않은 경우($^{제200조의5, 제}_{214조의2 제2항}$) 등을 들 수 있다.

⑵ 신문과정상 위법   피의자신문조서가 위법수집증거로서 증거능력   3
이 부인될 만한 절차위반의 예로는 i) 변호인 접견교통권 침해($^{제34}_{조}$), ii) 진술

---

1 대법원 2002. 6. 11. 선고 2000도5701 판결.
2 대법원 2011. 6. 30. 선고 2009도6717 판결.

거부권 미고지($^{제244조}_{의3}$),[1] iii) 변호인 참여권 침해($^{제243조}_{의2}$),[2] iv) 수사과정기록 누락($^{제244조}_{의4}$), v) 조서열람·의견청취 누락($^{제242조}_{제2항}$) 등을 들 수 있다.

4   신문시에 폭행·협박 등을 한 경우, 조서 중 자백부분은 제309조에 의해,[3] 자백 아닌 진술부분은 제317조에 의해 각 증거능력이 부정된다[$^{§66/1}_{참조}$].

2. 진술조서

5   진술조서의 증거능력이 부인될 만한 위법의 예로는 i) 위법한 임의동행이나 강요된 출석이 이루어진 경우,[4] ii) 조사과정기록을 누락한 경우($^{제244조의4}_{제1항, 제3항}$), iii) 조사과정을 참고인의 동의 없이 영상녹화한 경우($^{제221조}_{제1항}$), iv) 폭행·협박 등 진술의 임의성을 의심할 만한 사유가 있는 경우($^{제317}_{조}$) 등을 들 수 있다.

3. 수사상 압수·수색·검증으로 획득한 증거

6   ⑴ 위법한 영치   소유자·소지자·보관자 아닌 자로부터 임의제출받은 물건 또는 그에 터잡은 2차적 증거는 위법수집증거이다.[5] 소유자·소지자·보관자가 제출한 물건이나 서류라 하더라도, 그 제출이 가령 i) 유효한 동의 없는 수색 중에 이루어졌거나, ii) 수사기관의 위계나 강요에 의한 것이거나, iii) 위법한 신체구속상태에서 된 것이거나,[6] iv) 위법한 압수의 연장선상에서 이루어진[7] 경우에는 위법수집증거가 된다.

---

1 대법원 1992. 6. 23. 선고 92도682 판결.

2 대법원 2013. 3. 28. 선고 2010도3359 판결.

3 대법원 2012. 11. 29. 선고 2010도3029 판결:「피고인이 수사기관에서 가혹행위 등으로 인하여 임의성 없는 자백을 하고 그 후 법정에서도 임의성 없는 심리상태가 계속되어 동일한 내용의 자백을 하였다면 법정에서의 자백도 임의성 없는 자백이라고 보아야 한다.」

4 대법원 2011. 6. 30. 선고 2009도6717 판결.

5 대법원 2010. 1. 28. 선고 2009도10092 판결; 2011. 4 .28. 선고 2009도2109 판결.

6 대법원 2013. 3. 14. 선고 2012도13611 판결:「위법한 체포상태에서 마약투약 여부의 확인을 위한 채뇨요구가 이루어진 이상, 경찰관들의 채뇨요구 또한 위법하다고 평가할 수밖에 없다. 그렇다면 위와 같이 위법한 채뇨요구에 의하여 수집된 소변검사시인서는 적법한 절차에 따르지 아니한 것으로서 유죄인정의 증거로 삼을 수 없다. … 피고인은 이후 법관이 발부한 구속영장에 의하여 적법하게 구금되었고 법관이 발부한 압수영장에 의하여 2차 채뇨 및 채모 절차가 적법하게 이루어진 이상, 그와 같은 2차적 증거수집이 위법한 체포·구금절차에 의하여 형성된 상태를 직접 이용하여 행하여진 것으로는 쉽사리 평가할 수 없으므로, 이와 같은 사정은 체포과정에서의 절차적 위법과 2차적 증거수집 사이의 인과관계를 희석하게 할 만한 정황에 속한다. … 2차 채뇨 및 채모 절차를 통해 획득된 이 사건 각 감정서는 모두 그 증거능력이 인정된다.」

7 대법원 2010. 7. 22. 선고 2009도14376 판결.

(2) 사전영장원칙 위반

(개) 영장 자체의 위법   대상이 불특정된 영장이나 기소 후 발부된 영장   7
$\left[\begin{smallmatrix}§97/2\\참조\end{smallmatrix}\right]$,[1] 이미 집행에 착수하여 실효된 영장$\left[\begin{smallmatrix}§76/64\\참조\end{smallmatrix}\right]$[2]에 기한 압수·수색·검증
은 위법하며, 해당 압수물 등은 위법수집증거로서 증거능력이 없다.

(내) 집행과정상 위법   적법·유효한 영장에 의해 압수·수색한 경우에   8
도, 그 집행과정에서 i) 영장 기재범위 밖의 물건을 압수한 경우$\left[\begin{smallmatrix}§76/57-\\61 참조\end{smallmatrix}\right]$,[3] ii)
영장제시의무를 위반한 경우$\left(\begin{smallmatrix}제219조,\\제118조\end{smallmatrix}\right)\left[\begin{smallmatrix}§76/14\\참조\end{smallmatrix}\right]$,[4] iii) 법정된 전자정보 압수방식
을 준수하지 않은 경우$\left(\begin{smallmatrix}제219조, 제\\106조 제3항\end{smallmatrix}\right)\left[\begin{smallmatrix}§76/61-\\62 참조\end{smallmatrix}\right]$, iv) 야간집행제한 규정을 위반한 경
우$\left(\begin{smallmatrix}제219조,\\제125조\end{smallmatrix}\right)\left[\begin{smallmatrix}§76/49,\\90 참조\end{smallmatrix}\right]$, v) 참여권을 부당하게 제한한 경우$\left(\begin{smallmatrix}제219조, 제121\\조, 제122조\end{smallmatrix}\right)\left[\begin{smallmatrix}§76/60\\참조\end{smallmatrix}\right]$,[5] vi)
책임자 참여 규정을 위반한 경우$\left(\begin{smallmatrix}제219조, 제123\\조, 제124조\end{smallmatrix}\right)\left[\begin{smallmatrix}§76/50-\\51 참조\end{smallmatrix}\right]$에 그 압수물 등은 증거능
력이 없다.

(대) 위법한 긴급압수   제216조 제1항 제2호, 제3항, 제217조의 요건   9
을 갖추지 못한 긴급 압수·수색·검증은 위법하며, 해당 압수물·검증조서나
그 2차적 증거는 위법수집증거이다.[6] 긴급 압수·수색·검증의 기초가 되는
체포·구속이 위법한 경우에도 같다.[7]

4. 기타의 경우

그 외에, 범의유발형 함정수사로 취득한 증거,[8] 대화의 당사자 아닌 자   10
가 타인 간의 오프라인 대화를 녹음한 매체 또는 그 2차적 증거$\left(\begin{smallmatrix}통비법 제\\3조 제1항\end{smallmatrix}\right)$, 통
비법에 규정된 절차를 위반한 통신제한조치로 취득한 감청내용·우편물 등도
증거능력이 없다.

---

1 대법원 2011. 4. 28. 선고 2009도10412 판결: 「공소가 제기된 후에는 그 피고사건에 관하여
   검사로서는 제215조에 의하여 압수·수색을 할 수 없다고 보아야 하며, 그럼에도 검사가 공소
   제기 후 제215조에 따라 수소법원 이외의 지방법원판사에게 청구하여 발부받은 영장에 의하여
   압수·수색을 하였다면, 그와 같이 수집된 증거는 기본적 인권 보장을 위해 마련된 적법한 절차
   에 따르지 않은 것으로서 원칙적으로 유죄의 증거로 삼을 수 없다.」

2 대법원 1999. 12. 1.자 99모161 결정.

3 대법원 2009. 5. 14. 선고 2008도10914 판결; 2014. 1. 16. 선고 2013도7101 판결.

4 대법원 2009. 3. 12. 선고 2008도763 판결.

5 대법원 2012. 3. 29. 선고 2011도10508 판결; 2015. 7. 16.자 2011모1839 (全)결정.

6 대법원 2010. 7. 22. 선고 2009도14376 판결.

7 수원지방법원 2021. 12. 15. 선고 2021고단3041 판결(수원지방법원 2023. 1. 11. 선고 2021노
   8996 판결).

8 대법원 2005. 10. 28. 선고 2005도1247 판결; 2008. 10. 23. 선고 2008도7362 판결.

§119 제3 전문법칙과 그 예외

Ⅰ. 전문법칙

1. 진술서류·전문증언의 증거능력 배제

1   제310조의2는 「전문증거와 증거능력의 제한」이라는 표제 하에 「…공판준비 또는 공판기일에서의 진술에 대신하여 진술을 기재한 서류나 공판준비 또는 공판기일 외에서의 타인의 진술을 내용으로 하는 진술은 이를 증거로 할 수 없다」고 규정하고 있다. 이를 분설하면 다음과 같다.

(1) 공판준비 또는 공판기일에서의 진술

2   ㈎ 진 술   사람이 어떠한 사건에 관해 인식한 내용 등을 언어로 표현하는 것을 진술(statement)이라 한다. 진술은 대체로 구두나 기록의 형태를 띠지만, 경우에 따라서는 행동(nonverbal conduct)도 진술이 될 수 있는바, 예컨대 범인이 누구냐는 질문에 대해 특정인을 손으로 가리키거나($^{범인을 지목}_{하는 진술}$) 수사기관의 요구를 받고 범행을 재연하는 경우($^{범행을 설명}_{하는 진술}$)가 이에 해당한다.[1] 물적 증거, 예컨대 현장사진이나 흉기 따위는 진술에 해당하지 않으나,[2] 수사기관이 그러한 증거물의 형상이나 특질 따위를 기재한 서류($^{압수조서}_{검증조서 등}$)는 진술증거이다. 그리고 언어의 형태를 띠고 있더라도 사람의 말이 아닌 기계의 기록($^{서버에 기록된 접속}_{시간, 로그인 내역 등}$)은 진술증거가 아니다.

3   ㈏ 공판준비 또는 공판기일에서의 진술   제310조의2에서 규정하는 「공판준비 또는 공판기일에서의 진술」이란 공소사실 관련 직접적 체험사실을 내용으로 하는 공판정 안에서의 진술, 즉 공소사실의 존부에 관해 경험자($^{행위자, 피해}_{자, 목격자 등}$) 시점으로 하는 법관 면전의 진술을 뜻한다. 사건에 관한 경험자 시점 진술을 원진술이라 하고, 공소사실의 증명과 관련해 공판정에서 행해지는 원진술을 원본증거(original evidence)라 한다. 체험사실을 내용으로 해야 하므로 가치판단적 발언이나 추측성 발언은 원진술에 해당하지 않는다.

---

1 대법원 2007. 4. 26. 선고 2007도1794 판결.

2 대법원 2015. 4. 23. 선고 2015도2275 판결:「부수법위반의 공소사실을 증명하기 위하여 제출되는 수표는 그 서류의 존재 또는 상태 자체가 증거가 되는 것이어서 증거물인 서면에 해당하고 어떠한 사실을 직접 경험한 사람의 진술에 갈음하는 대체물이 아니므로, 그 증거능력은 증거물의 예에 의하여 판단하여야 하고, 이에 대하여는 제310조의2에서 정한 전문법칙이 적용될 여지가 없다.」

원진술에 해당하는지 여부는 해당 진술의 형식 그 자체로 결정된다. 즉,   **4**
경험자시점 진술이기만 하면 원진술이라 할 수 있으며, 실제로 그 진술자가
경험자가 맞는지 여부는 증명력의 문제가 된다. 예를 들어 乙이 살인죄로 기
소되어 재판을 받고 있는데 i) 甲이 공판정에 증인으로 출석해 '乙이 그 사람
을 죽이는 것을 내가 보았다'라고 거짓증언을 하였고, ii) 甲의 지인인 丙 또
한 증인으로 출석해 '乙이 그 사람을 죽이는 것을 보았다는 말을 甲이 공연
히 한 적이 있다'라고 증언하였고, iii) 결국 피고인 乙이 '내가 그 사람을 죽
였다'고 거짓자백을 하였다고 할 경우, 甲의 증언과 乙의 자백은 각각 목격자
시점 진술, 행위자시점 진술의 형태를 띠고 있으므로 모두 원진술이다. 그리
고 공판정의 법관 면전에서 이루어진 것이기에 원본증거에 해당한다.

　(2) 대신하여　　어떠한 증거가 공판준비 또는 공판기일에서의 진술에   **5**
「대신하여」 제출된다는 것은, 원진술이 i) 법관의 면전에서 이루어지지 않고
일정한 매개체에 담겨 ii) 공소사실의 증명에 직접 사용될 목적으로 공판정에
현출됨을 의미한다.

　㈎ 매개체　　원진술이 일정한 매개체를 통해 공판정에 현출된다는 것은   **6**
이를테면 서류에 담기거나 타인의 말에 인용된 형태로 법관 앞에 제시된다는
의미이다. 이와 같은 매개체를 '전문증거'라 한다. 앞의 예에서 丙의 진술은
원진술이 아니고 다만 경험자시점 진술인 甲의 진술을 인용하는 매개체에 불
과하므로 전문증거에 해당한다.

　　'전문증거'라는 말은 크게 두 가지 의미로 쓰인다. 즉, i) 공판정 밖에서 이루어진   **7**
　　진술 그 자체를 가리키는 뜻으로 사용하는 예와, ii) 공판정 밖의 진술을 전달하는
　　매개체를 가리키는 뜻으로 사용하는 예가 있다.[1] 전자의 용례는 미국 연방증거규칙
　　제801조 이하 조항들의 해석론에서 영향받은 것이다. 연방증거규칙 제801조는
　　'hearsay'를 「공판정 외에서 이루어진 진술로서, 그 내용이 진실임을 증명할 목적으
　　로 일방 당사자에 의하여 제출되는 것」이라고 정의하고 있고,[2] 제802조는 'Rule
　　against hearsay'라는 표제하에 hearsay는 연방법률 등에서 정하는 예외에 따르지

1　상세히는 이완규(Ⅱ) 344, 391－395쪽; 정웅석, "전문증거의 의의에 따른 전문법칙의 적용범
　위", 형사법의 신동향 제49호(2015), 161－162쪽.

2　「a statement that: (1) the declarant does not make while testifying at the current trial or
　hearing; and (2) a party offers in evidence to prove the truth of the matter asserted in the
　statement」

아니하면 증거능력이 없다고 규정하고 있는바,[1] 여기서의 hearsay를 '전문증거'로 번역한 것이다.

그런데 우리 형사소송법 학계와 실무에서는 대체적으로 후자의 용례를 따른다. 즉, '요증사실을 체험한 자가 직접 법정에서 진술하지 않고 다른 형태를 통해 간접적으로 보고하는 것'을 전문증거라고 한다.[2] 이는 제310조의2가 '공판준비 또는 공판기일 외에서의 진술은 증거로 할 수 없다'고 규정하지 않고, 「진술을 기재한 서류나 공판준비 또는 공판기일 외에서의 타인의 진술을 내용으로 하는 진술은 이를 증거로 할 수 없다」고 함으로써 공판정 밖의 진술을 전달하는 매개체(서류와/증언)를 증거배제 대상으로 하기 때문이다. 여기서도 이 용례를 따른다.

8   (나) 본증의 목적   동일한 진술도 공소사실이 무엇인지에 따라 전문증거가 될 수도 있고 안 될 수도 있다. 앞의 예에서 乙이 무고함이 밝혀져 무죄판결이 선고된 후 甲에 대해 허위사실적시 명예훼손의 범죄사실로 공소가 제기되었고, 공판정에 丙이 출석해 '乙이 그 사람을 죽이는 것을 보았다는 말을 甲이 공연히 한 적이 있다'고 증언하였다고 할 경우, 이 증언은 乙에 대한 사건에서 이루어졌던 진술과 그 내용이 정확히 같지만 전문증거가 아닌 원본증거에 해당한다. 명예훼손의 공소사실과의 관계에서는 甲이 한 말을 들은 것 자체가 직접적 체험에 해당하고, 이를 공판정 내에서 이야기하는 것은 법관 앞에서의 원진술이기 때문이다.

9   (3) 진술을 기재한 서류   진술을 기재한 서류, 즉 진술서류에는 i) 타인의 원진술을 받아 적은 서류와 ii) 자신이 하고자 하는 말을 직접 기록한 서류가 모두 포함된다. 전자의 예로는 수사기관이 진술조사내용을 기록한 피의자신문조서나 진술조서를 들 수 있다. 후자의 예로는 범죄피해자가 작성한 고소장, 수사과정에서 피의자 또는 참고인이 직접 쓴 자술서, 자신의 경험과 심경을 적은 비망록·일기장 및 메모, 공무원 또는 회사직원이 업무상 작성한 각종 장부나 일지, 수사기관이 작성한 수사보고서나 검증조서·실황조사서 등을 들 수 있다.

---

1 「Hearsay is not admissible unless any of the following provides otherwise: a federal statute; these rules; or other rules prescribed by the Supreme Court.」

2 김정한 631쪽; 배종대/이상돈 598쪽; 배종대/홍영기 336쪽; 손동권/신이철 622쪽; 신동운 1133쪽; 신양균/조기영 797쪽; 이은모/김정환 661쪽; 이재상 외 2인 658쪽; 이주원 379쪽; 이창현 883쪽; 임동규 519쪽; 정승환 566쪽.

사진은 그 촬영대상이 진술서류인 경우에는 해당 서류의 사본으로서 전 10
문증거이다. 녹음테이프나 영상녹화물도 공판정 밖에서의 경험자시점 진술을
기록한 것이면 전문서류와 동일한 취급을 받는다. 예컨대 수사단계에서 피의
자의 범행재연은 범행을 설명하는 내용의 공판정 외 진술에 해당하므로, 이
것을 영상녹화하는 경우 그 영상녹화물은 전문증거에 해당한다. 그리고 가령
모욕죄사건에서 행위자의 모욕발언 자체를 녹음한 테이프는 원본증거이지만,
살인죄사건에서 목격자 진술을 녹음한 테이프는 전문증거에 해당한다.

⑷ 공판기일 외에서의 타인의 진술을 내용으로 하는 진술   「공판준비 또 11
는 공판기일 외에서의 타인의 진술을 내용으로 하는 진술」이란 공판정 밖 타
인의 원진술을 듣고 그 내용을 옮기는 진술을 말한다. 이를 전문진술(傳聞陳
述)이라 한다. 문언상 '타인'의 원진술을 내용으로 하는 진술을 가리키므로,
공판정 밖에서 이루어진 '자신'의 원진술을 인용하는 진술, 가령 자신이 과거
에 어떠한 말을 한 적이 있다는 자인(自認)은 제310조의2의 전문증거가 아니
다.[1] 한편 전문진술은 공판정에서 이루어질 수도 있고 수사과정에서 수사기
관의 질문에 대한 답변의 형태로 이루어질 수도 있는바, 특히 공판정에서 피
고인 아닌 제3자가 하는 전문진술을 전문증언이라 한다.

'전문진술'이라는 말 역시 크게 두 가지 의미로 사용된다. 즉, i) '전달되고 있는 공 12
판정 밖의 진술'이라는 뜻으로 쓰는 예[2]와, ii) '공판정 밖의 진술을 전달하는 진술'
이라는 의미로 사용하는 예[3]가 있다. 학계의 일반적 용례는 후자를 따르며, 대법원
또한 일관되게 제310조의2의 '공판준비 또는 공판기일 외에서의 타인의 진술을 내
용으로 하는 진술'을 '전문진술,' 이것이 기재된 조서를 '전문진술을 기재한 조서'라
고 지칭하여 후자의 어법을 사용해 오고 있다.[4]
우리 형사소송법의 해석론에서 '전문진술'이라는 용어는 제310조의2에 규정된 '타
인의 진술을 내용으로 하는 진술'을 가리키는 용도로만 사용함이 적절하다고 본다.

---

1 정웅석, "전문법칙 규정에 관한 한미 양국 비교를 통한 개선방안", 형사소송 이론과 실무
   제7권 제2호(2015), 64–65쪽.
2 정웅석 외 2인 622–623쪽; 이완규, "진술증거의 전문증거성과 진정성 문제의 구별", 형사판례
   연구 제20권(2012), 535–536쪽.
3 배종대/이상돈 598쪽;배종대/홍영기 336쪽; 손동권/신이철 622, 675쪽; 신동운 1133쪽; 신양균/
   조기영 797쪽; 이은모/김정환 661쪽; 이재상 외 2인 658쪽; 이주원 379쪽; 이창현 883쪽; 임동
   규 519쪽.
4 대법원 2001. 9. 4. 선고 2001도3081 판결; 2006. 4. 14. 선고 2005도9561 판결; 2017. 7. 18.
   선고 2015도12981 판결.

공판정 밖의 진술을 가리키는 말로는 '원진술'이라는 용어가 널리 사용되고 있기 때문이다. 어법상으로도 공판정 밖의 진술을 '원진술', 이를 듣고 옮기는 진술을 '전문진술'이라고 하는 것이 자연스럽다. 전자의 용례처럼 '전문진술'을 공판정 밖의 진술이라는 뜻으로 사용한다면 그 진술을 한 자도 전문진술자라고 불러야 하는데 막상 이렇게 사용하는 예는 없고, 공판정 밖의 진술을 '전문진술'이라고 하면서 그 진술자를 '원진술자'로 칭함은 혼동을 초래할 수 있다.

13   ⑸ 증거능력 부인   공소사실에 대한 경험자시점 진술이 법관 면전에서 직접 이루어지지 않고 특정한 매개체에 담겨 공판정에 들어오는 경우에는 원칙적으로 증거능력을 인정할 수 없다. 즉, 수사과정에서 작성된 각종 진술서류(피의자신문조서, 진술조서, 압수조서, 검증조서, 실황조사서, 수사보고서, 진술서 등)와 전문진술의 증거능력은 제310조의2에 의해 원칙적으로 봉인된다. 이처럼 전문증거의 증거능력을 원칙적으로 부인하는 법적 기준을 '전문법칙'이라 한다.

14   '전문법칙'이라는 용어도 i) 미국 연방증거규칙 제802조의 Hearsay Rule(Rule against hearsay)을 가리키는 말로 쓰는 예와, ii) 우리 형사소송법 제310조의2 그 자체를 가리키는 말로 사용하는 예[1]가 모두 존재한다. 앞에서와 마찬가지로 본서에서는 후자를 따르기로 한다.

2. 이론적 근거

15   제310조의2는 직접주의, 그중에서도 실질적 의미의 직접주의에 기초하고 있는 증거법칙이다. 진술서류와 전문증언 모두 대체증거로서 적확한 심증형성을 방해할 우려가 있으므로 그 증거능력을 규제할 필요가 있다는 것이 동조의 입법취지라 할 수 있다. 다만 제310조의2에 실질적 직접주의의 모든 내용이 규정되어 있지는 않다. 이를테면 압수물은 가급적 그 물건을 직접 들여다보는 식으로 조사해야 하고 그것을 촬영한 사진이나 그 모습을 베껴 그린 그림 따위를 조사해서는 안 된다거나, 어떠한 장소의 현황은 법원이 직접 현장검증을 시행해 지득해야 한다는 결론도 (가급적 원본증거를 조사해야 한다는) 실질적 직접주의로부터 비롯된 요청이지만, 제310조의2에는 그러한 내용은 없다.[2]

---

1 배종대/이상돈 600쪽; 신동운 1133쪽; 이재상 외 2인 659쪽.
2 변종필/나기업, "직접주의와 공판중심주의·전문법칙의 관계", 법조 제71권 제3호(2022), 84쪽.

자신에게 불이익한 내용의 진술을 하는 증인에게 적극적으로 질문하여 대답을 요구할 피고인의 권리를 반대신문권(right of cross examination)이라 하고, 공판절차에서 이를 보장해야 한다는 요청(또는, 반대신문기회가 보장되지 않은 경우에는 그 진술증거를 증거로 사용해서는 안 된다는 요청)을 반대신문권 원리라 한다. 이는 미국 형사증거규칙 제802조(Rule against hearsay)의 배후를 이루는 법원칙이다.

제310조의2의 이론적 근거로 반대신문권 원리를 들기도 한다.[1] 그러나 이 원리로는 제310조의2를 충분히 설명할 수 없다. 제310조의2에 따라 증거능력이 배제되는 진술서류 중에는 피의자신문조서와 피의자진술서도 포함되는데, 자신의 진술에 대해 자신이 반대신문을 한다는 것은 있을 수 없기 때문이다.[2] 이런 이유로 제310조의2의 배후원리로 직접주의와 반대신문권 원리를 모두 들기도 하나,[3] 어차피 직접주의만으로도 제310조의2는 충분히 설명될 수 있다.[4] 물론, 피고인에게 반대신문권을 보장해야 한다는 원리 그 자체는 엄연히 우리 형사증거법의 법원칙이라 할 수 있는바, 이는 후술하는 제312조 제4항에도 표현되어 있다[§119/68 참조].

비교법적으로 직접주의를 규정한 예로는 「어떤 사실에 관한 증거가 개인의 지각에 근거하고 있는 경우 공판에서 그를 신문해야 하며, 이 신문은 이전의 신문시 작성된 조서의 낭독이나 진술서의 낭독으로 대체할 수 없다」고 규정하고 있는 독일형사소송법 제250조[5]를 들 수 있다. 이 규정은 진술서류의 증거능력만을 제한하고 있다는 점에서 우리 형사소송법 제310조의2에 비해 증거능력 제한범위가 더 좁다. 위 규정이 곧 직접주의 그 자체를 규정한 것으로 이해하는 경우가 있으나,[6] 정확히는 직접주의의 내용 중 일부분을 (진술서류의 증거능력을 부인하는 형태로) 명문화한 것이다.[7]

1　배종대/홍영기 338−339쪽; 이재상 외 2인 662−664쪽; 임동규 521−522쪽; 홍영기, "반대신문권 보장: 전문법칙의 근거", 고려법학 제75호(2014), 12쪽 이하.

2　백형구 418쪽; "정웅석, 전문증거의 의의에 따른 전문법칙의 적용범위", 형사법의 신동향 제49호(2015), 192−193쪽.

3　김정한 633−634쪽; 신동운 1138−1146쪽; 신양균/조기영 800쪽; 이주원 381쪽.

4　비슷한 설명으로 배종대/이상돈 601−602쪽.

5　"Beruht der Beweis einer Tatsache auf der Wahrnehmung einer Person, so ist diese in der Hauptverhandlung zu vernehmen. Die Vernehmung darf nicht durch Verlesung des über eine frühere Vernehmung aufgenommenen Protokolls oder einer Erklärung ersetzt werden".

6　최준혁, "직접심리주의에 대한 논의의 기초", 형사법의 신동향 제41호(2013), 172쪽; 클라우스 폴크, 독일형사소송법(김환수/문성도/박노섭 譯), 박영사(2012), 240쪽.

7　변종필/나기업, "직접주의와 공판중심주의·전문법칙의 관계", 법조 제71권 제3호(2022), 89−90쪽.

3. 전문법칙의 예외와 배제

17　　(1) 전문법칙의 예외　　사건과 공판 사이에는 현저한 시차가 있기 마련이기에, 경우에 따라서는 사건발생 직후 생산된 전문증거가 그로부터 오랜 시간이 지나 법정에서 조사되는 직접증거보다 더 믿음직할 수도 있다. 나아가, 만약 모든 전문증거를 무조건적으로 배제한다면 막상 공판에서 쓸 수 있는 자료가 얼마 남지 않게 되어 현실적으로 진실규명이 오히려 어려워질 수 있다. 이에 형사소송법은 제310조의2에 대한 예외를 폭넓게 규정하여, i) 검사와 피고인의 동의($^{이른바}_{증거동의}$)가 있거나($^{제318조}_{제1항}$), ii) 제311조 내지 제316조에서 정하는 요건이 갖춰진 경우에는 그 전문증거의 증거능력을 인정하고 있다.

18　　(2) 전문법칙의 배제　　원진술을 담은 매개체라고 해서 무조건 전문증거가 되는 것은 아니다. 이를테면 범행을 목격하였다는 진술이 기재되어 있는 진술조서는 i) 피고인의 유죄 입증을 위해 제출되는 때에는 전형적인 전문증거에 해당하나, ii) 참고인이 공판정에 증인으로 나와서 '나는 범행을 목격한 일이 없다'고 진술하는 경우에 검사가 그의 과거 발언을 드러내 해당 증언의 신빙성을 깎아내릴 목적으로 제출되는 때에는 전문증거가 아니다. 후자의 경우 그 진술조서는 공소사실을 뒷받침하는 본증이 아니라 진술자의 현재진술과 과거진술 간의 불일치를 드러내는 증거, 이른바 탄핵증거[$^{§119/139}_{참조}$]로 사용되는 것이므로 제310조의2가 적용되지 않는다.

19　　이하에서는 전문법칙에 대한 예외규정들($^{제318조 제1항, 제311}_{조 내지 제316조}$)과, 전문법칙이 배제되는 영역인 탄핵증거($^{제318}_{조의2}$)에 관해 차례로 살펴본다.

Ⅱ. 증거동의에 의한 예외

1. 의　　의

20　　(1) 개　념　　제318조 제1항은 「검사와 피고인이 증거로 할 수 있음을 동의한 서류 또는 물건은 … 증거로 할 수 있다」고 규정하고 있다. 즉, 증거사용을 승인하는 쌍방의 의사표시가 있는 경우에는 제310조의2에 대한 예외가 인정되어 전문증거에 증거능력이 부여되는바, 그러한 의사표시를 증거동의(consent to evidence)라 한다.

제318조 제1항과 제310조의2 간의 관계에 대해, i) 전자가 후자에 대한 예외규정이 **21**
라고 보는 견해($\binom{\text{전문법칙}}{\text{예외설}}$)와,[1] ii) 증거동의가 있는 증거는 애초 전문법칙의 적용영역
밖에 있기에 원칙 – 예외 관계로 보기 어렵다는 견해($\binom{\text{전문법칙}}{\text{배제설}}$)[2]가 대립하고 있다. 판
례는 전자의 입장을 따른다.[3] 전자가 타당하다고 보이나, 실천적으로 큰 실익이 있
는 논의는 아니다.

(2) 이론적 근거

　(가) 학설과 판례　　　　증거동의로 전문증거의 증거능력을 인정하는 이론 **22**
적 근거가 무엇인지에 관해서는, i) 제310조의2의 취지는 반대신문권의 보
장에 있고, 증거동의는 바로 그 반대신문권을 포기하는 의사표시로서 전문증
거에 증거능력을 부여하는 효과를 일으킨다고 설명하는 반대신문권포기설[4],
ii) 검사와 피고인은 증거능력 인정 여부에 관한 처분권을 보유하는바, 증거
동의는 바로 그 처분권을 행사하는 의사표시로서 각종 증거법칙에 의해 부
인된 증거능력을 회복시키는 것이라는 처분권설,[5] iii) 진술조서・진술서
등에 대한 동의가 있으면 곧 피고인이 반대신문권을 포기한 것으로 볼 수
있고, ($\binom{\text{반대신문을 상}}{\text{정할 수 없는}}$) 피의자신문조서나 물건에 대한 동의가 있으면 신속한 재판
과 소송경제의 요청상 굳이 직접주의를 관철할 필요가 없기에 증거능력을 인
정하는 것이라는 절충설[6]이 있다.[7] 대법원은 반대신문권포기설의 입장을 따
르고 있다.[8]

1　강동욱 외 3인 650 – 651쪽; 백형구 439쪽; 손동권/신이철 683쪽; 차용석/최용성 624쪽.

2　배종대/이상돈 661쪽; 신동운 1283쪽; 신양균/조기영 899 – 900쪽; 이재상 외 2인 733쪽; 이주
　　원 467 – 468쪽; 이창현 987쪽; 임동규 585쪽; 정승환 629쪽; 정웅석 외 2인 709 – 710쪽.

3　대법원 1983. 3. 8. 선고 82도2873 판결.

4　배종대/이상돈 662쪽; 배종대/홍영기 390쪽; 이은모/김정환 721쪽; 이재상 외 2인 733쪽; 임동
　　규 584 – 585쪽; 정승환 630쪽.

5　김정한 708쪽; 신현주 655 – 656쪽.

6　김인회 535쪽; 손동권/신이철 682 – 683쪽; 신동운 1280 – 1282쪽; 신양균/조기영 899쪽; 이창
　　현 986쪽; 정웅석 외 2인 709쪽.

7　상세히는 이흔재, "증거동의의 본질에 대한 역사적 고찰과 현대적 의의", 형사법연구 제28권
　　제1호(2016), 158쪽 이하 참조.

8　대법원 1983. 3. 8. 선고 82도2873 판결: 「제318조 제1항은 전문증거금지의 원칙에 대한 예외
　　로서 반대신문권을 포기하겠다는 피고인의 의사표시에 의하여 서류 또는 물건의 증거능력을
　　부여하려는 규정이므로, 피고인의 의사표시가 위와 같은 내용을 적극적으로 표시하는 것이라
　　고 인정되면 증거동의로서의 효력이 있다.」

23   (나) 검 토   앞서 본 바와 같이 제310조의2는 반대신문권보장 원리보
다 직접주의에 기초한 규정으로 보는 것이 타당하다는 점[§119/16 참조], 검사도 증
거동의의 주체인데 검사는 반대신문권 향유주체가 아니라는 점[1]에서, 반대
신문권포기설이나 이를 기초로 한 절충설보다는 처분권설이 더 설득력이 있
다고 본다.[2] 다만 제318조 제1항을 검사·피고인에게 증거능력에 관한 처분
권을 인정하는 조항으로 본다고 하더라도, 그 처분가능 영역을 위법수집증거
배제법칙을 비롯한 증거법칙 전체로 할 것인지 아니면 일부에 한정할 것인지
는 따로 해석을 요하는 문제인바, 다음과 같이 정리할 수 있을 것이다.

24   우선, i) 제308조의2, 제309조, 제317조, 통비법 제4조 등에 의해 증거능
력이 부인되는 자료는 증거동의가 있더라도 증거능력을 부여할 수 없다.[3]
위법수집증거의 배제에 관한 규정들은 헌법상 적법절차원리의 표현이므로
그 증거배제효를 소송주체의 의사에 좌우시킬 수 없기 때문이다[§64/4 참조].[4] 다음
으로, ii) 제318조 제1항의 법문이 「동의한 서류 또는 물건은 진정한 것으로
인정한 때에는 증거로 할 수 있다」고 하여 증거동의와 증거의 진정성 문제가
별개임을 분명히 하고 있으므로, 증거동의를 증거의 진정성 문제[§117 참조]에 적용
할 여지도 없다.[5] 결국, iii) 증거능력제한 조항들 중 증거동의제도를 적용할
만한 것은 제310조의2밖에 없다. 위법수사 예방이 목적인 제308조의2나 제
309조와 달리 제310조의2는 법관의 적확한 심증형성을 위해 원본증거 아닌
자료를 배척하는 규정인바, 검사가 제출한 증거임에도 피고인이 동의를 하였
다면 일응 그 신뢰성을 담보할 만한 정황이 있다고 보고 채택해도 무방하다
는 것이 제318조 제1항의 취지라 할 수 있다.

---

1 홍영기, "반대신문권 보장: 전문법칙의 근거", 고려법학 제75호(2014), 12쪽.

2 처분권설의 타당성 논증에 관해 상세히는 김정한, "형사소송에서의 증거동의", 인권과정의 제
   349호(2005), 111–114쪽; 이에 대한 반론으로 백형구, "증거동의·증거부동의: 학설비판에 대
   한 반론", 인권과정의 제351호(2005), 139–143쪽; 재반론으로 김정한, "형사소송에서의 증거
   동의 Ⅱ: 백형구 교수의 반론에 대한 재반론", 인권과정의 제354호(2006) 147–149쪽. 민영성,
   "형사소송법상 당사자의 '동의'에 관한 재검토", 법조 제580호(2005), 83쪽도 참조.

3 대법원 2009. 12. 24. 선고 2009도11401 판결; 2010. 1. 28. 선고 2009도10092 판결; 2010. 10.
   14. 선고 2010도9016 판결; 2011. 4. 28. 선고 2009도2109 판결; 2012. 11. 15. 선고 2011도
   15258 판결.

4 대법원 2010. 1. 28. 선고 2009도10092 판결.

5 이창현 998쪽; 제요(Ⅰ) 514쪽. 증거동의가 있으면 진정성 요건이 충족된다는 견해도 있으나
   (이주원 470쪽) 법문에 반하는 해석이다.

2. 증거동의의 요건

⑴ 의사표시에 의한 동의

㈎ 동의의 주체

⒜ 검사·피고인   제318조 제1항의 법문상 증거동의의 주체는 검사와   **25**
피고인이다. 다만 어떠한 증거를 제출하는 자에게는 그에 관한 동의의사가
당연히 있다고 보아야 하는바,[1] 검사가 제출한 증거의 경우 이미 그 제출시
점에 검사의 증거동의가 존재한다고 볼 수 있으므로, 법원은 피고인에게만
증거동의 여부를 물으면 된다.

피고인이나 변호인이 제출한 진술서류 중에는 피고인에게 도리어 불리   **26**
한 것도 있을 수 있는데, 이를 유죄의 증거로 삼는 것도 가능하다. 다만, 그
러한 자료에 대해서는 아직 검사의 증거동의가 없으므로, 법원이 이를 유죄
의 증거로 사용할 수 있으려면 검사에게 물어 증거동의를 받거나, 제313조·
제314조 등에 규정된 예외요건을 구비해야 한다$\left[\begin{smallmatrix} §119/97 \\ \text{참조} \end{smallmatrix}\right]$.[2]

⒝ 변호인   법문에 명시적 언급은 없으나, 피고인의 의사에 반하지 않   **27**
는 한 변호인은 당연히 피고인을 대리해 증거동의의 의사를 표할 수 있다.
뒤집어 말하면 변호인은 피고인의 명시한 의사에 반하여 증거동의를 할 수
없고,[3] 피고인의 부동의 의견을 자신이 번복할 수도 없다.[4] 변호인의 증거
동의에 대해 피고인이 즉시 이의를 제기하지 않는 때에는 일단 그 전문증거
는 증거능력이 있으며, 피고인이 증거조사 완료 전까지 이를 취소 또는 철회
하지 않는 이상 동의의 효력은 유지된다.[5]

---

1 대법원 1989. 10. 10. 선고 87도966 판결; 2009. 5. 28. 선고 2008도10787 판결; 2014. 2. 27.
    선고 2013도12155 판결.

2 대법원 2009. 5. 28. 선고 2008도10787 판결. 따라서 피고인이 제출한 증거에 대해 검사의 증
    거동의가 의미가 없다는 견해(배종대/홍영기 391쪽)에는 찬성하기 어렵다.

3 대법원 1988. 11. 8. 선고 88도1628 판결.

4 대법원 2013. 3. 28. 선고 2013도3 판결:「제318조에 규정된 증거동의의 주체는 소송주체인 검
    사와 피고인이고, 변호인은 피고인을 대리하여 증거동의에 관한 의견을 낼 수 있을 뿐이므로
    피고인의 명시한 의사에 반하여 증거로 함에 동의할 수는 없다. 따라서 피고인이 출석한 공판
    기일에서 증거로 함에 부동의한다는 의견이 진술된 경우에는 그 후 피고인이 출석하지 아니한
    공판기일에 변호인만이 출석하여 종전 의견을 번복하여 증거로 함에 동의하였다 하더라도 이
    는 특별한 사정이 없는 한 효력이 없다.」

5 대법원 1999. 8. 20. 선고 99도2029 판결:「변호인의 동의에 대하여 피고인이 즉시 이의하지
    아니하는 경우에는 변호인의 동의로 증거능력이 인정되고 증거조사 완료 전까지 앞서의 동의
    가 취소 또는 철회되지 아니한 이상 일단 부여된 증거능력은 그대로 존속한다.」

28 　　(나) 동의의 시기　　증거동의는 통상 공판기일의 증거조사절차 중 의견진
술($^{규칙\ 제134}_{조\ 제2항}$) 단계에서 한다[$^{§143/24}_{참조}$]. 검사가 제출한 증거에 관해 법원이 피고인
에게 증거동의 여부를 물을 때 피고인이 동의하면 채택하여 증거조사를 하
고, 부동의하면 제311조 이하의 규정에서 정하는 예외요건의 구비 여부를 확
인한 후 그 요건이 충족되면 비로소 증거조사를 한다.

29 　　(다) 동의의 방법　　증거동의는 수소법원에 대한 명시적 의사표시로 해
야 한다.[1] 피고인이 한 말의 구체적 의미, 언동 및 태도, 소송의 전체적 경과
등을 종합적으로 고려해 묵시적 동의를 인정할 수 있다는 견해[2]도 있다.

　　(라) 동의의 대상

30 　　(a) 서류와 물건　　제318조 제1항은 증거동의의 대상을 '서류 또는 물건'
으로 정하고 있다. 서류는 진술서류 전체[3]를 말하고, 물건은 전문서류와 같
게 취급할 수 있는 각종 매체($^{원진술을\ 담은\ 영상녹화}_{물이나\ 녹음테이프\ 등}$)를 가리킨다. 동의는 하나의
증거 중 일부분만을 대상으로 특정해 할 수도 있고, 포괄적으로 모든 증거를
대상으로 할 수도 있다.[4]

31 　　(b) 전문증언　　대법원은 공판정 외에서 타인이 한 경험적 진술을 내용
으로 하는 공판정 내 진술, 즉 전문증언도 증거동의의 대상으로 보며,[5] 나아
가 타인의 경험적 진술을 전해들은 사람으로부터 다시 전해들은 사람의 진
술, 즉 재전문증언(再傳聞證言)도 증거동의가 있으면 증거능력이 인정될 수
있다고 한다.[6] 그러나 증거동의의 대상은 '서류 또는 물건'으로 한정되는바,

1　백형구 442쪽.

2　제요(Ⅰ) 512쪽.

3　진술조서·진술서(대법원 1972. 9. 26. 선고 72도1556 판결; 1990. 6. 26. 선고 90도827 판결);
　검증조서(대법원 1990. 7. 24. 선고 90도1303 판결); 압수조서(대법원 1990. 6. 26. 선고 90도
　827 판결); 감정서(대법원 1999. 10. 22. 선고 99도3273 판결) 등 서류가 모두 이에 해당한다.
　그 사본(대법원 1991. 5. 10. 선고 90도2601 판결; 1996. 1. 26. 선고 95도2526 판결)이나 이를
　촬영한 사진(대법원 1969. 8. 19. 선고 69도938 판결) 등.

4　대법원 1983. 3. 8. 선고 82도2873 판결.

5　대법원 1983. 9. 27. 선고 83도516 판결.

6　대법원 2000. 3. 10. 선고 2000도159 판결:「전문진술이나 재전문진술을 기재한 조서는 제310
　조의2의 규정에 의하여 원칙적으로 증거능력이 없는 것인데, 다만 전문진술은 제316조 제2항
　의 규정에 따라 원진술자가 사망, 질병, 외국거주 기타 사유로 인하여 진술할 수 없고 그 진술
　이 특히 신빙할 수 있는 상태하에서 행하여진 때에 한하여 예외적으로 증거능력이 있다고 할
　것이고, 전문진술이 기재된 조서는 제312조 또는 제314조의 규정에 의하여 각 그 증거능력이
　인정될 수 있는 경우에 해당하여야 함은 물론, 나아가 제316조 제2항의 규정에 따른 위와 같
　은 요건을 갖추어야 예외적으로 증거능력이 있다고 할 것인바, 여기서 그 진술이 특히 신빙할

여기에 전문증언까지 포함된다고 볼 근거가 있는지는 의문이다. 전문증언은 뒤에서 설명하는 제316조의 요건을 갖추지 않으면 제310조의2에 의해 증거능력이 부정된다고 봄이 타당하다. 반면, 전문진술이 적힌 서류는 법문의 해석상 제318조 제1항의 적용영역에 당연히 포함된다.

⑵ 동의간주

㈎ 피고인 출정 없이 증거조사를 할 수 있는 경우   제318조 제2항 본문은 「피고인의 출정 없이 증거조사를 할 수 있는 경우에 피고인이 출정하지 아니한 때에는 전항의 동의가 있는 것으로 간주한다」고 규정하고 있다. 대부분의 경우 모든 진술서류에 대한 증거동의는 유죄판결로 이어진다는 점에서 동의간주는 피고인에게 매우 큰 불이익이므로, 불출정 요건은 엄격히 해석해야 한다. 궐석재판시 일률적으로 증거동의를 간주함은 비례성원칙에 어긋난다는 지적이 있다.[1]

32

ⓐ 유 형   증거동의가 간주되는, 「피고인의 출정 없이 증거조사를 할 수 있는 경우」의 예로는 i) 경미사건에서 피고인이 불출석한 경우(제277조 제1호 내지 제3호), ii) 구속피고인이 정당한 사유 없이 출석을 거부하고 교도관에 의한 인치도 현저히 곤란하다고 인정되는 경우(제277조의2), iii) 약식명령에 대해 피고인만이 정식재판을 청구한 사건에서 피고인이 2회 불출정하여 피고인의 출석 없이 증거조사를 하는 경우(제458조 제2항, 제365조),[2] iv) 피고인이 공시송달의 방법에 의한 공판기일의 소환을 2회 이상 받고도 출석하지 않아 법원이 피고인 불출석상태에서 증거조사를 하는 경우(소촉법 제23조, 소촉규칙 제19조)[3]를 들 수 있다[§151 참조]. 다만, 이러한 경우에도 대리인이나 변호인이 출정해 있는 때에는 증거동의가 간주되지 않는다(제318조 제2항 단서).

33

<hr />

수 있는 상태하에서 행하여진 때라 함은 그 진술을 하였다는 것에 허위개입의 여지가 거의 없고, 그 진술내용의 신빙성이나 임의성을 담보할 구체적이고 외부적인 정황이 있는 경우를 가리킨다. … 형사소송법은 전문진술에 대하여 제316조에서 실질상 단순한 전문의 형태를 취하는 경우에 한하여 예외적으로 그 증거능력을 인정하는 규정을 두고 있을 뿐, 재전문진술이나 재전문진술을 기재한 조서에 대하여는 달리 그 증거능력을 인정하는 규정을 두고 있지 아니하므로, 피고인이 증거로 하는 데 동의하지 아니하는 한 제310조의2의 규정에 의하여 이를 증거로 할 수 없다.」

1 김정한, "궐석재판과 증거동의 의제에 관한 소고", 법학논고 제54집(2016), 90쪽.
2 대법원 2010. 7. 15. 선고 2007도5776 판결.
3 대법원 2011. 3. 10. 선고 2010도15977 판결.

34 　　(b) 퇴정명령의 경우　　제330조는 「피고인이 진술하지 아니하거나 재판장의 허가없이 퇴정하거나 재판장의 질서유지를 위한 퇴정명령을 받은 때에는 피고인의 진술없이 판결할 수 있다」고 규정하고 있다. 대법원은 이 경우가 제318조 제2항에서 말하는 '피고인의 출정 없이 증거조사를 할 수 있는 경우'에 해당된다고 한다.[1] 그러나 제318조 제2항은 피고인이 애초에 출정 자체를 하지 않은 경우를 상정한 규정이므로, 일단 출정한 피고인이 퇴정되거나 진술거부를 하는 경우에 이를 적용해서는 안 된다.[2] 피고인이 일체의 진술을 거부하거나, 무단으로 퇴정하거나, 재판진행에 항의하다가 퇴정명령을 받은 경우에는 묵시적으로 모든 진술서류에 부동의의 의사를 표한 것으로 봄이 타당하다.[3]

35 　　(나) 간이공판절차　　피고인이 공소사실을 자백한 때에는 증거능력 및 증거조사방식에 관해 몇 가지 특례가 적용되는바, 이 경우 그 공판절차를 간이공판절차(簡易公判節次)라 한다. 간이공판절차로 심판할 것이 결정된 사건에서는, 검사·피고인·변호인이 특별히 이의를 제기하는 것을 제외하고는, 모든 전문증거에 대해 증거동의가 있다고 간주된다($\substack{제318조\\의3}$). 후술한다[$\substack{§143/9\\참조}$].

3. 증거동의의 효력

36 　　증거동의 있는 전문증거에 대해서는 제310조의2에 의한 증거배제효가 발생하지 않는다. 다만 다른 이유로, 예컨대 진정성($\substack{제318조\\제1항}$)[$\substack{§117\\참조}$]이 인정되지 않거나 위법수집증거($\substack{제308조의2, 제\\309조, 제317조}$)[$\substack{§118\\참조}$]에 해당하는 등으로 증거능력이 부인될 수 있음은 물론이다. 증거동의의 효력은 공판절차갱신[$\substack{§156\\참조}$]이나 상소로 인해 소멸되지 않는다.

---

1 대법원 1991. 6. 28. 선고 91도865 판결: 「필요적 변론사건이라 하여도 피고인(관련 공동피고인들 포함)이 재판거부의 의사를 표시하고 재판장의 허가 없이 퇴정하고 변호인마저 이에 동조하여 퇴정해 버린 것은 모두 피고인측의 방어권의 남용 내지 변호권의 포기로 볼 수밖에 없는 것이어서 수소법원으로서는 제330조에 의하여 피고인이나 변호인의 재정 없이도 심리판결할 수 있는 것이고, 또 공판심리는 사실심리와 증거조사가 행해지게 마련인데 이와 같이 피고인과 변호인들이 출석하지 않은 상태에서 증거조사를 할 수밖에 없는 경우에는 제318조 제2항의 규정상 피고인의 진의와는 관계없이 제318조 제1항의 동의가 있는 것으로 간주하게 되어 있[다].」 이 판결은 변호인이 피고인과 함께 퇴정한 사안에 관한 것이다. 변호인이 퇴정하지 않고 공판정에 남아있는 사안에서는 이 판결에서 제시한 입장에 따르더라도 증거동의를 간주할 수 없을 것이다.

2 김인회 541-542쪽; 김정한, "궐석재판과 증거동의 의제에 관한 소고", 법학논고 제54집 (2016), 95쪽.

3 신동운 1297쪽.

　　피고인이 수인인 경우 증거동의의 효력은 동의한 피고인에게만 미친다.　**37**
그리고 전문서류의 일부에 대해서만 증거동의를 한 경우, 동의의 효력은 그
부분에 대해서만 발생한다.[1] 다만 '공판정 진술과 배치되는 부분에 부동의한
다'는 진술은 그 전문서류 전체에 대해 부동의한다는 취지로 해석된다.[2] 그
리고 동의의 대상이 된 전문서류에 여러 개의 전문서류가 첨부되어 있는 경
우에는 본서류에 한정해 동의한 것인지 아니면 첨부된 서류들에까지 동의한
것인지를 사안별로 면밀히 판단해야 한다.[3]

4. 증거동의의 철회(동의간주된 증거에 대한 부동의)

　　⑴ 증거조사 완료 전　　　일단 동의의 효력이 생긴 후에도 피고인은 i)　**38**
증거동의를 철회하거나, ii) 동의간주효가 발생한 증거에 대해 부동의의 의사
표시를 할 수 있다. 판례는 ii)의 의사표시를 「증거동의를 철회 또는 취소한
다는 의사표시」라 표현하나,[4] 동의간주의 경우 피고인은 애당초 아무런 의
사표시도 한 바가 없기에 철회나 취소라는 표현은 적절하지 않다고 본다.

　　철회나 부동의는 동의 또는 동의간주가 이루어진 심급에서의 증거조사　**39**
가 완료되기 전까지 할 수 있다. 가령, i) 제1심에서 증거동의를 하여 증거조
사를 마친 증거에 대해 항소심에서 동의철회를 할 수 없다.[5] 또한, ii) 제1심
에서 피고인이 공시송달의 방법에 의한 공판기일의 소환을 2회 이상 받고도
출석하지 않아 증거동의를 간주하고 증거조사를 마친 경우($\binom{\text{소촉법 제23조,}}{\text{소촉규칙 제19조}}$)에 항
소심에서 그 증거들에 대해 부동의할 수 없다.[6] iii) 약식명령에 대해 정식재
판을 청구한 피고인이 정식재판절차에서 2회 불출석하여 증거동의 간주를
전제로 제1심 증거조사를 마친 경우($\binom{\text{제458조 제2}}{\text{항, 제365조}}$)에도 마찬가지다.[7]

1　대법원 1990. 7. 24. 선고 90도1303 판결.
2　대법원 1984. 10. 10. 선고 84도1552 판결.
3　대법원 2011. 7. 14. 선고 2011도3809 판결.
4　대법원 2010. 7. 15. 선고 2007도5776 판결:「i) 간주의 대상인 증거동의는 증거조사가 완료되
　　기 전까지 철회 또는 취소할 수 있으나 일단 증거조사를 완료한 뒤에는 취소 또는 철회가 인
　　정되지 아니하는 점, ii) 증거동의 간주가 피고인의 진의와는 관계없이 이루어지는 점 등에 비
　　추어, 비록 피고인이 항소심에 출석하여 공소사실을 부인하면서 간주된 증거동의를 철회 또는
　　취소한다는 의사표시를 하더라도 그로 인하여 적법하게 부여된 증거능력이 상실되는 것이 아
　　니라고 할 것이다.」
5　대법원 1997. 9. 30. 선고 97도1230 판결.
6　대법원 2011. 3. 10. 선고 2010도15977 판결.
7　대법원 2010. 7. 15. 선고 2007도5776 판결.

40   (2) 증거조사 완료 후   증거동의의 의사표시에 효력을 그대로 유지하기 어려운 중대한 하자가 있고 그에 관해 피고인에게 귀책사유가 없었음이 인정되는 경우에는 예외적으로 증거조사절차가 완료된 뒤에도 증거동의를 철회할 수 있다. 이를 이유로 피고인·변호인이 이의신청($\substack{제296조 \\ 제1항}$)을 하는 경우 법원은 증거채택을 취소하고 해당 전문서류에 대한 증거배제결정($\substack{규칙 \ 제139 \\ 조 \ 제4항}$)을 해야 한다[$\substack{§143/45 \\ 참조}$].[1]

Ⅲ. 제311조 내지 제316조의 규정에 의한 예외

1. 의   의

41   제311조 내지 제316조는 i) 증거사용의 절실한 필요성(necessity) 또는 ii) 신용성의 정황적 보장(circumstantial guarantee of trustworthiness)이 있는 증거유형을 열거하여, 이에 해당하는 전문증거에는 증거동의가 없더라도 예외적으로 증거능력을 인정하고 있다. 자백사건에서는 통상 증거에 모두 동의하는 진술[$\substack{§119/20 \\ 참조}$]이 있거나 간이공판절차 개시결정[$\substack{§143/9 \\ 참조}$]에 따라 동의가 간주되기에, 제311조 내지 제316조에서 정한 증거능력 인정요건의 검토는 주로 피고인이 무죄판결이나 형식재판을 구하는 사건에서 이루어진다.

42   (1) 내용인정이 필요한 서류   먼저, 제312조 제1항·제3항 및 제5항은 피의자신문조서·피의자진술서를 규율대상으로 하며, 공통적으로 공판정에서 피고인이 그 내용을 인정할 것을 요구하고 있다. 종래 검사작성 피의자신문조서의 경우 그 성립의 진정($\substack{형식적·실질 \\ 적 진정성립}$)이 증명되면 증거능력이 인정되었으나, 2020년 형사소송법 개정($\substack{2022. 1. \\ 1. 시행}$)으로 사법경찰관작성 피의자신문조서와 같은 취급을 받게 되었다.

43   (2) 증인신문이 필요한 서류   다음으로, i) 제312조 제4항·제5항은 수사과정에서 작성된 전문서류로서 피고인 아닌 자의 진술을 내용으로 하는 것($\substack{진술조서 \\ 및 진술서}$)을, ii) 제312조 제6항은 수사기관이 작성한 검증조서를, iii) 제313조는 사인이 작성한 전문서류($\substack{진술서 및 \\ 진술기재서}$)를 규율대상으로 한다. 각각의 증거능력 인정요건에는 조금씩 차이가 있으나 공통적으로 원진술자가 공판정에 증인으로 출석한 상태에서 그 성립의 진정이 증명될 것을 요구한다.

---

1 대법원 2008. 7. 10. 선고 2007도7760 판결.

위 서류들에 대해서는 다시 제314조에서 그러한 증인신문 없이 증거능 **44**
력을 인정할 수 있는 예외를 규정하고 있는바, i) 원진술자가 사망·질병·외
국거주·소재불명 등으로 진술불능상태에 놓여 있을 것과, ii) 그 원진술이
'특히 신빙할 수 있는 상태', 이른바 특신상태 하에서 행해졌음이 증명될 것
을 요건으로 한다.

　(3) 당연히 증거능력 있는 서류　　　한편, i) 제311조는 법원 또는 법관의 **45**
조서에 대해, ii) 제315조는 그 밖에 작성정황에 비추어 신용성이 강하게 보
장된다고 볼 수 있는 진술서류에 대해 당연히 증거능력을 인정하고 있다.

　(4) 전문증언　　　마지막으로, 제316조는 피고인 아닌 자의 전문증언의 증 **46**
거능력에 관한 규정으로서 공통적으로 원진술이 특신상태 하에서 이루어졌
음이 증명될 것을 요구한다. 만약 그 전문증언이 피고인 아닌 자의 원진술을
내용으로 한다면 원진술자의 진술불능상태 증명을 추가로 요구한다.

2. 피의자신문조서

　(1) 증거능력 인정요건　　　증거동의 없는 피의자신문조서는, i) 적법한 절 **47**
차와 방식에 따라 작성되고 ii) 공판(준비)기일에 그 피의자였던 피고인 또는
변호인이 그 내용을 인정한 때에 한해 증거능력이 있다($\binom{제312조 제}{1항, 제3항}$).

　(가) 적법한 절차와 방식　　　제308조의2의 「적법한 절차」가 헌법상 적법절 **48**
차를 가리키는 것과는 달리, 제312조에서 말하는 「적법한 절차와 방식」이란
조서상 서명날인의 진정성($\binom{이른바 형식}{적 진정성립}$)을 비롯해 신문 및 조서작성에 관해 법령
이 마련한 절차적·형식적 기준 일체를 의미한다. 따라서 피의자신문조서가
적법한 절차와 방식에 따라 작성된 것으로 인정되려면, i) 작성연월일·소속
공무소 기재 및 기명날인·서명($\binom{제57조}{제1항}$), ii) 간인·천공($\binom{제57조}{제2항}$), iii) 문자변개 금지
($\binom{제58조}{제1항}$), iv) 글자 삽입 또는 삭제시의 날인·자수기재($\binom{제58조}{제2항}$), v) 이익사실 진술
기회 부여($\binom{제242}{조}$), vi) 변호인 접견·참여권 보장($\binom{제243조}{의2}$), vii) 조서의 열람·낭독
및 증감·변경 청구 등 이의제기의 기재($\binom{제244조}{제2항}$), viii) 진술거부권 고지($\binom{제244조}{의3}$),
ix) 수사과정기록($\binom{제244조}{의4}$) 등 규정을 모두 준수해야 한다.[1] 사소하게라도 위
규정들에 합치하지 않는 부분이 있다면 「적법한 절차와 방식」에 따라 작성된
것으로 인정할 수 없다.

1　대법원 2013. 3. 28. 선고 2010도3359 판결.

49   예를 들어 간인을 빠뜨리거나 기명날인·서명을 누락한 경우에 그 피의
자신문조서가 헌법상 적법절차를 위반한 위법수집증거라고까지 하기는 어렵
겠으나, 제312조 제1항의 '적법한 절차와 방식'을 준수하지 않은 것이라고
할 수는 있다. 따라서 (증거동의가 없는 이상) 전문법칙의 원칙규정인 제310조의2에 따라
그 증거능력을 부정할 수밖에 없다.[1] 진술거부권 행사 여부에 대한 피의자
의 답변이 자필로 기재되어 있지 않거나 그 답변부분에 피의자의 기명날인
또는 서명이 되어 있지 않은 경우,[2] 진술거부권 등을 고지받았는지 여부 및
진술거부권의 행사 여부를 묻는 질문에 대한 답변이 피의자의 자필로 기재되
어 있지 않고 무인이 불명확하게 찍혀 있는 경우[3]에도 마찬가지다.

50   (내) 내용의 인정   공판정에서 내용을 인정한다는 것은 조서에 기재된
내용이 실제 사실에 부합한다고(내용적 진정성립) 진술함을 의미한다.[4] 조서기재내용
이 허위라는 진술은 내용부인 취지로 본다.[5] 일부분을 특정해 내용을 인정
하고 나머지를 부인할 수도 있는데, 이 경우 부인한 부분은 증거능력이 없다.

        (2) 적용범위

51   (개) 공범에 대한 피의자신문조서   공범관계에 있는 자에 대한 피의자
신문조서는 당해 피고인에 대한 관계에서 제312조 제1항·제3항에 따라 그
증거능력을 판단한다.[6] 즉, 당해 피고인이 그 내용을 부인하면 제310조의2
에 의해 증거능력이 부인된다.[7] 이는 해당 공범이 그 자신에 대한 형사절차
에서 그 내용을 인정하는 때에도 마찬가지다. 예컨대 甲과 공범관계에 있는
乙에 대한 피의자신문조서에 관해 乙이 그 내용을 부인하는데도 甲은 그 내
용을 인정하는 경우, 그 피의자신문조서는 乙에게는 증거능력이 없고 甲에게
는 증거능력이 있다. 대법원은 애초 증거부동의를 내용부인 취지로 본다.[8]

---

1 대법원 1999. 4. 13. 선고 99도237 판결; 2001. 9. 28. 선고 2001도4091 판결.
2 대법원 2013. 3. 28. 선고 2010도3359 판결.
3 대법원 2014. 4. 10. 선고 2014도1779 판결.
4 대법원 2001. 9. 28. 선고 2001도3997 판결; 2010. 6. 24. 선고 2010도5040 판결.
5 대법원 1995. 5. 23. 선고 94도1735 판결.
6 대법원 2009. 7. 9. 선고 2009도2865 판결(사법경찰관 작성 피의자신문조서).
7 대법원 2023. 6. 1. 선고 2023도3741 판결(검사 작성 피의자신문조서).
8 대법원 2009. 7. 9. 선고 2009도2865 판결:「피고인과 공범관계에 있는 공소외인에 대한 사법
   경찰관리 작성의 각 피의자신문조서는 원심법정에서 원진술자인 공소외인이 그 성립의 진정을
   인정하였다 하더라도 피고인 및 변호인이 그 내용을 인정하지 않는다는 취지로 이를 증거로
   함에 부동의하고 있는 이상 증거능력이 없다.」

여기서의 공범에는 형법총칙의 공범 이외에 필요적공범이나 대향범도　52
포함된다.[1] 그리고 양벌규정이 적용되는 사안에서 법인의 대표자나 대리인,
사용인, 그 밖의 종업원들 간에도, 어느 1인에 대한 피의자신문조서가 다른
1인에 대한 공판절차에서 증거로 사용되기 위해서는 그 다른 1인이 공판정에
서 그 내용을 인정해야 한다.[2]

　　한편, 공범 아닌 제3자에 대한 피의자신문조서는 당해 피고인에 대한 관　53
계에서 제312조 제4항의 요건을 갖춰야 증거능력이 있다. 후술한다[§119/82 참조].

　　㈏ 외국의 수사기관이 작성한 조서　　　　CID나 FBI 등 외국의 권한 있는 수　54
사기관이 작성한 피의자신문조서에도 제312조 제3항이 적용된다.[3]

　　㈐ 수사과정에서 작성된 피고인진술서　　　　제312조 제5항은 「제1항부　55
터 제4항까지의 규정은 피고인 또는 피고인이 아닌 자가 수사과정에서 작성
한 진술서에 관하여 준용한다」고 규정하고 있으므로, 피고인이 수사과정에서
수사기관의 요구에 따라 직접 작성해 제출한 진술서로서 증거동의를 받지
못한 것은, i) 적법한 절차와 방식에 따라 작성되고 ii) 피고인이 공판정에서
그 내용을 인정해야 증거능력이 있다. '적법한 절차와 방식'에 따르지 않은
예로는 수사기관이 피의자를 소환해 진술서를 제출받는 과정에서 수사과정
기록(제244조의 4 제1항)을 누락한 경우를 들 수 있다[§71/29 참조].[4]

3. 진술조서

　　⑴ 증거능력 인정요건　　　　증거동의 없는 진술조서의 증거능력에 관해서　56
는 i) 제312조 제4항 본문(「검사 또는 사법경찰관이 피고인 아닌 자의 진술을 기재한 조서는 적법한 절차와 방식에 따라 작성된 것으로서 그 조서가 검사 또는 사법경찰관
앞에서 진술한 내용과 동일하게 기재되어 있음이 원진술자의 공판준비 또는 공판기일에서의 진술이나 영상녹화물 또는 그 밖의 객관적인 방법에 의하여 증명되고, 피고인 또는 변호인이 공판준비 또는 공판기일에 그 기재내용에 관하여
원진술자를 신문할 수 있었던), 제314조 본문(「제312조 … 의 경우에 공판준비 또는 공판기일에 진술을 요하는 자가 사망·질병·외국거주·소재불명 그 밖에 이에 준하는
사유로 인하여 진술할 수 없는 때에는 그 조서 … 를 증거로 할 수 있다」), 같은 조 단서 및 제312조 제4항 단서(「그 조서에 기재된 진술이 특히
신빙할 수 있는 상태 하에서 행하여졌음이 증명된 때에 한한다」)에서 규정하고 있다. 그 내용을 종합하면, 그러한 진술
조서의 증거능력 인정요건은 i) 적법한 절차와 방식에 따라 작성되었을 것,
ii) 원진술자(참고인)에 대한 증인신문절차에서 그 조서의 진정성립이 증명되

1　대법원 2007. 10. 25. 선고 2007도6129 판결.
2　대법원 2020. 6. 11. 선고 2016도9367 판결.
3　대법원 2006. 1. 13. 선고 2003도6548 판결.
4　대법원 2015. 4. 23. 선고 2013도3790 판결; 2022. 10. 17. 선고 2022도9510 판결.

고 피고인에게 반대신문기회가 부여되었거나($^{제312조\ 제}_{4항\ 본문}$), 원진술자가 진술불능 상태에 있음이 증명될 것($^{제314조}_{본문}$), iii) 조서에 기재된 원진술의 특신상태가 증명될 것($^{제312조\ 제4항\ 단}_{서,\ 제314조\ 단서}$)으로 요약된다.

57   ㈎ 적법한 절차와 방식   '적법한 절차와 방식'에 따라 작성되었다는 것은 참고인조사절차에 관한 규정들($^{제221조\ 제1항\ 및\ 제3항,\ 제163조의2\ 제1항\ 내지\ 제}_{3항,\ 제244조의4\ 제1항\ 및\ 제3항,\ 성폭법\ 제29조\ 등}$)은 물론 공문서작성방식($^{제57조,}_{제58조}$) 등 법령이 정하는 형식적 기준 일체를 모두 준수하였음을 의미한다. 조사 연월일시 미기재나 간인 등 누락과 같은 흠이 있을 경우에 위법수집증거라고까지 할 것은 아니나, 제312조 제4항의 '적법한 절차와 방식'을 따르지 않은 것이라고는 할 수 있다.

58   제308조의2는 적법절차원칙을 위반해 수집한 증거에 대해 증거능력을 인정해서는 안 된다는 법원리(legal principle)를 선언한 규정으로, 진실규명원칙과의 형량을 통해 절차위반의 정도가 사소한 경우에는 그 적용이 배제될 수 있다. 즉, 제308조의2는 모든 위법수집증거에 대해 언제나 확정적 증거배제효를 발생시키지는 않는다 [$^{§64/7}_{참조}$]. 반면, 제310조의2와 그 예외규정인 제312조는 구체적 요건과 확정적 효력을 설정한 법규칙(legal rule)의 성격을 지니기에, 그 적용에 있어 형량은 불가하다.[1] 가령 사소한 절차조항을 어겨 작성된 진술조서는 위법수집증거이면서 전문증거인바, 법원은 형량을 통해 위법수집증거배제법칙의 적용을 배제하는 판단을 할 수는 있지만 법규칙인 제310조의2의 적용까지 배제할 수는 없다. 따라서 이를 증거로 사용하기 위해서는 증거동의[$^{§119/20}_{참조}$]가 있거나 제312조의 요건을 구비해야 하는데, 절차상 사소한 위법이라도 제312조 제4항의 '적법한 절차와 방식' 요건에는 배치되므로, 증거동의가 없는 이상 그 진술조서는 증거로 채택할 수 없는 것이다.

만약 진술조사과정에서 효력규정을 위반하였다면, 이는 제312조의 '적법한 절차와 방식'에 합치하지 않음은 물론, 제308조의2의 '적법한 절차' 위반이기도 하다. 이 경우 그 진술조서는 증거동의가 있더라도 제308조의2에 의해, 증거동의가 없으면 제310조의2과 제308조의2 모두에 의해(중첩)[2] 증거능력이 부인된다. 법원은 양자를 모두 원용할 수도 있고, 그중 하나만 원용할 수도 있다.[3]

---

1 나기업, "위법수집증거배제법칙과 형량", 형사정책연구 제129호(2022), 128쪽.

2 대법원 2013. 3. 28. 선고 2010도3359 판결.

3 변종필, "'적법한 절차'를 위반한 사법경찰관 작성 피의자신문조서의 증거능력", 형사법연구 제25권 제4호(2013), 342 – 345쪽.

법령상의 기준을 충족하면 족하고, 행정규칙까지 준수해야 하는 것은 아　　**59**
니다. 따라서 검사규에서 정한 양식(검사규 제32조 제1항,/제38조 제2항, 제39조 제2항)과 다르게 작성했더라
도, 그러한 사정만으로 '적법한 절차와 방식'에 따르지 아니한 것이라고 평가
할 수는 없다.[1]

　(a) 가명조서　　　형사소송법은 조서에 진술자의 실명 등 인적사항을 확　　**60**
인해 이를 그대로 밝혀 기재할 것을 요구하는 규정을 따로 두고 있지 않다.
따라서 진술자와 피의자의 관계, 범죄의 종류, 진술자 보호의 필요성 등 여러
사정으로 볼 때 상당한 이유가 있는 경우에는 수사기관이 진술자의 성명을
가명으로 기재해 조서를 작성했더라도 '적법한 절차와 방식'을 따르지 않았
다고 볼 수는 없다.[2]

　(b) 공소제기 후 작성된 진술조서　　　공소제기 후의 임의수사도 허용되　　**61**
므로, 진술조서가 기소 이후 행해진 참고인조사를 통해 작성된 것이라는
사정만으로는 '적법한 절차와 방식'을 준수하지 않은 것으로 평가할 수
없다(물론, 증명력은 낮/게 평가될 수 있다).[3] 그러나 공판정에서 증언한 사람을 다시 참고인으로 소
환해 그 증언의 내용을 일방적으로 번복시키는 방식으로 작성한 진술조서는
증거능력을 인정할 수 없다.[4] 대법원은 이 경우 '피고인의 증거동의[§119/20 참조]가
없는 한' 증거능력이 없다고 하나,[5] 그러한 진술조서는 위법수집증거이므로
증거동의 유무와 무관하게 증거능력을 부인함이 타당하다[§64/1 참조].[6]

1　헌법재판소 1991. 7. 8. 선고 91헌마42 (수)결정.

2　대법원 2012. 5. 24. 선고 2011도7757 판결.

3　대법원 1983. 8. 23. 선고 83도1632 판결.

4　대법원 2000. 6. 15. 선고 99도1108 (수)판결.

5　대법원 2012. 6. 14. 선고 2012도534 판결: 「공판준비 또는 공판기일에서 이미 증언을 마친 증
인을 검사가 소환한 후 피고인에게 유리한 그 증언 내용을 추궁하여 이를 일방적으로 번복시
키는 방식으로 작성한 진술조서를 유죄의 증거로 삼는 것은 당사자주의·공판중심주의·직접주
의를 지향하는 현행 형사소송법의 소송구조에 어긋나는 것일 뿐만 아니라, 헌법 제27조가 보
장하는 기본권, 즉 법관의 면전에서 모든 증거자료가 조사·진술되고 이에 대하여 피고인이 공
격·방어할 수 있는 기회가 실질적으로 부여되는 '재판을 받을 권리'를 침해하는 것이므로, 이
러한 진술조서는 피고인이 증거로 할 수 있음에 동의하지 아니하는 한 그 증거능력이 없다고
할 것이고, 이러한 법리는 검사가 공판준비기일 또는 공판기일에서 이미 증언을 마친 증인을
소환하여 피고인에게 유리한 그 증언 내용을 추궁한 다음 진술조서를 작성하는 대신 그로 하
여금 본인의 증언내용을 번복하는 내용의 진술서를 작성하도록 하여 법원에 제출한 경우에도
마찬가지로 적용된다.」

6　변종필, "증언번복 진술조서의 증거능력", 비교형사법연구 제2권 제2호(2000), 400쪽; 안성조,
"증언번복진술조서의 증거능력과 증거동의의 효력", 법조 제72권 제1호(2023), 172쪽 이하.

　　(내) 증인신문을 통한 진정성립 증명 및 반대신문권 보장

62　　　(a) 진정성립 증명　　　제312조 제4항은 원진술자인 참고인이 공판정에 증인으로 출석한 상태에서, 조서의 기재내용이 실제 진술내용과 일치한다는 점, 즉 실질적 진정성립이 그 참고인의 진술이나 영상녹화물 등 객관적 방법으로 증명될 것을 요구한다.

63　　　(aa) 진술에 의한 증명　　　원진술자의 법정증언으로 진정성립이 증명되려면, 원진술자가 그 진술조서를 열람하거나 내용을 고지받은 후 그 기재내용이 자신이 진술한 그대로이고 가감이 없다는 진술을 해야 한다.[1] 단지 수사기관에서 사실대로 진술했다고만 하거나,[2] 자신이 진술한 내용과 다르게 기재되었음에도 수사기관이 괜찮으니 서명날인하라고 요구하기에 어쩔 수 없이 서명날인한 것이라고 하거나,[3] 자신이 아닌 다른 참고인의 진술내용이 기재된 서류에 서명날인만 하였다고 말하는 것[4]은 진정성립 인정진술로 볼 수 없다. 그리고 예컨대 피고인의 참여권을 부당하게 배제하는 등으로 증인신문절차 자체가 위법한 경우, 그 진정성립 인정진술은 효력이 없다.[5]

64　　　진정성립 인정진술이 있고 나면 그 후 공판정에서 해당 진술조서의 내용과 배치되는 진술을 하더라도 그로 인해 다시 진정성립이 부인되는 것은 아니나,[6] 증거조사 완료 전까지 진정성립 인정진술 자체를 철회할 수는 있다. 그리고 증거조사절차가 완료된 뒤라 하더라도, 진정성립 인정진술에 그 효력을 유지하기 어려운 중대한 하자가 있고 그에 관해 증인에게 귀책사유 없었음이 인정되는 때에는 예외적으로 진정성립 인정진술을 취소할 수도 있다.[7] 피고인이나 변호인은 그러한 사정이 있음을 들어 이의신청($^{제296조}_{제1항}$)을 할 수 있고, 신청이 이유 있는 경우 법원은 증거채택을 취소하고 그 진술조서에 대한 증거배제결정($^{규칙 제139}_{조 제4항}$)을 해야 한다[$^{§143/45}_{참조}$].[8]

1　대법원 1982. 10. 12. 선고 82도1865 판결; 1985. 10. 8. 선고 85도1843 판결.
2　대법원 1996. 10. 15. 선고 96도1301 판결; 2000. 6. 27. 선고 99도128 판결.
3　대법원 1990. 10. 16. 선고 90도1474 판결.
4　대법원 1992. 6. 9. 선고 92도737 판결.
5　대법원 1969. 7. 25. 선고 68도1481 판결.
6　대법원 1985. 10. 8. 선고 85도1843 판결; 2000. 8. 18. 선고 2000도2943 판결.
7　대법원 2008. 7. 10. 선고 2007도7760 판결.
8　대법원 2008. 7. 10. 선고 2007도7760 판결.

(bb) 객관적 방법에 의한 증명　　원진술자가 공판정에서 진정성립을 부 　　65
인하는 경우에는 영상녹화물[$\substack{§12/17\\참조}$] 그 밖의 객관적 방법으로 진정성립을 증
명할 수 있다(규칙 제134조의2 제1항, 제134조의3 제1항). '그 밖의 객관적 방법'이란 조사과정 영상녹화
물에 준할 정도로 진술을 과학적 · 기계적 · 객관적으로 재현해 낼 수 있는 방
법을 뜻한다. 따라서 조사주체인 수사기관이나 통역인 등의 진술은 이에 포
함되지 않는다.[1]

제312조 제4항은 「원진술자의 공판준비 또는 공판기일에서의 진술이나 영상녹화물 　　66
또는 그 밖의 객관적인 방법에 의하여 증명되고」라고 하여, 진정성립 증명방법으로
원진술자의 증언 또는 객관적 방법 중 어느 하나를 선택할 수 있는 것처럼 규정하
고 있다. 그러나 규칙 제134조의2 제1항 및 제134조의3 제1항은 원진술자가 진정
성립을 부인한 경우에 영상녹화물 등으로 진정성립을 증명할 수 있도록 하고 있으
므로, 실제로는 원진술자의 진술이 원칙적 · 우선적 증명방법이고, 그것이 실패한 때
에 비로소 영상녹화물 등을 재생시킬 수 있다.

적법한 절차를 준수하지 않고 제작된 영상녹화물로는 진정성립을 증명 　　67
할 수 없다[$\substack{§72/17\\참조}$].[2]

(b) 반대신문기회 보장　　참고인이 증인으로 출석한 상태에서 진정성립 　　68
이 증명되었다면 이제 그에 대해 피고인의 반대신문기회가 보장되어야 한다.
반대신문기회가 제공되면 족하고 실제로 반대신문이 이루어져야 하는 것은
아니다. 다만, 피고인 퇴정중에 이루어진 불이익증언의 요지가 피고인에게
고지되지 않은 상태에서 반대신문이 이루어졌거나[$\substack{§122/37\\참조}$], 증인이 피고인 또
는 변호인의 반대신문에 대해 답변을 하지 않은 경우[$\substack{§122/32\\참조}$]에는 실질적으로
반대신문기회가 부여된 것으로 평가할 수 없다.[3]

1　대법원 2016. 2. 18. 선고 2015도16586 판결.
2　대법원 2022. 6. 16. 선고 2022도364 판결: 「이 사건 영상녹화물은 조사가 종료되어 피해자들
　　이 조서에 기명날인 또는 서명을 마치는 시점까지의 조사 전과정이 영상녹화되지 않았다. 조
　　서 열람과정이나 기명날인 또는 서명 과정은 조서의 진정성과 형식적 진정성립을 포함하여 적
　　법한 절차와 방식에 따라 조서가 작성되었는지 판단할 수 있는 중요한 부분이므로 녹화되지
　　않은 부분이 조사시간에 비추어 짧다거나 조서 열람 및 기명날인 또는 서명 과정에서 진술번
　　복 등이 없었다는 사정만으로 달리 보기 어렵다. 그런데도 원심은 판시와 같은 이유로 이 사건
　　영상녹화물에 의하여 이 사건 진술조서 중 피해자들의 진술 부분의 실질적 진정성립이 인정된
　　다고 판단하였다. 이러한 원심판단에는 제312조 제4항이 정한 영상녹화물에 의한 실질적 진정
　　성립 증명에 관한 법리를 오해한 잘못이 있다.」
3　서울중앙지방법원 2016. 9. 29. 선고 2015노3170 판결(대법원 2022. 3. 17. 선고 2016도17054
　　판결로 확정).

69　　㈐ 원진술자의 진술불능　　원진술자인 참고인이 공판정에서 진술을 할 수 없는 부득이한 사유, 이른바 진술불능상태가 인정되는 경우에는 참고인에 대한 증인신문절차 없이 증거능력을 인정할 수 있다. 제314조는 진술불능 인정요건으로 '사망·질병·외국거주·소재불명 그 밖에 이에 준하는 사유'를 들고 있다. 증인신문과정을 생략할 수 있게 하는 예외규정이므로, 이들 요건은 매우 엄격히 해석되어야 한다.

70　　㈎ 질 병　　질병이란 진술을 해야 할 자가 공판이 계속되는 동안 임상신문이나 출장신문도 불가능할 정도의 중병을 말한다.[1] 특별한 사정이 없는 한, 출산을 앞두고 있다는 사정은 이에 포함되지 않는다.[2]

71　　㈏ 외국거주　　외국거주란 단순히 외국에 체류하고 있는 상태가 아니라 가능하고 상당한 수단을 다하더라도 국내로 들어오게 하기 어려운 상태를 뜻한다.[3] 외국거주 해당 여부는 통상 소재확인 및 소환장발송 등의 절차를 거쳐 확인하나, 예컨대 참고인이 수사를 받던 중 외국으로 도피·잠적해 자진입국을 기대하기 어렵게 된 경우에는 그러한 절차 없이도 외국거주 요건이 충족된 것으로 본다.[4]

72　　외국에 거주하는 원진술자가 공판정 출석을 거부하는 경우에는, 그 원진술자가 증언 자체를 거부하는 것이 명백한 때가 아닌 한, 우선 국제형사사법공조조약에 따른 증인소환을 검토해 보아야 하고, 그것이 불가능하면 현지법원에 사법공조로 증인신문을 해 줄 것을 요청하는 등의 절차를 거쳐야 한다. 이러한 절차를 전혀 시도하지 않았다면 외국거주로 인정할 수 없다.[5]

1 대법원 2006. 5. 25. 선고 2004도3619 판결.
2 대법원 1999. 4. 23. 선고 99도915 판결.
3 대법원 2008. 2. 28. 선고 2007도10004 판결: 「'외국거주'라 함은 진술을 요할 자가 외국에 있다는 것만으로는 부족하고, 수사과정에서 수사기관이 그 진술을 청취하면서 그 진술자의 외국거주 여부와 장래 출국가능성을 확인하고, 만일 그 진술자의 거주지가 외국이거나 그가 가까운 장래에 출국하여 장기간 외국에 체류하는 등의 사정으로 향후 공판정에 출석하여 진술을 할 수 없는 경우가 발생할 개연성이 있다면 그 진술자의 외국 연락처를, 일시 귀국할 예정이 있다면 그 귀국시기와 귀국시 체류장소와 연락방법 등을 사전에 미리 확인하고, 그 진술자에게 공판정 진술을 하기 전에는 출국을 미루거나, 출국한 후라도 공판진행상황에 따라 일시 귀국하여 공판정에 출석하여 진술하게끔 하는 방안을 확보하여 그 진술자로 하여금 공판정에 출석하여 진술할 기회를 충분히 제공하며, 그 밖에 그를 공판정에 출석시켜 진술하게 할 모든 수단을 강구하는 등 가능하고 상당한 수단을 다하더라도 그 진술을 요할 자를 법정에 출석하게 할 수 없는 사정이 있어야 [한다].」
4 대법원 2002. 3. 26. 선고 2001도5666 판결; 2013. 7. 26. 선고 2013도2511 판결.
5 대법원 2016. 2. 18. 선고 2015도17115 판결.

ⓒ 소재불명　　소재불명이란 가능하고도 충분한 노력을 다하였음에도 **73**
원진술자를 찾지 못한 경우를 말한다. 이는 다음과 같은 경우에 인정된다.

(aa) 법원은 직권 또는 검사·피고인·변호인의 신청에 따라, 경찰서 등 관 **74**
청에 원진술자의 소재파악에 필요한 사항$\binom{\text{주소·현재지, 직장, 가족·친족·친지}}{\text{의 성명·주소, 행선지와 그 연월일 등}}$을 조사해
회보하게 할 수 있다$\binom{\text{제272}}{\text{조}}$. 이러한 조사를 소재탐지라 한다$\left[\substack{\S 128/28 \\ \text{참조}}\right]$. 소재탐지
에도 불구하고 증인의 행방이 파악되지 않고$\binom{\text{소재탐지불능보고}}{\text{서가 제출된 경우}}$, 기록상 드러난 주
소나 전화번호로 연락하는 등 가능하고도 충분한 노력을 다하였음에도 끝내
증인의 소재를 알아내지 못한 경우에는 소재불명으로 인정된다.[1] 판례 중에
는 소재탐지불능보고서가 제출된 사안에서 진술조서에 기재된 휴대전화번호
와 집전화번호로 연락을 취해 보는 등 증인출석을 위해 상당한 노력을 기울
였어야 함에도 그런 노력을 한 사정이 보이지 않는다는 이유로 소재불명을
부인한 예[2]가 있다.

(bb) 소재탐지에 성공해 구인장이 발부되기는 하였으나 그 집행을 위한 **75**
가능하고도 충분한 노력을 다하였음에도 끝내 증인을 출석시키지 못한 경우
에도 소재불명을 인정할 수 있다.[3] 주민등록상 주소와 다른 실거주지가 파
악된 때에는 그 실거주지를 기재해 구인장을 발부해야 하고, 증인에게 연락
해 법정에 출석할 의사가 있는지 확인하고 증인의 법정출석의무와 각종 증인
보호조치 등에 관해 설명하는 방법으로 출석을 적극적으로 권유·독려하는
등 증인의 법정출석을 위한 상당한 노력을 기울여야 한다.[4]

(cc) 가령 i) 소재탐지촉탁을 하지 않은 경우, ii) 소재탐지를 하였으나 회 **76**
보가 도착하지 않은 경우,[5] iii) 주소지 아닌 곳에 소환장을 보내어 송달불능
되자 그곳을 중심으로 소재탐지를 하여 소재불능회보를 받은 경우[6]에는 소
재불명을 인정할 수 없다.

ⓓ 그 밖의 사유　　제314조의 '그 밖에 이에 준하는 사유'란 원진술자가 **77**

---

1 대법원 1990. 4. 10. 선고 90도246 판결; 1995. 6. 13. 선고 95도523 판결; 1995. 12. 26. 선고
　95도2340 판결; 1997. 7. 11. 선고 97도1097 판결; 2013. 4. 11. 선고 2013도1435 판결.
2 대법원 2013. 4. 11. 선고 2013도1435 판결.
3 대법원 1986. 2. 25. 선고 85도2788 판결; 1989. 6. 27. 선고 89도351 판결; 1995. 6. 13. 선고
　95도523 판결.
4 대법원 2007. 1. 11. 선고 2006도7228 판결.
5 대법원 1985. 2. 26. 선고 84도1697 판결; 1996. 5. 14. 선고 96도575 판결.
6 대법원 1979. 12. 11. 선고 79도1002 판결; 1973. 10. 31. 선고 73도2124 판결.

사망·질병·소재불명 상태에 있지는 않지만 공판정에서 증거가치 있는 진술
을 하는 것이 사실상 불가능하다고 인정되는 경우를 말한다. 대표적 예로는
기억력이나 분별력의 상실을 들 수 있다.

78   대법원은 증인이 노인성 치매로 기억을 잃어 진술할 수 없었던 사안,[1]
증인이 6세 남짓의 유아로서 기억이 나지 않는다는 취지로 진술한 사안[2]에
서는 진술불능을 인정하였으나, 약 10세의 피해자가 만 5세 무렵에 당한 성
추행으로 인해 외상 후 스트레스 증후군이 있어 공판정에 출석하지 못한 사
안에서는 진술불능을 인정하지 않았다.[3] 또한, 증인이 증언을 거부하는 경우
정당한 증언거부권의 존부와 관계없이 진술불능을 인정할 수 없다고 한다.[4]

79   ㈑ 특신상태   진술조서에 기재된 진술은 '특히 신빙할 수 있는 상태',
이른바 특신상태에서 이루어진 것이어야 한다(제312조 제4항 단서, 제314조 단서). 이는 조서작성
당시 진술내용이나 조서작성에 허위개입의 여지가 거의 없고 그 진술내용의
신빙성이나 임의성을 담보할 구체적인 외부적 정황이 있는 상태를 말한다.[5]

80   소재불명 등으로 인한 진술불능의 경우(제314조)에는 원진술자의 말을 전혀
들을 수가 없으므로 특신상태의 존부를 특히 엄격히 판단해야 한다. 판례도
이때 특신상태의 증명은 단지 개연성이 있는 정도를 넘어 합리적인 의심의
여지를 배제할 정도에 이르러야 한다는 입장이다.[6]

81   대법원이 진술불능사안에서 특신상태를 부인한 예로는 i) 소재불명인 참

1 대법원 1992. 3. 13. 선고 91도2281 판결.
2 대법원 2006. 4. 14. 선고 2005도9561 판결; 1999. 11. 26. 선고 99도3786 판결.
3 대법원 2006. 5. 25. 선고 2004도3619 판결.
4 대법원 2012. 5. 17. 선고 2009도6788 (全)판결.
   대법원 2019. 11. 21. 선고 2018도13945 (全)판결:「정당하게 증언거부권을 행사한 것인지 여
   부는 피고인과는 상관없는 증인의 영역에서 일어나는 문제이고, 피고인으로서는 증언거부권이
   인정되는 증인이건 증언거부권이 인정되지 않는 증인이건 상관없이 형사소송법이 정한 반대신
   문권이 보장되어야 한다. 증인의 증언거부권의 존부라는 우연한 사정에 따라 전문법칙의 예외
   규정인 제314조의 '그 밖에 이에 준하는 사유로 인하여 진술할 수 없는 때'의 해당 여부가 달
   라지는 것은 피고인의 형사소송절차상 지위에 심각한 불안정을 초래한다. 더구나 사안에 따라
   서는 증인의 증언거부에 정당한 이유가 있는지를 명확히 판별하기 쉽지 않은 경우도 있으므
   로, 증인이 정당하게 증언거부권을 행사했는지 여부에 따라 증인의 수사기관 조서의 증거능력
   에 관한 판단을 달리하는 것은 형사소송절차의 안정마저 저해할 우려가 있다. 다만 피고인이
   증인의 증언거부 상황을 초래하였다는 등의 특별한 사정이 있는 경우에는 제314조의 적용을
   배제할 이유가 없다.」
5 대법원 2014. 8. 26. 선고 2011도6035 판결.
6 대법원 2014. 2. 21. 선고 2013도12652 판결.

고인에 대한 진술조서가 두 개 이상인데 각 조서에 기재된 진술이 서로 모순
되는 경우,[1] ii) 소재불명된 참고인이 참고인조사시에 주취상태에서 인적사
항을 모두 거짓으로 진술하고 수사기관 또한 그 신분을 제대로 확인하지 않
은 경우,[2] iii) 참고인이 범행을 정식으로 고소하지 않고 개인적으로 아는 사
이인 경찰관과 함께 범인을 찾으러 다니다가 실패한 후 6개월이 지나 그 경
찰관으로부터 범인이 잡혔다는 연락을 받고서 비로소 수사기관에 출석해 참
고인조사를 받은 후 소재불명된 경우,[3] iv) 참고인이 피고인으로부터 강간당
하였다고 고소하여 조사를 받았으나, 강간이 있었다는 일시 이후에도 계속
피고인의 종업원으로 1개월 이상 일한 사정이 보이고 참고인조사 이후 아무
런 연락수단도 남기지 않은 채 가출해 종적이 묘연해진 경우,[4] v) 조서에는
구성요건해당사실을 뒷받침하는 진술이 기재되어 있으나 영상녹화물에 나타
난 진술에는 그러한 내용이 없는 경우[5] 등이 있다.

  (2) 적용범위

  ㈎ 공범 아닌 자에 대한 피의자신문조서   공범 아닌 제3자에 대한   **82**
피의자신문조서는 당해 피고인에 대한 관계에서는 참고인진술조서와 같은 성
격을 지니므로 제312조 제4항 및 제314조에 따라 그 증거능력을 판단한다.
가령 공범 아닌 공동피고인이 자신의 피의자신문조서에 관해 공판정에서 그
내용을 부인하고 진정성립도 인정하지 않을 경우, 그 피의자신문조서는 그 공
동피고인 본인에 대한 관계에서는 물론($^{제312조}_{제3항}$) 당해 피고인에 대한 관계에서도
증거능력이 없다. 그 공동피고인이 진술거부권을 행사하더라도 당해 피고인에
대한 관계에서 제314조의 진술불능요건이 구비된 것으로 볼 수 없다.[6]

  ㈏ 피의자신문조서 중 신뢰관계자 진술기재부분   신체적 · 정신적 장애로   **83**
인해 사물변별능력이나 의사결정능력이 미약한 피의자를 신뢰관계자 동석
하에 신문한 경우($^{제244조}_{의5}$)[$^{§71/11}_{참조}$], 그 피의자신문조서 중 동석자가 피의자를 대
신해 진술한 내용이 기재된 부분은 진술조서의 실질을 갖는다. 따라서 제312

---

1 대법원 1976. 12. 28. 선고 76도3727 판결; 1986. 2. 25. 선고 85도2788 판결.
2 대법원 1987. 3. 24. 선고 87도81 판결.
3 대법원 1995. 12. 26. 선고 95도2340 판결.
4 대법원 1999. 4. 23. 선고 98도1923 판결.
5 대법원 2014. 8. 26. 선고 2011도6035 판결.
6 대법원 2013. 6. 13. 선고 2012도16001 판결.

조 제4항, 제314조에 따라 증거능력을 판단한다.[1]

84　　　(다) 수사과정에서 작성된 참고인진술서　　피고인 아닌 자가 수사과정에서 작성한 진술서의 증거능력은 진술조서와 마찬가지로 제312조 제4항, 제314조에 따라 판단한다(제312조 제5항).[2] 따라서 피고인 아닌 자가 수사관서에 출석해 진술서를 작성해 제출한 경우에는 그가 수사관서에 도착한 시각, 진술서 작성의 시작·종료시각, 그 밖에 진술서 작성과정의 진행경과를 확인하기 위해 필요한 사항을 그 진술서에 기록하거나 별도의 서면에 기록한 후 수사기록에 편철해야 한다(제244조의4 제3항, 제1항). 그러한 기록이 없다면 그 진술서는「적법한 절차와 방식」에 따라 작성된 것으로 볼 수 없으므로 증거동의[§119/20 참조]가 없는 이상 제310조의2에 의해 증거능력이 부정된다.[3]

4. 수사기관의 검증조서

85　　　(1) 증거능력 인정요건　　증거동의 없는 수사상 검증조서의 증거능력 인정요건에 관해서는 제312조 제6항(검사 또는 사법경찰관이 검증의 결과를 기재한 조서는 적법한 절차와 방식에 따라 작성된 것으로서 공판준비 또는 공판기일에서의 작성자의 진술에 따라 그 성립의 진정함이 증명된 때에는 증거로 할 수 있다), 제314조 본문(「제312조 … 의 경우에 공판준비 또는 공판기일에 진술을 요하는 자가 사망·질병·외국거주·소재불명 그 밖에 이에 준하는 사유로 인하여 진술할 수 없는 때에는 그 조서 … 를 증거로 할 수 있다) 및 단서(「다만, 그 진술 또는 작성이 특히 신빙할 수 있는 상태하에서 행하여졌음이 증명된 때에 한한다」)에서 규정하고 있다. 그 내용을 종합하면, 그러한 검증조서는 i) 적법한 절차와 방식에 따라 작성되고 ii) 그 작성자인 수사기관이 공판정에 나와 진정성립을 인정하거나(제312조 제6항), 진술불능·특신상태가 증명된 때에 한해(제314조) 증거능력이 인정된다. 이와 달리 법원의 검증조서는 제311조 또는 제315조 제3항에 따라 당연히 증거능력이 있다. 후술한다[§119/125 참조].

86　　　(가) 적법한 절차와 방식　　「적법한 절차와 방식」의 의미는 앞서 본 바와

1　대법원 2009. 6. 23. 선고 2009도1322 판결:「동석한 사람으로 하여금 피의자를 대신해 진술하도록 하여서는 아니되는 것이고, 만약 동석한 사람이 피의자를 대신하여 진술한 부분이 조서에 기재되어 있다면 그 부분은 피의자의 진술을 기재한 것이 아니라 동석한 사람의 진술을 기재한 조서에 해당하므로 그 사람에 대한 진술조서로서의 증거능력을 취득하기 위한 요건을 충족하지 못하는 한 이를 유죄인정의 증거로 사용할 수 없는 것이다.」

2　대법원 2022. 10. 27. 선고 2022도9510 판결:「'수사과정에서 작성한 진술서'란 수사가 시작된 이후에 수사기관의 관여 아래 작성된 것이거나, 개시된 수사와 관련하여 수사과정에 제출할 목적으로 작성한 것으로, 작성 시기와 경위 등 여러 사정에 비추어 그 실질이 이에 해당하는 이상 명칭이나 작성된 장소 여부를 불문한다. … 경찰관이 입당원서 작성자의 주거지·근무지를 방문하여 입당원서 작성경위 등을 질문한 후 진술서 작성을 요구하여 이를 제출받은 이상 제312조 제5항이 적용되어야 한다.」

3　대법원 2015. 4. 23. 선고 2013도3790 판결.

같다[§119/48 참조]. 이를테면 영장주의를 위반한 검증절차에서 작성된 검증조서는 제312조 제6항의 「적법한 절차와 방식」을 위반한 것일 뿐 아니라 제308조의 2의 「적법한 절차」를 위반한 증거이기도 하므로 증거동의 유무와 상관없이 증거능력이 없다. 반면, 간인·천공 등(제57조 제2항)이 누락된 검증조서의 경우 「적법한 절차와 방식」을 따르지 않은 것에 그치고 위법수집증거라고까지 할 것은 아니므로, 피고인의 증거동의가 있으면 증거능력을 인정할 수 있다.

(ⁿ) 증인신문절차에서의 진정성립 증명　　원칙적으로 검증조서의 작성자가   87
증인으로 출석해 그 진정성립을 인정하는 진술을 해야 한다(제312조 제6항). '작성자' 란 해당 검증조서의 작성명의자를 뜻하므로 검증에 단순히 참여하기만 한 경찰관의 진술만으로는 진정성립을 증명할 수 없다.[1] 작성자의 공판정 진술로 진정성립이 증명되기만 하면 족하고 따로 특신상태는 요구되지 않는다. 이 점에서 진술조서의 경우와는 차이가 있다[§119/79 참조].

(ᵈ) 진술불능·특신상태　　작성자가 증인으로 출석할 수 없을 때에는 작   88
성자의 진술불능상태 및 검증조서 작성 당시의 특신상태가 증명되어야 한다 (제314 조). 진술불능 및 특신상태의 의미는 앞서 설명한 바와 같다[§119/69 참조].

(2) 적용범위

(ᵃ) 실황조사서, 검시조서, 음주측정서, 압수조서 등　　수사상 검증이란 수   89
사기관이 그 결과를 증거로 남길 목적으로 오관을 통해 사물을 인식하는 행위를 뜻한다[§76/3 참조]. 따라서 이러한 인식작용을 기록한 서류의 증거능력은 그 표제가 '검증조서'가 아니더라도 제312조 제6항에 따라 판단해야 한다. 교통사고·화재·산업재해 등이 발생한 장소에서의 조사결과를 기재한 실황조사서, 변사체를 검시한 결과를 기재한 검시조서, 음주운전 단속현장에서 작성한 음주측정서 중 알콜농도 검사결과 기재부분 등이 이에 포함된다.

압수조서 작성을 위해 압수물의 성질·형상을 관찰하는 것도 일종의 검   90
증이므로, 압수조서 중 압수물의 성상을 기록한 부분은 검증의 결과를 기재한 조서의 성격을 갖는다고 할 수 있다. 따라서 증거동의가 없을 경우 그 작성자가 증인으로 출석해 진정성립 인정진술을 해야 증거능력이 인정된다.[2]

(ⁿ) 검증조서 중 진술기재부분　　검증조서 중 피의자나 참고인의 진술   91

1　대법원 1990. 2. 13. 선고 89도2567 판결.
2　대법원 1995. 1. 24. 선고 94도1476 판결.

을 듣고 기록한 부분은 피의자신문조서 또는 진술조서의 성격을 지니므로, 제312조 제6항이 아니라 제1항 내지 제4항에 따라 증거능력을 판단해야 한다. 가령 피의자가 범행을 재연하는 상황을 기재하였거나 그 사진을 첨부한 부분은 성질상 피의자의 수사과정 진술을 기록한 조서라 할 수 있기에,[1] 피고인이 공판정에서 내용을 부인하면 증거능력이 없다($\begin{smallmatrix}제312조 제\\1항, 제3항\end{smallmatrix}$)[$\begin{smallmatrix}§119/50\\참조\end{smallmatrix}$].[2]

92   수사기관이 사적 대화가 녹음된 녹음파일에 대해 검증을 실시하였는데, 검증조서의 취지가 그 녹음된 대화의 내용이 해당 조서에 첨부된 녹취서 기재내용과 같다는 것에 불과한 경우, 그 검증조서에 대한 증거조사로 얻어지는 증거자료는 그 녹음된 대화의 내용이다. 따라서 그 검증조서의 기재 중 해당 대화내용 부분을 증거로 사용하기 위해서는 제313조 제1항, 제2항의 요건을 구비해야 한다. 후술한다[$\begin{smallmatrix}§119/110\\참조\end{smallmatrix}$].[3]

93   ㈐ 검증조서에 첨부된 도화·사진   검증조서에 첨부된 도화나 사진의 증거능력은 검증조서와 일체로 판단한다는 것이 일반적 관점이다.[4] 그러나 전문법칙 관련 규정들은 '진술'에만 적용되는 것이므로, 도화나 사진은 그것이 진술증거인 경우($\begin{smallmatrix}예를 들어 범행재연\\행동을 촬영한 사진\end{smallmatrix}$)가 아닌 한 제310조의2의 적용대상이 아니라고 보아야 한다. 즉, 그러한 사진은 진정성이 없거나[$\begin{smallmatrix}§117\\참조\end{smallmatrix}$] 위법수집증거 등에 해당하는 경우가 아닌 이상[$\begin{smallmatrix}§118\\참조\end{smallmatrix}$] 증거능력이 인정된다.

94   ㈑ 인식작용의 결과를 기재한 수사보고서   수사기관이 수사의 경과 및 결과를 상사에게 보고하기 위해 작성한 내부보고서를 수사보고서라 한다. 표제가 '수사보고서'인 것에 한정되지 않으며, 수사의 경과와 결과를 기재한 것인 한 '수사결과보고서', '검거보고서', '범죄인지서', '수사복명서' 등 일체의 서류가 모두 이에 해당한다.

95   수사보고서에 오관으로 사물을 인식한 결과를 기재한 부분이 있더라도 이는 제312조 제6항에서 말하는 「검증의 결과를 기재한 조서」에 해당한다고 할 수 없다. 검증이란 '그 결과를 증거로 남길 목적으로 행하는 인식작용'을 말하고 이에 따라 만들어진 증거가 바로 검증조서인바, 수사보고서는 단지

---

1 대법원 1989. 12. 26. 선고 89도1557 판결.
2 대법원 1984. 5. 29. 선고 84도378 판결; 1989. 12. 26. 선고 89도1557 판결; 1998. 3. 13. 선고 98도159 판결; 2006. 1. 13. 선고 2003도6548 판결.
3 대법원 2001. 10. 9. 선고 2001도3106 판결.
4 제요(Ⅰ) 485쪽.

내부보고 목적의 서류에 불과하므로 여기에 기록할 목적으로 한 인식작용을
'증거로 남길 목적' 하의 것이라 보기는 어렵다.[1] 대법원도 그러한 기재부분
은 검증조서로 볼 수 없어 제312조 제6항의 적용대상이 되지 않는다고 한
다.[2] 이 경우 아래에서 설명하는 제313조의 적용대상도 될 수 없으므로
[§119/112 참조], 증거동의가 없는 이상 제310조의2에 의해 증거능력이 부인된다.

5. 진술서·진술기재서

(1) 의 의　　　제313조는 사적 상황에서 작성한 진술서 및 진술기재서　　96
의 증거능력에 관해 규정하고 있다. 먼저, i) 진술서란 사람이 자신의 의사,
사상, 관념, 판단을 기록한 서류로, 여기에는 수사과정에서 작성된 것과 사적
상황에서 작성된 것이 있다. 제313조가 규율하는 것은 후자에 한정되고, 전
자는 제312조 제5항에 따라 규율된다. 다음으로 ii) 진술기재서($^{또는\ 진술}_{녹취서}$)란 다
른 사람($^{원진}_{술자}$)의 말을 듣고 그 내용을 기록한 서면으로서, 그 작성자가 수사기
관이 아닌 일반인이라는 점에서 진술조서와 구별된다. 메모나 일기장·비망
록, 사인인 의사가 작성한 진단서, 공증인이 작성한 각종 문서, 피해자가 수
사기관에 제출한 고소장,[3] 법인의 의사록·회의록, 전문직 종사자의 상담일
지, 대화상대방의 말을 녹음한 파일, 카카오톡 등으로 주고받은 문자메시지,
인터넷 게시판이나 개인 홈페이지·블로그 등의 게시글 등은 제313조의 진술
서 또는 진술기재서에 해당한다.

증거동의 없는 진술서·진술기재서의 증거능력 인정요건으로, 제313조　　97
는 공통적으로 원진술자가 공판정에 출석한 상태에서 진정성립이 증명될 것
을 요구한다. 그리고 원진술자가 피고인이 아닌 경우에 한해, 진술불능시의
증인신문절차 생략에 관한 제314조가 적용된다. 이하에서는 i) 피고인 아닌
자(제3자)가 작성한 진술서, ii) 제3자의 진술을 기록한 진술기재서, iii) 피고
인이 작성한 진술서, iv) 피고인의 진술을 기록한 진술기재서 순으로 증거능력
인정요건을 설명한다.

제313조 제1항 및 제2항의 문언은 ($^{입법기술적\ 미}_{숙함으로\ 인해}$) 주어와 서술어 간의 관계가 불분명　　98

1　나기업, "형사절차에서 검증, 감정 및 필요한 처분의 개념", 사법 제58호(2021), 340쪽.
2　대법원 2001. 5. 29. 선고 2000도2933 판결.
3　대법원 2012. 7. 26. 선고 2012도2937 판결.

하여 다의적 해석의 여지가 있는 복잡한 형태로 되어 있기에, 진술서와 진술기재서
의 증거능력 인정요건에 관한 설명은 문헌마다 천차만별이다. 다양한 해석론을 일
일이 설명하는 것은 지면관계상 여기서는 생략한다.

99   ㈎ 제3자 진술서   피고인 아닌 자가 작성한 진술서로서 증거동의를 받
지 못한 것은 다음의 요건을 갖춰야 증거능력이 인정된다.

100   ⓐ 자필·서명·날인   작성자의 자필이거나 작성자의 서명 또는 날인
이 있는 것이어야 한다. 이 요건은 컴퓨터용디스크 그 밖의 정보저장매체에
저장된 형태의 진술서에 대해서는 요구되지 않는데$\binom{제313조\ 제1}{항\ 본문\ 괄호}$, 그러한 형태의
문서에 대해서는 자필이나 서명·날인을 상정할 수 없기 때문이다. 자필·서명·
날인에 갈음하는 본인확인방법$\binom{즉,\ 작성자를\ 특정할\ 수\ 있는\ 아이디·패스워드,\ IP}{주소,\ 보안로그\ 기록,\ 해시값,\ 메타데이터\ 등의\ 확인}$을 요구함
이 입법론적으로 바람직하다는 지적이 있다.[1]

   ⓑ 진정성립 또는 진술불능·특신상태의 증명

101   (aa) 증인신문절차에서의 진정성립 증명   작성자가 공판정에서 진정성
립을 인정하는 진술을 하면 증거능력이 부여된다$\binom{제313조}{제1항\ 본문}$. 진정성립을 부인
하는 경우에도, i) 과학적 분석결과에 기초한 디지털포렌식 자료, 감정 등
객관적 방법으로 성립의 진정함이 증명되고, ii) 피고인 또는 변호인이 공판
정에서 그 기재내용에 관해 작성자를 신문할 수 있었던 경우에는 그 진술서
의 증거능력이 인정된다$\binom{같은\ 조}{제2항}$. 신문기회가 부여되면 족하고 실제로 신문이
이뤄져야 하는 것은 아니다.

102   (bb) 진술불능·특신상태의 증명   i) 작성자가 사망·질병·외국거주·
소재불명 그 밖에 이에 준하는 사유로 인해 진술불능상태에 있고, ii) 그 진
술서가 특히 신빙할 수 있는 상태 하에서 작성되었음이 증명된 경우에는 위
와 같은 증인신문 없이도 해당 진술서의 증거능력을 인정할 수 있다$\binom{제314}{조}$.
진술불능 및 특신상태의 의미는 앞서 설명한 바와 같다$\left[\substack{§119/69 \\ 참조}\right]$.[2]

---

1 김정한, "형사소송법 제313조 개정 유감", 형사법의 신동향 제53호(2016), 66쪽; 오기두, "피고
   인의 공판정 진술과 전자문서의 진정성립", 사법 제24호(2013), 165쪽.

2 대법원 2016. 10. 13. 선고 2016도8137 판결: 「공소외 1은 프랑스에 거주하고 있고 ○○○연
   대의 총책으로 피고인들에 대한 공소사실 중 ○○○연대 구성에 의한 국가보안법위반(이적단
   체의구성등) 부분의 공동정범에 해당하기 때문에 법원으로부터 소환장을 송달받는다고 하더라
   도 법정에 증인으로 출석할 것을 기대하기 어렵다고 봄이 상당하므로, 법원이 그의 소재확인,
   소환장발송 등의 조치를 다하지 않았다고 하더라도 제314조의 '외국거주' 요건이 충족되었다고
   할 수 있다. 또한 이 사건 이메일은 공소외 1이 피고인들을 비롯한 ○○○연대의 핵심조직원

(나) 제3자 진술기재서　　　사적 상황에서 피고인 아닌 자의 진술을 기재한　　**103**
서류는, i) 원진술자의 서명 또는 날인이 있고($\binom{정보저장매체에\ 저장된}{형태인\ 경우에는\ 불필요}$) ii) 원진술자
가 공판정에서 진정성립을 인정하는 진술을 하거나($\binom{제313조}{제1항\ 본문}$) 원진술자의 진술
불능 및 원진술의 특신상태가 증명된 경우($\binom{제314}{조}$)에 한해 증거능력이 있다. 진
술서와 달리, 진술기재서는 원진술자가 공판정에서 진정성립을 부인하면 증
거능력이 부정되며, 과학적 방법으로 진정성립 증명을 대체할 수 없다.

(다) 피고인 진술서　　　피고인이 작성한 진술서로서 증거동의가 없는 것은　　**104**
다음의 요건을 갖춰야 증거능력이 인정된다.

(a) 자필·서명·날인　　　피고인의 자필이거나 피고인의 서명 또는 날인이　　**105**
있어야 한다. 정보저장매체에 저장된 형태인 경우 이 요건은 별도로 문제되
지 않는다.

(b) 진정성립 증명　　　i) 피고인이 공판정에서 진정성립을 인정하는 진술　　**106**
을 한 경우에는 증거능력이 있다($\binom{제313조\ 제}{1항\ 본문}$). 피고인이 진정성립을 부인하는 경우
에도, ii) 과학적 분석결과에 기초한 디지털포렌식 자료, 감정 등 객관적 방법
으로 진정성립이 증명될 경우에는 증거능력이 인정된다($\binom{같은\ 조\ 제}{2항\ 본문}$).

i) '과학적 분석결과에 기초'하였다는 것은 자격 있는 전문가에 의해 현재 일반적으　　**107**
로 통용되는 학문적 수준에 입각한 분석 도구와 수단을 적용했음을 의미한다.[1] ii)
'디지털포렌식(digital forensic)'이란 디지털 저장매체를 탐색·획득하여 컴퓨터기술
로 분석함으로써 그에 저장된 디지털증거를 수집하고 보관하는 일련의 전문적 작
업, 즉 감춰지거나 삭제된 데이터정보를 분석하여 증거로 제출하기 위해 컴퓨터 미
디어를 조사하는 작업을 말한다. iii) 객관적 방법이란 과학기술적 방법, 특히 컴퓨
터과학에 기반한 방법을 가리킨다.[2] 목격자진술도 이에 포함될 수 있다는 견해[3]가
있으나, 찬성하기 어렵다.[4]

(라) 피고인 진술기재서　　　피고인의 진술을 기재한 서류는 i) 원진술자인　　**108**

들에게 구체적인 활동내용 또는 활동방향을 지시하는 조직 내부의 의사소통 수단인 점, 공소
외 1이 수신자를 특정한 점 등에 비추어 보면 제314조의 '그 작성이 특히 신빙할 수 있는 상태
에서 행하여졌음이 증명된 때'에도 해당된다.」

1　상세히는 오기두, "전자진술서의 증거능력", 사법 제38호(2016), 367쪽 이하 참조.

2　오기두, 위의 논문, 373쪽.

3　박민우, "전문증거 증거능력 인정요건의 변화와 이로 인한 새로운 문제에 대한 검토", 형사정
책연구 제27권 제3호(2016), 111쪽.

4　김정한, "형사소송법 제313조 개정 유감", 형사법의 신동향 제53호(2016), 81쪽.

피고인의 서명 또는 날인이 있고(정보저장매체에 저장된
형태인 경우에는 불필요) ii) 원진술자인 피고인이
공판정에서 진정성립 인정진술을 한 때에 증거능력이 있다(제313조
제1항 본문).

109   한편, 피고인이 진정성립을 부인하더라도, 그 '작성자'가 공판정에 출석
해 진정성립을 인정하는 진술을 하고 원진술의 특신상태가 증명된 때에는 증
거능력을 인정할 수 있다(제313조
제1항 단서). 이에 관해 피고인의 진정성립 인정진술이
있는 경우에도 특신상태의 증명이 요구된다는 견해가 있는데(이른바
가중요건설),[1] 제
313조 제1항 단서의 문언상 그렇게 해석하기는 어렵다고 본다.[2]

    (2) 적용범위

110   (가) 대화내용의 녹음   사인 간 대화 녹음(녹음테이프,
녹음파일 등)에서 녹음자 자신이
말하는 부분은 진술서의 실질을, 상대방이 말하는 부분은 진술기재서의 실질
을 갖는다.[3] 각각의 경우에 그 증거능력은 앞서 본 요건에 따라 판단한다.
이와 별개로 그 녹음파일·녹음테이프가 원본이거나 인위적 개작이 없는 사
본이어야 함은 물론이다(증거의
진정성)[§117/7
참조].[4]

111   (나) 녹취록   녹취록의 경우 그 기초가 된 녹음파일이나 테이프가 위와
같이 증거능력 있는 것이어야 하고, 그에 더해 녹취록의 기재가 녹음파일이
나 테이프의 내용과 동일하다는 점이 증명되어야 한다. 이처럼 녹취록의 기
재와 원본 녹음의 내용이 같아야 한다는 것을 대법원은 제313조 제1항의 진
정성립의 문제로 다루고 있다.[5] 하지만 이는 진정성립의 문제라기보다 진정

---

1 김인회 509쪽; 손동권/신이철 659쪽; 신양균/조기영 861–862쪽; 임동규 539쪽.

2 배종대/홍영기 365쪽; 이재상 외 2인 701쪽.

3 대법원 1999. 3. 9. 선고 98도3169 판결; 1997. 3. 28. 선고 96도2417 판결; 2005. 2. 18. 선고
   2004도6323 판결.

4 대법원 2012. 9. 13. 선고 2012도7461 판결:「피고인과 상대방 사이의 대화내용에 관한 녹취서
   가 공소사실의 증거로 제출되어 그 녹취서의 기재내용과 녹음테이프의 녹음내용이 동일한지
   여부에 대하여 법원이 검증을 실시한 경우에, 증거자료가 되는 것은 녹음테이프에 녹음된 대
   화내용 그 자체이고, 그중 피고인의 진술내용은 실질적으로 제311조, 제312조의 규정 이외에
   피고인의 진술을 기재한 서류와 다름없어, 피고인이 그 녹음테이프를 증거로 할 수 있음에 동
   의하지 않은 이상 그 녹음테이프에 녹음된 피고인의 진술내용을 증거로 사용하기 위해서는 제
   313조 제1항 단서에 따라 공판준비 또는 공판기일에서 그 작성자인 상대방의 진술에 의하여
   녹음테이프에 녹음된 피고인의 진술내용이 피고인이 진술한 대로 녹음된 것임이 증명되고 나아
   가 그 진술이 특히 신빙할 수 있는 상태하에서 행하여진 것임이 인정되어야 한다. 또한 대화 내
   용을 녹음한 파일 등의 전자매체는 그 성질상 작성자나 진술자의 서명 또는 날인이 없을 뿐만
   아니라, 녹음자의 의도나 특정한 기술에 의하여 그 내용이 편집, 조작될 위험성이 있음을 고려
   하여, 그 대화 내용을 녹음한 원본이거나 원본으로부터 복사한 사본일 경우에는 복사과정에서
   편집되는 등의 인위적 개작 없이 원본의 내용 그대로 복사된 사본임이 입증되어야 한다.」

5 대법원 2010. 3. 11. 선고 2009도14525 판결:「기록에 의하면, 1심에 제출된 피고인과 공소외

성$\left[\substack{\text{§117}\\\text{참조}}\right]$의 문제로 보인다. 녹취록 기재내용과 녹음내용이 동일하다는 증명은 증거조사절차에서 검증$\left[\substack{\text{§124}\\\text{참조}}\right]$의 방법으로 할 수 있다.

　㈐ 수사보고서 중 전화통화내용을 기재한 부분

　　ⓐ 참고인 진술　　　수사보고서 중 정식의 진술조사 없이 전화통화로 참 **112**
고인의 진술을 청취해 그 내용을 기록한 부분에 대해, 판례는 제313조 제1
항의 규정을 적용하고 있다.[1] 이에 따르면 해당 부분은 $\left(\substack{\text{증거동의가 있}\\\text{지 않은 이상}}\right)$ i) 원진술
자인 참고인의 서명 또는 날인이 있고, ii) 그 참고인이 공판정에서 진정성립
을 인정하거나 $\left(\substack{\text{제313조 제}\\\text{1항 본문}}\right)$ 진술불능·특신상태가 증명되어야$\left(\substack{\text{제314}\\\text{조}}\right)$ 증거능력이
인정된다.[2] 그런데 이러한 서류에 참고인의 서명이나 날인이 있는 경우는
사실상 존재하지 않을 것이므로, 결국 피고인이 동의하지 않는 한 증거능력
이 인정될 수 없다. 이 경우 제312조 제4항을 유추적용해야 한다는 견해도
있으나,[3] 검사 또는 사법경찰관 '앞에서' 한 진술, 즉 대면조사절차에서의 진
술을 기재한 조서의 증거능력에 관한 규정인 제312조 제4항을 위 경우에 유
추적용함은 적절치 않다고 본다.

　　ⓑ 피고인 진술　　　수사보고서 중 전화로 피고인의 진술을 청취해 그 **113**
내용을 기록한 부분에 대해서도 대법원은 제313조 제1항을 적용한다. 즉, i)
원진술자인 피고인의 서명 또는 날인이 있고 ii) 피고인이 공판정에서 진정성
립을 인정하면 증거능력이 인정된다$\left(\substack{\text{제313조}\\\text{제1항 본문}}\right)$.[4] 피고인이 진정성립을 부인하
는 경우에도, 그 작성자가 공판정에 출석해 진정성립을 인정하는 진술을 하
고, 원진술 당시의 특신상태가 증명되면 증거능력이 인정된다$\left(\substack{\text{같은 항}\\\text{단서}}\right)$.

　　㈑ 감정서　　　감정의 경과와 결과를 기재한 서류, 즉 감정서의 증거능력 **114**
인정요건은 피고인 아닌 자가 작성한 진술서의 그것과 동일하다$\left(\substack{\text{제313조}\\\text{제3항}}\right)$. 법원

---

1 및 공소외 2의 대화에 관한 위 녹취록은 피고인의 진술에 관한 전문증거인데, 피고인이 위
　녹취록에 대하여 부동의한 이 사건에서, 공소외 1이 위 대화를 자신이 녹음하였고 위 녹취록
　의 내용이 다 맞고 1심 법정에서 진술하였을 뿐 그 이외에 위 녹취록에 그 작성자가 기재되
　어 있지 않을 뿐만 아니라 검사는 위 녹취록 작성의 토대가 된 위 대화내용을 녹음한 원본 녹
　음테이프 등을 증거로 제출하지도 아니하는 등 제313조 제1항에 따라 위 녹취록의 진정성립을
　인정할 수 있는 요건이 전혀 갖추어지지 않았으므로, 원심이 유죄의 자료로 설시한 위 녹취록
　의 기재는 증거능력이 없[다].」

1　대법원 1999. 2. 26. 선고 98도2742 판결; 2007. 9. 20. 선고 2007도4105 판결.
2　대법원 2010. 10. 14. 선고 2010도5610 판결.
3　양동철, "진술서·진술녹취서의 증거능력", 경희법학 제48면 제1호(2013), 438−440쪽.
4　대법원 2011. 9. 8. 선고 2009도7419 판결.

의 감정인[§123/4 참조]이 작성한 감정서는 물론, 수사상 감정수탁자[§78/2 참조]가 작성한 감정서도 마찬가지다. 수인 명의로 작성된 감정서의 경우, i) 여러 명이 같은 부분을 작성했다면 그 진정성립은 작성자 중 한 명만 출석시켜 증명할 수 있는 반면(감정인신문에서의 진정성립 인정진술), ii) 여러 부분을 각자 다른 사람이 작성했다면 증거능력이 필요한 부분별로 해당 작성자를 출석시켜 증명해야 한다.

6. 당연히 증거능력 있는 서류

115   ⑴ 공문서, 업무상 통상문서 등   i) 가족관계기록사항에 관한 증명서, 공정증서등본 기타 공무원 또는 외국공무원의 직무상 증명사항에 관해 작성한 문서(제315조 제1호), ii) 상업장부, 항해일지 기타 업무상 필요로 작성한 통상문서(같은 조 제2호), iii) 기타 특히 신용할 만한 정황에 의해 작성된 문서(같은 조 제3호)는 신용성이 정황적으로 보장되는 전문서류로서 당연히 증거능력이 있다.

116   ㈎ 공무원 등의 직무상 증명사항에 관해 작성한 문서   제315조 제1호의 '기타 공무원 또는 외국공무원의 직무상 증명할 수 있는 사항에 관해 작성한 문서'에는 등기사항증명서, 주민등록등·초본, 인감증명서, 전과조회회보, 가족관계증명서, 신원증명서, 출입국증명원 등이 포함된다. 그 밖에 판례상 인정된 예로는 세관공무원의 범칙물자에 대한 시가감정서,[1] 보건사회부장관의 마약에 대한 시가조사보고서,[2] 외국 세관원 작성의 범칙물건감정서등본과 분석의뢰서 및 분석회답서등본[3] 등이 있다.

117   앞서 언급한 바와 같이 의사가 작성한 진단서에는 본래 제313조 제1항이 적용되나, 군의관이나 공중보건의사 등의 진단서는 그 작성주체가 공무원이기 때문에 제315조 제1호에 따라 당연히 증거능력이 있다.[4]

118   공적 증명이 아니라 의사표시적 행위나 상급자에 대한 보고를 위해 작성된 문서(예컨대 송치의견서, 내부보고용 수사보고서, 검사의 공소장 등)은 제315조 제1호의 서류에 해당하지 않는다.[5]

119   ㈏ 업무상 필요로 작성한 통상문서   상업장부나 항해일지, 진료일지 또는 이와 유사한 금전출납부 등과 같이 범죄사실의 인정 여부와는 관계없이

---

1 대법원 1985. 4. 9. 선고 85도225 판결.
2 대법원 1967. 6. 13. 선고 67도544 판결.
3 대법원 1984. 2. 28. 선고 83도3145 판결.
4 대법원 1972. 6. 13. 선고 72도922 판결.
5 대법원 2007. 12. 13. 선고 2007도7257 판결.

자기에게 맡겨진 사무를 처리한 내역을 그때그때 계속적·기계적으로 기재한 문서는 사무처리 내역을 증명하기 위해 존재하는 문서로서 제315조 제2호에 의해 당연히 증거능력이 인정된다. 일상업무의 처리과정에서 작성된 문서는 업무의 정상적 수행을 위해서도 진실한 내용이 기재될 것이라고 일반적으로 기대할 수 있고, 그 기재가 기계적으로 이루어지기에 허위의 내용이 적힐 우려가 적을 뿐만 아니라, 작성자를 일일이 소환하는 것도 적절치 않다는 점에 근거를 둔 것으로 보인다.[1]

　　제315조 제2호의 서류에 해당하는지 여부는 i) 당해 문서가 정규적·규칙적으로 이루어지는 업무활동으로부터 나온 것인지, ii) 그 문서를 작성하는 것이 일상적 업무관행인지 또는 직무상 강제되는지, iii) 그에 기재된 정보가 그 취득된 즉시 또는 그 직후에 이루어져 정확성이 보장될 수 있는지, iv) 그러한 기록이 비교적 기계적으로 행해지는 것이어서 기록자의 주관이 개입할 여지가 거의 없다고 볼 수 있는지, v) 공시성이 있는 등으로 사후적으로 내용의 정확성을 확인·검증할 기회가 있는지 등을 종합적으로 고려해 판단해야 한다.[2] 대체로 금전출납부, 전표, 통계표, 전산자료, 지출내역장부, 출결부,[3] 진료부 등은 제315조 제2호의 서류에 속한다.　　　　　　　　　120

　　　(다) 기타 특히 신용할 만한 정황에 의해 작성된 문서　　　　제315조 제3호의 '기타 특히 신용할 만한 정황에 의해 작성된 문서'란 제315조 제1호, 제2호의 서류에 준할 정도로 신용성의 정황적 보장이 강력한 문서를 말한다. 공공기록, 정기간행물상의 시장가격표, 스포츠기록, 공무소 작성의 각종 통계와 연감 등이 이에 속한다. 다른 사건에서 작성된 공판조서나 증인신문조서,[4] 구속적부심문조서[5] 등도 여기에 포함된다. 반면, 체포·구속인 접견부는 제315조 제3호의 서류로 볼 수 없다.[6]　　　　　　　　　　121

　　공무원이 단지 의사표시적 행위 또는 상급자 등에 대한 보고를 목적으로 작성한 서류는 앞서 본 바와 같이 제315조 제1호의 서류에 해당하지 않　　122

1　서울고등법원 2015. 2. 9. 선고 2014노2820 판결(판결서 61쪽).
2　대법원 2015. 7. 16. 선고 2015도2625 (全)판결.
3　대법원 2013. 6. 13. 선고 2012도16001 판결.
4　대법원 1965. 6. 22. 선고 65도372 판결; 2005. 4. 28. 선고 2004도4428 판결.
5　대법원 2004. 1. 16. 선고 2003도5693 판결.
6　대법원 2012. 10. 25. 선고 2011도5459 판결.

음은 물론, 제3호의 서류에도 해당하지 않는다.[1] 보험사기사건에서 건강보험심사평가원이 수사기관의 의뢰에 따라 입원진료의 적정성에 대한 의견을 제시하는 내용의 회신서 역시 제315조 제3호의 서류가 아니다.[2]

123   ⑵ 법원 또는 법관의 조서   제311조는「공판준비 또는 공판기일에 피고인이나 피고인 아닌 자의 진술을 기재한 조서와 법원 또는 법관의 검증의 결과를 기재한 조서는 증거로 할 수 있다. 제184조 및 제221조의2의 규정에 의하여 작성한 조서도 또한 같다」고 규정하여, i) 공판조서·공판준비기일조서 [§141/15, §145/1 참조], ii) 법원·법관의 검증조서[§124/15 참조], iii) 증거보전절차에서 작성된 증인신문조서에 대해 당연히 증거능력을 인정하고 있다. 다만 제311조는 당해 사건에서 작성된 조서에만 적용되며, 다른 사건에서 작성된 조서는 앞서 본 바와 같이 제315조 제3호에 따라 증거능력이 인정된다.

124   ㈎ 공판조서·공판준비기일조서   '공판준비 또는 공판기일에 피고인이나 피고인 아닌 자의 진술을 기재한 조서'란 당해 사건의 공판준비기일조서 또는 공판조서 중 피고인, 증인, 감정인, 통역인 등의 진술이 기재된 부분을 말한다. 공판조서의 별지인 증인신문조서나 감정인신문조서 또한 공판조서의 일부를 이루는 것이므로 이에 해당한다. 다만 공판정에서의 진술내용은 그 자체로 증거가 되므로, 제311조에 따라 증거능력이 인정되는 대상은 i) 공판절차가 갱신된 경우 갱신 전 공판조서, ii) 파기환송심의 경우 파기환송 전 공판조서, iii) 이송된 사건의 경우 이송 전 공판조서, iv) 관할위반판결 확정 후 재기소된 사건의 경우 그 재기소 전 공판조서 등이다.

125   ㈏ 법원 또는 법관의 검증조서   법원·법관의 검증조서는 수사기관의 검증조서와 달리 당연히 증거능력이 있다. 수소법원이 공판정에서 검증하는 경우에는 그 검증결과가 곧바로 증거가 되므로, 제311조에 의해 증거능력이 인정되는 검증조서는 수명법관이 주재한 검증절차에서 작성된 검증조서, 공판절차 갱신 전 검증조서, 파기환송·이송 전 검증조서 등을 말한다.

---

1 대법원 2007. 12. 13. 선고 2007도7257 판결.
2 대법원 2017. 12. 5. 선고 2017도12671 판결:「범죄사실의 인정여부와 관련 있는 어떠한 의견을 제시하는 내용을 담고 있는 문서는 제315조 제3호에서 규정하는 당연히 증거능력이 있는 서류에 해당한다고 볼 수 없[다]」

검증조서 중 다른 전문증거의 내용을 지득한 것이 기재된 부분은, 해당   **126**
유형의 전문증거에 관한 증거능력 인정요건까지 구비해야 증거능력이 있다.
가령 검증조서 중 피고인 아닌 자의 공판정 외 진술을 녹음한 테이프를 청취
해 그 내용을 기재한 부분은, ($\substack{\text{해당 녹음테이프가 원본이거나}\\\text{인위적 개작 없는 사본임을 전제로}}$) i) 원진술자가 공판정
에 출석해 그 진정성립을 인정하는 진술을 하거나($\substack{\text{제313조 제}\\\text{1항 본문}}$), ii) 원진술자의
진술불능 및 원진술의 특신상태가 증명되어야($\substack{\text{제314}\\\text{조}}$) 증거능력이 인정된다.[1]
물론, 그 검증의 목적이 녹음테이프에 기록된 진술의 내용 자체를 증거자료
로 삼으려는 것이 아닌 경우($\substack{\text{가령 목소리나 말투를 통해 진술자의 정}\\\text{신상태를 확인하고자 검증을 시행한 경우}}$)에는 그러한 요건을
갖출 필요가 없다.[2]

  ㈐ 증거보전 등 절차에서 작성된 조서   제1회 공판기일 전 증거보전절차(**127**
$\substack{\text{제184}\\\text{조}}$) 또는 수사상 증인신문절차($\substack{\text{제221}\\\text{조의2}}$)에서 작성된 조서[$\substack{\text{§72/22.}\\\text{§83/8 참조}}$]는 제311조에
따라 당연히 증거능력이 있다. 법관이 직접 주재한 절차에서 작성된 조서라
는 점에서 신용성이 강하게 보장되므로[$\substack{\text{§119/41}\\\text{참조}}$] 공판조서에 준하는 취급을 받
는 것이다.

  공판 전 증거보전은 압수·수색·검증·감정으로 서증 또는 물증을 확보   **128**
하고 증인신문을 통해 중요참고인의 진술을 획득하는 데 그 목적이 있으므
로, 제311조 또한 압수·수색·검증·감정의 결과 및 증인의 진술이 기재되어
있는 부분에만 적용된다. 예컨대 증인신문조서 중 공범이 증인으로서 증언한
내용이 담겨 있는 부분은 당해 피고인에 대해 제311조에 따라 증거능력이 인
정되나,[3] 피고인이 반대신문과정에서 자신의 범행을 시인하는 전제하에 공
범에게 질문하는 내용부분은 그렇지 않다. 그 부분은 피고인의 증거동의가
없는 이상 증거능력이 없다.[4]

7. 전문진술

  ⑴ 증거능력 인정요건   제316조는 공판정에서 이루어지는 전문증언의   **129**
증거능력에 관해 규율하고 있다. 이에 따르면, 피고인 아닌 자의 공판준비 또
는 공판기일에서의 진술은 i) 피고인의 진술을 그 내용으로 하는 때에는 그

---

1 대법원 1996. 10. 15. 선고 96도1669 판결; 1997. 3. 28. 선고 96도2417 판결.
2 대법원 2008. 7. 10. 선고 2007도10755 판결.
3 대법원 1988. 11. 8. 선고 86도1646 판결.
4 대법원 1984. 5. 15. 선고 84도508 판결.

진술이 특신상태하에서 행해졌음이 증명된 경우에 한해 증거능력이 있고, ii) 피고인 아닌 타인의 진술을 그 내용으로 하는 때에는 원진술자가 사망, 질병, 외국거주, 소재불명 그 밖에 이에 준하는 사유로 인해 진술할 수 없고 그 진술이 특신상태하에서 행해졌음이 증명된 경우에 한해 증거능력이 있다.

130   법문상 근거는 없으나 대법원은 전문증언도 증거동의대상으로 취급하고 있음을 앞서 보았다[$\frac{§119/31}{참조}$]. 이에 실무상 제316조의 요건은 피고인이 이를 증거로 함에 부동의한 때에 비로소 검토된다.[1]

131   ⑺ 피고인의 진술을 내용으로 하는 증언   피고인의 원진술을 내용으로 하는 공판정 내 진술은 그 원진술의 특신상태가 증명된 때에 한해 증거능력이 인정된다($\frac{제316조}{제1항}$). 증언의 내용이 피고인의 진술을 내용으로 하는 경우에는 해당 증인에 대해 원진술자인 피고인이 반대신문권을 행사할 수 있으므로 증거능력을 부여하는 것이다. 제316조 제1항의 '피고인의 진술'이란 수사 전의 진술이든 피의자 또는 참고인의 지위에서 한 진술이든 관계없이 '당해 피고인'이 과거에 했던 모든 진술을 가리키며, 공동피고인의 진술은 이에 포함되지 않는다. 특신상태의 의미는 제314조의 그것과 동일하다[$\frac{§119/79}{참조}$].[2]

132   ⑻ 제3자의 진술을 내용으로 하는 증언   피고인 아닌 타인의 원진술을 내용으로 하는 법정증언은 i) 그 타인의 진술불능상태 및 ii) 원진술의 특신상태가 증명된 경우에 한해 증거능력이 있다($\frac{제316조}{제2항}$). 증언의 내용이 피고인의 진술을 내용으로 하는 경우와는 달리 원진술자의 반대신문권 행사가 불가능하므로, 원진술자의 진술불능·특신상태의 증명을 요구하는 것이다. 여기서 '피고인 아닌 타인'에는 공범이나 공동피고인도 포함된다.[3] 진술불능·특신상태의 내용은 제314조의 그것과 같다[$\frac{§119/69}{참조}$]. 원진술자가 공판정에 증인으로 출석해 있는 때에는 진술불능이 인정될 수 없다.

    ⑵ 적용범위

133   ⑺ 조사자증언   제316조의 '피고인 아닌 자'에는 공소제기 전에 피고인을 피의자로 조사했거나 그 조사에 참여했던 자($\frac{사법경찰}{관리}$)가 포함된다. 이러한 자의 법정진술을 조사자증언이라 한다.

---

1 대법원 1983. 9. 27. 선고 83도516 판결; 2000. 3. 10. 선고 2000도159 판결.
2 대법원 2004. 4. 27. 선고 2004도482 판결.
3 대법원 2011. 11. 24. 선고 2011도7173 판결.

조사자증언으로 인용되는 피고인의 원진술에 대해서는 특신상태의 존부 **134**
를 특히 엄격히 심사해야 한다.[1] 대법원은 자백이 체포상태에서 변호인 입
회 없이 이루어졌고 그 원진술의 경위나 과정에 관해 피고인이 공판정에서
치열하게 다툰 사안[2]에서 특신상태를 부인한 바 있다.

　㈏ 제3자의 진술을 내용으로 하는 피고인의 진술　　　　피고인의 공판정 **135**
진술이 피고인 아닌 타인의 진술을 내용으로 하는 경우에도 제316조 제2항
이 유추적용된다는 것이 일반적 시각이다.[3] 그러나 기본적으로 증거능력이
란 '피고인에게 불이익한 것을 증명할 수 있는 법률상의 자격'을 의미하는바,
이를 규율하는 모든 규범은 오직 검사가 제출한 증거로서 피고인에게 불리한
것에만 적용된다[$\left[\substack{\S114/10 \\ 참조}\right]$]. 피고인이 자신의 이익을 위해 타인의 진술내용을 원
용하는 경우, 법원은 단지 증명력만을 판단해야 한다.[4]

　㈐ 진술서류 중 전문진술 기재부분　　　　대법원은 전문진술이 기재된 서 **136**
류에 대해 제316조를 유추적용하는 입장이다. 이에 따르면, 진술서류 중 전
문진술 기재부분은 제311조 내지 제315조의 요건과 제316조에서 정하는 요
건을 모두 구비해야 증거능력이 있다. 가령 전문진술이 기재된 참고인진술조
서로서 증거동의가 없는 것은, 기본적으로 그 참고인에 대한 증인신문에서
진정성립이 증명되었거나($\substack{제312조 \\ 제4항}$) 그 참고인의 진술불능상태 및 참고인진술의
특신상태가 증명될 것을 전제로($\substack{제314 \\ 조}$), i) 피고인의 원진술을 인용하는 부분은
그 원진술의 특신상태가 증명되어야 증거능력이 있고($\substack{제316조 \\ 제1항}$),[5] ii) 피고인 아
닌 자의 원진술을 인용하는 부분은 그 원진술자의 진술불능상태[$\left[\substack{\S119/69 \\ 참조}\right]$] 및 원
진술의 특신상태[$\left[\substack{\S119/79 \\ 참조}\right]$]가 증명되어야 증거능력이 있다($\substack{같은 조, \\ 제2항}$).[6]

1　조기영, "증거재판주의와 새로운 증명방법의 증거능력", 동아법학 제66호(2013), 438쪽; 대구
　　고등법원 2022. 12. 22. 선고 2022노331 판결.

2　대법원 2012. 10. 25. 선고 2011도5459 판결: 「피고인을 조사하였던 경찰관 공소외인의 원심
　　법정진술은 '피고인이 이 사건 공소사실 기재와 같은 범행을 저질렀다'는 피고인의 진술을 그
　　내용으로 하고 있는바, … 피고인이 그 진술 경위나 과정에 관하여 치열하게 다투고 있는 점,
　　위와 같은 진술이 체포된 상태에서 변호인의 동석 없이 이루어진 점 등을 고려해 보면, 피고인
　　의 위와 같은 진술이 특히 신빙할 수 있는 상태하에서 행하여졌다는 점이 증명되었다고 보기
　　어[렵다].」

3　배종대/이상돈 643쪽; 손동권/신이철 680쪽; 신동운 1245쪽; 신양균/조기영 880쪽; 신현주 611
　　쪽; 이재상 외 2인 712쪽; 임동규 558쪽.

4　홍영기, "형사절차에서 증명책임귀속원리", 사법 제50호(2019), 352－353쪽.

5　대법원 2002. 5. 10. 선고 2002도1187 판결; 2005. 11. 25. 선고 2005도5831 판결.

6　대법원 2001. 7. 27. 선고 2001도2891 판결; 2004. 4. 23. 선고 2004도805 판결.

137 ㈜ 재전문진술 제316조에 의해 증거능력이 인정되는 진술은 공판정 밖의 '원진술'을 옮기는 진술에 한정된다. 따라서 공판정 밖의 '전문진술'을 옮기는 진술, 이른바 재전문진술에는 제316조를 적용할 수 없다. 대법원도 공판정 밖의 전문진술을 옮기는 법정증언($\binom{재전문}{증언}$)이나 재전문진술을 기재한 조서는 피고인의 증거동의[$\binom{§119/20}{참조}$]가 없는 이상 증거능력이 없다고 한다.[1]

138 가령, 丙이 丁에게 '甲이 乙을 살해하는 것을 보았다'고 말하고, 그 후 丁이 경찰서에서 참고인조사를 받으면서 '甲이 乙을 살해하는 것을 보았다고 丙이 말했다'고 진술하고(A), 그 다음 戊가 참고인조사를 받으며 '甲이 乙을 살해하는 것을 보았다고 丙이 말했다는 이야기를 丁이 하였다'고 진술하고(B), 추후 공판정에서 甲이 살인의 공소사실을 부인하고 모든 증거에 부동의함에 따라 丙과 戊가 증인으로 출석하여 법정 밖에서 진술한 것과 동일한 내용의 진술을 한 경우를 상정해 보자. 먼저, i) 戊에 대한 진술조서 중 B부분은 재전문진술을 기재한 것으로서 증거동의가 없으므로, 증거능력이 없다. 다음으로, ii) 丁에 대한 진술조서 중 A부분이 증거능력을 가지려면 丁이 공판정에 증인으로 출석해 있거나 진술불능상태에 있고($\binom{제312조 제4}{항, 제314조}$) 丙이 진술불능상태임이 증명되어야 하는데($\binom{제316조}{제2항}$), 丙이 공판정에 출석해 있는 이상 진술불능을 인정할 여지가 없다. 따라서 이 부분 역시 증거능력이 없다.

Ⅳ. 탄핵증거

1. 의 의

139 제318조의2 제1항은 「제312조부터 제316조까지의 규정에 따라 증거로 할 수 없는 서류나 진술이라도 공판준비 또는 공판기일에서의 피고인 또는 피고인이 아닌 자의 진술의 증명력을 다투기 위하여 증거로 할 수 있다」고 규정하고 있다. 즉, 증거동의가 없고 제312조 내지 제316조에서 정한 요건도 구비하지 못한 전문증거라도 공판정 내 진술의 증명력을 감쇄시키기 위한 탄핵증거로는 쓰일 수 있다. 예를 들어 수사단계에서 자백했던 피고인이 공판

---

1 대법원 2004. 3. 11. 선고 2003도171 판결: 「형사소송법은 전문진술에 대하여 제316조에서 실질상 단순한 전문의 형태를 취하는 경우에 한하여 예외적으로 그 증거능력을 인정하는 규정을 두고 있을 뿐, 재전문진술이나 재전문진술을 기재한 조서에 대하여는 달리 그 증거능력을 인정하는 규정을 두고 있지 아니하므로, 피고인이 증거로 하는 데 동의하지 아니하는 한 제310조의2의 규정에 의하여 이를 증거로 할 수 없다.」

단계에서는 범행 일체를 부인하면서 피의자신문조서의 내용을 부인한 경우,
그 피의자신문조서는 유죄의 증거로는 쓰일 수 없으나($\binom{제312조 제}{1항, 제3항}$), 피고인이 수
사단계에서 공판정 진술과 다른 취지의 진술을 하였다는 사실을 드러내기 위
한 용도로는 사용될 수 있다.[1]

　　탄핵증거의 개념은 앞서 설명하였다[$\binom{§114/15}{참조}$]. 제318조의2 제1항에서 말하　　**140**
는 증거가 곧 탄핵증거 그 자체인 것처럼 설명하는 경우가 많으나, 엄밀히
말해 다른 증거의 증명력을 감쇄시키기 위해 사용되는 증거라면 모두 탄핵증
거이다. 제318조의2 제1항은 그중에서도 i) 제312조 내지 제316조의 요건을
갖추지 못한 전문증거로서 ii) 공판정 내 진술의 증명력을 손상시킬 목적으로
제출되는 탄핵증거를 규율하는 조항이다.

2. 탄핵증거의 요건

⑴ 공판정 진술의 증명력을 탄핵하기 위한 목적　　　증거동의가 없고　　**141**
제312조 내지 제316조의 요건도 구비하지 못해 본증으로 쓰일 수 없는 전
문증거가 제318조의2에 따라 탄핵증거로 사용되는 것은, 그 용도가 '공판정
내 진술'의 증명력을 탄핵하는 경우에 한정된다. 따라서 증거능력 없는 전문
증거를 공판정 외 진술($\binom{특히 서류에}{기재된 진술}$)에 대한 탄핵증거로 사용할 수는 없다. 통상
탄핵의 대상이 되는 진술에 공판정 외 진술도 포함된다고 설명하나,[2] 이는
법문의 근거 없이 탄핵증거의 범위를 확대하는 해석론으로서 부당하다.[3]

⑵ 자기모순진술　　　제318조의2 제1항에서 말하는 탄핵증거는 공판정　　**142**
내 진술 자체의 증명력을 다투기 위한 증거여야 하며, 본증의 기능을 갖는
것이어서는 안 된다. 따라서 진술자가 과거에 한 진술로서 공판정 진술과 모
순되는 것만 탄핵증거가 될 수 있다($\binom{자기모순}{진술}$).[4] 그 밖의 다른 증거도 위 조항
의 탄핵증거가 될 수 있다는 견해들이 있으나[5] 찬성하지 않는다.

1　대법원 2014. 3. 13. 선고 2013도12507 판결.

2　손동권/신이철 696쪽; 배종대/홍영기 398쪽; 신동운 1311쪽; 신양균/조기영 917쪽; 이은모/김
　정환 738쪽; 이재상 외 2인 748쪽; 이창현 1054쪽; 임동규 599쪽.

3　이주원 479쪽.

4　백형구 462쪽. 검사가 제출하는 탄핵증거는 자기모순진술에 한정되는 반면, 피고인은 모든 전
　문증거를 탄핵증거로 사용할 수 있다는 견해가 있다(배종대/이상돈 677쪽; 배종대/홍영기 400
　쪽; 정승환 642쪽). 그러나 애당초 증거능력제도는 피고인이 자신을 위해 제출하는 증거에는
　적용되지 않으므로(배종대/홍영기 308쪽) 이러한 설명은 불필요하다.

5　이주원 481쪽; 이창현 1050-1051쪽; 정웅석 외 2인 724-725쪽.

143   (3) 필요성   증거능력을 갖지 못하는 전문증거가 탄핵증거의 명목으로
법관 앞에 마구잡이로 나타날 수 있게 한다면 전문법칙 및 그 예외에 관한
규정들이 형해화될 우려가 있으므로, 그 전문증거를 공판정 내 진술을 탄핵
하는 데 사용하지 않으면 안 될 절실한 필요성 또한 인정되어야 한다.

3. 탄핵증거의 제한

144   (1) 증거능력   제318조 제1항은 제312조 내지 제316조의 예외규정
에 해당하지 않는 전문증거를 증명력 감쇄라는 제한적 목적에서 법정에 현출
시킬 수 있게 하는 조항이다. 따라서 위법수집증거인 진술($^{제308조}_{의2}$)이나 임의성
이 의심되는 진술($^{제309조,}_{제317조}$)은 탄핵증거로도 쓸 수 없다.[1] 대법원은 「탄핵증거
는 범죄사실을 인정하는 증거가 아니어서 엄격한 증거능력을 요하지 아니한
다」고 하나,[2] 전문법칙의 적용을 받지 않는다는 의미이지 위법수집증거배제
법칙이나 자백배제법칙의 적용까지 배제된다는 의미는 아니다.[3]

145   (2) 영상녹화물   제318조의2 제2항은 「제1항에도 불구하고 피고인
또는 피고인이 아닌 자의 진술을 내용으로 하는 영상녹화물은 공판준비 또는
공판기일에 피고인 또는 피고인이 아닌 자가 진술함에 있어서 기억이 명백하
지 아니한 사항에 관하여 기억을 환기시켜야 할 필요가 있다고 인정되는 때
에 한하여 피고인 또는 피고인이 아닌 자에게 재생하여 시청하게 할 수 있다」
고 규정하고 있다. 따라서 피의자신문·참고인조사의 영상녹화물$\left[^{§71/28,}_{§72/27\ 참조}\right]$은
탄핵증거로도 사용할 수 없다.[4]

---

1 대법원 1998. 2. 27. 선고 97도1770 판결.
2 대법원 2012. 9. 27. 선고 2012도7467 판결.
3 대법원 2005. 8. 19. 선고 2005도2617 판결:「피의자신문조서는 피고인이 그 내용을 부인하는
   이상 증거능력이 없으나, 그것이 임의로 작성된 것이 아니라고 의심할 만한 사정이 없는 한 피
   고인의 법정에서의 진술을 탄핵하기 위한 반대증거로 사용할 수 있으며, 또한 탄핵증거는 범
   죄사실을 인정하는 증거가 아니므로 엄격한 증거조사를 거쳐야 할 필요 없음은 제318조의2
   의 규정에 따라 명백하나 법정에서 이에 대한 탄핵증거로서의 증거조사는 필요한 것이고, 한
   편 증거신청의 방식에 관하여 규정한 규칙 제132조 제1항의 취지에 비추어 보면 탄핵증거의
   제출에 있어서도 상대방에게 이에 대한 공격방어의 수단을 강구할 기회를 사전에 부여하여야
   한다는 점에서 그 증거와 증명하고자 하는 사실과의 관계 및 입증취지 등을 미리 구체적으로
   명시하여야 할 것이므로, 증명력을 다투고자 하는 증거의 어느 부분에 의하여 진술의 어느 부
   분을 다투려고 한다는 것을 사전에 상대방에게 알려야 한다.」
4 신동운 1204쪽; 이창현 1053쪽; 異見으로 정웅석 외 2인 729쪽.

제 4　유일한 증거인 자백의 배제

I. 의　　의

　　자백에만 근거한 유죄판결을 허용할 경우, 수사활동이 자백획득을 위한 1
진술조사에 편중되어 기본권침해 가능성이 높아지게 된다. 이에 헌법 제12
조 제7항은 「정식재판에 있어서 피고인의 자백이 그에게 불리한 유일한 증
거일 때에는 이를 유죄의 증거로 삼거나 이를 이유로 처벌할 수 없다」고 선
언하고 있으며, 형사소송법 또한 제310조에서 이를 되풀이해 「피고인의 자
백이 그 피고인에게 불이익한 유일의 증거인 때에는 이를 유죄의 증거로 하
지 못한다」고 규정하고 있다. 이에 따라 자백을 유죄의 증거로 사용하려면
자백 이외에 피고인에게 불이익한 별개의 증거, 즉 비자백증거가 존재해야
한다. 공소사실에 관해 자백만 있고 다른 증거능력 있는 증거가 없는 경우,
법원은 범죄의 증명이 없음을 이유로 무죄판결을 선고해야 한다($\binom{제325조}{후단}$).

　　통설·판례[1]는 제310조를 증명력에 관한 규정으로 보고 있다. 즉, 자백 2
이 피고인에게 불이익한 유일한 증거인 경우에 일단 증거능력은 인정되나,
다른 증거가 없는 경우 제310조에 의해 그 증명력이 제한되어 유죄선고가
불가능하다고 한다($\binom{증명력}{제한설}$). 이때 그 다른 증거를 '보강증거'라 하는데[$\binom{§114/17}{참조}$],
이는 유죄선고를 위해 자백의 증명력[$\binom{§114/11}{참조}$]을 보강한다는 의미의 표현으로
서 위와 같은 관점이 반영된 용어라 할 수 있다.[2]

　　그러나 제310조는 엄연히 표제에서 '증거능력'이라는 표현을 사용하고 3
있고($\binom{즉심법 제10조도}{이와 동일하다}$), 형사법령에서 「증거로 할 수 있다/없다」 또는 「유죄의 증
거로 하지 못한다」는 증거능력에 고유한 어법이다($\binom{제308조의2 내}{지 제318조의2}$). 체계상으로도
제308조의2에서 제318조의3에 이르는 규정 모두가 증거능력에 관한 것이라
고 봄이 자연스럽다. 제310조는 피고인에게 불리한 증거들이 그 증거능력이
부인되거나 증명력이 부족한 상황에서 오직 자백만 남게 된 경우에 그 자백
의 증거능력까지 소거시키는 규정으로 새기는 것이 타당하다($\binom{증거능력}{제한설}$).[3]

1　대법원 2002. 1. 8. 선고 2001도1897 판결.

2　김정한 621쪽.

3　김정한 620−621쪽. 상세히는 김정한, "증거능력 제한 규정으로 재해석한 형사소송법 제310조
　의 의미와 적용범위", 법학연구 제23권 제1호(2015), 97−117쪽.

II. 비자백증거의 요건

1. 자백 아닌 증거

4   범죄사실의 전부 또는 일부를 인정하는 진술은 어떤 상황에서 누구에 대해 이루어졌든 자백에 해당하므로[§65/1 참조] 제310조의 비자백증거가 될 수 없다. 예컨대 피고인이 수사기관 앞에서 범행장면을 재현하는 행동을 하는 것은 자신의 범행내용을 설명하는 진술로서 자백의 실질을 가지므로 여기서의 비자백증거가 아니다. 피고인이 범행을 자인하는 것을 들었다는 제3자의 진술 역시 자백을 전달하는 전문진술이므로 비자백증거에 해당하지 않는다.[1]

5   대법원은 상업장부, 항해일지, 진료일지, 금전출납부 등 사무처리내역을 계속적·기계적으로 기재한 문서는 자백이 아니라고 한다.[2] 이에 따르면 가령 뇌물공여사건에서 공여사실을 털어놓는 내용의 일기장은 자백이지만, 공여내용이 적혀 있는 금전출납부는 비자백증거에 해당한다.

6   공범의 자백은 당해 피고인에 대한 관계에서 비자백증거이다.[3] 가령 공범 2명이 법정에서 공동범행사실을 자백하는 경우에 한 명의 자백은 다른 사람의 자백에 관해 제310조의 비자백증거가 된다.

2. 증거능력 있는 증거

7   비자백증거는 증거능력 있는 것이어야 한다. 진정성이 의심되는 증거, 위법수집증거(제308조의2, 제309조, 제317조), 증거동의 없는 전문증거로서 전문법칙의 예외요건(제318조, 제311조 내지 제316조)을 충족하지 못하는 증거는 비자백증거가 될 수 없다.

---

1 대법원 1981. 7. 7. 선고 81도1314 판결; 2008. 2. 14. 선고 2007도10937 판결.

2 대법원 1996. 10. 17. 선고 94도2865 (全)판결:「상업장부나 항해일지, 진료일지 또는 이와 유사한 금전출납부 등과 같이 범죄사실의 인정 여부와는 관계없이 자기에게 맡겨진 사무를 처리한 사무내역을 그때그때 계속적, 기계적으로 기재한 문서 등의 경우는 사무처리 내역을 증명하기 위하여 존재하는 문서로서 그 존재 자체 및 기재가 그러한 내용의 사무가 처리되었음의 여부를 판단할 수 있는 별개의 독립된 증거자료라고 할 것이고, 설사 그 문서가 우연히 피고인이 작성하였고, 그 문서의 내용 중 피고인의 범죄사실의 존재를 추론해 낼 수 있는, 즉 공소사실에 일부 부합되는 사실의 기재가 있다고 하더라도 이를 일컬어 피고인이 범죄사실을 자백하는 문서라고 볼 수는 없다 할 것이다.」

3 대법원 1990. 10. 30. 선고 90도1939 판결:「제310조 소정의 '피고인의 자백'에 공범인 공동피고인의 진술은 포함되지 아니하므로 공범인 공동피고인의 진술은 다른 공동피고인에 대한 범죄사실을 인정하는 증거로 할 수 있는 것일 뿐만 아니라, 공범인 공동피고인들의 각 진술은 상호간에 서로 보강증거가 될 수 있[다].」

3. 객관적 구성요건해당사실에 관한 증거

⑴ 객관적 구성요건해당사실   비자백증거는 객관적 구성요건해당사실   8
에 관한 것이어야 한다. 주관적 구성요건해당사실, 가령 행위자의 고의·과
실·목적·범행동기 등에 관한 증거는 비자백증거로 볼 수 없다.[1] 그 외에 객
관적 처벌조건인 사실, 전과에 관한 사실,[2] 확정판결의 존부,[3] 몰수나 추징
의 전제사실 등에 관한 자료 역시 여기서의 비자백증거가 아니다.

포괄일죄의 경우 영업범과 같이 다수의 행위가 하나의 죄로 취급되는   9
때에는 개별 행위별로 비자백증거가 있을 필요는 없으나, 상습범처럼 개개의
행위가 구성요건적으로 독립된 의미를 갖는 때에는 행위별로 비자백증거가
필요하다.[4] 경합범에서는 개별 죄마다 각각 비자백증거가 필요하다.[5]

⑵ 구성요건요소의 범위

㈎ 학 설   비자백증거가 필요한 객관적 구성요건요소의 범위에 관해   10
서는 i) 결과발생사실, 행위사실 및 둘 사이의 인과관계를 뒷받침하는 자료
가 있어야 한다는 죄체중요부분설, ii) 결과발생사실과 행위사실, 인과관계
이외에도 피고인이 행위자라는 점까지 뒷받침하는 자료가 필요하다는 죄체
전부설, iii) 객관적 구성요건 중 어느 특정한 것에 관한 것일 필요는 없고,
다만 자백이 진실하다는 것을 담보할 수 있는 정도의 증명력이 있으면 족하
다는 진실성담보설 등이 대립하고 있다.[6]

증거능력제한설은 피고인에게 불이익한 다른 증거가 없음이 확정된 후   11
에 비로소 자백의 증거능력을 소거시키는 관점이므로 진실성담보설로는 연
결되지 않는다. 반면 증명력제한설을 취할 경우에는 자백에 의해 유죄의 심
증이 형성된 상태에서 그 증명력을 보강할 자료를 찾으려 하므로 진실성담보
설을 따르는 것이 자연스럽다.[7] 이에 진실성담보설이 현재의 통설이다.

---

1 대법원 1990. 12. 7. 선고 90도2010 판결.
2 대법원 1979. 8. 21. 선고 79도1528; 1981. 6. 9. 선고 81도1353 판결.
3 대법원 1983. 8. 23. 선고 83도820 판결.
4 대법원 1996. 2. 13. 선고 95도1794 판결; 2002. 3. 12. 선고 2001도6712 판결.
5 대법원 2008. 2. 14. 선고 2007도10937 판결.
6 상세히는 김정한 627 – 629쪽; 신동운 1412 – 1415쪽; 차용석/최용성 560쪽.
7 김정한, "증거능력 제한 규정으로 재해석한 형사소송법 제310조의 의미와 적용범위", 법학연구
    제23권 제1호(2015), 114쪽.

12		(나) 판 례		판례 역시 진실성담보설에 입각해,[1] 피고인의 자백이 진실에 부합함을 인정할 수 있을 정도의 자료가 있으면 이를 피고인의 자백과 종합해 유죄의 증거로 할 수 있다고 한다.[2] 대법원이 비자백증거의 존재를 인정한 예로는 i) 도로교통법위반($^{무면허}_{운전}$) 사건에서 경찰관이 행위자가 시동을 걸려는 순간에 체포한 후 차량을 압수하고 작성한 압수조서가 있었던 경우,[3] ii) 뇌물공여사건에서 상대방인 공무원이 행위자($^{뇌물}_{공여자}$)를 만나 청탁을 받은 사실을 인정한 경우,[4] iii) 뇌물공여사건에서 수수자가 공여자를 위해 각종 편의를 봐준 사실들이 인정된 경우,[5] iv) 메스암페타민을 소지·투약·매매하였다는 마약류관리법위반(향정) 사건에서 행위자로부터 체포 직후 압수된 자기앞수표, 1회용 주사기, 고무줄 등이 현존한 경우,[6] v) 강도·절도사건에서 행위자로부터 압수한 피해품이 현존한 경우,[7] vi) 위조공문서행사사건에서 해당 공문서가 현존한 경우,[8] vi) 사기사건에서 피해품을 행위자로부터 매입하였다는 제3자의 진술이 있었던 경우,[9] vii) 도로교통법위반($^{무면허}_{운전}$) 사건에서 차량소유자로 등록된 자동차등록증이 현존한 경우[10] 등이 있다.

13		(다) 검 토		앞서 본 바와 같이 증명력제한설은 타당하지 않고, '자백이 진실에 부합함을 인정할 수 있는 정도'라는 기준 또한 매우 불명확하므로 진실성담보설에는 찬성하기 어렵다. 죄체중요부분설의 경우 특정 행위사실과 결과발생사실 및 인과관계에 관한 증거가 있으면 족하다고 하나, 이러한 사실은 그 자체만으로는 당해 피고인에게 불이익한 증거라고 할 수 없다. 피고인이 해당 범죄행위의 주체라는 점까지 뒷받침할 만한 자료가 있어야 비로소 피고인에게 불이익한 비자백증거의 존재를 인정할 수 있다고 본다($^{죄체}_{전부설}$).

---

1 대법원 1985. 7. 9. 선고 85도826 판결; 1983. 6. 28. 선고 83도1109 판결; 1993. 2. 23. 선고 92도2972 판결; 1998. 3. 13. 선고 98도159 판결.
2 대법원 1967. 12. 18. 선고 67도1084 판결.
3 대법원 1994. 9. 30. 선고 94도1146 판결.
4 대법원 2000. 9. 26. 선고 2000도2365 판결.
5 대법원 1998. 12. 22. 선고 98도2890 판결.
6 대법원 1997. 4. 11. 선고 97도470 판결.
7 대법원 1985. 6. 25. 선고 85도848 판결.
8 대법원 1983. 2. 22. 선고 82도3107 판결.
9 대법원 1985. 11. 22. 선고 85도1838 판결.
10 대법원 2000. 9. 26. 선고 2000도2365 판결.

제3관 증거조사

제 1 서류 또는 물건에 대한 증거조사   §121

Ⅰ. 의   의

검사, 피고인, 변호인이 증거로 제출한 서류나 물건$\left(\substack{제274조,\\제294조}\right)\left[\substack{§143/16\\참조}\right]$, 증거 1
보전절차에서 작성된 증인신문조서 등$\left(\substack{제184\\조}\right)\left[\substack{§83\\참조}\right]$, 감정인 또는 촉탁기관이 제
출한 감정서$\left(\substack{제171조,\\제179조의2}\right)\left[\substack{§123/19\\참조}\right]$, 공무소나 공사(公私)단체에 사실조회를 촉탁해
송부받은 문서$\left(\substack{제272\\조}\right)\left[\substack{§144/7\\참조}\right]$ 등은 재판장, 검사, 변호인 또는 피고인이 공판정
에서 개별적으로 지시설명해 조사해야 하며$\left(\substack{제291\\조}\right)$, 그 방식은 제292조 및 제
292조의2에서 정한 바에 따른다. 도면·사진 그 밖에 정보를 담기 위해 만들
어진 물건으로서 문서가 아닌 증거의 조사에 관해서도 다른 특별한 규정이
없으면 제292조와 제292조의2가 준용된다$\left(\substack{제292조의3, 규\\칙 제134조의9}\right)$.

Ⅱ. 절   차

1. 서류에 대한 증거조사

(1) 낭독·고지·요지진술   검사, 피고인 또는 변호인의 신청에 따라 채 2
택한 증거서류를 조사하는 때에는 그 신청인이$\left(\substack{제292조\\제1항}\right)$, 법원이 직권으로 채택
한 증거서류를 조사하는 때에는 그 소지인 또는 재판장이$\left(\substack{같은 조\\제2항}\right)$ 이를 낭독
해야 한다. 다만, 재판장은 필요하다고 인정하는 때에는 증거서류 내용의 요
지$\left(\substack{입증취지와 관련돼\\있는 본질적 부분}\right)$를 진술하게 하거나 직접 고지하는 방법으로 낭독을 갈음할
수 있다$\left(\substack{같은 조 제3항,\\규칙 제134조의6}\right)$. 재판장은 낭독·고지·요지진술을 법원사무관 등이 하게
할 수 있다$\left(\substack{제292조 제4항, 규칙\\제134조의6 제2항}\right)$.

(2) 제시·열람   실황조사서, 검증조서, 재무제표, 영업장부 등과 같이 3
눈으로 직접 보는 것이 적절한 증거서류는 이를 제시하여 열람하게 하는 방
법으로 조사할 수 있다$\left(\substack{제292조\\제5항}\right)$.

2. 물건에 대한 증거조사

검사, 피고인 또는 변호인의 신청에 따라 채택한 증거물을 조사하는 때 4

에는 그 신청인이 이를 제시해야 하고($\binom{\text{제292조의}}{\text{2 제1항}}$), 법원이 직권으로 채택한 증거
물을 조사하는 때에는 그 소지인 또는 재판장이 이를 제시해야 한다($\binom{\text{같은 조}}{\text{제2항}}$).
재판장은 법원사무관 등이 제시하게 할 수 있다($\binom{\text{같은 조}}{\text{제3항}}$).

3. 녹음·녹화매체 등에 대한 증거조사

5   녹음·녹화매체 등에 대한 증거조사는 녹음·녹화매체 등을 재생하여 청
취 또는 시청하는 방법으로 한다($\binom{\text{규칙 제134}}{\text{조의8 제3항}}$).[1]

6   진정성립 증명($\binom{\text{제312조}}{\text{제4항}}$)[$\binom{\S119/62}{\text{참조}}$] 또는 진술자의 기억환기($\binom{\text{제318조의2}}{\text{제2항}}$)를 목적으
로 검사가 제출한 영상녹화물($\binom{\text{제244조의2, 제221}}{\text{조 제1항 제2문}}$)[$\binom{\S71/28,}{\S72/17 \text{ 참조}}$]은 공판정에서 봉인을
해체하고 영상녹화물의 전부 또는 일부를 재생하는 방법으로 조사해야 한다
($\binom{\text{규칙 제134조의}}{\text{4 제3항 제1문}}$). 법정 내에 재생과 조사에 필요한 전자적 설비가 없거나 당장
작동이 어려울 경우에는 법정 밖의 장소 중 그러한 시설이 갖춰진 곳에서
재생할 수 있다($\binom{\text{같은 항}}{\text{제2문}}$). 조사를 마친 때에는 지체없이 다시 봉인한 다음, 원
진술자 및 피고인($\binom{\text{또는}}{\text{변호인}}$)이 기명날인 또는 서명하도록 한 후 검사에게 반환
한다($\binom{\text{같은 조}}{\text{제4항 본문}}$). 다만, 피고인의 출석 없이 개정한 사건[$\binom{\S151/5}{\text{참조}}$]에서 변호인이 없
는 때에는 피고인($\binom{\text{또는}}{\text{변호인}}$)의 기명날인이나 서명을 요하지 않는다($\binom{\text{같은 항}}{\text{단서}}$).

4. 간이공판절차의 예외

7   피고인이 자백함에 따라 법원의 결정으로 간이공판절차가 개시된 때에
는 위 제292조 내지 제292조의3의 규정이 적용되지 않는다. 이 경우에는 법
원이 상당하다고 인정하는 방법으로 증거조사를 할 수 있다($\binom{\text{제297}}{\text{조의2}}$)[$\binom{\S143/9}{\text{참조}}$].

---

1 대법원 2019. 11. 28. 선고 2015도12742 판결: 「제1심은 수사보고서를 증거로 채택하여 조사
   하였는데, 위 수사보고는 이 사건 만화동영상을 재생할 수 있는 파일 등이 저장된 CD(컴퓨터
   용디스크)를 제출하여 첨부한다는 내용이고 실제로 CD가 그 보고서에 첨부되어 있다. 그러나
   공판조서의 일부인 증거목록에 기재되어 있는 바와 같이 제1심은 위와 같은 CD가 첨부되어
   있는 수사보고에 대한 증거조사를 제292조, 제292조의2에서 정한 증거서류나 증거물인 서면에
   대한 증거조사방식에 따라 '제시, 낭독(내용고지, 열람)'의 방법에 의하여 한 것으로 되어 있을
   뿐, 제292조의3에서 정한 컴퓨터용디스크에 대한 증거조사방식에 따라 증거조사를 하지는 않
   았음이 명백하다. … 원심으로서는 이 사건 만화동영상이 사회 평균인의 시각에서 객관적으로
   보아 명백하게 청소년으로 인식될 수 있는 표현물에 해당할 여지가 있는 이상 그에 관하여 가
   장 관건이 되는 실체를 밝혀줄 수 있는 증거방법으로서 위 만화동영상을 재생할 수 있는 파일
   이 저장된 CD에 대하여 적합한 방식에 의한 증거조사를 실시함으로써 위 만화동영상이 아청
   법 제2조 제5호의 아동·청소년이용음란물에 해당하는지 여부를 더 면밀히 심리·판단하였어야
   한다.」

제 2 증인신문

I. 의　　의

법원·법관에 대해 자신의 체험사실을 진술하는 제3자($\binom{\text{피해자·}}{\text{목격자 등}}$)를 증인이라 한다. 증인은 자신의 비대체적 체험사실을 진술하는 사람이라는 점에서 대체성 있는 특별한 지식에 관한 내용을 진술하는 감정인$\left[\substack{§123/4 \\ \text{참조}}\right]$과 구별된다. 한편, 특별한 지식에 의해 알게 된 과거의 체험사실을 법원·법관 앞에서 진술하는 증인을 특히 감정증인이라 하는데, 이에 관해서는 감정에 관해 다루는 기회에 설명한다$\left[\substack{§123/24 \\ \text{참조}}\right]$.

1

문답을 통해 증인의 진술을 듣는 증거조사방법을 증인신문(examination of witness)이라 한다. 이는 진실규명을 위해 가장 핵심적인 증거조사방법으로, 피고인이 공소사실을 부인하는 사건에서는 증인신문의 결과에 따라 종국판결의 결론이 좌우되는 경우가 많다. 그렇기에 증인신문권은 공판절차의 방어권 중에서도 특히 중요한 의의를 지니며, 미국·일본에서는 피고인의 증인신문권을 헌법상 기본권으로 규정하고 있다($\substack{\text{미국 수정헌법 제6조,} \\ \text{일본 헌법 제37조 제2항}}$).[1]

2

II. 증인적격과 증언능력

1. 증인적격

증인으로 선서하고 진술할 수 있는 법률상의 자격을 증인적격이라 한다. 증인적격 없는 자를 증인으로 신문해 획득한 증언은 증거능력이 없다($\substack{\text{제308조} \\ \text{의2}}$). 인간이라면 누구나 증인적격을 갖는 것이 원칙이나, 예외적으로 다음과 같이 법률의 규정($\substack{\text{제146} \\ \text{조}}$) 또는 법해석상 증인적격이 부인되는 경우가 있다.

3

⑴ 증인거부권 있는 공무원　　공무원 또는 공무원이었던 자가 그 직무에 관해 알게 된 사실에 대해 본인 또는 당해 공무소가 직무상 비밀에 속한 사항임을 신고한 때에는 그 소속공무소 또는 감독관공서의 승낙이 있어야 증인적격이 인정된다($\substack{\text{제147조} \\ \text{제1항}}$). 이 경우 해당 소속공무소 또는 감독관공서는 원칙적으로 승낙을 해야 하나, 국가에 중대한 이익을 해하는 경우에는 승낙을 거부할 수 있다($\substack{\text{같은 조} \\ \text{제2항}}$).

4

---

1 정영훈, 실무중심 형사변호, 진원사(2022), 132쪽.

5   (2) 피고인 본인   소송주체의 지위와 증인의 지위는 양립할 수 없으므
로 피고인은 증인적격이 없다. 피고인이 자신의 진술의 신빙성을 높이고자
스스로 증인으로 선서한 후 증언하기를 희망하더라도 증인신문은 불가하다.

      (3) 공동피고인

6   (개) 공범 아닌 공동피고인   공범 아닌 공동피고인의 경우에는 당해 피고
인에 대한 관계에서 증인적격이 있다. 공범 아닌 공동피고인과 당해 피고인
은 서로에 대해 별개의 범죄사실로 기소되어 단순히 병합심리를 받는 것에
불과한 제3자이기 때문이다. 판례는 공범 아닌 공동피고인이 증인이 아니라
피고인으로서 (선서) 한 법정진술은 당해 피고인에 대한 관계에서 증거로 사용
할 수 없다고 한다.[1]

7   (내) 공범인 공동피고인   대법원은, 공범으로 기소된 공동피고인은 원
칙적으로 증인적격이 없으나, 소송절차가 분리되어 공동피고인의 지위에서
벗어나는 경우에는 당해 피고인에 대한 공소사실에 관해 증인이 될 수 있다
고 한다[§146/13 참조].[2] 현실적으로는 변론분리를 고지한 후 그 자리에서 공범인
공동피고인을 증인석으로 이동시켜 증인신문을 실시한 다음 다시 변론을 병
합하는 방식으로 처리하고 있다.

8   공범으로 기소된 공동피고인이 피고인으로서 한 법정진술은 당해 피고인에게 당연
히 증거능력이 있으나,[3] 피고인신문에서는 위증죄와 과태료의 부담이 없어 침묵 또
는 허위진술이 가능하기에 위와 같은 방법으로 증인신문을 하는 것이다. 그러나 공
범인 공동피고인은 자신의 범죄사실과 당해 피고인의 범죄사실 간에 교집합이 있는
자로서 해당 사건의 혐의자이자 소송주체이지 결코 제3자라고 할 수 없으며, 이러
한 사실이 변론을 분리한다고 해서 달라지지는 않는다. 변론분리만으로 공범인 공
동피고인에 대해 증인적격을 인정하여 선서와 위증죄의 부담을 과함은 그의 피고인
으로서의 진술거부권을 침해하는 위헌적 처사이다.[4] 공범인 공동피고인이 피고인
신문과정에서 당해 피고인의 범죄사실에 대한 답변을 거부하거나 자신의 범죄사실
에 대해 허위진술을 할 위험이 있는 것은 맞으나, 애초 그것은 헌법상 기본권의 행
사로서 법원이 감수해야 할 부분이다.

1 대법원 1982. 9. 14. 선고 82도1000 판결.
2 대법원 2008. 6. 26. 선고 2008도3300 판결.
3 대법원 1992. 7. 28. 선고 92도917 판결.
4 이경렬, "공동피고인의 증인적격과 위증의 법리에 관한 판례연구", 형사소송 이론과 실무 제14
   권 제1호(2022), 62－63쪽.

⑷ 법관 등　　사건의 심리를 담당하는 법관이나 해당 소송절차에 관여 　　9
중인 법원사무관 등도 증인이 될 수 있으나, 증인채택결정과 동시에 제척사
유가 발생한다$\left(\begin{smallmatrix}제17조 \cdot \\ 제4호\end{smallmatrix}\right)\left[\begin{smallmatrix}§30/1 \\ 참조\end{smallmatrix}\right]$. 따라서 법관이 증인이 된 경우에는 신문에 앞서
재배당$\left[\begin{smallmatrix}§24/9, \\ §137/2 \ 참조\end{smallmatrix}\right]$ 및 공판절차갱신$\left(\begin{smallmatrix}제301 \\ 조\end{smallmatrix}\right)\left[\begin{smallmatrix}§156/2 \\ 참조\end{smallmatrix}\right]$이 필요하다.

2. 증언능력

증언능력이란 과거에 경험한 사실을 그 기억에 따라 공술(供述)할 수 있 　　10
는 정신적 능력을 말한다.[1] 증언능력 없는 자를 신문해 획득한 증언은 증거
능력이 없다. 증언능력의 유무는 연령만으로 판단되는 것이 아니라 그 사람
의 지적 수준에 따라 개별적이고 구체적으로 결정되어야 하며, 이때 공술의 태
도 및 내용, 경험한 과거의 사실이 공술자의 이해력과 판단력 등에 의해 변식
될 수 있는 범위 내에 속하는지 여부를 충분히 고려해야 한다.[2] 예컨대 사건
당시 만 4세에 이르지 아니한 피해자에게도 증언능력이 인정될 수 있다.[3] 다
만 증언능력과 증언의 신빙성$\left[\begin{smallmatrix}§125/2 \\ 참조\end{smallmatrix}\right]$이 전혀 별개의 문제임은 물론이다.[4]

Ⅲ. 절　　차

1. 서면제출

i) 법원은 증인신문을 신청한 사람에게 신문할 증인의 성명·주소 및 입 　　11
증취지 등을 기재한 서면의 제출을 명할 수 있다$\left(\begin{smallmatrix}규칙 \ 제132조의 \\ 2 \ 제4항; \ 결정\end{smallmatrix}\right)$. ii) 재판장은 피
해자나 증인의 인적사항 공개 또는 누설을 방지하거나 그 밖에 피해자나 증
인의 안전을 위해 필요하다고 인정할 때에는 증인신문을 청구한 자에게 사전
에 신문사항을 기재한 서면의 제출을 명할 수 있고$\left(\begin{smallmatrix}제279조, \ 제299조, \\ 규칙 \ 제66조\end{smallmatrix}\right)$, 이에 불응
할 경우 법원은 증인채택결정을 취소할 수 있다$\left(\begin{smallmatrix}규칙 \\ 제67조\end{smallmatrix}\right)$.

2. 증인소환

법원은 증인신문의 기일과 장소를 검사·피고인·변호인에게 통지하는 　　12
한편$\left(\begin{smallmatrix}제163 \\ 조\end{smallmatrix}\right)$, 해당 기일에 증인을 소환해야 한다$\left(\begin{smallmatrix}제150조의2 \\ 제1항\end{smallmatrix}\right)$. 다만, 증인이 법원의

---

1 대법원 1991. 5. 10. 선고 91도579 판결.
2 대법원 1991. 5. 10. 선고 91도579 판결.
3 대법원 1992. 7. 14. 선고 92도874 판결.
4 대법원 1992. 7. 14. 선고 92도874 판결.

구내에 있는 때에는 소환 없이 바로 신문할 수 있다($\substack{\text{제}154 \\ \text{조}}$). 증인을 신청한 자는 증인의 소재, 연락처와 출석가능성 및 출석가능일시 그 밖에 증인의 소환에 필요한 사항을 미리 확인하는 등 증인출석을 위한 합리적 노력을 다해야 한다($\substack{\text{같은 조 제2항, 규칙} \\ \text{제67조의2 제2항}}$). 소환의 방법과 절차에 관해서는 후술한다[$\substack{\S128/4 \\ \text{참조}}$].

3. 신문기일의 절차

13   (1) 본인확인   예정된 기일에 증인이 출석하면 재판장은 신분증을 제시받는 등 적당한 방법으로 증인임이 틀림없음을 확인해야 한다($\substack{\text{규칙} \\ \text{제71조}}$).

14   (2) 증언거부권의 고지   증인 본인임이 확인된 경우, 재판장은 증인에게 본인 또는 과거·현재의 친족($\substack{\text{민법} \\ \text{제777조}}$), 법정대리인·후견감독인이 형사소추를 당하거나 유죄판결을 받을 사실이 발로될 염려가 있는 내용의 증언을 거부할 수 있음을 고지해야 한다($\substack{\text{제148조,} \\ \text{제160조}}$).

15   증인이 변호사·변리사·공증인·공인회계사·세무사·대서업자·의사·치과의사·한의사·약사·약종상·조산사·간호사·종교의 직에 있는 자 또는 이러한 직에 있던 자인 경우에는, 본인의 승낙이 있거나 중대한 공익상 필요가 인정되는 경우가 아닌 이상 그 업무상 위탁관계로 알게 된 타인의 비밀에 관한 내용의 증언을 거부할 권리가 있음을 고지해야 한다($\substack{\text{제149조,} \\ \text{제160조}}$).

16   오래 전 대법원은 증언거부권의 고지가 누락된 채 진행된 증인신문에서 획득한 증언의 증거능력을 인정할 수 있다고 한 바 있으나,[1] 이는 중대한 절차위반으로 얻은 위법수집증거($\substack{\text{제308조} \\ \text{의2}}$)이므로 증거능력이 없다고 봄이 옳다.

(3) 위증죄의 경고

17   (가) 선서의무 있는 증인   증인신문에서 진실만을 말할 것을 맹세하고, 거짓말을 하는 경우에는 위증의 벌을 받는다는 점을 알고 있음을 드러내는 의사표시를 선서라 한다. 증인은 원칙상 신문 전에 선서할 의무를 지고($\substack{\text{제}156 \\ \text{조}}$), 선서의무 있는 증인이 선서 후 허위의 진술을 하는 것은 위증죄($\substack{\text{형법 제152} \\ \text{조 제1항}}$)를 구성하는바, 재판장은 이와 같은 점을 증인에게 경고해야 한다($\substack{\text{제}158 \\ \text{조}}$).

18   (나) 선서의무 없는 증인   선서의무는 증인에게 선서의 의미를 이해하고 유효한 선서를 할 수 있는 능력, 즉 선서능력이 있을 것을 전제로 한다. 선서능력은 원칙적으로 모든 사람에게 인정되나, 16세 미만인 자 또는 선서의 취

---

1 대법원 1957. 3. 8. 선고 4290형상23 판결.

지를 이해할 수 있는 지적 능력이 부족한 자는 이른바 선서무능력자로서 예외적으로 선서의무가 부정되며($^{제156조\ 단}_{서,\ 제159조}$), 선서 후 거짓증언을 하더라도 위증죄가 성립하지 않는다. 증인의 선서능력 유무가 의심되는 경우 재판장은 미리 그 확인을 위한 문답을 해야 하고, 필요한 때에는 선서의 의미를 설명하여 제대로 이해했는지를 확인해야 한다. 증인에게 선서능력이 없다고 판단되는 경우 위증의 벌을 경고할 수 없다.

　(4) 선 서　　증인에게는 신문 전에 선서하게 해야 한다($^{제156조}_{본문}$). 선서는 **19** 일어선 상태에서 「양심에 따라 숨김과 보탬이 없이 사실 그대로 말하고 만일 거짓말이 있으면 위증의 벌을 받기로 맹세합니다」라고 기재된 선서서를 엄숙히 낭독한 후 기명날인 또는 서명하는 방법으로 한다($^{제157조\ 제1}_{항\ 내지\ 제4항}$). 증인이 글을 모르거나 건강상의 이유로 인해 선서서의 낭독 및 서명 등을 하지 못하는 경우에는 참여한 법원사무관 등이 대행한다($^{같은\ 조}_{제3항\ 단서}$).

　선서능력 있는 자가 정당한 사유 없이 선서를 거부하는 경우에는 결정 **20** 으로 50만원 이하의 과태료에 처할 수 있다($^{제161조}_{제1항}$). 증언거부권의 내용에는 선서의 거부도 포함되어 있다고 해석되므로, 증언거부권자가 선서를 거부하는 것에는 정당한 이유가 인정된다. 선서능력이 있으면서 선서만을 거부하고 증언하는 것은 허용되지 않고, 선서능력 있는 자가 선서 없이 한 증언은 증거능력이 없다. 따라서 증언거부권자가 선서를 거부하였다면 그에 대한 증인신문절차를 더는 진행해서는 안 된다. 선서거부를 이유로 한 과태료결정에는 즉시항고할 수 있다($^{같은\ 조}_{제2항}$).

　판례는 선서무능력자가 선서하고 증언한 경우 그 선서는 무효이나, 증언 **21** 의 효력에는 영향이 없다고 한다.[1]

　(5) 신문의 실시

　(가) 증언의무　　증인은 신문받은 사항에 관해 양심에 따라 숨김과 보탬 **22** 없이 증언할 의무가 있다($^{제157조}_{제2항}$). 증인이 정당한 이유 없이 증언을 거부하는 때에는 50만원 이하의 과태료에 처할 수 있다($^{제161조}_{제1항}$). '정당한 이유'란 증인거부권 또는 증언거부권이 인정된다는 것을 의미하며, 증인은 자신이 그와 같은 경우에 해당한다는 사실을 적극적으로 소명해야 한다($^{제150}_{조}$).

1　대법원 1957. 3. 8. 선고 4290형상23 판결.

23   본인 또는 친족 등이 형사소추나 유죄판결을 받을 사실이 탄로날 염려
가 있음을 이유로 하는 증언거부권($_조^{제149}$)은, 해당 범죄사실에 관해 기판력 있
는 확정판결이 존재하는 때에는 인정되지 않는다. 즉, 유·무죄 또는 면소의
판결이 확정된 때에는 더는 형사소추나 유죄판결의 가능성이 없음이 분명하
므로, 그에 해당하는 사실에 관한 증언을 거부할 수 없다.[1] 증인이 자신의
유죄판결에 대해 재심을 청구한 때에도 마찬가지다.[2]

(나) 신문방법

24   (a) 개별적 신문   신문은 각 증인에게 개별적으로 해야 한다($_{제1항}^{제162조}$). 한
증인이 신문을 받는 동안에는 원칙상 다른 증인에게 퇴정을 명해야 하나, 필
요한 경우 증인과 다른 증인 또는 피고인을 대질시킬 수도 있다($_{2항, 제3항}^{같은 조 제}$). 듣
거나 말할 수 없는 증인에게는 서면으로 묻거나 답하게 할 수 있다($_{제73조}^{규칙}$).

25   (b) 신문사항 제한   신문은 증인이 개별적이고 구체적인 내용의 답변
을 할 수 있는 것이어야 하므로($_{조 제1항}^{규칙 제74}$), 2개 이상의 사항을 동시에 물어보는
혼합적 질문이나 포괄적이고 막연한 질문은 허용되지 않는다. 전의 신문과
중복되는 신문, 의견을 묻거나 의논에 해당하는 질문, 증인이 직접 경험하지
않은 사항에 관한 신문 또한 원칙상 불가하나($_{제2호 내지 제4호}^{같은 조 제2항}$), 예외적으로 정당
한 이유가 인정되는 경우 재판장은 그와 같은 신문도 허용할 수 있다.

26   (c) 자료제시   신문중에는 해당 증인의 공판정 외 진술이 담긴 자료로
서 진정성립의 증명이 증거능력 인정요건이 되는 증거($_{진술기재서 등}^{진술조서, 진술서,}$)나, 진정
성의 다툼이 있는 증거를 증인에게 제시할 수 있다($_{조 제1항}^{규칙 제82}$). 어떠한 사항에
관해 증인이 잘 기억나지 않는다고 말하는 경우에는 재판장의 허가를 얻어
서류 또는 물건을 제시하며 신문할 수 있고($_{조 제1항}^{규칙 제83}$), 증언의 내용을 특히 명

---

1 대법원 2011. 11. 24. 선고 2011도11994 판결:「제148조의 증언거부권은 헌법 제12조 제2항에
정한 불이익진술의 강요금지 원칙을 구체화한 자기부죄거부특권에 관한 것인바, 이미 유죄의
확정판결을 받은 경우에는 헌법 제13조 제1항에 정한 일사부재리의 원칙에 의해 다시 처벌받
지 아니하므로 자신에 대한 유죄판결이 확정된 증인은 공범에 대한 피고사건에서 증언을 거부
할 수 없[다].」

2 대법원 2011. 11. 24. 선고 2011도11994 판결:「재심사건에는 불이익변경의 금지 원칙이 적용
되어 원판결의 형보다 중한 형을 선고하지 못하므로(제439조), 자신의 유죄 확정판결에 대하
여 재심을 청구한 증인에게 증언의무를 부과하는 것이 형사소추 또는 공소제기를 당하거나 유
죄판결을 받을 사실이 발로될 염려 있는 증언을 강제하는 것이라고 볼 수는 없다. 따라서 자신
에 대한 유죄판결이 확정된 증인이 공범에 대한 피고사건에서 증언할 당시 앞으로 재심을 청
구할 예정이라고 하여도, 이를 이유로 증인에게 제148조에 의한 증언거부권이 인정되지는 않
는다.」

확히 할 필요가 있는 때에는 도면·사진·모형·장치 등을 이용해 신문할 수 있다(규칙 제84조). 어떤 경우든, 그 제시하는 자료의 내용이 증언의 내용에 부당한 영향을 미치지 않도록 해야 한다(규칙 제83조 제2항, 제84조 제2항). 증인의 기억이 명백하지 않은 사항에 관해 기억을 환기시켜야 할 필요가 있다고 인정되는 때에는 조사과정 영상녹화물을 재생해 증인에게 시청시킬 수 있다(제318조의2 제2항).

(다) 신문순서   형사소송법은 신문의 순서에 관해 이른바 교호신문(交互訊問) 방식을 채택하고 있다. 즉, 증인은 신청한 자가 먼저 신문하고(주신문) 그 후 상대편이 신문하며(반대신문), 이에 대해 신청한 자가 재신문한 다음(재주신문), 재판장이 신문한다(제161조의2 제1항, 제2항, 규칙 제75조 내지 제78조). 다만 재판장은 언제든 개입해 신문하거나 신문순서를 변경할 수 있고(제161조의2 제2항, 제3항), 합의부원도 재판장에게 고한 후 신문할 수 있다(같은 조 제5항). 그리고 법원이 직권으로 신문할 증인이나 피해자의 신청에 의해 신문할 증인의 신문방식은 재판장이 정한다(같은 조 제4항). 한편, 피고인이 자백해 간이공판절차 개시결정을 한 사건에서는 법원이 상당하다고 인정하는 순서와 방법으로 신문할 수 있다[§143/9 참조].   **27**

(a) 주신문   증인신문을 신청한 자가 직접 하는 신문을 주신문(主訊問; direct examination)이라 한다. 주신문은 당연히 자신(신청한 자)에게 유리한 증언의 획득을 목적으로 하나, 내용 자체로 질문자에게 유리한 답변을 암시하는 질문, 이른바 유도신문(leading question)은 금지된다. 즉, 주신문에서는 다툼의 여지가 있는 전제를 기정사실로 가정해 버리는 질문, 어떠한 사실에 관해 자신이 바라는 방향대로 구체적 묘사를 한 후 그에 대해 긍정/부정 여부만을 묻는 질문은 원칙적으로 할 수 없다(규칙 제75조 제2항 본문). 그러나 유도신문 금지는 현실에서 거의 지켜지지 않는다.   **28**

예외적으로 i) 증인과 피고인의 관계, 증인의 경력, 교우관계 등 실질적 신문에 앞서 미리 밝혀둘 필요가 있는 준비적 사항에 관한 신문의 경우, ii) 검사, 피의자·피고인 및 변호인 사이에 다툼이 없는 명백한 사항에 관한 신문의 경우, iii) 증인이 주신문자에 대해 적의나 반감을 보일 경우, iv) 증인이 종전의 진술과 상반되는 진술을 하는 때에 그 종전진술에 관해 신문하는 경우, v) 기타 유도신문을 필요로 하는 특별한 사정이 있는 경우에는 유도신문을 할 수 있다(같은 조 제2항). 다만, 재판장은 유도신문의 방법이 상당하지 아니하다고 인정할 때에는 이를 제한할 수 있다(같은 조 제3항).   **29**

30   (b) 반대신문   주신문을 한 자의 상대방이 하는 신문을 반대신문(cross examination)이라 한다. 반대신문은 주신문에 나타난 사항 또는 그와 관련된 사항에 관해서만 할 수 있으며, 반대신문의 기회에 주신문에서 나타나지 않은 새로운 사항에 관해 신문하려면 재판장의 허가를 받아야 한다(규칙 제76조 제4항). 이 경우 그 반대신문은 주신문으로 본다(같은 조 제5항).

31   반대신문은 주신문에 대한 답변의 모순 또는 누락된 점을 드러내거나 잘못된 사항을 정정하게 하는 데 그 목적이 있으므로 원칙상 유도신문이 허용되나(같은 조 제2항), 재판장은 반대신문자의 유도신문 방법이 상당하지 않을 경우 이를 제한할 수 있다(같은 조 제3항). 법원이 직권으로 또는 피해자의 신청에 따라 신문할 증인에 대한 신문방식은 재판장이 정하고(제161조의2 제4항), 이 경우 재판장이 먼저 신문하면 이후 검사, 피의자·피고인 또는 변호인은 반대신문의 예에 따라 신문할 수 있는바(규칙 제81조), 이때에도 유도신문이 가능하다.

32   대법원은, 검사가 신청한 증인이 반대신문에 대해 답변하지 않는 등으로 그 진술내용의 모순이나 불합리를 드러내 탄핵하기가 사실상 곤란했고 그에 대해 피고인·변호인의 귀책사유가 없는 경우, 피고인이 명시적으로 책문권 포기의사를 표시하지 않는 이상[§14/20 참조] 그 증언은 증거능력이 없다고 한다.[1]

33   (c) 재주신문   반대신문 후에 주신문자가 반대신문에서 드러난 사항 및 관련사항에 관해 하는 신문을 재주신문(再主訊問; redirect examination)이라 한다. 재주신문은 주신문의 예에 의한다(규칙 제78조 제2항). 재주신문의 기회에 반대신문에서 나타나지 않은 새로운 사항에 관해 신문하고자 할 때에는 재판장의 허가를 받아야 하며, 이 경우 그 신문은 재주신문이 아니라 주신문

34 으로 본다(규칙 제76조 제4항, 제5항, 제78조 제3항).

      (d) 추가신문(재신문)   검사, 피고인 또는 변호인은 재주신문이 끝난 후에도 재판장의 허가가 있는 경우 다시 신문할 수 있다(규칙 제79조).

---

1 대법원 2022. 3. 17. 선고 2016도17054 판결: 「피고인에게 불리한 증거인 증인이 주신문의 경우와 달리 반대신문에 대하여는 답변을 하지 아니하는 등 진술내용의 모순이나 불합리를 그 증인신문 과정에서 드러내어 이를 탄핵하는 것이 사실상 곤란하였고, 그것이 피고인 또는 변호인에게 책임있는 사유에 기인한 것이 아닌 경우라면, 관계 법령의 규정 혹은 증인의 특성 기타 공판절차의 특수성에 비추어 이를 정당화할 수 있는 특별한 사정이 존재하지 아니하는 이상, 이와 같이 실질적 반대신문권의 기회가 부여되지 아니한 채 이루어진 증인의 법정진술은 위법한 증거로서 증거능력을 인정하기 어렵다. 이 경우 피고인의 책문권 포기로 그 하자가 치유될 수 있으나, 책문권 포기의 의사는 명시적인 것이어야 한다.」

(라) 증인보호조치 등

(a) 심리비공개결정   범죄피해자를 증인으로 신문하는 경우, 법원은 i)   **35**
해당 피해자, 법정대리인 또는 검사의 신청이 있고 ii) 피해자의 사생활의 비
밀이나 신변보호를 위해 필요하다고 인정하는 때에는 결정으로 심리를 공개
하지 않을 수 있다($^{제294조의}_{3 \ 제1항}$). 이 결정은 이유를 붙여 고지하고$\left[^{\S105/20}_{참조}\right]$, 비공개
결정을 한 경우에도 일정한 자의 재정은 허가할 수 있다($^{제294조의3}_{제2항, \ 제3항}$).

(b) 법정외신문·중계신문 등   법원은 필요하다고 인정한 경우에는 검   **36**
사와 피고인 또는 변호인의 의견을 들어 i) 법정 밖에서 신문하거나, ii) 비
디오 등 중계장치에 의한 중계시설을 통해 신문하거나, iii) 차폐시설 등을
설치하고 신문할 수 있다($^{제165조,}_{제165조의2}$). 그 외에 특강법 제7조 제3항, 성폭법 제
22조 및 제40조 등에서 증인을 보호하는 취지의 특별규정을 두고 있다.

(c) 증인보호를 위한 퇴정명령   재판장은 증인이 피고인 또는 어떤 재   **37**
정인의 면전에서 충분한 진술을 할 수 없다고 인정한 때에는 그를 퇴정시킨
후 진술하게 할 수 있다($^{제297조 \ 제}_{1항 \ 본문}$). 이 경우 진술이 종료하면 퇴정한 피고인을
입정하게 한 후 법원사무관 등을 통해 진술의 요지를 고지해야 하며($^{같은 \ 조}_{제2항}$),
반대신문기회를 부여해야 한다. 반대신문기회를 부여하지 않은 경우 피고인
이 명시적으로 책문권 포기의 의사를 표시하지 않은 이상$\left[^{\S14/19}_{참조}\right]$ 그 증언은
증거능력이 없다는 것이 판례의 입장이다.[1]

> 제297조 제1항은 증인 등 보호를 통해 얻을 수 있는 진실이익과 피고인·재정   **38**
> 인의 정보이익 간 충돌상황을 전제한 규정이다. 그런데 피고인을 퇴정시킬 경우
> 필연적으로 방어권행사에 공백이 초래되고($^{요지고지만으로는 증인신문에서 어떤 진술}_{이 나왔는지를 피고인이 충분히 알 수 없다}$), 재정
> 인을 퇴정시킬 경우 공개주의$\left[^{\S105}_{참조}\right]$를 제한하는 결과를 낳게 되는바, 그러한 제한의
> 근거조항으로서 제297조 제1항의 요건은 다소 불명확하다. 증인보호를 위한 퇴정요
> 건을 좀 더 분명히 규정할 필요가 있다고 본다.[2]

---

1 대법원 2010. 1. 14. 선고 2009도9344 판결: 「변호인이 없는 피고인을 일시 퇴정하게 하고 증
   인신문을 한 다음 피고인에게 실질적인 반대신문권의 기회를 부여하지 아니한 채 이루어진 증
   인 ○○○의 법정진술은 위법한 증거로서 증거능력이 없다고 볼 여지가 있다. 그러나 또한 기
   록에 의하면, 제1심법원은 제3회 공판기일에 위와 같이 증인 ○○○에 대한 증인신문을 실시
   하고 공판조서(증인신문조서)를 작성한 다음, 제4회 공판기일에서 재판장이 증인신문결과 등
   을 위 공판조서에 의하여 고지하였는데 피고인은 '변경할 점과 이의할 점이 없다'고 진술한 사
   실을 알 수 있는바, 이와 같이 피고인이 책문권 포기의사를 명시함으로써 실질적인 반대신문
   의 기회를 부여받지 못한 하자가 치유되었다.」
2 이상돈 270쪽.

39 특정강력범죄(^{특강법}_{제2조})를 비롯한 범죄신고자법 제2조 제1호의 사건에서 증인으로 소환된 범죄신고자나 그 친족 등이 보복을 당할 우려가 있는 경우, 법원은 직권으로 또는 검사, 범죄신고자 등이나 그 법정대리인의 신청에 의해 i) 피고인·방청인을 퇴정시키거나 ii) 법정 외의 장소에서 증인신문을 할 수 있다(^{범죄신고자법 제}_{11조 제5항, 제6항}). 이 경우 피고인에게 변호인이 없으면 국선변호인을 선정해야 한다(^{같은 조}_{제6항}).

40 ⒟ 신뢰관계자 동석　i) 법원은 범죄로 인한 피해자를 증인으로 신문하는 경우 증인의 연령, 심신상태, 그 밖의 사정을 고려할 때 증인이 현저하게 불안 또는 긴장을 느낄 우려가 있다고 인정하는 때에는 직권 또는 피해자·법정대리인·검사의 신청에 따라 피해자와 신뢰관계에 있는 자(^{배우자·직계친족·}_{형제자매·가족·})_{동거인·고용주·변호사, 그 밖에 피해자의 심리적 안정과 원활한 의사소통에 도움을 줄 수 있는 사람}를 동석하게 할 수 있다. ii) 법원은 범죄로 인한 피해자가 13세 미만이거나 신체적·정신적 장애로 사물을 변별하거나 의사를 결정할 능력이 미약한 경우에 재판에 지장을 초래할 우려가 있는 등 부득이한 경우가 아닌 한 피해자와 신뢰관계에 있는 자를 동석하게 해야 한다(^{제163조의2}_{제1항, 제2항}). 동석한 신뢰관계자는 신문 또는 진술을 방해하거나 그 진술의 내용에 부당한 영향을 미칠 수 있는 행위를 해서는 안 되며(^{같은 조}_{제3항}), 그러한 행위를 할 경우 재판장은 동석을 중지시킬 수 있다(^{같은 조 제4항, 규칙}_{제84조의3 제3항}).

4. 증인신문조서의 작성

41 공판기일에 증인을 신문한 경우에는 (^{그 증언 자체가 증거자료}_{가 되는 것과는 별개로}) 증인신문조서를 작성해야 한다. 증인은 자신에 대한 증인신문조서 및 그 일부로 인용된 속기록, 녹음물, 영상녹화물 또는 녹취서의 열람·등사를 청구할 수 있다(^{규칙 제}_{84조의2}).

42 증인신문조서는 공판조서의 별지로서 공판조서의 일부분을 이룬다. 이는 i) 당해 사건과 관련하여 직권이송[^{§148}_{참조}], 공판절차갱신[^{§156}_{참조}], 파기환송·이송[^{§191/5}_{참조}] 후에는 제311조에 따라, ii) 다른 사건에서는 제315조 제3호에 따라 당연히 증거능력이 인정되는 진술서류이다[^{§119/124}_{참조}].

5. 증인의 여비, 일당, 숙박료

43 소환받은 증인은 형사비용법 제3조 내지 제6조 등의 규정에 따라 여비, 일당과 숙박료를 청구할 수 있다. 단, 정당한 사유없이 선서 또는 증언을 거부한 자는 예외로 한다(^{제168}_조).

제3 감　정

I. 의　　의

형사절차에서 감정(鑑定)이란 제3자가 법원·법관 또는 수사기관의 요구에 따라 일정한 사람(정신 신체 등)이나 사물을 대상으로 자신의 전문적 지식이나 경험을 적용해 인식·판단하는 것을 말한다[§78/1 참조]. 일반적으로는 '제3자가 지식이나 경험을 활용해 특정한 법칙 또는 그에 기한 판단을 법원에 보고하는 것'을 감정이라고 정의하지만,[1] 제171조의 '감정의 경과와 결과' 및 제172조의 '법원 외에서 감정하게 할 수 있다'는 표현에 비추어 볼 때, 엄밀히는 인식·판단작용 그 자체가 바로 '감정'이고, 감정인이 이것을 보고하는 것은 별도로 감정보고(鑑定報告)라고 부르는 것이 적절하리라 본다.[2] 공판에서 검증이나 증인신문이 그 자체로 증거조사인 것과 달리, 감정은 그 자체 증거조사가 되는 것이 아니고 법관이 (감정인신 문 등으로) 감정보고의 내용을 인식하는 과정이 증거조사이다.

1

감정과 검증[§124 참조]을 행위양태 또는 전문지식 필요 여부 등으로 구별하는 경우가 많으나, 양자는 근본적으로 그 시행주체가 누구인지에 따라 구별된다. 검증의 시행주체가 법원·법관·수사기관인 반면, 감정의 시행주체는 제3자이므로, 현행법상 검증에 해당하는 행위가 감정의 성격을 겸할 수는 없다. 가령 의사의 면허를 가진 법관이 자신의 전문지식에 기해 심도 있는 인식·판단작용을 하더라도 이는 소송법상 의미의 감정으로 취급될 수 없다. 그리고 아무리 간단하고 누구나 알 수 있는 사항에 불과한 것이라도 제3자가 하는 인식·판단작용이면 그것은 소송법에서 말하는 검증은 아니다.

2

감정에 관한 규정들은 법원이 제공하는 통·번역에 준용된다(제183조: 통·번역 인에 대한 소환, 선서 및 신문, 번역문제출 등)[§157 참조]. 그리고 증인신문에 관한 규정은 구인에 관한 것을 제외하고는 감정에 준용된다(제177조, 규칙 제90조).

3

1　김정한 532쪽; 배종대/이상돈 506쪽; 배종대/홍영기 950쪽; 신동운 992쪽; 신양균/조기영 666쪽; 이재상 외 2인 566쪽; 임동규 660쪽.

2　감정의 정의에 감정보고까지 포함된다고 하는 예로는 백형구 228쪽.

Ⅱ. 절   차

1. 통상의 감정

4　　⑴ 감정인의 지정　　법원은 학식·경험 있는 자에게 감정을 명할 수 있다($\substack{제169 \\ 조}$). 감정인은 일반적으로 법원이 보유한 명단 중에서 지정되며, 소송주체 또는 변호인이 특정인을 감정인으로 지정해 달라고 하더라도 법원은 이에 기속되지 않는다. 한편, 통역인에게는 법관에 대한 제척·기피·회피제도가 준용되는 반면($\substack{제25조 \\ 제1항}$)[$\substack{§30/9, \\ §31/22\ 참조}$], 감정인에 대해서는 그러한 규정이 없다.

5　　법원은 합의부원을 수명법관으로 지정해 감정에 관해 필요한 처분을 하게 할 수 있다($\substack{제175 \\ 조}$)[$\substack{§24/10 \\ 참조}$].

6　　⑵ 감정인의 소환과 선서　　감정인에게는 감정 전에 선서하게 해야 한다($\substack{제170 \\ 조}$). 따라서 법원은 기일을 지정해 감정인을 소환하여($\substack{제177조, \\ 제150조의2}$)[$\substack{§128/4 \\ 참조}$], 허위감정의 벌을 경고한 후($\substack{제177조, 제158 \\ 조, 형법 제154조}$)「양심에 따라 성실히 감정하고 만일 거짓이 있으면 허위감정의 벌을 받기로 맹세합니다」라고 기재된 선서서를 낭독하게 한다($\substack{제170조 제 \\ 2항, 제3항}$). 낭독 후에는 선서서에 기명날인 또는 서명하게 해야 하나, 감정인이 선서서를 낭독하지 못하거나 서명하지 못하는 경우에는 참여한 법원사무관 등이 대행한다($\substack{제177조, 제 \\ 157조 제3항}$).

7　　소환에 응하지 않는 감정인에게는 소송비용부담이나 과태료부과의 결정을 할 수 있으나, 구인[$\substack{§128/26 \\ 참조}$]은 불가능하다($\substack{제177조, \\ 제151조}$).

⑶ 감정의 시행

8　　㈎ 감 정　　감정인은 누구의 간섭도 받지 않고 전문가로서의 소신과 재량에 따라 감정해야 한다. 법원은 감정을 요하는 물건을 감정인에게 교부할 수 있다($\substack{제172조 제 \\ 1항, 제2항}$). 감정인은 감정에 관해 필요한 경우에는 재판장의 허가를 얻어 서류와 증거물을 열람 또는 등사하고 피고인 또는 증인의 신문에 참여할 수 있다($\substack{제174조 \\ 제1항}$). 재판장은 필요하다고 인정하는 때에는 소송기록 중 감정에 참고가 될 자료를 감정인에게 제공할 수 있다($\substack{규칙 제 \\ 89조의2}$).

9　　㈏ 감정처분　　감정인은 감정에 관해 필요한 때에는 법원의 허가를 얻어 타인의 주거, 간수자 있는 가옥, 건조물, 항공기, 선박·차량 내에 들어갈 수 있고, 신체의 검사, 사체의 해부, 분묘의 발굴 또는 물건의 파괴를 할 수 있다($\substack{제173조 \\ 제1항}$). 구체적인 것은 수사상 감정처분의 경우와 같다[$\substack{§78/12 \\ 참조}$].

　　감정인이 공판정 밖에서 감정처분을 하려면 법원으로부터 감정처분허가 　　**10**
장을 발부받아 이를 피처분자에게 제시해야 한다(제173조 제2항 내지 제4항: 공판정 안에
서의 감정처분은 영장을 요하지 않는다).
허가장에는 i) 피고인의 성명, ii) 죄명, iii) 들어갈 장소, 검사할 신체, 해부할
사체, 발굴할 분묘, 파괴할 물건, iv) 감정인의 성명·직업, v) 유효기간 및
이를 경과하면 허가된 처분에 착수하지 못하고 허가장을 반환해야 한다는
취지, vi) 발부연월일을 기재하고 재판장 또는 수명법관이 서명날인해야 한
다(제173조 제2항,
규칙 제89조 제1항). 그 외에 법원이 감정처분허가에 관해 조건을 붙인 경우에
는 그 조건도 허가장에 기재해야 한다(규칙 제89
조 제2항).

　　불참할 의사를 명시했거나 급속을 요하는 경우가 아닌 이상, 법원은 검 　　**11**
사, 피고인 또는 변호인에게 감정처분의 일시·장소를 통지해야 한다(제176조,
제122조).

　　⑷ 감정유치

　　㈎ 의　의　　　피고인의 정신이나 신체가 감정대상인 경우에 피고인을 일 　　**12**
정기간 시설에 수용해 계속적으로 관찰해야 할 필요성이 있는 때에는, 법원
은 기간을 정해 병원 기타 장소에 피고인을 유치하게 할 수 있다(제172조
제3항). 감
정유치에 관한 결정에는 항고할 수 있다(제403조
제2항)[§27/7
참조].

　　㈏ 절　차

　　⒜ 감정유치장의 발부　　　감정유치는 신체구속처분이므로 사전에 영장, 　　**13**
즉 감정유치장을 발부받아서 해야 한다(제172조
제4항). 감정유치장에는 i) 피고인의
성명·주민등록번호·직업·주거, ii) 죄명 및 범죄사실의 요지, iii) 유치할 장
소·기간, iv) 감정의 목적, v) 유효기간 및 그 기간 경과 후에는 집행에 착수
하지 못하고 영장을 반환해야 한다는 취지를 기재하고 재판장 또는 수명법관
이 서명날인해야 한다(규칙 제85
조 제1항).

　　⒝ 집　행　　　감정유치에는 보석에 관한 것을 제외하고는 구속에 관한 　　**14**
규정이 준용되므로(제172조
제7항), 감정유치장의 집행방법은 구속영장의 그것과 동
일하다(제81조, 제85조, 제87조,
규칙 제48조 내지 제51조)[§127/15
참조], 유치된 피고인에게는 접견교통권이 보장된
다(제34조, 제172조 제7
항, 제89조, 제91조)[§127/36
참조].

　　구속피고인에게 감정유치장을 집행한 때에는 유치기간 동안 구속의 집 　　**15**
행이 정지된 것으로 보며(제172조의
2 제1항), 감정유치가 취소되거나 유치기간이 만료된
때 집행정지가 취소된 것으로 간주된다(같은 조
제2항).

16   ⓒ 간수명령   피고인이 시설에서 탈출할 우려가 있는 경우, 법원은 직권 또는 수용시설 관리자의 서면신청($_{제86조}^{규칙}$)에 의해 사법경찰관리에게 피고인의 간수(看守)를 명할 수 있다($_{제5항}^{제172조}$). 실무상 이 재판의 표제는 '간수명령'이나 그 성질은 결정이다[$_{참조}^{§27/22}$].

17   ⓓ 유치기간 연장·단축·해제   법원은 결정으로 유치기간을 연장 또는 단축할 수 있다($_{규칙\ 제85조\ 제2항}^{제172조\ 제6항,}$). 감정유치장에 기재된 기간의 도래 전에 감정이 완료되는 경우에는 즉시 유치를 해제하는 결정을 해야 한다($_{제3항}^{제172조}$).

18   ⓔ 감정유치의 종료   감정유치는 기간만료나 해제결정으로 종료된다. 구속피고인의 경우 재수감 집행을 하고($_{조,\ 제56조}^{규칙\ 제88}$), 불구속피고인은 석방한다.

19   ⑸ 감정서제출·감정인신문   감정인은 감정의 경과와 결과를 기재한 서면, 즉 감정서를 법원에 제출해야 한다($_{제1항}^{제171조}$). 감정의 결과란 감정사항에 관한 감정인의 최종적 판단을 말하고, 감정의 경과란 그 판단에 이르기 위해 감정인이 한 각종 조사나 처분 등을 비롯한 일련의 과정을 말한다. 감정의 결과에는 그 판단의 이유를 명시해야 한다($_{제3항}^{제171조}$). 법원은 필요한 때에는 직권으로 감정인을 공판정으로 소환해 감정의 경과와 결과에 대한 설명을 들을 수 있으며($_{제4항}^{제171조}$), 검사·피고인 또는 변호인은 감정인의 신문을 신청할 수 있다($_{제1항}^{제294조}$).

20   감정서는 검사·피고인의 증거동의가 있거나($_{조}^{제318}$), 공판기일에 감정인이 그 진정성립을 인정해야 증거능력이 있다($_{1항,\ 제3항}^{제313조\ 제}$)[$_{참조}^{§119/114}$]. 감정서를 증거로 사용하려면 공판정에서 이를 서증으로 조사($_{지,\ 제시·열람}^{낭독,\ 내용고}$)해야 한다[$_{참조}^{§121/2}$].

21   ⑹ 감정에 관한 비용   감정인은 형사비용법의 규정이 정하는 바에 따라 여비·일당·숙박료·감정료·체당금($_{지출된\ 비용}^{감정을\ 위해}$)의 변상을 청구할 수 있다($_{조,\ 형사비용규칙\ 제2조\ 내지\ 제4조}^{제179조,\ 형사비용법\ 제3조\ 내지\ 제10}$). 한편, 감정유치를 한 경우 법원은 그 관리자의 청구에 의해 입원료 기타 수용에 필요한 비용을 지급해야 하며, 그 비용은 결정으로 정한다($_{제87조}^{규칙}$).

2. 촉탁감정

22   법원은 필요하다고 인정하는 때에는 공무소($_{사연구원\ 등}^{국립과학수}$), 학교, 병원 기타 상당한 설비가 있는 단체나 기관에 감정을 촉탁할 수 있다. 실무상 감정촉탁은 신체감정이나 필적·인영·문자·지문 등에 대한 감정이 필요한 경우에

활용된다($\binom{감정예규 \ 제14조}{제1항, \ 제20조}$). 촉탁을 받은 기관의 감정에는 선서에 관한 규정이 적용되지 않는다($\binom{제179조의}{2 \ 제1항}$).

촉탁받아 감정한 기관이 제출한 감정서($\binom{촉탁}{결과서}$) 역시 별도의 서증으로서 **23** 증거조사를 요하며[$\binom{§121/2}{참조}$], 증거동의가 없는 경우에는 제313조 제1항의 요건을 구비해야 증거능력이 있다($\binom{제313조}{제1항}$)[$\binom{§119/114}{참조}$].[1] 법원은 당해 공무소·학교·병원·단체 또는 기관이 지정한 자에게 감정서를 설명하게 할 수 있고($\binom{제179조의}{2 \ 제2항}$), 이 경우 검사, 피고인 또는 변호인을 참여하게 해야 하며, 설명의 요지를 조서에 기재해야 한다($\binom{규칙 \ 제}{89조의3}$).

3. 감정증인의 문제

특별한 지식에 의해 알게 된 과거의 사실을 법원 또는 법관 앞에서 진술 **24** 하는 증인을 감정증인이라 한다. 가령 환자를 치료한 의사나 항공기 추락 현장을 목격한 항공공학엔지니어 등이 이에 해당한다.[2] 감정증인은 사실을 알게 되는 과정에서 감정인과 마찬가지로 학식·경험을 이용한다고는 하지만 어디까지나 과거에 경험한 구체적 사실을 진술한다는 점에서 대체성이 없으므로, 감정증인에 관해서는 감정에 관한 규정이 아니라 증인신문에 관한 규정이 적용된다($\binom{제179}{조}$). 실무상 수사절차에서 감정을 행한 사람($\binom{감정}{수탁자}$)을 감정증인으로 취급해 제179조에 따라 증인신문의 예에 의해 신문하고 있다.[3]

---

1 대법원 2019. 1. 17. 선고 2018도16979 판결:「촉탁에 의한 감정서 또는 촉탁결과서는 피고인이 증거로 함에 동의하거나(제318조) 그 작성자의 공판진술에 의하여 성립의 진정이 인정되는 때에 한하여 증거능력이 있고(제313조 제1항), 그와 같이 증거능력이 인정되는 경우에도 증거로 채택하여 증거조사를 하여야 유죄의 증거로 사용할 수 있다.」

2 대전지방법원 2020. 4. 2. 선고 2019고정711 판결: 「실무상 [사건을 목격하지 않은 전문가를] '전문가증인'이라는 명칭(미명)하에 증인신문의 방법으로 증거조사를 하는 경우가 흔히 있기는 하고, 이 전문가증인은 일종의 '감정증인'인 것으로 오해하는 경우가 대부분인 것으로 보인다. 즉, 전문적 학식·경험에 의하여 인식한 구체적 사실을 진술하는 증인을 전문가증인이라고 부르면서 이러한 전문가증인이 일반증인과 달리 의견을 추단하여 말할 수도 있고, 이 경우 증거가치도 인정되는 경우가 많다는 특징이 있다고 설명한다. 그러나 소송법상 명문의 규정도 없이 위와 같은 '전문가증인'이 허용되는지는 의문이다. 위 개념설명대로라면, 전문가증인은 형사소송법상의 감정증인에 유사한 증인일 가능성이 높다. 그런데 감정증인이라 함은, '특별한 지식에 의하여 알게 된 과거의 사실을 법원 또는 법관에게 진술하는 증인'을 말하는 사람이고 이러한 감정증인이 사실을 알게 되는 과정에서 감정인과 마찬가지로 학식·경험을 이용한다고는 하지만 어디까지나 과거에 경험한 구체적 사실을 진술하는 것이고 전문지식이나 경험칙 또는 그에 기초한 의견을 진술하여 법관의 판단을 보조하려 하는 것이 아니라서 대체성이 없는 것인바, … 대체가능성을 갖고 있는 사람들이 갑자기 감정인이 아닌 증인의 지위를 취득하게 된다고 해석하기는 어렵다.」

3 대전지방법원 2020. 4. 2. 선고 2019고정711 판결.

§124   **제4 검   증**

Ⅰ. 의   의

1   공판에서 검증은 법원·법관이 그 결과를 증거로 남길 목적 하에 사물(물질세계에 존재하는 구, 체적이고 객관적인 존재)을 오관의 작용으로 인식하는 활동이다. 예컨대 문서의 기재내용을 확인하는 것은 서증의 조사에 해당하는 반면, 필기도구의 종류와 인쇄상태, 필적 등을 확인하는 것은 검증에 해당한다. 공판의 검증은 압수·수색과 마찬가지로 직권사항이며(제139조), 검사나 피고인은 신청권이 없고 직권발동을 촉구할 수 있을 뿐이다.

2   수사상의 검증은 수사기관이 사건의 현장이나 물건 따위를 인식·탐색하고 그 과정·결과를 사진이나 조서 등의 기록으로 남겨두는 일련의 활동으로서, 증거수집을 목적으로 하는 압수·수색과 궤를 같이한다. 반면, 공판에서의 검증은 법관이 범죄현장 등에 찾아가 직접 인식작용을 행하는 증거조사의 일환으로, 증거물을 찾아내 공판정으로 들여오도록 하는 것을 내용으로 하는 압수·수색과는 완전히 다른 종류의 처분이다. 그리고 수소법원의 검증은 법관 면전에서의 증거조사방법이므로(검증장소가 곧 공판정이다) 영장을 요하지 않는다.

3   검증에는 i) 공판기일에 공판정에서 제시된 증거를 법관이 그 자리에서 인식하는 형태와, ii) 수소법원 또는 수명법관이 청사 밖의 범죄현장 등에서 인식하는 형태가 있다. 후자를 실무상 현장검증이라 한다.

Ⅱ. 절   차

1. 검증의 준비

4   ⑴ 검증기일의 지정   당해 공판기일에 곧바로 검증하기 여의치 않은 경우 별도로 검증기일을 지정할 수 있다. 공판기일이란 수소법원이 피고사건에 대해 심증을 형성하는 활동이 실제적으로 이루어지는 시점을 뜻하므로, 수소법원이 직접 하는 검증은 그 자체가 공판이며, 검증기일은 곧 공판기일이다. 따라서 검증기일은 공판기일 지정에 관한 제267조 제1항의 규정에 따라 재판장이 지정한다[§138/5 참조].

5   ⑵ 참여권자에 대한 통지 등   i) 검증의 일시·장소는 미리 검사·피고

인·변호인에게 통지해야 한다($\binom{제145조,}{제121조}$). 미리 불참의사를 명시했거나 급속을
요하는 때에는 통지를 생략할 수 있다($\binom{제145조,}{제122조}$). ii) 검증현장을 공무소, 군사용
항공기 또는 선박·차량 등으로 지정한 때에는 그 책임자에게 참여할 것을
통지해야 한다($\binom{제145조, 제}{123조 제1항}$). iii) 검증의 내용에 사체해부·분묘발굴이 포함된 경
우에는 유족에게 미리 통지해야 한다($\binom{제141조}{제4항}$). iv) 검증의 대상이 피고인 아닌
자에 대한 신체인 경우에는 그를 소환해야 한다($\binom{제142}{조}$).

2. 검증기일의 절차

⑴ 승낙·참여 등

㈎ 사전승낙

ⓐ 군사상 비밀을 요하는 장소   검증현장이 군사상 비밀을 요하는 장소   6
인 경우에는 사전에 그 책임자의 승낙을 받아야 하며, 책임자가 국가의 중대
한 이익을 해할 염려가 있음을 이유로 거부하는 경우에는 검증을 개시할 수
없다($\binom{제145조,}{제110조}$).

ⓑ 야간집행의 경우   야간에 타인의 주거나 간수자 있는 가옥, 건조물,   7
항공기, 선박·차량 내에서 검증을 하려면 주거주, 간수자 또는 이에 준하는
자의 승낙을 받아야 한다($\binom{제143조 제}{1항 본문}$). 단, i) 야간이 아니면 검증의 목적을 달성
할 수 없는 경우($\binom{같은 항}{단서}$), ii) 일몰 전에 검증을 개시해 일몰 후까지 계속하는
경우($\binom{같은 조}{제2항}$), iii) 도박 기타 풍속을 해치는 행위에 상용한다고 인정되는 장소
나 음식점·숙박업소처럼 야간에도 공중이 출입할 수 있는 장소에서 검증하
는 경우($\binom{같은 조 제3}{항, 제126조}$)에는 미리 승낙을 받을 필요가 없다.

㈏ 책임자 등의 참여   i) 검증현장이 공무소, 군사용 항공기 또는 선   8
박·차량 등인 때에는 그 책임자를 참여시켜야 한다($\binom{제145조, 제}{123조 제1항}$). ii) 검증현장이
타인의 주거, 간수자 있는 가옥, 건조물, 항공기, 선박·차량인 때에는 주거
주, 간수자 또는 이에 준하는 자를 참여시켜야 하고, 그것이 여의치 않으면
이웃사람 또는 지방공공단체 직원을 참여시켜야 한다($\binom{제145조, 제123}{조 제2항, 제3항}$). iii) 여자의
신체를 검증할 때에는 의사나 성년의 여자를 참여하게 해야 한다($\binom{제141조}{제3항}$).

검사, 피고인·변호인은 검증에 참여할 권리를 가지나, 이들이 불참하더   9
라도 검증을 개시하는 데는 지장이 없다($\binom{제145조,}{제121조}$).

⑵ 검증의 시행   법원은 검증에 필요한 때에는 사법경찰관리에게 검증   10

의 보조를 명할 수 있다($^{제144}_{조}$). 검증 진행중 타인의 출입을 금지할 수 있고, 이에 위배한 자에게는 퇴거하게 하거나 검증 종료시까지 간수자를 붙일 수 있다($^{제145조,}_{제119조}$). 퇴거명령에 불응하거나 검증을 방해하여 재판의 위신을 해친 자에게는 감치 또는 과태료의 제재를 과할 수 있다($^{법원조직법 제61조}_{제1항, 제58조 제2항}$). 검증을 잠시 중지하는 경우 현장을 일시 폐쇄하거나 간수자를 둘 수 있다($^{제145조,}_{제127조}$).

11 ㈎ 증인신문 　검증현장에서 증인·감정인을 신문할 수 있다$\left[^{§128/2,}_{3 \text{ 참조}}\right]$.

12 ㈏ 압수·수색 　검증현장에서 필요한 경우에는 압수·수색을 할 수 있다. 법관 면전이므로 영장을 발부할 필요는 없으나 압수목록은 교부해야 한다($^{제129}_{조}$).

13 ㈐ 필요한 처분 　검증을 함에는 신체의 검사, 사체의 해부, 분묘의 발굴, 물건의 파괴 기타 필요한 처분을 할 수 있다($^{제145조, 제140}_{조, 제120조}$). '필요한 처분'에 관해서는 제2편에서 설명하였다$\left[^{§76/7}_{\text{참조}}\right]$.

14 ㈑ 신체에 대한 검증 　사람의 신체를 검증하는 때에는 성별, 연령, 건강상태 기타 사정을 고려해 그 사람의 건강과 명예를 해하지 않도록 주의해야 한다($^{제141조}_{제1항}$). 피고인 아닌 사람의 신체에 대한 검증은 증거가 될 만한 흔적을 확인할 수 있는 현저한 사유가 있는 경우에만 할 수 있다($^{같은 조}_{제2항}$).

3. 검증조서의 작성

15 　검증의 경과와 결과는 공판조서에 기재해야 한다($^{제51조 제2}_{항 제10호}$). 별도로 검증조서를 작성해 공판조서의 일부로 할 수 있다($^{제49조}_{제1항}$). 검증조서에는 검증목적물의 현상(現狀)을 명확히 하기 위해 도화나 사진을 첨부할 수 있다($^{같은 조}_{제2항}$).

16 　수소법원이 직접 검증한 경우에는 법관이 인식한 바 그 자체가 증거자료이다. 그러나 가령 i) 검증 후 사건이송$\left[^{§148}_{\text{참조}}\right]$·법관경질 등으로 공판절차갱신이 있는 경우$\left[^{§156}_{\text{참조}}\right]$, ii) 수명법관·수탁판사가 검증한 경우, iii) 파기환송·이송심에서 원판결절차의 검증결과를 사용하려는 경우$\left[^{§193/1}_{\text{참조}}\right]$에는 그 당시 작성된 검증조서가 서증으로서 증거방법이 되므로 별도의 증거조사가 필요하다$\left[^{§121/2}_{\text{참조}}\right]$. 이 경우 해당 검증조서는 제311조에 따라($^{다른 사건의 공판에서는}_{제315조 제3호에 따라}$) 당연히 증거능력이 있다$\left[^{§119/125}_{\text{참조}}\right]$.

제4관　증 명 력

제 1　증거의 신빙성

I. 의　　의

　증거의 신빙성(信憑性)이란 증거방법으로부터 추출해낸 증거자료의 내용 　　1
그 자체의 신뢰성을 뜻한다. 신빙성 판단의 획일화된 기준은 존재할 수 없고,
자유심증주의($^{제308}_{조}$)[$^{§116}_{참조}$]에 비추어 그러한 기준을 수립하는 것이 적절하지도
않다. 여기서는 다만 그동안 판례가 제시해온 개략적 판단기준들을 간추려
소개하기로 한다.

II. 진술증거

1. 제3자의 진술

　⑴ 일반론　　증언의 신빙성은 증인의 입장, 이해관계 및 그 내용은 물 　　2
론 다른 증거와도 구체적으로 비교 검토해 합리적으로 판단해야 하며,[1] 같
은 사람의 수사기관에서의 진술과 법정에서의 진술이 다른 경우에 반드시 법
정에서의 진술이 우월한 신빙성을 가진다고 단정할 수 없다.[2] 특히 목격하
거나 경험한 사실에 대한 기억이 시일이 경과함에 따라 흐려질 수는 있을지
언정 오히려 처음보다 명료해진다는 것은 이례적이므로,[3] 처음에 모른다고
진술한 사람이 후에 그 진술을 번복함에는 그에 관한 충분한 설명이 있어야
한다.[4] 그리고 고소인의 진술과 피고인의 진술이 상충하는 경우에 피고인
진술이 모순된다거나 불합리하다는 이유만으로 고소인 진술의 증거가치를
높게 평가해서는 안 된다.[5] 또한 피의자·피고인과 가족관계에 있는 자의 증
언이라 해서 언제나 신빙성이 낮다고 할 수는 없다.[6]

1　대법원 1979. 12. 26. 선고 77도2381 판결.
2　대법원 1988. 6. 28. 선고 88도740 판결; 1987. 6. 9. 선고 87도691 판결.
3　대법원 1984. 11. 13. 선고 84도22 판결.
4　대법원 1985. 6. 25. 선고 85도801 판결.
5　청주지방법원 2017. 1. 13. 선고 2015노1502 판결.
6　대법원 1983. 9. 13. 선고 83도823 판결.

3   제1심이 증인신문절차를 진행한 뒤 그 진술의 신빙성 유무를 판단할 때
에는 진술내용 자체의 합리성·논리성·모순 또는 경험칙 부합 여부나 다른
증거들과의 부합 여부 등은 물론, 공개된 법정에서 진술에 임하고 있는 증인
의 모습이나 태도, 진술의 뉘앙스 등 증인신문조서에는 기록하기 어려운 여
러 사정을 직접 관찰함으로써 얻게 된 심증까지 모두 고려하게 된다. 이에
비해 제1심 증인이 한 진술에 대한 항소심의 신빙성 유무 판단은 원칙적으로
증인신문조서를 포함한 기록만을 그 자료로 삼게 되므로, 진술의 신빙성 유
무 판단을 할 때 가장 중요한 요소 중의 하나라 할 수 있는 진술 당시 증인
의 모습이나 태도, 진술의 뉘앙스 등을 그 평가에 반영하기가 어렵다. 따라서
진술의 신빙성 유무에 대한 제1심의 판단이 명백하게 잘못되었다고 볼 특별
한 사정이 있거나, 제1심의 증거조사 결과와 항소심 변론종결시까지 추가로
이루어진 증거조사 결과를 종합할 때 제1심 증인이 한 진술의 신빙성 유무에
대한 제1심의 판단을 그대로 유지하는 것이 현저히 부당하다고 인정되는 예
외적인 경우가 아닌 이상,[1] 항소법원으로서는 제1심 증인이 한 진술의 신빙
성 유무에 대한 제1심의 판단이 항소심의 판단과 다르다는 이유만으로 이에
대한 제1심의 판단을 함부로 뒤집어서는 안 된다[$\left[\begin{smallmatrix}§188/7\\참조\end{smallmatrix}\right]$].[2]

4   검사가 공판기일에 증인으로 신청하여 신문할 사람을 특별한 사정 없이
미리 수사기관에 소환하여 면담하는 절차를 거친 후 증인이 법정에서 피고인
에게 불리한 내용의 진술을 한 경우, 검사가 면담과정에서 증인에 대한 회유
나 압박, 답변 유도나 암시 등으로 증인의 법정진술에 영향을 미치지 않았다
는 점이 담보되어야 증인의 법정진술에 신빙성을 인정할 수 있다. 증인에 대
한 회유나 압박 등이 없었다는 사정은 검사가 증인의 법정진술이나 면담과정
을 기록한 자료 등으로 사전면담 시점, 이유와 방법, 구체적 내용 등을 밝힘
으로써 증명하여야 한다.[3]

---

1 대법원 2013. 1. 31. 선고 2012도2409 판결:「특히 공소사실을 뒷받침하는 증거의 경우에는,
   증인신문 절차를 진행하면서 진술에 임하는 증인의 모습과 태도를 직접 관찰한 제1심이 증인
   의 진술에 대하여 그 신빙성을 인정할 수 없다고 판단하였음에도 불구하고, 항소심이 이를 뒤
   집어 그 진술의 신빙성을 인정할 수 있다고 판단할 수 있으려면, 진술의 신빙성을 배척한 제1
   심의 판단을 수긍할 수 없는 충분하고도 납득할 만한 현저한 사정이 나타나는 경우이어야 할
   것이다.」

2 대법원 2019. 7. 24. 선고 2018도17748 판결.

3 대법원 2021. 6. 10. 선고 2020도15891 판결.

⑵ 피고인을 범인으로 지목하는 진술   직접증거를 뒷받침할 수 있   5
는 간접증거(정황⁄증거)가 있는 경우, 그 직접증거를 배척하려면 상당한 합리적 이
유가 있어야 한다.[1] 예컨대 별건수사중인 사람의 참고인진술은 수사기관의
의도에 영합해 그 별건에서의 유리한 처분을 얻기 위한 허위진술일 가능성을
배제할 수 없으나,[2] 만약 그 진술이 상당 정도 객관적 금융자료와 부합하는
경우에는 특별한 사정 없이 섣불리 신빙성을 배척해서도 안 된다.[3]

물증이 없고 피고인을 범인으로 지목하는 진술만 있는 경우, 그 신빙성   6
을 판단함에는 진술내용 자체의 합리성, 객관적 상당성, 전후의 일관성 등뿐
만 아니라 진술자의 인간됨,[4] 그 진술로 얻게 되는 이해관계 유무, 특히 그
에게 어떤 범죄의 혐의가 있고 그 혐의에 대해 수사가 개시될 가능성이 있거
나 수사가 진행중인 때에는 이를 이용한 협박이나 회유 등의 의심이 있어 그
진술의 증거능력이 부정되는 정도에까지 이르지 않는 경우에도 그로 인한 궁
박한 처지에서 벗어나려는 노력이 진술에 영향을 미칠 수 있는지 여부 등도
아울러 살펴보아야 한다.[5] 불순한 동기를 가지고 타인의 범법을 탐지해 감
독관청에 고자질함을 일삼는 사람의 언행에는 대개 허위가 개입될 개연성이
농후하므로, 그 신빙성을 인정함에는 특히 신중할 필요가 있다.[6]

피고인의 변소와 대립하는 소송관계인(통상⁄고소인)의 진술만이 유일한 증거인   7
경우, 그 사람의 전체 진술 중 일부는 일관성이 없거나 객관성·상당성을 갖
추고 있지 못하다고 보면서도 다른 일부의 진술에는 신빙성이 있다고 보아
그 부분만을 토대로 공소사실을 인정함에는 특별한 주의가 필요하며, 특히
그 진술 중 일부가 단순히 일관성이 없는 정도가 아니라 온전히 거짓말임이
밝혀진 경우에는 더더욱 그러하다.[7]

㈎ 진술조서 등에 기록된 진술내용   수사기관이 작성한 진술조서는   8
i) 원진술자의 진술을 처음부터 끝까지 그대로 기재한 것이 아니라 그중 공

---

1 대법원 1986. 3. 25. 선고 85도1572 판결.
2 대법원 2002. 10. 22. 선고 2002도2167 판결.
3 대법원 2002. 10. 22. 선고 2002도2167 판결.
4 대법원 2006. 2. 10. 선고 2005도8965 판결.
5 대법원 2002. 6. 11. 선고 2000도5701 판결; 2009. 1. 15. 선고 2008도8137 판결.
6 대법원 2006. 2. 10. 선고 2005도8965 판결.
7 청주지방법원 2018. 3. 23. 선고 2017노1218 판결.

소사실과 관련된 주요부분의 취지를 요약해 정리한 것이고,[1] ii) 조서작성자의 선입관이나 오해로 인해 원진술자의 진술취지와 다른 내용으로 작성될 가능성도 배제하기 어려우며, iii) 진술 당시 원진술자의 모습·태도, 진술의 뉘앙스 등을 법관이 직접 관찰할 수도 없으므로, 그 신빙성 평가에 근본적 한계가 있을 수밖에 없다.[2]

9 　　　원진술자의 진술불능상태로 인해 제314조에 따라 증거능력을 갖는 진술조서의 신빙성 판단은 특히 신중히 해야 한다.[3] 해당 조서에 기재된 진술이 직접 경험한 사실을 구체적 경위와 정황의 세세한 부분까지 정확하고 상세하게 묘사하고 있어 굳이 반대신문을 거치지 않더라도 진술의 정확한 취지를 명확히 인식할 수 있고 그 내용이 경험칙에 부합하는 등 강한 증명력을 인정할 만한 특별한 사정이 있거나, 그 조서에 기재된 진술의 신빙성과 증명력을 뒷받침할 만한 다른 유력한 증거가 따로 존재하는 등의 예외적 경우가 아닌 이상, 그 조서는 진정한 증거가치를 가진 것으로 인정받을 수 없는 것이어서 이를 주된 증거로 해서 공소사실을 인정함은 원칙적으로 허용되지 않는다.[4]

10 　　　(나) 범인식별진술　　　목격자 등에게 용의자의 인상착의 등을 제시하여 범인이 누구인지를 지목하게 하는 수사기법을 범인식별절차라 하며, 이에 응해 특정인을 지목하는 참고인의 진술을 범인식별진술이라 한다[§72/14 참조].

11 　　　피해자가 범행 전에 용의자를 한 번도 본 적이 없고 피해자의 진술 외에는 그 용의자를 범인으로 의심할 만한 객관적 사정이 존재하지 않는 상태에서, 수사기관이 잘못된 단서에 의해 범인으로 지목하고 신병을 확보한 용의자를 일대일로 대면해 그가 범인임을 확인했을 뿐이라면, 사람의 기억력의

---

1 청주지방법원 2018. 3. 23. 선고 2017노1218 판결: 「참고인이 진술한 내용 중 일부, 즉 피고인의 변소에 부합하는 내용의 진술 또는 피고인의 주장을 설명하기 위한 전제적 사실에 관한 진술 등이 진술조서에 기재되지 아니하였을 가능성은 상존한다고 하지 않을 수 없다. 이러한 기재의 '누락', '탈루'가 반드시 수사기관의 악의적 행태에서 유래하는 것은 아니다. 즉 경찰·검찰 등의 수사기관이 무고한 시민을 범법자로 조작하기 위하여 위와 같이 기재를 누락한다기보다는, 많은 경우 그들의 관심사가 공소사실의 구성요건에 부합하는 점을 밝히는 데에만 있기 때문에 발생하는 지극히 자연스럽고 인간적인 현상이다. 신(神)이 아닌 인간이 갖고 있는 생래적 한계 내지 편향성이 표면화된 것에 불과한 것이겠으나, 이러한 인간이 갖는 본질적 한계를 부정할 수 없기에 근대의 형사소송절차에서 수사·소추와 판단·재판의 권한을 분리하고 있는 것이기도 하다.」
2 대법원 2006. 12. 8. 선고 2005도9730 판결.
3 대법원 2006. 12. 8. 선고 2005도9730 판결.
4 대법원 2006. 12. 8. 선고 2005도9730 판결.

한계 및 부정확성과 위와 같은 상황에서 피해자에게 주어질 수 있는 무의식
적 암시의 가능성에 비추어 그 피해자의 진술에 높은 정도의 신빙성을 부여
하기는 어렵다.[1] 범인식별진술의 신빙성을 담보하기 위해서는 i) 범인의 인
상착의 등에 관한 목격자의 진술 내지 묘사를 사전에 상세히 기록화한 다음,
ii) 용의자를 포함해 그와 인상착의가 비슷한 여러 사람을 동시에 목격자와
대면시켜 범인을 지목하도록 해야 하고(line-up 방식), iii) 용의자와 목격자
및 비교대상자들이 사전에 서로 접촉하지 못하도록 해야 하며, iv) 사후에
증거가치를 평가할 수 있도록 대질 과정과 결과를 문자와 사진 등으로 서면
화하는 등의 조치를 취해야 한다.[2]

예외적으로, 범죄발생 직후 현장이나 그 부근에서 범인식별절차를 실시   12
하는 경우에는 목격자에 의한 생생하고 정확한 식별의 가능성이 열려 있으므
로, 용의자와 목격자의 일대일 대면에 기초한 범인식별진술에도 높은 신빙성
을 인정할 수 있을 것이다.[3]

⑶ 피고인이 아니라 자신이 진범이라는 취지의 진술   증인이 사실   13
은 자신이 진범이며 피고인은 무고하다고 증언하는 경우, 처벌을 감수하고라
도 피고인의 범죄를 자신의 범죄라고 거짓 진술할 만한 특별한 관계나 사정
이 증명되지 않는 한, 법관은 다른 증거와 모순되지 않는 이상 그 증언의 신
빙성을 가볍게 평가해서는 안 된다.[4]

2. 자   백

자백이 임의성을 의심할 객관적 사유가 없어 증거능력이 있다는 것[§65 참조]   14
과 그 내용에 신빙성을 어느 정도 인정할 것인지는 전혀 별개의 문제이다.
예컨대 자백이 여러 차례 이루어지면서 그 내용이 계속해서 변경되는 경우,
그것이 당초에 의도적으로 숨겼던 사실을 밝히거나 부정확한 기억을 되살림
으로써 진술내용을 진실에 가깝게 다듬는 과정일 수도 있지만, 허위로 자백
한 내용 중 객관적 상황에 맞지 않는 부분을 그 후 객관적 상황에 맞추어 작
위적으로 수정한 것이라고 봐야 할 경우도 있다. 시간이 지날수록 기억이 흐

---

1 대법원 2004. 7. 27. 선고 2003도7033 판결; 2001. 2. 9. 선고 2000도4946 판결.
2 대법원 2004. 7. 27. 선고 2003도7033 판결.
3 대법원 2009. 6. 11. 선고 2008도12111 판결.
4 대법원 1985. 2. 26. 선고 84도2974 판결.

려지기는커녕 오히려 선명해지는 것은 이례에 속한다는 법리는 자백의 영역
에서도 타당하며, 특히 피고인의 진술이 경찰-검찰-공판의 각 단계를 거치
는 동안 특별한 이유 없이 시간이 흐름에 따라 공소사실에 부합되도록 번복
되는 경우에는 그 신빙성을 의심해 보아야 한다.[1]

15   피의자는 진술의 임의성이 보장되는 상태에서도 진실에 반하는 자백을
하는 경우가 있고, 특히 피의자가 외부와 격리된 상황에서 자기를 진범이라
고 확신하는 수사관들로부터 집중적 조사를 받는 경우에는 비록 그 수사방법
이 진술의 자유를 침해하는 정도의 위법성을 띤 것이 아니더라도 스스로 방
어를 포기한 채 수사기관의 의도에 영합하는 허위자백을 할 여지가 있다. 따
라서 피고인의 자백이 주된 증거인 사건에서는 자백의 임의성뿐 아니라 신빙
성 또한 신중하고 면밀하게 검토해야 한다. 신빙성 유무는 i) 진술내용 자체
가 객관적 합리성을 띠고 있는지, ii) 자백의 동기나 이유 및 자백에 이르게
된 경위가 어떠한지, iii) 자백 외의 정황증거 중 자백과 저촉되거나 모순되는
것은 없는지 등을 고려해 판단한다.[2]

Ⅲ. 처분문서

16   계약서, 차용증, 해약통지서, 합의서, 이행각서 등 그 자체로 어떠한 법
률행위의 수단이 되는 문서를 처분문서라 한다. 처분문서는 진정성립이 인정
되는 이상 (반증이 없는 한) 그 기재내용에 따른 의사표시의 존재 및 내용을 인정해야
하고, 합리적 이유 없이 이를 배척해서는 안 된다. 물론 별도의 명시적·묵시
적 약정이 있는 사실이 인정되는 때에는 처분문서의 기재내용과 다른 사실을
인정할 수 있다.[3]

Ⅳ. 과학적 증거

17   이를테면 유전자감정, 부검결과, 지문감정, 필적감정 등과 같은 과학적
증거(scientific evidence)는 그것이 뒷받침하는 객관적 사실에 관해서는 강한
신빙성을 가지며, 법관이 합리적 근거 없이 함부로 이를 배척하는 것은 자유

---

1 대법원 1984. 11. 13. 선고 84도22 판결.
2 대법원 1983. 9. 13. 선고 83도712 판결.
3 대법원 2008. 2. 29. 선고 2007도11029 판결.

심증주의의 한계를 벗어나는 것으로서 허용될 수 없다.[1] 다만 그 전제로서 i) 감식의 대상이 되는 증거를 채취하는 과정에서 오염이 개입되지 않았을 것, ii) 감식·감정과정에서 과학적으로 정당한 방법을 채용했을 것을 요한다.

　　공판절차에서 감정[§123 참조]을 행한 경우, 법원은 감정결과에 반하는 사실을 인정할 수 있고, 감정의견이 상충되는 때에는 소수의견을 따르거나 각 의견들 중 일부씩을 채택할 수 있다는 것이 판례의 입장이다.[2] 특히 정신과학분야와 관련된 영역(예컨대 책임능력평가는 비록 규범적 평가이기는 하지만, 생물학적 요소와 심리학적 요소를 포함한 평가라는 점에서 정신의학적 판단과 밀접한 관계가 있다)에 관해 판례는, i) 법원은 심신상실의 감정결과에 구속되지 않고,[3] ii) 재범위험성 또는 심신장애 여부 판단에서 반드시 감정인의 감정을 거칠 필요가 없으며,[4] iii) 설령 감정을 행한 때에도 그 감정결과와 독립적으로 판단할 수 있다고 한다.[5] 그러나 감정인은 일정한 관찰대상과 관련하여 자의적으로 판단하는 것이 아니라 경험에 터잡은 일정한 이론체계에 기반해 판단하는 것이므로, 법관이 그 감정결과를 자유로이 처분함은 적절치 않다고 본다. 즉, 심증의 대상이 되는 일정한 감정자료나 감정사실이 그 분야의 전문가들이 일반적으로 승인하는 경험법칙에 근거하고 있는 경우, 법관은 그에 구속돼야 한다.[6]

18

1　대법원 1994. 9. 13. 선고 94도1335 판결:「동일인의 필적이라고 하더라도 필기상태의 차이에 따라 다소 다르게 나타날 수도 있는 것이어서, 이러한 경우 감정결과에 의문이 생기면, 원래의 감정인에게 물어보거나 다른 감정인으로 하여금 다시 감정하게 하여 보는 등 의문점을 더 밝혀 보았어야 할 것임에도 이러한 조치를 취하지 아니한 채, 필적의 일정한 특징점을 기준으로 하지 않고 육안으로 보아 일부 자획에 상이한 점이 보인다고 하여 전문가의 감정결과에 대하여 의심을 품고 이를 배척하거나 감정자료가 부족하다는 이유로 감정결과를 배척하는 것은 합리적이라 할 수 없다.」

2　대법원 1971. 3. 23. 선고 71도212 판결:「감정의견의 판단과 그 채부여부는 법원의 자유심증에 따른다. 물론 법원은 감정결과를 전문적으로 비판할 능력을 가지고 있지 못하는 경우에는 그 결과가 사실상 존중되어 소송의 승패가 결정되는 수가 많으나 그렇다고 하여 감정의견은 법원이 가지고 있지 못한 경험칙 등을 보태준다는 이유로 항상 따라야 하는 것도 아니다. 감정의견이 상충된 경우 다수의견을 안따르고 소수의견을 채용해도 되고 여러 의견중에서 그 일부씩을 채용하여도 무방하며 여러 개의 감정의견이 일치되어 있어도 이를 배척하려면 특별한 이유를 밝히거나 또는 반대 감정의견을 구하여야 된다는 법리도 없다.」

3　대법원 1990. 11. 27. 선고 90도2210 판결:「심신장애 유무와 그 정도를 판단함에 있어 반드시 감정인의 의견에 따라야 하는 것은 아니[다].」

4　대법원 1971. 3. 23. 선고 71도212 판결(심신장애); 1994. 10. 28. 선고 94감도61 판결(재범위험성).

5　대법원 1992. 12. 22. 선고 92도2540 판결; 1995. 2. 24. 선고 94도3163 판결.

6　변종필, "자유심증주의와 그 내재적 한계", 사법행정 제38권 제10호(1997), 15 – 17쪽.

§126 **제 2 증거의 추인력**

1   증거의 신빙성이 충분히 인정됨을 전제로, 그것이 요증사실의 존재에 관
한 확신을 이끌어내는 데 기여하는 정도($\frac{즉,\ 요증사실의\ 증명에}{충분하지\ 아니면\ 부족한지}$)를 증거의 추인력
(推認力)이라 한다. '협의의 증명력'이라고도 한다.

2   추인력과 관련해, 직접증거가 부족한 사안에서 간접증거를 종합하여 범
죄사실을 인정할 수 있는지가 문제되는 경우가 자주 있다.[1] 간접증거가 개
별적으로는 범죄사실에 대한 완전한 증명력을 가지지 못하더라도 전체 증거
를 상호 관련 하에 종합적으로 고찰할 경우 그 단독으로는 가지지 못하는 종
합적 증명력이 있는 것으로 판단되면 그에 의해서도 범죄사실을 인정할 수
있다.[2] 다만 목격자의 진술 등 직접증거가 전혀 없이 간접증거만 있는 사건
에서는 유죄인정에 특히 신중을 기해야 한다.[3]

3   주관적 구성요건요소인 고의의 인정에 관해, 판례는 「사물의 성질상 고
의와 상당한 관련성이 있는 간접사실을 증명하는 방법에 의할 수밖에 없는
것이나, 그때에 무엇이 상당한 관련성이 있는 간접사실에 해당할 것인가는
정상적인 경험칙에 바탕을 두고 치밀한 관찰력이나 분석력에 의하여 사실의
연결상태를 합리적으로 판단하는 것 외에 다른 방법은 없다」고 한다.[4] 그러
한 간접사실의 예시로, 대법원은 i) 사기죄에서는 '범행 전후 피고인의 재력,
환경, 범행의 내용, 거래의 이행과정 등'을,[5] ii) 살인죄에서는 '피고인이 범
행에 이르게 된 경위, 범행의 동기, 준비된 흉기의 유무·종류·용법, 공격의
부위와 반복성, 사망의 결과발생가능성 정도, 범행 후 결과회피행동 유무 등'
을,[6] iii) 장물죄에서는 '장물소지자의 신분, 재물의 성질, 거래의 대가 기타
상황'을[7] 제시한 바 있다.

---

1 대법원 1994. 9. 13. 선고 94도1335 판결.
2 대법원 2001. 11. 27. 선고 2001도4392 판결.
3 대법원 1983. 6. 28. 선고 83도948 판결; 2003. 10. 10. 2003도3463 판결.
4 대법원 1988. 11. 22. 선고 88도1523 판결.
5 대법원 1995. 4. 25. 선고 95도424 판결.
6 대법원 2000. 8. 18. 선고 2000도2231 판결.
7 대법원 1995. 1 .20. 선고 94도1968 판결.

제3절　공판의 강제처분

제1관　대인적 강제처분

제1　피고인의 구속

§127

I. 의　　의

　　수소법원은 직권으로 영장을 발부해 피고인을 구속할 수 있다. 구속피의 　1
자에 대해 석방 없이 공소가 제기되는 경우(구속
구공판)에는 영장실질심사 후 발부
된 영장의 효력에 의해 수사상 구속이 피고인 구금으로 당연히 전환되는 반
면(제203조의
반대해석), 불구속상태의 피고인을 구금하는 때에는 구속영장(구금을 위한
구속영장)을 발
부해 집행하는 절차를 요한다. 이미 구속되어 있는 피고인에 대해 구속기간이
만료될 무렵 다른 범죄사실로 피고인을 구속하는 경우에도 마찬가지다.

　　전술하였듯[§74/2
참조] 형사소송법에서 '구속'이란 구인과 구금을 포괄하나, 통상 '구속' 　2
이라고 할 때는 구금만을 가리키는 경우가 많다. 가령 피고인에게 실형을 선고하면
서 그 자리에서 영장을 발부해 구금(구속예규 제
57조 제2항)하는 것을 실무상 '법정구속'이라 하
며, 영장도 구금을 위한 것은 '구속영장', 구인을 위한 것은 '구인영장' 또는 '구인
장'이라고 칭함이 보통이다. 그러므로 여기서 '구속'은 '구금'의 뜻으로 사용하고,
'구인'에 관해서는 뒤에서 별도로 설명한다[§128/15
참조].

II. 요　　건

1. 범죄혐의·구속사유

　　피고인을 구속하기 위해서는 i) 피고인이 죄를 범하였다고 의심할 만한 　3
상당한 이유가 있고, ii) 피고인에게 일정한 주거가 없거나(주거
부정), 도망했거나,
도망 또는 증거인멸의 염려가 있어야 한다(제70조
제1항). 도망·증거인멸 염려를 판
단함에는 범죄의 중대성, 재범의 위험성, 중요참고인에 대한 위해우려를 고
려해야 한다(같은 조
제2항). 50만원 이하의 벌금, 구류 또는 과료에 해당하는 사건에
서는 피고인에게 일정한 주거가 없는 때에만 구속할 수 있다(같은 조
제3항). 수사상
구속과 달리 공판단계의 구속에서는 재구속제한(제208조,
제214조의3)이 없다[§74/13
참조].

4   불구속피고인 구금사유의 예로는 i) 피고인이 소환[$\substack{\S128/1 \\ \text{참조}}$]에 불응함에 따라 구인영장[$\substack{\S128/18 \\ \text{참조}}$]을 발부하였으나 충분한 노력에도 불구하고 집행불능된 경우, ii) 피고인의 소재를 확인할 수 없는 경우, iii) 구인영장을 발부하더라도 집행불능될 것이 명백히 예상되는 경우 등이 있다($\substack{\text{구속예규 제58} \\ \text{조 제2항, 제3항}}$).

5   회기중에는 국회의 동의 없이 국회의원을 구속할 수 없다($\substack{\text{헌법 제44} \\ \text{조 제1항}}$)[$\substack{\S74/28 \\ \text{참조}}$]. 그 밖에 i) 쟁의기간 중의 근로자($\substack{\text{노조법} \\ \text{제39조}}$), ii) 각급 선거관리위원회 위원($\substack{\text{선관위법} \\ \text{제13조}}$), iii) 공직선거 후보자 등($\substack{\text{공직선거} \\ \text{법 제11조}}$)에 대한 구속이 일정한 범위에서 제한됨은 피의자 구속의 경우와 같다[$\substack{\S74/5 \\ \text{참조}}$].

2. 비 례 성

6   구속은 비례성을 갖추어야 한다. 특히, 소년은 부득이한 경우에만 구속할 수 있다($\substack{\text{소년법 제} \\ \text{55조 제1항}}$)[$\substack{\S74/18 \\ \text{참조}}$].

Ⅲ. 절 차

1. 영장의 발부

7   ⑴ 발부의 주체   영장발부 주체는 원칙적으로 수소법원이나, 급속을 요하는 때에는 재판장 또는 재판장의 명을 받은 합의부원이 영장을 발부할 수 있다($\substack{\text{제80} \\ \text{조}}$).

⑵ 청문절차

8   ㈎ 원 칙   영장을 발부함에는 i) 범죄사실의 요지, ii) 구속의 이유, iii) 변호인선임권을 고지하고 변명할 기회를 주어야 하며($\substack{\text{제72조} \\ \text{본문}}$)[$\substack{\S14 \\ \text{참조}}$], 그러한 사실을 조서에 기재하거나 피고인에게 확인서를 작성하게 해야 한다($\substack{\text{규칙} \\ \text{제52조}}$). 법문상 '구속'이라고 되어 있기는 하나, 제72조 본문은 구금의 경우에만 적용된다. 구인은 공판정 밖의 사건관계인을 공판정 안으로 데려오기 위한 수단이므로[$\substack{\S128/15 \\ \text{참조}}$] 공판정 내 사전청문을 상정할 수 없기 때문이다. 법원은 합의부원이 청문절차를 이행하게 할 수 있다($\substack{\text{제72조의2 제1} \\ \text{항; 수명법관}}$).

9   공판기일에 공판정에서 구속영장을 발부하는 경우에는 법관이 피고인을 대면하고 있으므로 제72조의 절차를 거치는 데 문제가 없으나, 공판정 밖의 피고인에게 구속영장을 발부하려면 피고인을 법원으로 데려오는 조치($\substack{\text{구인} \\ \text{등}}$)가 필요하다[$\substack{\S128/18 \\ \text{참조}}$]. 다만, 피고인이 출석하기 어려운 특별한 사정이 있고 상당

하다고 인정하는 때에는 검사와 변호인의 의견을 들어 중계시설을 통해 청문절차를 진행할 수 있다(제72조의2). 이 경우 사전에 서면·전화·모사전송·전자우편·문자메시지 등 적당한 방법으로 기일을 통지하고 그 사실을 조서에 기재한다(규칙 제45조의2 제1항). 중계시설을 통한 청문절차의 진행에는 영상공판준비기일에 관한 규칙 제123조의13 제1항 내지 제4항 및 제6항이 준용된다(같은 조 제2항).

　　대법원은, 피고인이 변호인을 통해 공판절차에서 의견 및 증거를 제출하고 그에 터잡아 제1심판결이 선고된 경우에는, 제72조에서 정한 절차적 권리가 실질적으로 보장되었다고 볼 수 있으므로, 항소심에서 청문절차를 전부 또는 일부 누락한 채 구속영장을 발부하더라도 위법하지 않다고 한다.[1] 반면, 제1심 제1회 공판기일에서 검사가 공소사실을 낭독하거나 공소요지를 진술하고(제286조) 그에 대해 피고인이 이익되는 사실을 진술할 기회를 부여받았다는 사정만으로는, 제72조에서 정한 절차적 권리가 실질적으로 보장되었다고 보기 어려우므로, 그 단계에서 위 절차를 생략하고 구속영장을 발부함은 위법하다고 한다.[2]

10

1　대법원 2000. 11. 10.자 2000모134 결정: 「법원이 피고인에 대하여 구속영장을 발부함에 있어 사전에 위 규정에 따른 절차를 거치지 아니한 채 구속영장을 발부하였다면 그 발부결정은 위법하다고 할 것이다. 그러나 위 규정은 피고인의 절차적 권리를 보장하기 위한 규정이므로 이미 변호인을 선정하여 공판절차에서 변명과 증거의 제출을 다하고 그의 변호 아래 판결을 선고받은 경우 등과 같이 위 규정에서 정한 절차적 권리가 실질적으로 보장되었다고 볼 수 있는 경우에는, 이에 해당하는 절차의 전부 또는 일부를 거치지 아니한 채 구속영장을 발부하였다 하더라도 이러한 점만으로 그 발부결정이 위법하다고 볼 것은 아니라 할 것이다. … 재항고인(피고인)은 이 사건 2차 구속영장의 범죄사실에 대하여 이미 제1심에서 유죄판결을 받고 그 판결에 대하여 항소를 함으로써 범죄사실의 요지 등에 관하여 잘 알고 있었고, 피고인으로서 할 수 있는 변명의 기회가 충분히 주어졌던 점, 이 사건 2차 구속영장은 이미 별개의 범죄사실로 구속되어 있는 재항고인에 대하여 이와 병합심리되고 있는 다른 범죄사실에 관하여 재항고인을 재구속하는 것인 점 등에 비추어 보면, 원심이 이 사건 2차 구속영장을 발부하기 전에 위 규정에 따른 절차를 거치지 아니하였다 하더라도 재항고인에 대하여는 위 규정에 따른 절차적 권리가 실질적으로 보장되었다고 볼 것이므로, 원심이 제72조에서 규정한 절차를 거치지 아니한 채 이 사건 2차 구속영장을 발부하였다 하더라도 그 발부결정이 위법하다고 볼 것은 아니[다].」

2　대법원 2016. 6. 14.자 2015모1032 결정: 「위와 같이 사전 청문절차의 흠결에도 불구하고 구속영장 발부를 적법하다고 보는 이유는 공판절차에서 증거의 제출과 조사 및 변론 등을 거치면서 판결이 선고될 수 있을 정도로 범죄사실에 대한 충분한 소명과 공방이 이루어지고 그 과정에서 피고인에게 자신의 범죄사실 및 구속사유에 관하여 변명을 할 기회가 충분히 부여되기 때문이므로, 이와 동일시할 수 있을 정도의 사유가 아닌 이상 함부로 청문절차 흠결의 위법이 치유된다고 해석하여서는 아니 된다. … 제1심법원은 제2차 구속영장을 발부하기 전에 제72조에 따른 절차를 따로 거치지 아니하였는데, 그전 공판기일에서 검사가 모두진술에 의하여 공소사실 등을 낭독하고 피고인과 변호인이 모두진술에 의하여 공소사실의 인정 여부 및 이익이 되는 사실 등을 진술하였다는 점만으로는 위 규정에서 정한 절차적 권리가 실질적으로 보장되었다고 보기는 어렵다.」

11   (나) 예 외   피고인이 도망한 때에는 제72조 본문의 청문절차를 거치지

않고 곧바로 구속영장을 발부할 수 있다($^{제72조}_{단서}$). i) 구인영장이 집행불능된 경

우, ii) 피고인의 소재를 확인할 수 없는 경우, iii) 구인영장을 발부하더라도

집행불능될 것으로 예상되는 경우가 이에 해당한다($^{구속예규}_{제58조 제3항}$).

12   (3) 발 부   구속요건이 충족되었다고 판단하면 영장을 발부한다. 구속

영장에는 i) 피고인의 성명·주거·주민등록번호·직업, ii) 죄명과 공소사실

의 요지, iii) 인치·구금할 장소, iv) 발부연월일, v) 제70조 제1항 각호의 구

속사유, vi) 유효기간 및 이를 경과하면 집행에 착수하지 못하며 영장을 반

환해야 한다는 취지를 기재하고, 재판장 또는 수명법관($^{제80}_{조}$)이 서명날인해야

한다($^{제75조 제1항,}_{규칙 46조}$).

13   집행의 편의를 위해 1인의 피고인에 대해 여러 통의 구속영장을 발부하

는 때에는 그 사유($^{제82조 제1}_{항, 제2항}$), 재판장 또는 합의부원이 제80조의 규정에 의해

영장을 발부하는 때에는 그 취지($^{규칙 제}_{47조}$) 역시 영장에 기재해야 한다.

14   (4) 항 고   영장발부의 결정에는 항고할 수 있다($^{제402조;}_{보통항고}$).[1]

       2. 집   행

15   (1) 집행의 주체   i) 구속영장은 검사의 지휘로 사법경찰관리가 집행한

다($^{제81조 제}_{1항 본문}$). 지휘 또는 집행은 관할구역 외에서도 할 수 있다($^{제83}_{조}$). ii) 급속을

요하는 때에는 재판장, 수명법관 또는 수탁판사가 집행을 지휘할 수 있으며

($^{같은 항}_{단서}$), 이 경우 법원사무관 등에게 그 집행을 명할 수 있다. 법원사무관 등

은 사법경찰관리, 교도관 또는 법원경위에게 보조를 요구할 수 있고 관할구

역 외에서도 집행할 수 있다($^{같은 조}_{제2항}$). iii) 교도소·구치소에 있는 피고인에 대

해 발부된 구속영장은 검사의 지휘에 의해 교도관이 집행한다($^{같은 조}_{제3항}$). iv) 피

고인의 현재지가 불분명한 때에는 재판장은 고등검찰청 또는 지방검찰청 검

사장에게 그 수사와 구속영장의 집행을 촉탁할 수 있다($^{제84}_{조}$).

16   (2) 영장제시 및 사본교부   구속영장을 집행할 때에는 피고인에게 반드

시 영장을 제시하고 그 사본을 교부해야 한다($^{제85조}_{제1항}$). 영장을 소지하지 않은

상태에서 급속을 요하는 때에는 우선 공소사실의 요지와 영장발부사실을 알

려주고 집행한 다음 신속히 영장제시·사본교부를 해야 한다($^{제85조 제3}_{항, 제4항}$).

---

1 대법원 2016. 6. 14.자 2015모1032 결정.

(3) 인치·호송   피고인의 신체를 확보한 때에는 지체없이 지정된 장소 **17**
로 인치해야 한다($\substack{제85조\\제1항}$). 지정된 장소가 원거리에 있는 경우에는 가까운 교도
소나 구치소에 임시로 유치하였다가 추후 호송할 수 있다($\substack{제86\\조}$). 이를 가유치
(假留置)라 한다.

(4) 공소사실 등의 고지   피고인을 구속한 때에는 즉시 공소사실의 **18**
요지와 변호인을 선임할 수 있음을 알리고($\substack{제88\\조}$), 그 사실을 조서에 기재하거
나 피고인에게 고지확인서를 작성하게 한다($\substack{규칙\\제52조}$).[1] 다만, 대법원은 이 경우
고지를 누락해도 구속영장의 효력에는 영향이 없다고 한다.[2]

(5) 집행 후의 서류제출   구속영장집행사무를 담당한 자는 i) 집행에 성 **19**
공한 때에는 영장에 그 집행일시와 장소를, ii) 집행할 수 없었을 때에는 그
사유를 각 기재하고 기명날인해야 한다($\substack{규칙 제49\\조 제1항}$). 영장의 집행에 관한 서류는
집행을 지휘한 검사 또는 수탁판사를 경유해 구속영장을 발부한 법원에 제
출해야 한다($\substack{같은 조\\제2항}$).

Ⅳ. 구금 이후의 조치

법원은 피고인을 구금한 때로부터 24시간 내에 i) 변호인이 있으면 그 **20**
변호인에게, ii) 변호인이 없으면 변호인선임권자($\substack{피고인의 법정대리인, 배\\우자, 직계친족, 형제자매}$) 중 피고
인이 지정하는 사람에게, iii) 변호인선임권자가 없는 경우에는 피고인이 지
정하는 1인($\substack{고용주\\친족 등}$)에게 서면으로 구속사실을 통지해야 한다($\substack{제87조 제2항,\\규칙 제51조 제1항}$). 통
지서에는 피고사건명, 구속의 일시와 장소, 범죄사실의 요지, 구속의 이유,
변호인을 선임할 수 있다는 취지를 기재해야 한다($\substack{제87조 제1항,\\규칙 제51조 제1항}$).

급속을 요하는 때에는 구속되었다는 취지 및 구속의 일시·장소를 전화 **21**
나 팩스 등 상당한 방법으로 고지할 수 있다. 다만, 이 경우 다시 서면으로
통지해야 한다($\substack{규칙 제51\\조 제3항}$).

---

1 서울고등법원 2019. 9. 2.자 2019로80 결정:「구치소에 있는 피고인에 대하여 발부된 구속영장
   은 검사의 지휘에 의하여 교도관이 집행하고(제81조 제3항), 이러한 피고인을 구속한 직후 공
   소사실의 요지와 변호인선임권을 고지할 의무는 집행기관에 있다. 따라서 이미 구속되어 구치
   소에 있는 피고인에 대하여 추가 구속영장이 발부되어 검사의 지휘에 의하여 집행된 이후 담
   당 재판장이 공판기일에서 피고인에게 추가 구속영장 발부와 관련된 내용을 고지할 의무가 있
   다고 볼 수는 없다.」
2 대법원 2000. 11. 10.자 2000모134 결정:「제88조는 … 사후 청문절차에 관한 규정으로서 이
   를 위반하였다 하여 구속영장의 효력에 어떠한 영향을 미치는 것은 아니[다].」

Ⅴ. 구속기간

1. 구속기간 계산

22　　(1) 기산점 및 기간　　수소법원의 구속기간은 구속된 날로부터 2개월이다(제92조 제1항). 기간의 계산은 달력(역서)에 따르며 초일을 산입하고(제66조 제1항 단서), 휴일도 말일이 될 수 있다(같은 조 제3항 단서). 말일은 구속기간의 마지막달 중 기산일에 해당하는 날의 전날이다. 가령 구속된 자에 대해 석방 없이 12. 1. 공소제기한 경우 구속기간 말일은 1. 31.이고(구속예규 제64조 제2항), 공판심리중 불구속피고인을 12. 31. 구속한 경우 구속기간 말일은 2월의 마지막날이다(같은 조 제3항).

　　(2) 불산입

23　　(개) 공소제기 전 신체구속기간　　수사단계에서의 신체구속(체포, 구속, 감정유치 등) 기간은 법원의 구속기간에 산입되지 않는다(제92조 제3항). 따라서 구속구공판 사건의 경우 구속기간 초일은 수사단계 구속일이 아니라 공소제기일이다.

24　　(내) 소송절차 정지기간　　i) 기피신청(제22조), ii) 공소장변경허가(제298조 제4항), iii) 피고인의 심신상실·질병(제306조 제1항, 제2항), iv) 위헌법률심판제청신청(헌법재판소법 제42조)으로 소송절차가 정지된 경우, 그 정지기간 중의 일수는 구속기간에 산입되지 않는다(제92조 제3항, 헌법재판소법 제42조 제2항)[§150/8 참조].

25　　(대) 보석 등으로 석방된 기간　　보석 또는 구속집행정지로 석방된 후 재수감되기 전의 기간은 구속기간에 산입되지 않는다. 석방일과 재수감일은 각각 1일로 계산되나, 양자가 같은 날이면(석방한 날, 재수감된 때) 1일만을 산입한다.

2. 구속기간의 갱신

26　　(1) 갱신의 기간과 한도　　2개월 내에 사건이 완결될 수 없는 상황에서 구속을 계속할 필요가 있는 경우, 법원은 결정으로 구속기간을 갱신할 수 있다. 갱신은 제1심에서는 2개월 단위로 2차까지 할 수 있으므로(제92조 제2항 본문), 제1심의 구속기간은 최장 6개월이다. 항소심·상고심의 경우 원칙상 각 2차까지 갱신할 수 있으나, 부득이한 경우 3차까지 갱신할 수 있다(같은 항 단서). 따라서 하나의 사건을 기준으로 구속기간은 최장 18개월이다.

27　　한도에 도달해 더는 갱신할 수 없고 구속기간도 만료된 때에는 피고인을 석방해야 한다. 다만 구속기간이 만료될 무렵 별개사건의 범죄사실로 구

속영장을 발부하는 수가 있는바(^{이중}_{구속}), 이 경우 그 별개사건의 구속기간이 종전 구속기간과는 별개로 진행됨에 따라 전체적으로 구속기간이 늘어나게 됨은 수사상 구속의 경우와 같다[^{§74/21}_{참조}]. 이중구속은 공소사실이 방대하고 복잡하여 그 심리에 상당한 시일이 요구되는 때에 활용된다.[1]

(2) 갱신된 구속기간의 기산점　　　갱신이 있는 경우, 새로운 구속기간 **28** 의 기산일은 이전 구속기간 만료일의 다음날이다. 가령 12. 31. 구속기소되었다면, 최초 구속기간의 만료일은 이듬해 2. 28.(^{윤년이면}_{2. 29.})이고, 갱신시 후속 구속기간은 3. 1.부터 진행해 4. 30. 만료되며, 2차 갱신시 그 구속기간은 5. 1.부터 진행해 6. 30. 만료된다(^{구속예규 제}_{64조 제3항}).[2] 제1심판결이 6. 10. 선고되었고 이에 대해 검사나 피고인이 항소했다고 가정할 때, 항소심법원이 1차 갱신을 하면 그 구속기간은 7. 1.부터 진행해 8. 31. 만료된다.

(3) 대행갱신　　　제105조는「상소기간중 또는 상소중의 사건에 관하여 **29** 구속기간의 갱신, 구속의 취소, 보석, 구속의 집행정지와 그 정지의 취소에 대한 결정은 소송기록이 원심법원에 있는 때에는 원심법원이 하여야 한다」고 규정하고 있다. 즉, 상소기간 동안 또는 상소제기 직후 소송기록이 원심법원에 남아 있는 동안에는 원심법원이 상소법원의 구속기간갱신결정을 대행한다. 기록이 원심법원에서 발송된 후 상소법원에 도달하기 전의 기간 동안에도 마찬가지다[^{§172/3}_{참조}].

(가) 제1심에서 2회 갱신한 경우　　　제105조에 따라, 제1심법원은 2회까지 **30** 갱신을 한 뒤에도 종국판결을 선고하면서 또다시 갱신결정을 할 수 있다. 이는 항소심법원이 할 갱신결정을 대행하는 것이므로, 추후 항소심법원은 최대 2회까지만 갱신할 수 있다.

(나) 제1심에서 1회만 갱신한 경우　　　갱신을 하지 않았거나 1회만 갱신한 **31**

1　대법원 2000. 11. 10.자 2000모134 결정:「구속의 효력은 원칙적으로 위 방식에 따라 작성된 구속영장에 기재된 범죄사실에만 미치는 것이므로, 구속기간이 만료될 무렵에 종전 구속영장에 기재된 범죄사실과 다른 범죄사실로 피고인을 구속하였다는 사정만으로는 피고인에 대한 구속이 위법하다고 할 수 없다. 기록에 의하면, 재항고인에 대한 이 사건 1차 구속영장 표지에 그 죄명 중 하나로 무고가 기재되어 있으나 그 구속영장의 공소사실에는 무고에 관한 기재가 전혀 없으므로, 이 사건 1차 구속영장의 효력은 무고의 공소사실에 대하여는 원칙적으로 미치지 아니한다고 볼 것이고, 달리 그 효력이 무고의 공소사실에도 미친다고 볼 만한 특별한 사정이 있음을 찾아볼 수도 없다. 따라서 원심이 재항고인에 대하여 이 사건 공소사실 중 무고의 점을 구속영장의 공소사실로 하여 이 사건 2차 구속영장을 발부한 것은 정당하[다].」

2　제요(Ⅲ) 485-486쪽.

사건에서 제1심법원이 판결선고 직후 갱신을 하더라도, 이는 제1심 고유의 갱신이 아니라 항소심 갱신의 대행으로 본다($^{구속예규}_{제65조 제1항}$).

32   갱신결정에 따른 구속기간은 종전 구속기간 만료일 다음날부터 진행하며, 갱신결정일이 판결선고 전이라도 갱신기산일이 판결선고 후라면 이는 상소심의 1차 갱신을 대행한 것으로 본다. 가령 피고인이 1. 10. 구속기소된 사건에서 1회 갱신하고 5. 8. 판결을 선고하는 경우, 법원이 5. 7.자로 구속기간 갱신결정을 하였더라도 그 갱신 구속기간은 5. 10.부터 진행하며, 이 갱신은 항소심법원의 갱신을 대행한 것이다($^{구속예규}_{제65조 제2항}$). 따라서 이후 상소법원은 최대 2회까지만 갱신할 수 있다.

33   ㈐ 구속기간 만료로 석방된 피고인을 법정구속하는 경우   규칙 제57조 제1항은 「상소기간 중 또는 상소 중의 사건에 관한 피고인의 구속, 구속기간갱신, 구속취소, 보석, 보석의 취소, 구속집행정지와 그 정지의 취소의 결정은 소송기록이 상소법원에 도달하기까지는 원심법원이 이를 하여야 한다」고 규정하여, 제105조가 열거하는 사항에 '피고인의 구속'을 추가하고 있다. 이에 따르면 제1심법원은 구속기간 만료로 석방된 자에게 실형을 선고하면서 항소심을 대신해 피고인을 법정구속할 수 있다. 실무상 이 경우 항소법원은 최대 2차까지만 갱신할 수 있다고 해석하고 있다.[1]

34   그러나 구속기간 만료 후 원심법원이 항소법원을 대신해 구속영장을 발부할 수 있다는 내용을 대법원규칙이 독자적으로 규정할 수 있는지는 심히 의문이다.[2] 강제처분법정원칙에 비추어 이는 형사소송법이 직접 규정해야 하는 사항이라 본다$\left[^{§61/4}_{참조}\right]$. 대법원은 실무상 필요를 이유로 규칙 제57조 제1항을 적법한 규정으로 보고 있으나,[3] 납득하기 어렵다.

35   애당초 구속된 바 없는 피고인을 판결선고와 동시에 법정구속하는 것은

---

1 제요(Ⅲ) 487쪽.

2 상세히는 차정인, "상소기간중 또는 상소중 원심법원의 피고인 구속", 법학연구 제48권 제1호 (2007), 8쪽.

3 대법원 2007. 7. 10.자 2007모460 결정:「상소제기 후 소송기록이 상소법원에 도달하지 않고 있는 사이에는 피고인을 구속할 필요가 있는 경우에도 기록이 없는 상소법원에서 구속의 요건이나 필요성 여부에 대한 판단을 하여 피고인을 구속하는 것이 실질적으로 불가능하다는 점 등을 고려하면, 상소기간중 또는 상소중의 사건에 관한 피고인의 구속을 소송기록이 상소법원에 도달하기까지는 원심법원이 하도록 규정한 규칙 제57조 제1항의 규정이 제105조의 규정에 저촉된다고 보기는 어렵다.」

원심법원의 최초 구속에 해당한다. 이후 상소가 제기되는 경우, 상소심은 그 구속기간을 채운 후 3회까지 갱신할 수 있다.[1]

Ⅵ. 구속피고인의 접견교통권

1. 변호인과의 접견교통권

변호인과 자유로이 접견할 피고인의 권리($\binom{\text{피고인의}}{\text{접견교통권}}$)는 헌법상 보장된 변호인의 조력을 받을 권리의 가장 중요한 내용으로, 법령으로 제한할 수 없는 기본권이다. 한편 피고인과 접견교통할 변호인의 권리($\binom{\text{변호인의}}{\text{접견교통권}}$)는 헌법상 보장된 권리는 아니고 제34조에 따른 법률상의 권리이나, 이 역시 변호인의 조력을 받을 피고인의 권리를 충실히 보장하기 위한 제도이므로 법령에 근거가 없는 이상 법원이 임의로 제한할 수 없다$\left[\begin{smallmatrix}\text{§75/2}\\\text{참조}\end{smallmatrix}\right]$.[2] 변호인이 되려는 자와의 접견교통권 또한 같다.[3]　　　36

접견교통할 변호인이 없는 경우 피고인은 법원, 교도소장·구치소장 또는 그 대리자에게 변호사를 지정해 변호인선임을 의뢰할 수 있다($\binom{\text{제90조}}{\text{제1항}}$). 선임의뢰를 받은 법원 등은 지체없이 피고인이 지정한 변호사에게 그 취지를 통지해야 한다($\binom{\text{같은 조}}{\text{제2항}}$).　　　37

2. 비변호인과의 접견교통권

구속피고인은 법률의 범위 내에서 타인과 접견하고 서류·물건을 수수하며 의사의 진료를 받을 수 있다($\binom{\text{제89}}{\text{조}}$). 법원은 피고인이 도망하거나 죄증을 인멸할 염려가 있다고 인정할 상당한 이유가 있는 때에는 직권 또는 검사의 청구로 구속피고인에 대해 변호인($\binom{\text{변호인이 되}}{\text{려는 자 포함}}$) 이외의 타인과의 접견을 금하거나 수수할 서류·물건의 검열, 수수금지 또는 압수를 할 수 있다($\binom{\text{제91조}}{\text{본문}}$). 다만 의류·양식·의료품의 수수에는 그와 같은 제한을 가할 수 없다($\binom{\text{같은 조}}{\text{단서}}$). 수사단계에서 검사가 한 접견금지 등 처분($\binom{\text{제209조,}}{\text{제91조}}$)은 공소제기와 동시에 실효되므로, 계속해서 접견금지 등을 하려면 별도로 위와 같은 결정이 필요하다.　　　38

접견금지 등 결정을 한 경우, 법원은 그 결정등본을 피고인과 검사에게　　　39

1　제요(Ⅲ) 487쪽.
2　대법원 2002. 5. 6.자 2000모112 결정.
3　헌법재판소 2019. 2. 28. 선고 2015헌마1204 (소)결정.

송달해 고지하며($\substack{제42 \\ 조}$), 결정의 내용이 검열 또는 압수인 때에는 검사가 이를 집행한다($\substack{제460조 \\ 제1항}$). 추후 접견금지 등을 할 사유의 전부 또는 일부가 소멸되었다고 인정되면, 법원은 직권으로 금지 등을 해제하거나 그 내용을 변경하는 결정을 할 수 있다. 위 각 결정에는 항고할 수 있다($\substack{제403조 \\ 제2항}$).

Ⅶ. 보   석

1. 의   의

40 일정한 조건을 붙여 구금의 집행을 잠정적으로 해제하는 수소법원의 처분을 보석(保釋; bail)이라 한다. 보석제도는 피고인의 도망·증거인멸 방지 및 형집행 담보라는 구속 본연의 기능을 유지하면서, 신체의 자유에 대한 제약을 최소화하고 방어권을 좀 더 자유롭게 행사할 수 있게 하는 데 그 취지가 있다. 보석청구가 있는 경우 법원은 제95조 각호의 제외사유가 없는 이상 허가결정을 해야 하며($\substack{제95조; \\ 필요적 보석}$), 제외사유가 있더라도 각종의 사정을 참작해 보석을 허가할 수 있다($\substack{제96조; \\ 임의적 보석}$). 청구가 없더라도 법원은 직권으로 보석의 결정을 할 수 있다($\substack{구속기간 만료가 \\ 임박한 경우 등}$).

41 보석결정시에는 일정한 조건을 부가해야 하는데, 여기에는 보증금납입, 담보제공, 전자장치부착 등 다양한 유형이 있다. 피고인이 정해진 조건을 위반한 경우 법원은 보석취소, 과태료부과·감치, 보증금·담보의 몰취 등 결정을 할 수 있다.

42 보석에 관한 결정은 상소기간중 또는 상소중의 사건에서 소송기록이 상소법원에 도달하기 전까지는 원심법원이 한다. 직권이송 또는 파기환송·이송된 경우에는 환송·이송한 법원이 한다($\substack{제105조, \\ 규칙 제57조}$) $\left[\substack{§148/4, 192/2, \\ 201/2 참조}\right]$.

2. 보석조건

43 법원은 보석의 결정을 할 때 제98조에서 정하는 조건 중 1개 이상을 붙여야 한다. 제98조는 보석조건으로 i) 법원이 지정하는 일시·장소에 출석하고 증거를 인멸하지 않겠다는 서약서를 제출할 것, ii) 법원이 정하는 보증금을 납입할 것을 약속하는 약정서를 제출할 것, iii) 법원이 지정하는 장소로 주거를 제한하고, 이를 변경하려는 경우 법원의 허가를 받는 등 도주를 방지하기 위한 조치를 받아들일 것, iv) 피해자 기타 사건관계인 또는 그 친족의

생명·신체·재산에 해를 가하는 행위를 하지 않고 그 주변에 접근하지도 않을 것, v) 피고인 외의 자(출석보증인)가 작성한 출석보증서를 제출할 것, vi) 법원의 허가 없이 출국하지 않는다는 서약서를 제출할 것, vii) 법원이 지정하는 방법으로 피해자의 권리회복에 필요한 금원을 공탁하거나 그에 상당한 담보를 제공할 것, viii) 피고인 또는 법원이 지정하는 자가 법원에 보증금을 납입하거나 담보를 제공할 것, ix) 그 밖에 피고인의 출석을 보증하기 위해 법원이 정하는 적당한 조건(전자장치 부착 등)을 이행할 것(전자장치법 제31조의2 제1항)을 규정하고 있다.

보석조건을 결정함에는 공소사실인 범죄의 성질 및 죄상(罪狀), 증거의 증명력, 피고인의 전과·성격·환경 및 자산, 피해자에 대한 배상 등 범행 후의 정황에 관련된 사항을 고려해야 하며(제99조 제1항), 피고인의 자력 또는 자산 형편으로는 감당할 수 없는 과중한 조건을 정해서는 안 된다(같은 조 제2항).

보석조건이 보증금납입(제98조 제8호)인 경우, 법원은 보석청구자 이외의 자에게 보증금의 납입을 허가할 수 있고(제100조 제2항), 유가증권 또는 피고인 외의 자가 제출한 보증서로 보증금을 갈음함을 허가할 수 있다(같은 조 제3항). 보증서에는 보증금액을 언제든지 납입하겠다는 취지를 기재해야 한다(같은 조 제4항).

3. 절　　　차

⑴ 청구에 의한 보석

㈎ 보석의 청구

ⓐ 청구권자　　　피고인 또는 그 변호인·법정대리인·배우자·직계친족·형제자매·가족·동거인·고용주는 법원에 구속된 피고인의 보석을 청구할 수 있다(제94조). 수사단계에서의 구속적부심사 청구권자와 같다(제214조의2 제1항)[§75/11 참조].

ⓑ 청구의 방식　　　보석의 청구는 서면(보석청구서)으로 한다. 보석청구서에는 i) 사건번호, ii) 구속된 피고인의 성명·주민등록번호·주거, iii) 청구취지 및 청구이유, iv) 청구인의 성명 및 피고인과의 관계를 기재하고 부본을 첨부해야 한다(규칙 제53조 제1항, 제2항).

ⓒ 진술서 등의 제출　　　보석청구인은 적합한 보석조건에 관한 의견을 밝히고 이에 관한 소명자료를 낼 수 있다(규칙 제53조의2 제1항). 보석청구인은 보석조건이 피고인의 자금능력 또는 자산 정도로 이행가능한 것인지 여부를 판단하는 데 필요한 범위 내에서 피고인(피고인이 미성년자인 경우에는 그 법정대리인 등)의 자력 또는 자산 정도에 관한

서면을 제출해야 한다($\binom{같은 조}{제2항}$).

49　　　　(내) 검사의 의견제출　　　법원은 보석청구서 부본을 검사에게 송부해 검사의 의견을 물어야 한다($\binom{제97조}{제1항}$). 의견요청을 받은 검사는 특별한 사정이 없는 한 그 다음날까지 의견서와 소송서류 및 증거물을 법원에 제출해야 한다($\binom{제97조 제3항,}{규칙 제54조 제1항}$). 보석허가가 상당하지 아니하다는 의견일 때에는 그 사유를 명시해야 하며, 상당하다는 의견일 때에는 보석조건에 대한 의견을 제시할 수 있다($\binom{규칙 제54조}{제2항, 제3항}$). 검사가 의견을 제출하지 않더라도 법원은 심리를 진행해 보석허가결정을 할 수 있다.[1]

50　　　　(다) 심문기일의 지정 및 통지　　　보석청구를 받은 법원은 지체없이 피고인 심문기일 및 심문장소를 정해야 한다($\binom{규칙 제54조의}{2 제1항 본문}$). 다만, i) 보석청구권자 아닌 자가 보석을 청구한 때, ii) 동일한 피고인에 대해 중복하여 보석을 청구하거나 재청구한 때, iii) 공판준비 또는 공판기일에 피고인에게 이익되는 사실을 진술할 기회를 준 때, iv) 이미 제출된 자료만으로도 보석을 허가하거나 불허할 것이 명백한 때에는 심문 없이 결정할 수 있다($\binom{같은 항}{단서}$).

51　　　　지정된 심문기일 및 장소는 검사, 변호인, 보석청구인 및 피고인을 구금하고 있는 관서의 장에게 서면·전화·모사전송·전자우편·휴대전화 문자전송 그 밖의 적당한 방법으로 통지해야 한다($\binom{같은 조 제}{3항 제1문}$). 서면 외의 방법으로 통지하는 경우 그 취지를 심문조서에 기재해야 한다($\binom{같은 항}{제2문}$). 피고인을 구금하고 있는 관서의 장은 위 심문기일에 피고인을 출석시켜야 한다($\binom{같은 조}{제2항}$).

52　　　　(라) 심　문　　　검사·변호인·보석청구인은 심문기일에 출석해 의견을 진술할 수 있다($\binom{같은 조 제4}{항, 제5항}$). 법원은 피고인의 심문을 합의부원에게 명할 수 있다($\binom{같은 조 제7}{항; 수명법관}$$\left[\substack{\S24/10 \\ 참조}\right]$). 심문은 보석제외사유의 존부($\binom{제95}{조}$)와 보석조건의 심리에 집중되어야 하며($\binom{보석예규}{제7조 제1항}$), 불필요하게 본안에 관해 심리해서는 안 된다.

53　　　　보석의 심리에 필요한 경우에는 피고인 외에 제3자를 심문하거나, 의료

---

1 대법원 1997. 11. 27.자 97모88 결정:「법원이 보석에 관한 결정을 함에 있어 검사의 의견을 듣도록 한 제97조 제1항의 규정은 검사에게 구속계속의 필요성에 관한 이유와 자료를 법원에 제출할 수 있는 기회를 부여하고 법원으로 하여금 그 제출된 자료 등을 참고하게 하여 결정의 적정을 기하려는 것을 목적으로 하는 것일 뿐만 아니라 위 규정에 따른 검사의 의견 또한 법원에 대하여 구속력을 가지는 것이 아니라고 할 것이다. 따라서 검사의 의견청취의 절차는 보석에 관한 결정의 본질적 부분이 되는 것은 아니므로, 설사 법원이 검사의 의견을 듣지 아니한 채 보석에 관한 결정을 하였다고 하더라도 그 결정이 적정한 이상, 소론과 같은 절차상의 하자만을 들어 그 결정을 취소할 수는 없는 것이다.」

기관 등에 피고인의 건강상태 등에 관한 감정을 명할 수 있다(제179조의2, 보석예규 제7조 제3항). 제98조 제9호의 보석조건으로 전자장치부착을 명하기 위해 필요한 경우에는 그 법원의 소재지 또는 피고인의 주거지 관할 보호관찰소의 장에게 피고인의 직업, 경제력, 가족상황, 주거상태, 생활환경 및 피해회복 여부 등에 관한 사항의 조사를 의뢰할 수 있다(전자장치법 제31조의2 제2항).

피고인·변호인·보석청구인은 피고인에게 유리한 자료를 제출할 수 54 있다(규칙 제54조의2 제4항). 법원은 피고인·변호인 또는 보석청구인에게 보석조건결정에 필요한 자료의 제출을 요구할 수 있다(같은 조 제6항). 자료제출 또는 제출요구는 심문기일 전에는 물론, 심문중 또는 심문종료 후에도 할 수 있다.

㈐ 결 정　　법원은 특별한 사정이 없는 한 보석청구를 받은 날부터 7 55 일 이내에 결정을 해야 한다(규칙 제55조). 결정에는 항고할 수 있다(제403조 제2항).

⒜ 기 각　　i) 공소사실에 대한 법정형이 사형, 무기 또는 장기 10년이 56 넘는 징역·금고인 경우, ii) 공소사실이 누범·상습범에 해당하는 경우, iii) 피고인이 증거를 인멸했거나 인멸할 염려가 있다고 믿을 만한 충분한 이유가 있는 경우, iv) 피고인이 도망했거나 도망할 염려가 있다고 믿을 만한 충분한 이유가 있는 경우, v) 피고인의 주거가 불분명한 경우, vi) 피고인이 사건관계인 또는 그 친족에게 위해를 가했거나 가할 염려가 있다고 믿을 만한 충분한 이유가 있는 경우에는 원칙적으로 보석청구를 기각한다(제95조).

⒝ 허 가　　법원은 제95조의 사유에 해당하지 않는 이상 보석을 허가 57 해야 한다(필요적 보석). 그리고 제95조의 사유에 해당하더라도, 상당한 이유가 있는 때에는 보석허가결정을 할 수 있다(임의적 보석). 어느 경우에든 1개 이상의 보석조건(제98조)을 정해야 함은 앞서 보았다.

⑵ 직권보석　　청구가 없더라도, 법원은 직권으로 보석의 결정을 할 수 58 있다. 이 경우에도 검사에게 의견제출기회를 부여해야 한다(제97조 제1항, 제3항).

⑶ 결정서 송부 및 석방　　보석결정에 따른 피고인석방은 재판집행의 일 59 반원칙에 따라 검사가 지휘하므로(제44조, 제460조)[§35/4 참조], 법원은 보석을 허가하는 즉시 결정서등본을 검사에게 송부해야 한다(제44조). 제98조 제1호·제2호·제5호·제7호 및 제8호의 조건은 이를 이행한 후가 아니면 보석허가결정을 집행하지 못하며, 법원은 필요하다고 인정하는 때에는 다른 조건에 관해서도 그 이행 후에 보석허가결정을 집행하도록 정할 수 있다(제100조 제1항). 조건의 이행에 관한 자

료는 법원이 아니라 검사에게 제출해야 한다. 추후 법원은 직권 또는 보석청구권자의 신청에 따라 보석조건을 변경하거나 일정 기간 당해 조건의 이행을 유예하는 결정을 할 수 있다($\frac{제102조}{제1항}$).

60   전자장치부착을 조건으로 보석결정을 한 경우, 법원은 지체없이 결정서 등본을 피고인의 주거지 관할 보호관찰소의 장에게 송부해야 한다($\frac{전자장치법}{제31조의3}$). 추후 피고인이 부착명령이나 다른 보석조건을 위반한 사실이 확인될 경우 보호관찰소장은 지체없이 법원과 검사에게 이를 통지해야 한다($\frac{같은 법 제31}{조의4 제2항}$).

4. 보석취소 등

61   (1) 과태료·감치   피고인이 정당한 이유 없이 보석조건을 위반한 경우, 법원은 결정으로 피고인에 대해 1천만원 이하의 과태료를 부과하거나 20일 이내의 감치에 처할 수 있으며($\frac{제102조}{제3항}$), 그 절차는 규칙 제55조의5에 따른다. 과태료 또는 감치에 관한 결정에는 즉시항고로 불복할 수 있다($\frac{제102조}{제4항}$).

62   출석보증서를 제출($\frac{제98조}{제5호}$)하고 석방된 피고인이 정당한 사유 없이 기일에 불출석할 경우, 법원은 출석보증인에게 500만원 이하의 과태료를 부과하는 결정을 할 수 있다($\frac{제100조의2}{제1항}$). 과태료부과결정에는 즉시항고할 수 있다($\frac{같은 조}{제2항}$).

63   (2) 보석취소결정   피고인이 i) 도망 또는 증거인멸을 했거나 할 염려가 있다고 믿을 만한 충분한 이유가 있는 경우, ii) 사건관계인 또는 그 친족의 생명·신체·재산에 대한 위해를 가했거나 가할 염려가 있다고 믿을 만한 충분한 이유가 있는 경우, iii) 소환을 받고도 정당한 사유 없이 불출석한 경우, iv) 보석조건을 위반한 경우에, 법원은 직권 또는 검사의 청구에 의해 보석취소결정을 할 수 있다($\frac{제102조}{제2항}$). 결정서의 등본은 검사에게 송부하고, 검사는 이를 피고인에게 제시해 피고인을 다시 구금하며($\frac{규칙 제56}{조 제1항}$), 잔여 구속기간은 재구금일부터 진행한다. 급속을 요하는 때에는 법원사무관 등이 구금을 집행하는바, 이 경우 사법경찰관리 또는 교도관에게 보조를 요구할 수 있고 관할구역 외에서도 집행할 수 있음은 최초 구금의 경우와 같다($\frac{같은 조}{제2항}$). 보석취소결정으로써 보석조건은 보증금·담보제공($\frac{제98조}{제8호}$)을 제외하고는 효력을 상실하고($\frac{제104조의}{2 제2항}$), 몰취되지 않은 보증금 또는 담보는 그 청구일로부터 7일 내에 환부해야 한다($\frac{제104}{조}$).

64   제1심법원의 보석취소결정에 대해서는 보통항고로($\frac{제403조}{제2항}$), 항소법원의

보석취소결정에 대해서는 즉시항고$\binom{제415조:}{재항고}$$\genfrac{[}{]}{0pt}{}{§27/10}{참조}$로 불복할 수 있다. 이 즉시
항고에는 집행정지효력이 없다$\genfrac{[}{]}{0pt}{}{§27/9}{참조}$.[1]

(3) 몰취결정   i) 보석취소결정을 하는 때에는 보증금·담보의 전부 또   **65**
는 일부를 몰취(沒取)할 수 있다$\binom{제103조 제1항:}{임의적 몰취}$. ii) 보증금납입 또는 담보제공을
조건으로 석방된 피고인이 동일한 범죄사실에 관해 실형의 선고를 받고 그
판결이 확정된 후 집행하기 위한 소환$\binom{제473}{조}$에 정당한 이유없이 불응하거나
도망한 때에는 직권 또는 검사의 청구에 따라 결정으로 보증금·담보의 전
부 또는 일부를 몰취해야 한다$\binom{제103조 제2항:}{필요적 몰취}$.

보석취소시 보증금몰취 등 결정의 시점에 관해, i) 보석취소결정과 동시   **66**
에 해야 한다는 견해[2]와 ii) 보석취소 후에도 가능하다는 견해[3]가 있다. 대
법원은 보석이 취소되었으나 도망 등으로 재구금이 되지 않은 상태에 있는
사람에 대해서도 보증금몰취를 할 수 있다고 하여 후자의 입장이다.[4] 그러
나, 제103조 제1항은 「보석을 취소하는 때에는 … 보증금 또는 담보의 전부
또는 일부를 몰취할 수 있다」고 하여 보증금몰취 등 결정의 시점을 보석취소
결정시점으로 한정짓고 있다는 점,[5] 보증금몰취는 불이익한 처분이므로 그

1 서울고등법원 2020. 5. 27.자 2020보3 결정:「보석취소의 사유는 소송절차의 심급을 불문하고
   동일하므로 보석취소결정에 대하여 그 확정 전까지는 집행이 당연히 정지됨으로 인한 폐해의
   우려 역시 심급별로 다르다고 볼 수 없다. 보석취소결정이 고등법원의 결정으로 이루어졌다는
   이유만으로 제410조가 적용된다고 본다면 유독 항소심절차에서 행해진 보석취소결정의 집행
   력 발생시기만을 다르게 보아 보석취소사유가 있음에도 실질적으로 보석취소결정을 하지 못하
   는 것과 같은 결과를 용인하는 것이 된다.」
2 배종대/홍영기 155쪽; 손동권/신이철 310－311쪽; 신양균/조기영 688쪽; 이창현 412쪽; 임동규
   447－448쪽; 정승환 170쪽.
3 배종대/이상돈 292쪽; 신동운 1062쪽; 이은모/김정환 303쪽; 이재상 외 2인 522쪽; 이주원 139
   쪽; 정웅석 외 2인 531쪽; 차용석/최용성 473쪽. 과거 판례가 이러한 입장이었다(대법원 1965.
   4. 8.자 65모4 결정).
4 대법원 2001. 5. 29.자 2000모22 (全)결정의 다수의견:「제103조 제2항에서 보석된 자가 유죄
   판결 확정 후의 집행을 위한 소환에 불응하거나 도망한 경우 보증금을 몰수하도록 규정하고
   있어 보석보증금은 형벌의 집행단계에서의 신체확보까지 담보하고 있으므로, 보석보증금의 기
   능은 유죄의 판결이 확정될 때까지의 신체확보도 담보하는 취지로 봄이 상당한 점, 보석취소
   결정은 그 성질상 신속을 요하는 경우가 대부분임에 반하여, 보증금몰수결정에 있어서는 그
   몰수의 요부(보석조건위반 등 귀책사유의 유무) 및 몰수금액의 범위 등에 관하여 신중히 검토
   하여야 할 필요성도 있는 점 등을 아울러 고려하여 보면, 보석보증금을 몰수하려면 반드시 보
   석취소와 동시에 하여야만 가능한 것이 아니라 보석취소 후에 별도로 보증금몰수결정을 할 수
   도 있다.」
5 대법원 2001. 5. 29.자 2000모22 (全)결정의 반대의견:「제103조 제1항은 '보석을 취소하는 때
   에는'이라고 규정하여 보석보증금을 몰수할 수 있는 시기적 제한의 의미로 표현하고 있으며 그
   문언적 의미를 '보석취소사유가 있을 때에는 언제든지'라고 확대해석할 논리적 근거를 찾아볼

요건은 엄격히 해석해야 한다는 점에서 전자의 관점이 타당하다고 본다.[1]

67   몰취결정의 등본은 피고인에게 송달해 고지해야 한다(제42조). 보증금 또는 담보의 제공자가 피고인 아닌 제3자인 경우에는 그에게도 고지해야 한다. 하나의 결정으로 보석취소와 몰취를 한꺼번에 하는 때에는 피고인의 재구금이 집행된 후에 위 결정서의 등본을 송달한다. 피고인 또는 보증금·담보의 제공자는 몰취결정에 대해 항고할 수 있다(제403조 제2항; 제339조).

Ⅷ. 구속의 집행정지와 실효

1. 구속집행정지

68   (1) 법원의 결정에 의한 집행정지   법원은 상당한 이유가 있는 경우(가령 중병, 출산, 가족의 장례 등 긴급하게 피고인을 석방할 필요가 있는 경우)에는 구속된 피고인을 친족·보호단체 기타 적당한 자에게 부탁하거나 피고인의 주거를 제한하여 구속의 집행을 정지하는 결정을 할 수 있다(제101조 제1항; 보석예규 제16조 제1항). 이는 구속의 효력은 유지시키되 그 집행을 단기간 정지시켜 피고인을 일시 석방하는 것이다. 집행정지는 직권사항이므로 소송주체 등의 신청이 있더라도 법원이 이에 답할 의무가 없다. 따라서 집행정지를 하지 않기로 하는 경우에도 별도로 기각결정은 하지 않는다.

69   구속집행정지결정을 함에는 급속을 요하는 경우를 제외하고는 검사의 의견을 물어야 한다(제101조 제2항). 기간을 정해 구속집행정지결정을 할 경우, 그 기간이 만료되면 구속의 집행력이 자동으로 부활하므로 별도의 결정 없이 검사가 재구금을 집행한다(규칙 제56조).

70   법원은 구속집행정지를 취소하는 결정을 할 수 있으며, 그 사유는 보석취소의 그것과 동일하다(제102조 제2항 본문). 집행정지취소결정으로 구속영장의 집행력은 당연히 부활한다.

71   상소기간중 또는 상소중의 사건에 관한 구속집행정지 또는 그 취소의

수 없다. 법은 '보석을 취소하는 때에는' 보석보증금을 몰수할 수 있다고 하여 보석보증금을 몰수함이 없이 보석만을 취소할 경우는 있으나 그와 반대로 보석을 취소함이 없이 보석보증금만을 몰수하는 경우를 전혀 상정하지 않고 있으므로 일단 보석이 취소되면 그 이후에 제103조 제1항의 사유가 발생하더라도 다시 취소할 보석은 존재하지 아니하는 것이고, 보석보증금의 출석 등 담보기능은 보석취소와 동시에 소멸되는 것이어서 보석보증금을 몰수함이 없이 보석이 취소된 경우에는 이제는 몰수의 대상인 보석보증금이 아니라 제104조에 의하여 환부하여야 할 보관금의 성격을 가진다.」

1 변종필, "형사소송법에서 유추금지원칙의 적용과 범위", 비교법연구 제21권 제2호(2021), 175쪽.

결정은 소송기록이 상소법원에 도달하기까지는 원심법원이 한다($^{제105조, 규칙}_{제57조 제1항}$). 사건이 직권이송 또는 파기환송·이송된 경우, 소송기록이 이송·환송법원에 도달하기까지는 이송·환송한 법원이 한다($^{규칙 \ 제57}_{조 \ 제2항}$)$\left[^{§148/4, \ 192/2,}_{201/2 \ 참조}\right]$.

(2) 국회의 요구에 의한 집행정지   회기 전 구속된 국회의원에 대해 국   **72**
회의 석방요구가 있는 때에는 현행범인이 아닌 한 회기중 구속집행이 정지된
다($^{제101조 \ 제4항,}_{헌법 \ 제44조 \ 제2항}$). 이 경우 검찰총장은 지체없이 석방을 지휘한 후 위와 같은
사유를 법원에 통지해야 한다($^{제101조}_{제5항}$). 국회의 요구에 따른 구속집행정지는 법
원이 회기중 취소할 수 없다($^{제102조}_{제2항 \ 단서}$).

2. 구속취소

제70조 소정의 구속사유가 없거나 소멸된 경우, 법원은 직권 또는 검사,   **73**
변호인, 피고인이나 그 법정대리인·배우자·직계친족·형제자매의 청구에 의
해 결정으로 구속을 취소한다($^{제93}_{조}$). 구속취소는 구속영장의 효력 자체를 소멸
시키는 것이므로, 보석 또는 구속집행정지 중의 피고인, 제72조 소정의 청
문절차 없이 구속영장이 발부되었으나 아직 집행되지 않고 있는 불구속피고
인에 대해서도 할 수 있다. 보석의 경우와 달리, 직계친족 아닌 가족 및 동
거인·고용주는 구속취소의 청구권자에 포함되지 않는다.

구속취소 또는 청구기각 결정은 특별한 사정이 없는 한 청구를 받은 날   **74**
로부터 7일 이내에 해야 한다($^{규칙}_{제55조}$). 검사의 청구에 의하거나 급속을 요하는
경우 외에는 결정에 앞서 검사의 의견을 물어야 한다($^{제97조 \ 제}_{2항, \ 제3항}$). 결정의 등본
은 검사·피고인에게 송달하며, 피고인 아닌 자가 청구한 경우 그 청구인에게
도 송달한다. 보석의 경우와 달리 검사는 구속취소결정에 대해 즉시항고할
수 있다($^{제97조}_{제4항}$). 보석중인 피고인에 대해 구속취소결정이 있는 경우 보석조건
은 즉시 실효되고($^{제104조의}_{2 \ 제1항}$), 몰취되지 않은 보증금 또는 담보는 그 청구일로부
터 7일 이내에 환부해야 한다($^{제104}_{조}$).

상소기간중 또는 상소중의 사건에 관한 구속취소 또는 청구기각 결정은   **75**
소송기록이 상소법원에 도달하기까지는 원심법원이 해야 한다($^{제105조, \ 규칙}_{제57조 \ 제1항}$). 사
건이 직권이송 또는 파기환송·이송된 경우, 소송기록이 환송·이송법원에 도
달하기까지는 이송·환송한 법원이 한다($^{규칙 \ 제57}_{조 \ 제2항}$)$\left[^{§148/4, \ 192/2,}_{201/2 \ 참조}\right]$.

3. 당연실효

76 구속영장의 효력은 i) 구속기간이 만료되는 경우, ii) 형식재판이 선고되는 경우, iii) 실형에 처하지 않는 유죄판결(형면제, 선고유예, 집행유예, 재산형 등)이 선고되는 경우에는 당연히 소멸하며, 이에 따라 피고인은 석방된다. 사형 또는 자유형의 판결이 확정된 경우에도 구속영장의 효력이 상실되나, 이 경우 확정판결의 효력에 따른 형집행으로서 구금이 계속된다. 보석조건은 구속영장의 실효로 즉시 효력을 상실하며(제104조의 2 제1항), 법원은 몰취하지 않은 보증금 또는 담보를 그 청구일로부터 7일 이내에 환부해야 한다(제104조).

§128 제2 소환과 구인

Ⅰ. 소   환

1. 의   의

1 특정인에 대해 특정 일시에 특정 장소로 출석할 것을 명하는 재판으로서, 이에 불응하는 것이 일정한 불이익의 사유가 되는 것을 소환(subpoena)이라 한다. 소환은 원칙적으로 법원이 결정으로써 하지만(제68조), 급속을 요하는 때에는 재판장 또는 수명법관이 명령으로써 할 수 있다(제80조, 규칙 제47조). 소환의 대상이 될 수 있는 자는 피고인(제68조), 증인(제150조의2 제1항), 감정인(제177조), 통·번역인(제183조)이다. 정당한 사유 없이 소환에 불응해 불출석하는 경우, 법원은 i) 구인, ii) 소송비용부담·과태료, iii) 감치 등 제재를 가할 수 있다.

2 소환과 구별할 개념으로 출석명령이 있다. 출석명령은 소환과 마찬가지로 특정인에 대해 특정 일시 및 장소에 출석할 것을 명하는 재판이나, 그 위반 자체만으로는 절차상 불이익을 과할 사유가 되지 않는다는 점에서 강제처분인 소환과 다르다. 다만, 기일에 출석한 자에 대하여 다음 기일을 정해 출석명령을 한 때에는 소환장의 송달과 동일한 효력이 있다(제76조 제2항 후단, 제153조, 제177조, 제183조).

3 법정에 이미 출석해 있는 자에게 일정한 장소로의 동행을 명하는 재판을, 소환과 구별해 동행명령이라 한다(제79조, 제166조 제1항, 제56조 제2항). 피고인·감정인·통역인·번역인에 대한 동행명령은 불응시의 제재가 규정되어 있지 않으나, 증인에 대한 동행명령의 불응은 구인사유가 된다(제166조 제2항, 제153조, 제73조).

2. 절　　차

⑴ 소환장의 발부·송달　　　소환은 소환장을 발부해 송달하는 방식으로   4
함이 원칙이다(제73조, 제76조 제1항,)[§48/4]. 다만 증인·감정인·통역인·번역인의 소
　　　　　　　　　　　　(제153조, 제177조　)[참조]
환은 전화, 휴대전화 문자전송, 팩시밀리, 전자우편 그 밖의 적당한 방법으로
도 할 수 있다(제150조의2 제1항, 제177조,). 소환장의 발부주체는 법원이나, 급속을
　　　　　　　(제183조, 규칙 제67조의2 제1항)
요하는 경우에는 재판장 또는 수명법관이 발부할 수도 있다(제80조).

㈎ 소환장의 기재사항　　　i) 피고인소환장에는 피고인의 성명, 주거, 죄명,   5
출석일시·장소 및 정당한 이유 없이 불출석할 경우 도망할 염려가 있다고
인정해 구속영장을 발부할 수 있음을 기재하고 재판장 또는 수명법관이 기명
날인 또는 서명해야 한다(제74조). ii) 증인소환장에는 그 성명, 피고인의 성명,
죄명, 출석일시 및 장소, 정당한 이유 없이 출석하지 아니할 경우 과태료에
처하거나 불출석으로 인한 비용의 배상을 명할 수 있고 또 구인할 수 있음을
기재한 후 재판장이 기명날인해야 한다(규칙 제68). 그 밖에, 신체에 대한 검증
　　　　　　　　　　　　　　　　　　(조 제1항)
[§124/14]을 위해 소환하는 때에는 그 취지(규칙), 재판장 또는 수명법관이 소환
[참조]　　　　　　　　　　　　　　(제64조)
장을 발부하는 때에는 그 취지(규칙)도 소환장에 기재해야 한다.
　　　　　　　　　　　　　　(제47조)

㈏ 송달시기　　　피고인에 대한 소환장은 i) 제1회 공판기일의 경우에는   6
출석일시 5일 이전에(제269조), ii) 그 밖의 기일의 경우에는 최소한 출석일시
　　　　　　　　(제1항)
12시간 이전에 송달해야 한다(규칙 제45).[1] 다만, 피고인의 이의가 없는 때에는
　　　　　　　　　　　　　　(조 본문)
위와 같은 유예기간을 두지 않을 수 있다(제269조 제2항,)[§138/7].
　　　　　　　　　　　　　　　　(규칙 제45조 단서)[참조]

⑵ 교도관에 대한 통지　　　구금된 자에 대한 소환은 교도관에게 통지하는   7
것으로 갈음한다(제76조 제4항,). 다만 교도관에게 통지된 시점이 아니라, 구금
　　　　　　　(제153조, 제177조)
된 자가 교도관으로부터 소환통지를 받은 시점에 소환장이 송달된 것과 동일
한 효력이 발생한다(제76조 제5항, 제153조,).
　　　　　　　　　(제177조, 제183조　)

⑶ 간주송달　　　i) 법원의 구내에 있는 피고인에 대해 공판기일을 통지한   8
때에는 소환장송달의 효력이 있다(제268조). ii) 소환의 대상이 되는 자가 어느 특
정의 기일에 출석하겠다는 취지를 기재한 서면을 제출한 경우에도 소환장이
송달된 것과 동일한 효력이 있다(제76조 제2항, 제153).
　　　　　　　　　　　　　　　(조, 제177조, 제183조)

1　대법원 2018. 11. 29. 선고 2018도13377 판결:「공판기일 소환은 형사소송법이 정한 소환장의
　　송달 또는 이와 동일한 효력이 있는 방법에 의하여야 하고, 그 밖의 방법에 의한 사실상의 기
　　일의 고지 또는 통지 등은 적법한 피고인 소환이라고 할 수 없다.」

3. 불출석에 대한 제재

9   (1) 불출석   소환을 받은 자가 질병 등 사유로 출석하지 못할 때에는
의사의 진단서 기타 자료를 제출해야 한다($\substack{제271 \\ 조}$). 그러한 제출이 없거나 불출
석에 정당한 사유가 없다고 판단되면 이하의 제재수단을 활용할 수 있다.

10   (2) 소송비용부담·과태료·감치   증인, 감정인, 통·번역인이 소환에
불응하는 경우 법원은 다음과 같은 제재를 과할 수 있다. 증인에 대해서는
구인을 위한 조치와 이하의 제재방법을 선택적·동시적으로 취할 수 있다.

11   (가) 소송비용부담·과태료   소환장을 송달받은 증인 등이 정당한 사
유 없이 출석하지 않은 경우, 법원은 그 증인 등에게 당해 불출석으로 인한
소송비용을 부담시키거나 500만원 이하의 과태료를 부과하는 결정을 할 수
있다($\substack{제151조 제1항, \\ 제177조, 제183조}$). 다만 소환장송달이 아닌 방법($\substack{전화, 전자우편 \\ 문자메시지 등}$)으로 소환한 때
에는 소송비용을 부담시키거나 과태료를 부과할 수 없다($\substack{제151조 \\ 제1항}$). 소송비용부
담결정과 과태료부과결정은 선택적 또는 동시적으로 할 수 있다.

12   소송비용부담 또는 과태료부과 결정에는 즉시항고로 불복할 수 있다. 이
즉시항고에는 집행정지효력이 없다($\substack{제151조 제8항, \\ 제177조, 제183조}$)[$\substack{§27/9 \\ 참조}$].

13   (나) 감   치   소환장을 송달받고 출석하지 않았음을 이유로 과태료결정
을 받은 증인 등이 다시 정당한 이유 없이 기일에 불출석한 경우, 법원은 결
정으로 그 증인 등을 7일 이내의 감치(監置)에 처한다($\substack{제151조 제2항, \\ 제177조, 제183조}$). 감치결
정을 하는 기일에는 증인 등을 소환해 불출석에 정당한 사유가 있는지를 심
리해야 한다($\substack{제151조 제3항, \\ 제177조, 제183조}$). 감치결정에는 즉시항고할 수 있으나, 역시 집행정
지의 효력은 없다($\substack{제151조 제8항, \\ 제177조, 제183조}$).

14   감치는 그 재판을 한 법원의 재판장의 명령에 따라 사법경찰관리, 교도
관, 법원경위 또는 법원사무관 등이 교도소·구치소·경찰서유치장에 유치해
집행한다($\substack{제151조 제4항, \\ 제177조, 제183조}$). 이 경우 감치시설의 장은 즉시 그 사실을 법원에 통
보해야 하며, 통보받은 법원은 지체없이 증인신문이나 감정 등과 관련된 증
거조사기일을 열어야 한다($\substack{제151조 제5항, 제6항, \\ 제177조, 제183조}$). 감치기간중 증인신문 등을 마친
때에는 즉시 감치결정을 취소하고 석방을 명해야 한다($\substack{제151조 제7항, \\ 제177조, 제183조}$).

15   (3) 구   인   피고인이나 증인이 소환을 받고도 출석하지 않으면 구인영
장을 발부할 수 있다. 이에 관해서는 아래에서 별도로 설명한다[$\substack{§128/15 \\ 참조}$].

Ⅱ. 구   인

1. 의   의

구인(拘引)은 특정 기일의 출석을 강제하기 위해 특정인을 24시간의 범   16
위 내에서 법원청사 기타 장소에 인치하는 강제처분이다. 구인의 대상은 피
고인 또는 증인이며($^{제152조의}_{반대해석}$), 감정인이나 통·번역인은 소환에 불응하더라도
구인할 수 없다($^{제177조,}_{제183조}$). 형사소송법은 피고인의 소환 및 구인에 관해 규정하
고 그중 일부를 증인에 관해 준용하고 있다($^{제155}_{조}$).

2. 피고인의 구인

⑴ 구인의 요건   제69조 및 제70조 제1항의 법문은 구인영장 발부사유   17
와 구금영장 발부사유를 구별하지 않고 있다. 그러나 제71조가 구인의 필요
와 구금의 필요가 다르다고 전제할 뿐 아니라, 현실적으로도 구속기간이 기
본 2개월인 구금의 사유와 인치기간이 최대 24시간인 구인의 사유가 같을 수
는 없다. 구금을 위해서는 증거인멸이나 도주염려 등의 사유가 구체적으로
명확히 드러나야 하는 반면, 구인에 필요한 도주염려 등 사유는 추상적 수준
으로 족하다고 봄이 타당하다. 실무상 불구속피고인이 소환에 불응한 경우
우선 구인을 시도하고($^{구속예규 제}_{58조 제1항}$), 구인장이 집행불능되거나 명백히 집행불능
될 것으로 예상되는 때에 구금으로 나아가고 있다($^{같은 조 제}_{2항, 제3항}$).

50만원 이하의 벌금, 구류 또는 과료에 해당하는 사건에 관해서는 주거   18
부정이 인정되지 않는 한 피고인을 구인할 수 없다($^{제70조}_{제3항}$).

⑵ 구인의 절차

㈎ 구인영장 발부   불구속피고인이 소환을 받고도 불출석한 때에는 구   19
인영장을 발부한다($^{제74조, 구속예}_{규 제58조 제1항}$). 사전청문절차에 관한 제72조는 구인에 적용
되지 않는다. 피고인 현재지의 법원에 구인을 촉탁할 수도 있으나($^{제77조,}_{제78조}$), 구
인영장은 집행기관의 관할구역 밖에서도 집행할 수 있으므로($^{제83}_{조}$) 실무상 거
의 활용되지 않는다. 영장에는 피고인의 성명, 주거, 죄명, 공소사실 요지, 인
치할 장소, 발부연월일, 유효기간 및 그 기간이 경과하면 집행에 착수하지 못
하고 영장을 반환해야 한다는 취지를 기재하고 재판장 또는 수명법관이 서명
날인해야 한다($^{제75}_{조}$). 구인영장은 여러 통 발부할 수 있다($^{제82}_{조}$).

(나) 집   행

20   ⓐ 집행의 주체   i) 구인영장은 검사의 지휘로 사법경찰관리가 집행한
다($^{제81조 제}_{1항 본문}$). 검사는 관할구역 외에서 영장집행을 지휘하거나 당해 관할구역
의 검사에게 집행지휘를 촉탁할 수 있고, 사법경찰관리는 관할구역 외에서
영장을 집행하거나 당해 관할구역의 사법경찰관리에게 집행을 촉탁할 수 있
다($^{제83}_{조}$). ii) 급속을 요하는 때에는 재판장, 수명법관 또는 수탁판사의 지휘로
법원사무관 등이 집행할 수 있다($^{제81조 제}_{1항 단서}$). 법원사무관 등은 영장집행에 필요
한 때에는 사법경찰관리·교도관 또는 법원경위에게 보조를 요구할 수 있으
며 관할구역 외에서도 집행할 수 있다($^{같은 조}_{제2항}$). iii) 교도소 또는 구치소에 있는
피고인에 대해 발부된 영장은 검사의 지휘로 교도관이 집행한다($^{같은 조}_{제3항}$).

21   ⓑ 소재수사·영장집행 촉탁   피고인의 현재지가 분명하지 않은 경우,
재판장은 고등검찰청 또는 지방검찰청 검사장에게 소재수사 및 영장집행을
촉탁할 수 있다($^{제84}_{조}$).

22   ⓒ 피고인 수색   영장집행시 필요한 때에는 타인의 주거, 가옥, 건조
물, 항공기, 선박, 차량에 들어가 피고인을 수색할 수 있다($^{제137}_{조}$), 이에 관해
서는 압수·수색에 관한 제119조($^{집행중의}_{출입금지}$), 제120조($^{집행에 필}_{요한 처분}$), 제123조($^{책임자}_{의 참여}$), 제
127조($^{집행중지와}_{필요한 처분}$)가 준용된다($^{제138}_{조}$)[$^{§129/16}_{참조}$].

23   ⓓ 영장제시 및 인치   피고인에게 영장을 제시하고 그 사본을 교부한
후, 신속히 지정된 법원 기타 장소에 인치해야 한다($^{제85조}_{제1항}$). 집행기관이 구인
영장을 소지하지 아니한 경우에 급속을 요하는 때에는 우선 공소사실의 요지
및 영장발부사실을 알려주고 인치한 후, 지체없이 구인영장을 제시하고 그
사본을 교부해야 한다($^{제85조 제}_{3항, 제4항}$).

24   피고인을 호송할 경우에 필요한 때에는 가장 접근한 교도소 또는 구치
소에 임시로 유치할 수 있다($^{제86}_{조}$).

25   ⓔ 변호인선임권 등 고지   피고인을 인치한 경우 법원 또는 법관은 즉
시 공소사실의 요지와 변호인을 선임할 수 있음을 고지해야 한다($^{제88}_{조}$). 이 경
우 법원사무관 등을 참여시켜 조서를 작성하게 하거나 피고인에게 확인서 기
타 서면을 작성하게 해야 한다($^{규칙 제}_{52조}$). 구인영장에 의한 인치기간은 인치한
때로부터 24시간이며($^{제71}_{조}$), 인치받은 피고인을 교도소·구치소 또는 경찰서유
치장에 유치하는 경우에도 인치한 때부터 24시간을 초과할 수 없다($^{제71}_{조의2}$). 그

러므로 구인영장을 집행해 피고인을 인치한 경우에는 위 24시간 이내에 공판기일의 절차(구금을 위한 구속영장을 발부하는 때에는 제72조에서 정한 청문절차까지)를 진행해야 한다.

⒟ 집행 후의 서류제출　구인영장집행사무를 담당한 자는 i) 집행에 성공한 때에는 영장에 그 집행일시와 장소를, ii) 집행할 수 없었을 때에는 그 사유를 각 기재하고 기명날인해야 한다(규칙 제49조 제1항). 영장집행에 관한 서류는 집행을 지휘한 검사 또는 수탁판사를 경유해 구인영장을 발부한 법원에 제출해야 한다(같은 조 제2항). 이를 제출받은 법원의 재판장은 법원사무관 등에게 피고인이 인치된 일시를 영장에 기재하게 해야 하고, 제71조의2에 따라 유치하는 경우에는 유치장소를 영장에 기재한 후 서명날인해야 한다(규칙 제49조의2). **26**

3. 증인의 구인

⑴ 구인의 요건　정당한 사유 없이 소환에 응하지 않는 증인은 구인할 수 있다(제152조). **27**

⑵ 구인의 절차　구인절차에 관해서는 기본적으로 피고인구인에 관한 규정(제73조, 제75조, 제77조, 제81조 내지 제83조, 제85조 제1항, 제2항)이 준용된다(제155조). 다만 몇몇 조항은 준용대상에서 제외됨에 따라, 피고인구인의 경우와는 다음과 같은 차이가 있다. **28**

먼저, 제84조가 준용되지 않는다. 따라서 증인의 현재지가 불분명하더라도 재판장이 지방검찰청·고등검찰청 검사장에게 현재지 수사나 구인영장 집행을 촉탁할 수 없다. 자신이 신청한 증인에 대해 소환장이 송달불능된 경우, 검사·피고인 또는 변호인은 사실조회에 관한 제272조에 근거해[§144/7 참조], 경찰서 등 관청으로 하여금 i) 증인의 주소·현재지·직장, ii) 증인의 가족·친족·친지의 성명·주소, iii) 증인의 행선지와 그 연월일, iv) 기타 증인의 소재를 파악하는 데 참고가 되는 사항을 조사해 회보하게 할 것을 법원에 신청할 수 있다. 위와 같은 조사를 소재탐지라 하며, 법원이 경찰서·동사무소 등 관할관청에 그러한 조사·회보를 요구하는 것을 소재탐지촉탁[§119/74 참조]이라 한다. **29**

다음으로, 제85조 제3항, 제4항과 제86조가 준용되지 않는다. 따라서 영장을 소지하지 않은 상태에서는 집행할 수 없으며, 가유치도 할 수 없다. **30**

제2관 대물적 강제처분

§129 제 1 압수와 수색

Ⅰ. 의   의

1   법원은 필요한 때에는 피고사건과 관계가 있다고 인정할 수 있는 것에 한정해 증거물 또는 몰수할 것으로 사료하는 물건을 압수하거나($\frac{제106조}{제1항}$), 사람의 신체, 물건 또는 주거, 그 밖의 장소를 수색할 수 있다($\frac{제109조}{제1항}$). 압수·수색의 개념에 관해서는 앞서 설명했다$\begin{bmatrix} §76/1 \\ 참조 \end{bmatrix}$.

Ⅱ. 요   건

1. 압   수

2   압수는 i) 피고사건과 관계있는 증거물 또는 몰수할 것으로 사료하는 물건에 대해, ii) 필요성이 인정되는 때에만 할 수 있다($\frac{제106조}{제1항}$).

2. 수   색

3   피고인의 신체·물건·장소에 대한 수색은 피고사건과의 관련성만 인정되면 할 수 있는 반면($\frac{제109조}{제1항}$), 피고인 아닌 자의 신체·물건·장소에 대한 수색은 압수할 물건이 있음이 인정되는 때에만 할 수 있다($\frac{같은 조}{제2항}$).

Ⅲ. 절   차

1. 영장 없이 하는 압수·수색

4   (1) 공판정 내에서의 압수·수색   공판정 안에서의 압수·수색은 수소법원이 직접 행하는 강제처분이므로 영장을 요하지 않는다($\frac{제113조의}{반대해석}$). 이 경우 법원사무관 등을 참여하게 해야 한다($\frac{규칙 제60}{조 제1항}$).

5   (2) 임의제출물 등의 영치   법원은 소유자, 소지자 또는 보관자가 임의로 제출한 물건 또는 유류한 물건을 영장 없이 압수할 수 있다($\frac{제108}{조}$).

6   (3) 제출명령   법원은 압수할 물건을 지정해 소유자, 소지자 또는 보관자에게 그 제출을 명할 수 있다. 이를 제출명령이라 한다($\frac{제106조}{제2항}$).

2. 영장에 의한 압수·수색

⑴ 의 의　공판정 밖에서의 압수·수색은 영장을 발부해 집행하는 방식으로 한다($_조^{제113}$). 수소법원은 합의부원에게 이를 명하거나 목적물 소재지 관할지방법원에 촉탁할 수 있다($_조^{제136}$).　　　　　　　　　　　　　　7

⑵ 절 차

㈎ 영장의 발부　압수·수색영장에는 i) 피고인의 성명, ii) 죄명, iii) 압수할 물건, iv) 수색할 장소·신체·물건, v) 발부연월일, vi) 압수·수색이 필요한 사유, vii) 유효기간 및 그 기간을 경과하면 집행에 착수할 수 없고 영장을 반환해야 한다는 취지를 기재하고, 재판장 또는 수명법관이 서명날인해야 한다($_{1문, 규칙 제58조}^{제114조 제1항 제}$). 압수·수색할 물건이 전기통신에 관한 것인 경우에는 그 작성기간도 기재해야 한다($_{항 제2문}^{제114조 제1}$).　　　8

㈏ 집 행

⒜ 집행의 주체　압수·수색영장은 검사의 지휘로 사법경찰관리가 집행한다($_{본문}^{제115조}$). 다만, 필요한 때에는 재판장의 지휘로 법원사무관 등이 집행할 수 있다($_{단서}^{같은 조}$). 법원사무관 등은 압수·수색영장의 집행에 관해 사법경찰관리에게 보조를 요구할 수 있다($_조^{제117}$).　　　9

⒝ 사전통지　검사, 피고인 또는 변호인은 집행에 참여할 권리가 있으므로($_조^{제121}$), 불참할 의사가 표명되었거나 급속을 요하는 경우가 아닌 이상 이들에게 미리 집행의 일시와 장소를 알려주어야 한다($_조^{제122}$). 영장기재 집행의 장소가 공무소 또는 군사용의 항공기·선박·차량 내인 경우에는 그 책임자에게 참여할 것을 통지해야 한다($_{제1항}^{제123조}$).　　　10

⒞ 집행의 제한　i) 군사상 비밀을 요하는 장소에서는 그 책임자가 국가의 중대한 이익을 해할 염려를 이유로 승낙을 거부하는 때에는 압수·수색하지 못한다($_조^{제110}$). 거부권행사는 위 사전통지($_{제1항}^{제123조}$)에 대해 회신하는 방법으로 할 수도 있고, 집행현장에서 할 수도 있다. ii) 공무원 또는 공무원이었던 자가 소지·보관하는 물건에 관해 본인 또는 그 당해 공무소가 직무상 비밀에 관한 것임을 신고한 경우, 그 소속공무소 또는 당해 감독관공서가 국가의 중대한 이익을 해할 염려를 이유로 승낙을 거부하는 때에는 이를 압수하지 못한다($_조^{제111}$). iii) 변호사, 변리사, 공증인, 공인회계사, 세무사, 대서업자, 의사, 한의사, 치과의사, 약사, 약종상, 조산사, 간호사, 종교의 직에 있는 자 또　　　11

는 이러한 직에 있던 자가 그 업무상 위탁을 받아 소지·보관하는 물건으로서 타인의 비밀에 관한 것은 압수를 거부할 수 있다($^{제112조}_{본문}$). 단, 그 타인의 승낙이 있거나 중대한 공익상 필요가 인정되는 경우에는 예외로 한다($^{같은 조}_{단서}$).

12		(d) 관련자의 참여		법원사무관 등 또는 사법경찰관리가 영장에 의해 압수·수색을 할 때에는 다른 법원사무관 등 또는 사법경찰관리를 참여하게 해야 한다($^{규칙 제60}_{조 제2항}$).

13		집행장소가 제123조 제1항 기재 장소 이외의 타인의 주거, 간수자 있는 가옥, 건조물, 항공기, 선박, 차량 내인 때에는 그 주거주, 간수자 또는 이에 준하는 자를 참여하게 해야 한다($^{제123조}_{제2항}$). 참여시킬 자가 없거나 참여를 거부할 경우 인근 거주민 또는 지방공공단체의 직원을 참여시켜야 한다($^{같은 조}_{제3항}$). 여자의 신체를 수색할 경우에는 성년의 여자를 참여시켜야 한다($^{제124}_{조}$).

14		(e) 영장제시·사본교부		압수·수색영장은 처분을 받는 자에게 반드시 제시해야 하고, 처분을 받는 자가 피고인인 경우에는 그 사본을 교부해야 한다. 다만, 처분을 받는 자가 현장에 없는 등 영장의 제시나 그 사본의 교부가 현실적으로 불가능한 경우 또는 처분을 받는 자가 영장의 제시나 사본의 교부를 거부한 때에는 예외로 한다($^{제118}_{조}$).

15		(f) 야간집행제한		야간집행을 허용한다는 취지가 영장에 기재되어 있지 않은 이상, 일출전 일몰후에는 타인의 주거, 간수자 있는 가옥, 건조물, 항공기, 선박, 차량 내에 들어가지 못한다($^{제125}_{조}$). 다만, i) 도박 기타 풍속을 해하는 행위에 상용된다고 인정하는 장소, ii) 여관, 음식점 기타 야간에 공중이 출입할 수 있는 장소($^{단, 공개한 시간}_{내에 한한다}$)에는 영장에 그러한 기재가 없더라도 들어갈 수 있다($^{제126}_{조}$).

16		(g) 비밀보호·출입금지 등		집행시에는 타인의 비밀을 보호해야 하며 처분상대방의 명예를 해하지 않도록 주의해야 한다($^{제116}_{조}$). 집행중에는 타인의 출입을 금지하고 이를 위반한 자를 퇴거시킬 수 있다($^{제119조}_{제1항}$). 집행을 일시 중지한 때에는 해당 장소를 폐쇄하거나 간수자를 둘 수 있다($^{제127}_{조}$).

17		(h) 필요한 처분		압수·수색영장을 집행할 때에는 자물쇠를 열거나 개봉 기타 필요한 처분을 할 수 있다($^{제120}_{조}$). 이는 압수물 그 자체에 대해서도 할 수 있다. '필요한 처분'의 개념과 유형에 관해서는 전술했다[$^{§76/7-}_{21 참조}$].

　　㈐ 압수물 등의 제출　　압수·수색영장의 집행에 관한 서류와 압수한 물 　18
건은 영장을 발부한 법원에 제출해야 한다. 다만, 검사의 지휘에 의해 집행된
때에는 검사를 경유해야 한다($\substack{규칙 \\ 제63조}$).

Ⅳ. 압수·수색 이후의 조치

1. 압수조서·목록의 작성

　　⑴ 압수조서　　압수한 때에는 압수조서를 작성해야 한다($\substack{제49조 \\ 제1항}$). 압수조 　19
서에는 압수한 연월일시·장소, 압수물의 품종·수량 및 외형상 특징을 기재
하고($\substack{같은 조 \\ 제3항}$), 압수를 행한 자와 참여한 법원사무관 등이 기명날인 또는 서명
해야 한다($\substack{제50조 \\ 본문}$). 공판정에서 압수한 때에는 공판조서에 압수에 관한 사항을
기재해야 한다($\substack{제51 \\ 조}$).

　　⑵ 압수목록·수색증명서　　압수한 물건이 있는 때에는 압수목록을 작성 　20
해 소유자·소지자·보관자 기타 이에 준하는 자에게 교부한다($\substack{제129 \\ 조}$). 수색만
하고 아무것도 압수하지 않은 때에는 그러한 취지의 증명서를 작성해 피수색
자에게 교부한다($\substack{제128조; \\ 수색증명서}$). 수색증명서나 압수목록의 작성·교부는 i) 공판정
에서 압수·수색한 때에는 참여한 법원사무관 등이, ii) 영장에 의해 압수·수
색한 때에는 그 집행을 한 자가 한다($\substack{규칙 \\ 제61조}$).

2. 압수물의 보관·처분·폐기

　　⑴ 보　관　　압수물은 법원청사 내 시설에 보관함이 원칙이나, 운반 또 　21
는 보관에 불편한 압수물의 경우 간수자를 두거나 소유자 또는 적당한 자의
승낙을 얻는 등으로 청사 외에 보관하게 할 수 있다($\substack{제130 \\ 조}$). 법원은 압수물의
상실·파손 등 방지를 위해 상당한 조치를 해야 한다($\substack{제131 \\ 조}$).

　　⑵ 처　분　　멸실·파손·부패 또는 현저한 가치감소의 염려가 있거나 　22
보관하기 어려운 압수물로서 i) 몰수해야 할 물건에 해당하거나 ii) 환부받을
자의 신상이나 소재를 알 수 없는 경우에는 이를 매각해 대가를 보관할 수
있다($\substack{제132 \\ 조}$). ii)의 경우, 추후 환부청구권자의 요구가 있으면 대가보관금을 교
부해야 한다.[1] 대가보관의 결정을 하기 전에 미리 검사, 피해자, 피고인 또
는 변호인에게 통지해 의견제출기회를 부여해야 한다($\substack{제135 \\ 조}$).

1　대법원 1996. 11. 12. 선고 96도2477 판결.

23   (3) 폐 기   법원은 i) 폭발물 등 위험발생의 염려가 있는 압수물은 직권으로($\frac{제130조}{제2항}$), ii) 법령상 생산·제조·소지·소유·유통이 금지된 압수물로서 부패의 염려가 있거나 보관하기 어려운 압수물은 소유자 등 권한 있는 자의 동의를 받아($\frac{제130조}{제3항}$) 폐기할 수 있다. 폐기결정 전에 미리 검사, 목적물과 이해관계 있는 피해자, 피고인 또는 변호인에게 통지해 의견제출기회를 주어야 한다($\frac{제135}{조}$). 폐기사실은 압수조서에 기재한다($\frac{규칙}{제62조}$).

3. 압수물의 환부·가환부

24   환부·가환부 제도의 의의에 관해서는 제2편에서 설명했다$\left[\frac{\S76/101}{참조}\right]$.

25   (1) 환 부   몰수할 수 없거나 증거가치가 없음이 명백한 등으로 압수를 계속할 필요가 없다고 인정되는 압수물은 피고사건 종결 전이라도 결정으로 환부해야 한다($\frac{제133조\ 제1항;}{필요적\ 환부}$). 이 경우 미리 검사, 피해자, 피고인 또는 변호인에게 통지해 의견제출기회를 주어야 한다($\frac{제135}{조}$). 환부하지 않더라도, 이후 종국판결에서 몰수의 선고가 없는 때에는 압수는 해제된다($\frac{제332}{조}$).

26   (2) 가환부   i) 몰수대상에 해당하지 않는 압수물로서 소유자 또는 소지자가 계속 사용해야 하는 물건은 사진촬영 기타 원형보존의 조치를 취하고 신속히 가환부해야 한다($\frac{제133조\ 제2항;}{필요적\ 가환부}$). ii) 몰수대상이 될 수 있는 물건인 경우에도, 그 소유자·소지자·보관자 또는 제출인의 청구가 있는 때에는 가환부할 수 있다($\frac{같은\ 조\ 제1항;}{임의적\ 가환부}$). 가환부결정 전에 검사, 피해자, 피고인 또는 변호인에게 통지해야 함은 환부의 경우와 같다($\frac{제135}{조}$). 가환부한 장물에 대해 별단의 선고가 없는 때에는 환부의 선고가 있는 것으로 간주한다($\frac{제333조}{제3항}$).

4. 피해자환부·교부

27   i) 압수한 장물로서 피해자에게 환부할 이유가 명백한 것은 판결로써 피해자에게 환부해야 한다($\frac{제333조\ 제1항;}{피해자환부}$). ii) 압수물이 장물을 처분한 대가물인 때에는 판결로써 이를 피해자에게 교부해야 한다($\frac{같은\ 조\ 제2항;}{피해자교부}$). 배임행위로 영득한 것은 재산상 이익일 뿐 물건이 아니므로 피해자교부 대상이 아니다.[1]

28   피해자환부는 피고사건 종결 전에 결정으로 할 수도 있으며, 이 경우 검사, 피해자, 피고인 또는 변호인에게 미리 통지해야 한다($\frac{제134조,}{제135조}$).

---

1 부산고등법원(창원) 2017. 7. 3. 선고 2017노14 판결.

제 2　몰수보전·추징보전

I. 의　　의

공무원몰수법, 마약거래방지법, 정치자금몰수법, 범죄수익규제법 등[1]은 1
몰수·추징 집행이 불가능하거나 현저히 곤란하게 될 염려가 있는 경우를 대
비해 i) 몰수대상물에 대한 처분행위의 효력을 제한하는 몰수보전(沒收保全),
ii) 추징재산 확보를 위해 피고인(또는 피의자)의 재산처분을 제한하는 추징보전(追徵
保全) 제도를 두고 있다. 이들은 재산에 관한 법률행위의 효력에 제한을 가하
는 보전처분이라는 점에서 재산 자체의 점유를 취득하는 압수와 구별된다.

몰수보전·추징보전명령은 직권 또는 검사의 청구로 하며, 공소제기 전 2
후를 불문하고 할 수 있다. 일반적으로는 공소제기와 동시에 또는 공소제기
후 검사의 청구로 수소법원이나 그 소속 법관이 한다.

II. 요　　건

1. 보전의 이유

법률의 규정에 따른 몰수·추징보전의 대상재산에 해당한다고 판단할 만 3
한 상당한 이유가 있어야 한다(공무원몰수법 제23조 제1항, 제42조 제1항 등). 몰수·추징보전의 대상재산
은 i) 범죄수익규제법 제8조 제1항의 '범죄수익', ii) 공무원몰수법 제2조 제4
호의 '불법재산', iii) 마약거래방지법 제13조 및 제2조의 '불법수익 등', iv)
정치자금몰수법 제2조의 '불법재산' 등이다. 여기서의 '상당한 이유'란 대상
재산에 해당한다고 볼 만한 객관적·합리적인 근거를 말한다.[2]

2. 보전의 필요성

보전의 필요성이란 i) 대상재산이 처분될 가능성이 있고, ii) 처분될 경 4
우 몰수·추징의 집행이 불가능하거나 현저히 곤란하게 될 염려가 있음을
의미한다(공무원몰수법 제23조 제1항, 제42조 제1항 등).

몰수보전과 달리, 추징보전은 피고인의 재산에 대해서만 할 수 있다. 대 5
상재산이 피고인의 재산에 해당하는지 여부는 실질적으로 판단하며, 다른 사

1　이하 공무원몰수법의 규정만을 표기한다.
2　제요(II) 525쪽.

람의 명의에 속하더라도 그 명의인과 피고인 간의 관계, 명의를 보유하게 된
경위 및 자금의 출처 등을 종합적으로 고려한 결과 피고인의 재산으로 인정
되는 때에는 추징보전의 대상이 된다.[1]

Ⅲ. 절   차

1. 청   구

6   몰수보전·추징보전명령은 i) 공소제기 전에는 검사의 청구에 의해, ii)
공소제기 후에는 검사의 청구 또는 법원의 직권으로 한다($^{공무원몰수법\ 제23조}_{제1항\ 및\ 제42조\ 제1항\ 등}$).
관할법원은 공소제기 전에는 해당 검사의 소속검찰청에 대응하는 지방법원
또는 지원의 단독판사이고, 공소제기 후에는 수소법원이다($^{같은\ 법\ 23조}_{제1항,\ 제3항\ 등}$). 다만
사건이 상고심에 있는 중에는 제1심법원이며, 상소기간중 또는 상소 후 기록
이 상소심에 도달하기 전에는 원심법원이다($^{같은\ 법\ 제51조,}_{제52조\ 제1항}$).[2]

2. 결   정

7   몰수보전·추징보전명령의 재판형식은 원칙적으로 결정이나, 급속을 요
할 경우 재판장 또는 수명법관의 명령으로도 할 수 있다($^{공무원몰수법\ 제23조\ 제}_{4항\ 및\ 제42조\ 제5항\ 등}$).[3]
재판서에는 피고인($^{기소\ 전에}_{는\ 피의자}$)의 성명, 죄명, 범죄사실 요지, 몰수·추징의 근거
가 되는 법령조항($^{같은\ 법}_{제6조}$), 처분을 금지하는 재산·권리의 표시, 발급연월일 그
밖에 대법원규칙으로 정하는 사항을 기재하고 관여법관이 서명날인해야 한
다($^{같은\ 법\ 제23조\ 제3}_{항,\ 제42조\ 제4항\ 등}$). 이에 더해, 몰수보전명령의 경우에는 처분을 금지하는 재
산·권리를 가진 사람($^{명의인이\ 다르면}_{그\ 명의인\ 포함}$)의 인적사항을, 추징보전명령의 경우에는
추징보전액 및 추징보전해방금을 기재해야 한다($^{같은\ 법\ 제23조\ 제3항,}_{제42조\ 제4항\ 등}$).

8   추징보전액이란 가압류의 피보전채권액에 대응하는 것으로, 추징재판의 집행을 위

---

1 대법원 2009. 6. 25.자 2009모471 결정; 2011. 3. 10. 선고 2010다94823 판결.

2 대법원 2011. 1. 13.자 2010초기894 결정:「민사집행법 제311조는 가압류사건의 관할법원 중
   본안의 관할법원을 원칙적으로 제1심법원으로 하되, 본안이 제2심에 계속중인 경우에는 제2심
   법원을 본안법원으로 규정하고 있으며, 나아가 본안이 상고심에 계속중인 경우에는 그 본안의
   제1심법원이 본안법원으로서 가압류사건을 관할하는 것으로 해석되고 있는 점, 상고심은 추징
   보전명령 및 그 취소 요건의 충족 여부에 관한 사실심리를 하기에 적당하지 아니한 점 등에
   비추어 보면, 마약거래방지법 제52조 제1항에 따라 추징보전명령을 할 수 있는 법원은 본안사
   건의 제1심법원 또는 제2심법원이고, 본안사건이 상고되어 그 소송기록이 상고법원에 도달한
   이후에는 본안사건의 제1심법원이 추징보전명령신청 사건의 관할법원이 된다.」

3 제요(Ⅱ) 525쪽.

해 보전하는 것이 타당하다고 인정되는 금원을 의미한다(공무원몰수법 제42조 제2항). 추징보전해방
금이란 가압류의 해방공탁금과 같은 것으로서 추징보전명령의 집행정지나 집행처분
의 취소를 위하여 피고인이 공탁해야 할 금원을 뜻하며(같은 조 제3항), 그 금액은 추징보전
액과 보전할 재산의 가액 중 더 적은 것으로 한다.

3. 고   지

몰수보전·추징보전명령을 받은 자에게는 재판서등본을 송달해야 한다.   9
다만, 집행 자체는 등본송달 전에도 할 수 있다(공무원몰수법 제25조 제2항, 제44조 제2항 등). 몰수보전의
경우 대상부동산의 소유자, 대상채권의 채무자 등 이해관계자에게도 등본
을 송달한다(같은 법 제27조 내지 제31조 등). 공시송달처분도 가능하며, 이 경우 송달의 효력은
법원의 게시판에 게시한 날로부터 7일이 경과한 때에 발생한다(같은 법 제50조 등).

몰수보전·추징보전명령에 대한 불복방법은 그것이 결정인 경우에는 항   10
고, 명령인 경우에는 준항고이다(같은 법 제52조 등).

4. 집   행

몰수보전·추징보전명령은 검사가 집행한다(같은 법 제25조 제1 항, 제44조 제1항 등). 몰수보전의   11
방법은 개별법의 규정(같은 법 제27조 내지 제31조 등)에, 추징보전의 방법은 가압류에 관한 민사
집행법의 규정에 의한다(같은 법 제44 조 제3항 등).

몰수보전이 된 경우 해당 재산에 대해 한 처분행위(양도, 임대, 제한 물권의 설정 등)의 효력   12
은 몰수에 대항하지 못하고(같은 법 제26조; 상대적 효력), 후일 몰수의 재판이 확정되면 해당
재산은 국가에 귀속된다. 추징보전의 효력은 가압류와 같으며, 장래에 추징
의 재판이 확정될 경우 본압류 집행으로 이행된다. 제3자 명의의 부동산에
대해 추징보전명령이 집행된 후 피고인에 대한 추징이 확정된 경우, 적법한
절차를 통해 피고인 명의로 등기를 회복한 후에 추징판결을 집행해야 하며,
추징보전명령에 기해 곧바로 추징을 집행할 수는 없다.[1]

추징보전이 집행된 금전채권의 채무자가 그 채권액 상당액을 공탁한 경   13

---

1 대법원 2021. 4. 9.자 2020모4058 결정:「추징보전명령은 추징의 집행을 보전할 목적으로 형사
   정책적으로 도입된 제도로서 반드시 민사집행법상 보전처분과 그 대상이나 요건이 동일하다고
   볼 필요가 없는데 반하여, 추징의 집행은 재판확정 후 국가의 형집행으로 민사집행법의 집행
   에 관한 규정을 준용하거나 국세징수법에 따른 국세체납처분의 예에 따라야 한다(제477조)는
   점에서 추징의 집행을 추징보전명령과 동일시할 수 없다. … 피고인이 제3자 명의로 부동산을
   은닉하고 있다면 적법한 절차를 통하여 피고인 명의로 그 등기를 회복한 후 추징판결을 집행
   하여야 한다.」

우에는 공탁금출급청구권에 대해 추징보전이 집행된 것으로 본다(같은 법/제45조 등).

IV. 몰수보전·추징보전의 실효

1. 당연실효

14 　　몰수나 추징의 선고가 없는 재판이 확정된 경우 몰수보전·추징보전명령은 당연히 효력을 잃는다. 다만, 그 재판이 제327조 제2호의 공소기각판결인 때에는 재기소 없이 30일을 도과함으로써 효력을 잃는다(공무원몰수법 제33/조 및 제48조 등).

2. 취　　소

15 　　공판의 진행과정에서 보전의 요건이 불비되거나 기간이 부당하게 길어지는 경우, 법원은 검사 등의 청구 또는 직권으로 보전명령을 취소해야 한다. 검사 외에, i) 몰수보전의 경우에는 몰수보전재산을 가진 자(피고인의 경우/그 변호인 포함), ii) 추징보전의 경우에는 피고인(기소 전인/경우 피의자)이나 그 변호인도 보전명령취소를 청구할 수 있다(같은 법 제32/조, 제47조 등).

제2장 제1심의 절차

제1절 약식절차·즉결심판절차

제1관 약식절차

제1 약식절차의 개시와 심리 §131

Ⅰ. 개 시

약식절차는 검사의 구약식($\substack{\text{공소제기 및}\\\text{약식명령청구}}$)으로 개시된다. 약식절차의 의의 및 1
구약식의 절차와 방식에 관해서는 전술했다[$\substack{\text{§91/2, §103}\\\text{/3·4 참조}}$].

Ⅱ. 심 리

1. 관 할

실무상 약식절차는 지방법원 단독판사가 전담하고 있다. 즉, 법원조직법 2
상 합의부 사물관할인 사건이라도 그에 대한 약식사건의 처리는 단독판사가
담당하고 있다. 그러나 사물관할에 관한 규정들($\substack{\text{제9조, 제10조, 법원조직법}\\\text{제7조 제4항, 제32조 제1항 등}}$)이 약식
절차에서는 적용되지 않는다고 볼 법률상 근거가 있는지는 의문이다.

2. 서면심리

약식절차의 심판은 공소장 및 그에 첨부된 증거서류만을 검토하는 서면 3
심리의 방법으로 한다($\substack{\text{제448조}\\\text{제1항}}$). 약식절차에서 검사나 피고인의 증거제출권이
인정되지 않는다는 견해[1]가 있으나 이를 부인할 이유가 없다.[2] 이를테면 피
고인이 제출한 증거를 보고 집행유예·선고유예 등의 필요성을 느껴 사건을
공판절차에 회부($\substack{\text{제450}\\\text{조}}$)[3]할 수도 있기 때문이다. 마찬가지로 검사가 중형선고

---

1 김정한 911쪽; 배종대/이상돈 880쪽; 신동운 1723쪽; 이주원 638쪽; 정승환 842쪽.
2 이은모/김정환 914-915쪽; 이재상 외 2인 941쪽; 이창현 1362쪽.
3 창원지방법원 2020. 7. 14. 선고 2019고단1134 판결 등.

의 필요성을 이유로 증거를 제출하면 이를 반영해 벌금액을 구형량보다 상향하거나 사건을 공판절차에 회부할 수 있다.

3. 증거능력

4 직접주의는 공판[§103/1 참조]을 전제로 하므로, 약식절차에서 전문법칙 및 그 예외에 관한 규정들(제310조의2 내지 제316조, 제318조)[§119 참조]의 적용은 당연히 배제된다. 이와 달리 위법수집증거 및 임의성 없는 진술의 배제(제308조의2, 제309조, 제317조)[§118 참조]나 유일한 증거인 자백의 배제(제310조)[§120 참조] 등은 약식절차에서도 적용된다. 그러나 현실적으로 약식절차에서 법관이 위법수집증거를 발견해 내기란 쉽지 않다. 대부분의 경우 약식절차의 심리는 피의자신문조서를 통해 자백 유무를 확인한 다음 비자백 증거가 충분히 있는지를 검토하는 기계적 순서로 이루어진다.

4. 약식명령청구의 철회

5 (1) 공소취소로 인한 당연철회   공소제기는 실체재판을 구하는 소송행위이며[§91/5 참조], 약식명령청구는 그 가운데 특히 '약식명령'이라는 유죄판결을 구하는 소송행위이다. 약식명령청구는 시간적으로 공소제기와 동시에 이루어짐은 물론 논리적으로 공소제기에 의존하는 소송행위이므로, 약식명령 발령 전에 공소취소[§99 참조]가 있는 때에는 약식명령청구까지 철회된 것으로 본다. 법원은 이 경우 제328조 제1항 제1호에 따라 결정으로 공소를 기각해야 한다. 공소기각결정은 구두변론에 의할 필요가 없으므로 공판기일지정이나 소환 등의 절차는 불필요하다.

6 (2) 약식명령청구만의 철회   공소취소 없이 약식명령청구만을 철회할 수 있는지 여부가 논의된다. 검사로서는 법원에 공판절차회부(제450조)를 요청하거나 약식명령 후 정식재판을 청구하면 되므로 굳이 약식명령청구의 철회라는 방식을 택할 필요가 없으나, 이론적으로 약식명령청구만의 철회를 허용하지 않을 근거는 없다. 근거규정이 없다는 이유로 이에 반대하는 견해도 있으나,[1] 본래 신청의 철회는 이를 허용하는 규정을 요하지 않으며 오히려 이를 금지하는 규정이 없는 한 언제나 허용된다고 보아야 한다[§46/7 참조].[2]

---

1 손동권/신이철 891쪽; 신동운 1722쪽; 이은모/김정환 913쪽; 이재상 외 2인 940쪽; 이주원 637쪽; 임동규 865쪽; 정웅석 외 2인 897쪽.
2 같은 견해로 신양균/조기영 1270쪽; 이창현 1361쪽; 정승환 841쪽.

5. 공판절차회부

(1) 의 의   제450조는 '보통의 심판'이라는 제하에 「약식명령의 청구   7
가 있는 경우에 그 사건이 약식명령으로 할 수 없거나 약식명령으로 하는 것
이 적당하지 아니하다고 인정한 때에는 공판절차에 의하여 심판하여야 한다」
고 규정하고 있다. 이처럼 약식명령을 발령하지 않고 사건을 공판절차로 넘
기는 소송행위를 공판절차회부(또는
통상회부)라 한다.

(2) 요 건   공판절차회부는 i) 사건이 약식명령으로 할 수 없거나 ii)   8
약식명령으로 하는 것이 적당하지 않다고 인정되는 때에 할 수 있다.

(가) 사건이 약식명령으로 할 수 없는 경우   '약식명령으로 할 수 없는 경   9
우'란 법률상 약식명령이 불가능한 경우, 즉 법정형으로 벌금·과료가 아닌
형벌만 규정되어 있거나, 무죄·면소·형면제·공소기각·관할위반의 재판을
해야 하는 경우를 말한다. 가령 친고죄 또는 반의사불벌죄 사건에서 구약식
직후 고소취소서 또는 처벌불원서가 제출된 경우[§58
참조]가 이에 해당한다.[1]

(나) 약식명령으로 하는 것이 적당하지 않은 경우   '약식명령으로 하   10
는 것이 적당하지 않은 경우'란 사건의 성질과 내용에 비추어 공판심리가 필
요하다고 판단되는 경우이다. i) 관련사건을 병합할 필요가 있는 경우[§146
참조],[2]
ii) 검사가 공소장변경[§147
참조]의 필요성을 소명하며 공판회부를 요청한 경우,[3]
iii) 합의의 필요성이나 가능성이 있다고 인정되는 경우,[4] iv) 자유형을 선고
할 필요성이 있다고 판단되는 경우,[5] v) 정식의 증거조사에 기초한 면밀한
사안확정이 필요하다고 보이는 경우[6] 등이 이에 해당한다.

(3) 절 차

(가) 결 정

(a) 학설과 판례   제450조는 공판절차회부를 어떠한 방식으로 해야 하   11
는지는 규정하고 있지 않다. 이에 학설은 결정으로 해야 한다는 견해(결정
필요설)[7]

1 창원지방법원 2020. 7. 14 선고 2019고단1134 판결.
2 서울서부지방법원 2020. 9. 16. 선고 2020고단347 판결(판결서 각주 2).
3 서울서부지방법원 2020. 9. 9. 선고 2020고단1450 판결.
4 수원지방법원 안양지원 2015. 4. 9. 선고 2015고단219 판결.
5 서울중앙지방법원 2019. 3. 29. 선고 2019고단783 판결
6 창원지방법원 2017. 10. 25. 선고 2017고단267 판결.
7 신동운 1725쪽; 신양균/조기영 1273쪽; 이은모/김정환 915쪽; 이창현 1363쪽.

와 별도의 재판이 필요 없다는 견해($\binom{결정}{불요설}$)[1]로 나뉘어 있으며, 대법원은 후자를 따르고 있다.[2] 전자는 절차진행을 명료하게 할 필요가 있음을, 후자는 재판을 요구하는 명문의 규정이 없음을 근거로 한다. 일선 법원에서는 이를 '공판회부결정'이라고 표현하는 경우가 많으나,[3] 결정서를 작성해 송달하지 않고 '공판절차회부서'라는 서류를 작성해 기록에 편철하는 방식으로 운영하고 있어 통상적인 재판의 외관을 띠지 않는다.

12   ⒝ 검 토   공소제기와 약식명령청구가 실무상 약식명령공소장이라는 하나의 서면으로 이뤄진다고는 해도, 약식명령청구는 공소제기와는 엄연히 구별되는 별개의 소송행위로서 그 자체 독립된 신청$\left[\begin{smallmatrix}§46/3\\참조\end{smallmatrix}\right]$이다. 그리고 약식명령은 공소제기와 약식명령청구가 모두 이유 있다고 인정될 때 하는 재판이다. 그런데 경우에 따라서는 그중 약식명령청구는 이유 없다고 판단될 수 있는바($\begin{smallmatrix}\text{「사건이 약식명령으로 할 수 없거나 약식}\\\text{명령으로 하는 것이 적당하지 않은 경우」}\end{smallmatrix}$), 이러한 때에는 약식명령청구만을 기각하는 결정이 필요하다. 법률에서 어떠한 종국전재판을 단순 직권사항이 아니라 신청사항으로 규정하고 있는 경우, 법원이 그 신청을 받아들이지 않을 때에는 별도의 규정이 없더라도 기각결정을 할 의무가 있기 때문이다$\left[\begin{smallmatrix}§46/4\\참조\end{smallmatrix}\right]$.

13   약식명령청구만의 기각은 곧 그 사건에 관해서는 ($\begin{smallmatrix}\text{약식명령청구와}\\\text{동시에 이루어진}\end{smallmatrix}$) 공소제기만 남게 됨을 의미하며, 이로써 구공판이 있는 것과 동일한 소송법상 효과가 생긴다. 즉, 약식명령청구기각결정을 뒤집어서 표현한 것이 바로 공판절차회부라 할 수 있다. 그렇다면 그 성격은 당연히 법원의 결정일 수밖에 없으므로, 지금과 같이 결정서($\begin{smallmatrix}\text{공판절차회부결정서=}\\\text{약식명령청구기각결정서}\end{smallmatrix}$)를 기록에 편철만 함은 적절치 않고, 종국전재판의 고지에 관한 일반조항인 제42조에 따라 그 등본을 피고인 등에게 송달함이 옳을 것이다$\left[\begin{smallmatrix}§48/6\\참조\end{smallmatrix}\right]$.[4]

14   ⑷ 기록의 반환   공판절차회부결정이 있는 때에는 증거서류와 증거물을 검찰청에 반환해야 한다($\begin{smallmatrix}\text{약식예규}\\\text{제17조 제3항}\end{smallmatrix}$).

---

1 이주원 640쪽.

2 대법원 2003. 11. 14. 선고 2003도2735 판결:「약식명령청구사건을 공판절차에 의하여 심판하기로 함에 있어서는 사실상 공판절차를 진행하면 되고, 특별한 형식상의 결정을 할 필요는 없[다].」

3 서울고등법원 2021. 8. 12. 선고 2020노471 판결; 의정부지방법원 2021. 9. 10. 선고 2020고단2970 판결; 인천지방법원 2022. 4. 22. 선고 2021고단9326 판결.

4 나기업, "약식절차를 둘러싼 몇 가지 쟁점", 법조 제71권 제6호(2022), 277쪽.

제 2   약식명령

Ⅰ. 약식명령의 발령과 고지

사건을 공판에 회부하지 아니할 경우, 법원은 구약식이 있은 때로부터 14일 이내에 약식명령을 해야 한다(규칙 제171조; 실무상 이 기간은 거의 지켜지지 않는다). 약식명령의 법적 성질에 관해서는 판결·결정·명령 어느 것에도 속하지 않는 특수한 형식의 재판이라는 설명이 대체적이나, 일정한 소송법상 효과가 부여되는 법원·법관의 법률행위적 소송행위로서 판결·결정·명령 중 어느 하나에 해당하지 않는 것은 있을 수 없다[§25/2 참조]. 약식명령은 소송법상 의미의 법원이 자기구속력을 부여해 하는 재판으로서 판결의 일종이다.

1

약식명령서에는 i) 범죄사실, ii) 적용법령, iii) 주형, iv) 부수처분, v) 약식명령의 고지를 받은 날로부터 7일 이내에 정식재판청구[§133 참조]를 할 수 있다는 취지를 기재해야 한다(제451조). 약식명령의 주형은 벌금 또는 과료이며, 부수처분으로 몰수·추징·압수물환부 등을 할 수 있다(제448조, 제333조). 실무상 가납명령도 하고 있다.

2

몰수와 추징은 형법총칙에 근거한 것으로서 해석상 약식명령에 붙일 수 있음에 이견이 없고, 환부·피해자환부·폐기 역시 형사소송법 총칙에 근거한 제도이므로 약식명령으로 할 수 있다. 또한 성폭법 제16조에 의해 수강명령·이수명령도 약식명령에 붙일 수 있다. 그러나 약식명령의 주문으로 가납명령을 할 수 있다는 지배적인 설명[1]과 실무관행에는 다소 의문이 든다. 가납명령은 여타 부수처분과 달리 공판정에서 판결을 선고하는 때에만 붙일 수 있도록 정해져 있으므로(제334조 제2항), 약식명령으로 가납을 명하려면 제448조 제2항의 규정만으로는 부족하고, 별도로 약식절차에 제334조를 준용하는 조항이 필요하다고 본다.[2]

3

약식절차에서 가납명령을 할 수 있다는 해석은 결국 약식명령에 제334조 제1항을 유추적용하는 관점이다. 유추금지원칙은 본래 형사실체법의 대원칙인 죄형법정원칙의 파생원리이나, 헌법상 법률유보원칙에 따라 형사절차법에서도 적용된다. 더욱이 형사절차는 그 특성상 형식적 확실성 요청의 지배를 강하게 받기에, 피고인 등에게 유리한 유추해석이나 유추적용이라도 i) 규정의 특징상 단순한 합목적적 규범으로서

---

1 배종대/이상돈 883쪽; 손동권/신이철 893쪽; 신동운 1726쪽; 신양균/조기영 1276쪽; 이은모/김정환 917쪽; 이재상 외 2인 943쪽; 이창현 1365쪽; 정승환 844쪽.
2 나기업, "약식절차를 둘러싼 몇 가지 쟁점", 법조 제71권 제6호(2022), 284쪽.

기술적 성격이 강하고, ii) 합리적 논증을 전제하는 때에 한해 제한적으로 허용된 다.[1] 약식명령에 가납명령이 부착될 수 있다는 관점은 대부분 약식명령이 공판의 벌금선고판결과 동일한 효력이 있고 가납의 필요성이 있음을 그 근거로 드는데, 이 는 결과적으로 피고인에게 불리한 재판유형을 법률의 근거 없이 창설하는 것에 다 름 아니다. 한편, 가납명령제도의 위헌성에 관해서는 전술했다$\left[\begin{smallmatrix} \S113/3 \\ 참조 \end{smallmatrix}\right]$.

4   법원은 검사와 피고인에게 약식명령서 등본을 송달해야 한다$\left(\begin{smallmatrix} 제452조, \\ 제42조 \end{smallmatrix}\right)$. 등 본의 발송을 약식명령의 발령이라 하고, 등본의 도달을 약식명령의 고지라 한다$\left(\begin{smallmatrix} 제452 \\ 조 \end{smallmatrix}\right)$.

Ⅱ. 약식명령의 확정

5   약식명령은 i) 검사와 피고인 모두에 대해 정식재판청구기간이 도과된 경우, ii) 제1심판결 선고 전에 정식재판청구가 취하된 경우에 확정된다. 정 식재판청구에 관해서는 후술한다$\left[\begin{smallmatrix} \S133 \\ 참조 \end{smallmatrix}\right]$.

6   약식명령은 성질상 유죄판결이므로$\left[\begin{smallmatrix} \S27/2 \\ 참조 \end{smallmatrix}\right]$, 확정되는 경우 기판력을 갖는 다$\left(\begin{smallmatrix} 제457조, 제 \\ 326조 제1호 \end{smallmatrix}\right)\left[\begin{smallmatrix} \S53/4 \\ 참조 \end{smallmatrix}\right]$. 확정된 약식명령의 기판력 기준시점은 고지시가 아니라 발 령시이다$\left[\begin{smallmatrix} \S53/34 \\ 참조 \end{smallmatrix}\right]$.[2]

§133 제 3 정식재판청구

Ⅰ. 의   의

1   약식명령에 불복하는 자는 통상의 공판절차에 의한 심판을 청구할 수 있는데$\left(\begin{smallmatrix} 제453 \\ 조 \end{smallmatrix}\right)$, 이를 정식재판청구라 한다. 정식재판청구는 상소와 마찬가지로 원재판의 변경을 구하는 소송행위이나, 상급법원이 아니라 제1심법원의 재판 을 구한다는 점에서 상소와 다르다. 뒤에서 설명하는 즉결심판절차에서도 정 식재판청구가 인정된다$\left[\begin{smallmatrix} \S136 \\ 참조 \end{smallmatrix}\right]$.

---

1 변종필, "형사소송에서 유추금지원칙의 적용과 범위", 비교법연구 제21권 제2호(2021), 164쪽.

2 대법원 1994. 8. 9. 선고 94도1318 판결; 2001. 12. 24. 선고 2001도205 판결; 2013. 6. 13. 선 고 2013도4737 판결.

Ⅱ. 절 차

1. 청 구

⑴ 청구권자   정식재판청구권자는 검사와 피고인이다($^{제453조}_{제1항}$). 피고인은 정식재판청구를 하지 않을 수는 있어도 정식재판청구권 자체를 포기할 수는 없으며, 포기의 의사표시를 하더라도 효력이 없다($^{같은 항}_{단서}$). 변호인은 피고인의 명시한 의사에 반하지 않는 한 독립하여 정식재판청구를 할 수 있다($^{제458조 제1항,}_{제341조; 독립대리권}$).

⑵ 청구대상   정식재판청구는 약식명령의 일부에 대해서도 할 수 있다($^{제458조 제1}_{항, 제342조}$). 그러나 경합범에 대해 1개의 형이 고지된 때에는 그중 일부만을 특정해 정식재판을 청구하더라도 전부에 대해 효력이 있다.[1]

⑶ 청구방식   정식재판청구는 약식명령에 불복한다는 취지를 기재해 기명날인한 정식재판청구서($^{제59}_{조}$)를 약식명령을 발한 법원에 제출하는 방식으로 한다($^{제453조}_{제2항}$).

⑷ 청구기간

㈎ 기간 및 기산점   정식재판청구서는 약식명령등본을 송달받은 날로부터 7일 이내에 제출해야 한다($^{제453조}_{제1항}$). 명문의 규정은 없으나 해석상 상소에 관한 제344조($^{재소자}_{특칙}$)[$^{§171/7}_{참조}$]가 유추적용된다. 따라서 구치소·교도소에 있는 사람의 경우에는 구치소장·교도소장 또는 그 직무대리자에게 7일 이내에 청구서를 제출하면 된다.[2]

---

1 제요(Ⅱ) 456쪽.

2 대법원 2006. 10. 13.자 2005모552 결정: 「i) 형사소송법이 재소자에 대한 특칙을 두어 상소장 법원 도달주의의 예외를 인정한 취지가 재소자로서 교도소나 구치소에 구금되어 행동의 자유가 박탈되어 있는 자가 상소심 재판을 받기 위한 상소장 제출을 위하여 할 수 있는 행위는 구금당하고 있는 교도소 등의 책임자나 그 직무대리자에게 상소장을 제출하여 그들로 하여금 직무상 해당 법원에 전달케 하는 것이 통상적인 방법이라는 점을 고려하여 재소자에게 상소제기에 관한 편의를 제공하자는 데 있는 점, ii) 약식명령을 고지받은 피고인으로서는 공개된 법정에서 정식재판절차에 따라 재판을 받기 위해서는 반드시 적법한 정식재판청구서를 제출하여야 하므로, 정식재판청구서 제출의 방법에 있어서는 상소장과 그 사정이 전혀 다를 바 없는 점, 한편 iii) 제출기간 내에 교도소장 등에게 정식재판청구서를 제출하였음에도 불구하고 기간도과 후에 법원에 전달되었다는 이유만으로 정식재판청구가 기각된다면 이는 자기가 할 수 있는 최선을 다한 자에게조차 공개된 법정에서 정식재판을 받을 기회를 박탈하는 것으로서 헌법이 보장한 공개재판을 받을 권리를 침해할 뿐만 아니라 결과적으로 실체적 진실발견을 통하여 형벌권을 행사한다는 형사소송의 이념을 훼손하며 인권유린의 결과를 초래할 수도 있는 점 등에 비추어 보면, … 정식재판청구서의 제출에 관하여도 위 재소자에 대한 특칙 규정이 준용되는 것으로 해석함이 상당하다.」

6　　　(나) 정식재판청구권 회복　　　정식재판청구기간의 도과로 약식명령은 확정되나, 예외적으로 귀책사유 없이 정식재판청구기간을 도과한 때에는 정식재판청구권의 회복을 구함과 동시에 정식재판을 청구할 수 있다. 형사소송법은 상소권회복에 관한 규정을 정식재판청구에 준용하고 있다(제458조 제1항).

7　　　ⓐ 회복청구　　　자기 또는 대리인이 책임질 수 없는 사유로 기간 내에 정식재판청구를 하지 못한 자는 그 사유가 해소된 날로부터 7일 내에 정식재판청구권 회복청구를 할 수 있다(제458조 제1항, 제345조). 회복청구는 약식명령을 발한 법원에 서면으로 하되, '책임질 수 없는 사유'를 소명해야 한다(제458조 제1항, 제346조 제1항, 제2항). 회복청구는 정식재판청구와 동시에 해야 하며, 실무상 회복청구서에 정식재판청구서를 첨부하도록 하고 있다(제458조 제1항, 제346조 제3항, 약식예규 제7조 제1항). 정식재판청구가 병행되지 않는 경우 회복청구는 부적법하다.

8　　　ⓑ 결 정　　　정식재판청구권 회복청구를 받은 법원은 청구의 허부에 관해 결정해야 한다(제458조 제1항, 제347조 제1항). 결정시까지 약식명령의 집행을 정지하는 결정을 할 수 있다(제348조 제1항).

9　　　회복청구가 적법하고 이유 있는 경우 법원은 정식재판청구권 회복결정을 해야 하며, 이에 따라 그 회복청구와 동시에 이루어진 정식재판청구는 적법·유효한 것이 된다. 회복청구가 법률상 방식을 위반했거나 '책임질 수 없는 사유'가 인정되지 않는 경우 법원은 회복청구를 기각해야 한다.[1] 회복결정과 기각결정에는 즉시항고할 수 있다(제458조 제1항, 제347조 제2항).

10　　　약식명령이 적법하게 송달된 적이 없다면 처음부터 정식재판청구기간 자체가 진행하지 않으므로, 별도의 회복청구 없이 곧바로 정식재판청구를 하면 족하다. 이러한 때에 회복청구와 정식재판청구가 동시에 이루어졌다면, 정식재판청구의 효력에 의해 통상의 공판절차가 개시되고, 그와 별개로 회복청구는 부적법하여 기각된다.[2]

1　대법원 1983. 12. 29.자 83모48 결정.

2　대법원 1995. 6. 14.자 95모14 결정:「재감자에 대한 약식명령의 송달을 교도소 등의 소장에게 하지 아니하고 수감되기 전의 종전 주·거소에다 하였다면 부적법하여 무효라고 하지 않을 수 없고, 수소법원이 송달을 실시함에 있어 당사자 또는 소송관계인의 수감사실을 모르고 종전의 주·거소에 하였다고 하여도 마찬가지로서 송달의 효력은 발생하지 않는다고 할 것이며, 송달 자체가 부적법한 이상 당사자가 약식명령이 고지된 사실을 다른 방법으로 알았다고 하더라도 송달의 효력은 여전히 발생하지 아니한다고 할 것이므로, 항고인이 그 주장과 같이 다른 형사사건으로 구속되어 있는 동안에 이 사건 약식명령등본이 항고인의 주소지에서 항고인의 모에게 송달되었다면 그 송달은 부적법하여 무효라고 할 것이고, 그 후에 항고인이 약식명령이 고

2. 법원의 조치

(1) **통 지**　　법원은 정식재판청구가 있는 때에는 상대편 소송주체에게 11
지체없이 그 사실을 통지해야 한다($^{제453조}_{제3항}$).

(2) **공판의 개시**　　정식재판청구가 적법한 때에는 별도의 재판 없이 12
통상의 공판절차로 이행된다($^{제455조}_{제3항}$). 약식명령에 이미 범죄사실과 적용법조
가 기재되어 있으므로($^{제451}_{조}$), 검사는 별도로 공소장을 제출할 필요가 없다. 추
후 공판정의 판결선고와 동시에 약식명령은 실효된다($^{제456}_{조}$). 약식명령을 한
법관은 정식재판청구에 따른 제1심 공판절차에서는 전심관여법관($^{제17조}_{제7호}$)이 아
니지만,[1] 항소심 공판절차에서는 전심관여법관으로 본다[$^{§30/4}_{참조}$].[2] 피고인만이
정식재판을 청구한 사건에서는 약식명령의 형보다 중한 종류의 형을 선고하
지 못한다($^{제457조의2 제1항;}_{형종상향금지원칙}$)[$^{§162/17, 33.}_{§182/4 참조}$].

(3) **정식재판청구기각**　　정식재판청구가 법령상의 방식에 위반되거나[3] 13
정식재판청구권의 소멸 후[4] 이루어졌음이 명백한 경우($^{정식재판청구권회복청구가 부적}_{법하거나 이유 없는 경우 포함}$),
법원은 결정으로 청구를 기각한다($^{제455조}_{제1항}$). 정식재판청구기각결정에는 즉시항
고할 수 있다($^{같은 조}_{제2항}$).

지된 사실을 다른 방법으로 알았다고 하더라도 송달의 효력은 발생하지 아니하여 정식재판청
구기간이 진행하지 아니하므로 항고인으로서는 언제라도 정식재판청구를 할 수 있으며, 이 경
우에는 정식재판청구권회복청구기간의 도과여부를 따질 필요조차 없다. … 항고인으로서는 그
주장과 같은 사유로 약식명령을 송달받지 못했다는 점을 소명하여 정식재판청구절차에 따른
재판을 받으면 되지 따로 정식재판청구권회복청구를 할 필요가 없다.」

1 대법원 2002. 4. 12. 선고 2002도944 판결.

2 대법원 2011. 4. 28. 선고 2011도17 판결.

3 대법원 2023. 2. 13.자 2022모1872 결정:「정식재판청구서에 청구인의 기명날인 또는 서명이
없다면 법령상의 방식을 위반한 것으로서 그 청구를 결정으로 기각하여야 한다. 이는 정식재
판의 청구를 접수하는 법원공무원이 청구인의 기명날인이나 서명이 없음에도 불구하고 이에
대한 보정을 구하지 아니하고 적법한 청구가 있는 것으로 오인하여 청구서를 접수한 경우에도
마찬가지이다. 그러나 법원공무원의 위와 같은 잘못으로 인하여 적법한 정식재판청구가 제기
된 것으로 신뢰한 피고인이 그 정식재판청구기간을 넘기게 되었다면, 이때 피고인은 자기가
'책임질 수 없는 사유'로 청구기간 내에 정식재판을 청구하지 못한 때에 해당하여 정식재판청
구권의 회복을 구할 수 있다.」

4 대법원 1986. 2. 27.자 85모6 결정:「공시송달의 요건에 흠결이 있는 경우라도 법원이 명하여
그 절차가 취하여진 이상 송달로서는 유효하다 할 것이므로 공시송달을 한 날로부터 2주일을
경과하면 송달의 효력이 생기고 그때부터 정식재판청구기간을 기산하여야 할 것이며, 그러한
기간계산방법에 따라 정식재판청구기간이 도과한 경우에는 제458조, 제345조, 제346조에 의하
여 정식재판청구권 회복청구와 동시에 정식재판청구를 함은 별론으로 하고 따로 정식재판청구
만을 할 수는 없다.」

3. 취 하

14 정식재판청구는 제1심 판결선고 전까지 취하할 수 있다(제458조 제1항, 제349조 본문). 취하는 원칙상 서면으로 해야 하나, 공판정에서 구술로 할 수도 있다(제352조 제1항). 후자의 경우 그 사유를 공판조서에 기재해야 한다(같은 조 제2항).

15 법정대리인 있는 피고인이 정식재판청구를 취하함에는 법정대리인의 동의를 얻어야 하나, 법정대리인의 사망 기타 사유로 인해 동의를 얻을 수 없는 때에는 예외로 한다(제458조 제1항, 제350조). 피고인의 법정대리인, 배우자, 직계친족, 형제자매, 변호인은 피고인의 동의를 얻어 정식재판청구를 취하할 수 있다(제458조 제1항, 제351조).

제2관 즉결심판절차

§134 제 1 즉결심판절차의 개시와 심리

Ⅰ. 개 시

1 즉결심판절차는 (해양)경찰서장의 즉결심판청구로 개시된다[§102 참조].

Ⅱ. 심 리

1. 관 할

2 즉결심판사건의 관할법원은 청구권자인 경찰서장이 속한 장소를 관할하는 지방법원(본원·지원) 또는 시·군법원이다. 토지관할에 관한 형사소송법 규정은 즉결심판절차에 준용된다(즉심법 제19조). 다만 지방법원 단독판사는 소속 지방법원장의 명령을 받아 소속법원의 관할사건과 관계없이 즉결심판사건을 심판할 수 있다(즉심법 제3조의2). 즉결피고인이 군인, 군무원 등 군사법원법 제2조에 규정된 사람으로 판명된 때에는 그 사건을 군사법원으로 이송해야 한다(제16조의2, 즉심법 제19조).

2. 불개정심판

3 무죄판결·형식재판을 선고할 것이 명백하거나 피고인이 소재불명인 등 상당한 이유가 있는 사건의 경우에는 개정 없이 피고인의 진술서와 증거만을 토대로 서면으로만 심리할 수 있다(즉심법 제7조 제3항 본문). 이를 '불개정심판'이라 한다.

3. 공개재판

⑴ 개 정　　불개정심판의 사유가 없는 때에는 공개된 법정에서 기일을 　　**4**
열어 심리한다(^{즉심법 제7}_{조 제1항}). 즉결법정은 판사 및 법원사무관 등의 출석으로 개정
한다(^{같은 조}_{제2항}). 공판절차의 경우 검사의 출석이 개정요건인 반면, 즉결심판절차
에서는 경찰서장의 출석 없이도 개정할 수 있다. 피고인의 출석도 개정요건
이나(^{즉심법}_{제8조}), i) 벌금이나 과료만을 선고할 경우, ii) 피고인이 미리 자신의 출
석 없이 심판해줄 것을 요청해 법원이 이를 인용한 경우에는 피고인의 출석
없이 개정해 심리할 수 있다(^{즉심법}_{제8조의2}). 이를 '불출석심판'이라 한다.

⑵ 모두절차 및 피고인신문　　피고인이 출석한 경우 법원은 인정신문을 　　**5**
통해 피고인 본인임을 확인한 후, 범죄사실 및 진술거부권을 고지한 다음 변
명할 기회를 주어야 한다(^{즉심법 제9}_{조 제1항}). 불출석심판에서는 이 절차가 생략된다.

⑶ 증거조사　　피고인신문 후 증거를 조사한다. 즉결심판절차에서의 증 　　**6**
거조사는 법정 내에 있는 증거에 대해서만 할 수 있다(^{같은 조}_{제2항}). 따라서 피고인
이나 변호인은 법정 안에 있는 자에 대한 증인신문을 신청하거나 자신이 갖
고 온 자료를 제출할 수는 있어도, 감정이나 현장검증을 신청할 수는 없다.

위법수집증거배제법칙(^{제308}_{조의2}), 자백배제법칙(^{제309}_조) 및 임의성 없는 진술의 　　**7**
배제(^{제317}_조)는 즉결심판절차에서도 당연히 적용된다[^{§118}_{참조}]. 그리고 피의자신문조
서가 공판절차에서는 피고인이 그 내용을 부인하면 증거능력을 갖지 못하는
데 반해(^{제312조}_{제3항})[^{§119/47}_{참조}], 즉결심판절차에서는 위법수집증거가 아닌 이상 당연히
증거능력이 인정된다(^{즉심법}_{제10조}).

약식절차와 달리 즉결심판절차에서는 제310조[^{§120}_{참조}]가 적용되지 않으므로 　　**8**
자백만으로도 유죄를 선고할 수 있는데(^{같은}_조), 위헌 소지가 있다(^{헌법 제12}_{조 제7항}).

⑷ 최후변론　　증거조사가 종료되면 피고인과 변호인에게 의견진술의 　　**9**
기회를 부여해야 한다(^{즉심법}_{제19조}). 불출석심판에서는 이 절차가 생략된다.

4. 즉결심판청구의 취소

도로교통법 또는 경범죄처벌법을 위반한 자가 통고처분을 받고 범칙금을 　　**10**
납부하지 않아 즉결심판이 청구된 경우, 판결선고 전까지 통고받은 범칙금액
과 가산금(^{범칙금액}_{의 1/2})을 납부하고 그 증명서류를 제출하면 경찰서장은 즉결심판청
구를 취소해야 한다(^{도로교통법 제165조 제2항,}_{경범죄처벌법 제9조 제2항}). 취소는 서면으로 함이 원칙이나, 법정

에서 구술로 할 수도 있다(즉결취소 규칙 제2조). 검사가 기소한 사건에서는 공소취소가 있
더라도 공소기각결정으로써 소송절차가 종결되는 반면, 즉결심판청구가 취소
된 경우에는 그 즉시 즉결심판절차가 종결된다(같은 규칙 제3조). 이후 해당 피고인은
그 범칙행위에 대해 처벌을 받지 아니한다(도로교통법 제165조 제3항, 경범죄처벌법 제9조 제3항).

5. 즉결심판청구의 기각

11   법원은 즉결심판을 할 수 없거나 즉결심판절차에 의해 심판함이 적당하
지 않다고 인정할 때에는 결정으로 즉결심판청구를 기각해야 한다(즉심법 제5조 제1항).
i) '즉결심판을 할 수 없는 때'란 법정형으로 20만원 이하의 벌금, 구류, 과료
가 규정되어 있지 않거나 징역 또는 금고와 병과형으로 규정되어 있는 경우
를 말하고, ii) '즉결심판절차로 심판함이 적당하지 않은 때'란 사건의 내용에
비추어 20만원을 초과하는 벌금형 이상의 형에 처해야 하거나, 사안이 복잡
하여 면밀한 사실심리가 필요하다고 인정되는 경우를 말한다.

12   청구기각결정이 있는 경우 경찰서장은 지체없이 사건을 관할지방검찰청
검사장 또는 지청장에게 송치해야 한다(같은 조 제2항). 송치된 사건은 일반사건과 같
은 절차를 거쳐 검사의 처분(공소제기 또는 불기소처분 등)으로 종결된다.

§135 제2 즉결심판

I. 판   결

1. 무죄·면소·공소기각·형면제

1   약식절차와 달리 즉결심판절차에서는 형식재판이나 무죄판결을 할 수
있다(즉심법 제11조 제5항). 명문의 규정은 없으나 형면제판결도 당연히 할 수 있다.

2. 형선고판결

(1) 주형과 부수처분

2   (개 주 형   즉결심판의 주형은 2천원 이상 5만원 미만의 과료, 5만원
이상 20만원 이하의 벌금, 30일 미만의 구류이다(즉심법 제2조, 형법 제45조 내지 제47조). 다만 법률상
감경, 작량감경 등을 통해 5만원 미만 벌금도 선고할 수 있다(형법 제45조 단서). 경범
죄의 경우 그 사정·형편을 헤아려 구류와 과료를 병과할 수 있다(경범죄처벌법 제5조).

선고유예도 할 수 있으나 벌금을 선택한 경우에 한하며, 과료나 구류를   3
선택한 때에는 선고유예를 할 수 없다($\binom{형법 제59}{조 제1항}$). 과료나 구류의 선고유예가 확
정된 경우 비상상고사유가 된다$\left[\begin{smallmatrix} §234/1, \\ §236/7 \end{smallmatrix} 참조\right]$.[1]

(나) 부수처분

(a) 몰 수   압수된 물건의 몰수를 선고할 수 있다($\binom{형법 제48조}{제1항, 제49조}$).   4

(b) 유치명령   구류를 선고하는 경우, 피고인이 일정한 주소가 없거나   5
도망할 염려가 있을 때에는 5일을 초과하지 않는 기간 내에서 경찰서유치장
에 유치할 것을 명할 수 있다. 유치기간은 선고된 구류기간을 초과할 수 없
으며, 집행된 유치기간은 본형에 산입한다($\binom{즉심법 제17조}{제1항, 제2항}$). 유치명령은 선고와 동
시에 집행력이 발생하며, 정식재판청구에 의해 집행이 정지되지 않는다.

(c) 노역장유치   벌금·과료를 선고할 때에는 해당 금액을 납입하지 않   6
을 경우의 유치기간을 정해 동시에 선고해야 한다($\binom{형법 제69조}{제2항, 제70조}$).

(d) 가납명령   벌금·과료를 선고하는 경우, 즉결심판의 확정 후에는   7
집행할 수 없거나 집행이 곤란한 때에는 가납을 명할 수 있다($\binom{즉심법 제17}{조 제3항}$).

(2) 선고·고지   출석한 피고인에게 법정에서 유죄판결을 선고하는 때   8
에는 범죄사실과 적용법조 및 형을 설명한 후 7일 이내에 정식재판을 청구할
수 있다는 점을 알려주어야 한다($\binom{즉심법 제11}{조 제1항}$). 참여한 법원사무관 등은 선고의
내용을 기록해야 한다($\binom{같은 조}{제2항}$).

불개정심판·불출석심판을 한 때에는 즉결심판서 등본을 피고인에게 송   9
달해 고지해야 하며, 등본에는 수령일로부터 7일 이내에 정식재판청구를 할
수 있다는 점을 기재해야 한다($\binom{같은 조 제}{4항 본문}$). 다만, 피고인이 미리 등본송달을 받
지 않겠다는 의사를 표시한 경우에는 별도로 송달할 필요가 없다($\binom{같은 항}{단서}$).

II. 확   정

즉결심판절차의 판결은 정식재판청구기간의 경과 또는 정식재판청구의   10
포기·취하로 확정된다. 정식재판청구 기각결정이 확정된 때에도 같다($\binom{즉심법}{제16조}$).
기판력은 즉결심판서 기재 범죄사실과 동일성$\left[\begin{smallmatrix} §53/11 \\ 참조 \end{smallmatrix}\right]$이 인정되는 사건으로서
판결의 성립$\left[\begin{smallmatrix} §25/4 \\ 참조 \end{smallmatrix}\right]$ 전에 발생한 것에 미친다$\left[\begin{smallmatrix} §53/34 \\ 참조 \end{smallmatrix}\right]$.

---

1 대법원 1993. 6. 22. 선고 93오1 판결.

§136 **제 3 정식재판청구**

Ⅰ. 의   의

1   즉결심판절차에서 선고된 판결의 내용에 대해 불복이 있는 경찰서장 또
는 피고인 등은 즉결심판의 선고 또는 고지를 받은 날로부터 7일 이내에 통
상의 공판절차로 다시 재판할 것을 청구할 수 있다(즉심법 제14조 제1항).

Ⅱ. 절   차

1. 청   구

2   (1) 청구권자   정식재판청구권자는 기본적으로 피고인과 (해양)경찰서
장이다(즉심법 제14조 제1항, 제2항). 피고인의 법정대리인, 배우자, 직계친족, 형제자매, 대리
인, 변호인 또한 피고인의 명시한 의사에 반하지 않는 한 정식재판을 청구할
수 있다(제340조, 제341조, 즉심법 제14조 제4항).

3   피고인은 정식재판청구 포기의 의사표시를 할 수 있다(제349조, 즉심법 제14조 제4항). 법정
대리인이 있는 피고인이 정식재판청구를 포기하려면 법정대리인의 동의가
필요하나, 법정대리인의 사망 등으로 인해 동의를 얻을 수 없는 때에는 피고
인 단독으로 포기할 수 있다(제350조, 즉심법 제14조 제4항)[§178/3 참조].

4   (2) 청구의 기간과 방식   피고인이 선고 직후 법정에서 정식재판청구의
의사를 표시한 경우, 법원사무관 등은 이를 선고내용기록[§135/8 참조]에 명시해야
하며(즉심법 제11조 제3항), 이로써 정식재판청구의 효력이 발생한다. 그 외의 경우, 피고
인 등은 선고 또는 고지를 받은 날로부터 7일 이내에 정식재판청구서를 경찰
서장에게 제출해야 하며, 경찰서장은 지체없이 이를 판사에게 송부해야 한다
(즉심법 제14조 제1항).

5   경찰서장의 정식재판청구는 즉결심판 고지를 받은 시점으로부터 7일 이
내에 관할 지방검찰청 또는 지청 검사의 승인을 얻어 정식재판청구서를 법원
에 제출하는 방식으로 한다(같은 조 제2항).

6   (3) 일부청구   주형이 2개 이상인 경우 그중 일부만을 특정하여 정식재
판청구를 할 수 있다(제342조, 즉심법 제14조 제4항). 부수처분만을 대상으로 하는 정식재판청구
는 부적법하다.

2. 법원의 조치

⑴ 기록송부   정식재판청구가 적법한 경우, 법원은 경찰서장에게 정식 7
재판청구서를 첨부한 사건기록과 증거물을 송부해야 한다. 경찰서장은 지체
없이 관할지방검찰청 검사장 또는 지청장에게 이를 송부해야 하며, 검사장 또
는 지청장이 지체없이 관할법원에 이를 송부함으로써$\binom{즉심법\ 제}{14조\ 제3항}$ 공판절차가 개
시된다. 공판의 판결선고로써 즉결심판의 판결은 실효된다$\binom{즉심법}{제15조}$.

⑵ 청구기각결정   정식재판청구가 법령상의 방식에 위반되거나 정식재 8
판청구권 소멸 후 이루어진 것임이 명백한 경우, 법원은 결정으로 청구를 기
각한다$\binom{제455조\ 제1항,}{즉심법\ 제14조\ 제4항}$. 이에 대해서는 즉시항고할 수 있다$\binom{제455조\ 제2항,}{즉심법\ 제14조\ 제4항}$.

3. 취   하

공소취소와 마찬가지로, 정식재판청구는 제1심판결 선고 전까지 취하할 9
수 있다$\binom{제454조,\ 즉심법}{제14조\ 제4항}$.

제2절   제1심 공판절차

제1관   공판절차의 개시와 공판준비

제 1   공판절차의 개시

§137

공판절차는 i) 구공판$\left[\substack{\S91/2\\참조}\right]$, ii) 구약식사건에 대한 공판회부결정$\left[\substack{\S151/7\\참조}\right]$, 1
iii) 약식명령·즉결심판에 대한 정식재판청구$\left[\substack{\S133/1,\\\S136/1\ 참조}\right]$로 관념상 당연히 개시
되나, 현실적으로는 법원 내 사건배당을 통해 재판부가 정해지면서 비로소 시
작된다고 할 수 있다. 배당기준으로는 사물관할$\binom{법원조직법\ 제7조}{제4항,\ 제32조}\left[\substack{\S33\\참조}\right]$, 관련사건관
할$\binom{제9조\ 내지}{제11조}\left[\substack{\S34\\참조}\right]$, 제척사유$\binom{제17}{조}\left[\substack{\S30\\참조}\right]$ 등이 있다. 이들에 관해서는 전술했다.

배당의 확정으로 재판부가 정해진 때에는 원칙상 이를 변경할 수 없다. 2
그러나 가령 재정합의결정이 있는 경우$\left[\substack{\S33/4\\참조}\right]$, 기피신청이 인용된 경우$\left[\substack{\S31/18\\참조}\right]$,
당초의 배당에 착오가 있는 경우$\binom{합의부\ 사건이\ 단독판사에게}{배당되었거나\ 그\ 반대의\ 경우}$에는 재배당을 한다.

§138 **제2 공소장부본 등 송달과 의견서 제출**

Ⅰ. 공소장부본 등의 송달

1. 공소장부본

1   i) 수소법원은 피고인이 방어준비를 하고 구체적 증명계획을 세울 수 있도록 공소장의 부본을 피고인 또는 변호인에게 지체없이, 늦어도 제1회 공판기일이 열리기 5일 전까지는 송달해야 한다($\frac{제266}{조}$). 다만, 약식명령·즉결심판에 대한 정식재판청구사건에서는 이미 약식명령서·즉결심판서에 범죄사실과 적용법조가 기재되어 있으므로 따로 공소장부본을 송달하지 않는다. ii) 공소장부본을 송달받은 피고인은 공소사실의 인정여부 등에 관한 의견을 기재한 의견서를 법원에 제출할 수 있다($\frac{제266}{조의2}$).

2. 국선변호인 선정을 위한 고지서

2   재판장은 제33조 제1항의 필요적 변호사건의 경우 i) 변호인 없이는 개정할 수 없고($\frac{제282}{조}$), ii) 변호인을 선임하지 않으면 법원이 국선변호인을 선정한다는 취지를 피고인에게 서면으로 고지해야 한다($\frac{규칙\ 제17조}{제1항\ 제1호}$)[$\frac{§139/1}{참조}$].

3   필요적 변호사건이 아닌 때에는 i) 빈곤 그 밖의 사유로 변호인을 선임할 수 없을 경우($\frac{제33조}{제2항}$) 법원에 국선변호인 선정을 청구할 수 있고, ii) 국선변호인 선정을 희망하지 않는다는 의사($\frac{같은\ 조}{제3항}$)를 표시할 수 있다는 취지를 피고인에게 서면으로 고지해야 한다($\frac{규칙\ 제17조\ 제1}{항\ 제2호,\ 제3호}$).

4   위 각 고지서는 실무상 공소장부본과 동시에 송달하고 있다($\frac{국선예규\ 제}{5조\ 제1항}$).

Ⅱ. 공판기일 지정·통지와 소환장 송달

1. 공판기일 지정·통지

5   재판장은 공판기일을 지정해야 한다($\frac{제267조}{제1항}$). 법원은 지정된 공판기일을 검사와 변호인에게 통지해야 한다($\frac{같은\ 조}{제3항}$). 변호인이 여러 명인 때에는 원칙적으로 모두에게 공판기일통지서를 송달해야 하나, 대표변호인이 지정되어 있는 경우에는 그에게 통지함으로 전원에게 통지의 효력이 미친다($\frac{제32조의2}{제4항}$)[$\frac{§43/4}{참조}$].

6   국선변호인이 있는 상태에서 사선변호인이 선임된 경우, 국선변호인 선정취소결정이 있기 전까지는 그들 모두에게 공판기일 통지를 해야 한다고 본

다. 판례는 이 경우 사선변호인에 대한 통지를 누락해 국선변호인만 출석한 상태에서 공판기일을 진행하더라도 위법이 아니라는 입장이나,[1] 의문이다.

2. 소환장 송달

법원은 공판기일에 피고인(법인인 경우에는 대표자·대리인)을 소환해야 한다(제267조 제2항)[§128/4 참조]. 제1회 공판기일의 소환장은 공소장부본과 동시에 또는 공소장부본 도달 후에 송달해야 하며(규칙 제123조),[2] 소환장 도달일과 제1회 공판기일 사이에는 피고인의 이의가 없는 한 최소 5일 이상의 간격을 둬야 한다(제269조). **7**

Ⅲ. 송달불능과 공시송달

송달불능인 경우, 재판장은 피고인의 소재를 확인하기 위해 소재조사촉탁, 구인장발부 기타 필요한 조치를 취해야 한다(소촉규칙 제18조 제2항). 공소장에 피고인의 주소가 특정되어 있지 않거나 그 기재된 주소에 공소제기 당시 피고인이 거주하지 않았던 경우, 재판장은 검사에게 상당한 기간을 정해 주소보정을 요구한다(같은 조 제3항). 이러한 조치에도 불구하고 피고인에 대한 송달불능보고서가 접수된 때로부터 6월이 경과하도록 피고인의 소재가 확인되지 않은 경우, 그 후 피고인에 대한 송달은 공시송달의 방법에 의한다(소촉규칙 제19조)[§48/19 참조]. **8**

법정형이 사형, 무기징역 또는 장기 10년이 넘는 자유형에 해당하지 않는 사건에서 피고인이 공시송달에 의한 공판기일 소환을 2회 이상 받고도 출석하지 않은 때에는 피고인 없이 공판기일의 절차를 진행할 수 있다(같은 조 제2항, 소촉법 제23조). 이에 관해서는 후술한다[§151/12 참조]. **9**

---

1 서울고등법원 2018. 8. 21. 선고 2018노919 판결(대법원 2018. 12. 27. 선고 2018도14154 판결로 확정):「법원이 국선변호인이 선정된 피고인 또는 피의자가 사선변호인을 선임한 후 바로 국선변호인의 선정을 취소하지 않았다고 하더라도 이는 다른 특별한 사정이 없는 한 판결에 영향을 미친 절차위반의 사유가 될 수 없다. 한편, 법원이 제282조의 필요적 변호사건에 있어서 공판기일 전에 선임된 사선변호인에 대한 기일통지를 하지 아니함으로써 사선변호인의 출석 없이 공판기일을 진행하였더라도 그 공판기일에 국선변호인이 출석하였다면 변호인 선임 없이 재판한 잘못이 있다 할 수 없다.」

2 대법원 2018. 11. 29. 선고 2018도13377 판결:「검사가 피고인의 주소로서 보정한 공소외 1 변호사의 사무소는 피고인의 주소, 거소, 영업소 또는 사무소 등의 송달장소가 아니고, 피고인이 제60조에 따라 송달영수인과 연명하여 서면으로 신고한 송달영수인의 주소에도 해당하지 아니하며, 달리 그곳이 피고인에 대한 적법한 송달장소에 해당한다고 볼 자료가 없다. 따라서 원심이 피고인에 대한 공판기일소환장 등을 위 변호사 사무소로 발송하여 그 사무소의 직원이 수령하였다고 하더라도, 형사소송법이 정한 적법한 방법으로 피고인의 소환이 이루어졌다고 볼 수 없다.」

§139 **제 3 　 국선변호인 선정**

Ⅰ. 선정사유

1. 필요적 변호사건

1 　　피고인이 i) 구속된 때,[1] ii) 미성년자인 때, iii) 70세 이상인 때, iv) 듣거나 말하는 데 모두 장애가 있는 때, iv) 심신장애가 있는 것으로 의심되는 때, v) 사형, 무기 또는 단기 3년 이상의 징역이나 금고에 해당하는 사건으로 기소된 때에는, 판결만을 선고하는 경우를 제외하고는 변호인 없이 공판기일의 절차를 진행하지 못한다(제282조). 따라서 이러한 피고인에게 변호인이 없는 경우, 수소법원은 직권으로 변호인을 선정해야 한다(제33조, 규칙 제17조 제3항).

2. 피고인의 청구가 있거나 권리보호를 위해 필요한 경우

2 　　피고인이 빈곤이나 그 밖의 사유로 변호인을 선임할 수 없는 경우에 법원은 피고인의 청구가 있으면 변호인을 선정해야 한다(제33조 제2항; 청구국선). 피고인이 이를 청구함에는 소명자료를 제출해야 하나, 기록에 의해 그 사유가 소명되었다고 인정될 때에는 그럴 필요가 없다(규칙 제17조의2). 「빈곤이나 그 밖의 사유로 변호인을 선임할 수 없는 경우」란 i) 가정형편 기타 제반 사정에 비추어 사선변호인을 선임하기 어렵다고 인정되는 경우 또는 ii) 구공판사건[§91/2 참조]에서 피고인이 다른 형사사건으로 구금 또는 수형중인 경우를 말한다(국선예규 제6조 제1항).

3 　　또한, 피고인의 나이·지능 및 교육정도 등을 참작할 때 권리보호를 위해 필요하다고 인정되는 경우, 법원은 피고인의 청구가 없더라도 그 명시적 의사에 반하지 않는 범위에서 변호인을 선정해야 한다(제33조 제3항). 피고인이 시각장애인인 때도 이러한 경우에 포함된다(국선예규 제6조 제2항).

4 　　제33조 제2항·제3항에 따라 변호인이 선정된 사건에서는 판결만을 선고하는 경우가 아닌 이상 변호인 없이 공판기일의 절차를 진행할 수 없다(제282조).

---

1 대법원 2009. 5. 28. 선고 2009도579 판결:「제33조 제1항 제1호의 '피고인이 구속된 때'라고 함은, 원래 구속제도가 형사소송의 진행과 형벌의 집행을 확보하기 위하여 법이 정한 요건과 절차 아래 피고인의 신병을 확보하는 제도라는 점 등에 비추어 볼 때 피고인이 당해 형사사건에서 구속되어 재판을 받고 있는 경우를 의미하고, 피고인이 별건으로 구속되어 있거나 다른 형사사건에서 유죄로 확정되어 수형중인 경우는 이에 해당하지 아니한다.」

Ⅱ. 선정절차

변호인선정은 원칙상 공판기일 전에 해야 하나, 선정사유 유무가 불분명   5
한 때에는 공판기일의 심리로 이를 파악한 후 선정할 수 있다($\binom{국선예규}{제7조}$). 변호인
을 선정한 때에는 그 뜻을 피고인과 변호인에게 고지해야 한다($\binom{규칙 제17조}{제3항}$). 선
정과 그 취소, 재선정 등에 관한 일반적 내용은 제1편에서 설명했다$\left[\substack{§43/5 \\ 참조}\right]$.

피고인의 국선변호인선정청구($\binom{제33조}{제2항}$)를 기각한 결정은 판결 전 소송절차   6
에 관한 재판으로서 이에 대해 즉시항고를 허용하는 규정이 없으므로, 불복
의 대상이 되지 않는다($\binom{제403조}{제1항}$)$\left[\substack{§27/8 \\ 참조}\right]$.[1]

이해가 상반되는 공동피고인들을 위해 1인의 국선변호인을 선정함은 위   7
법하여 상소이유가 된다($\binom{규칙 제15조}{제2항}$)$\left[\substack{§174/22 \\ 참조}\right]$.[2]

제4   기록의 열람·등사(증거개시제도)   §140

Ⅰ. 의   의

피고인 또는 변호인은 검사에게 공소제기된 사건에 관한 증거서류 등의   1
열람·등사 또는 서면의 교부를 신청할 수 있고($\binom{제266}{조의3}$), 검사가 이를 거부하면
법원에 구제를 신청할 수 있다($\binom{제266}{조의4}$). 이는 피고인이 자신에 대한 공소사실이
어떤 증거에 터잡아 구성된 것인지를 파악해 원활히 방어권을 행사할 수 있
도록 보장하기 위한 것이다. 한편, 일정한 경우에는 검사도 피고인 또는 변호
인에게 서류 등의 열람·등사 또는 서면교부를 요구할 수 있는데($\binom{제266}{조의11}$), 이는
통상 제1회 공판기일 이후에 행해지므로($\binom{실무상 활용도}{또한 낮다}$) 공판진행상 특수문제를
다루는 제3관에서 별도로 설명한다$\left[\substack{§152 \\ 참조}\right]$.

---

1   대법원 1993. 12. 3.자 92모49 결정.
2   대법원 2015. 12. 23. 선고 2015도9951 판결:「공소사실 기재 자체로 보아 어느 피고인에 대한
    유리한 변론이 다른 피고인에 대하여는 불리한 결과를 초래하는 경우 공동피고인들 사이에 그
    이해가 상반된다고 할 수 있다. 이와 같이 이해가 상반된 피고인들 중 어느 피고인이 특정 법무
    법인을 변호인으로 선임하고, 해당 법무법인이 담당변호사를 지정하였을 때, 법원이 위 담당변
    호사 중 1인 또는 수인을 다른 피고인을 위한 국선변호인으로 선정한다면, 국선변호인으로 선
    정된 변호사는 이해가 상반된 피고인들 모두에게 유리한 변론을 하기 어렵다. 결국 이로 인하
    여 위 다른 피고인은 국선변호인의 실질적 조력을 받을 수 없게 되었다고 보아야 하고, 따라서
    위와 같은 국선변호인 선정은 국선변호인의 조력을 받을 피고인의 권리를 침해하는 것이다.」

2 제266조의3은 법원에 제출되기 전의 증거서류 등에 대한 열람·등사에 관한 규정이다. 법원에 이미 제출된 증거서류 등(재판기록)에 대한 열람·등사는 제35조에 따라 법원에 신청한다. 후술한다[$\frac{\S144/14}{참조}$].

Ⅱ. 절 차

1. 신 청

3 (1) 검사에 대한 신청　피고인·변호인은 검사에게 i) 공소제기된 사건에 관한 서류 등(서류·물건, 도면·사진, 녹음테이프·비디오테이프, 컴퓨터용디스크 그 밖의 정보저장매체 등)의 목록, ii) 검사가 증거로 신청할 구체적 서류 등, iii) 검사가 증인으로 신청할 사람의 성명·사건과의 관계 등을 기재한 서면 또는 그 사람이 공판기일 전에 행한 진술을 기재한 서류 등, iv) 위 서면 또는 서류 등의 증명력과 관련된 서류 등, v) 피고인·변호인이 행한 법률상·사실상 주장과 관련된 서류 등(관련 형사재판확정기록, 불기소처분기록 등 포함)의 열람·등사 또는 서면의 교부를 신청할 수 있다(제266조의3 제1항 본문, 제6항). 다만, 피고인에게 변호인이 있는 경우에는 피고인은 열람만을 신청할 수 있다(같은 조 제1항 단서). 신청은 사건번호·사건명, 피고인의 성명, 신청인의 성명 및 피고인과의 관계, 열람·등사할 대상을 기재한 서면으로 한다(규칙 제123조의2; 서면신청). 다만, 공판준비기일이나 공판기일에 법원의 허가를 얻어 구술로 할 수도 있다(규칙 제123조의5 제1항; 구술신청).

4 검사는 국가안보, 증인보호의 필요성, 증거인멸의 염려, 관련 사건의 수사에 장애를 가져올 것으로 예상되는 구체적 사유 등 열람·등사 또는 서면교부를 허용하지 아니할 상당한 이유가 있다고 인정하면 열람·등사 또는 서면교부를 거부하거나 그 범위를 제한할 수 있으며, 그 이유를 서면으로 통지해야 한다(제266조의3 제2항, 제3항). 이 경우에도 기록의 목록에 관한 열람·등사는 거부할 수 없다(같은 조 제5항).

(2) 법원에 대한 신청과 결정

(가) 서면신청 거부의 경우

5 (a) 신 청　검사가 i) 기록의 열람·등사 또는 서면교부를 거부·제한하거나 ii) 신청을 받은 때부터 48시간 이내에 거부통지를 하지 아니하는 경우, 피고인 또는 변호인은 법원에 그 서류 등의 열람·등사 또는 서면교부를 허용하는 결정을 할 것을 신청할 수 있다(제266조의4 제1항).

　　　신청은 열람·등사를 구하는 서류 등의 표목과 열람·등사를 필요로 하는 　6
사유를 기재한 서면으로 하며(규칙 제123 조의4 제1항), 여기에는 i) 부본, ii) 최초에 검사에
게 제출한 열람·등사신청서 사본, iii) 검사의 거부·제한통지서를 첨부해야
한다(같은 조 제2항). 다만, 공판기일 또는 공판준비기일에 법원의 허가를 얻어 구술
로 신청할 수도 있다(규칙 제123 조의5 제1항).

　　　(b) 부본송달　　　서면신청의 경우에 법원은 즉시 그 부본을 검사에게 송 　7
부해야 하고, 검사는 이에 대한 의견을 제출할 수 있다(제266조의4 제3항, 규칙 제123조의4 제3항).

　　　(c) 심 리　　　기록열람·등사의 허용 여부에 대한 심리는 서면으로 한다. 　8
다만, 법원은 필요하다고 인정하는 때에는 검사에게 해당 서류 등의 제시를
요구할 수 있고, 피고인이나 그 밖의 이해관계인을 심문할 수 있다(제266조의4 제4항).
주로 심리되는 사항은 i) 열람·등사 또는 서면교부를 허용하는 경우에 생길
폐해의 유형·정도, ii) 피고인의 방어 또는 재판의 신속한 진행을 위한 필요
성, iii) 해당 서류 등의 중요성 등이다(같은 조 제2항).

　　　(d) 결 정　　　법원은 신청이 이유 있다고 인정하는 때에는 검사에게 열 　9
람·등사 또는 서면교부를 허용할 것을 명하는 결정을 해야 한다. 이 경우 열
람·등사의 시기·방법을 지정하거나 조건·의무를 부과할 수 있다(같은 조 제2항).

　　　(나) 구술신청 거부의 경우　　　신청이 공판준비기일 또는 공판기일에 구술 　10
로 이루어지고 검사가 이에 대해 거부·제한의 의사를 표시한 경우, 법원은
그 자리에서 열람·등사 허용 여부를 결정할 수 있다(규칙 제123 조의5 제2항). 결정의 내용
은 조서에 기재한다(같은 조 제3항).

　　2. 열람·등사

　　　기록의 열람·등사를 허용하는 재판은 판결 전 소송절차에 관한 결정으로 　11
서 이에 대해 즉시항고를 허용하는 규정이 없으므로 불복이 불가하다[§27/8 참조].
즉, 고지된 즉시 집행력이 발생한다.[1] 위 결정의 내용을 지체없이 이행하지
않을 경우 검사는 추후 그 서류 등을 증거로 신청할 수 없다(제266조의 4 제5항).

　　　열람·등사는 i) 기록의 목록을 등사한 후 ii) 개별 기록을 열람·등사하 　12
는 순서로 이루어진다. 등사는 기록의 원본에 대해 함이 원칙이나, 피의자신
문·참고인조사의 과정을 녹화한 영상녹화물에 대한 열람·등사는 원본과 함

1　대법원 2013. 1. 24.자 2012모1393 결정; 2012. 11. 15, 선고 2011다48452 판결.

께 작성된 부본으로 행할 수 있다$\binom{규칙 제}{123조의3}$. 원본은 영상녹화 완료 후 봉인되어 $\binom{제244조의2}{제2항}$, 공판기일에 공판정에서 기억환기 또는 진정성립증명에 사용할 목적으로 재생할 경우에 최초로 개봉하기 때문이다$\binom{규칙 제134}{조의4 제3항}$. 일반적 서류・물건의 경우 전체가 등사의 대상이나, 특수매체$\binom{도면・사진, 녹음테이프・비디오테이}{프, 컴퓨터용디스크 등 정보저장매체}$의 경우 필요최소한의 범위에서만 등사할 수 있다$\binom{제266조의3}{제6항 단서}$.

13   피고인 또는 변호인이 등사한 기록의 사본을 당해사건 또는 관련소송의 준비에 사용할 목적이 아닌 다른 목적으로 타인에게 제시・교부$\binom{전기통신설비를}{이용한 제공 포함}$하는 행위는 범죄$\binom{제266조의}{16 제2항}$를 구성한다.

§141 **제 5 공판준비절차**

I. 의   의

1   공판준비절차란 공판기일의 원활한 진행을 위해 쟁점을 정리하고 입증계획을 수립하는 공판기일 외의 절차를 말한다$\binom{제266조의5 내}{지 제266조의15}$. 이는 사안이 복잡하거나 사건관계인이 많은 사건에서 사전에 쟁점사항을 간추리고 신문할 증인을 정함으로써 공판기일 사실심리절차의 지연 또는 공전(空轉)을 방지하고, 신속한 재판$\left[\substack{§15 \\ 참조}\right]$과 집중심리$\left[\substack{§107 \\ 참조}\right]$를 구현하는 데 그 취지가 있다. 공판준비절차는 제1회 공판기일 전에는 물론 공판기일과 공판기일 간에도 개시할 수 있으며$\binom{기일간 공}{판준비절차}\left[\substack{§144/17 \\ 참조}\right]$, 서면으로만 진행할 수도 있고$\binom{기일 외}{공판준비}$ 별도로 기일$\binom{공판준비}{기일}$을 열어 진행할 수도 있다.

2   공판준비와 관련된 의견요청이나 결정의 고지는 서면 이외에 전화・모사전송・전자우편・문자메시지 그 밖에 적당한 방법으로 할 수 있다$\binom{규칙 제}{123조의6}$.

II. 기일 외 공판준비

1. 공판준비서면

3   검사, 피고인 또는 변호인은 법률상・사실상 주장의 요지 및 입증취지 등이 기재된 서면을 법원에 제출할 수 있다$\binom{제266조의6 제1항;}{공판준비서면}$. 공판준비서면에는 증거로 할 수 없거나 증거로 신청하지 않을 자료에 기초해 법원이 사건에 대한 예단이나 편견을 갖게 할 염려가 있는 사항을 기재할 수 없다$\binom{규칙 제123}{조의9 제3항}$.

공판준비서면 외에 구술, 전화, 문자메시지 등 방법으로 신체구속, 공소사실
이나 양형에 관해 법률상·사실상 주장을 함은 허용되지 않는다($\frac{규칙\ 제}{177조의2}$).

　　법원은 공판준비서면의 부본을 상대방에게 송달해야 한다($\frac{제266조의6}{제3항}$). 따라   **4**
서 공판준비서면을 제출하는 때에는 피고인·변호인은 1통의 부본을, 검사는
피고인의 수에 1을 더한 수의 부본을 함께 제출해야 한다. 다만 수인의 피고
인에 대해 동일한 변호인이 선임된 경우, 검사는 변호인의 수에 1을 더한 수
만큼의 부본만을 낼 수 있다($\frac{규칙\ 제123}{조의9\ 제4항}$). 가령 피고인이 3명이면 4부($\frac{법원용\ 1부+}{송달용\ 3부}$)
를 제출해야 하나, 변호인이 동일하다면 2부($\frac{법원용\ 1부}{송달용\ 1부}$)만 제출할 수 있다.

2. 공판준비명령

　　재판장은 기한을 정해 공판준비서면의 제출을 명할 수 있으며, 공소장이   **5**
나 의견서 등 법원에 제출된 서면에 대한 설명을 요구하거나 그 밖에 공판준
비에 필요한 명령을 할 수 있다($\frac{제266조의6\ 제2항,\ 4항,\ 규칙}{제123조의9\ 제1항,\ 제2항}$).

Ⅲ. 공판준비기일

1. 기일 지정 및 국선변호인 선정

　　⑴ 공판준비기일 지정·통지　　법원은 검사, 피고인 또는 변호인의 의견   **6**
을 들어 공판준비기일을 지정할 수 있다($\frac{제266조의7}{제1항}$). 검사, 피고인 또는 변호인
은 법원에 대해 공판준비기일의 지정 또는 변경($\frac{규칙\ 제123}{조의10}$)을 신청할 수 있고,
이에 대한 법원의 결정에는 불복할 수 없다($\frac{같은\ 조}{제2항}$). 법원은 지정된 공판준비
기일을 검사, 피고인 및 변호인에게 통지해야 한다($\frac{제266조의8}{제3항}$).

　　⑵ 국선변호인 선정　　공판준비기일이 지정된 사건에 관해 변호인이 없   **7**
는 때에는 법원은 직권으로 변호인을 선정한 후($\frac{같은\ 조}{제4항}$) 피고인과 변호인에게
그 뜻을 고지해야 한다($\frac{규칙\ 제123조}{의11\ 제1항}$). 공판준비기일 지정 후에 변호인이 없게 된
때에도 같다($\frac{같은\ 조}{제2항}$).

2. 공판준비기일의 절차

　　법원은 합의부원을 수명법관으로 지정해 공판준비기일을 진행하게 할   **8**
수 있다. 이 경우 수명법관은 공판준비기일에 관해 법원 또는 재판장과 동일
한 권한이 있다($\frac{제266조의7}{제3항}$).

9　　　(1) 절차의 공개　　공판준비기일의 절차는 공개해야 한다. 다만, 절차진행이 방해될 우려가 있는 때에는 공개하지 않을 수 있다($\frac{제266조의7}{제4항}$).

10　　　(2) 소송관계인의 출석　　공판준비기일에는 검사·변호인이 출석해야 한다($\frac{제266조의8}{제1항}$). 피고인은 출석하지 않아도 무방하나, 법원은 필요하다고 인정하면 피고인을 소환할 수 있다. 피고인이 스스로 또는 법원의 소환을 받아 출석한 경우, 재판장은 피고인에게 진술거부권을 고지해야 한다($\frac{제266조의8}{제6항}$).

11　　　법원은 검사와 변호인의 의견을 들어 비디오 등 중계장치에 의한 중계시설이나 인터넷 화상장치를 이용해 공판준비기일을 열 수도 있다($\frac{제266}{조의17}$). 구체적 방법·절차에 관해서는 규칙 제123조의13이 규정하고 있다.

12　　　(3) 쟁점정리·증거결정 등　　공판준비기일에서는 i) 공소사실 및 적용법조의 확정, ii) 공소장변경허가[$\frac{§147/33}{참조}$], iii) 공소사실과 관련된 쟁점정리, iv) 계산이 어렵거나 그 밖에 복잡한 내용에 관한 설명, v) 증거신청[$\frac{§143/16}{참조}$], vi) 입증취지 등의 정리, vii) 증거신청에 관한 의견진술[$\frac{§143/23}{참조}$], viii) 증거채택 여부의 결정[$\frac{§143/27}{참조}$], ix) 증거조사의 순서·방법 확정, x) 기록열람·등사 관련 신청에 대한 결정[$\frac{§140/9,}{§152/3\ 참조}$], xi) 공판기일 지정·변경[$\frac{§138/5}{참조}$], xii) 그 밖에 공판절차진행에 필요한 사항을 정하는 행위를 할 수 있다($\frac{제266조}{의9}$). 검사, 피고인 또는 변호인은 재판장의 처분이나 증거결정에 관해 이의신청을 할 수 있고, 법원은 이에 대해 결정을 해야 한다($\frac{제266조의9\ 제2항,}{제296조,\ 제304조}$)[$\frac{§143/39}{참조}$].

13　　　증거조사는 실시할 수 없다. 증거능력 판단 등을 위해 어느 정도 입증작용과 사실판단이 이루어질 수는 있으나 필요최소한도에 그쳐야 한다.

14　　　(4) 공판준비기일의 종료　　공판준비기일을 종료하는 때에는 검사, 피고인 또는 변호인에게 쟁점 및 증거에 관한 정리결과를 고지하고, 이에 대한 이의 유무를 확인해야 한다($\frac{제266조의10}{제1항}$). 공판준비기일이 종료된 후에도 법원은 필요한 때에는($\frac{예를 들어 새로운 쟁점}{이나 증거가 발견된 경우}$) 직권 또는 검사, 피고인이나 변호인의 신청에 의해 공판준비기일을 재개하는 결정을 할 수 있다($\frac{제266조의14,}{제305조}$).

3. 공판준비기일조서의 작성

15　　　법원이 공판준비기일을 진행한 경우에는 참여한 법원사무관 등이 조서를 작성해야 한다. 조서에는 재판장 또는 법관과 참여한 법원사무관 등이 기명날인 또는 서명한다($\frac{규칙 제}{123조의12}$).

IV. 종료 및 실권효

1. 공판준비절차의 종료

쟁점정리 등이 완료되면 공판준비절차를 종결한다($\binom{제266조의12}{본문\ 및\ 제1호}$). 사건을 공 **16** 판준비절차에 부친 뒤 3개월이 지났거나 검사·변호인 또는 소환받은 피고인 이 불출석한 경우에도 원칙상 공판준비절차를 종결해야 하나, 공판준비를 계 속해야 할 상당한 이유가 있는 때에는 종결하지 않을 수 있다($\binom{같은\ 조\ 단서\ 및}{제3호,\ 제4호}$).

2. 실 권 효

공판준비기일에 신청하지 못한 증거는 i) 소송을 현저히 지연시키지 않 **17** 거나, ii) 중대한 과실 없이 공판기일에 제출하지 못하였다는 등 부득이한 사 유가 소명된 경우에만 공판기일에 신청할 수 있다($\binom{제266조의}{13\ 제1항}$). 다만, 이러한 사 유가 없더라도 법원은 직권으로 증거를 조사할 수 있다($\binom{제266조의}{13\ 제2항}$).

이는 심리의 편의 및 공판준비절차의 실효성을 위해 둔 제한이다. 그러나 공판준비 **18** 기일에 신청하지 않았다는 이유만으로 공판기일에 증거로 신청하지 못하게 함은 진 실규명을 목적으로 하는 형사소송의 본질에 반한다. 폐지함이 타당하다.

제2관   공판기일

제1   공판정의 개정   §142

I. 의   의

법원이 공판(준비)기일의 절차를 주재하는 곳을 공판정이라 한다($\binom{제275조}{제1항}$). **1** 이는 대개 법원청사 내의 법정이지만($\binom{법원조직법}{제56조\ 제2항}$), 법원장의 허가를 받아 법정 외 장소($\binom{구치소}{병원\ 등}$)에서 공판기일을 진행하는 때에는 그곳이 공판정이다($\binom{같은\ 조}{제2항}$). 즉, '공판정'과 '법정'은 ($\binom{대부분의\ 경우}{일치하지만}$) 같은 개념이 아니다. 재판공개·녹화금지 및 재판장의 법정경찰권($\binom{같은\ 법\ 제57조}{내지\ 제61조}$)[$\binom{§105/13}{참조}$] 등은 법정 외 장소에서 공판기일 을 여는 때에도 적용된다($\binom{같은\ 법}{제63조}$).

2 공판정의 절차는 재판장이 사건과 피고인의 이름을 부르고 이에 따라 필요적 소송관계인이 모두 출석함으로써 개시되는데, 이를 개정(開廷)이라 한다(제275조, 제276조, 법 원조직법 제56조 제2항).

Ⅱ. 필요적 소송관계인의 출석

1. 개정요건

3 공판정은 원칙적으로 법관과 검사, 피고인 및 법원사무관 등의 출석으로 개정한다(제275조 제2항, 제276조). 검사의 경우 검사동일체원칙상 어떤 검사가 출석해도 무방하나[§36/7 참조], 검사직무대리가 합의부 사건의 공판정에 출석함은 허용되지 않는다(검찰청법 제32조 제3항)[§36/10 참조]. 피고인이 법인인 경우에는 그 대표자가(제27조), 대표자가 없으면 법원이 선임한 특별대리인이(제28조) 출석함이 원칙이지만, 실무자 등 다른 대리인을 출석시킬 수도 있다(제276조 단서). 한편, 필요적 변호사건에서는 변호인의 출석도 개정요건이다(제282조 본문).

2. 불 출 석

4 (1) 검사·피고인의 불출석 궐석재판[§151 참조]의 요건이 충족되지 않는 이상, 검사 또는 피고인이 불출석한 때에는 개정할 수 없고 재판장은 그 자리에서 공판기일을 다시 지정한다. 이를 공판기일의 연기라 하며, 뒤에서 설명할 변론의 속행(續行)과는 구별된다[§144/3 참조].

5 (2) 변호인의 불출석 필요적 변호사건 또는 청구·직권에 의해 국선변호인이 선정된 사건(제33조)에서는 변호인 없이 개정할 수 없다(제282조 본문). 이 경우 변호인이 불출석한 때에는 공판기일을 연기하거나, 피고인의 의견을 들어 재정중인 변호사를 국선변호인으로 선정한 후 개정해야 한다(제283조, 규칙 제19조 제1항).

6 필요적 변호사건에서 변호인 없이 제1심 공판절차가 진행된 경우, 증거조사와 최후변론을 비롯한 일체의 소송행위가 무효이므로 제1심판결은 위법하므로, 항소심은 변호인이 있는 상태에서 모든 소송행위를 새로 한 후 원심을 파기하고 다시 판결해야 한다는 것이 대법원의 입장이다.[1]

---

1 대법원 2011. 9. 8. 선고 2011도6325 판결: 「필요적 변호사건에 해당하는 사건에서 제1심의 공판절차가 변호인 없이 이루어져 증거조사와 피고인신문 등 심리가 이루어졌다면, 그와 같은 위법한 공판절차에서 이루어진 증거조사와 피고인신문 등 일체의 소송행위는 모두 무효이므로, 이러한 경우 항소심으로서는 변호인이 있는 상태에서 소송행위를 새로이 한 후 위법한 제

이 경우에는 실질적으로 심급의 이익이 침해된 것이므로 파기환송하여 제1심재판을   7
다시 하게 함이 옳겠으나, 현행법상 항소법원의 파기환송은 공소기각·관할위반판결
에 대해서만 할 수 있다($\frac{제366}{조}$). 입법적 해결이 필요하다고 본다.

필요적 변호사건도 아니고 제33조 제2항·제3항에 따라 국선변호인을 선   8
정한 사건도 아닌 경우에는 변호인 없이 개정할 수 있다. 그리고 필요적 변
호사건이나 국선변호인이 선정된 사건이라도 판결선고기일은 언제나 변호인
없이 개정할 수 있다($\frac{제282}{조}$)[$\frac{§144/53}{참조}$].

Ⅲ. 좌석배치 등

법관은 방청석에서 가장 먼 거리에 위치한 단상인 법대(法臺)에 앉고,   9
법대의 중앙 아래에 법원사무관 등이 자리한다($\frac{좌석규칙 제2조}{제1항, 제5항}$). 증인의 자리는
법대에서 조금 떨어진 거리에 법대를 바라보는 방향으로 놓으며, 그 좌측에
검사의 좌석이, 우측에 피고인·변호인의 좌석이 위치한다($\frac{제275조 제3항 본문,}{좌석규칙 제3조 제3항}$).[1]
다만, 피고인신문을 하는 때에는 피고인은 증인석에 위치한다($\frac{제275조 제}{3항 단서}$).

피고인은 재판장의 허가 없이 퇴정하지 못한다($\frac{제281조}{제1항}$). 재판장은 피고인   10
의 퇴정을 제지하거나 법정의 질서를 유지하기 위해 필요한 처분을 할 수
있다($\frac{같은 조}{제2항}$). 공판정에서는 피고인의 신체를 구속하지 못한다. 다만, 재판장
은 피고인이 폭력을 행사하거나 도망할 염려가 있다고 인정하는 때에는 신
체의 구속을 명하거나 기타 필요한 조치를 할 수 있다($\frac{제280}{조}$).

1심판결을 파기하고, 항소심에서의 증거조사 및 진술 등 심리결과에 기하여 다시 판결하여야
한다. … 이 사건은 제282조에 규정된 필요적 변호사건에 해당한다. 그런데 기록에 의하면, 제
1심에서는 변호인이 없는 피고인에 대하여 국선변호인을 선정하지 아니한 채로 개정하여 증거
조사와 피고인신문 등 심리가 이루어졌음을 알 수 있으므로, 그 소송행위는 모두 무효이고, 따
라서 제1심에서 한 증거조사 결과와 피고인의 진술은 유죄의 증거로 삼을 수 없다. 한편 원심
은 제1회 공판기일에서 변호인의 관여 아래 공판절차를 진행하면서도, 검사가 제출한 증거서
류에 대한 피고인과 변호인의 의견진술 등 증거조사절차와 검사 및 변호인에 의한 피고인신문
을 새로이 거치지 아니한 채 제1심 증거조사결과의 요지를 고지한 다음 이에 대한 소송관계인
의 의견을 듣고 검사 및 변호인에 의한 피고인신문을 생략하고 법원에 의한 피고인신문만을
한 다음 변론을 종결하였다. … 원심이 위와 같이 증거조사와 피고인신문 등 소송행위를 새로
이 하지 아니한 채 위법한 제1심 공판절차에서 한 증거조사 결과와 피고인의 진술을 유죄의
증거로 삼아 그대로 판결을 선고한 것은 잘못이다. 결국 원심은 필요적 변호사건에서 변호인
없이 이루어진 소송행위의 효력에 관한 법리를 오해하여 재판을 그르친 것이다.」

1 공판정의 좌석배치가 갖는 실천적 의의에 관해 상세히는 이완규(Ⅰ) 440-449쪽.

§143　제 2　공판기일의 절차

Ⅰ. 모두절차

1. 의　　의

1　　　모두절차(冒頭節次)는 피고인에 대한 진술거부권 및 이익사실진술권 고지($^{제283조의2,}_{규칙 제127조}$) ─ 인정신문($^{제284}_조$) ─ 모두진술($^{제285조,}_{제286조}$) ─ 재판장의 쟁점정리 등($^{제287}_조$)의 순서로 진행된다. 증거조사에 앞서 공소사실과 적용법조 및 소송조건 등에 관한 피고인의 입장을 확인하고 사건의 쟁점을 정리하는 단계이다. 물론, 피고인 불출석으로 궐석재판[$^{§151}_{참조}$]을 하는 때에는 피고인의 재정을 전제로 하는 절차($^{진술거부권 고지, 인정}_{신문, 피고인의 의견진술}$)는 생략된다.

2. 진술거부권의 고지

2　　　재판장은 피고인에게 일체의 진술을 하지 않거나 개개의 질문에 대해 진술을 거부할 수 있으며 이익되는 사실을 진술할 수 있음을 알려주어야 한다($^{제283}_{조의2}$). 진술거부권은 헌법상 권리($^{헌법 제12}_{조 제2항}$)이므로 피고인이 진술을 거부한다는 이유로 유죄의 심증을 형성하거나 양형에 불이익을 주어서는 안 된다.[1]

3. 인정신문

3　　　진술거부권 고지 후 재판장은 성명, 연령, 등록기준지, 주거와 직업을 물어 피고인임에 틀림없음을 확인해야 한다($^{제284}_조$). 피고인이 법인인 경우에는 출석한 대표자 등을 상대로 법인의 명칭, 사무소, 대표자의 성명과 주소 등을 묻는다. 피고인은 인정신문에 대해서도 진술을 거부할 수 있으며, 이 경우 재판장은 교도관 또는 변호인에게 물어보는 등의 방법으로 본인확인을 해야 한다. 이 단계에서 성명모용이나 위장출석이 드러날 수 있다[$^{§149}_{참조}$].

4　　　재판장은 인정신문을 마친 뒤 피고인에게 i) 주소변동이 있는 경우 이를

1　대법원 2001. 3. 9. 선고 2001도192 판결: 「모든 국민은 형사상 자기에게 불리한 진술을 강요당하지 아니할 권리가 보장되어 있으므로(헌법 제12조 제2항), 형사소송절차에서 피고인은 방어권에 기하여 범죄사실에 대하여 진술을 거부하거나 거짓 진술을 할 수 있고, 이 경우 범죄사실을 단순히 부인하고 있는 것이 죄를 반성하거나 후회하고 있지 않다는 인격적 비난요소로 보아 가중적 양형의 조건으로 삼는 것은 결과적으로 피고인에게 자백을 강요하는 것이 되어 허용될 수 없다고 할 것이나, 그러한 태도나 행위가 피고인에게 보장된 방어권행사의 범위를 넘어 객관적이고 명백한 증거가 있음에도 진실의 발견을 적극적으로 숨기거나 법원을 오도하려는 시노에 기인한 경우에는 가중적 양형의 조건으로 참작될 수 있다.」

법원에 보고할 것을 명하고, ii) 만약 소재가 확인되지 않으면 피고인의 진술 없이 재판할 경우[$\frac{\S151/12}{참조}$]가 있음을 경고해야 한다($\frac{소촉규칙}{제18조\ 제1항}$).

4. 모두진술

⑴ 검사의 모두진술　　검사의 모두진술은 공소장의 낭독이다. 원칙적으로 공소사실, 죄명 및 적용법조를 모두 읽어야 하나, 재판장은 필요하다고 인정하는 때에는 공소의 요지만을 진술하게 할 수 있다($\frac{제285}{조}$). 모두절차 전에 공소장변경이 허가된 경우, 검사는 우선 당초의 공소장을 낭독($\frac{또는}{요지진술}$)한 후 공소장변경허가신청서를 낭독($\frac{또는}{요지진술}$)해야 한다($\frac{규칙\ 제142}{조\ 제4항}$)[$\frac{\S147/36}{참조}$].   5

공소장의 내용에 불명확하거나($\frac{가령\ 공소사}{실\ 불특정}$) 의문스러운 점이 있으면 재판장은 석명권(釋明權)을 행사해 검사에게 설명을 요구할 수 있다($\frac{규칙\ 제141}{조\ 제1항}$). 변호인은 재판장에게 석명권행사를 촉구할 수 있다($\frac{같은\ 조}{제3항}$).   6

⑵ 피고인 · 변호인의 모두진술　　검사의 모두진술이 끝나면 변호인과 피고인이 소송조건 흠결 여부[$\frac{\S52}{참조}$], 공소사실 인정 여부, 적용법조에 대한 의견, 변론의 분리 · 병합[$\frac{\S146/12}{참조}$]에 관한 의견 등을 진술한다($\frac{제286}{조}$). 공소장부본이 송달되지 않았거나($\frac{제266}{조}$) 제1회 공판기일의 유예기간($\frac{제269조}{제1항}$)[$\frac{\S138/7}{참조}$]이 보장되지 않았음을 이유로 하는 이의신청은 이 단계까지 할 수 있으며, 이의신청 없이 모두진술이 종료되는 경우 하자는 치유된다.[1] 토지관할의 위반도 모두진술 시점까지만 다툴 수 있다($\frac{제320조}{제2항}$)[$\frac{\S158/2}{참조}$].[2]   7

5. 재판장의 쟁점정리 등

모두진술 종료 후 재판장은 피고인 또는 변호인에게 쟁점정리를 위해 필요한 질문을 할 수 있고, 검사 · 변호인에게 공소사실에 관한 주장 및 증명   8

1　대법원 2014. 4. 24. 선고 2013도9498 판결.

2　광주지방법원 2014. 12. 11. 선고 2014고합437 – 1 판결(대법원 2015. 10. 15. 선고 2015도 1803 판결로 확정):「피고인들 및 변호인들은 피고사건에 대한 진술 전에 이 사건에 관하여 이 법원에 토지관할이 없다고 주장하면서 관할위반의 신청을 하였다. … 검사는, 피고인들과 공범 관계에 있는 공소외 4가 이 법원에 관할위반의 신청을 하지 않고 피고사건에 대한 진술을 함 으로써 제320조에 의하여 토지관할의 하자가 치유되었으므로, 그 관련사건인 이 사건에 관하 여도 제5조에 의하여 이 법원에 관할권이 있다고 주장한다. 살피건대, 제320조 제2항의 '피고 사건에 대한 진술'이라 함은 제286조의 '피고인의 모두진술'을 의미하는 것으로, 공동피고인인 공소외 4는 이 사건의 제1회 공판준비기일에서 토지관할 및 이송에 관한 의견을 진술하였을 뿐, 모두진술을 하지 아니하였다. 따라서 공소외 4의 피고사건에 대한 진술이 있었음을 전제로 한 검사의 위 주장은 받아들이지 아니한다. 그렇다면 이 사건은 이 법원의 관할에 속하지 아니 한 때에 해당[한다].」

계획을 진술하게 할 수 있다($^{제287조}_{제1항}$). 증거로 할 수 없거나 증거신청할 의사가
없는 자료에 기초해 법원이 사건에 대한 예단이나 편견을 갖게 할 염려가 있
는 사항은 진술할 수 없다($^{같은 조}_{제2항}$).

6. 간이공판절차 개시결정

9   (1) 의 의   피고인이 공소사실에 대해 자백한 경우, 법원은 사건을 간
이공판절차에 의해 심판하기로 결정할 수 있다($^{제286}_{조의2}$). 이에 따라 공판진행상
증거조사에 관해 일정한 특례가 적용되는바, 가령 i) 검사·피고인·변호인의
이의가 없는 한 전문증거에 대해 증거동의가 간주되고($^{제318}_{조의3}$)[$^{§119/35}_{참조}$], ii) 증인
신문시 교호신문원칙에 관한 제161조의2[$^{§122/27}_{참조}$] 및 피고인 퇴정명령에 관한
제297조[$^{§122/37}_{참조}$]가 적용되지 않으며, iii) 증거조사의 순서와 방식을 규정한 제
290조 내지 제293조[$^{§121}_{참조}$] 또한 적용되지 않는다($^{제297}_{조의2}$). 그 결과, 간이공판절차
개시결정이 있는 때에는 통상 해당 기일에 증거조사절차가 종료된다.

10   간이공판절차제도는 i) 자백사건의 경우 피고인은 대개 엄격·신중한 증
거조사보다는 공판으로부터의 신속한 탈출을 원한다는 점, ii) 한정된 사법자
원을 피고인이 무죄판결이나 형식재판을 구하는 사건에 집중적으로 투여할
필요가 있다는 사고[$^{§16/1}_{참조}$]에 근거한다. 다만 성격상 간이공판절차로 진행함이
부적절한 사건도 있기 마련이므로, 자백한다고 해서 반드시 간이공판절차 개
시결정을 해야 하는 것은 아니다.

11   (2) 요 건   간이공판절차 개시결정은 피고인이 공소사실을 자백한 때
에만 할 수 있다. 공소사실을 인정하는 것으로 족하고 명시적으로 유죄임을
자인하는 진술까지는 필요치 않다.[1] 그러나 구성요건해당사실은 인정하면서
위법성·책임조각사유를 주장함은 자백으로 볼 수 없다.[2] i) 고의범의 공소사
실에 대해 과실범 또는 결과적가중범, ii) 가중적구성요건의 공소사실에 대해
기본적구성요건, iii) 정범의 공소사실에 대해 방조범, iv) 기수의 공소사실에
대해 미수, v) 장애미수의 공소사실에 대해 중지미수를 주장하는 것은 자백
이 아니다.

---

1 대법원 1981. 11. 24. 선고 81도2422 판결.
2 대법원 1987. 8. 18. 선고 87도1269 판결; 2004. 7. 9. 선고 2004도2116 판결.

자백의 주체는 피고인이 법인인 경우 그 대표자($^{제27}_{조}$)나 특별대리인($^{제28}_{조}$), 12
의사무능력자인 경우 그 법정대리인($^{제26}_{조}$)이나 특별대리인($^{제28}_{조}$)이다. 그 밖의
경우에는 피고인 본인만이 자백을 할 수 있고, 변호인이나 공동피고인은 이
를 대신할 수 없다. 따라서 공동피고인 중 일부만이 자백한 경우 그들에 한
해 간이공판절차로 심판할 수 있다.

⑶ 절 차 간이공판절차 개시결정은 공판정에서 구술로 고지하고 그 13
취지를 공판조서에 기재하는 방법으로 한다($^{제51조 제2}_{항 제14호}$). 재판장은 피고인에게
간이공판절차의 취지를 설명해야 한다($^{규칙}_{제131조}$).

간이공판절차 개시결정은 판결 전 소송절차에 관한 결정으로서 이에 대 14
해 즉시항고를 허용하는 규정이 없으므로($^{제403조}_{제1항}$) 불복의 대상이 되지 않는다.
다만, 법원은 피고인의 자백이 신빙할 수 없다고 인정되거나 간이공판절차로
심판하는 것이 현저히 부당하다고 인정하는 경우 검사의 의견을 들어 그 결
정을 취소해야 하며($^{제286}_{조의3}$), 피고인·변호인은 자백을 번복하면서 이와 같은 직
권발동을 촉구할 수 있다. 간이공판절차 취소에 관해서는 후술한다[$^{§156/4}_{참조}$].

Ⅱ. 증거조사

1. 의 의

모두절차 종료 후에는 증거조사를 실시한다($^{제290}_{조}$). 공판기일의 증거조사 15
절차는 i) 조사할 증거를 결정($^{증거신청에 대한 채택}_{결정 또는 직권결정}$)하고, ii) 그 결정된 증거를 구체
적으로 조사($^{제시, 열람, 낭독}_{고지, 증인신문 등}$)하는 순서로 이루어진다. 공판준비기일에서 i)의 절
차를 미리 진행할 수 있음은 앞서 설명했다[$^{§141/12}_{참조}$].

2. 증거신청에 대한 결정

⑴ 증거신청 i) 검사, 피고인 또는 변호인은 서류·물건을 증거로 제출 16
할 수 있고, 증인·감정인·통역인·번역인의 신문을 신청할 수 있다($^{제294조}_{제1항}$).
ii) 피해자 등은 일정한 경우 증인신문을 신청할 수 있다($^{제294조의}_{2 제1항}$).

㈎ 검사, 피고인·변호인의 증거신청 검사, 피고인 또는 변호인은 구술 17
또는 서면으로 증거신청을 할 수 있다($^{제294조 제1항, 규}_{칙 제176조 제1항}$). 검사가 먼저 하고 그다
음 피고인·변호인이 한다($^{규칙}_{제133조}$). 법원은 필요하다고 인정할 때에는 증거신
청을 한 자에게 신문할 증인·감정인·통역인 또는 번역인의 성명·주소, 서

류·물건의 표목 등을 기재한 서면의 제출을 명할 수 있다($\substack{\text{규칙 제132} \\ \text{조의2 제4항}}$). 특별한 사정이 없으면 증거는 일괄해 신청해야 하며($\substack{\text{규칙} \\ \text{제132조}}$), 증거와 요증사실 간의 관계, 즉 입증취지를 구체적으로 밝혀야 한다($\substack{\text{규칙 제132} \\ \text{조의2 제1항}}$).

18 ⓐ 서류 또는 물건에 대한 증거신청 서류·물건의 일부만을 증거로 신청하는 경우에는 해당 부분을 특정해 명시해야 한다($\substack{\text{규칙 제132} \\ \text{조의3 제1항}}$). 수사기록 중 전문증거에 해당하는 부분이 있는 경우, 검사는 이를 특정해 개별적으로 제출함으로써 그 조사를 신청해야 한다($\substack{\text{제132조의3} \\ \text{제1항}}$).¹ 수사기록의 일부인 서류·물건을 제310조의 비자백증거나 정상관계증거로 낼 경우에도 같다($\substack{\text{제132조} \\ \text{의3}}$).

19 ⓑ 음성·영상매체에 대한 증거신청 녹음, 녹화테이프, 컴퓨터용디스크, 그 밖에 이와 비슷한 방법으로 음성·영상을 녹음·녹화하여 재생할 수 있는 매체에 대한 증거조사를 신청하는 때에는 그 녹음·녹화의 주체·대상 및 일시·장소를 밝혀야 하며($\substack{\text{제292조의3, 규칙} \\ \text{제134조의8 제1항}}$), 법원이 명하거나 상대방이 요구할 경우 녹음·녹음매체 등의 녹취서, 그 밖에 그 내용을 설명하는 서면을 제출해야 한다($\substack{\text{규칙 제134} \\ \text{조의8 제2항}}$).

20 검사는 진정성립증명($\substack{\text{제312조} \\ \text{제4항}}$) 또는 진술자의 기억환기($\substack{\text{제318조의} \\ \text{2 제2항}}$)를 위해 진술조사 영상녹화물($\substack{\text{제244조의2, 제221} \\ \text{조 제1항 제2문}}$)[$\substack{\text{§71/28,} \\ \text{§72/17 참조}}$]의 조사를 신청할 수 있다.

21 컴퓨터용디스크 등 정보저장매체에 기억된 문자정보를 증거로 신청하는 경우에는 읽을 수 있도록 출력하여 인증한 등본을 낼 수 있다($\substack{\text{제292조의3, 규칙} \\ \text{제134조의7 제1항}}$). 이 경우 법원이 명하거나 상대방이 요구한 때에는 컴퓨터용디스크 등에 입력한 사람과 입력일시, 출력한 사람과 출력일시를 밝혀야 한다($\substack{\text{규칙 제134} \\ \text{조의7 제2항}}$). 컴퓨터용디스크 등에 기억된 정보가 도면이나 사진 등에 관한 것인 때에도 같다.

22 ⓝ 피해자의 증인신청 범죄로 인한 피해자나 그 법정대리인($\substack{\text{피해자가} \\ \text{사망한 경우} \\ \text{배우자, 직계친족,} \\ \text{형제자매 포함}}$)은 증인신문을 신청할 수 있다($\substack{\text{제294조의2} \\ \text{제1항 본문}}$).

---

1 대법원 2011. 7. 14. 선고 2011도3809 판결:「피고인의 변호인은 고발장에 대하여는 증거로 하는 것에 동의하지 않는다는 의견을 밝혔음에도 같은 고발장을 첨부문서로 포함하고 있는 이 사건 수사보고에 대하여는 증거에 동의한 사실 … 을 알 수 있다. … 변호인이 동일한 고발장에 대하여 이미 증거에 동의하지 않는다는 의사를 표시한 바 있으므로 이 사건 수사보고에 관하여 증거로 동의한다는 의사를 표시하더라도 그에 첨부된 고발장을 따로 피고인과 변호인에게 제시하여 해당 부분 증거동의 여부에 관한 진의를 확인하는 등 적절한 소송지휘권을 행사하였어야 했음에도 불구하고, 이 사건 수사보고에 대한 증거동의가 있다는 이유로 아무런 지적 없이 그에 첨부된 고발장까지 증거로 채택해 두었다가 판결을 선고하는 단계에 이르러 이를 유죄인정의 증거로 삼은 것은 실질적 적법절차의 원칙에 비추어 수긍할 수 없다.」

(2) 의견진술

(가) 통상공판절차의 경우   법원은 증거의 채택 여부를 결정하기에 앞서   23
필요하다고 인정할 때에는 그 증거에 대한 검사, 피고인 또는 변호인의 의견
을 들을 수 있다(규칙 제134조 제1항; 임의적 의견진술). 서류 또는 물건이 증거로 제출된 경우에는
제출한 자에게 그것을 상대방에게 제시하도록 하여 상대방이 그 증거능력 유
무에 관한 의견을 진술하게 해야 한다(같은 조 제2항 본문: 필요적 의견진술).

피고인·변호인이 진술하는 의견은 통상 i) 증거동의 여부(제318 조)[§119/28 참조],   24
ii) 진술서류에 대한 진정성립 인정 여부(제313 조)[§119/106 참조], 피의자신문조서의 내
용인정 여부(제312조 제3항)[§119/51 참조], 조서가 적법한 절차와 방식에 따라 작성된 것인
지 여부(제312 조)[§119/57 참조], 서류·물건의 위법수집증거 해당 여부(제308조 의2)[§64 참조], 진술
의 임의성 유무(제309조, 제317조)[§§65-66 참조] 등이다. 검사가 진정성립 증명이나 기억환기
등을 위해 진술조사 영상녹화물의 조사를 신청한 경우, 법원은 원진술자와
피고인 또는 변호인에게 그 영상녹화물이 적법한 절차와 방식에 따라 작성되
어 봉인된 것인지에 관한 의견을 진술하게 해야 한다(제292조의3, 규칙 제134조의4 제1항).

증거능력제도는 피고인에게 불이익한 증거에만 적용되므로, 피고인이나   25
변호인이 제출한 증거(탄핵 증거)[§114/15 참조]에 관해 검사의 의견은 큰 의미는 없다.[1] 다
만, 앞서 보았듯이, 피고인이나 변호인이 제출한 전문증거를 유죄의 증거로
사용하고자 할 때에는 검사의 증거동의가 필요하다[§119/26 참조].[2]

(나) 간이공판절차의 경우   피고인의 자백으로 간이공판절차 개시결정이   26
있는 사건에서는 위와 같은 의견진술절차를 생략할 수 있다(규칙 제134조 제2항 단서).

(3) 증거결정   법원은 증거신청에 대해 반드시 각하·기각, 채택 중 어   27
느 하나의 결정을 해야 하며(제295 조), 채택 후에도 증거조사가 현실적으로 실시
되기 전에 증거신청이 철회되거나 증거능력 없음이 확인되는 등의 경우에는

---

1 대법원 1981. 12. 22. 선고 80도1547 판결: 「유죄의 자료가 되는 것으로 제출된 증거의 반대
증거서류에 대하여는, 그것이 유죄사실을 인정하는 증거가 되는 것이 아닌 이상, 반드시 그 진
정성립이 증명되지 아니하거나 이를 증거로 함에 있어서의 상대방의 동의가 없다고 하더라도
증거판단의 자료로 할 수 있[다].」

2 대법원 2014. 2. 27. 선고 2013도12155 판결: 「피고인이나 변호인이 무죄에 관한 자료로 제출
한 서증 가운데 도리어 유죄임을 뒷받침하는 내용이 있다 하여도, 법원은 상대방의 원용(동의)
이 없는 한 그 서류의 진정성립 여부 등을 조사하고 아울러 그 서류에 대한 피고인이나 변호인
의 의견과 변명의 기회를 준 다음이 아니면 그 서증을 유죄인정의 증거로 쓸 수 없다. 그러나
당해 서류를 제출한 당사자는 그것을 증거로 함에 동의하고 있음이 명백한 것이므로 상대방인
검사의 원용이 있으면 그 서증을 유죄의 증거로 사용할 수 있다.」

채택을 취소해야 한다. 각하·기각, 채택·취소의 결정과 뒤에서 보는 직권증
거조사결정[§143/36 참조]을 아울러 증거결정(證據決定)이라 한다. 증거결정 자체에는
불복이 허용되지 않고, 다만 그로 인한 증거조사에 터잡은 사실인정이 채증
법칙위반에 해당함을 이유로 상소할 수 있을 뿐이다[§174/24 참조].[1]

28   증거결정은 i) 공판기일에서는 재판장이 구두로 고지한 후 그 취지를 공
판조서(흥거)에 기재하고, ii) 공판기일 외에서는 결정서를 작성해 송달하는 방
법으로 한다(제38 조).

29   ㈎ 각 하   증거신청이 공판의 완결을 지연시킬 목적 하에 고의로 뒤
늦게 이루어진 것으로 판단될 경우 법원은 직권 또는 상대방의 신청에 따라
증거신청을 각하할 수 있으며(제294조 제2항), 이 경우 법원은 그 증거방법을 제출받
아서는 안 된다(규칙 제134 조 제4항). 공판준비기일에 신청하지 않은 증거가 공판기일에
신청된 경우에 i) 그 신청으로 인해 소송이 현저히 지연될 것으로 예상되고
ii) 공판준비기일에 제출하지 못한 부득이한 사유가 소명되지 않은 때에도 같
다(제266조의 13 제1항)[§141/17 참조].

30   ㈏ 기 각   법원은 증거신청된 서류 또는 물건에 증거능력이 없는 경
우에는 기각결정을 해야 한다. 그 외에 i) 입증취지를 명시하지 않은 경우,
ii) 제310조의 비자백증거 또는 정상에 관한 증거라는 취지를 특히 명시하지
않은 경우, iii) 서류나 물건의 일부만을 증거로 신청하면서 증거로 할 부분
을 특정해 명시하지 않은 경우, iv) 법원의 서면제출요구(규칙 제132 조의2 제4항)에 불응한
경우에는 증거신청을 기각할 수 있다(같은 조 제5항). v) 공지의 사실 또는 이미 심증
이 형성된 사실에 관한 증거신청인 경우, vi) 증거조사가 사실상 또는 법률
상 불가능한 경우, viii) 쟁점사항과 무관한 증거 또는 신빙성에 명백히 의문
이 가는 증거를 신청한 경우에도 마찬가지다.[2] 기각된 증거는 제출받을 수
없고(규칙 제134 조 제4항), 이미 제출받은 증거가 있다면 반환해야 한다.

31   피해자 등이 증인신문을 신청한 경우 원칙상 이를 채택해야 하나(제294조의2 제1항 본문),
피해자 등이 이미 당해 사건에 관해 공판절차에서 충분히 진술하여 다시 진
술할 필요가 없다고 인정되거나 피해자 등의 진술로 인해 공판절차가 현저히
지연될 우려가 있는 경우에는 신청을 기각할 수 있다(같은 항 단서). 그리고 동일범

---

1 대법원 1990. 6. 8. 선고 90도646 판결.
2 오병두, "형사소송법상 증거결정의 기준", 홍익법학 제16권 제1호(2015), 491쪽 이하.

죄사실에서 여러 명의 피해자 등이 증인신문을 신청한 때에는 그중 일부만을
채택하고 나머지를 기각할 수 있다($^{같은 조}_{제3항}$).

증거동의가 없고 제312조 내지 제316조의 요건도 갖추지 못한 전문증 **32**
거를 검사가 탄핵증거로 신청한 경우($^{제318조의2}_{제1항}$), 그 탄핵의 대상이 공판정 내
진술이 아니거나 그 전문증거를 탄핵증거로라도 사용하지 않으면 안 될 절실
한 필요성이 인정되지 않는 때에는 그 신청을 기각해야 한다[$^{§119/143}_{참조}$].

(다) 채 택   증거능력 있는 증거로서 증거조사의 필요성이 인정되는 경 **33**
우에는 이를 채택한다. 간이공판절차에서 검사가 전문증거를 증거로 신청하
는 경우에는 피고인·변호인이 이의를 진술하지 않는 이상 동의간주효가 발
생하므로[$^{§119/35}_{참조}$], 곧바로 채택결정을 하고 증거조사를 시행할 수 있다.

(라) 채택취소   이미 채택한 증거에 관해 이를테면 i) 사후적으로 기각사 **34**
유가 드러나거나, ii) 채택에 대한 이의신청[$^{§143/39}_{참조}$]이 이유 있다고 인정되거
나, iii) 증거신청이 철회된 경우[$^{§46/6}_{참조}$], 법원은 그 채택결정을 취소하고 제출
받은 증거를 지체없이 반환해야 한다. 다만 이미 조사를 마친 증거에 대한
증거신청의 철회는 불가하다.

재판장은 피해자·증인의 안전보호나 인적사항 누설 방지를 위해 필요하 **35**
다고 인정할 때에는 사전에 신문사항을 기재한 서면을 제출할 것을 증인신문
신청인에게 명할 수 있다($^{규칙}_{제66조}$). 이 명령을 받고 신속히 신문사항을 제출하지
않는 경우, 법원은 증인채택을 취소할 수 있다($^{규칙}_{제67조}$).

3. 직권결정

법원은 검사나 피고인·변호인의 신청이 없더라도 직권으로 조사할 증거 **36**
를 결정할 수 있다($^{제291조의2}_{제2항, 제295조}$)[$^{§21/1}_{참조}$]. 특히 공판에서 검증은 언제나 직권사항
에 속한다($^{제294조}_{제1항}$)[$^{§124/1}_{참조}$].

4. 증거조사의 시행

(1) 통상공판절차의 경우   증거조사는 원칙적으로 i) 검사가 신청한 증 **37**
거를 조사한 후 ii) 피고인 또는 변호인이 신청한 증거를 조사하고, iii) 법
원이 직권으로 결정한 증거를 조사하는 순서로 한다($^{제291조의2}_{제1항, 제2항}$). 다만 법원
은 직권 또는 검사, 피고인·변호인의 신청에 따라 위 순서를 변경할 수 있
다($^{같은 조}_{제3항}$). 재판장은 피고인에게 각 증거조사의 결과에 대한 의견을 물어야

하며, 권리를 보호함에 필요한 증거조사를 신청할 수 있음을 고지해야 한다($_{조}^{제293}$). 증거조사의 구체적 방법에 관해서는 전술했다[$_{124 \; 참조}^{\S\S121-}$].

38 　(2) 간이공판절차의 경우　간이공판절차에서는 i) 증거조사방법에 관한 제290조 내지 제293조, ii) 증인신문방식에 관한 제161조의2, iii) 증인 또는 감정인신문시의 피고인퇴정에 관한 제297조가 적용되지 않으며[$_{참조}^{\S143/9}$], 법원이 상당하다고 인정하는 순서와 방법으로 증거조사를 할 수 있다($_{조의2}^{제297}$).

5. 증거조사에 대한 이의신청

39 　(1) 의 의　검사, 피고인·변호인은 증거신청, 증거결정, 증거조사의 순서와 방법, 증거능력 유무 판단에 관한 법원과 소송관계인의 일체의 작위 또는 부작위에 대해 이의신청을 할 수 있으며, 법원은 이에 대해 결정을 해야 한다($_{조}^{제296}$). 이의신청이 있었다는 사실, 그 사유 및 이에 대한 결정 등은 공판조서에 기재해야 한다($_{제11호, \; 제14호}^{제51조 \; 제2항}$). 재판장은 이의신청에 대한 상대방의 의견을 공판조서에 기재하게 할 수 있다($_{제12호}^{같은 \; 항}$).

40 　(2) 사 유　이의신청은 증거조사에 관한 처분 등이 i) 법령에 위반되거나(위법) ii) 상당하지 않음(부당)을 이유로 할 수 있다($_{조의2 \; 본문}^{규칙 \; 제135}$). 다만, 증거결정에 대한 이의신청은 법령위반을 이유로만 할 수 있다($_{단서}^{같은 \; 조}$).

41 　(3) 방 식　이의신청은 개개의 행위, 처분 또는 결정시마다 즉시 해야 하며, 이유를 간결하게 명시해야 한다($_{제137조}^{규칙}$).

42 　(4) 결 정　법원은 이의신청에 대해 즉시 결정을 해야 한다($_{규칙 \; 제138조}^{제296조 \; 제2항,}$). 판결 전 소송절차에 관한 결정으로서 즉시항고를 허용하는 규정이 없으므로 이에 대한 불복은 허용되지 않는다($_{제1항}^{제403조}$)[$_{참조}^{\S27/8}$]. 이 결정으로 판단된 사항에 대해서는 다시 이의신청할 수 없다($_{제140조}^{규칙}$).

43 　(개) 기 각　i) 시기에 늦었거나, ii) 소송지연만을 목적으로 함이 명백하거나, iii) 이유 없는 이의신청은 결정으로 기각해야 한다($_{1항 \; 본문, \; 제2항}^{규칙 \; 제139조 \; 제}$). 다만, 시기에 늦은 이의신청이 중요한 사항을 대상으로 하는 경우에는 단지 시기에 늦었다는 이유만으로 기각할 수 없다($_{1항 \; 단서}^{같은 \; 조 \; 제}$).

44 　(내) 인 용　이의신청이 이유 있다고 인정할 경우에는 문제의 행위, 처분, 결정을 중지·철회·취소·변경하는 등 그 이의신청에 상응하는 조치를 취해야 한다($_{제3항}^{같은 \; 조}$).

증거조사를 마친 증거가 증거능력이 없다는 취지의 이의신청이 이유 있 **45**
다고 인정할 경우에는 그 증거의 전부 또는 일부를 배제한다는 취지의 결정
을 해야 한다($^{규칙\ 제139}_{조\ 제4항}$). 이를 증거배제결정이라 한다. 가령 위법수집증거인 경
우,[1] 전문증거에 대한 증거동의나 내용인정·진정성립인정 등 진술이 부존재
하거나 무효($^{중대한}_{하자}$)인 경우 등이 이에 해당한다. 이 결정은 공판진행중에 해야
하나, 간혹 종국판결의 이유에 그 취지를 표시해서 하는 경우가 있다.[2]

Ⅲ. 피고인신문

검사 또는 변호인은 증거조사 종료 후 순차로 피고인에게 공소사실 또는 **46**
정상에 관해 필요한 사항을 신문할 수 있다($^{제296조의2}_{제1항\ 본문}$). 재판장은 필요하다고 인
정하는 때에는 증거조사 종료 전이라도 이를 허가할 수 있고($^{같은\ 항}_{단서}$) 어느 때나
직접 피고인을 신문할 수 있으나($^{같은\ 조\ 제2항,\ 규칙}_{제161조의2\ 제3항}$), 쟁점파악 또는 증인과의 대
질 등 필요한 경우에 한한다. 실무상 피고인신문은 복잡한 사건에서 주로 활
용되고, 대다수 사건에서는 생략된다($^{임의적}_{절차}$).

피고인신문시 피고인은 법대 앞 증인석에 앉는다($^{제275조\ 제}_{3항\ 단서}$). 신문은 신청 **47**
한 자, 상대방, 재판장의 순서로 함이 원칙이나($^{가령\ 변호인이\ 피고인신문을\ 신청한\ 경우,}_{변호인,\ 검사,\ 재판장\ 순으로\ 신문한다}$),
재판장은 필요하다고 인정하면 순서를 변경할 수 있다($^{제296조의2\ 제2항,\ 제3항,}_{제161조의2\ 제1항\ 내지\ 제3항}$).
합의부원은 미리 재판장에게 고하고 신문할 수 있다($^{제296조\ 제3항,\ 제}_{161조의2\ 제5항}$).

피고인이 의사능력이 미약하거나 그 밖에 심리적 안정 및 원활한 의사 **48**
소통을 위해 필요한 경우, 재판장은 직권 또는 피고인·법정대리인·검사의
신청에 따라 피고인의 배우자·직계친족·형제자매·가족·고용주 기타 피고
인과 신뢰관계에 있는 자를 동석하게 할 수 있다($^{제276조의2\ 제1항,}_{규칙\ 제126조의2\ 제1항}$). 공동피고
인 또는 공판정 내 특정인의 존재로 인해 피고인이 충분한 진술을 할 수 없
다고 인정되는 경우, 재판장은 그를 일시 퇴정시킬 수 있다($^{제297조\ 제1항\ 제2문,}_{규칙\ 제140조의3}$).
퇴정된 사람이 공동피고인인 경우, 재판장은 신문종료 후 그를 다시 입정시
킨 후 법원사무관 등을 통해 그 진술의 요지를 고지해야 한다($^{제297조}_{제2항}$).

1　대법원 2008. 7. 10. 선고 2007도7760 판결.
2　부산지방법원 2017. 4. 6. 선고 2016고단6122 판결; 인천지방법원 부천지원 2020. 1. 8. 선고
　　2019고단1135 판결; 대전지방법원 서산지원 2021. 7. 8. 선고 2020고단715, 2020고단1413(병
　　합) 판결; 대구지방법원 서부지원 2021. 12. 9. 선고 2021고합97 판결.

49 변호인이 피고인을 신문하겠다는 의사를 표시했음에도 일체의 피고인신문을 허용하지 않음은 위법하여 상소이유가 된다$\left(\begin{smallmatrix}\text{제361조의5 제1호,}\\\text{제383조 제1호}\end{smallmatrix}\right)\left[\begin{smallmatrix}\S174/22,\\\S188/12 \text{ 참조}\end{smallmatrix}\right]$.[1]

Ⅳ. 변론의 종결

1. 검사의 의견진술

50 사실심리절차$\left(\begin{smallmatrix}\text{증거조사와}\\\text{피고인신문}\end{smallmatrix}\right)$가 종료한 때에는 검사는 사실과 법률적용에 관해 의견을 진술해야 한다. 다만, 검사의 불출석으로 궐석재판$\left(\begin{smallmatrix}\text{제278}\\\text{조}\end{smallmatrix}\right)\left[\begin{smallmatrix}\S151/3\\\text{참조}\end{smallmatrix}\right]$을 하는 때에는 공소장 기재내용대로 검사의 의견진술이 있는 것으로 간주한다$\left(\begin{smallmatrix}\text{제302}\\\text{조}\end{smallmatrix}\right)$. 이 단계에서 구형(求刑)이 이루어진다.

2. 피고인·변호인의 최후진술

51 재판장은 검사의 의견을 들은 후 피고인과 변호인에게 최종의견을 진술할 기회를 주어야 한다$\left(\begin{smallmatrix}\text{제303}\\\text{조}\end{smallmatrix}\right)$. 최후진술이 중복된 사항이거나 사건과 관계없는 사항인 때에는 진술권의 본질적 부분을 해하지 않는 한도에서 제한을 가할 수 있으나$\left(\begin{smallmatrix}\text{제299조,}\\\text{규칙 제145조}\end{smallmatrix}\right)$, 그러한 제한은 극히 예외적으로만 허용된다고 보아야 한다. 피고인과 변호인 중 어느 한쪽에라도 최후진술기회를 주지 않은 채 심리를 마치고 판결을 선고함은 위법하여 상소이유가 된다$\left[\begin{smallmatrix}\S174/22\\\text{참조}\end{smallmatrix}\right]$.[2]

52 최후진술은 관례상 변호인이 먼저 하고 그다음 피고인이 한다. 피고인의 최후진술로 사건의 심리는 종료되는데, 이를 변론종결 또는 결심(結審)이라 한다. 통상 재판장이 변론을 종결한다는 취지의 고지를 하나, 결심선언이 없더라도 최후진술의 종료로 변론은 당연히 종결된다. 변론종결 후에는 공소장 변경에 제한이 따른다.[3]

---

1 대법원 2020. 12. 24. 선고 2020도10778 판결.

2 대법원 2018. 3. 29. 선고 2018도327 판결:「최종의견진술의 기회는 피고인과 변호인 모두에게 주어져야 한다. 이러한 최종의견진술의 기회는 피고인과 변호인의 소송법상 권리로서 피고인과 변호인이 사실관계의 다툼이나 유리한 양형사유를 주장할 수 있는 마지막 기회이므로, 피고인이나 변호인에게 최종의견진술의 기회를 주지 아니한 채 변론을 종결하고 판결을 선고하는 것은 소송절차의 법령위반에 해당한다.」

3 대법원 2003. 12. 26. 선고 2001도6484 판결:「법원이 공판의 심리를 종결하기 전에 한 공소장의 변경에 대하여는 공소사실의 동일성을 해하지 않는 한도에서 허가하여야 할 것이나, 적법하게 공판의 심리를 종결하고 판결선고 기일까지 고지한 후 이르러서 한 검사의 공소장변경에 대하여는 그것이 변론재개신청과 함께 된 것이라 하더라도 법원이 종결한 공판의 심리를 재개하여 공소장변경을 허가할 의무는 없다.」

V. 판결의 선고

1. 선고기일

법문상으로는 결심한 기일에 판결을 선고함이 원칙이며($^{제318조의4 \, 제1항:}_{즉일선고원칙}$), 그 **53** 날로부터 5일 이내에 판결서를 작성해야 한다($^{제318조의4 \, 제2항:}_{규칙 \, 제146조}$). 그러나 이는 법관과 피고인 모두에게 큰 부담이 되는 경우가 많으므로 통상 별도의 판결선고기일을 지정한다. 선고기일은 원칙상 결심일로부터 14일 이내로 지정해야 하나($^{제318조의}_{4 \, 제3항}$), 그보다 뒤의 시점으로 지정할 수도 있고, 지정 후 변경할 수도 있다. 판결만을 선고하는 경우 변호인의 재정이 필요치 않음은 앞서 설명했다($^{제282}_{조}$)$\left[^{§142/8}_{참조}\right]$.

2. 선고의 방법과 절차

재판장은 판결을 선고할 때 주문을 낭독하고 피고인에게 이유의 요지를 **54** 말이나 판결서 등·초본의 교부 등 적절한 방법으로 설명한다($^{제42조, \, 제43조,}_{규칙 \, 제147조 \, 제1항}$). 형을 선고하는 경우, 재판장은 피고인에게 항소기간과 항소할 법원을 고지해야 한다($^{제324}_{조}$). 규칙 제147조 제2항은 재판장이 판결선고시 피고인에게 적절한 훈계를 할 수 있다고 규정하고 있으나, 적절한지는 의문이다.

판결선고사실은 공판조서에 기재해야 한다($^{제51조 \, 제2}_{항 \, 제14호}$). 선고일로부터 7일 **55** 이내에 피고인에게 판결서등본을 송부해야 하나, 피고인이 동의하는 경우에는 초본을 송달할 수 있다($^{규칙 \, 제148}_{조 \, 제1항}$). 불구속피고인과 무죄·면소·공소기각·형면제·선고유예·집행유예·벌금·과료의 선고로 구속영장의 효력이 상실된 구속피고인에 대해서는 피고인이 송달을 신청하는 경우에 한해 판결서 등본 또는 초본을 송달한다($^{같은 \, 조}_{제2항}$).

공판정에서 구두로 선고된 형과 판결서에 기재된 형이 다를 경우, 판결의 **56** 내용은 전자에 따라야 한다.[1] 다만, 대법원은 판결서에 기재된 주문을 실수로 잘못 낭독한 경우에는 그 직후 이를 정정해 다시 낭독할 수 있다고 한다.[2]

---

[1] 대법원 1973. 10. 10. 선고 73다555 판결; 1981. 5. 14.자 81모8 결정.

[2] 대법원 2022. 5. 13. 선고 2017도3884 판결: 「일단 주문을 낭독하여 선고내용이 외부적으로 표시된 이상, 재판서에 기재된 주문과 이유를 잘못 낭독하거나 설명하는 등 실수가 있거나 판결내용에 잘못이 있음이 발견된 경우와 같이 특별한 사정이 있는 경우에 변경선고가 허용된다. … 제1심 재판장은 '피고인을 징역 1년에 처한다'는 주문을 낭독하여 선고 내용을 외부적으로 표시하였다. 제1심 재판장은 징역 1년이 피고인의 죄책에 부합하는 적정한 형이라고 판단하여

3. 선고의 효력

57   판결선고로써 제1심 공판절차는 종결되며, 그 익일($^{제66조}_{제1항}$)부터 7일의 항
소기간이 진행한다($^{제358조,}_{343조 제2항}$제). 항소기간이 도과하면 판결은 확정되고, 그 판
결이 면소나 유·무죄의 재판인 때에는 기판력이 발생한다[$^{§53/5}_{참조}$]. 기판력의 기
준시점은 확정시가 아니라 판결선고시이다[$^{§53/34}_{참조}$].

58   판결선고 후 판결서에 잘못된 계산이나 기재 등이 발견된 경우에는 경
정결정으로 이를 바로잡을 수 있다[$^{§28/5}_{참조}$]. 경정결정은 판결주문에 기재해야
효력이 있다. 판결내용을 실질적으로 변경하는 경정은 허용되지 않는다.[1]

59   무죄·면소·형면제·선고유예·집행유예·공소기각·벌금·과료의 판결이
선고된 때에는 구속영장은 효력을 잃는다($^{제331}_{조}$). 그리고 약식명령에 대한 정
식재판사건의 경우, 판결선고로써 약식명령은 효력을 잃는다($^{제456}_{조}$).

§144 제3 변론의 재개와 속행

Ⅰ. 변론의 재개

1   필요한 경우 법원은 직권 또는 검사·피고인·변호인의 신청을 받아 변론
을 종결 이전의 상태로 되돌리는 결정을 할 수 있는데($^{제305}_{조}$), 이를 변론의 재
개(再開)라 한다. 변론재개결정으로 공판절차는 검사의 최후진술 전으로 복귀
하므로, 재개 후 추가 증거조사 등 심리를 마친 뒤에는 다시 최후진술기회를

징역 1년을 선고하였다고 볼 수 있고, 피고인이 난동을 부린 것은 그 이후의 사정이다. 제1심
재판장은 선고절차 중 피고인의 행동을 양형에 반영해야 한다는 이유로 이미 주문으로 낭독한
형의 3배에 해당하는 징역 3년으로 선고형을 변경하였다. 위 선고기일에는 피고인의 변호인이
출석하지 않았고, 피고인은 자신의 행동이 위와 같이 양형에 불리하게 반영되는 과정에서 어떠
한 방어권도 행사하지 못하였다. 그런데도 원심은 제1심 선고절차에 아무런 위법이 없다고 판
단하였다. 원심판결에는 판결선고절차와 변경선고의 한계에 관한 법리를 오해하여 판결에 영향
을 미친 잘못이 있다.」

1 대법원 2021. 1. 28. 선고 2017도18536 판결: 「법원은 '재판서에 잘못된 계산이나 기재, 그 밖
에 이와 비슷한 잘못이 있음이 분명한 때'에는 경정결정을 통하여 위와 같은 재판서의 잘못을
바로잡을 수 있다. 그러나 이미 선고된 판결의 내용을 실질적으로 변경하는 것은 위 규정에서
예정하고 있는 경정의 범위를 벗어나는 것으로서 허용되지 않는다. 그리고 경정결정은 이를
주문에 기재하여야 하고, 판결이유에만 기재한 경우 경정결정이 이루어졌다고 할 수 없다. …
제1심판결의 이유 중 제1증언 관련 범죄사실을 삭제하고 이에 대한 이유무죄 판단을 추가하는
것으로 경정하는 것은 이미 선고된 제1심판결의 내용을 실질적으로 변경하는 것으로서 경정의
범위를 벗어나기 때문에 허용되지 않는다. 또한 원심이 판결이유에서 직권으로 경정결정을 하
였다고 하더라도 주문에 이를 기재하지 아니한 이상 경정결정으로서 효력도 생기지 않는다.」

부여해야 한다. 변론종결 후 검사나 피해자 등이 피고인에게 불리한 새로운 양형조건에 관한 자료를 제출한 경우, 법원은 변론을 재개해 그 양형자료에 대해 피고인에게 의견진술기회를 부여하는 등 방어권을 보장해야 한다.[1]

변론재개결정은 공판정 외에서 결정서를 작성해 송달하거나, 지정된 판결선고기일에 이르러 선고를 하지 않고 법정에서 재판장이 구술로 재개결정의 취지를 고지한 후 이를 공판조서에 기재하는 방법으로 한다($\frac{제38}{조}$). 변론재개신청을 받아들이지 않기로 하는 경우 실무상 별도의 기각결정을 하지 않고 있으나,[2] 명문의 규정이 없는 이상($\frac{이를테면}{제270조\ 제2항}$) 법률에 근거한 신청에 대해서는 반드시 허부의 결정 및 그 고지가 있어야 하므로, 결정서를 작성해 송달하거나 최소한 판결선고기일에 기각결정의 취지를 구술로 알려주고 조서에 기재함이 타당하리라 본다.

Ⅱ. 변론의 속행

1. 의   의

피고인이 자백하고 모든 증거에 동의하는 사건에서는 대부분 모두절차에서 최후진술까지 첫 공판기일에 모두 진행되어 변론이 종결되지만, 공소사실을 다투는 사건에서는 통상 공판기일을 수차례 진행하게 된다. 이러한 경우 이전 기일에서 변론종결에 이르지 못한 공판심리를 당해 기일에 계속하는

---

1 대법원 2021. 9. 30. 선고 2021도5777 판결: 「원심이 원심 변론종결 후 피해자의 변호사에 의해 제출된 피해자의 사망진단서를 근거로 '피해자가 피고인의 이 사건 범행으로 인한 고통 때문에 자살하였다'고 단정한 다음 이를 핵심적인 형벌가중적 양형조건으로 삼아 징역 4년, 이수명령 40시간을 선고한 제1심판결을 파기하고 징역 9년, 이수명령 80시간을 선고하였음을 알 수 있다. 그런데 피해자는 원심 변론종결 후에 사망하였고 그 사실은 원심판결 선고에 임박하여 피해자의 변호사가 제출한 자료에 의해 비로소 확인되었을 뿐, 공판과정에서 피해자의 사망과 이 사건 범행의 관련성에 대해 어떤 공방도 이루어진 바 없다. 이러한 경우 원심은 피해자의 사망사실 내지 피해자의 사망과 이 사건 범행의 관련성 등에 관하여 피고인의 의견을 듣는 등 피고인에게 방어의 기회를 주기 위해 변론을 재개하여 피해자의 사망과 관련한 새로운 양형조건에 관하여 추가로 심리하였어야 한다. 그럼에도 원심은 변론종결 후 피해자 측이 제출한 자료에 의해 비로소 알게 된 피해자의 사망사실이나 추가심리를 통해 판단할 수 있는 이 사건 범행과의 관련성 등 피고인에게 불리한 새로운 양형조건에 관하여 피고인에게 방어의 기회를 주지 아니하였다. 나아가 피해자의 사망사실 및 그 사망이 피고인의 이 사건 범행으로 인한 것이라고 단정한 뒤 이를 가중적 양형조건의 중대한 변경사유로 보아 징역 4년을 선고한 제1심판결을 파기하고 양형기준의 권고형을 넘어 징역 9년을 선고하였다. 이러한 원심의 조치에는 변론종결 후 피고인에게 불리한 양형자료가 제출된 경우 사실심법원이 취해야 할 양형심리절차에 관한 법리를 오해하여 필요한 심리를 다하지 아니한 잘못이 있고, 이러한 잘못이 판결에 영향을 미쳤다.」

2 제요(Ⅱ) 165쪽.

것을 변론의 속행(續行)이라 하고, 변론종결 없이 당해 공판기일을 마무리하면서 차회 공판기일($\substack{\text{또는 공판}\\\text{준비기일}}$)을 지정하는 것을 속행의 예고라 한다. 사건에 따라서는 수십 회의 속행을 거쳐 결심에 이르기도 한다.

2. 차회 공판기일의 준비

4   (1) 공판조서의 작성   속행을 예고한 경우에는 해당 공판기일의 공판조서를 신속히($\substack{\text{늦어도 차회 공판}\\\text{기일 5일 전까지}}$) 작성해야 한다($\substack{\text{제54조 제1항, 공판}\\\text{조서예규 제14조}}$)[$\substack{\text{§145/1}\\\text{참조}}$].

  (2) 증거조사의 준비

5   (가) 증인신문·감정·검증 등의 준비   차회 공판기일 도래 전 법원은 채택된 증인·감정인, 통·번역인 등에 대한 소환장 발송[$\substack{\text{§128/6}\\\text{참조}}$], 검증을 위한 준비($\substack{\text{참여권자에}\\\text{대한 통지 등}}$) 등 증거조사 준비를 한다.

6   (나) 사실조회·송부요구   법원은 직권 또는 검사·변호인·피고인의 신청에 의해 공무소($\substack{\text{검찰청, 법원, 고위}\\\text{공직자범죄수사처 등}}$) 또는 공사(公私)단체에 대해 i) 필요한 사항의 보고나 ii) 보관서류의 송부를 요구할 수 있다($\substack{\text{제272조 제1항, 규칙 제132조}\\\text{의4 제1항, 통비법 제13조의2}}$). 실무상 재판부가 법원 내 양형조사관($\substack{\text{법원조직법}\\\text{제54조의3}}$)이나 보호관찰소장 등에게 요구하여 양형의 조건이 되는 사항을 수집·조사해 제출하게 하는 경우가 있는데, 이 역시 사실조회의 일종이다.

7   사실조회나 송부촉탁의 신청은 공판기일에 공판정에서 할 수 있으나 대개는 기일 간에 따로 서면으로 한다. 신청이 이유 없다고 인정되는 경우에는 결정으로 기각한다($\substack{\text{제272조}\\\text{제2항}}$). 사실조회신청을 채택한 경우에는 조회할 사실을 기재한 공문을 해당 공무소 등에 발송하고, 송부요구신청을 채택한 경우에는 서류를 보관하고 있는 법원 등에 대해 그 서류 중 신청인이나 변호인이 지정한 부분의 인증등본을 송부해 줄 것을 요구한다($\substack{\text{규칙 제132}\\\text{조의4 제2항}}$).

8   송부요구를 받은 공무소 등은 당해 서류를 보관하고 있지 않거나 기타 송부할 수 없는 사정이 있는 경우 이를 법원에 통지하고($\substack{\text{같은 조}\\\text{제4항}}$), 그 밖의 경우 신청인 또는 변호인에게 당해 서류를 열람하게 하여 필요한 부분을 지정할 수 있도록 해야 하며, 정당한 이유 없이 협력을 거절할 수 없다($\substack{\text{같은 조}\\\text{제3항}}$).[1]

---

1 대법원 2012. 5. 24. 선고 2012도1284 판결: 「서류의 열람·지정을 거절할 수 있는 '정당한 이유'는 엄격하게 제한하여 해석할 것이다. 특히 그 서류가 관련 형사재판확정기록이나 불기소처분기록 등으로서 피고인 또는 변호인이 행한 법률상·사실상 주장과 관련된 것인 때에는, '국가안보, 증인보호의 필요성, 증거인멸의 염려, 관련 사건의 수사에 장애를 가져올 것으로 예상되

송부요구에 따라 회신된 서류는 공판기일에 별도의 증거조사를 요한다($\substack{제291\\조}$)
$\left[\substack{§121/2\\참조}\right]$. 대법원은 양형조사요구를 통해 수집한 양형자료는 ($\substack{법정 증거조사방식\\에 따를 필요 없이}$) 상
당한 방법으로만 조사하면 된다고 한다$\left[\substack{§115/10\\참조}\right]$.[1]

    대법원은, 피고인의 무죄를 뒷받침할 수 있거나 적어도 법관의 유·무죄   9
에 대한 심증을 달리할 만한 상당한 가능성이 있는 중요증거의 송부요구를
정당한 이유 없이 거부한 경우, 그와 관련된 요증사실의 증명을 인정할 수
없다고 한 바 있다.[2]

    ㈐ 증거신청   검사·피고인·변호인은 공판기일 전에 서류나 물건을 증거   10
로 법원에 제출할 수 있다($\substack{제274\\조}$).

    ㈑ 압수·수색

    ⒜ 영장에 의한 압수·수색   법원은 압수·수색영장을 발부해 필요한   11
증거를 확보할 수도 있다$\left[\substack{§129/7\\참조}\right]$. 가령 공직선거법위반사건의 경우 신속한 처
리가 요구되므로($\substack{공직선거법\\제270조}$), 통신·금융자료 확보를 위해 사실조회 등보다는
압수의 방법을 활용함이 더 효율적일 수 있다($\substack{통비법 제3조, 금융실명\\법 제4조 제1항 제1호}$).[3]

    ⒝ 제출명령   법원은 압수할 물건을 지정해 소유자, 소지자 또는 보관   12
자에게 그 제출을 명할 수 있다($\substack{제106조\\제2항}$)$\left[\substack{§129/6\\참조}\right]$.

    ⑶ 재판기록의 열람·복사   피고인과 변호인은 법원에 제출되어 있는   13

는 구체적인 사유'에 준하는 사유가 있어야만 그에 대한 열람·지정을 거절할 수 있는 정당한
이유가 인정될 수 있다고 할 것이다(제266조의3 제1항 제4호, 제2항 참조). … 불기소처분기록
에 포함된 불기소결정서는 형사피의자에 대한 수사의 종결을 위한 검사의 처분 결과와 이유를
기재한 서류로서 그 작성목적이나 성격 등에 비추어 이는 수사기관 내부의 의사결정과정 또는
검토과정에 있는 사항에 관한 문서도 아니고 그 공개로써 수사에 관한 직무의 수행을 현저하
게 곤란하게 하는 것도 아니라 할 것이므로, 달리 특별한 사정이 없는 한 변호인의 열람·지정
에 의한 공개의 대상이 된다.」

1 대법원 2010. 4. 29. 선고 2010도750 판결:「법원은 범죄의 구성요건이나 법률상 규정된 형의
가중·감면의 사유가 되는 경우를 제외하고는, 법률이 규정한 증거로서의 자격이나 증거조사방
식에 구애됨이 없이 상당한 방법으로 조사하여 양형의 조건이 되는 사항을 인정할 수 있다.」
2 대법원 2012. 5. 24 선고 2012도1284 판결:「서류가 피고인의 무죄를 뒷받침할 수 있거나 적
어도 법관의 유·무죄에 대한 심증을 달리할 만한 상당한 가능성이 있는 중요증거에 해당하는
데도 정당한 이유 없이 피고인 또는 변호인의 열람·지정 내지 법원의 송부요구를 거절하는 것
은, 피고인의 신속·공정한 재판을 받을 권리와 변호인의 조력을 받을 권리를 중대하게 침해하
는 것이다. 따라서 이러한 경우 서류의 송부요구를 한 법원으로서도 해당 서류의 내용을 가능
한 범위에서 밝혀보아 그 서류가 제출되면 유·무죄의 판단에 영향을 미칠 상당한 개연성이
있다고 인정될 경우에는 공소사실이 합리적 의심의 여지 없이 증명되었다고 보아서는 아니
된다.」
3 제요(Ⅱ) 54쪽.

재판기록($^{관계서류·}_{증거물·}$)을 열람·복사할 수 있다($^{제35조}_{제1항}$). 피고인의 법정대리인, 배우자, 직계친족, 형제자매, 특별대리인($^{제28}_{조}$) 등은 피고인의 위임장 및 신분관계를 증명하는 문서를 제출하고 위와 같은 열람·복사를 할 수 있다($^{제35조}_{제2항}$).

14   제35조는 법원에 이미 제출되어 있는 증거서류 등의 열람·복사에 관한 규정이다. 법원에 제출되기 전의 증거서류 등($^{검사가 보관}_{중인 기록}$)에 대한 열람·복사는 제266조의3에 따라 검사에게 신청해야 한다. 이에 관해서는 전술했다[$^{§140/2}_{참조}$].

15   재판장은 열람·복사의 일시·장소·대상·방법 등을 지정할 수 있고, 피해자나 증인을 비롯한 사건관계인의 성명 등 개인정보가 공개되지 않도록 보호조치($^{비실명}_{처리}$)를 할 수 있다($^{제35조 제3항, 제4항, 복사}_{규칙 제7조 제2항, 제3항}$).

16   재판기록을 열람·복사하는 사람은 재판장이 지정한 사항($^{열람·복사의 일시·}_{장소·대상·방법 등}$) 및 법원이 특히 정하는 사항을 준수해야 한다. 또한, i) 재판기록에 가필 등 변경을 가하거나, ii) 재판기록이 멸실·손상·변질되게 하거나, iii) 비실명조치를 훼손하거나, iv) 그 밖의 부정한 수단·방법으로 개인정보를 취득하는 행위를 할 수 없다($^{복사규칙}_{제7조 제4항}$). 열람·복사를 담당하는 법원공무원은 신청인 등이 이러한 사항을 위반한 경우 또는 그 밖의 사고가 발생하거나 발생할 염려가 있는 경우에는 열람·복사의 중지·제한 그 밖의 적절한 조치를 취할 수 있다($^{같은 조}_{제5항}$). 이러한 처분에 대해서는 그 공무원이 속한 법원에 이의신청을 할 수 있으며, 이에 대해 법원은 결정을 해야 한다($^{같은 조}_{제6항}$).

17   (4) 기일간 공판준비절차   법원은 공판기일과 공판기일 간에도 쟁점 및 증거의 정리를 위해 필요한 경우에는 사건을 공판준비절차에 부칠 수 있다. 이 경우 기일전 공판준비절차에 관한 규정이 준용된다($^{제266}_{조의15}$).

18   (5) 기일변경명령   재판장은 공판기일을 변경할 수 있다($^{제270}_{조}$)[$^{§26/6}_{참조}$].

3. 전회 공판기일의 요지 고지

19   속행하는 공판기일에서는 전회 기일의 공판심리에 관한 주요사항의 요지를 공판조서에 의해 고지해야 한다. 전회의 공판조서가 아직 정리되지 않은 때에는 조서에 의하지 아니하고 속기록 등에 의해 고지할 수 있다($^{제54조}_{제2항}$).

제 4 공판기일의 기록

Ⅰ. 공판조서

1. 의　　　의

공판기일의 소송절차가 법정된 방식에 따라 적법하게 행해졌는지 여부를 인증하기 위해 그 공판기일에 참여한 법원사무관 등이 작성하는 조서를 공판조서라 한다(제51조 제1항). 증거목록은 물론 공판기일의 증인신문조서·검증조서·감정인신문조서·피고인신문조서 등도 공판조서의 일부를 이룬다.[1] 공판조서는 각 공판기일 후 신속히 작성해야 한다(제54조 제1항).

1

2. 구　　　성

⑴ 기재사항　　공판조서에는 i) 공판을 행한 일시와 법원, ii) 법관·검사·법원사무관 등의 관직 및 성명, iii) 피고인·대리인·대표자·변호인·보조인·통역인의 성명, iv) 피고인의 출석 여부, v) 공개의 여부와 공개를 금한 때에는 그 이유[§105/18 참조], vi) 공소사실의 진술 또는 이를 변경하는 서면의 낭독, vii) 피고인에게 그 권리를 보호함에 필요한 진술기회를 준 사실과 그 진술사실, viii) 피고인·증인·감정인·통역인·번역인의 진술, ix) 증인·감정인·통역인·번역인이 선서를 하지 아니한 때에는 그 사유, x) 증거조사를 한 때에는 증거서류·증거물 및 그 조사방법, xi) 공판정에서 행한 검증 또는 압수, xii) 변론의 요지, xiii) 재판장이 기재를 명한 사항 또는 소송관계인의 청구에 의해 기재를 허가한 사항, xiv) 피고인 또는 변호인에게 최종진술기회를 준 사실과 그 진술사실, xv) 결정·명령 고지사실 및 판결선고사실을 기재해야 한다(제51조 제2항). 공판조서를 소송관계인이나 변호인에게 읽어 줄 필요는 없으나, 진술자의 청구가 있는 때에는 그 진술에 관한 부분을 읽어주고, 증감변경의 청구가 있는 때에는 그 사실을 기재해야 한다(제52조). 구체적 기재방식에 관해서는 공판조서예규 및 증거목록예규에서 규정하고 있다.

2

1　대법원 1998. 12. 22. 선고 98도2890 판결: 「공판조서의 기재가 명백한 오기인 경우를 제외하고는 공판기일의 소송절차로서 공판조서에 기재된 것은 조서만으로써 증명하여야 하고 그 증명력은 공판조서 이외의 자료에 의한 반증이 허용되지 않는 절대적인 것이므로, 검사 제출의 증거에 관하여 동의 또는 진정성립 여부 등에 관한 피고인의 의견이 증거목록에 기재된 경우에는 그 증거목록의 기재는 공판조서의 일부로서 명백한 오기가 아닌 이상 절대적인 증명력을 가진다.」

3   (2) 첨부·인용   조서에는 서면, 사진, 속기록, 녹음물, 영상녹화물, 녹취서 등 법원이 적당하다고 인정한 것을 인용하고 소송기록에 첨부하거나 전자적 형태로 보관해 조서의 일부로 할 수 있다(규칙 제29조 제1항). 이 경우에도 피고인, 증인, 그 밖의 소송관계인의 진술 등 중요한 사항을 요약해 조서의 일부로 기재하게 할 수 있다(같은 조 제2항).

3. 기명날인·서명

4   공판조서에는 재판장과 참여한 법원사무관 등이 기명날인 또는 서명한다(제53조 제1항). 재판장이 기명날인 또는 서명할 수 없는 때에는 다른 법관이 그 사유를 부기하고 기명날인 또는 서명해야 하며, 법관 전원이 기명날인 또는 서명할 수 없는 때에는 참여한 법원사무관 등이 그 사유를 부기하고 기명날인 또는 서명해야 한다(같은 조 제2항). 법원사무관 등이 기명날인 또는 서명할 수 없는 때에는 재판장 또는 다른 법관이 그 사유를 부기하고 기명날인 또는 서명해야 한다(같은 조 제3항).[1]

4. 열람·등사·변경 등의 청구

5   (1) 열람·등사·낭독청구   피고인은 공판조서의 열람 또는 등사를 청구할 수 있다(제55조 제1항). 피고인이 공판조서를 읽지 못하는 때에는 공판조서의 낭독을 청구할 수 있다(같은 조 제2항, 규칙 제30조). 열람·등사·낭독청구에 응하지 아니한 때에는 그 공판조서를 유죄의 증거로 할 수 없다(제55조).

6   (2) 변경청구·이의제기   검사, 피고인 또는 변호인은 공판조서의 기재에 대해 변경을 청구하거나 이의를 제기할 수 있다(제54조 제3항). 위 청구나 이의가 있는 경우에는 그 취지 및 그에 대한 재판장의 의견을 기재한 조서를 당해 기일의 공판조서에 첨부해야 한다(같은 조 제4항).

---

1 대법원 1983. 2. 8. 선고 82도2940 판결: 「공판조서에 서명날인할 재판장은 당해 공판기일에 열석한 재판장이어야 하므로, 당해 공판기일에 열석하지 아니한 판사가 재판장으로서 서명날인한 공판조서는 적식의 공판조서라고 할 수 없어 이와 같은 공판조서는 소송법상 무효라 할 것이며, 따라서 공판기일에 있어서의 소송절차를 증명할 공판조서로서의 증명력이 없는 것이므로 당해 공판기일에 있어서의 소송절차는 증명이 되지 않는다고 할 것이다. 그렇다면 공판기일에 열석하지 아니한 판사 공소외 4가 재판장으로서 서명날인한 원심의 위 공판조서에 의하여는 적법한 소송절차가 이루어졌다는 증명이 되지 않으므로, 이 변론에 기하여 선고된 원심판결은 적법한 절차에 의하여 선고된 판결이라고 할 수 없어 상고논지에 대한 판단의 필요 없이 파기를 면치 못한다.」

5. 공판조서의 배타적 증명력

공판기일의 소송절차로서 공판조서에 기재된 것은 그 조서만으로써 증　　**7**
명한다($^{제56}_{조}$). 즉, 공판기일에 진행된 소송절차의 존부와 그 적법성에 관한
사실($^{가령 의견진술기회를 부여한}_{사실, 증거동의를 한 사실 등}$)[1]로서 공판조서에 기재된 것에 관해서는, 공판기일
은 물론 상소심에서도 반증[$^{§114/12}_{참조}$]이 허용되지 않는다.[2] 이는 상소심에서 원
심 공판절차 진행의 적법성 여부를 둘러싼 분쟁으로 인해 심리가 지연되거나
쟁점이 흐려지는 사태를 예방하고, 원심의 법관이나 법원사무관 등에 대한
증인신문으로 인한 형사사법의 마비를 방지하려는 데 그 취지가 있다.

배타적 증명력은 어디까지나 공판조서가 법령이 정한 절차에 따라 적법　　**8**
하게 작성되었을 것을 전제로 인정되며, 만약 작성과정에서 절차위반이 있을
경우 그 공판조서는 소송절차의 존재 및 적법성을 증명하는 효력이 없다. 불
명확하거나 상호 모순되는 기재, 소송의 진행경과 등에 비추어 볼 때 오기임
이 명백한 기재 또한 마찬가지다.[3]

Ⅱ. 속기와 녹취

법원은 검사, 피고인 또는 변호인의 신청이 있는 때에는 특별한 사정이 없　　**9**
는 한 공판정 심리의 전부 또는 일부를 속기사가 속기하게 하거나 녹음장치 또
는 영상녹화장치를 사용해 녹음 또는 영상녹화($^{녹음}_{포함}$)해야 하며, 필요하다고 인정
하는 때에는 직권으로 이를 명할 수 있다($^{제56조의2}_{제1항}$). 속기록의 전부 또는 일부를
조서에 인용하고 소송기록에 첨부해 조서의 일부로 하게 할 수 있다($^{규칙}_{제33조}$).

1　대법원 2016. 3. 10. 선고 2015도19139 판결: 「피고인이 변호인과 함께 출석한 공판기일의 공판
　조서에 검사가 제출한 증거에 대하여 동의한다는 기재가 되어 있다면 이는 피고인이 증거동의
　를 한 것으로 보아야 하고, 그 기재는 절대적인 증명력을 가진다.」

2　대법원 1983. 10. 25. 선고 82도571 판결; 1990. 9. 10. 선고 96도1252 판결 등.

3　대법원 2010. 6. 24. 선고 2010도5040 판결: 「제312조 제3항 … 에서 '그 내용을 인정할 때'라
　함은 피의자신문조서의 기재내용이 진술내용대로 기재되어 있다는 의미가 아니고 그와 같이 진
　술한 내용이 실제 사실과 부합한다는 것을 의미하는 것이다. 그런데 이 사건 기록에 의하면, 피
　고인은 이 부분 공소사실이 최초로 심리된 제1심 제4회 공판기일 이래 원심법정에 이르기까지
　일관하여 공소외 1의 허락하에 철근을 가져간 것이라는 취지로 주장하면서 위 각 절도의 점에
　관한 공소사실을 일관하여 부인하고 있으므로, 결국 피고인은 이 부분 공소사실에 대한 자백의
　취지가 담겨 있는 위 각 경찰 피의자신문조서의 진술내용을 인정하지 않는 것이라고 보아야 한
　다. 따라서 기록상 제1심 제4회 공판기일에 피고인이 위 각 서증의 내용을 인정한 것으로 기재
　된 것은 피고인의 진술경위로 보아 착오기재였거나 아니면 피고인이 그와 같이 진술한 사실이
　있었다는 것을 '내용인정'으로 조서를 잘못 정리한 것으로 보인다. 그렇다면 위 각 경찰 피의자
　신문조서는 증거능력이 없[다].」

10　　　　재판장은 필요한 때에는 법원사무관 등 또는 속기사 등에게 녹음 또는 영상녹화된 내용의 전부 또는 일부를 녹취할 것을 명할 수 있고($_{조 제1항}^{규칙 제38}$), 법원사무관 등에게 위 녹취서의 전부 또는 일부를 조서에 인용하고 소송기록에 첨부해 조서의 일부로 하게 할 수 있다($_{제2항}^{같은 조}$).

11　　　　법원은 속기록·녹음물 또는 영상녹화물을 공판조서와 별도로 보관해야 한다($_{2 제2항}^{제56조의}$). 검사, 피고인 또는 변호인은 비용을 부담하고 속기록·녹음물 또는 영상녹화물의 사본을 청구할 수 있다($_{제3항}^{같은 조}$). 조서의 일부가 되지 않은 속기록·녹음물·영상녹화물·녹취서는 재판이 확정되면 폐기한다($_{조}^{제39}$).

제3관　공판진행상의 특수문제

§146　제1　사건의 병합과 분리

Ⅰ. 병합심리결정

1. 의　　의

1　　　　형사소송법은 i) 1인이 범한 수죄($_{범}^{경합}$), ii) 수인이 공동으로 범한 죄($_{교사범, 종범,}^{공동정범,}$ $_{필요적공범}$), iii) 수인이 동시에 동일장소에서 범한 죄($_{범}^{동시}$), iv) 범인은닉·증거인멸·위증·허위감정통역·장물에 관한 죄와 그 본범의 죄를 '관련사건'으로 정하고 있는바($_{조}^{제11}$), 검사는 관련사건에 해당하는 사건들을 하나의 공소장으로 병합기소할 수 있으며, 이 경우 그 사건들은 하나의 재판부에서 심리됨은 앞서 설명했다[$_{참조}^{§96}$]. 그러나 때에 따라서는 관련사건이 따로따로 기소되어 각각 다른 법원에 소송계속될 수 있는바, 이 경우 병합심리를 하자면 그중 한 법원이 다른 법원에 계속된 사건을 끌어와서 하나의 공판절차로 심리하도록 하는 재판이 필요하다. 이러한 재판을 병합심리결정이라 한다.

2　　　　이와는 반대로 병합기소된 관련사건 중 일부를 분리해 같은 법원 내 다른 재판부 또는 다른 지역의 법원으로 이송할 수도 있으나($_{이른바 분리심리결정}^{제7조, 제9조 단서;}$), 현실에서 거의 활용되지 않는다.[1]

1　제요(Ⅰ) 32, 38쪽.

2. 합의부의 병합심리결정

관련사건이 따로따로 기소되어 일부는 단독판사, 일부는 합의부에 계속   3
된 경우, 합의부는 결정으로 단독판사에 속한 사건을 병합하여 심리할 수 있
다(제10조, 규칙). 이는 관련사건이 각각 다른 법원(국법상)의 합의부와 단독판사에
계속된 때에도 마찬가지이므로, 단독판사가 그 심리중인 사건의 관련사건이
합의부에 계속된 사실을 알게 된 때에는 즉시 합의부의 재판장에게 그 사실
을 통지해야 한다(규칙 제4). 합의부의 병합심리결정은 직권사항으로, 소송주체
가 이를 신청하더라도 직권발동 촉구의 의미만 있다[§26/5 참조].

합의부가 병합심리결정을 한 때에는 이를 검사·피고인에게 고지함과   4
동시에 그 결정등본(공판정에서 구술로 고지한 경우에는 공판조서등본)을 단독판사에게 송부해야 하며, 단
독판사는 이를 송부받은 날로부터 5일 이내에 소송기록과 증거물을 합의부
에 송부해야 한다(규칙 제4 조 제3항). 송부를 한 법원과 송부받은 법원은 각각 그 법원
에 대응하는 검찰청(또는 공수처)의 검사에게 그 사실을 통지해야 한다(규칙 제8조 제1항, 제2항).

3. 토지관할 병합심리결정

⑴ 의 의   관련사건이 각각 다른 지방법원에 계속된 경우, 그 각 법   5
원에 공통되는 바로 위의 상급법원은 검사 또는 피고인의 신청에 의해 그중
어느 한 법원이 병합심리하게 할 수 있다(제6조). 앞서 본 합의부의 병합심리결
정이 직권사항에 속하는 것과 달리, 토지관할의 병합심리는 오로지 신청사항
으로서 상급법원이 직권으로 할 수 없다.

⑵ 요 건   제6조의 '각각 다른 법원에 계속된 때'란 관련사건이 서로   6
다른 지방법원(본원·지원)에 계속된 경우를 말한다. 사건계속법원이 각각 사물관할
을 달리하는 경우는 여기서 말하는 '각각 다른 법원'에 해당하지 않으며, 위
에서 설명한 합의부 병합심리결정의 대상이다.[1]

---

1 대법원 1990. 5. 23.자 90초56 결정: 「제6조는 토지관할을 달리하는 수개의 관련사건이 각각
   다른 법원에 계속된 때에는 공통되는 직근 상급법원은 검사 또는 피고인의 신청에 의하여 결
   정으로 1개 법원으로 하여금 병합심리하게 할 수 있다고 규정하고 있는데 여기서 말하는 '각각
   다른 법원'이란 사물관할은 같으나 토지관할을 달리하는 동종, 동등의 법원을 말하는 것이므로
   사건이 각각 계속된 마산지방법원 항소부와 부산고등법원은 심급은 같을지언정 사물관할을 같
   이 하지 아니하여 여기에 해당하지 아니하고 그밖에는 이 사건과 같은 경우에 직근 상급법원
   으로 하여금 병합심리를 하게 할 근거가 없다.」

⑶ 절   차

7   ㈎ 신   청   토지관할 병합심리결정은 '공통되는 바로 위의 상급법원'
에 서면으로 신청해야 한다(제6조, 규칙 제2조 제1항). '공통되는 바로 위의 상급법원'이란 두
법원의 소속 고등법원이 같은 때에는 그 고등법원, 다른 때에는 대법원을 말
한다(법원설치법 제14조, [별표 3])[§143/3 참조].[1]

8   병합심리신청서에는 병합심리가 필요한 사유를 기재해야 한다(규칙 제2조 제1항).
검사가 신청하는 때에는 피고인의 수에 해당하는 부본을, 피고인이 신청하는
때에는 1통의 부본을 첨부해야 한다(같은 조 제2항).

   ㈏ 법원의 조치

9   ⒜ 부본송달 등   신청을 받은 상급법원은 그 사실을 각 사건계속법원
에 통지하고, 신청서의 부본을 신청인의 상대방에게 송달해야 한다(같은 조 제3항).
통지서를 송부받은 사건계속법원과 신청서 부본을 송달받은 소송주체는 그
송달받은 날로부터 3일 이내에 의견서를 제출할 수 있다(같은 조 제4항). 사건계속법
원은 급속을 요하는 경우가 아닌 한 상급법원의 결정이 있기까지 소송절차를
정지해야 한다(규칙 제7조).

10   ⒝ 결   정   상급법원은 신청이 이유 없다고 인정할 때에는 기각결정
을, 이유 있다고 인정할 때에는 특정 법원이 사건을 병합심리하게끔 하는
결정(병합심리 결정)을 하여 그 등본을 신청인과 그 상대방 및 각 사건계속법원에
송달·송부해야 한다(규칙 제3조 제1항). 병합심리할 법원으로 지정된 법원 이외의 법원
에서는 위 등본을 송부받은 날로부터 7일 이내에 소송기록과 증거물을 병합
심리할 법원에 송부해야 한다(같은 조 제2항).

Ⅱ. 변론의 분리와 병합

1. 의   의

11   수개의 관련사건(제11조)[§34 참조]이 동일법원의 재판부에 계속되어 있고 사물관
할도 같은 경우(관련사건들이 동일법원 내 여러 합의부(또는 단독판사)에 흩어져 배당되었거나, 같은 재판부에 순차로 배당된 경우)에 이들을 하나의 공판

---

1 대법원 2006. 12. 5.자 2006초기335 (全)결정:「토지관할을 달리하는 수개의 제1심법원들에 관
   련사건이 계속된 경우에 그 소속 고등법원이 같은 경우에는 그 고등법원이, 그 소속 고등법원
   이 다른 경우에는 대법원이 위 제1심법원들의 공통되는 직근상급법원으로서 위 조항에 의한
   토지관할 병합심리신청사건의 관할법원이 된다.」

절차로 심리하는 것을 변론의 병합이라 한다. 이는 i) 수개의 관련사건이 여러 지방법원에 계속된 경우에 하는 토지관할 병합심리결정, ii) 수개의 관련사건이 합의부와 단독판사에게 각각 계속된 경우에 하는 합의부의 병합심리결정과 구별되는바, 차이점을 도해하면 아래의 표와 같다.

	요 건		절 차	
	국법상 의미의 법원	사물관할	신청에 의한 결정	직권결정
변론병합결정	같음	같음	○	○
토지관할 병합심리결정	다름	같음	○	×
합의부의 병합심리결정	불문함	다름	×	○

한편, 하나의 공판절차에서 심판받고 있는 여러 개의 관련사건에 대한 변론을 별개의 공판절차로 나누어 진행하는 것을 변론의 분리라 한다.   **12**

2. 절   차

법원은 직권 또는 검사·피고인·변호인의 신청에 의해 결정으로 변론을 분리하거나 병합할 수 있다(제300조). 그 구체적 모습으로는 i) 병합기소된 관련사건들 중 일부를 분리하였다가 다시 병합하는 경우, ii) 1명의 피고인에 대해 수개의 공소장으로 각각 기소된 관련사건을 공판심리중 병합하는 경우, iii) 병합기소된 여러 명의 피고인들 중 일부에 대해 변론을 분리했다가 다시 병합하는 경우[§122/8 참조]1 등이 있다.2 결정은 공판기일 외에서는 재판서의 송달로, 공판정에서는 구술로 고지한 후 그 취지를 공판조서에 기재하는 방식으로 한다(제38조).   **13**

판례는, 변론의 분리나 병합 여부는 법원의 재량이므로, 동일피고인에 대해 수개의 범죄사실이 각각 별개로 기소되거나[3] 공범관계에 있는 수인의 피고인이 각각 별개로 기소된 경우[4]에 법원이 변론을 반드시 병합해야 하는 것은 아니라고 한다.[5]   **14**

---

1 대법원 2008. 6. 26. 선고 2008도3300 판결.
2 제요(Ⅱ) 166-167쪽.
3 대법원 2005. 12. 8. 선고 2004도5529 판결.
4 대법원 1990. 6. 22. 선고 90도764 판결; 2013. 5. 23. 선고 2013도3811 판결.
5 헌법재판소 2011. 3. 31. 선고 2009헌바351 (숲)결정.

§147 제2 공소장변경

I. 의 의

1   수소법원의 심판범위는 공소장에 기재된 범죄사실과 사건의 동일성이 인정되는 범위 전체이며(제248조 제2항, 제298조 제1항), 이는 확정판결의 기판력 범위와 일치한다(공소제기의 물적 효력범위=법원의 심판범위=기판력의 객관적 범위)[§98/2 참조]. 가령 포괄일죄나 상상적경합의 관계에 놓이는 범죄사실 중 일부에 대해 공소를 제기하더라도 심판의 대상이 되는 것은 그 범죄사실 전체이다(제248조 제2항; 공소불가분원칙). 가령 강도상해죄의 혐의가 인정되는데도 검사가 강도죄로만 기소한 경우, 법원의 심판대상이 되는 것은 강도상해죄 전체이므로, 강도죄에 대한 판결이 확정된 후에 검사가 별도로 상해부분에 대해 공소를 제기하더라도 법원은 면소판결을 해야 한다[§53/1 참조].

2   그러나, 하나의 사건(A)이 법률적·사실적 측면에서 여러 형태로 구성될 수 있다고 할 때(a1, a2, a3 …), 현실적으로 심판대상이 되는 것은 그중 공소장에 제시된 형태(a1)에 한정되며, 그 이외의 형태(a2, a3 …)에 대해서까지 법원이 당연히 심리해 심판할 수 있는 것은 아니다. 피고인은 공소장에 기재된 사실(a1)에 초점을 맞춰 방어할 수밖에 없고, 기본적 사실관계의 동일성이 인정되는 범위라 해도 공소장에 제시된 것 이외의 사실(a2, a3 …) 전체에 대해 방어준비를 하는 것은 불가능하다. 만약 심판의 현실적 대상을 a1에서 a2로, 다시 a3로 제한 없이 바꿀 수 있도록 한다면 이는 사실상 방어의 포기를 강요하는 기습재판이 된다. 그러므로 사건의 동일성이 인정되는 범위 전체(A)를 심판대상으로 삼기는 하되, 수소법원이 당장 실제적 심리를 할 수 있는 대상은 공소장에 제시된 형태(a1)에 한정되고, 그 밖의 형태(a2, a3 …)는 일정한 절차적 요건이 갖춰진 때에 한해 비로소 심리·판결의 대상이 된다고 봄이 학계와 실무의 일반적 관점이다. 여기서 전자의 형태(a1)를 '현실적 심판대상'이라 하고, 후자의 형태(a2, a3, …)를 통틀어 '잠재적 심판대상'이라 한다.

3   잠재적 심판대상을 현실적 심판대상으로 편입시키는 소송행위, 즉 사건의 동일성이 인정되는 범위 내에서 공소장에 기재된 공소사실이나 적용법조를 추가, 철회 또는 변경하는 검사의 소송행위를 공소장변경이라 한다(제298조).

공판심리가 진행되어 새로운 사실관계가 제기되고, 그것이 기존의 공소사실과 차이를 보이는 경우에, 그 새로운 사실이 i) 현실적 심판대상의 범위(a1) 안에 있다면 법원은 곧바로 그에 대해 판단할 수 있으나, ii) 잠재적 심판대상(a2, a3 ⋯)의 영역에 속해있다면 법원은 공소장변경절차를 거친 뒤에야 이를 심판할 수 있다.[1]

Ⅱ. 유　　형

1. 추　　가

공소사실의 추가란 기존의 공소사실 외에 새로운 사실을 심판대상으로 더하는 것을 말한다. 여기에는 단순추가와 예비적·택일적 추가가 있다.　　　**4**

⑴ 단순추가　　단순추가란 기존의 공소사실과 양립가능한 별개의 범죄사실을 심판대상으로 편입시키는 것을 말한다. 예컨대 상습절도죄의 공소사실에 동일한 습벽에 기한 절도범행사실을 추가하는 것이다.　　　**5**

⑵ 예비적·택일적 추가　　i) 예비적추가는 기존의 공소사실과 양립할 수 없는 범죄사실을 후순위 심판대상으로 편입시키는 방식이다. 예컨대 '피고인이 피해자를 기망해 100만원을 편취하였다'는 사기의 공소사실(주위적 공소사실)에 무죄가 선고될 경우를 대비해, '피고인이 피해자의 돈 100만원을 보관하던 중 임의로 소비해 횡령하였다'는 횡령의 공소사실(예비적 공소사실)을 후순위 심판대상으로 추가하는 경우가 이에 해당한다. ii) 택일적추가는 기존의 공소사실과 양립할 수 없는 범죄사실을 심판대상으로 추가하면서 (순위를 매기지 않고) 그중 어느 하나를 유죄로 인정해줄 것을 구하는 방식이다.　　　**6**

예비적·택일적 추가가 있는 경우에는 기존의 공소사실과 추가된 공소사실 모두가 법원의 현실적 심판대상이 되고, 그 결과 둘 중 어느 하나에 대한 상소제기의 효력은 다른 하나에도 미친다. 따라서 상소법원은 원심법원이 유죄로 인정한 주위적 공소사실을 무죄로 판단한 다음 원심이 판단을 생략했던 예비적 공소사실을 유죄로 인정할 수 있으며, 택일적 공소사실 가운데 어느 하나를 인정한 원심판결을 파기하고 다른 하나를 유죄로 인정할 수 있다.[2]　　　**7**

---

1 대법원 1989. 10. 10. 선고 88도1691 판결.

2 대법원 1975. 6. 24. 선고 70도2660 판결:「공소사실과 적용법조가 택일적으로 기재되어 공소가 제기된 경우에 그중 어느 하나의 범죄사실만에 관하여 유죄의 선고가 있은 제1심판결에 대

8   예비적추가가 있는 경우 법원은 우선 주위적 공소사실부터 검토한 후
그것이 유죄로 인정되지 않는 때에 비로소 예비적 공소사실을 심판해야 하고
처음부터 예비적 공소사실을 심판할 수 없다. 반면, 택일적추가가 있는 경우
법원은 기존의 공소사실과 추가된 공소사실 중 어느 하나를 유죄로 판단하면
다른 하나에 대한 판단을 생략할 수 있다(반면, 어느 하나를 무죄로 판단한 경우에는
다른 하나에 대한 판단을 생략할 수 없다.). 그리
고 택일적 공소사실 중 어느 하나가 유죄로 인정되면 검사는 법원이 다른 하
나를 유죄로 인정하지 않았음을 이유로 상소할 수 없는 반면,[1] 예비적추가
에서 예비적 공소사실만이 유죄로 인정된 때에는 검사는 주위적 공소사실에
대한 법원의 무죄판단에 불복해 상소할 수 있다[§173/3
참조].

2. 철   회

9   공소사실의 철회란 소송법상 1개의 사건을 이루는 여러 공소사실 가운
데 일부를 심판대상에서 제외시키는 것을 말한다. 예비적·택일적으로 추가
된 공소사실도 철회대상이 될 수 있다. 공소취소의 경우와는 달리, 철회된 공
소사실에는 재기소제한효가 발생하지 않는다[§100/3
참조].[2]

하여 항소가 제기되었을 때 항소심에서 항소이유 있다고 인정하여 제1심판결을 파기하고 자판
을 하는 경우에는, … 제1심에서 유죄로 인정되었던 공소사실 이외의 다른 범죄사실을 새로 선
택하여 유죄로 인정할 수도 있다고 할 것이고, 또 그 경우 택일적으로 공소가 제기된 여러 공소
사실에 대하여는 그 가운데 어느 하나만을 선택하여 유죄로 판결하였다면 그것으로서 족하다
할 것이므로, 그 이외의 공소사실에 관하여는 비록 그 사실이 제1심판결에서 유죄로 인정되었
던 공소사실이었다고 하더라도 이에 대한 판단을 반드시 따로 하여야 할 것은 아니다.」

1 대법원 2006. 12. 22. 선고 2004도7232 판결:「검사가 수개의 가분적인 증여대상물에 대하여
증여자를 택일적으로 기재하여 증여세포탈죄로 공소제기한 경우 법원으로서는 각 증여대상물
별로 증여자를 가려 심판하여야 하므로, 특정 증여대상물에 대하여 택일적으로 기재된 증여자
중 한쪽을 증여자로 인정하여 유죄로 판단하는 경우에는 나머지 한쪽이 증여자에 해당하는지
에 대하여 따로 심판할 필요가 없는 것이지만, 특정 증여대상물에 대하여 택일적으로 기재된
증여자 중 어느 쪽도 증여자로 인정되지 않는다고 보아 무죄로 판단하는 경우에는 택일적으로
기재된 증여자 모두에 대하여 증여자로 인정할 수 없는 이유를 밝혀야 한다. 한편, 검사로서는
특정 증여대상물에 대하여 택일적으로 기재된 증여자 중 한쪽을 증여자로 인정하여 유죄로 판
단한 부분에 대하여 나머지 한쪽을 증여자로 인정하지 않았다는 이유로 불복할 수는 없는 것
이지만, 특정 증여대상물에 대하여 택일적으로 기재된 증여자 중 어느 쪽도 증여자로 인정되
지 않는다는 이유로 무죄로 판단한 부분에 대하여는 택일적으로 기재된 증여자 중 적어도 어
느 한쪽은 증여자에 해당한다는 취지로 불복할 수 있는 것이다.」

2 대법원 2004. 9. 23. 선고 2004도3203 판결:「i) 당초 피고인이 그가 상무로 재직하던 신용협동
조합에서 이 사건 피해자를 비롯한 다수의 사람들로부터 대출 명의를 빌려 변제능력이 없는
사람들에게 대출을 함으로써 조합에 손해를 가한 혐의로 업무상배임의 포괄일죄로 기소되어 1
심재판을 받던 중, ii) 이 사건 피해자 명의로 이루어진 대출의 경우 그 대출금이 위 조합의 시
재금 부족분에 충당되었을 뿐 피고인이 이를 현실로 인출·사용한 적이 없다는 이유로 그 부분
공소사실이 철회되고 나머지 공소사실에 관하여 유죄의 확정판결을 받았다가, iii) 그 후 위 대

경합범으로 기소된 수죄 중 일부를 공소장변경을 통해 철회할 수도 있   **10**
다. 그러나 이것은 형식적으로 공소장변경일 뿐 실질적으로는 그 철회된 죄
에 관한 공소취소[$\frac{\S99}{\text{참조}}$]에 해당하므로, 법원은 그와 같이 철회($\frac{공소}{취소}$)된 공소사실
에 대해 제328조 제1항 제1호에 따른 공소기각결정을 해야 한다.[1] 이 경우
재기소제한효($\frac{제329}{조}$)가 발생한다[$\frac{\S100/3}{\text{참조}}$].

항소심에서는 공소취소를 할 수 없으므로($\frac{제255}{조}$), 공소취소의 실질을 갖는   **11**
공소장변경 또한 제1심에서만 가능하다[$\frac{\S189/9}{\text{참조}}$].

3. 변   경

공소사실의 변경이란 기본적 사실관계의 동일성을 해하지 않는 한도에   **12**
서 공소사실을 구성하는 기본요소의 실질적 내용을 바꾸는 것을 말한다. 공
소사실의 변경이 있는 때에는 그 변경된 것이 현실적 심판대상으로 되며, 소
송조건 또한 변경 후 공소사실을 기준으로 판단한다. 가령 기존의 공소사실
인 횡령을 기준으로 하면 공소시효가 완성되었으나 변경된 공소사실인 특경
법위반(횡령)을 기준으로 하면 공소시효가 완성되지 않은 경우에는 실체판결
을 해야 하고, 그 반대의 경우에는 면소판결($\frac{제326조}{제3호}$)을 해야 한다.[2]

또한, 가령 폭행죄로 기소되어 공판심리중인 사건에서 피해자가 처벌불   **13**
원의사표시를 하였으나 그 뒤 공소사실이 상해죄로 변경된 경우, 법원은 제
327조 제6호에 따른 공소기각판결을 할 수 없다.[3]

출행위로 말미암아 위 조합에 대하여 법률상 채무를 부담하게 된 피해자의 고소에 의하여 피
해자에 대한 사기죄로 이 사건 공소가 제기된 사실을 알 수 있는바, 그렇다면 위 공소사실의
철회는 공소의 취소에 해당하지 아니하여 제329조의 제한을 받지 아니한다.」

1 대법원 1988. 3. 22. 선고 88도67 판결:「공소사실의 철회는 공소사실의 동일성이 인정되는 범
위내의 일부 공소사실에 한하여 가능한 것이므로, 공소장에 기재된 수개의 공소사실이 서로
동일성이 없고 실체적경합관계에 있는 경우에 그 일부를 소추대상에서 철회하려면 공소장변경
의 방식에 의할 것이 아니라 공소의 일부취소절차에 의하여야 할 것이다. 실체적경합관계에
있는 수개의 공소사실 중 어느 한 공소사실을 전부 철회하거나 그 공소사실의 소추대상에서
피고인을 완전히 제외하는 검사의 공소장변경신청이 있는 경우에 이것이 그 부분의 공소를 취
소하는 취지가 명백하다면 공소취소신청이라는 형식을 갖추지 아니하였다 하더라도 이를 공소
취소로 보아 공소기각을 하여야 할 것이다.」

2 대법원 2001. 8. 24. 선고 2001도2902 판결:「공소장변경이 있는 경우에 공소시효의 완성 여부
는 당초의 공소제기가 있었던 시점을 기준으로 판단할 것이고 공소장변경시를 기준으로 삼을
것은 아니지만, 공소장변경절차에 의하여 공소사실이 변경됨에 따라 그 법정형에 차이가 있는
경우에는 변경된 공소사실에 대한 법정형이 공소시효기간의 기준이 된다고 보아야 하므로 공
소제기 당시의 공소사실에 대한 법정형을 기준으로 하면 공소제기 당시 아직 공소시효가 완성
되지 않았으나 변경된 공소사실에 대한 법정형을 기준으로 하면 공소제기 당시 이미 공소시효
가 완성된 경우에는 공소시효의 완성을 이유로 면소판결을 선고하여야 한다.」

Ⅲ. 요 건

1. 한 계

14   공소장변경은 기존의 공소사실과 사건의 동일성[$\S53$ 참조]이 인정되는 범위에서만 할 수 있으며, 그 외의 사실을 심판대상으로 삼으려면 별도의 공소제기가 필요하다($\frac{추가}{기소}$). 동일성 범위 밖의 사건에 대한 공소장변경신청을 허가함은 불고불리원칙 위반으로서 위법하며, 그러한 범죄사실에 대해 판결할 경우 상소이유가 된다($\frac{제361조의5 \ 제1호,}{제383조 \ 제1호}$)[$\frac{\S174/22}{참조}$].

2. 필 요 성

15   (1) 판단기준   공소장에 기재된 범죄사실(α)과 법원이 심판대상으로 삼으려는 범죄사실(β) 간에 사건의 동일성이 인정된다고 해서 언제나 공소장변경이 필요한 것은 아니다. i) β를 심판대상으로 삼는 것이 피고인의 방어권행사에 실질적으로 불이익을 초래할 염려가 있는 때($\frac{\beta가 \ 잠재적}{심판대상인 \ 때}$)에는 공소장변경이 필요한 반면, ii) 그러한 염려가 없는 때($\frac{\beta가 \ 현실적}{심판대상인 \ 때}$)에는 공소장변경이 군이 필요하지 않다($\frac{사실기재설 \ 또는}{실질적불이익설}$).[1] 방어권행사에 실질적 불이익을 초래할 염려가 있는지는, 기존 범죄사실과 새로운 범죄사실 간 법정형 차이 및 그것이 피고인이 방어에 쏟을 노력·시간·비용 등의 판단에 미칠 영향,[2] 새로운 범죄사실이 기존 범죄사실의 심리과정에서 이미 충분히 심리된 것인지 여부,[3] 피고인 스스로 새로운 범죄사실에 관한 주장을 개진한 바가 있는지 여부[4] 등을 고려해 판단한다. 기습재판을 막으려는 공소장변경제도의 취지상, 법적 측면에서는 법정형의 경중 및 구성요건의 질적 차이가, 사실관계적

---

3 대법원 2011. 5. 13. 선고 2011도2233 판결:「고소가 취소되었음에도 친고죄로 기소되었다가 그 후 당초에 기소된 공소사실과 동일성이 인정되는 비친고죄로 공소장변경이 허용된 경우 그 공소제기의 흠은 치유되고, 친고죄로 기소된 후에 피해자의 고소가 취소되더라도 제1심이나 항소심에서 당초에 기소된 공소사실과 동일성이 인정되는 범위 내에서 다른 공소사실로 공소장을 변경할 수 있으며 이러한 경우 변경된 공소사실에 대하여 심리·판단하여야 하는데, 이는 반의사불벌죄에서 피해자의 '처벌을 희망하지 아니하는 의사표시' 또는 '처벌을 희망하는 의사표시의 철회'가 있는 경우에도 마찬가지[다].」

1 대법원 1981. 3. 24. 선고 80도2832 판결; 1990. 5. 25. 선고 89도1694 판결.

2 대법원 2007. 12. 27. 선고 2007도4749 판결.

3 대법원 1999. 11. 9. 선고 99도2530 판결.

4 대법원 1991. 5. 28. 선고 90도1977 판결; 2004. 6. 24. 선고 2002도995 판결.

측면에서는 피고인의 예측가능성 유무가 중요기준이 된다고 할 수 있다.[1]

　　종래에는 기존의 범죄사실과 새로운 범죄사실 사이에 구체적 사실관계가 다르더　　16
　　라도 적용법조나 법률적 구성에 차이가 없으면 공소장변경이 불필요하다는 관점
　　들(동일벌조설,법률구성설)도 있었으나, 현재로서는 학설사적 의미만 있다.

⑵ 공소장변경이 불필요한 경우(현실적 심판대상)

㈎ 유　형

　　(a) 축소사실　　　새로운 범죄사실이 공소장에 기재된 기존 범죄사실의　　17
축소사실(縮小事實)에 해당하고, 기존 범죄사실의 심리과정에서 이미 충분히
검토되었다고 볼 수 있는 경우, 법원은 공소장변경 없이 이에 관해 심리·판
결할 수 있다.[2] 축소사실이란 예컨대 i) 결과적가중범의 공소사실에 대해 기
본범죄의 사실,[3] ii) 기수범의 공소사실에 대해 미수범의 사실, iii) 가중적구
성요건의 공소사실에 대해 기본적구성요건의 사실,[4] iv) 결합범의 공소사실
에 대해 그 일부[5] 또는 분할된 사실을 말한다. 이를테면 특가법위반(도주치상, 치사)
으로 기소된 사건에서 교특법위반(치상,치사)의 사실을 인정하는 경우, 형법 제331
조 제1항의 특수절도죄로 기소된 사건에서 주거침입죄와 절도죄의 경합범을
인정하는 경우, 수뢰후부정처사죄로 기소된 사건에서 뇌물수수죄를 인정하
는 경우에는 공소장변경이 불필요하다. 다만 축소사실이 여러 형태로 구성될
수 있을 경우 법원은 그중 어느 하나를 임의로 선택해서는 안 되고, 검사에
게 공소사실 및 적용법조에 관한 석명을 구해 공소장을 보완하게 한 뒤 그에

1　대법원 2007. 12. 27. 선고 2007도4749 판결:「이 사건과 같이 일반법과 특별법이 동일한 구성
　요건을 가지고 있고 어느 범죄사실이 그 구성요건에 해당하는데 검사가 그중 형이 보다 가벼
　운 일반법의 법조를 적용하여 그 죄명으로 기소하였으며, 그 일반법을 적용한 때의 형의 범위
　가 '징역 15년 이하'이고, 특별법을 적용한 때의 형의 범위가 '무기 또는 3년 이상의 징역'으로
　서 차이가 나는 경우에는, 비록 그 공소사실에 변경이 없고 또한 그 적용법조의 구성요건이 완
　전히 동일하다 하더라도, 그러한 적용법조의 변경이 피고인의 방어권행사에 실질적인 불이익
　을 초래한다고 보아야 하며, 따라서 법원은 공소장변경 없이는 형이 더 무거운 특별법의 법조
　를 적용하여 특별법위반의 죄로 처단할 수는 없다.」
2　대법원 1999. 11. 9. 선고 99도2530 판결:「공소가 제기된 범죄사실에 포함된 보다 가벼운 범
　죄사실이 인정되는 경우에 심리의 경과에 비추어 피고인의 방어권행사에 실질적 불이익을 초
　래할 염려가 없다고 인정되는 때에는 공소장이 변경되지 않았더라도 직권으로 공소장에 기재
　된 공소사실과 다른 사실을 인정할 수 있는 것이다.」
3　대법원 2001. 10. 30. 선고 2001도3867 판결.
4　대법원 1990. 10. 30. 선고 90도2022 판결.
5　대법원 1973. 7. 24. 선고 73도1256 판결.

따라 심리·판단해야 한다.[1]

18   (b) 법률적 구성만을 달리하는 사실   기존 범죄사실과 사실관계가 같고 단지 법률적 평가만을 달리하는 범죄사실은, 법정형이 더 중하지 않은 이상 공소장변경 없이 인정할 수 있다(가령 배임으로 기소된 사건에서 사실관 계의 변동 없이 횡령을 인정하는 경우). 동일 사실관계를 전제로 죄수평가만을 다르게 하는 경우에도 공소장변경이 불필요하다.[2]

19   (c) 사실관계를 지엽적으로 달리하는 사실   새로운 범죄사실이 기존의 범죄사실과 범행의 일시·장소에서 아주 약간 다른 때에는 공소장변경이 필요하지 않다(실무상 방어권보장 강화를 위해 굳이 공 소장변경절차를 거치게 하는 경우도 있다).[3] 행위와 결과 간에 인과과정을 달리 인정하거나 과실의 내용을 더 구체적으로 인정하는 경우[4]에도 마찬가지다. 단순히 오기를 정정하거나 누락된 사항을 보정함에 공소장변경이 불필요함은 물론이다.[5]

20   한편, 사실관계의 변동 정도가 커서 피고인의 방어권행사에 불이익을 줄 우려가 있을 정도로 차이가 나는 경우에는 공소장변경이 필요하다.[6]

   (나) 심판의무

21   (a) 원 칙   새로운 범죄사실이 현실적 심판대상으로서 공소장변경 없이 직권으로 심판할 수 있는 사항이라 하더라도, 원칙상 법원에게 심판의무가 있는 것은 아니다. 즉, 법원은 직권으로 그 사실을 인정할 수도 있지만, 기존의 범죄사실에 대해 무죄를 선고하는 데 그칠 수도 있다.[7] 예컨대 폭행치사로 기소된 사건에서 피고인의 행위와 피해자의 사망 간에 인과관계가 인정되지 않는 경우, 법원은 단순폭행의 범죄사실에 대한 유죄판결을 할 수도 있지만, 폭행치사의 범죄사실에 대한 무죄판결만을 할 수도 있다.[8]

---

1 대법원 2005. 7. 8. 선고 2005도279 판결.

2 대법원 1980. 12. 9. 선고 80도2236 판결; 2005. 10. 28. 선고 2005도5996 판결.

3 대법원 2022. 12. 15. 선고 2022도10564 판결:「공소장변경절차를 거치지 않고서도 직권으로 당초 공소사실과 다른 공소사실에 대하여 유죄를 인정할 수 있는 예외적인 경우임에도 공소장변경절차를 거친 다음 변경된 공소사실을 유죄로 인정하는 것은 심판대상을 명확히 특정함으로써 피고인의 방어권 보장을 강화하는 것이므로 특별한 사정이 없는 한 위법하다고 볼 수 없다.」

4 대법원 1990. 5. 25. 선고 89도1694 판결; 1998. 3. 27. 선고 97도3079 판결.

5 대법원 1989. 5. 9. 선고 87도1801 판결.

6 대법원 1990. 10. 26. 선고 90도1229 판결.

7 대법원 1984. 11. 27. 선고 84도2089 판결.

8 대법원 1990. 10. 26. 선고 90도1229 판결:「이 사건에서 공소가 제기된 상해치사의 범죄사실과 대비하여 볼 때, 피고인이 위와 같이 주먹으로 얼굴을 2회 때리는 등의 정도로 피해자의 신

(b) 예 외   직권으로 새로운 범죄사실을 유죄로 판단하지 않고 단지   **22**
기존의 범죄사실에 대해 무죄판단만을 하는 것이 현저히 정의와 형평에 반하
는 경우에는, 예외적으로 그 새로운 범죄사실에 대해 적극적으로 심판해야
할 의무가 인정된다.[1] 예컨대 형법 제347조 제1항의 사기죄로 기소된 사건
에서 재산상 이익의 취득자가 피고인이 아니라 제3자임이 드러난 경우, 법원
은 형법 제347조 제2항의 사기($^{새로운}_{범죄사실}$)로 의율해 심리해야 하고, 같은 조 제1
항의 사기($^{기존의}_{범죄사실}$)에 대해 무죄를 선고하는 데 그쳐서는 안 된다.[2]

(3) 공소장변경이 필요한 경우(잠재적 심판대상)

㈎ 유 형

(a) 법정형이 중한 구성요건해당사실   새로운 범죄사실이 기존의 범죄   **23**
사실보다 법정형이 중한 경우에는, 그 전제되는 사실관계가 동일하더라도 현
실적 심판대상이 아니라 잠재적 심판대상에 해당하므로, 법원은 공소장변경

체에 대하여 폭행을 가한 범죄사실에 관하여, 원심이 공소장이 변경되지 않았다는 이유로 유
죄로 인정하지 아니한 것이 현저히 정의와 형평에 반하는 것이라고는 인정되지 않는다.」

1 대법원 2009. 5. 14. 선고 2007도616 판결: 「원심은 … 공소사실 중 '피고인이 피해자를 베란
다로 끌고 간 후 베란다 창문을 열고 피해자를 난간 밖으로 밀어 12층에서 떨어지게 하였다는
점'을 제외한 나머지 공소사실은 모두 인정된다고 판단하였고, 피고인도 피해자를 때리고 양쪽
손과 발목을 테이프로 묶었다는 등 살인의 점을 제외한 나머지 공소사실을 전부 시인하고 있
어 이 부분 범죄사실을 유죄로 인정하여도 피고인의 방어권행사에 실질적인 불이익을 초래할
염려가 없다. … 검사의 공소장변경이 없다는 이유만으로 위 공소사실에 포함된 나머지 범죄
사실로 처벌하지 아니하는 것은 적정절차에 의한 실체적 진실의 발견이라는 형사소송의 목적
에 비추어 현저히 정의와 형평에 반한다고 할 것이다. 그렇다면 원심으로서는 검사의 공소장
변경이 없더라도 공소제기된 범죄사실에 포함된 그보다 가벼운 다른 범죄사실인 폭행이나 상
해, 체포·감금 등의 죄에 해당하는지를 판단하여 그 죄로 처단하였어야 할 것임에도, 원심은
이에 이르지 아니한 채 피고인에게 무죄를 선고하였으니, 이러한 원심판결에는 공소장변경 없
이 심판할 수 있는 범위에 관한 법리를 오해한 위법이 있고, 이는 판결결과에 영향을 미쳤음이
분명하다.」

2 대법원 2002. 11. 22. 선고 2000도4419 판결: 「이 사건의 경우 공소사실의 요지는 피고인이 피
해자 ●●을 기망하여 공소외 ○○을 상대로 한 배당이의 소송의 제1심 패소판결에 대한 항소
를 취하하게 함으로써 피고인이 이익을 취득하였고 이는 형법 제347조 제1항에 해당한다는 것
이나, 기록에 의하면 피고인은 위 ○○으로부터 배당금의 수령을 위임받은 자에 지나지 아니
하고 이러한 사실은 공소장 자체에도 나타나 있으므로 위 배당이의 소송의 제1심판결에 대한
항소의 취하로 인하여 이익을 취득하게 되는 자는 피고인이 아니라 위 ○○임을 알 수 있고,
따라서 피고인의 행위는 형법 제347조 제2항에 해당한다고 할 것인바, 위와 같이 공소제기된
사실과 증거에 의하여 인정되는 범죄사실 사이에는 피해자의 재산상의 처분행위로 인한 이익
이 누구에게 귀속되는가 하는 법적 평가에 차이가 있을 뿐, 공소사실의 동일성이 인정되는 범
위 내이고 피고인을 증거에 의하여 인정되는 범죄사실로 유죄로 인정하더라도 피고인의 방어
권행사에 실질적인 불이익을 초래할 염려가 있다고는 보여지지 아니하므로 단순히 피고인이
직접 이익을 취득한 것이 아니라는 이유만으로 피고인을 처벌하지 아니하는 것은 현저히 정의
와 형평에 반한다.」

없이는 이를 인정할 수 없다. 따라서 기본적 구성요건으로 기소된 사건에서 공소장변경 없이 가중적구성요건을 인정하거나, 기본범죄로만 기소된 사건에서 공소장변경 없이 결과적가중범 또는 결합범을 인정함은 위법하다. 예컨대 허위사실적시 명예훼손의 공소사실에 대해 공소장변경 없이 사실적시 명예훼손죄를 인정하는 것은 가능하지만,[1] 그 반대는 불가능하다.[2]

24   (b) 이종(異種)의 구성요건해당사실   새로운 범죄사실이 기존의 범죄사실과 종류가 다른 구성요건인 경우에는, 법정형이 동일하거나 더 낮다고 하더라도 원칙적으로 잠재적 심판대상에 해당하므로, 법원은 공소장변경 없이 이를 인정하지 못한다.[3] 명예훼손죄와 모욕죄 간,[4] 기본범죄와 예비·음모죄 간의 관계가 그러하다. 다만, 기존의 범죄사실을 심리하는 과정에서 새로운 범죄사실에 대한 판단이 상당히 이루어졌다고 볼 수 있는지, 새로운 범죄사실에 관해 피고인이 구체적으로 상세히 주장한 바가 있는지 등을 고려한 결과 피고인의 방어권행사에 실질적 불이익이 없다고 인정될 경우에는, 예외적으로 공소장변경 없이 이를 인정할 수 있다.

25   가령 고의범, 과실범, 결과적가중범은 각기 결과발생의 인용, 주의의무의 위반, 중한 결과의 예견가능성이라는 고유의 구성요건요소를 갖기 때문에, 법정형이 경하다고 해서 축소사실의 관계가 성립하지는 않는다. 예컨대 장물보관죄로 공소제기된 사건에서 공소장변경 없이 업무상과실장물보관죄를 인정하거나,[5] 살인으로 기소된 사건에서 공소장변경 없이 과실치사죄 또

---

1 대법원 1997. 2. 14. 선고 96도2234 판결:「형법 제309조 제2항의 허위사실적시 출판물에의한명예훼손의 공소사실 중에는 동조 제1항 소정의 사실적시 출판물에의한명예훼손의 공소사실이나 같은 법 제307조 제1항의 명예훼손 공소사실도 포함되어 있으므로, 피고인에게 적시한 사실이 허위사실이라는 인식이 없었다면 법원은 공소장변경절차 없이도 형법 제309조 제1항의 사실적시 출판물에의한명예훼손죄로 인정할 수 있고, 또 비방의 목적이 인정되지 아니하면 심리의 과정에 비추어 피고인의 방어권행사에 실질적 불이익을 초래할 염려가 없다고 인정되는 때에는 형법 제307조 제1항의 명예훼손죄로 인정할 수도 있다고 할 것이다. 그러나 … 형법 제309조 제1항이나 제307조 제1항으로 처벌하지 아니한다고 하여 현저히 정의와 형평에 반하는 것으로 인정되지는 아니하므로 원심이 이를 직권으로 유죄로 인정하지 아니하였다고 하여 위법이라고 할 수 없다.」
2 대법원 2001. 11. 27. 선고 2001도5008 판결:「검사가 형법 제307조 제1항의 사실적시 명예훼손죄로 기소한 공소사실에 대하여 법원이 공소장의 변경 없이 그보다 형이 중한 형법 제307조 제2항의 허위사실적시 명예훼손죄를 인정하는 것은 피고인의 방어권행사에 불이익을 주는 것으로서 허용될 수 없다.」
3 대법원 1991. 2. 26. 선고 90도2462 판결.
4 대법원 1972. 5. 31. 선고 70도1859 판결.
5 대법원 1984. 2. 28. 선고 83도3334 판결.

는 폭행치사죄를 인정함은 원칙적으로 허용되지 않는다.[1] 다만 살인죄로 기
소된 피고인이 공판심리중 과실치사의 점을 주장하였고 실제로 주의의무 위
반과 예견가능성의 존부를 판단할 수 있는 자료가 충분히 드러나 있는 경우
에는 과실치사의 범죄사실이 이미 현실적 심판대상으로 나타난 상태라고 볼
수 있으므로, 법원은 공소장변경 없이 과실치사죄를 인정할 수 있을 것이다.

단독범, 공동정범, 종범은 각기 구성요건을 달리하므로 이들 간에 심판   26
대상을 전환하려면 원칙적으로 공소장변경이 필요하나,[2] 심리과정에서 피고
인이 공범관계에 관한 사실을 적극적으로 주장함에 따라 그것이 현실적 심판
대상으로 드러났다면 법원은 공소장변경 없이 공범관계를 다르게 인정할 수
있다. 예컨대 단독범으로 기소된 피고인이 공판에서 공범과 범행에 관한 상
의를 하였음을 주장했다면 공소장변경 없이 공동정범의 사실을 인정할 수 있
고,[3] 공동정범으로 기소된 피고인이 자신은 방조만 하였을 뿐이라고 주장했
다면 공소장변경 없이 종범의 범죄사실을 인정할 수 있다.[4]

ⓒ 범행의 일시·장소·방법을 달리하는 사실   범행의 일시·장소·   27
방법·객체 등은 공소사실을 특정하는 중요한 요소이므로, 이에 관해 피고인
이 예측할 수 있는 범위를 넘어서는 사실인정을 하려면 원칙적으로 공소장변
경이 필요하다. 예컨대 피고인이 절취한 신용카드를 사용해 대금을 결제하였
다는 여신전문금융업법위반 및 사기의 범죄사실로 기소된 사건에서 피고인
이 카드대금을 지급할 것처럼 행세해 가맹점직원을 기망하여 대금을 결제하
였다는 사기의 범죄사실을 인정하려면 원칙상 공소장변경을 해야 한다.[5]

(ᄂ) 요구의무   제298조 제2항은 「법원은 심리의 경과에 비추어 상당   28
하다고 인정할 때에는 검사에게 공소사실 또는 적용법조의 추가 또는 변경을
요구하여야 한다」고 규정하고 있다. 여기서 '요구'의 성격에 관해서는, i) 법
원이 적극적으로 검사에게 공소장변경을 요구할 의무가 인정된다는 견해(의무설),
ii) 요구 여부는 법원의 재량이라는 견해(재량설), iii) 원칙적으로는 재량이지만
증거의 명백성과 범죄의 중대성에 비추어 공소장변경 없이 무죄판결을 함이

---

1 대법원 2001. 6. 29. 선고 2001도1091 판결.
2 대법원 1997. 5. 23. 선고 96도1185 판결; 2001. 11. 9. 선고 2001도4792 판결.
3 대법원 1991. 5. 28. 선고 90도1977 판결.
4 대법원 2004. 6. 24. 선고 2002도995 판결; 1982. 6. 8. 선고 82도884 판결.
5 대법원 2003. 7. 25. 선고 2003도2252 판결.

현저히 정의에 반하는 경우에는 의무로 보아야 한다는 견해($_{의무설}^{예외적}$)가 있다. 대법원은 재량설을 취하고 있다.[1] 즉, 심판의무($_{불필요한 사안}^{공소장변경이}$)는 예외적으로 인정하지만,[2] 요구의무($_{필요한 사안}^{공소장변경이}$)는 인정하지 않는 것이 판례의 입장이다.[3]

29   공소장변경요구는 i) 공판정 밖에서는 결정서를 작성해 송달하는 방법으로, ii) 공판정 안에서는 구술로 고지하고 조서에 기재하는 방법으로 한다($_{조}^{제38}$). 공소장변경이 필요한 사안임에도 검사가 법원의 요구결정을 무시하고 기존의 공소사실을 유지하는 경우, 법원은 무죄판결을 할 수밖에 없다.

Ⅳ. 절   차

1. 신   청

30   (1) 서면신청   공소장변경은 원칙상 그 취지를 기재한 서면, 즉 공소장변경허가신청서를 피고인의 수에 상응하는 부본과 함께 법원에 제출하는 방법으로 한다($_{제1항, 제2항}^{규칙 제142조}$). 공소장변경의 취지를 기재하지 않고 단지 공소사실에 대한 의견만을 기재한 서면을 제출한 때에는 공소장변경허가신청서를 제출한 것으로 볼 수 없다.[4] 공소장변경허가신청서는 검사가 기명날인 또는 서명한 서류의 형태로만 작성할 수 있으며, 전자문서나 저장매체 형태로 작성할 수 없다[$_{참조}^{§95/2}$].[5]

31   공소장변경허가신청서를 접수한 법원은 즉시 그 부본을 피고인 또는 변호인에게 송달해야 한다($_{제3항}^{같은 조}$). 반드시 피고인과 변호인 모두에게 송달할 필요는 없으나,[6] 부본송달 자체를 누락한 채 공판절차를 진행함은 위법하다. 다만, 대법원은 피고인의 방어권이나 변호인의 변호권이 본질적으로 침해되지 않았다고 볼 만한 특별한 사정이 있는 경우에는 그러한 위법이 판결에 영

---

1 대법원 2019. 4. 23. 선고 2019도2054 판결.
2 대법원 2001. 12. 11. 선고 2001도4013 판결.
3 제요(Ⅱ) 18쪽.
4 대법원 2022. 1. 13. 선고 2021도13108 판결.
5 대법원 2016. 12. 29. 선고 2016도11138 판결: 「검사가 구술로 공소장변경허가신청을 하면서 변경하려는 공소사실의 일부만 진술하고 나머지는 전자적 형태의 문서로 저장한 저장매체를 제출하였다면, 공소사실의 내용을 구체적으로 진술한 부분에 한하여 공소장변경허가신청이 된 것으로 볼 수 있을 뿐이다. 그 경우 저장매체에 저장된 전자적 형태의 문서는 공소장변경허가신청이 된 것이라고 할 수 없고, 법원이 그 부분에 대해서까지 공소장변경허가를 하였다고 하더라도 적법하게 공소장변경이 된 것으로 볼 수 없다.」
6 대법원 2013. 7. 12. 선고 2013도5165 판결.

향을 미친 법령위반($\binom{\text{제361조의5 제1호}}{\text{제383조 제1호}}$)은 아니라고 한다[$\substack{\S174/21 \\ \text{참조}}$].[1]

(2) **구술신청**　피고인이 재정해 있는 공판정에서는 i) 피고인에게 불이 32
익을 초래하지 않는 경우 또는 ii) 피고인의 동의가 있는 경우에 한해 예외적
으로 구술로 공소장변경을 할 수 있다($\substack{\text{같은 조} \\ \text{제5항}}$).

2. 결　　정

법원은 검사가 구하는 공소장변경이 사건의 동일성 범위 내에 있다고 33
인정하는 경우에는 이를 허가하는 결정을 해야 하며($\substack{\text{제298조} \\ \text{제1항}}$),[2] 피고인의 동의
는 요하지 않는다.[3] 다만, 대법원은 변론이 종결되어 판결선고기일이 고지된
후에는 검사가 변론재개 및 공소장변경허가를 신청하더라도 법원이 반드시
이를 허가해야 하는 것은 아니라고 한다.[4]

따로따로 기소되어 병합심리중인 사건이 추후 포괄일죄나 상상적경합의 34
관계에 있음이 밝혀진 경우, 수소법원은 검사의 의견을 들어 뒤의 기소를 공
소장변경허가신청으로 취급해 허가결정을 해야 하고, 중복기소를 이유로 공
소기각판결($\substack{\text{제327조} \\ \text{제3호}}$)을 해서는 안 된다는 것이 판례의 입장이다[$\substack{\S155/1 \\ \text{참조}}$].[5]

기존의 공소사실과 변경신청된 범죄사실 간에 사건의 동일성이 인정되 35
지 않는 경우에는 신청을 기각하는 결정을 해야 하며, 동일성 범위를 벗어
난 공소장변경을 착오로 허가한 경우에는 다시 이를 취소하는 결정을 해야
한다.[6]

1　대법원 2021. 6. 30. 선고 2019도7217 판결.

2　대법원 2023. 6. 15. 선고 2023도3038 판결:「법원은 검사의 공소장변경허가신청에 대해 결정
　의 형식으로 이를 허가 또는 불허가하고, 법원의 허가 여부 결정은 공판정 외에서 별도의 결정
　서를 작성하여 고지하거나 공판정에서 구술로 하고 공판조서에 기재할 수도 있다. 만일 공소
　장변경허가 여부 결정을 공판정에서 고지하였다면 그 사실은 공판조서의 필요적 기재사항이다
　(제51조 제2항 제14호).」

3　대법원 2017. 6. 8. 선고 2017도5122 판결.

4　대법원 2003. 12. 26. 선고 2001도6484 판결:「공판의 심리를 종결하기 전에 한 공소장의 변경
　에 대하여는 공소사실의 동일성을 해하지 않는 한도에서 허가하여야 할 것이나, 적법하게 공
　판의 심리를 종결하고 판결선고기일까지 고지한 후에 이르러서 한 검사의 공소장변경에 대하
　여는 그것이 변론재개신청과 함께 된 것이라 하더라도 법원이 종결한 공판의 심리를 재개하여
　공소장변경을 허가할 의무는 없다.」

5　대법원 2012. 6. 28. 선고 2012도2087 판결.

6　대법원 1989. 1. 24. 선고 87도1978 판결.

3. 추가·변경된 공소사실의 진술

36   공소장변경이 허가된 경우, 검사는 공판정에서 공소장변경허가신청서에 의해 변경된 공소사실, 죄명 및 적용법조를 낭독해야 한다. 다만, 재판장은 공소장변경의 요지만을 진술하게 할 수 있다(제142조 제4항).

4. 공판절차정지

37   공소장변경으로 인해 피고인에게 불이익이 증가될 염려가 있다고 인정되는 경우, 법원은 직권 또는 피고인·변호인의 청구에 의해 결정으로 일정 기간 공판절차를 정지할 수 있다(제298조 제4항)[§150/4 참조].

§148 제 3 사건의 직권이송

Ⅰ. 다른 법원으로의 이송

1. 이송사유

1   (1) 현재지 관할법원으로의 이송   법원은 피고인이 그 관할구역 내에 현재하지 않는 경우 특별한 사정(심리의 편의, 피고인의 원활한 방어권행사 등)이 있으면 결정으로 사건을 피고인의 현재지를 관할하는 동급법원에 이송할 수 있다(제8조 제1항). 이는 법원에 관할권이 있을 것을 전제로 하는 규정이며, 관할권이 없는 경우에는 제8조 제1항에 따라 이송할 수 없고 관할위반판결(제319조 제320조)의 사유가 될 뿐이다.[1]

2   (2) 공소장변경에 따른 이송   단독판사 관할사건이 공소장변경으로 인해 합의부 관할사건이 된 경우, 법원은 결정으로 합의부에 이송한다(제8조 제2항). 이 규정은 항소심에서도 적용되는바, 즉 지방법원합의부가 항소법원으로 심판중인 사건에서 공소장변경이 이루어져 고등법원 관할사건이 된 경우, 항소법원은 결정으로 사건을 고등법원에 이송해야 한다[§189/10 참조].[2]

3   한편, 합의부가 심리중인 사건에서 단독판사 관할에 해당하는 사건으로

---

1 대법원 1978. 10. 10. 선고 78도2225 판결: 「제8조 … 는 법원이 피고인에 대하여 관할권은 있으나 피고인이 그 관할구역 내에 현재하지 아니한 경우에 심리의 편의와 피고인의 이익을 위하여 피고인의 현재지를 관할하는 동급법원에 이송할 수 있음을 규정한 것뿐이고, 피고인에 대하여 관할권이 없는 경우에도 필요적으로 이송하여야 한다는 뜻은 아니[다.]」

2 대법원 1997. 12. 12. 선고 97도2463 판결.

공소장변경이 신청된 경우, 합의부는 그대로 사건의 실체에 들어가 심판해야
하고 단독판사로의 재배당은 불가하다.[1]

2. 이송결정 후의 처리

(1) 구속에 관한 결정   이송결정이 있는 사건에서 피고인의 구속, 구속   **4**
기간갱신, 구속취소, 보석 및 그 취소, 구속집행정지 및 그 취소의 결정은,
소송기록이 이송법원에 도달하기까지는 이송한 법원이 한다($\binom{규칙 \; 제57}{조 \; 제2항}\left[\begin{smallmatrix}§127/29\\참조\end{smallmatrix}\right]$).

(2) 공판절차갱신   이송받은 법원은 공판절차를 갱신해야 한다$\left[\begin{smallmatrix}§156/3\\참조\end{smallmatrix}\right]$.   **5**
이송 전 법원에서 이루어진 소송행위를 다시 할 필요는 없다.

Ⅱ. 군사법원으로의 이송

사건에 관해 군사법원에 재판권이 있는 때에는 결정으로 사건을 재판권
있는 같은 심급의 군사법원으로 이송한다. 이송 전에 행한 소송행위는 이송
후에도 그 효력에 영향이 없다($\binom{제16}{조의2}$).

제 4   성명모용 · 위장출석   §149

Ⅰ. 피고인 불일치의 문제

1. 불일치 유형

대부분의 경우, 검사가 소추하고자 의욕한 자(A), 공소장에 피고인으로   **1**
적혀 있는 자(B), iii) 공판정에서 피고인으로 취급되는 자(C)는 모두 일치한
다. 그러나 때에 따라서는 이들이 완전히 일치하지 않을 수 있는데, 다음과
같은 경우가 그러하다.

(1) 성명모용   먼저, i) A와 C는 일치하지만 B가 불일치하는 때가 있다.   **2**

---

1 대법원 2013. 4. 25. 선고 2013도1658 판결: 「이 사건은 공소제기 당시부터 합의부 관할사건이
   었고, 설령 합의부가 공소장변경을 허가하는 결정을 하였다고 하더라도 그러한 사정은 합의부
   의 관할에 아무런 영향을 미치지 아니하므로, 합의부로서는 마땅히 이 사건에 관하여 그 실체
   에 들어가 심판하였어야 하고 사건을 단독판사에게 재배당할 수는 없다. 그런데도 제1심 및
   원심이 이 사건에 관한 실체심리를 거쳐 심판한 조치는 관할권이 없는데도 이를 간과하고 실
   체판결을 한 것으로서 소송절차에 관한 법령을 위반한 잘못을 저지른 것이라 할 것이고, 관할
   제도의 입법취지(관할획일의 원칙)와 그 위법의 중대성 등에 비추어 이러한 잘못은 판결에 영
   향을 미쳤음이 명백하다.」

검사가 의도한 자가 실제 공판정에 출석해 재판을 받고 있으나(甲) 정작 공소
장에는 다른 자(乙)의 인적사항이 기재된 경우이다(제1유형). 다음으로, ii) B와 C
는 일치하는데 A가 불일치하는 경우가 있다. 검사가 의도한 자(甲)가 아닌 다
른 자(乙)의 인적사항이 공소장의 피고인란에 기재되고, 그 다른 자가 공판정
에 출석해 피고인으로 취급되는 경우이다(제2유형). 수사단계에서 피의자가 형제
자매 등 타인의 성명을 모용(冒用)해 검사가 그 타인의 인적사항을 공소장에
기재함으로 발생하는 상황들이다.

3　　　검사가 피모용자에 대해 구약식을 한 경우는 제2유형에 준해 볼 수 있
다. 약식절차는 서면심리절차이므로 공소장에 기재된 자와 공판정에 출석한
자 간의 불일치를 상정할 수 없기 때문이다. 피모용자가 약식명령에 불복해
정식재판을 청구하고 그에 따라 개시된 공판사건에 출석하는 때에는 공소장
에 기재된 자와 공판정에 출석하는 자가 일치하므로 이 경우 또한 제2유형과
같은 모습이다.

4　　　(2) 위장출석　　A와 B는 일치하지만 C가 불일치하는 경우, 즉 검사가
의도한 자(甲)가 공소장에 표시되었으나(甲) 공판정에는 제3자(丙)가 출석해
피고인 행세를 하고, 법원 또한 그에 속아 그자를 피고인으로 취급하는 경우
가 있다. 공판기일의 인정신문은 재판장이 피고인의 이름과 생년월일 및 주
소만 간략히 확인하는 절차로서 정확한 신분확인을 담보하지 못하고, 공판검
사 역시 수사를 직접 진행한 검사가 아닌 경우가 대부분이며 피고인의 얼굴
을 신분증이나 사진 등과 유심히 대조하지도 않으므로, 재판부와 공판검사
모두 丙을 공소장기재 피고인으로 착각한 상태에서 절차가 진행될 가능성을
배제할 수 없다.

2. 쟁　　점

5　　　이상과 같은 불일치상황에서 甲(검사가 피고인으로 삼으려는 자)·乙(공소장에 피고인으로 기재된 피모용자)·丙(위장 출석자)
중 누구를 피고인으로 보아야 하는지, 또한 그에 따라 개별 소송주체가 어떤
조치를 취해야 하는지(또는 취할 수 있는지)가 문제된다. 이는 근본적으로 제248조 제1항
의 '검사가 피고인으로 지정한 사람'이 누구를 의미하는지의 문제, 즉 공소제
기라는 의사표시의 해석문제라고 할 수 있다.

Ⅱ. 학설과 판례

1. 학　　설

(1) 의사설　　검사의 의사를 기준으로 피고인을 확정해야 하며, 그 이외 6
의 자에게는 공소제기의 효력이 미치지 않으므로 피고인의 지위를 인정할 수
없다는 견해이다.[1] 이에 따르면 앞의 예시들에서 甲만이 피고인으로 확정되
고, 乙이나 丙은 피고인이 되지 않는다. 의사설을 취하는 견해는 대개 i) 위
장출석의 경우 법원은 단지 丙을 법정에서 내보내면 되고, ii) 성명모용의 경
우 검사가 공소장의 피고인 표시를 甲의 인적사항으로 정정하면 그만이며 乙
에게 별도의 조치를 취할 필요는 없다고 한다.

(2) 표시설　　공소장의 표시만을 기준으로 피고인을 확정하자는 시각 7
으로, 위장출석사안에서는 甲, 성명모용사안에서는 乙만 피고인이 된다는 견
해이다.[2] 이에 따르면 i) 위장출석의 경우 법원은 丙을 법정에서 내보내기만
하면 되고, ii) 성명모용의 경우 (제1유형, 제2유형 구분 없이) 검사는 甲을 피고인으로 특정해
다시 공소를 제기하는 한편 乙에 대한 공소는 취소해야 하며, 공소취소가 없
을 경우 법원은 乙에게 무죄판결을 해야 한다.

(3) 이분설　　불일치상황에서는 원칙상 검사가 의도한 자만 피고인으 8
로 확정되지만, 예외적으로 법원에 의해 피고인처럼 취급된 자에게도 ‘사실
상의 소송계속’이 발생했다고 볼 수 있으므로 그 또한 피고인이 된다는 견해
이다. 전자는 ‘실질적 피고인’, 후자는 ‘형식적 피고인’이라 할 수 있는바, 법
원은 후자에 대해 공소기각판결을 선고해 절차에서 배제해야 한다고 한다.[3]
이분설에 입각한 일반적 설명에 의하면, i) 위장출석의 경우 법원은 丙에게
공소기각판결을 한 다음 甲을 소환해 공판절차를 진행해야 하고, ii) 성명모

---

1 김정한 81쪽. 상세히는 김정한, "피고인의 특정에 관한 소고", 형사소송 이론과 실무 제7권 제
1호(2015), 136쪽 이하; 이기광, "성명모용의 경우 법원이 취하여야 할 형사소송절차상의 조
치", 재판과 판례 제6집(1997), 482쪽 이하.
2 나기업, "형사소송에서 피고인의 확정과 불일치의 문제", 법학논총 제39권 제3호(2019), 265쪽
이하.
3 배종대/이상돈 394 – 395쪽; 배종대/홍영기 234쪽; 손동권/신이철 63 – 68쪽; 신동운 608 – 612
쪽; 신양균/조기영 459 – 462쪽; 이은모/김정환 76 – 77쪽; 이재상 외 2인 339쪽; 이주원 28쪽;
이창현 96쪽 이하; 임동규 64 – 67쪽; 정승환 257 – 259쪽; 정웅석/최창호 332 – 338쪽; 차용석/
최용성 108쪽.

용의 경우 검사는 공소장의 피고인 표시를 甲으로 정정해야 하며, 그에 따라 법원은 제1유형에서는 乙에게 별도로 종국재판을 할 필요가 없는 반면, 제2유형에서는 乙에게 공소기각판결을 해야 한다.

9   이분설은 일반적으로 '실질적 표시설'이라 불린다. i) 통상의 경우에는 공소장의 표시를 기준으로 하되, ii) 불일치상황에서는 검사의 의사에 따라 피고인을 확정하고(실질적 피고인), 만약 법원이 누군가를 피고인으로 취급해 심리를 진행했다면 그에게도 피고인(형식적 피고인)의 지위를 인정해야 한다고 설명하기 때문이다. 즉, 정상적 상황에서는 '표시'를, 비정상적 상황(불일치 상황)에서는 '의사'와 '취급'을 기준으로 한다는 이유에서 이러한 명칭을 붙여온 듯하다.

그러나 정상적 상황에서는 의사를 기준으로 하든 표시를 기준으로 하든 결론에 차이가 없다. 표시설의 핵심은 검사의 의사와 공소장의 표시가 다른 경우에 후자를 기준으로 삼는다는 데 있는바, 만약 불일치상황에서 공소장의 표시보다 검사의 의사에 우선권을 부여한다면 이는 표시설을 전혀 활용하지 않는 것과 같다. 이 학설은 본질적으로 의사설의 변형태이며, 피고인을 실질적 피고인과 형식적 피고인으로 나누고 있다는 점에서 '이분설'이라는 명칭이 적절하다.

10   이상의 설명은 판결확정 전을 전제로 한 것이다. 판결확정 후의 해결책에 관해서는 이분설을 취하는 학자들 사이에서도 생각이 통일돼 있지 않고, 헤아리기 어려울 만큼 많은 학설이 난립해 있다. 불일치 유형별로 i) 판결이 당연무효인지 아니면 효력이 있는지, ii) 효력이 있다면 그 효력이 甲에게 미치는지 아니면 乙·丙에게 미치는지, iii) 乙이나 丙에게 미친다면 그가 취할 수 있는 구제방법이 무엇인지(재심인지, 비상상고인지, 전과말소인지 등)의 문제가 제기되면서 각 논점별로 입장이 엇갈리고 있다.[1]

2. 판   례

11   판례는 이분설의 입장이다. 특히 성명모용 제2유형, 그중에서도 피모용자가 약식명령에 대해 정식재판을 청구하여 개시된 공판사건에서, 대법원은 i) 검사가 공소장의 피고인 인적사항을 모용자의 것으로 변경하는 피고인표시정정신청을 하면, ii) 그에 따라 법원은 약식명령의 피고인 표시를 경정해 모용자에게 송달해야 하며, iii) 피모용자에는 제327조 제2호를 유추적용해

---

1   상세히는 나기업, "형사소송에서 피고인의 확정과 불일치의 문제", 법학논총 제39권 제3호 (2019), 255 – 261쪽.

공소기각판결을 해야 한다는 입장을 취하고 있다.[1] 나아가 피모용자의 정식
재판청구가 없더라도 그 약식명령은 비상상고의 대상이 된다고 한다.[2]

Ⅲ. 검　　토

　　이분설과 판례의 입장에는 다음과 같은 이유에서 찬성할 수 없다. 먼저, 　12
i) (실질적) 피고인이 甲으로 확정된다고 전제하면서도 성명모용의 경우에 검
사가 공소장기재 피고인을 甲으로 고칠 수 있다는 설명은 그 자체 모순이다.
만약 (실질적) 피고인이 甲으로 확정된다면, 乙의 성명을 기재한 공소장을 법
원에 제출하는 시점에 이미 공소장의 필요적 기재사항에 관한 제254조 제3
항 제1호를 위반한 것이다. 이는 인물의 동일성이 인정되지 않는다는 점에서
성명불상자에 대한 공소제기와 다르지 않다. 그렇다면 법원은 기소절차가 법
률의 규정에 위반해 무효라고 보아 곧바로 공소를 기각해야지($^{제327조}_{제2호}$), 공소장
이 정정됐다는 이유로 심리를 계속 진행할 일이 아니다. 그것은 결국 기소절
차상 무효의 치유[3]를 인정하는 꼴이기 때문이다$\left[^{§57/32}_{참조}\right]$.

　　다음으로, ii) 소송절차, 그중에서도 형식적 확실성이 가장 강력히 요구　13
되는 형사소송에서 공소장에 표시되지도 않은 자($^{성명모용}_{에서\ 甲}$)에게 검사의 의사를

1　대법원 1993. 1. 19. 선고 92도2554 판결:「검사가 이와 같은 피고인의 표시를 정정하여 그 모
　용관계를 바로잡지 아니한 경우에는 외형상 피모용자(乙) 명의로 공소가 제기된 것으로 되어
　있고, 이는 공소제기의 방식이 제254조의 규정에 위반하여 무효라 할 것이므로 법원은 공소기
　각의 판결을 선고하여야 할 것이다. 그리고 검사가 공소장의 피고인 표시를 정정하여 바로잡
　은 경우에는 처음부터 모용자에 대한 공소의 제기가 있었고 피모용자에 대한 공소의 제기가
　있었던 것은 아니므로, 법원은 모용자에 대하여 심리하고 재판을 하면 될 것이지, 원칙적으로
　는 피모용자에 대하여 심판을 할 것이 아니다. 그러나 이와 같은 경우라도 피모용자가 약식명
　령에 대하여 정식재판의 청구를 하여 피모용자를 상대로 심리를 하는 과정에서 성명모용 사실
　이 발각되어 검사가 공소장을 정정하는 등 사실상의 소송계속이 발생하고 형식상 또는 외관상
　피고인의 지위를 갖게 된 경우에는 법원으로서는 피모용자에게 적법한 공소의 제기가 없었음
　을 밝혀 주는 의미에서 제327조 제2호를 유추적용하여 공소기각의 판결을 함으로써 피모용자
　의 불안정한 지위를 명확히 해소해 주어야 할 것이다. … 검사가 피고인을 乙로 표시하여 약식
　기소하였다 하더라도 乙은 성명을 모용당한 것에 지나지 아니하므로 그 공소제기의 효력은 乙
　에게 미치지 아니하고, 모용자인 甲에게 미친다고 할 것이다. 그리고 이에 대하여 약식명령이
　발하여지고 乙이 이를 수령하여 정식재판을 청구하였다고 하여도 진정한 피고인인 甲에게는
　아직 약식명령의 송달이 없었다고 할 것이고, 검사는 공소장에 기재된 피고인의 표시를 정정
　할 수 있고, 법원은 이에 따라 약식명령의 피고인 표시를 경정할 수 있으며, 본래의 약식명령
　정본과 함께 이 경정결정을 모용자인 甲에게 송달하면 이때에 그 약식명령은 적법한 송달이
　있다고 볼 것이고, 이에 대하여 소정의 기간내에 정식재판의 청구가 없으면 이 약식명령은 확
　정된다」.

2　대법원 2022. 11. 17. 선고 2020오4 판결; 2023. 10. 12. 선고 2023오9 판결.

3　대법원 1970. 7. 28. 선고 70도942 판결.

이유로 피고인의 지위를 인정하는 것은 납득하기 어렵다. 그 어떤 유형의 재
판에서도 표시와 다른 의사를 기준으로 당사자나 소송주체를 확정하지 않는
다. 가령 민사소송의 당사자확정에 관해 대법원은 「당사자는 소장에 기재된
표시 및 청구의 내용과 원인 사실을 종합하여 확정하여야 하는 것이며, 당사
자표시변경은 당사자로 표시된 자의 동일성이 인정되는 범위 내에서 그 표시
만을 변경하는 경우에 한하여 허용되는 것」이라 하는바,[1] 이분설과 판례는
형사소송의 피고인 확정기준을 민사소송의 피고 확정기준보다도 느슨히 설
정하는 견해이다. 끝으로, iii) 乙과 丙을 피고인으로 확정하면서, 甲과 구별
하기 위해 '형식적 피고인'이나 '사실상의 소송계속'과 같은, 소송법과 어울
릴 수 없고 어울려서도 안 되는 출처불명의 개념을 사용하는 것 또한 심각한
문제이다. 더욱이 이에 터잡아 乙과 丙에 대해 제327조 제2호를 '유추적용'하
여 공소기각판결을 하는 것 역시 타당하지 않다. 이는 결국 법관에 의한 소
송조건의 입법을 허용하는 것으로서 권력분립원칙에 반한다.

14   생각건대, 검사라는 단독제 행정관청의 의사표시인 공소제기의 구체적
효과는 오로지 외부적으로 나타난 바, 즉 공소장의 기재에 구속된다고 봄이
타당하다. 표시와 다른 검사의 의사나 누가 법정에서 사실적으로 어떤 취급
을 받는지를 소송주체 확정에 고려할 이유가 없다. 법원은 공소장의 피고인
란에 인적사항이 기재된 자만을 유일한 피고인으로 취급해야 하고, 그 외의
다른 자에 대해 피고인의 지위를 인정하거나 종국재판을 해서는 안 된다. 공
판진행중 위장출석사실이 발각되었다면 법원은 丙을 법정에서 내쫓고 甲을
소환해 공판절차를 진행해야 하며, 丙이 출석한 상태에서 이루어진 모든 소
송행위는 부존재하는 것으로 취급해야 한다$\left[\begin{smallmatrix}\S50\\참조\end{smallmatrix}\right]$. 그리고 성명모용사실이 드
러났다면 법원은 우선 검사에게 乙에 대한 공소취소$\left[\begin{smallmatrix}\S99\\참조\end{smallmatrix}\right]$를 촉구해, 검사가
이에 응하면 공소기각결정$\left[\begin{smallmatrix}\S159\\참조\end{smallmatrix}\right]$을, 그렇지 않으면 범죄의 증명이 없음을 이유
로 무죄판결$\left[\begin{smallmatrix}\S161\\참조\end{smallmatrix}\right]$을 하면 될 일이다.

---

1 대법원 1996. 3. 22. 선고 94다61243 판결.

제 5   소송절차의 정지(공판절차의 정지)   §150

Ⅰ. 의   의

일정한 사유가 발생한 경우에 그 사유가 사라질 때까지 소송진행을 중   **1**
지하는 것을 '소송절차의 정지'라 하고, 그 대상이 공판절차인 경우를 특히
'공판절차의 정지'라 한다. 여기에는 별도의 재판을 요하는 것($^{결정에}_{의한\ 정지}$)과 그
렇지 않은 것($^{당연}_{정지}$)이 있다.

소송절차정지 및 공판절차정지와 관련해서는 개념정의 및 양자간 차이점에 관해 학   **2**
계의 설명이 일치하지 않아 혼란이 있다. i) 별도의 재판($^{정지}_{결정}$)을 요하는 것을 공판절
차정지, 요하지 않는 것을 소송절차정지라고 하는 견해[1]가 있는가 하면, ii) 공판절
차정지는 재판을 요하고, 소송절차정지는 공판절차정지의 사유 중 하나라는 견해[2]
가 있는데, 이 두 관점은 양립이 불가능하다. 그러나 다음과 같은 이유에서 양자 모
두 타당하지 않다.
우선, i)과 같은 설명은 소송법의 용어체계를 혼란스럽게 만든다. 무릇 '소송절차'란
공판절차와 공판 외 절차($^{증거보전절차,\ 재정심리절차,\ 즉결심판}_{절차,\ 치료감호청구사건의\ 심리절차\ 등}$)를 포괄하는 광의의 개념이
다. 따라서 공판사건의 진행정지와 공판 외 사건의 진행정지를 통틀어 '소송절차정
지'라 하고, 그중 전자를 '공판절차정지'라고 칭하는 것이 용법상 타당하고 간명하
다. 현행법은 공소장변경을 '공판절차정지'의 사유로, 기피신청을 '소송절차정지'의
사유로 규정하고 있는데, 공소장변경은 공판절차에서만 가능하지만 기피신청은 공
판 외의 절차에서도 가능하기 때문이다. 이 둘을 별개의 개념으로 다룰 이유가 전혀
없으며, 더욱이 양자를 '재판의 필요 여부'에 따라 구별하는 것은 매우 이상한 방법
론이다. 민사소송법학계에서도 소송절차의 정지를 '재판을 요하지 않는 절차정지'로
정의하는 예는 없다.
다음으로, ii)의 설명에도 동의할 수 없다. 형사소송법은 기피신청·병합심리신청시
의 절차정지는 결정을 요하지 않는 반면($^{제20조}_{제1항}$), 공소장변경으로 방어권행사에 불
이익이 초래되거나 피고인이 심신상실상태에 있는 때의 절차정지는 별도의 결정을
요한다고 규정하고 있다($^{제298조\ 제4항,\ 제}_{306조\ 제1항,\ 제2항}$). 이는 전자의 경우 정지사유의 시기·종기
가 소송서류상 특정되는 반면($^{기피신청일\ 또는\ 병합심리신청}_{일로부터\ 그에\ 대한\ 결정일까지}$), 후자의 경우 정지사유 존속
시점($^{공소장변경에\ 따른\ 불이익의\ 존속}_{시점,\ 심신상실상태의\ 존속시점}$)을 객관적으로 알 수 없기에 별도의 결정으로 그 시

1 신동운 1091쪽; 신양균/조기영 696쪽; 이은모/김정환 563쪽; 제요(Ⅱ) 33쪽.
2 배종대/이상돈 525쪽; 손동권/신이철 550쪽; 이재상 외 2인 585쪽; 임동규 461−462쪽; 정승환
   485쪽; 정웅석 외 2인 535쪽.

기(정지)와 종기(취소)를 특정할 필요가 있기 때문이다. 따라서 양자를 구별하지 않고 모든 절차정지가 결정을 요하는 것처럼 기술함은 적절치 않다. 나아가 '소송절차정지는 공판절차정지의 사유가 된다'는 설명도 무슨 의미인지 이해하기 어렵다.

생각건대, i) 절차진행의 정지를 널리 '소송절차정지'라 하고, ii) 그 대상이 공판절차인 경우를 '공판절차정지'라 하며, iii) 소송절차정지 중 별도의 재판(정지)을 요하는 것과 그렇지 않은 것이 있다[1]고 이해하면 족하리라 본다.

II. 사유와 절차

1. 결정을 요하는 정지

3   (1) 피고인의 심신상실과 질병   피고인이 사물변별·의사결정 능력이 없는 상태이거나 질병으로 출정할 수 없는 경우, 법원은 검사·변호인과 의사의 의견을 들어 그 상태가 계속되는 동안 결정으로 공판절차를 정지해야 한다(제306조 제1항 내지 제3항). 다만, 무죄·면소·형면제·공소기각의 재판을 할 것이 명백한 때에는 피고인의 출정 없이 공판기일의 절차를 진행할 수 있다(같은 조 제4항)[§151/17 참조]. 그리고 제277조의 규정에 의해 대리인이 출정할 수 있는 경우에는 공판절차를 정지하지 않는다(같은 조 제5항)[§151/6 참조].

4   (2) 공소장변경   검사의 공소장변경으로 인해 피고인의 방어권행사에 불이익이 증가될 염려가 있는 경우에 법원은 직권 또는 피고인·변호인의 청구에 의해 방어준비에 필요한 기간 동안 공판절차를 정지할 수 있고,[2] 이 경우 검사의 의견은 물을 필요가 없다(제298조 제4항).

2. 당연정지

5   (1) 기피신청   기피신청이 있는 때에는 간이기각결정을 하는 경우를 제외하고는 소송진행이 정지된다. 단, 급속을 요하는 경우 법원은 소송절차를 진행할 수 있다(제22조).[3]

---

1 이시윤, 신민사소송법, 박영사(2016), 453－454쪽.

2 대법원 1995. 1. 12. 선고 94도2687 판결:「공소사실의 일부 변경이 있고 법원이 그 변경을 이유로 공판절차를 정지하지 않았다고 하더라도 공판절차의 진행상황에 비추어 그 변경이 피고인의 방어권행사에 실질적 불이익을 주지 않는 것으로 인정될 때에는 이를 위법하다고 할 수 없다.」

3 대법원 1990. 6. 8. 선고 90도646 판결:「기피신청 때문에 소송의 진행이 정지되더라도 구속기간의 진행은 정지되지 아니하는 것이므로(제92조, 제306조 등 참조) 구속기간의 만료가 임박

(2) 병합심리신청 등 사건에 관해 토지관할 병합심리신청($^{제6}_{조}$)[$^{§146/5}_{참조}$]이 6
나 관할지정·이전신청($^{제14조,}_{제15조}$)[$^{§154}_{참조}$]이 있는 경우, 그 신청에 대한 결정이 있기
까지 소송절차가 정지된다. 단, 급속을 요하는 경우 법원은 소송절차를 진행
할 수 있다($^{규칙}_{제7조}$).

(3) 위헌법률심판제청 법원이 헌법재판소에 위헌법률심판제청을 한 때 7
에는, 위헌 여부의 결정이 있을 때까지 당해 소송사건의 재판이 정지된다. 다
만, 법원이 긴급하다고 인정하는 때에는 종국재판 이외의 소송절차를 진행할
수 있다($^{헌법재판소법}_{제42조\ 제1항}$).

Ⅲ. 효 과

공판절차가 정지된 동안에는 '공판기일의 절차'만 진행할 수 없게 되는 8
것이므로, 공판기일 외의 절차($^{구속·보석,\ 공판준비절}_{차,\ 기일\ 외\ 증거조사\ 등}$)는 진행할 수 있다. 공판절차
가 정지된 기간을 구속기간에 산입하지 않음은 앞서 설명했다($^{제92조}_{제3항}$)[$^{§127/24}_{참조}$].

결정으로 공판절차를 정지한 경우, 그 정지의 효력은 i) 결정서의 주문에 9
기간이 명시된 때에는 그 기간의 만료시까지, ii) 기간이 명시되지 않은 때에
는 취소결정시까지 존속한다. 다만 전자의 경우에도 기간만료 전에 정지사유
가 소멸한 때에는 법원은 곧바로 취소결정을 할 수 있다.

제 6 궐석재판   §151

Ⅰ. 의 의

검사 또는 피고인이 참여하지 않은 상태에서 공판기일의 절차를 진행하 1
는 것을 궐석재판(闕席裁判)이라 한다. 대개는 처음부터 불출석한 경우를 지
칭하나, 중간에 퇴정한 경우도 궐석재판에 포함된다. 다만 증인·감정인·공
동피고인이 법정 안에서 진술하는 동안 피고인을 잠시 나가 있게 하는 경우
($^{제297조}_{제1항}$)는 피고인이 단지 물리적으로만 법정 밖에 있을 뿐 엄연히 절차에 참
여중인 상태이므로 궐석재판이 아니다.

'궐석재판'이 일본식 한자어라는 이유로 '결석재판'이나 '불출석재판'이라고 고쳐 적 2

한 것도 특별한 사정이 없는 한 소송진행정지의 예외사유인 '급속을 요하는 경우'에 해당한다.」

는 예가 있다. 그러나 일단 출석한 소송주체가 퇴정했음에도 계속 공판절차를 진행하는 경우까지 포함하는 이상 '결석', '불출석'이라는 표현은 부적절하다. 또한 어떠한 용어의 지역적 유래를 이유로 그 사용을 억제함이 온당한지를 차치하고, '궐석'이라는 말은 최소한 여말선초부터 한반도에서 사용되어 왔다.[1]

Ⅱ. 사 유

1. 검 사

3   (1) 2회 불출석   검사가 공판기일을 통지받고도 2회 이상 출석하지 않은 때에는 검사 없이 개정할 수 있으며($\binom{제278조\ 전단,\ 규칙}{제126조의6\ 후단}$), 이 경우 공소장 기재내용대로 검사의 진술이 있는 것으로 간주한다($\binom{제302조}{단서}$). 2회째 불출석하면 그 기일에 바로 개정할 수 있다는 의미이고, 2회 불출석한 뒤 그다음 기일부터 개정할 수 있다는 의미가 아니다.[2]

4   (2) 판결선고기일   판결만을 선고하는 경우에는 검사의 출석 없이도 개정할 수 있다($\binom{제278조}{후단}$). 검사가 출석하지 않으면 재판장의 명으로 법원사무관이 재판($\binom{석방,\ 법}{정구속\ 등}$)을 집행한다($\binom{제81조\ 제1}{항\ 및\ 제2항}$).

2. 피 고 인

5   (1) 경미사건 등   i) 500만원 이하의 벌금이나 과료에 해당하는 사건의 공판기일($\binom{제277조}{제1호}$), ii) 공소기각 또는 면소의 재판을 할 것이 명백한 사건의 공판기일($\binom{같은\ 조}{제2호}$), iii) 약식명령이나 즉결심판에 대한 정식재판청구사건의 판결선고기일($\binom{같은\ 조}{제4호}$)은 피고인의 출석 없이 진행할 수 있다. 그리고 장기 3년 이하의 징역·금고, 500만원을 초과하는 벌금·구류에 해당하는 사건으로서 피고인의 불출석허가신청이 있고 법원이 이를 허가한 경우에는 인정신문 후 판결선고 전까지의 절차를 피고인의 출석 없이 진행할 수 있다($\binom{같은\ 조}{제3호}$).

6   제277조 각호의 사유로 불출석하는 경우, 피고인은 대리인이 출석하게할 수 있다($\binom{같은\ 조\ 단서;\ 변호인도}{대리인이\ 될\ 수\ 있다}$). 이처럼 대리인이 출정할 수 있는 때에는 피고인이 심신상실이나 질병 등 상태에 있더라도 공판절차가 정지되지 않음($\binom{제306조}{제6항}$)

---

1 태종실록 22권, 태종 11년 11월 16일 계유 1번째 기사; 세종실록 119권, 세종 30년 3월 18일 계묘 2번째 기사; 중종실록 26권, 중종 11년 11월 7일 갑신 3번째 기사 등.
2 대법원 1966. 11. 29. 선고 66도875 판결.

을 앞서 설명했다[$^{§150/3}_{참조}$].

　(2) 2회 불출석

　(가) 정식재판청구사건에서의 2회 연속 불출석　　약식명령이나 즉결심판에　　**7**
대해 피고인만 정식재판청구를 한 사건에서 피고인이 공판기일에 출석하지
아니한 때에는 재판장은 다시 기일을 정해야 하며, 다시 정한 기일에도 피고
인이 정당한 사유 없이 출정하지 않으면 피고인 없이 공판기일의 절차를 진
행해 판결을 선고할 수 있다($^{제458조 제2항,}_{제365조}$). 불출석이 연속돼야 하므로, 1회 공
판기일에 불출석하고 2회 공판기일에 출석한 피고인이 3회 공판기일에 불출
석한 경우에는 다시 공판기일을 정해야 하며, 그 3회 공판기일을 피고인 없
이 진행함은 위법하다.[1]

　(나) 선거범사건에서의 2회 불출석　　공직선거법·국민투표법 위반사건에　　**8**
서 피고인이 공시송달에 의하지 않은 적법한 소환을 받고도 공판기일에 출석
하지 않은 때에는 다시 기일을 정해야 한다($^{공직선거법}_{제270조의2 제1항}$). 다시 정한 기일 또
는 그 후에 열린 공판기일에 피고인이 정당한 사유 없이 출석하지 않은 때에
는, 출석한 검사 및 변호인의 의견을 들어 피고인 불출석상태에서 공판절차
를 진행해 판결할 수 있다($^{같은 조 제2항}_{내지 제4항}$). 판결을 선고한 경우 피고인 또는 변호
인에게 전화 기타 신속한 방법으로 그 사실을 통지해야 한다($^{같은 조}_{제4항}$).

　(3) 구속피고인의 정당한 사유 없는 불출석　　구속피고인이 정당한　　**9**
사유 없이 출석을 거부하는 경우 교도소장은 즉시 그 취지를 법원에 통지해
야 한다($^{규칙 제}_{126조의4}$). 이에 따라 법원은 직접 또는 합의부원을 통해($^{수명}_{법관}$) 피고인의
출석 거부에 정당한 사유가 존재하는지, 정당한 사유가 없으면 교도관에 의
한 인치가 가능한지를 조사해야 한다($^{제277조의2 제1항, 규칙}_{제126조의5 제1항, 제3항}$).[2] 여기서 '정당한 사

1　대법원 2016. 4. 29. 선고 2016도2210 판결.

2　대법원 2001. 6. 12. 선고 2001도114 판결: 「원심법원은 제11회 공판기일에 피고인이 출석하지
　아니하자, 교도관으로부터 피고인이 법관기피신청을 이유로 출정을 거부하였다는 진술만을 듣
　고 바로 제277조의2의 규정에 의하여 피고인의 출석 없이 공판절차를 진행하여, 공판절차를
　갱신하고 피고인이 신청한 증인 ◎◎◎, ●●●에 대한 증거결정을 취소한 다음, 검사의 의견
　을 듣고 변론을 종결하였고, 그 다음기일인 제12회 공판기일에 이 사건 판결을 선고하였음을
　알 수 있다. 이와 같이 원심법원이 피고인의 출석거부사유만을 조사한 후 교도관에 의한 인치
　가 불가능하거나 현저히 곤란하였는지 여부에 대한 조사를 아니한 채 바로 피고인의 출석 없
　이 공판절차를 진행한 것은, 구속된 피고인이 출석을 거부하는 경우에 있어서의 공판절차에
　관한 제277조의2의 규정을 위배한 위법이 있다고 할 것이고, 이와 같은 소송절차상의 법령위
　배는 판결에 영향을 미쳤음이 명백하다.」

유'란 거동이 곤란할 정도의 신병 등을 말한다.[1] 조사에 필요한 때에는 교도관리 기타 관계자(일사등)의 출석을 명하여 진술을 듣거나 그들에게 보고서제출을 명할 수 있다(규칙 제126 조의5 제2항). 위와 같은 조사 없이 궐석으로 공판절차를 진행함은 위법하다.

10   조사결과 출석거부에 정당한 사유가 없고 교도관에 의한 인치가 현저히 곤란하다고 판단되는 때에는 법원은 출석해 있는 검사·변호인의 의견을 들어 피고인 없이 공판절차(판결선고 포함)를 진행할 수 있다(제277조 의2). 이 경우 재판장은 공판정에서 소송관계인에게 그 취지를 고지해야 한다(규칙 제 126조의6).

11   출석거부에 정당한 사유가 있다고 인정되는 때에는 궐석재판을 할 수 없다. 부득이 공판절차를 진행해야 한다면(예컨대 구속기간의 만료가 임박한 경우) 법원장의 허가를 얻어 구치소 내 장소에서 공판기일을 진행할 수밖에 없다(법원조직법 제56조 제2항). 이 경우 그 장소가 공판정이다[§142/1 참조].

12   (4) 공시송달처분 후 2회 불출석   피고인에 대한 송달이 불능인 경우, 재판장은 피고인의 소재를 확인하기 위해 소재조사촉탁, 구인장의 발부 기타 필요한 조치를 취해야 한다(소촉규칙 제18조 제2항). 공소장에 피고인의 주소가 특정되어 있지 않거나 그 기재된 주소에 공소제기 당시 피고인이 거주하지 않은 사실이 인정되는 때에는 재판장은 검사에게 상당한 기간을 정해 주소보정을 요구한다(같은 조 제3항). 이러한 조치에도 불구하고 피고인에 대한 송달불능보고서[2]가 접수된 때로부터 6월이 경과하도록 피고인의 소재가 확인되지 않을 경우, 법원은 결정으로 공시송달을 명하며(규칙 제43조), 그에 따라 공시송달로 이루어진 공판기일 소환을 피고인이 2회 이상 받고도 출석하지 않은 때에는 피고인 없이 공판절차를 진행하여 판결을 선고할 수 있다(소촉규칙 제19조). 단, 법정형이 사형, 무기 또는 장기 10년을 초과하는 자유형이 아닌 사건에 한한다(소촉법 제23조).

13   피고인의 소재를 파악하기 위한 최선의 노력을 다하지 않고 한 공시송

---

1 서울고등법원 2018. 8. 21. 선고 2018노919 판결(대법원 2018. 12. 27. 선고 2018도14154 판결로 확정).

2 대법원 2015. 12. 10. 선고 2015도9572 판결: 「법원의 소재탐지촉탁에 따라 피고인의 주소지 등을 관할하는 경찰서장이 회신하는 소재탐지불능보고서는 경찰관이 직접 송달주소를 방문하여 거주자나 인근 주민 등에 대하여 탐문하는 등의 방법으로 피고인의 소재를 확인하므로 송달불능보고서보다 더 정확하게 피고인의 소재 여부를 확인할 수 있기 때문에 송달불능보고서와 동일한 기능을 한다고 볼 수 있다. 따라서 소재탐지불능보고서의 접수는 소촉법 제23조에서 정한 '송달불능보고서의 접수'로 볼 수 있다.」

달결정은 위법하다.[1] 또한, 피고인이 구치소나 교도소 등에 수감중인 경우에는 그 소재가 확실하다고 할 수 있으므로, 그러한 피고인에 대한 공시송달은 위법하다.[2] 이처럼 위법한 공시송달에 의한 소환을 받은 피고인이 2회 불출석하더라도 궐석재판의 요건은 충족되지 않고, 그 상태에서 이루어진 소송행위는 효력이 없으며, 판결을 선고할 경우 상소이유가 된다[§174/22 참조].[3]

　　공시송달에 의한 소환을 받은 피고인의 2회 불출석을 이유로 하는 궐석　　**14**
재판에서는 전문증거에 대한 증거동의가 있는 것으로 간주된다. 단, 대리인 또는 변호인이 출정한 때에는 그렇지 않다(제318조 제2항)[§119/33 참조].

　　제1회 공판기일 전에 공소장부본을 송달하지 않았더라도 피고인이 모두　　**15**
절차에서 이의를 제기하지 않을 경우 그 하자가 치유된다는 법리[§143/7 참조]는 공시송달에 의한 궐석재판에는 적용되지 않는다.[4]

1　대법원 2019. 12. 13. 선고 2019도14910 판결:「피고인에 대한 공시송달은 피고인의 주거, 사무소와 현재지를 알 수 없는 때에 한하여 할 수 있으므로, 기록상 피고인의 집전화번호 또는 휴대전화번호 등이 나타나 있는 경우에는 그 전화번호로 연락하여 송달받을 장소를 확인하여 보는 등의 시도를 해 보아야 하고, 그러한 조치를 하지 아니한 채 곧바로 공시송달의 방법으로 송달하는 것은 제63조 제1항, 제365조에 위배되어 허용되지 않는다. 이러한 법리는 피고인이 소송이 계속된 사실을 알면서도 법원에 거주지 변경신고를 하지 않아 그로 인하여 송달이 되지 않자 법원이 공시송달의 방법에 의한 송달을 한 경우에도 마찬가지로 적용된다.」

2　대법원 2013. 6. 27. 선고 2013도2714 판결:「피고인이 구치소나 교도소 등에 수감중에 있는 경우는 제63조 제1항에 규정된 '피고인의 주거, 사무소, 현재지를 알 수 없는 때'나 소촉법 제23조에 규정된 '피고인의 소재를 확인할 수 없는 경우'에 해당한다고 할 수 없으므로, 법원이 수감중인 피고인에 대하여 공소장부본과 피고인소환장 등을 종전 주소지 등으로 송달한 경우는 물론 공시송달의 방법으로 송달하였더라도 이는 위법하다고 보아야 한다. 따라서 법원은 주거, 사무소, 현재지 등 소재가 확인되지 않는 피고인에 대하여 공시송달을 할 때에는 검사에게 주소보정을 요구하거나 기타 필요한 조치를 취하여 피고인의 수감 여부를 확인할 필요가 있다.」

3　대법원 2011. 5. 13. 선고 2011도1094 판결:「공소장에 피고인의 주거로 기재된 장소로의 송달은 이미 2회에 걸쳐 이사불명으로 송달불능된 바 있었으므로, 피고인의 휴대전화로 전화를 하게 된 제1심의 법원사무관 등으로서는 피고인이 서류를 송달받을 수 있는 장소를 확인하는 등의 시도를 해보았어야 할 것이다. 그럼에도 제1심은 그러한 조치를 취하지 아니한 채 피고인의 주거, 사무소, 현재지를 알 수 없다고 단정하고 공시송달의 방법으로 공소장부본 등을 송달하였으니, 이러한 제1심의 조치는 소촉법 제23조, 소촉규칙 제18조, 제19조를 위반한 것이고, 또한 공시송달로 피고인을 소환한 최초의 공판기일에 피고인의 불출석 상태에서 재판절차를 진행한 것 역시 위법하므로, 결국 제1심의 소송절차는 어느 모로 보나 법령에 위배되어 판결에 영향을 미친 경우에 해당한다.」

4　대법원 2014. 4. 24. 선고 2013도9498 판결:「제1심이 공소장부본을 피고인 또는 변호인에게 송달하지 아니한 채 공판절차를 진행하였다면 이는 소송절차에 관한 법령을 위반한 경우에 해당한다. 이러한 경우에도 피고인이 제1심 법정에서 이의함이 없이 공소사실에 관하여 충분히 진술할 기회를 부여받았다면 판결에 영향을 미친 위법이 있다고 할 수 없으나, 제1심이 공시송달의 방법으로 피고인을 소환하여 피고인이 공판기일에 출석하지 아니한 가운데 제1심의 절차가 진행되었다면 그와 같은 위법한 공판절차에서 이루어진 소송행위는 효력이 없으므로, 이러한 경우 항소심은 피고인 또는 변호인에게 공소장부본을 송달하고 적법한 절차에 의하여 소

16   ⑸ 퇴정명령 등   피고인이 재판장의 허가($^{제281조}_{제1항}$) 없이 퇴정하거나 재판
장의 질서유지를 위한 퇴정명령을 받은 때에는 피고인 없이 공판기일의 절차
를 진행해 판결을 선고할 수 있다($^{제330}_{조}$).

17   ⑹ 무죄·면소·형면제·공소기각 재판을 할 사건   무죄·면소·형면제·공
소기각의 재판을 할 것이 명백한 때에는 피고인 없이 공판기일의 절차를 진
행할 수 있다($^{제306조}_{제4항}$). 이 경우 피고인이 사물변별·의사결정 능력이 없거나 질
병으로 출정할 수 없더라도 공판절차정지 사유가 되지 않는다[$^{§150/3}_{참조}$].

3. 변 호 인

18   필요적 변호사건에서 피고인이 재판거부의사를 표시한 후 재판장의 허
가 없이 퇴정하고 변호인도 이에 동조해 퇴정한 경우, 수소법원은 제330조
에 따라 피고인·변호인의 재정 없이 공판기일을 진행해 판결을 선고할 수
있으며, 증거동의가 간주된다는 것이 판례의 입장이다.[1] 그러나 이는 제330
조를 변호인에게 유추적용함으로써[2] 피고인에게 불이익을 주는 것이므로 옳
지 않다고 본다.[3] 증거동의 간주 역시 부당함은 전술하였다[$^{§119/34}_{참조}$].

송행위를 새로이 한 후 항소심에서의 진술과 증거조사 등 심리결과에 기초하여 다시 판결하여
야 한다.」

1 대법원 1991. 6. 28. 선고 91도865 판결: 「필요적 변론사건이라 하여도 피고인(관련 공
동피고인들 포함)이 재판거부의 의사를 표시하고 재판장의 허가 없이 퇴정하고 변호인마
저 이에 동조하여 퇴정해 버린 것은 모두 피고인측의 방어권의 남용 내지 변호권의 포기
로 볼 수밖에 없는 것이어서 수소법원으로서는 제330조에 의하여 피고인이나 변호인의
재정 없이도 심리판결 할 수 있는 것이고, 또 공판심리는 사실심리와 증거조사가 행해지
게 마련인데 이와 같이 피고인과 변호인들이 출석하지 않은 상태에서 증거조사를 할 수
밖에 없는 경우에는 제318조 제2항의 규정상 피고인의 진의와는 관계없이 제318조 제1
항의 동의가 있는 것으로 간주하게 되어 있는 것이므로 원심이 위와 같은 사실들을 바탕
으로 하여 피고인의 항소를 기각한 것은 … 위법이 없다.」

2 대법원 1990. 6. 8. 선고 90도646 판결: 「변호인이 피고인의 명시적 또는 묵시적인 동의 아래
그 방어권행사의 한 방법으로, 재판장의 허가 없이 임의로 퇴정하여 버리거나 피고인과 합세
하여 법정의 질서를 문란케 하여 재판의 진행을 방해하는 등의 행위를 하여 재판장으로부터
질서유지를 위한 퇴정을 명받는 경우와 같이, 변호인의 재정의무위반이 피고인 자신의 귀책사
유에 기인할 뿐만 아니라 피고인측의 방어권의 남용 내지 변호권의 포기로 보여지는 경우에
는, 신속한 재판 및 사법권의 옹호라는 측면을 중시하여 제330조의 규정을 유추적용하여 예외
적으로 변호인 없이 개정, 심리할 수 있다.」

3 변종필, "형사소송법에서 유추금지원칙의 적용과 범위", 비교법연구 제21권 제2호(2021), 164쪽.

제7 검사·피해자 등의 기록열람·등사   §152

I. 검사의 열람·등사

피고인·변호인이 공판기일 또는 공판준비절차에서 현장부재·심신상실·   1
심신미약 등 법률상·사실상 주장을 한 경우, 검사는 피고인·변호인에게 i)
그 주장과 관련된 서류·물건(도면·사진·녹음테이프·비디오테이프·컴퓨터용디스크, 그 밖에 정
보를 담기 위해 만들어진 물건으로서 문서가 아닌 특수매체 포함)의 열
람·등사, ii) 증거로 신청할 서류·물건의 열람·등사, iii) 증인으로 신청할 자
의 성명, 사건과의 관계 등을 기재한 서면의 교부, iv) 위 서류·물건의 증명
력과 관련된 서류·물건의 열람·등사를 요구할 수 있다(제266조의11 제1항,
제5항, 제266조의3 제6항). 이
요구는 서면으로 함이 원칙이나, 공판준비기일 또는 공판기일에 구술로 할
수도 있다(규칙 제123
조의5 제1항).

피고인 또는 변호인은 검사가 제266조의3 제1항에 따른 열람·등사·서   2
면교부를 거부한 때에는 검사의 위 요구에 대해 거부할 수 있다. 다만 법원
이 제266조의4 제1항에 따른 신청을 기각하는 결정을 한 때[§140/9
참조]에는 거부
하지 못한다(제266조의
11 제2항).

i) 피고인 또는 변호인이 위 요구를 거부한 경우, 검사는 그 서류·물건   3
의 열람·등사 또는 서면교부를 허용하게 할 것을 법원에 신청할 수 있다
(같은 조
제3항). 법원은 열람·등사·서면교부를 허용하는 경우에 생길 폐해의 유형·
정도, 재판의 신속한 진행을 위한 필요성 및 해당 서류 등의 중요성 등을
고려해 피고인에게 열람·등사·서면교부를 허용할 것을 명하는 결정을 할
수 있으며, 열람·등사의 시기·방법을 지정하거나 조건·의무를 부과할 수 있
다(같은 조 제4항,
제266조의4 제2항). ii) 검사의 요구 및 그에 대한 거부가 공판준비기일 또는 공
판기일에 구술로 이루어진 경우, 법원은 그 자리에서 위와 같은 결정을 할 수
있다(규칙 제123
조의5 제2항). 결정은 공판준비기일조서 또는 공판조서에 기재한다(같은 조
제3항).

법원은 결정에 앞서 피고인·변호인에게 의견제출기회를 부여해야 한다.   4
필요하다고 인정하는 때에는 피고인·변호인에게 해당 서류 등의 제시를 요구할
수 있으며, 피고인이나 그 밖의 이해관계인을 심문할 수 있다(제266조의11 제4항, 제
266조의4 제3항, 제4항).

위 법원의 결정을 지체없이 이행하지 아니하는 경우, 피고인·변호인은   5
해당 증인 및 서류 등에 대한 증거신청을 할 수 없다(제266조의11 제4항,
제266조의4 제5항).

Ⅱ. 피해자 등의 열람·등사

1. 신 청

6 소송계속중인 사건의 피해자(피해자가 사망하거나 그 심신에 중대한 장애가 있는 경우 그 배우자·직계친족 및 형제자매 포함), 피해자 본인의 법정대리인 또는 이들로부터 위임을 받은 피해자 본인의 배우자·직계친족·형제자매·변호사는 소송기록의 열람 또는 등사를 재판장에게 신청할 수 있다(제294조의4 제1항). 재판장은 이 신청이 있는 때에는 지체없이 검사, 피고인 또는 변호인에게 그 취지를 통지해야 한다(같은 조 제2항).

2. 재 판

7 재판장은 피해자 등의 권리구제를 위해 필요하다고 인정하거나 그 밖의 정당한 사유가 있는 경우 범죄의 성질, 심리의 상황, 그 밖의 사정을 고려하여 상당하다고 인정하는 때에는 열람·등사를 허가할 수 있으며(같은 조 제3항), 등사한 소송기록의 사용목적을 제한하거나 적당하다고 인정하는 조건을 붙일 수 있다(같은 조 제4항). 기각·허가·조건부가의 재판에는 불복할 수 없다(같은 조 제6항).

8 재판장의 허가를 받아 소송기록을 열람·등사한 자는 열람·등사에 의해 알게 된 사항을 사용함에 있어 부당히 관계인의 명예나 생활의 평온을 해하거나 수사와 재판에 지장을 주지 않도록 해야 한다(같은 조 제5항).

§153 제8 공판기일 외 증거조사

Ⅰ. 의 의

1 수소법원은 공판준비에 필요하다고 인정한 때에는 검사, 피고인 또는 변호인의 신청에 의해 공판기일 전에(즉, 공판정 개정 없이) 피고인신문·증인신문·검증을 하거나 감정·번역을 명할 수 있다(제273조 제1항).

2 제273조에 의한 증거조사의 예는 다음과 같다. i) 불구속사건에서 피고인이 공판기일에 출석하지 않은 경우, 궐석재판의 요건이 갖춰지지 않은 한 개정이 불가능하므로(제276조) 법원은 공판기일을 연기해야 한다[§142/4 참조]. 그런데 당해 기일에 예정돼 있었던 증인신문·검증 등을 연기 후의 공판기일에서는 원활히 진행하기 어려운 사정(가령 증인의 사망·장기출국이 임박했거나, 검증할 현장에 공사가 시행될 예정인 경우)이 있을 수 있다.

이러한 때에 법원은 검사나 변호인의 신청이 있으면 그 자리에서 제273조에 따라 공판기일 외의 절차로서 증인신문·검증 등을 진행할 수 있다.[1] ii) 불구속피고인이 장기간 입원치료를 받고 있는 등으로 출정하기 어려운 상황에서 신속히 증인신문·감정·검증 등을 할 필요가 있는 경우, 법원은 제273조에 따라 공판기일 개정 없이 그러한 증인신문 등을 시행할 수 있다. 제1회 공판기일 전이라면 제184조에 따른 증거보전절차[$\S82$ 참조]를 활용할 수도 있지만, 제1회 공판기일 후라면 제273조에 의한 증거조사를 활용할 수밖에 없다. iii) 피고인이 사물변별·의사결정 능력을 상실해 공판절차가 정지된 기간 동안 법원은 제273조에 따라 증인신문 등을 시행할 수 있다[$\S150/8$ 참조].

II. 절　　차

기일 외 증거조사 신청은 서면과 구술 어느 방법으로도 할 수 있다. 신청을 받아들이는 경우 곧바로 해당 증거조사를 시행하고, 신청이 이유 없는 경우 기각결정을 한다(제273조 제3항). 증거조사는 원칙상 법원이 직접 해야 하지만, 합의부원에게 하게 하거나(같은 조 제2항; 수명법관) 증인·감정인·검증목적물이 현재하는 장소의 지방법원에 촉탁할 수도 있다(수탁판사). 　3

제273조의 증거조사는 공판기일의 절차가 아니므로 검사·피고인·변호인의 출석을 요하지 않는다. 물론, 참여권보장을 위한 통지(제176조, 제163조 제2항, 제145조, 제122조)를 이행했음을 전제로 한다. 검사·피고인·변호인은 증인신문에 참여하지 않을 경우 필요한 사항의 신문을 법원에 청구할 수 있다(제164조 제1항). 피고인 또는 변호인이 불참한 증인신문에서 피고인에게 불이익한 증언이 이루어진 경우, 법원은 그 내용을 피고인 또는 변호인에게 알려주어야 한다(같은 조 제2항). 　4

피고인이 증거로 함에 동의하지 않은 진술서·진술조서 등 전문서류에 증거능력을 부여하기 위한 진정성립 증명절차[$\S119/62$ 참조]는 제273조에 따른 증인신문기일에 진행할 수 없다. 제273조에 따른 증거조사기일은 제312조나 제313조 등에서 규정하는 '공판준비 또는 공판기일'이 아니기 때문이다. 　5

공동피고인 중 일부가 출석하고 일부가 불출석한 때에도 제273조에 의 　6

1　서울중앙지방법원 2018. 1. 11. 선고 2017노2931 판결; 2018. 5. 11. 선고 2017노4309 판결; 서울남부지방법원 2019. 8. 21. 선고 2019고정478 판결; 2019. 9. 18. 선고 2018고정529 판결; 수원지방법원 2020. 11. 5. 선고 2019노3853 판결 등.

한 증거조사를 할 수 있다. 이 경우 변론을 분리해[§146/13 참조] 출석한 피고인에 대해서는 공판기일의 증거조사를, 불출석한 피고인에 대해서는 기일 외 증거조사를 하는 것으로 처리하되 양자를 1개의 절차로 동시에 진행해야 한다는 관점이 있으나, 출석한 피고인에 대해 변론속행을 고지한 후 일괄적으로 기일 외 증거조사로 진행함이 타당하다고 본다.[1]

7　　　　공판기일에 피고인신문·증인신문·검증을 시행한 경우에는 그에 대한 법관의 인식결과 자체가 곧바로 증거자료가 되는 반면, 제273조에 따라 피고인신문·증인신문·검증을 한 경우에는 그 결과로서 작성된 서류(증인신문조서·검증조서 등)가 증거방법이 되므로[§114/3 참조] 추후 공판정에서 이에 대한 별도의 서증조사가 필요하다(제291조)[§121/2 참조]. 비록 수소법원이 주체가 되어 시행하기는 하지만, 공판기일 외, 공판정 밖의 절차이기 때문이다.[2] 해당 서류는 제315조 제3호에 따라 당연히 증거능력이 있다[§119/12 1 참조].

§154　제 9　관할의 지정과 이전

Ⅰ. 관할지정

1. 의　　의

1　　　　i) 관할이 명확하지 않은 때 또는 ii) 관할위반을 선고한 재판이 확정된 사건에 관해 다른 관할법원이 없는 때에, 검사는 관계있는 제1심법원에 공통되는 바로 위의 상급법원(직근 상급법원)에 관할지정을 신청해야 한다(제14조). 이에 따라 상급법원의 관할지정결정으로써 관할이 창설된다.

---

1 상세히는 김희옥/박일환(편집대표), 주석 형사소송법(Ⅲ), 한국사법행정학회(2017), 77쪽(박일환 집필부분) 참조.

2 대법원 2000. 10. 13. 선고 2000도3265 판결: 「공판기일에서 증인을 채택하여 다음 공판기일에 증인신문을 하기로 피고인에게 고지하였는데 그다음 공판기일에 증인은 출석하였으나 피고인이 정당한 사유 없이 출석하지 아니한 경우에, 그 사건이 제277조 본문에 규정된 다액 100만원 이하의 벌금 또는 과료에 해당하거나 공소기각 또는 면소의 재판을 할 것이 명백한 사건이 아니어서 제276조의 규정에 의하여 공판기일을 연기할 수밖에 없더라도, 이미 출석해 있는 증인에 대하여 공판기일 외의 신문으로서 증인신문을 하고 다음 공판기일에 그 증인신문조서에 대한 서증조사를 하는 것은 증거조사절차로서 적법하다.」

2. 사　　유

⑴ 관할이 명확하지 아니한 때　　'관할이 명확하지 아니한 때'($\binom{제14조}{제1호}$)에는 **2**
i) 관할구역의 근거가 되는 행정구역 자체가 불명확한 경우는 물론, ii) 범죄
사실이나 범죄지가 불분명해 관할이 불명확한 경우도 포함된다. 가령 피고인
의 주소·거소·현재지가 모두 해외이고 범죄지가 서초구인지 과천시인지 불
분명하다면 관할법원이 서울중앙지방법원인지 수원지방법원 안양지원인지
불명확하게 되는바, 이때 검사는 두 법원에 공통되는 바로 위의 상급법원인
대법원($\binom{두\ 법원의\ 각\ 직근상급법원은\ 서울고등법원과}{수원고등법원이므로\ 서로\ 공통되지\ 않는다}$)에 관할지정을 신청할 수 있다.

'공통되는 바로 위의 상급법원'은 소송법상 의미가 아니라 국법상 의미 **3**
이다. 예컨대 지방법원지원의 단독판사가 심판한 제1심사건의 항소심법원은
지방법원본원 합의부이고 이 경우 심급관계상 후자가 상급심이지만, 조직법
상으로 지방법원 지원과 본원은 서로 대등관계에 있다[$\binom{\S33/10}{참조}$].[1] 따라서 지원
두 군데 중 어디가 관할법원인지 알 수 없는 경우, 관할지정신청은 조직법상
공통상급법원인 고등법원($\binom{고등법원이}{다르면\ 대법원}$)에 해야 하고, 그 구역의 지방법원본원에
해서는 안 된다. 가령 단독판사가 심판할 사건에서 관할법원이 수원지방법원
안양지원인지 아니면 안산지원인지가 불분명한 경우, '공통되는 바로 위의
상급법원'은 ($\binom{그\ 사건의\ 2심을\ 심판}{할\ 합의부가\ 소속된}$) 수원지방법원이 아니라 수원고등법원이다.

⑵ 관할위반판결이 확정된 사건에서 다른 관할법원이 없는 때

관할위반판결이 확정된 사건에 관해 다른 관할법원이 없는 때($\binom{제14조}{제2호}$)에도 **4**
관할지정신청을 할 수 있다. 가령 피고인의 주소·거소·현재지와 범죄지가
모두 해외인 경우에는 국내에 재판적이 없어 토지관할 있는 법원이 존재하지
않으므로, 검사는 어떤 지방법원에든 일단 공소를 제기할 수밖에 없다. 이후
공판절차에서 피고인이 관할위반을 주장하지 않으면 다행이지만, 만약 적시
에 관할위반을 주장한다면[$\binom{\S143/7}{참조}$] 재판부는 관할위반판결을 선고할 수밖에 없
는바, 그 판결이 확정되고 나면 검사는 해당 재판부의 소속법원을 관할하는
고등법원에 관할지정을 신청할 수 있으며, 이에 따른 지정결정으로 관할이
창설된다.[2] 이때 관할위반판결의 당·부당은 불문한다.

---

1 대법원 2015. 10. 15. 선고 2015도1803 판결.
2 의정부지방법원 2017. 8. 24. 선고 2016노796 판결. 상세히는 김기준, "형사소송법 제14조 재
　정관할조항의 개정필요성 고찰", 형사법의 신동향 제60호(2018), 13－14쪽.

3. 절　　차

5　　　(1) 신　청　　　관할지정신청은 서면(관할지정 신청서)으로 하며, 피고인·피의자의 수에 상응한 부본을 첨부해야 한다(규칙 제5 조 제1항). 신청서를 접수한 법원은 지체없이 그 부본을 피고인·피의자에게 송달해야 한다(같은 조 제2항). 피고인·피의자는 부본을 송달받은 날로부터 3일 이내에 법원에 의견서를 제출할 수 있다(같은 조 제3항). 관할지정신청이 있는 경우 재판부는 그에 대한 결정이 있기까지 소송절차를 정지해야 한다. 다만, 급속을 요하는 경우에는 그렇지 않다(규칙 제7조).

6　　　(2) 결　정　　　관할지정신청을 받은 상급법원은 신청이 이유 있다고 인정되면 관할법원을 지정하는 결정을, 그렇지 않다면 기각결정을 해야 한다.

7　　　(3) 관할지정 후의 조치　　　공소제기 전의 사건에 관해 관할지정결정을 한 경우, 상급법원은 결정등본을 검사와 피의자에게 각 송부해야 한다. 검사가 추후 해당 사건에 관해 공소를 제기할 때에는 공소장에 그 결정등본을 첨부해야 한다(규칙 제6 조 제1항)[§95/28 참조].

8　　　이미 공소제기된 사건에 관해 관할지정결정을 한 경우, 상급법원은 결정등본을 검사와 피고인 및 사건계속법원에 각 송부해야 한다(같은 조 제2항). 만약 사건계속법원과 다른 법원이 관할법원으로 지정되었다면, 사건계속법원은 지체없이 소송기록과 증거물을 위 결정등본과 함께 그 지정된 법원으로 송부해야 한다(같은 조 제3항, 제8조 제1항). 이 경우 사건계속법원 및 송부를 받은 법원은 각각 그 대응하는 검찰청에 그 사실을 통지해야 한다(규칙 제8 조 제2항).

Ⅱ. 관할이전

1. 의　　의

9　　　관할법원에서 재판을 할 수 없거나 재판의 공평을 유지하기 어려운 경우에 상급법원의 결정에 의해 관할권 없는 다른 법원으로 사건을 옮기는 것을 관할이전이라 한다.

2. 사　　유

10　　　관할이전신청은 i) 법률상의 이유 또는 특별한 사정으로 재판을 행할 수 없거나(제15조 제1호), ii) 범죄의 성질, 지방의 민심, 소송의 상황 기타 사정으로 재판

의 공평을 유지하기 어려운 염려가 있는 때($^{같은\,조}_{제2호}$)에 할 수 있다. '법률상의 이유'란 법관의 제척·기피·회피로 인해 소송법상 의미의 법원을 구성할 수 없는 경우를 말한다. '특별한 사정'이란 천재지변 또는 법관의 질병이나 사망 등으로 장기간 재판을 할 수 없는 경우를 말한다. '재판의 공평을 유지하기 어려운 염려가 있는 때'란 지역의 여론이나 민심 등 형사절차 외적인 사회적 압력이 존재하는 경우를 말한다.

3. 절　　차

피고인도 신청권자라는 점을 제외하면, 관할이전의 구체적 절차는 관할 지정의 그것과 같다($^{제16조\,제2항,\,규칙}_{제5조\,내지\,제8조}$). 검사는 수사단계에서도 관할이전신청을 할 수 있는 반면, 피고인은 공소제기 이후에만 할 수 있다.　　　　11

제 10　중복기소의 처리　　　　　　　　　　　　　　§155

Ⅰ. 이중기소

이미 공소가 제기된 피고인에 대해 동일한 지방법원에 동일사건으로 다　　1 시 공소가 제기된 경우, 법원은 뒤의 사건에 관해 공소기각판결을 선고해야 한다($^{제327조}_{제3호}$). 가령 상습사기죄로 기소되어 재판을 받고 있는 피고인에 대해 그 사건의 공소사실에 포함되지 않은 별개의 사기범행이 단순사기죄로 기소 된 경우, 법원은 그 단순사기사건에 대해 제327조 제3호에 따라 공소기각판 결을 해야 한다.[1] 다만, 하나의 공소장에 동일사건이 중복기재된 것은 이중 기소가 아니라 단순 착오에 불과하므로, 검사에게 이를 정정하게 하거나 법 원이 직접 판결이유에서 정정하면 족하고 공소기각판결을 할 필요는 없다.[2]

---

[1] 대법원 2001. 7. 24. 선고 2001도2196 판결:「상습범에 있어서 공소제기의 효력은 공소가 제기 된 범죄사실과 동일성이 인정되는 범죄사실 전체에 미치고, 또한 공소제기의 효력이 미치는 시적 범위는 사실심리가 가능한 마지막 시점인 판결선고시를 기준으로 삼아야 하므로, 검사가 일단 상습사기죄로 공소를 제기한 후 그 공소의 효력이 미치는 위 기준시까지의 사기행위 일 부를 별개의 독립된 사기죄로 공소를 제기하는 것은 그 공소사실인 사기범행이 이루어진 시기 가 먼저 공소를 제기한 상습사기의 범행 이전이거나 이후인지 여부를 묻지 않고 공소가 제기 된 동일사건에 대한 이중기소에 해당되어 허용될 수 없다.」

[2] 대법원 1983. 5. 24. 선고 82도1199 판결:「하나의 공소장에 동일한 사건이 중복되어 기재되어 있는 경우 이는 기소의 문제가 아니라 단순한 공소장 기재의 착오라 할 것이므로 법원으로서 는 석명권을 행사하여 검사로 하여금 이를 정정케 하든가 그렇지 않은 경우에도 스스로 판결 이유에 그 착오사실을 정정 표시하여 줌으로써 족하고 주문에 별도로 공소기각의 판결을 할

2   대법원은, 사건의 동일성이 없음을 전제로 각각 기소된 2개의 사건이 병
합심리 도중 동일사건 관계에 있음이 드러난 경우, 수소법원은 후행기소에
의해 선행기소에서 누락된 범죄사실을 추가하는 취지의 공소장변경이 이루
어진 것으로 보아(검사에게 석명권을 행사해 후행기소가 공소장변경의 취지인지를 밝히
게 할 수도 있지만, 그러한 석명절차를 거치지 않아도 상관없다고 한다) 양자를 하
나의 범죄사실로 정리해 실체판결을 선고해야 하고, 따로 공소기각판결을 할
필요는 없다고 한다.[1] 이러한 때에 후행기소에 대해 공소기각판결을 하고
선행기소에 대해 공소장변경을 하게 함은 절차상 번잡하고, 후행기소에 의한
범죄사실이 이미 심판대상으로 되어 있으므로 피고인의 방어권행사에 불이
익이 초래되지 않는다는 이유에서다.[2] 그러나 이는 제327조 제3호의 규정에
대해 아무런 법적 근거 없이 단지 실무상 편의만을 이유로 예외를 창설하는
해석론으로서 찬성하기 어렵다. 더욱이 공소제기를 공소장변경으로 의제하
는 것은 그 자체로 소송절차의 형식적 확실성을 심각하게 해치는 방법론이다
(공소장변경은 본래 검사의 신청과 법원의 허가결정으로 이루어지는바, 대법원의 입장
은 후행기소 자체만으로 공소장변경이 된 것으로 간주한다는 점에서도 문제가 있다).[3] 선행기소와 후행
기소의 각 범죄사실이 동일사건임이 밝혀졌다면 예외 없이 후행기소에 대해

  필요는 없다.」
1 대법원 2012. 6. 28. 선고 2012도2087 판결: 「상상적경합관계에 있는 공소사실 중 일부
   가 먼저 기소된 후 그 나머지 공소사실이 추가기소되고 이들 공소사실이 상상적경합관계
   에 있음이 밝혀진 경우라면, 그 추가기소에 의하여 전후에 기소된 각 공소사실 전부를 처
   벌할 것을 신청하는 취지가 포함되었다고 볼 수 있어, 공소사실을 추가하는 등의 공소장
   변경과는 절차상 차이가 있을 뿐 그 실질에 있어서 별 차이가 없다. 따라서 법원으로서는
   석명권을 행사하여 검사로 하여금 추가기소의 진정한 취지를 밝히도록 하여 검사의 석명
   에 의하여 추가기소가 상상적경합관계에 있는 행위 중 먼저 기소된 공소장에 누락된 것
   을 추가·보충하는 취지로서 1개의 죄에 대하여 중복하여 공소를 제기한 것이 아님이 분
   명해진 경우에는, 그 추가기소에 의하여 공소장변경이 이루어진 것으로 보아 전후에 기소
   된 공소사실 전부에 대하여 실체판단을 하여야 하고 추가기소에 대하여 공소기각판결을
   할 필요가 없다.」
   대법원 2015. 3. 20. 선고 2015도706 판결: 「검사가 포괄일죄인 일부 범행을 먼저 기소
   하고 다시 나머지 범행을 추가로 기소하여 이를 병합하여 심리하는 과정에서 전후에 기소
   된 각각의 범행이 모두 포괄하여 하나의 죄를 구성하는 것이 밝혀진 경우, 비록 포괄일죄
   로 공소장을 변경하는 절차가 없었다거나 추가기소의 공소장제출이 포괄일죄를 구성하는
   행위로서 먼저 기소된 공소장에 누락된 것을 추가·보충하는 취지의 것이라는 석명절차를
   거치지 아니하였다 하더라도, 법원은 전후에 기소된 범죄사실 전부에 대하여 실체판단을
   할 수 있고, 추가기소된 부분에 대하여 공소기각판결을 할 필요는 없다고 할 것인바, 이러
   한 경우 검사의 추가기소는 실질적으로 먼저 기소된 공소장에 누락된 것을 추가·보충하는
   취지의 공소장변경에 해당한다.」
2 대법원 1996. 10. 11. 선고 96도1698 판결.
3 대법원이 공소장변경을 의제하는 것은 아니라는 견해가 있다[주석(Ⅲ) 773쪽(송민경)]. 그러나
   위 판례들을 보면 분명 추가기소를 공소장변경으로 의제하고 있음을 알 수 있다.

제327조 제3호에 따라 공소기각판결을 함이 타당하다고 본다.

한편, 공소기각판결 선고 전에 선행사건에 대한 판결이 확정된 경우에는 **3** 제327조 제3호의 공소기각판결이 아니라 제326조 제1호의 면소판결을 해야 한다. 가령 제1심에서 선행사건이 이미 계속중이라는 이유로 공소기각판결 이 선고되었으나 그에 대한 항소심 진행중에 선행사건의 판결이 확정된 경 우, 항소법원은 원판결을 파기$\begin{bmatrix} \S176/7 \\ 참조 \end{bmatrix}$하고 면소를 선고해야 한다.[1]

Ⅱ. 관할경합

1. 의   의

동일사건에 관해 2개 이상의 법원에 공소장이 접수되는 경우를 관할경 **4** 합이라 한다. 관할경합이 발생한 때에는 일정한 기준에 따라 수소법원 중 어 느 한쪽이 공소기각결정을 해야 한다($\begin{smallmatrix} 제328조 \\ 제1항 제3호 \end{smallmatrix}$).

2. 우선순위 결정기준

(1) 합의부 우선   동일사건이 사물관할을 달리하는 수개의 법원에 계속 **5** 된 때에는 합의부에게 우선권이 있으며($\begin{smallmatrix} 제12 \\ 조 \end{smallmatrix}$), 이 경우 단독판사는 공소기각결 정을 해야 한다($\begin{smallmatrix} 제328조 \\ 제1항 제3호 \end{smallmatrix}$). 가령 i) 동일사건에 관해 서로 다른 지방법원에 각 공소가 제기되었는데 어느 한 지방법원에서만 재정합의결정이 이뤄졌거나 $\begin{bmatrix} \S33/4 \\ 참조 \end{bmatrix}$, ii) 단독판사 관할에 속하는 사건이 어느 한 지방법원에는 홀로 기소되 고, 다른 지방법원에는 합의부 관할사건과 병합기소되었거나$\begin{bmatrix} \S96 \\ 참조 \end{bmatrix}$ 사후적으로 병합된 경우$\begin{bmatrix} \S146/3 \\ 참조 \end{bmatrix}$가 이에 해당한다.

(2) 선착수 우선   동일사건이 사물관할을 같이하는 수개의 법원에 계속 **6** 된 때에는 먼저 공소장이 접수된 법원의 재판부에 우선권이 있으며($\begin{smallmatrix} 제13 \\ 조 \end{smallmatrix}$), 다 른 지방법원 또는 지원의 재판부는 공소기각결정을 해야 한다($\begin{smallmatrix} 제328조 \\ 제1항 제3호 \end{smallmatrix}$). 다만, 각 법원에 공통되는 바로 위의 상급법원$\begin{bmatrix} \S154/3 \\ 참조 \end{bmatrix}$은 검사나 피고인의 신청이 있는 때에는 결정으로 뒤에 공소를 받은 법원이 심판하게 할 수 있는바($\begin{smallmatrix} 제13조 \\ 단서 \end{smallmatrix}$), 이 경우 먼저 공소장을 접수한 법원의 재판부가 공소기각결정을 한다.

---

1 서울남부지방법원 2020. 6. 16. 선고 2019노566 판결; 울산지방법원 2020. 3. 16. 선고 2019노 1172 판결.

3. 순위를 위반한 실체판결의 효력

7 제12조 또는 제13조에 따라 후순위법원이 먼저 판결을 선고해 확정된다고 해서 위법한 재판이 되는 것은 아니며, 오히려 그 확정판결만이 유효한 것으로 되어 선순위법원이 실체재판을 할 수 없게 된다. 그러한 경우 선순위법원은 제326조 제1호에 따라 면소판결$\left[{§160 \atop 참조}\right]$을 선고해야 한다.

§156 제 11 공판절차의 갱신

I. 의 의

1 이미 진행된 공판절차가 더는 적확한 심증형성의 기초로 작용할 수 없는 사유가 발생함에 따라 공판기일의 절차를 처음부터 다시 진행하는 것을 공판절차의 갱신(更新)이라 한다. 갱신사유가 있음에도 갱신 없이 공판절차를 진행함은 위법하며, 상소이유가 된다$\left({제361조의5 제1호, \atop 제383조 제1호}\right)\left[{§174/22 \atop 참조}\right]$. 갱신결정은 통상 공판정에서 고지하며, 이 경우 그 취지를 조서에 기재한다$\left({제38 \atop 조}\right)\left[{§145/7- \atop 8 참조}\right]$.[1]

II. 사 유

1. 법관의 경질

2 재판부의 법관이 전보·퇴임·휴직 등으로 교체되는 것을 법관의 경질(更迭)이라 한다. 공판개정 후 법관의 경질이 있는 때$\left({경질이 수차례 이루어져 당초의 법관 \atop 이 다시 관여하게 된 경우를 포함한다}\right)$에는 공판절차를 갱신해야 한다$\left({제301조 \atop 본문}\right)$. 심리 도중 경질되는 경우에 한하며, 경질이 제1회 공판기일 전 또는 변론종결 후 판결선고 전에 이루어진 때에는 갱신을 요하지 않는다$\left({같은 \atop 단서}\right)$. 단독판사사건에서 당해 법관이 교체된 때는 물론, 합의부의 법관 중 1인이 교체된 때에도 공판절차를 갱신해야 한다.[2]

---

1 서울고등법원 1977. 5. 26. 선고 77노434 판결:「공판절차를 갱신한 경우에는 그 뜻을 공판조서에 기재하여야 하는바, 그 기재가 없는 이상 원심법원은 판사가 경질된 후 본건을 심리함에 있어서 공판절차를 갱신하지 않았다고 인정되고, 그 결과 원심은 판사가 경질되기 전의 공판절차에서 조사되었으나 판사가 경질되어 원심법원의 구성이 변경된 이후의 공판절차에서 적법한 조사를 거치지 아니한 증거를 가지고 본건에 관한 실체판단의 자료로 제공하고 있어, 원심의 소송절차에는 판결에 영향을 미친 위법이 있다.」

2 광주고등법원(제주) 2015. 3. 25. 선고 2014노117 판결(대법원 2015. 10. 8. 선고 2015도6248 판결로 확정):「원심 제4회 공판기일인 2014. 7. 21. 재판장 판사 甲, 판사 乙, 丙이 심리에 관여하였고, 이어서 원심 제5회 공판기일인 2014. 8. 21. 재판장 판사 甲, 판사 丙, 丁이 심리에

직권이송[$\S148$ 참조]이나 사건병합[$\S146$ 참조]으로 재판부가 변경되는 때에도 법관의 **3** 경질이 있는 경우에 준하여 공판절차를 갱신해야 한다($\S301$조의 유추적용). 그러나 단독 판사의 심리중 사물관할 위반이 발견되어 합의부로 재배당된 경우에는 공판 절차를 처음부터 다시 진행해야 한다.

2. 간이공판절차의 취소

간이공판절차 개시결정을 한 사건에서 피고인의 자백을 신빙할 수 없거 **4** 나 간이공판절차로 심판하는 것이 현저히 부당하다고 인정할 때에는 검사의 의견을 들어 그 결정을 취소해야 한다($\S286$조의3). 여기서 '간이공판절차로 심판하 는 것이 현저히 부당하다고 인정할 때'란 가령 i) 자백의 임의성이 의심되는 경우[$\S65$ 참조], ii) 피고인이 자백을 번복한 경우, iii) 사건의 일부에 대해 간이공 판절차 개시결정을 하였는데 그 때문에 증거조사절차가 극히 복잡하게 된 경 우, iv) 공소장변경을 통해 추가·변경된 공소사실에 대해서는 피고인이 자백 하지 않는 경우 등을 말한다. 간이공판절차 취소결정은 대개 공판정에서 고 지하고 조서에 기재하는 방식으로 하나($\S38$조 단서), 공판기일 외에서 결정서를 작 성해 할 수도 있다(같은 조 본문). 판결 전 소송절차에 관한 결정으로서 즉시항고를 허용하는 규정이 없으므로, 이에 대한 불복은 불가하다[$\S27/8$ 참조].

취소결정 후에는 공판절차를 갱신해야 한다($\S301$조 의2 본문). 다만, 검사·피고인· **5** 변호인 모두가 이의하지 않을 경우에는 갱신할 필요가 없다(같은 조 단서).

3. 심신상실

피고인에게 사물변별·의사결정 능력이 없음을 이유로 공판절차가 정지 **6** 된 경우에는 그 정지사유가 소멸한 후의 공판기일에 공판절차를 갱신해야

관여하여 판사의 경질이 있었음에도 공판절차를 갱신하지 아니한 채 변론을 진행하였으며, 원 심 제6회 공판기일인 2014. 9. 18. 재판장 판사 甲, 판사 乙, 丙이 심리에 관여하여 다시 판사의 경질이 있었음에도 공판절차를 갱신하지 아니한 채 추가 증거조사 등을 거쳐 피고인 A, B, C, D에 대하여 변론을 종결한 후 위 피고인들에 대하여 2014. 10. 13. 판결을 선고한 사실은 기록 상 분명하다. 이와 같이 이 사건에 관하여 공판개정 후 판사의 경질이 있었으므로 원심법원은 제301조에 의하여 규칙 제144조에 따라 진술거부권의 고지, 인정신문, 공소장 요지의 진술, 피 고인에 대한 진술기회 부여, 증거조사 등을 다시 하는 방법으로 공판절차를 갱신하였어야 하는 데도, 원심의 위 각 공판기일의 조서에는 그와 같은 사정이 전혀 기재되어 있지 아니하여 원심 이 그와 같은 절차를 거치지 않았다고 볼 수밖에 없고, 그 결과 원심은 판사가 경질되기 전 공 판절차에서 조사된 증거를 이 사건 공소사실에 관한 유죄의 증거로 삼아 피고인 A, B, C, D에 게 유죄를 선고하였으므로, 원심판결에는 법령위반으로 인해 판결에 영향을 미친 위법이 있다.」

한다($\substack{규칙 \\ 제143조}$). 피고인이 종전의 절차를 기억하지 못할 수도 있기 때문이다.[1]

Ⅲ. 갱신에 따른 절차

1. 모두절차

7   공판절차갱신을 선언한 경우 재판장은 피고인에게 진술거부권을 고지하고 인정신문을 해야 한다($\substack{규칙 제144조 \\ 제1항 제1호}$). 이후 검사가 공소장($\substack{또는 공소장변 \\ 경허가신청서}$)을 낭독하거나 그 요지를 진술하게 한 후($\substack{같은 항 \\ 제2호}$), 피고인에게 공소사실의 인정 여부 및 정상에 관해 진술할 기회를 부여해야 한다($\substack{같은 항 \\ 제3호}$)[$\substack{§143/5 \\ 참조}$].

2. 증거조사

8   법원은 갱신 전 공판기일에 조사된 서류 또는 물건에 대해 다시 증거조사를 해야 한다. 다만 i) 증거능력 없는 서류 또는 물건, ii) 증거로 채택함이 상당하지 않다고 인정되고 검사·피고인·변호인이 이의하지 않는 서류 또는 물건에 대해서는 그러하지 아니하다($\substack{규칙 제144조 \\ 제1항 제5호}$).

9   갱신 전 공판절차에서 증인신문, 감정인신문, 피고인신문, 검증 등을 한 경우, 갱신된 공판절차에서는 당시 작성된 증인신문조서, 감정인신문조서, 피고인신문조서, 검증조서 등이 서증으로 된다. 즉, 공판절차갱신이 없는 때에는 증인신문이나 검증 등에 관한 법관의 인식결과 자체가 증거자료[$\substack{§114/3 \\ 참조}$]인 반면, 갱신 후에는 증인신문조서, 검증조서 등 서증이 증거방법[$\substack{§114/5 \\ 참조}$]으로 되어 별도의 증거조사를 요한다($\substack{규칙 제144조 \\ 제1항 제4호}$)[$\substack{§121/2 \\ 참조}$]. 이 경우 해당 조서 등은 제311조에 따라 당연히 증거능력이 있다[$\substack{§119/12 \\ 4 \ 참조}$].

10   간이공판절차 취소로 공판절차를 갱신한 경우, 통상의 공판절차에서도 제311조, 제315조 등에 따라 당연히 증거능력이 인정되는 증거방법은 그대로 다시 조사할 수 있으나, 그렇지 않은 전문증거에 대해서는 증거능력 유무의 판별을 위한 의견진술($\substack{증거동의, \\ 내용인정 등}$)[$\substack{§143/2 \\ 4 \ 참조}$]·증인신문[$\substack{§119/6 \\ 2 \ 참조}$] 등 절차를 거쳐야 한다($\substack{규칙 제144조 \\ 제1항 제5호}$).[2]

11   갱신된 공판절차에서의 증거조사 또한 제292조 내지 제292조의3에 정해진 방식[$\substack{§121 \\ 참조}$]으로 함이 원칙이나, 검사·피고인·변호인의 동의가 있는 때에

---

1 제요(Ⅱ) 36쪽.
2 제요(Ⅱ) 30 − 31쪽.

는 재판장이 상당하다고 인정하는 방법으로 조사할 수 있다($\genfrac{}{}{0pt}{}{같은 조}{제2항}$).

제 12   통·번역인과 전문심리위원의 참여   §157

Ⅰ. 통역과 번역

1. 통   역

i) 법원은 피고인·증인 등이 국어를 사용하지 못하는 때에는 통역인을   1
지정해 통역하게 해야 한다($\genfrac{}{}{0pt}{}{제180조:}{필요적 통역}$). 실무상, 피고인을 위해 통역인을 지정
한 경우에는 검사의 공소요지 진술($\genfrac{}{}{0pt}{}{제285}{조}$)을 원활히 통역할 수 있도록 제1회
공판기일 전에 통역인에게 공소장부본을 송부하고 있다($\genfrac{}{}{0pt}{}{통역예규}{제4조 제3항}$). 한편, ii)
법원은 피고인·증인 등이 듣거나 말하지 못하는 사람인 경우에도 통역인을
지정할 수 있다($\genfrac{}{}{0pt}{}{제181조:}{임의적 통역}$). 통역인의 지정·소환·선서 등에 관해서는 감정에
관한 규정이 준용된다($\genfrac{}{}{0pt}{}{제183}{조}$).

제척·기피·회피에 관한 규정은 통역인에게 준용된다($\genfrac{}{}{0pt}{}{제25조 제1}{항, 제17조}$)$\left[\genfrac{}{}{0pt}{}{§30/9}{참조}\right]$.[1]   2
제척사유 있는 통역인의 통역에 기초한 증인신문조서는 증거능력이 없다.[2]

2. 번   역

i) 국어 아닌 문자 또는 부호는 번역하게 해야 한다($\genfrac{}{}{0pt}{}{제182조:}{외국어 → 국어}$). '국어   3
아닌 문자 또는 부호'란 우리나라에서 일반적으로 통용되지 않는 문자 또는
부호를 뜻하며, 방언이나 널리 통용되는 외래어는 이에 해당하지 않는다. ii)
피고인이나 증인이 소송서류의 국어를 해득하지 못하는 경우에는 이를 해당
외국어로 번역하게 할 수 있다($\genfrac{}{}{0pt}{}{국어 →}{외국어}$). 특히 공소장에 외국어 번역문이 첨부
되어 있지 않은 때에는 이를 번역하게 한다($\genfrac{}{}{0pt}{}{통역예규}{제4조 제2항}$).

번역을 함에는 번역인을 지정, 소환해 선서하게 해야 한다($\genfrac{}{}{0pt}{}{제183조, 제169}{조, 제170조}$)   4
$\left[\genfrac{}{}{0pt}{}{§123/4}{참조}\right]$. 번역인은 번역서를 제출해야 한다($\genfrac{}{}{0pt}{}{제183조:}{제171조}$). 법원은 필요한 경우 번역인
을 공판정으로 소환해 그 내용에 관한 설명을 들을 수 있다($\genfrac{}{}{0pt}{}{제183조, 제}{171조 제4항}$). 번역서

---

1 대법원 2011. 4. 14. 선고 2010도13583 판결:「사실혼관계에 있는 사람은 민법 소정의 친족이
   라고 할 수 없어 제17조 제2호에서 말하는 친족에 해당하지 않으므로, 통역인 공소외 3이 피
   해자 공소외 2의 사실혼배우자라고 하여도 공소외 3에게 제25조 제1항, 제17조 제2호 소정의
   제척사유가 있다고 할 수 없다.」

2 대법원 2011. 4. 14. 선고 2010도13583 판결.

의 내용에 의문이 있을 경우 검사, 피고인 또는 변호인은 번역인의 신문을 신청할 수 있다(제294조)[§123/19 참조].

Ⅱ. 전문심리위원의 참여

1. 의   의

5   소송절차에 참여하여 자신의 전문적 지식이나 경험에 기초해 법원에게 설명·의견을 제공하는 방법으로 심리를 조력하는 사람을 전문심리위원이라 한다. 전문심리위원 제도는 다양한 분야에서 활용되며, 특히 성범죄나 아동학대 사건에서 피해자진술의 신빙성 판단에 중요한 역할을 한다. 감정인의 감정서 기재내용 또는 공판기일 진술은 증거자료가 되는 반면, 전문심리위원의 설명이나 의견은 그 자체 증거자료는 아니다. 그러나 전문심리위원이 제시한 설명과 의견은 소송절차에 현출되어 검사·피고인·변호인의 의견진술 대상이 될 뿐 아니라 종국판결의 결론을 도출하는 데 실질적으로 중요한 고려요소가 되며, 특히 사실확정에 관해 다툼이 있는 사안에서는 실무상 전문심리위원이 제시한 의견을 판결이유에서 적시하고 있다.

6   전문심리위원의 형사절차 참여와 관련한 법령의 규정을 준수하지 않은 경우, 그 소송절차는 위법하며, 상소이유가 된다(제361조의5 제1호, 제383조 제1호)[§174/22 참조].[1]

---

1 대법원 2019. 5. 30. 선고 2018도19051 판결: 「i) 원심은 ◎◎를 후보자로 선정하는 절차를 거치지 않았고, ◎◎를 전문심리위원으로 지정하는 데에 관하여 피고인들 또는 변호인에게 의견을 제시할 기회를 부여하지 않았다. ii) 원심이 2018. 8. 8. ◎◎에게 의견 등을 요구하는 과정에서 검사가 제출한 2018. 8. 6.자 신청서만을 ◎◎에게 송부하였고, 피고인들 또는 변호인과는 질문의 내용이나 순서 등에 관하여 전혀 협의하지 않았다. iii) 피해아동 등의 진술에 신빙성이 있는지는 이 사건 공소사실의 유·무죄를 좌우하는 중요한 사항이다. 그럼에도 원심은 ◎◎에게 의견 등을 요구한 사항을 피고인들이나 변호인에게 통지하지 않았다. iv) 원심은 피고인들에게 불리한 내용이 담긴 ◎◎ 작성의 의견서가 법원에 제출된 바로 다음 날인 2018. 9. 6. 제3회 공판기일에 ◎◎를 출석하게 하여 의견 등을 진술하게 하였다. 그런데 ◎◎가 위 제3회 공판기일에 출석하여 의견을 진술하는지와 어떠한 방법 등으로 의견을 진술하는지에 대하여 피고인들이나 변호인에게 사전에 구체적으로 통지하지 않았다. 피고인들이 법정에서 전문심리위원의 의견진술에 충분히 대비하여 실질적으로 방어권을 행사할 기회를 부여받지 못하였다. v) 그 후 피고인들과 변호인이 제기한 사실조회신청 등은 전문심리위원의 의견을 나름 탄핵하기 위한 것으로 의미가 있다고 볼 수 있는데 원심은 이를 전혀 받아들이지 않음으로써 제3회 공판기일의 위와 같은 진행과 보태어져서 피고인들 또는 변호인에게 전문심리위원의 의견 등에 대한 실질적인 반론의 기회를 보장하지 않았다고 볼 여지가 생겼다. 원심의 절차진행은 전문심리위원의 형사소송절차 참여 등에 관한 적법절차와 공정한 재판을 받을 권리의 보장에 관한 법리 등을 오해하고 필요한 심리를 다하지 아니하여 판결에 영향을 미친 위법이 있다.」

2. 절　　차

(1) 참여결정 및 지정　　　법원은 소송관계를 분명하게 하거나 소송절차를 **7**
원활하게 진행하기 위해 필요한 경우에는 직권 또는 검사·피고인·변호인의
신청에 의해 결정으로 전문심리위원을 지정하여 공판준비 및 공판기일 등 소
송절차에 참여하게 할 수 있다($^{제279조의2}_{제1항}$). 전문심리위원을 소송절차에 참여시
키는 경우 법원은 검사, 피고인 또는 변호인의 의견을 들어 사건마다 1인 이
상의 전문심리위원을 지정해야 하며($^{제279조의4}_{제1항}$), 그 자격 등에 관해서는 대법원
규칙인 「전문심리위원규칙」에서 정하고 있다($^{같은 조 제3항, 규칙 제126조의7,}_{전문심리위원규칙 제2조 내지 제4조}$).

(2) 설명·의견진술 등　　　재판장은 전문심리위원에게 쟁점확인 등 적절한 **8**
준비를 지시하거나($^{규칙 제126}_{조의10}$) 기일 외에서 전문심리위원에게 설명 또는 의견을
요구할 수 있다. 설명 등을 요구한 사항이 소송관계를 분명하게 하는 데 중
요한 사항일 때에는 법원사무관 등을 통해 검사, 피고인 또는 변호인에게 그
사항을 통지해야 한다($^{규칙 제126}_{조의8}$).

전문심리위원은 전문적 지식에 의한 설명·의견을 서면 또는 구술로 제 **9**
공할 수 있다($^{제279조의2}_{제2항}$). 이 경우 법원은 검사, 피고인 또는 변호인에게 그에
대한 의견제출기회를 부여해야 한다($^{같은 조}_{제4항}$). 따라서 전문심리위원이 설명·의
견을 기재한 서면을 제출한 경우, 법원사무관등은 검사, 피고인 또는 변호인
에게 그 사본을 보내야 한다($^{규칙 제126}_{조의9}$).

전문심리위원은 기일에 재판장의 허가를 받아 피고인이나 변호인, 증인 **10**
또는 감정인 등 소송관계인에게 소송관계를 분명하게 하는 데 필요한 사항에
관해 직접 질문할 수 있다($^{제279조의2}_{제3항}$). 재판장은 전문심리위원의 말이 증언에 영
향을 미치지 않도록 하기 위해 필요한 때에는 직권 또는 검사·피고인·변호
인의 신청에 따라 증인의 퇴정 등 적절한 조치를 취할 수 있다($^{규칙 제126}_{조의11}$).

수명법관 또는 수탁판사가 소송절차를 진행하는 경우에는, 위와 같은 법 **11**
원 또는 재판장의 직무를 그 수명법관·수탁판사가 행한다($^{제279조의6, 규칙}_{제126조의14}$).

(3) 참여결정의 취소　　　i) 법원은 상당하다고 인정하는 때에는 직권 또 **12**
는 검사, 피고인 또는 변호인의 신청에 의해 전문심리위원 참여결정을 취소
할 수 있다($^{제279조의3 제1항:}_{임의적 취소}$). 또한, ii) 검사와 피고인 또는 변호인이 합의하여 취
소를 신청한 때에는 참여결정을 취소해야 한다($^{같은 조 제2항:}_{필요적 취소}$). 취소신청은 기일

에서 하는 경우를 제외하고는 서면으로 한다($^{규칙 \ 제126}_{조의13}$).

13   (4) 제척·기피   제척·기피에 관한 제17조 내지 제20조 및 제23조는 전문심리위원에게 준용된다($^{제279조의5}_{제1항}$)[$^{§§30-31}_{참조}$]. 기피신청된 전문심리위원은 그 신청에 대한 결정이 확정될 때까지는 소송절차에 참여할 수 없다($^{같은 \ 조}_{제2항}$).

14   (5) 조서의 기재   전문심리위원이 공판준비기일 또는 공판기일에 참여한 때에는 조서에 그 성명을 기재해야 한다. 전문심리위원이 재판장 등의 허가를 받아 소송관계인에게 질문을 한 때에는 그 취지도 기재한다($^{규칙 \ 제126}_{조의12}$).

15   전문심리위원 또는 전문심리위원이었던 자가 그 직무수행중에 알게 된 다른 사람의 비밀을 누설한 때에는 2년 이하의 징역이나 금고 또는 1천만원 이하의 벌금에 처한다($^{제279}_{조의7}$). 전문심리위원은 형법 제129조 내지 제132조의 적용에 관해 공무원으로 간주된다($^{제279}_{조의8}$).

제4관   종국재판

§158 제 1 관할위반

1   피고사건이 법원의 관할에 속하지 아니한 때에는 판결로써 관할위반의 선고를 해야 한다($^{제319}_{조}$). 관할위반판결은 당해 심급에서 절차를 종결시키는 효력은 있으나, 확정되더라도 공소기각재판의 경우와 마찬가지로 기판력이 없다. 관할위반판결에는 구속영장의 효력을 상실시키는 효력은 없다($^{제331}_{조}$).

2   토지관할의 위반을 이유로 하는 관할위반판결은 피고인의 신청이 있는 때에만 할 수 있다($^{제320조}_{제1항}$). 이 신청은 최소한 모두진술단계에서 해야 하고, 그렇지 않을 경우 하자가 치유됨은 앞서 설명했다($^{제320조}_{제2항}$)[$^{§143/7}_{참조}$]. 사건을 이송해 달라는 진술은 관할위반신청으로 본다.

3   관할위반이 인정되는 때에도 소송행위의 효력에는 영향이 없다($^{제2}_{조}$). 따라서 관할위반판결을 선고한 법원의 공판절차에서 작성된 증인신문조서나 검증조서, 공판조서 등은 당해 사건에 대해 다시 공소가 제기된 후의 공판절차에서 증거로 사용할 수 있다($^{제311}_{조}$)[$^{§119/12}_{4 \ 참조}$].

제2 공소기각 §159

I. 공소기각결정

공소기각결정은 형사소송의 가장 기본적 전제가 되는 중요한 형식적 소   1
송조건이 흠결된 때에 하는 종국재판이다. 판결과 달리 결정은 조서에만 기
재하여 할 수 있고 구두변론을 거칠 필요가 없는바($\binom{\text{제37조 제2항·}}{\text{제38조 단서}}$), 공소기각재판
을 결정으로 하게 한 것은 법원이 소송조건의 흠을 인식하는 즉시 소송절차
를 종결($\binom{\text{기일을 열어 변론을 종결하}}{\text{는 절차를 요하지 않는다}}$)할 수 있게 하기 위함이다.

공소기각결정은 i) 공소취소가 있는 경우$\left[\substack{\S99\\\text{참조}}\right]$, ii) 공소제기 후 피고인의   2
소송주체능력이 소멸한 경우$\left[\substack{\S58\\\text{참조}}\right]$, iii) 관할경합($\binom{\text{제12조·}}{\text{제13조}}$)으로 인해 심판권을 상
실한 경우$\left[\substack{\S155/4\\\text{참조}}\right]$, iv) 공소장에 기재된 사실이 진실하다 하더라도 범죄가 될
만한 사실이 포함되지 않은 경우$\left[\substack{\S95/14\\\text{참조}}\right]$에 한다($\binom{\text{제328조}}{\text{제1항}}$).

공소기각결정은 공판정에서는 구두로, 공판정 밖에서는 재판서의 등본   3
을 송달하는 방법으로 고지한다. 결정이므로 다른 종국재판과는 달리($\binom{\text{제41조}}{\text{제1항}}$)
관여법관의 기명날인으로 서명날인을 갈음할 수 있다($\binom{\text{같은 조}}{\text{제3항}}$)$\left[\substack{\S28/4\\\text{참조}}\right]$. 공소기각
결정의 고지로 구속영장의 효력은 당연히 상실된다($\binom{\text{제331조의}}{\text{유추적용}}$). 공소기각결정에
는 즉시항고로 불복할 수 있다($\binom{\text{제328조}}{\text{제2항}}$).

실무에서는 범죄사실 일부에 대해 공소취소가 이루어진 경우$\left[\substack{\S99\\\text{참조}}\right]$ 그 범죄사실에   4
대해 별도의 공소기각결정을 하지 않고, 나머지 범죄사실에 대한 판결서에 그 부분
에 대한 공소기각의 주문을 포함시키는 예가 많다.[1] 공동피고인 중 1인이 사망한
때에도, 나머지 피고인들에 대한 판결서에서 그 사망자에 대한 공소기각의 주문을
함께 내는 경우가 빈번하다.[2] 결과적으로 공소기각결정사유가 있음에도 공소기각
판결이 선고되는 모습이 되는바, 이는 형사소송법에 정해진 재판형식을 재판부가

---

1   서울고등법원 2021. 12. 16. 선고 2015노3600 판결; 2022. 2. 11. 선고 2015노3599 판결.
    서울중앙지방법원 2022. 8. 18. 선고 2022고정424 판결: 「검사가 판시 범죄사실과 실체적경합
    관계에 있는 이 부분 공소사실을 철회한 것은 그 부분 공소를 취소하는 취지이므로, 제328조
    제1항 제1호에 따라 결정으로 공소를 기각하여야 할 것이나, 피고인에 대한 나머지 공소사실에
    대하여 함께 판결을 하는 이상, 이 부분 공소사실에 대하여도 함께 판결로써 공소를 기각한다.」
2   대법원 2020. 2. 27. 선고 2019도18262 판결.
    광주지방법원 2021. 7. 23. 선고 2020고합24 판결: 「2021. 6. 19. 사망한 … 피고인 甲에 대하
    여는, 제328조 제1항 제2호에 따라 결정으로 공소를 기각하여야 하나, 그가 피고인 乙과 공범
    으로 기소되어 이 사건 공판종결 당시까지 내내 같이 재판을 받은 점을 고려하여, 피고인 乙
    부분과 함께 판결로 공소를 기각하기로 한다.」

임의로 바꾸는 처사로서 소송법체계를 혼란스럽게 만든다. 번거롭더라도 해당 부분
에 대해 별도의 공소기각결정을 함이 옳다고 본다.

Ⅱ. 공소기각판결

5   공소기각판결은 i) 피고인에 대해 재판권이 없는 때$\left[\begin{smallmatrix}§22/3\\참조\end{smallmatrix}\right]$, ii) 공소제기의
절차가 법률의 규정에 위반해 무효인 때$\left[\begin{smallmatrix}§54\\참조\end{smallmatrix}\right]$, iii) 공소가 제기된 사건에 대해
다시 공소가 제기되었을 때$\left[\begin{smallmatrix}§155/1\\참조\end{smallmatrix}\right]$, iv) 공소취소 후 재기소제한($\begin{smallmatrix}제329\\조\end{smallmatrix}$)에 위반
해 공소가 제기되었을 때$\left[\begin{smallmatrix}§100\\참조\end{smallmatrix}\right]$, v) 친고죄사건에서 공소제기 후 고소가 취소
된 때$\left[\begin{smallmatrix}§58/1\\참조\end{smallmatrix}\right]$, vi) 반의사불벌죄사건에서 공소제기 후 처벌불원의사표시가 있거
나 처벌희망의사표시가 철회된 때$\left[\begin{smallmatrix}§58/4\\참조\end{smallmatrix}\right]$에 한다($\begin{smallmatrix}제327\\조\end{smallmatrix}$).

6   제1회 공판기일 전에 제327조 각호의 사유가 인지되더라도, 공판기일을
열어 변론을 종결하는 절차 자체는 반드시 필요하다($\begin{smallmatrix}제37조\\제1항\end{smallmatrix}$). 다만, 피고인의
출정 없이 절차를 진행할 수 있다($\begin{smallmatrix}제306조\\제4항\end{smallmatrix}$)$\left[\begin{smallmatrix}§151/17\\참조\end{smallmatrix}\right]$.

§160 제 3 면   소

1   면소판결은 공소사실에 관해 i) 확정판결이 존재하는 때$\left[\begin{smallmatrix}§53\\참조\end{smallmatrix}\right]$, ii) 일반사
면이 있는 때$\left[\begin{smallmatrix}§55/1\\참조\end{smallmatrix}\right]$, iii) 공소시효가 완성된 때$\left[\begin{smallmatrix}§54\\참조\end{smallmatrix}\right]$, iv) 범죄 후의 법령개폐로
형이 폐지된 때$\left[\begin{smallmatrix}§55/3\\참조\end{smallmatrix}\right]$에 한다($\begin{smallmatrix}제326\\조\end{smallmatrix}$). 면소판결의 주문에는 판결공시의 취지를
붙일 수 있다($\begin{smallmatrix}형법 제58조\\제2항\end{smallmatrix}$). 피고인은 원칙상 면소판결에 대해 무죄를 주장하면
서 상소할 수 없으나, 공소사실에 적용된 형벌조항이 위헌무효라는 이유로
폐지된 때에는 예외적으로 무죄취지로 상소할 수 있다$\left[\begin{smallmatrix}§170/5\\참조\end{smallmatrix}\right]$.[1]

2   확정된 면소판결은 기판력을 지닌다$\left[\begin{smallmatrix}§53/5\\참조\end{smallmatrix}\right]$. 면소의 재판을 받은 자는 면
소판결을 할 만한 사유가 없었더라면 무죄의 재판을 받을 만한 현저한 사유가
있는 때에는 국가에 대해 구금에 대한 보상을 청구할 수 있다($\begin{smallmatrix}형사보상법 제26\\조 제1항 제1호\end{smallmatrix}$).

---

1 대법원 2010. 12. 16. 선고 2010도5986 (全)판결.

제 4 무　　죄

무죄판결은 공소제기된 피고사건이 범죄로 되지 아니하는 때($^{제325조}_{전단}$) 또는 범죄사실의 증명이 없는 때($^{제325조}_{후단}$)에 한다. '피고사건이 범죄로 되지 아니하는 때'란 가령 i) 공소사실이 구성요건해당성이 없거나, ii) 위법성·책임조각사유가 있거나, iii) 공소사실에 적용된 형벌법규가 헌법재판소의 위헌결정으로 효력을 상실한 경우[$^{§55/4}_{참조}$][1]를 말한다. 그리고 '범죄사실의 증명이 없는 때'란 공소사실에 관해 법관이 유죄의 심증을 얻지 못한 경우를 말한다. 다만 제325조 전단과 후단의 사유가 항상 분명히 구별되는 것은 아니다.

1

포괄일죄의 일부가 무죄이고 나머지가 면소 또는 공소기각에 해당하는 때에는 피고인에게 가장 유리한 무죄만을 주문에서 표시하고, 면소·공소기각 부분은 이유에서만 설시한다.[2] 법원은 무죄판결을 선고하면서 판결공시의 주문을 붙일 수 있다($^{형법 제58}_{조 제2항}$). 무죄판결 선고와 동시에 구속영장은 그 효력을 상실한다($^{제331}_{조}$).

2

확정된 무죄판결은 기판력이 있다. 무죄판결 확정 후 동일한 범죄사실[$^{§53/11}_{참조}$]이 다시 기소된 경우, 법원은 면소판결을 선고해야 한다($^{제326조}_{제1호}$). 무죄판결이 확정되면 검사는 압수물을 그 제출자 또는 소유자 기타 권리자에게 환부해야 하며($^{제332}_{조}$), 대가보관[$^{§129/22}_{참조}$]한 경우 매각대금 전액을 압수물의 소유자 등에게 반환해야 한다.[3] 무죄판결을 받아 확정된 사건의 피고인이 미결구금을 당했을 때에는 형사보상법에 따라 국가에 대해 그 구금에 대한 보상을 청구할 수 있다[$^{§238/1}_{참조}$].

3

제 5 유　　죄

Ⅰ. 의　　의

유죄판결은 공소사실의 전부 또는 일부에 대해 소송조건이 모두 구비되고 범죄의 증명이 있다고 판단되는 때에 한다($^{제321조}_{제1항}$). 여기에는 형선고판결,

1

1　대법원 1992. 5. 8. 선고 91도2825 판결; 1999. 12. 24. 선고 99도3003 판결.
2　대법원 1977. 7. 12. 선고 77도1320 판결.
3　대법원 2000. 1. 21. 선고 97다58507 판결.

형면제판결, 선고유예판결(형법 제59조)의 세 가지가 있다. 범죄사실이 수개인 사건에서는 형을 선고하는 부분, 형을 면제하는 부분, 선고를 유예하는 부분이 모두 있을 수 있다(제321조 제2 항, 제322조).

Ⅱ. 판결서의 기재사항

1. 주 문

2   형을 선고하는 판결의 주문에는 주형(主刑)을 표시해야 하고, 선고유예판결이나 형면제판결의 경우에는 선고유예 또는 형면제의 취지를 적어야 한다. 실무상 부수처분은 주형 뒤에 적시한다(가령,「피고인을 벌금 2,000,000원에 처한다. 피고인이 위 벌금을 납입하지 아니하는 경우 100,000원을 1일로 환산한 기간 피고인을 노역장에 유치한다. 피고인에 대한 자격정지형의 선고를 유예한다. 피고인으로부터 585,000원을 추징한다. 피고인에게 위 벌금 상당액 및 위 추징금 상당액의 각 가납을 명한다.」). 공소사실 중 일부에 대해서는 형선고를, 다른 일부에 대해서는 무죄·면소·공소기각의 판단을 할 때에는 통상 주형, 부수처분, 무죄, 면소, 공소기각 순으로 주문을 낸다(가령,「피고인을 징역 1년에 처한다. 압수된 증 제1호를 피고인으로부터 몰수한다. 이 사건 공소사실 중 배임수재의 점은 무죄. 이 사건 공소사실 중 횡령의 점은 면소. 이 사건 공소사실 중 폭행의 점에 관한 공소를 기각한다.」).

3   경합범관계에 있는 수개의 공소사실 중 일부가 유죄, 나머지가 무죄인 때에는 무죄부분을 주문에 표시해야 한다.[1] 반면 상상적경합 또는 포괄일죄의 관계에 있는 부분의 사실이 무죄에 해당하더라도, 판결의 이유에서 그 취지를 설시하면 족하고(이른바 이유무죄)[2] 주문에 따로 무죄를 표시하지 않는다.[3]

2. 이 유

4   유죄판결을 하는 경우 판결서의 이유부분에 i) 범죄될 사실, ii) 증거의

---

1 대법원 1978. 9. 26. 선고 78도1787 판결.

2 대법원 1985. 9. 24. 선고 85도842 판결:「포괄일죄에 있어서는 그 죄중의 일부가 유죄로 인정되는 이상 나머지 다른부분이 유죄로 인정되지 아니한다 하더라도, 그 인정되지 아니한 부분에 관하여 주문에서 반드시 명시하여야 하는 것은 아니고 다만 이와 같은 경우 이유 중에서 무죄를 선고하지 아니하는 이유를 설시하는 것이 타당하다 하겠으나 그러한 설시가 없다 하더라도 그것이 원심판결에 영향을 미치는 위법사유에 해당한다고는 말할 수 없다.」

3 대법원 1980. 6. 24. 선고 80도726 판결:「강간치상의 범행을 저지른 자가 그 범행으로 인하여 실신형태에 있는 피해자를 구호하지 아니하고 방치하였다 하더라도 그 행위는 포괄적으로 단일의 강간치상죄만을 구성한다고 봄이 상당하다 할 것인 바, 그렇다면 원심이 같은 취지 아래 피고인의 원심판시 강간미수행위로 인하여 동 판시 상해를 입고 의식불명이 된 피해자 공소외인을 그곳에 그대로 방치한 피고인의 소위에 대하여 강간치상죄만이 성립하고 별도로 유기죄는 성립하지 아니한다고 판단한 조치는 정당하며, 다만 원심이 주문에 별도로 유기죄에 대하여 무죄를 선고한 조처는 잘못이라 할 것이지만 위 잘못은 이 사건 판결결과에 어떠한 영향을 미친다고는 할 수 없으니 결국 위와 같은 원판결에 소론과 같이 유기죄에 관한 법리를 오해한 위법이 있다 할 수 없[다].」

요지, iii) 법령의 적용을 명시해야 한다($\substack{제323조\\제1항}$). 이유에 누락이나 모순이 있으면 상소이유가 된다($\substack{제361조의5\ 제1호,\\제11호,\ 제383조\ 제1호}$)$\left[\substack{§174/30\\참조}\right]$.

　　법률상 범죄성립을 조각하는 이유 또는 형의 가중·감면사유인 사실의　　**5**
진술이 있은 때에는 이에 대한 판단을 명시해야 한다($\substack{제323조\\제2항}$). 이를 누락함은 소송절차상 법령위반으로서 상소이유가 된다($\substack{제361조의5\ 제1호,\\제11호,\ 제383조\ 제1호}$)$\left[\substack{§174/31\\참조}\right]$.

⑴ 범죄될 사실

㈎ 구성요건해당사실

　　제323조 제1항의 '범죄될 사실'이란 구성요건　　**6**
해당사실을 말한다.[1] 이는 판결이 갖는 기판력의 객관적 범위를 결정하므로, ($\substack{공소장의\ 공소사\\실과\ 마찬가지로}$) 사건의 동일성을 식별할 수 있을 정도로 특정돼야 한다. 특정의 정도에 관해서는 공소사실의 특정에 관한 법리가 그대로 적용된다. 가령 상해죄에서 상해의 부위를 적시하지 않는 경우,[2] 폭행죄에서 폭행의 구체적 행위사실을 적시하지 않고 불상의 방법으로 피해자를 가격하였다는 정도로만 기재한 경우,[3] 문서위조죄에서 명의자의 직인을 문서에 현출시킨 방법을 기재하지 않은 경우[4]에는 범죄사실의 기재가 충분하다고 볼 수 없다.

　　공동정범의 경우 단지 공모에만 참여한 자와 실제로 실행행위를 한 자　　**7**
가 모두 있는 때에는 공범자 각각이 현실적으로 어떠한 행동이나 입장을 취했는지를 판별할 수 있게 기재해야 한다.[5] 합동범의 경우에는 현장에서 실행행위를 분담한 사실을 명시해야 한다($\substack{현장\\설}$). 교사범이나 종범의 경우 정범의 구성요건해당사실($\substack{일시,\ 장소,\\방법\ 등}$)을 구체적으로 특정하고, 어떻게 교사·방조했는지를 설시해야 한다($\substack{공범종\\속성설}$).[6]

1　대법원 1988. 9. 13. 선고 88도1114 판결: 「공모나 모의는 공모공동정범에 있어서의 '범죄될 사실'이라 할 것이므로 이를 인정하기 위하여서는 엄격한 증명에 의하지 않으면 안된다 할 것이고 그 증거는 판결에 표시되어야 하는 것이다. 이와 같이 공모나 모의가 공모공동정범에 있어서의 '범죄될 사실'인 이상 모의가 이루어진 일시, 장소 또는 실행방법, 각자 행위의 분담역할 따위의 구체적 내용을 상세하게 판시할 필요는 없다 하겠으나 공모의 판시는 위에서 본 취지대로 성립된 것이 밝혀져야만 하는 것이다. 제1심판결이 밝힌 피고인의 범죄사실은 … 공모자들이 무엇을 하기로 공모 또는 모의한 것인지가 밝혀져 있지 아니하여 이유불비의 위법을 남겼다.」

2　대법원 1982. 12. 28. 선고 82도2588 판결; 1993. 5. 11. 선고 93도711 판결; 1996. 12. 10. 선고 96도2529 판결; 2002. 11. 8. 선고 2002도5016 판결.

3　대법원 1999. 12. 28. 선고 98도4181 판결.

4　대법원 1979. 11. 13. 선고 79도1782 판결.

5　대법원 1989. 6. 27. 선고 88도2381 판결.

6　대법원 1982. 5. 25. 선고 82도715 판결; 1983. 12. 27. 선고 82도2840 판결; 1988. 4. 27. 선고

8 고의범을 인정하는 경우, 객관적 구성요건사실의 기재만으로 고의가 추단되는 때에는 범의에 관한 사실을 따로 기재할 필요가 없으나, 그렇지 않다면 고의에 의한 범행임을 적시해야 한다. 과실범을 인정할 경우 구체적으로 어떤 내용의 주의의무가 존재했고 이를 어떻게 위반했는지를 특정해야 한다.

9 (나) 죄 수 수개의 범죄사실이 실체적경합관계인 경우 각 죄별로 행위의 내용을 구체적으로 적시하고, 상상적경합관계인 경우 어느 하나의 죄에 해당하는 행위를 함과 동시에 다른 죄에 해당하는 행위를 한 점을 명시한다.

10 (다) 전 과 전과(前科)가 i) 특가법 제5조의4 제5항, 제6항, 폭처법 제2조 제3항, 제3조 제4항의 죄와 같이 구성요건의 일부가 되거나, ii) 누범가중 또는 사후적경합범의 인정근거가 되는 때에는 이를 적시해야 한다. 실무상으로는 구성요건해당사실을 기술하기 전에 전과를 기재하고 있다. 누범을 인정하는 때에는 집행종료일 또는 면제일($\frac{형법 \ 제35}{조 \ 제1항}$), 사후적경합범을 인정하는 때에는 판결확정일($\frac{형법 \ 제37}{조 \ 후단}$)을 적시해야 한다.

11 (2) 증거의 요지 유죄판결의 이유에는 증거의 요지를 명시해야 한다. 요지(要旨)란 어떤 증거에 의해 어떤 범죄사실을 인정하였는지가 분명히 드러날 정도의 요지를 말한다.[1] 범죄사실을 인정하는 데 필요한 증거만을 명시하면 족하므로 심증형성에 영향을 준 모든 증거를 인용할 필요는 없다. 또한, 양형에 관한 사항이나 수인의 피고인 간 형의 경중에 관한 증거의 요지를 일일이 명시해야 하는 것도 아니다. 명시되는 증거는 증거능력 있는 증거로서 적법한 증거조사를 거친 것에 한정되며, 하나의 증거방법에 증거능력이 없는 부분과 있는 부분이 병존하는 때에는 증거능력 없는 부분을 제외한다는 취지를 언급해야 한다.

12 실무상으로는 증거배제결정($\frac{규칙 \ 제139}{조 \ 제4항}$)[$\frac{§143/45}{참조}$]을 공판기일에 하지 않고 종국판결서의 '증거의 요지'란에 표시하는 예가 있다.[2]

(3) 법령의 적용

13 (가) 범죄사실 관련 해당법조 피고인의 행위가 충족시키는 구성요건 및

88도251 판결.

1 대법원 1971. 2. 23. 선고 70도2529 판결; 2000. 3. 10. 선고 99도5312 판결.

2 부산지방법원 2017. 4. 6. 선고 2016고단6122 판결; 인천지방법원 부천지원 2020. 1. 8. 선고 2019고단1135 판결.

그에 대한 법정형의 근거조항을 적시해야 한다. 해당 조항(가령 특가법)이 그와 다른 구성요건 조항(가령 형법 제129조 제1항, 제130조 등)의 내용을 인용하는 경우에는 그 다른 조항 또한 기재한다. 가중적구성요건 규정(가령 형법 제135조 본문, 제144조 제1항, 제264조, 제285조, 제332조, 폭처법 제2조 제2항)과 자기의 지휘·감독을 받는 자를 교사한 경우에 형을 2분의 1 가중하는 형법 제34조 제2항 역시 그 자체로 구성요건 관련 규정이므로, 표시해야 한다.

공범(공동정범, 교사범, 종범, 간접정범)을 인정하는 때에는 형법 제30조 내지 제34조의 해당 규정을 개별구성요건 규정과 함께 표시해야 하며, 신분 없는 자가 신분범에 가담한 점을 인정하는 때에는 형법 제33조 단서의 규정을 적시해야 한다.[1] 14

⑷ 상상적경합　　2개 이상의 죄가 상상적경합관계에 있는 때에는 형법 제40조 및 제50조의 규정을 적시하고, 가장 중한 죄에 정한 형으로 처벌한다는 취지를 기재해야 한다. 법정형의 상한이 가장 무거운 죄와 하한이 가장 무거운 죄가 따로 있는 경우에는 상한은 전자, 하한은 후자를 기준으로 처벌한다는 취지를 표시해야 한다.[2] 15

상상적경합에서 형의 경중 비교는 법정형을 우선적 기준으로 하고, 법정형에 차이가 없으면 죄질을, 죄질이 같으면 범정(피해액이나 피해 정도 등)을 비교한다(형법 제50조 제3항). 법정형의 경중은 형법 제41조 각호의 순서대로 판단하되(같은 조 제1항 본문), 금고의 장기가 징역의 장기를 초과하는 때에는 금고를 중한 것으로 보며, 무기금고와 유기징역 사이에서도 전자를 더 중한 것으로 본다(같은 항 단서). 징역형 또는 금고형 상호간에는 장기, 단기 순으로, 벌금형 상호간에는 다액, 소액 순으로 비교한다(같은 조 제2항). 법정형 중 병과형 또는 선택형이 있을 때에는 그중 가장 중한 형을 기준으로 하며, 자유형의 장기와 단기가 모두 같은 경우에는 벌금형의 병과형이 있는 죄, 자유형만 있는 죄, 벌금형의 선택형이 있는 죄 순으로 경중을 가린다. 16

⑸ 형의 선택　　여러 종류의 법정형이 선택적으로 규정되어 있는 때에는 그중 무엇을 선택할 것인지 표명해야 한다. 약식명령에 대해 피고인만이[3] 정식재판을 청구한 사건에서 약식명령의 형보다 중한 형을 선택하는 것은 허 17

1　대법원 1986. 10. 28. 선고 86도1517 판결; 1997. 12. 26. 선고 97도2609 판결; 1999. 4. 27. 선고 99도883 판결.

2　대법원 1984. 2. 28. 선고 83도3160 판결; 2006. 1. 27. 선고 2005도8704 판결; 2008. 12. 24. 선고 2008도9169 판결.

3　대법원 2020. 12. 10. 선고 2020도13700 판결:「피고인뿐만 아니라 검사가 피고인에 대한 약식명령에 불복하여 정식재판을 청구한 사건에 있어서는 … 형종상향의 금지 원칙이 적용되지 않는다.」

용되지 않는다($^{제457조의2\ 제1항;}_{형종상향금지원칙}$).

18   ㈐ 누범가중   누범가중(累犯加重)이란 금고 이상의 형을 받아 그 집행을 종료하거나 형의 면제를 받은 후 3년 내에 금고 이상에 해당하는 죄의 실행에 착수한 자[1]에게 유기형[2]을 선고하는 때에 그 장기의 2배까지 가중하는 것을 말한다($^{형법}_{제35조}$). 누범가중시에는 형법 제35조를 적시해야 하며, 누범가중의 결과 형의 장기가 50년을 넘는 경우에는 형법 제42조 단서를 함께 기재해야 한다.

19   상습범이나 계속범의 경우 일부 행위가 3년 내에 이루어졌다면 나머지 행위가 그 이후에 이루어졌더라도 전체에 관해 누범관계가 인정된다.[3] 집행유예기간 중의 재범이나 가석방기간 중의 재범은 집행종료 또는 면제일 이후의 범죄라고 할 수 없으므로 누범가중의 대상이 아니다.[4]

20   ㈑ 법률상감경   법률상감경을 할 때에는 그 근거가 되는 조항 및 감경의 방법($^{형법\ 제55조}_{제1항\ 각호}$)을 표명해야 한다. i) 심신미약, 농아자, 중지미수, 종범, 위증죄·무고죄에서 자백·자수는 필요적 감경사유($^{형법\ 제10조\ 제2항,\ 제11조,\ 제26조,}_{제32조\ 제2항,\ 제153조,\ 제157조}$), ii) 과잉방위, 과잉피난, 과잉자구행위, 장애미수, 불능미수, 사후적경합범, 자수·자복은 임의적 감경사유이다($^{형법\ 제21조\ 제2항,\ 제22조\ 제3항,\ 제23조\ 제2항,\ 제}_{25조\ 제2항,\ 제27조\ 단서,\ 제39조\ 제1항,\ 제52조}$). 감경사유가 여러 개 있어 거듭 감경하는 때에는 제55조 제2항도 원용해야 한다. 벌금을 감경하는 경우 다액과 하한을 모두 2분의 1 감경한다.[5]

21   ㈒ 경합범의 처리   i) 금고 이상의 형에 처하는 판결이 확정된 죄(A죄)에 대한 관계에서, 그 판결확정 전 범해졌으나 그 죄(A죄)와 함께 심판받지는 못한 동일피고인의 별건범죄(B죄)를 사후적경합범이라 하고($^{형법\ 제37}_{조\ 후단}$), ii) 동일피고인이 범한 수개의 죄로서 과형상 수죄의 관계에 있고 다른 죄와 사후적경합범 관계에 있지 않은 것을 동시적경합범이라 한다($^{같은\ 조}_{전단}$).

22   동시적경합범인 범죄사실에 대해 하나의 형을 선고하는 때에는 법정형이 가장 중한 죄의 장기에 2분의 1을 가중해야 하므로($^{형법}_{제38조}$), i) 본래 동시적경합범이었던 2개의 죄 중 어느 하나의 죄(A죄)만 심판받아 그 판결이 확정

---

1 대법원 2006. 4. 7. 선고 2005도9858 (숲)판결.
2 대법원 1982. 7. 27. 선고 82도1018 판결.
3 대법원 1982. 5. 25. 선고 82도600, 82감도115 판결.
4 대법원 1983. 8. 23. 선고 83도1600 판결.
5 대법원 1978. 4. 25. 선고 78도246 (숲)판결.

된 후 다른 죄(B죄)가 소추되어 유죄판결의 대상이 된 때에는, 심판받은 죄(A죄)와 동시에 기소되어 판결받았을 경우와 형평을 고려해 형을 감경·면제하는 조치를 해야 하고, ii) 그 다른 죄(B죄)가 위 ($^{A죄에}_{대한}$) 판결확정 이후 범한 별개범죄(C죄)와 함께 기소되어 심판의 대상이 된 때에는 형을 분리해 2개의 주문을 선고해야 한다($^{형법 제39}_{조 제1항}$). 따라서 이러한 경우 형법 제37조 후단 및 제39조 제1항 전문을 적시하고, 판결이 확정된 죄와의 관계에서 사후적경합범 관계에 있는 범죄사실을 특정해 표시해야 한다. 이는 종전 확정판결의 추가형이 아니라 B죄 자체에 대한 독립된 형이다.[1]

i) 공직선거법·국민투표법 위반의 죄, ii) 정치자금법 제45조($^{정치자금}_{부정수수죄}$) 및 제49조($^{선거비용관련 위반}_{행위에 관한 벌칙}$)에 규정된 죄, iii) 대통령·국회의원·지방의회의원·지방자치단체장이 그 재임중의 직무와 관련해 범한 형법 제129조 내지 제132조($^{특가법 제2조에 의해 가}_{중처벌되는 경우 포함}$) 및 특가법 제3조의 죄에 대해서는 형을 분리 선고해야 한다($^{공직선거법}_{제18조 제3항}$).   **23**

(사) **경합범 처벌**   수개의 범죄사실이 동시적경합범인 경우에, i) 가장 중한 죄에서 선택한 형이 사형 또는 무기형인 때에는 그 사형 또는 무기형을 처단형으로 하고($^{형법 제38조}_{제1항 제1호}$), ii) 각 죄에 정한 형이 사형 또는 무기형 이외의 이종의 형인 때에는 병과한다($^{형법 제37조 전단,}_{제38조 제1항 제3호}$). 따라서 형법 제37조 전단 및 제38조 제1항 제1호·제3호 및 ($^{형의 경중}_{에 관한}$) 제50조를 표시해야 한다.   **24**

(아) **경합범가중**   수개의 범죄사실이 동시적경합범인 경우에 각 죄에 대해 선택한 형이 사형·무기형 이외의 동종의 형인 때에는, 가장 중한 죄에 정한 장기나 다액에 2분의 1까지 가중한다($^{형법 제38조 제1항 제2호, 제2항; 징역과 금고}_{는 동종의 형으로 보아 징역형으로 통일한다}$). 이 경우 형법 제37조 전단 및 제38조 제2항을 표시해야 한다.   **25**

i) 가장 중한 죄에 정한 장기 또는 다액에 2분의 1을 가중한 결과와, 각 죄에 정한 형의 장기 또는 다액을 합산한 결과 중 더 가벼운 것을 기준으로 처단형을 정한다($^{형법 제38조 제1항}_{제2호: 합산제한}$). 예컨대 절도죄($^{형법}_{제329조}$)와 점유이탈물횡령죄($^{형법 제360}_{조 제1항}$)의 동시적경합범을 인정하고 각 죄에서 모두 징역형을 선택하여 경합범가중을 할 경우, 처단형의 상한은 절도죄의 법정형 장기인 6년에 2분의 1을 가중한 9년과 두 죄의 법정형 장기를 합산한 7년 중 더 가벼운 후자가 된다($^{1월 이상 7년}_{이하의 징역}$).   **26**

---

1 상세히는 문채규, "사후적경합범의 처단에 관한 형법 제39조의 비교법적 차별성과 그 해석론", 형사법연구 제25권 제4호(2013), 113쪽 이하 참조.

ii) 상한이 가장 중한 죄와 하한이 가장 중한 죄가 다르면, 후자를 처단형의 하한으로 한다(하한
제한).[1] 가령 누범기간 중의 절도죄, 누범기간 도과 후의 특수절도죄를 각각 범한 피고인에게 경합범가중을 하는 경우, 절도죄와 특수절도죄의 각 법정형에서 징역형을 선택하고, 절도죄에 누범가중을 한 뒤 다시 경합범가중을 하면, 처단형의 상한은 누범가중된 절도죄의 법정형 장기인 12년에 2분의 1을 가중한 18년이고, 하한은 특수절도죄의 법정형 단기인 1년이다(1년 이상 18년
이하의 징역).

iii) 가중 결과 유기형의 장기가 50년을 초과하는 경우, 처단형의 상한은 50년으로 한다(형법 제42조
단서 제한). 예컨대 누범기간 중 5명 이상이 공동하여 절도행위를 하였다는 특가법 제5조의4 제2항의 죄 및 누범기간 후에 범한 강도상해죄의 경합범을 인정하고, 강도상해죄에서 징역형을 선택하는 경우, 처단형의 하한은 강도상해죄의 법정형 단기인 7년이고(형법
제337조), 상한은 누범가중된 특가법위반(절도)죄의 법정형 장기인 40년에 2분의 1을 가중한 후(60년) 형법 제42조 단서를 적용한 50년이다(7년 이상 50년
이하의 징역).

27   ㈍ 작량감경   경합범가중까지 마친 결과 산출된 처단형의 하한보다 더 낮은 형을 선고할 만한 정상참작사유가 있는 경우에 법원이 재량으로 형을 감경하는 것을 작량감경이라 한다(형법
제53조).[2] 작량감경을 한 때에는 형법 제53조와 함께 제55조 제1항 각호를 적시해야 한다. 유기형을 작량감경하는 경우에는 그때까지 도출한 처단형에서 다시 2분의 1을 감경하고(제55조 제1
항 제3호), 경합범 처리에 따라 2개 이상의 형을 선고하는 경우에는 그중 어느 하나의 것에만 작량감경을 할 수도 있는바, 이 경우 작량감경의 대상이 되는 죄를 분명히 특정해야 한다.

28   ㈎ 노역장유치   노역장유치란 벌금을 납입하지 아니한 자를 1일 이상 3년 이하, 과료를 납입하지 아니한 자를 1일 이상 30일 미만의 기간 동안 노역장에 유치해 복무하게 하는 환형(換刑)처분을 말한다(형법 제69
조 제2항). 벌금 또는 과료를 정하는 때에는 납입하지 아니하는 경우의 노역장유치기간을 정하고 형법 제70조 제1항 및 제69조 제2항을 기재해야 한다. 벌금이 1억 원 이상인

---

1 대법원 1985. 4. 23. 선고 84도2890 판결.

2 대법원 1994. 3. 8. 선고 93도3608 판결: 「형법 제56조는 형을 가중·감경할 사유가 경합된 경우 가중·감경의 순서를 정하고 있고, 이에 따르면 법률상감경을 먼저하고 마지막으로 작량감경을 하게 되어 있으므로, 법률상 감경사유가 있을 때에는 작량감경보다 우선하여 하여야 할 것이고, 작량감경은 이와 같은 법률상감경을 다하고도 그 처단형보다 낮은 형을 선고하고자 할 때에 하는 것이 옳다.」

때에는 형법 제70조 제2항도 표시한다.

(카) 집행유예   집행유예란 형을 선고하되 일정기간 그 집행을 유예시   29
켜, 취소나 실효 없이 유예기간이 경과할 경우 형선고의 효력을 상실시키는
것을 말한다. 집행유예는 3년 이하의 징역·금고 또는 500만원 이하의 벌금
을 선고하는 경우에만 할 수 있으며, 유예기간은 1년 이상 5년 이하로 정해
야 한다(형법 제62조 제1항). 집행유예를 붙이는 경우에는 형법 제62조 제1항 및 집행유
예의 근거가 되는 정상을 적시해야 하며, 여러 개의 형을 병과하면서 그중
일부에만 집행유예를 선고하는 때에는 같은 조 제2항을 표시해야 한다.

(타) 선고유예   범죄사실 전체 또는 일부에 대해 형의 선고를 유예할 경   30
우, 선고유예의 대상으로 삼을 구체적 형(징역형의 형기, 벌금형의 금액, 자격정지)을 정해 표시해야 한
다. 선고유예할 형을 특정한 후에는 형법 제59조 제1항을 표기하고 선고유예
하는 이유를 기재한다.

(파) 부수처분   부수처분을 하는 때에는 그 근거가 되는 법규정을 표시   31
해야 한다. 가령 가납명령을 붙이는 때에는 제334조 제1항을 기재해야 한다.
또한, 몰수·폐기·추징을 하는 경우에는 몰수대상물 등이 i) 범죄행위에 제공
하였거나 제공하려 한 것이면 형법 제48조 제1항 제1호를, ii) 범죄행위로 인
해 생겼거나 취득한 것이면 같은 항 제2호를, iii) 이러한 물건들의 대가로 취
득한 것이면 같은 항 제3호를 적시해야 한다.

(하) 형의 면제   공소사실 중 형을 면제할 부분이 있는 경우에는 해당   32
법조와 형면제의 근거규정을 적시한다. 형면제의 근거로는 과잉방위, 과잉피
난, 과잉자구행위, 중지미수, 사후적경합범, 자수·자복, 친족상도례[§57/6 참조] 등
이 있다(형법 제21조 제2항, 제22조 제3항, 제23조 제2항, 제26조, 제39조 제2항, 제52조, 제90조 제1항 단서, 제101조 제1항 단서, 제175조 등, 제328조 제1항 등).[1]

(4) 양형의 이유   형사소송법은 양형의 이유를 유죄판결의 이유에 명시   33
해야 한다는 명문의 규정을 두고 있지 않고, 판례 또한 양형의 조건이 되는 사
유를 일일이 판결문에 명시할 필요는 없다고 한다.[2] 다만 대법원 양형위원회
의 양형기준을 벗어난 양형을 한 경우에는 당해 양형을 하게 된 사유를 합리

---

1 대법원 1976. 4. 13. 선고 75도781 판결: 「법원을 기망하여 제3자로부터 재물을 편취한 경우에
   피기망자인 법원은 피해자가 될 수 없고 재물을 편취당한 제3자가 피해자라고 할 것이므로 피해
   자인 제3자와 사기죄를 범한 자가 직계혈족관계에 있을 때에는 그 범인에 대하여는 사기죄에 준
   용되는 형법 제328조 제1항에 의하여 그 형을 면제하여야 할 것이다.」

2 대법원 1994. 12. 13. 선고 94도2584 판결.

적이고 설득력 있게 표현하는 방식으로[1] 기재해야 한다($\binom{\text{법원조직법 제81조의2 제1항,}}{\text{제81조의6, 제81조의7 제2항}}$). 그리고 약식명령에 대해 피고인만이 정식재판을 청구한 사건에서는 약식명령의 형보다 중한 종류의 형을 선고할 수 없으나($\binom{\text{제457조의2 제1항;}}{\text{형종상향금지원칙}}$) 동종의 형을 선고하면서 액수를 늘릴 수는 있는바, 이 경우 판결서에 그와 같은 양형의 이유를 기재해야 한다($\binom{\text{같은 조}}{\text{제2항}}$).

34   (5) 소송관계인의 주장에 대한 판단   공판에서 법률상 범죄성립을 조각하는 이유 또는 형의 가중·감면사유인 사실의 진술이 있었던 때에는 이를 받아들이지 않는 이유를 명시해야 한다($\binom{\text{제323조}}{\text{제2항}}$). 공판정에서의 소송행위, 특히 실체형성행위는 원칙상 구두로 해야 하므로, 여기서의 '진술'은 공판정에서 직접 구술된 사항에 한정된다. 반면 공소제기 전에 수사단계에서 한 진술이나 변론종결 후에 서면($\binom{\text{변론요}}{\text{지서 등}}$)으로 제출된 진술은 이에 해당하지 않는다. 진술되지 않은 범죄성립조각사유의 존부까지 법원이 직권으로 심리·판단해야 하는 것은 아니다.[2]

35   형의 법률상 가중·감면사유란 필요적 가중·감경·면제사유, 가령 심신미약, 농아자, 중지미수, 누범, 위증죄·무고죄의 자수·자백, 친족상도례 등을 말한다($\binom{\text{형법 제10조 제2항, 제11조, 제26조, 제35조, 제153조, 제157}}{\text{조, 제328조 제1항, 제344조, 제354조, 제361조, 제365조 등}}$).[3] 과잉방위, 과잉피난, 과잉자구행위, 장애미수, 불능미수, 사후적경합범, 자수·자복($\binom{\text{형법 제21조 제2항, 제22}}{\text{조 제3항, 제23조 제2항,}}$ $\binom{\text{제25조 제2항, 제27조 단서,}}{\text{제39조 제1항 후문, 제52조 등}}$)은 임의적 감면사유로서 여기에 포함되지 않으므로 그에 대한 판단을 반드시 명시할 필요는 없다.[4]

36   (6) 일부무죄 등   공소사실 중 일부에 대한 무죄·면소·공소기각의 판단은 통상 판결서 말미에 기재한다. 주위적 공소사실을 유죄로 인정하는 때에는 설령 예비적 공소사실에 대해 무죄 심증이 있더라도 이를 판결이유에서 설시할 필요가 없으나, 예비적 공소사실만을 유죄로 인정해 주문에서 유죄를 선고하는 때에는 주위적 공소사실에 대한 무죄판단의 이유를 밝혀야

---

1 대법원 2010. 12. 9. 선고 2010도7410, 2010전도44 판결.

2 대법원 1987. 2. 10. 선고 86도2530 판결.

3 대법원 1990. 2. 13. 선고 89도2364 판결:「피고인은 … 이 사건 범행당시 술에 만취하였기 때문에 전혀 기억이 없다는 취지의 진술을 하고 있음이 인정되는바, 이러한 진술은 범행당시 심신상실 또는 심신미약의 상태에 있었다는 주장으로서 제323조 제2항 소정의 법률상 범죄의 성립을 조각하거나 형의 감면의 이유가 되는 사실의 진술에 해당한다.」

4 대법원 1983. 4. 12. 선고 83도503 판결; 1989. 5. 9. 선고 89도420 판결; 1991. 2. 26. 선고 90도2906 판결; 1991. 11. 12. 선고 91도2241 판결.

한다.[1]

제 6　보호사건송치

§163

피고인이 소년인 사건 또는 아동학대·가정폭력·성매매 사건에서 형사　　1
소송에 의한 심리·판결보다 특별법상 보호처분이 좀 더 적절하다고 판단되
는 경우, 법원은 사건을 관할 가정법원 또는 지방법원에 보호사건으로 송치
하는 결정을 할 수 있다. 여기에는 소년부송치, 아동보호사건송치, 가정보호
사건송치, 성매매보호사건의 네 가지가 있다(소년법 제50조, 아학법 제29조, 가폭법 제12조, 성매매처벌법 제12조 제2항). 검사
도 보호사건송치를 할 수 있음은 전술하였다[§87/7 참조].

보호사건송치의 구체적 절차·방식 및 그 후속조치 등에 관해서는 개별　　2
법령에서 정하고 있다(소년법 제51조 및 제52조, 아학법 제30조 내지 제32조,;가폭법 제13조 내지 제15조, 성매매처벌법 제17조).

제5관　국민참여재판

제 1　국민참여재판의 의의

§164

배심원이 참여해 사실인정과 법령적용 및 양형에 관한 의견을 법원에　　1
제시하는 제1심 공판절차를 국민참여재판이라 한다(국참법 제2조 제2호, 제12조 제1항). 그 대상사
건은 i) 법원조직법 제32조 제1항 각호(제2호, 제5호 제외)의 합의부 관할사건, ii) 그 사
건의 미수범 및 예비·음모와 교사범·종범에 해당하는 사건, iii) 위 사건과
병합심리하는 관련사건(제11조)이다(국참법 제5조 제1항).

입법론적으로 공판절차는 크게 i) 직업법관만으로 구성된 재판부가 사실　　2
인정과 양형을 모두 행하는 형태, ii) 일반국민인 참심원(參審員)이 법관과 함
께 재판부를 구성해 유무죄와 양형판단을 하는 형태(참심제), iii) 일반국민으로
구성된 배심원단이 독립해 유·무죄평결을 하고 법관이 이에 구속되며, 유죄
평결이 있는 경우에 법관이 양형심리만을 하는 형태(배심제)로 나뉜다. 우리나라
의 형사재판은 제정 이후 i)의 구조로만 운영돼오다가, 2008년 국참법이 시

1　대법원 2008. 7. 10. 선고 2007도11017 판결.

행됨에 따라 일반국민으로 구성된 배심원단이 유·무죄평결을 하는 국민참여
재판제도가 도입되어 현재에 이르고 있다. 다만, 영미의 배심제와는 달리 현
행 국민참여재판에서 배심원의 평결은 법원에 대해 권고적 효력만을 지니고,
실제로 직업법관에 의해 무시되는 경우가 잦아[1] 자주 활용되지 않는다.

3   국민참여재판의 절차는 큰 틀에서 통상의 공판절차와 다르지 않으므로,
이하에서는 국민참여재판에 특유한 내용만을 설명한다.

§165 제 2   공판절차의 개시와 공판준비

Ⅰ. 국민참여재판 희망의사의 확인

1. 안내서 송달

1   공소제기된 사건이 국민참여재판 대상에 해당하는 경우, 법원은 피고인
에게 공소장부본 등을 송달할 때 국민참여재판 희망의사를 묻는 안내서를 함
께 송달해야 한다($\binom{\text{국참규칙}}{\text{제3조 제1항}}$)$\left[\begin{smallmatrix}\S138\\ \text{참조}\end{smallmatrix}\right]$. 국민참여재판 대상사건임에도 안내서 송달
등 피고인의 의사를 확인하는 절차 없이 통상절차로 공판을 진행할 경우 그
공판절차는 위법하며, 거기서 이루어진 소송행위는 모두 무효이다$\left[\begin{smallmatrix}\S191/6\\ \text{참조}\end{smallmatrix}\right]$.[2]
다만, 대법원은 그러한 확인절차를 누락한 채 통상절차로 제1심이 진행되었
더라도 항소심에서 피고인이 충분한 시간 숙고해 그러한 위법을 문제삼지 않
을 의사를 명백히 표시한 때에는 하자가 치유된다고 한다.[3]

---

1 특히 성범죄사건에서의 예로, 부산지방법원 2018. 7. 27. 선고 2018고합205 판결; 광주지방법
   원 2019. 1. 15. 선고 2018고합455 판결; 대구지방법원 2019. 11. 22. 선고 2019고합313 판결;
   대전지방법원 2019. 12. 10. 선고 2019고합266 판결; 창원지방법원 2020. 10. 23. 선고 2020고
   합11 판결 등.

2 대법원 2012. 4. 26. 선고 2012도1225 판결:「법원에서 피고인이 국민참여재판을 원하는지에
   관한 의사의 확인절차를 거치지 아니한 채 통상의 공판절차로 재판을 진행하였다면, 이는 피
   고인의 국민참여재판을 받을 권리에 대한 중대한 침해로서 그 절차는 위법하고 이러한 위법한
   공판절차에서 이루어진 소송행위도 무효라고 보아야 한다.」

3 대법원 2012. 4. 26, 선고 2012도1225 판결:「제1심법원이 국민참여재판의 대상이 되는 사건임
   을 간과하여 이에 관한 피고인의 의사를 확인하지 아니한 채 통상의 공판절차로 재판을 진행
   하였더라도, 피고인이 항소심에서 국민참여재판을 원하지 아니한다고 하면서 위와 같은 제1심
   의 절차적 위법을 문제삼지 아니할 의사를 명백히 표시하는 경우에는 그 하자가 치유되어 제1
   심 공판절차는 전체로서 적법하게 된다. … 하자가 치유된다고 보기 위해서는 국참법 제8조
   제1항, 국참규칙 제3조 제1항에 준하여 피고인에게 국민참여재판절차 등에 관한 충분한 안내
   와 그 희망여부에 관하여 숙고할 수 있는 상당한 시간이 사전에 부여되어야 할 것이다.」

단독판사사건이 재정합의결정[$\frac{§33/4}{참조}$] 또는 공소장변경[$\frac{§147}{참조}$]을 통해 합의부 　　2
사건이 된 경우에도, 법원은 피고인 또는 변호인에게 국민참여재판 희망의사
를 묻는 안내서를 지체없이 송달해야 한다($\frac{규칙 제5조}{제1항}$).

단독판사사건에서 법원은 피고인에게 국민참여재판 희망 여부를 서면 등 방법으로 　　3
확인할 수 있다($\frac{국참법 제3}{조의2 \ 제1항}$). 이에 피고인이 희망의사를 표시할 경우 단독판사는 사
건을 재정결정부에 회부할 수 있고, 그에 따라 재정결정부가 재정합의결정을 함으
로써 해당 사건은 국민참여재판 대상이 된다($\frac{국참예규 \ 제44}{조 \ 내지 \ 제46조}$). 여기서는 이미 피고인의
의사가 표명되었으므로 안내서를 보낼 필요가 없다($\frac{국참규칙 제5}{조 \ 제1항 \ 단서}$).

2. 의사확인서 제출

피고인은 i) 공소장변경으로 국민참여재판 대상사건이 된 때에는 공소장 　　4
변경허가결정을 고지받은 날로부터 7일 이내에, ii) 처음부터 합의부 관할사
건으로 기소된 사건 또는 재정합의결정이 있는 사건에서는 국민참여재판 안
내서를 송달받은 날로부터 7일 이내에, 국민참여재판 희망 여부에 관한 의사
가 기재된 서면($\frac{의사}{확인서}$)을 제출해야 한다($\frac{국참법 제8조 제2항,}{국참규칙 제5조 제2항}$). 의사확인서 제출의
효력은 불구속피고인의 경우에는 피고인이 서면을 우편으로 발송한 때에, 교
도소나 구치소에 있는 피고인의 경우에는 서면을 교도소장·구치소장 또는 그
직무를 대리하는 자에게 제출한 때에 발생한다($\frac{국참법 제8조 제2}{항, 제5조 제2항}$). 의사확인서에는 i)
피고인의 성명 기타 피고인을 특정할 수 있는 사항, ii) 사건번호, iii) 국민참여
재판 희망 여부를 기재하고 기명날인 또는 서명해야 한다($\frac{국참규칙}{제3조 제2항}$).

위 기간 내에 의사확인서를 제출하지 않으면 일단 국민참여재판을 원하 　　5
지 않는 것으로 본다($\frac{국참법 제8}{조 제3항}$). 다만, 제출기간을 도과하거나 불희망의사를 표
시한 경우에도, i) 합의부사건으로 기소된 경우 제1회 공판기일 전까지, ii)
공소장변경·재정합의결정으로 합의부가 심판하게 된 경우 그에 따른 첫 공
판기일 전까지 국민참여재판 희망의사를 표시할 수 있다($\frac{국참법 제8조 제4항,}{국참규칙 제5조 제2항}$).

3. 심　　문

의사확인서만으로는 피고인의 정확한 의사를 확인할 수 없는 경우, 법원 　　6
은 심문기일을 지정해 피고인을 심문하거나 서면 기타 상당한 방법으로 피고
인의 의사를 확인해야 한다. 피고인이 의사확인서를 제출하지 않은 경우에도

법원은 그러한 방법으로 피고인의 의사를 확인할 수 있다(국참규칙 제4조 제1항).

7   법원은 심문기일을 정한 때에는 검사, 피고인 또는 변호인, 피고인을 구
금하고 있는 관서의 장에게 심문기일과 장소를 서면송달·전화·모사전송·전
자우편 등 상당한 방법으로 통지해야 하고, 해당 관서의 장은 위 심문기일에
피고인을 출석시켜야 한다(국참규칙 제4조 제2항, 제3항, 제3조 제4항). 법원은 피고인의 심문을 합의부
원에게 명할 수 있다(국참규칙 제4조 제4항; 수명법관)[§24/10 참조].

Ⅱ. 국민참여재판 회부·배제

1. 회부결정

8   피고인이 기간 내에 국민참여재판 희망의사를 표시한 경우, 법원은 사건
을 국민참여재판에 회부해야 한다. 지방법원지원의 합의부가 회부결정을 한
경우에는 그와 동시에 관할권을 상실하고 지방법원본원 합의부에 전속관할이
발생한다(국참법 제10조 제2항). 따라서 회부결정과는 별개로 사건을 지방법원본원 합의부
로 이송하는 결정을 해야 한다(같은 조 제1항). 검사는 회부결정에 불복할 수 없으며,[1]
피고인은 회부결정 후 국민참여재판 희망의사를 철회할 수 없다(국참법 제8조 제4항).

2. 배제결정

9   i) 배심원·예비배심원·배심원후보자나 그 친족의 생명·신체·재산에 대
한 침해 또는 침해의 우려로 인해 출석의 어려움이 있거나 배심원의 직무를
공정하게 수행하지 못할 염려가 있는 경우, ii) 공범관계에 있는 피고인들 중
일부가 국민참여재판을 원하지 않아 국민참여재판의 진행에 어려움이 있는
경우, iii) 성폭법 제2조의 범죄로 인한 피해자 또는 법정대리인이 국민참여
재판을 원하지 않는 경우, iv) 그 밖에 국민참여재판으로 진행하는 것이 적
절치 않다고 인정되는 경우에 법원은 국민참여재판을 하지 않기로 하는 결정
(배제결정)을 할 수 있다(국참법 제9조 제1항). 이 결정은 공소제기 후부터 공판준비기일이 종결
된 다음날까지 할 수 있으며, 결정에 앞서 검사·피고인 또는 변호인의 의견
을 들어야 한다(같은 조 제1항, 제2항). 배제결정에는 즉시항고할 수 있다(같은 조 제3항).

10   배제결정 없이 통상의 공판절차로 재판을 진행함은 위법하며, 그에 따른

---

1 대법원 2009. 10. 23.자 2009모1032 결정: 「제1심법원이 국민참여재판으로 진행하기로 하는
   결정에 이른 경우 이는 판결 전의 소송절차에 관한 결정에 해당하며 그에 대하여 특별히 즉시
   항고를 허용하는 규정이 없으므로 위 결정에 대하여는 항고할 수 없다.」

소송절차에서 이루어진 소송행위는 모두 무효이다$\left[\begin{smallmatrix} §174/22 \\ 참조 \end{smallmatrix}\right]$.[1]

Ⅲ. 공판준비절차

    통상공판절차에서 직업법관은 증거능력 없는 증거를 조사한 경우라도   11
증거배제결정$\left[\begin{smallmatrix} §143/45 \\ 참조 \end{smallmatrix}\right]$을 한 후 그것이 부존재함을 전제로 심증을 형성할 수 있
지만, 법률전문가가 아닌 배심원은 그렇지 못하다. 따라서 증거능력 없는 증
거를 증거조사 시작 전에 최대한 배제함으로써$\left(\begin{smallmatrix} 불채택결정, \\ 채택취소결정 \end{smallmatrix}\right)$ 배심원이 이를 접
할 수 없게 할 필요가 있다. 이에 현행법상 국민참여재판에서는 제1회 공판
기일에 앞서 반드시 공판준비기일을 열어야 한다$\left(\begin{smallmatrix} 국참법 제37 \\ 조 제1항 \end{smallmatrix}\right)$.

    통상공판절차에서와 마찬가지로 법원은 합의부원을 수명법관으로 지정   12
해 공판준비기일을 진행하게 할 수 있고, 이 경우 수명법관은 공판준비기일
에 관해 법원 또는 재판장과 동일한 권한이 있다$\left(\begin{smallmatrix} 제266조의7 제3항, \\ 국참법 제37조 제2항 \end{smallmatrix}\right)$. 절차진행이
방해될 우려가 있는 경우에 공판준비기일을 비공개할 수 있는 것 역시 통상
절차에서와 같다$\left(\begin{smallmatrix} 제266조의7 제4항, \\ 국참법 제37조 제3항 \end{smallmatrix}\right)$.

    공판준비기일에서는 통상 i) 배심원의 수, ii) 예비배심원의 존부 및 그   13
수, iii) 무이유부기피신청 인원$\left[\begin{smallmatrix} §165/31 \\ 참조 \end{smallmatrix}\right]$, iv) 배심원선정기일 및 선정방식, v)
배심원후보자에 대한 기피방식 등을 정한다$\left(\begin{smallmatrix} 국참예규 \\ 제15조 \end{smallmatrix}\right)$.

    공판준비기일이 종결된 때에는 피고인은 국민참여재판 희망의사를 번복   14
할 수 없다$\left(\begin{smallmatrix} 국참법 제8 \\ 조 제4항 \end{smallmatrix}\right)$. 법원은 공판준비기일 종결일의 다음날이 경과한 후에는
국민참여재판 배제결정$\left[\begin{smallmatrix} §165/9 \\ 참조 \end{smallmatrix}\right]$을 할 수 없다$\left(\begin{smallmatrix} 국참법 제9 \\ 조 제1항 \end{smallmatrix}\right)$.

Ⅳ. 배심원의 선정

1. 의   의

    국민참여재판사건에서 사실의 인정, 법령의 적용 및 형의 양정에 관한   15
의견을 제시하는 사람을 배심원이라 한다$\left(\begin{smallmatrix} 국참법 \\ 제12조 \end{smallmatrix}\right)$. 법원은 사건이 국민참여재

---

1 대법원 2011. 9. 8. 선고 2011도7106 판결:「피고인이 법원에 국민참여재판을 신청하였음에도
불구하고 법원이 이에 대한 배제결정도 하지 않은 채 통상의 공판절차로 재판을 진행하는 것은
피고인의 국민참여재판을 받을 권리 및 법원의 배제결정에 대한 항고권 등의 중대한 절차적 권
리를 침해한 것으로서 위법하다 할 것이고, … 국민참여재판제도의 도입 취지나 배제결정에 대
한 즉시항고권을 보장한 취지 등에 비추어 이와 같이 위법한 공판절차에서 이루어진 소송행위
는 무효라고 보아야 할 것이다. … 결국 제1심판결은 소송절차가 법령에 위반하여 판결에 영향
을 미친 위법을 범한 것으로서 파기를 면할 수 없다.」

판에 회부된 때에는 공판기일 전에 배심원을 선정해야 한다. 법정형이 사형, 무기징역 또는 무기금고에 해당하는 사건에서는 9인, 그 외의 사건에서는 7인의 배심원을 선정해야 한다. 다만, 법원은 사건의 내용에 비추어 특별한 사정이 인정되고 검사·피고인 또는 변호인의 동의가 있는 경우에는 결정으로 배심원의 수를 7인과 9인 중에서 위와 달리 정할 수 있다($\binom{국참법 제13}{조 제2항}$). 그리고 피고인 또는 변호인이 공판준비절차에서 공소사실의 주요내용을 인정한 때에는 5인의 배심원을 선정할 수 있다($\binom{같은 조}{제1항}$).

2. 배심원의 자격

⑴ 결격사유 등

16 ㈎ 결격사유   i) 만 20세 미만의 자, ii) 피성년후견인 또는 피한정후견인, iii) 파산선고를 받고 복권되지 아니한 사람, iv) 금고 이상의 실형을 선고받고 그 집행이 종료되거나 집행이 면제된 후 5년을 경과하지 아니한 사람, v) 금고 이상의 형의 집행유예를 선고받고 그 기간이 완료된 날부터 2년을 경과하지 아니한 사람, vi) 금고 이상의 형의 선고유예를 받고 그 선고유예기간 중에 있는 사람, vii) 법원의 판결에 의해 자격이 상실 또는 정지된 사람은 배심원으로 선정될 수 없다($\binom{국참법 제16}{조, 제17조}$).

17 ㈏ 직업 등에 따른 제외사유   i) 대통령·국회의원·지방자치단체장 및 지방의회의원, ii) 입법부·사법부·행정부·헌법재판소·중앙선거관리위원회·감사원의 정무직 공무원, iii) 법관·검사·변호사, iv) 법무사 및 법원·검찰·경찰·교정·보호관찰·소방 공무원, v) 군인·군무원 또는 동원·교육훈련중인 예비군을 배심원으로 선정해서는 안 된다($\binom{국참법}{제18조}$).

18 ㈐ 제척사유   i) 피해자, ii) 피고인 또는 피해자의 친족이나 이러한 관계에 있었던 사람, iii) 피고인 또는 피해자의 법정대리인, iv) 사건에 관한 증인·감정인·피해자의 대리인, v) 사건에 관한 피고인의 대리인·변호인·보조인, vi) 사건에 관한 검사 또는 사법경찰관의 직무를 행한 사람, vii) 사건에 관해 전심재판 또는 그 기초가 되는 조사·심리에 관여한 사람은 배심원으로 선정될 수 없다($\binom{국참법}{제19조}$)$\left[\substack{§30\\참조}\right]$.

19 ⑵ 면제사유   법원은 i) 만 70세 이상인 사람, ii) 과거 5년 이내에 배심원후보자로서 선정기일에 출석한 사람, iii) 금고 이상의 형에 해당하는 죄

로 기소되어 사건이 종결되지 아니한 사람, iv) 법령에 따라 체포 또는 구금
돼있는 사람, v) 배심원 직무의 수행이 자신이나 제3자에게 위해를 초래하거
나 직업상 회복할 수 없는 손해를 입게 될 우려가 있는 사람, vi) 중병·상해
또는 장애로 인해 법원에 출석하기 곤란한 사람, vii) 그 밖의 부득이한 사유
로 배심원 직무를 수행하기 어려운 사람에 대해서는 직권 또는 신청에 따라
배심원 직무의 수행을 면제할 수 있다(국참법 제20조).

3. 배심원후보예정자명부

지방법원장은 매년 주민등록자료를 활용해 배심원후보예정자명부를 작   20
성하며(국참법 제22조 제3항), 이를 위해 행정안전부장관으로부터 매년 그 관할구역 내에
거주하는 만 20세 이상 국민 중 일정한 수의 배심원후보예정자의 성명·생년
월일·주소 및 성별에 관한 주민등록정보를 추출해 전자파일 형태로 송부해
줄 것을 요청할 수 있다(같은 조 제1항). 위 요청을 받은 행정안전부장관은 30일 이내
에 주민등록자료를 지방법원장에게 송부해야 한다(같은 조 제2항). i) 사망한 자, ii)
관할구역 아닌 곳으로 이사한 자, iii) 대한민국 국적을 상실한 자, iv) 국참법
제17조 및 제18조의 사유에 해당하는 자는 배심원후보예정자명부에서 삭제
해야 한다(국참규칙 제14조 제1항).

4. 배심원선정절차

⑴ 배심원선정기일의 지정 및 통지

㈎ 소송주체에 대한 통지   법원은 배심원선정기일을 지정해 검사·피고   21
인 또는 변호인에게 통지해야 한다(국참법 제27조 제1항). 실무상 배심원선정기일은 공판
준비기일에 재판장이 지정함을 앞서 설명했다[§165/13 참조].

㈏ 배심원후보자에 대한 통지   법원은 배심원후보예정자명부 중에서   22
필요한 수의 배심원후보자를 무작위 추출로 정한 후 그들에게 선정기일통지
서를 송달해야 한다(국참법 제23조 제1항). 이 경우 배심원후보자에게 결격사유나 면제사
유(국참법 제17조 내지 제20조) 또는 불공평한 판단을 할 우려가 있는지 여부를 판단하기 위한
질문표를 함께 송부할 수 있다(국참법 제25조 제1항, 국참규칙 제16조 제2항, 제17조 제1항). 선정기일통지서와 함께
질문표를 송달받은 배심원후보자는 정당한 사유가 없는 한 그 기재된 질문에
대한 답을 법원에 제출해야 한다(국참법 제25조 제2항, 국참규칙 제18조 제1항).

법원은 선정기일 2일 전까지 검사·변호인에게 배심원후보자의 성명·   23

성별·출생연도가 기재된 명부를 송부해야 한다(국참법 제26 조 제1항).

　(2) 선정기일의 절차

24　　　⑺ 수명법관　　　법원은 선정기일의 절차를 합의부원이 진행하게 할 수 있다. 이 경우 수명법관은 선정기일에 법원 또는 재판장과 동일한 권한을 지닌다(국참법 제24 조 제1항).

25　　　⑻ 비공개　　　선정기일은 공개하지 않는다(국참법 제24 조 제2항).

26　　　⑼ 관계자의 출석　　　배심원선정기일의 통지를 받은 배심원후보자와 검사·변호인은 선정기일에 출석해야 한다(국참법 제23조 제2 항, 제27조 제2항). 변호인이 불출석한 경우에는 국선변호인을 선정해야 한다(국참법 제27 조 제3항). 피고인은 법원의 허가를 받아야 출석할 수 있다(같은 조 제2항).

27　　　선정기일을 진행하기 전에 배심원후보자가 제출한 질문표 사본을 검사와 변호인에게 교부해야 한다(국참법 제25 조 제2항).

28　　　⑽ 불선정결정　　　법원은 출석한 배심원후보자 중에서 당해 재판에서 필요한 배심원·예비배심원의 수에 해당하는 배심원후보자를 무작위로 뽑고 이들을 대상으로 직권, 기피신청 또는 무이유부기피신청에 의해 불선정결정을 한다(국참법 제31 조 제1항).

29　　　ⓐ 직권 또는 기피신청　　　법원은 배심원후보자가 국참법 제17조부터 제20조까지의 사유[§165/16 참조]에 해당하는지 또는 불공평한 판단을 할 우려가 있는지 여부 등을 판단하기 위해 배심원후보자에게 질문할 수 있다(국참법 제28조 제1항 제1문). 검사·피고인 또는 변호인은 필요한 질문을 해줄 것을 법원에 요청할 수 있고, 법원은 검사 또는 변호인이 직접 질문하게 할 수 있다(같은 항 제2문). 배심원후보자는 위의 질문에 대해 정당한 사유 없이 진술을 거부하거나 거짓진술을 해서는 안 된다(같은 조 제2항). 검사·피고인·변호인은 배심원후보자에게 결격사유 등이 있다고 사료할 경우 기피신청을 할 수 있다(같은 조 제3 항 제1문).

30　　　배심원후보자가 결격사유 등이 있거나 불공평한 판단을 할 우려가 있다고 인정되는 경우, 법원은 직권 또는 검사·피고인·변호인의 기피신청에 따라 당해 배심원후보자에 대해 불선정결정을 해야 한다(국참법 제28조 제3항 제1문). 기피신청을 기각하는 결정을 하는 때에는 이유를 고지해야 하며(같은 항 제2문), 이에 대해서는 즉시 이의신청을 할 수 있다(국참법 제29 조 제1항). 이의신청에 대한 결정은 기피신청 기각결정을 한 법원이 한다(같은 조 제2항). 결정에는 불복할 수 없다(같은 조 제3항).

(b) 무이유부기피신청　　검사와 변호인은 각자 i) 배심원이 9인인 경우 31
에는 5인, ii) 배심원이 7인인 경우에는 4인, iii) 배심원이 5인인 경우에는 3
인의 범위 내에서 배심원후보자에 대해 이유를 제시하지 않는 기피신청을
할 수 있으며, 이 경우 법원은 당해 배심원후보자를 배심원으로 선정할 수
없다(국참법 제30조 제1항, 제2항). 법원은 검사·피고인 또는 변호인에게 순서를 바꿔가며 무
이유부기피신청을 할 수 있는 기회를 주어야 한다(같은 조 제3항).

　　법원은 피고인이 2인 이상인 때에는 피고인별로 위 인원의 범위 내에서 32
무이유부기피신청을 할 수 있는 인원을 정할 수 있다. 이때 피고인별로 무이
유부기피신청을 할 수 있는 인원은 같아야 하며(국참규칙 제21조 제2항), 검사는 피고인별
무이유부기피신청 인원을 합한 총수의 범위 내에서 무이유부기피신청을 할
수 있다(같은 조 제3항). 가령 피고인이 3인이고 배심원은 9인인 사건에서 피고인별로
무이유부기피신청을 할 수 있는 인원이 4인으로 정해졌다면, 검사는 12인의
범위 내에서 무이유부기피신청을 할 수 있다.[1]

　　(마) 선정결정　　법원은 불선정결정이 있는 경우에는 선정절차를 계속 반 33
복해 필요한 수의 배심원과 예비배심원 후보자를 확정한 후, 무작위의 방법
으로 배심원과 예비배심원을 선정한다. 예비배심원이 2인 이상인 경우에는
그 순번을 정해야 한다(국참법 제31조 제3항). 법원은 배심원과 예비배심원에게 누가 배심
원으로 선정되었는지 여부를 알리지 않을 수 있다(같은 조 제4항).

　　(바) 선정기일조서　　선정기일의 절차에 관해서는 참여한 법원사무관 등 34
이 조서를 작성해야 한다(국참규칙 제23조 제1항). 이 조서에는 i) 선정기일을 진행한 일시
와 법원, ii) 법관·검사·법원사무관 등의 관직과 성명, iii) 피고인·변호인 등
의 성명, iv) 피고인의 출석 여부, v) 배심원후보자에게 법원이 부여한 번호,
vi) 배심원후보자의 출석여부, vii) 배심원후보자에 대한 질문과 그에 대한 진
술의 요지, viii) 배심원후보자의 진술거부와 그 이유, ix) 불선정결정, x) 배
심원 직무수행 면제신청[§165/19 참조]과 그에 대한 결정, xi) 국참법 제28조에 따른
기피신청과 그에 대한 결정, xii) 기피신청기각결정에 대한 이의신청과 그 이
유 및 그에 대한 결정, xiii) 무이유부기피신청, xiv) 배심원과 예비배심원을
선정한 취지를 기재해야 한다(같은 조 제2항). 선정기일의 절차로서 선정기일조서에

---

1 제요(Ⅱ) 131쪽.

기재된 것은 그 조서만으로써 증명한다($^{국참규칙}_{제24조}$).

35   (3) 종 료   법원은 선정을 완료한 경우 배심원선정절차를 종료하고, 당
해 기일에 선정을 완료하지 못한 경우 다음 선정기일을 정해 속행을 예고할
수 있다($^{국참법 \ 제24조}_{제3항 \ 제1문}$). 선정기일에 출석한 배심원후보자에게 새로운 기일을 통
지한 때에는 출석통지서의 송달이 있는 것과 동일한 효력이 있다($^{같은 \ 항}_{제2문}$).

36   재판장은 특별한 사정이 없는 한 선정기일이 종료 후 연속해 제1회 공
판기일이 진행되도록 기일을 지정해야 한다($^{국참규칙}_{제29조}$). 다만, 선정기일 종료 후
공판준비기일을 여는 경우에는 배심원을 퇴정시켜야 한다($^{국참법 \ 제37}_{조 \ 제4항}$).

37   배심원·예비배심원·배심원후보자에 대한 불이익처우금지·개인정보보호·신변안전
조치에 관해서는 국참법 제50조 내지 제53조, 국참규칙 제44조 및 제45조에서 규정
하고 있다. 여비·일당 등의 지급에 관해서는 국참규칙 제9조 및 제10조, 국참예규
제39조 내지 제43조에서 정하고 있다($^{국참법}_{제15조}$).

§166   **제3   공판기일**

I. 공판정의 개정

1   국민참여재판에서 배심원과 예비배심원의 출석은 개정요건이다($^{국참법 \ 제39}_{조 \ 제1항}$).
다만, 판결선고기일을 따로 지정한 경우 그 선고기일은 배심원의 출석 없이
개정할 수 있다($^{국참법 \ 제48조 \ 제1항}_{단서, \ 국참규칙 \ 제43조}$).

2   공판정에서 배심원과 예비배심원의 좌석은 법대 앞, 검사의 왼쪽에 위치
하며, 증인석은 피고인·변호인의 오른쪽에 배심원과 예비배심원을 마주보고
위치한다($^{국참법 \ 제39조}_{제3항, \ 제4항}$). 이는 배심원과 예비배심원이 증인의 진술태도나 모습을
좀 더 생생하게 관찰할 수 있도록 하기 위함이다.

3   법원은 배심원과 예비배심원에게 번호를 부여해 그 순서에 따라 착석하
도록 하고, 필요하다고 인정되는 경우에는 변론이 종결될 때까지 배심원과
예비배심원을 따로 구분하지 않을 수 있다($^{국참법 \ 제30}_{조 \ 제1항}$). 배심원과 예비배심원은
공판기일에 번호로만 호칭된다($^{같은 \ 조}_{제2항}$).

Ⅱ. 공판기일의 절차

1. 모두절차

(1) 선서·최초설명   피고인에게 진술거부권을 고지하기에 앞서, 배심   4
원·예비배심원은 법률에 따라 공정하게 그 직무를 수행할 것을 다짐하는
선서를 해야 한다(국참법 제42조). 선서가 종료된 후 재판장은 i) 배심원·예비배심원
의 권한·의무·재판절차 그 밖에 직무수행을 원활히 하는 데 필요한 사항을
설명하고,[1] ii) 증인신문·피고인신문시에 필요한 사항을 신문해줄 것을 재
판장에게 요청하거나 재판장의 허가하에 필기를 하여 이를 평의에 사용할
수 있음을 알려야 한다(국참규칙 제35조).

(2) 간이공판절차 배제   국민참여재판에서는 자백이 있더라도 간이공판   5
절차 개시결정을 할 수 없다(국참법 제43조).

2. 사실심리절차

국민참여재판의 배심원과 예비배심원은 증거능력 판단에 관여할 수 없   6
다(국참법 제44조). 따라서 증거능력에 관한 심리를 진행하게 될 경우 재판장은 배심
원·예비배심원을 퇴정시키거나 재판부·검사·피고인·변호인만을 따로 제3
의 장소로 이동시키는 등 적절한 조치를 취해야 한다.[2]

증인신문(또는 피고인신문) 종료 직후, 배심원·예비배심원은 증인(또는 피고인)에 대한 필요   7
한 사항의 신문을 재판장에게 서면으로 요청할 수 있다(국참법 제41조 제1항 제1호, 국참규칙 제33조 제1항). 재
판장은 공판의 원활한 진행을 위해 필요한 때에는 위 서면에 기재된 신문사항
을 수정해 신문하거나 신문하지 않을 수 있다(국참규칙 제33조 제2항). 재판장은 배심원·예
비배심원에게 필기를 허용하거나 금지할 수 있으며, 필기를 허용한 때에는
평의 도중을 제외한 어떤 경우에도 자신의 필기내용을 다른 사람이 알 수 없
도록 해야 함을 배심원·예비배심원에게 주지시켜야 한다(국참법 제41조 제1항 제2호, 국참규칙 제34조).

---

1 대법원 2014. 11. 13. 선고 2014도8377 판결:「재판장의 최초설명은 재판절차에 익숙하지 아니
   한 배심원과 예비배심원을 배려하는 차원에서 국참규칙 제35조 제1항에 따라 피고인에게 진술
   거부권을 고지하기 전에 이루어지는 것으로, 원칙적으로 그 설명의 대상에 검사가 아직 공소
   장에 의하여 낭독하지 아니한 공소사실 등이 포함된다고 볼 수 없다.」
2 제요(Ⅱ) 137쪽.

3. 변론종결

8   (1) 최종설명   변론종결 후 재판장은 공판정에서 배심원에게 i) 공소사실의 요지와 적용법조, ii) 피고인과 변호인의 주장 요지, iii) 무죄추정원칙(제275조의), 증거재판주의(제307조), 자유심증주의(제308조), iv) 피고인의 증거제출거부나 법정에서의 진술거부가 피고인의 유죄를 뒷받침하는 것으로 해석될 수 없다는 점, v) 증거능력이 배제된 증거는 무시해야 한다는 점, v) 심리 도중 법정을 떠나거나, 평의·평결·토의가 완결되기 전에 재판장의 허락 없이 퇴장하거나, 평의·평결·토의에 관한 비밀을 누설하는 행위는 금지된다는 점, vi) 평의·평결의 방법, vii) 배심원대표를 선출해야 하는 취지 및 그 방법을 설명해야 한다(국참법 제46조 제1항 제1문, 국참규칙 제37조). 필요한 경우 증거요지에 관해 설명할 수 있다(국참법 제46조 제1항 제2문).

9   재판장의 최종설명은 배심원이 올바른 평결에 이를 수 있도록 지도하고 조력하는 기능을 담당하는 것으로서 배심원의 평결에 미치는 영향이 크므로, 설명의무가 있는 사항을 설명하지 않음은 위법하다. 다만, 그러한 위법이 언제나 상소이유(제361조의5 제1호, 제383조 제1호)가 되지는 않는다는 것이 판례의 태도이다.[1] 가령 대법원은 재판장이 최종설명시 예비적 공소사실의 요지를 누락한 사안에서 제반 사정을 이유로 그러한 위법이 판결에 영향을 미쳤다고 볼 수 없다고 한 바가 있다(국참법 제42조, 국참규칙 제35조)[§174/21 참조].[2]

---

1 대법원 2014. 11. 13. 선고 2014도8377 판결: 「최종설명 때 공소사실에 관한 설명을 일부 빠뜨렸거나 미흡하게 한 잘못이 있다고 하더라도, 이를 두고 그전까지 절차상 아무런 하자가 없던 소송행위 전부를 무효로 할 정도로 판결에 영향을 미친 위법이라고 쉽게 단정할 것은 아니고, 설명이 빠졌거나 미흡한 부분이 공판진행과정에서 이미 드러났던 것인지, 공판진행과정에서 이미 드러났던 것이라면 그 시점과 재판장의 최종설명 때까지 시간적 간격은 어떠한지, 재판장의 설명 없이는 배심원이 이해할 수 없거나 이해하기 어려운 사항에 해당하는지, 재판장의 최종설명에 대한 피고인 또는 변호인의 이의가 있었는지, 평의과정에서 배심원들의 의견이 일치하지 않아 재판장이 국참법 제46조 제3항에 따라 의견을 진술하면서 최종설명을 보충할 수 있었던 사안인지 및 최종설명에서 누락된 부분과 최종평결과의 관련성 등을 종합적으로 고려하여, 위와 같은 잘못이 배심원의 평결에 직접적 영향을 미쳐 피고인의 국민참여재판을 받을 권리 등을 본질적으로 침해하고 판결의 정당성마저 인정받기 어려운 정도에 이른 것인지를 신중하게 판단하여야 할 것이다.」

2 대법원 2014. 11. 13. 선고 2014도8377 판결: 「i) 이 사건 예비적 공소사실의 요지 및 주위적 공소사실과의 차이점 등은 검사와 변호인의 모두진술 등으로써 이 사건 공판과정에서 이미 드러난 상태인 점, ii) 이 사건 예비적 공소사실은 주위적 공소사실에 대한 관계에서 고의의 내용만 다르고 특별히 주위적 공소사실과는 다른 사실관계의 인정이나 법률적 쟁점이 없는 축소사실에 해당하며, 사안과 쟁점도 복잡하지 아니하여, 그에 대한 제1심 재판장의 설명이 없더라도 배심원들이 공판과정에서 드러난 사정으로 이해할 수 있었을 것으로 보이는 점, iii) 피고인과

(2) 평의·평결·토의

(가) 의 의　　심리에 관여한 배심원은 재판장의 최종설명을 들은 후 배 ⑩
심원대표를 선정해 그의 주재하에 평의를 진행하여$\left(\substack{\text{국참법 제46조 제2항,}\\\text{국참규칙 제40조 제1항}}\right)$ 유·무죄
에 관해 평결하고, 유죄로 평결할 경우 양형에 관해 토의해야 한다. 이는 엄
밀히는 공판기일의 절차가 아니지만$\left(\substack{\text{따라서 평의장소를 공판정으로 볼 수 없으며, 평의 도중}\\\text{배심원이 교체되더라도 공판절차를 갱신할 필요가 없다}}\right)$ 편
의상 여기서 설명한다.

평의·평결·토의는 변론종결 후 연속해 진행함이 원칙이나, 재판장은 필 ⑪
요하다고 인정하는 때에는 변론종결일로부터 3일 이내로 평의 등을 위한 기
일을 따로 지정할 수 있다$\left(\substack{\text{국참규칙 제}\\\text{39조 제1항}}\right)$. 평의 등은 법원 내 마련된 평의실에서
비공개로 진행하며, 배심원 아닌 사람은 재판장의 허가 없이는 평의실에 출
입할 수 없다$\left(\substack{\text{같은 조 제2항}\\\text{내지 제4항}}\right)$.

(나) 절 차

(a) 배심원대표 선출　　심리에 관여한 배심원은 재판장의 최종설명을 들 ⑫
은 후 호선으로 배심원대표를 선출해야 한다. 다만, 호선되지 않는 경우에는
재판장이 배심원대표를 지정한다$\left(\substack{\text{국참규칙 제}\\\text{40조 제1항}}\right)$. 배심원대표는 i) 유·무죄에 대한
평의 주재, ii) 평의실 출입통제 요청, iii) 판사에 대한 의견진술 요청, iv) 증
거서류 등 제공 요청, v) 평결결과 집계, vi) 평결서$\left(\substack{\text{유·무죄에 대한 평결}\\\text{결과를 집계한 서면}}\right)$ 작성·전
달 임무를 수행한다$\left(\substack{\text{같은 조}\\\text{제2항}}\right)$.

(b) 평 의　　배심원은 유·무죄에 관해 평의해야 한다$\left(\substack{\text{국참법 제46조}\\\text{제2항 본문}}\right)$. 배심 ⑬
원대표는 평의를 주재하면서 각각의 배심원에게 의견진술기회를 충분히 그
리고 동등하게 부여해야 한다$\left(\substack{\text{국참규칙 제}\\\text{41조 제1항}}\right)$. 배심원은 평의진행중 필요한 경우에
는 배심원대표를 통해 재판장에게 공소장·설명자료·증거서류 사본 및 증거

변호인은 제1심 재판장에게 최종설명에 예비적 공소사실에 관한 설명을 포함하여 달라고 요구
하거나 그 설명이 누락된 것에 대하여 이의를 제기하지 아니한 점, iv) 제1심 재판장은 최종설
명 때 배심원들에게 평의과정에서 확인할 필요가 있는 사항이 있을 경우 질문할 수 있다고 설
명하였고, 특히 이 사건은 주위적 공소사실의 유·무죄에 관하여 전원의 의견이 일치하지 아니
하여 국참법 제46조 제3항에 따라 배심원들이 심리에 관여한 판사로부터 그 의견을 들어야 했
던 사안으로서, 평의과정에서 주위적 공소사실에 대한 평결이 무죄인 경우의 후속조치, 즉 이
사건 예비적 공소사실에 대한 평의와 평결에 관하여 질문과 설명의 기회를 가질 수 있었던 경
우인 점, iv) 결과적으로 배심원들이 주위적 공소사실에 대하여 다수결로 유죄의 평결을 함으
로써 이 사건 예비적 공소사실에 대하여는 나아가 평의와 평결을 할 필요가 없었던 점 등을
종합하여 살펴보면, 제1심 재판장의 최종설명과정에서의 위와 같은 잘못으로 피고인의 국민참
여재판을 받을 권리가 본질적으로 침해되었다고 보기는 어렵다.」

물의 제공을 요청할 수 있으며($\frac{같은 조}{제2항}$), 과반수의 요청에 따라 심리관여법관의 의견을 들을 수 있다($\frac{국참법 제46}{조 제2항 단서}$). 심리관여법관은 유·무죄에 관한 의견을 진술할 수 없다($\frac{국참규칙 제}{41조 제5항}$).

14   (c) 평 결   배심원은 전원의 의견이 일치하면 그에 따라 평결하고, 일치하지 않으면 심리관여법관의 의견을 들어 다수결로 평결한다($\frac{국참법 제46조}{제2항 본문, 제3항}$). 후자의 경우에도 심리관여법관은 유·무죄에 관한 의견을 진술해서는 안 되며 평결에 참여할 수도 없다($\frac{같은 조 제3항, 국참}{규칙 제41조 제5항}$). 배심원대표는 배심원 개개인의 의사를 명확히 확인하여 유죄의견과 무죄의견의 각 수를 구분해 평결서를 작성한 후, 배심원들의 서명 또는 날인을 받아 즉시 이를 재판장에게 전달해야 한다($\frac{국참규칙}{제42조}$). 평결서는 소송기록에 편철한다($\frac{국참법 제46}{조 제6항}$).

15   배심원의 평결은 법원을 기속하지 않는다($\frac{같은 조}{제5항}$). 국민참여재판은 현행 형사사법체계가 보유한 가장 엄격하고 치밀한 형태의 재판절차[1]라 할 수 있으나, 그 결과물인 배심원의 평결에 기속력이 인정되지 않기 때문에 실무상 이용률이 매우 낮다. 특히, 배심원의 무죄평결에도 법원이 유죄를 선고하는 예는 많으나, 그 반대의 경우는 극히 드물다.

16   고유한 의미의 배심제도는 배심원단의 평결에 법관이 기속됨을 불가결의 요소로 하므로, 평결에 권고적 효력만 인정되는 현행 국민참여재판제도는 엄밀히 배심제라 하기도 어렵다. 영미의 형사사법체계가 배심원 평결에 기속력을 부여하는 것은 사법부에 대한 견제장치를 마련함과 동시에 형사재판의 공정성에 대한 신뢰를 확보하고 직업법관의 사실인정 부담을 경감하기 위함이라고 할 수 있는데, 현행 국민참여재판은 그중 어느 것 하나도 제대로 이뤄내지 못하기 때문에 법원, 검사, 변호인, 피고인 모두에게 외면되고 있다. 기속력의 부여가 헌법상 법관의 재판을 받을 권리($\frac{헌법 제27}{조 제1항}$)에 저촉되어 위헌이라는 견해도 있으나, 동의할 수 없다.[2]

17   (d) 토 의   평결이 유죄인 경우 배심원은 심리관여법관과 함께 양형에 관해 토의하고 그에 관한 의견을 개진한다. 재판장은 양형에 관한 토의 전에 처벌의 범위와 양형의 조건 등을 설명해야 한다($\frac{국참법 제46}{조 제4항}$). 양형에 관한 의견을 집계한 서면은 소송기록에 편철한다($\frac{같은 조}{제6항}$).

---

1 신동운, "양형판단과 형사항소심의 구조", 서울대학교 법학 제57권 제4호(2016), 220쪽.
2 이완규(Ⅰ) 121쪽.

4. 판결선고

재판장은 판결선고시 배심원의 평결결과를 고지해야 하며, 평결결과와   18
다른 판결을 선고할 경우 그 이유를 설명해야 한다(국참법 제48
조 제4항). 판결서에도 그
러한 이유를 기재해야 한다(국참법 제49
조 제2항).

Ⅲ. 공판기일의 기록

국민참여재판의 공판조서에는 제51조에서 규정하고 있는 필수적 기재사   19
항[§145/2
참조] 외에 법원이 배심원과 예비배심원에게 부여한 번호와 그 출석 여부
를 기재해야 한다.

법원은 특별한 사정이 없는 한 공판정의 심리를 속기사가 속기하게 하   20
거나 녹음(또는
영상녹화)해야 한다(국참법 제40
조 제1항). 속기록이나 녹음테이프(또는 비디
오테이프)는 공판
조서와 별도로 보관해야 하며, 검사·피고인·변호인은 비용을 부담하고 속기
록·녹음테이프(또는 비디
오테이프) 사본의 교부를 청구할 수 있다(같은 조
제2항).

제 4   공판진행상의 특수문제   § 167

Ⅰ. 배심원의 해임과 추가선정

1. 해   임

⑴ 사   유

㈎ 법정 해임사유   배심원 또는 예비배심원이 i) 국참법 제42조 제1항   1
의 선서[§166/4
참조]를 하지 않은 때, ii) 국참법 제41조 제2항 각호에서 정한 금
지행위(i) 심리 도중 법정을 떠나거나 평의·평결·토의가 완결되기 전 재판장의 허락 없이 퇴장하는 행위, ii) 평의
시작 전 자신의 견해를 밝히거나 의논하는 행위, iii) 재판절차 외에서 당해사건에 관해 정보를 수집·조사
하는 행위, iv) 평의·평결·토의
에 관한 비밀을 누설하는 행위)를 하여 그 직무를 담당하게 하는 것이 적당하지 않다
고 인정되는 때, iii) 출석의무를 위반하고 계속하여 그 직무를 행하는 것이
적당하지 않은 때, iv) 국참법 제17조부터 제20조까지의 사유에 해당하는 사
실이 발생·발견되거나 불공평한 판단을 할 우려가 있는 때[§165/16
참조], v) 질문표
에 거짓기재를 하거나 선정절차에서의 질문에 대해 정당한 사유 없이 진술을
거부하거나 거짓진술을 한 것이 밝혀지고 그 직무를 계속 행하게 함이 적당
하지 않은 때, vi) 공판정에서 재판장이 명한 사항을 따르지 않거나 폭언 또

는 그 밖의 부당한 언행을 하는 등 공판절차의 진행을 방해한 때에는, 법원
은 직권 또는 검사·피고인·변호인의 신청에 따라 배심원 또는 예비배심원을
해임하는 결정을 할 수 있다(국참법 제32
조 제1항).

2   (나) 신청에 의한 해임   배심원과 예비배심원은 직무를 계속 수행하기 어
려운 사정이 있는 때에는 법원에 사임을 신청할 수 있다(국참법 제33
조 제1항). 법원은 그
신청에 이유가 있다고 인정하는 때에는 당해 배심원 또는 예비배심원을 해임
하는 결정을 할 수 있다(같은 조
제2항).

3   (2) 절   차   해임결정을 함에는 검사·피고인 또는 변호인의 의견을 들
어야 하며(국참법 제32조 제
2항, 제33조 제3항), 법정 해임사유를 이유로 해임하는 때에는 출석한 당
해 배심원 또는 예비배심원에게 진술기회를 부여해야 한다(국참법 제32
조 제2항). 해임결
정에는 불복할 수 없다(같은 조 제3항·
제33조 제4항).

2. 추가선정

4   해임결정으로 인해 배심원이 부족하게 된 경우 예비배심원은 미리 정한
순서에 따라 배심원이 되고, 만약 배심원이 될 예비배심원이 없는 경우 배심
원을 추가로 선정해야 한다(국참법 제34
조 제1항). 다만, 해임결정 후 남은 배심원이 5명
이상이고, 심리진행 정도에 비추어 배심원을 추가로 선정해 재판에 관여하게
함이 부적절하다고 판단되는 경우, 법원은 남은 배심원만으로 계속해 국민참
여재판을 진행하는 결정을 할 수 있다. 이 경우 i) 1인의 배심원이 부족한 때
에는 검사·피고인 또는 변호인의 의견을 들어야 하고, ii) 2인 이상의 배심원
이 부족한 때에는 검사·피고인 또는 변호인의 동의를 받아야 한다(같은 조
제2항).

5   국참법 제34조 제1항에 따라 배심원을 추가선정하는 경우, 검사와 변호
인은 각자 국참법 제30조 제1항에 따른 무이유부기피신청 인원에서 선정기
일에 행사한 무이유부기피신청 인원을 공제한 나머지 인원의 범위 내에서 배
심원후보자에 대해 무이유부기피신청을 할 수 있다(국참규칙 제
21조 제4항).

3. 공판절차갱신 등

6   공판절차가 개시된 후 새로 재판에 참여하는 배심원 또는 예비배심원이 있
는 때(해임 및
추가선정)에는 공판절차를 갱신해야 한다(국참법 제45
조 제1항). 이 경우 그들이 쟁점 및
증거를 이해할 수 있도록 하되, 그 부담이 과중하지 않도록 해야 한다(국참법 제45
조 제2항).

7   재판장은 유·무죄에 관한 평의 도중 예비배심원이 배심원으로 추가선정

된 때에는 배심원들이 평의를 처음부터 다시 시작하도록 해야 한다($\substack{\text{국참규칙} \\ \text{제41조 제4항}}$).

Ⅱ. 통상절차 회부

1. 사　　유

(1) 공소장변경　　법원은 공소장변경으로 인해 사건이 더는 국민참여재판 대상에 속하지 않게 된 경우에도 국민참여재판을 계속 진행해야 한다. 다만, 심리의 상황이나 그 밖의 상황에 비추어 국민참여재판으로 진행함이 적당하지 않다고 인정하는 때에는 결정으로 당해 사건을 지방법원본원 합의부가 국민참여재판에 의하지 않고 심판하게 할 수 있다($\substack{\text{국참법 제} \\ \text{6조 제1항}}$).

8

(2) 공판절차정지·구속기간만료 등　　법원은 피고인의 질병 등으로 공판절차가 장기간 정지되거나 구속기간의 만료, 성폭력범죄 피해자의 보호, 그 밖에 심리의 제반 사정에 비추어 국민참여재판을 계속 진행하는 것이 부적절하다고 인정되는 경우에는 직권 또는 검사·피고인·변호인이나 성폭력범죄 피해자 또는 그 법정대리인의 신청에 따라 사건을 지방법원본원 합의부가 국민참여재판에 의하지 않고 심판하게 할 수 있다($\substack{\text{국참법 제} \\ \text{11조 제1항}}$). 이 경우 회부에 앞서 검사·피고인 또는 변호인의 의견을 들어야 한다($\substack{\text{같은 조} \\ \text{제2항}}$).

9

2. 절　　차

통상절차 회부는 결정으로 한다. 회부결정은 그 이전에 행한 소송행위의 효력에 영향을 주지 않으며, 이에 대한 불복은 불가하다($\substack{\text{국참법 제6조.,} \\ \text{제11조}}$). 회부결정이 있는 경우 배심원·예비배심원 해임의 효력이 발생하며, 이로써 당해 재판에 참여한 배심원·예비배심원의 임무는 종료된다($\substack{\text{국참법 제6조 제3항,} \\ \text{제11조 제4항, 제35조 제2호}}$).

10

제3장 상소심의 절차

제1절 상소심 일반

제1관 상소제도

§168 **제1 상소의 의의**

1   미확정재판[$\frac{\$25/3}{참조}$]에 불복해 상급법원에 그 변경을 구하는 소송행위를 상소(Rechtsmittel)라 한다. 여기에는 크게 세 가지가 있는바, i) 법원의 결정에 불복해 상급법원에 의한 경정을 구하는 항고(Beschwerde), ii) 제1심판결에 불복해 제2심법원의 판결을 구하는 항소(Berufung), iii) 제1심 또는 제2심판결에 불복해 대법원의 판결을 구하는 상고(Revision)가 그것이다. 상고 중 제1심판결에 대한 상고를 비약상고(Sprungrevision)[$\frac{\$175}{참조}$]라 하며, 항고 중 대법원에 제기하는 즉시항고를 재항고(weitere Beschwerde)[$\frac{\$27/10}{참조}$]라 한다.

2   법관도 인간인 이상 오판($\frac{잘못된 증거판단, 법령위반·법리오해,}{논증의 모순·비약, 균형을 잃은 양형 등}$)을 할 수 있고, 법원들 간에 사안확정 또는 법령해석의 기준이 상이해 비슷한 사안이 달리 취급되거나 다른 사안이 비슷하게 처리되는 경우도 발생할 수 있다. 이에 상소제도는 오판을 시정하여, 국가형벌권 행사에 공백이 초래되거나 피고인에게 부당한 불이익이 씌워질 위험을 최소화하고, 법령의 해석·적용에 정확성·통일성을 기해 법적 안정성을 실현하는 데 목적이 있다.

3   미확정재판에 대한 불복이라도 상급법원에 하는 것이 아니면 상소에 해당하지 않는다. 가령 약식명령에 대한 정식재판청구($\frac{제453}{조}$)[$\frac{\$133}{참조}$]는 동급($\frac{제1}{심}$)법원의 종국재판을 구하는 신청이므로 상소가 아니고, 증거조사에 관한 이의신청($\frac{제296}{조}$)[$\frac{\$143/39}{참조}$]도 당해법원에 대한 불복이므로 상소가 아니다. 명령에 대한 준항고($\frac{제416}{조}$)[$\frac{\$27/23}{참조}$] 또한 그 법관이 소속된 법원의 재판을 구하는 소송행위이므로 상소로 볼 수 없는바, 형사소송법이 편제상 상소에 관한 부분($\frac{제3}{편}$)에서 준항고를 규정한 것은 규율의 편의를 위한 것이다($\frac{다만, 준항고사건의 재판에 불복해}{제기하는 재항고는 상소에 해당한다}$).

결정에 대한 항고($^{보통항고, 즉시}_{항고, 재항고}$)에 관해서는 제1편에서 다루었으므로, 여기   4
서는 항소와 상고를 전제로 설명한다.

제 2 상소심의 구조   §169

Ⅰ. 항 소 심

1. 일반적 구조형태와 그 특징

입법론적으로 항소심의 구조는 크게 i) 제1심의 심리와 판결을 없었던   1
것으로 취급하고 모든 심리를 다시 반복하는 복심(覆審), ii) 제1심의 심리결
과를 그대로 이어받고 새로운 증거를 추가로 반영해 심리하는 속심(續審),
iii) 제1심판결 자체를 심판대상으로 삼아 그 자체의 당부만 심사하는 사후심
(事後審)의 셋으로 나뉘는데, 이들 사이에는 다음과 같은 차이점이 있다.

먼저, i) 복심제나 속심제에서 항소심의 심판대상은 피고사건 그 자체이   2
고, 항소이유에 제한이 없으며, 항소법원은 제1심판결 후에 발생한 사실이
나 새로운 증거를 심리자료로 삼을 수 있다. 또한 항소심에서의 공소장변경
이 허용되며, 기판력의 기준시점은 항소심판결선고시이다. 반면, ii) 사후심
제에서 항소법원의 심판대상은 피고사건 자체가 아니라 원판결의 당부(當
否)이고($^{불기소처분에 대한 재정신청}_{사건의 심리절차도 이러하다}$), 항소이유가 제한되며, 항소법원은 원판결 이후
발생한 사실이나 새로운 자료는 증거로 할 수 없다. 그리고 항소심에서의 공
소장변경은 허용되지 않으며, 기판력의 기준시점은 원심판결선고시이다.

한편, iii) 복심제와 속심제는 원심에서 했던 절차를 다시 반복해야 하는   3
지에서 차이를 보인다. 복심제에서 상소법원은 공소요지진술 이하의 모든 절
차를 처음부터 다시 해야 하지만, 속심제에서 상소법원은 원심법원의 심리결
과를 그대로 이어받아 마치 변론이 재개된 것처럼 절차를 진행하면 된다.

2. 현행법의 태도

현행 형사소송법은 항소이유를 열거적으로 규정하고 있는데($^{제361}_{조의5}$), 이는   4
사후심적 요소라 할 수 있다. 그러나 i) 항소이유로 주장할 수 있는 사유에
사실오인·양형부당($^{같은 조 제14}_{호, 제15호}$)이 포함돼있어 사실상 항소이유에 제한이 없는
것과 마찬가지라는 점, ii) 항소이유서에 포함되지 않은 사유도 항소법원이

직권으로 심판할 수 있고, 새로운 증거에 대한 조사를 금지하는 규정이 없을 뿐 아니라 항소심에서의 공소장변경이 허용된다는 점(제370조, 제298조), iii) 제1심에서 증거로 할 수 있었던 증거는 항소심에서도 증거로 할 수 있다는 점(제364조, 제3항), iv) 항소심판결서에는 제1심판결서에 기재된 사실과 증거를 인용할 수 있다는 점(제369조) 등에 비추어 볼 때, 현행법은 항소심을 속심으로 규정했다고 할 수 있다.[1] 판례 역시 현행 항소심은 사후심적 요소를 지니고 있으면서도 전체적으로는 속심적 성격을 띠고 있다고 본다(사후심적 속심).[2]

5   국민참여재판에서 배심원의 평결에 법률적 기속력을 인정한다면, 그에 대한 항소심을 사후심으로 전환하거나, 제1심에서보다 많은 수의 배심원이 참여하는 복심으로 운영할 것이 요청된다. 제1심 배심원단의 판단을 제2심의 직업법관이 쉽게 번복할 수 있게 함은 배심제도의 취지에 반하기 때문이다.[3] 현행제도하에서도 제1심이 국민참여재판으로 진행된 사건에서 항소심법원은 속심으로서의 역할을 최대한 자제해야 한다.[4]

---

1 이견으로 이상돈, "형사소송에서 항소심과 상고심의 공판형태", 안암법학 제1권(1993), 356쪽.
2 대법원 1983. 4. 26. 선고 82도2829, 82감도612 판결:「사무량의 폭주와 구속기간의 제약 때문에 제1심의 공판중심주의나 직접주의에 의한 심리가 충분히 이루어지지 못하여 실체적 진실발견에 부족함이 있고, 양형에 영향을 줄 사유(예컨대 피해배상이나 합의 등)가 제1심판결 이후에 발생하는 경우가 허다하여 피고인의 이익을 위한다는 점에서도 항소심의 속심으로서의 역할은 등한시될 수 없다. … 사후심적 요소를 도입한 형사소송법의 관계조문들은 다만 남상소의 폐단을 억제하고 항소법원의 업무부담을 줄여 준다는 소송경제적인 필요에서 항소심의 속심적 성격에 제한을 가하고 있음에 불과하다.」
   대법원 2022. 5. 26. 선고 2017도11582 판결:「형사소송법상 항소심은 속심을 기반으로 하되 사후심의 요소도 상당부분 들어 있는 이른바 사후심적 속심의 성격을 가지므로 항소심에서 제1심판결의 당부를 판단할 때에는 이러한 심급구조의 특성을 고려해야 한다. 항소심이 심리과정에서 심증의 형성에 영향을 미칠 만한 객관적 사유가 새로 드러난 것이 없는데도 제1심 판단을 재평가하여 사후심적으로 판단하여 뒤집고자 할 때에는, 제1심의 증거가치 판단이 명백히 잘못되었다거나 사실인정에 이르는 논증이 논리와 경험의 법칙에 어긋나는 등 그 판단을 그대로 유지하는 것이 현저히 부당하다고 볼 만한 합리적인 사정이 있어야 하고, 그러한 예외적 사정도 없이 제1심의 사실인정에 관한 판단을 함부로 뒤집어서는 안 된다.」
3 상세히는 임보미, "시민참여형 형사재판의 항소심에 관한 비교법적 연구", 비교형사법연구 제19권 제3호(2017), 170쪽; 김봉수, "항소이유서제도와 항소심의 구조", 비교형사법연구 제10권 제1호(2008) 357－359쪽.
4 신동운, "양형판단과 형사항소심의 구조", 서울대학교 법학 제57권 제4호(2016), 217쪽.
   대법원 2010. 3. 25. 선고 2009도14065 판결:「만장일치의 의견으로 내린 무죄의 평결이 재판부의 심증에 부합하여 그대로 채택된 경우라면, 이러한 절차를 거쳐 이루어진 증거의 취사 및 사실의 인정에 관한 제1심의 판단은 … 항소심에서의 새로운 증거조사를 통해 그에 명백히 반대되는 충분하고도 납득할 만한 현저한 사정이 나타나지 않는 한 한층 더 존중될 필요가 있다.」

Ⅱ. 상 고 심

상고심은 원판결의 당부(當否)만을 판단하는 사후심이다. i) 상고이유는   6
원칙상 법령위반 등으로 제한되고($^{제383}_{조}$), ii) 상고심에서 새로운 증거를 제출하
거나 증거조사를 함은 허용되지 않으며, iii) 항소인이 항소이유로 주장한 사항
또는 항소심이 직권으로 심판대상으로 삼아 판단한 사항 이외의 사유는 상고
이유로 삼을 수 없다.[1] 원판결의 당부를 판단하는 기준시점은 항소심판결선고
시인바, 가령 피고인이 항소심판결선고시 소년이었다면, 그 후 상고심에서 성
년이 되었다 하더라도 부정기형을 선고한 항소심판결을 파기할 수 없다.[2]

사실문제와 법률문제를 모두 심리·판단할 수 있는 항소심과 달리, 상고   7
심은 원칙상 법률문제만을 심리·판단하는 법률심이다.[3] 다만 사형, 무기 또
는 10년 이상의 징역이나 금고가 선고된 사건에서는 중대한 사실오인이나 현
저한 양형부당을 상고이유로 삼을 수 있는바($^{제383조}_{제4호}$), 그 범위에서 상고심은
예외적으로 사실심의 성격도 지닌다[$^{§174/41}_{참조}$].

제2관   상소의 제기

제1   상소제기의 요건   §170

Ⅰ. 상소권자

검사·피고인은 상소할 수 있다($^{제338조}_{제1항}$). 제한능력자인 피고인의 법정대리   1
인은 피고인의 명시한 의사에 반해서도 피고인을 위해 상소할 수 있다($^{제340}_{조}$).
피고인의 배우자, 직계친족, 형제자매 또는 원심의 대리인이나 변호인은 피고
인의 명시한 의사에 반하지 않는 한에서 피고인을 위해 상소할 수 있다($^{제341}_{조}$).

---

1 대법원 2019. 3. 21. 선고 2017도16593-1 (全)판결:「상고심은 항소심판결에 대한 사후심으로
서 항소심에서 심판대상으로 되었던 사항에 한하여 상고이유의 범위 내에서 그 당부만을 심사
하여야 한다. 그 결과 항소인이 항소이유로 주장하거나 항소심이 직권으로 심판대상으로 삼아
판단한 사항 이외의 사유는 상고이유로 삼을 수 없고 이를 다시 상고심의 심판범위에 포함시
키는 것은 상고심의 사후심구조에 반한다고 할 것이다.」
2 대법원 1986. 12. 9. 선고 86도2181 판결; 1989. 9. 29. 선고 89도1440 판결.
3 대법원 2002. 12. 3.자 2002모265 결정.

법정대리인·변호인 등의 상소권은 고유권이 아니라 대리권이므로, 피고인의
상소권이 ($\binom{\text{기간도과 또는}}{\text{상소포기 등으로}}$) 소멸한 후에는 이를 행사할 수 없다.[1]

Ⅱ. 상소의 이익

2　　　상소는 원심재판의 시정을 구할 이익이 있는 경우에만 할 수 있다. 검사는
공익의 대표자로서 법령의 정당한 적용을 청구하는 관청이므로($\binom{\text{검찰청법 제4조}}{\text{제1항 제3호}}$), 검
사가 원심재판이 위법·부당함을 주장하는 때에는 그것이 설령 피고인에게
유리한 취지이더라도 언제나 상소이익이 있다. 반면, 피고인은 원심재판보다
법률적·객관적으로 더 이익이 되는 재판을 구하는 경우에만 상소이익이 있
다. 상소이익이 있는지 여부는 상소인의 주장 자체만으로 판단하며, 상소장
이나 상소이유서의 기재에 의해 상소이익이 없음이 분명한 경우 법원은 상소
기각결정을 해야 한다($\binom{\text{제360조, 제362조,}}{\text{제376조, 제381조}}$)[$\binom{\S190/3,}{\S198/2 \text{ 참조}}$].

3　　　피고인이 유죄판결($\binom{\text{형선고, 형면}}{\text{제, 선고유예}}$)에 대해 무죄를 주장하거나 원심보다 가벼
운 형의 선고를 구하는 때에는 당연히 상소이익이 있으나, 사안확정이나 법
적 판단에 관해 자신에게 불이익한 주장을 하는 때에는 상소이익이 없다. 가
령 원판결이 인정한 죄보다 중한 죄에 해당한다고 주장하거나, 원판결이 누
범가중을 하지 않았음을 문제삼거나, 원판결이 일죄 또는 상상적경합을 인정
한 부분에 대해 경합범을 주장하는 때에는 상소이익이 인정되지 않는다. 벌
금형의 실형을 선고한 원판결에 대해 징역형의 집행유예를 구하는 경우 원칙
상 상소이익이 부정되나, 원판결의 벌금액이 과도하므로 감액이나 선고유예
를 구한다는 취지가 포함되어 있다고 볼 수 있는 경우에는 상소이익이 있다.

4　　　검사는 유죄판결에 대해 무죄를 주장하며 상소할 수 있는 반면, 피고인
은 무죄판결에 대해 유죄를 주장하며 상소할 수 없다. 무죄판결의 이유만을
다투기 위해 상소하는 것도 허용되지 않는다.[2]

1　대법원 2019. 5. 30. 선고 2019도3778 판결.
2　대법원 1993. 3. 4.자 92모21 결정; 2018. 4. 10. 선고 2016도21171 판결.
　헌법재판소 2004. 2. 4. 선고 2004헌마29 결정: 「피고인이 무죄라는 원심재판의 결론 자체에
　대하여는 불만이 없고 단지 그 무죄판결의 이유 중의 사실인정이나 무죄의 사유에 대하여 불
　복이 있다 하더라도 그와 같은 판결의 이유만을 다투어 상소를 제기할 수 없다. 왜냐하면 상소
　라는 것이 원심재판의 주문을 대상으로 하는 것이어서 이유만을 상소의 목적으로 삼을 수 없
　을 뿐만 아니라, 무죄판결은 법률적·객관적으로 피고인에게 가장 유리한 재판으로서 판결의
　불법효과로서의 법익박탈이 없어 그 상소의 이익을 인정할 수 없다고 볼 것이기 때문이다.」

피고인은 면소판결[1]이나 공소기각판결[2]에 대해 무죄를 주장하면서 상   5
소할 수 없다. 다만, 공소사실에 적용된 실체법규가 위헌무효로 폐지된 때에
는 예외적으로 면소판결에 대해 무죄취지로 상소할 이익이 인정된다.[3] 구속
피고인의 경우 면소·공소기각사유가 없었더라면 무죄판결을 받을 만한 현저
한 사유가 있다고 인정되는 때에는 그 판결확정 후 형사보상을 청구할 수 있
다(형사보상법 제26조 제1항).

　 항소한 자는 항소기각판결에 대해 상고할 이익이 있다. 제1심의 유죄판   6
결에 대해 피고인은 항소하지 않고 검사만 양형부당을 이유로 항소하였으나
기각된 경우, 그 항소기각판결은 제1심판결에 비해 피고인에게 더 불이익한
것이 아니므로, 피고인은 그에 대해 상고할 이익이 없다. 그러나 그 제1심판
결이 공시송달에 터잡은 궐석재판으로 이루어진 판결인 때에는 피고인의 상
고이익이 인정된다.[4]

　 검사, 피고인 및 그 법정대리인·배우자·직계친족·형제자매 등은 치료   7
감호, 부착명령, 약물치료명령 청구사건에 대한 재판만을 대상으로 상소할
수 있다(치료감호법 제14조 제1항, 전자장치법 제9조 제9항, 약물치료법 제8조 제8항).

---

1 대법원 2004. 9. 24. 선고 2004도3532 판결.

2 대법원 2008. 5. 15. 선고 2007도6793 판결:「피고인을 위한 상소는 피고인에게 불이익한 재판
　 을 시정하여 이익된 재판을 청구함을 그 본질로 하는 것이므로 피고인은 재판이 자기에게 불
　 이익하지 아니하면 이에 대한 상소권이 없다고 할 것인바, 공소기각의 재판이 있으면 피고인
　 은 유죄판결의 위험으로부터 벗어나는 것이므로 그 재판은 피고인에게 불이익한 재판이라고
　 할 수 없어서 이에 대하여 피고인은 상소권이 없다. 기록에 의하면, 피고인에 대한 공소를 기
　 각한 제1심판결에 대해 피고인이 무죄판결을 구하면서 항소한 사실을 알 수 있는바, 이러한
　 공소기각판결에 대해서는 피고인에게 상소권이 없으므로, 피고인의 항소는 법률상의 방식에
　 위반한 것이 명백하여 원심으로서는 피고인의 항소를 기각하여야 함에도 이와 달리 제1심판결
　 을 파기하여 사건을 제1심법원으로 환송하고 말았으니, 이러한 원심판결은 위법하여 파기를
　 면치 못한다.」

3 대법원 2010. 12. 16. 선고 2010도5986 (수)판결:「법원은, 형벌에 관한 법령이 헌법재판소의
　 위헌결정으로 인하여 소급하여 그 효력을 상실하였거나 법원에서 위헌·무효로 선언된 경우,
　 당해 법령을 적용하여 공소가 제기된 피고사건에 대하여 제325조에 따라 무죄를 선고하여야
　 한다. 나아가 형벌에 관한 법령이 … 판결 당시 폐지되었다 하더라도 그 '폐지'가 당초부터 헌
　 법에 위배되어 효력이 없는 법령에 대한 것이었다면 제325조 전단이 규정하는 '범죄로 되지
　 아니한 때'의 무죄사유에 해당하는 것이지, 제326조 제4호 소정의 면소사유에 해당한다고 할
　 수 없다. 따라서 면소판결에 대하여 무죄판결인 실체판결이 선고되어야 한다고 주장하면서 상
　 고할 수 없는 것이 원칙이지만, 위와 같은 경우에는 이와 달리 면소를 할 수 없고 피고인에게
　 무죄의 선고를 하여야 하므로 면소를 선고한 판결에 대하여 상고가 가능하다.」

4 대법원 2003. 11. 14. 선고 2003도4983 판결.

§171 제 2 상소제기의 절차

I. 상 소 장

1 　　상소는 상소장을 원심법원에 제출하는 방법으로 한다(제359조, 제375조, 제343조 제1항). 즉 결심판의 판결에 대한 정식재판청구는 그 선고 직후 법정에서 구술로도 할 수 있는 반면(즉심법 제11조 제3항), 공판의 판결에 대한 상소는 서면으로만 할 수 있고 선고기일에 구술로는 할 수 없다. 상소장을 착오로 상소법원에 제출한 경우, 상소법원은 이를 원심법원으로 송부해야 하며, 그에 따라 상소장이 원심법원에 접수된 때에 상소제기의 효력이 생긴다.[1] 여기서 원심법원이란 항소 또는 비약상고의 경우 제1심법원, 상고의 경우 제2심법원을 말한다.

2 　　상소장에는 심급관할에 따른 상소법원을 기재하고(제357조, 제371조)[§33/8 참조] 불복의 대상인 원판결을 특정해야 한다. 일부상소[§173/7 참조]의 경우 그 취지를 명시하고 불복부분을 특정해야 하며, 특정이 없으면 원판결의 전부에 대해 상소한 것으로 취급된다.[2] 상소장에는 연월일을 기재하고 서명날인해야 한다(제59조).

3 　　교도소·구치소에 있는 피고인은 교도소장·구치소장(또는 그 직무대리자)에게 상소장을 제출할 수 있다(제344조 제1항). 이 경우 피고인이 상소장을 작성할 수 없는 때에는 교도소장 등은 소속공무원이 대서하게 해야 한다(같은 조 제2항). 교도소장 등은 위와 같이 제출받은 상소장에 제출연월일을 부기해 즉시 원심법원에 송부해야 한다(규칙 제152조 제1항).

4 　　상소를 접수한 법원은 즉시 그 사실을 상대방에게 통지해야 한다(제356조).

II. 상소기간

5 　　항소·상고는 원심판결선고일로부터 7일 이내에 해야 한다(제343조 제2항, 제358조, 제374조). 원심판결선고일 당일은 상소기간에 포함되지 않으나(제66조 제1항; 초일불산입), 상소권 자체는 선고와 동시에 발생하므로 당일 상소가 가능하다. 상소기간의 말일이 토요일이거나 공휴일인 경우 상소기간은 그 익일로 만료한다(같은 조 제2항)[§47/6 참조]. 상소기간은 법정기간으로서 제67조, 규칙 제44조에 따라 연장될 수 있다[§47/9 참조].

---

1 대법원 2010. 12. 9. 선고 2007다42907 판결.
2 제요(II) 320쪽.

상소기간의 준수 여부는 상소장이 원심법원에 접수된 때를 기준으로　**6**
판단한다($\substack{\text{도달}\\\text{주의}}$). 상소기간 경과 후에 도달하면 원심법원의 상소기각결정 사유
가 된다($\substack{\text{제360조 제1항,}\\\text{제376조 제1항}}$)[$\substack{\S186/1,\\\S194/2\ \text{참조}}$].

교도소·구치소에 있는 피고인이 상소기간 내에 상소장을 교도소장·구　**7**
치소장($\substack{\text{또는 그}\\\text{직무대리자}}$)에게 제출한 경우에는 상소기간 내에 상소한 것으로 간주한
다($\substack{\text{제344조 제1항,}\\\text{형집행법 제87조}}$). 제344조의 재소자특칙은 상소권회복청구·상소포기·상소취
하($\substack{\text{제355}\\\text{조}}$), 상소이유서제출($\substack{\text{제361조의3 제}\\\text{1항, 제379조}}$), 재심청구·취하($\substack{\text{제430}\\\text{조}}$), 집행이의·의의신
청 및 소송비용집행면제신청($\substack{\text{제490조}\\\text{제2항}}$)에 준용되고, 약식명령에 대한 정식재판
청구($\substack{\text{제453}\\\text{조}}$)에 유추적용된다[$\substack{\S133/5\\\text{참조}}$].[1] 그러나 재정신청[$\substack{\S88/16\\\text{참조}}$] 또는 그 기각결정
에 대한 재항고[$\substack{\S88/26\\\text{참조}}$]에는 유추적용되지 않는다.[2]

Ⅲ. 상소권의 회복

1. 의　　　의

상소기간을 도과한 후에는 상소할 수 없으며, 판결이 확정되어 기판력이　**8**
발생한다[$\substack{\S143/57\\\text{참조}}$]. 그러나 상소기간 도과에 상소권자의 귀책사유가 없음에도
예외없이 판결을 확정시켜 상소를 불허한다면 피고인에게 지나치게 가혹하
다. 이에 형사소송법은 그 경우 법적 안정성보다 구체적 타당성을 우선시하
여, 상소권자의 신청에 따라 재판을 판결확정 전 상태로 되돌려 상소를 허용
하는 제도를 두고 있다. 즉, 상소권자($\substack{\text{제338조 내}\\\text{지 제341조}}$)는 자기 또는 대리인이 책임질
수 없는 사유로 상소기간 내에 상소하지 못한 경우에는 법원에 상소권회복을
청구하면서 상소할 수 있으며($\substack{\text{제345조, 제}\\\text{346조 제3항}}$), 이 경우 법원이 상소권회복을 인정
하면 그와 동시에 이루어진 상소는 적법·유효한 것이 된다.

소촉법 제23조에 따라 공시송달에 의한 궐석재판으로 제1심판결이 선고　**9**
된 경우, 상소권회복청구권과 별개로 재심청구권도 인정된다($\substack{\text{소촉법 제}\\\text{23조의2}}$)[$\substack{\S227/19\\\text{참조}}$].

1　대법원 2006. 10. 13.자 2005모552 결정.

2　대법원 2015. 7. 16.자 2013모2347 (全)결정: 형사소송법이 피고인을 위하여 상소 등에 관하여
재소자 피고인 특칙을 두면서도 재정신청절차에서는 그 준용규정을 두지 아니한 것은, 재정신
청절차와 피고사건에 대한 형사재판절차의 목적이 서로 다르며 재정신청인과 피고인의 지위에
본질적인 차이가 있음을 고려한 것으로 해석된다. … 재정신청 기각결정에 대한 재항고나 그
재항고 기각결정에 대한 즉시항고로서의 재항고에 대한 법정기간의 준수 여부는 도달주의 원
칙에 따라 재항고장이나 즉시항고장이 법원에 도달한 시점을 기준으로 판단하여야 하고, 거기
에 재소자 피고인 특칙은 준용되지 아니한다.」

2. 요   건

10   '상소권자 또는 대리인이 책임질 수 없는 사유'란 상소기간 도과에 상소
권자 또는 대리인의 고의·과실이 없음을 뜻한다. 가령 소촉법 제23조 및 소
촉규칙 제19조에 따라 공시송달의 방법으로 공소장부본 및 피고인소환장 등
이 송달되었고 그에 터잡아 궐석재판으로 공판기일의 절차가 진행되어 판결
이 선고된 후 항소기간이 도과된 경우[1]가 이에 해당한다. 다만 대법원은, 피
고인이 공판진행 도중 주소지를 변경하고도 그 사실을 신고하지 않아 공시송
달에 의한 소환이 이루어졌고 그에 따라 궐석재판으로 판결이 선고되어 항소
기간이 도과된 경우에는, 그 공시송달 자체에 위법이 없는 한[2] '책임질 수
없는 사유'를 인정할 수 없다고 한다.[3]

11   입원으로 인해 상소하지 못했거나[4] 법정소란 등으로 판결주문을 제대로
듣지 못한 경우[5]는 '책임질 수 없는 사유'에 해당하지 않는다.

---

1 대법원 1984. 9. 28.자 83모55 결정; 1985. 2. 23.자 83모37, 38 결정; 1986. 2. 27.자 85모6 결
   정; 1986. 2. 12.자 86모3 결정.

2 대법원 2014. 10. 16.자 2014모1557 결정:「피고인이 소송이 계속중인 사실을 알면서도 법원에
   거주지 변경신고를 하지 않았다 하더라도, 잘못된 공시송달에 터잡아 피고인의 진술 없이 공판
   이 진행되고 피고인이 출석하지 않은 기일에 판결이 선고된 이상, 피고인은 자기 또는 대리인이
   책임질 수 없는 사유로 인하여 상소제기기간 내에 상소를 하지 못한 것으로 봄이 상당하다.」

3 대법원 1996. 8. 23.자 96모56 결정:「피고사건으로 법원에 재판이 계류중인 자는 공소제기 당
   시의 주소지나 그 후 신고한 주소지를 옮긴 때에는 자기의 새로운 주소지를 법원에 제출한다
   거나 기타 소송진행 상태를 알 수 있는 방법을 강구하여야 하고, 만일 이러한 조치를 취하지
   않았다면 소송서류가 송달되지 아니하여 공판기일에 출석하지 못하거나 판결선고사실을 알지
   못하여 상소기간을 도과하는 등의 불이익을 받는 책임을 면할 수 없다. … 재항고인은 이 사건
   과는 별개의 사건으로 구속되어 재판받는 도중에 이 사건 공소장부본을 구치소로 송달받고 이
   사건 제1심법정에 출석하여 재판을 받다가, 위 별개의 사건에서 집행유예판결을 선고받고 석
   방되자 이 사건 공소장에 기재된 주소지에서 다른 곳으로 주소를 옮긴 후 이 사건 제1심법원
   에 새로운 주소를 신고하지 아니하였고, 이에 제1심법원은 재항고인의 소재를 탐지하여 보았
   으나 이 사건 주소를 알 수 없어 부득이 공시송달로 피고인을 소환하여 피고인이 불출석한 상
   태에서 피고인에게 징역 8월을 선고한 사실이 명백한바, 사실관계가 위와 같다면 재항고인이
   기간 내에 상소권을 행사하지 못한 것이 재항고인이 책임질 수 없는 사유에 기인한 경우에 해
   당된다고 할 수 없다.」

4 대법원 1986. 9. 17.자 86모46 결정.

5 대법원 2000. 6. 15.자 2000모85 결정:「징역형의 실형이 선고되었으나 피고인이 형의 집행유
   예를 선고받은 것으로 잘못 전해듣고 또한 판결주문을 제대로 알아들을 수가 없어서 항소제기
   기간 내에 항소하지 못한 … 사유만으로는 제345조가 규정한 '자기 또는 대리인이 책임질 수
   없는 사유로 상소제기기간 내에 상소하지 못한 경우'에 해당된다고 볼 수 없다.」

3. 절　차

(1) 청　구

⑺ 청구권자　　　상소권회복청구는 상소권자($\binom{제338조\ 내}{지\ 제341조}$)만 할 수 있다.　　　　12

⒁ 방　식　　　상소권회복청구는 원심법원에 서면($\binom{상소권회}{복청구서}$)으로만 할 수 있　　13
다($\binom{제346조}{제1항}$). 서면에는 제345조의 사유($\binom{'책임질 수}{없는 사유'}$)를 소명해야 한다($\binom{같은\ 조}{제2항}$). 상소권
회복청구와 동시에 상소를 해야 하며($\binom{같은\ 조}{제3항}$), 상소 없이 상소권회복청구만 하
거나 상소권회복청구 없이 상소만 하는 것은 허용되지 않는다.

　　피고사건에 관해 상소권회복청구가 있는 경우 치료감호청구사건, 부착　　14
명령청구사건, 약물치료명령청구사건에 관해서도 상소권회복청구가 있는 것
으로 간주된다($\binom{치료감호법\ 제14조\ 제2항,\ 전자장치법}{제9조\ 제8항,\ 약물치료법\ 제8조\ 제7항}$).

⒟ 기　간　　　상소권회복청구는 제345조의 사유가 해소된 날로부터 상소　　15
기간에 상당한 기간(7일) 내에 해야 한다. 다만, 교도소·구치소에 있는 피고
인이 위 기간 내에 상소권회복청구서를 교도소장·구치소장($\binom{또는 그}{직무대리자}$)에게 제
출한 때에는 기간을 준수한 것으로 간주한다($\binom{제355조,}{제344조}$)[$\binom{§171/3,}{7\ 참조}$].

(2) 법원의 조치

⑺ 통　지　　　상소권회복청구가 있는 경우, 법원은 지체없이 상대방에게　　16
그 사실을 통지해야 한다($\binom{제356}{조}$).

⒁ 집행정지　　　법원은 청구에 대한 결정을 할 때까지 재판의 집행을 정　　17
지하는 결정을 할 수 있다($\binom{제348조}{제1항}$). 집행정지결정을 한 경우에 제70조의 요건
이 구비된 때에는 구속영장을 발부해야 한다($\binom{같은\ 조}{제2항}$).

⒟ 결　정　　　상소권회복청구를 받은 법원은 그 허부에 관한 결정을 해　　18
야 한다. 결정에 대해서는 즉시항고할 수 있다($\binom{제347}{조}$). 인용결정이 확정되면 상
소권회복청구와 동시에 이루어진 상소가 적법·유효하게 되며, 상소기간 도
과로 인해 발생한 판결의 확정력은 배제된다.[1]

1　대법원 1986. 11. 25. 선고 86도2106 판결: 「기록에 의하면 피고인에 대한 이 사건 공소가
　　1970. 11. 11. 제기되어 소촉법 제23조 본문에 의하여 피고인의 진술없이 심리되어 제1심판결
　　이 선고되고, 일응 그 항소제기기간이 도과하였으나 그후 피고인의 상소권회복청구가 받아들
　　여져 결국 위 판결이 확정되지 아니한채 1986. 9. 9. 원심판결이 선고된 사실을 알 수 있는바,
　　원심판결선고 당시에는 이미 위 공소제기일로부터 15년이 경과하였음이 역수상 분명하고 그렇
　　다면 이 사건 공소제기 각 범죄는 그 공소시효가 완성된 것으로 간주됨으로써 제326조 제3호
　　에 의하여 피고인에게 면소의 판결을 하였어야 [했다.」 이후 제249조 제2항이 개정되어(2007.
　　12. 21.), 현재 재판시효기간은 25년이다.

§172 **제 3 상소제기의 효력**

I. 재판의 확정·집행의 저지

1   상소기간 내 상소가 이루어지는 경우 재판은 확정되지 않고 집행력도 발생하지 않는다. 다만 벌금·과료·추징금의 가납명령은 선고와 동시에 집행력이 발생하며, 이는 상소로 저지되지 않는다($\frac{제334조}{제3항}$).

II. 이   심

2   상소에 의해 소송계속은 원심법원에서 상소법원으로 이전된다. 이를 이심(移審)이라 한다.

3   사건이 이심되는 시점이 언제인지에 관해 i) 상소장과 소송기록이 원심법원으로부터 상소법원에 송부된 때라는 견해($\frac{소송기록송}{부시기준설}$)[1]도 있으나, ii) 원심법원에 상소장이 제출된 때라고 봄이 타당하다($\frac{상소제기}{시기준설}$).[2] 소송기록송부 전에 소송계속이 원심법원에 남아 있다고 한다면, 구속기간갱신결정 등의 대행에 관한 제105조 및 규칙 제57조[$\frac{§127/33}{참조}$]는 존재할 필요가 없기 때문이다. 제105조 및 규칙 제57조는 기록이 상소법원에 도달하기 전까지는 상소법원이 해야 할 결정을 원심법원이 대신해서 해야 한다는 취지의 규정으로, 상소장제출시에 소송계속이 상소심에 이전됨을 논리적으로 전제하고 있다.[3]

§173 **제 4 일부상소**

I. 상소불가분원칙

1. 의   의

1   재판의 일부에 대한 상소는 그 일부와 불가분의 관계에 있는 부분에 대

---

1 김정한 814쪽; 손동권/신이철 773쪽; 이재상 외 2인 832쪽; 임동규 758쪽.

2 배종대/이상돈 783쪽; 배종대/홍영기 446쪽; 신양균/조기영 1077쪽; 신동운 1536쪽.

3 차정인, "상소기간중 또는 상소중 원심법원의 피고인구속", 법학연구 제48권 제1호(2007), 13－14쪽. 이에 대한 반론으로 이균용, "상소제기 후 원심법원의 구속에 관한 권한", 법률신문(2007. 10. 15.), 15면; 재반론으로 차정인, "형사소송법 제105조의 해석론", 법률신문(2007. 11. 8.), 15면.

해서도 효력이 미친다($\substack{제342조\\제2항}$). 이를 상소불가분원칙이라 하는바, 여기서 '불가분의 관계'란 이를테면 일죄 또는 상상적경합이거나, 경합범의 전부에 대해 1개의 형이 선고된 경우를 말한다.

2. 유 형

(1) 일죄·상상적경합 일죄[1]나 상상적경합[2] 중 일부에 대해 상소할 경우 그 전부가 상소심에 이심되어 심판대상이 된다($\substack{제342조\\제2항}$).[3] 다만, 포괄일죄의 관계에 있는 공소사실 중 일부에 대해서만 유죄가 선고된 경우, i) 검사만 무죄부분에 대해 상소한 때에는 유죄부분도 상소심에 이심되어 함께 상소심의 심판대상이 되는 반면, ii) 피고인만 유죄부분에 대해 상소한 때에는 무죄부분도 이심되기는 하나 상소심은 그 부분에 관해 심판할 수 없다는 것이 대법원의 입장이다.[4]

주위적 공소사실과 예비적 공소사실 중 어느 하나에 대해서만 상소할 수는 없으며, 그러한 취지로 일부상소하더라도 그 효력은 나머지 공소사실 부분에도 미친다. 즉, 검사가 동일한 사실관계에 대해 서로 양립할 수 없는 적용법조의 적용을 주위적·예비적으로 구한 경우에 원심법원이 예비적 공소사실만 유죄로 인정하고 그 부분에 대해 피고인만 상소한 때에는, 주위적 공소사실까지 상소심의 심판대상에 포함된다.[5]

(2) 경합범 경합범의 전부에 대해 한 개의 형이 선고된 경우에 그중 일부 범죄사실에 대해서만 상소할 수는 없으며, 그러한 취지로 상소할 경우

2

3

4

---

1 대법원 1991. 6. 25. 선고 91도884 판결.

2 대법원 2003. 5. 30. 선고 2003도1256 판결.

3 대법원 2001. 2. 9. 선고 2000도5000 판결:「제1심이 단순일죄의 관계에 있는 공소사실의 일부에 대하여만 유죄로 인정한 경우에 피고인만이 항소하여도 그 항소는 그 일죄의 전부에 미쳐서 항소심은 무죄부분에 대하여도 심판할 수 있다 할 것이고, 그 경우 항소심이 위 무죄부분을 유죄로 판단하였다 하여 그로써 항소심판결에 불이익변경금지원칙에 위반하거나 심판범위에 대한 법리를 오해한 위법이 있다고 할 수 없다.」

4 대법원 1991. 3. 12. 선고 90도2820 판결:「환송전 원심에서 포괄일죄의 일부만이 유죄로 인정된 경우 그 유죄부분에 대하여 피고인만이 상고하였을 뿐 무죄부분에 대하여 검사가 상고를 하지 않았다면 상소불가분의 원칙에 의하여 무죄부분도 상고심에 이심되기는 하나 그 부분은 이미 당사자 간의 공격방어의 대상으로부터 벗어나 사실상 심판대상에서부터도 벗어나게 되어 상고심으로서도 그 무죄부분에까지 나아가 판단할 수 없는 것이고, 따라서 상고심으로부터 위 유죄부분에 대한 원심판결이 잘못되었다는 이유로 사건을 파기환송받은 원심은 그 무죄부분에 대하여 다시 심리판단하여 유죄를 선고할 수 없다.」

5 대법원 2006. 5. 25. 선고 2006도1146 판결.

그 효력은 경합범 전체에 미친다($^{제342조}_{제2항}$). 경합범에 대해 한 개의 형을 선고함에는 개별 범죄사실이 모두 참작되었기 때문이다.

5   이와 달리, 경합범으로 기소된 사건에서 공소사실 전체에 대해 무죄나 면소가 선고된 경우에는 그중 일부만을 대상으로 상소할 수 있다. 이 경우 비록 주문은 단일하지만($^{피고인은}_{무죄.}$), 판결 자체는 가분적이기 때문이다.[1]

6   (3) 부수처분   주형에는 상소하지 않고 부수처분($^{몰수·추징, 폐기,}_{압수물환부 등}$),[2] 노역장 유치, 집행유예 등에 대해서만 상소하는 것 또한 허용되지 않으며, 그러한 취지로 상소할 경우 피고사건 전부가 상소심으로 이심된다.[3]

Ⅱ. 분할가능한 재판의 일부에 대한 상소

1. 일부상소의 허용

7   원심재판의 주문이 분할가능한 경우에는 그 분할된 일부에 대해서만 상소할 수 있으며($^{제342조}_{제1항}$), 이 경우 그 부분만 이심된다. 가령 다음과 같다. i) 경합범으로 기소된 범죄사실 중 일부에 대해서는 형선고판결, 다른 부분에 대해서는 무죄판결·형식재판·형면제판결이 선고된 경우, 형선고 부분에 대해서만 상소하거나 무죄·형식재판 부분에 대해서만 상소할 수 있다. 가령 경합범으로 기소된 사실에 대해 일부유죄·일부무죄 판결이 선고되었는데 검사만 무죄부분에 상소한 경우, 피고인과 검사가 상소하지 아니한 유죄부분은 상소기간 도과로 확정되고, 무죄부분만 상소심으로 이심되어 심판대상이 된다.[4] ii) 경합범으로 기소된 수개의 범죄사실 중 일부에 대해 징역형, 다른 일부에 대해 벌금형이 선고된 경우와 같이 2개 이상의 형이 병과된 때에는, 그중 어

---

1 문채규, "경합범의 일부상소에 있어서 상소심의 파기범위", 법학연구 제48권 제1호(2007), 659쪽.
2 대법원 1959. 10. 16. 선고 4292형상209 판결(압수물환부); 2008. 11. 20. 선고 2008도5596 (全)판결(몰수·추징).
3 대법원 2008. 11. 20. 선고 2008도5596 (全)판결: 「몰수 또는 추징은 … 피고사건 본안에 관한 판단에 따른 주형 등에 부가하여 한 번에 선고되고 이와 일체를 이루어 동시에 확정되어야 하고 본안에 관한 주형 등과 분리되어 이심되어서는 아니되는 것이 원칙이므로, 피고사건의 주위적 주문과 몰수 또는 추징에 관한 주문은 상호불가분적 관계에 있어 상소불가분의 원칙이 적용되는 경우에 해당한다. 따라서 피고사건의 재판 가운데 몰수 또는 추징에 관한 부분만을 불복대상으로 삼아 상소가 제기되었다 하더라도, 상소심으로서는 이를 적법한 상소제기로 다루어야 하는 것이지 몰수 또는 추징에 관한 부분만을 불복대상으로 삼았다는 이유로 그 상소의 제기가 부적법하다고 보아서는 아니되고, 그 부분에 대한 상소의 효력은 그 부분과 불가분의 관계에 있는 본안에 관한 판단 부분에까지 미쳐 그 전부가 상소심으로 이심되는 것이다.」
4 대법원 2000. 2. 11. 선고 99도4840 판결.

느 하나만을 대상으로 상소할 수 있다. iii) 사후적경합범($\substack{형법 제37 \\ 조 후단}$)으로 2개의 형이 선고된 경우($\substack{확정판결 전의 공소사실과 확정판결 후의 \\ 공소사실에 대해 각각 형이 정해진 경우}$)에는, 그중 어느 하나만을 대상으로 상소할 수 있다.[1] iv) 경합범으로 기소된 범죄사실 전체에 무죄가 선고된 경우, 검사는 그중 일부만을 특정해 상소할 수 있다.

이상과 같이 분할가능한 재판의 일부에 대해 상소하는 경우, 상소의 대상이 되지 않은 나머지 부분은 상소기간의 도과로 확정되며, 그 부분에 관해 기판력[$\substack{§53 \\ 참조}$]이 생긴다($\substack{부분적 \\ 기판력}$).

8

2. 일부상소의 방식

일부상소를 하는 때에는 일부상소를 한다는 취지를 명시하고 불복의 부분을 특정해야 하며, 특정하지 않을 경우 재판의 전부에 대해 상소한 것으로 본다. 다만, 일부유죄·일부무죄($\substack{또는 \\ 형식재판}$) 판결에 대해 피고인이 불복범위를 특정하지 않고 상소한 때에는 유죄부분에 대해서만 상소한 것으로 본다. 피고인은 무죄($\substack{또는 \\ 형식재판}$) 부분에 대해 상소의 이익이 없기 때문이다.[2]

9

3. 상소심의 파기범위

(1) 원 칙 분할가능한 재판의 일부에 대해 상소한 경우, 상소심의 심판범위는 상소제기된 부분에 한정된다. 상소심의 파기환송에 의해 사건을 환송받은 법원도 일부상소된 사건에 대해서만 심판해야 하고 이미 확정된 부분은 심판할 수 없다.[3]

10

(2) 예 외 경우에 따라서는 상소의 대상이 되지 않은 부분까지 한꺼번에 파기해야 하는 예외가 인정되는바, 다음과 같다.

11

---

1 대법원 2018. 3. 29. 선고 2016도18553 판결:「형법 제37조 전단의 경합범으로 동시에 기소된 수개의 공소사실에 대하여 일부유죄, 일부무죄를 선고하거나 수개의 공소사실이 금고 이상의 형에 처한 확정판결 전후의 것이어서 형법 제37조 후단, 제39조 제1항에 의하여 각각 따로 유·무죄를 선고하거나 형을 정하는 등으로 판결주문이 수개일 때에는 그 1개의 주문에 포함된 부분을 다른 부분과 분리하여 일부상소를 할 수 있고, 이때 당사자 쌍방이 상소하지 아니한 부분은 분리 확정된다. 그러므로 확정판결 전의 공소사실과 확정판결 후의 공소사실에 대하여 따로 유죄를 선고하여 두 개의 형을 정한 제1심판결에 대하여 피고인만이 확정판결 전의 유죄판결 부분에 대하여 항소한 경우, 피고인과 검사가 항소하지 아니한 확정판결 후의 유죄판결 부분은 항소기간이 지남으로써 확정되어 항소심에 계속된 사건은 확정판결 전의 유죄판결 부분뿐이고, 그에 따라 항소심이 심리·판단하여야 할 범위는 확정판결 전의 유죄판결 부분에 한정된다.」
2 대법원 2012. 12. 27. 선고 2012도11200 판결.
3 대법원 1990. 7. 24. 선고 90도1033 판결.

(가) 경합범 중 무죄부분에 상소한 경우

12   (a) 쌍방이 상소한 경우(전부파기)   경합범으로 기소된 수개의 범죄사
실에 대해 원심이 일부무죄·일부유죄의 판결을 선고하였고, 이에 검사가 무
죄부분, 피고인이 유죄부분에 대해 각 상소하였으나 검사의 상소만 이유 있
는 경우, 상소심은 유죄부분도 무죄부분과 함께 파기해야 한다.[1] 범죄사실
전체에 대해 단일한 형을 정해야 하기 때문이다.[2] 피고인은 상소하지 않았
으나 검사가 판결 전체에 대해 상소한 때에도 이와 같다.[3]

13   (b) 검사만 상소한 경우(일부파기)   검사만 무죄부분에 대해 상소했고 상
소심이 무죄부분을 유죄로 인정하는 때에는 무죄부분만 파기해야 한다.[4] 이
경우 피고인은 단일한 형으로 처벌받을 수 있었던 범죄사실들에 관해 형법
제37조 후단에 따라 수개의 형으로 처벌받게 되므로, 형법 제39조 제1항에
따라 적절히 양형해 부당한 불이익이 없도록 해야 한다.[5]

14   (나) 죄수판단이 변경된 경우   원심이 경합범 중 하나(A)에 대해서는
무죄를, 다른 하나(B)에 대해서는 유죄를 선고하였고 피고인과 검사 중 어느
일방만 상소를 제기했는데, 상소심의 심리 결과 양자가 동일사건(일죄 또는 상상적경합)인
것으로 판명되는 경우가 있다. 이 경우 i) 상소제기된 부분만 이심되고 나머
지 부분은 확정된다는 견해(일부 이심설),[6] ii) 검사만 A부분(무죄)에 대해 상소했다
면 A·B 모두 상소심의 심판대상이 되고, 피고인만 B부분(유죄)에 대해 상소
했다면 A부분은 확정되고 B부분만 심판대상이 된다는 견해(이원설)[7]가 있으나,

---

1 대법원 2000. 11. 28. 선고 2000도2123 판결; 2022. 1. 13. 선고 2021도13108 판결.
2 대법원 2004. 10. 15. 선고 2004도5035 판결:「형법 제37조 전단의 경합범 관계에 있는 죄에
   대하여 일부는 유죄, 일부는 무죄를 선고한 원심판결에 대하여 피고인은 상소하지 아니하고,
   검사만이 무죄부분에 한정하지 아니하고 전체에 대하여 상소한 경우에 무죄부분에 대한 검사
   의 상소만 이유 있는 때에도 원심판결의 유죄부분은 무죄부분과 함께 파기되어야 하므로 상소
   심으로서는 원심판결 전부를 파기하여야 [한다].」
3 대법원 2022. 1. 13. 선고 2021도13108 판결:「경합범관계에 있는 공소사실 중 일부 유죄, 일
   부 무죄를 선고하여 판결주문이 수개일 때 검사가 판결 전부에 대하여 상소하였는데 상소심에
   서 이를 파기할 때에는, 유죄부분과 파기되는 무죄부분이 형법 제37조 전단의 경합범 관계에
   있어 하나의 형이 선고되어야 하므로, 유죄부분과 파기되는 무죄부분을 함께 파기하여야 한다.
   그러나 위와 같이 하나의 형을 선고하기 위해서 파기하는 경우를 제외하고는 경합범의 관계에
   있는 공소사실이라고 하더라도 개별적으로 파기되는 부분과 불가분의 관계에 있는 부분만을
   파기하여야 한다.」
4 대법원 1992. 1. 21. 선고 91도1402 (숲)판결; 2021. 1. 13. 선고 2021도13108 판결.
5 배종대/홍영기 453쪽; 제요(Ⅱ) 321쪽.
6 백형구 300쪽; 신현주 746쪽; 임동규 769쪽; 정웅석 외 2인 818쪽.

동일사건의 일부만을 심판·파기대상으로 삼는 것은 제342조 제2항에 정면으로 반할뿐더러 형사절차의 사건개념에 혼란을 초래하는 방법론으로서 수긍하기 어렵다. 상소불가분원칙상 상소의 최소단위는 1개 사건이며, 원심이 수개의 사건으로 취급하던 것이 상소심에서 동일사건으로 판명됐다고 해서 예외를 둘 까닭이 없다. 검사만 A부분에 대해 상소했든 피고인만 B부분에 대해 상소했든 상관없이 둘 다 심판대상이 된다고 봄이 타당하다($_{이심설}^{전부}$).[1]

　　대법원은 검사만 A부분에 대해 상소한 경우에 A와 B 모두 상소심의 심　　**15**
판대상이 된다고 한 바 있다.[2]

제3관　상소이유

제 1　항소 · 상고이유　　　　　　　　　　　　　　　　　　　　§174

Ⅰ. 의　　의

　　상소권자가 상소를 제기할 수 있는 법률상의 이유를 상소이유라 한다.　　**1**
상소인은 상소이유서($_{상고이유서}^{항소이유서,}$)를 상소법원에 제출해야 하며, 형사소송법이 정한 기간 내에 제출하지 않으면 상소기각결정 사유가 된다($_{제380조\ 제1항}^{제361조의4\ 제1항,}$). 상소이익 유무가 상소의 적법성 문제라면, 상소이유 유무는 ($_{정됨을\ 전제로}^{상소이익이\ 인}$) 원심판결에 오류가 있다는 상소권자의 주장의 타당성 문제이다. 상소이유가 인정되는 경우 상소법원은 원심판결을 파기해야 한다.

　　특정 사유의 존재 자체만으로 상소이유가 되는 경우가 있는가 하면, 판　　**2**
결에 영향을 미친 때에 한해 비로소 상소이유가 되는 경우도 있다. 전자를 절대적 상소이유, 후자를 상대적 상소이유라 한다. 가령 '판결에 영향을 미친

7　손동권/신이철 786−787쪽; 신양균/조기영 1093쪽; 이은모/김정환 820쪽.

1　신동운 1567쪽; 이창현 1206쪽.

2　대법원 1989. 4. 11. 선고 86도1629 판결: 「원심은 피고인 2에 대하여 포괄적 일죄의 관계에 있는 이 사건 공소사실을 일부에 대해서만 유죄로 인정하고 그 나머지 공소사실에 대해서는 범죄사실의 증명이 없다 하여 무죄로 판단하였고, 이에 대하여 검사는 위 무죄부분에 대하여 불복해 상고를 하고 피고인 2는 상고를 하지 아니하였으나, 상소불가분의 원칙상 위 상고는 포괄일죄의 관계에 있는 원심판결의 유죄부분과 무죄부분 전부에 미치는 것이므로 피고인 2에 대하여 유죄로 인정된 부분도 상고심에 이심되어 당원의 심판대상이 된다.」

위법'의 존재는 상대적 상소이유($\binom{제361조의5\ 제1호,}{제383조\ 제1호}$), '원판결 후 형의 폐지 또는 사면'은 절대적 상소이유이다.

3   상소이유 중에는 항소와 상고에 공통된 것도 있고, 항소심에서만 주장할 수 있는 것도 있다. 이를테면 재심청구사유의 존재는 항소이유는 물론 상고이유도 될 수 있다($\binom{제361조의5\ 제13호,}{제383조\ 제3호}$). 반면, 원판결의 사실오인은 항소이유는 될 수 있어도($\binom{제361조의5\ 제}{14호,\ 제15호}$) 상고이유는 될 수 없음이 원칙인데, 상고심은 법률심이기 때문이다. 그리고 앞서 설명하였듯 상고심은 사후심이므로[$\substack{§169/6\\참조}$], 항소심에서 항소이유로 주장하지 않거나 항소심이 직권파기사유[$\substack{§176\\참조}$]로 삼은 사항 이외의 사유는 상고이유로 주장할 수 없다.[1]

4   이하에서는 먼저 항소와 상고에 공통된 상소이유인 i) 판결에 영향을 미친 위법($\substack{법령\\위반}$), ii) 원판결 후 형의 폐지·변경 또는 사면, iii) 재심청구사유를 다룬다. 그 후 항소심에 고유한 상소이유로서 상고심에서는 예외적으로만 주장할 수 있는 iv) 사실오인과 v) 양형부당에 관해 설명한다.

Ⅱ. 판결에 영향을 미친 위법(법령위반)

1. 의   의

5   형사소송법은 '판결에 영향을 미친 헌법, 법률, 명령 또는 규칙의 위반이 있는 때'를 항소·상고이유로 규정하고 있다($\binom{제361조의5\ 제1호,}{제383조\ 제1호}$). 이는 직권파기사유이기도 하다($\binom{제364조\ 제2항,}{제384조\ 단서}$)[$\substack{§176/3\\참조}$].

6   (1) 헌법, 법률, 명령 또는 규칙의 위반이 있는 때   '헌법, 법률, 명령 또는 규칙의 위반이 있는 때'란 i) 소송법규를 위반하였거나 ii) 형벌법규의 해석·적용을 잘못한 경우를 말한다. 통상 '법령위반' 또는 '법리오해'라 하며, 그 존부를 판단하는 기준시점은 사실심판결선고시이다.[2]

7   i) 소송법규위반이란 소송절차에 관한 효력규정의 위반을 뜻한다. 수사·기소절차상 위법은 그 자체로는 여기에 포함되지 않으나, 종국판결에서 그에 관해 그릇된 판단을 한다면 소송법규위반이 될 수 있다. 가령 위법수집증

---

1 대법원 2011. 1. 27. 선고 2010도7947 판결:「상고심은 항소법원 판결에 대한 사후심이므로 항소심에서 심판대상이 되지 않은 사항은 상고심의 심판범위에 들지 않는 것이어서 피고인이 항소심에서 항소이유로 주장하지 아니하거나 항소심이 직권으로 심판대상으로 삼은 사항 이외의 사유에 대하여는 이를 상고이유로 삼을 수 없[다].」

2 대법원 2007. 1. 12. 선고 2006도5696 판결.

거[§64 참조]를 유죄판단의 핵심근거로 삼은 경우, 기소절차가 위법함에도[§57 참조] 실체판결을 한 경우 등이 이에 해당한다. ii) 형벌법규의 해석·적용을 잘못한 경우란 원심의 사실인정 자체는 정당하고 형사실체법의 해석·적용만이 잘못된 경우를 뜻한다. 사실인정이 잘못되어 결과적으로 법령적용이 잘못된 경우는 뒤에서 보는 사실오인[§174/39 참조]에 해당하고 여기서의 법령위반은 아니다.[1]

8   '법률'에 훈시규정(가령, 결심 후 14일 이내에 선고해야 한다는 제318조의4. 기소 후 6개월 내에 판결해야 한다는 소촉법 제21조 등)은 포함되지 않는다.[2] 그리고 '명령 또는 규칙'이란 법규적 효력이 있는 명령·규칙을 의미하며, 행정규칙은 이에 포함되지 않는다.

9   (2) 판결에 영향을 미친 때   법령위반은 판결에 영향을 미친 것이어야 한다. 판결에 영향을 주지 않았다면 원판결을 파기하더라도 어차피 동일한 판결을 해야 하기 때문이다. '판결에 영향을 미친 때'란 법령위반이 없었다면 그와 다른 결론이 났을 가능성을 배제할 수 없는 경우를 말한다.[3]

10   형사소송법은 법령위반과는 별개로 i) 관할 또는 관할위반의 인정이 법률에 위반한 때, ii) 법원의 구성이 법률에 위반한 때, iii) 법률상 그 사건의 재판에 관여하지 못할 판사가 관여한 때, iv) 사건의 심리에 관여하지 않은 판사가 판결에 관여한 때, v) 공판의 공개에 관한 규정에 위반한 때, vi) 판결에 이유를 붙이지 않았거나 이유에 모순이 있는 때를 절대적 항소이유로 규정하고 있다(제361조의5 제3호 내지 제11호). 이에 대해서는, 이들 사유가 있는 경우 그것이 판결에 영향을 미쳤는지 여부를 묻지 않고 파기하기 위함이라는 설명이 있으나, 이들 사유는 중대한 법률위반으로서 언제나 그 존재 자체로 판결에 영향을 미친 위법에 해당한다고 봄이 적절하다. 따라서 이들 사유는 '판결에 영향을 미친 위법'의 예시라고 할 수 있으며, 만약 항소심판결에 위와 같은 사유가 있다면 당연히 법령위반의 상고이유(제383조 제1호)가 된다.

11   항소심에 한정해, 제361조의5 제3호 내지 제11호의 사유는 '판결에 영향을 미친 위법'과 특별－일반관계에 놓인다고 할 수 있다. 그러나 이들 사유를 같은 조 제1호의 법령위반으로만 주장하거나, 법령위반과 함께 동시·병렬적으로 주장하더라도 잘못

---

1 대법원 2019. 3. 21. 선고 2017도16593－1 (숭)판결.

2 대법원 2013. 9. 26. 선고 2013도8765 판결(소촉법 제21조); 2014. 8. 20. 선고 2014도8119 판결(제318조의4 제3항).

3 배종대/이상돈 815－816쪽.

이라 할 수 없다. 가령 원심판결에 판단유탈이 있음을 들어 법령위반으로 항소한 경우, 항소심법원은 항소인이 이유불비($^{제361조의5}_{제11호}$)를 주장하는 것으로 선해할 수도 있지만,[1] 그렇게 하지 않고 법령위반 여부의 문제로 판단해도 무방하다.

12   개별사안에서 판결에 영향을 미친 위법 유무가 항상 분명한 것은 아니다. 이하에서는 판례를 토대로 몇 가지 예시를 유형화해 제시한다.

2. 형벌법규의 해석·적용을 잘못한 때

13   (1) 범죄사실 판단 오류   구성요건해당성이 없는 행위를 구성요건에 해당한다고 판단한 경우($^{또는 그 반}_{대의 경우}$)는 물론, 구성요건을 잘못 적용한 경우에도 판결에 영향을 미친 법령위반이 있다고 본다.[2] 미수를 기수로 잘못 인정하거나, 중지미수를 장애미수로 잘못 인정하거나, 방조범을 공동정범으로 잘못 인정하거나, 결과적가중범에서 기본범죄가 미수임에도 기수로 잘못 인정한 경우에도 같다.

14   상상적경합관계에 있는 수죄 중 일부만이 유죄임에도 그 전부를 유죄로 인정한 경우, 비록 처단형에는 차이가 없지만 선고형에 차이가 생길 수 있으므로 판결에 영향을 미친 위법이 인정된다.[3]

15   대법원은 원심이 잘못 인정한 죄책과 올바른 죄책 간에 죄질차가 사소하고 법정형이 동일한 사안에서는 판결에 영향을 미친 위법이 없다고 보기도 한다. 그 예로는 i) 형법 제347조 제2항에 해당하는 범죄사실에 대해 같은 조 제1항을 적용한 경우,[4] ii) 횡령에 해당하는 범죄사실에 대해 배임죄를 적용한 경우,[5] iii) 간접정범에 해당하는 범죄사실에 대해 공동정범을 인정한 경우[6] 등이 있다.

16   (2) 죄수판단 오류   원심이 구성요건적 평가는 옳게 하였으나 죄수평가를 잘못한 경우에는, 그로 인해 처단형의 범위에 차이가 생기는지를 기준으로 판결에 영향을 미쳤는지 여부를 판단한다.[7] 가령 원심이 범죄사실 A·

---

1 이를테면, 대전지방법원 2022. 9. 29. 선고 2022노509 판결.
2 대법원 2021. 3. 11. 선고 2020도14666 판결.
3 대법원 2005. 10. 27. 선고 2005도5432 판결.
4 대법원 2005. 4. 29. 선고 2005도741 판결.
5 대법원 1990. 6. 8. 선고 89도1417 판결.
6 대법원 1997. 7. 11. 선고 97도1180 판결.
7 대법원 2001. 2. 9. 선고 2000도1216 판결: 「공무원이 수뢰후 행한 부정행위가 공도화변조 및

B·C 중 A와 B 간에 상상적경합을 인정하고 C를 경합범으로 인정하면서 그중 가장 중한 A를 기준으로 경합범가중을 하였으나, 사실은 B가 A에 흡수되어 별죄를 구성하지 아니하는 경우, 비록 죄수평가에 오류가 있지만 처단형의 범위에는 차이가 없으므로 판결에 영향을 미친 위법이 없다고 본다.[1] 반면, A·B·C가 포괄일죄임에도 이들을 수죄로 보아 경합범가중[§162/25 참조]을 한 때에는 처단형의 범위에 명백히 차이가 생기므로 판결에 영향을 미친 위법이 있다.[2]

(3) 형에 관한 오류 이를테면 i) 법정형 범위를 벗어난 형을 선고한 경우, ii) 집행유예가 불가함에도 집행유예를 선고한 경우, iii) 2개의 형을 선고해야 함에도 1개의 형을 선고한 경우[§162/22 참조], iv) 소년에게 정기형을 선고한 경우, v) 필요적 형면제 사안에서 형을 선고한 경우(또는 그 반대의 경우)[§57/7 참조],[3] vi) 재산형을 선고하면서 노역장유치기간을 정하지 않은 경우(형법 제70조 제1항 위반), vii) 노역장유치기간이 3년을 초과한 경우(형법 제69조 제2항 위반), viii) 누범가중이 불가함에도 이를 한 경우(가령 벌금형을 선택하고 누범가중한 경우)[4]에는 판결에 영향을 미친 위법이 인정된다.

자수 등 임의적 감경사유를 적용하지 않거나 그에 관한 주장에 대해 판단하지 않았다는 사정만으로는 판결에 영향을 미친 위법을 인정할 수 없다.[5] 반면, 누범가중을 하지 않거나 필요적 가중·감경에 관한 규정을 적용하지 않아 정당한 처단형의 범위를 벗어난 경우 판결에 영향을 미친 위법이 있다.[6] 사후적경합범에 대해 형법 제37조 후단 및 제39조 제1항을 적용하지 않은 채(즉, 확정된 선행사건과 동시에 판결할 경우와의 형평을 고려하지 않고) 형을 정한 경우에도 같다.[7]

범죄 후 법률의 변경에 의해 형이 가벼워졌음에도 구법을 적용한 경우에

17

18

19

동행사죄와 같이 보호법익을 달리하는 별개범죄의 구성요건을 충족하는 경우에는 수뢰후부정처사죄 외에 별도로 공도화변조 및 동행사죄가 성립하고 이들 죄와 수뢰후부정처사죄는 각각 상상적경합관계에 있다. … 공도화변조죄와 동행사죄 상호간은 실체적경합범 관계에 있다고 할지라도 상상적경합범 관계에 있는 수뢰후부정처사죄와 대비하여 가장 중한 죄에 정한 형으로 처단하면 족한 것이고 따로이 경합범가중을 할 필요가 없다. … 원심과 같이 죄수평가(경합범가중)를 한 경우 처단형의 범위에 차이가 생기게 됨이 분명하므로, 위와 같은 죄수에 관한 법리오해는 판결에 영향을 미친다.」

1 대법원 2004. 4. 9. 선고 2003도7762 판결.
2 대법원 2003. 12. 26. 선고 2003도6288 판결.
3 대법원 2013. 7. 25. 선고 2013도4390 판결.
4 대구지방법원 2013. 9. 27. 선고 2013노1048 판결.
5 대법원 2001. 4. 24. 선고 2001도872 판결.
6 대법원 2021. 2. 25. 선고 2020도8728 판결.
7 대법원 2012. 1. 27. 선고 2011도15914 판결.

는, 그 선고한 형이 신법에 따른 처단형의 범위 내에 있는지 여부와 관계없이 판결에 영향을 미친 위법이 있다고 본다.[1] 반면, 구법과 신법 간 법정형에 차이가 없다면 그렇지 않다.[2]

20 　　(4) 부수처분에 관한 오류　　이를테면 i) 몰수·추징을 해야 하는 사안에서 이를 하지 않은 경우(또는 그 반대의 경우),[3] ii) 몰수가 가능함에도 추징한 경우,[4] iii) 추징액을 잘못 산정한 경우[5]에는 판결에 영향을 미친 위법이 인정된다.

　　3. 소송법규 위반

21 　　(1) 절차상 위법　　판례는 신체구속, 공판기일 통지, 공소장변경허가신청서 송달 등의 절차에 법령위반이 있는 때에는, 그로 인해 방어권이나 변호권이 본질적으로 침해되고 판결의 정당성마저 인정하기 어려운 경우에 한해 판결에 영향을 미친 위법을 인정한다[§147/31 참조].[6] 국민참여재판에서 재판장의 최종설명에 공소사실 누락이 있는 경우에도 마찬가지다.[7]

22 　　반면, i) 이해가 상반되는 피고인들에게 동일한 국선변호인을 선정해 공판절차를 진행한 경우(규칙 제15조 제2항 위반),[8] ii) 궐석재판의 요건이 갖춰지지 않았음에

---

1 대법원 2017. 3. 16. 선고 2013도16192 판결.

2 대법원 1991. 11. 26. 선고 91도2303 판결.

3 대법원 2005. 10. 28. 선고 2005도5822 판결.

4 대법원 2013. 2. 14. 선고 2012도14083 판결.

5 대법원 2015. 7. 23. 선고 2015도3351 판결.

6 대법원 2021. 6. 30. 선고 2019도7217 판결:「검사가 원심에서 공소장변경을 신청한 예비적 공소사실은 공연음란죄에 관한 것으로서 기존 공소사실인 강제추행죄와 비교하여 행위양태, 보호법익, 죄질과 법정형 등에서 차이가 있다. … 그런데도 원심은 검사의 공소장변경허가신청서 부본을 피고인 또는 변호인에게 송달하거나 교부하지 않은 채 공판절차를 진행하여 당일 변론을 종결한 다음 기존 공소사실에 대하여 무죄로 판단한 제1심판결을 파기하고 예비적 공소사실을 유죄로 판단하였다. 이는 피고인의 방어권이나 변호인의 변호권을 본질적으로 침해한 것으로 볼 수 있다. 원심판결에는 공소장변경절차에 관한 법령을 위반하여 판결에 영향을 미친 잘못이 있다.」

7 대법원 2014. 11. 13. 선고 2014도8377 판결.

8 대법원 2015. 12. 23. 선고 2015도9951 판결: 피고인 1에 대한 공소사실 … 은, 피고인 1이 팔꿈치로 피고인 2의 가슴을 밀쳐 넘어뜨려 피고인 2에게 상해를 가하였다는 것이다. 한편, 피고인 2에 대한 공소사실은, 피고인 2가 위와 같이 상해를 당할 때 쓰레기통으로 피고인 1의 어깨를 때려 피고인 1에게 상해를 가하였다는 것과 피고인 1의 명예를 훼손하였다는 것이다. 위 공소사실 기재 자체로 볼 때, 피고인들 중 어느 피고인에 대한 유리한 변론은 다른 피고인에게 불리한 결과를 초래하므로, … 피고인 2가 공소외 1 법무법인을 변호인으로 선임하고 위 법무법인이 변호사 공소외 5를 담당변호사로 지정하였는데도 원심법원이 같은 변호사를 피고인 1을 위한 국선변호인으로 선정한 것은 … 국선변호인의 실질적 조력을 받을 피고인 1의 권리를 침해하는 것이다. 따라서 원심판결에는 국선변호인의 조력을 받을 권리에 관한 법리를 오해하여 판결에 영향을 미친 잘못이 있다.」

도 피고인의 출석 없이 판결한 경우$\left[\substack{\S151 \\ \text{참조}}\right]$,[1] iii) 필요적 변호사건임에도 변호인 없이 공판절차를 진행해 판결한 경우$\left[\substack{\S142/6 \\ \text{참조}}\right]$,[2] iv) 피고인의 국민참여재판 신청에 대해 결정을 하지 않은 채 통상공판절차로 판결한 경우$\left[\substack{\S165/10 \\ \text{참조}}\right]$,[3] v) 공판절차 갱신사유가 있음에도 갱신 없이 소송절차를 진행한 경우$\left[\substack{\S156/1 \\ \text{참조}}\right]$,[4] vi) 변호인이 피고인신문을 하겠다는 의사를 표시했음에도 이를 허용하지 않은 경우$\left[\substack{\S143/49. \\ \S188/12 \text{ 참조}}\right]$,[5] vii) 공소장변경을 요하는 사실을 공소장변경절차 없이 인정한 경우$\left[\substack{\S147/3 \\ \text{참조}}\right]$,[6] viii) 사건의 동일성이 없는 사실에 대해 공소장변경을 허가해 판단한 경우$\left[\substack{\S147/14 \\ \text{참조}}\right]$, ix) 공소장변경 없이 직권으로 심판할 의무가 인정되는 범죄사실에 대해 심리·판결하지 않고 공소사실에 대해 무죄판결을 한 경우$\left[\substack{\S147/22 \\ \text{참조}}\right]$,[7] x) 피고인과 변호인 중 어느 일방에게 최후변론기회를 주지 않은 경우$\left[\substack{\S143/51 \\ \text{참조}}\right]$,[8] xi) 판결서에 관여법관의 서명날인이 없고 그 사유도 부기되어 있지 않은 경우$\left[\substack{\S28/4 \\ \text{참조}}\right]$[9]에는 언제나 판결에 영향을 미친 위법이 있다고 한다.

(2) 증거재판주의 위반   가령 i) 증거능력 없는 증거, ii) 법정 증거조사방법을 위반해 획득한 증거자료$\left(\substack{\text{선서의무 있는 자가} \\ \text{선서 없이 한 증언 등}}\right)$, iii) 증거조사를 거치지 않은 증거방법$\left(\substack{\text{공판기일에 서증으로 조사} \\ \text{하지 않은 사실조회회보 등}}\right)$을 사실인정의 근거로 거시한 때에는, 그 증거를 사용하지 않았더라면 다른 내용의 판결을 하였을 것이라고 사료되는 경우에 한해 판결에 영향을 미친 위법이 인정된다.[10]   **23**

(3) 심리미진·채증법칙위반   i) 증거를 충분히 고려하지 않거나, ii) 논리법칙·경험법칙에 반하여 심증을 형성함은 자유심증주의$\left(\substack{\text{제308} \\ \text{조}}\right)$의 한계를 일탈한 사실인정으로서 법령위반에 해당한다.[11] i)을 심리미진, ii)를 채증법   **24**

---

1 대법원 2012. 6. 28. 선고 2011도16166 판결.
2 대법원 2011. 9. 8. 선고 2011도6325 판결.
3 대법원 2011. 9. 8. 선고 2011도7106 판결.
4 광주고등법원(제주) 2015. 3. 25. 선고 2014노117 판결.
5 대법원 2020. 12. 24. 선고 2020도10778 판결.
6 대법원 2010. 4. 29. 선고 2010도2414 판결.
7 대법원 2009. 5. 14. 선고 2007도616 판결.
8 대법원 2018. 3. 29. 선고 2018도327 판결.
9 대법원 1990. 2. 27. 선고 90도145 판결; 2022. 3. 17. 선고 2021도17427 판결.
10 대법원 2010. 1. 28. 선고 2009도10092 판결.
11 대법원 2010. 6. 24. 선고 2010도3846 판결.

칙위반이라 하는바, 이들에 관해서는 앞서 설명했다[§116/5-11 참조].

25   (4) 관할 또는 관할위반 판단 오류(제361조의5 제3호)   형사소송법은 '관할 또는 관할위반의 인정이 법률에 위반한 때'를 절대적 항소이유로 규정하고 있다(제361조의5 제3호). i) '관할의 인정이 법률에 위반한 때'란 관할위반판결을 해야 함에도 실체판결을 한 경우를 뜻한다. 가령 피고인이 모두절차에서 토지관할위반의 신청을 하였음에도[§158/2 참조] 관할위반판결을 하지 않고 유죄판결을 하였거나, 단독판사 관할사건을 재정합의결정[§33/4 참조] 없이 합의부에서 판결한 경우[1]가 이에 해당한다. 한편, ii) '관할위반의 인정이 법률에 위반한 때'란 관할권이 있는 사건임에도 관할위반판결을 한 경우를 말한다.

26   사물관할 위반은 중대한 위법으로서 언제나 '판결에 영향을 미친 위법'에 해당하므로, 제383조 제1호의 상고이유로도 주장할 수 있다. 가령 합의부 관할사건을 단독판사가 심판한 경우[§148/3 참조],[2] 단독판사의 판결에 대한 항소사건을 고등법원이 심판한 경우[§33/8 참조],[3] 합의부 관할사건에 대한 항소심을 지방법원 본원 합의부에서 심판한 경우[4]에는 판결에 영향을 미친 위법이 있다.

27   (5) 법원구성의 위법(제361조의5 제4호 내지 제8호)   형사소송법은 i) 판결법원의 구성이 법률에 위반한 때(가령 합의부 구성원이 3명 미만인 경우), ii) 법률상 그 재판에 관여하지 못할 판사가 심판에 관여한 때(가령 제척사유가 있거나 기피신청이 이유 있다고 인정된 법관이 사실심리에 관여한 때), iii) 심리에 관여하지 않은 판사가 그 사건의 판결에 관여한 때[5]를 절대적 항소이유로

---

1 서울고등법원 2018. 5. 4. 선고 2018노220 판결; 2020. 4. 28. 선고 2019노2663 판결.

2 대법원 2013. 4. 25. 선고 2013도1658 판결.

3 대법원 1997. 4. 8. 선고 96도2789 판결: 「이 사건 피고사건은 모두 법원조직법 제32조 제1항에 의하여 지방법원 단독판사의 사물관할에 속하는 사건으로서, 광주지방법원 순천지원의 단독판사가 제1심으로서 이를 심판하였는데, 그 제1심판결에 대한 항소사건을 원심인 광주고등법원이 실체에 들어가 이를 심판하였음이 명백하다. … 위 제1심판결에 대한 항소사건의 관할법원은 광주고등법원이 아니라 광주지방법원 본원 합의부라고 할 것이다. 그러므로 원심인 광주고등법원이 위 제1심판결에 대한 항소사건을 그 실체에 들어가 심판한 조치는 관할권이 없음에도 이를 간과하고 실체판결을 한 것으로서, 소송절차의 법령을 위반한 잘못을 저지른 것이라 아니할 수 없고, 관할제도의 입법취지(관할획일의 원칙)와 그 위법의 중대성 등에 비추어 이는 판결에 영향을 미쳤음이 명백하[다].」

4 대법원 1997. 12. 12. 선고 97도2463 판결: 「항소심에서 공소장변경에 의하여 단독판사의 관할사건이 합의부 관할사건으로 된 경우에도 법원은 사건을 관할권이 있는 법원에 이송하여야 한다고 할 것이고, 항소심에서 변경된 위 합의부 관할사건에 대한 관할권이 있는 법원은 고등법원이라고 봄이 상당하다. … 원심법원은 위 공소장변경신청을 허가한 다음 결정으로 이 사건을 관할권이 있는 법원인 광주고등법원에 이송하였어야 함에도 불구하고, 관할의 인정을 잘못하여 실체의 재판을 하는 잘못을 저질렀다. … 관할제도의 입법취지와 그 위법의 중대성에 비추어 이는 판결에 영향을 미쳤음이 명백하다.」

규정하고 있다($\begin{smallmatrix}\text{제361조의5 제4}\\\text{호 내지 제8호}\end{smallmatrix}$). 이들 역시 중대한 법률위반으로서 그 자체로 항상 판결에 영향을 미치는 위법에 해당한다고 보아야 하므로, 제383조 제1호의 상고이유로도 삼을 수 있다.

 ⑹ 공개주의 위반(제361조의5 제9호) 재판의 공개에 관한 규정에 위반한 때에는 절대적 항소이유가 된다($\begin{smallmatrix}\text{제361조의}\\\text{5 제9호}\end{smallmatrix}$). 그 예로는 i) 비공개사유가 없음에도 비공개결정을 한 경우($\begin{smallmatrix}\text{헌법 제109}\\\text{조 단서}\end{smallmatrix}$), ii) 비공개를 하면서 별도의 결정을 하지 않은 경우($\begin{smallmatrix}\text{법원조직법 제}\\\text{57조 제1항 단서}\end{smallmatrix}$), iii) 국가안전보장 등을 이유로 비공개결정을 하면서 이를 선고하지 않고 단지 고지만 한 경우($\begin{smallmatrix}\text{같은 조}\\\text{제2항}\end{smallmatrix}$)를 들 수 있다$\left[\begin{smallmatrix}\text{§105/21}\\\text{참조}\end{smallmatrix}\right]$. **28**

 공개주의는 헌법이 직접 규정하는 절차규범이고, 그 예외로서 재판비공개의 사유 및 절차는 법원조직법상 엄격히 정해져 있는바, 이를 위반한 때에는 항상 '판결에 영향을 미친 위법'이 인정된다. 따라서 항소심법원이 공개주의를 위반한 경우 언제나 제383조 제1호의 상고이유가 된다. **29**

 ⑺ 이유불비·모순(제361조의5 제11호) 제361조의5 제11호는 '판결에 이유를 붙이지 않거나 이유에 모순이 있는 때'를 절대적 항소이유로 정하고 있다. 이 역시 그 자체로 판결에 영향을 미친 위법($\begin{smallmatrix}\text{제323조 또는}\\\text{제39조 위반}\end{smallmatrix}$)에 해당하므로, 제1심의 이유불비·모순을 항소심이 간과하였거나[1] 항소심 스스로 이유불비·모순의 잘못을 범한 경우[2] 제383조 제1호의 상고이유가 된다. **30**

 ㈎ 이유불비 '이유를 붙이지 않은 때'란 가령 i) 범죄될 사실, 법령의 적용이나 증거의 요지$\left[\begin{smallmatrix}\text{§162/4}\\\text{참조}\end{smallmatrix}\right]$에 중대한 누락이 있는 경우($\begin{smallmatrix}\text{범죄사실을 불특정한 경우, 자}\\\text{백에 기초해 유죄판결을 하면서}\end{smallmatrix}$ $\begin{smallmatrix}\text{비자백증거를 거시}\\\text{하지 않은 경우 등}\end{smallmatrix}$),[3] ii) 범죄성립조각 또는 형의 가중·감면사유에 관한 주장이 있음에도 그에 대한 판단을 누락한 경우,[4] iii) 예비적 공소사실을 유죄로 인 **31**

---

5 서울고등법원 1974. 3. 21. 선고 73노917 판결.

1 대법원 2005. 9. 9. 선고 2005도3782 판결: 「적어도 어떤 증거에 의하여 어떤 범죄사실을 인정하였는지를 알아볼 정도로 증거의 중요부분을 표시하여야만 하는 것이므로, 위와 같은 증거의 요지의 기재가 누락된 이 부분 공소사실에 관한 제1심판결에는 증거 없이 범죄사실을 인정하였거나 제323조 제1항을 위반한 위법이 있다 할 것이고, 이는 제361조의5 제11호의 이유불비의 위법으로서 직권파기사유에 해당함에도 이를 간과하여 이 부분 제1심판결을 유지한 원심판결은 파기를 면할 수 없다.」

2 대법원 1999. 12. 28. 선고 98도4181 판결.

3 대법원 1987. 2. 24. 선고 86도2660 판결; 2020. 5. 28. 선고 2016도2518 판결.

4 대법원 1961. 4. 21. 선고 4294형상41 판결; 서울북부지방법원 2005. 11. 25. 선고 2005노691 판결; 2015. 3. 27. 선고 2014노1634 판결; 인천지방법원 2016. 12. 14. 선고 2016노3337 판결; 대전지방법원 2022. 9. 29. 선고 2022노509 판결.

정하면서 주위적 공소사실에 대한 판단을 누락한 경우,[1] iv) 주문에서 무죄를 선고하고도 판결이유에 그에 관한 아무런 판단을 기재하지 않은 경우,[2] v) 축소사실을 인정하면서 나머지 부분을 무죄로 판단하는 이유를 밝히지 않은 경우,[3] vi) 배심원의 평결과 다른 판결을 선고하는 이유를 전혀 밝히지 않는 경우를 말한다.

32		범죄사실이 여럿인 때에는 어느 사실에 어떤 법령이 적용되었는지를 판결서에 명시해야 하는바, 만약 법정형이 선택적으로 규정된 죄에 대해 형의 선택[§162/17 참조]을 명시하지 않은 결과 어느 죄에 대해 어느 형이 선고되었는지를 알 수 없다면, 이유불비로서 판결에 영향을 미친 위법이 인정된다.[4] 다만, '법령의 적용'란에 표시되지 않은 규정이 있더라도, 판결문상 그 규정을 적용한 취지가 분명히 드러난다면 이유불비 또는 판결에 영향을 미친 위법이라고 할 수 없다.[5] 가령 경합범가중을 하면서 어느 죄에 정한 형을 기준으로 가중했는지를 명시하지 않았더라도 주문에 표시된 형종 및 형기를 통해 이를 식별할 수 있다면, 이유불비로서 판결에 영향을 미친 위법이 있다고 볼 수 없다.[6] 또한 사후적경합범에서 '범죄될 사실'란에 사후적경합범에 해당하는 사실(전과사실)을 표시하였다면, '법령의 적용'란에 형법 제37조 후단 및 제39조 제1항의 기재를 누락했더라도 판결에 영향을 미친 위법이 아니다.[7] 부정기형을 선고하면서 소년법 제60조 제1항[8]을, 공동정범을 인정하면서 형법 제30조[9]

1	광주고등법원 1981. 1. 29. 선고 80노441 판결.

2	대법원 2014. 11. 13. 선고 2014도6341 판결.

3	대전지방법원 2019. 12. 5. 선고 2019노2346 판결.

4	대법원 2004. 9. 23. 선고 2004도4727 판결:「원심은, 징역형과 벌금형이 선택적으로 규정되어 있는 판시 각 사기죄, 각 사문서위조죄, 각 위조사문서행사죄에 대하여 형을 선택하지 아니한 채 피고인에게 징역 1년 및 벌금 200만원의 형을 선고한 제1심판결을 유지함으로써, 어느 죄에 대하여 징역형이, 어느 죄에 대하여 벌금형이 선택되었는지 특정할 수 없는 위법을 범하여 판결에 영향을 미쳤다고 할 것이므로, 원심판결은 파기를 면할 수 없다.」

5	대법원 2004. 4. 9. 선고 2004도340 판결:「원심은, 그 판결이유에서 법령을 적용하면서 각 범죄사실이 해당하는 법조문을 나열한 다음 법정형이 선택적으로 규정된 각 죄에 대하여 선택하는 형의 종류를 명시하지 아니하였고, 또 경합범가중을 하면서도 어느 죄에 정한 형에 가중하는지를 명시하지 아니함으로써 원심판결에는 제323조 제1항에 위반한 위법이 있으나, 그 주문에서 피고인을 징역 8월에 처하고, 1년간 형의 집행을 유예한다고 한 이상 선택형 중 각 징역형을 선택하고, 형과 범정이 가장 무거운 제1심 판시 범죄사실 제4항의 출판물에 의한 명예훼손죄에 정한 형에 경합범가중을 한 형기범위 안에서 처단형을 정한 것으로 볼 수 있으므로 판결결과에는 영향이 없[다].」

6	대법원 2000. 5. 12. 선고 2000도605 판결.

7	대법원 1997. 2. 28. 선고 96도3247 판결.

를, 부진정신분범에 관해 형법 제33조 단서[1]를 누락한 때에도 같다.

　　양형의 이유는 판결서의 필수적 기재사항이 아니므로 이를 누락하였다고 　33
해서 이유불비 또는 판결에 영향을 미친 위법이 있다고 할 수는 없다. 피고인
의 주장이 구성요건해당성의 단순부인에 불과한 경우에는 판결문에 이를 배
척하는 이유를 명시하지 않았더라도 이유불비의 위법이 있다고 할 수 없다.[2]

　　(내) 이유모순　　'이유에 모순이 있는 때'란 이유와 이유 사이에 중대한 　34
모순이 있어 이유불비와 같이 평가될 수 있는 경우를 말한다. 주문과 이유가
모순되는 경우도 이유모순에 해당한다는 설명이 있으나, 이는 결국 주문을
뒷받침하는 이유가 없는 때에 해당하므로 이유불비로 봄이 타당하다.

Ⅲ. 원판결 후 형의 폐지·변경 또는 사면

　　원심판결 후 형의 폐지나 변경 또는 사면이 있는 때에는 상소이유가 된 　35
다(제361조의5 제2호, 제383조 제2호). 판결 후 형이 폐지되거나 사면이 있는 때에는 면소판결을
해야 하고(제326조 제2호, 제4호) 법정형이 경하게 변경된 때에는 피고인에게 더 낮은 형
을 과해야 하기 때문이다. 이는 직권파기사유이기도 하다(제364조 제2항, 제384조 단서)[§176/5 참조].

　　'형의 폐지나 변경'이란 법령개폐로 인한 형의 폐지나 변경을 의미하며, 단 　36
지 형을 감경·면제할 수 있는 사유가 되는 사실이 발생한 경우는 이에 포함되
지 않는다.[3] 그리고 원심판결 후 형이 개폐된 것이 아니라 원심판결 당시에 이
미 형이 개폐된 상태였던 경우는 앞서 본 법령위반(제361조의5 제1호, 제383조 제1호)에 해당한다.

Ⅳ. 재심청구사유

　　재심청구의 사유가 있는 때(제361조의5 제13호, 제383조 제3호)에는 원판결에 대한 상소이유 　37
로 할 수 있다. 재심사유가 있음에도 판결확정을 기다려 재심청구를 하도록
하는 것은 진실규명원칙과 소송경제에 반하기 때문이다. 이는 직권파기사유
이기도 하다(제364조 제2항, 제384조 단서).

　　재심청구는 유죄의 확정판결을 받은 자의 이익을 위해서만 할 수 있으므 　38

8　대법원 1991. 3. 12. 선고 90도2869 판결.
9　대법원 1992. 10. 27. 선고 92도2196 판결.
1　대법원 1994. 12. 23. 선고 93도1002 판결.
2　대법원 2009. 9. 10. 선고 2009도293 판결.
3　대법원 2007. 1. 12. 선고 2006도5696 판결.

로(제420[§225참조]), 재심청구사유가 있음을 이유로 하는 상소 역시 피고인의 이익을 위해서만 할 수 있다.[1] 재심청구사유에 관해서는 후술한다[§227참조].

Ⅴ. 사실오인

1. 항소이유로서 사실오인

39   사실오인이 판결에 영향을 미친 경우에는 항소이유가 된다(제361조의5제14호). 사실오인이란 원심법원의 사실인정에 오류가 있는 경우를 말하는바, 여기서 '사실'이란 형벌권의 존부와 범위에 관한 사실을 의미하며, 단지 형의 양정에 관한 사실은 이에 포함되지 않는다.[2] 그리고 증거 없이 또는 증거능력 없는 증거에 터잡아 사실인정을 함은 증거재판주의(제307조) 위반으로서 앞서 본 법령위반(제361조의5제1호)에 해당하고, 여기서 말하는 사실오인은 아니다. 한편, 사실오인이 '판결에 영향을 미친 때'란 i) 사실오인이 판결의 주문에 영향을 미쳤거나[3] ii) 구성요건적 평가에 직·간접으로 영향을 미친 경우[4]를 말한다.

40   피고인이 범행 당시 심신미약이나 심신상실 상태에 있었음을 이유로 항소하는 경우가 많다. 실무상 이러한 심신장애 주장을 독립된 항소이유로 취급하는 경향이 있으나, 이는 사실오인 주장의 한 유형에 해당한다.

2. 상고이유로서 사실오인(중대한 사실오인)

41   사형, 무기 또는 10년 이상의 징역이나 금고가 선고된 사건에서 중대한 사실오인이 있어 판결에 영향을 미친 때에는 상고이유가 된다(제383조제4호 전단). 상고심은 법률심이므로 사실오인은 상고이유로 되지 않음이 원칙이나, 중대사건에서 피고인 구제를 위해 예외를 인정한 것이다. 즉, 이 사유는 피고인의 이익을 위해서만 주장할 수 있으며, 검사가 (피고인에게불이익한 취지로) 중대한 사실오인을 이유로 상고함은 허용되지 않는다.

42   제383조 제4호 전단의 사유에 해당하지 않는 사실오인은 상고이유로 삼

---

1 이은모/김정환 843쪽; 이재상 외 2인 864-865쪽. 異見으로 신동운 1618쪽.
2 서울고등법원 2005. 5. 27. 선고 2005노305 판결.
3 대법원 1996. 9. 20. 선고 96도1665 판결.
4 서울고등법원 2018. 8. 24. 선고 2018노1087 판결:「사실오인이 판결에 영향을 미친다는 것은 범죄에 대한 구성요건적 평가에 직접 또는 간접으로 영향을 미치는 경우 및 판결 주문에 영향을 미치는 경우이다. … 부정한 청탁이 명시적이었는지 묵시적이었는지는 구성요건적 평가에 영향을 미치거나 주문에 영향을 미치는 경우가 아니다.」

을 수 없다. 그러나 앞서도 설명하였듯 대법원은 자유심증주의의 한계를 일
탈한 경우, 즉 심리미진·채증법칙위반으로 사실을 그릇 인정한 경우[§116/5-11 참조]
에는 법령위반(판결에 영향을 미친 위법)으로서 제383조 제1호의 상고이유가 될 수 있다고
하는바,[1] 이로써 제383조 제4호에 해당하지 않는 사건에서도 사실오인을 이
유로 한 상고가 우회적으로 허용되는 셈이다. 다만, 채증법칙위반의 상고이
유를 받아들이는 예는 매우 드물다.

Ⅵ. 양형부당

1. 항소이유로서 양형부당

형의 양정이 부당하다고 인정할 사유가 있는 때에는 항소이유로 할 수　　**43**
있다(제361조의5제15호).[2] 이는 처단형에는 위법이 없으나 선고형이 지나치게 무겁거
나(피고인항소) 지나치게 가벼운(검사항소) 경우를 말한다. 법정형에 없는 종류의 형을 선
고하거나 처단형의 범위를 벗어나 형을 선고한 경우는 양형부당이 아니라
앞서 본 법령위반(제361조의5제1호)에 해당한다. 부수처분·노역장유치의 경중은 물
론, 집행유예·선고유예 여부도 양형부당으로 다툴 수 있다.

실무상 사실오인과 양형부당 주장이 병행·혼재되어 제기되는 경우가 많　　**44**
은바, 단지 형의 양정에 관한 사실을 오인한 경우는 사실오인이 아니라 양형
부당에만 해당한다. 가령 i) 피고인의 범행동기나 성장환경, 가족상황 등에
참작할 사유가 있는데도 원심이 이를 간과하였다거나, ii) 원심이 양형이유로
설시한 피고인의 과거 전력이나 그 범행횟수, 당해 범행과의 시간적 간격 등
이 사실과 다르다거나, iii) 피해회복이나 합의가 이루어졌음에도 원심이 이

1　대법원 2016. 10. 13. 선고 2015도17869 판결.
2　대법원 2015. 7. 23. 선고 2015도3260 (全)판결:「제1심과 비교하여 양형의 조건에 변화가 없
고 제1심의 양형이 재량의 합리적인 범위를 벗어나지 아니하는 경우에는 이를 존중함이 타당하
며, 제1심의 형량이 재량의 합리적인 범위 내에 속함에도 항소심의 견해와 다소 다르다는 이유
만으로 제1심판결을 파기하여 제1심과 별로 차이 없는 형을 선고하는 것은 자제함이 바람직하
다. 그렇지만 제1심의 양형심리 과정에서 나타난 양형의 조건이 되는 사항과 양형기준 등을 종
합하여 볼 때에 제1심의 양형판단이 재량의 합리적인 한계를 벗어났다고 평가되거나, 항소심의
양형심리과정에서 새로이 현출된 자료를 종합하면 제1심의 양형판단을 그대로 유지하는 것이
부당하다고 인정되는 등의 사정이 있는 경우에는, 항소심은 형의 양정이 부당한 제1심판결을
파기하여야 한다. 그런데 항소심은 제1심에 대한 사후심적 성격이 가미된 속심으로서 제1심과
구분되는 고유의 양형재량을 가지고 있다고 보아야 하므로, 항소심이 그 자신의 양형판단과 일
치하지 아니한다고 하여 양형부당을 이유로 제1심판결을 파기하는 것이 앞서 본 바와 같은 이
유로 바람직하지 아니한 점이 있다고 하더라도 이를 두고 양형심리 및 양형판단 방법이 위법하
다고까지 할 수는 없다.」

를 간과하였다거나, iv) 우발적 범행임에도 원심이 이를 계획적 범행으로 잘못 파악하였다거나, v) 피고인에게 미필적 고의만 있었음에도 원심이 확정적 고의를 인정하였다는 등으로 사실을 오인해 결과적으로 형의 양정이 부당하게 되었다는 주장은 결국 양형부당 주장이다.[1]

2. 상고이유로서 양형부당(현저한 양형부당)

45   사형, 무기 또는 10년 이상의 징역·금고가 선고된 사건에서 형의 양정이 심히 부당하다고 인정할 현저한 사유가 있는 때에는 상고이유가 된다($\binom{제383조}{제4호\ 후단}$). 항소이유인 '형의 양정이 부당하다고 인정할 사유가 있는 때'와 비교하면 대상사건이 한정돼 있고, '심히 부당하다고 인정할 현저한 사유'라는 제한이 붙어 있다. 이 또한 중대한 사실오인($\binom{같은\ 호}{전단}$)과 마찬가지로 피고인의 이익을 위해서만($\binom{즉,\ 양형이\ 과중}{하다는\ 취지로만}$) 주장할 수 있으며, 검사가 양형이 과경(過輕)함을 상고이유로 삼을 수는 없다.[2]

46   양형부당에 의한 상고를 허용함은 법률심으로서 상고심의 성격과 맞지 않으므로, 이를 독립된 상고이유로 하기보다는 직권파기사유로 규정함이 타당하다는 지적이 있다.[3] 현실에서 현저한 양형과중을 이유로 원심판결이 파기되는 경우는 그리 흔치 않다.

§175   제 2   비약상고이유

Ⅰ. 의   의

1   제1심 공판절차의 판결에 대해 항소를 거치지 않고 곧바로 제기하는 상

---

1   이상철, "형의 양정이 심히 부당하다고 인정할 현저한 사유가 있는 때에 관한 연구", 형사판례연구 제14권(2006), 316－317쪽.

2   대법원 2022. 4. 28. 선고 2021도16719, 2021전도165(병합), 2021보도54(병합) 판결:「상고심의 본래 기능은 하급심의 법령위반을 사후에 심사하여 잘못을 바로잡음으로써 법령 해석·적용의 통일을 도모하는 것이고 형사소송법은 상고심을 원칙적으로 법률심이자 사후심으로 정하고 있다. 그런데도 형사소송법이 양형부당을 상고이유로 삼을 수 있도록 한 이유는 무거운 형이라고 할 수 있는 사형, 무기 또는 10년 이상의 징역이나 금고를 선고받은 피고인의 이익을 한층 두텁게 보호하고 양형문제에 관한 권리구제를 최종적으로 보장하려는 데 있다. … 따라서 검사는 피고인에게 불리하게 원심의 양형이 가볍다거나 원심이 양형의 전제사실을 인정하는 데 자유심증주의의 한계를 벗어난 잘못이 있다는 사유를 상고이유로 주장할 수 없다.」

3   이상철, "형의 양정이 심히 부당하다고 인정할 현저한 사유가 있는 때에 관한 연구", 형사판례연구 제14권(2006), 310－313쪽.

고를 비약상고(Sprungrevision)라 한다. 비약상고이유는 통상의 상고이유보다
도 더 한정적이다. 즉, 비약상고는 i) 원심판결이 인정한 사실에 대해 법령적
용의 누락 또는 착오가 있거나 ii) 원심판결이 있은 후 형의 폐지변경 또는
사면이 있음을 이유로만 제기할 수 있으며, 채증법칙위반[1]이나 심신장애,[2]
중대한 사실오인,[3] 양형부당[4] 등은 비약상고이유로 삼을 수 없다.

> 비약상고는 항소심급의 이익을 포기하는 제도이면서 이처럼 상고이유까지 극히 제
> 한적이기에 항소에 비해 소송절차상 이점이 없다. 따라서 현실에서 검사는 비약상
> 고를 제기할 실익이 없으며, 실제로 최근 10년간 검사가 비약상고를 제기한 예를
> 찾아볼 수 없다. 반면 피고인으로서는 비약상고를 제기함으로써 얻는 이익이 있다.
> 상고심의 심리는 서면으로 함이 원칙이고 피고인의 출정을 전제하지 않기에 항소심
> 과는 달리 구속피고인 이감을 요하지 않는바(규칙 제157조 제3호,
제161조 제2항), 만약 비약상고를 통
> 해 대법원의 재판을 받는다면 피고인은 이감 없이 현재의 수용시설에 계속 체류하
> 면서 미결구금일수를 늘릴 수 있다. 가령 수용환경이 비교적 쾌적한 통영구치소에
> 수감된 구속피고인이 통영지원에서 받은 제1심판결에 대해 불복하고자 할 경우,
> i) 항소를 한다면 창원지방법원 본원 합의부 또는 부산고등법원 창원재판부에서
> 제2심재판을 받아야 하므로 수용환경이 열악한 창원교도소로 이감되어야 하는 반
> 면(규칙 제157
조 제3호), ii) 비약상고를 한다면 이감 없이 통영구치소에 계속 체류할 수 있다
> (규칙 제161
조 제2항). 요컨대 수용생활상 편의로 얻는 이익이 항소심급을 희생한다는 소송절
> 차상의 불이익보다 더 크다고 판단하는 경우에 피고인이 활용하는 불복방법이 바로
> 비약상고라 할 수 있다.[5] 입법론적으로는 폐지해도 무방하다.

Ⅱ. 형벌법규의 해석·적용을 잘못한 경우

「원심판결이 인정한 사실에 대해 법령을 적용하지 아니하였거나 법령의
적용에 착오가 있는 때」에는 비약상고이유로 할 수 있다(제372조
제1호). 이는 원심에
서 인정한 사실관계를 전제로 할 때 실체법규 적용에 누락·오류가 있는 경
우를 말하며,[6] 원심의 사실인정 자체가 잘못되어 결과적으로 법령적용이 잘

---

1 대법원 1983. 12. 27. 선고 83도2792, 83감도473 판결.
2 대법원 2014. 7. 10. 선고 2014도5031 판결.
3 대법원 1983. 12. 27. 선고 83도2792, 83감도473 판결.
4 대법원 2017. 2. 3. 선고 2016도19014 판결; 2016. 11. 10. 선고 2016도12999 판결; 2017. 10.
   12. 선고 2017도12452 판결; 2019. 7. 11. 선고 2019도6560 판결.
5 나기업, "효력을 상실한 비약상고의 항소간주", 법조 제72권 제3호(2023), 517-518쪽.
6 대법원 2019. 7. 24. 선고 2019도5939 판결:「다른 사람 명의의 신용카드를 이용하여 자동판매

못된 경우는 포함하지 않는다.[1] 구체적 사례에 관해서는 전술했다[§174/13- 20 참조].

4   제372조 제1호의 사유는 법문상 절대적 상고이유처럼 규정되어 있으나, 법령적용의 오류가 판결에 영향을 미치지 않은 때에는 비약상고이유로 삼을 수 없다고 본다(항소심에서는 법령적용상 착오가 판결에 영향을 미친 때에만 항소이유가 되는데 비약상 고심에서 법령적용상 착오 그 자체가 상고이유가 된다는 것은 체계상 모순이기 때문이다).[2] 가령 대법원은 i) 제1심이 구성요건적 평가는 옳게 하였으나 죄수평가만을 잘못하여 처단형 범위에 차이가 없는 경우[3] 또는 ii) 제1심이 잘못 인정한 죄책과 올바른 죄책 간에 죄질차가 사소하고 법정형이 동일한 경우[4]에 법령 적용상 착오는 인정하면서도 그것이 판결에 영향을 미쳤다고는 보지 않는바 [§174/15 참조], 이러한 때에 비약상고심은 원심판결을 파기할 수 없다.[5]

Ⅲ. 원판결 후 형의 폐지·변경 또는 사면

5   「원심판결이 있은 후 형의 폐지나 변경 또는 사면이 있는 때」에는 비약 상고이유가 된다(제372조 제1호). 그 의미에 관해서는 앞서 설명했다[§174/35 참조].

기에서 음료수를 구매한 행위는 사람으로 하여금 착오를 일으키게 하는 기망행위에 해당하지 않으므로 사기죄가 성립할 수 없다. 그런데도 원심은 이와 달리 위 행위에 대하여 사기죄가 성립한다고 인정하여 형법 제347조 제1항을 적용하였으므로, 이는 제372조 제1호에서 정한 원심판결이 그 인정사실에 대하여 법령의 적용에 착오가 있는 때에 해당한다.」

1 대법원 2019. 3. 21. 선고 2017도16593-1 (全)판결.
2 판결에 영향을 미쳤는지 여부를 판단한 사례로는 대법원 1960. 3. 9. 선고 4292형상573 판결; 1968. 10. 29. 선고 68도1222 판결; 1975. 6. 10. 선고 75도204 판결; 1980. 9. 9. 선고 80도 1335 판결.
3 대법원 2004. 4. 9. 선고 2003도7762 판결.
4 대법원 1997. 7. 11. 선고 97도1180 판결; 2005. 4. 29. 선고 2005도741 판결.
5 판결에의 영향 여부를 언급하지 않고 위법 여부만을 심사해 비약상고를 인용한 사례로는 대법 원 1963. 1. 31. 선고 62도257 판결; 1967. 1. 31. 선고 66도1731 판결; 1971. 1. 26. 선고 69도 1094 판결; 1975. 5. 13. 선고 73도1006 판결; 2001. 6. 29. 선고 2000도2530 판결; 2018. 9. 13. 선고 2018도11173 판결; 2019. 7. 24. 선고 2019도5939 판결. 그러나 그 사안을 보면 모두 법령 적용상 착오가 판결에 영향을 미친 경우이다.

제4관   직권파기사유

제 1   항소법원의 직권파기사유   §176

Ⅰ. 의   의

　　항소법원은 항소이유서에 포함된 사유, 즉 항소이유에 관해 심판해야 한   1
다(제364조 제1항). 그러나 항소이유서에 포함되지 않았더라도 판결에 영향을 미친 사
유가 있는 때에는 항소법원은 직권으로 이를 심판해 원판결을 파기할 수 있
고 또 그래야 한다(같은 조 제2항).

　　제364조 제2항의 사유를 가리키는 말로 '직권조사사유', '직권심판사유', '직권파기   2
사유'가 혼용되고 있다(이 셋을 구별하는 견해도 있으나, 이 책에서는 같은 의미로 본다.). 항소법원은 판결에 영향을 미친
사유의 존부를 직권으로 조사해야 하고(직권 조사), 그것이 발견될 경우 이를 파기하는
(직권 파기) 심판(직권 심판)을 해야 한다는 점에서 셋 모두 사용이 가능하다. 다만 핵심은 그러
한 사유는 결국 원심판결을 '파기'할 사유에 해당한다는 것이고, 직권조사도 조사
그 자체가 목적이 아니라 파기 여부를 결정하기 위한 것이므로, 여기서는 직권파기
사유라는 용어를 사용한다.

Ⅱ. 원심판결의 오류

1. 법령위반

　　원심법원의 판단 자체에 판결에 영향을 미친 위법이 있는 경우[§174.Ⅱ.]   3
에는 당연히 직권파기사유가 된다. 가령 원심이 i) 필요적 벌금형을 병과하
지 않은 경우, ii) 법령적용의 순서를 잘못 정한 경우, iii) 증거능력 없는 증
거를 채택하거나 증거조사를 거치지 않은 증거로 사실인정을 한 경우, iv)
사후적경합범 처리를 누락하였거나 착오로 형을 분리해 선고한 경우, v) 신
법을 적용할 사안에서 구법을 적용한 경우(또는 그 반대의 경우), vi) 헌법재판소가 위헌결
정한 법조를 적용한 경우, 죄수 판단을 잘못하였고 이로 인해 처단형의 범위
를 잘못 정한 경우(가령 포괄일죄를 경합범으로 잘못 보았거나 그 반대의 경우), vii) 노역장유치기간을 정하지 않았
거나 1일 환산금액을 잘못 정한 경우, viii) 공소제기가 없는 사건에 관해 심
판하였거나 경합범 중 일부에 대한 심판을 누락한 경우, ix) 추징금을 잘못

산정한 경우, x) 공소시효가 완성된 사건에 관해 유죄판결을 선고한 경우, xi) 필요적 변호사건에서 변호인 없이 공판절차를 진행해 판결을 선고한 경우 등이 이에 해당한다.[1]

2. 사실오인·양형부당

4　　　판결에 영향을 미친 사실오인이 있거나 형의 양정이 부당한 경우도 '판결에 영향을 미친 사유'에 해당한다. 가령 피고인이 사실오인으로만 상소했거나[2] 검사만 양형부당으로 항소한 때에도[3] 항소법원은 직권으로 제1심의 양형이 너무 무겁다고 판단해 더 가벼운 형을 선고할 수 있다. 그러나 검사가 양형부당으로 항소하지 않은 사건에서 직권으로 원심의 형이 너무 가볍다고 판단해 더 무거운 형을 선고함은 허용되지 않는다[§181 참조]. 즉, 양형과중(過重)은 직권파기사유이지만, 양형과경(過輕)은 직권파기사유가 아니다.[4]

Ⅲ. 원심판결 후의 사정변경

5　　　원심판결 후의 사정변경으로 인해 더는 제1심법원의 판단을 유지할 수 없게 된 경우에도 직권파기사유가 된다. 가령 i) 1인의 피고인에 대한 수개의 원심판결에 대해 항소가 제기되었고 항소법원이 이들을 병합심리[§189 참조]하게 되어 하나의 형을 선고해야 할 경우,[5] ii) 1인의 피고인에 대한 수개의 원심판결 중 일부는 확정되고 일부에 대해서만 항소가 제기되어 사후적경합범이 된 경우,[6] iii) 원심에서 유죄로 인정한 공소사실에 대해 항소심에서 공소

---

1 서울고등법원 재판실무개선위원회, 형사항소심 판결작성실무, 사법발전재단(2015), 144쪽 이하.
2 대법원 1990. 9. 11. 선고 90도1021 판결.
3 대법원 2010. 12. 9. 선고 2008도1092 판결.
4 대법원 2014. 7. 10. 선고 2014도5503 판결; 2015. 12. 10. 선고 2015도11696 판결.
5 대법원 1998. 10. 9.자 98모89 결정: 「동일한 피고인에 대한 수개의 범죄사실 중 일부에 대하여 먼저 공소가 제기되고 나머지 범죄사실에 대하여는 별도로 공소가 제기됨으로써 이를 심리한 각 제1심법원이 공소제기된 사건별로 별개의 형을 선고하였으나, 그 사건이 모두 항소되어 항소심법원이 이를 병합심리하게 되었고 또한 그 수개의 범죄가 형법 제37조 전단의 경합범 관계에 있게 되는 경우라면 위 범죄 모두가 경합범에 관한 법률규정에 따라 처벌되어야 하는 것이므로, 공소제기된 사건별로 별개의 형을 선고한 각 제1심판결에는 사후적으로 직권조사사유가 발생하였다고 보아야 할 것이다. 따라서 이와 같은 경우 피고인이 어느 사건에 대하여 적법한 기간 내에 항소이유서를 제출하지 않았다고 하더라도, 항소심법원은 제1심판결을 모두 파기하고 피고인을 형법 제37조 전단의 경합범에 대한 처벌례에 따라 다스려야 [한다].」
6 대법원 2020. 5. 18.자 2020모1425 결정: 「동일한 피고인에 대한 수개의 범죄사실 중 일부에 대하여 먼저 공소가 제기되고 나머지 범죄사실에 대하여 별도로 공소가 제기됨으로써 이를 심

장변경이 이루어진 경우, iv) 피고인이 항소심에서 성년이 된 경우,[1] v) 원심 판결 후 형의 폐지·변경 또는 사면이 있는 경우[$\S^{174/35}_{참조}$], vi) 원심판결에 재심 청구의 사유가 있는 경우[$\S^{174/37}_{참조}$], vii) 새로운 사정이 드러나거나 발생하여 원 판결의 형을 그대로 유지하는 것이 부당하게 된 경우[2]가 이에 해당한다.

항소법원이 피고인의 이익을 위해 원심판결을 파기하는 경우, 파기의 이 유가 항소한 공동피고인에게 공통되는 때에는 그 공동피고인에 대해서도 원 심판결을 파기해야 한다($^{제364}_{조의2}$). 이는 공동피고인 상호간에 재판의 공평을 도 모하기 위함이다.[3]   6

이미 기소되어 소송계속이 발생한 사건($^{선행}_{사건}$)에 대해 동일 지방법원에 다 시 공소가 제기된 경우, 뒤의 공소를 심판하는 재판부는 선행사건이 판결확 정 전이면 공소기각판결을($^{제327조}_{제3호}$), 판결확정 후이면 면소판결을($^{제326조}_{제1호}$) 해야 한다. 따라서 제1심법원이 선행사건이 이미 심판중이라는 이유로 공소기각판 결을 선고했으나 그에 대한 항소심 진행중에 선행사건의 판결이 확정된 경 우, 항소법원은 직권으로 원판결을 파기하고 면소를 선고해야 한다[$\S^{155/3}_{참조}$].[4]   7

리한 각 제1심법원이 공소제기된 사건별로 별개의 형을 선고하였는데, 이 중 어느 한 사건이 항소심법원에 계속되는 동안에 금고 이상의 형에 처한 다른 사건의 판결이 별개의 절차에서 확정되었다면, 그 수개의 범죄는 형법 제37조 후단의 경합범 관계에 있게 되므로 항소심법원 은 형법 제39조 제1항에 따라 이를 동시에 판결할 경우와의 형평을 고려하여 형을 선고하고 이 경우 형의 감경 또는 면제 여부까지 검토한 후에 형을 정하여야 하므로, 이러한 조치를 취 하지 아니한 해당 제1심판결에는 사후적으로 직권조사사유가 발생하였다고 보아야 한다. 따라 서 이와 같은 피고인이 해당 사건에 대하여 적법한 기간 내에 항소이유서를 제출하지 않았다 고 하더라도, 항소심법원은 제361조의4 제1항 단서, 제364조 제2항에 따라 제1심판결을 파기 하고 피고인에게 형법 제37조 후단의 경합범에 관한 처벌례를 적용하여야 한다.」

1 대법원 1976. 1. 19.자 75모72 결정.
2 청주지방법원 2021. 4. 28. 선고 2020노1429 판결: 「제1심판결 후 제1심판결을 취소할 정도에 이르는 사정변경이 발생한 사유도 직권조사사유에 해당한다고 해석된다. 그러므로 살피건대, 피고인은 제1심에서는 공소사실 중 1항에 대하여 부인하다가 당심에 이르러 이를 인정하고 있 고, 아울러 피해자들과 합의하여 피해자들이 피고인에 대한 처벌불원의 의사를 표명하고 있는 바, 이러한 사정변경은 당심이 직권으로 조사하여야 할 사안이라 할 것이므로, 이에 관하여 직 권으로 판단한다. … 원심의 형은 무거워서 부당하다.」
3 대법원 2003. 2. 26. 선고 2002도6834 판결.
4 서울남부지방법원 2020. 6. 16. 선고 2019노566 판결; 울산지방법원 2020. 3. 16. 선고 2019노 1172 판결.

§177   **제 2   상고법원의 직권파기사유**

1   대법원은 상고이유서에 포함된 사유에 관해 심판해야 한다($^{제384조}_{본문}$). 그러
나 i) 판결에 영향을 미친 위법이 있거나, ii) 원심판결 후 형의 폐지나 변경
또는 사면이 있거나, iii) 재심청구의 사유가 있는 때에는 직권으로 이를 심판
할 수 있다($^{같은 조}_{단서}$). 비약상고심에서도 같다.

2   제384조 단서의 '판결에 영향을 미친 위법'에는 항소법원이 i) 스스로 위
법을 범한 경우는 물론, ii) 제1심판결의 법령위반이나 직권파기사유를 간과
한 경우도 포함된다. 항소심에서와 달리 사실오인과 양형부당은 직권파기사
유에 해당하지 않는바, 상고심은 법률심이기 때문이다.

3   피고인의 이익을 위해 원심판결을 파기할 경우에 그 파기이유가 상고
한 공동피고인에게 공통되는 때에는, 그 공동피고인에 대해서도 원심판결
을 파기해야 한다($^{제392}_{조}$).

제5관   상소의 포기와 취하

§178   **제 1   상소포기**

I. 의   의

1   상소포기란 상소권자가 상소기간 내에 자신의 상소권을 소멸시키는 소
송행위를 말한다. 상소포기제도는 상소기간 만료 전에 당해 재판을 확정시키
기를 희망하는 자에게 이를 가능케 하고자 마련된 것이나, 피고인이 상소를
포기하더라도 검사가 포기하지 않는 한 재판은 확정되지 않는다. 판결주문이
분할가능한 때[$^{§173/7}_{참조}$]에는 그중 일부분에 대한 상소포기도 가능하다.

II. 절   차

1. 상소포기권자

2   종국판결에 대한 상소포기는 검사와 피고인만 할 수 있다($^{제349}_{조}$). 이는 판
결선고 후부터 상소기간 만료 전까지만 가능한바, 판결선고 전에는 상소권이

발생하지 않고 상소기간 도과 후에는 상소권이 소멸하므로 상소포기란 있을 수 없기 때문이다. 다만 피고인은 사형이나 무기형을 선고한 판결에 대해서는 상소를 포기할 수 없으며($^{제349}_조$), 하더라도 효력이 없다.

2. 포기의 방법

상소포기는 원심법원에 서면으로 함이 원칙이나, 선고 직후 공판정에서 구술로 할 수도 있다($^{제353조,}_{제352조 제1항}$). 후자의 경우에는 조서에 그 사유를 기재해야 한다($^{제352조}_{제2항}$). 법정대리인 있는 피고인이 상소포기를 함에는 법정대리인의 서면동의서를 제출해야 하나($^{공동친권자인 경우 친권자}_{모두의 동의가 필요하다}$),[1] 법정대리인의 사망 기타 사유로 인해 그 동의를 얻을 수 없는 때에는 예외로 한다($^{제350조, 규칙}_{제153조 제1항}$).   3

교도소·구치소에 있는 피고인은 교도소장·구치소장($^{또는 그}_{직무대리자}$)에게 상소포기서를 제출할 수 있다($^{제355조,}_{제344조 제1항}$). 이 경우 피고인이 상소포기서를 작성할 수 없는 때에는 교도소장 등은 소속공무원이 대서하게 해야 한다($^{제355조, 제}_{344조 제2항}$). 위와 같이 상소포기서를 제출받은 경우, 교도소장 등은 제출연월일을 부기한 후 즉시 이를 원심법원에 송부해야 한다($^{규칙}_{제152조}$).   4

3. 포기사실의 통지

상소포기가 있는 경우, 법원은 즉시 그 사실을 상대방에게 통지한다($^{제356}_조$).   5

Ⅲ. 효　　과

상소포기로 상소권은 소멸하며, 상소한 자 모두가 상소를 포기할 경우 재판은 확정된다. 상소포기를 한 자는 더는 상소하지 못하나($^{제354}_조$),[2] 이는 당해 심급의 재판에 한정된다. 가령 제1심판결에 검사만 항소하고 피고인은 항소를 포기했는데 제2심판결이 피고인에게 불이익하게 변경된 경우, 피고인은 상고할 수 있다.[3]   6

1　대법원 2019. 7. 10. 선고 2019도4221 판결.

2　대법원 1991. 4. 23. 선고 91도456 판결:「변호인은 독립한 상소권자가 아니고 다만 피고인의 상소권을 대리행사할 수 있을 따름이므로 피고인의 상소권이 소멸한 후에는 상소를 제기할 수 없다 할 것인데, 기록에 의하면 피고인은 1990. 12. 20. 선고된 원심판결에 대하여 그 날짜로 상고를 포기하였음이 분명하고 상소를 포기한 자는 그 사건에 대하여 다시 상소할 수 없으므로 결국 피고인의 변호인의 이 사건 상고는 피고인의 상소권포기로 상소권이 소멸한 후에 제기된 것이어서 부적법하다.」

3　배종대/홍영기 447쪽; 임동규 761쪽.

7		상소포기 후 상소기간이 도과한 뒤에 i) 그 상소포기가 무효이고 ii) 자기 또는 대리인이 책임질 수 없는 사유로 상소기간 내에 상소하지 못했다고 주장하는 자는, 상소제기와 동시에 상소권회복청구[$\S171/8$ 참조]를 할 수 있다.[1] 상소포기가 피고인의 귀책사유에 따른 착오에 기인한 때에는 이를 무효로 볼 수 없는바, 가령 교도관이 건네준 상소권포기서 양식을 상소장 양식으로 잘못 믿고 서명·무인했더라도 상소포기는 유효하다.[2]

8		피고사건에 관해 상소포기를 한 때에는 치료감호, 부착명령, 약물치료명령 청구사건에 대해서도 상소포기한 것으로 간주한다(치료감호법 제14조 제2항, 전자장치법 제9조 제8항, 약물치료법 제8조 제7항).

§179 제2 상소취하

I. 의   의

1		상소취하란 상소를 한 자가 이미 제기한 상소를 철회하는 소송행위를 말한다. 상소포기가 상소제기 전의 소송행위인 반면, 상소취하는 상소제기 후의 소송행위이다. 판결이 분할가능한 때[$\S173/7$ 참조]에는 그중 일부분에 대한 상소취하도 가능하다.[3]

---

1 대법원 2004. 1. 13.자 2003모451 결정: 「상소권을 포기한 후 상소제기기간이 도과하기 전에 상소포기의 효력을 다투면서 상소를 제기한 자는 원심 또는 상소심에서 그 상소의 적법 여부에 대한 판단을 받으면 되고, 별도로 상소권회복청구를 할 여지는 없다고 할 것이나, 상소권을 포기한 후 상소제기기간이 도과한 다음에 상소포기의 효력을 다투는 한편, 자기 또는 대리인이 책임질 수 없는 사유로 인하여 상소제기기간 내에 상소를 하지 못하였다고 주장하는 사람은 상소를 제기함과 동시에 상소권회복청구를 할 수 있고, 그 경우 상소포기가 부존재 또는 무효라고 인정되지 아니하거나 자기 또는 대리인이 책임질 수 없는 사유로 인하여 상소제기기간을 준수하지 못하였다고 인정되지 아니한다면 상소권회복청구를 받은 원심으로서는 상소권회복청구를 기각함과 동시에 상소기각결정을 하여야 한다. … 재항고인이 상고포기를 할 당시 정신적 장애가 있었다거나 다른 사람의 강박에 의하여 상고포기를 하였거나 그로 인하여 상고제기기간을 준수할 수 없었다고 인정할 만한 아무런 자료가 없다. 사정이 그러하다면, 재항고인의 상소권 포기가 부존재하거나 무효라고 볼 수 없고, 또 재항고인이 자기 또는 대리인이 책임질 수 없는 사유로 인하여 상소제기기간을 준수하지 못하였다고 볼 수도 없다」
2 대법원 1995. 8. 17.자 95모49 결정: 「항소포기와 같은 절차형성적 소송행위가 착오로 인하여 행하여진 경우 그 행위가 무효로 되기 위하여는 그 착오가 행위자 또는 대리인이 책임질 수 없는 사유로 발생하였을 것이 요구되는 것인바, 변호인의 주장 자체에 의하더라도 교도관이 내어 주는 상소권포기서를 항소장으로 잘못 믿은 나머지 이를 확인하여 보지도 않고 서명무인 하였다는 점에 있어서는 재항고인에게 과실이 없다고 보기는 어렵고, 따라서 재항고인의 항소포기는 유효하다.」
3 이민걸, "경합범에 있어서 일부상소의 허용범위", 형사판례연구 제1권(1993), 408쪽.

Ⅱ. 절　　차

1. 상소취하권자

검사·피고인은 상소를 취하할 수 있다($\frac{제349}{조}$). 상소포기와 달리 상소취 **2**
하는 피고인의 법정대리인·배우자·직계친족·형제자매 또는 원심의 대리인
이나 변호인도 할 수 있다. 단, 이들이 상소를 취하함에는 피고인의 서면동
의서를 제출해야 한다($\frac{제351조, 규칙}{제153조 \, 제2항}$).[1] 법정대리인 있는 피고인이 상소를 취하
함에는 법정대리인($\frac{공동친권자인 \, 경}{우 \, 친권자 \, 전원}$)의 서면동의서를 제출해야 하나,[2] 법정대리인
의 사망 기타 사유로 동의를 얻을 수 없는 때에는 예외로 한다($\frac{제350조, 규칙}{제153조 \, 제1항}$).

2. 취하의 방법

상소취하는 상소심판결 선고 전까지 할 수 있다. 상소취하는 상소법원에 **3**
함이 원칙이지만, 소송기록이 상소법원에 송부되기 전에는 원심법원에도 할
수 있다($\frac{제353}{조}$). 상소의 포기·취하는 서면으로 해야 하나, 공판정에서 구술로
할 수도 있으며, 구술로 할 경우 그 사유를 공판조서에 기재해야 한다($\frac{제352}{조}$).
경합범 중 일부에 대한 상소취하가 가능함은 물론이다.

교도소·구치소에 있는 피고인은 교도소장·구치소장($\frac{또는 \, 그}{직무대리자}$)에게 상소 **4**
취하서를 제출할 수 있다($\frac{제355조,}{제344조 \, 제1항}$). 이 경우 피고인이 상소취하서를 작성할
수 없는 때에는 교도소장 등은 소속공무원이 대서하게 해야 한다($\frac{제355조,}{제344조 \, 제2항}$).
위와 같이 상소취하서를 제출받은 경우, 교도소장 등은 제출연월일을 부기한
후 즉시 이를 법원에 송부해야 한다($\frac{규칙}{제152조}$).

3. 취하사실의 통지

상소취하가 있는 경우, 법원은 즉시 그 사실을 상대방에게 통지한다($\frac{제356}{조}$). **5**

---

1 대법원 2015. 9. 10. 선고 2015도7821 판결: 「변호인은 피고인의 동의를 얻어 상소를 취하할
　수 있으므로(제351조, 제341조), 변호인의 상소취하에 피고인의 동의가 없다면 그 상소취하의
　효력은 발생하지 아니한다. 한편 변호인이 상소취하를 할 때 원칙적으로 피고인은 이에 동의
　하는 취지의 서면을 제출하여야 하나(규칙 제153조 제2항), 피고인은 공판정에서 구술로써 상
　소취하를 할 수 있으므로(제352조 제1항 단서), 변호인의 상소취하에 대한 피고인의 동의도
　공판정에서 구술로써 할 수 있다. 다만 상소를 취하하거나 상소의 취하에 동의한 자는 다시 상
　소를 하지 못하는 제한을 받게 되므로(제354조), 상소취하에 대한 피고인의 구술 동의는 명시
　적으로 이루어져야만 한다.」

2 대법원 2019. 7. 10. 선고 2019도4221 판결.

Ⅲ. 효 과

6 상소취하로 상소권은 소멸한다. 상소취하를 한 자 또는 그에 동의한 자는 더는 상소하지 못한다($\text{제354}_{\text{조}}$). 피고사건에 관해 상소취하를 한 때에는 치료감호, 부착명령, 약물치료명령 청구사건$\left[\begin{smallmatrix}\S\S205-207\\\text{참조}\end{smallmatrix}\right]$에 대해서도 상소포기한 것으로 간주한다($\begin{smallmatrix}\text{치료감호법 제14조 제2항, 전자장치법}\\\text{제9조 제8항, 약물치료법 제8조 제7항}\end{smallmatrix}$).

§180 ## 제 3 상소심절차 속행신청

1 상소포기·취하의 부존재 또는 무효를 주장하는 자는, 그 포기·취하 당시 소송기록이 있었던 법원에 상소심절차의 속행을 신청할 수 있다($\begin{smallmatrix}\text{규칙 제154}\\\text{조 제1항}\end{smallmatrix}$). 이는 상소기간 내 상소가 제기된 이후에 상소포기·취하가 있다는 이유로 재판 없이 소송절차가 종결된 경우를 위한 구제책이다. 반면, 상소포기 후 상소가 제기된 경우에는, 그에 따른 상소심절차나 원심법원의 상소기각결정에 대한 즉시항고절차에서 당초의 상소포기가 부존재·무효임을 주장해 구제받을 수 있으므로($\begin{smallmatrix}\text{상소권회복청구를}\\\text{할 여지는 없다}\end{smallmatrix}$),[1] 별도로 절차속행신청을 할 수 없다.[2]

2 의사능력 없는 상태에서 또는 강박에 의해 한 상소취하는 무효이다. 착오로 인한 상소취하의 경우, i) 그 착오가 없었더라면 상소취하를 하지 않았으리라고 인정되고, ii) 착오가 행위자 또는 대리인이 책임질 수 없는 사유로 발생했으며, iii) 상소취하의 효력을 인정함이 현저히 정의에 반하는 경우에는 무효로 된다는 것이 판례의 입장이다$\left[\begin{smallmatrix}\S49/2\\\text{참조}\end{smallmatrix}\right]$.[3]

3 법원은 신청이 이유 있는 때, 즉 상소포기·취하가 부존재하거나 무효라

---

1 대법원 2002. 7. 23.자 2002모180 결정: 「제345조에 의한 상소권회복은 피고인 등이 책임질 수 없는 사유로 상소제기기간을 준수하지 못하여 소멸한 상소권을 회복하기 위한 것일 뿐, 상소의 포기로 인하여 소멸한 상소권까지 회복하는 것이라고 볼 수는 없[다].」

2 대법원 1999. 5. 18.자 99모40 결정.

3 대법원 1992. 3. 13.자 92모1 결정: 「착오에 의한 소송행위가 무효로 되기 위하여서는 i) 통상인의 판단을 기준으로 하여 만일 착오가 없었다면 그러한 소송행위를 하지 않았으리라고 인정되는 중요한 점(동기를 포함)에 관하여 착오가 있고, ii) 착오가 행위자 또는 대리인이 책임질 수 없는 사유로 인하여 발생하였으며, iii) 그 행위를 유효로 하는 것이 현저히 정의에 반한다고 인정될 것 등 세 가지 요건을 필요로 한다. … 재항고인이 착오를 일으키게 된 과정에 교도관의 과실이 개입되어 있었다 하더라도 착오에 의한 상고취하의 무효를 인정하려면 우선 재항고인 자신의 과실이 없어야 하는 것인데, [감호명령이 선고되지 않았다는] 교도관의 말과 판결선고결과보고서의 기재를 믿은 나머지 판결등본송달(규칙 제148조)을 기다리지 않고 상고취하를 하였다는 점에 있어서는 재항고인에게 과실이 없었다고 단정하기 어렵다.」

고 인정하는 때에는 인용결정 후 상소심절차를 속행해야 한다. 가령 상소법
원이 절차속행신청을 인용한 때에는 소송기록접수통지($\binom{제361조의2,}{제378조}$)를 한 후 상
소사건에 대한 심판절차를 진행해야 한다.[1] 인용결정에는 불복할 수 없다.

신청이 이유 없다고 인정하는 때에는 기각결정을 해야 한다($\binom{같은\,조}{제2항}$). 기각   **4**
결정에는 즉시항고할 수 있다($\binom{같은\,조}{제3항}$). 다만, 기각결정을 한 법원이 지방법원
항소부[2] 또는 고등법원인 경우에는 그 결정에 영향을 미친 법령위반이 있음
을 이유로 하는 때에 한해 대법원에 즉시항고($\binom{재항}{고}$)할 수 있다$\left[\begin{smallmatrix}§27/10\\참조\end{smallmatrix}\right]$.

제6관   불이익변경금지원칙

제 1   불이익변경금지원칙의 의의   §181

피고인 측만 상소하거나 검사가 피고인을 위해 상소한 경우, 상소심은   **1**
원심판결의 형보다 중한 형을 선고하지 못한다. 이를 불이익변경금지(Verbot
der reformatio in peius) 원칙이라 한다($\binom{제368조,}{제396조}$). 피고인만이 상소한 사건이나
피고인을 위해 상소한 사건에서 상소심이 원심보다 중한 형을 선고할 수 있
게 한다면 피고인이 심리적으로 위축되어 상소를 단념할 가능성이 있으므로
이를 방지하고자 중형변경을 금지하는 것이다. 이와 달리 검사만이 상소한
경우의 '이익변경금지'는 인정되지 않는바, 법원은 검사만이 유죄 또는 중형
변경을 구하면서 상소한 경우에도 무죄판결을 하거나 원심의 형보다 더 가벼
운 형을 선고할 수 있다.[3]

불이익변경금지는 처분불가능한 기본권으로서 헌법상 적법절차원칙의   **2**
표현이다.[4] 항소심법원이 불이익변경금지원칙을 위반한 경우에는 판결에 영
향을 미친 법률위반이 있음을 이유로 상고할 수 있다($\binom{제383조}{제1호}$). 상고법원이 불
이익변경금지원칙을 위반한 때에는 비상상고를 할 수 있다($\binom{제441}{조}$)$\left[\begin{smallmatrix}§235/1\\참조\end{smallmatrix}\right]$.

---

1 주석(Ⅳ) 146쪽(하태한).
2 대법원 2008. 4. 14.자 2007모726 결정.
3 대법원 2010. 12. 9. 선고 2008도1092 판결.
4 서울고등법원 2021. 11. 30.자 2021라20866 결정.

§182　제 2　불이익변경금지원칙의 적용범위

1　　불이익변경금지원칙은 피고인을 위해 상소한 사건에서만 적용되며, 검사·피고인 쌍방이 상소한 사건에서는 적용되지 않는다.[1] 다만, 쌍방상소의 경우에도 검사가 상소가 취하 또는 기각된 때에는 실질적으로 피고인만이 상소한 경우와 다르지 않으므로 불이익변경금지원칙이 적용된다.[2]

2　　피고인만 항소하여 선고된 제2심법원의 판결에 검사가 상고한 때에도 상고법원은 제1심판결의 형보다 중한 형을 선고할 수 없다.[3] 또한 상고심이 피고인의 상고를 받아들여 제2심판결을 파기하고 환송·이송한 경우, 그 환송·이송받은 항소법원은 종전의 제2심판결보다 중한 형을 선고할 수 없다.[4]

3　　불이익변경금지원칙은 원판결보다 중한 형의 선고를 금지하는 기준이다. 따라서 판결주문상의 선고형이 중하게 변경되지 않는 한, 더 불리한 범죄사실[5] 또는 더 가벼운 범죄사실(일부무죄/축소사실)[6]을 인정하면서 원판결과 동일한 형을 선고함은 불이익변경금지원칙 위반이 아니다. 가령 기환송의 경우 환송법원은 환송 전의 제2심판결이 유죄로 인정한 범죄사실보다 가벼운 사실을 인정하면서 종전 제2심판결의 형과 동일한 형을 선고할 수 있다.[7]

4　　동일한 피고인에 대한 2개의 사건이 제1심에서 별개의 공판절차로 심리되어 각각 형이 선고된 후 피고인만이 둘 모두에 항소한 경우, 제2심법원이

1　대법원 2007. 6. 28. 선고 2005도7473 판결.

2　대법원 1998. 9. 25. 선고 98도2111 판결.

3　대법원 1957. 10. 4. 선고 4290형비상1 판결.

4　대법원 2022. 6. 9. 선고 2022도4072 판결: 「피고인만의 상고에 의한 상고심에서 원심판결을 파기하고 사건을 항소심에 환송한 경우 불이익변경금지 원칙은 환송 전 원심판결과의 관계에서도 적용되어, 환송 후 원심법원은 파기된 환송 전 원심판결보다 중한 형을 선고할 수 없다.」

5　대법원 1991. 6. 25. 선고 91도884 판결.

6　대법원 2003. 2. 11. 선고 2002도5679 판결: 「피고인만이 항소한 사건에서 항소심이 피고인에 대하여 제1심이 인정한 범죄사실의 일부를 무죄로 인정하면서도 제1심과 동일한 형을 선고하였다 하여 그것이 제368조 소정의 불이익변경금지원칙에 위배된다고 볼 수 없다.」

7　대법원 2021. 5. 6. 선고 2021도1282 판결: 「환송전 원심판결이 배임부분과 사기부분에 대하여 징역 4년을 선고하였고, 이에 대하여 피고인만 상고한 결과 상고심에서 원심판결 중 위 각 부분을 파기하고 그 부분 사건을 항소심에 환송한다는 판결이 선고되었으며, 환송 후 원심은 파기환송의 취지에 따라 배임부분을 무죄로 판단하고 나머지 사기부분만 유죄로 판단하면서 이에 대하여 환송 전 원심판결과 동일한 징역 4년을 선고하였다. 환송 전 원심판결보다 중한 형을 선고하지 않은 이상, 위와 같은 환송 후 원심의 판단에 불이익변경금지원칙을 위반하거나 환송판결의 기속력에 관한 법리를 오해한 잘못이 없다.」

사건을 병합심리해 경합범으로 처단하면서 제1심의 각 형량보다 중한 형을 선고함은 불이익변경금지원칙 위반이 아니다.[1] 다만, 구공판사건과 약식명령에 대한 정식재판사건을 병합심리해 경합범으로 처단하면서 징역형을 선고함은 정식재판사건에 관한 형종상향금지원칙($^{제457조의2}_{제1항}$)에 위배되어 위법하다.[2]

'중한 형'에는 주형뿐만 아니라 피고인에게 불이익한 부가형($^{몰수}_{추징\,등}$)도 포함된다.[3] 그러나 소송비용부담$[^{§211}_{참조}]$·배상명령$[^{§203}_{참조}]$은 형이 아니고 실질적 의미에서 형벌에 준한다고 평가할 수도 없으므로, 피고인만 상소한 사건의 상소심에서 새로이 이를 부가하더라도 불이익변경금지원칙 위반이 아니다.[4]

5

제 3　불이익변경의 판단기준

§183

I. 전체적·실질적 고찰방법

대법원은 불이익변경에 해당하는지 여부는 판결주문 전체를 고려했을 때 피고인에게 실질적으로 불이익한지 여부를 기준으로 판단해야 한다는 입장이다.[5] i) 피고인이 체감하는 형량은 주문별·형종별로 구분된 각각의 형이 아니라 그 형의 총량이므로 선고형 전체를 합산해 비교하는 방법으로 형의 경중을 가림이 타당하고($^{전체적}_{고찰}$), ii) 형의 종류와 형기만을 기준으로 판단할 경우 구체적 타당성을 해할 수 있으므로 집행유예 선고 여부, 노역장유치, 몰수·추징 등 부수처분까지 포함해서 경중을 비교하는 것($^{실질적}_{고찰}$) 역시 타당성이 있다. 그러나 이러한 기준은 다소 모호하기에, 과연 어떠한 경우에 피고인에게 실

1

1　대법원 2001. 9. 18. 선고 2001도3448 판결:「제1심에서 별개의 사건으로 i) 징역 1년에 집행유예 2년과 추징금 1천만원 및 ii) 징역 1년 6월과 추징금 1백만원의 형을 선고받고 항소한 피고인 1에 대하여 사건을 병합심리한 후 경합범으로 처단하면서 제1심의 각 형량보다 중한 형인 징역 2년과 추징금 1,100만원을 선고한 것은 불이익변경금지의 원칙에 어긋나지 아니[한다].」

2　대법원 2020. 1. 9. 선고 2019도15700 판결.

3　대법원 1992. 12. 8. 선고 92도2020 판결.

4　대법원 2001. 4. 24. 선고 2001도872 판결; 2004. 6. 25. 선고 2004도2781 판결.

5　대법원 1998. 3. 26. 선고 97도1716 (全)판결:「불이익변경금지의 원칙을 적용함에 있어서는 주문을 개별적·형식적으로 고찰할 것이 아니라 전체적·실질적으로 고찰하여 그 경중을 판단하여야 하는바, 선고된 형이 피고인에게 불이익하게 변경되었는지의 여부는 일단 형법상 형의 경중을 기준으로 하되, 한걸음 더 나아가 병과형이나 부가형, 집행유예, 노역장유치기간 등 주문 전체를 고려하여 피고인에게 실질적으로 불이익한가의 여부에 의하여 판단하여야 한다.」

질적으로 불이익하다고 할 수 있는지가 항상 분명한 것은 아니다.

Ⅱ. 유형별 판단

1. 형의 추가

2   상소심에서 자유형을 추가함은 불이익변경이다. 이는 원심의 형이 무기형인 경우에도 마찬가지다.[1]

3   징역형의 형기를 유지하면서 벌금이나 몰수·추징을 추가함은 불이익변경에 해당한다.[2] 반면, 징역형의 형기를 줄이면서 벌금형이나 자격정지를 추가하는 때에는 일률적으로 판단할 수 없고, 구체적 사안에서 피고인에게 실질적으로 불이익한지를 고찰해야 한다.[3] 주형을 줄이거나 선고유예하면서 몰수·추징을 붙이는 때에도 마찬가지인바,[4] 가령 자유형을 현저히 줄이면서 소액의 추징을 붙임은 불이익변경이 아니지만, 자유형을 아주 약간 단축하면서 거액의 추징을 추가함은 불이익변경이다.

---

1 대법원 1981. 9. 8. 선고 81도1945 판결:「원심판결의 징역 6월과 무기징역형은 제1심판결의 무기징역형보다 중함이 분명하다고 할 것이다. 제462조에 의하면 둘 이상의 형이 확정되면 그 것을 모두 집행하되 원칙적으로 중한 형을 먼저 집행한다는 취지임이 분명한바, 본건 원심판결이 확정되어 이 원칙에 따라 무기징역형을 먼저 집행하면 위 징역 6월의 형은 집행할 기회가 없을 것이니 징역 6월형이 첨가된 원심판결은 실질적으로 제1심판결의 형보다 불이익되는 점이 없는 것이라는 반론이 있을지 모르나, 위 원칙에 따라 무기징역형을 먼저 집행하였더라도 후일 사면령에 의하여 무기형이 사면 또는 감형되면 사면 또는 감형된 형기종료 후 위 징역 6월의 형을 집행하여야 할 것이니, 이런 경우를 생각하면 위 징역 6월형의 집행가능성이 전혀 없는 것도 아니[다].」

2 대법원 1969. 9. 23. 선고 69도1058 판결; 1992. 12. 8. 선고 92도2020 판결.

3 대법원 2013. 12. 12. 선고 2012도7198 판결:「제1심이 선고한 형과 원심이 선고한 형의 경중을 비교해 볼 때 제1심이 선고한 '징역 1년 6월'의 형과 원심이 선고한 '징역 1년 6월에 집행유예 3년'의 형만을 놓고 본다면 제1심판결보다 원심판결이 가볍다 할 수 있으나, 원심은 제1심이 선고하지 아니한 벌금 50,000,000원을 병과하였는바, 집행유예의 실효나 취소가능성, 벌금 미납시의 노역장유치가능성 및 그 기간 등을 전체적·실질적으로 고찰하면 원심이 선고한 형은 제1심이 선고한 형보다 무거워 피고인에게 불이익하다.」

4 대법원 1998. 3. 26. 선고 97도1716 (全)판결:「피고인에 대하여 제1심이 징역 1년 6월에 집행유예 3년의 형을 선고하고, 이에 대하여 피고인만이 항소하였는데, 환송 전 원심은 제1심판결을 파기하고 징역 1년 형의 선고를 유예하였으며, 이에 대하여 피고인만이 상고하여 당원이 원심판결을 파기하고 사건을 원심에 환송하자, 환송 후 원심은 제1심판결을 파기하고, 벌금 40,000,000원 형과 금 16,485,250원 추징의 선고를 모두 유예하였음을 알 수 있는바, 환송 후 원심이 제1심이나 환송 전 원심보다 가볍게 그 주형을 징역 1년 6월의 집행유예 또는 징역 1년의 선고유예에서 벌금 40,000,000원의 선고유예로 감경한 점에 비추어, 그 선고를 유예한 금 16,485,250원의 추징을 새로이 추가하였다고 하더라도, 전체적·실질적으로 볼 때 피고인에 대한 형이 제1심판결이나 환송 전 원심판결보다 불이익하게 변경되었다고 볼 수는 없[다].」

2. 형종변경

i) 벌금형을 자유형으로 변경하거나, ii) 형기를 유지하되 금고를 징역으　　**4**
로 바꾸거나, iii) 징역을 금고로 변경하면서 형기를 늘리는 것은 불이익변경
이다. 반면, 금고를 징역으로 변경하면서 형기를 줄이는 것은 불이익변경이
아니다. 자유형의 선고유예를 벌금형으로 바꾸는 것은 불이익변경이지만,[1]
자유형의 실형 또는 집행유예를 벌금형으로 바꾸는 것은 설령 그 노역장유치
기간이 원심이 정한 자유형의 형기보다 길더라도 불이익변경이 아니다.[2]

3. 벌금액·노역장유치기간의 변경

벌금액을 유지하면서 노역장유치기간만을 늘리는 것은 불이익변경이다.[3]　　**5**
그러나 원심이 징역형과 벌금형을 병과한 데 대해 징역형의 형기를 줄이면서
벌금액을 유지하고 노역장유치기간을 늘리는 것은 불이익변경이 아니다.[4] 벌
금액을 줄이면서 노역장유치기간을 늘리는 것 역시 불이익변경이 아니다.[5]

제1심법원이 피고인이 소년이라는 이유로 부정기형을 선고하여 피고인　　**6**
만 항소하였는데 항소심 재판중 피고인이 성인이 된 경우, 항소심은 제1심판
결을 파기하고 정기형을 선고해야 한다. 대법원은 이러한 경우 부정기형의
단기를 기준으로 불이익변경 여부를 판단해야 한다는 견해를 취해오다가,[6]
근래 입장을 변경해 부정기형의 장기와 단기의 중간형을 기준으로 삼아야 한
다고 판시하였다.[7] 그러나 이는 지나치게 기교적인 잣대일 뿐 아니라 불이
익변경금지원칙의 취지에도 어긋나는 방법론이다.[8] 종전 판례와 같이 단기

1　대법원 1966. 4. 6. 선고 65도1261 판결; 1999. 11. 26. 선고 99도3776 판결.
2　대법원 1980. 5. 13. 선고 80도765 판결; 1990. 9. 25. 선고 90도1534 판결.
3　대법원 1976. 11. 23. 선고 76도3161 판결.
4　대법원 1994. 1. 11. 선고 93도2894 판결.
5　대법원 2000. 11. 24. 선고 2000도3945 판결.
6　대법원 2006. 4. 14. 선고 2006도734 판결.
7　대법원 2020. 10. 22. 선고 2020도4140 (全)판결의 다수의견: 「i) 부정기형의 장기를 불이익변
　경금지원칙 위반 여부를 판단하는 기준으로 삼는다면 피고인의 상소권행사가 위축되고, … ii)
　부정기형의 단기를 불이익변경금지원칙 위반 여부를 판단하는 기준으로 삼는다면 오히려 피고
　인의 상소권행사가 남용될 우려가 있[다]. … iii) 부정기형의 장기와 단기의 중간형을 기준으
　로 삼는 것이 부정기형의 장기 또는 단기를 기준으로 삼는 것보다 상대적으로 우월한 기준으
　로 평가될 수 있음은 분명하다.」
8　김혁, 부정기형과 불이익변경금지의 원칙, 형사법연구 제33권 제1호(2021), 171쪽.
　대법원 2020. 10. 22. 선고 2020도4140 (全)판결의 반대의견: 「변경 전의 형은 피고인에게 가

를 기준으로 함이 타당하다고 본다.[1]

4. 집행유예의 배제·추가·기간연장

7   원심보다 형기를 단축하면서 집행유예를 없애는 것($^{실형}_{선고}$)[2]은 물론, 원심보다 형기를 늘리면서 집행유예를 붙이는 것[3] 역시 불이익변경에 해당한다. i) 집행유예형을 실형으로 변경할 경우, 집행유예가 실효되거나 취소되지 않는다면 실제 전혀 복역을 하지 않을 수 있다는 측면에서 아무리 짧은 기간의 실형이라도 집행유예형보다는 실질적으로 피고인에게 불리하고, ii) 집행유예의 주형이 실형 선고형보다 늘어난 경우 역시, 추후 집행유예가 실효되거나 취소된다면 주형으로 선고된 기간 동안 복역을 해야 하므로 실질적으로 피고인에게 불리하기 때문이다.[4]

8   자유형의 형기를 그대로 두면서 집행유예기간만을 연장하는 것이 불이익변경임은 물론이다.[5]

장 유리한 경우를 기준으로 하고 변경 후의 형은 피고인에게 가장 불리한 경우를 기준으로 하여 비교하여야 한다. 이렇게 보는 것이 '피고인에게 실질적으로 불이익한지 아닌지'를 판단한다는 취지에 부합할 뿐만 아니라 명쾌하고도 간이한 방법이며 또한 피고인의 상소권 보장을 목적으로 하는 불이익변경금지원칙에 충실한 해석이다. … 피고인이 제1심에서 소년에 해당하여 부정기형을 선고받았으면 위와 같이 단기에서부터 시작되는 석방 또는 형집행종료 가능성을 부여받은 것이다. 이러한 사안에서 피고인만이 항소하여 불이익변경금지원칙이 적용되는데 항소심에서 피고인이 성인이 되어 제1심이 선고한 부정기형을 파기하고 정기형을 선고해야 하는 경우, 피고인에게 제1심에서 선고받은 단기를 초과하는 정기형을 선고한다면 위와 같은 석방 또는 형집행종료의 가능성이 박탈되므로 피고인에게 불리하다.」

1 한편, 장기를 기준으로 해야 한다는 견해로는 민수영, "소년법상 부정기형과 불이익변경금지원칙", 형사법의 신동향 제73호(2021), 25쪽.
   대법원 2020. 10. 22. 선고 2020도4140(전)판결의 별개의견:「부정기형 제도가 소년에 대한 처벌뿐만 아니라 교육적 효과까지를 고려하여 도입되었더라도 여전히 부정기형의 본질은 형벌이다. 책임주의 원칙상 책임을 초과하는 형벌을 부과할 수는 없고, 부정기형을 선고한 경우 피고인의 책임에 부합하는 형이 장기에 미달한다고 보는 것은 소년에 대해서는 교정의 목적을 위하여 그 책임을 초과하는 형벌을 부과할 수 있다는 것으로서 받아들일 수 없다. 그렇다면 부정기형의 장기까지가 피고인의 책임에 부합하는 형에 해당한다고 보아야 한다. 이러한 관점에서 장기는 책임의 상한에 해당하는 의미가 있다. 따라서 부정기형 사이의 경중을 비교할 때에도 장기가 기준이 되는 것이 합리적이다.」
2 대법원 1965. 12. 10. 선고 65도826 (순)판결; 1986. 3. 25.자 86모2 결정.
3 대법원 1996. 12. 8. 선고 66도1319 (순)판결; 2002. 10. 25. 선고 2002도2453 판결.
4 대법원 2020. 10. 22. 선고 2020도4140 (순)판결의 반대의견.
5 대법원 1983. 10. 11. 선고 83도2034 판결.

제7관 파기판결의 기속력

제1 기속력의 의의   §184

상소법원이 원판결을 파기하여 환송 또는 이송한 경우, 그 판결의 판단 1
은 당해 사건에 관해 환송 또는 이송받은 하급심을 기속한다(법원조직
법 제8조). 이는 자
기구속력[§25/2
참조]이나 기판력[§53/1
참조]과는 구별되는, 심급제도의 합리적 유지에 목
적을 둔 특수한 효력이다.[1] 사건을 환송받은 법원이 자신의 견해가 상급심
법원의 그것과 다르다고 하여 그에 따르지 않고 다른 견해를 취할 수 있게
한다면 결과적으로 상소법원의 판결은 유명무실해지고, 사건이 하급심과 상
소심 사이를 여러 차례 왕복해 소송의 종결이 지연되거나 불가능하게 되므로
이를 방지하려는 것이다.[2]

민사소송법이 제436조 제2항에서 파기판결의 기속력을 직접 명문으로 규정하고 있 2
음에 반해, 형사소송법에는 이에 상응하는 조항이 없다. 그러나 「상급법원의 재판에
있어서의 판단은 당해 사건에 관하여 하급심을 기속한다」는 법원조직법 제8조에 따
라 형사재판에서도 당연히 적용되며, 사실 이러한 명문의 규정이 없더라도 심급제
도의 본질상 당연히 인정되는 효력이라고 할 수 있다. 한편 소송경제를 그 근거로
들기도 하나,[3] 다소 의문이다.

제2 기속력의 범위   §185

Ⅰ. 기속력이 미치는 심급

1. 하 급 심

가령 상고심에서 항소심판결을 파기해 제1심법원에 환송한 경우 제1심 1
법원이 이에 기속됨은 물론, 제1심판결에 항소가 제기된 경우 항소법원 또한
상고심의 판단에 기속된다.

---

1 대법원 1995. 2. 14. 선고 93재다27, 34 (全)판결.
2 대법원 2001. 3. 15. 선고 98두15597 (全)판결.
3 이충상, "환송판결의 기속력의 객관적 범위", 동아법학 제13권 제1호(2019), 59쪽; 대법원
   2001. 3. 15. 선고 98두15597 (全)판결.

2. 파기한 상급심

2   파기판결의 기속력은 하급심법원뿐 아니라 그 판결을 한 상소심(재항소심·재상고심)
스스로에게도 미치나,[1] 재상고심이 전원합의체인 때에는 예외가 인정된다.[2]

Ⅱ. 기속력이 미치는 판단

1. 법률판단과 사실판단

3   파기판결의 기속력은 법률판단은 물론 사실판단에도 미친다. 여기의 법
률판단에는 상소법원이 명시적으로 설시한 법률상의 판단은 물론, 명시적으
로 설시하지 않았더라도 파기이유로 한 부분과 논리필연적 관계가 있어서 상
소법원이 파기이유의 전제로 삼았다고 볼 수 있는 법률상 판단도 포함된다.[3]
4   파기판결에서 법률판단의 전제가 된 법령 또는 대법원판례가 파기판결
이후 변경된 경우에는 기속력이 배제된다.

2. 소극적·부정적 판단

5   파기판결의 기속력은 파기의 이유가 된 원판결의 사실상·법률상 판단이
정당하지 않다는 소극적 면에서만 발생한다. 환송 후의 심리과정에서 새로운
사실과 증거가 제시되어 상소심의 기속적 판단의 기초가 된 사실관계에 변동
이 있는 경우에는 그 기속력이 미치지 않는다.[4] 따라서 환송 후의 법원은,
파기의 이유가 된 잘못된 판단을 되풀이하지만 않는다면, 새로운 사실과 증
거에 따라 환송 전 판결과 동일한 결론을 낼 수도 있다.[5]

---

1 대법원 1995. 8. 22. 선고 94다43078 판결; 1997. 6. 13. 선고 97다12150 판결.
2 대법원 2001. 3. 15. 선고 98두15597 (全)판결:「대법원의 전원합의체는 종전에 대법원에서 판
   시한 법령의 해석적용에 관한 의견을 스스로 변경할 수 있는 것인바(법원조직법 제7조 제1항 제
   3호), 환송판결이 파기이유로 한 법률상 판단도 여기에서 말하는 '대법원에서 판시한 법령의 해
   석적용에 관한 의견'에 포함되는 것이므로, 대법원의 전원합의체가 종전의 환송판결의 법률상 판
   단을 변경할 필요가 있다고 인정하는 경우에는, 그에 기속되지 아니하고 통상적인 법령의 해석
   적용에 관한 의견의 변경절차에 따라 이를 변경할 수 있다.」
3 대법원 1991. 10. 25. 선고 90누7890 판결.
4 대법원 2009. 4. 9. 선고 2008도10572 판결:「상고심판결의 파기이유가 된 사실상의 판단도 기
   속력을 가지는 것이며, 따라서 상고심으로부터 사건을 환송받은 법원은 그 사건을 재판함에
   있어서 상고법원이 파기이유로 한 사실상 및 법률상의 판단에 대하여 환송 후의 심리과정에서
   새로운 증거가 제시되어 기속적 판단의 기초가 된 증거관계에 변동이 생기지 않는 한 이에 기
   속된다.」
5 대법원 2018. 4. 19. 선고 2017도14322 (全)판결:「환송판결의 하급심에 대한 기속력은 파기의
   이유가 된 원심판결의 사실상 판단이나 법률상 판단이 위법하다는 소극적인 면에서만 발생하므

환송 후 하급심에서 공소장변경이 이루어짐에 따라 심판의 대상이 되는   6
사실관계가 파기판단의 전제가 된 사실관계와 달라진 경우에도, 하급심법원
은 파기판결의 사실판단에 기속될 필요가 없다.[1]

3. 경합범에 대한 판단

상고심이 경합범 중 일부(A죄)에 대해서는 상고이유가 없다고 판단하고   7
나머지 일부(B죄)에 대해서만 상고이유를 인정하여 유죄부분 전부를 파기한
경우, 피고인은 더는 전자(A죄)에 관해 다툴 수 없고, 항소법원 또한 그와 배
치되는 판단을 할 수 없다.[2]

제2절   항소심의 절차

제1관   항소심절차의 개시와 공판준비

제 1   원심법원의 절차   §186

Ⅰ. 항소기각결정

1. 사   유

항소제기가 법률상의 방식에 위배되거나 항소권 소멸 후인 것이 명백   1
한 경우, 원심법원은 결정으로 항소를 기각해야 한다($\binom{제360조}{제1항}$). i) 항소제기가
'항소권 소멸 후인 것이 명백한 때'란 항소기간이 도과한 후에, 또는 항소포

로, 환송 후의 심리과정에서 새로운 증거나 이에 준하는 새로운 간접사실이 제시되는 등의 사유
로 그 판단의 기초가 된 증거관계 등에 변동이 있었다면 기속력이 미치지 않는다. 따라서 환송
후 법원이 파기이유가 된 잘못된 판단을 피하여 새로운 증거 등에 따라 환송 전의 판결과 같은
결론은 물론, 그보다 무거운 결론을 내리더라도 위법하지 않다.」

1 대법원 2004. 4. 9. 선고 2004도340 판결.

2 대법원 2001. 4. 10. 선고 2001도265 판결:「상고심에서 상고이유의 주장이 이유 없다고 판단
되어 배척된 부분은 그 판결선고와 동시에 확정력이 발생하여 이 부분에 대하여는 피고인은
더 이상 다툴 수 없고, 또한 환송받은 법원으로서도 이와 배치되는 판단을 할 수 없다고 할 것
이고, 상고심에서 상고이유로 삼지 않은 부분은 그 부분에 대한 상고가 제기되지 아니하여 확
정된 것과 마찬가지의 효력이 있으므로 피고인으로서는 더 이상 이 부분에 대한 주장을 상고
이유로 삼을 수 없다.」

기·취하로 인해 항소할 수 없게 된 뒤에 항소를 제기한 경우를 말한다. ii) 항소제기가 '법률상의 방식에 위반한 때'란 이를테면 항소이익[$\frac{\S170/2}{참조}$]이 없거나 검사의 항소장에 간인·천공 등이 없는 경우($\frac{제57조}{제2항}$)[$\frac{\S48/2}{참조}$]를 말한다.

2 항소장에 항소법원을 잘못 기재한 경우는 위와 같은 사유에 해당하지 않는바, 원심법원이 정당한 관할권 있는 법원에 기록을 송부하면 되기 때문이다. 그리고 항소장을 원심법원에 제출하지 않고 상소법원에 직접 제출한 때에는 ($\frac{비록 제359조에서 규정한}{방식에 어긋나기는 하지만}$) 항소법원은 이를 원심법원으로 송부해야 하고 항소기각결정을 해서는 안 되며, 이 경우 항소기간($\frac{판결선고일로}{부터 7일 내}$)의 준수 여부는 항소장이 원심법원에 접수된 때를 기준으로 판단한다.[1]

2. 불 복

3 항소기각결정에는 즉시항고할 수 있다($\frac{제360조}{제2항}$).

Ⅱ. 구속에 관한 결정

4 항소기간중 또는 항소중의 사건에 관한 구속기간갱신, 구속취소, 보석 및 그 취소, 구속집행정지 및 그 취소의 결정은 소송기록이 항소법원에 도달하기 전까지는 제1심법원이 이를 해야 한다($\frac{제105}{조}$). 규칙 제57조 제1항은 이 경우 제1심법원이 구속영장 발부도 할 수 있다고 규정하나, 입법론상 문제가 있음을 앞서 설명했다[$\frac{\S127/34}{참조}$].

Ⅲ. 항소법원으로의 소송기록 송부

5 항소기각결정을 하는 경우를 제외하고는 원심법원은 항소장을 받은 날로부터 14일 이내에 소송기록과 증거물을 항소법원에 송부해야 한다($\frac{제361}{조}$). 항소법원은 단독판사의 판결에 대해서는 지방법원본원 합의부, 지방법원 합의부의 판결에 대해서는 고등법원이다($\frac{제357}{조}$). 다만, 춘천지방법원 강릉지원 또는 속초지원 단독판사의 판결에 대해서는 강릉지원 합의부가 항소법원이 된다($\frac{법원조직법 제32조 제2}{항, 법원설치법 별표 8}$).

---

1 제요(Ⅱ) 316쪽.

제 2 항소법원의 절차

I. 국선변호인 선정

소송기록을 송부받은 항소법원은 필요적 변호사건에서 피고인에게 변호 1
인이 없는 때에는 지체없이 변호인을 선정해야 한다($\frac{제33조}{제1항}$).[1] 빈곤 그 밖의
사유로 변호인을 선임할 수 없는 피고인의 청구가 있는 때에도 같다($\frac{같은 조}{제2항}$).
또한, 피고인의 나이·지능 및 교육정도 등을 참작하여 권리보호를 위해 필요
하다고 인정하면 피고인의 명시적 의사에 반하지 아니하는 범위에서 변호인
을 선정해야 한다($\frac{같은 조}{제3항}$).

II. 소송기록접수통지

항소법원은 제1심법원으로부터 소송기록을 송부받은 때에는 즉시 항소 2
인과 상대방에게 그 사실을 통지해야 한다($\frac{제361조의2}{제1항}$). 이를 소송기록접수통지
라 한다. 통지 전에 사선변호인의 선임이 있는 때에는 그 변호인에게도 소송
기록접수통지를 해야 한다($\frac{같은 조}{제2항}$).

제33조 제1항 또는 제3항에 따라 국선변호인을 선정한 때에는 그 변호 3
인에게 소송기록접수통지를 해야 한다($\frac{규칙 제156}{조의2 제1항}$). 항소이유서 제출기간이 도
과하기 전에 피고인이 제33조 제2항에 따라 국선변호인 선정을 청구하여 변
호인을 선정한 때에도 같다($\frac{같은 조}{제2항}$). 국선변호인 선정결정 후 항소이유서 제출
기간 내에 피고인이 책임질 수 없는 사유로 그 선정결정을 취소하고 다른 변
호인을 선정한 때에도, 그 변호인에게 소송기록접수통지를 해야 한다($\frac{같은 조}{제3항}$).

---

1 대법원 2011. 4. 28. 선고 2011도2279 판결: 「피고인은 폭처법위반죄로 공소제기된 후 사기죄
의 약식명령에 대한 정식재판청구를 하였는데, 제1심은 위 두 사건의 변론을 병합하고 국선변
호인을 선임하여 공판절차를 진행한 다음 이를 모두 유죄로 인정하여 위 흉기휴대 상해죄에
대하여는 징역형의 집행유예를, 사기죄에 대하여는 벌금형을 병과하는 판결을 선고하였으나,
원심은 피고인이 변호인을 선임한 바 없음에도 불구하고 국선변호인을 선정하지 아니한 채 개
정하고 사건을 심리하여 항소기각 판결을 선고하였는바, 이와 같이 필요적 변호사건에 있어
변호인의 관여 없는 공판절차에서 이루어진 소송행위는 무효이고, 원심이 위 두 사건을 병합
하여 심리를 진행하여 하나의 판결을 선고한 이상, 원심의 위와 같은 위법은 병합심리된 사기
죄 부분에 대하여도 미친다고 할 것이며, 이는 필요적 변호사건이 아닌 사기죄 부분에 대하여
별개의 벌금형을 선택하여 선고하였다고 하더라도 마찬가지라고 하겠다. 결국 원심판결에는
그 소송절차가 법률에 위배되어 그대로 유지될 수 없는 위법이 있어 파기를 면할 수 없다.」

4   필요적 변호사건에서 항소법원이 국선변호인을 선정한 후 그 변호인과 피고인에게 소송기록접수통지를 하였다가 피고인이 사선변호인을 선임함에 따라 국선변호인선정을 취소한 경우, 그 사선변호인에게는 다시 소송기록접수통지를 할 필요가 없으며, 하더라도 소송법상 의미가 없다.[1]

5   피고인이 교도소 또는 구치소에 있는 경우, 원심법원에 대응한 검찰청의 검사는 소송기록접수통지를 받은 날로부터 14일 이내에 피고인을 항소법원 소재지의 교도소 또는 구치소에 이송해야 한다($\binom{제361조의2}{제3항}$).

Ⅲ. 항소이유서·답변서의 제출

1. 항소이유서

6   (1) 제출의무   항소인 또는 변호인은 소송기록접수통지를 받은 날로부터 20일 이내에 항소이유서를 항소법원에 제출해야 한다($\binom{제361조의3}{제1항 전문}$). 항소장에 항소이유를 이미 기재한 경우에는 별도로 항소이유서를 제출할 필요가 없으나($\binom{제361조의4}{제1항 단서}$), 항소이유를 추가·변경하고자 한다면 위 기간 내에 항소이유서를 제출해야 한다.

7   (2) 제출기간   항소이유서 제출기간은 소송기록접수통지를 수령한 날로부터 20일 이내이며, 기간준수 여부는 항소이유서가 법원에 도달한 시점을 기준으로 판단한다($\binom{도달}{주의}$).[2] 다만, 교도소·구치소에 있는 피고인은 위 기간 내에 교도소장·구치소장($\binom{또는 그}{직무대리자}$)에게 제출하면 족하다($\binom{같은 항 후문,}{제344조 제1항}$)$\left[\begin{smallmatrix}§171/3,\\7 \text{ 참조}\end{smallmatrix}\right]$. 같은 사람에게 소송기록접수통지를 2회 이상 한 경우에는 최초 통지시를 기준으로 항소이유서 제출기간을 계산한다.[3]

---

1 대법원 2018. 11. 22.자 2015도10651 (순)결정:「형사소송법은 항소법원이 항소인인 피고인에게 소송기록접수통지를 하기 전에 변호인선임이 있는 때에는 변호인에게도 소송기록접수통지를 하도록 정하고 있으므로(제361조의2 제2항), 피고인에게 소송기록접수통지를 한 다음에 변호인이 선임된 경우에는 변호인에게 다시 같은 통지를 할 필요가 없다. 이는 필요적 변호사건에서 항소법원이 국선변호인을 선정하고 피고인과 그 변호인에게 소송기록접수통지를 한 다음 피고인이 사선변호인을 선임함에 따라 항소법원이 국선변호인의 선정을 취소한 경우에도 마찬가지이다. 이러한 경우 항소이유서 제출기간은 국선변호인 또는 피고인이 소송기록접수통지를 받은 날부터 계산해야 한다. 한편 규칙 제156조의2 제3항은 항소이유서 제출기간 내에 피고인이 책임질 수 없는 사유로 국선변호인이 변경되면 그 국선변호인에게도 소송기록접수통지를 하여야 한다고 정하고 있는데, 이 규정을 새로 선임된 사선변호인의 경우까지 확대해서 적용하거나 유추적용할 수는 없다.」

2 대법원 1976. 3. 23. 선고 75도3312 판결.

3 대법원 2010. 5. 27. 선고 2010도3377 판결.

　　통지를 받은 당일은 기간에 산입되지 않고(제66조 제1항), 말일이 공휴일이거나 　8
토요일인 때에는 그 익일로 기간이 만료하며(같은 조 제3항), 법원과의 거리 등 일정
한 사유에 따라 기간이 연장됨은 앞서 설명한 바 있다[§47/9 참조].[1]

　　제1심판결 등에 나타난 주소로 소송기록접수통지서를 송달했으나 수취　9
인불명으로 송달불능이 되어 공시송달을 한 경우, 그 후 피고인이 주소를 보
정함에 따라 다시 소송기록접수통지서를 교부했더라도 항소이유서 제출기간
은 공시송달의 효력발생일로부터 진행한다.[2]

　　국선변호인 선정 후 항소이유서 제출기간 내에 피고인이 책임질 수 없　10
는 사유로 그 선정결정을 취소하고 새로운 국선변호인을 선정한 경우, 그 변
호인의 항소이유서 제출기간은 그에게 소송기록접수통지(규칙 제156조의2 제3항)가 도달한
날로부터 20일 이내이다.[3] 필요적 변호사건이 아니고 제33조 제3항에 따라
국선변호인을 선정해야 하는 경우도 아닌 사건에서, 피고인이 항소이유서 제
출기간이 도과한 후에야 제33조 제2항에 따른 국선변호인 선정청구를 하고
법원이 국선변호인 선정결정을 한 때에는, 그 국선변호인에게 소송기록접수
통지를 할 필요가 없고, 설령 통지했더라도 국선변호인의 항소이유서 제출기
간은 피고인이 소송기록접수통지를 받은 날로부터 계산된다.[4]

　　사선변호인의 항소이유서 제출기간은, i) 피고인이 소송기록접수통지를　11
받기 전에 선임된 경우에는 변호인에게 소송기록접수통지가 이루어진 날로
부터[§187/2 참조],[5] ii) 피고인이 소송기록접수통지를 받은 후에 선임된 경우에는
피고인에게 소송기록접수통지가 이루어진 날로부터 계산된다.[6] 필요적 변호
사건에서 항소법원이 국선변호인을 선정하고 피고인과 국선변호인에게 소송

1　대법원 2007. 1. 26. 선고 2006도3329 판결:「피고인 1은 원심법원이 발송한 기록접수통지서를
　2005. 12. 22. 주거지인 포항시 ○○에서 수령하였음이 분명하므로 제361조의3에 따른 항소이
　유서 제출기간은 2006. 1. 11.을 지남으로써 경과되지만, 원심법원의 소재지인 대구광역시와
　피고인 1의 주거 소재지인 포항시 간의 거리가 육로로 96.5㎞인 점은 당원에 현저한 사실이므
　로, 피고인 1의 항소이유서 제출기간은 제67조, 규칙 제44조 제1항에 따라 1일이 연장되어
　2006. 1. 12.로써 만료된다 할 것이다. 그런데 위 기록접수통지 후에 선임된 피고인 1의 변호
　인이 제출한 항소이유서가 2006. 1. 12. 원심법원에 제출되었음이 기록상 명백하므로, 그 항소
　이유서는 적법한 기간 내에 제출된 것이다.」
2　대법원 1985. 4. 16.자 84모72 결정.
3　대법원 2006. 3. 9.자 2005모304 결정.
4　대법원 2003. 6. 27. 선고 2013도4114 판결.
5　대법원 1996. 9. 6. 선고 96도166 판결.
6　대법원 2013. 6. 27. 선고 2013도4114 판결.

기록접수통지를 한 다음 피고인이 사선변호인을 선임함에 따라 국선변호인 선정이 취소된 때에도[$\substack{\S 43/9 \\ 참조}$], 그 사선변호인의 항소이유서 제출기간은 국선변호인 또는 피고인이 소송기록접수통지를 받은 날로부터 계산되며, 이 경우 규칙 제156조 제3항은 유추적용되지 않는다.[1]

12   항소이유서 제출기간이 도과하기 전에 피고인이 제33조 제2항에 따른 국선변호인 선정청구를 하였으나 기각된 경우, 청구일로부터 기각결정등본 송달일까지의 기간은 항소이유서 제출기간에 산입되지 않는다($\substack{규칙\ 제156조의2 \\ 제4항\ 본문}$). 이는 최초 1회의 청구에 한하며, 이후 피고인이 같은 법원에 다시 국선변호인 선정청구를 하였다가 기각된 경우에 그 (재)청구일로부터 (재)기각결정등본송달일까지의 기간은 항소이유서 제출기간에 산입된다($\substack{같은\ 항 \\ 단서}$).

(3) 항소이유서의 방식

13   항소이유서에는 항소이유를 구체적으로 간결하게 명시해야 한다($\substack{규칙 \\ 제155조}$). 표제가 반드시 '항소이유서'일 필요는 없으며, 상대방의 항소이유서에 대한 답변서에 자신의 항소이유를 함께 밝힌 경우에도 항소이유서로서의 효력이 있다.[2] 항소이유에 관해서는 앞서 상세히 설명했다[$\substack{\S 174 \\ 참조}$].

14   대법원은 피고인에게는 다소 추상적인 기재를 허용한다. 가령 검사가 무죄판결에 대해 항소하면서 항소이유를 단지 '사실오인 및 법리오해'나 '양형부당'이라고만 기재한 사안에서는 적법한 항소이유의 기재가 있는 것으로 볼 수 없다고 한 반면,[3] 피고인이 '원심판결은 도저히 납득할 수 없는 억울한 판결이므로 항소를 한 것입니다'라고 기재한 사안에서는 사실오인 또는 양형부당의 항소이유를 기재한 것으로 선해하여 이에 대해 심리해야 한다고 보았다.[4]

15   항소이유서에는 상대방의 수에 2를 더한 수의 부본을 첨부해야 한다($\substack{규칙 \\ 제156조}$). 다만, 첨부하지 않는다고 해서 부적법한 항소이유서가 되지는 않는다.

16   (4) 부본송달   항소이유서를 접수한 항소법원은 부본($\substack{부본이\ 함께 \\ 제출된\ 경우}$) 또는 등본($\substack{부본이\ 제출되 \\ 지\ 않은\ 경우}$)을 상대방에게 송달해야 한다($\substack{제361조의3 \\ 제2항}$). 이는 상대방이 그에 대해 답변서를 제출하거나 공판정에서 의견진술을 할 기회를 부여하기 위함이다.

---

1 대법원 2018. 11. 22.자 2015도10651 (全)결정.
2 대법원 1976. 5. 11. 선고 76도580 판결.
3 대법원 2003. 12. 12. 선고 2003도2219 판결; 2008. 1. 31. 선고 2007도8117 판결.
4 대법원 2002. 12. 3.자 2002모265 결정.

검사가 제출한 항소이유서 부본이 피고인에게 송달되지 않은 상태에서 **17**
공판기일이 열리고 그날 변론이 종결될 경우, 피고인은 공판정에서 그 기재
내용에 대해 반론할 기회를 갖지 못하게 된다. 따라서 이 경우 피고인은 항
소이유서 부본송달 누락의 위법을 주장하며 변론재개[§144/1 참조]를 요청할 수 있
다. 변론재개 없이 그대로 판결을 선고한다면 이는 법령위반으로서 상고이유
가 된다. 반면, 피고인이 제출한 항소이유서의 부본이 검사에게 송달되지 않
은 채 공판기일이 열리고 그날 검사의 아무런 이의제기 없이 변론이 종결된
경우, 피고인은 그러한 하자를 상고이유로 주장할 수 없다.[1]

2. 답 변 서

상대방은 항소이유서의 부본 또는 등본을 송달받은 날로부터 10일 이내 **18**
에, 그에 대한 답변서를 항소법원에 제출해야 한다(제361조의3 제3항). 답변서제출은 의
무사항이 아니며, 제출하지 않더라도 절차상 불이익이 없다.

답변서에는 답변내용을 구체적으로 간결하게 명시해야 하며(규칙 제155조), 항소이 **19**
유서와 마찬가지로 상대방의 수에 2를 더한 수의 부본을 첨부해야 한다(규칙 제156조).
답변서를 접수한 항소법원은 지체없이 그 부본 또는 등본을 항소인 또는 변
호인에게 송달해야 한다(제361조의3 제4항).

Ⅳ. 공판기일 지정·통지와 소환장 송달

재판장은 공판기일을 지정해야 한다(제267조 제1항). 언제로 지정해야 하는지에 **20**
관해 명문의 규정은 없으나, 항소이유서 및 답변서 제출기간이 경과된 후의
날로 지정함이 바람직하다.[2] 이미 항소이유서를 제출한 경우에도, 제출기간
이 도과하지 않은 상태에서는 추가로 항소이유서를 낼 수 있을 뿐 아니라 기
존의 항소이유를 변경할 수도 있으므로, 제출기간 도과 전에 변론을 종결함
은 그러한 기회를 박탈하는 것으로서 위법하다.[3]

---

1 대법원 2001. 12. 27. 선고 2001도5810 판결:「검사가 원심 공판기일에 출석하여 항소이유서
   부본의 불송달과 이로 인한 답변서를 제출하지 못한 점에 대하여 아무런 이의를 제기하지 않
   은 채 피고인이 항소이유서를 진술하고 검사가 이에 대하여 항소가 이유 없다는 취지의 답변
   을 한 다음 검사와 피고인이 이에 기하여 변론을 하는 등으로 이 사건 항소심 공판절차의 진
   행에 협조한 사실을 알 수 있는바, 사실관계가 그러하다면 항소인인 피고인이 항소이유서 부
   본이 송달되지 아니하였음을 비난할 수 없다.」
2 제요(Ⅱ) 356쪽.
3 대법원 2004. 6. 25. 선고 2004도2611 판결:「국선변호인의 항소이유서 제출기간은 2004. 4.

21   법원은 지정된 공판기일을 검사·변호인에게 통지하고 피고인을 소환해 야 한다(제267조 제$\binom{\text{제267조 제}}{\text{2항, 제3항}}$)[$\left.\substack{§138/5 \\ 참조}\right.$].

V. 기록열람·등사와 공판준비절차

22   제1심의 경우와 같다($\substack{\text{제370} \\ \text{조}}$)[$\substack{§§140-141 \\ 참조}$].

제2관   공판절차

§188 **제1 공판기일**

I. 공판정의 개정

1   항소심 공판정의 개정요건 및 좌석배치는 제1심 공판정의 그것과 동일하 다($\substack{\text{제370조, 제} \\ \text{275조 제3항}}$)[$\substack{§142 \\ 참조}$]. 다만 피고인 불출석시 궐석재판의 요건이 제1심에 비해 완 화되어 있는데, 이에 관해서는 후술한다[$\substack{§189/6 \\ 참조}$].

2   항소이유 없음이 명백한 때에는 항소장·항소이유서 기타의 소송기록에 의해 변론 없이 판결로써 항소를 기각할 수 있는바($\substack{\text{제364조} \\ \text{제5항}}$)[$\substack{§190/9 \\ 참조}$], 이 경우에도 선고기일 개정 자체는 필요하다.

II. 공판기일의 절차

1. 모두절차

3   (1) 진술거부권 고지와 인정신문   재판장은 피고인에게 진술거부권을 고 지한 후, 피고인의 성명, 연령, 등록기준지, 주거와 직업을 물어 피고인임에 틀림없음을 확인해야 한다($\substack{\text{제370조, 제283} \\ \text{조의2, 제284조}}$).

15.까지이고, 피고인의 항소이유서 제출기간은 2004. 4. 16.까지라 할 것임에도 불구하고, 원심 은 2004. 4. 1. 국선변호인이 제출한 항소이유에 대한 심리만을 마친 채 항소이유서 제출기간 이 경과되기 이전인 2004. 4. 13. 피고인의 항소를 기각하는 판결을 선고함으로써 항소심의 재 판을 마쳤으니, 이러한 원심의 조치는 피고인 및 국선변호인의 항소이유서 제출기간 만료시까 지 항소이유서를 제출할 수 있는 기회를 박탈한 것으로서 판결에 영향을 미치는 법령위반이라 할 것이[다].」
대법원 2015. 4. 9. 선고 2015도1466 판결: 「항소이유서 제출기간 내에 변론이 종결되었는데 그 후 위 제출기간 내에 항소이유서가 제출되었다면, 특별한 사정이 없는 한 항소심법원으로 서는 변론을 재개하여 그 항소이유의 주장에 대해서도 심리를 해 보아야 한다.」

⑵ 항소이유 및 답변의 진술   항소인과 그 상대방은 항소이유 및 답변 **4**
을 구체적으로 진술해야 한다(규칙 제156조의3 제1항, 제2항). 피고인 및 변호인은 이익이 되는
사실 등을 진술할 수 있다(같은 조 제3항). 항소이유서에 포함된 사항이라도 공판정에
서 구두변론을 통해 진술되지 않은 것은 항소이유로 취급되지 않는다.[1]

법원은 항소이유와 답변에 터잡아 해당 사건의 사실상·법률상 쟁점을 **5**
정리해 밝히고, 요증사실을 명확히 해야 한다(규칙 제156조의4).

2. 증거조사

⑴ 제1심 증거조사결과의 고지   제1심에서 증거로 할 수 있었던 증거 **6**
는 항소심에서도 증거로 할 수 있다(제364조 제3항). 이는 제1심법원이 조사했던 증
거(증거방법)를 항소법원이 다시 조사할 수 있다는 의미가 아니라, 제1심의 증거조
사결과(증거자료)를 항소법원이 그대로 사용할 수 있다는 의미이다. 따라서 항소법
원은 증거조사절차에 들어가기에 앞서 제1심의 증거관계와 증거조사결과의
요지를 고지하는 것으로 족하고(규칙 제156조의5 제1항), 제1심에서 적법하게 조사된 증거
를 다시 조사할 필요가 없다[§169/4 참조].

> 가령 제1심에서 증인신문을 한 경우, 증언에 대한 제1심법원 법관의 인식결과가 그 **7**
> 대로 항소심의 증거자료가 되므로, 그 증인신문조서를 공판기일에 서증으로 조사할
> 필요가 없다. 그러나 이는 어디까지나 관념적인 것이고, 현실적으로 법관이 다
> 른 법관의 인식·평가를 있는 그대로(가령 증인의 모습이나 태도, 진술의 뉘앙스 등까지) 이어받는 것은 불가능
> 하다. 항소법원의 법관은 결국 제1심에서 작성된 증인신문조서만을 읽고 판단할 수
> 밖에 없다. 따라서 제1심법원이 그러한 증언에 기초해 확정한 사실관계를 항소법원
> 이 (재신문 없이) 번복함에는 특히 신중해야 한다[§125/3 참조].[2]

---

1 대법원 2015. 12. 10. 선고 2015도11696 판결:「검사가 공판정에서 구두변론을 통해 항소이유
를 주장하지 않았고 피고인도 그에 대한 적절한 방어권을 행사하지 못하는 등 검사의 항소이유
가 실질적으로 구두변론을 거쳐 심리되지 않았다고 평가될 경우, 항소심법원이 이러한 검사의
항소이유 주장을 받아들여 피고인에게 불리하게 제1심판결을 변경하는 것은 허용되지 않는다.
한편 검사가 일부유죄, 일부무죄가 선고된 제1심판결 전부에 대하여 항소하면서 유죄부분에 대
하여는 아무런 항소이유도 주장하지 않은 경우에는, 유죄부분에 대하여 법정기간 내에 항소이유
서를 제출하지 않은 것이 되고, 그 경우 설령 제1심의 양형이 가벼워 부당하다 하더라도 그와 같
은 사유는 제361조의4 제1항 단서의 직권조사사유나 제364조 제2항의 직권심판사항에 해당하지
않으므로, 항소심이 제1심판결의 형보다 중한 형을 선고하는 것은 허용되지 않는데, 이러한 법리
는 … 검사가 항소장이나 법정기간 내에 제출된 항소이유서에서 유죄부분에 대하여 양형부당 주
장을 하였으나, 그러한 항소이유 주장이 실질적으로 구두변론을 거쳐 심리되지 아니한 경우에도
마찬가지로 적용된다.」

2 대법원 2019. 7. 24. 선고 2018도17748 판결.

8   가령 전문증거의 경우, 제1심에서 i) 검사·피고인의 증거동의로 증거조사를 마쳤거나,[1] ii) 피고인이 공시송달에 의한 공판기일 소환을 2회 이상 받고도 출석하지 않아 제318조 제2항에 따라 증거동의를 간주[§119/3 3 참조]하고 증거조사를 마쳤거나, iii) 피고인이 공소사실에 대해 자백함에 따라 간이공판절차로 증거조사를 한 때[2]에는, 항소심에서 피고인이 동의철회 또는 부동의 의사를 표시하더라도 이미 부여된 증거능력에 영향이 없으므로 증거능력 판단을 위한 절차를 다시 거칠 필요가 없다는 것이 판례의 입장이다[§119/3 9 참조]. iv) 약식명령에 대해 피고인이 정식재판을 청구한 사건의 제1심 공판절차에서 피고인이 2회 불출석하여 제318조 제2항에 따라 증거동의를 간주하고 증거조사를 마친 경우에도 같다.[3]

9   (2) 증거배제결정   제1심에서 조사된 증거가 증거능력 없는 것이었음이 항소법원의 심리 결과 드러난 경우, 항소법원은 그에 대해 증거배제결정을 해야 한다(제139조 제4항)[§143/4 5 참조]. 이 결정은 공판절차 진행중에 해야 하나,[4] 간혹 종국판결서의 이유에 표시하는 경우가 있다.[5]

10   (3) 새로운 증거의 조사   항소법원은 제1심에서 조사되지 않은 증거를 조사할 수 있으며, 그 절차와 방법은 제1심의 그것과 동일하다[§§121-1 24 참조]. 다만, 증인신문은 i) 제1심에서 신문하지 않은 데 고의나 중대한 과실이 없고 소송

---

1 대법원 1994. 7. 29. 선고 93도955 판결.

2 대법원 1998. 2. 27. 선고 97도3421 판결:「피고인이 제1심법원에서 공소사실에 대하여 자백하여 제1심법원이 이에 대하여 간이공판절차에 의하여 심판할 것을 결정하고, 이에 따라 제1심법원이 제1심판결 명시의 증거들을 증거로 함에 피고인 또는 변호인의 이의가 없어 제318조의 3의 규정에 따라 증거능력이 있다고 보고 상당하다고 인정하는 방법으로 증거조사를 한 이상, 가사 항소심에 이르러 범행을 부인하였다고 하더라도 제1심법원에서 증거로 할 수 있었던 증거는 항소법원에서도 증거로 할 수 있는 것이므로(제364조 제3항) 제1심법원에서 이미 증거능력이 있었던 증거는 항소심에서도 증거능력이 그대로 유지되어 심판의 기초가 될 수 있고 다시 증거조사를 할 필요가 없는 것이다.」

3 대법원 2010. 7. 15. 선고 2007도5776 판결.

4 서울고등법원 2015. 11. 19. 선고 2015노1806 판결.

5 부산고등법원 2021. 11. 24. 선고 2021노83, 2021전노4(병합) 판결:「기록에 의하면 피고인은 원심 제2회 공판기일에서 당심에서 변경되기 전의 공소사실을 부인하고 있으므로, 변경되기 전의 이 부분 기존 공소사실에 부합하는 취지의 진술이 담겨 있는 피고인에 대한 경찰 제2, 3회 피의자신문조서의 진술내용을 인정하지 않는 것이라고 보아야 한다. 따라서 기록상 원심 제2회 공판기일에 피고인이 위 서증의 내용을 인정한 것으로 기재된 것은 피고인의 진술경위로 보아 착오기재였거나, 아니면 피고인이 그와 같이 진술한 사실이 있었다는 것을 '내용인정'으로 조서를 잘못 정리한 것으로 보인다. … 직권으로 이 판결을 통하여 피고인에 대한 경찰 제2, 3회 피의자신문조서 중 이 부분 진술기재에 대하여 증거배제결정을 한다.」

을 현저하게 지연시키지 않는 경우, ii) 제1심에서 증인으로 신문하였으나 새로이 중요한 증거가 발견되는 등으로 항소심에서 부득이 다시 신문할 필요가 있다고 인정되는 경우, iii) 그 밖에 항소의 당부에 관한 판단을 위해 반드시 필요하다고 인정되는 경우에만 허용된다(규칙 제156 조의5 제2항).

3. 피고인신문

검사 또는 변호인은 증거조사 종료 후 항소이유의 당부 판단에 필요한　11 사항에 한해 피고인을 신문할 수 있다(규칙 제156 조의6 제1항). 피고인신문을 개시한 후에도, 재판장은 제1심의 피고인신문과 중복되거나 항소이유의 당부를 판단하는 데 필요 없다고 인정하는 때에는 신문의 전부 또는 일부를 제한할 수 있다(같은 조 제2항). 재판장은 필요하다고 인정하는 때에는 직접 피고인을 신문할 수 있다(같은 조 제3항).

변호인이 피고인을 신문하겠다는 의사를 표시했음에도 일체의 피고인신　12 문을 허용하지 않는 것은 언제나 판결에 영향을 미친 위법(제383조 제1호)으로서 상고 이유가 된다[§174/22 참조].[1]

4. 변론의 종결

증거조사와 피고인신문절차가 종료되면 검사는 원심판결의 당부와 항소　13 이유에 대한 의견을 구체적으로 진술해야 한다(규칙 제156 조의7 제1항). 재판장은 검사의 의견을 들은 후 피고인과 변호인에게도 의견진술기회를 주어야 한다(같은 조 제2항). 관례상 의견진술은 제1심에서와 마찬가지로 변호인이 먼저 하고 그다음 피고인이 하며, 피고인의 진술종료로 변론이 종결된다[§143/52 참조].

5. 판결의 선고

변론종결 후에는 판결을 선고한다. 판결선고시 재판장은 피고인에게 상　14

---

1 대법원 2020. 12. 24. 선고 2020도10778 판결: 「제370조, 제296조의2 제1항 본문은 "검사 또는 변호인은 증거조사 종료 후에 순차로 피고인에게 공소사실 및 정상에 관하여 필요한 사항을 신문할 수 있다."라고 규정하고 있으므로, 변호인의 피고인신문권은 변호인의 소송법상 권리이다. 한편 재판장은 검사 또는 변호인이 항소심에서 피고인신문을 실시하는 경우 제1심의 피고인신문과 중복되거나 항소이유의 당부를 판단하는 데 필요 없다고 인정하는 때에는 그 신문의 전부 또는 일부를 제한할 수 있으나(규칙 제156조의6 제2항) 변호인의 본질적 권리를 해할 수는 없다(제370조, 제299조). 따라서 재판장은 변호인이 피고인을 신문하겠다는 의사를 표시한 때에는 피고인을 신문할 수 있도록 조치하여야 하고, 변호인이 피고인을 신문하겠다는 의사를 표시하였음에도 변호인에게 일체의 피고인신문을 허용하지 않는 것은 변호인의 피고인신문권에 관한 본질적 권리를 해하는 것으로서 소송절차의 법령위반에 해당한다.」

고기간과 상고할 법원을 고지해야 한다($_{제324조.}^{제370조,}$). 항소심판결서에는 항소이유에 대한 판단을 기재해야 하며, 원심판결서에 기재된 사실과 증거를 인용할 수 있다($_{조}^{제369}$).

15   판결선고로 항소심절차는 종결되며, 그 익일($_{제1항}^{제66조}$)부터 7일의 상고기간이 진행한다($_{343조 \ 제2항}^{제358조, \ 제}$). 상고기간이 도과하면 판결은 확정된다. 면소 또는 유·무죄의 판결을 선고하거나($_{자판}^{파기}$) 유지한($_{기각}^{항소}$) 판결이 확정된 때에는 기판력이 발생하며, 그 기준시점은 항소심판결선고시이다[$_{참조}^{§53/34}$].[1] 항소이유서 제출기간 도과를 이유로 항소기각결정을 고지한 때에는 그 결정시가 기판력의 기준시점이 된다.[2]

Ⅲ. 변론의 속행과 재개

16   제1심에서와 마찬가지로 항소법원은 공판기일($_{준비기일}^{또는 \ 공판}$)을 여러 차례 열 수 있고($_{제267조의2}^{제370조,}$)[$_{참조}^{§144/3}$], 직권 또는 검사, 피고인이나 변호인의 신청에 의해 변론을 재개할 수 있다($_{제305조}^{제370조,}$)[$_{참조}^{§144/1}$].

Ⅳ. 공판조서작성과 속기·녹취

17   제1심의 경우와 같다($_{조}^{제370}$)[$_{참조}^{§145}$].

---

1 대법원 1983. 4. 26. 선고 82도2829, 82감도612 판결: 「항소법원은 판결에 영향을 미친 사유에 관하여는 항소이유에 포함되지 아니한 경우에도 직권으로 심판할 수 있고(제364조 제2항), 제1심법원에서 증거로 할 수 있던 증거는 항소법원에서도 증거로 할 수 있을 뿐 아니라(제364조 제3항), 항소심이 기초로 할 증거는 그에 국한되지 아니하고 항소심의 사실심리나 증거조사 등에 법조문상 하등 제한이 없이 제1심의 공판절차가 준용되는 점(제370조) 등을 종합하여 보면, 실체적 진실을 추구하는 면에 있어서는 사실심의 종심으로서 항소법원의 속심적 기능이 강조되고 있음을 알 수 있다. … 형사판결의 기판력의 시적 범위를 정하는 사실심리의 가능성이 있는 최후의 시점이란 항소심판결선고시라고 봄이 타당하고, 이 기준시점은 항소심이 항소를 받아들여 파기자판한 경우든 항소를 기각한 경우든 달라질 수 없다고 할 것이므로, 위 기준시점 내에 행하여진 모든 범죄행위는 그 단일성과 동일성이 인정되는 한 설사 그 일부만이 기소되었다 하더라도 그 모두에 공소의 효력과 판결의 확정력이 미친다.」

2 대법원 1993. 5. 25. 선고 93도836 판결: 「피고인이 항소하였으나 항소이유서를 제출하지 아니하여 결정으로 항소가 기각된 경우에도, 제361조의4 제1항에 의하면 피고인이 항소한 때에는 법정의 기간 내에 항소이유서를 제출하지 아니하였다고 하더라도 판결에 영향을 미친 사실의 오인이 있는 등 직권조사사유가 있으면 항소법원이 직권으로 심판하여 제1심판결을 파기하고 다시 판결할 수도 있는 것이므로, 이 경우 사실심리의 가능성이 있는 최후의 시점은 항소기각결정시라고 보는 것이 옳다.」

제 2　공판진행상의 특수문제 　　　　　　　　　　　　 §189

Ⅰ. 병합심리결정

1. 고등법원의 병합심리결정

　　사물관할을 달리하는 여러 개의 관련 항소사건이 각각 고등법원과 지방법원합의부(항소부)에 계속된 경우, 고등법원은 결정으로 지방법원합의부에 계속된 사건을 병합심리할 수 있다. 여러 개의 관련 항소사건이 토지관할을 달리하는 경우에도 같다(규칙 제4조의2 제1항)[§146/3 참조]. 따라서 지방법원합의부의 재판장은 그 부에서 심리중인 항소사건과 관련된 사건이 고등법원에 계속된 사실을 알게 된 때에는 즉시 고등법원의 재판장에게 그 사실을 통지해야 한다(같은 조 제2항).

1

　　고등법원이 병합심리결정을 한 때에는 그 결정등본(공판정에서 구술로 고지한 때에는 공판조서등본)을 즉시 지방법원합의부에 송부해야 한다. 지방법원합의부는 결정등본(또는 조서등본)을 송부받은 날로부터 5일 이내에 소송기록과 증거물을 고등법원에 송부해야 한다(같은 조 제3항). 송부를 한 법원과 송부를 받은 법원은 각각 그 법원에 대응하는 검찰청(또는 고위공직자범죄수사처) 소속검사에게 그 사실을 통지해야 한다(규칙 제8조 제1항, 제2항).

2

2. 토지관할의 병합심리결정

　　토지관할이 다른 여러 개의 관련사건이 각각 다른 항소법원에 계속된 경우, 공통되는 바로 위의 상급법원은 검사나 피고인의 신청에 의해 결정으로 그중 하나의 법원이 병합심리하게 할 수 있다(제6조)[§146/5 참조]. 여기서 '공통되는 바로 위의 상급법원'이란 심급관할에서의 상급법원이 아니라 조직법상 의미의 상급법원[§23 참조]을 뜻하는바, 가령 울산지방법원과 창원지방법원에 동일피고인에 대한 항소사건이 각각 계속중인 경우, 이들의 공통되는 바로 위의 상급법원은 대법원이 아니라 부산고등법원이다[§143/3 참조].

3

Ⅱ. 변론분리·병합, 공판절차갱신 등

　　항소심에서의 변론분리·병합[§143/12 참조], 절차정지[§150 참조], 피고인·변호인이 보관중인 증거의 열람·등사[§152 참조], 기일 외 증거조사[§153 참조], 공판절차갱신[§156 참조], 통·번역과 전문심리위원 참여[§157 참조] 등은 제1심의 경우와 같다(제370조).

4

Ⅲ. 궐석재판

5　　　　제1심에서와 마찬가지로, i) 검사가 공판기일 통지를 받고도 2회 이상 출석하지 않은 경우 또는 판결만을 선고하는 경우에는 검사의 출석 없이 개정할 수 있고($\substack{제370조,\ 제278조,\\규칙\ 제126조의6}$), ii) 일정한 경미사건에서는 피고인의 불출석이 허용되며($\substack{제370조,\\제277조}$), iii) 구속피고인이 정당한 사유 없이 출석을 거부하고 교도관에 의한 인치가 현저히 곤란한 경우에 법원은 출석해 있는 검사·변호인의 의견을 들어 피고인 없이 공판기일의 절차를 진행할 수 있다($\substack{제370조,\\제277조의2}$)[$\substack{\S151\\참조}$].

6　　　　항소심에서는 피고인 불출석시 궐석재판 요건이 완화되어 있다. 즉, 항소법원은 피고인이 공판기일에 불출석하면 다시 기일을 정해야 하고($\substack{제365조\\제1항}$), 피고인이 정당한 사유 없이 다시 정한 기일에 불출석할 경우 피고인 없이 개정해 공판기일의 절차를 진행하고 판결선고까지 할 수 있다($\substack{같은\ 조\\제2항}$). 이는 피고인이 적법한 공판기일 통지를 받고도 2회 연속으로 불출석한 경우에만 적용되며,[1] 공시송달에 의한 소환인지 여부를 불문한다($\substack{제63\\조}$).[2]

Ⅳ. 공소장변경

7　　　　항소심은 속심이므로[$\substack{\S169/4\\참조}$] 공소장변경이 허용된다($\substack{제370조,\\제298조}$).[3] 공소장변경이 있는 경우, 변경 전의 공소사실을 유죄로 인정한 제1심판결은 항소이유와 상관없이 파기해야 한다[$\substack{\S176/5\\참조}$]. 이와 달리, 무죄를 선고한 제1심판결에 대해 검사가 항소한 후 공소장변경을 하였는데 항소법원이 판단하기에 그 변경된 공소사실 또한 무죄인 경우에는, 원심을 파기할 것이 아니라 검사의 항소를

1　대법원 2022. 11. 10. 선고 2022도7940 판결: 「이때 '적법한 공판기일 통지'란 소환장의 송달(제76조) 및 소환장송달의 의제(제268조)의 경우에 한정되는 것이 아니라 적어도 피고인의 이름·죄명·출석일시·출석장소가 명시된 공판기일 변경명령을 송달받은 경우(제270조)도 포함된다.」

2　대법원 2007. 7. 12. 선고 2006도3892 판결: 「제63조 제1항에 의하면, 형사소송절차에서 피고인에 대한 공시송달은 피고인의 주거, 사무소, 현재지를 알 수 없는 때에 한하여 이를 할 수 있는 것인바, 기록상 피고인의 집전화번호 또는 휴대전화번호 등이 나타나 있는 경우에는 위 전화번호로 연락하여 송달받을 장소를 확인하여 보는 등의 시도를 해보아야 하고, 그러한 조치를 취하지 아니한 채 곧바로 공시송달의 방법에 의한 송달을 하고 피고인의 진술 없이 판결을 하는 것은 제63조 제1항, 제365조에 위배되어 허용되지 아니한다. 이러한 법리는 피고인이 제1심판결에 대하여 항소를 하여 소송이 계속된 사실을 알면서 법원에 거주지변경신고를 하지 않은 잘못을 저질러서 그로 인하여 송달이 되지 아니하자 법원이 공시송달의 방법에 의한 송달을 하게 된 경우에도 마찬가지[다].」

3　대법원 1986. 7. 8. 선고 86도621 판결.

기각하는 것으로 족하다.[1] 그 공소장변경이 당초의 공소사실을 주위적 공소사실로 하면서 예비적 공소사실을 추가하는 형태인 때에도 같다$\left[\substack{§147/6 \\ 참조}\right]$.[2]

항소심에서 공소장변경이 이루어져 적용법조가 비친고죄에서 친고죄로 8
바뀌더라도 고소취소는 공소기각사유$\left(\substack{제327조 \\ 제5호}\right)$가 되지 않는다.[3] 이미 제1심판
결이 있었기 때문이다$\left(\substack{제232조 \\ 제1항}\right)\left[\substack{§58/3 \\ 참조}\right]$.

항소심에서는 공소취소를 할 수 없으므로$\left(\substack{제255조 \\ 제1항}\right)$, 공소취소의 실질을 갖 9
는 공소장변경은 할 수 없다. 즉, 경합범 중 일부를 공소장변경의 형식으로
철회함은 허용되지 않는다.[4]

지방법원합의부가 항소법원으로 심판중인 사건이 공소장변경에 의해 고 10
등법원 관할사건으로 변경된 경우, 항소법원은 결정으로 관할권 있는 고등법
원에 이송해야 한다$\left(\substack{제8조 \\ 제2항}\right)\left[\substack{§148/2 \\ 참조}\right]$.[5]

제3관 종국재판

## 제 1 원심판결을 파기하지 않는 재판					§190

Ⅰ. 공소기각결정

제328조 제1항 각호의 사유가 있음에도 원심법원이 이를 간과하였거나 1
항소심에서 그러한 사유가 비로소 드러난 경우, 항소법원은 원심판결을 파기
할 필요 없이 공소기각결정으로 절차를 종결한다$\left(\substack{제363조 \\ 제1항}\right)$. 이는 공판진행 도중
은 물론 제1회 공판기일 전에도 할 수 있는바, 결정은 구두변론을 요하지 않기
때문이다$\left(\substack{제37조 \\ 제2항}\right)$. 항소법원의 공소기각결정에는 즉시항고할 수 있다$\left(\substack{같은 조 \\ 제2항}\right)$.

---

1 대전지방법원 2022. 10. 26. 선고 2020노2875 판결.
2 대법원 1985. 2. 8. 선고 84도3068 판결; 서울중앙지방법원 2022. 9. 2. 선고 2022노488 판결.
3 대법원 1999. 4. 15. 선고 96도1922 (全)판결:「항소심에서 공소장의 변경에 의하여 또는 공소
    장변경절차를 거치지 아니하고 법원 직권에 의하여 친고죄가 아닌 범죄를 친고죄로 인정하였
    더라도, 항소심을 제1심이라 할 수는 없는 것이므로, 항소심에 이르러 비로소 고소인이 고소를
    취소하였다면 이는 친고죄에 대한 고소취소로서의 효력은 없다.」
4 인천지방법원 2022. 7. 8. 선고 2021노1580 판결.
5 대법원 1997. 12. 12. 선고 97도2463 판결.

2 　　경합범(A, B) 중 일부(A)가 공소취소된 사안에서 원심법원이 나머지 부분(B)에 대해서만 판결을 선고하면서 공소취소된 부분(A)에 대해 공소기각 결정을 하지 않고 재판을 누락한 경우, B부분에 대한 판결이 위법하다고 볼 것은 아니나[1] A부분에 대한 공소기각결정이 추가로 요구된다. 이때 공소기 각결정을 원심법원이 해야 하는지 아니면 항소법원이 직접 할 수 있는지가 문제되는바, 하급심에서는 항소법원이 직접 한 예가 있다.[2]

Ⅱ. 항소기각결정

3 　　i) 항소제기가 법률상의 방식에 위배되거나 항소권 소멸 후에 이루어졌음에도 원심법원이 이를 간과해 기록을 송부하였다고 인정되는 경우($\frac{\text{제362조}}{\text{제1항}}$) 또는 ii) 항소인이나 변호인이 법정기간 내에 항소이유서를 제출하지 않았고 항소장에 항소이유의 기재도 없으며 직권파기사유도 존재하지 않는 경우($\frac{\text{제361조의4}}{\text{제1항}}$), 항소법원은 결정으로 항소를 기각해야 한다. 이 또한 공판진행 도중은 물론 제1회 공판기일 전에도 할 수 있으며, 변론종결 후 지정된 판결선고기일에 고지하는 것도 가능하다.[3] 항소기각결정에는 즉시항고할 수 있다($\frac{\text{같은 조 제2항,}}{\text{제362조 제2항}}$).

4 　　법정기간 내에 항소이유서가 제출되지 않은 사건에서도 항소법원은 직권파기사유($\frac{\text{제361조의4 단서,}}{\text{제364조 제2항}}$) 존부를 심리하고자 공판기일을 진행할 수 있는바, 심리 결과 직권파기사유가 없다고 판단되더라도 항소법원은 제361조의4 제1항에 따른 항소기각결정을 해야 하고, 변론을 거쳤다는 이유로 판결로써 항소

---

1 대법원 1992. 4. 24. 선고 91도1438 판결.

2 서울고등법원 2019. 12. 24. 선고 2018노2799 판결:「원심에서 유죄로 인정된 '허위 세금계산서 발급·수취'의 점과 '허위 매출·매입처별세금계산서합계표 제출'의 점은 실체적경합관계에 있다. 검사가 실체적경합관계에 있는 '허위 매출·매입처별 세금계산서합계표 제출'의 점을 공소사실에서 철회하는 취지의 2018. 4. 5.자 공소장변경허가신청을 하였더라도, 이는 명백히 일부 공소취소의 취지에 해당한다. 따라서 원심으로서는 마땅히 '허위 매출·매입처별세금계산서합계표 제출'의 점에 관하여 공소기각결정을 해야 했는데도, 이에 관한 재판을 빠뜨린 잘못을 하였다. 다만 피고인만이 불복하여 항소한 이 사건에서, 비록 원심법원이 이를 빠뜨렸더라도 당심법원이 '허위 매출·매입처별 세금계산서합계표 제출'의 점에 관하여 별도로 공소기각결정을 하는 이상(당심판결 선고기일에 이 부분에 관한 공소기각결정을 고지하였다), 위와 같은 원심의 잘못은 '판결에 영향을 미친 위법사유'에 해당한다고 보기 어려우므로, 이를 이유로 원심 판결을 파기하지는 않는다.」
인천지방법원 2022. 5. 27. 선고 2021노2340 판결:「이 사건 공소사실 중 별지 1의 '범죄일람표' 순번 3, 4, 8 기재 근로기준법위반의 점은 원심판결 선고 전에 공소가 취소되었으므로, 원심은 위 각 공소사실에 관하여 제328조 제1항 제1호에 따라 공소기각결정을 하여야 함에도 이를 누락한 잘못이 있다. 따라서 이 법원에서 이 부분에 대한 공소를 기각하기로 한다.」

3 제요(Ⅱ) 366쪽.

를 기각해서는 안 된다.[1] 간혹 판결로 항소를 기각하는 예도 있으나[2] 적절하지 않다고 본다.

　　일단 항소이유서가 기간 내에 제출되었다면, 항소이유를 구체적으로 특정·명시하지 않았더라도 제361조의4 제1항의 항소기각결정을 해서는 안 된다.[3] 이러한 경우 직권파기사유가 없다면 판결로 항소를 기각해야 한다(제364조 제4항 또는 제5항). 5

　　국선변호인이 기간 내에 항소이유서를 제출하지 않았더라도, 그에 대해 피고인의 귀책사유가 없는 한 항소법원은 국선변호인 선정취소 후 새로운 변호인을 선정해 다시 소송기록접수통지를 해야 하고(새로운 변호인은 그 통지를 받은 때로부터 20일 내에 항소이유서를 제출할 수 있다), 항소기각결정을 해서는 안 된다는 것이 판례의 입장이다.[4] 그러나 이는 제361조의4 제1항의 법문에 명백히 반하는 해석론으로서 부당하다고 본다.[5] 6

1　대법원 1996. 6. 18.자 96모36 결정.

2　수원지방법원 2023. 1. 11. 선고 2021노8481 판결; 춘천지방법원 2023. 1. 27. 선고 2022노344 판결.

3　대법원 2006. 3. 30.자 2005모564 결정: 「검사의 이 사건 항소장에는 '항소의 이유'란에 '사실오인 및 법리오해'라는 문구만 기재되어 있을 뿐 다른 구체적인 항소이유가 명시되어 있지 않음을 알 수 있는바, 위와 같은 항소장의 기재는 적법한 항소이유의 기재에 해당하지 않는다고 봄이 상당하고, 또한 검사가 항소이유서 제출기간 내인 2005. 9. 2. 제출한 항소이유서에는 제1심판결에 대하여 불복하는 사유로서 제361조의5 소정의 항소이유를 구체적으로 명시한 바가 전혀 없고 단지 항소심에서 공소장변경을 한다는 취지와 변경된 공소사실에 대하여 유죄의 증명이 충분하다는 취지의 주장만 하고 있을 뿐이므로, 이를 적법한 항소이유의 기재라고 볼 수 없다. … 위에서 본 바와 같이 적법한 항소이유가 기재되어 있지 않다고 하더라도 위 항소이유서가 법정의 기간 내에 적법하게 제출된 이상, 이를 항소이유서가 법정의 기간 내에 제출되지 아니한 것과 같게 보아 제361조의4 제1항에 의하여 결정으로 항소를 기각할 수는 없다.」

4　대법원 2012. 2. 16.자 2009모1044 (全)결정의 다수의견: 「피고인을 위하여 선정된 국선변호인이 법정기간 내에 항소이유서를 제출하지 아니하면 이는 피고인을 위하여 요구되는 충분한 조력을 제공하지 아니한 것으로 보아야 하고, 이런 경우에 피고인에게 책임을 돌릴 만한 아무런 사유가 없음에도 불구하고 항소법원이 제361조의4 제1항 본문에 따라 피고인의 항소를 기각한다면, 이는 위에서 본 바와 같이 피고인에게 국선변호인으로부터 충분한 조력을 받을 권리를 보장하고 이를 위한 국가의 의무를 규정하고 있는 헌법의 취지에 반하는 조치라고 할 것이다. 따라서 피고인과 국선변호인이 모두 법정기간 내에 항소이유서를 제출하지 아니하였다고 하더라도, 국선변호인이 항소이유서를 제출하지 아니한 데 대하여 피고인에게 귀책사유가 있음이 특별히 밝혀지지 않는 한, 항소법원은 종전 국선변호인의 선정을 취소하고 새로운 국선변호인을 선정하여 다시 소송기록접수통지를 함으로써 새로운 국선변호인으로 하여금 그 통지를 받은 때로부터 제361조의3 제1항의 기간 내에 피고인을 위하여 항소이유서를 제출하도록 하여야 한다.」

5　대법원 2012. 2. 16.자 2009모1044 (全)결정의 반대의견: 「다수의견은 피고인 등의 변호인의 조력을 받을 권리와 관련하여 법원에 부여된 책무의 한계를 도외시하고 그 권리의 실질적 보장이라는 헌법적 당위에만 집착하여, 항소법원에 형사소송법이나 형사소송규칙이 예정하고 있지 않은 새로운 형태의 국선변호인에 대한 후견적 감독의무를 창설하여 요구하고 이를 위해 제361조의4 제1항의 적용을 제한하고 있으니, 이는 법해석의 범위를 넘는 입법행위로서 그에 동의할 수 없다. … 입법자는 헌법의 테두리 내에서 형사 항소심의 구조와 성격에 관한 지향점, 우리 형사사법 절차의 현실과 특수성, 운용할 수 있는 사법 자원과 그 효율적인 배분방법

7 　　대법원은, 종전 국선변호인 선정을 취소하고 새로운 변호인을 선정한 뒤 소송기록접수통지를 하기 전에 피고인이 스스로 변호인을 선임한 경우에도 항소법원은 그 사선변호인에게 소송기록접수통지를 하여 20일 내에 항소이유서를 제출할 기회를 주어야 하고 항소기각결정을 해서는 안 된다고 한다.[1]

8 　　피고인이 여러 명인 사건에서 일부 피고인이 항소이유서를 제출하지 않았을 때, 별도의 항소기각결정을 하지 않고 나머지 피고인들에 대한 항소기각판결에서 일거에 항소기각의 주문을 내는 경우가 많다. 비슷하게, 검사는 적법한 항소이유서를 제출한 반면 피고인·변호인은 기간 내 항소이유서를 제출하지 않은 경우에도 별도로 제361조의4 제1항에 따른 항소기각결정을 하지 않고 검사의 항소를 기각하는 판결에서 피고인의 항소를 기각한다는 주문을 함께 표시함이 일반적이다.[2] 그러나 형사소송법은 판결과 결정을 엄격하게 구분하고 있고 양자는 불복방법도 달리하므로 이러한 처사는 타당하지 않다. 한편, 제1심에서도 이와 유사한 문제상황이 있음은 전술하였다[§159/4 참조].

등을 두루 고려하여 위와 같은 내용의 항소이유서 제도를 둔 것이고, 이는 정당한 입법재량으로서 존중되어야 한다. 그런데 다수의견의 해석론에 의할 경우 앞으로 국선변호인이 선정된 사건에서는 피고인의 귀책사유가 밝혀진다는 특별한 사정이 없는 한 항소이유서가 제출되지 않더라도 제361조의4 제1항에 따른 항소기각결정을 할 수 없게 되어, 위와 같이 정당한 입법재량에 의하여 형성된 현행 항소이유서 제도에 명백히 배치되는 예외를 창설하는 결과가 된다.」

1 　대법원 2019. 7. 10. 선고 2019도4221 판결: 「제350조 및 규칙 제153조 제1항에 의하면 법정대리인이 있는 피고인이 상소를 취하할 때는 법정대리인의 동의를 얻어야 하고 법정대리인은 그와 같이 동의하는 취지의 서면을 제출하여야 한다. 미성년자인 피고인이 항소취하서를 제출하였으나 법정대리인인 피고인 아버지의 동의가 없었으므로 피고인의 항소취하는 효력이 없다. 따라서 국선변호인은 항소이유서 제출기간 내에 항소이유서를 제출하여야 함에도 법정기간 내에 항소이유서를 제출하지 아니하였다. 미성년자로서 필요적으로 변호인의 조력을 받아야 하는 피고인이 위와 같이 법정대리인의 동의 없이 항소취하서를 제출하였다는 사정만으로 국선변호인이 항소이유서 제출기간 내에 항소이유서를 제출하지 않은 것에 대하여 피고인에게 귀책사유가 있다고 볼 수는 없다. 그렇다면 원심으로서는 앞서 본 법리에 따라 국선변호인의 선정을 취소하고 사선변호인에게 다시 소송기록접수통지를 하여 사선변호인으로 하여금 그 통지를 받은 때로부터 제361조의3 제1항의 기간 내에 피고인을 위하여 항소이유서를 제출할 수 있도록 기회를 주었어야 한다. 그럼에도 원심은 국선변호인이 항소이유서를 제출하지 아니한 데 대하여 피고인에게 일부 귀책사유가 있다는 이유로 위와 같은 조치를 취하지 아니한 채 곧바로 피고인의 항소를 기각하였다. 이러한 원심판결은 국선변호인의 조력을 받을 권리에 관한 헌법 및 형사소송법의 법리를 오해한 잘못이 있다.」

2 　대법원 1969. 5. 27. 선고 69도143 판결; 대구지방법원 2022. 11. 11. 선고 2022노3179 판결; 서울북부지방법원 2022. 12. 22. 선고 2022노960 판결; 수원지방법원 2022. 11. 24. 선고 2021노4270 판결.

Ⅲ. 항소기각판결

1. 유   형

(1) 무변론 항소기각판결   항소이유 없음이 명백한 때에는 항소장·   9
항소이유서 기타 소송기록에 의해 구두변론 없이 항소기각판결을 할 수 있다
($^{제364}_{조}$). 즉, 항소이유 진술부터 변론종결에 이르는 절차 없이 곧바로 선고기일
을 지정해 항소를 기각할 수 있다.[1] 무변론 항소기각판결을 선고할 수 있는
예로는 통상 제1심에서 최하한의 형을 선고받고도 양형부당으로 항소한 경
우, 벌금형의 납부기간만을 유예받기 위해 항소한 것이 명백한 경우 등이 언
급된다. 이는 공판기일 도중은 물론 제1회 공판기일을 열기 전에도 할 수 있
으나, 선고기일에 공판정에서 인정신문을 거쳐 선고하는 절차는 필요하다.

일반적으로 무변론 항소기각판결 제도는 항소남용을 억제하고 소송경제를 도모하기   10
위해 마련된 것이라고 설명한다. 그러나 항소이유 없음이 명백하다는 판단이 틀렸
을 가능성을 배제할 수 없고, 항소심에 이르러 새로운 사실이 드러나거나 사정변경
이 발생할 수도 있는 점에 비추어, 구두변론 없이 곧바로 항소를 기각할 수 있게 함
은 부당하다. 입법론상 이를 판결이 아니라 결정으로 규정해 선고절차까지도 생략
할 수 있게 해야 한다는 견해가 있으나, 오히려 무변론 항소기각판결제도 자체를 폐
지함이 옳다고 본다.

(2) 통상의 항소기각판결   변론을 열어 심리하였으나 항소가 이유 없다   11
고 인정되는 경우, 항소법원은 판결로써 항소를 기각해야 한다($^{제364조}_{제4항}$).

2. 재판서의 기재방식

판결로 항소를 기각하는 경우 항소이유에 대한 판단을 기재해야 한다.   12
그러나 범죄될 사실과 증거의 요지를 새로 기재할 필요는 없다. 피고인·검사
쌍방이 항소한 때에는 각각의 항소이유에 대해 개별적으로 판단해야 한다.

항소이유서에 기재되지 않은 사항을 피고인이나 검사가 직권파기사유로   13
주장하였으나 이를 받아들이지 않을 경우, 판결서에 그에 대한 판단을 기재
할 필요는 없다.[2] 다만, 실무상 그러한 주장이 이유 없다는 취지를 간략하게
나마 설시하는 경우가 많다.

---

1 서울북부지방법원 2016. 7. 15. 선고 2016노63 판결; 2016. 7. 15. 선고 2015노2382 판결.
2 대법원 1996. 11. 8. 선고 96도2076 판결.

§191 **제 2 파기판결**

Ⅰ. 파기자판

1   항소이유가 있다고 인정한 때에는 원심판결을 파기하고 다시 판결해야 한다(제364조 제6항). 여기서 '항소이유가 있다고 인정한 때'에는 항소이유서에 기재된 주장이 타당한 경우와 직권파기사유가 있는 경우가 모두 포함된다.[1]

2   파기자판의 형태는 i) 유죄의 원심판결을 파기하고 무죄·면소·공소기각을 선고하는 경우, ii) 무죄의 원심판결을 파기하고 유죄판결을 선고하는 경우, iii) 실형의 원심판결을 파기하고 집행유예를 선고하는 경우, iv) 징역형의 원심판결을 파기하고 벌금형을 선고하는 경우, v) 원심판결보다 형량을 늘리거나 낮추는 경우 등 다양하다. 그러나 원심법원이 관할권 없는 사건을 심판하였거나, 관할권이 있음에도 관할위반판결을 하였거나, 공소기각사유가 없음에도 공소기각판결을 한 때에는 뒤에서 보는 파기환송·이송의 사유가 되므로 파기자판을 할 수 없다. 이 경우 자판하면 상고이유가 된다.[2]

3   피고인을 위해 원심판결을 파기하는 경우, 파기의 이유가 항소한 공동피고인에게 공통되는 때에는 그 공동피고인에 대해서도 원심판결을 파기해야 한다(제364 조의2). 즉, 이러한 때에는 (공동피고인이 적법하게 항소했을 것을 전제로) 공동피고인이 항소이유서를 제출하지 않았거나 항소이유서의 기재가 부적법해도 그에 대해 원심판결을 파기해야 한다. 대법원은 검사만 항소한 사건에서 원심판결을 파기하는 때에도 제364조의2가 적용된다고 한다.[3]

---

1 제요(Ⅱ) 367쪽; 임동규 804쪽.

2 대법원 2013. 10. 11. 선고 2013도2198 판결: 「원심은, 이 사건 공소사실은 구성요건해당사실을 다른 사실과 구별할 수 있을 정도로 특정되었다고 보아야 함에도 불구하고, 제1심이 이 사건 공소사실이 특정되지 않았다고 보아 공소기각을 선고한 것은 공소사실 특정에 관한 법리를 오해하여 판단을 그르친 것이라고 하여, 피고인에 대한 제1심판결을 파기하고 변론을 거쳐 피고인에게 벌금 100만 원의 유죄판결을 선고하였다. … 원심이 제1심의 공소기각판결이 잘못이라고 하여 파기하면서도 사건을 제1심법원에 환송하지 아니하고 본안에 들어가 심리한 후 피고인에게 유죄판결을 선고한 것은 제366조를 위반한 것이다.」

3 대법원 2022. 7. 28. 선고 2021도10579 판결: 「원심은, 피고인 C에 대하여도 피고인 A ·B에 대한 파기이유가 공통되고, 비록 피고인 C에 대하여 검사만 항소하였으나 제364조의2의 '항소한 공동피고인'에 해당한다고 보아, 위 조항에 따라 직권으로 제1심판결 중 피고인 C에 대한 부분을 파기한 후 그 판시와 같이 무죄로 판단하였다. 원심판결 이유를 관련 법리에 비추어 살펴보면, 이러한 원심의 판단에 제364조의2의 '항소한 공동피고인'에 관한 법리를 오해한 잘못이 없다.」

원심판결을 파기해 유죄의 선고를 하는 때에는 제1심에서와 마찬가지로   **4**
범죄될 사실과 증거의 요지[1] 및 법령의 적용을 명시해야 한다($\binom{제370조;}{제323조}$). 이 경
우 원심판결에 기재한 사실과 증거를 인용하는 것은 가능하나($\binom{제369}{조}$), 법령의
적용은 인용할 수 없다.[2] 검사와 피고인 쌍방이 항소하였고 어느 일방의 항
소만을 인용해 파기자판하는 경우, 이유 없는 항소에 대해서는 판결이유에서
그에 대한 판단을 적으면 족하고($\binom{제369}{조}$) 주문에 따로 항소기각의 취지를 표시
할 필요는 없다.[3]

Ⅱ. 파기환송

공소기각사유가 없음에도 공소기각판결을 하였거나 관할권 있는 사안에   **5**
서 관할위반판결을 한 경우, 항소법원은 원심판결을 파기하고 사건을 원심법
원에 환송하는 판결을 해야 한다($\binom{제366}{조}$). 심급의 이익을 회복시키기 위함이다.

판례에 따르면, i) 국민참여재판의 대상이 되는 사건에 관해 원심법원이   **6**
피고인의 국민참여재판 희망의사 존부를 확인하지 않은 채 통상공판절차로
재판을 진행해 판결을 선고하고, 항소심에서 피고인이 이에 관해 이의를 제
기한 경우, 항소법원은 파기환송판결을 해야 한다[$\binom{§165/1}{참조}$].[4] 또한, ii) 피고인이
국민참여재판 희망의사를 표시하였음에도 이에 대해 배제결정 없이 통상공

---

1 대법원 2000. 3. 10. 선고 99도5312 판결.
2 대법원 2000. 6. 23. 선고 2000도1660 판결.
3 대법원 2020. 6. 25. 선고 2019도17995 판결.
4 대법원 2012. 4. 26. 선고 2012도1225 판결.
  서울고등법원 2020. 8. 25 선고 2020노1062 판결:「원심은 2020. 1. 31. 제1회 공판기일에서
  이 사건에 관하여 국민참여재판을 원하지 않는다는 피고인들의 의사를 확인하였다. 그러나 원
  심은 그 당시 한국어를 사용하지 못하고 러시아어를 사용하는 외국인 피고인들에게 러시아
  어로 번역된 국민참여재판 안내서를 교부하거나 사전에 송달하는 등 국민참여재판절차에 관한
  충분한 안내를 하지 않았고, 그 희망 여부에 관한 상당한 숙고기간을 부여하지 않았으므로, 국
  민참여재판 의사확인절차를 적법하게 거쳤다고 볼 수 없다. 그럼에도 원심은 통상의 공판절차
  로 이 사건 재판을 진행하였으므로, 이는 피고인들의 국민참여재판을 받을 권리에 대한 중대
  한 침해로서 위법하고, 위법한 공판절차에서 이루어진 소송행위도 무효라고 보아야 한다. 그리
  고 위와 같은 소송절차상의 흠은 직권조사사유에 해당한다. 나아가 피고인들은 이 법원에서
  이 사건에 관한 국민참여재판을 희망한다는 의사를 명확히 밝혔으므로, 원심의 위와 같은 공
  판절차상 하자가 치유되었다고 볼 수도 없다. 결국 원심판결에는 그 소송절차가 법령에 위반
  하여 판결에 영향을 미친 위법이 있다. 그렇다면 원심판결에는 위와 같은 직권파기사유가 있
  으므로, 피고인들의 항소이유에 관한 판단을 생략한 채 제364조 제2항에 의하여 이를 파기하
  되, 국민참여재판은 제1심의 관할에 속하므로 제366조를 준용하여 이 사건을 원심법원인 인천
  지방법원 합의부로 환송하기로 한다.」

판절차로 재판을 진행해 판결을 선고한 경우, 항소법원은 피고인의 이의 유
무와 상관없이 파기환송판결을 해야 한다[$^{\S165/10}_{참조}$].[1]

Ⅲ. 파기이송

1. 원   칙

7   원심법원이 관할권이 없음에도 있다고 오인해 실체판결이나 면소·공소
기각판결을 한 경우, 항소법원은 원심판결을 파기하고 사건을 관할권 있는
법원에 이송해야 한다($^{제367조}_{본문}$). 가령 i) 토지관할을 위반해 기소된 사건에서 피
고인이 적시에 이의신청을 하였음에도 원심이 관할위반판결을 하지 않은 경
우[$^{\S158/2}_{참조}$],[2] ii) 단독판사 관할사건을 재정합의결정도 없이 합의부가 심판한
경우[$^{\S33/6}_{참조}$],[3] iii) 합의부가 심판중인 사건에서 공소장변경이 이루어져 단독판
사 관할사건으로 변경되었다는 이유로 이를 단독판사에게 재배당하여 단독
판사가 종국판결을 한 경우[4]가 이에 해당한다.

2. 예   외

8   관할위반을 이유로 원심판결을 파기하는 경우에, 항소법원에 그 사건에
관한 제1심 관할권이 있는 때에는 항소법원은 제1심법원으로서 심판해야 한
다($^{제367조}_{단서}$). 가령 제1심에서 합의사건이 단독사건으로 잘못 배당되었고 단독판
사가 이를 간과한 채 판결을 하였는데, 이에 대해 항소가 제기되어 지방법원
합의부가 항소법원이 된 경우, 항소법원은 굳이 같은 법원 합의부로 파기이
송할 것 없이 스스로 제1심법원으로서 심판할 수 있다[$^{\S230/6}_{참조}$].[5]

---

1 대법원 2011. 9. 8. 선고 2011도7106 판결.

2 대법원 1997. 12. 26. 선고 97도2474 판결.

3 서울고등법원 2016. 3. 15. 선고 2016노139 판결.

4 대법원 2013. 4. 25. 선고 2013도1658 판결.

5 춘천지방법원 2021. 8. 27. 선고 2021고합44 판결:「이 사건 공소사실인 상해치사의 점은 형법
제259조 제1항에 따라 그 법정형이 3년 이상의 유기징역으로, 법원조직법 제32조 제1항 제3호
에 따라 지방법원과 그 지원의 합의부가 제1심으로 심판하여야 한다. 따라서 이 사건 공소사
실에 대하여 지방법원 및 그 지원의 합의부가 심판하지 않은 원심판결에는 사물관할에 관한
법률규정을 위반한 위법이 있다. … 원심판결에는 위와 같은 직권파기사유가 있으므로, 검사의
항소이유에 관한 판단을 생략한 채 제364조 제2항에 따라 직권으로 원심판결을 파기하되, 이
법원도 지방법원합의부로서 이 사건에 관하여 제1심 관할권이 있으므로 제367조 단서에 따라
제1심으로 다시 재판하기로 [한다].」

제4관 파기환송·이송 후의 절차

제 1 항소법원의 절차

§192

파기환송 또는 파기이송판결이 확정($\substack{상고기간도과, 상\\고포기, 상고취하}$)된 경우, 항소법원은 1
판결확정일로부터 7일 이내에 소송기록과 증거물을 환송 또는 이송받을 법
원에 송부하고, 항소법원에 대응하는 검찰청($\substack{또는\\공수처}$)의 검사에게 그 사실을 통
지해야 한다($\substack{규칙 제157\\조 제1호}$). 피고인이 교도소 또는 구치소에 있는 경우, 항소법원에
대응한 검찰청($\substack{또는\\공수처}$)의 검사는 위 통지를 받은 날로부터 10일 이내에 피고인
을 환송·이송받을 법원 소재지의 교도소나 구치소에 이감한다($\substack{같은 조\\제3호}$). 항소법
원으로부터 소송기록과 증거물을 송부받은 법원은 지체없이 그 법원에 대응
한 검찰청($\substack{또는\\공수처}$)의 검사에게 그 사실을 통지해야 한다($\substack{같은 조\\제2호}$).

파기환송·이송판결이 확정된 사건에서 구속기간갱신, 구속취소, 보석 2
및 그 취소, 구속집행정지 및 그 취소의 결정은, 소송기록이 환송·이송법원
에 도달하기까지는 환송·이송판결을 한 법원이 해야 한다($\substack{규칙 제57\\조 제2항}$)$\left[\substack{§127/2\\9 참조}\right]$.

제 2 파기환송·이송심의 절차

§193

파기환송·이송심의 절차에 관해서는 통상의 제1심절차에 관한 설명이 1
그대로 적용된다. 환송·이송 전 제1심 공판절차에서 작성된 증인신문조서
등은 환송·이송 후 제1심에서 당연히 증거로 할 수 있다($\substack{제311조,\\제2조}$)$\left[\substack{§119/12\\4 참조}\right]$.

파기환송·이송판결이 확정되면 원심법원에서 한 변호인선임의 효력이 2
부활한다($\substack{규칙\\제158조}$). 따라서 원심의 변호인은 환송 후 제1심의 절차에서 변호인
으로서의 권한을 행사할 수 있으며, 이는 국선변호인이라 하여 다르지 않다.

반의사불벌죄·친고죄 사건의 경우, 파기환송·이송심의 판결선고 전까 3
지 처벌희망의사표시 철회나 고소취소를 할 수 있다$\left[\substack{§58/3\\참조}\right]$. 종전의 제1심판결
은 파기되어 효력을 상실했으므로 아직 제1심판결의 선고가 없는 상태이기
때문이다($\substack{제232조 제1\\항, 제3항}$).[1]

---

1 대법원 2011. 8. 25. 선고 2009도9112 판결.

제3절 상 고 심

제1관 상고심절차의 개시와 심리준비

§194 **제 1 원심법원의 절차**

I. 상고기각결정

1. 사 유

1 　　상고제기가 법률상의 방식에 위배되거나 상고권 소멸 후인 것이 명백한 경우, 원심법원은 결정으로 상고를 기각해야 한다(제376조 제1항). 여기서의 원심법원은 통상의 경우에는 항소법원이고, 비약상고에서는 제1심법원이다.

2 　　상고제기가 상고권 소멸 후인 것이 명백한 경우란 가령 i) 상고기간이 도과한 후에 상고를 제기한 경우, ii) 상고포기·취하로 인해 더는 상고할 수 없음에도 상고장을 제출한 경우, iii) 상대방이 이미 항소장을 제출한 시점에서 비약상고한 경우[1]를 말한다. iii)의 경우 애초 비약상고 자체가 존재하지 않는다고 보아 아무런 판단을 하지 않는 예도 있으나,[2] 적절치 않다고 본다.

2. 불 복

3 　　원심법원의 상고기각결정에는 즉시항고할 수 있다(같은 조 제2항).

II. 구속에 관한 결정

4 　　상고기간중 또는 상고중의 사건에 관한 구속, 구속기간갱신, 구속취소, 보석 및 그 취소, 구속집행정지 및 그 취소의 결정은 소송기록이 대법원에 도달하기까지는 원심법원이 이를 해야 한다(제105조, 규칙 제57조 제1항)[§127/29 참조].

---

1 서울남부지방법원 2015. 6. 18. 선고 2015노66 판결; 창원지방법원 2019. 5. 22. 선고 2019노499 판결; 창원지방법원 2019. 9. 4. 선고 2019노1443 판결; 대법원 2022. 2. 17. 선고 2021도16644 판결.

2 울산지방법원 2020. 10. 29. 선고 2020노930 판결; 창원지방법원 2020. 11. 5. 선고 2020노1735 판결; 울산지방법원 2020. 11. 26. 선고 2020노1110 판결; 창원지방법원 2021. 1. 7. 선고 2020노2261 판결; 울산지방법원 2021. 2. 4. 선고 2020노1596 판결.

Ⅲ. 대법원으로의 소송기록 송부

1. 항소법원의 판결에 대한 상고

상고기각결정을 하는 경우를 제외하고는, 원심법원은 상고장을 받은 날 **5**
로부터 14일 이내에 소송기록과 증거물을 대법원에 송부해야 한다($\substack{제377\\조}$).

2. 비약상고

비약상고가 제기된 때에도, 법률상의 방식 위반 또는 비약상고권 소멸을 **6**
이유로 상고기각결정을 해야 할 경우($\substack{\text{가령 상대방이 항소한 후}\\\text{비약상고를 제기한 경우}}$)가 아닌 이상, 원심법
원($\substack{제1심\\법원}$)은 비약상고장을 받은 날로부터 14일 내에 소송기록과 증거물을 대법
원에 송부해야 한다. 다만, 피고인의 비약상고 후 검사가 항소한 경우 비약상
고는 실효되고 항소심절차가 개시되므로($\substack{제373\\조}$), 원심법원인 제1심법원은 제
361조에 따라 소송기록과 증거물을 항소법원에 송부해야 한다$\left[\substack{§186/5\\참조}\right]$.

종래 대법원은 위 경우 피고인이 제기한 비약상고에 항소로서의 효력을 **7**
인정할 수 없으므로 항소법원은 검사의 항소에 대해서만 판단하면 된다는 입
장이었으나, 근래 입장을 변경해 피고인의 ($\substack{\text{효력을}\\\text{상실한}}$) 비약상고에 항소로서의 효
력이 인정된다고 하였다.[1] 그러나 이는 제373조의 문언과 배치될 뿐 아니
라[2] 법률에 없는 상소제도를 창설하는 해석론으로서 부당하다고 본다.[3]

---

[1] 대법원 2022. 5. 19. 선고 2021도17131, 2021전도170 (숲)판결의 다수의견:「비약적 상고를 제
기한 피고인에게 가장 중요하고 본질적인 의사는 제1심판결에 대한 '불복의사' 또는 '상소의사'
이고, 이러한 의사는 절차적으로 존중되어야 한다. 항소와 비약적 상고 사이에 불복사유와 심
급의 차이는 있지만 이러한 차이점을 들어 가장 중요하고 본질적인 부분인 피고인의 '불복의
사' 자체에 아무런 효력을 인정하지 않는 것은 타당하지 않다. … 피고인의 의사에는 비약적
상고가 검사의 항소제기로 상고의 효력을 잃게 되는 경우 '항소' 등 가능한 다른 형태로 제1심
판결의 효력을 다투는 의사도 포함되어 있다고 보는 것이 합리적이다. 따라서 피고인의 비약
적 상고에 항소로서의 효력을 인정하는 것은 당사자의 진정한 의사를 고려한 합리적이고 객관
적인 범위 내의 해석이다.」

[2] 대법원 2022. 5. 19. 선고 2021도17131, 2021전도170 (숲)판결의 반대의견:「법해석은 법률조
항의 문언과 문장 구조에서 시작하고, 법은 '쓰인 대로' 해석되어야 함이 원칙이다. 법률의 문
언 자체가 비교적 명확한 개념으로 구성되어 있다면 원칙적으로 더 이상 다른 해석방법은 활
용할 필요가 없거나 제한될 수밖에 없다. 문언상 해석 가능한 범위를 넘어서는 것은 사법에 의
한 법창조 내지 법형성으로서 정당한 사유가 없는 한 허용될 수 없다. 특히 형사절차 규정의
해석·적용에 관해서는 절차의 안정성과 명확성이 무엇보다 중시되므로, 문언의 통상적인 의미
에 충실한 해석이 더욱 강조되어야 한다. … 단순히 피고인에게 유리하다는 이유로 형사절차
규정의 문언을 벗어나는 해석을 허용하는 것은 헌법상 적법절차와 법치주의 원칙의 일탈을 의
미한다.」

[3] 나기업, "효력을 상실한 비약상고의 항소간주", 법조 제72권 제3호(2023), 513쪽 이하.

§195 제 2 상고법원의 절차

Ⅰ. 국선변호인 선정

1   소송기록을 송부받은 상고법원은 필요적 변호사건에서 피고인에게 변호인이 없는 때에는 지체없이 변호인을 선정해야 한다($\substack{제33조\\제1항}$). 빈곤 그 밖의 사유로 변호인을 선임할 수 없는 피고인의 청구가 있는 때에도 같다($\substack{같은 조\\제2항}$). 또한, 피고인의 나이·지능 및 교육정도 등을 참작하여 권리보호를 위해 필요하다고 인정하면 피고인의 명시적 의사에 반하지 않는 범위에서 변호인을 선정해야 한다($\substack{같은 조\\제3항}$). 변호사 아닌 자는 상고심의 변호인이 될 수 없다($\substack{제386\\조}$).

Ⅱ. 소송기록접수통지

2   상고법원이 소송기록을 송부받은 때에는 즉시 상고인과 상대방에게 소송기록접수통지를 해야 한다($\substack{제378조\\제1항}$). 통지 전에 사선변호인이 선임된 때에는 그 변호인에 대해서도 소송기록접수통지를 해야 한다($\substack{같은 조\\제2항}$). 구체적인 것은 항소심의 경우와 같다($\substack{규칙 제164조,\\제156조의2}$)[$\substack{§187/2\\참조}$].

Ⅲ. 상고이유서·답변서의 제출

1. 상고이유서

3   상고인 또는 변호인은 소송기록접수통지를 받은 날로부터 20일 이내에 상고이유서를 상고법원에 제출해야 한다.[1] 피고인에게는 재소자특칙에 관한 제344조가 준용된다($\substack{제379조\\제1항}$).

4   상고이유서에는 소송기록과 원심법원의 증거조사에 표현된 사실을 인용하여 그 이유를 구체적으로 간결하게 명시해야 한다($\substack{같은 조 제2항,\\규칙 제155조}$). 가령 '채증법칙위반'이나 '법리오해'라고만 기재하는 것은 적법한 기재라고 할 수 없다.[2] 상고이유서에는 상대방의 수에 4를 더한 수만큼의 부본을 첨부해야 한다($\substack{규칙\\제160조}$).

---

1 대법원 2023. 4. 14.자 2022도16568 결정:「검사가 상고한 경우에는 상고법원에 대응하는 검찰청 소속 검사가 소송기록접수통지를 받은 날로부터 20일 이내에 그 이름으로 상고이유서를 제출하여야 한다. 다만, 상고를 제기한 검찰청 소속 검사가 그 이름으로 상고이유서를 제출하여도 유효한 것으로 취급되지만, 이 경우 상고를 제기한 검찰청이 있는 곳을 기준으로 법정기간인 상고이유서 제출기간이 제67조에 따라 연장될 수 없다.」

2 대법원 2009. 4. 9. 선고 2008도5634 판결.

변호인선임서를 제출하지 않은 채 상고이유서만을 제출한 후 상고이유   5
서 제출기간이 지난 후에 변호인선임서를 제출한 경우, 그 상고이유서는 적
법·유효한 변호인의 상고이유서로 취급될 수 없다.[1]

상고이유서를 제출받은 상고법원은 지체없이 그 부본 또는 등본을 상대   6
방에게 송달해야 한다($^{제379조}_{제3항}$).

2. 답 변 서

상대방은 상고이유서 부본 또는 등본을 송달받은 날로부터 10일 이내에   7
답변서를 상고법원에 제출할 수 있다($^{제379조}_{제4항}$). 답변서를 제출받은 상고법원은 지
체없이 그 부본 또는 등본을 상고인 또는 변호인에게 송달해야 한다($^{같은 조}_{제5항}$).

제2관 상고심의 심리

제1 서면심리   §196

상고법원은 상고장·상고이유서 기타 소송기록에 의해 구두변론을 거치   1
지 않고 심리할 수 있다($^{제390조}_{제1항}$). 상고를 기각하는 경우뿐만 아니라 원심판결
을 파기하는 경우에도 마찬가지다.

국가기관과 지방자치단체는 공익과 관련된 사항에 관해 대법원에 재판   2
에 관한 의견서를 제출할 수 있고, 대법원은 이들에게 의견서를 제출하게 할
수 있다($^{규칙 제161}_{조의2 제1항}$). 대법원은 소송관계를 분명하게 하기 위해 공공단체 그 밖
의 참고인에게 의견서를 제출하게 할 수 있다($^{같은 조}_{제2항}$). 의견서를 제출하게 하
는 경우 대법원은 기한을 정해 관련자료 제출과 정보제공을 요청할 수 있고,
의견서 작성에 필요한 소송서류를 송달할 수 있다($^{변론규칙 제4}_{조의2 제1항}$).

대법관 전원합의체에서 심판하는 사건에 관한 구속, 구속기간갱신, 구속   3
취소, 보석 및 그 취소, 집행정지 및 그 취소의 재판은 대법관 3인 이상으로
된 부에서 할 수 있다($^{규칙}_{제162조}$).

판결선고는 별도의 선고기일에 공판정에서 주문을 낭독하는 방법으로   4
해야 한다($^{제43}_{조}$). 다만, 선고기일에는 피고인의 출석을 요하지 않는다($^{제389조}_{의2}$).

---

1 대법원 2013. 4. 11. 선고 2012도15128 판결.

대법원판결은 선고와 동시에 확정되며,[1] 기판력의 기준시점은 항소심판결선고시($\binom{비약상고사건인\ 경우}{제1심판결선고시}$)이다.

§197 제2 공판절차

I. 의 의

1 상고법원은 필요한 경우에는 특정한 사항에 관해 공판기일을 지정해 검사와 피고인에게 변론의 기회를 부여하고 참고인의 진술을 들을 수 있다($\binom{제390조}{제2항}$). 이는 사실심리를 위한 것이 아니라 법률적 쟁점에 대한 적확한 판단을 위한 것이다. 상고심에서의 공판준비 및 공판기일절차에 관해서는 대법원규칙인 변론규칙에서 상세히 규정하고 있다.

II. 공판준비

1. 공판기일 지정과 통지

2 공판기일은 검사·피고인·변호인에게 통지해야 한다($\binom{제399조,\ 제370조,\ 제267조}{제3항,\ 규칙\ 제161조\ 제1항}$). 피고인은 소환하지 않으며($\binom{제389조}{의2}$), 구속피고인의 이감 역시 필요치 않다($\binom{규칙\ 제161}{조\ 제2항}$). 상고한 피고인이 다른 사유($\binom{별건\ 항소}{절차\ 등}$)로 이감된 경우, 검사는 지체없이 이를 대법원에 통지해야 한다($\binom{같은\ 조}{제3항}$).

2. 공판준비명령

3 대법원은 소송관계를 분명하게 하고 공판을 효율적·집중적으로 진행하기 위해 필요한 경우 검사·피고인·변호인에게 기한을 정해 심리에 필요한 사항을 기재한 서면의 제출을 명할 수 있다($\binom{제399조,\ 제370조,\ 제266}{조의6,\ 변론규칙\ 제2조}$). 검사·피고인·변호인은 대법원이 정한 기한까지 위 준비서면을 제출해야 한다($\binom{변론규칙}{제3조\ 제1항}$). 준비서면에는 상대방의 수에 20을 더한 수의 부본을 첨부해야 한다($\binom{같은\ 조}{제2항}$).

3. 의견서 제출

4 대법원은 전문적 식견을 가지고 있거나 공공의 이해관계에 관해 진술하는 것이 적합하다고 인정되는 사람을 참고인으로 지정하여 그 진술을 들

---

1 대법원 1967. 6. 2.자 67초22 결정; 1979. 9. 11.자 79초54 결정.

을 수 있고, 그 지정에 앞서 당사자, 이해관계인 또는 관련 학회나 단체의 의견을 들을 수 있다(변론규칙 제4조 제1항). 참고인에게는 지정결정 등본과 의견서 작성에 관한 안내문, 의견서 작성에 필요한 소송서류를 송달해야 한다(같은 조 제2항). 참고인은 대법원으로부터 의견요청을 받은 사항에 관해 대법원이 정한 기한까지 의견서를 제출해야 한다(같은 조 제3항). 대법원은 이를 제출받는 즉시 그 사본을 검사·피고인에게 송달해야 한다(같은 조 제4항).

Ⅲ. 공판기일

1. 공판정의 개정

공판정은 법관, 검사, 법원사무관 등이 출석하여 개정한다(제399조, 제370조, 제275조 제1항).   5
피고인의 출석은 개정요건이 아니다(제389 조의2). 변호인 또한 필요적 변호사건이 아닌 이상 출석을 요하지 않고(제389 조), 적법한 상고이유서의 제출이 있는 경우 변호인의 진술이 있는 것으로 간주된다(같은 조 제2항).

2. 변   론

검사와 변호인은 상고이유서 및 준비서면에 의해 변론해야 한다(제388조; 변론규칙 제5조   6
제1항). 참고인은 의견서의 주요내용을 명확하게 진술해야 한다(변론규칙 제5조 제1항). 재판장 및 관여 대법관은 필요한 경우 언제든지 검사·피고인·변호인과 참고인에게 질문할 수 있다(같은 조 제2항). 재판장은 검사·변호인의 변론시간과 참고인의 진술시간을 적절한 범위에서 제한하거나 다시 연장할 수 있다(같은 조 제3항).

재판장은 쟁점별·사항별로 진술하게 할 수 있고, 변론·진술의 순서를   7
정할 수 있다(같은 조 제4항). 동일한 피고인을 위해 여러 명의 변호인이 있는 경우 재판장은 그중 변론할 수 있는 변호인의 수를 제한할 수 있다(같은 조 제4항). 검사·피고인·변호인은 참고인의 진술에 관해 의견을 진술할 수 있다. 다만, 참고인의 진술이 끝나기 전에는 재판장의 허가를 받아야 한다(같은 조 제6항).

상고심에서는 변호인이 아니면 피고인을 위해 변론하지 못한다(제387 조). 필   8
요적 변호사건이 아닌 이상, 변호인선임이 없거나 변호인이 공판기일에 출정하지 않은 때에는 검사의 진술만 듣고 판결할 수 있다(제389조 제1항). 다만, 적법한 상고이유서의 제출이 있는 경우 그 진술이 있는 것으로 간주한다(같은 조 제2항).

제3관　종국재판

§198 **제 1　원심판결을 파기하지 않는 재판**

Ⅰ. 공소기각결정

1　　　제328조 제1항 각호의 규정에 해당하는 사유[$\substack{\S159/2 \\ 참조}$]가 있음에도 원심법원이 이를 간과하였거나 상고심에서 그러한 사유가 비로소 드러난 경우, 상고법원은 원심판결을 파기할 필요 없이 결정으로 공소를 기각해야 한다($\substack{제382 \\ 조}$).

Ⅱ. 상고기각결정

2　　　상고제기가 법률상의 방식에 위반되거나 상고권 소멸 후인 것이 명백함에도 원심법원이 이를 간과해 상고기각결정($\substack{제376조 \\ 제1항}$)을 하지 않은 경우, 상고법원은 결정으로 상고를 기각해야 한다($\substack{제381 \\ 조}$).

3　　　i) 상고인이나 변호인이 법정기간 내 상고이유서를 제출하지 않았고 상고장에도 상고이유의 기재가 없는 경우 또는 ii) 상고장·상고이유서에 기재된 상고이유가 제383조 각호의 사유에 해당하지 않음이 명백한 경우, 상고법원은 결정으로 상고를 기각해야 한다($\substack{제380 \\ 조}$). 다만, 직권파기사유가 있는 때에는 그렇지 않다($\substack{제384조 \\ 단서}$)[$\substack{\S177 \\ 참조}$].

Ⅲ. 상고기각판결

4　　　상고이유가 이유 없고 직권파기사유도 없는 때에는 판결로 상고를 기각해야 한다($\substack{제399조, 제 \\ 364조 제4항}$). 이 경우 재판서에 상고이유 주장을 받아들이지 않는 이유를 기재해야 한다($\substack{제399 \\ 조}$).

§199 **제 2　파기판결**

1　　　상고이유 또는 직권파기사유가 있다고 인정한 때에는 판결로써 원심판결을 파기해야 한다($\substack{제391조, \\ 제384조 단서}$). 피고인의 이익을 위해 원심판결을 파기하는 경우에 파기의 이유가 상고한 공동피고인에 공통되는 때에는 그 공동피고인

에 대해서도 원심판결을 파기해야 한다($\binom{제392}{조}$). 여기서의 '상고한 공동피고인' 이란 적법한 상고를 한 공동피고인을 뜻하는바, 공동피고인의 상고제기가 법률상의 방식에 위반되었거나 상고권 소멸 후인 것이 명백한 경우는 이에 해당하지 않는다[$\binom{§191/3}{참조}$].[1]

파기판결의 형태는 다음과 같다. i) 관할의 인정이 법률에 위반됨($\binom{관할권이 없음에도}{관할위반판결을 하지 않은 경우}$)을 이유로 원심판결을 파기하는 때에는 사건을 관할권 있는 법원에 이송해야 한다($\binom{제394조:}{파기이송}$). ii) 적법한 공소를 기각했다거나 또는 관할위반의 인정이 법률에 위반된다는 이유로 원심판결을 파기하는 때에는 사건을 항소법원 또는 제1심법원에 환송해야 한다($\binom{제393조, 제395}{조: 파기환송}$). 그 밖의 사유로 원심판결을 파기하는 경우, iii) 소송기록과 원심법원·제1심법원이 조사한 증거에 의해 판결하기 충분하다고 인정하는 때에는 직접 판결할 수 있고($\binom{제396조 제1항:}{파기자판}$), iv) 그렇지 않은 때에는 사건을 원심법원에 환송하거나 그와 동등한 다른 법원에 이송해야 한다($\binom{제397}{조}$). 요컨대, 항소심과는 달리 파기환송이 원칙이고 파기자판은 예외에 속한다.

2

제 3 상고심판결의 정정

§200

상고법원은 그 판결의 내용에 오류가 있음을 발견한 때에는 직권 또는 검사, 상고인이나 변호인의 신청에 의해 판결로써 정정할 수 있다($\binom{제400조}{제1항}$). 하급심판결의 오류는 상소에 의해 바로잡는 반면, 상고심판결의 오류는 이처럼 대법원이 스스로 시정한다. 법문상 '판결'이라고 되어 있으나, 대법원은 상고기각결정도 정정의 대상이 된다고 한다.[2]

1

일반적으로 제400조 제1항의 '오류'란 계산착오, 오기 기타 이와 유사한 명백한 잘못을 말한다고 설명하나,[3] 이는 앞서 본 경정결정($\binom{규칙}{제25조}$)[$\binom{§28/5}{참조}$]의 사유일 뿐 판결정정의 사유는 아니다.[4] 여기서의 '오류'란 판결의 내용을 이루

2

---

1 대법원 2012. 11. 15. 선고 2012도6676 판결.
2 대법원 1979. 11. 30. 선고 79도952 판결(상고기각결정→파기자판); 2005. 4. 29. 선고 2005도1581 판결(상고기각결정→상고기각판결)
3 김정한 866쪽; 배종대/이상돈 837쪽; 배종대/홍영기 475쪽; 신동운 1656쪽; 이재상 외 2인 883쪽; 대법원 1981. 10. 5.자 81초60 결정.
4 손동권/신이철 823쪽; 임동규 817쪽.

는 실체적·절차적 사항에 명백한 착오가 있는 경우를 말한다. 가령 상고장에 상고이유의 기재가 있음에도 없다고 오인하거나[1] 피고인이 법정기간 내에 상고이유서를 제출했음에도 제출하지 않았다고 착오하여[2] 상고기각결정을 한 경우, 대법원은 이를 정정하여 상고기각판결 또는 파기판결을 할 수 있다. 반면, 유·무죄 판단의 잘못이나 채증법칙위반은 여기서 말하는 명백한 오류 라 할 수 없으므로 판결정정사유가 되지 못한다.[3]

3   정정신청은 판결선고가 있은 날로부터 10일 이내에 이유를 기재한 서면 으로 해야 하며($\frac{같은 조}{제2항, 제3항}$), 이를 접수한 상고법원은 즉시 그 사실을 상대방에 게 통지해야 한다($\frac{규칙}{제163조}$). 신청이 이유 없으면 기각결정을($\frac{제401조}{제1항}$), 이유 있으 면 정정판결을 한다. 한편, 직권에 의한 정정은 기간제한 없이 할 수 있다.[4] 정정판결도 변론 없이 할 수 있다($\frac{제401조}{제1항}$).

제4관 파기환송 후의 절차

§201 **제 1 상고법원의 절차**

1   대법원은 파기환송·이송판결일로부터 7일 이내에 소송기록과 증거물을 환송 또는 이송받을 법원에 송부하고, 대검찰청($\frac{또는}{공수처}$) 검사에게 그 사실을 통 지해야 한다($\frac{규칙 제164조,}{제157조 제1호}$). 위 송부를 받은 법원은 지체없이 그 법원에 대응한 검찰청($\frac{또는}{공수처}$)의 검사에게 그 사실을 통지해야 한다($\frac{규칙 제164조,}{제157 제2호}$).

2   구속, 구속기간갱신, 구속취소, 보석 및 그 취소, 구속집행정지 및 그 취 소의 결정은 소송기록이 이송·환송법원에 도달하기까지는 상고법원이 이를 해야 한다($\frac{규칙 제57}{조 제2항}$)$\left[\frac{§127/29}{참조}\right]$.

---

1 대법원 1979. 11. 30. 선고 79도952 판결.
2 대법원 2005. 4. 29. 선고 2005도1581 판결.
3 대법원 1987. 7. 31.자 87초40 결정:「확정판결에 대하여 인정하고 있는 재심과 비상상고에 관한 형사소송법의 여러 규정을 아울러 생각하여 보면, 제400조 제1항에서 말하는 '오류'라 함은 명백한 것에 한한다고 할 것이어서 채증법칙위배에 대한 판단을 잘못하였으니 무죄판결로 정정하여 달라는 소론과 같은 경우는 이에 해당되지 아니한다.」
4 대법원 1979. 11. 30. 선고 79도952 판결.

제2 파기환송·이송심의 절차

대법원의 파기환송·이송판결이 있는 때에는 원심법원에서 한 변호인선 임의 효력이 부활한다. 따라서 원심의 변호인은 파기환송·이송심에서 변호 인으로서의 권한을 행사할 수 있다. 환송전 제2심 재판에 관여한 법관이 파 기환송심에서 전심관여법관($\substack{제17조\\제7호}$)이 되는 것은 아니다$\left[\substack{§30/4\\참조}\right]$.[1]

1

환송심의 심판범위는 파기된 부분에 한정된다. 사후적경합범($\substack{형법 제37\\조 후단}$)의 경우 확정판결 전후의 각 죄는 각 별개로 심리·판단되고 분리 확정되는 관 계에 있는바, 만약 각 죄에 대해 원심이 각 별개의 유죄판결을 선고하고 이 에 대해 피고인이 상고하였는데 대법원이 그중 일부에 대한 상고만을 받아들 여 파기환송하고 나머지 부분에 대한 상고는 기각했다면, 상고기각된 유죄부 분은 분리 확정되고, 파기환송심의 심판범위는 파기된 부분에 한정된다.[2]

2

법령적용상 잘못이나 중대한 사실오인 등을 이유로 파기환송된 경우, 파 기환송심은 종전 절차를 새로 반복할 필요 없이 속행적 의미의 공판절차를 거쳐 재판을 하면 된다. 그러나 이를테면 i) 필요적 변호사건에서 변호인 없 이 제1심을 진행했거나$\left[\substack{§142/6\\참조}\right]$,[3] ii) 국민참여재판 희망의사를 묻지 않고서 또 는 국민참여재판 신청에 대해 배제결정을 하지 않고서 통상공판절차로 제1 심을 진행했거나$\left[\substack{§165/1\\참조}\right]$,[4] iii) 제1심을 진행한 법원의 소속법관에게 제척사유 가 있다는$\left[\substack{§30/8\\참조}\right]$ 등의 사유로 환송 전 원심법원의 재판절차 전체가 무효여서 파기된 경우, 파기환송심은 공판절차를 처음부터 다시 진행해야 한다. 즉, 국 선변호인을 선정해 소송기록접수통지를 한 후 항소이유서를 제출하게 하고 제1회 공판기일부터 다시 진행해야 한다.[5]

3

파기환송심의 판결에는 다시 상고할 수 있다. 다만, 환송 전에 상고이유 로 삼지 않았던 부분을 상고이유로 주장하는 것은 허용되지 않는다$\left[\substack{§185/7\\참조}\right]$.[6]

4

---

1 대법원 1971. 12. 28. 선고 71도1208 판결.
2 대법원 2001. 3. 23. 선고 2000도486 판결.
3 대법원 2011. 9. 8. 선고 2011도7106 판결.
4 대법원 2011. 9. 8. 선고 2011도6325 판결.
5 제요(Ⅱ) 373쪽.
6 대법원 2001. 4. 10. 선고 2001도265 판결.

제4장 부대절차와 부수적 재판

제1절 공판절차와 병행하는 특수절차

제1관 배상명령과 화해

§203 제1 배상명령

Ⅰ. 의   의

1   제1심 또는 제2심 공판절차에서 일정한 범죄에 대해 유죄판결을 선고할 경우, 법원은 직권 또는 피해자나 그 상속인의 신청에 따라 그 범죄행위로 발생한 직접적인 물적 피해, 치료비 및 위자료의 배상을 피고인에게 명할 수 있다. 이처럼 공판절차의 종국판결에 부대(附帶)하여 범죄피해자의 손해배상청구권을 실현하는 재판을 배상명령(賠償命令)이라 한다. 이는 위 유죄판결이 확정되면 집행력 있는 민사판결정본과 동일한 효력을 지닌다. 배상명령제도는 피고인의 배상책임의 범위가 명백한 때에 범죄피해자가 당해 형사소송절차 내에서 간편·신속하게 피해를 회복하게 하는 데 그 의의가 있다.

Ⅱ. 요   건

1. 직접적 손해에 대한 배상

2   (1) 대상범죄   배상명령을 할 수 있는 범죄는 i) 형법각칙상 상해와 폭행의 죄(피해자가 존속인 경우는 제외), 과실치사상의 죄, 강간과 추행의 죄, 절도와 강도의 죄, 사기와 공갈의 죄, 횡령과 배임의 죄, 손괴의 죄(형법 제25장, 26장, 제32장, 제38장 내지 제40장, 제42장), ii) 위 각 죄의 가중적구성요건(형사특별법 포함)과 미수범, iii) 성폭법 제10조 내지 제14조, 제15조(같은 법 제3조 내지 제9조의 미수범은 제외)의 죄, iv) 아청법 제12조, 제14조의 죄이다(소촉법 제25조 제1항).

3   (2) 대상손해   배상명령의 대상인 손해는 범죄행위로 발생한 직접적인 물적 피해, 치료비 및 위자료에 한한다. 재산범죄에서는 불법영득한 재물이

나 이익의 가액, 손괴죄에서는 수리비, 신체침해범죄에서는 치료비·위자료가 이에 해당한다. 일실수익이나 지연손해금은 범죄행위로 발생한 직접적인 물적 피해라고 할 수 없으므로 배상명령의 대상이 되지 않는다.

　　(3) 손해배상액의 특정　　i) 피해금액이 특정되지 않거나 ii) 배상책임의 유무 또는 범위가 불분명한 경우에는 배상명령을 할 수 없다(소촉법 제25조 제3항). 가령 배상명령 신청인이 피고인으로부터 피해금 전액을 지급받고 합의하였다는 내용의 합의서를 제출한 경우가 이에 해당한다.[1]　　　　　**4**

　　2. 합의된 손해배상액

　　대상범죄나 대상손해에 해당하지 않더라도, 법원은 피고인과 피해자 사이에 합의된 손해배상액에 관해서는 배상명령을 할 수 있다(소촉법 제25조 제2항).　　　　　**5**

Ⅲ. 절　　차

1. 신청에 의한 배상명령

　　⑴ 신　　청

　　㈎ 신청권자　　배상명령 신청권자는 범죄로 인한 피해자나 그 상속인　　　　　**6**
이다(소촉법 제25조 제1항). 단, 동일피해에 관해 이미 민사소송 등이 계속중인 때에는 배상명령을 신청할 수 없다(소촉법 제26조 제7항). 국가나 지방자치단체도 재산범죄의 피해자가 될 수 있으므로 배상명령을 신청할 수 있다.[2] 신청인은 변호사를 대리인으로 선임할 수 있으며, 법원의 허가를 받아 배우자·직계혈족·형제자매를 대리인으로 선임할 수 있다(소촉법 제27조 제1항).

　　㈏ 상대방　　배상명령은 공판절차의 피고인에 대해서만 신청할 수 있　　　　　**7**
다. 따라서 기소되지 않은 자나 약식명령이 청구된 자에 대한 배상명령은 신청할 수 없다(소촉법 제25조 제1항). 피고인의 변호인은 배상명령신청에 관해 피고인의 대리인으로서 소송행위를 할 수 있다(소촉법 제27조 제2항).

　　㈐ 신청기한　　신청은 제1심 또는 제2심 공판의 변론이 종결될 때까지　　　　　**8**
할 수 있다(소촉법 제26조 제1항).

　　㈑ 신청방법　　신청은 i) 사건번호·사건명·사건계속법원, ii) 신청인의　　　　　**9**

1　대법원 2011. 6. 10. 선고 2011도4194 판결; 2017. 5. 11. 선고 2017도4088 판결.
2　김대룡, "국가를 위한 배상명령에 관한 소고", 형사법의 신동향 제74호(2022), 104쪽.

성명·주소, iii) 대리인이 신청하는 때에는 그 대리인의 성명·주소, iv) 상대
방 피고인의 성명·주소, v) 배상의 대상과 그 내용, vi) 배상청구금액을 기재
하고 신청인 또는 대리인이 서명날인한 신청서를 법원에 제출하는 방법으로
한다. 이때 상대방 피고인 수만큼의 부본을 함께 제출해야 한다. 신청서에는
증거서류를 첨부할 수 있다(소촉법 제26조 제2항 내지 제4항).

10   피해자가 증인으로 법정에 출석한 때에는 구술로 배상명령을 신청할 수
있다. 이 경우 공판조서에 그 취지를 기재해야 한다(같은 조 제5항).

11   ⑭ 신청의 효력   배상명령신청은 민사소송에서의 소제기와 동일한 효
력(가령 손해배상청구권의 소멸시효 중단)이 있다(같은 조 제8항).

12   ⑮ 기록열람   신청인 및 그 대리인은 공판절차를 현저히 지연시키지
않는 범위에서 재판장의 허가를 받아 소송기록을 열람할 수 있다(소촉법 제30조 제1항).
열람불허의 재판에는 불복할 수 없다(같은 조 제2항).

13   ⑯ 신청의 취하   신청인은 배상명령 확정 전까지 신청을 취하할 수 있
다(소촉법 제26조 제2항).

14   (2) 법원의 조치   서면에 의한 배상명령신청이 있는 경우, 법원은 지체
없이 그 부본을 피고인에게 송달해야 한다. 이 경우 법원은 직권 또는 신청
인의 요청에 따라 신청인의 성명·주소 등 그 신원을 알 수 있는 사항의 전부
또는 일부를 가리고 송달할 수 있다(소촉법 제28조). 법원은 신청인에게 공판기일을 알
려야 한다(소촉법 제29조 제1항).

15   (3) 공판기일의 심리   공판정에서 신청인 또는 그 대리인의 좌석은 법
관의 정면에 위치한다(소촉규칙 제20조). 재판장은 신청인 및 그 대리인을 호명하여 출
석여부와 신청인의 성명·연령·주거·직업 등을 확인해야 한다(소촉규칙 제21조). 신청
인은 공판기일에 출석할 의무가 없으며(소촉법 제29조 제2항), 출석한 후에도 언제든지 재
판장의 허가를 받고 퇴석할 수 있다(소촉규칙 제22조 제1항). 공판기일의 심리가 배상명령과
관계없는 경우, 재판장은 출석한 신청인을 퇴석하게 할 수 있다(같은 조 제2항).

16   법원은 필요한 때에는 피고인의 배상책임 유무와 범위를 인정함에 필요
한 증거를 조사할 수 있다(소촉규칙 제24조 제1항). 또한, 피고사건의 범죄사실에 관한 증거
를 조사하면서 배상책임의 유무 및 범위에 관련된 사실을 함께 조사할 수 있
다(같은 조 제2항). 피고사건의 범죄사실을 인정할 증거는 피고인의 배상책임 유무 및
범위를 인정할 증거로 할 수 있다(같은 조 제3항).

신청인 및 그 대리인은 공판절차를 현저히 지연시키지 않는 범위에서   17
재판장의 허가를 받아 공판기일에 피고인이나 증인을 신문할 수 있으며, 그
밖에 필요한 증거를 제출할 수 있다($^{소촉법 제30}_{조 제1항}$). 신문·증거제출을 불허하는 재
판에는 불복할 수 없다($^{같은 조}_{제2항}$).

⑷ 재 판

㈎ 배상명령   신청이 이유 있다고 인정되는 경우, 법원은 유죄판결의   18
선고와 동시에 배상명령을 한다($^{소촉법 제31}_{조 제1항 본문}$). 신청의 일부만 인용할 수도 있다.

배상명령은 유죄판결의 주문에서 배상의 대상 및 금액을 표시해 그 지   19
급을 명함으로써 하며, 가집행할 수 있다는 취지를 붙일 수 있다($^{같은 조 제}_{2항, 제3항}$). 배
상명령의 가집행에는 실효·원상회복·집행정지에 관한 민사소송법 규정이
준용된다($^{같은 조}_{제4항}$). 배상명령의 이유는 특히 필요한 경우가 아니면 기재하지 않
는다($^{같은 조}_{제2항 단서}$).

㈏ 각 하   법원은 i) 신청이 부적법하거나, ii) 신청이 이유 없거나, iii)   20
배상명령을 함이 타당하지 않다고 인정되는 경우에는 결정으로 신청을 각하
해야 한다($^{소촉법 제32}_{조 제1항}$).

i) 신청이 부적법한 경우란 이를테면 신청인의 성명·주소가 불분명하거   21
나 변론종결 후의 신청인 경우[1]를 말한다. ii) 신청이 이유 없는 경우란 피해
금액이 특정되지 않거나 배상책임의 유무 또는 범위가 명백하지 않은 경우[2]
를 말하며, iii) 배상명령을 함이 타당하지 않은 경우란 가령 배상명령으로 인
해 공판절차가 현저히 지연될 우려가 있거나 무죄판결·형식재판을 해야 하
거나 이미 집행권원이 확보된 경우를 말한다($^{소촉법 제25조 제3}_{항, 제32조 제1항}$).

유죄판결을 선고하면서 배상명령신청을 각하하는 때에는 이를 판결주문   22
에 표시할 수 있다($^{소촉법 제32}_{조 제2항}$). 이 경우 법원은 판결서에 신청인의 성명·주소
등 인적사항의 기재를 생략할 수 있다($^{같은 조}_{제3항}$).

신청을 각하한 재판에는 불복할 수 없다($^{같은 조}_{제4항}$). 민사법원에 손해배상청   23
구의 소를 제기할 수 있기 때문이다. 제1심에서 신청이 각하된 경우에는 항
소심에서 다시 동일한 신청을 할 수 없다.[3]

---

1 대법원 2022. 1. 14. 선고 2021도13768 판결.
2 대법원 2012. 8. 30. 선고 2012도7144 판결.
3 대법원 2022. 1. 14. 선고 2021도13768 판결.

2. 직권배상명령

24   법원은 직권으로 배상명령을 할 수 있다. 공소제기된 범죄의 피해품이 현금인 때에는 소촉법 제25조 제3항($^{배상명령을\ 해선}_{는\ 안\ 되는\ 경우}$)의 사유에 해당하지 않는 한 직권으로 배상명령을 선고해야 한다($^{배상예규}_{제6조\ 제2항}$).

3. 불   복

25   (1) 유죄판결에 대한 상소   유죄판결에 대한 상소가 있으면 배상명령의 확정은 차단되고 피고사건과 함께 상소심으로 이심되는바, 이는 검사만 상소한 경우에도 마찬가지다($^{소촉법\ 제33}_{조\ 제1항}$). 배상명령신청에 대한 상소심의 심리절차는 제1심에서의 그것과 같다.

26   상소심에서 원심의 유죄판결을 파기하고 무죄·면소·공소기각의 재판을 하는 때에는 원심 배상명령을 취소하는 재판을 해야 하며, 그러한 재판이 없더라도 상소심판결 선고와 동시에 그 배상명령은 취소된 것으로 본다($^{같은\ 조}_{제2항}$). 그러나 합의된 손해배상액에 관해 배상명령을 한 때에는 그렇지 않다($^{같은\ 조}_{제3항}$).

27   (2) 배상명령에 대한 즉시항고   피고인은 유죄판결에 대해 상소하지 않고 배상명령에 대해서만 즉시항고할 수도 있다($^{같은\ 조}_{제5항\ 본문}$). 다만, 즉시항고 후 다른 상소권자의 적법한 상소가 있는 경우에는 배상명령사건도 당연히 이심되며, 즉시항고는 취하된 것으로 간주한다($^{같은\ 항}_{단서}$).

4. 확   정

28   확정된 배상명령 및 가집행선고부 배상명령이 기재된 유죄판결서의 정본은 강제집행시 집행력 있는 민사판결 정본과 동일한 효력이 있다($^{소촉법\ 제34}_{조\ 제1항}$). 따라서 별도의 집행문 부여는 필요치 않다. 다만, 승계집행문이 필요하거나($^{민사집행}_{법\ 제31조}$) 여러 통의 집행문이 필요한 경우($^{같은\ 법}_{제35조}$)에는 제1심법원 또는 소송기록 있는 상급심법원이 민사집행법 소정의 절차에 의해 이를 부여해야 한다($^{소촉규칙}_{제27조}$).[1]

29   배상명령이 확정된 경우 피해자는 그 인용된 금액의 범위에서 다른 절차에 따른 손해배상을 청구할 수 없다($^{소촉법\ 제34}_{조\ 제2항}$). 인용금액을 넘어선 부분에 대해서는 따로 손해배상청구의 소를 제기할 수 있고, 청구에 대한 이의의 주장은 그 원인이 변론종결 전에 생긴 때에도 할 수 있다($^{같은\ 조}_{제4항}$).

---

1 제요(Ⅱ) 190쪽.

제 2 화　　해

　　i) 형사피고사건의 피고인과 피해자가 민사상 다툼($^{\text{피고사건과 관련된}}_{\text{피해에 한정한다}}$)에 관해 **1**
서로 합의한 경우에는 그 피고사건이 계속중인 제1심 또는 제2심 법원에 합
의사실을 공판조서에 기재해줄 것을 공동으로 신청할 수 있다($^{\text{소촉법 제36}}_{\text{조 제1항}}$). ii)
그 합의가 피고인의 피해자에 대한 금전지급을 내용으로 하는 경우, 피고인
외의 자가 보증인 또는 연대채무자가 되기로 합의한 때에는, 위 신청과 동시
에 그 피고인 외의 자는 피고인 및 피해자와 공동으로 그 취지를 공판조서에
기재해줄 것을 신청할 수 있다($^{\text{같은 조}}_{\text{제2항}}$).

　　위 각 신청은 변론종결 전까지 공판기일에 출석해 서면($^{\text{화해}}_{\text{신청서}}$)으로 해야 **2**
한다($^{\text{같은 조}}_{\text{제3항}}$). 서면에는 i) 피고사건의 번호, 사건명 및 사건계속법원, ii) 신청
인의 성명·주소, iii) 대리인이 신청하는 경우 그 성명·주소, iv) 신청인이 피
고인인 때에는 그 취지, v) 신청인이 피고인의 보증인 또는 연대채무자가 되
기로 한 사람인 때에는 그 취지, vi) 당해 신청과 관련된 합의 및 그 합의가
이루어진 민사상 다툼의 목적인 권리를 특정함에 충분한 사실을 기재하고,
신청인이나 그 대리인이 기명날인 또는 서명해야 한다($^{\text{같은 조 제4항,}}_{\text{소촉규칙 제28조}}$).

　　화해신청이 있는 경우 공판조서에 그 사실을 기재하고($^{\text{소촉규칙 제}}_{\text{30조 제1항}}$), 별도로 **3**
화해조서(和解調書)를 작성한다. 화해조서에는 i) 사건의 표시, ii) 법관과 법
원사무관 등의 성명, iii) 신청인의 성명 및 주소, iv) 출석한 신청인 및 대리
인의 성명, v) 당해 신청과 관련된 합의 및 그 합의가 이루어진 민사상 다툼
의 목적인 권리를 특정함에 충분한 사실을 기재하고, 법원사무관 등과 재판
장이 기명날인한다($^{\text{같은 조 제2}}_{\text{항, 제3항}}$). 이 화해조서는 공판조서의 일부를 이룬다.

　　법원사무관 등은 화해조서 정본을 화해가 있은 날로부터 7일 안에 신청 **4**
인에게 송달해야 한다($^{\text{같은 조}}_{\text{제4항}}$). 화해조서는 확정판결과 동일한 효력이 있고,
특별한 합의가 없는 한 화해비용은 각자($^{\text{분할}}_{\text{채무}}$) 부담한다($^{\text{소촉법 제36조 제5항, 민사}}_{\text{소송법 제220조, 제389조}}$).

　　화해신청서·화해조서 등은 피고사건이 종결된 후에는 제1심법원에서 **5**
보관한다($^{\text{소촉법 제}}_{\text{37조 제4항}}$). 화해당사자 기타 이해관계 있는 제3자는 법원사무관 등에
게 i) 화해신청서·화해조서의 열람·복사, ii) 화해조서 정본($^{\text{또는}}_{\text{등·초본}}$)의 발급,
iii) 화해에 관한 사항의 증명서 발급을 신청할 수 있다($^{\text{같은 조}}_{\text{제1항}}$).

제2관   신청에 의한 보안처분

제 1 치료감호

Ⅰ. 의   의

1   치료감호란 범죄행위자가 i) 심신장애자, ii) 마약·알코올 기타 약물 중독자, iii) 성적 성벽(性癖)이 있는 정신성적 장애자 중의 하나에 해당하는 사람으로서 재범의 위험성이 있는 경우, 치료를 위해 그를 일정한 시설에 수용하는 보안처분을 말한다. 이는 재범방지와 피고인의 교화·개전(改悛) 및 원활한 사회복귀를 목적으로 한다. 현행법상 치료감호는 검사의 청구에 따라 법원이 명하게 되어 있는바, 대부분의 경우 피고사건에 대한 공판절차에 부대하여 심리가 이루어지며 종국재판의 선고 역시 피고사건에 대한 종국판결과 동시에 이루어진다.

Ⅱ. 요   건

2   치료감호대상자는 i) 형법 제10조에서 정하는 심신장애인으로서 금고 이상의 형에 해당하는 죄를 지은 자, ii) 마약·향정신성의약품·대마, 그 밖에 남용되거나 해독(害毒)을 끼칠 우려가 있는 물질이나 알코올을 식음·섭취·흡입·흡연 또는 주입받는 습벽이 있거나 그에 중독된 자로서 금고 이상의 형에 해당하는 죄를 지은 자, iii) 소아성기호증이나 성적가학증 등 성적 성벽이 있는 정신성적 장애인으로서 금고 이상의 형에 해당하는 성폭력범죄를 지은 자 중 하나에 해당하여 치료가 필요하고 재범의 위험성이 있는 사람이다(치료감호법 제2조 제1항, 제16조). 여기서 '재범의 위험성'이란 장래에 다시 심신장애상태에서 범행을 저지를 상당한 개연성을 말한다.[1]

---

1   대법원 2000. 7. 4. 선고 2000도1908, 2000감도62 판결: 「치료감호의 요건이 되는 재범의 위험성이라 함은 피감호청구인이 장래에 다시 심신장애의 상태에서 범행을 저지를 상당한 개연성이 있는 경우를 말하고, 그 위험성 유무는 피감호청구인에 대한 위험성의 하나의 징표가 되는 원인행위로서 당해 범행의 내용과 판결선고 당시의 피감호청구인의 심신장애의 정도, 심신장애의 원인이 될 질환의 성격과 치료의 난이도, 향후 치료를 계속 받을 수 있는 환경의 구비여부, 피감호청구인 자신의 재범예방 의지의 유무 등 제반 사정을 종합적으로 평가하여 객관적으로 판단하여야 [한다].」

Ⅲ. 절　　　차

1. 청　　　구

⑴ 청구권자 　　　치료감호청구는 검사만 할 수 있다. 　　　　　　　　3

⑵ 공소제기와의 관계

⑺ 원　칙 　　　치료감호청구는 공소제기와 동시에 또는 공소제기 후에 　　4
함이 원칙이다. 대부분의 경우 공소제기와 동시에 1개의 서면($\binom{\text{'공소장 및 치}}{\text{료감호청구서'}}$)으
로 이루어지나($\binom{\text{치료감호법시행}}{\text{령 제3조 제1항}}$), 먼저 공소를 제기하고 후에 청구할 수도 있다. 후
자의 경우, 청구시한은 피고사건의 항소심 변론종결시이다($\binom{\text{치료감호법}}{\text{제4조 제5항}}$). 법원은
공판심리중 치료감호의 필요가 있다고 인정할 경우 검사에게 치료감호청구
를 요구할 수 있다($\binom{\text{같은 조}}{\text{제7항}}$).

구약식사건에 관해 치료감호청구가 있는 경우, 법원은 공판회부결정을 　　5
해야 한다($\binom{\text{같은 법 제}}{\text{10조 제3항}}$)$\left[\begin{smallmatrix}\text{§131/10}\\\text{참조}\end{smallmatrix}\right]$.

⑻ 예　외 　　　i) 심신상실로 인해 벌할 수 없는 경우($\binom{\text{형법}}{\text{제10조}}$), ii) 친고죄 또 　6
는 전속고발범죄에서 고소·고발이 없거나 취소된 경우 또는 반의사불벌죄에
서 피해자가 처벌불원의사표시($\binom{\text{또는 처벌희망}}{\text{의사표시의 철회}}$)를 한 경우, iii) 기소유예처분을
한 경우에는 공소제기 없이 치료감호만을 청구할 수 있다($\binom{\text{치료감호}}{\text{법 제7조}}$). 구속영장
에 의해 구속된 피의자에 대해 검사가 공소제기 없이 치료감호청구만을 한
때에는 그 구속영장은 실효되지 않고 치료감호영장으로 간주되어 그 효력이
존속한다($\binom{\text{같은 법}}{\text{제8조}}$).

⑶ 청구 전 감정 　　　검사가 치료감호를 청구할 때에는 정신건강의학과 　　7
등 전문의의 진단이나 감정$\left[\begin{smallmatrix}\text{§78}\\\text{참조}\end{smallmatrix}\right]$을 참고해야 한다. 특히 성폭력사건에서 성적
성벽이 있는 정신성적 장애를 이유로 치료감호를 청구하려면 반드시 그러한
진단이나 감정을 받아야 한다($\binom{\text{같은 법}}{\text{제4조}}$).

⑷ 청구의 방법 　　　i) 공소제기와 동시에 치료감호청구를 하는 경우에는 　　8
공소장에 치료감호청구의 원인이 되는 사실 및 적용법조를 공소장의 공소사
실 및 적용법조에 추가해 기재해야 한다($\binom{\text{같은법시행령}}{\text{제3조 제1항}}$)$\left[\begin{smallmatrix}\text{§95/23}\\\text{참조}\end{smallmatrix}\right]$. ii) 공소제기 후에
또는 공소제기 없이 치료감호청구만을 하는 때에는 치료감호청구서에 피치
료감호청구인의 성명, 연령, 등록기준지, 주거, 직업, 죄명, 청구의 원인이 되

는 사실 및 적용법조를 적어야 한다(같은 조/제2항). 공소장 또는 치료감호청구서에는
구속영장 또는 치료감호영장이나 그 등본, 변호인선임서, 피의자 또는 치료
감호대상자 수용증명, 구속 또는 보호구속기간 연장결정서나 그 등본 등을
첨부해야 한다(같은 조/제3항).

2. 심   리

9   (1) 관할법원   치료감호청구사건의 토지관할은 그와 동시에 심리할 피
고사건(기소와 동시에 또는 기소 후/에 치료감호가 청구된 경우) 또는 심리할 수 있었던(기소 없이 치료감/호만 청구된 경우) 사건의 관할
에 따른다(치료감호법/제3조 제1항).

10   치료감호청구사건의 제1심 관할은 합의부에 속한다. 따라서 본래는 단
독판사 관할인 피고사건도 치료감호청구가 있으면 합의부에서 심판해야 한
다(같은 조/제2항). 실무상, 단독판사가 심판중인 피고사건에 관해 사후에 치료감호청
구가 있는 때에는 치료감호청구사건을 담당하는 합의부가 결정으로 병합심
리한다(제10/조)[§146/3 /참조].

11   (2) 공판절차   공소제기와 동시에 또는 그 후 치료감호가 청구된 경우
에는 피고사건에 대한 공판절차에서 치료감호청구사건을 동시에 심리한다.

12   공소제기 없이 치료감호만 청구된 경우, 그 심리에 관해서는 통상의 공
판절차에 관한 규정이 준용된다(치료감호/법 제51조). 이 경우 증거능력이나 증거조사 등
도 통상공판절차의 그것과 동일하며, 합의부 관할이므로 국민참여재판에 관
한 규정도 당연히 적용된다.

13   (개) 궐석재판   피치료감호청구인이 심신상실로 공판기일에 출석할 수
없는 때에는 그의 출석 없이 개정할 수 있다(같은 법/제9조). 일반 형사사건이라면 공
판절차가 정지되어야 하나(제306/조), 치료감호청구사건의 특수성에 비추어 궐석
재판을 허용하는 것이다.

14   치료감호청구사건에서는 변호인 없이 개정하지 못한다. 따라서 변호인
이 없거나 공판기일에 불출석한 경우, 법원은 직권으로 국선변호인을 선정
해야 한다(제282조, 제283조, 치료/감호법 제15조 제2항).

15   (내) 공판절차이행   형법 제10조 제1항의 심신장애를 이유로 공소제기
없이 치료감호청구만 한 사건에서 공판개시 후 피치료감호청구인이 심신장
애인이 아니라는 명백한 증거가 발견된 경우, 검사의 청구가 있으면 그 사건

은 일반 형사공판절차로 이행된다($\frac{치료감호법}{제10조\ 제1항}$). 이 경우 치료감호청구시점에 공소가 제기된 것으로 간주하며, 공판절차 이행 전의 심리에서 한 소송행위는 공판절차이행 후에도 유효하다($\frac{같은\ 조}{제2항}$).

　　상소심에서의 공판절차이행은 심급의 이익을 해하므로 허용되지 않는다.[1]　　16

　　(3) 종국재판　　치료감호청구사건에 관한 재판은, 공소제기 없이 치료　　17
감호만 청구된 경우가 아닌 이상, 언제나 피고사건에 대한 재판과 동시에 해야 한다($\frac{같은\ 법\ 제}{12조\ 제1항}$).

　　(개) 청구기각결정　　피고사건에 관해 공소기각결정($\frac{제328조}{제1항}$)의 사유가 있는　　18
때에는 결정으로 치료감호청구를 기각한다($\frac{치료감호법}{제12조\ 제4항}$).

　　(내) 청구기각판결　　피고사건에 관해 면소·공소기각($\frac{제327조\ 제1호\ 내지}{제4호의\ 사유에\ 한한다}$) 판　　19
결의 사유가 있는 때에는 판결로 치료감호청구를 기각한다($\frac{치료감호법}{제12조\ 제4항}$). 치료감호청구가 이유 없다고 인정될 때 또는 피고사건에 대해 심신상실 이외의 사유로 무죄를 선고할 때나 사형을 선고할 때에도 같다($\frac{같은\ 조}{제1항}$).

　　(대) 치료감호판결　　청구가 이유 있다고 인정하는 때에는 판결로 치료감　　20
호를 선고한다($\frac{같은\ 조}{제1항}$). 이 경우 판결이유에 치료감호의 요건이 되는 사실, 증거의 요지 및 적용법조를 구체적으로 밝혀야 한다($\frac{같은\ 조}{제3항}$).

3. 상　　소

　　(1) 치료감호청구사건 부분에 대한 상소　　검사 또는 피치료감호청구인(피　　21
고인)과 그 법정대리인·배우자·직계친족·형제자매·변호인은 치료감호청구사건의 재판만을 대상으로 상소, 상소포기·취하 및 상소권회복청구를 할 수 있다($\frac{치료감호법\ 제14}{조\ 제1항,\ 제51조}$). 치료감호청구사건에 대해서만 상소한 경우 피고사건에 대해서까지 상소가 있는 것으로 간주되지는 않는다. 가령 제1심법원이 징역형을 선고하면서 치료감호청구를 기각하였고 검사만이 치료감호청구기각 부분에 항소한 경우, 피고사건에 대한 판결은 제1심에서 확정된다.

　　(2) 피고사건 부분에 대한 상소　　상소권자가 피고사건의 판결에 대해　　22
상소, 상소포기·취하, 상소권회복청구를 한 때에는 치료감호청구사건에 대해서도 상소, 상소포기·취하, 상소권회복청구를 한 것으로 본다($\frac{같은\ 법\ 제}{14조\ 제2항}$). 검사만 상소한 때에도 치료감호청구사건은 이심되며, 상소심이 피고사건 부분을

1　대법원 1983. 6. 14. 선고 83도765 판결.

파기할 경우 치료감호청구사건 부분에 대해서도 새로 판결을 선고해야 한다.[1]
반면, 형을 선고하면서 치료감호청구는 기각한 판결에 대해 피고인만 항소한
때에는 피고사건 부분만 이심되고, 치료감호청구 기각부분은 확정된다.[2]

§206 제 2 전자장치부착명령

Ⅰ. 의   의

1   전자파를 발신하고 추적하는 원리를 이용해 위치를 확인하거나 이동경
로를 탐지하는 일련의 기계적 설비를 위치추적전자장치라 하고, 피고인의 신
체에 이를 부착할 것을 명하는 법원의 재판을 부착명령이라 한다. 이는 특정
범죄의 행위자가 재범의 가능성이 높다고 인정되는 경우에 출소 후 그 행적
을 추적할 수 있도록 함으로써 동종범죄 재발을 예방하기 위해 부과되는 보
안처분이다. 치료감호청구사건과 달리 부착명령청구사건은 언제나 피고사건
에 대한 공판절차에 부대해 심리되며, 그에 대한 판결선고 역시 피고사건에
대한 종국재판과 동시에 이루어진다.

Ⅱ. 요   건

2   부착명령은 특정범죄(성폭력범죄, 미성년자 유괴범죄, 살인범죄, 강도범죄)를 저지른 사람에 대해 일정한
요건이 충족되고 재범의 위험성이 인정되는 경우에 한다.[3] 구체적 요건은
전자장치법 제5조 제1항 내지 제4항에서 정하고 있다.

Ⅲ. 절   차

1. 청   구

3   ⑴ 청구권자   부착명령청구는 검사만 할 수 있다(전자장치법 제5조).

4   ⑵ 공소제기와의 관계   부착명령청구는 공소제기와 동시에 또는 공소제

---

1 대법원 2011. 8. 25. 선고 2011도6705, 2011감도20 판결.
2 대법원 1982. 12. 14. 선고 82도2476 판결: 「감호사건에 관하여도 피고인은 자기에게 불이익한
   상소를 할 수 없으므로 피고인이 유죄의 피고사건에 관하여 상소를 하였다고 하더라도 감호청
   구가 기각되어 피고인이 불복신청을 할 이익이 없는 감호사건에 대하여는 상소가 있는 것으로
   볼 수 없다.」
3 대법원 2015. 2. 26. 선고 2014도17294, 2014전도276 판결.

기 후에 한다. 대부분의 경우 공소제기와 동시에 1개의 서면('공소장 및 부착명령청구서')으로 이루어지나(같은법시행령 제5조 제2항), 먼저 공소를 제기하고 후에 청구할 수도 있으며(전자장치법 제8조 제2항), 법원이 공판심리중 검사에게 청구를 요구할 수도 있다(같은 법 제5조 제6항). 부착명령의 청구시한은 피고사건의 항소심 변론종결시이다(같은 조 제5항).

(3) 청구 전 감정　　검사는 부착명령을 청구함에 필요한 때에는 대상자에 대한 정신감정 그 밖에 전문가의 진단 등 결과를 참고해야 한다(같은 법 제6조 제5항).　5

(4) 청구의 방법　　공소제기와 동시에 부착명령청구를 하는 경우에는 공소장에 청구의 원인이 되는 사실 및 적용법조를 공소장의 공소사실 및 적용법조에 추가해 기재해야 한다(같은법시행령 제5조 제2항). 공소제기 후 청구하는 경우에는 부착명령청구서에 피부착명령청구인의 성명·주민등록번호·직업·주거·등록기준지, 죄명, 청구의 원인이 되는 사실 및 적용법조를 적어야 한다(같은 조 제1항).　6

2. 제 1 심

(1) 관할법원　　부착명령청구사건의 토지관할은 그와 동시에 심리하는 특정범죄사건의 관할에 따른다(전자장치법 제7조 제1항).　7

부착명령청구사건의 사물관할은 합의부에 속한다(같은 조 제2항). 따라서 본래는 단독판사 관할인 피고사건도 부착명령청구가 있으면 합의부에서 심판해야 한다. 단독판사가 심판중인 피고사건에 관해 사후에 부착명령청구가 있는 때에는 부착명령사건을 담당하는 합의부가 병합심리한다(제10조)[§146/3 참조].　8

(2) 공판절차　　부착명령청구사건은 피고사건에 대한 공판절차에서 심리한다. 변호인이 없거나 공판기일에 불출석한 경우, 법원은 직권으로 국선변호인을 선정해야 한다(제282조, 제283조, 전자장치법 제11조).　9

피고사건에 관해 공소장변경을 하는 때에는 부착명령청구의 원인이 되는 사실 또한 그에 맞춰 변경해야 한다.[1]　10

(3) 종국재판　　부착명령청구사건에 대한 종국판결은 언제나 피고사건에 대한 재판과 동시에 선고한다(전자장치법 제9조 제5항). 실무상 유죄판결의 주문에 함께 표시하고 있다.　11

---

1 대법원 2010. 4. 29. 선고 2010도1626, 2010전도3 판결: 「부착명령이 성폭력범죄자에 대하여 형벌을 부과하는 기회에 그 재범방지와 성행교정을 통한 재사회화를 목적으로 취해지는 부가적인 조치로서 부착명령청구사건은 성폭력범죄사건을 전제로 하여 그와 함께 심리·판단이 이루어지는 부수적 절차의 성격을 가지는 점에 비추어 성폭력범죄사건의 범죄사실과 판단명령청구사건의 청구원인사실은 일치하여야 하고 이를 달리 인정할 수 없다.」

12   ㈎ 청구기각판결   법원은 부착명령청구가 이유 없다고 인정하는 때에
는 청구기각판결을 한다. 특정범죄사건에 대해 i) 무죄(심신상실을 이유로 치료감
호가 선고된 경우는 제외)·면
소·공소기각의 재판을 하거나 ii) 벌금형만을 선고하거나 iii) 선고유예·집행
유예를 선고하는 때에도 같다(같은 조
제4항). 다만, 집행유예를 선고하면서 보호관찰
[§208
참조]을 받을 것을 명한 때에는 보호관찰기간 범위에서 기간을 정해 전자장치
부착을 명할 수 있다(같은 법 제
28조 제1항).

13   ㈏ 부착명령판결   법원은 부착명령청구가 이유 있다고 인정하는 때에는
전자장치법 제9조 제1항, 제2항이 정한 범위 내에서 기간을 정해 전자장치부
착을 명하는 판결을 해야 한다(같은 법 제
9조 제1항). 이 경우 부착기간 범위에서 기간을 정
해[1] 일정한 준수사항(야간, 통학시간 등 특정 시간대의 외출제한, 어린이보호구역 등 특정지역·장소에
의 출입·접근금지, 주거지역제한, 특정인에의 접근금지, 치료프로그램 이수 등)을
부과할 수 있다(같은 법 제9조의
2 제1항, 제3항).

3. 상   소

14   ⑴ 부착명령에 대한 상소   검사 또는 피부착명령청구인(피고
인)과 그 법정
대리인·배우자·직계친족·형제자매·변호인은 부착명령청구사건에 대한 재
판 부분만을 대상으로 상소, 상소포기·취하 및 상소권회복청구를 할 수 있
다(같은 법 제
9조 제9항). 부착명령청구사건 부분에 대해서만 상소하더라도 피고사건에 대
해 상소가 있는 것으로 간주되지 않음은 치료감호청구사건의 경우와 같다.

15   ⑵ 피고사건에 대한 상소   특정범죄사건의 판결에 대해 상소, 상소포
기·취하, 상소권회복청구가 있는 때에는 부착명령청구사건의 판결에 대해서
도 상소, 상소포기·취하, 상소권회복청구가 있는 것으로 본다(같은 조
제8항). 다만,
부착명령청구를 기각한 제1심판결에 대해 피고인만이 항소한 경우 부착명령
청구사건이 이심 없이 확정됨은 치료감호청구사건의 경우와 같다.

16   상소심이 원심판결을 파기하는 때에는 부착명령청구사건 부분에 대해서
도 새로 판결을 선고해야 한다.

---

1 대법원 2012. 5. 24. 선고 2012도1047, 2012전도26 판결:「전자장치법 제9조의2 제1항은 부착
   명령을 선고하는 경우에 준수사항을 부과하려면 '부착기간의 범위에서 준수기간을 정하여' 부
   과하도록 규정하고 있다. 그럼에도 원심은 같은 항 제3호의 준수사항으로 '피해자 ○○에 대하
   여 100m 이내 접근금지'와 제5호의 준수사항으로 '과도한 주류 음용금지'를 부과하면서 그 준
   수기간을 정하지 아니한 제1심판결을 그대로 유지하였는바, 이러한 원심의 조치는 전자장치법
   제9조의2 제1항을 위반한 것이다.」

제 3　약물치료명령

Ⅰ. 의　　의

비정상적인 성적 충동이나 욕구를 억제하기 위한 조치로서 성도착증 환 **1**
자에게 약물투여 및 심리치료 등의 방법으로 도착적 성기능을 일정기간 동안
약화·완화하는 치료를 '성충동 약물치료'라 하고($\substack{이른바 \\ 화학적거세}$), 성폭력범죄의 행
위자에게 이를 명하는 재판을 약물치료명령이라 한다. 이는 성욕을 조절할
수 있는 호르몬주사를 주기적으로 투여하는 약물치료요법과 심리치료를 병
행해 성폭력범죄의 재범위험을 낮추는 것을 목적으로 한다.

Ⅱ. 요　　건

약물치료명령은 성폭력범죄($\substack{약물치료법 \\ 제2조 제2호}$)를 저지른 성도착증 환자로서 추후 **2**
다시 성폭력범죄를 범할 위험성이 있다고 인정되는 19세 이상의 사람에 대해
할 수 있다($\substack{같은 법 제 \\ 4조 제1항}$).[1]

Ⅲ. 절　　차

1. 청　　구

검사는 공소가 제기되거나 치료감호가 독립청구($\substack{치료감호 \\ 법 제7조}$)된 성폭력범죄사 **3**
건의 항소심 변론종결시까지 약물치료명령을 청구할 수 있다($\substack{약물치료법 \\ 제4조 제3항}$). 법원
은 피고사건의 심리 결과 성충동약물치료의 필요가 있다고 인정할 경우 검사
에게 위 청구를 요구할 수 있다($\substack{같은 조 \\ 제4항}$). 청구에 앞서 대상자에 대해 정신건강
의학과 전문의의 진단이나 감정을 받아야 한다($\substack{같은 조 제 \\ 2항, 제6항}$).

1　대법원 2014. 2. 27. 선고 2013도12301, 2013전도252, 2013치도2 판결:「'성폭력범죄를 다시
　범할 위험성'이라 함은 재범 가능성만으로는 부족하고 피청구자가 장래에 다시 성폭력범죄
　를 범하여 법적 평온을 깨뜨릴 상당한 개연성을 의미한다. 그런데 장기간의 형집행이 예정된
　사람의 경우에는 치료명령의 선고시점과 실제 치료명령의 집행시점 사이에 상당한 시간적 간
　격이 있어 성충동호르몬 감소나 노령화 등으로 성도착증이 자연스럽게 완화되거나 치유될 가
　능성을 … 감안하여 보면, 비록 피청구자가 성도착증 환자로 진단받았다고 하더라도 그러한
　사정만으로 바로 피청구자에게 성폭력범죄에 대한 재범의 위험성이 있다고 단정할 것이 아니
　라, 치료명령의 집행시점에도 여전히 약물치료가 필요할 만큼 피청구자에게 성폭력범죄를 다
　시 범할 위험성이 있고 피청구자의 동의를 대체할 수 있을 정도의 상당한 필요성이 인정되는
　경우에 한하여 비로소 치료명령의 요건을 갖춘 것으로 보아야 한다.」

2. 제 1 심

4   (1) 관할법원   약물치료명령청구사건의 토지관할은 그와 동시에 심리하는 피고사건 또는 치료감호청구사건의 관할에 따른다($\genfrac{}{}{0pt}{}{같은\ 법\ 제}{6조\ 제1항}$). 사물관할은 합의부에 속한다($\genfrac{}{}{0pt}{}{같은\ 조}{제2항}$).

5   (2) 공판절차   약물치료명령청구사건은 피고사건 또는 치료감호청구사건의 공판절차에 부대하여 심리한다. 필요적 변호사건이다($\genfrac{}{}{0pt}{}{제282조,\ 제283조,}{약물치료법\ 제12조}$).

6   (3) 종국재판   약물치료명령청구사건에 대한 종국판결은 피고사건 또는 독립청구된 치료감호청구사건의 판결과 동시에 선고한다($\genfrac{}{}{0pt}{}{약물치료법}{제8조\ 제4항}$).

7   (개) 청구기각판결   법원은 약물치료명령청구가 이유 없는 경우에는 청구기각판결을 해야 한다. 피고사건 또는 독립청구된 치료감호청구사건에 대해 i) 무죄($\genfrac{}{}{0pt}{}{심신상실을\ 이유로\ 치료감}{호가\ 선고된\ 경우는\ 제외}$)·면소·공소기각의 재판을 하거나 ii) 벌금형만을 선고하거나 iii) 선고유예·집행유예를 선고하는 때에도 같다($\genfrac{}{}{0pt}{}{같은\ 조}{제3항}$).

8   (내) 약물치료명령판결   법원은 청구가 이유 있다고 인정하는 때에는 15년의 범위에서 기간을 정해 약물치료를 명하는 판결을 선고한다($\genfrac{}{}{0pt}{}{같은\ 조}{제1항}$).

3. 상   소

9   (1) 약물치료명령청구사건 부분에 대한 상소   검사 또는 피치료명령청구인($\genfrac{}{}{0pt}{}{피고}{인}$)과 그 법정대리인·배우자·직계친족·형제자매·변호인은 약물치료명령청구사건에 대한 재판 부분만을 대상으로 상소, 상소포기·취하 및 상소권회복청구를 할 수 있다($\genfrac{}{}{0pt}{}{같은\ 조}{제8항}$).

10   (2) 피고사건 등에 대한 상소   피고사건 또는 독립청구된 치료감호청구사건의 판결에 대해 상소, 상소포기·취하, 상소권회복청구가 있는 때에는 약물치료명령청구사건의 판결에 대해서도 상소, 상소포기·취하, 상소권회복청구가 있는 것으로 본다($\genfrac{}{}{0pt}{}{같은\ 조}{제7항}$).

11   이상에서 설명한 보안처분을 모두 과하는 판결주문은 다음과 같다. 「피고인을 징역 10년에 처한다. 피치료감호청구인을 치료감호에 처한다. 피부착명령청구자에 대하여 20년간 위치추적 전자장치의 부착을 명한다. 피부착명령청구자에 대하여 별지 기재 준수사항을 부과한다. 피치료명령청구자에 대하여 5년간 성충동 약물치료를 명한다.」[1]

---

1 인천지방법원 2016. 9. 28. 선고 2016고합489 판결.

제2절　부수적 재판

제1관　직권에 의한 보안처분

제 1　보호관찰 · 사회봉사 · 수강명령

§208

성폭력범죄 또는 아동 · 청소년대상 성범죄를 범한 사람에게 형을 선고하거
나 약식명령을 고지하는 경우에는 500시간의 범위에서 재범예방에 필요한 수
강명령 또는 성폭력 치료프로그램의 이수명령을 병과해야 한다(성폭법 제16조 제2항, 아청법 제21조 제2항).
구체적으로, 수강명령은 집행유예를 선고하는 경우에 그 집행유예기간 내에
서 병과하고, 이수명령은 벌금 이상의 형을 선고하거나 약식명령을 고지할 경
우에 병과한다(성폭법 제16조 제3항, 아청법 제21조 제3항). 다만, 수강명령 또는 이수명령을 부과할 수 없
는 특별한 사정이 있는 경우에는 이를 병과하지 않을 수 있다(성폭법 제16조 제2항, 아청법 제21조 제2항).

1

성폭력범죄나 아동 · 청소년대상 성범죄를 범한 사람에게 i) 집행유예를
선고하는 때에는 수강명령 외에 그 집행유예기간 내에서 보호관찰 또는 사회
봉사 중 하나 이상의 처분을 병과할 수 있고(성폭법 제16조 제4항, 아청법 제21조 제4항), ii) 형선고를 유
예하는 때에는 재범방지 지도 및 원호를 위해 1년간 보호관찰을 명할 수 있
다(형법 제59조의2, 성폭법 제16조 제1항 본문), 성폭력범죄나 아동 · 청소년대상 성범죄를 범한 소년에게
형선고를 유예하는 때에는 반드시 보호관찰을 명해야 한다(같은 항 단서, 아청법 제21조 제1항).

2

그 밖의 범죄에서도 법원은 형선고를 유예하면서 1년간 보호관찰을 명
할 수 있고(형법 제59조의2), 집행유예를 선고하면서 유예기간 내 보호관찰을 명하거
나 사회봉사 · 수강을 명할 수 있다(형법 제62조의2). 보호관찰 · 사회봉사 · 수강명령 중
둘 이상을 병과할 수도 있다(규칙 제147조의2 제4항). 사회봉사명령은 500시간, 수강명령은
200시간을 초과할 수 없다(같은 조 제3항).

3

제 2　취업제한 · 신상공개 · 고지명령

§209

Ⅰ. 취업제한명령

형(또는 치료감호)의 집행이 종료 · 유예 · 면제된 날(또는 벌금형이 확정된 날)부터 일정기간 동안,
아동 · 청소년 관련기관을 운영하거나 그에 취업하거나 사실상 노무를 제공하

1

는 것을 금지하는 재판을 취업제한명령이라 한다. 법원은 성범죄로 형$\binom{또는}{치료감호}$
을 선고하는 경우 취업제한명령을 함께 선고$\binom{약식명령의}{경우에는 고지}$해야 한다$\binom{아청법 제56}{조 제1항 본문}$.
다만, 재범의 위험성이 현저히 낮거나 그 밖에 취업을 제한해서는 안 될 특별
한 사정이 있다고 판단되는 때에는 취업제한명령을 면제할 수 있다$\binom{같은 항}{단서}$.

Ⅱ. 공개명령·고지명령

2   피고인의 성명, 나이, 주소·실거주지, 신체정보$\binom{키와}{몸무게}$, 사진, 범죄사실 요지
$\binom{판결일자, 죄명,}{선고형량 포함}$, 전과사실, 전자장치 부착 여부를 일정기간 동안 정보통신망으
로 공개하도록 하는 재판을 공개명령이라 한다. 법원은 아동·청소년대상 성
범죄 또는 성폭력범죄에 관해 유죄판결$\binom{상소법원의}{파기자판 포함}$을 하는 때에는 그와 동시
에 공개명령을 선고해야 한다. 심신장애로 인해 처벌할 수 없으나 재범의 위
험성이 있는 경우에도 같다$\binom{아청법 제49조 제1항 본}{문, 성폭법 제47조 제1항}$.

3   공개명령에 따른 신상공개기간 동안 피고인이 거주하는 읍·면·동의
아동·청소년이 속한 세대의 세대주 등에게 위의 각 정보를 고지하도록 하
는 재판을 고지명령이라 한다. 공개명령을 하는 때에는 고지명령을 동시에
선고해야 한다$\binom{아청법 제50조 제1항,}{성폭법 제47조 제1항}$.

4   예외적으로, 피고인이 아동·청소년이거나 그 밖에 신상정보를 공개해서
는 안 될 특별한 사정이 있다고 판단하는 경우에는 공개명령·고지명령을 면
제할 수 있다$\binom{아청법 제49조 제1항 단서 제50조}{제1항 단서, 성폭법 제47조 제1항}$. 공개명령을 하면서 고지명령만 면제할
수도 있다.

5   앞서 설명한 보안처분이 모두 부가되는 때에는 다음과 같은 판결이 선고된다.「피
고인을 징역 10월에 처한다. 다만, 이 판결 확정일로부터 2년간 위 형의 집행을 유
예한다. 피고인에게 보호관찰을 받을 것과 120시간의 사회봉사 및 40시간의 성폭력
치료강의 수강을 명한다. 피고인에 대한 정보를 2년간 정보통신망을 이용하여 공개
한다. 피고인에 대한 고지정보를 2년간 고지한다. 피고인에 대하여 아동·청소년 관
련기관 등에 2년간 취업제한을 명한다.」[1]

---

1 대구지방법원 2018. 8. 30. 선고 2018고단3238 판결.

제3　치료명령

　　금고 이상의 형에 해당하는 범죄사건에서 i) 형법 제10조 제2항에 따라 형을 감경할 수 있는 심신장애인, ii) 알코올을 식음하는 습벽이 있거나 그에 중독된 자, iii) 마약·향정신성의약품·대마 등 남용 또는 해독의 우려가 있는 물질을 식음·섭취·흡입·흡연 또는 주입받는 습벽이 있거나 그에 중독된 자에게 선고유예·집행유예의 판결을 하는 경우, 피고인에게 통원치료의 필요와 재범의 위험성이 인정되는 때에는 법원은 일정한 기간을 정해 치료를 받을 것을 명할 수 있다($\binom{치료감호법}{제44조의2 제1항}$).[1] 이는 심신장애자나 음주 등 습벽이 있는 자가 치료감호를 명할 정도에 이르지 않는 비교적 경미한 범죄를 저지른 경우에 직권으로 부과하는 보안처분이다.[2]

　　1

　　치료명령을 하는 때에는 보호관찰을 병과해야 한다($\binom{같은 조}{제2항}$). 그 기간은 선고유예의 경우에는 1년, 집행유예의 경우에는 그 유예기간으로 한다. 다만, 법원은 집행유예기간의 범위 내에서 보호관찰기간을 달리 정할 수 있다($\binom{같은 조}{제3항}$). 치료기간은 보호관찰기간을 초과할 수 없다($\binom{같은 조}{제4항}$).

　　2

　　법원은 치료명령 부과 여부의 판단을 위해 i) 정신건강의학과 전문의에게 피고인의 정신상태, 알코올의존도 등에 대한 진단을 요구할 수 있고($\binom{같은 법 제}{44조의4}$), ii) 법원 소재지나 피고인의 주거지를 관할하는 보호관찰소의 장에게 범죄의 동기, 피고인의 신체적·심리적 특성 및 상태, 가정환경, 직업, 생활환경, 병력(病歷), 치료비용 부담능력, 재범위험성 등의 조사를 요구할 수 있다($\binom{같은 법 제44}{조의3 제1항}$)$\binom{§144/7}{참조}$. 보호관찰소장은 지체없이 조사를 실시해 그 결과를 서면으로 법원에 알려야 한다($\binom{같은 조}{제2항}$). 이 경우 피고인 등 사건관계인을 소환해 심문할 수 있다($\binom{같은 조}{제3항}$).

　　3

1　대전고등법원(청주) 2018. 1. 11. 선고 2017노143 판결: 「치료감호법 제44조의2가 정하는 '치료명령' 제도는 주로 경미한 범죄자를 대상으로 하여 치료감호시설에서의 치료필요성은 인정되지 않으나 재범의 위험성과 치료의 필요성이 인정되는 경우에 사회 내 치료를 통하여 범죄자의 재범방지와 사회복귀를 촉진하기 위하여 도입된 제도로 형의 선고 또는 집행을 유예하는 경우에 한하여 적용될 수 있다. 피고인이 범한 범죄의 중대성에 따라 피고인에게 실형이 선고되는 이 사건에서 치료명령은 적용될 수 없는 제도이다.」

2　수원지방법원 성남지원 2020. 8. 13. 선고 2019고합254, 2019감고14 판결: 「치료감호법 제44조의2 제1항 등 관계 규정의 내용을 종합하면, 위 법조가 정한 치료명령은 법원이 형의 선고 또는 집행을 유예하는 경우에 명할 수 있는 것으로, 검사에게는 같은 법에서 정한 치료명령대상자에 대한 치료명령 청구권이 있다고 해석되지 않는다.」

제2관　소송비용부담

§211　**제 1　피고인의 소송비용부담**

I. 의　　의

1　　　소송비용이란 소송절차를 진행함으로 인해 발생한 비용을 말한다. 형사비
용법은 소송비용을 i) 증인·감정인·통역인·번역인의 일당·여비·숙박료, ii)
감정인·통역인·번역인의 감정료·통역료·번역료 및 그 밖의 비용, iii) 국선변
호인의 일당·여비·숙박료 및 보수로 열거하고 있다(형사비용법 제2조). 법원은 유죄판결
선고시 피고인에게 소송비용의 전부 또는 일부를 부담시킬 수 있다(제186조). 방어
권행사를 제약할 수 있기에 적극적으로 활용되지는 않는다. 특히 국선변호비
용을 피고인에게 부담시키는 것은 입법론상 의문이다.

II. 절　　차

1. 종국재판이 있는 경우

⑴ 소송비용부담의 재판

2　　　㈎ 형의 선고　　형을 선고하는 때에는 법원은 직권으로 피고인에게 소
송비용의 전부 또는 일부를 부담시키는 재판을 해야 한다(제186조 제1항 본문; 제191조 제1항). 제1
심에서 유죄판결을 하는 때에는 물론, 상소심에서 원심을 파기하고 형을 선
고하는 때에도 소송비용부담의 재판을 할 수 있다. 통상 유죄판결의 주문에
소송비용부담의 주문을 함께 기재하는 방식으로 하며, 경우에 따라서는 구체
적 항목이나 금액을 표시하기도 한다(제194조). 공동심리를 받은 공범(필요적공범 포함)의
소송비용은 공범인에게 연대부담하게 할 수 있다(제187조; 민법 제413조, 제425조).

3　　　경합범으로 기소된 죄 중 일부에 대해 무죄·면소·공소기각의 판결을 하
고 나머지 일부에 대해 형을 선고하는 경우, 무죄 등이 선고된 부분의 심리
를 위해 소요된 비용은 피고인에게 부담시킬 수 없다. 그러나 일죄나 상상적
경합의 일부만을 유죄로 인정해 형을 선고하는 경우에는 그 전부의 심리에
소요된 소송비용을 피고인에게 부담시킬 수 있다.[1]

1　서울고등법원 재판실무개선위원회, 형사항소심 판결작성실무, 사법발전재단(2015), 102쪽.

경제적 사정으로 인해 소송비용을 납부할 수 없는 피고인에게는 소송비용을 부담시키지 않을 수 있다(제186조 제1항 단서). 실무상 소송비용부담의 재판을 하지 않는 경우가 훨씬 많다.

4

(나) 형면제·선고유예   형면제나 선고유예판결을 하는 경우에도 피고인에게 책임지울 사유로 발생된 비용(가령 증인신문기일에 불출 석하여 신문이 미뤄진 경우)은 피고인에게 부담시킬 수 있다(같은 조 제2항).

5

(다) 상소기각   검사 아닌 자가 상소한 경우에 상소가 기각되거나 취하된 때에는 그 자에게 소송비용을 부담시킬 수 있다(제190조 제1항). 피고인 아닌 자가 피고인이 제기한 상소를 취하한 때에도 같다(같은 조 제2항). 반면, 검사만이 항소한 경우 그 상소가 기각되거나 취하된 때에는 상소심에서 발생한 소송비용을 피고인에게 부담시킬 수 없다(제189 조).

6

(2) 상 소   피고인은 유죄부분에 대해 상소하는 경우에만 소송비용부담의 재판에 불복할 수 있다(제191조 제2항). 소송비용부담 부분은 피고사건 부분과 한꺼번에 심판되어야 하고 분리 확정될 수 없으므로, 상소법원이 원심판결 중 피고사건 부분을 파기하는 경우에는 소송비용부담 부분까지 함께 파기해야 한다.[1] 판례는 소송비용부담의 재판은 불이익변경금지원칙의 적용대상이 아니라고 한다.[2]

7

2. 종국재판 없이 절차가 종료되는 경우

재판에 의하지 않고 소송절차가 종료되는 경우(상소취하, 정식 재판청구취하 등), 사건의 최종계속법원은 직권으로 피고인에게 소송비용을 부담시키는 결정을 할 수 있다(제193조 제1항). 이 결정에는 즉시항고할 수 있다(같은 조 제2항).

8

3. 집행면제신청

소송비용부담의 재판을 받은 피고인이 빈곤하여 이를 완납할 수 없는 때에는 그 재판의 확정 후 10일 이내에 재판을 선고한 법원에 소송비용의 전부 또는 일부에 대한 집행면제를 신청할 수 있다(제487 조). 집행면제 신청기간중

9

---

1 대법원 2009. 4. 23. 선고 2008도11921 판결.

2 대법원 2018. 4. 10. 선고 2018도1736 판결: 「소송비용의 부담은 형이 아니고 실질적인 의미에서 형에 준하여 평가되어야 할 것도 아니므로 불이익변경금지 원칙이 적용되지 않는다. 제1심이 소송비용의 부담을 명하는 재판을 하지 않아 원심이 위 규정에 따라 피고인에게 제1심 및 원심 소송비용의 부담을 명한 조치는 정당한 것으로 수긍할 수 있[다].」

또는 그 신청의 계속중에는, 그에 대한 결정이 확정될 때까지 소송비용부담
재판의 집행이 정지된다($\frac{제472}{조}$). 집행면제신청은 법원의 결정이 있을 때까지
취하할 수 있다($\frac{제490}{조}$). 결정에는 즉시항고할 수 있다($\frac{제491}{조}$).

§212 **제 2   고소인·고발인의 소송비용부담**

1   i) 고소·고발에 의해 기소된 사건에 관해 피고인이 무죄·면소판결을 받
은 경우, 고소·고발인에게 고의 또는 중대한 과실이 있는 때에는 소송비용의
전부 또는 일부를 부담하게 할 수 있다($\frac{제188}{조}$). 대체로 형사상 무고죄를 구성
하게 되겠지만, 그와 별개로 소송비용부담의 제재를 가할 수 있게 한 것이다.
이는 피고인에 대한 소송비용부담 재판과 마찬가지로 직권사항이다($\frac{제192조}{제1항}$).
ii) 재판에 의하지 않고 소송절차가 종료되는 경우($\frac{가령\ 약식명령에\ 대한\ 정식재판사건}{에서\ 정식재판청구가\ 취하된\ 경우}$),
사건의 최종계속법원은 직권으로 고소인·고발인에게 소송비용을 부담시키는
결정을 할 수 있다($\frac{제193조}{제1항}$).

2   고소인·고발인에 대한 소송비용부담 재판의 형식은 결정이다. 따라서
피고인에 대한 판결의 주문에 표시할 것이 아니라 별도로 결정서를 작성해
고지해야 한다. 피고인에 대한 경우와는 달리[$\frac{§211/2}{참조}$], 고소인·고발인이 수인
이더라도 연대부담을 명할 수 없고 언제나 분할채무로 부담할 것을 명한다.
결정에는 즉시항고할 수 있다($\frac{제192조\ 제2항}{제193조\ 제2항}$).

3   소송비용부담의 재판을 받은 고소·고발인이 빈곤하여 이를 완납할 수
없는 때에는 재판확정 후 10일 이내에 집행면제를 신청할 수 있다. 구체적인
것은 피고인의 경우와 동일하다($\frac{제472조,\ 제487조,}{제490조,\ 제491조}$).

제4편

판결확정 후의 절차

제1장 형집행과 재판의 변경

제1절 형 집 행

제1관 형집행의 기본원칙

제1 집행지휘 §213

I. 검사주의

형집행은 당해 재판을 한 법원에 대응한 검찰청의 검사가 지휘한다($\frac{제460조}{제1항}$). **1**
즉, 검사는 교정시설의 장, 교도관리, 사법경찰관리, 검찰청직원 등에게 판결
의 내용을 인증하고 그 집행을 지시한다.[1]

상소기각판결의 확정 또는 상소취하로 인해 하급법원의 재판을 집행할 **2**
때에는 상소법원에 대응한 검찰청의 검사가 지휘한다($\frac{같은~조}{제2항~본문}$). 다만, 소송기
록이 하급법원 또는 그 법원에 대응한 검찰청에 있는 때에는 그 검찰청의 검
사가 지휘한다($\frac{같은~항}{단서}$).

예외적으로, 즉결심판의 형($\frac{벌금,~구류;}{과료,~몰수}$)은 경찰서장이 집행한다($\frac{즉심법~제18}{조~제1항}$). 다만, **3**
구류형을 구치소 또는 교도소에서 집행하는 때에는 검사가 지휘한다($\frac{같은~조}{제2항}$). 경
찰서장이 벌금, 과료, 몰수의 집행을 마친 후에는 지체없이 그 집행된 물건을
검사에게 인계한다($\frac{같은~조}{제3항}$).

II. 서면주의와 재판서등본 첨부

검사의 집행지휘는 재판내용에 대한 인증행위인 동시에 집행실시기관 **4**
에 대한 지시행위로서 피고인의 기본권에도 중대한 영향을 미치므로, 그
내용과 범위를 명확히 하고 집행과정에서 과오가 발생할 가능성을 차단할
필요가 있다.[2] 이에 형집행지휘는 재판서 또는 재판을 기재한 조서의 등·초

---

1 주석(IV) 767쪽(하태한).
2 대법원 1961. 1. 27.자 4293형항20 결정; 주석(IV) 772쪽(하태한).

본을 첨부한 서면(형집행지휘서)으로만 할 수 있다(제461조). 상소심에서 상소가 기각됨에
따라 확정된 하급법원의 판결을 집행할 때에는 하급법원 판결서의 등·초본
외에 그 상소심 재판서(상소기각결정,상소기각판결)의 등·초본도 첨부해야 한다.

5   검사의 집행지휘를 위해, 법원은 판결선고일로부터 10일 이내에 판결서
등본 또는 초본을 검사에게 송부해야 한다(제44조).

§214   제2   집행시기

Ⅰ. 즉시집행원칙

6   피고인의 교화와 갱생, 피해자의 피해감정회복이라는 형사정책적 효과를
염두에 둘 때, 형집행은 판결확정시점과 최대한 근접해 신속히 이루어질수록
바람직하다.[1] 따라서 형은 유죄판결 확정 후 즉시 집행함이 원칙이다(제459조).
집행유예가 선고된 때에도 그 유예기간은 판결확정일로부터 즉시 진행하며,
확정일 이후의 시점을 법원이 임의로 정하는 것은 허용되지 않는다.[2] 집행
에 착수하지 않을 경우 형의 시효가 진행되며, 시효가 완성되면 그 집행은
면제된다(형법 제77조).

7   즉시집행원칙에는 다음과 같은 예외가 인정된다. i) 벌금·과료 또는 추
징을 선고한 판결에 가납명령[§162/31 참조]이 있는 때에는 확정 전에도 집행할 수
있다(제334조, 부수법 제6조). ii) 노역장유치는 벌금 또는 과료의 재판이 확정된 후 30일
이내에는 집행할 수 없다(제69조 제1항). iii) 사형은 법무부장관의 명령이 있어야 집
행할 수 있다(제463조). iv) 사형이나 자유형의 선고를 받은 자가 심신장애로 의
사능력이 없는 등 집행정지사유가 있는 경우, 그 사유가 소멸하기 전에는 집
행할 수 없다(제469조, 제470조).

---

1 주석(Ⅳ) 760쪽(하태한).

2 대법원 2002. 2. 26. 선고 2000도4637 판결: 「집행유예를 함에 있어 그 집행유예기간의 시기는
집행유예를 선고한 판결 확정일로 하여야 하고 법원이 판결확정일 이후의 시점을 임의로 선택
할 수는 없다. … 원심이 A, B, C의 죄들과 D, E, F의 죄들에 대하여 각각 징역형을 선고하면
서 그중 A, B, C의 죄들에 대한 위 징역형에 대하여만 집행유예를 선고한 것은 위법하다 할
수 없으나, 그 집행유예기간의 시기를 판결확정 후 D, E, F의 죄들에 대한 위 징역형의 집행종
료일로 한 것은 위법하다 할 것이고 이는 판결결과에 영향을 미쳤음이 분명하다.」

Ⅱ. 중형선집행원칙

2개 이상의 형을 집행하는 경우에 사형과 자유형($\substack{징역,\ 금 \\ 고,\ 구류}$) 중에서는 무거   8
운 형을 먼저 집행한다($\substack{제462조 \\ 본문}$). 다만, 검사는 법무부장관의 허가를 얻어 무거
운 형의 집행을 정지하고 다른 형의 집행을 할 수 있다($\substack{같은 조 \\ 단서}$). 실무상으로는,
무거운 형을 먼저 집행하여 일단 가석방 요건($\substack{무기형인 경우 20년 이상, 유 \\ 기형인 경우 형기의 1/3 이상}$)을 충족시
킨 다음, 그 형의 집행을 정지하고 다른 가벼운 형의 집행에 착수해 그에 대
해 다시 가석방 요건을 충족시키는 방식으로 운용하고 있다.[1]

제2관   형집행의 절차

제1 사   형   §215

Ⅰ. 집행의 절차와 방법

사형은 법무부장관의 명령이 없으면 집행할 수 없다($\substack{제463 \\ 조}$). 따라서 사형   1
을 선고한 판결이 확정된 경우 검사는 지체없이 소송기록을 법무부장관에게
제출해야 한다($\substack{제464 \\ 조}$). 법무부장관은 판결이 확정된 날로부터 6월 이내에 사형
집행명령을 해야 한다($\substack{제465조 제1항: \\ 훈시규정}$). 상소권회복청구, 재심청구 또는 비상상고
가 있는 때에는 그 절차가 종료될 때까지의 기간은 위 기간에 산입하지 않는
다($\substack{같은 조 \\ 제2항}$). 사형집행명령이 있는 때에는 5일 내에 집행해야 한다($\substack{제466조; \\ 훈시규정}$).

사형은 교도소 또는 구치소 내에서 교수하여 집행한다($\substack{형법 \\ 제66조}$). 집행시에   2
는 검사, 검찰수사서기관, 교도소장·구치소장($\substack{또는 그 \\ 대리자}$)이 참여해야 한다($\substack{제467조 \\ 제1항}$).
누구든지 검사나 교도소장·구치소장($\substack{또는 그 \\ 대리자}$)의 허가 없이 집행장소에 들어갈

---

1 대구고등법원 2013. 6. 19. 선고 2013노83 판결:「제462조에 의하면 원칙적으로 형이 중한 무
   기징역형을 먼저 집행하게 되기는 하지만, 같은 조 단서에 의하여 검사가 중한 형의 집행을 정
   지하고 다른 형의 집행을 할 수 있는 길이 열려져 있다. 한편 형법 제72조 제1항에 의하면 무
   기징역형의 경우 20년의 경과 후에는 가석방이 가능하고, 형집행법 제121조 제1항에 의하면
   교도소장은 형법 제72조 제1항의 기간이 지난 수형자에 대하여 가석방 적격심사를 신청하여야
   한다. 이러한 법규정을 종합적으로 고려하여 현재의 형집행 실무례는 검사가 제462조 본문에
   의하여 무기징역형을 집행하다가 가석방 심사가 가능한 20년이 경과한 이후에 그 집행을 정지
   하고 같은 조 단서에 의하여 별도로 선고된 유기징역형을 집행하는 방식을 따르고 있다.」

수 없다($^{같은 조}_{제2항}$). 집행에 참여한 검찰수사서기관은 집행조서를 작성한 후 검사, 교도소장·구치소장($^{또는 그}_{대리자}$)과 함께 기명날인 또는 서명해야 한다($^{제468}_{조}$).

Ⅱ. 집행정지

3   사형선고를 받은 사람이 심신장애로 의사능력이 없는 상태이거나 임신 중인 여자인 때에는 법무부장관의 명령으로 사형집행을 정지한다($^{제469조}_{제1항}$). 이 경우 심신장애의 회복 또는 출산 후에 법무부장관의 명령에 따라 형을 집행한다($^{같은 조}_{제2항}$).

§216 제 2 자 유 형

Ⅰ. 집행의 절차와 방법

1   i) 구금된 자($^{당해사건이나 별건으로 구속된 자는 물론, 이미 다}_{른 사건으로 형이 확정되어 수감중인 자를 포함한다}$)에 대해 자유형의 재판이 확정된 경우, 검사는 즉시 그 자가 수용된 교정시설의 장에게 형의 집행을 지휘한다($^{「자유형등에 관한 검찰}_{집행사무규칙」 제5조}$). ii) 구금되지 않은 자에 대해 자유형의 재판이 확정된 경우, 검사는 형집행을 위해 그를 소환해야 하며, 이에 불응하면 형집행장을 발부해 구인해야 한다($^{제473조 제1}_{항, 제2항}$). 다만, 도망하거나 도망할 염려가 있는 때 또는 현재지를 알 수 없는 때에는 소환 없이 곧바로 형집행장을 발부해 구인할 수 있다($^{제473조}_{제3항}$). 형집행장에는 형의 선고를 받은 자의 성명, 주거, 연령, 형명, 형기 기타 필요한 사항을 기재해야 한다($^{제474조}_{제1항}$). 형집행장은 구속영장과 동일한 효력이 있으며($^{같은 조}_{제2항}$), 그 집행에는 형사소송법 제1편 제9장 중 피고인의 구속에 관한 규정이 준용된다($^{제475}_{조}$).

2   자유형은 교도소에 구치하여 집행한다($^{형법 제67}_{조, 제68조}$). 판결확정 전 구금일수는 유기징역, 유기금고, 벌금이나 과료에 관한 유치 또는 구류에 산입된다($^{제482조, 형법}_{제57조 제1항}$). 그리고 재심·비상상고[$^{§§225-}_{236 참조}$] 또는 상소권회복청구[$^{§171/8}_{참조}$]에 의해 새로운 형이 선고되어 그 판결이 확정된 때에는, 전의 확정판결에 의해 집행한 형기를 통산해 집행한다($^{「자유형등에 관한 검찰집}_{행사무규칙」 제17조 제4항}$).

Ⅱ. 집행정지

1. 필요적 집행정지

징역·금고·구류를 선고받은 자가 심신장애로 의사능력이 없는 상태에 있는 때에는, 그 사람의 현재지를 관할하는 검찰청 또는 형을 선고한 법원에 대응한 검찰청 소속 검사의 지휘에 따라 심신장애가 회복될 때까지 형의 집행을 정지한다($\substack{제470 \\ 조 제1항}$). 이 경우 검사는 형의 선고를 받은 자를 감호의무자 또는 지방공공단체에 인도하여 병원 기타 적당한 장소에 수용하게 할 수 있다($\substack{같은 조 \\ 제2항}$). 수용 전까지는 교도소나 구치소에 구치하며, 그 기간은 형기에 산입된다($\substack{같은 조 \\ 제3항}$).   3

2. 임의적 집행정지

징역·금고·구류를 선고받은 자가 i) 형집행으로 인해 현저한 건강악화 또는 사망의 염려가 있거나, ii) 70세 이상이거나, iii) 임신 후 6월 이상이거나, iv) 출산 후 60일을 경과하지 않았거나, v) 직계존속이 70세 이상 또는 중병이나 장애인으로서 보호할 다른 친족이 없거나, vi) 직계비속이 유년으로서 보호할 다른 친족이 없거나, vii) 기타 중대한 사유가 있는 때에는 형의 선고를 받은 자의 현재지를 관할하는 검찰청 또는 형을 선고한 법원에 대응한 검찰청 소속 검사의 지휘에 의해 형집행을 정지할 수 있다($\substack{제471조 \\ 제1항}$). 이 경우 소속검찰청 검사장의 허가를 받아야 한다($\substack{같은 조 \\ 제2항}$).   4

형집행으로 인한 현저한 건강악화나 사망의 염려가 있는지 여부 또는 이를 이유로 한 형집행정지의 연장 여부는 각 지방검찰청에 설치된 형집행정지심의위원회에서 판단한다($\substack{제471조 \\ 의2 제1항}$). 심의위원회의 구성·운영 등에 관한 사항은 법무부령인 「자유형등에 관한 검찰집행집행사무규칙」 제29조의2 내지 제29조의6에서 정하고 있다($\substack{같은 조 제 \\ 2항, 제3항}$).   5

제3　자 격 형   §217

자격상실·자격정지의 형이 확정된 경우에는 이를 수형인명부($\substack{형실효법 \\ 제2조 제2호}$)에 기재하고, 수형인명표($\substack{같은 조 \\ 제3호}$)를 형선고를 받은 자의 등록기준지와 주거지의 시($\substack{구가 설치되지 \\ 않은 시를 말한다}$)·구·읍·면의 장에게 송부해야 한다($\substack{제476 \\ 조}$).   1

2 　 i) 형실효법 제7조 또는 형법 제81조에 따라 형이 실효됐거나, ii) 형의 집행유예기간이 경과했거나, iii) 자격정지기간이 경과했거나, iv) 일반사면 또는 형선고의 효력을 상실하게 하는 특별사면이나 복권이 있는 경우에는 수형인명부의 해당란을 삭제하고 수형인명표를 폐기한다($\substack{형실효법 \\ 제8조 \ 제1항}$).

§218 ## 제4 재산형과 부수처분

1 　 벌금·과료·몰수·추징·과태료·소송비용·비용배상·가납명령은 검사의 명령으로 집행한다($\substack{제477조 \\ 제1항}$). 검사의 집행명령은 집행권원($\substack{집행력 \ 있는 \\ 채무명의}$)과 같은 효력이 있으며($\substack{같은 \ 조 \\ 제2항}$), 민사집행절차($\substack{집행 \ 전에 \ 재판서 \ 송 \\ 달을 \ 요하지 \ 않는다}$)와 체납처분절차를 선택적으로 활용할 수 있다($\substack{같은 \ 조 \ 제 \\ 3항, \ 제4항}$). 검사는 집행을 위해 필요한 조사를 할 수 있고, 공무소 기타 공사단체에 조회해 필요사항의 보고를 요구할 수 있다($\substack{같은 \ 조 \\ 제5항}$). 분할납부, 납부연기 및 납부대행이 허용되는바, 구체적 방법은 법무부령인 「재산형 등에 관한 검찰 집행사무규칙」에서 규정하고 있다($\substack{제477조 \\ 제6항}$).

2 　 납부의무자가 사망하거나 납부의무자인 법인이 해산된 경우에는 집행할 수 없다. 다만, i) 몰수 또는 조세, 전매 기타 공과에 관한 법령에 의해 재판한 벌금 또는 추징은 그 재판을 받은 자가 재판확정 후 사망한 때에는 그 상속재산에 대해 집행할 수 있고($\substack{제478 \\ 조}$), ii) 법인에게 벌금·과료·몰수·추징·소송비용·비용배상을 명한 경우에 그 법인이 재판확정 후 합병으로 소멸한 때에는, 합병 후 존속한 법인 또는 합병으로 설립된 법인에 대해 집행할 수 있다($\substack{제479 \\ 조}$).

3 　 가납의 재판을 집행한 후 벌금, 과료 또는 추징의 재판이 확정된 때에는 그 금액의 한도에서 형이 집행된 것으로 간주한다($\substack{제481 \\ 조}$). 제1심 가납재판을 집행한 후 제2심 가납재판이 있는 경우, 제1심재판의 집행은 제2심 가납금액의 한도에서 제2심재판의 집행으로 간주한다($\substack{제480 \\ 조}$). 벌금 또는 과료를 완납하지 못한 자에 대한 노역장유치의 집행에는 자유형의 집행에 관한 규정이 준용된다($\substack{제492 \\ 조}$).

4 　 몰수의 집행 후($\substack{몰수물의 \ 점유를 \ 취득한 \ 후 \ 또는 \ 압수물 \\ 에 \ 대해 \ 몰수를 \ 명한 \ 재판이 \ 확정된 \ 후}$) 3월 이내에 그 몰수물에 대해 정당한 권리 있는 자가 몰수물의 교부를 청구한 경우, 검사는 파괴하거나 폐기할 것이 아니면 이를 교부해야 한다($\substack{제483조, \ 제 \\ 484조 \ 제1항}$). 몰수물 처분 후 위와 같은 청구가 있는 때에는 검사는 공매로 취득한 대가를 교부해야 한다($\substack{같은 \ 조 \\ 제2항}$).

위·변조한 물건을 환부하는 경우에는 그 물건의 전부 또는 일부에 위조   5
나 변조인 것을 표시해야 한다($\binom{제485조}{제1항}$). 위·변조한 물건이 압수되지 않은 경우
에는 그 물건을 제출하게 하여 위·변조의 표시를 해야 한다($\binom{같은 조 제2}{항 본문}$). 다만,
그 물건이 공무소에 속한 것인 때에는 위·변조의 사유를 공무소에 통지해
적당한 처분을 하게 해야 한다($\binom{같은 항}{단서}$).

압수물환부를 받을 자의 소재가 불명하거나 기타 사유로 인해 환부할   6
수 없는 경우에는 검사는 그 사유를 관보에 공고해야 한다($\binom{제486조}{제1항}$). 공고한 후
3월 이내에 환부청구가 없는 경우 그 물건은 국고에 귀속된다($\binom{같은 조}{제2항}$). 위 기
간 내에도 가치 없는 물건은 폐기할 수 있고, 보관하기 어려운 물건은 공매
하여 그 대가를 보관할 수 있다($\binom{같은 조}{제3항}$).

제3관 형집행에 대한 구제방법

제1 재판의 해석에 대한 의의신청   §219

형의 선고를 받은 자가 집행에 관해 재판의 해석에 대한 의문이 있는 때   1
에는 재판을 선고한 법원에 의의신청(疑義申請)을 할 수 있다($\binom{제488}{조}$). '재판을
선고한 법원'이란 형을 선고한 법원을 가리키고, 상소기각의 재판을 한 법원
은 이에 해당하지 않는다.[1] 그리고 '재판의 해석에 대한 의문이 있는 때'란
판결주문의 취지가 불명확한 때를 의미하며, 판결이유의 모순·불명확·부당
은 여기에 포함되지 않는다.[2] 다만, 현실에서 판결주문의 취지가 불분명한
경우는 좀처럼 생각하기 어렵다.   2

의의신청이 있는 경우 법원은 결정을 해야 하며, 이 결정에는 즉시항고
할 수 있다($\binom{제491}{조}$). 신청은 위 결정시까지 서면으로 취하할 수 있다($\binom{제490}{조}$). 의의
신청이나 그 취하가 있는 경우, 법원은 즉시 그 취지를 검사에게 통지해야
한다($\binom{제175조}{제2항}$). 의의신청 또는 취하는 서면으로만 할 수 있고($\binom{규칙 제174}{조 제1항}$), 재소자
특칙이 여기에 준용된다($\binom{제490조 제2항, 제344조,}{규칙 제174조 제2항, 제152조}$).

---

1 대법원 1968. 2. 28.자 67초23 결정.
2 대법원 1987. 8. 20. 선고 87초42, 87도1057 판결.

§220   제 2   집행이의신청

1   재판의 집행을 받은 자 또는 그 법정대리인이나 배우자는 집행에 관한 검사의 처분이 부당함을 이유로 그 재판을 선고한 법원에 이의신청을 할 수 있다($\frac{제489}{조}$). '검사의 처분'에는 재판집행지휘($\frac{제460}{조}$), 재산형 등 집행명령($\frac{제477}{조}$), 상속재산에 대한 집행($\frac{제478}{조}$), 몰수물의 처분($\frac{제483}{조}$), 노역장유치의 집행($\frac{제492}{조}$) 등이 포함된다.[1] 의의신청의 경우와 마찬가지로, 상소기각의 재판을 한 법원은 '재판을 선고한 법원'에 해당하지 않는다.

2   이의신청은 검사의 처분이 있은 때로부터 집행종료 전까지 할 수 있다. 구체적 절차는 의의신청의 경우와 같다.

제2절   재판의 변경

제1관   집행유예 취소와 선고유예의 실효

§221   제 1   집행유예의 취소

1   i) 집행유예판결 확정 후[2] 뒤늦게 형법 제62조 제1항 단서의 집행유예 결격사유($\frac{금고 이상의 형을 선고한 판결이 확정된 때부터 그 집행을}{종료하거나 면제된 후 3년까지의 기간에 범한 죄인 경우}$) 있음이 발각된 때에는 집행유예선고를 취소해야 한다($\frac{형법 제64조 제1}{항; 필요적 취소}$). ii) 보호관찰·사회봉사·수강명령을 조건으로 한 집행유예의 확정판결을 받은 자가 그 준수사항이나 명령을 위반하고 그 정도가 무거운 때에는 집행유예선고를 취소할 수 있다($\frac{같은 조 제2항;}{임의적 취소}$).

2   집행유예 취소와 구별할 개념으로 집행유예 실효가 있다. 이는 집행유예선고를 받은 자가 유예기간 중 고의로 범한 죄로 금고 이상의 실형을 선고받아 그 판결이 확정된 때에 그 집행유예의 선고가 효력을 잃는 것을 말한다($\frac{형법}{제63조}$). 이 경우 법원의 재판을 거치지 않고 바로 검사의 지휘로 형을 집행한다.[3]

---

1 제요(Ⅱ) 433-434쪽.
2 대법원 2001. 6. 27.자 2001모135 결정.
3 대법원 1997. 4. 1.자 96모109 결정.

집행유예취소의 청구는 검사가 한다($^{제335조}_{제1항}$). 다만, 보호관찰 및 사회봉 3
사·수강명령을 조건으로 한 집행유예의 취소청구는 보호관찰소장의 신청이
있는 때에만 할 수 있다($^{보호관찰법 제47조}_{제1항, 제64조 제2항}$). 취소청구는 피고인이었던 자의 현재
지 또는 최후거주지를 관할하는 법원에 집행유예취소사유를 구체적으로 기
재한 서면을 제출하는 방법으로 한다($^{제335조 제1항, 규칙 제149}_{조; 보호관찰법 제47조 제2항}$). 검사는 취소사유
가 있음을 인정할 수 있는 자료를 제출해야 한다($^{규칙 제}_{149조의2}$).

집행유예취소 청구사건은 단독판사 관할이다($^{법원조직법}_{제7조 제4항}$). 법원은 결정에 4
앞서 피고인이었던 자 또는 그 대리인의 의견을 들어야 하며, 필요한 경우에
는 출석을 명할 수 있다($^{제335조 제2항,}_{규칙 제150조}$). 청구기각 또는 집행유예취소 결정에는
즉시항고할 수 있다($^{같은 조 제3}_{항, 제405조}$).

취소청구에 대한 재판이 확정되기 전에 집행유예기간이 경과한 때에는 집 5
행유예를 취소할 수 없어 그대로 유예기간 경과의 효과가 발생한다.[1]

제 2　유예한 형의 선고

i) 형의 선고를 유예받은 자가 유예기간 중 자격정지 이상의 형을 선고 1
받아 확정되거나 자격정지 이상의 형에 처한 전과가 발각된 경우, 법원은 검
사의 청구에 의해 유예한 형을 선고한다($^{형법 제61조 제1항;}_{필요적 형선고}$). 한편, ii) 보호관찰부
선고유예판결을 받은 자가 그 준수사항이나 명령을 위반하고 그 정도가 무거
운 때에는 유예된 형을 선고할 수 있다($^{같은 조 제2항;}_{임의적 형선고}$). 법문은 이를 '선고유예의
실효'라 표현하나($^{형법 제61조, 보호관찰법 제42조, 제45조,}_{제47조, 제51조, 치료감호법 제44조의8 등}$), 적확한 용어는 아니다.

형선고청구($^{선고유예}_{실효청구}$)는 검사가 한다($^{제335조}_{제1항}$). 다만, 보호관찰 및 사회봉사· 2

---

1 대법원 2005. 8. 23.자 2005모444 결정: 「집행유예의 선고를 받은 후 그 선고가 실효 또는 취
소됨이 없이 유예기간을 경과한 때에는 형법 제65조가 정하는 바에 따라 형의 선고는 효력을
잃는 것이고, 그와 같이 유예기간이 경과됨으로써 형의 선고가 효력을 잃은 후에는 형법 제64
조 제2항을 사유로 하여 집행유예의 선고를 취소할 수 없어 그대로 유예기간 경과의 효과가
발생한다고 할 것이며, 이러한 법리는 원결정에 대한 집행정지의 효력이 있는 즉시항고 또는
재항고로 인하여 아직 그 집행유예의 선고 취소결정의 효력이 발생하기 전 상태에서 상소심에
서 절차진행 중에 그 집행유예기간이 그대로 도과한 경우에도 마찬가지라 할 것인바, 이 사건
에서 재항고인에 대한 집행유예의 선고를 취소한 제1심의 결정이 재항고인의 즉시항고와 이를
기각한 원심결정에 대한 재항고로 인하여 미처 확정되기 이전에 피고인에 대한 위 집행유예
기간이 이미 경과되었음이 역수상 명백하여 그로써 재항고인에 대한 형의 선고는 효력을 잃었
다고 할 것이고, 따라서 재항고인에게 형법 제64조 제2항의 사유가 있음을 전제로 한 검사의
이 사건 집행유예 취소신청은 이를 받아들일 수 없게 되었다.」

수강명령을 조건으로 하여 유예한 형의 선고청구는 보호관찰소장의 신청이 있는 때에만 할 수 있다(보호관찰법 제47조 제1항, 제64조 제2항). 집행유예취소청구와 달리, 형선고청구는 그 형을 선고한 법원에 해야 한다(제336조 제1항; 상소기각판결을 한 법원은 관할권이 없다). 검사는 형선고 사유의 존재를 인정할 수 있는 자료를 제출해야 한다(규칙 150조의2, 제149조의2).

3   법원은 결정에 앞서 피고인이었던 자 또는 그 대리인의 의견을 들어야 하며, 필요한 경우에는 출석을 명할 수 있다(제335조 제4항, 제2항, 규칙 제150조의2, 제150조). 형선고결정서에는 범죄될 사실, 증거의 요지 및 법령의 적용을 기재하고, 유예된 형을 선고하는 이유를 명시해야 한다(제336조 제1항 단서). 청구기각 또는 형선고 결정에는 즉시항고할 수 있다(제335조 제4항, 제3항).

4   선고유예의 판결이 확정된 후 2년이 경과한 때에는 면소된 것으로 간주된다(형법 제60조). 형선고청구에 대한 결정이 확정되기 전에 위 기간이 경과한 때에는 선고할 형이 존재하지 않게 된다.[1]

제2관   형의 변경과 실효·복권

§223   # 제1   누범발각·사면으로 인한 형의 변경

1   i) 판결선고 후 비로소 누범임이 발각된 때에는 그 선고한 형을 통산해 다시 형을 정할 수 있다. 다만, 선고한 형의 집행을 종료하거나 그 집행이 면제된 후에는 예외로 한다(형법 제36조). ii) 경합범에 의한 형을 받은 자가 경합범 중

---

1 대법원 2007. 6. 28.자 2007모348 결정:「형의 선고유예의 판결이 확정된 후 2년을 경과한 때에는 형법 제60조가 정하는 바에 따라 면소된 것으로 간주되고, 그와 같이 유예기간이 경과됨으로써 면소된 것으로 간주된 후에는 실효시킬 선고유예의 판결이 존재하지 아니하므로 선고유예 실효의 결정(선고유예된 형을 선고하는 결정)을 할 수 없다 할 것이며, 이는 원결정에 대한 집행정지의 효력이 있는 즉시항고 또는 재항고로 인하여 아직 그 선고유예 실효 결정의 효력이 발생하기 전 상태에서 상소심에서 절차진행 중에 그 유예기간이 그대로 경과한 경우에도 마찬가지라 할 것이다. 그렇다면 재항고인에 대한 제1심의 선고유예 실효의 결정이 재항고인의 즉시항고로 인하여 효력을 발생하지 아니한 상태에 있던 중 원심결정이 있기 이전에 이미 재항고인에 대한 유예기간이 경과되었음이 역수상 명백한 이 사건에서, 원심결정 당시에는 재항고인이 선고유예의 판결을 선고받은 위 피고사건은 이미 면소된 것으로 간주되어 실효시킬 선고유예의 판결이 존재하지 아니하게 되었다고 할 것인바, 따라서 원심법원으로서는 제1심결정을 취소하고 검사의 이 사건 선고유예 실효 청구를 기각하였어야 함에도 재항고인의 즉시항고를 기각하였으니, 원심결정에는 선고유예의 실효에 관한 법리를 오해한 위법이 있고, 이러한 위법은 재판에 영향을 미쳤음이 분명하다.」

의 어떤 죄에 대해 사면 또는 형집행면제를 받은 때에는, 이미 집행한 형기를 통산해 다른 죄에 대해 다시 형을 정해야 한다($^{형법 제39}_{조 제3항}$).

　　구체적 절차는 유예된 형을 선고하는 경우의 그것과 동일하다($^{제336조 제2항,}_{규칙 제151조}$). 다만, 결정에 대해 즉시항고를 허용하는 규정이 없으므로 보통항고로만 불복할 수 있다는 점에서 차이가 있다.

2

제2　형의 실효와 복권

　　i) 징역 또는 금고의 집행을 종료하거나 집행이 면제된 자가 피해자의 손해를 보상하고 자격정지 이상의 형을 받음이 없이 7년을 경과한 때에는 법원은 본인 또는 검사의 신청에 의해 그 재판의 실효를 선고할 수 있다($^{형법}_{제81조}$). ii) 자격정지의 선고를 받은 자가 피해자의 손해를 보상하고 자격정지 이상의 형을 받음이 없이 정지기간의 2분의 1을 경과한 때에는 법원은 본인 또는 검사의 신청에 의해 자격의 회복을 선고할 수 있다($^{형법}_{제82조}$).

1

　　형실효 및 자격회복의 신청은 그 사건에 관한 기록이 보관되어 있는 검찰청에 대응한 법원에 한다($^{제337조}_{제1항}$). 형실효의 선고는 결정으로 한다($^{같은 조}_{제2항}$). 신청을 각하하는 결정에는 즉시항고할 수 있다($^{같은 조}_{제3항}$).

2

　　형법과 형사소송법에 따른 실효신청과는 별개로, 형실효법 제7조의 요건을 갖춘 때에는 당연히 형이 실효된다. 먼저, i) 수형인이 자격정지 이상의 형을 받지 않고 형의 집행을 종료하거나 그 집행이 면제된 날부터 일정기간이 경과한 경우에 그 형은 실효된다. 그 기간은, 3년을 초과하는 징역·금고의 경우 10년, 3년 이하의 징역·금고의 경우 5년, 벌금의 경우 2년이다($^{형실효법 제7}_{조 제1항 본문}$). 하나의 판결로 여러 개의 형이 선고된 때에는 각 형의 집행을 종료하거나 그 집행이 면제된 날부터 가장 무거운 형에 대해 위 기간이 경과하면 형이 실효된다($^{같은 조}_{제2항 본문}$). 다만, 징역과 금고는 같은 종류의 형으로 보고 각 형기를 합산한다($^{같은 항}_{단서}$). 다음으로, ii) 구류와 과료는 형의 집행을 종료하거나 그 집행이 면제된 때에 실효된다($^{같은 조}_{제1항 단서}$).

3

제2장 비상구제절차와 형사보상

제1절 재   심

제1관 재심의 의의와 대상

§225 **제1 재심의 의의**

1   재심(再審)이란 유죄의 확정판결에 대해 일정한 사유(재심)가 있을 때 그 확정력을 부인하고 새로 그 심급에 따른 절차를 진행하여 다시 심판하는 것을 말한다. 이는 가령 i) 원판결이 확정한 사실관계의 증거된 서류나 증거물 등이 허위임이 인정되거나, ii) 원판결의 법적 판단의 전제가 된 법령에 대해 헌법재판소의 위헌결정이 있거나, iii) 원판결이 공시송달을 통한 궐석재판에 기초하는 경우에, 진실규명의 요청에 부응해 원판결의 오류(사실오인)를 바로잡기 위한 제도이다. 입법례로는 독일처럼 피고인에게 불이익한 재심을 허용하는 예도 있으나(전면적 재심), 우리 형사소송법은 피고인의 이익을 위한 재심만을 허용한다(이익 재심).

2   피고인의 이익을 위해 판결의 확정력을 부인하는 또 다른 제도로는 재심 외에도 상소권회복(또는 정식재 판청구권회복)이 있다. 상소권회복은 불복신청을 하지 못한 데 대해 피고인에게 귀책사유가 없는 경우에 판결을 확정 전의 상태로 되돌려 상소의 기회를 주는 것인 반면, 재심은 그 대상이 되는 심급의 판결 자체를 다시 하는 것이다. 상소권회복에 관해서는 전술하였다[§171/8 참조].

3   재심절차는 재심개시절차와 재심심판절차의 2단계로 구성된다. i) 재심개시절차에서는 재심사유[§227 참조]의 유무를 심사해 원판결의 확정력을 부인하고 다시 심판할 것인지 여부를 결정하고, ii) 재심심판절차에서는 사건에 대해 공판심리를 통해 종국재판을 한다.

제2 재심의 대상

I. 유죄의 확정판결

재심의 대상은 유죄의 확정판결이다. 제1심의 유죄판결, 상소법원의 파 1
기자판에 의한 유죄판결은 물론, 약식명령이나 즉결심판도 이에 포함된다.
반면 i) 상소심에서 파기된 원판결,[1] ii) 상소심 계속중 피고인의 사망으로
공소기각결정이 이루어진 경우의 그 제1심판결,[2] iii) 약식명령에 대한 정식
재판절차에서 유죄판결이 선고되어 확정된 경우의 그 약식명령[3]은 재심의
대상이 될 수 없다. 각각 파기판결, 공소기각결정, 정식재판의 판결로 인해
이미 효력이 없기 때문이다.

판결 아닌 재판(공소기각결정, 항고기각결정 등)[4]이나 형식재판·무죄판결[5]이 재심의 대상 2
이 되지 않음은 물론이다. 특별법상으로는 면소판결도 재심의 대상으로 규정
되어 있는 경우가 있으나(「3·15의거 참여자의 명예회복 등에 관한 법률」 제7조 제1항, 「부마민 주항쟁 관련자의 명예회복 및 보상 등에 관한 법률」 제11조 제1항 등), 재심
의 본질에 반하는 부적절한 입법이다.

대법원은 유죄판결 확정 후 특별사면이 있었다고 하더라도 그 판결은 3
여전히 재심대상이 될 수 있다고 한다.[6] 그러나 특별사면에 의해 유죄판결
의 선고가 효력을 상실하게 되었다면 그로써 재심청구의 대상은 소멸한 것으
로 봄이 타당하다. 과거 판례가 그러한 입장이었다.[7]

---

1 대법원 2004. 2. 13.자 2003모464 결정.
2 대법원 2013. 6. 27. 선고 2011도7931 판결.
3 대법원 2013. 4. 11. 선고 2011도10626 판결.
4 대법원 1986. 10, 29,자 86모38 결정; 1991. 10. 29.자 91재도2 결정.
5 대법원 1983. 3. 24.자 83모5 결정.
6 대법원 2015. 5. 21. 선고 2011도1932 (순)판결:「유죄판결 확정 후에 형선고의 효력을 상실케
   하는 특별사면이 있었다고 하더라도, 형선고의 법률적 효과만 장래를 향하여 소멸될 뿐이고
   확정된 유죄판결에서 이루어진 사실인정과 그에 따른 유죄판단까지 없어지는 것은 아니므로,
   위 유죄판결은 형선고의 효력만 상실된 채로 여전히 존재하는 것으로 보아야 하고, 한편 제
   420조 각호의 재심사유가 있는 피고인으로서는 재심을 통하여 특별사면에도 불구하고 여전히
   남아 있는 불이익, 즉 유죄의 선고는 물론 형선고가 있었다는 기왕의 경력 자체 등을 제거할
   필요가 있다. … 따라서 특별사면으로 형선고의 효력이 상실된 유죄의 확정판결도 제420조의
   '유죄의 확정판결'에 해당하여 재심청구의 대상이 될 수 있다고 해석함이 타당하다.」
7 대법원 2010. 2. 26.자 2010모24 결정(폐기):「특별사면에 의하여 유죄의 판결의 선고가 그 효
   력을 상실하게 되었다면 이미 재심청구의 대상이 존재하지 아니하여 그러한 판결이 여전히 유
   효하게 존재함을 전제로 하는 재심청구는 부적법함을 면치 못한다.」

Ⅱ. 상소기각의 재판

4 상소기각판결도 특정한 사유가 있는 때에는 재심청구의 대상이 된다($^{제421}_{조}$). 상소기각판결의 확정력을 부인할 경우 상소심의 심리절차가 처음부터 다시 진행되며, 이로써 원심의 유죄판결에 대한 재심을 인정하는 것과 비슷한 결과가 된다. 확정된 상소기각결정($^{제362조,}_{제380조}$) 또한 ($^{법률상 명시적}_{근거는 없으나}$) 재심의 대상이 된다는 것이 일반적 관점이나, 다소 의문이다.

제2관 재심사유

§227 ## 제 1 유죄의 확정판결에 대한 재심사유

Ⅰ. 위증·무고 등 범죄의 증명

1. 확정판결에 의한 증명

1 (1) 증거의 위·변조 원판결의 증거가 된 서류 또는 증거물이 위조되거나 변조된 것임이 확정판결에 의해 증명된 때에는 재심사유가 된다($^{제420조}_{제1호}$).

2 (2) 위증·허위감정 원판결의 증거된 증언·감정·통역·번역이 허위였음이 확정판결에 의해 증명된 때에는 재심사유가 된다($^{같은 조}_{제2호}$). i) '증언'이란 법률에 의해 선서한 증인의 증언을 가리키며, 공동피고인의 공판정 진술은 이에 해당하지 않는다.[1] ii) '원판결의 증거된 증언'이란 원판결의 이유에서 범죄사실을 인정하는 데 인용된 증언을 말하고,[2] 범죄사실과 관련없는 부분에 관한 증언을 말하는 것은 아니다. 일단 해당 증언이 범죄사실 인정의 자료가 된 이상, 그것을 제외하더라도 다른 증거에 의해 그 범죄사실이 유죄로 인정될 것인지 여부는 불문한다.[3] iii) '원판결의 증거된 증언이 확정판결에 의하여 허위인 것이 증명된 때'란 해당 증인이 위증죄로 유죄판결을 선고받아 확정된 경우를 말한다.[4]

---

1 대법원 1985. 6. 1.자 85모10 결정.
2 대법원 1987. 4. 23.자 87모11 결정.
3 대법원 1997. 1. 16.자 95모38 결정.
4 대법원 2005. 4. 14 선고 2003도1080 판결.

⑶ 무 고   무고로 인해 유죄를 선고받은 경우에 그 무고의 죄가 확정   3
판결에 의해 증명된 때에는 재심사유가 된다(같은 조 제3호).

⑷ 법관 등의 직무위반범죄   i) 원판결, 전심판결 또는 그 판결의 기초   4
가 된 조사에 관여한 법관이나, ii) 공소제기 또는 그 기초된 수사에 관여한
검사·사법경찰관이 그 직무에 관한 죄를 지은 것이 확정판결에 의해 증명
된 때에는 재심사유가 된다(같은 조 제7호 본문). 단, 원판결 선고 전에 그 법관·검사·사
법경찰관에 대해 공소가 제기된 경우에는 원판결의 법원이 그 사실을 알지
못한 때에 한한다(같은 호 단서). 그 직무에 관한 죄가 사건의 실체에 관계된 것인지
또는 당해 검사·사법경찰관이 직접 피의자에 대한 조사를 담당하였는지 여
부는 불문한다.[1]

2. 확정판결에 대신하는 증명

제420조 제1호 내지 제3호 및 제7호에 따라 확정판결로써 범죄가 증명   5
됨을 재심청구사유로 하는 경우에 확정판결을 얻을 수 없는 때에는, 그 사실
을 증명하여(확정판결에 대신하는 증명) 재심청구를 할 수 있다. 단, 증거가 없다는 이유로 확
정판결을 얻을 수 없는 때에는 예외로 한다(제422조).

⑴ 원 칙   제422조의 '확정판결을 얻을 수 없는 때'란 현재는 물론   6
장래에도 해당 범죄에 대해 유죄판결을 할 수 없는 사실상·법률상 장애가
있는 때를 말한다. 가령 i) 범인이 사망했거나 심신상실·행방불명인 경우,
ii) 사면이 있은 경우, iii) 공소시효가 완성된 경우가 이에 해당한다. 이러한
때에는 그와 같은 사정을 이유로 한 검사의 불기소처분이 존재할 것이다.[2]

확정판결을 대신하는 증거는 유죄의 확정판결에 준할 만큼 법원의 확신   7
을 이끌어낼 수 있을 정도의 강한 증명력이 있어야 한다.[3] 가령 해당 범죄에
대해 검사가 혐의없음 처분을 하였고, 이에 대한 재정신청사건에서 고등법원
이 범죄혐의는 인정되나 기소유예처분을 할 수 있었다는 이유로 기각결정을
한 경우가 그 예에 해당한다.[4]

---

1 대법원 2006. 5. 11.자 2004모16 결정.

2 주석(Ⅳ) 605쪽(지귀연).

3 대법원 1994. 7. 14.자 93모66 결정.

4 대법원 1997. 2. 26.자 96모123 결정:「원판결의 공소의 기초가 된 수사에 관여한 경찰관인 공
   소외인이 재항고인에 의하여 불법감금죄 등으로 검찰에 고소되었으나 검찰이 무혐의 결정을
   하였고, 재항고인이 그에 대하여 불복하여 서울고등법원에 재정신청을 하자, 서울고등법원은

8   (2) 예   외   제422조 단서는「증거가 없다는 이유로 확정판결을 얻을 수 없는 때에는 예외로 한다」고 규정하고 있다. '증거가 없다는 이유로 확정판결을 얻을 수 없는 때'란 가령 검사가 증거불충분을 이유로 혐의없음의 불기소처분을 한 경우를 뜻한다. '예외로 한다'는 것은 확정판결에 대신하는 증명을 요하지 않는다는 의미가 아니라 재심청구를 할 수 없다는 의미이다.

Ⅱ. 관련사건에 대한 판결

1. 원판결의 증거된 재판의 변경

9   원판결의 증거가 된 재판이 확정재판에 의해 변경된 때에는 재심사유가 된다($\binom{제420조}{제4호}$). '원판결의 증거가 된 재판'이란 원판결의 이유에서 증거로 채택되어 범죄사실을 인정하는 데 인용된 다른 재판을 말한다.[1]

2. 무체재산권리 무효판결

10   저작권, 특허권, 실용신안권, 디자인권 또는 상표권을 침해한 죄로 유죄선고를 받은 사건에 관해 그 권리에 대한 무효의 심결이나 판결이 확정된 때에는 재심사유로 할 수 있다($\binom{제420조}{제6호}$).

Ⅲ. 새로운 증거의 발견

1. 의   의

11   유죄를 선고받은 자에게 무죄·면소를, 형선고를 받은 자에게 형을 면제하거나 원판결이 인정한 죄보다 가벼운 죄를 인정할 명백한 증거가 새로 발견된 때에는 재심사유로 할 수 있다($\binom{제420조}{제5호}$). 전술한 재심사유들($\binom{같은 조 제1호 내지}{제4호, 제6호, 제7호}$)은 원판결의 기초가 된 증거 등에 중대한 하자가 있음을 이유로 그 소송절차를 무위로 돌리고 절차를 새로 진행시키기 위한 것인 반면, 제420조 제5호의 재심사유는 새로 발견된 증거로 원판결의 사실오인을 시정하기 위한 것이다.

공소외인이 재항고인을 29시간 동안 불법감금한 사실이 인정되므로 검사의 위 무혐의 불기소처분은 위법하지만 여러 사정을 참작하여 검사로서는 공소외인에 대하여 기소유예의 불기소처분은 할 수 있었다는 이유로 재항고인의 재정신청을 기각하는 결정을 하였다. … 사정이 위와 같다면, 이는 제422조에서 정한 제420조 제7호의 규정에 의하여 '확정판결로써 범죄가 증명됨'을 재심청구의 이유로 할 경우에 그 확정판결을 얻을 수 없는 때로서 '그 사실을 증명한 때'에 해당한다.」

1 대법원 1986. 8. 28.자 86모15 결정; 2019. 4. 11. 선고 2018도17909 판결.

2. 요　　건

⑴ 무죄·면소·형면제 또는 더 가벼운 죄를 인정할 증거　　　i) '형의　　　**12**
면제를 인정할 증거'란 필요적 면제사유의 존재를 뒷받침하는 증거를 뜻하
며, 임의적 면제사유에 관한 증거(가령
자수)는 이에 속하지 않는다. ii) '형의 선고
를 받은 자에게 원판결이 인정한 죄보다 가벼운 죄를 인정할 증거'란 법정형
이 더 가벼운 다른 죄를 인정할 증거를 말한다. 따라서 양형에 변동을 가져
오는 데 그치는 증거[1] 또는 형의 감경사유(가령
심신미약)를 뒷받침하는 증거[2]는 여
기에 해당하지 않는다. 한편, iii) 무죄·면소를 인정할 증거에 공소기각사유
를 인정할 증거는 포함되지 않는다.[3] 포함된다고 해석하는 견해(제420조 제5호
의 유추적용)
도 있으나,[4] 이는 해석론이 아닌 입법으로 해결해야 할 사항이다.[5]

⑵ 증거의 신규성　　　위와 같은 증거는 재심대상판결 이후 새로 발견　　　**13**
된 것이어야 한다. '새로 발견된 증거'란 법원의 입장에서 새로 발견된 증거
를 말하는 것으로(법원에 대
한 신규성), i) 원판결 당시 존재하였으나 원판결 후에 발견된
증거는 물론, ii) 원판결 후에 새로 생긴 증거나 iii) 원판결 당시 그 존재를
알았지만 조사가 불가능하였던 증거[6]도 이에 해당한다. 대법원은 원판결의
소송절차에서 제출되지 못한 데에 피고인의 고의·과실이 있는 증거는 '새로
발견된' 증거로 볼 수 없다고 하나,[7] 부당한 제약이라고 본다.

1　대법원 1985. 2. 26. 선고 84도2809 판결; 1992. 8. 31.자 92모31 결정.

2　대법원 2007. 7. 12. 선고 2007도3496 판결.

3　대법원 1997. 1. 13.자 96모51 결정.

4　배종대/이상돈 851쪽; 신양균/조기영 1214쪽; 신동운 1681쪽; 이은모/김정환 883-884쪽.

5　강동욱 외 3인 773쪽; 이재상 외 2인 896쪽; 손동권/신이철 836쪽; 이창현 1314쪽.

6　대법원 1987. 2. 11.자 86모22 결정.

7　대법원 2009. 7. 16.자 2005모472 (全)결정:「증거의 신규성을 누구를 기준으로 판단할 것인지
　　에 대하여 이 사건 조항이 그 범위를 제한하고 있지 않으므로 그 대상을 법원으로 한정할 것
　　은 아니다. 그러나 재심은 당해 심급에서 또는 상소를 통한 신중한 사실심리를 거쳐 확정된 사
　　실관계를 재심사하는 예외적인 비상구제절차이므로, 피고인이 판결확정 전 소송절차에서 제출
　　할 수 있었던 증거까지 거기에 포함된다고 보게 되면, 판결의 확정력이 피고인이 선택한 증거
　　제출시기에 따라 손쉽게 부인될 수 있게 되어 형사재판의 법적 안정성을 해치고, 헌법이 대법
　　원을 최종심으로 규정한 취지에 반하여 제4심으로서의 재심을 허용하는 결과를 초래할 수 있
　　다. 따라서 피고인이 재심을 청구한 경우 재심대상이 되는 확정판결의 소송절차 중에 그러한
　　증거를 제출하지 못한 데에 과실이 있는 경우에는 그 증거는 이 사건 조항에서의 '증거가 새로
　　발견된 때'에서 제외된다고 해석함이 상당하다.」

14   인증(人證)의 진술번복은 새로 발견된 증거에 해당하지 않는다. 가령 피
고인이 원판결의 증거가 된 자백을 번복하거나, 원판결의 공판절차에서 증언
한 증인이 그 증언을 번복하는 것은 새로운 증거의 발견으로 볼 수 없다.[1]

15   (3) 증거의 명백성   무죄·면소·형면제 또는 더 가벼운 죄를 인정할
'명백한 증거'여야 한다. 여기서 명백하다는 것은 단순히 원판결의 정당성이
의심되는 수준을 넘어 이를 그대로 유지할 수 없을 정도로 고도의 개연성이
인정됨을 뜻한다.[2] 대법원은 '명백한 증거' 해당 여부를 판단할 때에는 새로
발견된 증거만을 독립적으로 고찰해 그 증거가치만을 판단해서는 안 되고,
원판결의 기초가 된 증거들 가운데 새로 발견된 증거와 유기적으로 밀접하게
관련되고 모순되는 것들을 함께 고려해 평가해야 한다고 한다.[3]

16   공범자에 대한 무죄판결은 원판결을 파기하고 무죄를 선고할 '명백한 증
거'에 해당하지 않는다.[4]

Ⅳ. 위헌결정

17   헌법재판소가 위헌으로 결정한 형벌법규는 소급하여$\left(\substack{\text{과거 합헌결정이 있었다}\\\text{면 그 다음날로 소급하여}}\right)$
효력을 상실하는바, 이 경우 그 형벌법규에 근거해 유죄의 확정판결을 받은
자는 재심을 청구할 수 있다$\left(\substack{\text{헌법재판소법 제47조 제2항 내}\\\text{지 제4항, 제75조 제7항, 제8항}}\right)$.[5] 대법원은 여기서의 위헌
결정은 단순위헌결정을 뜻하며, 한정위헌결정은 포함하지 않는다고 한다.[6]

---

1 대법원 1984. 2. 20.자 84모2 결정.

2 이재상 외 2인 898쪽.

3 대법원 2009. 7. 16.자 2005모472 (全)결정:「무죄 등을 인정할 명백한 증거'에 해당하는지 여
부를 판단할 때에는 법원으로서는 새로 발견된 증거만을 독립적·고립적으로 고찰하여 그 증
거가치만으로 재심의 개시여부를 판단할 것이 아니라, 재심대상이 되는 확정판결을 선고한 법
원이 사실인정의 기초로 삼은 증거들 가운데 새로 발견된 증거와 유기적으로 밀접하게 관련되
고 모순되는 것들은 함께 고려하여 평가하여야 하고, 그 결과 단순히 재심대상이 되는 유죄의
확정판결에 대하여 그 정당성이 의심되는 수준을 넘어 그 판결을 그대로 유지할 수 없을 정도
로 고도의 개연성이 인정되는 경우라면 그 새로운 증거는 이 사건 조항에서의 '명백한 증거'에
해당한다고 할 것이다.」

4 대법원 1984. 4. 13.자 84모14 결정.

5 대법원 2016. 11. 10.자 2015모1475 결정:「위헌으로 결정된 법률 또는 법률의 조항이 헌법재판
소법 제47조 제3항 단서에 의하여 종전의 합헌결정이 있는 날의 다음날로 소급하여 효력을 상
실하는 경우 그 합헌결정이 있는 날의 다음날 이후에 유죄판결이 선고되어 확정되었다면, 비록
범죄행위가 그 이전에 행하여졌다 하더라도 그 판결은 위헌결정으로 인하여 소급하여 효력을
상실한 법률 또는 법률의 조항을 적용한 것으로서 '위헌으로 결정된 법률 또는 법률의 조항에
근거한 유죄의 확정판결'에 해당[한다].」

6 대법원 2013. 3. 28. 선고 2012재두299 판결.

재심대상이 되는 원판결은 제1심의 유죄판결 또는 파기자판한 상소심판   18
결이며, 상소기각의 재판을 재심대상으로 한 재심청구는 법률상의 방식에 위
배되어 부적법하다.[1]

V. 공시송달에 기한 궐석재판

제1심 공판절차에서 소촉법 제23조 본문 및 소촉규칙 제19조에 따라   19
공시송달에 기초한 궐석재판으로 유죄판결이 선고·확정된 경우, 피고인이
책임질 수 없는 사유로 공판절차에 출석할 수 없었던 때에는 재심을 청구할
수 있다(소촉법 제23조의2 제2항). 항소권회복청구를 할 수도 있으나[§171/8 참조], 그와 별개로 심
급의 이익을 위해 재심청구권을 인정한 것이다. 가령 친고죄나 반의사불벌죄
사건에서 공시송달에 따라 궐석재판으로 제1심판결이 선고되고 이에 대해
피고인이 항소권회복청구를 하면서 항소한 경우에는, 피해자 등이 항소심에
서 고소취소 또는 처벌불원의사표시를 하더라도 이는 양형자료로서만 의미
가 있을 뿐이어서, 피고인은 공소기각판결을 받을 수 없다(제232조 제1항, 제3항).[2] 그러
나 재심청구를 통해 제1심의 절차를 처음부터 다시 할 경우, 그 판결선고 전
까지 고소취소·처벌불원의사표시가 있으면 피고인은 공소기각판결을 받을
수 있다[§58 참조].[3]

VI. 기타 특별법상 재심사유

그 밖에도 「3·15의거 참여자의 명예회복 등에 관한 법률」 제7조, 「5·18   20
민주화운동 등에 관한 특별법」 제4조, 「부마민주항쟁 관련자의 명예회복 및
보상 등에 관한 법률」 제11조, 「제주4·3사건 진상규명 및 희생자 명예회복에
관한 특별법」 제14조 등에서 (형사소송법의 규정에도 불구하고) 별도의 재심사유를 정하고 있다.

---

1 대법원 2022. 6. 16.자 2022모509 결정.
2 대법원 2016. 11. 25. 선고 2016도9470 판결: 「제1심법원이 반의사불벌죄로 기소된 피고인에
   대하여 소촉법 제23조에 따라 피고인의 진술 없이 유죄를 선고하여 판결이 확정된 경우, 만일
   피고인이 책임을 질 수 없는 사유로 공판절차에 출석할 수 없었음을 이유로 소촉법 제23조의2
   에 따라 제1심법원에 재심을 청구하여 재심개시결정이 내려졌다면 피해자는 그 재심의 제1심
   판결 선고 전까지 처벌을 희망하는 의사표시를 철회할 수 있다. 그러나 피고인이 제1심법원에
   소촉법 제23조의2에 따른 재심을 청구하는 대신 항소권회복청구를 함으로써 항소심 재판을 받
   게 되었다면, 항소심을 제1심이라고 할 수 없는 이상 그 항소심절차에서는 처벌을 희망하는 의
   사표시를 철회할 수 없다.」
3 대법원 2002. 10. 11. 선고 2002도1228 판결.

§228   제 2   상소기각판결에 대한 재심사유

1   제420조 제1호($\substack{증거의 \\ 위·변조}$), 제2호($\substack{위증·허 \\ 위감정 등}$), 제7호($\substack{법관 등의 \\ 직무위반범죄}$)의 사유가 있는 때에는 상소기각판결에 대해서도 재심을 청구할 수 있다. 상소기각판결의 확정력이 제거되면 그 원심이 되는 유죄판결에 대해 상소심의 심리절차가 처음부터 다시 진행되어 파기판결이 가능해진다. 다만, 제1심의 유죄판결에 대한 재심공판절차의 판결이 있은 후에는 항소기각판결에 대해 재심을 청구하지 못하며($\substack{제421조 \\ 제2항}$), 제1심 또는 제2심의 확정판결에 대한 재심공판절차의 판결이 있은 후에는 상고기각판결에 대해 다시 재심을 청구하지 못한다($\substack{같은 조 \\ 제3항}$).

2   대법원은 제1심 공판절차에서 소촉법 제23조 본문에 따라 공시송달에 터잡은 궐석재판으로 유죄판결이 선고되고, 이에 대해 검사만이 항소하여 항소법원이 파기자판으로 유죄판결을 선고한 경우에, 소촉법 제23조의2를 유추적용하여 피고인이 그 항소심판결에 대해 같은 조 제1항에 따라 재심을 청구할 수 있다고 한다.[1] 그러나 이는 법문의 근거 없이 재심사유를 창설하는 것으로서 법률해석의 한계를 넘어선 입법행위에 해당한다고 본다.[2]

---

1 대법원 2015. 6. 25. 선고 2014도17252 (全)판결의 다수의견:「귀책사유 없이 공판절차에 출석하지 못한 피고인에게 재심청구권을 부여하여 공정한 재판을 받을 권리를 보장할 필요성은, 이 사건 특례규정에 따라 진행된 제1심의 불출석재판에 의하여 유죄판결이 확정된 경우뿐만 아니라, 그 제1심의 불출석재판에 대하여 검사가 항소하여 항소심도 불출석재판으로 진행한 후에 제1심판결을 파기하고 새로 또는 다시 유죄판결을 선고하여 확정된 경우에도 마찬가지로 인정된다. … 소촉법 제23조에 따라 진행된 제1심의 불출석재판에 대하여 검사만 항소하고 항소심도 불출석재판으로 진행한 후에 제1심판결을 파기하고 새로 또는 다시 유죄판결을 선고하여 그 유죄판결이 확정된 경우에도, 소촉법 제23조의2 제1항을 유추적용하여, 귀책사유 없이 제1심과 항소심의 공판절차에 출석할 수 없었던 피고인은 소촉법 제23조의2 제1항이 정한 기간 내에 항소심법원에 그 유죄판결에 대한 재심을 청구할 수 있다고 해석함이 타당하다.」
2 대법원 2015. 6. 25. 선고 2014도17252 (全)판결의 반대의견:「소촉법 제23조의2 제1항이 ‘제23조에 따라 유죄판결을 받고 그 판결이 확정된 경우’에 재심을 청구할 수 있다고 규정하고, 나아가 재심의 관할법원을 ‘원판결법원’이 아닌 ‘제1심법원’으로 한정하고 있는 점에 비추어 보면, 이는 제1심의 피고인 불출석 재판에 의하여 유죄판결이 확정된 경우에만 제1심법원에 재심을 청구하는 것을 허용하고 있을 뿐, 제1심에 이어 항소심도 피고인 불출석 재판으로 진행한 후 제1심판결을 파기하고 다시 유죄판결을 선고하여 확정된 경우에는 재심을 허용하지 않고 있음이 분명하다. 그럼에도 다수의견과 같이 피고인의 공정한 재판을 받을 권리와 방어권 등을 보장할 필요가 있다는 이유로, 제1심의 피고인 불출석 재판에 대하여 검사가 항소하여 항소심도 불출석 재판으로 진행한 후에 제1심판결을 파기하고 다시 유죄판결을 선고하여 확정된 경우에까지 이 사건 재심규정을 유추적용하여 항소심법원에 재심을 청구할 수 있다고 해석하는 것은, 이 사건 재심규정에 준하는 새로운 재심규정을 사실상 신설하는 것과 다를 바 없어 법률해석이라기보다는 입법행위에 해당하며, 이는 정당한 법률해석의 한계를 벗어난 것이다.」

제3관 재심의 절차

제1 재심청구

Ⅰ. 재심청구의 요건

1. 재심청구권자

(1) 검 사   검사는 공익의 대표자로서 피고인의 이익을 위해 재심을 청구할 수 있다($\frac{제424조}{제1호}$). 특히 법관, 검사 또는 사법경찰관의 직무상 범죄를 재심사유로 하는 재심청구($\frac{제420조}{제7호}$)는, 유죄선고를 받은 자가 그 죄를 범하게 한 때에는 검사만이 할 수 있다($\frac{제425}{조}$).   1

(2) 유죄선고를 받은 자 등   유죄선고를 받은 자와 그 법정대리인은 재심을 청구할 수 있다($\frac{제424조 \ 제2}{호, \ 제3호}$). 유죄선고를 받은 자가 사망하거나 심신장애가 있는 때에는 그 배우자·직계친족·형제자매가 청구할 수 있다($\frac{같은 \ 조}{제4호}$).   2

(3) 변호인   검사 이외의 자는 변호인을 선임하여 재심청구를 하거나 재심청구 후 변호인을 선임할 수 있다($\frac{제426조}{제1항}$). 이 변호인선임은 재심공판절차의 판결이 있을 때까지 효력이 있다($\frac{같은 \ 조}{제2항}$).   3

2. 재심청구의 시기

재심청구의 시기에는 제한이 없다. 형집행이 종료된 후는 물론, 형집행을 받지 않게 된 경우($\frac{가령 \ 집행유예기간 \ 경과로 \ 형의 \ 선고가 \ 실효된 \ 경우·}{판결확정 \ 후 \ 일반사면이 \ 있거나 \ 형이 \ 폐지된 \ 경우}$)에도 재심을 청구할 수 있다($\frac{제427}{조}$). 다만, 소촉법 제23조의2에 따른 재심청구는 공시송달에 기초한 유죄판결이 있은 사실을 안 날부터 14일 이내에 해야 한다. 재심청구인이 귀책사유 없이 위 기간에 재심청구를 하지 못한 때에는 그 사유가 없어진 날로부터 14일 이내에 해야 한다($\frac{소촉법 \ 제23}{조의2 \ 제1항}$).   4

Ⅱ. 재심청구의 절차

1. 관할법원

재심청구사건의 관할법원은 원판결의 법원, 즉 재심청구의 대상이 된 판결을 한 바로 그 법원이다($\frac{제423}{조}$).   5

2. 재심청구서의 제출

6   재심청구는 그 취지 및 사유를 구체적으로 기재한 서면(재심청구서)에 원판결의 등본 및 증거자료를 첨부하여 관할법원에 제출하는 방식으로 한다(규칙 제106조). 다만, 재소자는 교도소장에게 제출하는 것으로 족하다(제430조, 제344조)[§171/3 참조]. 소촉법 제23조의2 제1항에 따라 재심을 청구하는 때에는 재심청구서에 송달장소를 기재해야 하며, 추후 이를 변경하고자 할 경우 지체없이 그 취지를 법원에 신고해야 한다(소촉법 제23 조의2 제4항). 재심청구인이 위 기재 또는 신고를 하지 않아 송달할 수 없는 때에는 공시송달을 할 수 있다(같은 조 제5항).

Ⅲ. 재심청구의 효과

7   재심청구에는 형집행정지효가 없다. 다만, 관할법원에 대응한 검찰청의 검사는 재심청구에 대한 재판이 있을 때까지 형집행을 정지할 수 있다(제428 조).

8   예외적으로, 소촉법 제23조의2 제1항에 따른 재심청구가 있으면 법원은 형집행을 정지하는 결정을 해야 한다(소촉법 제23 조의2 제2항). 이 경우 피고인을 구금할 필요가 있으면 구속요건이 갖춰진 때에 한해 구속영장을 발부해야 한다(같은 조 제3항).

Ⅳ. 재심청구의 취하

9   재심청구는 취하할 수 있다(제429조 제1항). 취하는 서면에 의해야 하나, 추후 재심공판절차의 법정에서 구술로 할 수도 있다(규칙 제167조). 재심청구취하에 관해서는 재소자특칙이 준용된다(제430조, 제344조). 취하한 후에는 동일한 사유로 다시 재심청구를 하지 못한다(제429조 제2항).

§230 제 2 재심개시절차

Ⅰ. 심   리

1   재심청구사건에서는 원판결사건이 필요적 변호사건이더라도 국선변호인의 선정을 요하지 않는다. 원판결사건에 관여한 법관은 재심청구사건의 심리절차에서 제17조 제7호의 제척사유에 해당하지 않는다[§30/4 참조].[1]

---

1 대법원 1982. 11. 15.자 82모11 결정.

재심청구사건에 대한 심리는 구두변론에 의하지 않아도 되며($\frac{\text{제37조}}{\text{제2항}}$), 심   2
리절차를 공개할 필요도 없다. 물론, 필요한 경우에는 증인신문·감정·검증
등의 처분을 할 수 있다. 법원은 필요하다고 인정하는 때에 합의부원에게 재
심청구이유에 대한 사실조사를 명하거나 다른 법원의 판사에게 이를 촉탁할
수 있으며($\frac{\text{제431조}}{\text{제1항}}$), 이 경우 그 수명법관이나 수탁판사는 법원 또는 재판장과
동일한 권한이 있다($\frac{\text{같은 조}}{\text{제2항}}$). 사실조사는 직권사항이며, 피고인 등에게 신청권
이 있지는 않다.[1]

법원은 재심청구에 대한 결정에 앞서 재심청구인과 상대방에게 의견제   3
출기회를 부여해야 한다.[2] 다만, 법정대리인이 재심청구를 한 때에는 유죄선
고를 받은 자에게 그러한 기회를 주어야 한다($\frac{\text{제432}}{\text{조}}$). 의견이 반드시 현실적으
로 제출되어야 하는 것은 아니다.[3] 의견제출기회를 주지 않은 채 청구기각
결정을 함은 위법하며, 즉시항고사유가 된다.[4]

Ⅱ. 결   정

1. 청구기각결정

⑴ 재심청구가 부적법한 경우   재심청구가 법률상의 방식에 위반되거   4
나 재심청구권 소멸 후에 이루어졌음이 명백한 때에는 결정으로 기각해야
한다($\frac{\text{제433}}{\text{조}}$).

㈎ 법률상의 방식에 위반된 재심청구   재심청구가 법률상의 방식에 위   5
반된 경우란 가령 i) 재심청구사유를 구체적으로 기재하지 않거나 원판결의

---

1 대법원 2021. 3. 12.자 2019모3554 결정: 「당사자가 재심청구의 이유에 관한 사실조사신청을
   한 경우에도 이는 단지 법원의 직권발동을 촉구하는 의미밖에 없는 것이므로, 법원은 이 신청
   에 대하여는 재판을 할 필요가 없고 설령 법원이 이 신청을 배척하였다고 하여도 당사자에게
   이를 고지할 필요가 없다.」
2 대법원 1993. 2. 24.자 93모6 결정: 「재심청구서에 재심청구의 이유가 기재되어 있다고 하여
   위와 같은 절차를 생략할 수는 없다. … 재항고인이 제출하였다는 재심청구소송보충이유서는
   재심청구의 이유를 보충한 것이니 이는 재심청구서의 일부에 지나지 아니한 것이지, 제432조
   에 따른 의견을 진술한 것이라고 할 수 없다. 원심은 재심청구서나 그 보충이유서에 재심청구
   에 관한 재심청구인의 주장이 기재되어 있으니 이것으로써 의견의 진술이 있다고 볼 것이고,
   따로 의견을 진술할 기회를 줄 필요가 없다고 본 것 같으나, 재심청구서나 그 보충이유서에 재
   심청구에 관한 재심청구인의 주장이 기재되어 있다고 하여도 이는 재심청구이유를 기재한 것
   에 지나지 아니한 것이므로, 법원은 재심청구에 대하여 결정을 함에는 별도로 제432조에 따른
   의견을 진술할 기회를 주어야 할 것이다.」
3 대법원 1997. 1. 16.자 95모38 결정.
4 대법원 2004. 7. 14.자 2004모86 결정.

등본 및 증거자료를 첨부하지 않은 경우($^{규칙 제166}_{조 위반}$), ii) 제420조 제1·2·7호 이외의 사유를 주장하면서 상소기각의 확정판결에 대해 재심을 청구한 경우($^{제421조}_{제1항 위반}$), iii) 관할권 없는 법원에 재심을 청구한 경우($^{제423조}_{위반}$) 등을 말한다.

6   다만, 대법원은 항소법원의 유죄판결($^{파기}_{자판}$)에 대한 재심청구가 재심관할법원인 항소법원이 아닌 제1심법원에 잘못 제기된 경우, 제1심법원은 사건을 관할법원인 항소법원에 이송해야 하고 청구기각결정을 해서는 안 된다고 한다. 나아가, 제1심법원이 과오로 청구기각결정을 하고 그에 대해 재심청구인이 항고를 제기한 경우, 그 항고법원에 재심청구사건의 관할권이 있다면, 항고법원은 제367조를 유추적용하여 원결정($^{청구기}_{각결정}$)을 파기하고 재심관할법원으로서 심리·결정해야 한다고 한다.[1]

7   (나) 재심청구권 소멸 후의 재심청구   재심청구권 소멸 후의 재심청구란 이를테면 i) 원판결에 대한 재심공판절차의 판결이 있은 후에 그 원판결에 대한 상소기각판결을 대상으로 다시 재심을 청구한 경우($^{제421조 제2}_{항, 제3항}$), ii) 재심청구 취하 후 동일한 이유로 다시 재심을 청구한 경우($^{제429조}_{제2항}$), iii) 재심청구가 이유 없다는 취지의 청구기각결정 후 다시 재심을 청구한 경우($^{제434조}_{제2항}$) 등을 말한다.

8   상소기각판결과 그 판결에 의해 확정된 유죄판결 모두에 대해 재심청구가 있는 경우, 상소법원은 하급법원의 소송절차가 종료할 때까지 소송절차를 정지해야 한다($^{규칙}_{제169조}$). 이후 하급법원이 재심개시결정을 하여 종국판결을 하면, 상소법원은 결정으로 재심청구를 기각해야 한다($^{제436}_{조}$).

9   (2) 재심청구가 이유 없는 경우   재심청구가 이유 없다고 인정한 때에는 결정으로 재심청구를 기각해야 한다($^{제434조}_{제1항}$). 이 경우에는 누구든지 동일한 이유로 다시 재심을 청구할 수 없다($^{같은 조}_{제2항}$).

10   (3) 즉시항고   재심청구기각결정에는 즉시항고할 수 있다($^{제437}_{조}$). 다만, 결정을 한 법원이 대법원인 때에는 불복할 수 없다.

---

1 대법원 2003. 9. 23.자 2002모344 결정:「재심청구가 재심관할법원인 항소심법원이 아닌 제1심법원에 잘못 제기된 경우 제1심법원은 그 재심의 소를 부적법하다 하여 각하할 것이 아니라 재심관할법원인 항소심법원에 이송하여야 할 것인데, 제1심법원이 항소심법원으로 이송결정 대신 재심청구기각결정을 하고 이에 대하여 재심청구인으로부터 항고가 제기된 경우라면 항고를 받은 법원이 마침 재심관할법원인 항소심법원인 경우에는 그 법원으로서는 제367조를 유추적용하여 관할권이 없는 제1심결정을 파기하고 재심관할법원으로서 그 절차를 취하여야 할 것이다.」

2. 재심청구절차 종료선언

재심청구인이 재심청구 후에 그에 대한 결정이 확정되기 전에 사망한 경우, 당해 재심개시절차는 그로써 당연히 종료된다. 재심개시결정 확정 후의 공판절차에서는 재심청구인이 사망하더라도 절차를 속행할 수 있지만($^{제438}_{조}$), 재심개시절차에서는 이를 허용하는 규정이 없다. 판례에 따르면, 이 경우 법원은 재심청구절차가 종료됐음을 선언하는 결정을 해야 한다($\begin{smallmatrix}\text{「이 사건 재심청구절차는 2023. 12. 20.}\\\text{재심청구인의 사망으로 종료하였다.」}\end{smallmatrix}$).[1]

11

3. 재심개시결정

재심청구가 이유 있다고 인정한 때에는 재심개시결정을 한다($^{제435조}_{제1항}$). 재심청구가 이유 있다는 것은 법정 재심청구사유가 충족된 경우($\begin{smallmatrix}\text{예컨대 경찰관의 직무}\\\text{관련범죄가 확정판결로}\\\text{증명된}\end{smallmatrix}$경우)를 말하며, 그것이 원판결에 영향을 미쳤는지($\begin{smallmatrix}\text{예컨대 위 직무관련범죄로 인해 재심}\\\text{대상판결의 결론에 영향이 있는지}\end{smallmatrix}$)는 고려대상이 아니다.[2]

12

경합범의 일부에 대해서만 재심청구가 이유 있다고 인정되는 경우에도, 1개의 형이 선고된 때에는 나머지에 대해서도 재심개시결정을 해야 한다. 다만, 이후의 재심공판절차에서 그 나머지에 대해 다시 심리해 유죄인정 자체를 파기할 수는 없다.[3]

13

재심개시결정으로써 재심대상판결의 효력이 상실되는 것은 아니나,[4] 법

14

1　대법원 2014. 5. 30.자 2014모739 결정; 광주지방법원 순천지원 2020. 1. 20. 선고 2013재고합 5 판결.

2　대법원 2008. 4. 24.자 2008모77 결정:「형사소송법상 재심절차는 재심개시절차와 재심심판절차로 구별되는 것이므로, 재심개시절차에서는 형사소송법에서 규정하고 있는 재심사유가 있는지 여부만을 판단하여야 하고, 나아가 재심사유가 재심대상판결에 영향을 미칠 가능성이 있는가의 실체적 사유는 고려하여서는 아니 된다고 할 것이다. … 공소외 1이 2003. 6. 19. ○○경찰서에 첩보보고를 함으로써 재항고인에 대한 수사가 정식으로 개시된 이상 공소외 1이 직접 조사를 담당하지 아니하였다고 하더라도 공소외 1은 '수사에 관여'하였다고 보는 것이 상당하고, 공소외 1의 이 사건 범죄행위에 관하여 유죄판결이 확정되어 제420조 제7호의 재심사유에 해당된다면, 나아가 그 범죄행위가 재심대상판결에 영향을 미칠 가능성이 있는가 여부는 재심개시 여부를 심리하는 절차에서는 고려하여서는 아니 된다.」

3　대법원 2001. 7. 13. 선고 2001도1239 판결:「경합범관계에 있는 수개의 범죄사실을 유죄로 인정하여 한 개의 형을 선고한 불가분의 확정판결에서 그중 일부의 범죄사실에 대하여만 재심청구의 이유가 있는 것으로 인정된 경우에는, 형식적으로는 1개의 형이 선고된 판결에 대한 것이어서 그 판결 전부에 대하여 재심개시결정을 할 수밖에 없지만, 비상구제수단인 재심제도의 본질상 재심사유가 없는 범죄사실에 대하여는 재심개시결정의 효력이 그 부분을 형식적으로 심판대상에 포함시키는 데 그치므로, 재심법원은 그 부분에 대하여는 이를 다시 심리하여 유죄인정을 파기할 수 없고, 다만 그 부분에 관하여 새로이 양형을 하여야 하므로 양형을 위하여 필요한 범위에 한하여만 심리를 할 수 있[다].」

4　홍은표, "재심심판절차의 본질과 기판력, 후단 경합범의 성립", 시법 제50호(2019), 587쪽.

원은 결정으로 형집행을 정지할 수 있다(같은조). 재심대상판결이 약식명령인 경우에는 공판회부결정[§131/7참조]을 해야 한다.[1] 재심개시결정에는 즉시항고할 수 있으며(제437조), 즉시항고기간인 7일의 경과로 재심개시결정은 확정된다.

§231   제3   재심심판절차

Ⅰ. 공판절차

1   재심개시결정이 확정된 경우, 법원은 그 심급에 따라 사건을 다시 심판해야 한다(제438조제1항). i) '그 심급에 따라' 심판한다는 것은 재심개시결정을 한 법원이 제1심법원인 경우에는 제1심의 공판절차에 따라, 상소법원인 때에는 상소심의 공판절차에 따라 심판한다는 뜻이며, ii) '다시 심판'한다는 것은 재심대상인 원판결의 당부가 아니라 피고사건 자체에 대해 다시 심판한다는 뜻이다.[2] 재심심판절차에서 재심사유의 존부를 다시 심사함은 허용되지 않는다.[3]

2   재심법원은 재심대상판결의 기초가 된 증거와 재심사건의 심리과정에서 제출된 증거를 모두 종합해 공소사실이 인정되는지를 새로이 판단해야 한다.[4] 재심대상사건의 기록이 보존기간만료 등으로 폐기된 때에는 가능한 노력을 다해 그 기록을 복구하되, 완전한 복구가 불가능한 때에는 판결서 등 수집한 잔존자료로 알 수 있는 재심사건의 증거들과 재심공판절차에서 새롭게 제출된 증거들의 증거가치를 종합적으로 평가해 새로이 판단해야 한다.[5]

3   재심심판의 대상이 될 수 없는 재판에 대해서는 재심개시결정이 확정

---

1 춘천지방법원 강릉지원 2010. 12. 14. 선고 2010고단593 판결.

2 대법원 2018. 2. 28. 선고 2015도15782 판결.

3 대법원 2004. 9. 24. 선고 2004도2154 판결: 「불복(즉시항고)이 없이 확정된 재심개시결정의 효력에 대하여는 더 이상 다툴 수 없으므로, 설령 재심개시결정이 부당하더라도 이미 확정되었다면 법원은 더 이상 재심사유의 존부에 대하여 살펴볼 필요 없이 제436조의 경우가 아닌 한 그 심급에 따라 다시 심판을 하여야 한다. … 그럼에도 불구하고, 원심은 이에 이르지 아니한 채 확정된 재심개시결정이 부당하다고 판단하고 이를 이유로 하여 재심대상사건의 심급인 항소심의 법정소송절차에 따른 본안에 관한 심리를 하지 아니한 채 재심대상판결을 그대로 인용하여 판결한다고 설시하면서 재심대상판결과 동일한 문장의 판결서를 그대로 작성하여 선고하고 말았으니, 원심판결에는 확정된 재심개시결정의 효력과 그에 따른 재심심판절차에 관한 법리를 오해한 위법이 있다.」

4 대법원 2015. 5. 14. 선고 2014도2946 판결.

5 대법원 2004. 9. 24. 선고 2004도2154 판결.

되었더라도 재심공판절차를 진행할 수 없다. 이를테면 약식명령에 대한 정식재판청구를 통해 제1심판결이 선고·확정된 경우에는 그 정식판결에 대해 재심을 청구해야 하고, 종전의 약식명령은 실효되어 재심대상으로 삼을 수 없다. 그러한 약식명령에 대해 재심개시결정 및 공판회부결정이 이루어져 확정되었더라도 법원은 아무런 재판을 할 수 없다.[1] 이러한 경우 재심법원은 주문이 없는 판결을 해야 하고, 만약 무죄판결을 한다면 검사는 법령위반을 이유로 상소할 수 있으며, 이에 따라 상소법원은 원심판결을 파기한다는 주문만을 내야 한다는 것이 대법원의 입장이다.[2]

Ⅱ. 공판진행상 특수문제

1. 사망 또는 회복불가능한 심신장애

재심공판절차에서는 피고인의 사망을 이유로 하는 공소기각결정을 할 수 없다($\text{제438조}\atop\text{제2항}$). 피고인이 회복할 수 없는 심신장애인인 때에도 공판절차를 정지할 필요가 없고$\left[\text{§150/3}\atop\text{참조}\right]$, 피고인의 출정 없이도 개정할 수 있다($\text{제438조}\atop\text{제2항}$). 다만 이 경우 변호인의 출석은 필요하며($\text{같은 조}\atop\text{제3항}$), 변호인이 없을 경우 재판장은 직권으로 국선변호인을 선정해야 한다($\text{같은 조}\atop\text{제4항}$).

4

---

1 대법원 2013. 4. 11. 선고 2011도10626 판결:「약식명령에 대하여 정식재판청구가 이루어지고 그 후 진행된 정식재판절차에서 유죄판결이 선고되어 확정된 경우, 재심사유가 존재한다고 주장하는 피고인 등은 효력을 잃은 약식명령이 아니라 유죄의 확정판결을 대상으로 재심을 청구하여야 한다. 그런데도 피고인 등이 약식명령에 대하여 재심의 청구를 한 경우, … 법원이 심리한 결과 재심청구의 대상이 약식명령이라고 판단하여 그 약식명령을 대상으로 재심개시결정을 한 후 이에 대하여 검사나 피고인 등이 모두 불복하지 아니함으로써 그 결정이 확정된 때에는, 그 재심개시결정에 의하여 재심이 개시된 대상은 약식명령으로 확정되고, 그 재심개시결정에 따라 재심절차를 진행하는 법원이 재심이 개시된 대상을 유죄의 확정판결로 변경할 수는 없다. 이 경우 그 재심개시결정은 이미 효력을 상실하여 재심을 개시할 수 없는 약식명령을 대상으로 한 것이므로, 그 재심개시결정에 따라 재심절차를 진행하는 법원으로서는 심판의 대상이 없어 아무런 재판을 할 수 없다.」

2 대법원 2013. 6. 27. 선고 2011도7931 판결:「항소심 유죄판결을 재심 대상으로 한 이 사건 재심개시결정이 확정되었다고 하더라도, 이 사건 항소심 유죄판결은 피고인의 사망을 이유로 한 공소기각결정이 확정됨으로써 이미 그 효력을 상실하였고, 따라서 피고인에 대하여는 더 이상 재심절차로 진행할 심판의 대상이 없어 아무런 재판을 할 수 없다고 할 것임에도, 원심은 이와 달리 그 심판의 대상이 있는 것으로 보고 피고인에 대하여 무죄판결을 선고하였으니, 이러한 원심의 조치에는 재심개시결정의 효력과 심판의 대상 등에 관한 법리를 오해한 위법이 있어 파기를 면할 수 없다. 나아가 그 밖에 이 사건을 더 심리·판단하거나 원심법원에 환송하여 심리·판단하게 할 수 없으므로, 원심판결을 파기하는 이외에는 이 판결 주문으로 선고할 것이 없다.」

2. 형집행정지

5　　재심공판절차 진행중에는 형집행정지의 결정을 할 수 있다($\substack{제435조 \\ 제2항}$).[1]

3. 공소취소

6　　재심공판절차에서는 공소취소를 할 수 없다. 과거에 제1심판결의 선고가 있었고($\substack{제255조 \\ 제1항}$), 재심공판절차의 종국판결이 있기 전까지 그 제1심판결은 존속하기 때문이다.[2]

4. 포괄일죄와 공소장변경·병합심리

7　　대법원은 포괄일죄($\substack{가령\ 상습범: \\ 선행범죄}$)에 대한 재심공판절차에서 원판결확정 후 발생한 범죄사실($\substack{가령\ 개별범행: \\ 후행범죄}$)을 추가하는 공소장변경은 할 수 없으며, 후행범죄를 병합해 심리할 수도 없다고 한다. 그러므로 선행범죄에 대한 재심공판사건에서 선고된 판결의 기판력은 후행범죄에 미치지 않는다고 한다.[3]

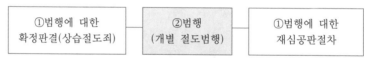

①범행에 대한 확정판결(상습절도죄) — ②범행 (개별 절도범행) — ①범행에 대한 재심공판절차

8　　위 그림에서, ①범행에 대한 재심공판절차 진행중에 ②범행을 추가하는 공소장변경을 하거나 ②범행에 대한 공판사건을 병합해 심리할 수 없으며, ①범행에 대한 재심공판절차의 판결이 확정되더라도 추후 ②범행에 대해 수소법원은 면소판결을 할 수 없다는 것이다. 그러나 이러한 해석은 법률상 근거가 전혀 없다. 통상공판절차에 관한 규정이 재심공판절차에서 배제된다고

1　제요(Ⅱ) 422쪽.

2　대법원 1976. 12. 28. 선고 76도3203 판결.

3　대법원 2019. 6. 20. 선고 2018도20698 (全)판결의 다수의견: 「재심심판절차에서 선행범죄, 즉 재심대상판결의 공소사실에 후행범죄를 추가하는 내용으로 공소장을 변경하거나 추가로 공소를 제기한 후 이를 재심대상사건에 병합하여 심리하는 것이 허용되지 않으므로 재심심판절차에서는 후행범죄에 대하여 사실심리를 할 가능성이 없다. 또한 재심심판절차에서 재심개시결정의 확정만으로는 재심대상 판결의 효력이 상실되지 않으므로 재심대상판결은 확정판결로서 유효하게 존재하고 있고, 따라서 재심대상판결을 전후하여 범한 선행범죄와 후행범죄의 일죄성은 재심대상판결에 의하여 분단되어 동일성이 없는 별개의 상습범이 된다. 그러므로 선행범죄에 대한 공소제기의 효력은 후행범죄에 미치지 않고 선행범죄에 대한 재심판결의 기판력은 후행범죄에 미치지 않는다. … 아직 판결을 받지 아니한 후행범죄는 재심심판절차에서 재심대상이 된 선행범죄와 함께 심리하여 동시에 판결할 수 없었으므로 후행범죄와 재심판결이 확정된 선행범죄 사이에는 후단 경합범이 성립하지 않고, 동시에 판결할 경우와 형평을 고려하여 그 형을 감경 또는 면제할 수 없다.」

볼 수 있으려면 법에 명확한 규정이 있거나(가령 제438조) 재심심판의 성질상 당
연히 그런 것으로 여겨질 수 있어야 한다(가령 공). 그런데 형사소송법이나 형
사소송규칙에는 위와 같은 공소장변경이나 병합심리를 제한하는 조항이 없
을 뿐 아니라,[1] 재심절차의 성질상 특별히 이를 부인할 이유도 없다.[2]

제 4 종국재판 §232

Ⅰ. 유 죄

    재심심판절차에서는 원판결의 형보다 무거운 형을 선고할 수 없다(제439조;이익재심).   1
다만, 원판결이 선고한 집행유예가 실효·취소되지 않고 그 유예기간이 도과해
형선고의 효력이 상실된 경우, 재심심판절차에서 원판결의 형보다 무겁지 않
은 집행유예 또는 벌금형을 선고하는 것은 가능하다.[3]

    대법원은 특별사면으로 형선고의 효력이 상실된 유죄의 확정판결에 대   2
해 재심개시결정이 있어 재심심판법원이 다시 심판한 경우, i) 무죄로 인정
되는 경우에는 무죄판결을 선고하고, ii) 여전히 유죄로 인정되는 경우에는

---

1 대법원 2019. 6. 20. 선고 2018도20698 (全)판결의 반대의견:「i) 재심사건에 다른 사건의 공소
   사실을 추가하는 공소장변경이나 다른 일반사건을 병합하여 함께 심판하는 것도 허용된다. 형
   사소송법은 재심의 청구는 원판결의 법원이 관할한다고 규정하고 있을 뿐(제423조) 공소장변
   경이나 병합심리를 금지하는 명문의 규정을 두고 있지 않기 때문이다. … ii) 선행범죄에 관하
   여 확정된 재심판결의 효력은, 재심심판절차에서 다른 사건을 심리할 가능성이 있는 최후의
   시점인 재심판결선고시를 기준으로 그 이전에 발생하였고 포괄일죄의 관계에 있는 다른 범죄
   에 대해서도 당연히 미친다. … iii) 재심판결이 후행범죄 사건의 판결보다 먼저 확정되는 경우
   후행범죄 사건에 대하여 판결하는 법원으로서는, 금고 이상의 형에 처한 재심판결이 확정되기
   이전에 후행범죄가 저질러진 것이 분명한 이상, 확정된 재심판결의 범죄와 후단 경합범 관
   계라고 보고 동시에 판결할 경우와 형평을 고려하여 후행범죄에 대한 형을 정하여야 한다.」
2 윤동호, "재심심판절차의 본질과 상습범의 수죄성", 형사법연구 제32권 제1호(2020. 3.), 169–191쪽.
3 대법원 2018. 2. 28. 선고 2015도15782 판결:「재심판결이 확정됨에 따라 원판결이나 그 부수
   처분의 법률적 효과가 상실되고 형선고가 있었다는 기왕의 사실 자체의 효과가 소멸하는 것은
   재심의 본질상 당연한 것으로서, 원판결의 효력상실 그 자체로 인하여 피고인이 어떠한 불이
   익을 입는다 하더라도 이를 두고 재심에서 보호되어야 할 피고인의 법적 지위를 해치는 것이
   라고 볼 것은 아니다. 따라서 원판결이 선고한 집행유예가 실효 또는 취소됨이 없이 유예기간
   이 지난 후에 새로운 형을 정한 재심판결이 선고되는 경우에도, 그 유예기간 경과로 인하여 원
   판결의 형선고 효력이 상실되는 것은 원판결이 선고한 집행유예 자체의 법률적 효과로서 재심
   판결이 확정되면 당연히 실효될 원판결 본래의 효력일 뿐이므로, 이를 형의 집행과 같이 볼 수
   는 없고, 재심판결의 확정에 따라 원판결이 효력을 잃게 되는 결과 그 집행유예의 법률적 효과
   까지 없어진다 하더라도 재심판결의 형이 원판결의 형보다 중하지 않다면 불이익변경금지의
   원칙이나 이익재심의 원칙에 반한다고 볼 수 없다.」

'피고인에게 형을 선고하지 아니한다.'라는 판결을 해야 한다고 한다.[1] 그러
나 이는 형사소송법에 없는 종류의 재판을 창설하는 해석론으로서 사실상 법
원에 의한 입법에 해당하여 권력분립원칙에 어긋난다. 앞서 설명하였듯 특별
사면으로 유죄판결의 선고가 효력을 상실하였다면 애초 재심청구대상이 존
재하지 않으므로 재심개시결정을 해서는 안 되는 것이고, 만약 재심개시결정
을 하였더라도 심판의 대상이 없으므로 재심법원은 아무런 재판을 할 수 없
다고 함이 타당하다[§226/3 참조]. 과거 판례가 이러한 입장이었다.[2]

3   자유형을 선고한 원판결에 대한 재심심판절차에서 새로운 형이 선고되어 확
정된 때에는 원판결에 의해 집행된 형기를 통산해 집행한다(「자유형등에 관한 검찰집 행사무규칙」 제17조 제4항).

Ⅱ. 무   죄

4   재심에서 무죄의 선고를 할 때에는 그 판결을 관보와 그 법원소재지의
신문에 기재해 공고해야 한다. 다만, 피고인 등 재심을 청구한 사람이 이를
원하지 않는 의사를 표시한 때에는 그렇지 않다(제440조).

---

1 대법원 2015. 10. 29. 선고 2012도2938 판결: 「이익재심의 원칙을 반영하여 제439조에서 '재심
   에는 원판결의 형보다 중한 형을 선고하지 못한다'고 규정하고 있는데, 이는 실체적 정의를 실
   현하기 위하여 재심을 허용하지만 피고인의 법적 안정성을 해치지 않는 범위 내에서 재심이
   이루어져야 한다는 취지로서, 단순히 재심절차에서 전의 판결보다 무거운 형을 선고할 수 없
   다는 원칙만을 의미하고 있는 것이 아니라, 피고인이 원판결 이후에 형선고의 효력을 상실하
   게 하는 특별사면을 받아 형사처벌의 위험에서 벗어나 있는 경우라면, 재심절차에서 형을 다
   시 선고함으로써 위와 같이 특별사면에 따라 발생한 피고인의 법적 지위를 상실하게 하여서는
   안 된다는 의미도 포함되어 있는 것으로 보아야 한다. 따라서 특별사면으로 형선고의 효력이 상
   실된 유죄의 확정판결에 대하여 재심개시결정이 이루어져 재심심판법원이 그 심급에 따라 다시
   심판한 결과 무죄로 인정되는 경우라면 무죄를 선고하여야 하겠지만, 그와 달리 유죄로 인정되
   는 경우에는, 피고인에 대하여 다시 형을 선고하거나 피고인의 항소를 기각하여 제1심판결을
   유지시키는 것은 이미 형 선고의 효력을 상실하게 하는 특별사면을 받은 피고인의 법적 지위를
   해치는 결과가 되어 앞서 본 이익재심과 불이익변경금지의 원칙에 반하게 되므로, 재심심판법
   원으로서는 '피고인에 대하여 형을 선고하지 아니한다'는 주문을 선고할 수밖에 없다.」
2 대법원 1997. 7. 22. 선고 96도2153 판결(폐기): 「이 사건의 경우와 같이 특별사면에 의하여
   유죄판결의 선고가 그 효력을 상실하게 되었다면 이미 재심청구의 대상이 존재하지 아니하여
   그러한 판결이 여전히 유효하게 존재함을 전제로 하는 재심청구는 부적법함을 면치 못한다 할
   것이고, 설사 재심법원이 재심대상판결이 존재하는 것으로 잘못 알고 재심개시결정을 하였다
   고 하더라도 심판의 대상이 없으므로 아무런 재판을 할 수 없는 것이라 할 것이다.」

제2절　비상상고

제1관　비상상고의 의의와 대상

제 1　비상상고의 의의

　　비상상고(非常上告)란 확정판결에 법령위반이 있는 경우에 검찰총장이 대법원에 그 판결을 파기해줄 것을 구하는 소송행위를 말한다. 이는 법령해석·적용의 통일을 기하고 피고인을 구제하기 위한 불복방법이다.[1] 비상상고가 제기된 경우, i) 원판결의 법령위반이 피고인에게 불이익을 초래하지 않은 때에는 대법원은 그 부분을 파기해야 하고(단순파기), ii) 원판결의 법령위반으로 인해 피고인이 불이익을 입은 때에는 대법원은 원판결을 파기하고 다시 판결해야 한다(파기자판). 파기판결의 효력은 단순파기의 경우에는 피고인에게 미치지 않는 반면, 파기자판의 경우에는 피고인에게 미친다(제446조; 제447조).

1

　　대법원은 이제껏 비상상고의 목적으로 피고인구제를 언급한 바가 없다.[2] 문헌에 따라서는 비상상고의 주된 목적은 법령해석적용의 통일이며, 피고인구제는 부차적(또는 예외적) 기능일 뿐이라고 설명하기도 한다.[3] 그러나 i) 파기자판의 경우 판결의 효력이 피고인에게 미친다는 점, ii) 현실적으로 단순파기[4]보다 파기자판[5]의 비중이 더 높다는 점에서, 피고인구제 또한 비상상고의 중요한 목적이라고 봄이 타당하다.[6]

2

1　이은모/김정환 901쪽; 이재상 외 2인 910쪽.

2　대법원 2021. 3. 11. 선고 2018오2 판결:「비상상고제도는 이미 확정된 판결에 대해 법령적용의 오류를 시정함으로써 법령의 해석·적용의 통일을 도모하려는 데 그 목적이 있다.」

3　배종대/이상돈 867쪽; 손동권/신이철 851쪽; 이주원 628쪽; 차용석/최용성 863쪽.

4　대법원 2014. 12. 24. 선고 2014오2 판결; 2017. 12. 5. 선고 2017오2 판결; 2018. 4. 10. 선고 2018오1 판결; 2020. 11. 5. 선고 2020오1 판결; 2020. 11. 26. 선고 2020오5 판결; 2021. 10. 28. 선고 2020오6 판결.

5　대법원 2014. 7. 24. 선고 2014오1, 2014전오1 판결; 2015. 5. 28. 선고 2014오3 판결; 2015. 5. 28. 선고 2014오4 판결; 2020. 11. 26. 선고 2020오2 판결; 2021. 6. 10. 선고 2020오7 판결; 2021. 6. 30. 선고 2020오10, 2021보오1(병합) 판결; 2021. 11. 11. 선고 2021오5 판결; 2021. 12. 30. 선고 2021오12 판결; 2021. 12. 30. 선고 2021오24 판결; 2022. 3. 31. 선고 2021오28 판결; 2022. 7. 14. 선고 2021오11 판결; 2022. 11. 17. 선고 2020오4 판결; 2023. 3. 30. 선고 2022오4 판결.

6　상세히는 권오걸, "재심과 비상상고의 교차영역", 법학논고 제81집(2023), 253-255쪽.

§234 제 2   비상상고의 대상

1   비상상고의 대상은 유죄($\binom{보안처분}{포함}$)·무죄·면소·공소기각·관할위반·상소기각의 판결, 약식명령[1]·즉결심판,[2] 공소기각결정,[3] 상소기각결정[4] 등 확정된 종국재판이다($\binom{제441}{조}$). 대법원판결도 비상상고의 대상이 될 수 있다.[5]

2   통설은 당연무효판결($\binom{죽은 사람에 대해 선고된 판결, 청산종료 후의 법인에 대한 판}{결, 상소취하 후의 상소심판결, 동일사건에 관한 이중판결 등}$)도 비상상고의 대상이 될 수 있다고 한다.[6] 그러나 무효인 판결에 대해 그것이 유효함을 전제로 하는 비상상고를 인정함은 논리적으로 모순이다. 원판결에 중대한 하자가 있어 당연무효인 때에는 그 판결을 한 법원에 변론재개신청($\binom{제305}{조}$)을 하여 무효원인 발생 이전의 절차부터 다시 진행하는 식으로 문제를 해결해야지, 비상상고를 할 일은 아니라고 본다.

3   상급심에 의해 파기된 재판은 비상상고의 대상이 될 수 없다.[7]

제2관   비상상고의 사유와 절차

§235 제 1   비상상고이유

1   비상상고는 확정판결의 심판이 법령에 위반한 경우에 할 수 있다($\binom{제441}{조}$). 이는 확정판결에서 인정한 사실을 전제로 하여 실체법의 해석·적용을 잘못하거나 절차진행상 소송법규 위반이 있는 경우를 뜻하며, 사실관계를 오인함에 따라 결과적으로 법령을 잘못 적용한 경우는 이에 포함되지 않는다.[8]

2   현실에서 법령위반과 사실오인 간의 구별이 항상 분명한 것은 아니다.

---

1 대법원 2006. 10. 13. 선고 2006오2 판결; 2020. 11. 26. 선고 2020오5 판결.
2 대법원 1994. 10. 14. 선고 94오1 판결.
3 주석(Ⅳ) 679(지귀연).
4 대법원 1998. 11. 27. 선고 98오2 판결.
5 대법원 1976. 4. 27. 선고 76오1 판결.
6 배종대/홍영기 490쪽; 손동권/신이철 851쪽; 신동운 1705－1706쪽; 신양균/조기영 1256쪽; 이재상 외 2인 910쪽; 임동규 857쪽.
7 대법원 2021. 3. 11. 선고 2019오1 판결.
8 대법원 2005. 3. 11. 선고 2004오2 판결; 2017. 6. 15. 선고 2017오1 판결; 2021. 3. 11. 선고 2018오2 판결.

가령 대법원은 원판결법원이 i) 공소시효가 완성된 사실을 간과해 실체판결을 한 경우,[1] ii) 사면이 있었던 사실을 간과해 상소기각재판을 한 경우,[2] iii) 20세 미만인 소년에게 정기형을 선고한 경우,[3] iv) 성년에게 부정기형을 선고한 경우[4]에는 비상상고이유로서의 법령위반이 있다고 보았다.

반면, i) 누범전과가 있는 것으로 오인해 이를 전제로 형을 정하였거나[5] ii) 피고인의 사망사실을 간과해 실체재판을 한 경우[6]에는 적법한 비상상고이유가 되지 못한다고 하였다. 또한 iii) 훈령에 입각해서 한 행위라는 이유로 형법 제20조의 정당행위를 인정해 무죄를 선고한 원판결에 대해 그 훈령이 위헌무효라는 이유로 비상상고가 제기된 사안에서, 그러한 사정은 형법 제20조의 전제가 되는 사실에 관한 것에 불과하므로 비상상고이유가 되지 못한다고 하였다.[7]

3

---

1 대법원 2006. 10. 13. 선고 2006오2 판결.

2 대법원 1963. 1. 10. 선고 62오4 판결.

3 대법원 1963. 4. 4. 선고 63오1 판결.

4 대법원 1963. 4. 11. 선고 63오2 판결.

5 대법원 1962. 9. 27. 선고 62오1 판결.

6 대법원 2005. 3. 11. 선고 2004오2 판결.

7 대법원 2021. 3. 11. 선고 2018오2 판결:「비상상고이유인 '그 사건의 심판이 법령에 위반한 때'란 확정판결에서 인정한 사실을 변경하지 아니하고 이를 전제로 한 실체법의 적용에 관한 위반 또는 그 사건에서의 절차법상의 위배가 있는 경우를 뜻한다. 단순히 그 법령을 적용하는 과정에서 전제가 되는 사실을 오인함에 따라 법령위반의 결과를 초래한 것과 같은 경우에는 이를 이유로 비상상고를 허용하는 것이 법령의 해석·적용의 통일을 도모한다는 비상상고 제도의 목적에 유용하지 않으므로 '그 사건의 심판이 법령에 위반한 때'에 해당하지 않는다. … 이 사건 비상상고이유는, 원판결법원이 위헌무효인 이 사건 훈령을 근거로 삼아 피고인에 대한 공소사실 중 특수감금 부분에 대해 형법 제20조를 적용하여 무죄로 판단한 것이 법령위반에 해당한다는 취지이다. 그러나 원판결법원이 피고인의 특수감금행위의 위법성이 조각된다고 판단하면서 적용한 법령은 이 사건 훈령이 아니라 정당행위에 관한 형법 제20조나 상급심 재판의 기속력에 관한 법원조직법 제8조이고, 이 사건 훈령의 존재는 그중 위 형법 제20조를 적용하기로 하면서 그 적용의 전제로 삼은 여러 사실 중 하나일 뿐이다. 따라서 비상상고인이 비상상고이유로 들고 있는 사정, 즉 원판결이 이 사건 훈령이 상위법령에 저촉되어 무효임을 간과하였다는 점은 형법 제20조의 적용에 관한 전제사실을 오인하였다는 것에 해당하고, 그로 말미암아 피고인의 특수감금행위에 형법 제20조를 적용한 잘못이 있더라도 이는 형법 제20조의 적용에 관한 전제사실을 오인함에 따라 법령위반의 결과를 초래한 경우에 불과하다. 결국 이 사건 비상상고이유 주장은 정당행위에 관한 원판결 법원의 포섭 판단을 탓하는 것에 지나지 않는다. 이를 앞서 본 법리에 비추어 살펴보면, 이 사건 비상상고이유로 들고 있는 사유는 제441조가 비상상고의 이유로 정한 '그 사건의 심판이 법령에 위반한 때'에 해당하지 않는다.」 이 판결에 대한 비판으로는 김성논, "'형제복지원 비상상고 사건' 대법원 판결에 대한 비판적 소고", 형사법연구 제33권 제2호(2021), 94쪽 이하 참조.

§236 **제 2   비상상고의 제기와 심판**

Ⅰ. 비상상고의 제기

1. 비상상고권자

1   비상상고는 검찰총장만 할 수 있다($\substack{제441\\조}$). 검찰총장 아닌 자는 검찰총장에게 비상상고 제기를 촉구할 수는 있으나, 법률상 신청권은 없다.

2. 관할법원

2   비상상고사건의 관할은 대법원에 전속한다($\substack{제441\\조}$).

3. 비상상고의 방식

3   비상상고는 그 이유를 기재한 신청서($\substack{비상\\상고장}$)를 대법원에 제출하는 방법으로 한다($\substack{제442\\조}$).

Ⅱ. 공판절차

4   비상상고심의 심리는 공판기일에 공판정에서 한다($\substack{제443\\조}$). 비상상고가 이유 없음이 명백한 때에도 반드시 공판기일을 지정해 심판해야 하며, 서면심리만으로 비상상고를 기각할 수는 없다. 검사는 공판기일에 출석해 신청서에 의해 진술해야 한다($\substack{제443\\조}$). 원판결의 피고인이었던 자는 출석할 필요가 없다.

5   대법원은 신청서에 포함된 이유에 한해 조사해야 한다($\substack{제444조\\제1항}$). 다만 법원의 관할, 공소의 수리와 소송절차에 관해서는 직권으로 사실조사를 할 수 있다($\substack{같은 조\\제2항}$). 필요하다고 인정할 때에는 수명법관 또는 수탁판사에게 사실조사를 하게 할 수 있고, 이 경우 그 수명법관이나 수탁판사는 법원 또는 재판장과 동일한 권한을 지닌다($\substack{같은 조 제3\\항, 제431조}$).

Ⅲ. 판   결

1. 기   각

6   비상상고가 이유 없다고 인정한 때에는 기각판결을 한다. 비상상고이유로 삼을 수 없는 사유를 주장하는 경우도 비상상고가 이유 없는 경우에 포함된다($\substack{제445\\조}$). 상소심과 달리, 직권파기는 허용되지 않는다.

2. 파   기

원판결이 법령에 위반되나 그것이 피고인에게 불이익하지 않은 때에는   7
그 위반된 부분을 파기하는 판결을 해야 한다($\substack{제446조 \\ 제1호 본문}$). i) 환산을 잘못해 노
역장유치기간을 부당하게 짧게 정한 경우,[1] ii) 자유형이나 자격정지형을 선
고해야 할 사안에서 벌금형을 선고하거나 약식명령을 고지한 경우,[2] iii) 선
고유예를 할 수 없음에도 선고유예판결을 한 경우,[3] iv) 집행유예를 선고할
수 없음에도($\substack{3년을 초과하는 자유형, \\ 500만원을 초과하는 벌금형}$) 집행유예판결을 한 경우[4] 등이 이에 해당한
다. 파기이송·환송은 할 수 없다.

파기판결의 효력은 피고인에게 미치지 않는다($\substack{제447 \\ 조}$). 가령 법정형에 징역   8
형만 규정되어 있음에도 원판결이 착오로 벌금형을 선고한 경우, 대법원이
비상상고를 인용해 이를 파기하더라도 원판결의 벌금형 집행의 효력에는 아
무런 영향이 없다. 원판결의 소송계속이 다시 부활하는 것도 아니다.

3. 파기자판

원판결이 법령에 위반되고 그것이 피고인에게 불이익한 때에는 원판결   9
을 파기하고 피고사건에 대해 다시 판결해야 한다($\substack{제446조 제1 \\ 호 단서}$). i) 법정형을 초
과해서 형을 선고한 경우,[5] ii) 공소시효가 완성되었음에도 유죄판결을 선고
한 경우,[6] iii) 일반사면이 있었음에도 형을 선고한 경우,[7] iv) 친고죄사건에
서 고소권자의 고소가 없거나 반의사불벌죄사건에서 처벌불원의사표시가 있
음에도 유죄판결을 선고한 경우[8] 등이 이에 해당한다. 이때 법령은 파기자
판시가 아니라 원판결시의 것을 적용해야 한다.[9]

파기자판한 경우 원판결은 전부 실효되고, 새로운 판결의 효력은 피고인   10
에게 미친다($\substack{제447 \\ 조}$).

---

1 대법원 2014. 12. 24. 선고 2014오2 판결.
2 대법원 2017. 12. 5. 선고 2017오2 판결; 2020. 11. 26. 선고 2020오5 판결.
3 대법원 1993. 6. 22. 선고 93오1 판결; 2018. 4. 10. 선고 2018오1 판결.
4 대법원 2020. 11. 5. 선고 2020오1 판결; 2021 10. 28. 선고 2020오6 판결.
5 대법원 2002. 8. 23. 선고 2002오1 판결.
6 대법원 2006. 10. 13. 선고 2006오2 판결.
7 대법원 1963. 1. 10. 선고 62오4 판결.
8 대법원 2000. 10. 13. 선고 99오1 판결.
9 손동권/신이철 855쪽; 이은모/김정환 910쪽; 이재상 외 2인 917쪽; 이주원 635쪽; 임동규 862
   쪽; 이창현 1356쪽; 차용석/최용성 871쪽.

제3절　형사보상

제1관　형사보상의 의의와 대상

§237 **제 1　형사보상의 의의**

1　　　형사보상이란 형사절차에서 억울하게 구금되거나 형집행을 받거나 비용을 지출함으로 인한 손해를 국가가 보상해 주는 제도를 말한다. 법률이 정하는 바에 따른 형사보상을 받을 권리는 헌법상 기본권이다(헌법 제28조). 이에 i) 형사보상법은 구금과 형집행에 대한 보상의 요건과 절차에 관해 상세히 규정하고 있으며, ii) 형사소송법은 무죄판결이 확정된 경우에 피고인이 재판과정에서 지출한 비용의 보상에 관해 규정하면서 구금과 형집행에 관한 형사보상법의 규정을 준용하고 있다(제194조의2 내지 제194조의5).[1] 구금되었던 피고인이 무죄의 확정판결을 받은 경우에는 실무상 구금 등에 대한 보상과 비용에 대한 보상을 함께 청구하는 경우가 많다.[2] 형사보상청구권은 일신전속적 권리로서 양도하거나 압류할 수 없다(형사보상법 제23조).

2　　　한편, 앞서 설명했듯 불송치결정 또는 불기소처분에 의해 석방된 피의자도 일정한 요건을 구비하면 수사중의 미결구금에 관한 보상을 지방검찰청에 청구할 수 있다(같은 법 제27조)[§84/20, §87/36 참조].

3　　　구금 등에 대한 보상과 비용에 대한 보상은 공무원의 고의·과실을 요건

1　헌법재판소 2022. 2. 24. 선고 2018헌마998, 2019헌가16, 2021헌바167(병합) (全)결정: 「일련의 형사사법절차 속에서 상당한 기간 동안 구금되었던 사람이 최종적으로 무죄판단을 받는 경우가 있을 수 있다는 점은 형사사법절차에 불가피하게 내재되어 있는 위험인바, 형사사법절차를 운영하는 국가는 그 위험으로 인한 부담을 개인에게 지워서는 안 되고, 그로 인한 손해에 대응한 보상을 하지 않으면 안 된다. 이에 우리 헌법은 제헌헌법에서부터 형사피고인으로서 구금되었던 자가 무죄판결을 받은 때의 형사보상청구권을 인정하였고, 1987년 헌법 개정으로 피의자에 대하여도 이를 확대 보장하기에 이르렀다. 헌법 제28조는 "형사피의자 또는 형사피고인으로서 구금되었던 자가 법률이 정하는 불기소처분을 받거나 무죄판결을 받은 때에는 법률이 정하는 바에 의하여 국가에 정당한 보상을 청구할 수 있다."라고 규정하여 '불기소처분을 받거나 무죄판결을 받은 때' 구금에 대한 형사보상을 청구할 수 있는 권리를 헌법상 기본권으로 명시하고 있다. 헌법상 형사보상청구권은 국가의 형사사법절차에 내재하는 불가피한 위험에 의하여 국민의 신체의 자유에 관하여 피해가 발생한 경우 형사사법기관의 귀책사유를 따지지 않고 국가에 대하여 정당한 보상을 청구할 수 있는 권리로서, 실질적으로 국민의 신체의 자유와 밀접하게 관련된 중대한 기본권이다.」

2　제요(Ⅱ) 549, 570쪽.

으로 하지 않는 일종의 손실보상으로서 국가배상과는 그 성질을 달리한다. 따라서 형사보상청구는 국가배상청구 등 다른 법률의 규정에 의한 손해배상청구를 금지하지 않는다(같은 법 제6조 제1항). 그러나 형사보상이든 국가배상이든 결국 동일한 원인으로 발생한 손해에 대한 전보수단이므로, 중복보전은 허용되지 않는다. 즉, 형사보상청구권자가 동일한 원인에 기해 다른 법률에 따른 손해배상을 받은 경우, 그 손해배상액이 i) 형사보상법에 따른 보상액 이상일 때에는 형사보상금을 지급할 수 없고, ii) 형사보상법이 정한 보상액보다 적을 때에는 그 금액을 제외한 나머지만을 지급해야 한다(같은 조 제2항). 또한, 이미 형사보상을 받은 사람이 다른 법률의 규정에 의한 손해배상을 받을 경우에는 그 보상금의 액수를 공제하고 배상액을 정해야 한다(같은 조 제3항). 다만, 담당공무원의 착오로 형사보상금과 국가배상금이 이중으로 지급된 경우에 국가가 그 수령인에게 부당이득반환을 청구하는 것은 신의칙에 반해 허용될 수 없다.[1]

제 2　보상의 대상

Ⅰ. 보상요건

1. 구금·형집행에 대한 보상

판결확정 전의 구금 또는 형집행에 대한 보상은 i) 피고사건에서 무죄판결(재심·비상상고를 통한 무죄판결 포함)이 확정된 경우, ii) 면소·공소기각의 재판이 확정된 사건에서 면소·공소기각사유가 없었더라면 무죄판결을 받을 만한 현저한 사유가 있다고 인정되는 경우, iii) 독립청구된 치료감호사건에서 피치료감호청구인의 행위가 범죄로 되지 않거나 범죄사실의 증명이 없음을 이유로 청구기각판결이 선고되어 확정된 경우에 청구할 수 있다(형사보상법 제2조, 제26조).

1

---

1 대법원 2021. 11. 25. 선고 2017다258381 판결: 「원고(대한민국)는 확정된 형사보상결정에 따라 형사보상금을 지급할 당시에 이미 확정판결에 따라 손해배상금이 지급된 사정을 알고 있었음에도 불구하고 아무런 조치를 하지 아니한 채 확정된 형사보상금 전액을 지급하였다. 국가의 위법한 수사와 형의 집행으로 크나큰 고통과 피해를 입은 피고가 그에 대한 정당한 보상으로 인식하고 위와 같은 과정을 거쳐 지급받은 형사보상금을 이중지급이라는 이유로 반환하여야 한다면 이는 국가의 손해배상 및 형사보상금지급이 정당한 방식으로 운영된다고 믿은 피고의 신뢰를 저버리는 것이 된다. … 이 사건 부당이득반환청구는 신의성실의 원칙에 반하는 것으로서 허용될 수 없다.」

2. 비용보상

2   비용보상청구는 무죄판결($\binom{\text{재심 또는 비상상고를}}{\text{통한 무죄판결 포함}}$)이 확정된 경우에만 할 수 있다($\binom{\text{제194조의2}}{\text{제1항}}$). 구금·형집행에 대한 보상의 경우와 달리($\binom{\text{형사보상}}{\text{법 제26조}}$), 면소나 공소기각판결을 받은 때에는 비용보상을 할 수 없다.

Ⅱ. 보상의 내용

1. 구금·형집행에 대한 보상

3   구금에 대한 보상액은 '보상청구의 원인이 발생한 연도의 최저임금법에 따른 일급(日給) 최저임금액 이상, 대통령령으로 정하는 금액($\binom{\text{형사보상법시행령 제2조에}}{\text{따라, 최저임금액의 5배}}$) 이하'의 금액에 구금일수를 곱해 계산한다($\binom{\text{형사보상법 제5}}{\text{조 제1항, 제5항}}$). 보상금액을 산정할 때에는 i) 구금의 종류 및 기간의 장단, ii) 구금중 입은 재산상의 손실과 얻을 수 있었던 이익의 상실 또는 정신적 고통과 신체손상, iii) 경찰·검찰·법원의 각 기관의 고의·과실 유무, iv) 무죄재판의 실질적 이유가 된 사정, v) 그 밖에 보상금액 산정과 관련된 모든 사정을 고려해야 한다($\binom{\text{같은 조}}{\text{제2항}}$).

4   사형집행에 대한 보상을 할 때에는 집행 전 구금에 대한 보상금 외에 3천만원 이내에서 모든 사정을 고려해 법원이 타당하다고 인정하는 금액을 더하여 보상한다. 본인의 사망으로 인해 발생한 재산상의 손실액이 증명되었을 때에는 그 손실액도 보상해야 한다($\binom{\text{같은 조}}{\text{제3항}}$).

5   벌금·과료의 집행에 대한 보상액은 이미 징수한 벌금·과료의 금액 및 이에 대해 징수일의 다음날부터 보상결정일까지 연 5%의 비율로 계산한 금액으로 한다($\binom{\text{같은 조}}{\text{제4항}}$). 한편, 노역장유치의 집행에 대한 보상에는 구금에 대한 보상에 관한 규정을 준용한다($\binom{\text{같은 조 제5}}{\text{항, 제1항}}$).

6   몰수의 집행에 대한 보상은 몰수물을 반환하는 방법으로 하되, 이미 처분된 때에는 보상결정시의 시가를 보상해야 한다($\binom{\text{같은 조}}{\text{제6항}}$). 추징금에 대한 보상액은 추징액수 및 이에 대해 징수일의 다음날부터 보상결정일까지 연 5%의 비율로 계산한 금액으로 한다($\binom{\text{같은 조}}{\text{제7항}}$).

2. 비용보상

7   비용보상의 대상은 피고인이었던 자가 재판에 소요한 비용이다($\binom{\text{제194조의2}}{\text{제1항}}$). 피고인이었던 자가 직접 지출한 비용과, 제3자가 지출하여 그에 대해 피고인

이었던 자가 상환의무를 부담하는 비용이 이에 해당한다. 친족이나 친구 등
이 자발적으로 부담한 비용은 포함되지 않는다. 재심이나 비상상고절차에서
무죄판결이 확정된 때에는 원판결절차에서 소요된 비용도 함께 보상한다.

　　보상되는 비용은 i) 피고인이었던 자 또는 그 변호인이었던 자가 공판정　　**8**
에 출석하는 데 소요된 여비·일당·숙박료와, ii) 변호인이었던 자에 대한 보
수이다. 그 산정기준에 관해서는 증인$\binom{\text{피고인이}}{\text{었던 자}}$ 및 국선변호인$\binom{\text{변호인이}}{\text{었던 자}}$의 여비
등에 관한 형사비용법·형사비용규칙의 규정이 준용된다$\binom{\text{제194조의4}}{\text{제1항}}$.

Ⅲ. 재량기각사유

　　i) 무죄판결$\binom{\text{또는 치료감호}}{\text{청구기각판결}}$의 이유가 형사책임능력 부존재 또는 심신장애인　　**9**
경우, ii) 수사나 심판을 그르칠 목적으로 거짓자백을 하거나 다른 유죄의 증
거를 만듦으로써 기소, 미결구금 또는 유죄의 재판을 받게 된 것으로 인정되
는 경우, iii) 경합범의 일부에 대해 무죄판결, 다른 부분에 대해 유죄판결이
있은 경우, iv) 비용이 피고인이었던 자의 귀책사유로 발생한 경우에, 법원은
재량으로 보상청구의 전부 또는 일부를 기각할 수 있다$\binom{\text{제194조의2 제2항,}}{\text{형사보상법 제4조}}$.

제2관　보상의 절차

제 1　보상청구절차　　　　　　　　　　　　　　　　　　§239

Ⅰ. 보상의 청구

1. 청구권자

　　보상청구권자는 무죄판결을 받은 자 본인이다. 다만, 본인이 무죄판결 후　　**1**
사망했거나 본인사망 후 재심·비상상고를 통해 무죄판결이 있은 때에는 그 상
속인이 보상청구권자가 된다$\binom{\text{제194조의5, 형사보}}{\text{상법 제2조, 제3조}}$. 보상청구를 할 수 있는 동순위의
상속인이 수인이고 그중 1명이 보상청구를 한 때에는 나머지 모두를 위해 그
전부에 대한 보상청구를 한 것으로 간주하며, 이 경우 다른 상속인은 공동청
구인으로서 절차에 참가할 수 있다. 따라서 법원은 상속인 중 1명만 보상청
구를 한 경우에 동순위의 다른 상속인이 있다는 사실을 알았을 때에는 지체

없이 그 다른 상속인에게 보상청구사실을 통지해야 한다(형사보상 법 제11조).

2. 관할법원

2   보상청구는 무죄판결을 한 법원에 해야 한다(형사보상 법 제7조). 무죄판결에 대해 상소기각재판이 있은 경우에도 같다. 다만, 원판결의 사물관할과 관계없이 언제나 합의부에서 재판한다(제194조의3 제1항, 형사보상법 제14조 제1항).

3. 청구기간

3   보상청구는 무죄판결이 확정된 사실을 안 날로부터 3년, 무죄판결이 확정된 때로부터 5년 이내에 해야 한다(제194조의3 제2항, 형사보상법 제8조).

4. 청구의 방법

4   보상청구는 i) 청구인의 등록기준지·주소·성명·생년월일, ii) 청구의 원인이 된 사실과 청구액을 기재한 서면(보상 청구서)에 무죄판결서의 등본 및 확정증명서를 첨부해 관할법원에 제출하는 방식으로 한다(형사보상 법 제9조). 상속인이 보상청구를 하는 때에는 본인과의 관계 및 같은 순위의 상속인 유무를 소명할 수 있는 자료도 함께 제출해야 한다(같은 법 제10조).

5   보상청구는 대리인을 통해서도 할 수 있다(같은 법 제13조).

5. 청구의 취소

6   보상청구는 취소할 수 있다. 다만, 동순위 상속인(공동청구인인지 여부를 불문한다)이 여러 명인 경우에는 나머지 모두의 동의가 있는 때에만 취소할 수 있다(같은 법 제 12조 제1항). 보상청구를 취소한 경우에 보상청구권자는 다시 보상을 청구할 수 없다(같은 조 제2항).

Ⅱ. 심   리

7   법원은 검사와 청구인의 의견을 들어야 하며, 보상청구의 원인사실인 구금일수·형집행·비용지출 등에 관해 직권으로 조사해야 한다(형사보상법 제14 조 제2항, 제15조).

8   보상청구의 절차가 법령이 정한 방식에 위반된 경우, 법원은 그것이 보정 가능한 것인 때에는 상당한 기간을 정해 보정을 명한다(같은 법 제 16조 제2호). 가령 보상청구서 기재사항을 누락했거나 첨부서류(무죄판결서 등본, 확정증명서, 상속 인 유무를 확인할 수 있는 자료 등)를 빠뜨린 경우가 이에 해당한다.

9   보상청구인이 청구절차 중 사망하거나 상속인자격을 상실한 경우, 다른

청구인이 없으면 청구절차는 중단된다. 보상청구인의 상속인 또는 그와 동순위의 상속인은 그로부터 2개월 내에 청구절차를 승계할 수 있다(같은 법 제19조 제1항, 제2항). 법원은 절차를 승계할 수 있는 자로서 법원에 알려진 자에게는 지체없이 위기간 내에 청구절차를 승계할 것을 통지해야 한다(같은 조 제3항).

Ⅲ. 결　　정

1. 각　　하

i) 보상청구의 방식위반이 보정할 수 없는 것이거나, ii) 청구인이 보정명령에 따르지 않거나, iii) 보상청구기간 도과 후의 청구이거나, iv) 청구절차 중단 후 2개월 내에 절차승계신청이 없는 경우, 법원은 결정으로 청구를 각하해야 한다(같은 법 제16조, 제19조 제4항).   **10**

2. 기각 · 보상

청구가 이유 없는 경우에는 기각결정을, 이유 있는 경우에는 보상결정을 한다(같은 법 제17조). 결정의 정본은 검사와 청구인에게 송달해야 한다(같은 법 제14조 제4항). 기각 또는 보상의 결정에는 7일 이내에 즉시항고할 수 있다(제194조의3 제3항, 형사보상법 제20조).   **11**

법원은 보상결정이 확정되면 2주일 내에 보상결정의 요지를 관보에 게재해 공시해야 한다. 이 경우 보상결정을 받은 자의 신청이 있을 때에는 그 결정의 요지를 신청인이 선택하는 두 종류 이상의 일간신문에 각각 한 번씩, 신청일로부터 30일 이내에 공시해야 한다(형사보상법 제25조 제1항).   **12**

제 2　보상금지급절차　　　　　　　　　　　　　　　　§240

Ⅰ. 보상금지급청구

형사보상청구에 대해 법원의 보상결정이 확정되면 비로소 국가에 대해 형사보상금의 지급을 구할 수 있는 구체적 권리, 즉 형사보상금지급청구권이 발생한다. 보상청구권과 마찬가지로 이 또한 일신전속적 권리로서 양도·압류할 수 없다(형사보상법 제23조).   **1**

보상금지급청구는 보상결정을 한 법원에 대응한 검찰청에 보상금지급청구서 및 보상결정서를 제출하는 방식으로 한다(같은 법 제21조 제1항, 제2항). 보상결정서가 송   **2**

달된 후 2년 이내에 지급청구를 하지 않을 경우, 보상금지급청구권은 상실된다(같은 조 제3항). 다만, 보상금을 받을 수 있는 자가 여러 명인 경우에 그중 1명이 한 보상금지급청구는 모두를 위한 청구로 본다(같은 조 제4항).

Ⅱ. 보상금의 지급

3   보상금지급청구서를 제출받은 검찰청은 3개월 내에 보상금을 지급해야 하며, 이 기간을 도과할 경우 그 다음날부터 지급하는 날까지 연 5%의 비율로 계산한 지연이자를 지급해야 한다(형사보상법 제21조의2). 보상금을 받을 수 있는 자가 여러 명인 경우, 그중 1명에 대한 보상금지급은 모두에게 효력이 있다(같은 법 제22조).

조문색인

판례색인

사항색인

참고문헌

강구욱, "사법경찰관리에 관한 소고", 외법논집 제37권 제3호(2013) ························· §59/2
군나 두트케(김성은 역), "형사절차에서 보호적 형식: 하나의 낡은 모델?",
　　　형사정책연구 제20권 제4호(2009) ··· §16/3
권오걸, "재심과 비상상고의 교차영역", 법학논고 제81집(2023) ······················ §233/2
김기준, "형사소송법 제14조 재정관할조항의 개정필요성 고찰", 형사법의 신동향 제60호(2018) ··· §154/4
김대륭, "국가를 위한 배상명령에 관한 소고", 형사법의 신동향 제74호(2022) ·········· §203/6
김봉수, "항소이유서제도와 항소심의 구조", 비교형사법연구 제10권 제1호(2008) ········ §169/5
김성돈, "상습범의 죄수", 법조 제51권 제2호(2002) ································· §53/37
─────, "'형제복지원 비상상고 사건' 대법원 판결에 대한 비판적 소고",
　　　형사법연구 제33권 제2호(2021) ··· §235/3
김일수, "피고인의 소송법상 지위", 고시연구 제11권 제7호(1984) ··········· §8/4, §39/2
─────, "헌법적 형사소송", 고시계 제33권 제11호(1988) ························· §4/3
김재윤, "피의사실공표죄 관련 법적 쟁점 고찰", 언론중재 제116호(2010) ············· §113/6
김재중/이훈, "재정신청 대상 아닌 사건에 대한 재정결정의 효력",
　　　법학연구 제26권 제4호(2018) ·· §88/30
김정한, "궐석재판과 증거동의 의제에 관한 소고", 법학논고 제54집(2016) ············ §119/34
─────, "무죄추정원칙의 적용범위에 관한 소고", 형사정책연구 제16권 제1호(2006) ····· §113/6
─────, "제1회 공판기일 전 증인신문제도에 대한 실무적 고찰", 법학논고 제47집(2014) ···· §72/22
─────, "증거능력 제한 규정으로 재해석한 형사소송법 제310조의 의미와 적용범위",
　　　법학연구 제23권 제1호(2015) ·· §120/3, 11
─────, "피고인의 특정에 관한 소고", 형사소송 이론과 실무 제7권 제1호(2015) ········ §149/6
─────, "형사소송법 제313조 개정 유감", 형사법의 신동향 제53호(2016) ······· §119/100, 107
─────, "형사소송에서의 증거동의", 인권과정의 제349호(2005) ······················ §119/23
─────, "형사소송에서의 증거동의 Ⅱ", 인권과정의 제354호(2006) ···················· §119/23
김정한/김현조, "포괄일죄의 일부에 대한 확정판결의 기판력과 죄수 문제",
　　　형사소송의 이론과 실무 제8권 제2호(2016) ·· §53/36
김태명, "개정형사소송법상 재정신청제도에 대한 비판적 검토", 형사법연구 제19권 제4호(2007) · §88/13
김 혁, 부정기형과 불이익변경금지의 원칙, 형사법연구 제33권 제1호(2021) ·············· §183/6
김형준, "공소사실 동일성 판단기준으로서의 규범적 요소", 중앙법학 제14집 제3호(2012) ···· §53/18
나기업, "약식절차를 둘러싼 몇 가지 쟁점", 법조 제71권 제6호(2022) ······ §16/1, §25/2, §131/13, §132/3
─────, "위법수집증거배제법칙과 형량", 형사정책연구 제33권 제1호(2022) ········ §65/7, §119/58
─────, "형사소송법 제216조 제1항 제2호의 '체포현장' 요건 해석 고찰",
　　　외법논집 제44권 제2호(2021) ·· §76/69
─────, "형사소송에서 피고인의 확정과 불일치의 문제", 법학논총 제39권 제3호(2019) ········ §149/7, 10
─────, "형사절차에서 검증, 감정 및 '필요한 처분'의 개념", 사법 제58호(2021) ······· §76/3, 10, §119/95
─────, "효력을 상실한 비약상고의 항소간주", 법조 제72권 제3호(2023) ········· §175/2, §194/7
문영식, "탄핵증거에 관한 형사판례 분석", 형사법의 신동향 제50호(2016) ············· §114/14
문채규, "사후적경합범의 처단에 관한 형법 제39조의 비교법적 차별성과 그 해석론",
　　　형사법연구 제25권 제4호(2013) ··· §162/22
민수영, "소년법상 부정기형과 불이익변경금지원칙", 형사법의 신동향 제73호(2021) ······· §183/6
민영성, "압수수색영장의 집행에 있어서 '필요한 처분'과 영장사전제시 원칙의 예외",
　　　인권과정의 제357호(2006) ··· §63/1
─────, "형사소송법상 당사자의 '동의'에 관한 재검토", 법조 제580호(2005) ·········· §119/23

박기석, "개정 형사소송법의 재정신청제도", 비교형사법연구 제9권 제2호(2007) ················· §88/13

박민우, "전문증거 증거능력 인정요건의 변화와 이로 인한 새로운 문제에 대한 검토",
　　　형사정책연구 제27권 제3호(2016) ··· §119/107

박병규, "영장재판에 대한 항고", 법조 제615호(2007) ··· §24/1

백형구, "증거동의·증거부동의: 학설비판에 대한 반론", 인권과 정의 제351호(2005) ·············· §119/23

변종필, "간이절차와 유죄협상", 비교형사법연구 제12권 제2호(2010) ··························· §15/2

──, "공개주의와 공판의 의사소통구조", 형사정책연구 제9권 제4호(1998) ··················· §105/1

──, "공소장일본주의 위반과 하자의 치유", 비교형사법연구 제18권 제3호(2016) ············· §95/32

──, "구속제도의 이론과 실제", 형사정책연구 제21권 제2호(2010) ······················· §74/44

──, "법규칙과 법원리 구별의 유용성과 한계", 강원법학 제34권(2011) ···················· §65/7

──, "위험사회, 위험 그리고 형법의 대응", 비교형사법연구 제14권 제2호(2012) ·············· §16/2

──, "자유심증주의와 그 내재적 한계", 사법행정 제38권 제10호(1997) ············· §116/6, 10, §125/18

──, "'적법한 절차'를 위반한 사법경찰관 작성 피의자신문조서의 증거능력",
　　　형사법연구 제25권 제4호(2013) ··· §119/58

──, "증언번복 진술조서의 증거능력", 비교형사법연구 제2권 제2호(2000) ················· §119/61

──, "체포현장에서의 영장 없는 압수수색과 그에 기한 압수물 및 파생증거의 증거능력",
　　　고시연구 제376호(2005) ··· §76/69

──, "형사소송과 법적 청문", 인권과정의 제245호(1997) ··························· §14/1

──, "형사소송구조 논의의 실천적 함의", 강원법학 제51권(2017) ······················· §9/2

──, "형사소송법 개정의 역사와 전망", 형사법연구 제19권 제3호(2007) ·················· §16/1

──, "형사소송법에서 유추금지원칙의 적용과 범위", 비교법연구 제21권 제2호(2021) ········· §3/2,
　　　§127/66, §132/3

──, "형사소송에서 법관의 지위와 역할", 형사정책연구 제13권 제4호(2002) ········ §39/2, §103/2

──, "형사소송에서의 진실개념과 형사소송구조", 형사정책연구 제7권 제3호(1996) ········ §8/7, §103/2

──, "형사소송의 목적과 '실체적 진실' 원칙", 안암법학 제4권(1996) ··················· §7/3, §9/2

──, "형사소송이념과 범죄투쟁, 그리고 인권", 비교형사법연구 제5권 제2호(2003) ············· §16/4

변종필/나기업, "공판중심주의와 직접주의·전문법칙의 관계",
　　　법조 제71권 제3호(2022) ··················· §104/2, 3, §119/15, 16

신동운, "무죄추정의 원칙과 검사의 기소유예처분", 법학 제31권 제3호(1990) ··············· §113/4

──, "양형판단과 형사항소심의 구조", 서울대학교 법학 제57권 제4호(2016) ········ §166/15, §169/5

신상현, "수사절차에서 준항고를 통한 피의자의 법적 보호", 외법논집 제43권 제3호(2019) ········· §68/1

──, "법무부장관의 구체적 사건에 대한 지휘권 폐지론", 외법논집 제44권 제2호(2020) ········· §36/1

신용석, "피고인 제출증거의 증거능력과 증거조사", 형사판례연구 제16권(2008) ················ §114/14

신태훈, "이른바 '수사와 기소 분리론'에 대한 비교법적 분석과 비판",
　　　형사법의 신동향 제57호(2017) ·· §92/5

심재우, "당사자주의와 직권주의", 고시계 제22권 제1호(1977) ································· §7/3

안성수, "당사자의 동의에 의한 압수수색", 비교형사법연구 제10권 제1호(2008) ················ §76/30

──, "인권보호와 검사의 수사지휘권", 법조 제55권 제6호(2006) ······················· §92/5

안성조, "증언번복진술조서의 증거능력과 증거동의의 효력", 법조 제72권 제1호(2023) ········· §119/61

양동철, "진술서·진술녹취서의 증거능력", 경희법학 제48면 제1호(2013) ·················· §119/112

양종모, "포괄일죄 법리의 문제점과 개선방안", 저스티스 제125호(2011) ··················· §53/33

오기두, "상소심법원의 원심 증거조사과정 평가방법", 형사판례연구 제18권(2010) ············· §115/2

──, "전자진술서의 증거능력", 사법 제38호(2016) ································· §119/107

──, "피고인의 공판정 진술과 전자문서의 진정성립", 사법 제24호(2013) ·············· §119/100

오병두, "형사소송법상 증거결정의 기준", 홍익법학 제16권 제1호(2015) ··················· §143/30

윤동호, "재심심판절차의 본질과 상습범의 수죄성", 형사법연구 제32권 제1호(2020. 3.) ········· §231/8

이경렬, "공동피고인의 증인적격과 위증의 법리에 관한 판례연구",

　　　　　형사소송 이론과 실무 제14권 제1호(2022) ·· §122/8
이기광, "성명모용의 경우 법원이 취하여야 할 형사소송절차상의 조치",
　　　　　재판과 판례 제6집(1997) ·· §149/6
이민걸, "경합범에 있어서 일부상소의 허용범위", 형사판례연구 제1권(1993) ·········· §179/1
이상돈, "법관의 말행위와 올바른 법", 저스티스 제25권 제2호(1994) ···················· §8/3
──, "사실인정에서 인식, 이론, 현실 그리고 정책: 형사소송을 중심으로",
　　　　　법실천의 제문제(동천 김인섭 변호사 화갑기념논문집), 법문사(1996) ······· §104/1
──, "일사부재리의 효력범위와 적대적 범죄투쟁", 판례연구 제7권(1995) ······ §53/18, §74/15
──, "형사소송법개정과 법치국가의 침용", 법학논집 제32권(1996) ·················· §16/2
──, "형사소송에서 항소심과 상고심의 공판형태", 안암법학 제1권(1993) ·········· §115/1, §169/4
이상철, "형의 양정이 심히 부당하다고 인정할 현저한 사유가 있는 때에 관한 연구",
　　　　　형사판례연구 제14권(2006) ·· §174/44, 46
이완규, "개정법상 재정신청제도의 몇 가지 쟁점", 법조 제57권 제2호(2008) ·········· §24/1, §88/13
──, "개정 형사소송법상 영장항고", 형사법의 신동향 제9호(2007) ·················· §74/44
──, "공판중심주의를 둘러싼 개념상의 혼돈과 해결방향", 법조 제54권 제6호(2005) ·· §104/3
──, "독일 형사소송상 직권주의의 재조명", 형사소송 이론과 실무 창간호(2009) ·· §21/1
──, "진술증거의 전문증거성과 진정성 문제의 구별", 형사판례연구 제20권(2012) ·· §119/12
이진국/도중진, 무죄추정원칙에 관한 연구, 한국형사정책연구원(2006) ···················· §113/6
이충상, "환송판결의 기속력의 객관적 범위", 동아법학 제13권 제1호(2019) ············ §184/2
이흔재, "증거동의의 본질에 대한 역사적 고찰과 현대적 의의", 형사법연구 제28권 제1호(2016) ··· §119/22
임보미, "시민참여형 형사재판의 항소심에 관한 비교법적 연구",
　　　　　비교형사법연구 제19권 제3호(2017) ··· §169/5
임상규, "공소사실의 동일성에 관한 대법원의 규범논리", 저스티스 제98호(2007) ······ §53/18
──, "재정신청제도의 문제점과 개선방안", 법학논고 제30집(2009) ·················· §88/13
임철희, "기습기소와 법적 청문권", 저스티스 제175호(2019) ································· §71/1
장윤순, "상습범의 상습성 인정기준과 죄수판단에 대한 연구", 강원법학 제38권(2013) ·· §53/37
전승수, "개정 형사소송법상 재정신청제도", 형사법의 신동향 제14호(2008) ·············· §88/13
정웅석, "대륙법과 영미법의 형사법체계", 형사소송 이론과 실무 제13권 제4호(2021) ··· §92/5
──, "전문법칙 규정에 관한 한미 양국 비교를 통한 개선방안",
　　　　　형사소송 이론과 실무 제7권 제2호(2015)
──, "전문증거의 의의에 따른 전문법칙의 적용범위", 형사법의 신동향 제49호(2015) ······ §119/7, 16
정준섭, "영장항고제도 도입의 필요성과 정당성", 법학연구 제49권 제2호(2009) ········ §24/1
조광훈, "가납판결 집행에 관한 연구", 법조 제55권 제9호(2006) ························· §113/3
조기영, "소송조건에 관한 연구", 서울대학교 박사학위논문(2006) ·························· §51/1
──, "피의사실공표죄의 구성요건요소 해석: '피의사실'과 '공표'의 의미를 중심으로",
　　　　　형사법연구 제24권 제2호(2012) ·· §113/6
조상제, "불기소처분 및 기소유예제도에 관한 연구", 동아법학 제44호(2009) ············ §94/2
차용석, "헌법적 형사소송론", 월간고시 1988년 5월호 ·· §4/3
차정인, "상소기간중 또는 상소중 원심법원의 피고인 구속", 법학연구 제48권 제1호(2007) ······· §127/34,
　　§172/3
최준혁, "직접심리주의에 대한 논의의 기초", 형사법의 신동향 제41호(2013) ············ §119/16
한석훈/곽량신, "검사의 수사권 제한 입법의 평가", 성균관법학 제34권 제2호(2022) ·· §92/6
허 준, "제3자 동의에 의한 디지털증거 압수수색의 한계", 비교형사법연구 제20권 제4호(2019) ····· §76/30
홍승희, "공소사실 동일성판단에서 규범적 요소의 의미", 형사법연구 제26호(2006) ·········· §53/18
홍영기, "반대신문권 보장: 전문법칙의 근거", 고려법학 제75호(2014) ··················· §119/16, 23
홍은표, "재심심판절차의 본질과 기판력, 후단 경합범의 성립", 사법 제50호(2019) ······ §230/14
황치연, "과잉규지원칙의 내용", 공법연구 제24집 제3호(1996) ···························· §62/4

저자 소개

변종필(卞鍾弼)

고려대학교 법과대학 졸업
고려대학교 대학원 법학석사
고려대학교 대학원 법학박사
동국대학교 법과대학 교수
사법시험 등 국가고시 출제위원, 한국비교형사법학회 회장 역임

저서 〈법철학강의〉, 〈형법해석과 논증〉, 〈법치국가와 형법〉(공저), 〈법치국가와 시민불복종〉
(공저), 〈형사소송의 진실개념〉 外
역서 〈회복적 정의의 비판적 쟁점〉, 〈규범·인격·사회〉(공역), 〈법적 논증 이론〉(공역), 〈법
철학의 기본개념들〉(공역), 〈순수법학〉(공역) 外
논문 〈형사소송법에서 유추금지원칙의 적용과 범위〉, 〈형사소송구조 논의의 실천적 함의〉,
〈형사소송에서 법관의 지위와 역할〉, 〈형사소송이념과 범죄투쟁, 그리고 인권〉, 〈공개주
의와 공판의 의사소통구조〉 外

나기업(羅基業)

동국대학교 법과대학 졸업
서강대학교 법학전문대학원 졸업
변호사시험 6회
대한법률구조공단 변호사

논문 〈효력을 상실한 비약상고의 항소간주〉, 〈약식절차를 둘러싼 몇 가지 쟁점〉, 〈위법수집
증거배제법칙과 형량〉, 〈형사소송에서 검증, 감정 및 '필요한 처분'의 개념〉, 〈형사소송
에서 피고인의 확정과 불일치의 문제〉 外

형사소송법

초판발행　　　2024년 1월 30일

지은이　　　　변종필·나기업
펴낸이　　　　안종만·안상준

편 집　　　　이승현
기획/마케팅　　정연환
표지디자인　　권아린
제 작　　　　고철민·조영환

펴낸곳　　　　(주) 박영사
　　　　　　　서울특별시 금천구 가산디지털2로 53, 210호(가산동, 한라시그마밸리)
　　　　　　　등록 1959. 3. 11. 제300-1959-1호(倫)
전 화　　　　02)733-6771
f a x　　　　02)736-4818
e-mail　　　　pys@pybook.co.kr
homepage　　　www.pybook.co.kr
ISBN　　　　979-11-303-4551-2　93360

* 파본은 구입하신 곳에서 교환해 드립니다. 본서의 무단복제행위를 금합니다.

정 가　　　　52,000원